ACCOUNTINGS 제7판

IFRS
회계원리

한 길 석

法文社

회계는 현대인들이 경제활동을 이해하고 일상생활을 합리적으로 수행하기 위하여 습득하여야 할 필수적인 지식이다. 회계에 대한 지식은 현대인들이 어느 분야에 종사하든, 대학생들의 전공이 무엇이든 필수적으로 갖추어야 할 중요한 지식으로 인식되고 있다.

회계의 시초는 1494년 이탈리아 루카 파치올리(Luca Pacioli)의 책에 복식부기원리가 소개된 시점으로 보고 있으며, 이에 따라 루카 파치올리는 회계학의 창시자로 알려져 있다. 이를 계기로 유럽 전역에 복식부기가 확산되었으며 주식회사 출범과 근대적 자본의 축적을 이끌어 자본주의의 산파역할을 하게 된 것이다. 이러한 회계에 대하여 괴테는 '인간의 창조물 중 가장 위대한 작품'이라고 극찬하면서 '시대를 초월한 아름다움과 단순함'이라고 평가하였으며, 막스 웨버는 '자본주의의 기초이자 근원적인 혁신이다'라고 평가하였다. 워렌 버핏은 '사랑하는 자녀가 있는데 이 아이의 미래를 위해서 가르쳐야 하는 한 가지가 있다면 그것은 바로 회계이다'라고 하면서 회계의 중요성을 강조하였다.

회계는 최근 많은 변화를 보이고 있다. 2007년부터 정부회계에 발생주의·복식부기 회계제도가 본격적으로 도입됨에 따라 정부회계와 비영리기관회계에 대한 관심과 중요성이 부각되고 있으며, 한국채택국제회계기준(K-IFRS)이 공표되어 2011년부터 모든 상장기업은 K-IFRS를 의무적으로 적용하도록 하였다. 이러한 변화로 기존의 회계학 관련 전문서적들의 변화도 불가피하게 되었다. 회계원리에 이러한 변화의 내용을 어느 정도까지 포함시켜야 하는지의 문제로 고민하면서 2009년에 초판을 발간하였다. 제7판에서는 본문의 내용을 최근에 개정된 기준서의 내용을 반영하여 보다 쉽게 설명하려고 노력하였고, 국가공무원 9급 세무직, 관세직, 지방직, 주택관리사시험에서 최근까지 출제된 내용을 분석하여 개정된 기준서에 따라 수정하여 이러한 시험을 준비하는 수험생들에게도 도움이 되도록 정리하였다.

회계원리는 회계학을 공부하는 사람들이 처음 접하게 되는 과목이다. 회계학에 대한 학습의 성패는 회계원리를 통하여 어떻게 회계의 기본원리를 철저하게 이해하고, 이를 활용하여 회계학 기초를 다지는가에 달려 있다. 이러한 관점에서 본서는 회계학의 학습에 필수적인 기본개념 및 용어를 가능한 한 학생들이 이해하기 쉽도록 기술하였으며, 회계에 대한 기본적인 흐름 파악에 중점을 두었다.

본서는 회계원리(회계원리Ⅰ과 회계원리Ⅱ)와 회계원리연습, 재무회계의 교재로 활용되도록 구성하였다. 회계학에 대한 기초를 정립하는 내용과 각종 시험에서 요구하는 회계원리의 내용을 모두 포함시키려 노력하였고, 본문학습의 내용을 토대로 반복 학습할 수 있도록 다양한 객관식 문제와 주관식 문제를 담았다. 특히 객관식 문제는 저자가 각종 시험위원으로 활동한 경험을 바탕으로 중요하다고 여기는 기출문제를 분석한 자료를 제시하여 공무원시험을 비롯한 각종 시험준비에 유용하게 활용되도록 구성하였다.

저자는 본서가 회계학을 공부하는 사람들이 회계학적 기초를 다지는데 귀중한 자료로 활용되기를 기대하며, 앞으로도 지속적으로 수정·보완하여 보다 좋은 자료로 활용되도록 열심히 노력할 것을 약속한다.

저자를 학문의 길로 이끌어 주시고 지도해 주신 은사님들과 저자를 위하여 항상 헌신적으로 뒷받침해 주신 부모님과 가족들에게 이 책을 바친다.

그리고 대학원 박사과정을 나의 연구실에서 회계학, 창업학, 연금관리학 분야의 연구를 함께 하였던 안상봉 교수, 이상노 교수, 조인석 교수, 문정석 교수(대신증권 전무이사), 고우 교수, 이치훈 박사(한국한의학연구원 책임연구원), 설유영 박사(공인회계사), 최낙순 박사(왕신여고), 하동현 박사(기업은행 본부장), 한종관 박사(서울신용보증재단 이사장), 이상윤 박사(사학연금공단 경영지원실장), 허충회 박사(NH농협금융 부행장), 안양수 공인회계사(KDB생명 대표이사, 산업은행 부행장), 윤석진 공인회계사(관세청), 박경덕 세무사(엘림세무회계법인 대표), 최춘현(한국탄소산업진흥원 책임연구원), 김능섭(한국연구재단 수석연구위원), 정경화(국민연금공단 부장), 나묘에게 감사의 뜻을 전한다. 또한 최근 기출문제의 정리를 도와준 삼일회계법인의 이관지 공인회계사에게도 감사의 뜻을 표하는 바이다. 끝으로 본서를 출판하는데 애써주신 법문사 사장님과 편집부 김제원 이사님을 비롯한 여러분께 진심으로 감사드린다.

2022년 7월

한 길 석

차 례

제1장 회계의 기초 개념

제 2 장 재무제표

제 3 장 재무회계의 절차

제4장　회계의 순환과정

제7장   금융자산(2) – 지분증권과 채무증권

제 8 장 재고자산

제11장　부 채

제12장 자 본

제13장　현금흐름표

01 회계의 기초 개념

1.1 회계의 의의

우리는 일상생활에서 여러 가지 회계개념과 회계기법들을 널리 활용하고 있으면서도 회계는 회계담당자만 알면 되는 매우 전문적인 분야로만 인식하여 왔다. 그러나 현대사회에서 회계는 회계전문가뿐만 아니라 일반인들이 경제활동을 이해하고 일상생활을 하는데 필수적인 지식으로 등장하였다. 현대인은 경제현상을 이해하고 이와 관련된 일상생활을 합리적으로 하기 위해서는 회계라는 지식을 반드시 습득하여야 한다. 글을 모르면 '문맹'이라 하고, 정보화 사회에서 컴퓨터에 대한 이해가 부족하면 '컴맹'이라 하듯이, 현대경제사회에서 회계에 대한 이해가 부족한 경우를 '회맹'이라 할 수 있다. 그렇다면 회계란 어떠한 것일까?

회계가 학문으로서 연구되기 시작한 이후 많은 단체와 학자들에 의하여 여러 가지 관점에서 회계를 정의하여 왔는데, 이를 살펴보면 다음과 같다.

1 기업의 언어

회계는 기업의 언어이다.
Accounting is a Business Language.

우리는 일상생활에서 의사소통의 수단으로 언어를 이용한다. 언어를 통하여 정보를 전달하고 전달받는다. 회계도 이러한 언어와 같은 기능이 있다. 우리가 어떤 기업을 중심으로 일어나는 경제적 사건을 전달하고 전달받기 위해서는 어떠한 언어적인 수단이 필요한데, 회계가 바로 이러한 기능을 담당하는 것이다. 또한 기업내부에서 경영활동에 참여하기 위해서도 회계가 필요하다. 기업의 조직은 일반적으로 경영활동별로 세분화되고, 이러한 경영활동별 업무수행과정에서 의사소통의 수단이 필요한데 회계가 이러한 의사소통의 수단으로 활용되는 것이다.

이 정의는 기업의 경영활동에 참여하고, 기업의 경제적 사건을 이해하기 위해서는 회계에 대한 이해가 절대적으로 필요하다는 점을 강조하고 있다.

2. AICPA, ATB No. 1의 정의

1941년 미국공인회계사회(AICPA: American Institute of Certified Public Accountants)의 회계용어공보(ATB: Accounting Terminology Bulletin) No. 1에서는 회계에 대해 다음과 같이 정의하고 있다.

> 회계는 재무적 성격을 갖는 거래나 사상을 의미있는 방법으로 화폐단위에 의하여 기록, 분류, 요약하고 그 결과를 해석하는 기술이다.
>
> Accounting is the art of recording, classifying, and summarizing in a significant manner and in terms of money, transactions and events which are, in part at least, of a financial character, and interpreting the results thereof.

이 정의는 회계에 대한 공식적인 전문기관의 최초의 정의로서 전통적 견해를 잘 표현하고 있으며, 다음과 같은 의미를 내포하고 있다.

첫째, 회계를 회계처리과정으로 보고 회계정보의 생산적인 측면인 회계보고서의 작성을 중요시 한다.

둘째, 회계는 과학(science)이라기보다는 기술(art)이라는 점을 강조하고 있다. 학문이 과학적인 체계를 가지고 있느냐에 따라 과학적인 성격이 강한지, 기술적인 성격이 강한지로 분류하게 된다. 1940년대에는 회계가 논리적 일관성을 가지는 사회과학으로 발전하지 못하고, 회계실무 속에서 회계보고서를 작성하기 위한 기술적인 성격이 강한 점을 강조하고 있다. 그러나 지금의 회계는 과학적인 체계를 갖추고 논리적인 일관성을 가지는 사회과학의 중요한 한 부분으로 인식되며, 경제환경의 변화와 자본시장의 발달과 함께 그 중요성이 더욱 강조되고 있는 분야이다.

셋째, 회계는 재무적 거래나 사상을 화폐단위에 의해 측정하고 처리하는 것이다. 이에 의하여 회계의 대상을 화폐단위에 의하여 측정 가능한 것에 한정하였고, 비화폐적 사건은 회계의 대상에서 제외하였다.

3 AICPA, APB Statement No. 4의 정의

1970년 미국공인회계사회의 회계원칙심의회(APB: Accounting Principle Board)의 보고서 No. 4에서는 회계에 대하여 다음과 같이 정의하고 있다.

> 회계는 서비스 활동이다. 그 기능은 여러 가지 대체적인 방법 중에서 합리적인 선택, 즉 경제적 의사결정을 하여야 할 경우 경제적 의사결정에 유용하도록 경제적 실체에 관한 재무적 성격의 양적 정보를 제공하는 것이다.
>
> Accounting is a service activity. Its function is to provide quantitative informations, primarily financial in nature, about economic entities that is intended to be useful in making economic decisions - in making reasoned choices among alternative courses of action.

회계에 관한 이러한 정의는 1941년 AICPA의 정의와 비교하여 회계의 내부적 과정(기록·분류·요약)으로부터 외부적 과정(경제적 의사결정)을 강조하는 측면으로 전환됨을 알 수 있다. 회계의 정의에서 이러한 변화는 현대 회계학의 주류를 형성하고 있는 이용자 의사결정모델 접근방법과 정보평가접근법의 새로운 회계방향을 제시하였다.

4 AAA, ASOBAT의 정의

1966년 미국회계학회(AAA: American Accounting Association)에서는 기초

적 회계이론에 관한 보고서(ASOBAT: A Statement Of Basic Accounting Theory)를 통하여 회계에 대한 정의를 하였는데 이는 다음과 같다.

> 회계란 정보이용자가 사정을 잘 알고서 판단이나 의사결정을 할 수 있도록 경제적 정보를 식별하고 측정하여 전달하는 과정이다.
>
> The Committee defines accounting as the process of identifying, measuring, and communicating economic information to permit informed judgements and decisions by users of the information.

즉, 회계는 회계담당자가 경제적 사건을 관찰하고, 이를 측정하고 체계적으로 정리한 다음 회계보고서를 작성하여 정보이용자에게 전달한다. 정보이용자는 회계보고서에서 주어진 정보를 이용하여 의사결정을 하게 된다. 이를 그림으로 나타내면 다음과 같다.

이 정의는 전통적인 회계정의와 달리 회계가 단순히 회계처리와 보고를

그림 1-1　회계정보의 매트릭스

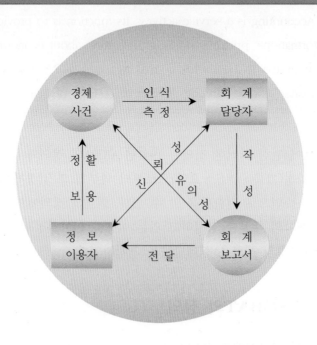

하고 재무제표를 작성하는 기술적인 범주를 벗어나 회계의 영역을 광범위
하게 포괄하는 새로운 회계방향을 제시하는 것이다. 이 정의의 특징은 다
음과 같다.

첫째, 회계정보의 생산적인 측면을 중시한 종래의 입장을 탈피하여 의사
결정에 유용한 정보를 강조하는 회계정보의 이용적 측면을 중시한다. 즉,
이해관계자들은 그들이 직면한 문제에 대한 합리적인 의사결정을 하기 위
하여 기업실체에 대한 경제적 정보를 요구하는데, 회계는 이러한 정보이용
자들의 의사결정에 유용한 정보를 제공하는 기능을 수행한다.

둘째, 회계는 하나의 정보시스템으로서 측정과정과 전달과정으로 구성되
어 있다는 것이다. 즉, 회계는 단순히 경제적 사건을 기록하여 회계정보를
산출하는 것뿐만 아니라, 산출된 정보가 정보이용자에게 유용하도록 정보
이용자의 이용 목적에 따라 목적적합한 정보나 회계보고서를 어떻게 공시
하여 전달하는가 하는 일련의 정보전달 과정까지 포함하는 하나의 정보시
스템이라는 것이다.

셋째, 회계를 경제적 정보를 측정·전달하는 것이라고 정의함으로써, 회
계의 대상을 정보이용자의 합리적 의사결정에 유용하다면 화폐액에 표시
된 양적인 정보와 과거정보인 역사적 정보뿐만 아니라, 비화폐적 정보인
질적인 정보와 미래정보의 제공도 포함한다.

ASOBAT의 회계 정의는 회계를 정보지향적 접근법에 의해 정의한 것으
로 회계정보의 측정과 전달, 그리고 정보이용자의 의사결정에 유용한 정보
의 제공을 강조하고 있다. 이 정의로 회계학에 정보이론, 측정이론, 의사결
정이론, 커뮤니케이션이론 등 사회과학이론들이 활발하게 적용되어 연구됨
으로써 회계학이 기술(art)적인 측면을 벗어나 과학(science)적인 범주로 발
전하게 되었다. 이와 같이 회계의 정의는 회계의 실무적인 측면을 강조하
는 '기술'로부터 정보를 중심으로 논리적 설명, 과학적 방법의 적용 등을 강
조하는 '정보의 측정과 전달'로 발전되었는데 현실 세계에서는 이 두 범주
가 모두 병존하고 있다고 할 수 있다.

1.2 회계정보이용자

회계정보이용자는 기업과 직접적 혹은 간접적으로 재무적 이해관계를 가지고 있는 개인 및 단체로서 기업과 관련된 의사결정에 직면해있는 이해관계자들이다. 회계정보이용자는 그들이 직면한 의사결정의 내용에 따라 크게 내부이용자와 외부이용자로 구분된다. 내부이용자(internal users)란 기업의 경영활동에 참여하면서 회계정보를 이용하는 경영자, 관리자를 말하고, 외부이용자(external users)란 기업의 경영활동에는 참여하지 않지만, 현재 또는 미래에 기업과 직접적으로 재무적 이해관계를 가지는 투자자 및 채권자 등의 직접이해관계집단과 기업과 간접적인 이해관계를 가지는 소비자, 노동조합, 국세청, 규제기관 등의 간접이해관계집단이 있다.

회계란 어느 특정기업에 대해 이해관계자들이 필요로 하는 기업에 관한 다양한 정보 중에서 일반적이고 공통적인 것을 제공해 주는 것으로서, 기업의 이해관계자의 종류와 수가 증가함에 따라 그 사회적 중요성도 점차 커지게 된다.

1. 경영자

경영자는 기업의 경영목표를 수립하고 경영활동을 수행하며, 기업자원에 대한 적절한 통제를 위해서 회계정보를 활용하게 된다. 구체적으로 경영자는 기업의 경영에 관한 권한과 책임을 가지고 과거 재무적 정보를 토대로 미래의 경영활동에 대하여 예측을 통하여 경영목표를 수립하게 되며, 신규투자여부·기업구조조정·해외시장 진출여부 등과 같은 의사결정 및 배당정책 결정 등의 경영활동에 회계정보를 활용하게 된다. 또한 기업목표달성을 위하여 기업이 가지고 있는 자원에 대한 통제를 위하여 기업의 회계정보를 필요로 하게 된다.

2. 현재 또는 미래의 투자자(주주)

기업의 주주는 자신이 투자한 기업의 재무상태와 경영성과에 대해 그 누

구보다도 깊은 관심을 가지게 된다. 기업의 재무상태가 건전하여 도산위험은 없는지, 경영성과가 양호하여 계속적으로 배당금은 받을 수 있는지에 대하여 깊은 관심을 가지고 회계정보를 활용하게 된다. 또한 기업에 앞으로 출자하려는 투자자는 기업의 과거 업적과 미래의 이익창출능력 및 제반 여건에 관련된 주가의 움직임에 관심을 가지게 된다. 이와 같이 미래의 투자자는 기업의 재무제표를 면밀히 분석하여 새로운 주식에 투자할 것인지를 결정하게 된다.

3. 현재 또는 미래의 채권자

채권자들은 기업에 자금을 대여하고 그 대가로 일정기간동안 사전에 정해진 이자를 받고, 만기일에 원금을 상환 받는다. 이들은 이러한 자금대여 의사결정에 있어 대여여부와 대여조건을 결정할 때 기업의 상환능력평가에 관련된 회계정보를 필요로 한다. 한편 현재의 채권자들 외에 그 기업에 자금의 대여를 고려하고 있는 잠재적 채권자들도 그 기업의 회계정보에 관심을 가지게 된다.

4. 정부기관

정부는 공공의 복지를 증진시키기 위하여 독과점 기업들이 마음대로 가격을 올리지 못하도록 가격관리를 하거나 공공요금의 인상여부를 결정하기 위하여 원가조사를 할 때, 관급공사를 계약할 때 건설업체의 선정과 계약금액을 산정하기 위하여 기업의 회계정보를 필요로 한다. 또한 정부(국세청)는 국가의 조세권을 행사하여 기업으로부터 세금을 징수하게 되는데, 국세청은 기업에게 세금을 부과할 때 세금부과의 기준이 되는 기업의 소득인 이익의 파악이 필요한데 이러한 정보는 회계정보를 통하여 구할 수 있다.

5. 종업원과 노동조합

종업원들은 이들의 노력에 따라 기업의 경영성과가 달라지기 때문에 기업 활동에서 매우 중요한 위치를 차지하고 있다. 종업원들은 기업의 경영성과에 관심을 가지고 더 높은 경영성과를 올리기 위하여 노력하는 한편, 달성된 경영성과의 적정한 배분을 요구하기도 한다. 이를 위하여 종업원들도 기업의 재무상태와 경영성과에 대한 회계정보를 필요로 한다.

노동조합은 임금이나 퇴직금, 복리후생비 등의 결정에 지대한 이해관계를 가지며 이러한 근로조건에 대해 기업과 협상할 기회를 가지는데, 타 기업과의 근로조건 비교나 여러 가지 정책결정에 있어 회계정보를 필요로 한다.

6. 소비자

소비자들은 각종 소비자단체를 결성하여 기업이 적절한 가격과 품질수준을 유지하고 있는지를 조사하여 소비자들에게 알리기도 하고, 기업과 직접 교섭을 벌이기도 하는 등 기업에 대한 압력단체로 활동하기도 한다. 이들도 이와 같은 활동을 원활히 수행하기 위하여 기업에 대한 각종 회계정보를 필요로 하는 것이다.

7. 기타 이용자

기업에 대한 이해관계자는 위에서 언급한 회계정보이용자 이외에도 시민단체, 지역주민, 학자, 회계감사인 등 다양한 유형의 회계정보이용자가 있다.

이와 같이 기업의 이해관계자들은 그 기업에 대한 합리적 의사결정을 위하여 기업과 관련된 정보를 필요로 하는 것이며, 회계는 이들의 정보욕구를 충족시켜주는 것이다.

1.3 회계의 영역

회계정보이용자들은 경영자, 주주, 채권자, 정부기관, 종업원, 노동조합 등으로 구성되어 있으나, 크게는 경영자와 같이 기업의 내부에서 의사결정하는 내부이용자와 주주나 채권자와 같이 기업의 외부에서 기업에 관한 의사결정을 하는 외부이용자로 분류할 수 있다.

회계는 이러한 정보이용자들에 따라 외부이용자를 위한 재무회계분야와 내부이용자를 위한 관리회계분야로 나누어진다. 또한 특수목적을 위한 비영리기관회계분야와 세무회계분야 등으로 나누어지며, 이들 모든 회계분야에 공통적으로 관련되는 분야인 회계감사분야와 회계정보시스템분야로 나누어진다.

재무회계(financial accounting)는 기업의 외부이용자인 주주나 채권자 등이 주요한 대상으로 이들의 경제적 의사결정을 하는데 유용한 재무정보를 제공하는 것을 목적으로 하는 회계이다. 외부이용자는 미리 알려져 있는 특정 대상일 수도 있지만 대부분은 특정되어 있지 않은 미지의 대상들이고, 조직화되어 있지 않은 개인들인 경우가 많다. 이와 같이 외부이용자는 범위가 넓고 전체적이며, 또한 이들은 회계에 대한 전문적 지식도 빈약하기 때문에 이들을 보호할 필요가 있다. 따라서 재무회계는 이들을 보호하기 위한 보호장치인 증권거래법이나 외부감사법, 기업회계기준 등의 규제를 받는다.

관리회계(management accounting)는 경영자가 경영의사결정을 하는데 필요한 회계정보를 제공하는 내부보고목적의 회계이다. 관리회계는 기업의 내부에 있는 경영자에게 관리적 의사결정에 필요한 정보를 제공하는 것을 목적으로 하기 때문에 관리회계가 제공해 주는 정보는 경영자의 의사결정 문제와 관련하여 개별적이고 직접적인 형태를 지닌다. 또한 회계정보의 범위가 좁고 특수하여 일반적으로 기업내부의 기획관리실이나 원가관리과, 예산과나 감사부서 등과 같은 독립된 부서에 의하여 업무가 수행된다.

세무회계(tax accounting)는 한국의 국세청이나 미국의 IRS(Internal Revenue Service)와 같은 조세징수기관을 위한 회계이다. 기업회계 자료와 세법규정에 따라 산출되는 세무회계 자료는 여러 가지 측면에서 상이한 결과를 산출한다. 따라서 세무회계는 국가재정 조달목적상 기업의 재무제표를 세법에 따라 적절히 조정하여 과세소득을 산출하는 것과 관련된 분야이다.

비영리회계(not-for-profit accounting)는 국가나 지방자치단체, 교육기관, 연금기관, 종교나 자선단체 등과 같이 영리를 목적으로 하지 않는 기관들의 회계제도를 연구한다. 이들은 공공성격이 강하기 때문에 일반기업보다도 더욱 많은 이해관계자들을 가지고 있다. 따라서 그들에게 정기적으로 맡겨진 자원이 얼마나 효율적으로 사용되어 어떠한 효과를 얻었는가에 대한 사실과 함께 이러한 업무를 수행하는 과정에서 법령이나 규정을 얼마나 충실하게 준수하였는가를 보고해 주어야 할 의무가 있다.

회계감사(auditing)는 재무회계에 의해 작성된 재무제표가 적정한지, 외부이용자가 신뢰하고 이용할 만한지를 회계전문인인 공인회계사에 의해 검토케 하여 그 결과를 감사의견으로 표명하는 분야이다.

회계정보시스템(accounting information system)은 회계정보이용자의 특성에 의하여 회계를 분류한 것이 아니라 회계정보를 원활히 산출하고 그 유용성을 증가시키기 위한 연구를 수행하는 분야이다. 기업에서는 경제적 사건들이 다양해지고 복잡화되면서 이를 인식하고 처리하여야 할 정보량이 증가하고 그 처리방법도 점차로 복잡해짐에 따라 이를 원활하게 처리하는 문제는 매우 중요하다. 이러한 현실로 회계정보시스템의 중요성은 점차로 증대되고 있다.

그림 1-2 │ 회계의 영역

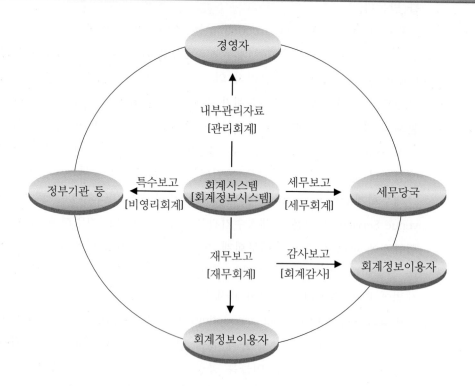

1.4 회계의 사회적 역할

회계는 기업의 이해관계자가 합리적인 의사결정을 할 수 있도록 기업실체에 관한 유용한 정보를 제공한다. 회계가 정보이용자들에게 회계보고서를 통하여 기업실체에 대한 정보를 제공함으로써 사회에 기여하는 역할을 회계의 사회적 역할이라고 하는데 이에는 다음의 세 가지가 있다.

1 사회적 자원의 효율적 배분

사회적 자원은 희소하고 한정되어 있기 때문에 한정된 사회적 자원이 적절하게 배분되어지고, 이를 효과적으로 활용하는 것은 중요하다. 회계는 주주, 채권자, 경영자 등 각종의 이해관계자들이 합리적인 의사결정을 할 수 있도록 필요한 정보를 제공함으로써 희소한 사회적 자원이 효율적으로 배분되는 데 공헌하는 것이다. 즉, 주주나 채권자들은 그들의 의사결정에 있어서 투자이익과 위험을 평가하여 최선의 선택을 하고자 할 것이며, 이를 위해 회계정보를 이용한다. 이러한 회계정보에 의한 합리적 의사결정은 기업내부 및 외부에서 최적의 의사결정이 되며, 이러한 개개인의 최적의 의사결정이 모여 사회적 자원을 최적 배분하는 의사결정으로 이어져 사회적 효용을 극대화시켜 나가게 된다. 즉, 회계정보이용자들이 자기의 이익을 위한 합리적인 의사결정을 하게 되면, 사회 전체적으로 보아 가장 합리적인 결과를 가져오게 된다. 기업에 배분된 자원은 경영자에 의하여 효율적으로 관리됨으로써 그 자원을 이용하여 보다 많은 생산이 이루어질 것이다. 따라서 경영자들은 기업이 소유하고 있는 경제적 자원을 효율적으로 배분하고자 경영을 계획하고 통제하기 위하여 회계정보를 필요로 하게 된다.

2 수탁책임의 보고

수탁책임(stewardship)이란 경영자가 주주나 채권자 등 사회구성원들로부터 조달한 자원을 효과적이고 효율적으로 관리·경영할 책임을 말한다. 경영자는 수탁책임에 의하여 기업의 자원을 효율적으로 관리하고, 그 결과를 이해관계자에게 보고할 책임이 있다. 경영자의 수탁책임은 기업의 자원을 단순히 보전·관리하는 것뿐만 아니라 기업목표를 어느 정도 성취하고 있고 어떻게 효과적으로 경영하고 있는가를 보고할 책임을 의미한다. 따라서 회계정보는 자원의 운용을 위탁받은 경영자가 자원을 투자한 주주나 채권자에게 보고하기 위한 수단이 된다. 이를 회계의 수탁책임보고의 기능이라고 한다.

3. 그 밖의 사회적 통제의 합리화

회계정보는 기업이 부담해야 할 세율의 결정, 버스요금, 택시요금, 통신요금, 전기요금, 수도요금, 가스요금과 같은 공공요금의 책정 등 기업과 소비자에 관련된 국가정책이 합리적으로 이루어지도록 사회적 통제기능을 수행하는데 활용된다. 이와 같이 회계정보는 국가의 주요정책 의사결정에 도움을 주며, 여러 가지 사회적 기능의 합리적이고 능률적인 수행을 위한 유용한 정보로서 역할을 하게 된다.

이러한 세 가지 회계의 사회적 역할은 서로 유기적인 관계를 가지고 있다. 경영자는 회계보고서의 작성과 공시를 통하여 수탁책임을 보고하며, 투자자와 채권자는 공시된 회계보고서를 통해 자원을 가장 효율적이고 합리적으로 사용하는 기업에 투자하게 되고, 그 결과 사회 전체적으로 자원의 효율적 배분이 이루어진다. 또한 정부와 기타 단체는 공시된 회계정보를 기업과 관련된 국가정책을 합리적으로 수행하는데 활용하거나 사회적 통제기능을 수행하는데 활용한다.

1.5 회계원칙과 외부감사제도

경영자는 기업에서 발생한 경제적 사건을 인식, 측정하여 회계보고서를 작성하게 되고, 이를 회계정보이용자(이해관계자)에게 전달한다. 회계정보이용자는 이러한 회계보고서를 의사결정에 유용한 수단으로 활용한다. 따라서 회계보고서는 기업의 경제적 사건을 진실되고, 어느 특정 이해관계자에게 치우침이 없이 공정하게 작성되고 보고되어야 한다.

　　회계보고서의 작성이 기업의 자유재량에 의하여 임의적으로 작성된다면 기업마다 회계보고서 작성방법이 다를 수 있고, 또한 기간별로도 다를 수 있어 회계정보의 신뢰성과 비교가능성이 저하되어 회계정보가 유용하지 못할 수 있다.

　　따라서 회계보고서가 합리적인 기준에 의해서 작성되고, 작성된 회계보고서는 독립된 제3자에 의하여 감사받은 후 공시하도록 함으로써 회계보고서의 신뢰성과 비교가능성을 제고시킬 수 있다.

　　이를 위하여 일반적으로 인정된 회계원칙과 외부감사제도가 있다.

1. 일반적으로 인정된 회계원칙

　　일반적으로 인정된 회계원칙(GAAP: Generally Accepted Accounting Principles)이란 회계처리 및 보고에 있어서 준수하지 않으면 안 될 행위의 지침 또는 기업의 회계실무를 이끌어가는 지도원리를 말한다. 이는 과거로부터 회계실무에서 재무제표를 작성하는 데 적용하여 왔던 회계개념과 회계관습, 회계절차 등을 종합한 것으로 대부분은 회계원칙을 제정하는 기관에 의하여 공식적으로 제정된 것이지만, 일부는 실무에서 관습적으로 수용되면서 일반적인 원칙으로 인정받은 것도 있다.

　　회계원칙은 다음과 같은 성격을 가지고 있다.

　　첫째, 회계원칙은 다수의 권위있는 전문가의 합의에 의하여 종합적으로 체계화된 것으로서 기업의 회계를 수행함에 있어서 준수해야 하는 **회계행위의 지침**이며 회계실무를 이끌어 가는 지도원리이다. 그것은 회계처리나 회계보고에 있어서 지침일 뿐 아니라 전반적인 회계행위에 있어서의 판단기준, 측정기준, 비교기준이 된다.

　　둘째, 회계원칙은 모든 기업에 적용 가능할 뿐만 아니라 모든 이해관계자 집단의 요구에 부응할 수 있으며, 여러 이해관계자 집단의 입장과 요구를 조정한 **보편타당성**을 가져야 한다. 그러나 다양한 이해관계자들의 요구에 따라 각기 다른 회계보고서를 작성하는 것은 불가능하므로 세부적인 회계절차를 규정하지 않고 특정기업이 적절한 방법을 선택할 수 있도록 포괄적이고 일반적인 지침을 제공한다. 이러한 지침을 통하여 상충되는 요구를 조정하여 모든 이해관계자의 경제적 의사결정에 유용한 회계정보가 제공될 수 있도록 회계행위에 대한 보편적인 지침을 제공한다.

셋째, 회계원칙은 경제적 환경의 변화에 따라 변화하는 특성이 있다. 회계는 하나의 사회적 제도로 존속하기 때문에 회계원칙은 자연과학분야의 법칙과 같이 고정적이고 불변한 법칙이 아니라 변화하는 경제환경에 더 적합한 방법을 찾아서 계속 변화될 수 있는 사회과학적 특성을 지니고 있다.

2. 국제회계기준과 우리나라의 회계기준

기업이 회계행위를 할 때 준수해야 하는 회계기준은 나라마다 다르다. 그러나 기업은 다국적화되고 회계정보이용자들도 세계화됨에 따라 회계기준이 나라마다 다름으로 인하여 회계정보이용자들에게 회계정보의 유용성이 결여되게 되었다. 즉, 자본시장의 세계화 추세에 따라 전세계적으로 단일기준으로 작성된 신뢰성 있는 재무정보의 요구가 증대되어 왔다.

이러한 수요에 부응하기 위하여 국제적으로 통일된 회계기준 제정이라는 목표 아래 국제적인 회계제정기구인 국제회계기준위원회(IASB: International Accounting Standards Board)가 설립되어 국제재무보고기준서(IFRS: International Financial Reporting Standards)를 발표하고 있으며, 지금 현재 우리나라를 비롯하여 EU, 호주, 남아프리카공화국 등 많은 국가가 국제회계기준을 의무적으로 적용하거나 또는 허용하고 있다.

우리나라 회계실무의 지침인 기업회계기준은 "주식회사등의외부감사에관한법률"의 규정에 따라 금융위원회가 제정하고 있는데, 실질적으로 금융감독위원회로부터 위탁을 받은 한국회계기준원이 회계기준 제정업무를 담당하고 있다. 우리나라는 국제회계기준 등을 반영하여 기준서를 제정하고 기존의 기업회계기준을 대체하여 국제회계기준을 점진적으로 수용하여 왔으나, 국제사회에서 국제회계기준과 다른 회계기준을 사용하는 나라로 분류됨에 따라 2006년도 국제회계기준 도입 준비단을 구성하여 도입방안을 검토한 후 2007년 12월 한국채택국제회계기준(K-IFRS)을 제정 공포하였다. 이를 통하여 우리나라도 2009년부터 K-IFRS의 선택적 적용을 허용하였으며, 2011년부터 모든 상장기업이 의무적으로 적용하도록 하고 있다.

한국채택국제회계기준은 "주식회사등의외부감사에관한법률"의 적용대상 기업인 상장기업과 비상장기업 중 한국채택국제회계기준의 적용을 선택한 기업의 회계처리에 적용되며, 한국채택국제회계기준을 적용하지 않은 비상장기업은 일반기업회계기준을 적용한다. 그리고 특수분야 회계기준은 관계법령 등의 요구에 의하여 별도로 정한 경우 이를 적용한다.

이와 같이 우리나라의 기업회계기준은 한국채택국제회계기준, 일반기업회계기준, 중소기업회계기준 등으로 구성되어 있다.

③ 외부감사제도

일반적으로 인정된 회계원칙이 명확히 잘 정립되었다 하더라도 기업의 회계담당자가 회계처리 할 때 이를 적정하게 준수하고 있는지는 회계정보이용자들이 알 수 없다. 따라서 회계정보이용자들은 전문적인 회계지식을 가진 독립된 제3자에게 회계정보이용자들을 대신하여 이를 확인하고 싶어 한다.

외부감사제도(external auditing)는 회계보고서가 일반적으로 인정된 회계원칙에 따라 작성되었는지를 독립된 전문가로서 의견을 표명함으로써 회계보고서의 신뢰성을 높이고 회계정보이용자가 기업에 관하여 올바른 의사결정을 하도록 한 제도이다.

우리나라의 경우 "주식회사등의외부감사에관한법률"의 규정에 의하여 상장(예정)법인 및 직전 회계연도말의 자산총액이 500억 이상인 회사 또는 매출액이 500억원 이상인 비상장법인 등의 경우 공인회계사로부터 의무적으로 감사를 받도록 하고 있다. 또한 다음에서 나열하는 4개항목 즉, 직전 사업연도 말의 자산총액이 120억원 이상, 직전 사업연도 말의 부채총액이 70억원 이상, 직전 사업연도의 매출액이 100억원 이상, 직전 사업연도 말의 종업원 100명 이상 중 2개이상에 해당하는 회사도 공인회계사로부터 의무적으로 감사를 받도록 하고 있다.

이와 같이 회계정보이용자들은 회계보고서와 감사보고서를 이용하여 특정 기업에 대한 의사결정을 하게 되는 것이다.

1.6　재무보고를 위한 개념체계

재무보고를 위한 개념체계(conceptual framework for financial reporting)는 외부이용자를 위한 재무제표의 작성과 표시에 있어 기초가 되는 개념을 정립한 것이다. 따라서 재무보고를 위한 개념체계는 재무제표의 본질, 기능에 관한 규범을 제시하고, 기본개념들을 논리적으로 체계화하여 일관성 있는 이론을 정립하는 것을 의미한다. 여기에서 규범을 제시한다는 것은 현재의 개념 및 실무뿐만 아니라 앞으로 새로운 문제가 발생하는 경우 이를 일관성 있는 이론적 체계 내에서 해결할 수 있는 방향을 제시하는 것을 말한다. 따라서 재무보고를 위한 개념체계는 외부이용자를 위하여 재무제표를 작성하고 표시함에 있어서 기초가 되는 개념을 정립하고, 회계실무를 평가할 수 있는 준거체계를 제공하며, 새로운 회계실무를 발전시키는 지침으로서 역할을 수행한다.

그림 1-3 재무보고를 위한 개념체계

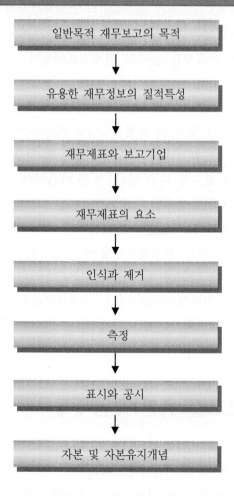

재무보고를 위한 개념체계는 한국회계기준위원회가 일관된 개념에 기반하여 한국채택국제회계기준을 제·개정하는 데 도움을 준다. 또한 특정 거래나 다른 사건에 적용할 회계기준이 없거나 회계기준에서 회계정책 선택이 허용되는 경우에 재무제표 작성자가 일관된 회계정책을 개발하는 데 도움을 주며, 모든 이해관계자가 회계기준을 이해하고 해석하는 데 도움을 준다. 그러나 재무보고를 위한 개념체계가 회계기준은 아니다. 개념체계는 회계기준의 근간을 제공하는 역할을 하지만 구체적인 회계처리방법이나 공시에 관한 기준을 정하지는 않는다. 따라서 개념체계가 특정회계기준과 상충되는 경우에는 그 회계기준이 개념체계에 우선하게 되는 것이다. 어떠한 경우에도 개념체계가 회계기준을 우선하지는 않는다. 단지 개념체계는 특정사건을 인식하기 위한 회계기준이 없을 경우에 회계처리를 위한 지침을 제공하는 역할을 하는 것이다.

재무보고를 위한 개념체계는 일반목적재무보고의 목적, 유용한 재무정보의 질적 특성, 재무제표와 보고기업, 재무제표의 요소, 인식과 제거, 측정, 표시와 공시, 자본 및 자본유지개념으로 구성되어 있다.

1 일반목적 재무보고의 목적

기업은 재무보고를 통하여 다양한 회계정보이용자에게 회계정보를 제공하나, 이들 회계정보이용자들은 서로 상이한 회계정보를 요구한다. 그러나 재무보고는 다양한 이용자들이 필요로 하는 모든 정보를 제공하지 않으며, 기업에게 그들이 필요로 하는 정보를 직접 제공하도록 요구할 수도 없다. 기업이 다양한 이해관계자들의 다양한 욕구에 맞추어 재무보고를 한다면 이는 특수목적재무보고가 될 것이다. 그러나 특수목적재무보고를 하려면 기업의 부담이 가중되고 특수목적재무보고를 한다고 해서 다양한 이해관계자들의 다양한 정보욕구를 모두 충족시킬 수 없게 된다. 따라서 이들이 필요로 하는 재무정보의 많은 부분을 공통적 정보를 제공하는 재무보고서, 즉 일반목적재무보고를 통하여 기업에 대한 재무정보를 제공받게 된다.

일반목적재무보고의 목적은 현재 및 잠재적 투자자, 대여자와 그 밖의 채권자가 기업에 자원을 제공하는 것과 관련된 의사결정을 할 때 유용한 재무정보를 제공하는 것이다. 현재 및 잠재적 투자자는 본인이 관심을 갖는 기업의 지분상품 및 채무상품을 매수할 것인지, 이러한 지분상품이나 채무상품을 이미 가지고 있다면 이를 매도할 것인지, 계속보유 할 것인지에 대한 의사결정을 할 것이다. 또한 기업에 대한 대여 및 기타 형태의 신용제공과 결제에 관한 의사결정을 하게 되고, 기업의 경제적 자원 사용에 영향을 미치는 경영진의 행위에 대한 의결권 등의 권리행사를 통하여 경영진의 행위를 승인할 것인지에 대한 의사결정도 하게 될 것이다. 이러한 의사결정의 핵심은 기업의 수익에 대한 기대이며, 수익에 대한 기대는 미래 순현금흐름유입액과 경영진의 수탁책임에 대한 평가에 달려 있다. 미래 순현금흐름유입액과 경영진의 수탁책임에 대한 평가를 위해 필요한 정보는 기업의 경제적 자원과 청구권 및 경제적 자원과 청구권 변동에 대한 정보로서 구체적으로 자산, 부채, 자본 및 그들의 변동에 관한 정보이다. 일반목적재무보고서는 이해관계자들이 이러한 의사결정을 할 때 유용한 정보를 제공하는 것을 목적으로 하고 있다.

일반목적재무보고의 목적은 다양한 정보이용자의 경제적 의사결정에 유용한 기업의 재무상태, 경영성과와 재무상태변동에 관한 정보를 제공하는 의사결정중심의 회계와 동시에 위탁받은 자원의 효율적 운영에 대한 경영진의 수탁책임이나 회계책임의 결과를 평가하는데 필요한 정보를 제공하는 수탁책임회계에 중점을 둔다. 재무상태에 관한 정보는 주로 재무상태표를 통해 제공되고, 경영성과에 관한 정보는 주로 포괄손익계산서를 통해 제공되며, 재무상태변동에 관한 정보는 별도의 재무제표를 통하여 제공된다. 경제적 의사결정을 추구하는 회계정보이용자는 이들 재무제표를 통하여 기업의 현금창출능력, 기업의 현금창출시기, 기업의 현금창출 확신성과 수탁책임 이행여부를 판단하게 된다.

2. 유용한 재무정보의 질적특성

재무보고의 목적은 현재 및 잠재적 투자자, 대여자와 그 밖의 채권자가 기업에 자원을 제공하는 것에 대한 의사결정을 할 때 유용한 보고기업 재무정보를 제공하는 것이다. 재무정보의 질적 특성(qualitative characteristics)은 재무보고를 통하여 제공되는 정보가 정보이용자에게 유용한 정보가 되기 위해 갖추어야 할 주요 속성을 말한다. 근본적으로 재무정보가 유용하기 위해서는 목적적합해야 하고 나타내고자 하는 바를 충실하게 표현해야 한다. 또한 재무정보가 비교가능하고, 검증가능하며, 적시성 있고, 이해가

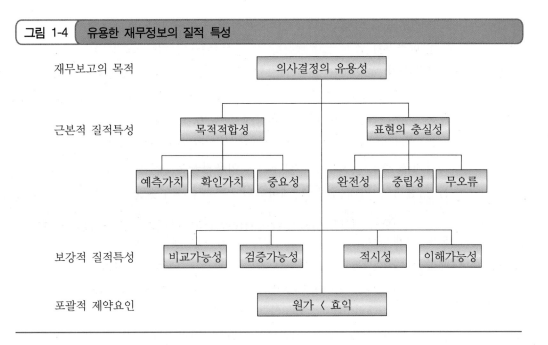

그림 1-4   유용한 재무정보의 질적 특성

능한 경우에는 그 재무정보의 유용성이 보강된다. 개념체계에서는 질적특성을 근본적 질적특성과 보강적 질적특성으로 구분하고 있으며, 이에 대한 포괄적 제약요인으로 효익과 원가간의 균형를 제시하고 있다.

(1) 근본적 질적특성

근본적 질적특성(fundamental qualitative characteristics)에는 목적적합성과 표현의 충실성이 있다. 정보가 유용하기 위해서는 목적적합하고 나타내고자 하는 바를 충실하게 표현해야 한다. 목적적합하지 않은 현상에 대한 표현충실성과 목적적합한 현상에 대한 충실하지 못한 표현 모두 이용자들의 유용한 의사결정에 도움이 되지 않는다.

1) 목적적합성

목적적합성(relevance)은 의사결정에 유용한 정보가 되려면 재무정보가 정보이용자의 경제적 의사결정에 차이가 나도록 할 수 있어야 한다. 즉, 특정 회계정보를 이용하여 의사결정을 하는 경우와 특정 회계정보를 이용하지 않고 의사결정을 하는 경우를 비교해서 의사결정에 차이를 발생하게 하는 정보의 능력을 말한다. 목적적합한 재무정보는 이용자들의 의사결정에 차이가 나도록 할 수 있다. 재무정보에 예측가치, 확인가치 또는 이 둘 모두가 있다면 그 재무정보는 의사결정에 차이가 나도록 할 수 있다.

① 예측가치

예측가치(predictive value)란 회계정보가 과거 또는 현재의 자료를 토대로 하여 정보이용자에게 미래 사건의 결과에 관하여 예측능력을 증대시키도록 해주는 속성을 말한다. 이용자들이 미래 결과를 예측하기 위해 사용하는 절차의 투입요소로 재무정보가 사용될 수 있다면, 그 재무정보는 예측가치를 갖는다고 할 수 있다. 즉, 이용자들은 예측가치를 갖는 재무정보를 사용하여 미래 결과를 예측한다. 따라서 재무정보가 예측가치를 갖기 위해 그 자체로 예측치 또는 예상치일 필요는 없다. 예측치가 아닌 재무정보로 미래 결과를 예측할 수 있다면 이러한 재무정보도 예측가치를 갖기 때문이다.

② 확인가치

확인가치(confirmatory value)란 과거에 의사결정을 하여 현재에 나타난 결과에 대해 회계정보를 제공함으로써 과거에 기대한 바를 확인하거나 또는 과거의 의사결정을 수정케 해주는 정보의 속성을 말하며, 피드백가치(feedback value)라고도 한다. 재무정보가 과거 평가에 대해 피드백을 제공한다면 (과거 평가를 확인하거나 변경시킨다면) 확인가치를 갖는다.

재무정보의 예측가치와 확인가치는 상호 연관되어 있다. 예측가치를 갖는 정보는 확인가치도 갖는 경우가 많다. 예를 들어, 미래 연도 수익의 예측 근거로 사용될 수 있는 당해 연도 수익 정보를 과거 연도에 행한 당해 연도 수익 예측치와 비교할 수 있다. 그 비교 결과는 이용자가 그 과거 예측에 사용한 절차를 수정하고 개선하는 데 도움을 줄 수 있다.

③ 중요성

중요성(materiality)이란 정보가 누락되거나 잘못 기재되어 특정 보고기업의 재무정보에 근거한 정보이용자의 의사결정에 영향을 미칠 수 있는 정보의 속성을 말한다. 특정 보고기업에 대한 재무정보를 제공하는 일반목적재무보고서에 정보가 누락되거나 잘못 기재되거나 불분명하게 하여, 주요 이용자들이 이를 기초로 의사결정을 내릴 때 영향을 줄 것으로 합리적으로 예상할 수 있다면 그 정보는 중요한 것이다. 회계정보의 목적적합성은 중요성에 영향을 받는데, 이 중요성은 정보가 제공하는 금액의 상대적 비중이나 정보의 성격에 따라 결정된다.

2) 표현의 충실성

표현의 충실성(faithful representation)은 측정치인 정보가 표현하고자 하는 경제 현상을 있는 그대로 충실하게 나타낼 수 있어야 한다는 속성이다. 재무보고서는 경제적 현상을 글과 숫자로 나타내는 것이다. 재무정보가 유용하기 위해서는 목적적합한 현상을 표현하는 것뿐만 아니라 나타내고자 하는 현상의 실질을 충실하게 표현해야 한다. 많은 경우, 경제적 현상의 실질과 그 법적 형식은 같다. 만약 같지 않다면, 법적 형식에 따른 정보만 제공해서는 경제적 현상을 충실하게 표현할 수 없을 것이다. 정보가 유용성을 가지기 위해서는 그 정보가 나타내고자 하거나 나타낼 것으로 기대되는 거래나 사건을 사실대로 충실하게 표현하여야 한다. 즉, 재무보고서상 경제적 현상이 완벽하고 충실하게 서술되어야 회계보고서상의 정보가 회계정보이용자에게 유용한 정보가 되는 것이다. 완벽한 표현충실성을 위해서는 서술은 완전하고, 중립적이며, 오류가 없어야 할 것이다. 물론 완벽은 이루기 매우 어렵다.

① 완전한 서술(완전성)

완전한 서술(completeness)은 필요한 기술과 설명을 포함하여 이용자가 서술되는 현상을 이해하는 데 필요한 모든 정보를 포함하는 것이다. 예를 들어, 자산 집합에 대한 완전한 서술은 집합 내 자산의 특성에 대한 기술과 집합 내 모든 자산의 수량적 서술, 그러한 수량적 서술이 표현하고 있는 기술 내용(예: 역사적 원가 또는 공정가치)을 포함한다. 일부 항목의 경우 완전한 서술은 항목의 질과 성격, 그 항목의 질과 성격에 영향을 줄 수 있는 요인과 상황, 그리고 수량적 서술을 결정하는 데 사용된 절차에 대한 유의적인 사실에 대한 설명을 수반할 수도 있다.

② 중립적 서술(중립성)

중립적 서술(neutrality)은 재무정보의 선택이나 표시에 편의가 없는 것이다. 즉, 이용자들이 재무정보를 유리하게 또는 불리하게 받아들이도록 편파적이거나, 편중되거나, 강조되거나, 경시되는 등의 방식으로 조작하지 않는 것이다. 중립적 정보는 목적이 없거나 행동에 대한 영향력이 없는 정보를 의미하지 않는다. 오히려 목적적합한 재무정보는 정의상 이용자들의 의사결정에 차이가 나도록 할 수 있는 정보이다.

중립성은 신중을 기함으로써 뒷받침된다. 신중성은 불확실한 상황에서 판단할 때 주의를 기울이는 것이다. 신중을 기한다는 것은 자산과 수익이 과대평가(overstated)되지 않고 부채와 비용이 과소평가(understated)되지 않는 것을 의미한다. 마찬가지로, 신중을 기한다는 것은 자산이나 수익의 과소평가나 부채나 비용의 과대평가를 허용하지 않는다. 그러한 그릇된 평가(misstatements)는 미래 기간의 수익이나 비용의 과대평가나 과소평가로 이어질 수 있다.

신중을 기하는 것이 비대칭의 필요성(예: 자산이나 수익을 인식하기 위해서는 부채나 비용을 인식할 때보다 더욱 설득력 있는 증거가 뒷받침되어야 한다는 구조적인 필요성)을 내포하는 것은 아니다. 그러한 비대칭은 유용한 재무정보의 질적특성이 아니다. 그럼에도 불구하고, 나타내고자 하는 바를 충실하게 표현하는 가장 목적적합한 정보를 선택하려는 결정의 결과가 비대칭성이라면, 특정 회계기준에서 비대칭적인 요구사항을 포함할 수도 있다.

③ 오류가 없는 서술(무오류)

오류가 없는 서술(free from error)이란 현상의 기술에 오류나 누락이 없고, 보고 정보를 생산하는 데 사용되는 절차의 선택과 적용 시 절차 상 오류가 없음을 의미한다. 이 맥락에서 오류가 없다는 것은 모든 면에서 완벽하게 정확하다는 것을 의미하지는 않는다. 예를 들어, 관측가능하지 않은 가격이나 가치의 추정치는 정확한지 또는 부정확한지 결정할 수 없다. 그러나 추정치로서 금액을 명확하고 정확하게 기술하고, 추정 절차의 성격과 한계를 설명하며, 그 추정치를 도출하기 위한 적절한 절차를 선택하고 적용하는 데 오류가 없다면 그 추정치의 표현은 충실하다고 할 수 있다.

재무보고서의 화폐금액을 직접 관측할 수 없어 추정해야만 하는 경우에는 측정불확실성(measurement uncertainty)이 발생한다. 합리적인 추정치의 사용은 재무정보의 작성에 필수적인 부분이며, 추정이 명확하고 정확하게 기술되고 설명되는 한 정보의 유용성을 저해하지 않는다. 측정불확실성이 높은 수준이더라도 그러한 추정이 무조건 유용한 재무정보를 제공하지 못하는 것은 아니다

(2) 보강적 질적특성

보강적 질적특성(enhancing qualitative characteristics)은 목적적합성과 나타내고자 하는 바를 충실하게 표현하는 것 모두를 충족하는 정보의 유용성을 보강시키는 질적특성이다. 보강적 질적특성은 만일 어떤 두 가지 방법

이 모두 현상에 대하여 동일하게 목적적합한 정보이고 동일하게 충실한 표현을 제공하는 것이라면 이 두 가지 방법 가운데 어느 방법을 그 현상의 서술에 사용해야 할지를 결정하는 데에도 도움을 줄 수 있다. 보강적 질적특성은 가능한 한 극대화되어야 한다. 그러나 보강적 질적특성은, 정보가 목적적합하지 않거나 나타내고자 하는 바를 충실하게 표현하지 않으면, 개별적으로든 집단적으로든 그 정보를 유용하게 할 수 없다. 보강적 질적특성에는 비교가능성, 검증가능성, 적시성, 이해가능성이 있다.

1) 비교가능성

비교가능성(comparability)은 이용자들이 항목 간의 유사점과 차이점을 식별하고 이해할 수 있게 하는 질적특성이다. 이용자들의 의사결정은, 예를 들어, 투자자산을 매도할지 또는 보유할지, 어느 보고기업에 투자할지를 선택하는 것과 같이, 대안들 중에서 선택을 하는 것이다. 따라서 보고기업에 대한 정보는 다른 기업에 대한 유사한 정보 및 해당 기업에 대한 다른 기간이나 다른 일자의 유사한 정보와 비교될 수 있다면 더욱 유용하다.

근본적 질적특성을 충족하면 어느 정도의 비교가능성은 달성될 수 있을 것이다. 목적적합한 경제적 현상에 대한 표현충실성은 다른 보고기업의 유사한 목적적합한 경제적 현상에 대한 표현충실성과 어느 정도의 비교가능성을 자연히 가져야 한다. 하나의 경제적 현상은 여러 가지 방법으로 충실하게 표현될 수 있으나, 동일한 경제적 현상에 대해 대체적인 회계처리방법을 허용하면 비교가능성이 감소한다.

2) 검증가능성

검증가능성(verifiability)은 합리적인 판단력이 있고 독립적인 서로 다른 관찰자가 어떤 서술에 대하여 비록 반드시 완전히 의견이 일치하지는 않더라도, 합의에 이를 수 있다는 것을 의미한다. 검증가능성은 정보가 나타내고자 하는 경제적 현상을 충실히 표현하는지를 이용자들이 확인하는 데 도움을 준다.

검증은 직접 또는 간접으로 이루어질 수 있다. 직접 검증은, 예를 들어, 현금을 세는 것과 같이, 직접적인 관찰을 통하여 금액이나 그 밖의 표현을 검증하는 것을 의미한다. 간접 검증은 모형, 공식 또는 그 밖의 기법에의 투입요소를 확인하고 같은 방법을 사용하여 그 결과를 재계산하는 것을 의미한다.

3) 적시성

적시성(timeliness)은 정보이용자의 의사결정에 정보를 제때에 이용가능하게 하는 것을 의미한다. 만일 정당한 사유 없이 정보의 보고가 지체된다면 그 정보는 목적적합성을 상실할 수 있다. 그러나 적시에 정보를 제공하기 위하여 특정 거래나 사건의 모든 내용이 확인되기 전에 보고하게 되면 표현의 충실성을 훼손할 수 있다. 일반적으로 정보는 오래될수록 유용성이 낮아진다. 그러나 추세를 식별하고 평가할 필요가 있는 정보는 보고기간 말 후에도 오랫동안 적시성이 있을 수 있다.

4) 이해가능성

이해가능성(understandability)은 회계정보가 정보이용자에게 이해될 수 있도록 제공되어야 한다는 특성이다. 경제현상은 본질적으로 복잡하여 이해하기가 쉽지 않지만 이해하기 어렵다는 이유로 회계정보를 임의적으로 제외하여서는 아니된다. 경제현상에 대해 합리적인 지식이 있고 이를 분석하여 활용하려는 정보이용자에게 정보가 명확하고 간결하게 분류되고, 표시될 때 이해가능하게 된다. 회계정보이용자의 의사결정에 더욱 유용한 정보가 되려면 정보가 이용자에게 쉽게 이해될 수 있도록 제공되어야 한다.

(3) 포괄적 제약요인

정보를 측정하여 보고하기 위해서는 그 정보에서 기대되는 효익이 그 정보를 제공하기 위하여 소요되는 원가보다 커야 한다. 재무정보의 작성과 보고에는 원가가 소요되므로, 해당 정보 보고의 효익이 그 소요된 원가를 정당화한다는 것이 중요하다. 이러한 **효익과 원가간의 균형**(benefit-cost balance)은 재무정보의 질적특성에 대한 포괄적 제약요인이다.

3. 재무제표와 보고기업

(1) 재무제표의 범위

재무제표는 미래현금흐름에 대한 전망과 보고기업의 경제적 자원에 대한 경영자의 수탁책임을 평가하는데 필요한 자산, 부채, 자본, 수익과 비용에 대한 재무정보를 회계정보이용자에게 전달하는 수단이다. 이러한 정보는 자산, 부채, 자본이 인식된 재무상태표, 수익과 비용이 인식된 재무성과

표, 현금흐름에 관한 정보를 제공하는 현금흐름표, 자본청구권 보유자의 출자와 자본청구권 보유자에 대한 분배의 정보가 포함된 자본변동표, 주석을 통하여 회계정보이용자에게 전달된다.

(2) 보고기간

재무제표의 작성은 특정기간, 즉 보고기간에 대하여 작성된다. 일반적으로 실무에서는 보고기간을 1년으로 하여 정보를 제공한다. 적시성 있는 정보의 제공을 위하여 보고기간을 분기별(3개월) 또는 반기(6개월)로 하여 정보를 제공한다. 또한 재무제표이용자들이 변화와 추세를 식별하고 평가하는 것을 돕기 위하여 재무제표는 최소한 직전 연도에 대한 비교정보를 제공한다.

(3) 계속기업가정

기본가정은 회계이론을 논리적으로 전개하기 위한 가정 또는 근본적인 명제로서 기업실체를 둘러싼 환경으로부터 귀납적으로 도출해 낸 회계이론 전개의 기초가 되는 사실들을 의미하는 것으로 환경적 가정 또는 회계공준(accounting postulates)이라고도 한다. 재무제표 작성을 위한 기본가정은 재무회계의 이론적 체계를 정립함에 있어 기초가 되는데 재무보고를 위한 개념체계에서는 계속기업을 제시하고 있다. 재무제표 작성을 위한 기본가정인 계속기업(going concern)의 가정은 기업은 예측가능한 미래 기간 동안 영업을 계속할 것이라는 가정하에 재무제표가 작성된다. 따라서 기업을 청산하거나 거래를 중단하려는 의도가 없으며, 그럴 필요도 없다고 가정한다. 따라서 기업은 경영활동을 청산하거나 중요하게 축소할 의도가 없으며 그럴 필요가 없다는 가정을 적용하여 재무제표를 작성하게 된다. 만약 이러한 의도나 필요성이 있다면 재무제표는 계속기업을 가정한 기준과는 다른 기준을 적용하여 작성하는 것이 타당하며 이때 적용된 기준은 공시되어야 한다.

역사적 원가주의, 유형자산의 감가상각, 유동성배열법등과 같은 주요 회계원칙들은 계속기업의 가정에 근거하고 있다. 자산과 부채를 역사적 원가로 측정할 수 있는 근거는 계속기업의 가정이다. 왜냐하면 어떤 기업이 청산될 것으로 가정하면, 자산가치의 측정은 역사적 원가보다는 청산가치에 의하여 측정하는 것이 더 유용하기 때문이다. 또한 유형자산의 감가상각도 계속기업가정을 근거로 한 것으로 만약 청산을 가정한 경우는 유형자산의 취득원가를 미래의 기간동안 비용으로 배분한다는 것은 무의미한 것이기 때문이다. 유동성배열법도 계속기업가정을 기반으로 할 때 의미 있는 것이다. 청산을 가정하면 모든 자산은 곧 현금화 되고, 부채도 곧 결재될 것이므로 자산과 부채를 유동항목과 비유동항목으로 구분하여 배열하는 것은 의미 없는 일이기 때문이다.

(4) 보고기업

보고기업은 재무제표를 작성해야 하거나 작성하기로 선택한 기업을 말한다. 보고기업은 법적인 단일의 실체의 경우가 대부분이나, 단일실체의 일부인 사업부가 보고 기업이 될 수도 있고 둘 이상의 실체로 구성될 수도 있다. 보고 기업이 지배기업 단독인 경우 그 보고기업의 재무제표를 비연결재무제표라고 하며, 둘 이상의 기업이 지배·종속관계에 있다면 이는 경제적으로 단일 실체에 해당되며 이 경우 보고기업은 지배기업과 종속기업을 합친 실체가 되는데 이러한 경제적 단일실체의 재무제표를 연결재무제표라 한다. 또한 보고기업이 지배·종속관계로 모두 연결되어 있지는 않은 둘 이상 실체들로 구성된다면 그 보고기업의 재무제표를 결합재무제표라고 한다. 실무에서는 지배기업과 종속기업의 재무제표를 하나로 합친 연결재무제표를 작성하며, 지배기업은 지배기업만의 재무제표인 별도재무제표를 작성한다.

4 재무제표의 요소

경제적 거래나 사건의 재무적 영향은 그 경제적 특성에 따라 재무제표의 구성요소별로 분류·보고된다. 재무제표의 구성요소는 재무상태표의 구성요소인 자산, 부채 및 자본과 손익계산서의 구성요소인 수익, 비용으로 구분할 수 있다.

(1) 자 산

자산(assets)이란 과거 사건의 결과로 기업이 통제하는 현재의 경제적 자원이다. 경제적 자원이란 경제적효익을 창출할 잠재력을 지닌 권리를 말한다. 자산은 경제적 자원 자체를 의미하므로 경제적자원이 창출할 수 있는 경제적 효익의 유입은 자산이 아니다. 또한 기업의 모든 권리가 자산이 되는 것은 아니며, 권리가 자산이 되기 위해서는 해당 권리가 그 기업을 위해서 다른 모든 당사자들이 이용가능한 경제적 효익을 초과하는 경제적 효익을 창출할 잠재력이 있고, 그 기업에 의해 통제되어야 한다.

(2) 부 채

부채(liabilities)는 과거의 사건의 결과로 기업이 경제적 자원을 이전해야 하는 현재의무이다. 부채가 존재하기 위해서는 다음의 세 가지 조건을 모두 충족하여야 한다. 첫째 기업에게 의무가 있어야 하고, 둘째 해당 의무로 인해 경제적 자원이 이전되어야 하며, 셋째 과거사건의 결과로 존재하는 현재의무이어야 한다. 기업에게 의무가 있다는 것은 기업이 회피할 수 있는 실제 능력이 없는 책무나 책임을 말한다. 의무는 항상 다른 당사자(또는 당사자들)에게 이행해야 한다. 다른 당사자(또는 당사자들)는 사람이나 또 다른 기업, 사람들 또는 기업들의 집단, 사회 전반이 될 수 있다. 의무를 이행할 대상인 당사자(또는 당사자들)의 신원을 알 필요는 없다.

(3) 자 본

자본(capital)은 기업의 자산에서 모든 부채를 차감한 잔여지분이다. 자본청구권은 기업의 자산에서 모든 부채를 차감한 후의 잔여지분에 대한 청구권이다. 즉, 부채의 정의에 부합하지 않는 기업에 대한 청구권이다. 그러한 청구권은 계약, 법률 또는 이와 유사한 수단에 의해 성립될 수 있다. 보통주 및 우선주와 같이 서로 다른 종류의 자본청구권은 보유자에게 배당금, 청산시 잔액에 대한 청구권에서 서로 다른 권리를 부여할 수 있다.

(4) 수 익

수익(revenue)은 자산의 증가 또는 부채의 감소로서 자본의 증가를 가져온다. 다만, 자본청구권 보유자의 출자와 관련된 것을 제외한다. 자본의 증가를 초래하는 것은 특정회계기간 동안에 발생한 경제적 효익의 증가를 의미하는 것이다. 따라서 지분참여자에 의한 출자와 관련된 것은 제외한다. 왜냐하면 수익은 재화의 생산·판매나 용역의 제공 등 기업실체의 주요 영업활동을 그 발생원천으로 하기 때문이다.

(5) 비 용

비용(expense)이란 자산의 감소 또는 부채의 증가로서 자본의 감소를 가져온다. 다만, 자본청구권 보유자에 대한 분배와 관련된 것을 제외한다. 자본의 감소를 초래하는 것은 특정 회계기간 동안에 발생한 경제적 효익의 감소를 의미하는 것이다. 따라서 지분참여자에 대한 분배와 관련된 것은 제외한다. 비용 역시 수익과 마찬가지로 재화의 생산·판매나 용역의 제공 등 기업실체의 주요 영업활동이 그 발생 원천이다.

5 인식과 제거

(1) 인식절차

인식(recognition)이라 함은 자산, 부채, 자본, 수익 또는 비용과 같은 재무제표 요소 중 정의를 충족하는 항목을 재무상태표나 재무성과표에 포함하기 위하여 화폐금액으로 나타내는 것이다. 즉, 경제적 사건을 화폐금액으로 측정하고 이를 자산, 부채, 자본, 수익, 비용으로 구분하여 재무제표에

그림 1-5 인식에 따라 재무제표 요소들이 연계되는 방법

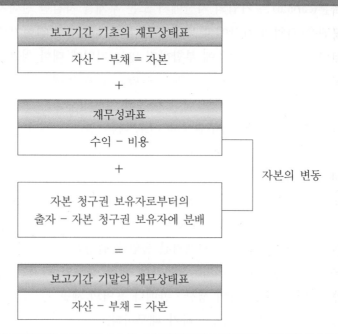

계상하는 과정을 말한다. 이때 자산, 부채 또는 자본이 재무상태표에 인식되는 금액을 **장부금액**이라고 한다.

재무상태표와 재무성과표는 재무정보를 비교가능하고 이해하기 쉽도록 구성한 구조화된 요약으로, 기업이 인식하는 자산, 부채, 자본, 수익 및 비용을 나타낸다. 인식에 따라 재무제표 요소, 재무상태표 및 재무성과표가 다음과 같이 연계된다.

[그림 1-5]에서와 같이 재무상태표의 보고기간 기초와 기말의 총자산에서 총부채를 차감한 것은 총자본과 같다. 또한 보고기간에 인식한 자본변동은 재무성과표에 인식된 수익에서 비용을 차감한 금액과 자본청구권 보유자로부터의 출자에서 자본청구권 보유자에의 분배를 차감한 금액으로 이루어진다.

(2) 인식기준

자산, 부채 또는 자본의 정의를 충족하는 항목만이 재무상태표에 인식된다. 마찬가지로 수익이나 비용의 정의를 충족하는 항목만이 재무성과표에 인식된다. 그러나 그러한 요소 중 하나의 정의를 충족하는 항목이라고 할지라도 항상 인식되는 것은 아니다. 자산이나 부채를 인식하고 이에 따른 결과로 수익, 비용 또는 자본변동을 인식하는 것이 재무제표이용자들에게 유용한 정보를 모두 제공하는 경우에만 자산이나 부채를 인식한다. 유용한 정보가 되기 위해서는 자산이나 부채에 대한 그리고 이에 따른 결과로 발생하는 수익, 비용 또는 자본변동에 대한 목적적합한 정보이어야 하며, 자산이나 부채 그리고 이에 따른 결과로 발생하는 수익, 비용 또는 자본변동의 충실한 표현이어야 한다. 즉, 자산이나 부채를 인식하고 이에 따른 결과로 수익, 비용 또는 자본변동을 인식하는 것이 목적적합하고 충실하게 표현한 정보를 제공하는 경우에만 자산과 부채를 인식한다. 이와 같이 인식기준은 재무정보의 근본적 질적 특성과 연계되어 있다.

(3) 제 거

제거(derecognition)는 기업의 재무상태표에서 인식된 자산이나 부채의 전부 또는 일부를 삭제하는 것이다. 제거는 일반적으로 해당 항목이 더 이상 자산 또는 부채의 정의를 충족하지 못할 때 발생한다. 자산은 일반적으로 기업이 인식한 자산의 전부 또는 일부에 대한 통제를 상실했을 때 제거한다. 그리고 부채는 일반적으로 기업이 인식한 부채의 전부 또는 일부에 대한 현재의무를 더 이상 부담하지 않을 때 제거한다.

6. 측 정

측정(measurement)이란 재무상태표 및 재무성과표에 인식될 재무제표 구성요소의 금액을 결정하는 과정으로 특정 측정기준의 선택을 포함한다. 재무제표에 인식된 요소들은 화폐단위로 수량화하여야 하므로 재무제표의 요소를 수량화하기 위한 측정기준을 선택해야 한다. 측정기준은 역사적 원가, 현행가치인 공정가치, 사용가치와 이행가치, 현행원가를 말한다. 자산이나 부채에 측정기준을 적용하면 해당 자산이나 부채, 관련 수익과 비용의 측정치가 산출된다. 측정기준을 선택할 때는 재무정보의 질적특성과 원가제약을 고려하여야 하므로 서로 다른 자산, 부채, 수익과 비용에 대해 서로 다른 측정기준을 선택하는 결과가 발생할 수도 있다.

재무보고를 위한 개념체계의 측정기준을 제시하면 다음과 같다.

그림 1-6　측정기준

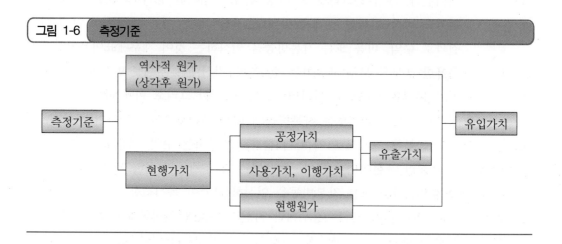

(1) 역사적 원가

역사적 원가(historical cost)란 자산을 취득할 때 취득의 대가로 취득당시에 지급한 현금 또는 현금성 자산이나 그 밖의 대가를 의미한다. 부채는 부담하는 의무의 대가로 수취한 금액을 의미하며, 어떤 경우에는 정상적인 영업과정에서 그 부채를 이행하기 위하여 지급할 것으로 기대되는 현금이나 현금성 자산의 금액이 된다. 역사적 원가는 과거의 교환가격으로 기록하므로 검증가능성이 높고 객관적이어서 다른 측정기준에 비해 신뢰성이 높다. 또한 역사적 원가는 자산이나 부채를 발생시킨 거래나 그 밖의 사건의 가격에서 도출된 정보를 사용하기 때문에, 역사적 원가로 자산이나 부채를 측정하여 제공하면 재무제표이용자들에게 목적적합 할 수 있다.

역사적 원가는 자산의 손상이나 손실부담에 따른 부채와 관련되는 경우를 제외하고는 가치의 변동을 반영하지 않는다. 그러나 역사적 원가는 자산의 소비와 손상을 반영하여 감소하기 때문에, 역사적 원가로 측정된 자산에서 회수될 것으로 예상되는 금액은 적어도 장부금액과 같거나 장부금액보다 크다. 마찬가지로, 부채의 역사적 원가는 손실부담이 되는 경우 증가하기 때문에 부채를 이행하기 위하여 필요한 경제적 자원을 이전할 의무의 가치는 부채의 장부금액을 초과하지 않는다.

역사적 원가 측정기준을 금융자산과 금융부채에 적용하는 한 가지 방법은 상각후 원가(amortized cost)로 측정하는 것이다. 금융자산과 금융부채의 상각후 원가는 변동이자율을 갖지 않는 한 최초인식시점의 이자율로 할인한 미래현금흐름의 추정치를 반영한다. 이와 같은 특성 때문에 재무보고를 위한 개념체계에서는 금융자산과 금융부채의 상각후 원가를 역사적 원가로 분류한다.

(2) 현행가치

현행가치(current value)는 측정일의 조건이 반영된 갱신된 정보를 사용하여 자산, 부채 및 관련 수익과 비용의 화폐적 정보를 제공한다. 따라서 자산과 부채의 현행가치는 이전 측정일 이후의 변동, 즉 현행가치에 반영되는 현금흐름과 그 밖의 요소의 추정치의 변동을 반영한다. 역사적 원가와는 달리, 자산이나 부채의 현행가치는 자산이나 부채를 발생시킨 거래나 그 밖의 사건의 가격으로부터 도출되지 않는다.

현행가치 측정기준은 공정가치, 자산의 사용가치 및 부채의 이행가치, 현행원가이다.

1) 공정가치

공정가치(fair value)는 측정일에 시장참여자 사이의 정상거래에서 자산을 매도할 때 받거나 부채를 이전할 때 지급하게 될 가격이다. 공정가치는 기업이 접근할 수 있는 시장의 참여자 관점을 반영한다. 따라서 합리적인 시장참여자가 자산이나 부채의 가격을 결정할 때 사용할 가정과 동일한 가정을 사용하여 자산이나 부채를 측정한다. 공정가치는 활성시장에서 관측되는 가격으로 직접 결정될 수 있으며, 활성시장에서 직접 관측되지 않는 경우에는 현금흐름기준 측정기법(현재가치 측정)을 사용하여 간접적으로 결정되기도 한다.

자산이나 부채의 공정가치 변동은 다양한 요인들에 의해 발생할 수 있다. 이러한 요인들이 서로 다른 특성을 지닐 때, 이러한 요인들로 인한 수익과 비용을 개별적으로 식별하는 것은 재무제표이용자들에게 유용한 정보를 제공할 수 있다.

2) 사용가치와 이행가치

사용가치는 기업이 자산의 사용과 처분으로 인해 유입될 것으로 기대하는 현금흐름 또는 그 밖의 경제적 효익의 현재가치이다. 이행가치는 기업이 부채를 이행할 때 이전해야 하는 현금이나 그 밖의 경제적자원의 현재가치이다. 이러한 현금이나 그 밖의 경제적자원의 금액은 거래상대방에게 이전되는 금액뿐만 아니라 기업이 그 부채를 이행할 수 있도록 하기 위해 다른 당사자에게 이전해야 할 것으로 기대하는 금액도 포함한다.

사용가치와 이행가치는 시장참여자의 가정보다는 기업 특유의 가정을 반영한다. 그러나 실무적으로 시장참여자가 사용할 가정과 기업이 자체적으로 사용하는 가정 간의 차이가 거의 없을 것이다. 사용가치와 이행가치는 시장참여자의 관점보다는 기업 특유의 관점을 반영하므로 시장에서 직접 관측될 수 없으며 현금흐름기준 측정기법으로 결정된다.

3) 현행원가

현행원가(current cost)는 동일하거나 동등한 자산을 현재 시점에 취득할 경우 지급하여야 할 대가이거나 동등한 부채를 현재 발생시키거나 인수하기 위해 수취할 대가이다. 현행원가는 유출가치인 공정가치, 사용가치 및 이행가치와 달리 역사적 원가와 마찬가지로 유입가치이다. 따라서 기업이 자산을 취득하거나 부채를 발생시킬 시장에서의 가격을 반영한다. 그러나 현행원가는 역사적 원가와 달리 측정일의 조건을 반영한다.

일부의 경우, 현행원가는 활성시장에서 가격을 관측하여 직접 결정할 수 없으며 다른 방법을 통해 간접적으로 결정해야 한다. 예를 들어, 새로운 자산에 대한 가격만을 이용할 수 있는 경우, 기업이 보유하여 사용하고 있는 자산의 현행원가는 자산의 현재 연령과 상태를 반영하기 위해 새로운 자산의 현재 가격을 조정하여 추정해야 할 수도 있다.

7. 표시와 공시

(1) 표시와 공시

보고기업은 재무제표의 정보를 표시(presentation)하고 공시(disclosure)함으로써 기업의 자산, 부채, 자본, 수익 및 비용에 관한 정보를 전달한다. 재무제표의 정보가 효과적으로 소통되면 그 정보는 보다 목적적합하게 되고 기업의 자산, 부채, 자본, 수익 및 비용을 충실하게 표현하는데 기여한다. 또한 이는 재무제표의 정보에 대한 이해가능성, 비교가능성을 향상 시킨다.

(2) 표시와 공시의 목적과 원칙

재무제표의 정보가 쉽고 효과적으로 소통되기 위해 개별 기준서의 표시와 공시 요구사항을 개발할 때 기업의 자산, 부채, 자본, 수익 및 비용을 충실히 표현하는 목적적합한 정보를 제공할 수 있도록 기업에 융통성을 기여하는 것과 기간 간 그리고 기업 간 비교가능한 정보를 요구하는 것 사이의 균형이 필요하다.

(3) 분 류

분류(classification)란 표시와 공시를 위해 자산, 부채, 자본, 수익이나 비용을 공유되는 특성에 따라 구분하는 것을 말한다. 상이한 자산, 부채, 자본, 수익이나 비용을 함께 분류하면 목적적합한 정보를 가려서 불분명하게 하고, 이해가능성과 비교가능성이 낮아질 수 있으며, 표현하고자 하는 내용을 충실하게 표현하지 못할 수 있다.

자산과 부채의 분류는 자산 또는 부채에 대해 선택된 회계단위별로 적용하여 분류하나, 자산이나 부채 중 특성이 다른 구성요소를 별도로 분류하는 것이 적절할 수도 있다. 상계(offsetting)는 기업이 자산과 부채를 별도의 회계단위로 인식하고 측정하지만 재무상태표에서 단일의 순액으로 합산하는 경우에 발생한다. 상계는 서로 다른 항목을 함께 분류하는 것이므로 일반적으로 적절하지 않다.

자본의 분류는 유용한 정보를 제공하기 위해 자본청구권이 다른 특성을 가지고 있는 경우에는 그 자본청구권을 별도로 분류해야 할 수도 있다. 마찬가지로 유용한 정보를 제공하기 위해, 자본의 일부 구성요소에 특정 법률, 규제 또는 그 밖의 요구사항이 있는 경우에는 자본의 그 구성요소를 별도로 분류할 수 있다.

(4) 통 합

통합(aggregation)은 특성을 공유하고 동일한 분류에 속하는 자산, 부채, 자본, 수익 또는 비용을 합하는 것이다. 통합은 많은 양의 세부사항을 요약함으로써 정보를 더욱 유용하게 만든다. 그러나 통합은 많은 양의 세부사항을 요약함으로써 정보를 더욱 유용하게 만든다. 그러나 통합은 그러한 세부사항 중 일부를 숨기기도 한다. 따라서 목적적합한 정보가 많은 양의 중요하지 않은 세부사항과 섞이거나 과도한 통합으로 인해 가려져서 불분명해지지 않도록 균형을 찾아야 한다.

8. 자본 및 자본유지의 개념

(1) 자본의 개념

자본의 개념은 자본을 투자된 화폐액 또는 구매력으로 보는 재무적 개념 하에서의 자본과 자본을 조업능력으로 보는 실물적 개념 하에서의 자본으로 구분된다. 재무적 개념 하에서의 자본은 기업의 순자산이나 지분을 의미하며 실물적 개념 하에서의 자본은 기업의 조업능력, 즉 기업의 생산능력을 자본으로 본다. 대부분의 기업은 자본의 재무적 개념에 기초하여 재무제표를 작성한다.

기업은 재무제표이용자의 정보욕구에 기초하여 적절한 자본개념을 선택하여야 한다. 따라서 재무제표이용자가 주로 명목상의 투하자본이나 투하자본의 구매력 유지에 관심이 있다면 재무적 개념의 자본을 채택하여야 한다. 그러나 재무제표 이용자의 주된 관심이 기업의 조업능력 유지에 관심이 있다면 실물적 개념의 자본을 사용하여야 한다.

(2) 자본유지의 개념과 이익의 결정

자본유지개념(concepts of capital maintenance)은 경제학적 이익 개념을

회계에 도입한 것이다. 자본유지개념을 기업에 적용하면 특정 회계기간 동안에 소유주의 추가출자나 자금의 환급을 제외한 상태에서 기초의 자본을 초과하는 기말의 자본이 이익이다. 즉, 기초의 자본이 유지해야 할 자본이며, 유지해야 할 자본을 초과한 금액을 이익으로 보는 것이다.

자본유지개념은 기업이 유지하려고 하는 자본을 어떻게 정의하느냐와 관련된다. 재무보고를 위한 개념체계에서는 재무자본유지(financial capital maintenance)와 실물자본유지(physical capital maintenance)개념을 설명하고 있다.

재무자본유지개념 하에서 이익은 해당 기간 동안 소유주에게 배분하거나 소유주가 출연한 부분을 제외하고, 기말 순자산의 재무적 측정금액이 기초순자산의 재무적 측정금액을 초과하는 경우에 발생하며, 명목화폐단위 또는 불변구매단위를 이용하여 측정가능하다. 명목화폐단위은 물가변동의 영향을 고려하지 않은 명목상 가치를 의미하며, 불변구매력단위는 일반물가수준의 변동을 반영한 불변가치를 의미한다.

실물자본유지개념 하에서의 이익은 해당 기간 동안 소유주에게 배분하거나 소유주가 출연한 부분을 제외하고, 기업의 기말 실물생산능력이나 조업능력이 기초 실물생산능력을 초과하는 경우에 발생한다. 실물 자본유지개념을 사용하기 위해서는 현행원가 기준에 따라 측정해야 한다.

두 가지 자본유지개념의 주된 차이는 기업의 자산과 부채에 대한 가격변동의 영향을 처리하는 방법이다.

재무자본유지개념에서 명목화폐단위로 자본을 정의한 경우 이익은 해당 기간 중 명목화폐자본의 증가액이므로 해당 기간 중 보유한 자산가격의 증가부분 즉, 보유이익도 개념적으로 이익에 포함된다. 그러나 보유이익은 미실현이익으로 당해 자산이 처분되기 전에는 이익으로 인식되지 않는다. 또한 재무자본유지개념에서 불변구매력단위로 자본을 정의한 경우 이익은 해당 기간 중 투자된 구매력의 증가를 의미하므로 일반물가수준에 따른 가격상승을 초과하는 자산가격의 증가부분만 이익으로 간주되고, 그 이외의 가격증가 부분은 자본의 일부인 자본조정으로 처리된다.

실물자본유지개념에서 이익은 해당 기간 중 실물생산능력의 증가를 의미하므로 자산과 부채에 영향을 미치는 모든 가격변동은 해당 기업의 실물생산능력에 대한 측정치의 변동으로 간주되어 이익이 아니라 자본의 일부인 자본조정으로 처리된다.

측정기준과 자본유지개념의 선택에 따라 재무제표 작성에 사용되는 회계모형이 결정되는데, 실무에서 일반적으로 사용하는 회계모형은 측정기준을 역사적 원가로 하고, 자본유지개념을 명목화폐단위로 측정하는 재무자본유지개념으로 하는 모형이다.

연·습·문·제

■ 기본문제 ■

01 회계에 대한 전반적인 설명으로 인정하기 어려운 것은?

① 경제적 실체와 재무보고의 단위는 반드시 일치하는 것은 아니다.

② 회계는 기업과 이해관계자간의 의사소통의 수단으로써의 역할을 한다.

③ 기업과 관련된 이해관계자들 간의 관심사항은 대체적으로 일치한다.

④ 기업 내 부서 단위도 하나의 회계대상이 될 수 있다.

정답 ③

02 기업과 관련된 회계를 정보이용자를 기준으로 분류할 경우 가장 적절한 분류는?

① 재무회계와 기업회계   ② 재무회계와 관리회계

③ 관리회계와 정부회계   ④ 기업회계와 정부회계

정답 ②

03 다음 중 회계의 사회적 역할이 아닌 것은?

① 사회적 자원의 효율적 배분   ② 수탁책임의 보고

③ 사회적 통제의 합리화   ④ 외부감사기능

정답 ④

04 기업이 재무제표를 통하여 회계정보를 공시하는 가장 주된 이유는 무엇인가?

① 법률에서 공시를 요구하기 때문에

② 신기술과 제품을 개발하기 위하여

③ 경영활동에 필요한 자원을 조달하기 위하여

④ 제품의 제조원가를 낮추기 위하여

정답 ③

05 현행 우리나라의 기업회계기준의 제정은 어느 기관에서 행하는가?

① 국회   ② 국세청

③ 한국회계기준원   ④ 공인회계사회

정답 ③

06 다음 회계원칙에 대한 설명 중 가장 적합하지 않은 것은?

① 회계원칙은 회계행위의 지침이며 회계실무를 이끌어 가는 지도원리이다.

② 회계원칙은 보편타당성과 이해관계자들의 이해조정적 성격을 갖는다.

③ 회계원칙은 경제사회의 변화에 따라 변화한다.

④ 회계원칙은 실무경험을 근거로 한 회계의 관습 또는 기초적인 가정이다.

정답 ④

07 다음 중 외부감사제도에 대한 설명 중 옳지 않은 것은?

① 회계정보이용자들을 대신하여 전문적인 회계지식을 가진 독립된 제3자가 기업이 일반적으로 인정된 회계원칙에 의해 회계처리하였는지를 검증해준다.

② 독립된 전문가의 회계감사 의견표명은 회계보고서의 신뢰성을 높여준다.

③ "주식회사등의외부감사에관한법률"의 규정에 의해 상장(예정)법인 및 직전 회계연도 말 자산총액 또는 매출액이 500억원 이상인 비상장법인 등의 경우 공인회계사로부터 의무적으로 감사를 받아야 한다.

④ 회계감사 결과 적정의견을 받은 기업은 재무상태와 경영성적이 우수한 기업임을 의미한다.

> 정답 ④

08 재무제표 작성의 기본가정에 대한 일반적 성격을 잘 나타내지 못한 표현은?

① 명백한 사실　　　　　　　　② 추론의 기초

③ 직접적으로 검증될 수 없는 가정　④ 이론구조를 수립하는 토대

> 정답 ①

09 다음 중 재무보고를 위한 개념체계에서 제시하고 있는 재무제표 작성의 기본가정에 해당하는 것은?

① 발생기준, 기업실체　　　　　② 계속기업

③ 계속기업, 기간별 보고　　　　④ 기간별 보고, 발생기준

> 정답 ②

10 다음 중 회계실체가 계속되지 않는다는 증거가 없는 경우에 미리 계획된 청산시점이 있지 않다는 개념은 무엇인가?

① 회계실체　　　　　　　　　② 일관성

③ 계속기업　　　　　　　　　④ 형식에 대한 실질의 우선

> 정답 ③

11 다음 중 재무정보가 갖추어야 할 보강적 질적 특성에 해당하지 않는 것은 어느 것인가?

① 비교가능성　　　　　　　　② 검증가능성

③ 이해가능성　　　　　　　　④ 목적적합성

> 정답 ④

12 다음 중 재무정보의 질적 특성인 목적적합성의 구성요소에 해당하지 않는 것은 어느 것인가?

① 예측가치　　　　　　　　　② 피드백가치

③ 중요성　　　　　　　　　　④ 신중성

정답 ④

13 다음 중 재무정보의 질적 특성인 표현의 충실성의 구성요소에 해당하지 않는 것은 어느 것인가?

① 무오류 　　　　　　　　② 형식보다 실질의 우선
③ 중립성 　　　　　　　　④ 완전성

정답 ②

14 다음 중 재무정보가 표현의 충실성을 갖기 위한 속성으로 가장 거리가 먼 것은 어느 것인가?

① 회계정보는 그 정보가 나타내고자 하는 현상의 기술에 오류나 누락이 없어야 한다.
② 회계정보는 예측가치와 피드백가치를 가져야 한다.
③ 회계정보는 정보이용자가 서술되는 현상을 이해하는데 필요한 모든 정보를 포함하여야 한다.
④ 회계정보는 재무정보의 선택이나 표시에 편의가 없어야 한다.

정답 ②

15 의사결정에 더욱 유용한 정보가 되려면 제공되는 정보에 대하여 합리적인 판단력이 있고 독립적인 서로 다른 관찰자가 어떤 서술이 충실한 표현이라는 의견이 일치할 수 있어야 한다는 것은 다음 중 무엇에 대한 설명인가?

① 검증가능성 　　　　　　② 중립성
③ 완전성 　　　　　　　　④ 비교가능성

정답 ①

16 소모품을 구입하는 시점에서 자산으로 처리하지 않고 대신 비용으로 처리하는 방법과 관련이 가장 큰 개념은?

① 수익인식 　　　　　　　② 완전공시
③ 신중성 　　　　　　　　④ 중요성

정답 ④

17 다음 중 자산에 대한 설명 중 옳지 않은 것은?

① 과거의 사건의 결과로 기업이 통제하고 있는 것이다.
② 미래의 경제적 효익이 기업에 유입될 것으로 기대되는 자원이다.
③ 미소멸 원가이다.
④ 잔여지분이다.

정답 ④

18 다음의 재무제표 구성요소의 인식에 관한 설명 중 옳지 않은 것은?

① 자산은 미래 경제적 효익이 기업에 유입될 가능성이 높고, 해당항목의 원가 또는 가치를 신뢰성있게 측정할 수 있을 때 재무상태표에 인식한다.

② 부채는 현재 의무의 이행에 따라 미래에 경제적 효익이 증가하고 그 금액을 신뢰성있게 측정할 수 있을 때 포괄손익계산서에 인식한다.

③ 비용을 인식하면 자산이 감소하거나 부채가 증가하여 자본이 감소한다.

④ 수익은 특정 회계기간 동안에 발생한 자본의 증가를 의미한다.

정답 ②

19 다음은 재무제표의 측정기준에 대한 설명이다. 옳지 않은 것은?

① 역사적 원가는 취득시 지급한 현금 또는 현금성자산을 말한다.

② 현행원가는 현재 다시 구입한다고 가정할 경우 지급하여야 할 현금이나 현금성자산을 말한다.

③ 실현가능가치는 자산을 정상적으로 처분하는 경우 수취할 것으로 예상되는 금액을 말한다.

④ 현재가치란 정상적인 영업활동과정에서 자산으로부터 발생될 것으로 예상되는 미래의 순현금유출액을 특정할인율로 할인한 현재가치를 말한다.

정답 ④

20 자산을 취득할 때 취득의 대가로 취득 당시에 지급한 현금 또는 현금성자산이나 그 밖의 대가의 공정가치로 기록하는 것을 의미하는 측정속성으로 맞는 것은?

① 현행원가   ② 실현가능가치

③ 이행가치   ④ 역사적 원가

정답 ④

■▌ **기출문제** ▌■─────────────────────────────

■ 회계의 개념

01 다음 중 회계에 관한 설명으로 옳지 않은 것은?　('12 주택)
　① 회계는 경영자의 수탁책임을 보고하는 기능을 수행한다.
　② 관리회계는 기업내부정보이용자가 의사결정을 하는데 유용한 정보를 제공한다.
　③ 최고경영자의 사임은 중요한 경제적 사건이지만 회계거래는 아니다.
　④ 회계정보는 거래의 인식 및 측정, 처리, 보고의 단계를 거쳐 산출된다.
　⑤ 재무제표 작성을 위한 기본가정에는 계속기업과 현금주의가 있다.

　　　　　　　　　　　　　　　　　　　　　　　　　　　　　정답 ⑤

02 회계정보의 기능 및 역할, 적용환경에 관한 설명으로 옳지 않은 것은? ('14 주택)
　① 외부 회계감사를 통해 회계정보의 신뢰성이 제고된다.
　② 회계정보의 수요자는 기업의 외부이용자뿐만 아니라 기업의 내부이용자도 포함
　　된다.
　③ 회계정보는 한정된 경제적 자원이 효율적으로 배분되도록 도와주는 기능을 담
　　당한다.
　④ 회계감사는 재무제표가 일반적으로 인정된 회계기준에 따라 적정하게 작성되었
　　는지에 대한 의견표명을 목적으로 한다.
　⑤ 모든 기업은 한국채택국제회계기준을 적용하여야 한다.

　　　　　　　　　　　　　　　　　　　　　　　　　　　　　정답 ⑤

03 「한국채택국제회계기준」에 대한 설명으로 옳지 않은 것은?　('11 세무직)
　① 2011년부터 상장법인은 「한국채택국제회계기준」을 의무적으로 적용하여야 한다.
　② 과거의 「기업회계기준」이 규칙중심의 회계기준이었던 데 비하여 「한국채택국
　　제회계기준」은 원칙중심의 회계기준이다.
　③ 「한국채택국제회계기준」은 연결재무제표를 주 재무제표로 한다.
　④ 「한국채택국제회계기준」은 과거의 「기업회계기준」에 비해 자산과 부채를 측정
　　함에 있어 공정가치보다는 역사적 원가를 반영하도록 하고 있다.

　　　　　　　　　　　　　　　　　　　　　　　　　　　　　정답 ④

04 한국채택국제회계기준의 특징과 관련된 설명 중에서 옳지 않은 것은? ('21 관세직)
　① 연결재무제표를 주재무제표로 작성함으로써 개별기업의 재무제표가 보여주지
　　못하는 경제적 실질을 더 잘 반영할 수 있을 것으로 기대된다.
　② 「주식회사 등의 외부감사에 관한 법률」의 적용을 받는 모든 기업이 한국채택국
　　제회계기준을 회계기준으로 삼아 재무제표를 작성하여야 한다.
　③ 과거 규정중심의 회계기준이 원칙중심의 회계기준으로 변경되었다.

④ 자산과 부채의 공정가치평가 적용이 확대되었다.

▶ 풀이: ② 한국채택국제회계기준을 채택하여 재무제표를 작성하여야 할 회사는 상장법인, 금융회사 등이나 그 외의 외감 대상 기업(예 : 비상장주식회사)은 일반기업회계기준을 적용한다.

정답 ②

05 「주식회사 등의 외부감사에 관한 법률」상 기업의 재무제표 작성책임이 있는 자는? ('20 세무직)

① 회사의 대표이사와 회계담당 임원(회계담당 임원이 없는 경우에는 회계업무를 집행하는 직원)
② 주주 및 채권자
③ 공인회계사
④ 금융감독원

▶ 풀이: 기업의 재무제표는 회사의 대표이사(CEO)와 회계담당 임원(CFO)가 작성한다.

정답 ①

06 우리나라의 주식회사는 직전연도의 자산총액이 120억원 이상인 경우에 의무적으로 공인회계사로부터 외부회계감사를 받아야 한다. 이와 같이 기업이 공인회계사로부터 매년 회계감사를 받는 주요 이유는? ('10 관세직)

① 외부전문가의 도움에 의한 재무제표 작성
② 회사 종업원들의 내부공모에 의한 부정과 횡령의 적발
③ 경영자의 재무제표 작성 및 표시에 대한 책임을 외부전문가에게 전가
④ 독립된 외부전문가의 검증을 통한 회계정보의 신뢰성 제고

정답 ④

07 회계정보와 관련한 설명으로 옳지 않은 것은? ('21 세무직)

① 경영자는 회계정보를 생산하여 외부 이해관계자들에게 공급하는 주체로서 회계정보의 공급자이므로 수요자는 아니다.
② 경제의 주요 관심사는 유한한 자원을 효율적으로 사용하는 것인데, 회계정보는 우량기업과 비우량기업을 구별하는 데 이용되어 의사결정에 도움을 준다.
③ 회계정보의 신뢰성을 확보하기 위하여 기업은 회계기준에 따라 재무제표를 작성하고, 외부감사인의 감사를 받는다.
④ 외부감사는 전문자격을 부여받은 공인회계사가 할 수 있다.

▶ 풀이: ① 경영진도 회계정보의 수요자가 될 수 있다. 다만 경영진이 필요로 하는 재무정보는 내부에서 구할 수 있기 때문에 일반목적재무보고서에 의존할 필요는 없다.

정답 ①

■ 재무보고의 개념체계

08 '재무보고를 위한 개념체계'와 관련된 설명 중 옳지 않은 것은? ('09 세무직)

① 재무회계는 한정된 경제적 자원을 효율적으로 배분할 수 있도록 유용한 정보를 제공하며, 주주들로부터 수탁 받은 자원의 경영책임을 보고하는 기능이 있다.

② 회계는 미래 현금흐름 예측에 유용한 정보를 제공할 필요가 없다.

③ 현금흐름표를 제외한 재무제표는 발생기준에 따라 작성된다.

④ 회계정보의 질적 특성이란 회계정보가 유용하기 위해 갖추어야 할 주요 속성을 말하며, 회계정보의 유용성의 판단기준이 된다.

▶ 풀이: ② 회계는 미래 현금흐름 예측에 유용한 정보를 제공한다. 이러한 정보는 현금흐름표를 통하여 파악할 수 있다.

정답 ②

09 재무보고를 위한 개념체계에서 보고기업에 대한 설명으로 옳지 않은 것은?

('21 관세직)

① 보고기업은 재무제표를 작성해야 하거나 작성하기로 선택한 기업이다.

② 보고기업은 둘 이상의 실체로 구성될 수도 있다.

③ 보고기업은 반드시 법적 실체와 일치한다.

④ 보고기업이 지배기업과 종속기업으로 구성된다면 보고기업의 재무제표를 연결재무제표라고 한다.

▶ 풀이: ③ 보고기업은 법적인 단일의 실체의 경우가 대부분이나, 단일실체의 일부인 사업부가 보고기업이 될 수도 있다.

정답 ③

10 '재무보고를 위한 개념체계'에 관한 설명으로 옳지 않은 것은? ('10 주택)

① 개념체계는 외부이용자를 위한 재무제표의 작성과 표시에 있어 기초가 되는 개념을 정립한다.

② 개념체계는 감사인이 재무제표가 한국채택국제회계기준을 따르고 있는지에 대한 의견을 형성하는데 도움을 제공한다.

③ 개념체계는 재무제표의 이용자가 한국채택국제회계기준에 따라 작성된 재무제표에 포함된 정보를 해석하는데 도움을 제공한다.

④ 개념체계는 재무제표의 작성자가 한국채택국제회계기준을 적용하거나 한국채택국제회계기준이 미비한 거래에 대한 회계처리를 하는데 도움을 제공한다.

⑤ 개념체계는 특정한 측정과 공시에 관한 기준을 정하지 아니하나, 특정 한국채택국제회계기준에 우선한다.

▶ 풀이: ⑤ 개념체계는 한국채택국제회계기준에 우선하지 아니한다.

정답 ⑤

11 '재무보고를 위한 개념체계'에 관한 설명 중 가장 옳지 않은 것은? ('09 관세직)

① 회계기준제정기구가 회계기준을 제정 또는 개정함에 있어서 기본적 방향과 일관성 있는 지침을 제공한다.

② 외부감사인이 감사의견을 표명하기 위해 회계기준 적용의 적정성을 판단하거나, 회계기준이 미비된 거래 또는 경제적 사건에 대한 회계처리의 적정성을 판단하는데 일관된 지침을 제공한다.

③ 재무회계개념체계가 특정 회계기준과 상충되는 경우에는 재무회계개념체계가 특정 회계기준에 우선한다.

④ 재무제표 이용자가 회계기준에 의해 작성된 재무제표를 해석하는데 도움이 되도록 재무제표작성에 기초가 되는 기본가정과 개념을 제시한다.

> 정답 ③

12 재무보고를 위한 개념체계에 대한 설명으로 옳은 것만을 모두 고른 것은?

> ㄱ. 자산은 미래경제적 효익이 기업에 유입될 가능성이 높고 해당 항목을 원가 또는 가치를 신뢰성 있게 측정할 수 있을 때 재무상태표에 인식한다.
> ㄴ. 재무정보가 유용하기 위해서는 목적적합해야 하고 나타내고자 하는 바를 충실하게 표현해야 한다.
> ㄷ. 비교가능성, 검증가능성, 중요성 및 이해가능성은 목적적합하고 충실하게 표현된 정보의 유용성을 보강시키는 질적 특성이다.
> ㄹ. 재무보고를 위한 개념체계와 「한국채택국제회계기준」이 서로 상충하는 경우에는 개념체계가 우선하여 적용된다.

① ㄱ, ㄴ ② ㄱ, ㄷ
③ ㄴ, ㄷ ④ ㄴ, ㄹ

➡ 풀이: ㄷ. 중요성이 아닌 적시성이다.
　　　　 ㄹ. 개념체계는 어떤 경우에도 한국채택국제회계기준에 우선하지 아니한다.

> 정답 ①

13 재무보고의 개념체계에 관한 설명으로 옳은 것은? ('16 주택)

① 일부 부채의 경우는 상당한 정보의 추정을 해야만 측정이 가능할 수 있다.

② 자산 측정기준으로서의 역사적 원가는 현행원가와 비교하여 적시성이 더 높다.

③ 보고기업의 경제적 자원과 청구권의 변동은 그 기업의 재무성과에 의해서만 발생한다.

④ 일반목적재무보고서는 보고기업의 가치를 직접 보여주기 위해 고안되었다.

⑤ 경영활동의 청산이 임박하거나 중요하게 축소할 의도 또는 필요성이 발생하더라도 재무제표는 계속기업의 가정을 적용하여 작성한다.

➡ 풀이: ③ 경제적 자원과 청구권의 변동은 재무성과와 채무상품 또는 지분상품의 발행으

로 변동될 수 있다.

정답 ①

■ 재무보고의 목적

14 한국채택국제회계기준의 「재무보고를 위한 개념체계」에서 규정하고 있는 일반목
적재무보고의 유용성 및 한계에 대한 내용으로 옳지 않은 것은?　　('16 관세직)

① 재무보고서는 정확한 서술보다는 상당 부분 추정, 판단 및 모형에 근거한다.

② 일반목적재무보고서는 현재 및 잠재적 투자자, 대여자 및 기타 채권자가 필요
로 하는 모든 정보를 제공한다.

③ 일반목적재무보고서는 현재 및 잠재적 투자자, 대여자 및 기타 채권자가 보고
기업의 가치를 측정하는 데 도움이 되는 정보를 제공한다.

④ 각 주요 이요자들의 정보수요 및 욕구는 다르고 상충되기도 하지만, 기준재정
기관은 재무보고기준을 제정할 때 주요 이용자 최대 다수의 수요를 충족하는
정보를 재공하기 위하여 노력한다.

▶ 풀이: ② 일반목적재무보고서가 모든 정보를 제공하는 것은 아니다.

정답 ②

15 일반목적재무보고에 대한 설명으로 옳지 않은 것은?　　　　　　　('19 지방직)

① 현재 및 잠재적 투자자, 대여자 및 기타 채권자는 기업의 경영진 및 이사회가
기업의 자원을 사용하는 그들의 책임을 얼마나 효율적이고 효과적으로 이행해
왔는지에 대한 정보를 필요로 한다.

② 일반목적재무보고의 목적은 현재 및 잠재적 투자자, 대여자 및 기타 채권자가
기업에 자원을 제공하는 것에 대한 의사결정을 할 때 유용한 보고기업 재무정
보를 제공하는 것이다.

③ 외부 이해관계자들과 마찬가지로 보고기업의 경영진도 해당 기업의 경영의사결
정을 위해 일반목적재무보고서에 가장 많이 의존한다.

④ 재무보고서는 정확한 서술보다는 상당 부분 추정, 판단 및 모형에 근거한다.

▶ 풀이: 경영진은 내부정보에 접근 가능하므로 경영의사결정을 위해 일반목적재무보고서에
의존하지는 않는다.

정답 ③

■ 기본가정

16 재무보고를 위한 개념체계에서 언급하고 있는 기본가정에 대한 설명으로 옳지 않
은 것은?　　　　　　　　　　　　　　　　　　　　　　　　　　　　('14 지방직)

① 재무제표는 일반적으로 기업이 계속기업이며 예상가능한 기간동안 영업을 계속

할 것이라는 가정하에 작성된다.

② 계속기업의 가정은 재무제표항목들을 역사적 원가로 보고하는 것에 정당성을 부여한다.

③ 유형자산에 대한 감가상각은 기업실체가 계속된다는 가정을 전제로 한다.

④ 경영활동을 청산하거나 중요하게 축소할 의도나 필요성이 있다면 계속기업을 가정한 기준과는 다른 기준을 적용하여 작성하는 것이 타당할 수 있으며 이때 적용한 기준은 별도로 공시할 필요가 없다.

> 정답 ④

17 '재무보고를 위한 개념체계'에서 제시한 재무제표 기본가정으로 옳은 것은?

('10 주택)

① 계속기업
② 자본유지개념, 수탁책임
③ 이해가능성, 비교가능성
④ 질적특성, 형식보다 실질의 우선
⑤ 진실하고 공정한 관점, 공정한 표시

> 정답 ①

18 「한국채택국제회계기준」의 재무보고를 위한 개념체계에 명시된 계속기업의 가정과 관련성이 가장 적은 것은?

('13 지방직)

① 역사적 원가주의
② 수익·비용대응
③ 감가상각
④ 청산가치

> 정답 ④

19 재무제표 표시에 제시된 계속기업에 대한 설명으로 옳지 않은 것은? ('20 지방직)

① 경영진은 재무제표를 작성할 때, 계속기업으로서의 존속가능성을 평가하지 않는다.

② 경영진이 기업을 청산하거나 경영활동을 중단할 의도를 가지고 있지 않거나, 청산 또는 경영활동의 중단 외에 다른 현실적 대안이 없는 경우가 아니면 계속기업을 전제로 재무제표를 작성한다.

③ 계속기업으로서의 존속능력에 유의적인 유의적인 의문이 제기될 수 있는 사건이나 상황과 관련된 중요한 불확실성을 알게 된 경우, 경영진은 그러한 불확실성을 공시하여야 한다.

④ 재무제표가 계속이버의 기준하에 작성되지 않는 경우에는 그 사실과 함께 재무제표가 작성된 기준 및 그 기업을 계속기업으로 보지 않는 이유를 공시하여야 한다.

▶ 풀이: ① 경영진이 계속기업으로서의 존속가능성을 평가하여야 계속기업을 전제로 재무제표를 작성할 수 있다.

> 정답 ①

■ 재무정보의 질적특성

20 다음 설명에 해당하는 재무정보의 질적 특성은? ('15 세무직)

> 재무정보가 유용하기 위해서는 서술이 완전하고, 중립적이며, 오류가 없어야 한다.

① 목적적합성　　　　　　　　② 검증가능성
③ 충실한 표현　　　　　　　　④ 비교가능성

정답 ③

21 한국회계기준원이 제정한 재무보고를 위한 개념체계상 회계정보의 질적특성 및 제약요인에 관한 설명 중에서 옳은 것만 모두 고르면? ('10 지방직 수정)

> ㄱ. 회계정보가 완벽하게 충실한 표현을 하기 위해서 서술은 완전하고 중립적이며, 오류가 없어야 한다.
> ㄴ. 중요성의 원칙에 대한 사례로 지배회사와 종속회사를 하나의 회계단위로 보아 연결재무제표를 작성하는 것을 들 수 있다.
> ㄷ. 회계정보에 예측가치, 확인가치 또는 이 둘 모두가 있는 경우로서 중요성이 고려되어 있다면 목적적합성을 가진다.

① ㄱ, ㄴ　　　　　　　　② ㄱ, ㄷ
③ ㄴ, ㄷ　　　　　　　　④ ㄱ, ㄴ, ㄷ

▶ 풀이: ㄴ. 연결재무제표의 작성은 목적적합성과 관련된다. 지배회사와 종속회사의 각각의 재무제표를 작성하는 것이 중요하지 않기 때문에 하나의 회계단위로 보아 연결재무제표를 작성하는 것이 아니다.

정답 ②

22 다음은 재무보고를 위한 개념체계에 제시된 회계정보의 주요 질적특성의 하부요소를 짝지어 놓은 것이다. 서로 동일한 주요 질적특성의 하부요소로 구성되어 있지 않은 것은? ('09 지방직 수정)

① 중립성 - 완전성　　　　　② 피드백(feedback)가치 - 중요성
③ 중요성 - 예측가치　　　　④ 예측가치 - 검증가능성

정답 ④

23 정보이용자가 어떤 회계정보를 이용하여 의사결정을 할 때 그 정보가 없는 경우와 비교하여 보다 유리한 차이를 낼 수 있는 회계정보의 질적특성은? ('15 지방직)

① 목적적합성　　　　　　　　② 표현의 충실성
③ 적시성　　　　　　　　　　④ 비교가능성

정답 ①

24 유용한 재무정보의 근본적 질적 특성에 대한 설명으로 옳은 것은? ('14 지방직)

① 정보이용자가 항목 간의 유사점과 차이점을 식별하고 이해할 수 있어야 한다.

② 합리적인 판단력이 있고 독립적인 서로 다른 관찰자가 어떤 수술이 충실한 표현이라는 데, 비록 반드시 완전히 일치하지는 못하더라도, 의견이 일치할 수 있다.

③ 의사결정에 영향을 미칠 수 있도록 의사결정자가 정보를 제때에 이용 가능해야 한다.

④ 완벽하게 충실한 표현을 하기 위해서 서술은 완전하고, 중립적이며, 오류가 없어야 한다.

▶ 풀이: ① 비교가능성, ② 검증가능성, ③ 적시성, ④ 표현의 충실성으로 ①, ②, ③은 보강적 질적특성이다.

정답 ④

25 유용한 재무정보의 질적 특성에 관한 설명으로 옳은 것은? ('14 주택)

① 목적적합성과 충실한 표현은 보강적 질적 특성이다.

② 동일한 경제적 현상에 대해 대체적인 회계처리방법을 허용하면 비교가능성이 감소한다.

③ 재무정보가 예측가치를 갖기 위해서는 제공되는 정보 그 자체가 예측치 또는 예상치이어야 한다.

④ 재무정보의 제공자와는 달리 이용자의 경우에는 제공된 정보를 분석하고 해석하는 데 원가가 발생하지 않는다.

⑤ 재무정보가 과거 평가를 확인하거나 변경시킨다면 예측가치를 갖는다.

정답 ②

26 아래의 (가)와 (나)에 해당하는 회계정보의 질적 특성은? ('09 관세직 수정)

> (가)는 미래사건의 결과를 예측하는데 도움을 주거나 과거의 평가를 확인 또는 수정시켜 줄 수 있고, 회계정보이용자에게 중요한 정보가 제공되는 질적 특성을 말한다.
> (나)는 정보가 나타내고자 하거나 나타낼 것으로 기대되는 거래나 사건에 대해 의사결정에 필요한 판단을 하는데 도움이 되는 모든 정보를 제공해야 하며, 재무정보의 선택이나 표시에 편의가 없어야 하며, 경제적 현상의 서술에 오류나 누락이 없어야 하는 질적 특성을 말한다.

	(가)	(나)
①	유용성	신뢰성
②	적시성	중립성
③	이해가능성	검증가능성
④	목적적합성	표현의 충실성

정답 ④

27 '재무보고를 위한 개념체계'에서 제시한 재무제표의 질적특성에 관한 설명으로 옳지 않은 것은?

('10 주택 수정)

① 신뢰성이 가지는 중요한 의미는 이용자가 재무제표의 작성에 사용된 회계정책 및 회계정책의 변경과 그 영향에 대해 알 수 있다는 것이다.
② 목적적합한 정보란 이용자가 과거, 현재 또는 미래의 사건을 평가하거나 과거의 평가를 확인 또는 수정하도록 도와주어 경제적 의사결정에 영향을 미치는 정보를 말한다.
③ 유용한 정보가 일부 이용자에게 너무 어려워서 이해하기 어려울 것이라는 이유만으로 제외하여서는 아니 된다.
④ 검증가능성이란 합리적인 판단력이 있고 독립적인 서로 다른 관찰자가 어떤 서술이 충실한 표현이라는데 대체로 의견이 일치할 수 있다는 것을 의미한다.
⑤ 유용한 재무정보의 근본적 질적 특성은 목적적합성과 충실한 표현이다.

정답 ①

28 한국채택국제회계기준의 「재무보고를 위한 개념체계」에서 규정한 유용한 재무정보의 질적 특성의 내용으로 옳지 않은 것은? ('16 세무직)
① 목적적합한 재무정보는 정보이용자의 의사결정에 차이가 나도록 할 수 있다.
② 정보이용자들이 미래 결과를 예측하기 위해 사용하는 절차의 투입요소로 재무정보가 사용될 수 있다면, 그 재무정보는 예측가치를 갖는다.
③ 중립적 서술은 재무정보의 선택이나 표시에 편의가 없는 것을 의미하는 것으로, 중립적 정보는 목적이 없고 행동에 대한 영향력이 없는 정보를 의미한다.
④ 완전한 서술은 필요한 기술과 설명을 포함하여 정보이용자가 서술되는 현상을 이해하는 데 필요한 모든 정보를 포함하는 것이다.

정답 ③

29 재무정보의 질적 특성에 관한 설명으로 옳지 않은 것은? ('15 주택)
① 적시성은 의사결정에 영향을 미칠 수 있도록 의사결정자가 정보를 제때에 이용 가능하게 하는 것을 의미한다.
② 중요성은 정보가 누락된 경우 정보이용자의 의사결정에 영향을 줄 수 있다면 그 정보는 중요하다는 것을 의미한다.
③ 비교가능성은 정보이용자가 항목 간의 유사점과 차이점을 식별하고 이해할 수 있게 하는 질적 특성이다.
④ 검증가능성은 정보가 나타내고자 하는 경제적 현상을 충실히 표현하는지를 정보이용자가 확인하는 데 도움을 준다.
⑤ 충실한 표현은 모든 면에서 정확한 것을 의미한다.

정답 ⑤

30 유용한 재무정보의 질적 특성에 관한 설명으로 옳지 않은 것은? ('16 주택)
① 명확하고 간결하게 분류되고 특징지어져 표시된 정보는 이해가능성이 높다.

② 어떤 재무정보가 예측가치나 확인가치 또는 이 둘 모두를 갖는다면 그 재무정보는 이용자의 의사결정에 차이가 나게 할 수 있다.

③ 검증가능성은 정보가 나타내고자 하는 경제적 현상을 충실히 표현하는지를 정보이용자가 확인하는 데 도움을 주는 근본적 질적 특성이다.

④ 적시성은 정보이용자가 의사결정을 내릴 때 사용되어 그 결정에 영향을 줄 수 있도록 제때에 이용가능함을 의미한다.

⑤ 어떤 정보의 누락이나 오기로 인해 정보이용자의 의사결정이 바뀔 수 있다면 그 정보는 중요한 정보이다.

➡ 풀이: ③ 검증가능성은 보강적 질적특성이다.

정답 ③

31 재무정보의 질적 특성에 대한 설명으로 옳지 않은 것은?　　('17 세무직)

① 오류가 없다는 것은 현상의 기술에 오류나 누락이 없고, 보고정보를 생산하는 데 사용되는 절차의 선택과 적용 시 절차상 오류가 없음을 의미하므로 모든 면에서 완벽하게 정확하다는 것이다.

② 비교가능성은 정보이용자가 항목 간의 유사점과 차이점을 식별하고 이해할 수 있게 하는 질적 특성이다.

③ 재무정부가 예측가치를 갖기 위해서는 그 자체가 예측치 또는 예상치일 필요는 없으며, 정보이용자들이 미래결과를 예측하기 위해 사용하는 절차의 투입요소로 사용될 수 있다면 그 재무정보는 예측가치를 갖는다.

④ 목적적합한 재무정보는 정보이용자의 의사결정에 차이가 나도록 할 수 있다.

➡ 풀이: ① 오류가 없다는 것은 모든 면에서 완벽하게 정확하다는 것을 의미하지는 않는다.

정답 ①

32 재무보고를 위한 개념체계에서 재무정보의 질적 특성에 대한 설명으로 옳지 않은 것은?　　('21 지방직)

① 재무정보에 예측가치, 확인가치 또는 이 둘 모두가 있다면 그 재무정보는 목적적합성을 가진다고 할 수 있다.

② 보강적 질적 특성은 근본적 특성을 보강시키는 특성으로 비교가능성, 검증가능성, 적시성, 이해가능성이 있다.

③ 동일한 경제현상에 대해 대체적인 회계처리방법을 허용하면 비교가능성은 증가한다.

④ 적시성은 의사결정에 영향을 미칠 수 있도록 의사결정자가 정보를 제때에 이용가능하게 하는 것을 의미한다.

정답 ③

33 휴지통, 스테이플러, 종이클립 등과 같은 단순한 사무용 자산은 꽤 오랫동안 사용할 것으로 예상되더라도 회사의 규모나 매출액에 비하여 자산의 취득가액이 상대적으로 매우 작다고 한다면, 일반적으로 이를 자산으로 계상하지 않고 편의상 취득한 기간에 비용으로 계상할 수 있다. 이와 관련이 있는 회계의 기본 개념으로 가장 옳은 것은? ('08 관세직)

① 보수주의(conservatism)
② 중요성(materiality)
③ 발생주의(accrual basis)
④ 계속기업(going concern)의 가정

정답 ②

34 재무정보의 질적 특성에 관한 설명으로 옳지 않은 것은? ('17 주택)

① 검증가능성은 합리적인 판단력이 있고 독립적인 서로 다른 관찰자가 어떤 서술이 표현충실성이라는 데 대체로 의견이 일치할 수 있다는 것을 의미한다.
② 재무정보에 예측가치, 확인가치 또는 이 둘 모두가 있다면 의사결정에 차이가 나도록 할 수 있다.
③ 완벽하게 표현충실성을 위해서 서술은 완전하고, 중립적이며, 오류가 없어야 할 것이다.
④ 이해가능성은 정보이용자가 항목 간의 유사점과 차이점을 식별하고 이해할 수 있게 하는 질적 특성이다.
⑤ 적시성은 의사결정에 영향을 미칠 수 있도록 의사결정자가 정보를 제때에 이용가능하게 하는 것을 의미한다.

➡ 풀이: ④ 비교가능성에 대한 설명이다.

정답 ④

35 다음 설명에 해당하는 재무정보의 질적 특성은? ('19 주택)

> (가) 정보이용자가 항목 간의 유사점과 차이점을 식별하고 이해할 수 있게 한다.
> (나) 정보가 나타내고자 하는 경제적 현상을 충실히 표현하는지를 정보이용자가 확인하는 데 도움을 준다.

	(가)	(나)		(가)	(나)
①	비교가능성	검증가능성	②	중요성	일관성
③	적시성	중립성	④	중립성	적시성
⑤	검증가능성	비교가능성			

정답 ①

36 재무정보의 질적 특성에 대한 설명으로 옳지 않은 것은? ('19 지방직)

① 정보가 누락되거나 잘못 기재된 경우 특정 보고기업의 재무정보에 근거한 정보이용자의 의사결정에 영향을 줄 수 있다면 그 정보는 중요한 것이다.
② 재무정보에 예측가치, 확인가치 또는 이 둘 모두가 있다면 그 재무정보는 의사결

정에 차이가 나도록 할 수 있다.

③ 검증가능성은 나타내고자 하는 현상을 충실하게 표현해야 한다는 표현충실성의 특성에 해당한다.

④ 이해가능성은 목적적합하고 충실하게 표현된 정보의 유용성을 보강시키는 질적 특성에 해당한다.

▶ 풀이: ③ 검증가능성은 표현의 충실성과 별개의 개념이다.

정답 ③

37 재무정보의 질적 특성에 대한 설명으로 옳지 않은 것은? ('18 세무직)

① 적시성은 의사결정에 영향을 미칠 수 있도록 의사결정자가 정보를 제때에 이용가능하게 하는 것을 의미한다.

② 검증가능성은 정보이용자가 항목 간의 유사점과 차이점을 식별하고 이해할 수 있게 하는 질적 특성이다.

③ 재무정보에 예측가치, 확인가치 또는 이 둘 모두가 있다면 의사결정에 차이가 나도록 할 수 있다.

④ 유용한 재무정보의 근본적 질적 특성은 목적적합성과 표현충실성이다.

▶ 풀이: 정보이용자가 항목 간의 유사점과 차이점을 식별하고 이해할 수 있게 하는 질적 특성은 비교가능성이다.

정답 ②

38 유용한 재무정보의 질적 특성에 대한 설명으로 옳지 않은 것은? ('19 관세직)

① 재무정보에 예측가치, 확인가치 또는 이 둘 모두가 있다면 그 재무정보는 의사결정에 차이가 나도록 할 수 있다.

② 비교가능성은 정보이용자가 항목 간의 유사점과 차이점을 식별하고 이해할 수 있게 하는 질적 특성으로 일관성과 동일하며 통일성과는 다른 개념이다.

③ 재무정보가 유용하기 위해서는 목적적합한 현상을 표현하는 것뿐만 아니라 나타내고자 하는 현상을 충실하게 표현해야 한다. 이때, 완벽하게 표현충실성을 위해서 서술은 완전하고, 중립적이며, 오류가 없어야 한다.

④ 적시성은 의사결정에 영향을 미칠 수 있도록 의사결정자가 정보를 제때에 이용가능하게 하는 것을 의미하며 일반적으로 정보는 오래될수록 유용성이 낮아진다.

▶ 풀이: 비교가능성은 일관성과 관련되어 있지만 동일하지는 않다. 비교가능성은 목표이고 일관성은 그 목표를 달성하는 데 도움을 준다.

정답 ②

39 유용한 재무정보의 질적특성에 관한 설명으로 옳지 않은 것은? ('20 주택)

① 근본적 질적특성은 목적적합성과 표현충실성이다.

② 완벽한 표현충실성을 위해서는 서술이 완전하고, 중립적이며, 오류가 없어야 할 것이다.

③ 정보의 유용성을 보강시키는 질적특성에는 비교가능성, 검증가능성, 중요성 및 이해가능성이 있다.

④ 일관성은 비교가능성과 관련은 되어 있지만 동일하지는 않다.

⑤ 목적적합한 재무정보는 이용자들의 의사결정에 차이가 나도록 할 수 있다.

정답 ③

40 다음 중 회계정보가 목적적합성을 갖기 위한 속성으로 가장 옳은 것은?

('07 관세직 수정)

① 회계정보는 그 정보가 나타내고자 하는 대상을 충실히 표현하고 있어야 한다.

② 회계정보는 예측가치와 피드백가치를 가져야 한다.

③ 회계정보는 객관적으로 검증 가능해야 한다.

④ 회계정보는 중립적이어야 한다.

정답 ②

41 의사결정에 유용한 정보가 되기 위해 재무제표 정보가 갖추어야 할 질적 특성인 목적적합성과 관련이 가장 적은 것은?

('11 지방직)

① 예측가치 　　　　　　　 ② 확인가치

③ 중요성 　　　　　　　　 ④ 신중성

정답 ④

42 재무정보의 질적 특성 중 목적적합성에 관한 설명으로 옳지 않은 것은? ('18 주택)

① 재무정보가 예측가치를 갖기 위해서는 그 자체가 예측치 또는 예상치이어야 한다.

② 목적적합한 재무정보는 정보이용자의 의사결정에 차이가 나도록 할 수 있다.

③ 재무정보가 과거 평가에 대해 피드백을 제공한다면 확인가치를 갖는다.

④ 정보가 누락되거나 잘못 기재된 경우 특정 보고기업의 재무정보에 근거한 정보이용자의 의사결정에 영향을 줄 수 있다면 그 정보는 중요한 것이다.

⑤ 재무정보의 예측가치와 확인가치는 상호 연관되어 있다.

▶ 풀이: 재무정보가 예측가치를 갖기 위해서 그 자체로 예측치 또는 예상치일 필요는 없다.

정답 ①

43 재무보고를 위한 개념체계에 따르면 회계정보가 갖추어야 할 주요 질적 특성은 목적합성과 표현의 충실성이 있다. 다음 중 목적적합성과 가장 관련이 높은 것은?

('07 세무직 수정)

① 확인가치 　　　　　　　 ② 표현의 충실성

③ 중립성 　　　　　　　　 ④ 검증가능성

정답 ①

44 다음 중 유용한 재무정보의 근본적 질적특성은? ('12 주택)
① 일관성 ② 목적적합성
③ 검증가능성 ④ 비교가능성
⑤ 이해가능성

정답 ②

45 재무정보의 질적 특성 중 중요성에 대한 설명으로 옳은 것은? ('18 지방직)
① 근본적 질적 특성인 표현충실성을 갖추기 위한 요소이다.
② 인식을 위한 최소요건으로 정보이용자가 항목 간의 유사점과 차이점을 식별할 수 있게 한다.
③ 의사결정에 영향을 미칠 수 있도록 정보이용자가 정보를 적시에 이용 가능하게 하는 것을 의미한다.
④ 기업마다 다를 수 있기 때문에 기업 특유의 측면을 고려해야 한다.

▶ 풀이: ① 중요성은 목적적합성을 갖추기 위한 요소이다.
② 항목 간의 유사점과 차이점을 식별할 수 있게 하는 것은 비교가능성이다.
③ 보강적 질적특성 중 적시성에 대한 내용이다.

정답 ④

46 유용한 재무정보의 보강적 질적 특성에 대한 설명으로 옳지 않은 것은? ('12 지방직)
① 보고기업에 대한 정보는 다른 기업에 대한 유사한 정보와 비교할 수 있어야 한다.
② 재무보고서는 나타내고자 하는 현상을 완전하고, 중립적이며, 오류가 없이 서술하여야 한다.
③ 의사결정에 영향을 미칠 수 있도록 의사결정자가 정보를 제때에 이용가능하게 하여야 한다.
④ 정보는 의사결정자가 이해가능하도록 명확하고 간결하게 분류하고, 특징지으며, 표시하여야 한다.

정답 ②

47 재무정보의 질적특성 중 보강적 질적특성에 해당하는 것은? ('13 관세직)
① 예측역할과 확인역할 ② 검증가능성
③ 중립성 ④ 완전성

정답 ②

48 유용한 재무정보의 질적특성에 대한 설명으로 옳지 않은 것은? ('20 지방직)
① 재무정보가 유용하기 위해서는 목적적합해야 하고 나타내고자 하는 바를 충실하게 표현해야 한다.
② 목적적합한 재무정보는 이용자들의 의사결정에 차이가 나도록 할 수 있다.

③ 이해가능성은 합리적인 판단력이 있고 독립적인 서로 다른 관찰자가 어떤 서술이 표현충실성에 있어, 비록 반드시 완전히 의견이 일치하지는 않더라도, 합의에 이를 수 있다는 것을 의미한다.

④ 비교가능성, 검증가능성, 적시성 및 이해가능성은 목적적합성과 나타내고자 하는 바를 충실하게 표현하는 것 모두를 충족하는 정보의 유용성을 보강시키는 질적특성이다.

정답 ③

49 「재무보고를 위한 개념체계」에서 제시된 회계정보의 질적 특성에 대한 설명으로 옳지 않은 것은?　　　　('20 관세직)

① 표현충실성은 모든 면에서 정확한 것을 의미한다.

② 검증가능성은 정보가 나타내고자 하는 경제적 현상을 충실히 표현하는지를 정보이용자가 확인하는 데 도움을 준다.

③ 정보를 정확하고 간결하게 분류하고, 특정 지으며, 표시하는 것은 정보를 이해가능하게 한다.

④ 적시성은 의사결정에 영향을 미칠 수 있도록 의사결정자가 정보를 제때에 이용가능하게 하는 것을 의미한다.

▣ 풀이: ① 표현의 충실성은 모든 면에서 정확함을 의미하지 아니한다.

정답 ①

■ 재무제표 구성요소

50 자산, 부채 및 자본에 관한 설명으로 옳지 않은 것은?　　　　('13 주택)

① 자산은 과거 사건의 결과로 기업이 통제하고 있는 현재의 경제적 자원이다.

② 부채는 과거 사건에 결과로 기업의 경제적 자원을 이전해야 하는 과거의무이다.

③ 자본은 기업의 자산에서 부채를 차감한 후의 잔여지분이다.

④ 자본은 주식회사의 경우 소유주가 출연한 자본, 이익잉여금, 이익잉여금 처분에 의한 적립금, 자본유지조정을 나타내는 적립금 등으로 구분하여 표시할 수 있다.

⑤ 자산이 갖는 미래경제적효익이란 직접으로 또는 간접으로 미래 현금 및 현금성자산의 기업에의 유입에 기여하게 될 잠재력을 말한다.

정답 ②

51 재무제표 요소의 정의에 관한 설명으로 옳은 것은?　　　　('21 주택)

① 자산은 현재사건의 결과로 기업이 통제하는 미래의 경제적자원이다.

② 부채는 과거사건의 결과로 기업이 경제적자원을 이전해야 하는 과거의무이다.

③ 자본은 기업의 자산에서 모든 부채를 차감한 후의 잔여지분이다.

④ 수익은 자산의 감소 또는 부채의 증가로서 자본의 증가를 가져온다.

⑤ 비용은 자산의 증가 또는 부채의 감소로서 자본의 감소를 가져온다.

정답 ③

52 재무상태표의 구성요소에 대한 설명으로 옳지 않은 것은? ('17 관세직)

① 자산이란 과거 사건의 결과로 기업이 통제하고 있고 미래 경제적 효익이 기업에 유입될 것으로 기대되는 자원이다.

② 자본은 주주에 대한 의무로서 기업이 가지고 있는 자원의 활용을 나타낸다.

③ 부채란 과거사건으로 생긴 현재의무로서, 기업이 가진 경제적 효익이 있는 자원의 유출을 통해 그 이행이 예상되는 의무이다.

④ 일반적으로 자본은 자본금, 자본잉여금, 자본조정, 기타포괄손익누계액, 이익잉여금으로 구분한다.

➡ 풀이: ② 기업이 가지고 있는 자원의 활용은 자산을 통하여 알 수 있다.

정답 ②

53 재무상태 또는 성과측정과 관련된 재무제표요소에 대한 설명으로 옳지 않은 것은?

('14 지방직)

① 자산은 과거 사건의 결과로 기업이 통제하는 현재의 경제적 자원이다.

② 부채는 과거 사건의 결과로 기업의 경제적 자원을 이전해야 하는 현재의무이다.

③ 자본은 기업의 자산에서 모든 부채를 차감한 후의 잔여지분으로 자산과 부채 금액의 측정에 따라 결정되며, 자본 총액은 기업이 발행한 주식의 시가 총액과 같다.

④ 수익은 자산의 유입이나 증가 또는 부채의 감소에 따라 자본의 증가를 초래하는 특정 회계기간 동안에 발생한 경제적효익의 증가로서, 지분참여자에 의한 출연과 관련된 것은 제외한다.

➡ 풀이: ③ 자본총액은 기업이 발행한 주식의 시가총액과 일반적으로 다르다.

정답 ③

54 재무상태표의 기본요소에 대한 설명으로 적절하지 않은 것은? ('07 관세직)

① 자산은 과거의 거래나 사건의 결과로서 현재 기업실체에 의해 지배되고 미래에 경제적 효익을 창출할 것으로 기대되는 자원이다.

② 부채는 과거의 거래나 사건의 결과로서 현재 기업실체가 부담하고 미래에 자원의 유출 또는 사용이 예상되는 의무이다.

③ 재무상태표에 표시되는 자본의 총액은 발행주식의 시가총액으로서, 자본잉여금의 발생금액 및 이익잉여금의 총액에 의해 결정된다.

④ 기업실체의 재무상태에 대한 정보를 제공하는 재무상태표의 기본요소는 자산, 부채 및 자본이다.

정답 ③

55 재무제표 요소들에 대한 설명으로 옳지 않은 것은?　　　　　　　　　　('18 관세직)

① 비용은 자본의 감소를 초래하는 특정 회계기간 동안에 발생한 경제적 효익의 감소로서, 지분참여자에 대한 분배와 관련된 것은 제외한다.

② 수익은 자본의 증가를 초래하는 특정 회계기간 동안에 발생한 경제적 효익의 증가로서, 지분참여자에 의한 출연과 관련된 것도 포함한다.

③ 부채는 과거 사건에 의하여 발생하였으며, 경제적 효익을 갖는 자원이 기업으로부터 유출됨으로써 이행될 것으로 기대되는 현재의무이다.

④ 자본은 기업의 자산에서 부채를 차감한 후의 잔여지분이다.

▶ 풀이: ② 수익에서 지분참여자에 의한 출연과 관련된 것은 제외된다.

　　　　　　　　　　　　　　　　　　　　　　　　　　　　　정답　②

56 '재무보고를 위한 개념체계'에서 제시한 자산에 관한 설명으로 옳지 않은 것은?

　　　　　　　　　　　　　　　　　　　　　　　　　　　　　　　　　　　('10 주택)

① 자산이 갖는 미래경제적효익이란 직접으로 또는 간접으로 미래 현금 및 현금성자산의 기업에의 유입에 기여하게 될 잠재력을 말한다.

② 자산의 존재를 판단하기 위해서 물리적 형태가 필수적인 것은 아니다.

③ 자산의 정의를 충족하기 위해서는 관련된 지출이 필수적이다.

④ 소유권이 자산의 존재를 판단함에 있어 필수적인 것은 아니다.

⑤ 미래에 발생할 것으로 예상되는 거래나 사건 자체만으로는 자산이 창출되지 아니한다.

▶ 풀이: ② 특허권, 라이선스 등 무형의 자산도 존재한다.
　　　　③ 무상으로 수령한 경우라도 자산의 정의를 충족할 수 있다.

　　　　　　　　　　　　　　　　　　　　　　　　　　　　　정답　③

57 자산은 '과거사건의 결과로서 기업이 통제하고 있는 현재의 경제적 자원'으로 정의되는데 이에 대한 설명으로 옳지 않는 것은?　　　　　　　　　　　　('18 관세직)

① 경제적 효익에 대한 기업의 통제력은 일반적으로 법률적 권리로부터 나오므로 법적인 소유권이 없으면 자산으로 인식할 수 없다는 것을 의미한다.

② 기업이 통제하고 있다는 것은 자산으로부터 발생하는 미래 경제적 효익을 해당 기업만이 누릴 수 있어야 한다는 것을 의미한다.

③ 미래 경제적 효익은 직접 혹은 간접으로 기업의 미래현금흐름창출에 기여하는 잠재력을 의미한다.

④ 과거사건의 결과라는 것은 미래에 발생할 것으로 예상되는 거래나 사건만으로는 자산을 인식하지 않는다는 것을 의미한다.

▶ 풀이: ① 법적인 소유권이 없어도 자산으로 인식할 수 있다. 예를 들어 리스거래로 인식하는 사용권자산이 있다.

　　　　　　　　　　　　　　　　　　　　　　　　　　　　　정답　①

58 재무보고를 위한 개념체계 중 부채에 대한 설명으로 옳지 않은 것은? ('19 관세직)

① 과거 사건으로 생긴 현재의무를 수반하더라도 금액을 추정해야 한다면 부채가 아니다.

② 부채의 특성상 의무는 정상적인 거래실무, 관행 또는 원활한 거래관계를 유지 하거나 공평한 거래를 하려는 의도에서 발생할 수도 있다.

③ 부채에 있어 의무는 일반적으로 특정 자산이 인도되는 때 또는 기업이 자산획 득을 위한 취소불능약정을 체결하는 때 발생한다.

④ 부채의 특성상 의무는 구속력 있는 계약이나 법규에 따라 법률적 강제력이 있 을 수 있다.

➡ **풀이:** ① 금액의 추정은 부채의 인식과 관련되지만 부채의 정의를 충족하는 것과는 별개 이다. 즉, 과거 사건으로 생긴 현재의무로 경제적 자원이 이전되어야 한다면 부채이 다. 이러한 부채를 인식하는 것이 목적적합한 정보를 제공하며 충실한 표현을 제공 한다면 재무제표에 인식한다.

정답 ①

59 재무제표의 구성요소 중 잔여지분에 해당하는 것은? ('19 주택)

① 자산　　　② 부채　　　③ 자본　　　④ 수익　　　⑤ 비용

정답 ③

■ **인식과 측정**

60 재무제표 요소의 인식에 관한 설명으로 옳지 않은 것은? ('15 주택)

① 자산은 미래경제적효익이 기업에 유입될 가능성이 높고 해당 항목의 원가 또는 가치를 신뢰성 있게 측정할 수 있을 때 인식한다.

② 부채는 현재 의무의 이행에 따라 경제적효익을 갖는 자원의 유출 가능성이 높 고 결제될 금액에 대해 신뢰성 있게 측정할 수 있을 때 인식한다.

③ 수익은 자산의 증가나 부채의 감소와 관련하여 미래경제적효익이 증가하고 이 를 신뢰성 있게 측정할 수 있을 때 인식한다.

④ 비용은 자산의 감소나 부채의 증가와 관련하여 미래경제적효익이 감소하고 이 를 신뢰성 있게 측정할 수 있을 때 인식한다.

⑤ 제품보증에 따라 부채가 발생하는 경우와 같이 자산의 인식을 수반하지 않는 부채가 발생하는 경우에는 비용을 인식하지 아니한다.

➡ **풀이:** ⑤ 해당 거래의 다음과 같이 분개한다.
　　　　(차) 제품보증비용　×××　　　(대) 제품보증충당부채　×××

정답 ⑤

61 재무제표를 위한 개념체계에서 재무제표 기본요소의 인식에 대한 설명으로 옳지 않은 것은?

('21 지방직)

① 특정 자산과 부채를 인식하기 위해서는 측정을 해야 하며 많은 경우 그러한 측정은 추정될 수 없다.

② 자산, 부채 또는 자본의 정의를 충족하는 항목만이 재무상태표에 인식되며 그러한 요소 중 하나의 정의를 충족하는 항목이라고 할지라도 항상 인식되는 것은 아니다.

③ 거래나 그 밖의 사건에서 발생된 자산이나 부채의 최초 인식에 따라 수익과 관련된 비용을 동시에 인식할 수 있다.

④ 경제적효익의 유입가능성이나 유출가능성이 낮더라도 자산이나 부채가 존재할 수 있다.

➡ 풀이: ① 부채는 추정에 의해서도 측정될 수 있다.

정답 ①

62 수익인식 5단계를 순서대로 바르게 나열한 것은? ('20 주택)

ㄱ. 수행의무를 식별
ㄴ. 고객과의 계약을 식별
ㄷ. 거래가격을 산정
ㄹ. 거래가격을 계약 내 수행의무에 배분
ㅁ. 수행의무를 이행할 때 수익을 인식

① ㄱ→ㄴ→ㄷ→ㄹ→ㅁ   ② ㄱ→ㄷ→ㄴ→ㄹ→ㅁ
③ ㄴ→ㄱ→ㄷ→ㄹ→ㅁ   ④ ㄴ→ㄱ→ㄹ→ㄷ→ㅁ
⑤ ㄷ→ㄱ→ㄴ→ㄹ→ㅁ

정답 ③

63 수익의 인식 및 측정에 관한 설명으로 옳은 것은? ('14 주택)

① 거래와 관련된 경제적 효익의 유입가능성이 높지 않더라도 수입금액을 신뢰성 있게 측정할 수 있다면 수익을 인식할 수 있다.

② 용역제공거래의 결과를 신뢰성 있게 추정할 수 있다면 용역의 제공으로 인한 수익은 용역의 제공이 완료된 시점에 인식한다.

③ 판매자가 판매대금의 회수를 확실히 할 목적만으로 해당 재화의 법적 소유권을 계속 가지고 있다면 소유에 따른 중요한 위험과 보상이 이전되었더라도 해당 거래를 수익으로 인식하지 않는다.

④ 수익으로 인식한 금액이 추후에 회수가능성이 불확실해지는 경우에는 인식한 수익금액을 조정할 수 있다.

⑤ 동일한 거래나 사건에 관련된 수익과 비용은 동시에 인식한다. 그러나 관련된 비용을 신뢰성 있게 측정할 수 없다면 수익을 인식할 수 없다.

정답 ⑤

64 고객과의 계약에서 생기는 수익에서 측정에 대한 설명으로 옳지 않은 것은?

('22 세무직)

① 기업이 받을 권리를 갖게 될 변동대가(금액)에 미치는 불확실성의 영향을 추정할 때에는 그 계약 전체에 하나의 방법을 일관되게 적용한다.

② 거래가격은 고객에게 약속한 재화나 용역을 이전하고 그 대가로 기업이 받을 권리를 갖게 될 것으로 예상하는 금액이며, 제삼자를 대신해서 회수한 금액도 포함된다.

③ 거래가격을 산정하기 위하여 기업은 재화나 용역을 현행계약에 따라 약속대로 고객에게 이전할 것이고 이 계약은 취소·갱신·변경 되지 않을 것이라고 가정한다.

④ 계약에서 약속한 대가에 변동금액이 포함된 경우에 고객에게 약속한 재화나 용역을 이전하고 그 대가로 받을 권리를 갖게 될 금액을 추정한다.

▶ 풀이: ② 거래가격에는 제삼자를 대신해서 회수한 금액(예: 부가가치세)은 제외된다.

정답 ②

65 (주)대한은 20×1년 총 계약금액 ₩500,000의 용역계약을 수주하였다. 예상 총 용역원가는 ₩400,000이고, 20×1년에 실제 발생 용역원가는 ₩120,000이다. 20×1년의 용역제공과 관련된 설명으로 옳지 않은 것은? ('15 주택)

① 용역제공거래의 결과를 신뢰성 있게 추정할 수 있다면 진행기준에 따라 수익을 인식한다.

② 발생원가 기준에 따른 용역 진행률은 30%이다.

③ 발생원가를 기준으로 진행기준을 적용할 경우 이익 인식액은 ₩30,000이다.

④ 용역제공거래의 성과를 신뢰성 있게 추정할 수 없는 경우 인식할 수 있는 용역수익의 최대 금액은 ₩120,000이다.

⑤ 발생원가의 회수가능성이 높지 않은 경우 발생원가 ₩120,000은 자산으로 계상한 후 손상차손 여부를 판단한다.

정답 ⑤

66 한국회계기준원이 제정한 재무보고를 위한 개념체계에 따르면 인식이란 거래나 사건의 경제적 효과를 자산, 부채, 수익, 비용 등으로 재무제표에 표시하는 것을 말한다. 다음 중 어떠한 항목을 인식하기 위해서 충족하여야 할 조건을 모두 고르면? ('10 지방직)

ㄱ. 당해 항목이 재무제표 기본요소의 정의를 충족시켜야 한다.
ㄴ. 재무제표이용자들에게 당해 항목에 대한 목적적합한 정보를 제공한다.
ㄷ. 재무제표이용자들에게 당해 항목에 대한 표현의 충실성을 충족하는 정보를 제공한다.

① ㄱ, ㄴ   ② ㄱ, ㄷ
③ ㄴ, ㄷ   ④ ㄱ, ㄴ, ㄷ

▶ 풀이: 어떠한 항목이 재무제표에 인식되기 위해서는 기본요소의 정의를 충족하고 목적적
합성과 표현의 충실성을 충족하여야 한다.

정답 ④

67 재무제표 구성요소의 인식과 측정에 대한 설명으로 옳지 않은 것은?

('19 지방직 수정)

① 자산은 미래경제적 효익이 기업에 유입될 가능성이 높고 해당 항목의 원가 또
는 가치를 신뢰성 있게 측정할 수 있을 때 재무상태표에 인식한다.
② 역사적 원가를 측정기준으로 사용할 때, 자산은 취득의 대가로 취득 당시에 지
급한 현금 또는 현금성자산이나 그 밖의 대가의 공정가치로 기록한다.
③ 재무제표는 일반적으로 기업이 계속기업이며 예상가능한 기간동안 영업을 계속
할 것이라는 가정 하에 작성된다.
④ 재무제표를 작성할 때 기업이 가장 보편적으로 채택하고 있는 측정기준은 공정
가치이다.

▶ 풀이: ④ 재무제표를 작성할 때 가장 보편적으로 채택하고 있는 측정기준은 역사적 원가
이다.

정답 ④

68 자산의 측정에 대한 설명으로 옳지 않은 것은?   ('12 세무직)

① 역사적 원가는 자산의 보유에 따라 발생하는 손익을 무시한다.
② 취득시점에서 취득원가로 기록한 후 자산이나 부채의 기간 경과에 따라 조정하
는 상각후원가는 현행원가의 범주에 속한다.
③ 순실현가능가치는 당해 자산이 현금 또는 현금등가액으로 전환될 때 수취할 것
으로 예상되는 금액에서 이러한 전환에 직접 소요될 비용을 차감한 금액이다.
④ 기업이 가장 보편적으로 사용하는 측정기준은 역사적 원가이며 이러한 역사적
원가는 다른 측정기준과 함께 사용되기도 한다.

▶ 풀이: ② 상각후원가는 역사적 원가의 범주에 속한다.

정답 ②

69 재무제표 요소의 측정에 대한 다음의 설명과 가장 관련이 있는 측정기준은?

('19 세무직)

○ 자산은 동일하거나 동등한 자산을 현재시점에서 취득할 경우 대가로 지불해야
할 현금이나 현금성자산의 금액으로 평가한다.
○ 부채는 현재시점에서 의무를 이행하는 데 필요한 현금이나 현금성자산의 할인하
지 아니한 금액으로 평가한다.

① 역사적 원가   ② 현행원가

③ 실현가능가치(이행가치)　　　　④ 현재가치

▶ 풀이: 자산 또는 부채를 현재시점에서 취득할 또는 이행할 금액으로 평가하는 것은 현행
원가이다.

정답 ②

70 재무제표 요소의 측정에 대한 설명으로 옳지 않은 것은?　　　　　('17 지방직)

① 역사적 원가로 측정하는 경우, 부채는 부담하는 의무의 대가로 수취한 금액으
로 기록한다.

② 현행원가로 측정하는 경우, 부채는 현재시점에서 그 의무를 이행하는 데 필요
한 현금이나 현금성자산의 할인하지 않은 금액으로 평가한다.

③ 실현가능가치로 측정하는 경우 자산은 동일하거나 또는 동등한 자산을 현재시
점에서 취득할 경우에 그 대가로 지불하여야 할 현금이나 현금성자산의 금액으
로 평가한다.

④ 현재가치로 측정하는 경우, 자산은 정상적인 영업과정에서 그 자산이 창출할
것으로 기대되는 미래 순현금유입액의 현재할인가치로 평가한다.

▶ 풀이: ③ 지문의 내용은 현행원가를 의미한다.

정답 ③

71 재무제표를 위한 개념체계에서 측정에 대한 설명으로 옳지 않은 것은?

('22 세무직)

① 자산을 취득하거나 창출할 때의 역사적 원가는 자산의 취득 또는 창출에 발생
한 원가의 가치로서, 자산을 취득 또는 창출하기 위하여 지급한 대가와 거래원
가를 포함한다.

② 사용가치와 이행가치는 시장참여자의 가정보다는 기업 특유의 가정을 반영한다.

③ 공정가치는 부채를 발생시키거나 인수할 때 발생한 거래원가로 인해 감소하며,
부채의 이전 또는 결제에서 발생할 거래원가를 반영한다.

④ 자산의 현행원가는 측정일 현재 동등한 자산의 원가로서 측정일에 지급할 대가
와 그 날에 발생할 거래원가를 포함한다.

▶ 풀이: ③ 공정가치는 거래원가를 반영하지 않는다.

정답 ③

72 보강적 질적특성 중 비교가능성은 측정기준의 선택에 영향을 미친다. 다음 중 기
업간 비교가능성을 높이거나 향상시킬 수 있는 측정기준을 모두 고른 것은?

('21 주택)

ㄱ. 역사적 원가	ㄴ. 공정가치	ㄷ. 사용가치
ㄹ. 이행가치	ㅁ. 현행가치	

① ㄱ, ㄴ　　　② ㄴ, ㄷ　　　③ ㄴ, ㅁ　　　④ ㄷ, ㄹ　　　⑤ ㄷ, ㄹ, ㅁ

➡ **풀이:** ③ 시장참여자의 가정보다 기업 특유의 가정이 반영되는 사용가치와 이행가치는 동일한 자산이나 부채를 다른 기업이 보유할 경우 다르게 측정될 수 있어 비교가능성을 저하시킬 수 있다. 또한 역사적 원가를 측정기준으로 사용할 경우 다른 시점에 취득하거나 발생한 동일한 자산이나 동일한 부채가 재무제표에 다른 금액으로 보고될 수 있다. 따라서 역사적 원가는 보고기업의 기간 간 또는 같은 기간의 기업 간 비교가능성을 저하시킬 수 있다.

정답 ③

■ **재무제표의 작성과 표시**

73 「한국채택국제회계기준」에서 규정하고 있는 재무제표의 작성과 표시에 대한 설명으로 옳은 것은? ('14 세무직)

① 자산과 부채를 표시함에 있어 계정과목은 유동과 비유동으로 구분한 다음 유동성이 큰 순서대로 표시한다.

② 부채로 인식하기 위해서는 부채 인식 당시에 상환금액 및 상환시기를 확정할 수 있어야 한다.

③ 주석에는 '적용한 유의적인 회계정책의 요약'보다는 '한국채택국제회계기준을 준수하였다는 사실'을 먼저 표시하는 것이 일반적이다.

④ 현금흐름표 작성 시 배당금 수취는 영업 또는 투자활동으로 분류할 수 있으나 배당금 지급은 재무활동으로 분류하여 표시해야 한다.

➡ **풀이:** ① 자산과 부채를 표시함에 있어 계정과목의 표시순서는 기업이 선택가능하다.
② 부채의 상환시기를 확정할 수 없더라도 부채로 인식할 수 있다.
③ 배당금 지급은 재무 또는 영업활동으로 분류할 수 있다.

정답 ③

74 「한국채택국제회계기준」에 근거한 재무제표 작성과 표시의 일반 원칙에 관한 설명으로 옳지 않은 것은? ('14 관세직)

① 기업은 현금흐름 정보를 제외하고 발생기준 회계를 사용하여 재무제표를 작성한다.

② 「한국채택국제회계기준」에서 요구하거나 허용하지 않는 한 자산과 부채, 그리고 수익과 비용은 상계하지 아니한다.

③ 재무제표 본문에서 중요하지 않다고 판단하여 구분하여 표시하지 않은 항목은 주석에서도 구분하여 표시할 수 없다.

④ 「한국채택국제회계기준」이 달리 허용하거나 요구하는 경우를 제외하고는 당기 재무제표에 보고되는 모든 금액에 대해 전기비교정보를 공시하며, 재무제표를 이해하는 데 목적적합하다면 서술형 정보의 경우에도 비교정보를 포함한다.

➡ **풀이:** ③ 중요성에 따라 주석에서는 구분하여 표시할 수 있다.

정답 ③

75 재무제표 작성 및 표시에 대한 설명으로 옳지 않은 것은? ('17 관세직)

① 매출채권에 대해 대손충당금을 차감하여 순액으로 측정하는 것은 상계표시에 해당한다.

② 중요하지 않은 항목은 성격이나 기능이 유사한 항목과 통합하여 표시할 수 있다.

③ 기업은 현금흐름 정보를 제외하고 발생기준 회계를 사용하여 재무제표를 작성한다.

④ 경영진은 재무제표를 작성할 때 계속기업으로서의 존속가능성을 평가해야 한다.

➡ 풀이: ① 매출채권에 대해 대손충당금을 차감하는 것은 상계표시에 해당하지 않는다.

정답 ①

76 재무제표 작성과 관련된 설명으로 옳은 것은? ('16 세무직)

① 기업의 재무제표는 발생기준 회계만을 사용하여 작성하며, 현금기준 회계는 사용하지 않는다.

② 포괄손익계산서상의 비용은 성격별 분류법과 기능별 분류법 중에서 매출원가를 다른 비용과 분리하여 공시하는 기능별 분류법만으로 표시해야 한다.

③ 재무제표 표시에 있어 반드시 유사한 항목은 통합하고, 상이한 성격이나 기능을 가진 항목은 구분하여 표시하여야 한다.

④ 한국채택국제회계기준에서 요구하거나 허용하지 않는 한 자산과 부채 그리고 수익과 비용은 상계처리하지 아니한다.

➡ 풀이: ① 현금흐름에 관한 정보는 현금기준 회계를 사용한다.
　　　② 비용의 성격별 분류법 또는 기능별 분류법 중 신뢰성 있고 더욱 목적적합한 정보를 제공할 수 있는 방법을 적용하여 표시한다. 기능별로 분류한 경우 비용의 성격에 대한 정보를 주석으로 공시한다.
　　　③ 유사한 항목은 통합하고, 상이한 성격이나 기능의 항목을 구분 표시할 수 있다.

정답 ④

77 재무제표 작성원칙에 관한 설명으로 옳지 않는 것은? ('14 주택)

① 전체 재무제표(비교정보를 포함)는 적어도 1년마다 작성한다.

② 재무제표의 표시통화는 천 단위 이상으로 표시할 수 없다. 예를 들어, 백만 단위로 표시할 경우 정보가 지나치게 누락되어 이해가능성이 훼손될 수 있다.

③ 자산과 부채, 수익과 비용은 상계하지 않고 구분하여 표시하는 것을 원칙으로 한다.

④ 한국채택국제회계기준이 달리 허용하거나 요구하는 경우를 제외하고는 당기 재무제표에 보고되는 모든 금액에 대해 전기 비교정보를 표시한다.

⑤ 상이한 성격이나 기능을 가진 항목은 구분하여 표시한다. 다만 중요하지 않은 항목은 성격이나 기능이 유사한 항목과 통합하여 표시할 수 있다.

➡ 풀이: ② 기업에 따라 표시통화의 단위는 달리할 수 있다.

정답 ②

78 재무제표 표시에 관한 설명으로 옳지 않은 것은? ('13 주택)

① 재무제표의 목적은 광범위한 정보이용자의 경제적 의사결정에 유용한 기업의 재무상태, 재무성과와 재무상태변동에 관한 정보를 제공하는 것이다.

② 당기손익과 기타포괄손익은 단일의 포괄손익계산서에 두 부분으로 나누어 표시할 수 있다.

③ 기업은 재무상태, 경영성과, 현금흐름 정보를 발생기준 회계에 따라 재무제표를 작성한다.

④ 경영진은 재무제표를 작성할 때 계속기업으로서의 존속가능성을 평가해야 한다.

⑤ 부적절한 회계정책은 이에 대하여 공시나 주석 또는 보충 자료를 통해 설명하더라도 정당화될 수 없다.

정답 ③

79 재무제표 표시에 관한 설명으로 옳지 않은 것은? ('14 주택)

① 재무제표의 목적은 정보이용자의 경제적 의사결정에 유용한 정보를 제공하는 것이다.

② 부적절한 회계정책은 이에 대하여 공시나 주석 또는 보충 자료를 통해 설명함으로써 정당화될 수 있다.

③ 재무제표에 인식되는 금액은 추정이나 판단에 의한 정보를 포함한다.

④ 당기 재무제표를 이해하는 데 목적적합하다면 서술형 정보의 경우에도 비교정보를 포함한다.

⑤ 재무제표의 작성 기준과 구체적 회계정책에 대한 정보를 제공하는 주석은 재무제표의 별도 부분으로 표시할 수 있다.

정답 ②

80 재무제표 표시에 대한 설명으로 옳지 않은 것은? ('19 지방직)

① 재무제표의 목적은 광범위한 정보이용자의 경제적 의사결정에 유용한 기업의 재무상태, 재무성과와 재무상태변동에 관한 정보를 제공하는 것이다.

② 전체 재무제표는 적어도 1년마다 작성한다. 따라서 보고기간 종료일을 변경하는 경우라도 재무제표의 보고기간은 1년을 초과할 수 없다.

③ 재무제표의 목적을 충족하기 위하여 자산, 부채, 자본, 차익과 차손을 포함한 광의의 수익과 비용, 소유주로서의 자격을 행사하는 소유주에 의한 출자와 소유주에 대한 배분 및 현금흐름 정보를 제공한다.

④ 재무제표는 위탁받은 자원에 대한 경영진의 수탁책임 결과도 보여준다.

▣ 풀이: ② 보고기간종료일을 변경하는 경우 재무제표의 보고기간이 1년을 초과하거나 미달할 수 있다.

정답 ②

81 재무제표 작성원칙에 관한 설명으로 옳지 않은 것은? ('17 주택)

① 기업은 현금흐름 정보를 제외하고는 발생기준 회계를 사용하여 재무제표를 작성한다.

② 한국채택국제회계기준의 요구에 따라 공시되는 정보가 중요하지 않다면 그 공시를 제공할 필요는 없다.

③ 재무제표가 한국채택국제회계기준의 요구사항을 모두 충족한 경우가 아니라면 한국채택국제회계기준을 준수하여 작성되었다고 기재하여서는 아니 된다.

④ 일반적으로 재무제표는 일관성 있게 1년 단위로 작성해야 하므로, 실무적인 이유로 특정 기업이 보고기간을 52주로 하는 보고관행은 금지된다.

⑤ 한국채택국제회계기준이 달리 허용하거나 요구하는 경우를 제외하고는 당기 재무제표에 보고되는 모든 금액에 대해 전기 비교정보를 표시한다.

▶ 풀이: ④ 실무적인 이유로 특정 기업이 보고기간을 52주로 하는 보고관행은 허용된다. 1년 단위로 작성된 재무제표와 상당한 차이가 발생하지 않기 때문이다.

정답 ④

82 「한국채택국제회계기준」에서 제시된 '상계'에 대한 설명으로 옳지 않은 것은?

('21 지방직)

① 외환손익 또는 단기매매 금융상품에서 발생하는 손익과 같이 유사한 거래의 집합에서 발생하는 차익과 차손은 중요성을 고려하지 않고 순액으로 표시한다.

② 확정급여제도의 초과적립액을 다른 제도의 확정급여채무를 결제하는 데 사용할 수 있는 법적으로 집행가능한 권리가 있고, 순액기준으로 확정급여채무를 결제할 의도가 있거나, 동시에 제도의 초과적립액을 실현하고 다른 제도의 확정급여채무를 결제할 의도가 있다면, 확정급여제도와 관련한 자산은 다른 확정급여제도와 관련된 부채와 상계한다.

③ 투자자산 및 영업용자산을 포함한 비유동자산의 처분손익은 처분대가에서 그 자산의 장부금액과 관련처분비용을 차감하여 표시한다.

④ 충당부채와 관련하여 포괄손익계산서에 인식한 비용은 제삼자의 변제와 관련하여 인식한 금액과 상계하여 표시할 수 있다.

정답 ①

▮▮ 주관식 ▮▮─────────────────────────────────────

1. 회계의 정의에 대하여 설명하라.

2. 회계정보이용자들을 열거하고, 이들이 어떠한 회계정보를 어떠한 목적으로 이용하고 있는지 설명하라.

3. 회계의 사회적 역할에 대하여 설명하라.

4. 재무보고를 위한 개념체계에 대하여 설명하라.

5. 재무제표 작성의 기본가정에 대하여 설명하라.

6. 재무정보의 근본적 질적특성에 대하여 설명하라.

7. 재무정보의 보강적 질적특성에 대하여 설명하라.

8. 재무제표의 구성요소에 대하여 설명하라.

9. 재무제표의 구성요소의 인식에 대하여 설명하라.

10. 재무제표의 구성요소의 측정에 대하여 설명하라.

재무제표

2.1 재무상태의 측정과 재무상태표

1. 재무상태표의 의의

재무제표(financial statements)는 회계처리과정의 최종 산물로서 기업에 관한 일정기간 동안의 기업 활동 결과를 일정한 양식으로 요약한 회계정보를 정보이용자들에게 전달하는 가장 중요한 수단이다.

> 재무제표에는 재무상태표, 포괄손익계산서, 자본변동표, 현금흐름표, 주기와 주석이 있다.

> 재무상태표(statement of financial position)는 일정시점 현재 기업의 재무상태를 나타내는 재무보고서이다. 즉, 일정시점 현재 기업이 통제하고 있는 경제적 자원인 자산, 기업이 부담하는 경제적 의무인 부채, 그리고 자본에 대한 정보를 제공하는 재무보고서이다.

재무상태표는 다음과 같은 정보를 제공한다.

첫째, 기업의 경제적 자원과 채권자 지분 및 소유자 지분에 대한 정보를 제공한다. 즉, 기업이 경영활동을 하는데 필요로 하여 구입한 자산의 운용상태와 이러한 자산을 구입하는데 소요된 재원을 어떻게 조달했는가에 대한 정보를 제공한다.

둘째, 기업의 장·단기 부채 상환능력에 대한 정보를 제공한다. 즉 기업의 자산과 부채를 유동성 기준으로 분류하여 단기적으로 유동부채를 상환할 수 있는 유동자산은 충분한가, 장기적으로 부채를 상환할 수 있는 기업실체의 자산이 충분한가에 대한 정보를 제공한다.

셋째, 기업의 재무구조의 건전성에 대한 정보를 제공한다. 기업이 이윤획득의 수단으로 사용하는 자산을 어떤 재원으로 조달하고 있으며, 이러한 재원의 조달방법이 외부의 충격을 어느 정도 소화할 수 있는 방법인가에 대한 정보를 제공해 준다.　.

2　재무상태표의 구성요소

(1) 자 산

> 자산(assets)은 과거 사건의 결과로 기업이 통제하는 현재의 경제적 자원이다.

경제적 자원이란 경제적 효익을 창출할 잠재력을 지닌 권리를 말한다. 자산은 경제적 자원자체를 말하는 것이고 경제적 자원이 창출할 수 있는 경제적 효익의 유입이 아니다. 또한 기업의 모든 권리가 자산이 되는 것은 아니며, 권리가 자산이 되기 위해서는 해당 권리가 그 기업을 위해서 다른 모든 당사자들이 이용가능한 경제적 효익을 초과하는 경제적 효익을 창출할 잠재력이 있고, 그 기업에 의해 통제되어야 한다.

자산을 소유하는 이유는 자산을 활용하여 또 다른 형태의 재화와 용역을 창출하기 위함인데, 이러한 재화와 용역을 창출할 수 있는 능력의 집합체를 용역잠재력이라 한다. 이는 수익과 관련하여 자산을 정의한 것이다. 또한 자산은 생산활동 및 판매활동 등에 사용되어 결국 소멸되게 되는 것인데 아직 소멸되지 않은 미소멸원가를 자산이라 하며, 소멸된 원가를 비용이라 한다. 이는 비용과 관련하여 자산을 정의한 것이다.

자산은 회계정보이용자들이 이해하기 쉽도록 해당 자산의 성격을 잘 나타내는 과목을 사용하여 나타내야 하며, 한국채택국제회계기준에서는 최소한 유동자산과 비유동자산으로 구분하여 표시하도록 하고 있다. 한국채택국제회계기준에서 분류·표시하도록 규정하고 있는 자산항목을 구체적으로 살펴보면 다음과 같다.

유동자산은 1년 이내에 현금화되거나 사용되어 소멸되는 자산이다. 이를 구분하면 금융자산, 재고자산, 기타자산으로 분류할 수 있으며, 금융자산은 현금및현금성자산, 매출채권과 기타채권, 기타금융자산으로 분류할 수 있다.

현금및현금성자산은 사용의 제한이 없거나 제한기간이 1년 이내인 자산으로서 통화 및 통화대용증권, 당좌예금·보통예금 등의 요구불예금, 취득당시 만기가 3개월 이내에 도래하는 채무상품이나 단기금융상품인 현금성자산이 이에 속한다.

매출채권 및 기타채권은 상품이나 제품 등을 외상으로 판매하여 발생한 채권으로서 만기가 1년 이내인 매출채권, 타인에게 현금을 대여하여 발생한 채권으로서 만기가 1년 이내인 대여금, 상품이나 제품 이외의 자산을 처분하고 대금을 아직 받지 않아서 발생한 채권으로서 만기가 1년 이내인 미수금이 이에 속한다.

기타금융자산은 보유기간이 단기로서 1년 이내에 매각할 목적으로 보유한 주식과 채권인 유가증권, 금융기관이 취급하는 정기예금, 정기적금, 만기가 1년 이내인 기타 정형화된 금융상품이 이에 속한다.

재고자산은 기업의 정상적인 영업주기 내에 판매를 목적으로 외부에서 구입한 상품, 판매를 목적으로 직접 제조한 제품, 제조 중에 있는 재공품, 제조과정에 투입하기 위하여 구입한 원료와 재료인 원재료가 이에 속한다.

기타자산은 위에서 나열한 유동자산 외에 1년 이내에 상품을 인수하기로 약정하고 상품 등을 인수하기 전에 상품대금의 전부 또는 일부를 지급한 선급금, 결산과정에서 나타나는 선급비용이 이에 속한다.

비유동자산은 1년 이상 장기간 소유하는 자산으로 자산의 형태변화가 1년이상 소요되는 자산이다. 유동자산과 비유동자산의 분류는 일반적으로 1년기준(one year rule)이 적용된다. 비유동자산은 금융자산, 투자부동산, 유형자산, 무형자산, 기타자산으로 분류할 수 있다.

대여금 및 수취채권은 타인에게 현금을 대여하여 발생한 채권으로서 만기가 1년 이후에 도래하는 장기대여금, 상품이나 제품 이외의 자산을 외상으로 매각하여 발생한 채권으로서 만기가 1년 이후에 도래하는 장기미수금이 이에 속한다.

기타금융자산은 1년 이상 장기간 보유목적으로 취득하였으나 만기까지 보유할 의도가 없는 FVOCI금융자산, 1년 이상 장기간 보유목적으로 취득하고 만기까지 보유할 의도가 있는 AC금융자산과 금융기관이 취급하는 장기성 금융상품이 이에 속한다.

유형자산은 영업활동에 사용할 목적으로 보유하는 물리적 실체가 있는 자산인 토지, 건물, 비품, 기계장치 등이 이에 속한다.

무형자산은 영업활동에 사용할 목적으로 보유하는 물리적 실체가 없는 자산인 특허권, 상표권, 실용신안권 등이 이에 속한다.

투자부동산은 임대수익이나 시세차익을 얻기 위하여 보유하고 있는 부동산이다.

기타자산은 1년 이후에 상품을 인수하기로 약정하고 상품 등을 인수하기 전에 상품대금의 전부 또는 일부를 지급한 장기선급금이 이에 속한다.

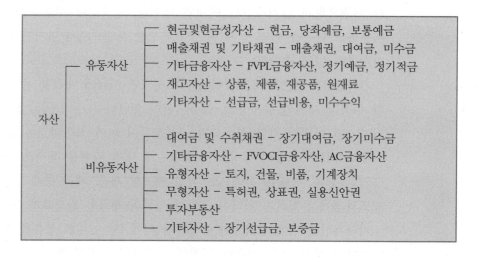

(2) 부 채

> 부채(liabilities)는 과거의 사건의 결과로 기업이 경제적 자원을 이전해야하는 현재의 의무이다.

부채가 존재하기 위해서는 기업에게 의무가 있으며, 의무는 경제적 자원을 이전하는 것이며, 의무는 과거사건의 결과로 존재하는 현재의무라는 세 가지 조건을 모두 충족하여야 한다. 기업에게 의무가 있다는 것은 기업이 회피할 수 있는 실제 능력이 없는 책무나 책임을 말한다.

재무상태표에 표시되는 부채는 재무상태표일로부터 1년 이내에 상환해야 하는 채무인 유동부채와 1년 이후에 상환해야 하는 채무인 비유동부채로 분류된다.

한국채택국제회계기준에서 분류·표시하도록 규정하고 있는 부채항목을 구체적으로 살펴보면 다음과 같다.

유동부채는 재무상태표일로부터 1년 이내에 결제될 것으로 예상되는 부채이다. 이는 금융부채, 충당부채, 기타부채로 분류할 수 있다.

매입채무는 상품을 외상으로 매입하여 발생한 채무로서 지급기일이 재무상태표일로부터 1년 이내에 도래하는 채무이다.

기타금융부채는 타인으로부터 현금을 빌려 발생한 채무로 상환기간이 재무상태표일로부터 1년 이내인 차입금, 상품이외의 자산을 외상으로 구입하여 발생한 채무로서 만기가 재무상태표일로부터 1년 이내에 도래하는 미지급금, 결산과정에서 나타나는 미지급비용, 주주총회에서 배당결의가 이루어진 후 아직 지급되지 않은 미지급배당금이 이에 속한다.

충당부채는 지출의 시기 또는 금액이 불확실한 부채로서 제품보증충당부채, 경품충당부채가 이에 속한다.

기타부채는 상품 등을 인도하기 전에 판매대금의 전부 또는 일부를 받고 1년 이내에 상품 등을 인도하기로 약정한 선수금, 결산과정에서 나타나는 선수수익, 제3자에게 지급하여야 할 금액을 일시적으로 보관하고 있는 예수금, 당기에 지급하여야 할 세금으로서 아직 현금으로 지급하지 못한 미지급법인세가 이에 속한다.

비유동부채는 재무상태표일로부터 1년이내에 지급기일이 도래하지 않는 부채이다. 이는 금융부채, 충당부채, 기타부채로 분류할 수 있다.

금융부채는 타인으로부터 현금을 빌려 발생한 채무로 상환기간이 재무상태표일로부터 1년 이후에 도래하는 장기차입금, 상품 이외의 자산을 외상으로 구입하여 발생한 채무로서 만기가 재무상태표일로부터 1년 이후에 도래하는 장기미지급금 등이 이에 속한다.

기타부채는 상품 등을 인도하기 전에 판매대금의 전부 또는 일부를 받고 1년 이후에 상품 등을 인도하기로 약정한 장기선수금이 이에 속한다.

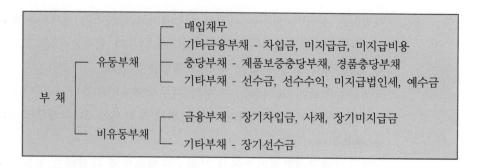

(3) 자본(소유주 지분)

> 자본(capital)이란 기업의 자산에서 모든 부채를 차감한 잔여지분이다. 기업이 가지고 있는 자산에 대한 기업의 소유주 또는 주주의 청구권이다.

자본은 기업의 자산에서 채권자의 지분인 부채를 차감한 잔액으로서 기업의 소유주 또는 주주에게 귀속되는 부분이다. 즉, 자본은 기업주 자신이 영업활동을 위하여 출자한 출자액과 기업이 영업활동으로 벌어들인 이익 중에서 기업 밖으로 유출시키지 않고 기업 내부에 유보시킨 유보이익까지도 포함한다.

자본은 납입자본, 기타자본요소, 이익잉여금으로 분류된다. 한국채택국제회계기준에서 분류·표시하도록 규정하고 있는 자본항목을 구체적으로 살펴보면 다음과 같다.

납입자본은 자본금과 주식발행초과금 등 소유주가 출연한 자본이 이에 속한다.

기타자본요소는 자본거래 중 납입자본으로 분류할 수 없는 임시적인 자본항목으로서 자본에 차감 또는 가산되어야 하는 자본조정으로 감자차손, 자기주식처분손실, 자기주식 등이 있으며, 기타포괄손익누계액인 FVOCI 금융자산평가손익, 파생금융상품평가손익, 해외사업환산손익, 재평가잉여금 등이 이에 속한다.

이익잉여금은 기업이 벌어들인 이익 중 배당금이나 기타자본요소로 처분되지 않고 남아 있는 부분이다.

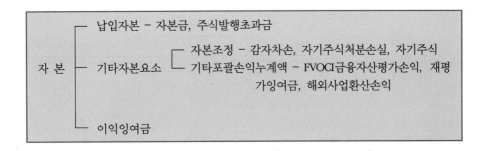

3 재무상태표의 양식

재무상태표를 작성하는 양식에는 계정식과 보고식이 있는데, 재무상태표의 양식은 다음과 같다.

(1) 계정식

계정식(account form)은 재무상태표를 왼쪽과 오른쪽으로 구분하여 왼쪽에는 자산을 오른쪽에는 부채와 자본을 기입하는 형식을 말한다.

재무상태표

××(주)		20×9. 12. 31 현재	
자 산		**부 채**	
유동자산	×××	유동부채	×××
		비유동부채	×××
		부채총계	×××
		자 본	
		납입자본	×××
		이익잉여금	×××
비유동자산	×××	기타자본요소	×××
		자본총계	×××
자 산 총 계	×××	부채와자본총계	×××

(2) 보고식

보고식(report form)은 재무상태표를 왼쪽과 오른쪽으로 구분하지 않고, 자산→부채 →자본의 순으로 위에서 밑으로 수직으로 기입하는 형식을 말한다.

재무상태표

××(주)	20×9. 12. 31 현재
자 산	
유 동 자 산	×××
비 유 동 자 산	×××
자 산 총 계	×××
부 채	
유 동 부 채	×××
비 유 동 부 채	×××
부 채 총 계	×××
자 본	
납 입 자 본	×××
이 익 잉 여 금	×××
기 타 자 본 요 소	×××
자 본 총 계	×××
부채와 자본총계	×××

4. 재무상태표의 구조

　재무상태표의 구조를 계정식을 중심으로 살펴보면 다음과 같다. 재무상태표의 머리부분에는 ① 기업의 명칭, ② 재무제표의 명칭인 재무상태표 및 ③ 재무상태표의 기준일이 되는 특정일자가 명시되어야 한다. 재무상태표의 본문은 크게 나누어 자산·부채·자본의 세 부분으로 구성되어 있는데, 자산은 왼쪽에 부채와 자본은 오른쪽에 나타난다. 재무상태표의 오른쪽 부분 전체를 지분(equities)이라고 부르기도 하는데, 이중 부채는 채권자지분(creditor's equity) 그리고 자본은 소유주지분(owner's equity)을 나타낸다.

재 무 상 태 표

제×기 20×9년 ×월 ×일 현재

회 사 명: (단위: 원)

과 목	제× (당)기	제× (전)기	과 목	제× (당)기	제× (전)기
자 산			부 채		
Ⅰ. 유 동 자 산	×××	×××	Ⅰ. 유 동 부 채	×××	×××
			Ⅱ. 비 유 동 부 채	×××	×××
Ⅱ. 비 유 동 자 산	×××	×××	부 채 총 계	×××	×××
			자 본		
			Ⅰ. 납 입 자 본	×××	×××
			Ⅱ. 이 익 잉 여 금	×××	×××
			Ⅲ. 기 타 자 본 요 소	×××	×××
			자 본 총 계	×××	×××
자 산 총 계	×××	×××	부채와 자본총계	×××	×××

예제 1   재무상태표의 작성

다음은 (주)한국의 20×9년 1월 1일 현재의 재무상태이다. 이 자료에 의하여 재무상태표를 작성하라.

현 금	₩500,000	대 여 금	₩800,000
매 출 채 권	600,000	상 품	400,000
비 품	300,000	건 물	1,000,000
매 입 채 무	900,000	미 지 급 금	1,200,000
차 입 금	700,000	자 본 금	800,000

해답

재 무 상 태 표

(주)한국	20×9년 1월 1일 현재		(단위: 원)
현 금	₩500,000	매 입 채 무	₩900,000
대 여 금	800,000	미 지 급 금	1,200,000
매 출 채 권	600,000	차 입 금	700,000
상 품	400,000	자 본 금	800,000
비 품	300,000		
건 물	1,000,000		
	₩3,600,000		₩3,600,000

5 재무상태의 측정

기업이 가지고 있는 재화와 채권, 즉 경제적 자원을 자산이라고 하며, 이는 투자자와 채권자로부터 조달하게 된다. 따라서 이들은 기업에 제공한 자원에 대한 권리를 갖는다. 이와 같이 자산에 대한 권리 또는 청구권을 지분이라고 한다. 자산과 지분의 상호관계는 다음과 같이 나타낼 수 있다.

자산(asset) = 지분(equities)

지분은 채권자의 지분과 소유자의 지분으로 구분할 수 있는데 채권자의 지분을 부채라고 하며, 소유주의 지분을 자본 또는 잔여지분이라고 한다. 이러한 관계는 다음과 같이 나타낼 수 있다.

자산 = 부채 + 자본

이 식을 회계등식(accounting equation) 또는 재무상태표등식(balance sheet equation)이라고 한다.

이러한 재무상태표등식은 경제적 실체의 규모나 영업의 종류에 관계없이 모든 경제적 실체에 적용되며, 기업의 경제적 사건을 기록하고 요약하는 기본구조를 제공한다. 경제적 사건이 발생함에 따라 자산, 부채, 자본 항목들이 각각 변화하게 되지만 자산의 합계는 부채와 자본의 합계와 항상 일치하게 된다. 즉, 일정시점의 기업의 재무상태는 재무상태표등식을 통하여 파악할 수 있다.

여기에서 소유주지분, 즉 소유주의 잔여청구권을 중심으로 변형하면 다음과 같이 나타낼 수 있는데 이를 자본등식(capital equation)이라 한다.

자본 = 자산 − 부채

기업의 규모가 아무리 크고 복잡하더라도 기업의 재무상태를 위와 같은 회계등식으로 나타낼 수 있다. 또 아무리 복잡한 경제적인 사건이 나타난다고 하더라도 이는 기업의 자산, 부채 그리고 자본이라고 하는 세 가지 기본요소의 증가·감소로 분류되어 새로운 내용의 회계등식으로 재무상태가 표현된다. 즉 기업이 영업활동을 영위하면 자산, 부채, 자본에 변화를 가져오게 된다. 따라서 자산, 부채, 자본의 변화인 재무상태의 변화를 체계적으로 살펴 볼 필요가 있다.

예제 2 **회계등식과 재무상태표 작성**

다음 (주)한국의 20×9년 1월 1일의 재무상태에 의하여 재무상태표등식과 자본등식을 기입한 후 재무상태표를 작성하라.

현 금	₩220,000	대 여 금	₩240,000
매 출 채 권	320,000	상 품	85,000
비 품	50,000	건 물	550,000
미 지 급 금	210,000	매 입 채 무	260,000
차 입 금	365,000	선 수 금	430,000

해답

1. 자본등식:

자 산	−	부 채	=	자 본
₩1,465,000	−	₩1,265,000	=	₩200,000

2. 재무상태표등식:

자 산	=	부 채	+	자 본
₩1,465,000	=	₩1,265,000	+	₩200,000

3. 재무상태표작성

재 무 상 태 표

(주)한국	20×9년 1월 1일 현재		(단위: 원)
현 금	₩220,000	미 지 급 금	₩210,000
대 여 금	240,000	매 입 채 무	260,000
매 출 채 권	320,000	차 입 금	365,000
상 품	85,000	선 수 금	430,000
비 품	50,000	자 본 금	200,000
건 물	550,000		
	₩1,465,000		₩1,465,000

2.2 경영성과의 측정과 손익계산서

1 손익계산서의 의의

> 손익계산서(statement of comprehensive income : I/S)란 일정 기간 동안 기업의 경영성과에 대한 정보를 제공하는 재무보고서이다.

손익계산서는 일정기간 동안 소유주와의 거래 이외의 모든 원천에서 자본이 증가하거나 감소한 정도와 그 내역에 관한 정보를 제공하는 재무보고서로서 다음과 같은 정보를 제공한다.

첫째, 기업의 경영성과에 관한 정보를 제공한다.

둘째, 손익계산서상의 당기순이익을 조정하여 법인세법상 과세소득결정의 기초자료를 제공한다.

셋째, 과거의 이익정보를 이용하여 미래의 이익과 현금흐름의 예측에 관한 정보를 제공한다.

넷째, 경영자의 업적평가를 위한 자료를 제공한다.

2. 손익계산서의 구성요소

(1) 수 익

> 수익(revenues)은 기업이 일정한 회계기간 동안에 재화나 용역, 즉 기업의 생산물을 고객에게 제공한 가치로서 자산의 증가 또는 부채의 감소로서 자본의 증가를 가져온다.

이와 같이 수익은 기업이 생산한 재화나 용역을 기업 외부로 유출시켜 발생하는 자산의 증가나 부채의 감소를 의미한다. 이를 보다 명확하게 정의하면 수익은 자산의 유입이나 증가 또는 부채의 감소에 따라 자본의 증가를 초래하는 특정회계기간 동안에 발생한 경제적 효익의 증가로, 지분참여자에 의한 출연과 관련된 것은 제외한다.

수익은 기업의 정상적 영업활동의 전 과정에서 발생하는데, 수익과 관련된 문제는 수익을 수익창출활동 중 어느 시점에서 인식할 것인가, 수익을 인식해야 할 금액은 어떻게 측정하고 결정할 것인가이다. 수익의 측정은 기업이 재화나 용역을 이전하는 시점에서 구매자와 합의한 현금액이나 현금성자산액에 의하여 측정되며, 수익의 인식은 수익획득과정이 완료되거나 또는 실질적으로 거의 완료되어야 하며 수익획득활동으로 인한 현금 또는 현금청구권을 합리적으로 측정할 수 있어야 한다. 따라서 실무에서는 판매시점에 수익을 인식하는 것이 가장 일반적이며, 특별한 경우에는 생산시점 또는 회수시점에 수익을 인식하기도 한다.

한국채택국제회계기준에서는 수익을 손익계산서에서 매출액과 기타수익으로 구분하여 표시하도록 규정하고 있다.

매출액(amount of proceeds)은 기업의 가장 중심적이면서도 중요한 영업활동과 관련하여 발생한 것으로 재화를 판매하거나 용역을 제공함에 따라 발생하는 수익을 말한다. 따라서 매출액은 그 기업의 주요 영업활동이 무엇이냐에 따라 달라진다. 예를 들면, 판매회사는 제품판매액이, 운송회사는 승객 또는 화물의 운송수입이 매출액이 되며, 서비스 제공회사는 용역수익이 매출액이 되며, 건설회사의 경우에는 공사수익이 매출액으로 보고된다.

기타수익(other income)은 기업의 중요한 영업활동 이외의 활동인 재무활동이나 투자활동을 통하여 부수적으로 발생하는 수익으로 이자수익, 배당금수익, 임대료수익, 수수료수익, 유형자산처분이익 등이 여기에 속한다.

```
        ┌ 매출액 - 제품판매액, 운송수입, 용역수익, 공사수익
수 익 ┤
        └ 기타수익 - 이자수익, 배당금수익, 임대료수익, 유형자산처분이익
```

(2) 비 용

> 비용(expenses)은 일정기간 동안 기업이 수익을 얻기 위하여 지출 또는 소비된 재화나 용역의 가치로서 수익을 얻기 위하여 소멸된 원가 이다. 비용은 자산의 감소 또는 부채의 증가로서 자본의 감소를 가져 온다.

비용이란 자산의 유출이나 소멸 또는 부채의 증가에 따라 자본의 감소를 초래하는 특정 회계기간 동안에 발생한 경제적 효익의 감소로, 지분참여자에 대한 분배와 관련된 것은 제외한다.

한국채택국제회계기준에서는 비용을 손익계산서에 성격별로 구분하여 표시할 것인지, 기능별로 구분하여 표시할 것인지 선택할 수 있도록 규정하고 있다.

성격별 표시방법은 비용을 상품매입액, 종업원급여, 감가상각비, 이자비용, 기타비용 등과 같이 비용의 유형별로 구분하여 표시하는 방법이며, 이 방법에 의할 경우 매출원가는 당기 상품재고액의 변동액을 당기상품매입액에 가감하는 방법으로 표시하게 된다.

기능별 표시방법은 비용을 매출원가, 관리활동원가인 일반관리비, 판매비 등 기능별로 구분하여 표시하는 방법으로 매출원가를 반드시 다른 비용과 분리하여 나타내게 된다.

```
        ┌ 성격별 표시방법 - 상품매입액, 종업원급여, 감가상각비, 이자비용
비 용 ┤
        └ 기능별 표시방법 - 매출원가, 일반관리비, 판매비
```

(3) 이 익(손 실)

회계에서는 수익에서 비용을 차감하여 이익(gain)을 도출한다.

$$이익 = 수익 - 비용$$
$$I = R - E$$

수익은 실현시점에서 인식되며, 비용은 발생주의에 따라 인식하고 화폐가치에 의하여 측정한다. 그러므로 수익은 실현시점의 가액으로 인식하는데 반해 비용은 과거의 역사적 원가로 인식되므로 불합리한 대응이 이루어지며, 화폐가치의 변동을 고려하지 않기 때문에 자산을 보유함으로써 발생하는 보유손익에 대한 개념이 포함되지 않을 수 있다.

(4) 기타포괄손익

기타포괄손익공정가치측정금융자산평가손익, 파생금융상품평가손익, 해외사업환산손익, 재평가이익 등은 자본의 증가나 감소를 초래하므로 넓은 의미에서는 수익이나 비용의 정의에 포함되나, 이들의 성격이 미실현된 손익이므로 한국채택국제회계기준에서는 당기순손익으로 인식하지 아니하고 재무상태표상의 자본항목인 기타포괄손익누계액에 직접 가감하도록 하고 있다. 또한 포괄손익계산서에는 당기순손익과 기타포괄손익을 포함한 총포괄손익을 나타내도록 하고 있다.

$$당기순손익 \pm 기타포괄손익 = 총포괄손익$$

3. 손익계산서의 양식

손익계산서를 작성하는 양식에는 계정식과 보고식이 있는데 학습의 편의상 계정식을 사용하여 설명하는 경우가 많다.

비용을 매출원가, 판매비, 일반관리비 등과 같이 기능별로 분류하는 기능별 분류와 상품매입비, 종업원급여, 감가상각비, 이자비용등과 같이 성격별로 분류하는 성격별 분류가 있으나 기능별 분류를 중심으로 설명한다.

(1) 계정식

계정식(account form)은 포괄손익계산서를 왼쪽과 오른쪽으로 구분하여 왼쪽에는 비용을 오른쪽에는 수익을 기입하는 형식을 말한다.

손익계산서(기능별)

××(주)	20×9. 1. 1 ~ 12. 31	(단위: 원)
매 출 원 가	×××	매 출 ×××
판 매 비	×××	
일 반 관 리 비	×××	영 업 외 수 익 ×××
영 업 외 비 용	×××	
법 인 세 비 용	×××	
당 기 순 이 익	×××	
	×××	×××

(2) 보고식

보고식(report form)은 포괄손익계산서를 왼쪽과 오른쪽으로 구분하지 않고, 수익을 기입하고 다음에 비용을 기입하는 방식으로 위에서 밑으로 수직으로 기입하는 형태이다. 수익, 비용의 순으로 기입한 결과 (+)금액이 나오면 이는 순이익이 발생하였음을 의미하고, (−)금액이 나오면 이는 순손실이 발생하였음을 의미한다.

손익계산서(기능별)

××(주)	20×9. 1. 1 ~ 12. 31	(단위: 원)
매 출		×××
매 출 원 가		(×××)
매 출 총 이 익		×××
판매비와일반관리비		(×××)
영 업 이 익		×××
영 업 외 수 익		×××
영 업 외 비 용		(×××)
법 인 세 차 감 전 이 익		×××
법 인 세 비 용		(×××)
당 기 순 이 익		×××

4. 손익계산서의 구조

손익계산서는 수익(revenues)과 비용(expenses)으로 구성되어 있고, 수익에서 비용을 차감한 후 남는 금액은 기업의 순이익(net income)으로 보고된다. 만일, 비용이 수익보다 많으면 순손실(net loss)이 발생하게 된다. 기타포괄손익이 있는 경우 이를 손익계산서에 반영한 포괄손익계산서가 작성된다.

한국채택국제회계기준에서는 포괄손익계산서를 단일의 포괄손익계산서에 당기순손익과 기타포괄손익을 나타내든지, 아니면 손익계산서와 포괄손익계산서의 두 개의 보고서를 나타내든지 두 가지 방법 중 하나를 선택하여 표시할 수 있도록 규정하고 있다.

단일의 포괄손익계산서를 나타내면 다음과 같다.

단일의 포괄손익계산서

수 익	×××
비 용	(×××)
당 기 순 손 익	×××
기 타 포 괄 손 익	(×××)
총 포 괄 손 익	×××

두 개의 보고서로 나타내면 다음과 같다.

손익계산서

수 익	×××
비 용	(×××)
당 기 순 손 익	×××

포괄손익계산서

당 기 순 손 익	×××
기 타 포 괄 손 익	×××
총 포 괄 손 익	×××

예제 3 **손익계산서의 작성**

다음은 (주)건지의 20×9년 동안의 자료이다. 손익계산서를 작성하라.

급 여	₩ 120,000	이 자 비 용	₩ 20,000
매 출 원 가	300,000	임 차 료	150,000
매 출	530,000	수 수 료 수 익	90,000

해 답

		손익계산서		
(주)건지		20×9. 1. 1 ~ 12. 31		(단위: 원)
비 용	금 액	수 익	금 액
매 출 원 가	₩300,000	매 출	₩530,000
임 차 료	150,000	수 수 료 수 익	90,000
급 여	120,000		
이 자 비 용	20,000		
당 기 순 이 익	30,000		
	₩620,000		₩620,000

5 경영성과의 측정

기업의 경영성과는 일정기간 동안의 경제적 활동의 결과로서 나타나는 경제적 성과를 의미한다. 경영성과는 손익법과 재산법에 의하여 측정된다.

(1) 손익법

손익법(income approach)은 이익을 수익과 비용의 차액으로 계산하는 방법이다. 수익과 비용은 서로 밀접한 관계를 가지며 발생하기 때문에 한 회계기간 동안에 발생한 수익과 비용을 대응시켜 이익을 계산하는 방법이다. 이를 거래접근법이라고도 하며, 손익계산서에 근거하여 이익을 계산하는 방법이다.

> 순이익(I) = 수익 (R) − 비용(E)
> 수익 〉비용 : 순이익
> 수익 〈 비용 : 순손실

손익법에 의한 순손익계산은 자본의 변동으로 산정하지 않고, 자본의 증가를 가져오는 항목인 수익과 자본의 감소를 가져오는 항목인 비용을 대비시켜 산정한다. 이는 당기순손익을 구성항목별로 계산하는 것으로 수익과 비용의 대응을 적절히 하여 당기순손익을 산정하는 것이다.

(2) 재산법

재산법(assets and liabilities method)은 이익을 순자산의 증가로 보고 계산하는 것으로서, 기말자본과 기초자본을 비교하여 이익을 계산하는 방법이다. 이를 순자산접근법이라고도 하며, 재무상태표에 근거하여 이익을 계산하는 방법이다.

순이익 (I) = 기말자본(P*) − 기초자본(P)
    = (기말자산(A*) − 기말부채(L*)) − (기초자산(A) − 기초부채(L))
    = (A* − A) − (L* − L)

이는 자본등식을 응용한 것으로, 기말자본과 기초자본을 비교하여 두 기의 자본등식을 비교한 것이다. 그런데 기중에 증자(자본금의 증가)나 감자(자본금의 감소)가 있었을 때는 이를 가감하여 순손익을 산출하게 된다.

이 방법은 순손익을 총액으로만 산정할 수 있을 뿐 그 발생의 원인, 이유, 내용 등은 알 수 없다. 이는 소유주이론을 기초로 하여 재산계산 및 재산평가를 중시하는 입장이다. 그러나 복식부기에서 재산법은 손익법의 순손익과 일치하여 복식기록의 검증을 하는데 이용하기도 한다.

예제 4 자산, 부채, 자본, 수익, 비용관계

다음 표의 ( )에 알맞은 금액을 기입하시오. (손실이 계산될 때는 △ 표시할 것)

	기	초		기	말		수 익	비 용	순이익
	자 산	부 채	자 본	자 산	부 채	자 본			
1	10,000	3,000	(①)	(③)	2,800	(②)	16,010	14,210	1,800
2	(④)	1,500	2,000	(⑤)	1,500	2,400	(⑥)	11,600	(⑦)
3	7,200	(⑧)	5,000	6,400	2,000	(⑨)	7,900	(⑩)	(⑪)
4	4,500	(⑫)	3,500	4,700	(⑬)	(⑭)	(⑮)	9,000	500

해답

1. ① 10,000 − 3,000 = 7,000
   ③ 8,800 + 2,800 = 11,600
2. ④ 1,500 + 2,000 = 3,500
   ⑥ 11,600 + 400 = 12,000

② 7,000 + 1,800 = 8,800

⑤ 1,500 + 2,400 = 3,900
⑦ 2,400 − 2,000 = 400

3. ⑧   7,200 − 5,000 = 2,200   ⑨ 6,400 − 2,000 = 4,400

    ⑩   7,900 +   600 = 8,500   ⑪ 4,400 − 5,000 = △600

4. ⑫   4,500 − 3,500 = 1,000   ⑬ 4,700 − 4,000 =   700

    ⑭   3,500 +   500 = 4,000   ⑮ 9,000 +   500 = 9,500

(3) 재산법과 손익법의 관계

재산법은 일정시점간 순자산, 즉 기초시점의 자본과 기말시점의 자본을 비교하여 순손익을 산출하며, 손익법은 일정기간의 총수익과 총비용을 비교하여 순손익을 산출한다. 재산법에 의하여 산출된 순손익과 손익법에 의하여 산출된 순손익은 반드시 일치한다. 이러한 재산법과 손익법의 관계는 다음과 같다.

기말자본 〉 기초자본 = 〈순이익〉 = 수익총액 〉 비용총액

기말자본 〈 기초자본 = 〈순손실〉 = 수익총액 〈 비용총액

           재산법   손익법

또한 기중에 추가적인 자본출자(증자)나 자본인출(감자)이 있을 경우 재산법은 다음과 같이 변형된다.

순이익 (I) = 기말자본(P*) − (기초자본(P) + 증자액 − 감자액)

이에 손익법(순이익 = 수익 − 비용)을 접목시키면 다음의 관계가 성립한다.

기말자본(P*) = 기초자본(P) + 순이익

= 기초자본(P) + 수익(R) − 비용(E)

이를 종합하면 다음과 같다.

기말자산 = 기말부채 + 기말자본
        = 기말부채 + (기초자본 + 증자 – 감자) + 순손익(수익 – 비용)
        = 기말부채 + (기초자본 + 증자 – 감자 + 수익 – 비용)

예제 5 **자산, 부채, 자본, 수익, 비용관계**

서울상회의 2년 동안의 재무상태는 다음과 같다.

	20×8년 12월 31일	20×9년 12월 31일
총자산	₩62,000	₩88,000
총부채	24,000	34,000

〈요구사항〉

(1) 20×9년중 서울상회의 자본금인출액이 ₩7,000이라면, 동기간 중의 순이익을 산출하라.

(2) 20×9년중 서울상회가 영업활동 결과 ₩15,000의 순이익을 보고하였다고 할때 자본의 인출액 또는 추가출자액을 산출하라.

(3) 20×9년중 자본의 인출 또는 추가출자가 없었으며 동 기간 중에 발생한 총비용이 ₩38,000이라고 할 때, 동 기간 중에 발생한 총수익액을 산출하라.

해 답

(1) 순이익 = ₩54,000 – 38,000 + 7,000 = ₩23,000

(2) 15,000 = 54,000 – (38,000 + 추가출자액)

    추가출자액 = 1,000

(3) 순이익 = 54,000 – 38,000 = 16,000

    총수익 = 16,000 + 38,000 = 54,000

2.3 재무상태표와 손익계산서의 관계

재무제표는 재무보고의 중심적인 수단으로서 이를 통하여 기업실체에 관한 재무적 정보를 다양한 외부이해관계자에게 전달하게 된다. 그런데 이러한 재무제표는 서로 유기적인 관계를 가지고 있다.

먼저 재무상태표와 손익계산서는 각각 서로 다른 재무적 정보를 제공해주면서 상호 관련성을 가지고 있는데, 이를 살펴보면 다음과 같다.

기초 재무상태표는 기초시점의 자산, 부채, 자본의 상태를 나타내고 있으며, 이를 이용한 기중의 영업활동을 통해 수익창출과 비용발생이 이루어지며, 이들이 손익계산서상에 수익과 비용으로 나타나고 당기순이익이 결정된다. 또한, 당기순이익은 기말 재무상태표에 이익잉여금이 되어, 기초자본과 합하여 기말자본이 된다. 이를 그림으로 나타내면 다음과 같다.

그림 2-1 재무상태표와 손익계산서의 관계

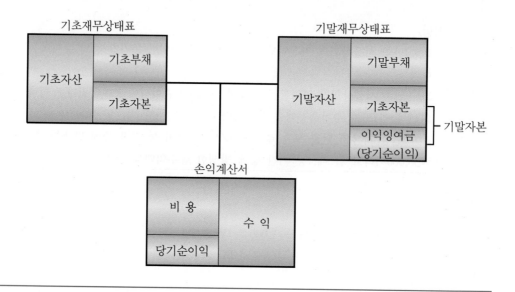

예제 6 기초재무상태표, 기말재무상태표, 손익계산서 관계

다음 한국상사의 자료에 의하여 재무상태표와 손익계산서를 작성하라.

기초의 재무상태(20×9. 1. 1)

현 금	₩26,500	비 품	₩28,400	상 품	₩102,400
건 물	40,000	매 입 채 무	40,600	매 출 채 권	24,000

기말의 재무상태(20×9. 1. 31)

현 금	₩50,600	비 품	₩28,400	상 품	₩148,600
건 물	40,000	매 입 채 무	37,200	매 출 채 권	32,000
차 입 금	20,000				

기중의 경영성과(20×9. 1. 1 ～ 20×9. 1. 31)

영 업 비	₩27,240	급 여	₩60,000	상품매출이익	₩170,820
잡 비	8,460	수도광열비	13,420		

해 답

기 초 재 무 상 태 표

한국상사　　　　　　　　20×9년 1월 1일 현재　　　　　　(단위: 원)

현　　　금	₩26,500	매 입 채 무	₩40,600
매 출 채 권	24,000	자　본　금	180,700
상　　　품	102,400		
건　　　물	40,000		
비　　　품	28,400		
자 산 총 계	₩221,300	부채와 자본총계	₩221,300

손 익 계 산 서

한국상사　　　　　20×9년 1월 1일～20×9년 1월 31일　　　　(단위 : 원)

상 품 매 출 이 익		₩170,820
비　　　　　용		
급　　　　여	60,000	
영　업　비	27,240	
잡　　　　비	8,460	
수 도 광 열 비	13,420	(109,120)
당 기 순 이 익		₩61,700

기 말 재 무 상 태 표

한국상사		20×9년 1월 31일 현재		(단위: 원)
현　　　　금	₩50,600	매 입 채 무	₩37,200
매 출 채 권	32,000	차　　입　　금	20,000
상　　　　품	148,600	자　　본　　금	180,700
건　　　　물	40,000	이 익 잉 여 금	61,700
비　　　　품	28,400		
	₩299,600		₩299,600

2.4　자본변동표

1. 자본변동표의 의의

> 자본변동표(statement of change in stockholders' equity)는 자본의 크기와 그 변동에 관한 정보를 제공하는 재무보고서이며 자본금, 이익 잉여금 및 기타자본요소의 변동에 관한 포괄적인 정보를 제공한다.

　자본변동표는 재무상태표에 표시된 모든 자본항목의 변동내용에 대한 정보의 제공을 통하여 재무제표간의 연계성을 제고시키며 재무제표의 이해가능성을 높인다. 재무상태표에 표시되어 있는 자본의 기초잔액과 기말잔액을 모두 제시함으로써 재무상태표와 연결할 수 있고, 자본의 변동내용을 포괄손익계산서와 현금흐름표에 나타난 정보와 연결할 수 있어 정보이용자들이 보다 명확하게 재무제표간의 관계를 파악할 수 있게 된다.

　또한 자본변동표는 포괄손익계산서에 반영되지 않고 재무상태표의 자본에 직접 가감되는 항목에 대한 정보를 제공하게 된다. 이러한 항목에는 매도가능금융자산평가손익 또는 재평가잉여금 등과 같은 미실현손익이 포함되는데, 이러한 미실현손익의 변동내용을 나타냄으로써 포괄적인 경영성과에 대한 정보를 제공해 준다.

우리나라의 경우 한국채택국제회계기준이 적용되기 전에는 이익잉여금처분계산서를 재무제표의 하나로 인정하였으나, 한국채택국제회계기준이 적용된 후에는 이익잉여금처분계산서를 재무제표에서 제외하고 자본변동표의 작성을 의무화하였다. 이는 이익잉여금처분계산서가 자본의 구성항목의 하나에 불과하며 이익잉여금의 변동내역만 보고하기 때문에 자본을 구성하는 모든 항목의 변동내용을 총체적으로 보고하지 못하는 점을 보완하고 자본변동에 대한 종합적인 정보를 제공하기 위함이다.

2. 자본변동표의 구조

자 본 변 동 표
제×기 20××년 ×월 ×일부터 20××년 ×월 ×일까지

회 사 명 : _____   (단위 : 원)

구분	납입자본	이익잉여금	자본조정	기타포괄손익누계액	일반적립금	합계
20×1.12.31 잔액	×××	×××	×××	×××	×××	×××
회계정책변경누적효과		×××				×××
전기오류수정		×××				×××
수정 후 기초잔액		×××				×××
전기 이익처분						
임의적립금의 이입		×××			(×××)	
연차배당		(×××)				(×××)
기타 이익잉여금처분		(×××)			×××	(×××)
기타변동사항						
중간배당		(×××)				(×××)
유상증자	×××					×××
자기주식취득	(×××)					(×××)
기타포괄손익의 대체		×××		(×××)		
총포괄손익		×××		×××		×××
20×2.12.31 잔액	×××	×××	×××	×××	×××	×××

2.5 현금흐름표

> 현금흐름표(statement of cash flows)는 기업의 현금흐름을 나타내는 표로서 현금의 변동내용을 명확하게 보고하기 위하여 일정기간 동안의 기업의 영업활동, 투자활동, 재무활동으로 인한 현금의 유입과 유출내용을 나타내는 보고서이다.

현금흐름표는 기업의 미래현금흐름에 대한 정보를 제공하며, 기업의 유동성과 재무적 탄력성에 관련된 정보를 제공한다는 점, 이익의 질을 평가하며 당기순이익과 현금흐름의 차이에 관한 정보를 제공한다는 점, 투자 및 재무활동이 재무상태에 미친 영향에 관한 정보를 제공한다는 점에서 그 유용성을 찾을 수 있다. 그러나 미래현금흐름에 대한 정기적 예측에 관한 정보를 제공하지 못하며, 현금주의에 입각하므로 기존 재무제표와 연계하여 종합적으로 해석해야만 경제적 실질변동을 파악할 수 있다는 한계점을 갖는다.

현금흐름표의 구조는 다음과 같다.

현금흐름표의 머리부분에는 ① 기업의 명칭, ② 현금흐름표라는 재무제표의 명칭, ③ 현금흐름표가 나타내는 특정기간이 표시된다. 현금흐름표는 크게 세 부분으로 나누어지는데, 그 첫째 부분은 영업활동으로 인한 현금흐름이 표시된다. 두 번째 부분은 투자활동으로 인한 현금흐름이 표시되고, 세 번째 부분에서는 재무활동으로 인한 현금흐름이 표시된다. 현금흐름표는 이들 세 활동으로부터의 현금의 증감액에 기초의 현금을 가산하여 기말의 현금을 산출하는 형식으로 보고된다.

현 금 흐 름 표

제×기 20××년 ×월 ×일부터 제×기 20××년 ×월 ×일까지

회 사 명: (단위 : 원)

과 목	제×(당)기	제×(전)기
Ⅰ. 영 업 활 동 으 로 인 한 현 금 흐 름	×××	×××
Ⅱ. 투 자 활 동 으 로 인 한 현 금 흐 름	×××	×××
1. 투자활동으로 인한 현금유입액		
2. 투자활동으로 인한 현금유출액		
Ⅲ. 재 무 활 동 으 로 인 한 현 금 흐 름	×××	×××
1. 재무활동으로 인한 현금유입액		
2. 재무활동으로 인한 현금유출액		
Ⅳ. 현 금 의 증 가(감소)(Ⅰ+Ⅱ+Ⅲ)	×××	×××
Ⅴ. 기 초 의 현 금	×××	×××
Ⅵ. 기 말 의 현 금	×××	×××

2.6 주기와 주석

주기와 주석은 재무제표를 이용하는 회계정보이용자들이 기업의 내용을 충분히 이해할 수 있도록 중요한 회계방침 등 필요한 사항을 추가적으로 공시하는 것이다.

주기(parenthetical explanation)는 재무제표의 해당 과목에 회계 사실의 내용을 괄호 속에 간단한 자구나 숫자를 이용하여 부수적으로 설명한 것이다. 예를 들면 재무상태표상의 처분전 이익잉여금에 당기순이익을 부수적으로 설명하는 것과 포괄손익계산서상의 당기순이익에 주당이익을 부수적으로 설명하는 것을 들 수 있다.

주석(footnotes)은 재무제표에 보고된 항목을 추가적으로 설명한 것이다. 즉, 주석은 재무제표의 해당 과목에 식별번호 또는 기호를 붙이고, 별지에

동일한 식별 번호 또는 기호를 기재하고 그 항목의 내용을 서술로 또는 수치로 기재하는 방식으로 제시한다. 예를 들면 회사의 개황, 회사가 발행할 주식의 총수, 1주의 금액 및 발행한 주식의 수, 회사가 채택한 회계처리방침 등이 주석으로 공시할 내용이다. 이러한 주기와 주석은 기업경영과 회계의 투명성을 높이기 위함이다.

기초시점의 재무상태로 기업이 영업활동에서 어느 정도의 이익이 창출되었는지는 포괄손익계산서상의 당기순이익이 나타내고 있으며, 당기순이익의 누계에 의하여 배당금을 어느 정도 지급했는지는 자본변동표상의 이익잉여금란을 통하여 나타난다. 또한 처분하고 남은 이익잉여금은 기말시점의 재무상태를 나타내는 재무상태표상의 이익잉여금 중 차기이월이익잉여금으로 연계가 된다. 또한 기중에 자금(현금)을 어떻게 조달하여 어떻게 활용하였는지는 현금흐름표를 통하여 나타난다.

이와같이 기본 재무제표인 재무상태표, 포괄손익계산서, 자본변동표, 현금흐름표는 각각 서로 다른 재무적 정보를 제공해 주면서 상호관련성을 가지고 있는데, 이를 그림으로 나타내면 다음과 같다.

그림 2-2 재무제표의 상호관계

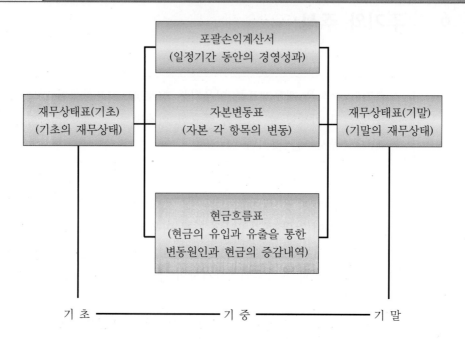

2.7 회계등식을 이용한 경제적 사건의 기록

1. 회계등식과 경제적 사건

회계등식을 이용하여 기업의 재무상태의 변화를 기록할 수 있다. 어떤 경제활동이 회계의 거래로 기록되면 회계등식에 영향을 미치게 되는데, 거래 발생 후에도 다음과 같이 회계등식은 항상 유지된다.

기초시점의 회계등식 (기초시점의 재무상태)	기중거래의 발생 (기중 경제적 사건)	기말시점의 회계등식 (기말시점의 재무상태)
$A = L + P$ ———	기록, 분류	——— $A' = L' + P'$

이것은 기중에 경제적인 사건이 발생하면 회계등식에 미치는 영향을 정리·기록하게 되는데, 이를 토대로 기말시점의 재무상태를 파악하여 재무상태표와 포괄손익계산서로 분리해 내게 된다. 이는 복식부기의 원리를 습득하기 위한 기초 과정으로 이해할 수 있는데 이들이 전개되는 과정은 다음과 같다.

$$A = L + P$$
(기초시점의 재무상태)
$$I = R - E$$
(기중 경영성과)
$$I = P' - P^*$$
$$(P^* = P + 증자 - 감자)$$
$$P' = P^* + I$$
$$= P^* + R - E$$

$$A' = L' + P'$$
(기말시점의 재무상태)

$$A' = L' + (P + 증자 - 감자) + R - E$$

2. 경제적 사건의 기록

어떤 경제적 사건이 회계 거래로서 기록되면, 이는 회계등식에서 한 개이상의 요소에 영향을 미치게 되나, 결국 "자산 = 부채 + 자본"이라는 회계등식은 항상 유지된다. 이러한 회계등식을 이용한 거래의 기록을 다음의 종합예제를 위한 사례를 통하여 살펴보기로 한다.

종합예제를 위한 사례

(주)세종은 컴퓨터 수리 서비스업을 하는 회사로서 20×9년중 다음과 같은 거래가 있었다.

12월 1일 : 현금 ₩100,000을 출자받아 영업을 시작하다.

12월 2일 : 은행으로부터 ₩30,000을 차입하다.

12월 3일 : 건물을 ₩60,000에 현금으로 취득하다.

12월 4일 : 1년분 보험료 ₩1,200을 현금으로 지급하다.

12월 5일 : 건물의 일부를 임대하고 1년분 임대수익 ₩2,400을 현금으로 받다.

12월 6일 : 자동차 1대를 현금 ₩20,000에 구입하다.

12월10일 : (주)대왕에게 현금 ₩20,000을 빌려주다.

12월15일 : 컴퓨터 수리 서비스를 해주고 대가 ₩30,000을 나중에 받기로 하다.

12월25일 : 매출채권 ₩5,000을 현금으로 회수하다.

12월30일 : 종업원 급여 ₩15,000을 현금으로 지급하다.

12월31일 : 은행차입금 중 ₩10,000을 현금으로 상환하다.

종합예제 1 : 회계등식을 이용한 거래의 기록

거래 1 (12월 1일) 현금 ₩100,000을 출자 받아 영업을 시작하다.

〈회계등식〉	자 산			= 부 채	+ 자 본	
	현 금				자본금	
[거래 1]	100,000			=	100,000	

거래 2 (12월 2일) 은행으로부터 ₩30,000을 차입하다.

〈회계등식〉	자 산			= 부 채	+ 자 본	
	현 금			차입금	자본금	
거래 2 추가전	100,000			=	100,000	
[거래 2]	30,000			= 30,000		
거래 2 추가후	130,000			= 30,000	+ 100,000	

거래 3 (12월 3일) 건물을 ₩60,000에 현금으로 취득하다.

〈회계등식〉	자 산			= 부 채	+ 자 본	
	현 금	+ 건 물		차입금	자본금	
거래 3 추가전	130,000			= 30,000	+ 100,000	
[거래 3]	-60,000	+ 60,000		=		
거래 3 추가후	70,000	+ 60,000		= 30,000	+ 100,000	

거래 4 (12월 4일) 1년분 보험료 ₩1,200을 현금으로 지급하다.

〈회계등식〉	자 산		= 부 채	+ 자 본		
	현 금	+ 건 물	차입금	자본금	+ 수익과 비 용	
거래 4 추가전	70,000	+ 60,000	= 30,000	+ 100,000		
[거래 4]	-1,200		=		-1,200	보험료
거래 4 추가후	68,800	+ 60,000	= 30,000	+ 100,000	+ -1,200	

거래 5(12월 5일) 건물의 일부를 임대하고 1년분 임대수익 ₩2,400을 현금으로 받다.

〈회계등식〉	자 산				=	부 채	+	자 본		
	현 금	+	건 물		=	차입금	+	자본금	+	수익과 비 용
거래 5 추가전	68,800	+	60,000		=	30,000	+	100,000	+	−1,200
[거래 5]	+2,400	+			=				+	+2,400 임대수익
거래 5 추가후	71,200	+	60,000		=	30,000	+	100,000	+	1,200

거래 6 (12월 6일) 자동차 1대를 현금 ₩20,000에 구입하다.

〈회계등식〉	자 산						=	부 채	+	자 본		
	현 금	+	건 물	+	차 량 운반구		=	차입금	+	자본금	+	수익과 비 용
거래 6 추가전	71,200	+	60,000				=	30,000	+	100,000	+	1,200
[거래 6]	−20,000				+20,000		=					
거래 6 추가후	51,200	+	60,000	+	20,000		=	30,000	+	100,000	+	1,200

거래 7 (12월 10일) (주)대왕에게 현금 ₩20,000을 빌려주다.

〈회계등식〉	자 산							=	부 채	+	자 본		
	현 금	+	건 물	+	차 량 운반구	+	대여금	=	차입금	+	자본금	+	수익과 비 용
거래 7 추가전	51,200	+	60,000	+	20,000			=	30,000	+	100,000	+	1,200
[거래 7]	−20,000						20,000	=					
거래 7 추가후	31,200	+	60,000	+	20,000	+	20,000	=	30,000	+	100,000	+	1,200

거래 8 (12월 15일) 컴퓨터 수리 서비스를 해주고 대가 ₩30,000을 나중에 받기로 하다.

〈회계등식〉	자 산									=	부 채	+	자 본		
	현 금	+	건 물	+	차 량 운반구	+	대여금	+	매출 채권	=	차입금	+	자본금	+	수익과 비 용
거래 8 추가전	31,200	+	60,000	+	20,000	+	20,000			=	30,000	+	100,000	+	1,200
[거래 8]									30,000						30,000 용역 수익
거래 8 추가후	31,200	+	60,000	+	20,000	+	20,000		30,000	=	30,000	+	100,000	+	31,200

거래 9 (12월 25일) 매출채권 ₩5,000을 현금으로 회수하다.

〈회계등식〉	자 산					= 부 채 +	자 본	
	현 금 +	건 물 +	차 량 운반구 +	대여금 +	매출 채권	차입금 +	자본금 +	수익과 비 용
거래 9 추가전	31,200 +	60,000 +	20,000 +	20,000 +	30,000 =	30,000 +	100,000 +	31,200
[거래 9]	5,000				− 5,000			
거래 9 추가후	36,200 +	60,000 +	20,000 +	20,000 +	25,000 =	30,000 +	100,000 +	31,200

거래 10 (12월 30일) 종업원 급여 ₩15,000을 현금으로 지급하다.

〈회계등식〉	자 산					= 부 채 +	자 본	
	현 금 +	건 물 +	차 량 운반구 +	대여금 +	매출 채권	차입금 +	자본금 +	수익과 비 용
거래 10 추가전	36,200 +	60,000 +	20,000 +	20,000 +	25,000 =	30,000 +	100,000 +	31,200
[거래 10]	− 15,000							− 15,000 급여
거래 10 추가후	21,200 +	60,000 +	20,000 +	20,000 +	25,000 =	30,000 +	100,000 +	16,200

거래 11 (12월 31일) 은행차입금 중 ₩10,000을 현금으로 상환하다.

〈회계등식〉	자 산					= 부 채 +	자 본	
	현 금 +	건 물 +	차 량 운반구 +	대여금 +	매출 채권	차입금 +	자본금 +	수익과 비 용
거래 11 추가전	21,200 +	60,000 +	20,000 +	20,000 +	25,000 =	30,000 +	100,000 +	16,200
[거래 11]	− 10,000					− 10,000		
거래 11 추가후	11,200 +	60,000 +	20,000 +	20,000	25,000 =	20,000 +	100,000 +	16,200

회계등식을 이용한 거래의 기록 종합

〈회계등식〉	자 산					=	부 채	+	자 본			
	현 금	+ 매출채권	+ 건 물	+ 차량운반구	+ 대여금	=	차입금	+	자본금	+ 이익잉여금	(수익, 비용)	
기초시점 12/1	100,000					=			100,000			
12/2	30,000					=	30,000					
	130,000					=	30,000	+	100,000			
12/3	−60,000		60,000			=						
	70,000		60,000			=	30,000	+	100,000			
12/4	−1,200					=				−1,200	보험료	
	68,800		+ 60,000			=	30,000	+	100,000	+ −1,200		
12/5	2,400					=				2,400	임대수익	
	71,200		+ 60,000			=	30,000	+	100,000	+ 1,200		
12/6	−20,000			20,000		=						
	51,200		+ 60,000	+ 20,000		=	30,000	+	100,000	+ 1,200		
12/10	−20,000				20,000	=						
	31,200		+ 60,000	+ 20,000	+ 20,000	=	30,000	+	100,000	+ 1,200		
12/15		+ 30,000				=				+ 30,000	용역수익	
	31,200	+ 30,000	+ 60,000	+ 20,000	+ 20,000	=	30,000	+	100,000	+ 31,200		
12/25	5,000	+ −5,000				=						
	36,200	+ 25,000	+ 60,000	+ 20,000	+ 20,000	=	30,000	+	100,000	+ 31,200		
12/30	−15,000					=				−15,000	급여	
	21,200	25,000	+ 60,000	+ 20,000	+ 20,000	=	30,000	+	100,000	+ 16,200		
12/31	−10,000					=	−10,000					
기말시점	11,200	+ 25,000	+ 60,000	+ 20,000	+ 20,000	=	20,000	+	100,000	+ 16,200		

회계등식을 이용한 거래의 기록을 통한 재무제표작성

기 초 재 무 상 태 표

(주)세종   20×9년 12월 1일 현재   (단위: 원)

현 금	₩100,000		
		자 본 금	₩100,000
자 산 총 계	₩100,000	부채와 자본총계	₩100,000

손 익 계 산 서

(주)세종   20×9년 12월 1일부터 20×9년 12월 31일까지   (단위: 원)

급 여	₩15,000	용 역 수 익	₩30,000
보 험 료	1,200	임 대 수 익	2,400
당기순이익	16,200		
	₩32,400		₩32,400

기 말 재 무 상 태 표

(주)세종   20×9년 12월 31일 현재   (단위: 원)

현 금	₩11,200	차 입 금	₩20,000
매 출 채 권	25,000	자 본 금	100,000
건 물	60,000	이 익 잉 여 금	
		(당기순이익)	16,200
차량운반구	20,000		
대 여 금	20,000		
	₩136,200		₩136,200

연·습·문·제

∎∎ 기본문제 ∎∎

01 다음 중 회계 등식에 해당되는 것은?

① 자산 + 부채 = 자본　　　　② 자산 = 부채 + 자본

③ 자산 - 부채 = 자본　　　　④ 자산 = 부채 - 자본

정답 ②

02 다음 중 자산에 속하는 항목으로만 묶은 것은?

| (가) 매출채권 | (나) 상　품 | (다) 마케팅비용 | (라) 물류비 |
| (마) 이자수익 | (바) 선수금 | (사) 납입자본 | (아) 선급금 |

① (가), (나), (아)　　　　② (가), (나), (바)

③ (다), (라), (마)　　　　④ (가), (다), (사)

정답 ①

03 재무상태표를 작성함에 있어서 자산을 유동성이 높은 순서대로 기입한다면 제일 먼저 기입되는 것은?

① 재고자산　　　　　　　　② 유형자산

③ 현금및현금성자산　　　　④ 매출채권 및 기타채권

정답 ③

04 K-IFRS에 의한 자산이나 부채의 유동과 비유동성 구분에 대한 설명이다. 다음 중 옳지 않은 것은?

① 사용의 제한이 없는 현금및현금성자산은 유동자산으로 분류한다.

② 단기매매목적으로 보유하는 자산은 유동자산으로 분류한다.

③ 기존의 차입약정에 따라 재무상태표일로부터 1년을 초과하여 상환할 수 있고 기업이 그러한 의도가 있는 부채라 하더라도, 재무상태표일로부터 1년 이내에 상환기일이 도래할 경우는 유동부채로 분류한다.

④ 기업의 정상적인 영업주기 내에 실현될 것으로 예상되거나 판매목적 또는 소비목적으로 보유하고 있는 자산은 유동자산으로 분류한다.

정답 ③

05 재무제표와 관련된 설명으로 옳지 않은 것은?

① 재무상태표는 일정시점 현재 기업실체가 보유하고 있는 경제적 자원인 자산과 경제적 의무인 부채, 그리고 자본에 대한 정보를 제공하는 재무보고서이다.

② 포괄손익계산서는 일정기간 동안 기업실체의 경영성과에 대한 정보를 제공하는 재무보고서이다.

③ 현금흐름표는 일정시점의 기업실체에 대한 현금유입과 현금유출에 대한 내용을 제공하므로 기업실체의 미래현금흐름을 전망하는데 충분한 정보를 제공하지 못한다.

④ 자본변동표는 기업실체에 대한 자본의 크기와 그 변동에 관한 정보를 제공하는 재무보고서이다.

정답 ③

06 다음에 열거한 재무제표 중에서 결산일 현재의 재무상태에 관련된 정보를 제공해 주는 것은?

① 현금흐름표   ② 재무상태표
③ 자본변동표   ④ 포괄손익계산서

정답 ②

07 포괄손익계산서란?

① 자본의 변동내역을 나타내는 표   ② 자본, 손익, 부채를 나타내는 표
③ 경영성과를 나타내는 표   ④ 재산상태를 나타내는 표

정답 ③

08 재무제표는 그 자체의 본질과 계약성 등으로 인하여 정보제공 능력에 한계가 있다. 재무제표의 한계점(약점)을 지적한 것 중 잘못된 것은?

① 재무제표는 기간별 비교가 불가능하다.

② 회계처리는 여러 가지 추정이 필요한데 추정에는 불확실성이 포함된다.

③ 재무제표를 역사적 원가에 의해 작성하는 경우 인플레이션으로 인해 현재의 가치를 반영하지 못한다.

④ 기업과 관련된 정보 중에는 재무제표에 화폐단위로 표시해 줄 수 없는 중요한 질적정보가 많이 존재한다.

정답 ①

09 기업의 현금흐름을 나타내는 보고서로서 현금의 유입과 현금의 유출내용을 나타내는 재무제표는?

① 재무상태표   ② 포괄손익계산서
③ 현금흐름표   ④ 자본변동표

정답 ③

10 다음 K-IFRS에 의한 비용의 분류와 표시방법에 대한 설명 중 옳지 않은 것은?

① 성격별 표시방법은 비용을 상품매입액, 종업원급여, 감가상각비, 이자비용, 기타

비용 등 성격별로 구분하여 표시한다.

② 성격별 표시방법은 매출액에서 매출원가를 차감하여 매출총이익을 구분 표시한다.

③ 기능별 표시방법은 비용을 매출원가, 물류비, 일반관리비, 마케팅비용 등 기능별로 구분하여 표시한다.

④ 기능별 표시방법은 매출원가를 반드시 다른 비용과 구분하여 표시한다.

정답 ②

11 K-IFRS에 따르면 총포괄손익과 당기순손익이 일치하지 않을 수 있다. 다음 중 포괄손익과 당기순손익의 불일치를 초래하는 항목은?

① 물류비   ② 마케팅비용

③ 일반관리비   ④ 재평가잉여금

정답 ④

12 현금 ₩30,000을 출자받아 영업을 시작한 전주상점의 기말 재무상태는 다음과 같다. 당기에 발생한 순손익은?

현 금	₩15,000	상 품	₩10,000
매 입 채 무	12,000	매 출 채 권	16,000
비 품	7,000		

① 당기순이익 ₩4,000   ② 당기순이익 ₩6,000

③ 당기순손실 ₩4,000   ④ 당기순이익 ₩36,000

▶ **풀이:** 기말자산 - 기말부채 = 기말자본

15,000 + 10,000 + 16,000 + 7,000 - 12,000 = 36,000

기말자본 - 기초자본 = 순손익

36,000 - 30,000 = 6,000

정답 ②

13 다음 자료에 의해 기말자본, 총수익, 순이익을 계산하면?

기 초 자 본	₩30,000	기 말 자 산	₩80,000
기 말 부 채	40,000	비 용 총 액	20,000

	기말자본	총수익	순이익
①	₩40,000	₩50,000	₩20,000
②	₩40,000	₩30,000	₩10,000
③	₩50,000	₩30,000	₩10,000
④	₩50,000	₩50,000	₩20,000

▶ **풀이:** 기말자본 = 기말자산 - 기말부채 = 80,000 - 40,000 = 40,000

순이익 = 기말자본 - 기초자본 = 40,000 - 30,000 = 10,000

총수익 = 총비용 + 순이익 = 20,000 + 10,000 = 30,000

정답 ②

14 남문상회의 자산액은 기초에는 ₩50,000이었는데 기말에는 ₩15,000이 증가하였다. 기말부채액은 ₩32,500이고, 당기의 순이익은 ₩7,500이었다. 기초의 자본금은 얼마인가?

① ₩20,000   ② ₩25,000
③ ₩26,000   ④ ₩30,000

▷ 풀이: 기말자본 = 기말자산 - 기말부채 = 65,000 - 32,500 = 32,500
　　　기초자본 = 기말자본 - 순이익 = 32,500 - 7,500 = 25,000

정답 ②

15 다음 자료에 의한 기초자산은?(단, 기중 자본금계정에는 변동없음)

기 초 부 채	₩9,000	기 말 부 채	₩11,000
기 말 자 산	43,000	수 익 총 액	70,000
비 용 총 액	56,000		

① ₩21,000   ② ₩23,000
③ ₩25,000   ④ ₩27,000

▷ 풀이: 기초자본 = 기말자본 - 순이익 = (43,000 - 11,000) - (70,000 - 56,000)
　　　　　 = 18,000
　　　기초자산 = 기초부채 + 기초자본 = 9,000 + 18,000 = 27,000

정답 ④

16 건지상점의 기말장부의 내용은 다음과 같다. 기초자산 합계가 ₩860,000이었다면 기초부채 합계는?

자 산 합 계	₩930,000	부 채 합 계	₩340,000
수 익 총 계	1,420,000	비 용 총 계	1,300,000
자 본 환 급 액	70,000		

① ₩150,000   ② ₩200,000
③ ₩260,000   ④ ₩320,000

▷ 풀이: 기초자본 = 기말자본 - 순이익 -증자액 + 감자액
　　　　　 = 930,000 - 340,000 - (1,420,000 - 1,300,000) + 70,000
　　　　　 = 540,000
　　　기초부채 = 기초자산 - 기초자본 = 860,000 - 540,000 = 320,000

정답 ④

17 세종상점의 기초의 자산·부채 및 자본은 다음과 같다.

현 금	₩90,000	기타금융자산	₩60,000	매출채권	₩133,000
상 품	240,000	비 품	10,000	매입채무	40,000
기타금융부채	50,000	자 본	?		

한편 당기의 수익총액은 ₩880,000이며 비용총액은 ₩680,000이다. 기말부채가 ₩150,000이라고 하면 기말의 자산은 얼마인가?

① ₩641,000　　　　　　　　　　② ₩793,000

③ ₩1,215,000　　　　　　　　　④ ₩1,321,000

▶ 풀이: 기말자본 = 기초자본 + 순이익
　　　　 = (90,000 + 60,000 + 133,000 + 240,000 + 10,000 - 40,000 - 50,000) + (880,000
　　　　 - 680,000) = 643,000
　　　 기말자산 = 기말부채 + 기말자본 = 150,000 + 643,000 = 793,000

정답 ②

18 다음 자료를 이용하여 기말자산을 계산하면?

매 출 액(수익)	₩800,000	기 타 수 익	₩83,000
매 출 원 가	500,000	일 반 관 리 비	74,000
기 타 비 용	52,000	기 초 자 산	800,000
기 초 부 채	520,000	기 말 부 채	620,000

① ₩1,214,000　　　　　　　　　② ₩1,142,000

③ ₩1,157,000　　　　　　　　　④ ₩1,326,000

▶ 풀이: 기말자본 = 기초자본 + 순이익 = (기초자산 - 기초부채) + (총수익 - 총비용)
　　　　 = (800,000 - 520,000) + (800,000 + 83,000 - 500,000 - 74,000 - 52,000) = 537,000
　　　 기말자산 = 기말부채 + 기말자본 = 620,000 + 537,000 = 1,157,000

정답 ③

19 다음 자료에 의하여 기간 중 순손익을 계산하면?

	1월 1일	12월 31일
자 산	₩860,000	₩1,700,000
부 채	420,000	1,200,000

① 순이익 ₩20,000　　　　　　　② 순손실 ₩40,000

③ 순이익 ₩60,000　　　　　　　④ 순손실 ₩80,000

▶ 풀이: 순이익 = 기말자본 - 기초자본
　　　　 = (1,700,000 - 1,200,000) - (860,000 - 420,000) = 60,000

정답 ③

20 차입금 ₩50,000을 포함하여 현금 ₩500,000으로 영업을 시작한 하늘상사의 기말 재무상태는 다음과 같다. 총수익은 얼마인가?

현 금	₩310,000	매 출 채 권	₩150,000	상 품	₩120,000
비 품	80,000	차 입 금	200,000	매입채무	40,000
총 비 용	150,000	자 본	?		

① ₩90,000   ② ₩120,000
③ ₩150,000   ④ ₩180,000

▶ 풀이: 기초자본 = 500,000 − 50,000 = 450,000
        기말자본 = 기말자산 − 기말부채 = 660,000 − 240,000 = 420,000
        총 수 익 = 총비용 + (기말자본 − 기초자본) = 150,000 + (420,000 − 450,000)
                = 120,000

정답 ②

■┃ **기출문제** ┃■────────────────────────────────────

■ 재무제표

01 「한국채택국제기준」에 의한 재무제표의 종류가 아닌 것은?   ('12 관세직)
　　① 재무상태표　　　　　　　　② 포괄손익계산서
　　③ 현금흐름표　　　　　　　　④ 사업보고서

정답 ④

02 재무제표와 관련된 설명 중 옳은 것은?   ('11 주택)
　　① 재무상태표의 자산과 부채는 유동성배열법에 따라 표시해야 한다.
　　② 비용을 성격별로 분류하는 기업은 비용의 기능에 대한 추가 정보를 반드시 공
　　　시해야 한다.
　　③ 자본변동표는 자본거래를 제외한 모든 원천에서 인식된 자본의 변동을 나타
　　　낸다.
　　④ 현금흐름표는 기업의 회계선택에 의한 영향을 제거할 수 없기 때문에 영업성과
　　　에 대한 기업간 비교를 어렵게 한다.
　　⑤ 주석은 재무제표에 포함되며, 유의적인 회계정책의 요약 및 그 밖의 설명으로
　　　구성된다.

정답 ⑤

03 재무제표에 관한 설명으로 옳은 것은?   ('15 주택)
　　① 재무상태표는 일정기간의 재무성과에 관한 정보를 제공해 준다.
　　② 포괄손익계산서는 일정시점에 기업의 재무상태에 관한 정보를 제공해 준다.
　　③ 자본변동표는 일정기간 동안의 자본구성요소의 변동에 관한 정보를 제공해 준다.
　　④ 현금흐름표는 특정시점에서의 현금의 변화를 보여주는 보고서이다.
　　⑤ 재무제표는 재무상태표, 손익계산서, 시산표, 자본변동표로 구성된다.

정답 ③

04 재무제표에 관한 설명으로 옳지 않은 것은?   ('20 주택)
　　① 각각의 재무제표는 전체 재무제표에서 동등한 비중으로 표시한다.
　　② 경영진은 재무제표를 작성할 때 계속기업으로서의 존속가능성을 평가해야 한다.
　　③ 기업은 현금흐름 정보를 제외하거나 발생기준 회계를 사용하여 재무제표를 작
　　　성한다.
　　④ 부적절한 회계정책에 대하여 공시나 주석 또는 보충 자료를 통해 설명하면 정
　　　당화될 수 있다.
　　⑤ 재무제표의 목적은 광범위한 정보이용자의 경제적 의사결정에 유용한 기업의

재무상태, 재무성과와 재무상태변동에 관한 정보를 제공하는 것이다.

정답 ④

05 전체 재무제표에 포함되지 않는 것은?   ('10 주택)

① 재무상태표   ② 포괄손익계산서
③ 자본변동표   ④ 이사회보고서
⑤ 주석

정답 ④

06 전체 재무제표에 포함되지 않는 것은?   ('13 주택)

① 기말 재무상태표   ② 기간 포괄손익계산서
③ 기간 자본변동표   ④ 기간 현금흐름표
⑤ 기간 제조원가명세서

정답 ⑤

07 재무제표에 관한 설명으로 옳지 않은 것은?   ('12 주택)

① 재무상태표는 일정시점의 경제적 자원과 그에 대한 청구권을 나타낸다.
② 포괄손익계산서는 반드시 비용을 기능별 분류방법으로 표시하여야 한다.
③ 자본의 구성요소는 각 분류별 납입자본, 각 분류별 기타포괄손익의 누계액과
  이익잉여금의 누계액 등을 포함한다.
④ 포괄손익계산서에 포함되는 기타포괄손익 금액은 기말 장부마감을 통해 이익잉
  여금으로 대체되지 않는다.
⑤ 현금흐름표는 기업의 활동을 영영활동, 투자활동, 재무활동으로 구분한 현금흐
  름으로 표시한다.

정답 ②

08 재무제표와 관련된 설명 중 옳은 것만을 모두 고른 것은?   ('18 관세직)

> ㄱ. 현금흐름표는 일정 회계기간 동안의 기업의 영업활동, 투자활동, 재무활동으로
>   인한 현금의 유입과 유출에 관한 정보를 제공한다.
> ㄴ. 재무상태표는 일정시점의 기업의 재무상태에 관한 정보를 제공한다.
> ㄷ. 자본변동표는 일정 회계기간 동안의 기업의 경영성과에 관한 정보를 제공한다.
> ㄹ. 재무제표의 작성과 표시에 대한 책임은 소유주인 주주에게 있고, 반드시 공인회
>   계사에게 외부검토를 받아야 한다.
> ㅁ. 포괄손익계산서에서는 당기순손익에 기타포괄손익을 더한 총포괄손익을 나타낸다.

① ㄱ, ㄴ, ㄷ   ② ㄱ, ㄴ, ㅁ
③ ㄴ, ㄷ, ㄹ   ④ ㄷ, ㄹ, ㅁ

▶ 풀이: ㄷ. 일정 회계기간 동안의 기업의 경영성과에 관한 정보를 제공하는 재무제표는 포

괄손익계산서이다.

ㄹ. 재무제표의 작성과 표시에 대한 책임은 경영자에게 있다. 또한 법정 기준에 해당되지 않는 기업은 공인회계사에게 외부검토를 받지 않아도 된다.

정답 ②

09 한국채택국제회계기준에서 정하는 전체 재무제표에 포함되지 않는 것은?

('19 주택)

① 기말 세무조정계산서
② 기말 재무상태표
③ 기간 손익과기타포괄손익계산서
④ 기간 현금흐름표
⑤ 주석(유의적인 회계정책 및 그 밖의 설명으로 구성)

정답 ①

10 주석에 관한 설명으로 옳지 않은 것은?

('20 관세직)

① 한국채택국제회계기준에서 요구하는 정보이지만 재무제표 어느 곳에도 표시되지 않는 정보를 제공한다.
② 재무제표 어느 곳에도 표시되지 않지만 재무제표를 이해하는 데 목적적합한 정보를 제공한다.
③ 재무제표의 이해가능성과 비교가능성에 미치는 영향을 고려하여 실무적으로 적용 가능한 한 체계적인 방법으로 표시한다.
④ 재무제표에 첨부되는 서류로 주요 계정과목의 변동을 세부적으로 기술한 보조적 명세서이다.

▶ 풀이: ④는 부속명세서(또는 부속서류)에 대한 설명이다.

정답 ④

11 재무제표 작성과 관련된 일반적인 사항을 기술한 것으로 적절하지 않은 것은?

('07 관세직 수정)

① 재무상태표에 표시되는 자산, 부채 및 자본은 총액으로 표시하며, 자산과 부채의 배열은 유동성배열법을 적용할 수 있다.
② 손익계산서의 모든 수익과 비용은 그것이 발생한 기간에 정당하게 배분되도록 처리한다. 단, 수익은 실현시기를 기준으로 계상하고 미실현수익은 당기의 손익계산에 산입하지 않는다.
③ 재무제표는 재무상태표, 손익계산서, 현금흐름표와 자본변동표이며, 이에 대한 적절한 주기, 주석 및 부속명세서는 재무제표에 포함되지 않는다.
④ 현금흐름표는 현금흐름을 표시함에 있어서 기업의 활동을 영업활동, 투자활동 및 재무활동으로 구분하여 각각의 활동에서 유입되고 유출되는 현금을 세분하여 표시하는 재무보고서이다.

정답 ③

12 재무제표 표시에 관한 설명으로 옳지 않은 것은?　　　　　　　　　　('21 주택)

① 전체 재무제표(비교정보를 포함)는 적어도 1년마다 작성한다.

② 재무제표는 기업의 재무상태, 재무성과 및 현금흐름을 공정하게 표시해야 한다.

③ 당기손익과 기타포괄손익은 단일의 포괄손익계산서에서 두 부분으로 나누어 표시할 수 없다.

④ 한국채택국제회계기준에서 요구하거나 허용하지 않는 한 자산과 부채 그리고 수익과 비용은 상계하지 아니한다.

⑤ 한국채택국제회계기준을 준수하여 작성된 재무제표는 국제회계기준을 준수하여 작성된 재무제표임을 주석으로 공시할 수 있다.

정답 ③

13 재무제표 표시에 관한 설명으로 옳지 않는 것은?　　　　　　　　　　('16 주택)

① 재고자산의 판매 또는 매출채권의 회수시점이 보고기간 후 12개월을 초과한다면 유동자산으로 분류하지 못한다.

② 재무상태표의 자산과 부채는 유동과 비유동으로 구분하여 표시하거나 유동성 순서에 따라 표시할 수 있다.

③ 수익과 비용의 어느 항목도 당기손익과 기타포괄손익을 표시하는 보고서에 특별손익 항목으로 표시할 수 없다.

④ 당기손익의 계산에 포함된 비용항목에 대해 성격별 또는 기능별 분류방법 중에서 신뢰성 있고 더욱 목적적합한 정보를 제공할 수 있는 방법을 적용하여 표시한다.

⑤ 포괄손익계산서는 단일 포괄손익계산서로 작성되거나 두 개의 보고서(당기손익 부분을 표시하는 별개의 손익계산서와 포괄손익을 표시하는 보고서)로 작성될 수 있다.

▶ 풀이: ① 보고기간 후 12개월 이내에 실현될 것으로 예상되지 않는 경우에도 재고자산 및 매출채권은 정상영업주기의 일부로서 판매, 소비 또는 실현되므로 유동자산으로 분류한다.

정답 ①

14 재무제표 구조와 내용에 관한 설명으로 옳지 않은 것은?　　　　　　　　　　('20 주택)

① 수익과 비용 항목이 중요한 경우 성격과 금액을 별도로 공시한다.

② 유동성 순서에 따른 표시방법을 적용할 경우 모든 자산과 부채는 유동성 순서에 따라 표시한다.

③ 정상적인 활동과 명백하게 구분되는 수익이나 비용은 당기손익과 기타포괄손익을 표시하는 보고서에 특별손익 항목으로 표시한다.

④ 중요한 정보가 누락되지 않는 경우 재무제표의 표시통화를 천 단위나 백만 단

위로 표시할 수 있으며 금액 단위를 공시해야 한다.

⑤ 비용의 성격별 또는 기능별 분류방법 중에서 신뢰성 있고 목적적합한 정보를 제공할 수 있는 방법을 적용하여 당기손익으로 인식한 비용의 분석내용을 표시한다.

정답 ③

15 재무제표 표시에 대한 설명으로 옳은 것은? ('18 세무직)

① 재무상태표에 자산과 부채는 반드시 유동성 순서에 따라 표시하여야 한다.

② 정상적인 영업활동과 구분되는 거래나 사건에서 발생하는 것으로 그 성격이나 미래의 지속성에 차이가 나는 특별손익항목은 포괄손익계산서에 구분해서 표시하여야 한다.

③ 부적절한 회계정책이라도 공시나 주석 또는 보충 자료를 통해 잘 설명된다면 정당화될 수 있다.

④ 재무제표 항목의 표시와 분류방법의 적절한 변경은 회계정책 변경에 해당된다.

➡ 풀이: ① 유동성·비유동성 배열법, 유동순서 배열법, 혼합표시방법 중 선택할 수 있다.
　　　 [참고]
　　　 유동성·비유동성 배열법: 유동성항목과 비유동성항목을 구분하여 표시하는 방법
　　　 유동순서 배열법: 유동성 순서에 따라 표시하는 방법
　　　 혼합표시방법: 유동성·비유동성 배열법과 유동순서 배열법을 혼합하여 표시하는 방법
　　 ② 수익과 비용의 어느 항목도 포괄손익계산서에 특별손익으로 구분하여 표시할 수 없다.
　　 ③ 부적절한 회계정책은 공시나 주석 또는 보충 자료로 설명하더라도 정당화될 수 없다.
　　 ④ [참고]
　　　 회계정책의 변경: 적용하던 회계정책을 다른 회계정책으로 변경하는 것. 예를 들어, 재고자산평가방법을 평균법에서 선입선출법으로 변경
　　　 회계추정의 변경: 회계적 추정치를 변경하는 것. 예를 들어, 감가상각자산의 내용연수를 변경

정답 ④

■ 재무상태표

16 재무상태표에 관한 설명으로 옳지 않은 것은? ('10 주택)

① 자산과 부채는 유동성이 높은 항목부터 배열하는 것을 원칙으로 한다.

② 유동성 순서에 따른 표시방법을 적용하지 않는 경우 자산과 부채는 유동과 비유동으로 구분하여 표시한다.

③ 기업의 재무상태를 이해하는 데 목적적합한 경우 재무상태표에 항목, 제목 및 중간합계를 추가하여 표시한다.

④ 주식회사의 경우 자본은 소유주가 출연한 자본, 이익잉여금, 적립금 등으로 구분하여 표시할 수 있다.

⑤ 매입채무와 충당부채는 구분하여 표시한다.

17 재무상태표에 나타나지 않는 계정은?　　　　　　　　　　　　　　('20 주택)

① 자본금　　　　　　② 선급보험료　　　　　　③ 손실충당금

④ 이익준비금　　　　⑤ 임차료

18 〈보기〉는 아래의 재무상태표를 설명한 것이다. 이 중 바르게 설명한 항목으로 묶인 것은?　　　　　　　　　　　　　　　　　　　　　　　　　　　　　　('07 관세직)

재 무 상 태 표

자산	금액	부채 및 자본	금액
현금및현금성자산	₩100,000	매 입 채 무	₩100,000
매 출 채 권	200,000	미 지 급 금	100,000
상　　　　품	300,000	장 기 차 입 금	200,000
건　　　　물	400,000	사　　　　채	200,000
비　　　　품	100,000	자 　 본 　 금	500,000
	₩1,100,000		₩1,100,000

───────── 〈보 기〉 ─────────

ㄱ. 유동자산은 ₩600,000이고 당좌자산은 ₩200,000이다.

ㄴ. 유형자산은 ₩500,000이고 재고자산은 ₩300,000이다.

ㄷ. 타인자본은 ₩500,000이고 유동부채는 ₩200,000이다.

ㄹ. 비유동부채는 ₩400,000이고 자기자본은 ₩500,000이다.

① ㄱ, ㄴ　　　　　　　　　　② ㄱ, ㄷ

③ ㄴ, ㄷ　　　　　　　　　　④ ㄴ, ㄹ

▶ 풀이: ㄴ. 유형자산: 건물 400,000 + 비품 100,000 = 500,000

　　　　　　재고자산: 상품 = 300,000

　　　　ㄹ. 비유동부채: 장기차입금 200,000 + 사채 200,000 = 400,000

　　　　　　자기자본: 자본금 500,000

19 기중거래에서 잔액이 발생되었을 경우, 기말 재무상태표에 표시되지 않는 계정을 모두 고른 것은?　　　　　　　　　　　　　　　　　　　　　　　　　　('17 주택)

ㄱ. 부가가치세대급금　　　ㄴ. 가수금　　　　ㄷ. 당좌차월

ㄹ. 예수금　　　　　　　　ㅁ. 충당부채

① ㄱ, ㄴ　　② ㄱ, ㅁ　　③ ㄴ, ㄷ　　④ ㄷ, ㄹ　　⑤ ㄹ, ㅁ

➡ 풀이: ㄱ. 매입대금에 지급한 부가가치세는 부가가치세 계산 시 차감되기 때문에 별도의
자산으로 인식한다. 이에 해당하는 계정을 부가가치세대급금이라고 한다.

ㄴ. 가수금은 실제 현금의 수입은 있었지만 거래의 내용이 불확실하거나 거래가 종
결되지 않아서 계정과목이나 금액이 미확정된 경우 현금의 수입을 일시적인 채
무로 표시하는 계정과목이다. 그러므로 기말에는 확정된 계정과목으로 대체시
켜야 한다.

ㄷ. 당좌차월은 단기차입금으로 표시한다.

ㄹ. 예수금은 거래와 관련하여 임시로 보관하는 자금으로 부채이다.

정답 ③

■ 재무상태표 표시

20 「한국채택국제기준」에 의해 보고할 때, 해당하는 금액이 있을 경우 재무상태표에
적어도 표시하여야 할 항목이 아닌 것은? ('11 관세직)

① 생물자산 　　　　　　　　② 유동자산

③ 투자부동산 　　　　　　　④ 지분법에 따라 회계처리하는 투자자산

정답 ②

21 재무상태표에 표시되는 정보가 아닌 것은? ('11 주택)

① 납입자본 　　　　　　　　② 재고자산감모손실

③ 기타포괄손익누계액 　　　④ 보고기간종료일

⑤ 투자부동산

정답 ②

22 재무상태표에 해당되는 금액을 표시할 때, 구분해서 표시할 최소한의 항목에 해당
되지 않는 것은? ('10 주택)

① 현금 및 현금성자산 　　　② 투자부동산

③ 무형자산 　　　　　　　　④ 당좌자산

⑤ 생물자산

정답 ④

■ 손익계산서

23 손익계산서의 작성과 표시에 관한 내용으로 옳지 않은 것은?

('10 관세직)

① 매출원가의 산출과정은 손익계산서 본문에 표시하거나 주석으로 기재한다.

② 중단사업손익은 중단사업영업손익과 영업외손익을 합한 금액에서 중단사업손
익법인세비용을 차감하는 형식으로 손익계산서 본문에 표시한다.

③ 당기순손익은 계속사업손익에 중단사업손익을 가감하여 산출한다.

④ 당기순손익은 기타포괄손익을 가감하여 산출한 포괄손익의 내용은 주석으로 기재한다.

정답 ②

24 포괄손익계산서에 표시되는 계정과목이 아닌 것은? ('12 주택)
① 선급보험료
② 사채상환손실
③ 수수료수익
④ 법인세비용
⑤ 유형자산재평가이익

정답 ①

25 포괄손익계산서에 표시되는 계정과목은? ('15 주택)
① 금융원가
② 이익잉여금
③ 영업권
④ 매출채권
⑤ 미지급법인세

정답 ①

26 단일 포괄손익계산서에 표시될 수 없는 것은? ('10 주택)
① 금융원가
② 법인세비용
③ 당기순이익
④ 특별손익
⑤ 자산재평가차익

정답 ④

27 포괄손익계산서에 나타나는 항목이 아닌 것은? ('21 주택)
① 미수수익
② 매출액
③ 유형자산처분이익
④ 이자비용
⑤ 법인세비용

정답 ①

28 포괄손익계산서에 표시될 수 없는 것은? ('18 주택)
① 영업이익
② 지분법손실
③ 중단영업손실
④ 법인세비용
⑤ 선수수익

▶ 풀이: 선수수익은 부채이다.

정답 ⑤

29 제조기업인 (주)한국의 20×1년도 자료를 이용하여 영업손익을 계산하면?

('19 세무직)

○ 매출액	₩100,000	○ 이자비용	₩5,000
○ 이자수익	₩10,000	○ 매출원가	₩70,000
○ 감가상각비	₩10,000	○ 종업원급여	₩5,000
○ 매도가능금융자산평가이익	₩10,000	○ 광고선전비	₩5,000

① 영업이익 ₩10,000
② 영업손실 ₩10,000

③ 영업이익 ₩20,000   ④ 영업손실 ₩20,000

▶ **풀이:** 영업손익 = 100,000 - 70,000 - 10,000 - 5,000 - 5,000 = 이익 10,000

이자비용과 이자수익은 영업외손익이므로 영업손익 계산 시 반영되지 않는다.

정답 ①

■ 손익계산서 구분표시

30 상품매매기업이 비용의 기능별 분류법에 따라 단일의 포괄손익계산서를 작성하는
경우 최소한 표시해야 할 항목이 아닌것은?   ('14 세무직)

① 법인세비용   ② 매출원가

③ 금융원가   ④ 특별손실

정답 ④

31 당기손익에 포함된 비용을 성격별로 표시하는 항목으로 옳지 않은 것은?

('17 주택)

① 제품과 재공품의 변동   ② 종업원급여비용

③ 감가상각비와 기타 상각비   ④ 매출원가

⑤ 원재료와 소모품의 사용액

▶ **풀이:** 매출원가는 비용의 성격(원재료매입비, 재고자산의 증감, 종업원급여, 감가상각비
등)이 아니라 비용의 기능을 나타낸다. 예를 들어, 비용을 기능별로 구분하는 경우
공장직원의 급여는 제품원가에 포함되어 매출원가에 해당하지만 판매직원의 급여
는 판매관리비에 해당된다. 반면에 성격별로 구분하는 경우 급여를 구분하여 공시
하지 않는다.

정답 ④

32 (주)한국은 포괄손익계산서에 표시되는 비용을 매출원가, 물류원가, 관리활동원가
등으로 구분하고 있다. 이는 비용항목의 구분표시방법 중 무엇에 해당하는가?

('19 세무직)

① 성격별 분류   ② 기능별 분류

③ 증분별 분류   ④ 행태별 분류

정답 ②

33 비용의 분류에 대한 설명으로 옳지 않은 것은?   ('19 관세직)

① 비용을 성격별로 분류하는 기업은 감가상각비, 종업원급여비용 등을 포함하여
비용의 기능별 분류에 대한 추가 정보를 제공한다.

② 비용을 기능별로 분류하면 재무제표 이용자에게 더욱 목적 적합한 정보를 제공
할 수 있지만 비용을 기능별로 배분하는 데에 자의적 판단이 개입될 수 있다.

③ 비용을 성격별로 분류하면 기능별 분류로 배분할 필요가 없어 적용이 간단하고
배분의 주관적 판단을 배제할 수 있다.

④ 비용은 빈도, 손익의 발생가능성 및 예측가능성의 측면에서 서로 다를 수 있는 재무성과의 구성요소를 강조하기 위해 세분류로 표시한다.

▶ **풀이:** 비용을 기능별로 분류하는 경우 감가상각비, 종업원급여비용 등을 포함하여 비용의 성격별 분류에 대한 추가 정보를 제공한다.

정답 ①

■ **총포괄손익**

34 포괄손익계산서에 대한 설명으로 옳지 않은 것은? ('20 세무직)

① 비용을 기능별로 분류하는 기업은 감가상각비, 기타 상각비와 종업원급여비용을 포함하여 비용의 성격에 대한 추가 정보를 공시한다.

② 재분류조정을 주석에 표시하는 경우에는 관련 재분류조정을 반영한 후에 당기손익의 항목을 표시한다.

③ 수익과 비용의 어느 항목도 당기손익과 기타포괄손익을 표시하는 보고서 또는 주석에 특별손익 항목으로 표시할 수 없다.

④ 유형자산재평가잉여금을 이익잉여금으로 대체하는 경우 그 금액은 당기손익으로 인식하지 않는다.

▶ **풀이:** ② 재분류조정을 주석에 표시하는 경우에는 관련 재분류조정을 반영한 후에 기타포괄손익의 구성요소를 표시한다.

정답 ②

35 단일 포괄손익계산서를 작성할 때, 당기순손익의 산정 이후에 포함될 수 있는 것만을 모두 고른 것은? ('16 지방직 수정)

> ㄱ. FVPL금융자산평가이익
> ㄴ. FVOCI금융자산평가손실
> ㄷ. 해외사업장 환산외환차이
> ㄹ. 유형자산손상차손
> ㅁ. 확정급여제도의 재측정요소
> ㅂ. 세후 중단영업손익

① ㄱ, ㄴ, ㄹ ② ㄴ, ㄷ, ㅁ
③ ㄴ, ㄷ, ㅂ ④ ㄷ, ㅁ, ㅂ

▶ **풀이:** 기타포괄손익에 해당하는 것은 ㄴ, ㄷ, ㅁ이다.

정답 ②

36 재무제표 표시 중 포괄손익계산서에 대한 설명으로 옳지 않은 것은? ('17 지방직)

① 기타포괄손익의 항목(재분류조정 포함)과 관련한 법인세비용 금액은 포괄손익계산서나 주석에 공시하지 않는다.

② 기업의 재무성과를 이해하는 데 목적적합한 경우에는 당기손익과 기타포괄손익을 표시하는 보고서에 항목, 제목 및 중간합계를 추가하여 표시한다.

③ 한 기간에 인식되는 모든 수익과 비용 항목은 한국채택국제회계기준이 달리 정하지 않는 한 당기손익으로 인식한다.

④ 기업은 수익에서 매출원가 및 판매비와관리비(물류원가 등을 포함)를 차감한 영업이익(또는 영업손실)을 포괄손익계산서에 구분하여 표시한다.

▶ 풀이: ① 기타포괄손익의 항목과 관련한 법인세비용 금액은 포괄손익계산서나 주석에 공시한다.

정답 ①

37 다음 자료로 계산한 당기총포괄이익은?

('15 주택)

기초자산	₩5,500,000	기말자산	₩7,500,000
기초부채	₩3,000,000	기말부채	3,000,000
유상증자	₩500,000		

① ₩500,000
② ₩1,000,000
③ ₩1,500,000
④ ₩2,000,000
⑤ ₩2,500,000

▶ 풀이: 기초자본 + 유상증자 + 당기총포괄이익 = 기말자본
　　　기초자본 = 2,500,000, 기말자본 = 4,500,000
　　　당기총포괄이익 = 4,500,000 - (2,500,000 + 500,000) = 1,500,000

정답 ③

38 다음의 자료를 사용하여 계산된 당기순이익과 총포괄이익은? (단, 법인세율은 30%이다.)

('12 주택 수정)

총매출액	₩824,000	매입액	392,000
매출할인	12,000	물류비와 관리비	200,000
기타수익	30,000	FVOCI금융자산평가이익	20,000
기초재고자산	82,000	자산평가이익	
기말재고자산	62,000		

① 당기순이익 ₩155,000　　총포괄이익 ₩181,000
② 당기순이익 ₩167,000　　총포괄이익 ₩181,000
③ 당기순이익 ₩173,000　　총포괄이익 ₩175,000
④ 당기순이익 ₩161,000　　총포괄이익 ₩175,000
⑤ 당기순이익 ₩161,000　　총포괄이익 ₩181,000

▶ 풀이:
총매출액	824,000
매출할인	(12,000)
기타수익	30,000
매출원가	(412,00) = 82,000 + 392,000 - 62,000

물류비와관리비	(200,000)
법인세차감전이익	230,000
법인세비용	(69,000)=230,000×0.3
당기순이익	161,000
FVOCI금융자산평가이익	20,000
총포괄이익	181,000

총포괄이익=당기순이익 161,000 + 20,000 = 181,000

정답 ⑤

39 2016년 초에 설립된 (주)한국의 손익 자료가 다음과 같을 때 2016년도의 당기순이익은?(단, 손상차손은 없다고 가정한다) ('17 관세직 수정)

매출	₩2,000,000	FVPL금융자산평가손실	₩200,000
매출원가	₩500,000	FVOCI금융자산평가손실	₩100,000
유형자산 감가상각비	₩100,000	유형자산 재평가잉여금	₩200,000
임대수익	₩100,000	이자비용	₩100,000

① ₩1,000,000
② ₩1,100,000
③ ₩1,200,000
④ ₩1,300,000

▶ 풀이: 수익 = 매출 2,000,000 + 임대수익 100,000 = 2,100,000
　　　　비용 = 매출원가 500,000 + 감가상각비 100,000 + FVPL금융자산평가손실
　　　　　　　200,000 + 이자비용 100,000 = 900,000
　　　　당기순이익 = 2,100,000 - 900,000 = 1,200,000

정답 ③

40 포괄손익계산서에서 당기순손익과 총포괄손익 간에 차이를 발생시키는 항목은?

('18 관세직)

① 확정급여제도 재측정요소
② 감자차손
③ 자기주식처분이익
④ 사채상환손실

▶ 풀이: 기타포괄손익 항목이 당기순손익과 총포괄손익 간에 차이를 발생시킨다.

정답 ①

■ 자산, 부채, 자본, 수익, 비용관계

41 기초자산총액 ₩40,000, 기초부채총액 ₩18,000, 기말부채총액 ₩39,000이다. 기중에 경영활동으로 수익총액 ₩33,000, 비용총액 ₩24,000이 발생하였다면 기말자산총액과 기말자본총액은? ('07 관세직)

	기말자산총액	기말자본총액
①	₩70,000	₩31,000
②	₩61,000	₩31,000

③ ₩70,000 ₩22,000

④ ₩61,000 ₩22,000

▶ 풀이: 기초자본 = 기초자산 - 기초부채 = 40,000 - 18,000 = 22,000
기말자본 = 기초자본 + 수익 - 비용 = 22,000 + 31,000 - 24,000 = 31,000
기말자산 = 기말부채 + 기말자본 = 39,000 + 31,000 = 70,000

정답 ①

42 다음의 자료를 이용하여 당기순이익을 산정하면? ('09 관세직)

| 기 초 자 산 | ₩600,000 | 기 초 부 채 | ₩400,000 |
| 기 말 자 본 | 500,000 | 기중의 추가출자금액 | 200,000 |

① ₩100,000 ② ₩200,000

③ ₩300,000 ④ ₩400,000

▶ 풀이: 기초자본 = 600,000 - 400,000 = 200,000
기말자본 = (기초자본 + 증자 - 감자) + 당기순이익
당기순이익 = 500,000 - (200,000 + 200,000) = 100,000

정답 ①

43 (주)갑의 2009년도 기초자산은 ₩400,000, 기초부채는 ₩200,000, 기말자산은 ₩600,000, 기말부채는 ₩340,000이다. 2009년도 총비용이 ₩350,000인 경우 2009년도의 총수익은?(단, (주)갑의 자본은 자본금과 이익잉여금으로만 구성되어 있고, 2009년도 중에 증자(또는 감자)나 배당은 없었다고 가정한다)

('10 관세직)

① ₩340,000 ② ₩360,000

③ ₩410,000 ④ ₩460,000

▶ 풀이: 기초자본 = 기초자산 - 기초부채 = 400,000 - 200,000 = 200,000
기말자본 = 기말자산 - 기말부채 = 600,000 - 340,000 = 260,000

기말자본 = 기초자본 + 수익 - 비용
수익 = 기말자본 - 기초자본 + 비용
수익 = 260,000 - 200,000 + 350,000 = 410,000

정답 ③

44 (주)한국의 20×1년 재무상태와 재무성과 자료는 다음과 같다.

	기초	기말
총자산	₩5,000,000	₩6,500,000
총부채	₩2,000,000	?
총수익		₩1,000,000
총비용		₩800,000

20×1년 기중에 ₩500,000을 유상증자 하였으며, ₩100,000을 현금배당 하였

을 경우, 기말부채는?(단, 다른 자본항목의 변동은 없다)　　　　('20 관세직)

① ₩2,700,000　　　　　　　　② ₩2,900,000

③ ₩3,600,000　　　　　　　　④ ₩4,300,000

▶ 풀이: 기초자본 = 5,000,000 - 2,000,000 = 3,000,000
　　　　기말자본 = 3,000,000 + 당기손익 200,000 + 유상증자 500,000 - 현금배당 100,000
　　　　　　　　 = 3,600,000
　　　　기말부채 = 기말자산 - 기말자본
　　　　　　　　 = 6,500,000 - 3,600,000 = 2,900,000

정답 ②

45 (주)갑의 2009년도 수정후시산표의 계정잔액은 다음과 같다. (주)갑의 2009년도 말 자본의 총계를 계산하면?　　　　('10 관세직)

매 출 채 권	₩3,600	매 입 채 무	₩3,450
건 물	89,800	현 금	7,800
자 본 금	30,000	보 험 료	3,300
급 여	18,000	용 역 매 출	95,250
중 간 배 당	5,000	이익잉여금(기초)	6,800
감 가 상 가 비	22,000	단 기 차 입 금	14,000

① ₩76,950　　　　　　　　② ₩80,450

③ ₩83,750　　　　　　　　④ ₩85,250

▶ 풀이: 기말자산 = 3,600 + 89,800 + 7,800 = 101,200
　　　　기말부채 = 3,450 + 14,000 = 17,450
　　　　기말자본 = 기말자산 - 기말부채 = 101,200 - 17,450 = 83,750

정답 ③

46 (주)한국의 재무상태표상 기말자산항목과 기말부채항목이 다음과 같을 경우 기말 자본의 금액은?　　　　('11 관세직)

상 품	₩500,000	선 급 비 용	₩100,000
매 입 채 무	120,000	비 품	200,000
미 지 급 금	50,000	현 금	60,000
매 출 채 권	140,000	선 수 수 익	70,000

① ₩360,000　　　　　　　　② ₩560,000

③ ₩760,000　　　　　　　　④ ₩900,000

▶ 풀이: 기말자산 = 500,000 + 140,000 + 100,000 + 200,000 + 60,000 = 1,000,000
　　　　기말부채 = 120,000 + 50,000 + 70,000 = 240,000
　　　　기말자본 = 760,000

정답 ③

47 다음 자료를 이용하여 계산한 기초자산은? ('21 주택)

○ 기초부채	₩50,000	○ 기말자산	₩100,000
○ 기말부채	60,000	○ 유상증자	10,000
○ 현금배당	5,000	○ 총포괄이익	20,000

① ₩55,000 　　　　② ₩65,000 　　　　③ ₩70,000

④ ₩75,000 　　　　⑤ ₩85,000

➡ 풀이: 기초자산 = 기초부채 + 기초자본
　　　　기말자본 = 100,000 - 60,000 = 40,000
　　　　기초자본 = 기말자본 - 기중 자본변동 = 40,000 - (10,000 - 5,000 + 20,000) = 15,000
　　　　기초자산 = 50,000 + 15,000 = 65,000

정답 ②

48 다음은 12월 31일이 결산일인 (주)한양의 2007년초와 2007년말 재무상태표 자료이다. ('08 세무직)

	2007년 1월 1일	2007년 12월 31일
○ 총자산	₩500,000	₩900,000
○ 총부채	₩400,000	₩600,000

2007년 중 추가출자 ₩100,000과 현금배당 ₩50,000이 있었다면, (주)한양의 2007년 손익계산서에 보고되는 당기순이익은?

① ₩150,000 　　　　　　② ₩200,000

③ ₩250,000 　　　　　　④ ₩300,000

➡ 풀이: 기초자본 = 100,000
　　　　기말자본 = (100,000 + 100,000 - 50,000) + 당기순이익 = 300,000
　　　　당기순이익 = 150,000

정답 ①

49 (주)광주의 2008 회계연도의 총자산은 기초에 ₩50,000 기말에 ₩65,000이고, 총부채는 기초에 ₩25,000 기말에 ₩33,000이었다. 2008 회계연도 중에 주주에게 ₩3,000을 배당하였다. 주주와의 다른 거래가 없었을 때, (주)광주의 2008 회계연도의 당기순이익은? ('09 세무직)

① ₩9,000 　　　　　　② ₩10,000

③ ₩6,000 　　　　　　④ ₩3,000

➡ 풀이: 기말자본 = 25,000 - 3,000 + 당기순이익 = 32,000
　　　　당기순이익 = 10,000

정답 ②

50 (주)대한의 2010회계연도 기초 자산총계는 ₩4,000,000이며, 기초와 기말시점의 부채총계는 각각 ₩2,000,000과 ₩1,500,000이다. 또한, 당기 포괄손익계산서상 수익총액이 ₩7,000,000, 비용총액이 ₩6,500,000이고, 당기중 주주의 출자액이 ₩1,000,000일 때 기말 자산총계는?(단, 기타포괄손익은 없는 것으로 가정한다) ('11 세무직)

① ₩2,500,000　　　　　　　② ₩3,000,000

③ ₩3,500,000　　　　　　　④ ₩5,000,000

▶ 풀이: 기초자본 = 4,000,000 - 2,000,000 = 2,000,000
　　　　기말자본 = 2,000,000 + 1,000,000 + (7,000,000 - 6,500,000) = 3,500,000
　　　　기말자산 = 1,500,000 + 3,500,000 = 5,000,000

정답 ④

51 (주)한국의 20×1년 초 자산과 부채는 각각 ₩500,000과 ₩300,000이었다. (주)한국의 20×1년도 총포괄이익이 ₩300,000이라면, 20×1년 말 재무상태표의 자본은? ('20 주택)

① ₩100,000　　　　② ₩200,000　　　　③ ₩300,000

④ ₩400,000　　　　⑤ ₩500,000

▶ 풀이: 자본 = (500,000 - 300,000) + 300,000 = 500,000

정답 ⑤

52 다음 자료를 이용하여 산출된 기말 부채총액은?(단, 기타포괄손익은 없다)

('14 주택)

○ 기말 자산총액	₩400,000
○ 기초 자본총액	120,000
○ 당기 총수익	400,000
○ 당기 총비용	320,000
○ 기중 배당금의 지급	30,000

① ₩50,000　　　　② ₩90,000　　　　③ ₩200,000

④ ₩230,000　　　　⑤ ₩280,000

▶ 풀이: 기말자본 = 기초자본 + 당기순이익 - 배당금
　　　170,000 = 120,000 + 80,000 - 30,000

　　　기말부채 = 기말자산 - 기말자본
　　　230,000 = 400,000 - 170,000

정답 ④

53 다음은 (주)한국의 기말 현재 각 계정과목에 대한 잔액이다. 괄호 안에 들어갈 금액은? ('13 관세직)

현금	₩180	단기대여금	₩120
매출채권	₩267	대손충당금	₩2
상품	₩85	건물	₩400
매입채무	₩80	사채	₩100
자본금	( )	이익잉여금	₩250

① ₩380 ② ₩620
③ ₩870 ④ ₩1,050

▶ 풀이: 기말자산: 180 + 267 + 85 + 120 − 2 + 400 = 1,050
기말부채: 80 + 100 = 180
기말자본: 1,050 − 180 = 870
기말자본 = 자본금 + 250
∴ 자본금 = 870 − 250 = 620

정답 ②

54 다음 자료에 의한 당기순이익은? ('13 세무직)

기초자산총액	₩30,000	당기 중의 유상증자액	₩3,000
기초부채총액	₩26,000	당기 중의 현금배당액	₩1,000
기말자산총액	₩35,000	당기 중의 주식배당액	₩2,000
기말부채총액	₩28,000		

① ₩1,000 ② ₩2,000
③ ₩3,000 ④ ₩4,000

▶ 풀이: 기초자본 + 유상증자 − 현금배당 + 당기순이익 = 기말자본
4,000 + 3,000 − 1,000 + 당기순이익 = 7,000
∴ 당기순이익 = 1,000

정답 ①

55 행복상사의 기초자산은 ₩500,000, 기말자산은 ₩700,000이다. 기말의 부채는 ₩400,000이고 당기순이익이 ₩30,000이며 기중 자본거래는 없다면 기초부채는? ('10 지방직)

① ₩200,000 ② ₩230,000
③ ₩260,000 ④ ₩290,000

▶ 풀이: 기말자산 − 기말부채 = 기말자본 : 700,000 − 400,000 = 300,000
기말자본 = (기초자본 + 증자 − 감자) + 당기순이익
300,000 = 기초자본 + 30,000 : 기초자본 = 270,000
기초자산 − 기초자본 = 기초부채 : 500,000 − 270,000 = 230,000

정답 ②

56 (주)한국은 2012년 1월 1일에 현금 ₩1,000,000을 출자하여 설립되었다. 2012년 12월 31일 재무상태표에 자산과 부채가 다음과 같이 보고되었을 때, 기타 관련 사항을 반영한 2012년 당기순이익은? ('13 지방직 수정)

○ 자산과 부채항목

현금과예금	₩500,000	FVOCI금융자산	₩700,000
매입채무	300,000	매출채권	500,000
미수금	200,000	선수수익	50,000
미지급금	100,000	차입금	200,000

○ 기타 관련 사항
  - 기말에 자본 ₩100,000을 유상감자하였으며, 현금 ₩50,000을 배당으로 지급
  - 당기에 보유 중인 FVOCI금융자산에서 ₩70,000의 평가손실 발생

① ₩470,000 ② ₩500,000
③ ₩540,000 ④ ₩570,000

➡ 풀이: 기말자산 = 500,000 + 700,000 + 500,000 + 200,000 = 1,900,000
　　　기말부채 = 300,000 + 100,000 + 50,000 + 200,000 = 650,000
　　　기말자본 = 1,900,000 - 650,000 = 1,250,000
　　　기초자본 = 1,000,000
　　　　1,250,000 = 1,000,000 - 100,000 - 50,000 - 70,000 + 당기순이익
　　　∴ 당기순이익 = 470,000

정답 ①

57 (주)한국은 2012년 1월 1일에 영업을 시작하여 2012년 12월 31일 다음과 같은 재무정보를 보고하였다. 재무제표의 설명으로 옳지 않은 것은? ('13 세무직)

현금	₩500,000	자본금	₩200,000
사무용 가구	₩1,000,000	재고자산	₩350,000
매출	₩3,000,000	미지급금	₩200,000
잡비	₩50,000	매출원가	₩2,000,000
매입채무	₩600,000	감가상각비	₩100,000

① 재무상태표에 보고된 총자산은 ₩1,850,000이다.
② 재무상태표에 보고된 총부채는 ₩800,000이다.
③ 손익계산서에 보고된 당기순이익은 ₩800,000이다.
④ 재무상태표에 보고된 총자본은 ₩1,050,000이다.

➡ 풀이: ① 총자산: 현금 + 사무용가구 + 재고자산 = 1,850,000
　　　② 총부채: 매입채무 + 미지급금 = 800,000
　　　③ 당기순이익: 수익 - 비용 = 3,000,000 - (50,000 + 2,000,000 + 100,000) = 850,000
　　　④ 총자본: 자본금 + 당기순이익 = 200,000 + 850,000 = 1,050,000

정답 ③

58 다음 자료에 따른 당기의 수익총액은? ('13 지방직)

기초자산	₩50,000	기초부채	₩30,000
기말자산	90,000	기말부채	40,000
당기비용총액	120,000		

① ₩140,000　　　　　　　② ₩150,000

③ ₩160,000　　　　　　　④ ₩170,000

➡ 풀이: 기초자산 – 기초부채 = 기초자본 　: 　50,000 – 30,000 = 20,000
　　　 기말자산 – 기말부채 = 기말자본 　: 　90,000 – 40,000 = 50,000
　　　 기말자본 = 기초자본 + 수익 – 비용
　　　 50,000 = 20,000 + 수익 – 120,000 　　∴수익 = 150,000

정답 ②

59 다음의 자료를 사용하여 계산된 재무상태표상의 자본총계는? ('12 주택)

자본금	₩10,000	예수금	₩3,000
자기주식	2,500	이익준비금	3,500
사채	6,000	주식할인발행차금	1,200

① ₩9,800　　　　　　② ₩11,000　　　　　　③ ₩12,300

④ ₩13,500　　　　　　⑤ ₩14,600

➡ 풀이: 10,000 – 2,500 + 3,500 – 1,200 = 9,800

정답 ①

60 다음은 (주)한국의 20×1년 말 재무상태표 자료이다. (주)한국의 20×1년 말 이익잉여금은? ('18 주택)

○현금	₩70,000	○자본금	₩50,000
○매출채권	15,000	○이익잉여금	?
○매입채무	10,000	○장기차입금	20,000
○상품	30,000	○주식발행초과금	5,000

① ₩20,000　　② ₩25,000　　② ₩30,000　　② ₩35,000　　② ₩40,000

➡ 풀이: 자산: 70,000 + 15,000 + 30,000 = 115,000
　　　 부채 = 10,000 + 20,000 = 30,000
　　　 자본 = 115,000 – 30,000 = 85,000
　　　 85,000 = 50,000 + 이익잉여금 + 5,000
　　　 이익잉여금 = 30,000

정답 ③

61 (주)한국의 20×1년 자료가 다음과 같을 때, 기말자본은? ('19 주택)

○기초자산	₩1,000,000	○기초부채	₩700,000
○현금배당	₩100,000	○유상증자	₩500,000
○총비용	₩1,000,000	○총수익	₩900,000

① ₩800,000　　② ₩600,000　　② ₩500,000　　② ₩300,000　　② ₩200,000

▶ 풀이: 기초 자본 = 1,000,000 - 700,000 = 30,000
　　　 기말 자본 = 300,000 - 100,000 + 500,000 + (900,000 - 1,000,000) = 600,000

정답 ②

62 (주)한국의 20×1년 재무상태 및 영업성과와 관련한 자료가 다음과 같을 때 기말부채는? ('18 세무직)

○기초자산	₩500	○총수익	₩200
○기초부채	₩400	○총비용	₩120
○기말자산	₩700	○유상증자	₩20
○기말부채	₩ ?	○주주에 대한 현금배당	₩50

① ₩500　　　　　　　　② ₩520

③ ₩550　　　　　　　　④ ₩570

▶ 풀이: 기초자본: 500 + 400 = 100
　　　 당기순이익 = 200 - 120 = 80
　　　 기말자본 = 100 + 80 + 20 - 50 = 150
　　　 기말부채 = 700 - 150 = 550

정답 ③

63 (주)한국의 다음 재무자료를 이용한 기타포괄이익은? ('21 지방직)

○기초자산	₩15,000	○기초부채	₩8,000
○기말자산	₩18,000	○유말부채	₩5,000
○당기순이익	₩3,000	○유상증자	₩2,000
○현금배당	₩1,000	○기타포괄이익	?

① ₩0　　　　　　　　　② ₩1,000

③ ₩2,000　　　　　　　④ ₩3,000

▶ 풀이: 기초자본 + 기중 자본변동 = 기말자본
　　　 기초자본 = 15,000 - 8,000 = 7,000
　　　 기말자본 = 18,000 - 5,000 = 13,000
　　　 7,000 + (3,000 + 2,000 - 1,000 + 기타포괄이익) = 13,000
　　　 기타포괄이익 = 2,000

정답 ③

64 다음 A~C의 세 가지 거래는 독립적인 거래이다. ㉠~㉢의 금액을 옳게 짝 지은 것은?(단, 제시된 자료 외의 자본거래는 없다)   ('18 지방직)

거래	기초자산	기초부채	기말부채	기말자본	총수익	총비용	배당금
A	㉠	₩3,000	₩8,000	₩9,000	₩9,000	₩10,000	₩2,000
B	₩15,000	₩9,000	₩10,000	㉡	₩10,000	₩7,000	₩3,000
C	₩20,000	₩15,000	₩9,000	₩7,000	㉢	₩8,000	₩4,000

	㉠	㉡	㉢
①	₩12,000	₩5,000	₩12,000
②	₩12,000	₩6,000	₩12,000
③	₩15,000	₩5,000	₩14,000
④	₩15,000	₩6,000	₩14,000

➡ **풀이:** ㄱ. 기초자본 = 9,000 - (9,000 - 10,000) + 2,000 = 12,000
　　　　기초자산 = 3,000 + 12,000 = 15,000
　　　ㄴ. 기초자본 = 15,000 - 9,000 = 6,000
　　　　기말자본 = 6,000 + (10,000 - 7,000) - 3,000 = 6,000
　　　ㄷ. 기초자본 = 20,000 - 15,000 = 5,000
　　　　7,000 = 5,000 + (총수익 - 8,000) - 4,000
　　　　총수익 = 14,000

정답 ④

65 (주)한국의 수정후시산표상 자산, 부채, 수익, 비용, 자본금 금액이 다음과 같을 때, 기초이익잉여금은?   ('21 세무직)

계정과목	금액	계정과목	금액
매출	₩120,000	현금	₩130,000
매출원가	₩100,000	재고자산	₩200,000
급여	₩50,000	매입채무	₩170,000
선급비용	₩70,000	미지급금	₩50,000
미지급비용	₩80,000	미수수익	₩50,000
자본금	₩40,000	기초이익잉여금	?

① ₩40,000
② ₩110,000
③ ₩140,000
④ ₩300,000

➡ **풀이:** 기말자산 = 현금 130,000 + 재고자산 200,000 + 선급비용 70,000 + 미수수익 50,000
　　　　　　　= 450,000
　　　기말부채 = 매입채무 170,000 + 미지급금 50,000 + 미지급비용 80,000 = 300,000
　　　기말자본 = 450,000 - 300,000 = 150,000
　　　당기순이익 = 매출 120,000 - 매출원가 100,000 - 급여 50,000 = (-)30,000
　　　기초이익잉여금 = 기말자본 150,000 - 자본금 40,000 + 30,000 = 140,000

정답 ③

66 (주)한국의 20×1년 기초 자산총액은 ₩110,000이고, 기말 자산총액과 기말 부채총액은 각각 ₩150,000과 ₩60,000이다. 20×1년 중 현금배당 ₩10,000을 결의하고 지급하였으며, ₩25,000을 유상증자하였다. 20×1년도 당기순이익이 ₩30,000일 때, 기초 부채총액은? ('18 주택)

① ₩60,000   ② ₩65,000   ③ ₩70,000   ④ ₩75,000   ⑤ ₩80,000

▶ 풀이: 기말 자본총액 = 150,000 - 60,000 = 90,000
　　　　　기초 자본총액 = 90,000 + 10,000 - 25,000 - 30,000 = 45,000
　　　　　기초 부채총액 = 110,000 - 45,000 = 65,000

정답 ②

■■ 주관식 ■■————————————————————————————————

〈1〉 자산, 부채, 자본, 수익, 비용관계

다음 표의 빈칸에 알맞은 금액을 기입하여라.

	기	초		기	말		총수익	총비용	순이익 (손실)
	자 산	부 채	자 본	자 산	부 채	자 본			
1	2,500	①	②	2,400	③	1,750	④	700	(150)
2	3,500	⑤	2,000	4,250	2,000	⑥	1,850	⑦	⑧
3	1,500	500	⑨	⑩	750	⑪	500	400	⑫
4	⑬	750	400	1,470	820	650	800	⑭	⑮

〈2〉 손익계산서의 작성

다음 자료를 이용하여 손익계산서를 작성하여라.

수수료수익	₩50,000	광 고 비	₩1,800
급 여	28,000	임 차 료	10,400
매 출 채 권	35,000	수도광열비	3,100
자 본 금	46,000	교 통 비	2,000

〈3〉 재무상태표 작성

다음 자료로 전주상회의 20×9년 12월 31일의 재무상태표를 작성하여라.

현 금	₩74,000	건 물	₩524,000	매 입 채 무	₩420,000
매 출 채 권	535,000	비 품	174,000	단기차입금	170,000
상 품	352,000	토 지	205,000	장기차입금	215,000
자 본 금	500,000	자본잉여금	125,000	이익잉여금	434,000

〈4〉 재무상태표와 손익계산서의 작성

소성상회의 결산일은 매년 12월 31일이다. 기초부터 기말까지 소성상회의 재무상태와 관련된 자료는 다음과 같다.

【기초의 재무상태】

현 금	₩3,900	차 입 금	₩30,000	예 금	₩16,800
매입채무	13,800	매출채권	29,100	상 품	54,000

【기초부터 기말까지의 영업내용】

급 료	₩43,200	상품매출이익	₩137,640	운 반 비	₩54,600
이자수익	810	보 험 료	2,310	잡 수 익	1,050
수수료수익	6,240	수도광열비	3,630	제세공과	3,300
이자비용	2,700				

【기말의 재무상태】

현 금	₩6,900	대 여 금	₩12,000	예 금	₩23,400
차 입 금	36,000	매출채권	40,500	상 품	72,000
매입채무	22,800	미지급금	15,000	비 품	15,000

위에서 주어진 자료를 이용하여

(1) 자본등식에 의하여 소성상회의 기초 및 기말의 자본을 산출하여라.

(2) 재산법 및 손익법에 의하여 당 회계연도에 있어서 소성상회의 당기순이익을 구하여라.

(3) 12월 31일을 기준으로 소성상회의 재무상태표 및 손익계산서를 작성하여라.

〈5〉 기초 재무상태표와 기말 재무상태표

다음 자료에 의하여 기초의 재무상태표와 기말의 재무상태표를 작성하고 자본의 증가액을 산출하여라.

기 초:	현 금	130,000	외상매출금	300,000	비 품	120,000	
	건 물	500,000	차 입 금	100,000	외상매입금	130,000	
기 말:	현 금	280,000	외상매출금	130,000	비 품	150,000	
	건 물	600,000	차 입 금	50,000	외상매입금	250,000	

〈6〉 재무상태표와 손익계산서의 관계

두레상사는 20×9년 1월 1일에 현금 10,000을 출자받아 개업하였다. 12월 31일의 다음 자료에 의하여 기말 재무상태표와 손익계산서를 작성하여라.

현 금	30,000	매출채권	51,000	상 품	105,000
매입채무	27,000	매출원가	9,000	보 관 료	1,200
임 차 료	4,500	잡 비	1,500	보 험 료	2,400
매 출	?	이자수익	4,500	임 대 료	5,000

〈7〉 재무상태표 작성과 자본금

개인기업인 전북상사의 20×9년 5월과 6월의 재무정보는 다음과 같다.

	20×9. 5. 31	20×9. 6. 30
매 입 채 무	₩50,000	₩65,000
매 출 채 권	750,000	950,000
자 본 금	?	?
현　　　금	350,000	320,000
소 모 품	75,000	85,000

(1) 전북상사의 20×9년 5월말과 6월말의 재무상태표를 작성하여라.

(2) 소유주가 6월 한 달 동안 추가적인 출자도 하지 않았고 자본금을 인출하지도 않았다고 가정할 때 6월 한 달 동안의 이익을 구하여라.

(3) 소유주가 6월 한 달 동안 추가적인 출자는 하지 않고 ₩150,000을 인출하였다고 가정할 때 6월 한 달 동안의 이익을 구하여라.

〈8〉회계등식

오한국 씨는 한국상사의 단독 소유주이다. 한국상사의 20×8년 12월 31일 현재의 자산총계는 ₩15,000이고 부채총계는 ₩2,000이었다. 또 20×9년 12월 31일 현재 자본은 ₩18,000이었다.

〈요구사항〉

(1) 20×8년 12월 31일의 한국상사의 자본을 산출하여라.

(2) 20×9년 12월 31일의 한국상사의 자산이 ₩23,000이라고 할 때 부채를 산출하여라.

(3) 오한국 씨가 자본금을 인출해 가거나 추가로 불입하지 않았다고 가정할 때 20×9년 동안의 한국상사의 순이익을 산출하여라.

(4) 20×9년 한 해 동안 오한국 씨가 ₩2,000을 추가로 불입하고 ₩4,000을 인출했다면 20×9년의 순이익을 산출하여라.

〈9〉회계등식과 재무상태표 및 손익계산서

개인기업인 제일상사의 다음 거래를 회계등식으로 기록하고 재무상태표 및 손익계산서를 작성하여라.

(1) 현금 ₩20,000과 ₩10,000 상당의 건물을 투자하여 영업을 개시하다.

(2) 소모품 ₩1,600을 현금으로 구입하다.

(3) 종업원 급료 ₩800을 현금으로 지급하다.

(4) ₩1,000의 사무용 복사기를 외상으로 구입하다.

(5) 전기요금 ₩600을 현금으로 지급하다.

(6) 용역을 제공하고 ₩24,000은 현금으로 받고, 잔액 ₩16,000은 외상으로 하다.

(7) 사무용 복사기의 외상구입대금 중 ₩500을 현금으로 지급하다.

(8) 매출채권 ₩10,000을 현금으로 받다.

(9) 구입한 소모품 중 실제사용액은 ₩600이다.

(10) 자본주가 개인적인 용도로 현금 ₩200을 인출하다.

〈10〉 거래추정

다음은 전주인쇄소의 최초 회계년도의 처음 한 달 동안의 거래를 회계등식으로 기록한 것이다. 각 거래를 추정하여라.

전주인쇄소 (단위 : 원)

	현 금	소모품	비 품	기계장치	매출채권	미지급금	자본금	이 익 잉여금
1	10,000						10,000	
2	(5,000)			5,000				
3			3,000			3,000		
4	2,500							2,500
5	(500)					(500)		
6	1,500				2,000			3,500
7	(300)							(300)
8	500				(500)			
9	(1,000)	1,000						
10		(500)						(500)
	7,700	500	3,000	5,000	1,500	2,500	10,000	5,200

03 재무회계의 절차

3.1 거 래

1. 거래의 의의

기업이 경영활동을 영위하는 동안 경영활동과 관련하여 수많은 사건이 외부와 내부에서 계속적으로 발생한다. 기업의 경영활동 중 생산에 필요한 생산요소를 외부에서 구입하고, 필요한 설비를 구입하고, 완성된 제품을 외부에 판매하는 사건들은 대부분이 기업과 외부와의 교환에 의하여 발생하지만, 원재료를 투입하여 제품을 생산하는 생산활동에 관한 사건들은 외부와의 교환 없이 기업내부에서 발생하기도 한다. 이들을 총칭하여 기업을 중심으로 발생한 경제적 사건(economic event)이라고 한다.

기업을 중심으로 발생한 경제적 사건은 기업의 경제실체에 경제적 영향을 주어 기업의 자산, 부채, 자본의 증감과 수익과 비용이 발생하게 된다. 이와 같이 기업의 자산, 부채, 자본의 증감을 일으키고, 수익, 비용을 발생케 하는 경제적 사건을 회계상의 거래(transaction)라고 한다.

2. 회계상 거래의 요건

경제적 사건 중에서 일상생활에서는 거래라고 인식하지만 회계상으로는 거래가 되지 않는 것이 있고, 또한 일상생활에서는 거래가 아니라고 인식하지만 회계상으로는 거래로 인식하는 것도 있다. 회계상 거래로서 성립되기 위해서는 다음의 조건을 모두 만족시켜야 한다.

> ① 사건이 이미 발생하였다.
>
> ② 재무제표의 구성요소에 영향을 미친다.
>
> ③ 사건을 화폐가치로 정확하게 측정가능하다

회계상의 거래는 일상생활에서 통용되는 거래의 개념보다 한정적인 의미로 사용되고 있다. 예를 들어 상품의 매매계약, 토지·건물의 임대차계약, 상품의 주문, 보관 등은 일상적으로는 거래라고 인식하지만 재무제표의 구성요소에 변동을 가져오는 사항이 아니라면 회계상으로는 거래라고 하지 않는다. 반면에 화재나 도난으로 인한 손실은 사건은 이미 발생하였고, 재무제표의 구성요소에 미치는 영향을 화폐가치로 측정할 수 있으므로, 일상생활에서는 거래라고 하지 않지만 회계에서는 거래라고 한다.

예제 1 회계상의 거래

다음중 회계상 거래인 것과 회계상 거래가 아닌 것을 분류하라.
(1) 상품 ₩100,000을 외상으로 매입하다.
(2) 월급 ₩200,000씩 주고 종업원을 채용하기로 하다.
(3) 상품 ₩80,000을 도난 당하다.
(4) 서울상사로부터 복사기 1대 ₩20,000을 기증받다.
(5) 상품 ₩100,000을 주문 받다.
(6) 차입금에 대한 이자비용 ₩15,000을 현금으로 지급하다.
(7) 화재로 인하여 건물의 일부 ₩500,000가 소실되다.
(8) 자동차를 사용하여 ₩60,000의 가치가 감소하다.
(9) 경기상사로부터 프린터 1대를 빌려오다.
(10) 상품 ₩10,000을 창고회사에 보관시킨다.

 · 회계상 거래인 것 : (1), (3), (4), (6), (7), (8)
· 회계상 거래가 아닌 것 : (2), (5), (9), (10)

3 거래 8요소의 도출

기업에서 일어나는 거래는 여러 가지가 있으나 결국은 자산의 증가와 감소, 부채의 증가와 감소, 자본의 증가와 감소 및 수익의 발생과 비용의 발생이라는 8개의 요소로 구성되어 있다. 이를 거래의 8요소라고 한다. 거래의 8요소는 회계등식을 토대로 도출되는데 이의 도출과정을 살펴보면 다음과 같다.

$$A\ (자산)\quad =\quad L(부채)\quad +\quad P(자본)$$

$$\triangle A\quad =\quad \triangle L\quad +\quad \triangle P$$

$$(A^{+} - A^{-}) = (L^{+} - L^{-})\ +\ (P^{+} - P^{-})$$
$$+\ (R - E)$$

$$\underline{A^{+} + L^{-} + P^{-} + E}\ =\ \underline{A^{-} + L^{+} + P^{+} + R}$$

Debit : Dr.　　　　　　Credit : Cr.
(차 변)　　　　　　　(대 변)

자산과 부채 및 자본과의 관계는 회계등식에 의하여 나타낼 수 있다. 그런데 기업의 기존 재무상태에서 새로운 거래가 발생하였다면, 그 거래가 발생한 후에도 회계등식은 그대로 일치한다. 이는 자산의 변동은 부채의 변동과 자본의 변동의 합계와 일치함을 의미한다. 이러한 변동요인을 왼쪽(차변)과 오른쪽(대변)으로 정리하였을 때 차변요소 4가지인 자산증가, 부채감소, 자본감소, 비용발생과 대변요소 4가지인 자산의 감소, 부채의 증가, 자본의 증가, 수익의 발생 8가지 요소가 추출되는데 이를 거래의 8요소라 한다.

회계학에서는 계정의 왼편을 차변(Debit), 계정의 오른편을 대변(Credit)이라 부른다. 그리고 어떤 종류의 계정에 무엇이 기록되든지 계정의 왼편에 기입하는 것을 차변기입(debit entry), 계정의 오른편에 기입하는 것을 대변기입(credit entry)이라고 부른다. 차변 또는 대변이란 어떤 특정한 의미를 가지고 있는 것은 아니고, 단순히 왼편과 오른편을 지칭하는 관습적인 용어이며 특히, 차변과 대변은 증가나 감소 혹은 차입이나 대여를 뜻하지 않음에 유의해야 한다.

4 거래의 8요소의 결합원리

회계상의 거래는 차변요소와 대변요소의 결합으로 이루어지는데, 이러한 거래의 8요소가 서로 결합되어 여러 가지 조합을 이루는 관계를 나타내보면 다음과 같다.

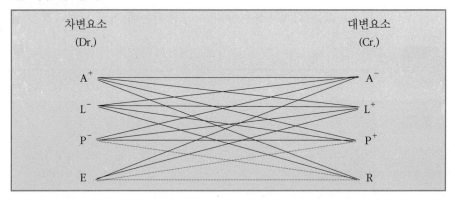

이들을 자세히 살펴보면 다음과 같다.

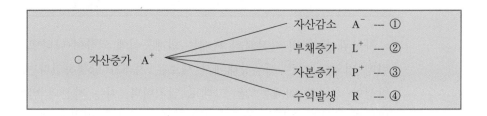

① 자산의 증가와 자산의 감소를 가져오는 거래 :
〈거래〉 건물 ₩1,000,000을 현금으로 구입하다.
〈거래분석〉 자산(건물)의 증가 - 자산(현금)의 감소
　　　　　　　₩1,000,000　　　　　　₩1,000,000

② 자산의 증가와 부채의 증가를 가져오는 거래 :
〈거래〉 상품 ₩20,000을 외상으로 매입하다.
〈거래분석〉 자산(상품)의 증가 - 부채(외상매입금)의 증가
　　　　　　　₩20,000　　　　　　₩20,000

③ 자산의 증가와 자본의 증가를 가져오는 거래 :
〈거래〉 현금 ₩1,000,000을 출자하여 영업을 시작하다.
〈거래분석〉 자산(현금)의 증가 – 자본(자본금)의 증가
    ₩1,000,000   ₩1,000,000

④ 자산의 증가와 수익의 발생을 가져오는 거래 :
〈거래〉 현금 ₩100,000을 이자로 받다.
〈거래분석〉 자산(현금)의 증가 – 수익(이자수익)의 발생
    ₩100,000   ₩100,000

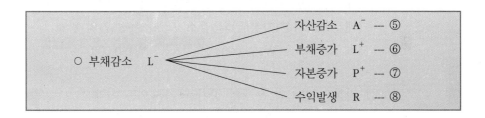

⑤ 부채의 감소와 자산의 감소를 가져오는 거래 :
〈거래〉 차입금 ₩25,000을 현금으로 갚다.
〈거래분석〉 부채(차입금)의 감소 – 자산(현금)의 감소
    ₩25,000   ₩25,000

⑥ 부채의 감소와 부채의 증가를 가져오는 거래 :
〈거래〉 외상매입금을 지급하기 위해 약속어음 ₩20,000을 발행하다.
〈거래분석〉 부채(외상매입금)의 감소 – 부채(지급어음)의 증가
    ₩20,000   ₩20,000

⑦ 부채의 감소와 자본의 증가를 가져오는 거래 :
〈거래〉 사채 ₩500,000을 자본금으로 전환하다.
〈거래분석〉 부채(사채)의 감소 – 자본(자본금)의 증가
    ₩500,000   ₩500,000

⑧ 부채의 감소와 수익의 증가를 가져오는 거래 :

〈거래〉 외상매입금 ₩5,000의 지급을 면제받다.

〈거래분석〉 부채(외상매입금)의 감소 - 수익(채무면제이익)의 발생

　　　　　　　₩5,000　　　　　　　　₩5,000

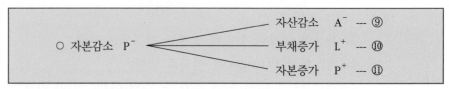

⑨ 자본의 감소와 자산의 감소를 가져오는 거래 :

〈거래〉 출자한 자본금의 일부인 현금 ₩150,000을 인출해가다.

〈거래분석〉 자본(자본금)의 감소 - 자산(현금)의 감소

　　　　　　　₩150,000　　　　　　　₩150,000

⑩ 자본의 감소와 부채의 증가를 가져오는 거래 :

〈거래〉 퇴사하는 출자자 갑의 출자금 ₩700,000을 반환하지 않고 나중에
　　　　상환하기로 하다.

〈거래분석〉 자본(자본금)의 감소 - 부채(차입금)의 증가

　　　　　　　₩700,000　　　　　　　₩700,000

⑪ 자본의 감소와 자본의 증가를 가져오는 거래 :

〈거래〉 갑의 출자금 ₩1,000,000을 을의 출자금에 대체하다.

〈거래분석〉 자본(갑 자본금)의 감소 - 자본(을 자본금)의 증가

　　　　　　　₩1,000,000　　　　　　₩1,000,000

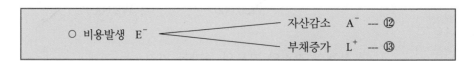

⑫ 비용의 발생과 자산의 감소를 가져오는 거래 :

〈거래〉 급여 ₩200,000을 현금으로 지급하다.

〈거래분석〉 비용(급여)의 발생 - 자산(현금)의 감소

　　　　　　　₩200,000　　　　　　　₩200,000

⑬ 비용의 발생과 부채의 증가를 가져오는 거래 :

〈거래〉 차입금의 이자 ₩50,000을 원금에 가산하다.

〈거래분석〉 비용(이자비용)의 발생 - 부채(차입금)의 증가

　　　　　　　　₩50,000　　　　　　　₩50,000

예제 2　거래요소의 결합관계

다음 거래의 결합관계를 표시하라.

(1) 현금 ₩100,000을 출자받아 영업을 시작하다.

(2) 은행으로부터 ₩30,000을 차입하다.

(3) 건물을 ₩60,000에 현금으로 취득하다.

(4) 1년분 보험료 ₩1,200을 현금으로 지급하다.

(5) 건물의 일부를 임대하고 1년분 임대수익 ₩2,400을 현금으로 받다.

(6) 자동차 1대를 현금 ₩20,000에 구입하다.

(7) (주)대왕에게 현금 ₩20,000을 빌려주다.

(8) 컴퓨터 수리 서비스를 해주고 대가 ₩30,000을 나중에 받기로 하다.

(9) 매출채권 ₩5,000을 현금으로 회수하다.

(10) 종업원 급여 ₩15,000을 현금으로 지급하다.

(11) 은행차입금 중 ₩10,000을 현금으로 상환하다.

해 답

(1)	자산증가(현금)	100,000	—	자본증가(자본금)	100,000
(2)	자산증가(현금)	30,000	—	부채증가(차입금)	30,000
(3)	자산증가(건물)	60,000	—	자산감소(현금)	60,000
(4)	비용발생(보험료)	1,200	—	자산감소(현금)	1,200
(5)	자산증가(현금)	2,400	—	수익발생(임대수익)	2,400
(6)	자산증가(차량운반구)	20,000	—	자산감소(현금)	20,000
(7)	자산증가(대여금)	20,000	—	자산감소(현금)	20,000
(8)	자산증가(매출채권)	30,000	—	수익발생(용역수익)	30,000
(9)	자산증가(현금)	5,000	—	자산감소(매출채권)	5,000
(10)	비용발생(급여)	15,000	—	자산감소(현금)	15,000
(11)	부채감소(차입금)	10,000	—	자산감소(현금)	10,000

5. 거래의 이중성

회계상 모든 거래를 살펴보면 항상 거래가 발생된 원인과, 그 결과로 구성되어 있다. 즉, 경제적 사건이 회계상의 거래로서 성립되면 거래의 결합관계는 거래의 8요소 중에서 반드시 차변요소와 대변요소의 결합으로 이루어지는 것을 알 수 있는데 이를 거래의 이중성(bilateral character of transaction)이라 한다. 거래의 이중성에 의하여 회계상의 거래는 하나 이상의 차변요소와 하나 이상의 대변요소의 결합관계로 분해할 수 있고, 이때 서로 대응하는 양쪽의 요소들은 거래의 원인과 결과를 나타내는 것이다.

6. 대차평균의 원리

거래의 이중성에 의하여 모든 거래가 차변과 대변에 동일금액으로 이중기입 되는데 이것이 복식부기의 특징이다. 이와 같이 회계상의 거래가 발생하여 복식부기 방식으로 기록하게 되면 차변과 대변에 항상 동일한 금액을 기입하게 되므로, 거래가 아무리 많이 발생하더라도 차변항목의 합계금액과 대변항목의 합계금액은 항상 일치하게 된다. 이를 대차평균의 원리(principle of equilibrium)라고 한다. 대차평균의 원리는 복식부기의 가장 중요하고 기본적인 원칙으로서, 계정 전체의 차변금액합계와 대변금액합계의 일치여부를 확인함으로써 장부기장과 계산의 정확성 여부를 판단할 수 있다. 복식부기는 이러한 대차평균의 원리에 의하여 기록, 계산의 정확성을 자동적으로 검사할 수 있는 자기통제 또는 자기검증의 기능을 갖는데, 이를 복식부기의 자기검증기능이라고 한다. 이와 같이 복식부기의 원리는 이러한 거래의 이중성과 대차평균의 원리에 기반을 두고 있다고 할 수 있다.

7. 거래의 종류

회계상의 거래는 거래요소의 결합방법에 따라 교환거래, 손익거래 및 혼합거래로 분류할 수 있다.

교환거래(exchange transaction)란 자산·부채·자본의 증감변화를 일으키는 거래이나 수익·비용의 발생에 영향을 미치지 않는 거래이다. 교환거래는 자산 구성요소간의 교환거래, 부채구성요소간의 교환거래, 자본구성요소간의 교환거래, 자산, 부채간의 교환거래, 자산, 자본간의 교환거래, 부채, 자본간의 교환거래로 나눌 수 있다.

손익거래(profit and loss transaction)란 수익과 비용에 영향을 미치는 거래로서 이를 통하여 궁극적으로 자본의 증감을 일으키는 거래이다.

혼합거래(mixed transaction)는 교환거래와 손익거래가 혼합되어 있는 거래이다.

예제 3 교환거래·손익거래·혼합거래

다음 거래를 교환거래, 손익거래, 혼합거래로 분류하라.
 (1) 현금 ₩200,000을 출자받아 개업하다.
 (2) 상품 ₩300,000을 현금으로 매입하다.
 (3) 비품 ₩100,000을 외상으로 구입하다.
 (4) 급여 ₩70,000을 현금으로 지급하다.
 (5) 원가 ₩30,000의 상품을 ₩50,000에 외상매출하다.
 (6) 외상매입금 ₩10,000을 약속어음을 발행하여 지급하다.
 (7) 대여금의 이자 ₩5,000을 현금으로 받다.
 (8) 차입금 ₩10,000과 그 이자 ₩1,000을 현금으로 지급하다.
 (9) 상품 ₩50,000을 외상으로 매입하다.
(10) 외상매출금 ₩25,000을 현금으로 회수하다.

해 답 교환거래 : (1), (2), (3), (6), (9), (10)
　　　　　손익거래 : (4), (7)
　　　　　혼합거래 : (5), (8)

8. 거래와 회계등식(재무상태표등식) : 복식부기제도의 기본원리

재무상태표의 기본 등식은 '자산 = 부채 + 자본'으로 구성된다. 따라서 모든 거래를 기록할 때 그 거래가 재무상태표상 자산을 증가시킨다면 차변(왼쪽)에 기록하고 부채와 자본을 증가시킨다면 대변(우측)에 기록한다. 역으로 자산이 감소될 경우 대변(우측)에 기록하고 부채와 자본이 감소할 경우 차변(좌측)에 기록한다.

또한 위의 관점에서 살펴 볼 경우 모든 거래는 재무상태표의 기본등식의 요소를 만족시킨다. 이와 같이 하나의 거래가 발생하면 반드시 둘 이상의 계정과 금액에 영향을 주게 되지만 재무상태표등식 양쪽은 동일한 영향을 받는다. 즉, 일단 거래로서 성립되면 회계상 거래는 반드시 차변요소와 대변요소의 결합으로 이루어지는 거래의 이중성 특성을 가지고 있다. 또한 거래의 이중성에 따라 모든 거래는 반드시 어떤 계정의 차변과 다른 계정의 대변에 같은 금액이 기입되므로, 아무리 많은 거래가 기입되더라도 계정 전체를 놓고 보면 차변금액의 합계와 대변금액의 합계는 반드시 일치하게 되는 대차평균의 원리(principle of equilibrium)의 특성을 가지고 있다.

회계상의 거래가 발생했을 때 거래의 이중성에 따라 항상 차변요소와 대변요소가 결합하게 되며, 대차평균의 원리에 의해 항상 차변금액과 대변금액이 일치하게 되므로, 어떤 유형의 회계거래가 기록되더라도 회계등식인 "자산 = 부채 + 자본"이 항상 유지된다. 이를 복식부기의 원리라 하며 이를 나타내면 다음과 같다.

거래발생전의 회계등식	거래의 발생	거래발생후의 회계등식
$A = L + P$ ——	차변요소와 대변요소의 변화 ——	$A' = L' + P'$

원래 복식부기란 용어는 단일 거래의 가치변동을 대변과 차변의 양쪽에 이중으로 기록하여 자가검증기능을 갖는 것을 의미한다.

2.1 계 정

1. 계정과 계정과목

거래가 발생하면 기업의 재무상태에 변화가 일어난다. 이 경우 각 거래요소에 대한 변화내용을 명확하게 기록하기 위하여 자산, 부채, 자본, 수익, 비용에 대하여 구체적으로 항목을 설정하여 각 항목별로 그 증감 변화를 기록하게 된다. 이렇게 각 항목별로 설정되는 기록 계산의 단위를 계정 (account : a/c)이라 하고, 계정에 붙이는 이름을 계정과목(title of account)이라 한다.

2 계정의 분류

계정은 자산계정, 부채계정, 자본계정, 수익계정, 비용계정으로 분류된
다. 재무상태표에 기재되는 자산, 부채, 자본에 속하는 계정을 재무상태표
계정이라 하며, 손익계산서에 기재되는 수익과 비용에 속하는 계정을 손익
계산서계정이라 한다.

| 그림 3-1 | 계정의 분류 |

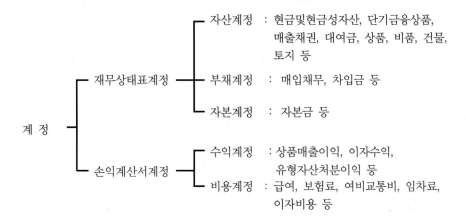

3 계정기입의 원칙

계정기입의 원칙이란 자산, 부채, 자본, 수익, 비용을 계정에 기입할 때
각 항목의 증가, 감소가 각 계정의 차변, 대변에 어떻게 기입되는가를 나타
내는 원칙이다.

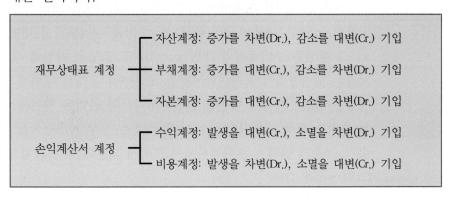

(1) 재무상태표계정

자산은 재무상태표의 차변에 기입되므로 그 증가를 자산계정의 차변에 기입하고, 감소를 대변에 기입한다. 부채와 자본은 재무상태표의 대변에 기입하므로, 그 증가를 대변에 기입하고 감소를 차변에 기입한다. 이와 같이 자산, 부채, 자본의 증감사항을 기록하게 되면 자산계정은 언제나 차변합계액이 대변합계액을 초과하여 잔액은 차변에 생기며, 부채계정과 자본계정은 대변합계액이 차변합계액을 초과하여 잔액은 항상 대변에 생긴다. 또한 자산, 부채, 자본의 잔액은 재무상태표에 모이게 되는 데 이를 그림으로 나타내면 [그림 3-2]와 같다.

그림 3-2   재무상태표계정의 기입방법과 재무제표와의 관계

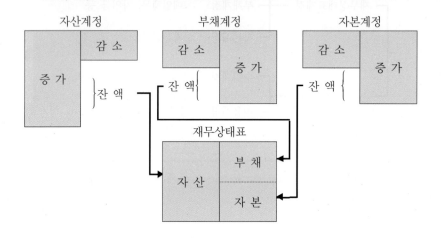

(2) 손익계산서계정

비용은 손익계산서 차변에 기입하므로, 그 발생은 비용계정의 차변에 기입하고, 소멸은 대변에 기입한다. 또 수익은 손익계산서 대변에 기입하므로, 그 발생을 수익계정의 대변에 기입하고 소멸을 차변에 기입한다. 수익계정은 대변합계액이 차변합계액을 초과하여 잔액은 대변에 생기며, 비용계정은 차변합계액이 대변합계액을 초과하여 잔액은 차변에 생긴다. 따라서 수익은 항상 대변잔액을 가지며, 비용은 항상 차변잔액을 가진다. 또한 수익, 비용의 잔액은 손익계산서에 모이게 되는데 이를 그림으로 나타내면 [그림 3-3]과 같다.

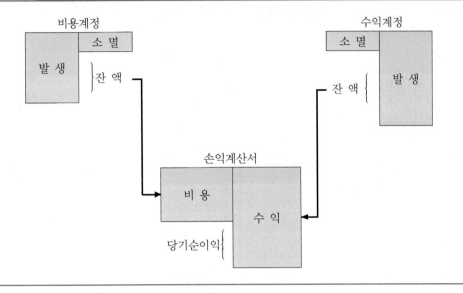

그림 3-3   손익계산서계정의 기입방법과 재무제표와의 관계

---

4. 계정기입의 흐름표

자산, 부채, 자본계정과 재무상태표, 수익, 비용계정과 손익계산서의 계정기입흐름을 나타내면 다음과 같다.

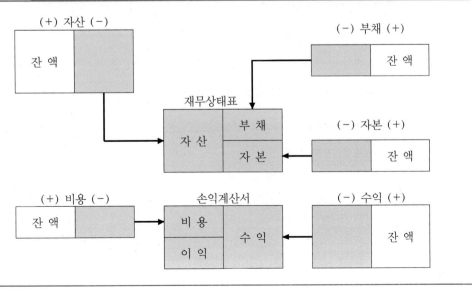

그림 3-4   계정기입의 흐름

3.3 거래의 기록과정

1. 거래의 기록과정

거래의 발생에서부터 각 계정에의 기록까지의 과정은 다음과 같다.

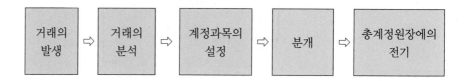

경제적 사건이 발생하면 회계상의 거래로서 성립되는지 여부를 판단하고, 회계상의 거래가 성립되면 거래 8요소의 결합관계에 의하여 차변요소와 대변요소로 구분한다. 차변요소와 대변요소의 계정과목을 설정한 후 차변금액과 대변금액을 확정하는 1차적인 기록을 행한다. 1차적인 기록이 거래가 발생한 날짜별로 기록한 내용이라면 이를 사건별로 분류하기 위한 총계정원장의 해당 계정과목에 전기하는 2차적인 기록이 이루어진다.

이를 예시하면 다음과 같다.

(1) 거래의 발생: 1/1 현금 100,000을 출자받아 영업을 시작하다.

(2) 거래의 분석: 차변요소(자산증가), 대변요소(자본의 증가)

(3) 계정과목의 설정: 현금계정, 자본금계정

(4) 분 개: 1/1 (차) 현 금 100,000 (대) 자본금 100,000

(5) 총계정원장의 전기:

현 금		자 본 금	
1/1 자본금 100,000			1/1 현 금 100,000

2 분개와 분개장

(1) 분 개

분개(journalizing)란 거래를 발생한 순서대로 기록하는 것이다. 이는 거래를 해당계정에 기입하기 전의 준비단계로 경제적 사건을 차변요소와 대변요소로 구분하고 기록할 계정과 금액을 결정하는 것이다. 즉, 거래의 내용을 차변요소와 대변요소로 세분하여 어느 계정의 어느 곳(차변, 대변)에 얼마만큼의 금액을 기입할 것인가를 결정하는 과정을 말하는데 이는 다음과 같은 절차에 따라 이루어진다.

① 경제적 사건이 회계상의 거래로서 성립되는가를 확인한다.

② 거래의 내용을 분석하여 거래의 구성요소 중에서 차변요소와 대변요소를 정한다.

③ 거래의 구성요소를 다시 세분하여 구체적으로 계정과목을 결정한다.

④ 계정에 기입할 금액을 결정하고, 이 때 차변금액과 대변금액이 일치하는지 확인한다.

(2) 분개장

분개장(journal)이란 분개가 이루어지는 장부로서 경제적인 사건인 거래를 분개하여 사건이 발생한 날짜순으로 기록하기 위한 장부이다.

분 개 장

일 자	적 요	원면	차 변	대 변

이와 같은 분개장을 기입하는 요령은 다음과 같다.

① 일자란은 거래가 발생한 날짜를 발생순서에 따라 기입한다.

② 적요란은 계정과목을 차변과 대변으로 나누어 기입한다. 차변·대변 어느 편이나 계정과목이 2개 이상일 때에는 "제좌"(諸座)라는 용어를 먼저 쓰고 그 다음에 계정과목을 기입하며, 계정과목을 기록한 아래에는 거래의 내용을 간략하게 요약 기록한다.

③ 원면란에는 전기하여야 할 총계정원장의 각 계정번호를 기입한다.

④ 금액란에는 차변과목의 금액을 차변금액란에, 대변과목의 금액을 대변금액란에 기입한다.

⑤ 거래와 거래를 구별하기 위하여 각 거래마다 구분선을 긋는다.

예제 4 거래의 분개

다음 거래를 분개하라.

1월 1일: 현금 ₩500,000을 출자 받아 영업을 시작하다.

1월 5일: 현금 ₩500,000을 차입하다.

1월 8일: 상품 ₩800,000을 외상으로 매입하다.

1월 9일: 상품 ₩240,000(원가 ₩200,000)을 판매하고 대금은 현금으로 받다.

1월 12일: 상품 ₩220,000(원가 ₩150,000)을 외상으로 매출하다.

해답

1월 1일: (차) 현 금	₩500,000	(대) 자 본 금	₩500,000	
1월 5일: (차) 현 금	₩500,000	(대) 차 입 금	₩500,000	
1월 8일: (차) 상 품	₩800,000	(대) 매 입 채 무	₩800,000	

1월 9일: (차) 현 금 ₩240,000 (대) ⎰ 상 품 ₩200,000
　　　　　　　　　　　　　　　　　　 ⎱ 상품매출이익 ₩40,000

1월 12일: (차) 매 출 채 권 ₩220,000 (대) ⎰ 상 품 ₩150,000
　　　　　　　　　　　　　　　　　　　　　 ⎱ 상품매출이익 ₩70,000

3. 전기와 총계정원장

(1) 전 기

거래의 8요소에 의하여 분개가 이루어지고, 분개의 결과(분개장의 내용)를 총계정원장 상의 해당계정에 옮겨 적는 절차를 전기(posting)라고 한다.

전기가 이루어지는 과정은 다음과 같다.

① 계정의 명칭인 계정과목을 확정한다.

② 전기가 이루어질 곳을 결정한다. 분개장에서 해당계정과목이 차변에 나타났으면 총계정원장의 해당계정과목의 차변에 기입하고, 해당계정과목이 대변에 나타났으면 총계정원장의 해당계정과목의 대변에 기입한다.

③ 거래가 발생한 날짜를 기록한다.

④ 적요란에는 분개장에 기록된 상대편 계정과목을 기록한다.

⑤ 분면란에는 분개장의 면 번호를 기록한다.

⑥ 분개시에 나타난 금액을 기록한다.

(2) 총계정원장

총계정원장(general accounting ledger)은 경제적 사건을 사건별로 모은 장부이다. 분개장의 분개내용을 토대로 모든 거래를 사건별(계정과목별)로 분류하여 기록된 장부이다.

00 계 정

일 자	적 요	분면	차 변	일 자	적 요	분면	대 변

예제 5 **분개와 전기**

다음 거래를 분개하고 전기하라.

1월 1일: 현금 ₩300,000을 출자받아 영업을 시작하다.

1월 5일: 상품 ₩250,000을 외상으로 매입하다.

1월 15일: 상품 ₩350,000(원가 ₩200,000)을 외상으로 매출하다.

1월 20일: 외상매출금 ₩150,000을 현금으로 받다.

1월 25일: 급료 ₩10,000을 현금으로 지급하다.

1월 30일: 수도료 ₩5,000을 현금으로 지급하다

해 답

1월 1일: (차) 현 금	₩300,000	(대) 자 본 금	₩300,000
1월 5일: (차) 상 품	₩250,000	(대) 매입채무	₩250,000
1월 15일: (차) 매 출 채 권	₩350,000	(대) ⎰ 상 품	₩200,000
		⎱ 상품매출이익	₩150,000
1월 20일: (차) 현 금	₩150,000	(대) 매출채권	₩150,000
1월 25일: (차) 급 여	₩10,000	(대) 현 금	₩10,000
1월 30일: (차) 수도광열비	₩5,000	(대) 현 금	₩5,000

현 금			
1/1 자본금	300,000	1/25 급여	10,000
1/20 매출채권	150,000	1/30 수도광열비	5,000

자본금			
		1/1 현금	300,000

상 품			
1/5 매입채무	250,000	1/15 매출채권	200,000

매입채무			
		1/5 상품	250,000

매출채권			
1/15 제좌	350,000	1/20 현금	150,000

상품매출이익			
		1/15 매출채권	150,000

급여		
1/25 현금	10,000	

수도광열비		
1/30 현금	5,000	

종합예제 2 : 분개와 전기에 의한 거래의 기록

12월 1일 : 현금 ₩100,000을 출자받아 영업을 시작하다.

거래의 분석	자산의 증가	자본의 증가
계정과목의 설정	현금 계정	자본금 계정

분 개   12/1   (차) 현 금   100,000   (대) 자본금   100,000

전기

현 금 1	자 본 금 7
12/1 자본금 100,000	12/1현 금 100,000

12월 2일 : 은행으로부터 ₩30,000을 차입하다.

거래의 분석	자산의 증가	부채의 증가
계정과목의 설정	현금 계정	차입금 계정

분 개   12/2   (차) 현 금   30,000   (대) 차입금   30,000

전기

현 금 1	차 입 금 6
12/1 자본금 100,000	12/2 현 금 30,000
12/2 차입금 30,000	

12월 3일 : 건물 ₩60,000을 현금으로 취득하다.

거래의 분석	자산의 증가	자산의 감소
계정과목의 설정	건물 계정	현금 계정

분 개   12/3   (차) 건 물   60,000   (대) 현 금   60,000

전기

건 물 3	현 금 1
12/3 현 금 60,000	12/1 자본금 100,000 12/3 건 물 60,000
	12/2 차입금 30,000

12월 4일: 1년분 보험료 ₩1,200을 현금으로 지급하다.

거래의 분석   비용의 발생   자산의 감소
계정과목의 설정   보험료 계정   현금 계정

분 개   12/4   (차) 보험료   1,200   (대) 현 금   1,200

전기

보 험 료		10
12/4현 금 1,200		

현 금				1
12/1 자본금	100,000	12/3 건 물	60,000
12/2 차입금	30,000	12/4 보험료	1,200

12월 5일: 건물의 일부를 임대하고 1년분 임대수익 ₩2,400을 현금으로 받다.

거래의 분석   자산의 증가   수익의 발생
계정과목의 설정   현금 계정   임대수익 계정

분 개   12/5   (차) 현 금   2,400   (대) 임대수익   2,400

전기

임 대 수 익		9
	12/5 현금 2,400	

현 금				1
12/1 자본금	100,000	12/3 건 물	60,000
12/2 차입금	30,000	12/4 보험료	1,200
12/5 임대수익	2,400		

12월 6일: 자동차 1대를 현금 ₩20,000에 구입하다.

거래의 분석   자산의 증가   자산의 감소
계정과목의 설정   차량운반구 계정   현금 계정

분 개   12/6   (차) 차량운반구   20,000   (대) 현 금   20,000

전기

차량운반구		4
12/6현 금 20,000		

현 금				1
12/1 자본금	100,000	12/3 건 물	60,000
12/2 차입금	30,000	12/4 보험료	1,200
12/5 임대수익	2,400	12/6 차량운반구	20,000

12월 10일: (주)대왕에게 현금 ₩20,000을 빌려주다.

거래의 분석   자산의 증가   자산의 감소
계정과목의 설정   대여금 계정   현금 계정

분 개   12/10   (차) 대여금   20,000   (대) 현 금   20,000

전기

대여금	5	현 금		1
12/10 현금 20,000		12/1 자본금 100,000	12/3 건 물	60,000
		12/2 차입금 30,000	12/4 보험료	1,200
		12/5 임대수익 2,400	12/6 차량운반구	20,000
			12/10 대여금	20,000

12월 15일: 컴퓨터수리서비스를 해주고 대가 ₩30,000을 나중에 받기로 하다.

거래의 분석   자산의 증가   수익의 발생
계정과목의 설정   매출채권계정   용역수익계정

분 개   12/15   (차) 매출채권   30,000   (대) 용역수익   30,000

전기

매출채권	2	용역수익	8
12/15 용역수익 30,000			12/15 매출채권 30,000

12월 25일의 매출채권 중 ₩5,000을 현금으로 회수하다.

거래의 분석   자산의 증가   자산의 감소
계정과목의 설정   현금 계정   매출채권계정

분 개   12/25   (차) 현 금   5,000   (대) 매출채권   5,000

전기

현 금		1	매출채권		2
12/1 자본금 100,000	12/3 건 물	60,000	12/15 용역수익 30,000	12/25 현 금	5,000
12/2 차입금 30,000	12/4 보험료	1,200			
12/5 임대수익 2,400	12/6 차량운반구	20,000			
12/25 매출채권 5,000	12/10 대여금	20,000			

12월 30일: 종업원 급여 ₩15,000을 현금으로 지급하다.

거래의 분석	비용의 발생	자산의 감소
계정과목의 설정	급여 계정	현금 계정

분 개   12/30   (차) 급 여   15,000   (대) 현 금   15,000

전기

급 여	11
12/30 현금 15,000	

현 금			1
12/1 자본금	100,000	12/3 건 물	60,000
12/2 차입금	30,000	12/4 보험료	1,200
12/5 임대수익	2,400	12/6 차량운반구	20,000
12/25 매출채권	5,000	12/10 대여금	20,000
		12/30 급 여	15,000

12월 31일: 은행차입금 중 ₩10,000을 현금으로 상환하다.

거래의 분석	부채의 감소	자산의 감소
계정과목의 설정	차입금 계정	현금 계정

분 개   12/31   (차) 차입금   10,000   (대) 현 금   10,000

전기

차 입 금			6
12/31 현금 10,000		12/2 현금	30,000

현 금			1
12/1 자본금	100,000	12/3 건 물	60,000
12/2 차입금	30,000	12/4 보험료	1,200
12/5 임대수익	2,400	12/6 차량운반구	20,000
12/25 매출채권	5,000	12/10 대여금	20,000
		12/30 급 여	15,000
		12/31 차입금	10,000

3.4   회계장부

회계장부(accounting books)란 기업에서 발생하는 각종 경제적 사건을 인식 · 측정 · 정리하기 위한 기록부이다.

회계장부는 크게 주요부와 보조부로 나뉜다. 주요부(main books)는 회계 장부의 기본이 되는 장부로서 분개장과 총계정원장을 말한다. 분개장은 거래를 처음 기록하는 장부로서 거래가 발생한 순서에 따라 기록되며, 총계 정원장은 분개장에 기록된 거래를 계정과목별로 기록함으로써 재무제표 작성의 기초가 된다.

보조부(subsidiary books)란 주요부에 대한 보충적인 장부로서 주요부의 부족한 점을 보충해 주거나 주요부의 어떤 금액의 내역을 상세하게 표시해 주는 장부로서 보조기입장, 보조원장, 기타보조부가 있다. 보조기입장은 거래를 발생순서에 따라 기입하는 장부로서 현금출납장, 당좌예금출납장, 소액현금출납장, 매입장, 매출장, 받을어음기입장, 지급어음기입장 등이 있다. 보조원장은 원장계정의 명세를 기입하는 장부로서 상품재고장, 유형자산대장, 매입처원장, 매출처원장, 주주원장 등이 있다. 기타의 보조부는 주로 비망기록을 하기 위해 작성하는 장부이다.

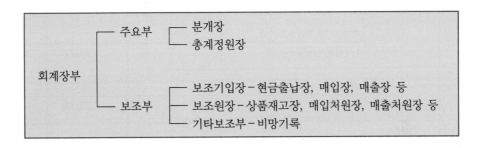

종합예제 3 : 분개장 작성

분 개 장

No. 1

일 자		적 요	원 면	차 변	대 변
12	1	(현 금)	1	100,000	
		(자 본 금)	7		100,000
		현금을 출자받아 영업시작			
	2	(현 금)	1	30,000	
		(차 입 금)	6		30,000
		차입금을 통한 현금조달			
	3	(건 물)	3	60,000	
		(현 금)	1		60,000
		건물을 현금으로 취득			
	4	(보 험 료)	10	1,200	
		(현 금)	1		1,200
		보험료를 현금으로 지급			
	5	(현 금)	1	2,400	
		(임대수익)	9		2,400
		임대수익을 현금으로 수령			
	6	(차량운반구)	4	20,000	
		(현 금)	1		20,000
		자동차를 현금으로 구입			
	10	(대 여 금)	5	20,000	
		(현 금)	1		20,000
		현금을 대여			
	15	(매출채권)	2	30,000	
		(용역수익)	8		30,000
		외상으로 용역제공			
	25	(현 금)	1	5,000	
		(매출채권)	2		5,000
		매출채권의 회수			
	30	(급 여)	11	15,000	
		(현 금)	1		15,000
		급여를 현금으로 지급			
	31	(차 입 금)	6	10,000	
		(현 금)	1		10,000
		차입금을 현금으로 상환			
				293,600	293,600

종합예제 4 : 총계정원장 작성

현 금 1

일 자		적 요	분 면	금 액	일 자		적 요	분 면	금 액
12	1	자 본 금	1	100,000	12	3	건 물	1	60,000
	2	차 입 금	1	30,000		4	보 험 료	1	1,200
	5	임 대 수 익	1	2,400		6	차량 운반구	1	20,000
	25	매 출 채 권	1	5,000		10	대 여 금	1	20,000
						30	급 여	1	15,000
						31	차 입 금	1	10,000

매출채권 2

일 자		적 요	분 면	금 액	일 자		적 요	분 면	금 액
12	15	용 역 수 익	1	30,000	12	25	현 금	1	5,000

건 물 3

일 자		적 요	분 면	금 액	일 자		적 요	분 면	금 액
12	3	현 금	1	60,000					

차량운반구 4

일 자		적 요	분 면	금 액	일 자		적 요	분 면	금 액
12	6	현 금	1	20,000					

대여금 5

일 자		적 요	분 면	금 액	일 자		적 요	분 면	금 액
12	10	현 금	1	20,000					

차 입 금   6

일 자		적 요	분 면	금 액	일 자		적 요	분 면	금 액
12	31	현 금	1	10,000	12	2	현 금	1	30,000

자 본 금   7

일 자		적 요	분 면	금 액	일 자		적 요	분 면	금 액
					12	1	현 금	1	100,000

용역수익   8

일 자		적 요	분 면	금 액	일 자		적 요	분 면	금 액
					12	15	매 출 채 권	1	30,000

임대수익   9

일 자		적 요	분 면	금 액	일 자		적 요	분 면	금 액
					12	5	현 금	1	2,400

보 험 료   10

일 자		적 요	분 면	금 액	일 자		적 요	분 면	금 액
12	4	현 금	1	1,200					

급 여   11

일 자		적 요	분 면	금 액	일 자		적 요	분 면	금 액
12	30	현 금	1	15,000					

3.5 시산표

1. 시산표의 의의

거래의 이중성과 대차평균의 원리에 의하여 모든 거래가 올바르게 분개되고 전기되면, 차변의 총 합계액과 대변의 총 합계액은 일치하게 된다. 시산표(Trial Balance : T/B)는 이 원리를 이용하여 분개장에 기입된 모든 거래의 분개가 총계정원장에 정확하게 기입되었는지 여부를 조사하기 위하여 총계정원장의 각 계정과 그 금액을 모아 작성하는 표이다.

2. 시산표 등식과 시산표 작성

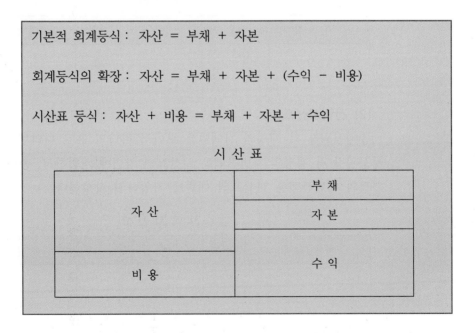

시산표의 작성순서는 다음과 같다.

① 총계정원장의 각 계정의 차변합계액과 대변합계액을 산출한다.

② 자산, 부채, 자본, 수익, 비용의 순으로 계정과목란에 각 계정과목을 기입하고, 총계정원장의 각 계정의 금액을 시산표의 해당 계정의 금액란에

옮겨 적는다.

③ 원면란에는 총계정원장의 각 계정번호를 기입한다.

모든 시산표는 차변란의 합계액과 대변란의 합계액이 반드시 일치하게 된다. 시산표의 차변합계액과 대변합계액이 일치하지 않으면 장부기록이 누락되었거나 잘못 기입되었음을 알 수 있다. 이 경우에는 그 원인을 찾아 수정을 하여야 한다.

3 시산표의 종류

(1) 합계시산표

총계정원장 각 계정의 차변합계액은 시산표의 차변에 기입하고, 총계정원장 각 계정의 대변합계액은 시산표의 대변에 기입하여 작성하는 표이다.

합 계 시 산 표

차 변(합계)	원 면	계 정 과 목	대 변(합계)

(2) 잔액시산표

총계정원장 각 계정의 잔액만을 모아서 하나의 표로 나타낸 것이다. 총계정원장 각 계정의 차변잔액은 시산표의 차변에 기입하고, 총계정원장 각 계정의 대변잔액은 시산표의 대변에 기입하여 작성한다.

잔 액 시 산 표

차 변(잔액)	원 면	계 정 과 목	대 변(잔액)

(3) 합계잔액시산표

합계시산표와 잔액시산표를 하나의 표로 작성한 것이다.

합 계 잔 액 시 산 표

차 변		원 면	계 정 과 목	대 변	
잔 액	합 계			합 계	잔 액

4 시산표 오류의 발견방법

시산표상의 오류의 발견순서는 회계장부 작성순서의 역순으로서 시산표
- 총계정원장 - 분개장의 순서로 장부를 검토함으로써 오류를 발견할 수
있다. 이를 구체적으로 살펴보면 다음과 같다.

① 시산표의 차변과 대변의 합계액이 일치하는지를 확인한다.

② 총계정원장의 각 계정의 합계액 또는 잔액을 시산표에 정확하게 이기
하였는지 조사한다.

③ 총계정원장의 각 계정의 합계액과 잔액의 계산에 틀림이 없는지 검산
한다.

④ 분개장에서 총계정원장으로의 전기가 정확하게 되었는지 검토한다.

⑤ 분개자체에 오류가 없는지 검토한다.

(1) 시산표에서 발견할 수 있는 오류

시산표에서 발견될 수 있는 오류는 시산표상에서 차변과 대변의 합계액
에 차이를 발생시키는 오류로서 다음과 같은 것이 있다.

① 차변과 대변 어느 한쪽의 전기를 누락하는 경우

② 차변과 대변의 한 쪽에만 중복 기장하는 경우

③ 계정상의 금액을 오기(誤記)하는 경우

④ 계정 자체의 대차 합계 및 잔액 계산의 오류

⑤ 기타 기장상의 오류

(2) 시산표에서 발견할 수 없는 오류

시산표에서 발견할 수 없는 오류는 시산표상에서 차변과 대변의 합계액
에 차이를 발생시키지 않는 오류로서 다음과 같은 것들이 있다.

① 전기 누락 또는 이중 전기한 경우

② 차변과 대변 양편에 틀린 금액을 같이 전기한 경우

③ 차변과 대변을 반대로 전기한 경우

④ 다른 계정에 전기한 경우

⑤ 두 가지 오류가 우연히 일치하여 상계 되는 오류

종합예제 5 : 시산표 작성

1. 합계시산표작성

합 계 시 산 표

차 변	원 면	계 정 과 목	대 변
137,400	1	현　　　　　금	126,200
30,000	2	매　출　채　권	5,000
60,000	3	건　　　　　물	
20,000	4	차　량　운　반　구	
20,000	5	대　　여　　금	
10,000	6	차　　입　　금	30,000
	7	자　　본　　금	100,000
	8	용　역　수　익	30,000
	9	임　대　수　익	2,400
1,200	10	보　　험　　료	
15,000	11	급　　　　　여	
293,600		합　　　　　계	293,600

2. 잔액시산표작성

잔 액 시 산 표

차 변	원 면	계 정 과 목	대 변
11,200	1	현　　　　　금	
25,000	2	매　출　채　권	
60,000	3	건　　　　　물	
20,000	4	차 량 운 반 구	
20,000	5	대　　여　　금	
	6	차　　입　　금	20,000
	7	자　　본　　금	100,000
	8	용 역 수 익	30,000
	9	임 대 수 익	2,400
1,200	10	보　　험　　료	
15,000	11	급　　　　　여	
152,400		합　　　　　계	152,400

3. 합계잔액시산표작성

합 계 잔 액 시산표

차 변		원 면	계 정 과 목	대 변	
잔 액	합 계			합 계	잔 액
11,200	137,400	1	현　　　　　금	126,200	
25,000	30,000	2	매 출 채 권	5,000	
60,000	60,000	3	건　　　　　물		
20,000	20,000	4	차 량 운 반 구		
20,000	20,000	5	대　　여　　금		
	10,000	6	차　　입　　금	30,000	20,000
		7	자　　본　　금	100,000	100,000
		8	용 역 수 익	30,000	30,000
		9	임 대 수 익	2,400	2,400
1,200	1,200	10	보　　험　　료		
15,000	15,000	11	급　　　　　여		
152,400	293,600		합　　　　　계	293,600	152,400

연·습·문·제

기본문제

01 회계상 거래로 인식되기 위한 필요조건으로 볼 수 없는 것은?
① 기업의 재무상태에 변동을 가져오는 경제적 사건이어야 한다.
② 자산의 증가 또는 감소가 수반되어야 한다.
③ 거래로 인한 변동액이 객관적으로 측정 가능해야 한다.
④ 실제로 회계 상의 거래가 발생되었어야 한다.

정답 ②

02 다음 중 회계상 거래에 속하지 않는 것은?
① 급여 ₩300,000을 지급하지 못하다.
② 월 ₩300,000의 임차료로 건물을 임차하기로 계약하다.
③ 원료 ₩500,000을 구입하고 어음을 발행하다.
④ 차입금에 대한 이자 ₩240,000을 수표로 지급하다.

정답 ②

03 다음 중 회계상 거래에 포함되지 않는 것은 어떤 것인가?
① 상품 ₩1,000,000을 판매하고 대금을 받지 않았다.
② 건물이 장마에 침수되어 일부 파손되어 ₩50,000의 손실이 발생하다.
③ 원료공급회사와 미래 10년간 100만톤의 원재료를 톤당 ₩100,000에 구입하기로 계약하였다.
④ 진열장에 진열된 상품이 변질되어 ₩20,000의 손실이 발생하다.

정답 ③

04 다음 중 부채의 감소와 수익의 발생으로 결합된 거래는?
① 건물의 임대계약을 맺고 1년분 임대수익을 현금으로 받다.
② 받을어음에 대한 이자를 지급받았다.
③ 선금을 받은 적이 있는 상품을 고객에게 인도하다.
④ 유가증권을 원가에 미달된 가액으로 처분하다.

정답 ③

05 약간의 이익을 얻고 소유하고 있던 토지를 처분하였다. 이 거래로 인한 영향은?
① 자산과 부채의 감소   ② 자산의 증가와 자본의 증가
③ 자산과 부채의 증가   ④ 부채와 자본의 감소

정답 ②

06 경기(주)는 자산계정을 감소시키는 거래를 하였다. 다음 중 이 거래와 동시에 발생할 수 있는 사실은?

① 부채계정이 동일한 금액만큼 증가한다.

② 자본이 동일한 금액만큼 증가한다.

③ 다른 자산계정이 동일한 금액만큼 증가한다.

④ 이상의 어느 것도 해당하지 않는다.

정답 ③

07 ₩500,000 상당의 비품을 구입하고, ₩300,000은 현금으로 지급하였으며 잔액은 60일 만기의 어음을 발행하였다. 이 거래의 영향은?

① 자산은 ₩500,000 증가하고, 부채는 ₩500,000 증가한다.

② 자산은 ₩200,000 증가하고, 자본은 그 금액만큼 감소한다.

③ 총자산에는 변동이 없다. 그러나 부채가 ₩200,000 증가하고 그 금액만큼 자본이 감소한다.

④ 자본에는 변동이 없다. 그러나 자산과 부채가 각각 ₩200,000씩 증가한다.

정답 ④

08 계정기입의 원칙을 설명한 것으로서 틀린 것은?

① 수익의 발생은 오른쪽 대변에   ② 자산의 감소는 오른쪽 대변에

③ 부채의 감소는 왼쪽 차변에   ④ 자본의 증가는 왼쪽 차변에

정답 ④

09 분개장에 거래를 기록할 때, 다음 중 회계담당자가 판단해야 할 사항으로 볼 수 없는 것은?

① 어느 계정에 기입할 것인가

② 언제 원장에 전기를 할 것인가

③ 계정과목별로 금액은 얼마로 할 것인가

④ 차변 혹은 대변 어느 쪽에 기입할 것인가

정답 ②

10 비용을 인식(=기록)할 때 회계담당자가 우선적으로 고려해야 하는 것은?

① 비용이 실제로 회계기간 동안에 현금으로 지급되었는지의 여부

② 이익을 많게 나타내기 위해서 비용을 최소로 계상할 수 있는 회계방법의 선택

③ 법인세를 적게 내기 위해서 비용을 최대로 계상할 수 있는 회계방법의 선택

④ 비용이 그 기간에 인식된 수익과 관련이 있는지의 여부

정답 ④

11 분개장에 기록된 자료를 총계정원장에 옮기는 절차를 무엇이라고 하는가?

① 분개   ② 전기

③ 대체   ④ 마감

정답 ②

12 전기에 대해서 가장 적절한 설명은?

① 원시기입장에 대한 거래의 기입을 말한다.

② 분개장으로부터 원장으로 차변과 대변금액을 옮겨 적는 것을 말한다.

③ 원장의 차변과 대변잔액의 일치여부를 검증하는 것을 말한다.

④ 개별 원장계정의 잔액을 결정하는 것을 말한다.

정답 ②

13 당기 중에 발생한 거래의 기록에 대하여 정확성 여부를 파악하기 위해 작성하는 것은?

① 정산표   ② 시산표

③ 재무상태표   ④ 포괄손익계산서

정답 ②

14 민중상회의 회계담당자는 분개장에서 원장으로 전기할 때 매출채권계정에 대변기입할 것을 잘못하여 매출채권계정에 차변기입하였다. 다음 중 이러한 오류를 발견하기 위한 가장 적절한 절차는?

① 매출채권계정을 다시 합계해 본다.

② 시산표를 작성해 본다.

③ 분개가 올바로 되었는지 확인하기 위하여 분개장에서 거래의 개요와 분개내용을 검토해 본다.

④ 매출원장과 매출장을 작성해 본다.

정답 ②

15 다음 중 시산표에서 발견할 수 있는 오류는?

① 차변금액이 전기되지 않은 경우

② 분개장에 계정과목만 잘못 기장된 경우

③ 오류금액이 차변과 대변에 동액으로 기입된 경우

④ 차변과 대변을 반대로 전기한 경우

정답 ①

16 다음 중 시산표에서 발견할 수 없는 오류는?

① 이중으로 전기한 경우

② 계정상의 금액을 잘못 기록한 경우

③ 차변과 대변의 한쪽에만 중복 기장하는 경우

④ 차변과 대변의 어느 한쪽의 전기가 누락된 경우

정답 ①

17 다음 중 시산표의 차변총액과 대변총액이 일치하지 않을 때 그 원인이 될 수 있는 것은?

① 자산계정에 차변기입, 부채계정에 대변기입할 거래를 회계담당자가 착오로 부채계정에 차변기입, 자산계정에 대변기입한 경우

② 회계기록에서 완전히 누락한 경우

③ 현금계정의 잔액을 틀리게 계산한 경우

④ 시산표 작성시 현금계정의 잔액과 매출채권계정의 잔액이 뒤바뀐 경우

정답 ③

18 건지회사의 연말 시산표를 작성한 결과 차변합계가 대변합계보다 ₩7,200이 많다. 그 원인이 되는 것은?

① 광고선전비 ₩7,200이 선급비용 ₩7,200으로 기록되었다.

② 소모품비 ₩800이 시산표에 ₩8,000으로 기록되었다.

③ 매출채권 ₩78,000이 시산표에는 ₩70,800으로 기록되었다.

④ 매출장에서 ₩7,200이 전기되지 않은 오류가 있었다.

정답 ②

19 기말의 시산표상의 차변금액이 대변금액보다 ₩150,000이 더 많다고 한다면 그 이유가 되는 것은?

① 총계정원장의 매입채무 잔액이 ₩1,150,000인데, ₩1,000,000으로 전기하다.

② 순손실이 ₩150,000이다.

③ ₩150,000에 취득한 소모품의 거래 분개를 누락하다.

④ 감가상각비를 ₩150,000 과소계상하다.

정답 ①

20 다음의 계정 중 그 잔액이 시산표의 대변에 나타나지 않는 것은?

① 미지급비용   ② 선급보험료

③ 미지급금   ④ 선수금

정답 ②

■ 기출문제 ■

■ 거래

01 회계상의 거래에 포함될 수 없는 것은?   ('10 세무직)

① 장부가액이 ₩2,500,000인 건물이 화재로 인해 전소되었다.
② 상품을 판매하고 아직 대금을 받지 않았다.
③ 원료 공급회사와 100톤의 원재료를 ₩1,000,000에 구입하기로 계약을 체결하였다.
④ 기계장치를 구입하여 인도받았으나 아직 대금을 지급하지 않았다.

> 정답 ③

02 다음 중 회계상의 거래인 것은?   ('07 세무직)

① 기계장치를 ₩1,000,000에 구입하기로 약속했다.
② B외사에 상품 ₩2,000,000(@₩10,000,200개)을 주문했다.
③ 종업원 김씨를 월 기본급 ₩1,000,000, 상여금 600% 조건으로 채용했다.
④ ₩20,000,000의 토지를 구입하기로 하고 계약금으로 ₩2,000,000을 지급했다.

> 정답 ④

03 다음은 기업에서 발생한 사건들을 나열한 것이다. 이 중 회계상의 거래에 해당되는 것을 모두 고른 것은?   ('12 지방직)

> ㄱ. 현금 ₩50,000,000을 출자하여 회사를 설립하였다.
> ㄴ. 원재료 ₩30,000,000을 구입하기로 계약서에 날인하였다.
> ㄷ. 종업원 3명을 고용하기로 하고 근로계약서를 작성하였다.
>   계약서에는 월급여액과 상여금액을 합하여 1인당 ₩2,000,000으로 책정하였다.
> ㄹ. 회사 사무실 임대계약을 하고 보증금 ₩100,000,000을 송금하였다.

① ㄱ, ㄴ, ㄷ, ㄹ   ② ㄱ, ㄴ, ㄹ
③ ㄱ, ㄹ   ④ ㄴ, ㄷ

> 정답 ③

04 회계거래에 해당하지 않는 것은?   ('13 주택)

① 공동주택의 관리용역에 대한 계약을 체결하고 계약금 ₩100을 수령하였다.
② 본사창고에 보관 중인 ₩100 상당의 제품이 도난되었다.
③ 지하주차장 도장공사를 하고 대금 ₩100은 1개월 후에 지급하기로 하였다.
④ ₩100 상당의 상품을 구입하기 위해 주문서를 발송하였다.
⑤ 사무실 임차계약을 체결하고 1년분 임차료 ₩100을 지급하였다.

> 정답 ④

05 회계거래에 해당되지 않는 것은? ('15 주택)

① 기숙사에 설치된 시설물 ₩1,000,000을 도난당하다.

② 원가 ₩1,300,000의 상품을 현금 ₩1,000,000에 판매하다.

③ 이자 ₩500,000을 현금으로 지급하다.

④ 영업소 임차계약을 체결하고, 1년분 임차료 ₩1,200,000을 현금으로 지급하다.

⑤ 직원과 월급 ₩2,000,000에 고용계약을 체결하다.

정답 ⑤

06 회계상 거래가 아닌 것은? ('16 주택)

① 거래처의 부도로 인하여 매출채권 회수가 불가능하게 되었다.

② 임대수익이 발생하였으나 현금으로 수취하지는 못하였다.

③ 기초에 매입한 단기매매금융자산의 공정가치가 기말에 상승하였다.

④ 재고자산 실사결과 기말재고 수량이 장부상 수량보다 부족한 것을 확인하였다.

⑤ 기존 차입금에 대하여 금융기관의 요구로 부동산을 담보로 제공하였다.

정답 ⑤

07 다음 사건에서 발생시점에 분개하여야 할 회계거래는? ('19 관세직)

① 제품포장을 위해 계약직 직원을 일당 ₩100,000의 조건으로 매월 말 급여를 지급하기로 하고 채용하였다.

② 물류창고에서 화재가 발생하여 보유 중인 재고자산(장부가액 ₩2,000,000)이 전부 소실되었다.

③ 거래처로부터 신제품 100개를 개당 ₩1,000의 조건으로 월말까지 납품해 달라는 주문서를 받았다.

④ 다음 달 사무실을 이전하기로 하고 매월 말 ₩1,000,000의 임차료를 지급하는 계약을 건물주와 체결하였다.

▶ 풀이: ① 채용 계약을 했을 뿐 발생시점에 직원이 노동을 제공하지 않았으므로 거래가 아니다.
② 과거에 화재가 발생하였고 재무제표 구성요소인 재고자산의 감소를 유발하며 회계가치로 측정가능하므로 거래에 해당된다.
③ 주문서를 받았을 뿐 납품이 발생하지 않았기 때문에 거래가 아니다.
④ 계약을 체결하였을 뿐 사무실을 사용하지 않았기 때문에 거래가 아니다.

정답 ②

08 회계상 거래에 해당하지 않는 것은? ('19 주택)

① 재고자산을 ₩300에 판매하였으나 그 대금을 아직 받지 않았다.

② 종업원의 급여 ₩500 중 ₩200을 지급하였으나, 나머지는 아직 지급하지 않았다.

③ 거래처와 원재료를 1kg당 ₩100에 장기간 공급받기로 계약하였다.

④ 비업무용 토지 ₩1,200을 타회사의 기계장치 ₩900과 교환하였다.

⑤ 거래처의 파산으로 매출채권 ₩1,000을 제거하였다.

▶ 풀이: 계약체결만 이루어진 것은 재무제표 구성요소에 영향을 미치지 않는다.

정답 ③

■ 거래결합관계

09 다음 중 거래요소의 결합관계로 적절하지 못한 것은? ('07 관세직)

차 변	대 변
① 자산의 증가	자산의 감소
② 부채의 감소	부채의 증가
③ 자산의 증가	수익의 발생
④ 비용의 발생	자본의 감소

정답 ④

10 자산을 증가시키는 거래에 해당되지 않는 것은? ('15 주택)

① 비품을 외상으로 구입하다.
② 차입금 상환을 면제받다.
③ 주주로부터 현금을 출자받다.
④ 은행으로부터 현금을 차입하다.
⑤ 이자를 현금으로 수령하다.

정답 ②

11 (주)한국이 차입금 ₩1,000과 이자 ₩120을 현금으로 변제 및 지급하였다. 이 거래에 대한 분석으로 옳은 것은? ('13 관세직)

① (차)자산의 증가	(대)부채의 증가와 수익발생
② (차)자산의 증가	(대)자산의 감소와 수익발생
③ (차)부채의 감소와 비용의 발생	(대)자산의 감소
④ (차)자산의 증가와 비용의 발생	(대)자산의 감소

정답 ③

12 다음 자료로 회계처리할 때 나타나지 않는 거래형태는?(단, 상품 매매는 계속기록법을 적용한다) ('15 세무직)

○ 현금으로 자기주식 ₩1,000,000을 취득하다. (원가법 적용)
○ 리스계약에 의하여 기계를 ₩5,000,000에 취득하고 이를 금융리스로 처리하다.
○ 감채기금으로 ₩1,000,000을 예치하다.
○ 원가 ₩150,000인 상품을 ₩200,000에 외상판매하다.
○ 주주로부터 업무용 토지 ₩500,000을 무상으로 기부받다.

① 부채의 감소   ② 부채의 증가

③ 자본의 감소   ④ 비용의 발생

정답 ①

13 수익 또는 비용에 영향을 주지 않는 것은?   ('21 주택)

① 용역제공계약을 체결하고 현금을 수취하였으나 회사는 기말 현재 거래 상대방에게 아직까지 용역을 제공하지 않았다.

② 외상으로 제품을 판매하였다.

③ 홍수로 인해 재고자산이 침수되어 멸실되었다.

④ 거래처 직원을 접대하고 현금을 지출하였다.

⑤ 회사가 사용 중인 건물의 감가상각비를 인식하였으나 현금이 유출되지는 않았다.

➡ 풀이: ① 자산(현금)증가, 부채(선수수익)증가

정답 ①

14 자산을 증가시키면서 동시에 수익을 발생시키는 회계거래는?   ('18 주택)

① 상품판매계약을 체결하고 계약금을 수령하였다.

② 은행으로부터 설비투자자금을 차입하였다.

③ 건물에 대한 화재보험계약을 체결하고 1년분 보험료를 선급하였다.

④ 전기에 외상으로 매입한 상품 대금을 현금으로 지급하였다.

⑤ 경영컨설팅 용역을 제공하고 그 대금은 외상으로 하였다.

➡ 풀이: ① 현금(자산)의 증가와 선수금(부채)의 증가이다.
　　　　② 현금(자산)의 증가와 차입금(부채)의 증가이다.
　　　　③ 선급금(자산)의 증가와 현금(자산)의 감소이다.
　　　　④ 매입채무(부채)의 감소와 현금(자산)의 감소이다.
　　　　⑤ 매출채권(자산)의 증가와 용역수익(수익)의 증가이다.

정답 ⑤

15 자본을 증가시키는 거래는?   ('20 주택)

① 고객에게 용역을 제공하고 수익을 인식하였다.

② 주식배당을 결의하였다.

③ 유통 중인 자기회사의 주식을 취득하였다.

④ 소모품을 외상으로 구입하였다.

⑤ 건물을 장부금액보다 낮은 금액으로 처분하였다.

➡ 풀이: ① 수익의 증가로 인한 자본의 증가가 발생한다.

정답 ①

■ 거래의 분석

16 자산총액, 부채총액 및 자본총액 어느 것에도 영향을 주지 않는 거래는?

('11 관세직)

① 건물을 장부금액으로 매각하고, 매각대금을 당좌예입하였다.
② 보유 중인 단기매매금융자산에 대하여 평가손실이 발생하였다.
③ 주주총회에서 현금배당을 실시하기로 결의하였다.
④ 보유 중인 자기주식을 매각하였다.

정답 ①

17 회계처리를 왜곡시켜 당기 경영성과나 당기 말 재무상태를 실제보다 좋게 표시한 기업이 있다. 이 기업이 실제보다 당기 경영성과나 당기 말 재무상태를 좋게 표시하기 위하여 회계처리한 내용으로 적절한 것은?

('10 관세직)

① 자산 과소계상 또는 부채 과대계상
② 자산 과소계상 또는 비용 과대계상
③ 비용 과대계상 또는 수익 과소계상
④ 자산 과대계상 또는 부채 과소계상

▷ 풀이: 자산 과대계상 또는 부채 과소계상은 자본을 증가시킨다.

정답 ④

18 (주)대한은 ₩4,000,000의 기계장치를 구입한 대가로 ₩1,000,000의 현금을 지급하고, 나머지 잔액은 90일 만기의 약속어음으로 지급하였다. 이러한 거래가 거래일 현재 자산, 부채 및 자본에 미치는 영향으로 옳은 것은?

('11 주택)

① 자산은 ₩3,000,000 증가하고, 부채는 변동이 없으며, 자본은 ₩3,000,000 증가한다.
② 자산은 ₩3,000,000 증가하고, 부채는 ₩3,000,000 증가하며, 자본은 변동이 없다.
③ 자산은 변동이 없고, 부채는 ₩3,000,000 증가하며, 자본은 ₩3,000,000 감소한다.
④ 자산은 ₩4,000,000 증가하고, 부채는 ₩3,000,000 증가하며, 자본은 ₩1,000,000 증가한다.
⑤ 자산, 부채, 자본의 변동이 없다.

정답 ②

19 교육컨설팅업을 영위하는 (주)한국의 다음 거래가 회계등식의 구성요소에 미치는 영향으로 옳지 않은 것은?

('22 관세직)

① 주식발행의 대가로 현금 ₩10,000을 출자받았다. 이 거래로 인해 자산이 ₩10,000 증가하고, 자본이 ₩10,000 증가한다.
② 사무실에 사용할 비품 ₩10,000을 취득하면서 현금 ₩5,000을 지급하고 잔액은 나중에 지급하기로 하였다. 이 거래로 인해 자산이 ₩5,000 증가하고, 부채가 ₩5,000 증가한다.

③ 교육컨설팅 용역을 ₩10,000에 제공하였는데 이 중 ₩3,000은 현금으로 받고 잔액은 나중에 받기로 하였다. 이 거래로 인해 자산이 ₩10,000 증가하고, 자본이 ₩10,000 증가한다.

④ 사무실 임차료 ₩5,000을 현금으로 지급하였다. 이 거래로 인해 부채가 ₩5,000 증가하고, 자본이 ₩5,000 감소한다.

➡ **풀이**: ④ 임차료(비용) 5,000증가, 현금(자산) 5,000 감소

정답 ④

20 자본의 변동을 가져오는 거래는?(단, 제시된 거래 이외의 거래는 고려하지 않는다)

('18 세무직)

① 기계장치를 외상으로 구입하였다.
② 자기주식을 현금으로 구입하였다.
③ 미래에 제공할 용역의 대가를 미리 현금으로 받았다.
④ 외상으로 판매한 대금이 전액 회수되었다.

➡ **풀이**: ① 기계장치(자산)의 증가와 미지급금(부채)의 증가이므로 자본의 변동은 없다.
② 자기주식의 취득으로 자본이 감소한다.
③ 현금(자산)의 증가와 선수금(부채)의 증가이므로 자본의 변동은 없다.
④ 현금(자산)의 증가와 매출채권(자산)의 감소이므로 자본의 변동은 없다.

정답 ②

21 당기순이익을 감소시키는 거래가 아닌 것은?

('17 주택)

① 거래처 직원 접대 후 즉시 현금 지출
② 영업용 건물에 대한 감가상각비 인식
③ 판매사원용 피복 구입 후 즉시 배분
④ 영업부 직원에 대한 급여 미지급
⑤ 토지(유형자산)에 대한 취득세 지출

➡ **풀이**: 토지에 대한 취득세는 토지의 취득원가(자산 증가)에 포함된다.

정답 ⑤

22 기타포괄이익을 증가 또는 감소시키는 거래는?

('21 주택)

① 매출채권에 대한 손상인식
② 신용으로 용역(서비스) 제공
③ 판매직원에 대한 급여 미지급
④ 영업용 차량에 대한 감가상각비 인식
⑤ 유형자산에 대한 최초 재평가에서 평가이익 인식

정답 ⑤

■ 대차평균의 원리

23 다음 글의 (   )에 들어갈 내용으로 가장 옳은 것은?   ('08 관세직)

> 복식부기제도 하에서 모든 회계거래는 반드시 어떤 계정의 차변과 다른 계정의 대변에 같은 금액을 기입한다. 따라서 아무리 많은 거래를 기입하더라도 계정 전체의 차변합계금액과 대변합계금액은 반드시 일치해야 하는데 이것을 (   ) (이)라고 한다.

① 계정기입의 법칙   ② 검증가능성
③ 전기(posting)의 원칙   ④ 대차평균의 원리

정답 ④

■ 분개

24 다음 분개 중 적절하지 않은 것은?   ('11 주택)

	차 변		대 변	
①	매입채무	×××	현 금	×××
②	현 금	×××	이자수익	×××
③	장기차입금	×××	유동성장기부채	×××
④	현 금	×××	자본금	×××
⑤	현 금	×××	무형자산	×××
	무형자산처분이익	×××		

정답 ⑤

25 다음의 거래에 대한 분개 중 옳은 것은?   ('12 주택)

① 비품 ₩70,000을 외상으로 구입하고 대금은 2개월 후에 지급하기로 하였다.
   (차) 비품   70,000   (대) 매입채무   70,000
② 임차료 ₩30,000을 당좌수표를 발행하여 지급하였다.
   (차) 임차료   30,000   (대) 당좌예금   30,000
③ 상품 ₩40,000을 판매하고 판매대금은 1개월 후에 회수하기로 하였다.
   (차) 미수금   40,000   (대) 매출채권   40,000
④ 영업에 사용할 차량 ₩100,000을 외상으로 구입하였다.
   (차) 상품   100,000   (대) 선급금   100,000
⑤ 은행으로부터 현금 ₩80,000을 단기 차입하였다.
   (차) 단기차입금 80,000   (대) 현금   80,000

정답 ②

26 (주)한국은 20×7년 초에 주식발행을 통해 ₩20,000의 자금을 조달하였다. 주식은 액면발행되었으며 다음과 같이 분개하였다. ('08 관세직)

| (차) 현　금 | ₩20,000 | (대) 매　출 | ₩20,000 |

(주)한국의 회계담당자는 20×7년도의 회계기록을 마감하기 전에 위와 같은 기록상의 오류를 발견하였다. 이 오류를 수정하기 위한 분개로 가장 옳은 것은?

① (차) 현　　금 ₩20,000　(대) 자 본 금 ₩20,000
② (차) 매　　출 ₩20,000　(대) 자 본 금 ₩20,000
③ (차) 이익잉여금 ₩20,000　(대) 자 본 금 ₩20,000
④ (차) 매　　출 ₩20,000　(대) 이익잉여금 ₩20,000

정답 ②

■ 회계장부

27 회계거래의 기록과 관련된 설명으로 옳지 않은 것은? ('16 주택)

① 분개란 복식부기의 원리를 이용하여 발생한 거래를 분개장에 기록하는 절차이다.
② 분개장의 거래기록을 총계정원장의 각 계정에 옮겨 적는 것을 전기라고 한다.
③ 보조 회계장부로는 분개장과 현금출납장이 있다.
④ 시산표의 차변 합계액과 대변 합계액이 일치하는 경우에도 계정기록의 오류가 존재할 수 있다.
⑤ 시산표는 총계정원장의 차변과 대변의 합계액 또는 잔액을 집계한 것이다.

▶ 풀이: ③ 분개장은 주요장부이다.

정답 ③

28 다음과 같은 현금 원장의 내용에 기반하여 추정한 날짜별 거래로 옳지 않은 것은?

('21 관세직)

현　금

1/15	용역수익	70,000	1/2	소모품	50,000
1/18	차입금	100,000	1/5	비품	75,000
			1/31	미지급급여	20,000

① 1월 2일 소모품 구입을 위하여 현금 ₩50,000을 지급하였다.
② 1월 15일 용역을 제공하고 현금 ₩70,000을 수취하였다.
③ 1월 18일 차입금 상환을 위하여 현금 ₩100,000을 지급하였다.
④ 1월 31일 미지급급여 ₩20,000을 현금으로 지급하였다.

▶ 풀이: ③ 현금(자산)의 차변에 100,000이 계상되었으므로 자산의 증가를 의미한다. 따라서

1월 18일 차입으로 인해 현금 ₩100,000을 수취하였다.

정답 ③

■ 시산표

29 시산표에 관한 설명으로 옳은 것은? ('12 주택)
① 시산표는 재무상태표와 포괄손익계산서를 작성하기 위한 필수적인 장부이다.
② 시산표는 각 계정과목의 잔액을 사용하여 작성할 수 있다.
③ 수정전시산표에는 선급비용과 선수수익의 계정과목이 나타나지 않는다.
④ 발생된 거래를 분개하지 않는 경우 시산표의 차변합계와 대변합계는 일치하지 않는다.
⑤ 수정후시산표에는 수익과 비용 계정과목이 나타날 수 없다.

정답 ②

30 다음 중 그 잔액이 시산표의 대변에 나타나지 않는 항목은? ('12 관세직)
① 대여금 ② 미지급비용
③ 자본금 ④ 선수수익

정답 ①

31 잔액시산표의 차변금액합계와 대변금액합계를 일치하지 않게 하는 경우는? ('11 관세직)
① 개발비 계정의 잔액을 잔액시산표의 연구비 계정에 기입하였다.
② 매출채권 계정의 잔액을 잔액시산표의 영업권 계정에 기입하였다.
③ 이자수익 계정의 잔액을 잔액시산표의 주식발행초과금 계정에 기입하였다.
④ 사채 계정의 잔액을 잔액시산표의 만기보유금융자산 계정에 기입하였다.

정답 ④

32 수정전시산표에 관한 설명으로 옳지 않은 것은? ('17 주택)
① 통상 재무제표를 작성하기 이전에 거래가 오류없이 작성되었는지 자기검증하기 위하여 작성한다.
② 총계정원장의 총액 혹은 잔액을 한 곳에 모아놓은 표이다.
③ 결산 이전의 오류를 검증하는 절차로 원장 및 분개장과 더불어 필수적으로 작성해야 한다.
④ 복식부기의 원리를 전제로 한다.
⑤ 차변합계와 대변합계가 일치하더라도 계정분류, 거래인식의 누락 등에서 오류가 발생했을 수 있다.

▶ 풀이: 시산표의 작성은 선택사항이다.

정답 ③

■ 시산표 오류발견

33 시산표에서 대차평균의 원리를 이용하여 오류를 적발할 수 있는 경우는?

('09 관세직)

① 특정 거래 전체를 이중으로 기입한 경우
② 분개할 때 잘못된 계정과목을 사용한 경우
③ 특정 거래 전체를 누락시킨 경우
④ 분개할 때 대변계정과목의 금액을 잘못 기입한 경우

정답 ④

34 시산표에 의해 발견되지 않는 오류는? ('12 지방직)

① 매출채권 ₩720,000을 회수하고, 현금계정 ₩720,000을 차변기입하고, 매출채권
계정 ₩702,000을 대변기입하다.
② 매출채권 ₩300,000을 회수하고, 현금계정 ₩300,000을 차변기입하고, 매출채권
계정 ₩300,000을 차변기입하다.
③ 매출채권 ₩550,000을 회수하고, 현금계정 ₩550,000을 차변기입하고, 매출채권
계정 대신 매입채무계정에 ₩550,000을 대변기입하다.
④ 위 모든 오류가 시산표를 작성하는 과정에서 발견될 수 있다.

정답 ③

35 시산표의 차변금액이 대변금액보다 크게 나타나는 오류에 해당하는 것은?

('20 주택)

① 건물 취득에 대한 회계처리가 누락되었다.
② 차입금 상환에 대해 분개를 한 후, 차입금계정에는 전기를 하였으나 현금계정
에는 전기를 누락하였다.
③ 현금을 대여하고 차변에는 현금으로 대변에는 대여금으로 동일한 금액을 기록
하였다.
④ 미수금 회수에 대해 분개를 한 후, 미수금계정에는 전기를 하였으나 현금계정
에는 전기를 누락하였다.
⑤ 토지 처분에 대한 회계처리를 중복해서 기록하였다.

▶ 풀이: ② 현금(자산)이 과대계상되므로 차변금액이 대변금액보다 크다.
① 회계처리 자체가 누락되었으므로 차변금액과 대변금액의 차이는 없다.
③ 차변과 대변의 계정과목을 반대로 계상한 것이므로 금액의 차이는 없다.
④ 현금(자산)이 과소계상되므로 대변금액이 차변금액보다 크다.
⑤ 회계처리를 중복 기록하면 금액의 차이는 없다.

정답 ②

36 다음 오류 중에서 시산표의 작성을 통하여 발견할 수 없는 것은? ('11 주택)

① ₩100,000의 상품을 현금매입하고 거래에 대한 회계처리를 누락하였다.

② ₩300,000의 매출채권 회수시 현금계정 차변과 매출채권계정 차변에 각각 ₩300,000을 기입하였다.

③ ₩1,000,000의 매출채권 회수에 대한 분개를 하고, 매출채권계정에는 전기하였으나 현금계정에 대한 전기는 누락하였다.

④ ₩550,000의 매입채무 지급시 현금계정 대변에 ₩550,000을 기입하고 매입채무계정 차변에 ₩505,000을 기입하였다.

⑤ ₩2,000,000의 비품 외상구입에 대한 분개를 하고, 비품계정 대변과 미지급금계정 대변에 각각 전기하였다.

정답 ①

37 시산표의 작성을 통해서 발견할 수 있는 오류는? ('11 세무직)

① 비품 ₩100,000을 현금으로 구입하면서 비품계정에 ₩100,000 차기하고, 현금계정에 ₩100,000 대기하는 기록을 두 번 반복하였다.

② 매입채무 ₩200,000을 현금으로 지급하면서 현금계정에 ₩100,000 대기하고, 매입채무계정에 ₩100,000 차기하였다.

③ 매출채권 ₩100,000을 현금으로 회수하면서 매출채권계정에 ₩100,000 차기하고, 현금계정에 ₩100,000 대기하였다.

④ 대여금 ₩100,000을 현금으로 회수하면서 현금계정에 ₩100,000 차기하고, 대여금계정에 ₩200,000 대기하였다.

정답 ④

38 시산표를 작성하는 목적 중의 하나는 회계기록상의 오류를 발견하는 데 있다. 다음 중 시산표에서 발견될 수 없는 오류는? ('10 관세직)

① 특정거래를 중복하여 기입한 오류

② 총계정원장의 대변금액을 시산표의 차변에 기입한 오류

③ 총계정원장의 현금계정 잔액을 시산표에 기입하지 않은 오류

④ 분개장의 차변금액을 총계정원장의 대변에 기입한 오류

정답 ①

39 시산표를 작성함으로써 발견할 수 있는 오류는? ('15 세무직)

① 상품을 판매한 거래에 대하여 두 번 분개한 경우

② 거래를 분개함에 있어서 차입금 계정의 차변에 기록하여야 하는데 대여금 계정의 차변에 기록한 경우

③ 실제 거래한 금액과 다르게 대변과 차변에 동일한 금액을 전기한 경우

④ 매출채권 계정의 차변에 전기해야 하는데 대변으로 전기한 경우

정답 ④

40 시산표에서 발견할 수 있는 오류는? ('13 주택)

① 비품을 현금으로 구입한 거래를 두 번 반복하여 기록하였다.

② 사채 계정의 잔액을 매도가능금융자산 계정의 차변에 기입하였다.

③ 건물 계정의 잔액을 투자부동산 계정의 차변에 기입하였다.

④ 개발비 계정의 잔액을 연구비 계정의 차변에 기입하였다.

⑤ 매입채무를 현금으로 지급한 거래에 대한 회계처리가 누락되었다.

정답 ②

41 다음의 분개장 기록 내역 중 시산표 작성을 통해 항상 자동으로 발견되는 오류만을 모두 고르면? ('21 세무직)

> ㄱ. 기계장치를 ₩800,000에 처분하고, '(차)현금 ₩800,000/(대)기계장치 ₩80,000'으로 분개하였다.
>
> ㄴ. 건물을 ₩600,000에 처분하고, '(차)현금 ₩600,000/(대)토지 ₩600,000'으로 분개하였다.
>
> ㄷ. 토지를 ₩300,000에 처분하고, '(차)토지 ₩300,000/(대)현금 ₩300,000'으로 분개하였다.
>
> ㄹ. 신입사원과 월 ₩500,000에 고용계약을 체결하고, '(차)급여 ₩500,000/(대)미지급비용 ₩500,000'으로 분개하였다.

① ㄱ

② ㄱ, ㄹ

③ ㄱ, ㄴ, ㄷ

④ ㄱ, ㄴ, ㄷ, ㄹ

▶ 풀이: 차변금액과 대변금액의 차이가 발생하는오류만 자동으로 발견된다.

정답 ①

▌▌ 주관식 ▌▌────────────────────────

〈1〉분 개

다음은 (주)전주의 20×9년 7월 중의 거래이다. 각 거래에 대하여 분개를 행하라.

> 7월 1일 : 현금 ₩100,000을 출자받아 영업을 시작하다.
>
> 2일 : 비품을 구입하고 현금 ₩25,000을 지급하다.
>
> 8일 : 7월 중 임차료 ₩8,000을 지급하다.
>
> 15일 : 용역을 제공하고 현금 ₩30,000을 받다.
>
> 26일 : 7월분 급여 ₩9,000을 지급하다.
>
> 29일 : 7월분 수도광열비 ₩2,000을 현금으로 지급하다.
>
> 31일 : 광고비 ₩5,000이 발생하였으나 아직 지급하지 않았다.

〈2〉분개와 전기

컴퓨터수리업을 영위하는 (주)전북의 다음의 거래들을 분개하고 총계정원장(T계정)에 전기하여라.

⑴ 현금 ₩50,000을 출자받아 영업을 시작하다.

⑵ 토지 ₩20,000과 건물 ₩40,000을 외상으로 구입하다.

⑶ 은행으로부터 현금 ₩50,000을 차입하다.

⑷ 토지 외상구입대금 중 ₩10,000을 현금으로 지급하다.

⑸ 컴퓨터수리 용역을 제공하고 그 대가 ₩60,000은 추후에 받기로 하다.

⑹ 컴퓨터수리 용역을 제공하고 받지 못한 금액 중 ₩30,000은 현금으로 회수하다.

⑺ 차입금에 대한 이자비용 ₩1,000을 현금으로 지급하다.

〈3〉거래의 추정(1)

다음 분개로부터 거래를 추정하여라.

⑴ (차)	매입채무	10,000	(대)	매출채권	10,000
⑵ (차)	현 금	30,000	(대)	자 본 금	30,000
⑶ (차)	비 품	9,000	(대)	미지급금	9,000
⑷ (차)	매출채권	50,000	(대)	용역수익	50,000
⑸ (차)	임 차 료	10,000	(대)	현 금	10,000
⑹ (차)	수도광열비	8,000	(대)	미지급비용	8,000
⑺ (차)	소 모 품	4,000	(대)	미지급금	4,000
⑻ (차)	자 본 금	5,000	(대)	현 금	5,000
⑼ (차)	현 금	10,000	(대)	매출채권	10,000
⑽ (차)	상 품	25,000	(대)	매입채무	25,000

〈4〉 거래의 추정(2)

다음은 거래의 결과를 계정계좌에 전기한 것이다. 이를 토대로 하여 일자별로 분개를 한 후 거래를 추정하여라.

현 금			
5/1	5,000,000	5/ 5	700,000
		5/19	500,000
		5/21	300,000

상 품			
5/5	1,000,000	5/ 7	500,000

매출채권	
5/7	750,000

자 본 금			
		5/ 1	5,000,000

매입채무			
5/21	300,000	5/ 5	300,000

임차료	
5/19	200,000

급 여	
5/19	300,000

상품매출이익			
		5/7	250,000

〈5〉 오류시산표의 수정

(주)동해의 신입사원이 다음과 같이 차변과 대변의 금액이 일치하지 않은 시산표를 작성하였다. 올바른 시산표를 작성하여라.

시 산 표

(주)동해　　　　　　　　20×9년 12월 31일　　　　　　　　(단위 : 원)

계 정 과 목	차 변	대 변
현　　　　　금	37,600	
선 급 보 험 료		₩7,000
매　입　채　무		6,000
선　수　수　익	4,400	
자　　본　　금		34,000
수　　선　　비		9,000
용　역　수　익		51,200
급　　　　　여	37,200	
임　　차　　료		4,800
합　　　　　계	79,200	112,000

〈6〉 분개와 전기, 시산표작성(1)

다음은 12월중에 발생한 (주)세종의 거래내용이다.

> 12월 1일 현금 ₩100,000원을 출자 받아 영업을 시작하다.
>
> 12월 2일 은행으로부터 ₩120,000을 차입하다.
>
> 12월 3일 소모품 ₩5,000을 현금으로 구입하다.
>
> 12월 5일 건물 ₩50,000을 현금으로 구입하다.
>
> 12월 10일 고객에게 용역을 제공하고 용역수수료 ₩80,000을 청구하였다.
>
> 12월 12일 한달분 사무실임차료 ₩500을 현금으로 지급하다.
>
> 12월 25일 당월분 종업원인건비 ₩8,000을 현금으로 지급하였다.
>
> 12월 30일 1년분 보험료 ₩1,200을 현금으로 지급하다.

<요구사항>

1. (주)세종의 12월중 발생한 거래를 분개하라.

2. 총계정원장에 전기하라.

3. 잔액시산표를 작성하라.

〈7〉 분개와 전기, 시산표 작성(2)

다음은 처음 영업을 시작한 부산상사의 연속된 거래내용이다.

(1) 현금 ₩6,000을 출자받아 영업을 시작하다.

(2) 은행에 현금 ₩2,000을 예입하다.

(3) 상품 ₩4,000을 매입하고 그 대금 중 ₩2,000은 현금으로 지급하고 잔액은 외상으로 하다.

(4) 비품 ₩1,800을 구입하고 대금은 현금으로 지급하다.

(5) 수도료 및 전기요금으로 ₩80을 현금으로 지급하다.

(6) 원가 ₩800의 상품을 ₩1,000에 외상매출하다.

(7) 종업원 급료 ₩1,200을 현금으로 지급하다.

(8) 원가 ₩2,400의 상품을 ₩2,800에 판매하고, 그 대금 중 ₩2,000은 현금으로 받고 잔액은 외상으로 하다.

(9) 거래처에서 현금 ₩1,600을 차입하다.

(10) 한달분 사무실 임차료 ₩600을 현금으로 지급하다.

<요구사항>

1. 위의 거래를 분개하라.

2. 분개내용을 총계정원장의 해당계정에 전기하라.

3. 잔액시산표를 작성하라.

〈8〉 분개와 전기, 시산표 작성(3)

20×9년 1월 중에 일어난 다음 거래들이다.

 1월 1일 : 현금 ₩30,000과 건물 ₩70,000을 출자받아 영업을 시작하다.
      6일 : 사무실용 설비 ₩15,000을 외상으로 구입하다.
      7일 : 광고 및 선전을 위하여 현금 ₩9,000을 지급하다.
     14일 : 사무실용 소모품 ₩3,400을 현금으로 구입하다.
     17일 : 고객에게 용역을 제공하고 그 대금 ₩35,000 중 ₩20,000은 현금으로 받고, 나머지는 외상으로 하다.
     24일 : 설비 구입대금 ₩15,000을 전액 현금으로 지급하다.
     30일 : 종업원 급료 ₩12,000, 보험료(1월분) ₩3,000을 지급하다.
     31일 : 소모품 중 ₩1,400을 사용하다.

<요구사항>

1. 위의 거래를 분개하라.
2. T계정에 전기하라.
3. 잔액시산표를 작성하라.

〈9〉 분개와 전기, 시산표작성(4)

다음은 한길상사에 2×10년 10월중 일어난 거래이다.

 10월 1일 현금 100,000원을 출자받아 영업을 시작하다.
 10월 8일 기계장치 10,000원을 구입하고 대금은 추후에 지급하기로 하다.
 10월 10일 사무실용 비품 5,000원을 구입하고 현금으로 지급하다.
 10월 12일 10월 8일의 외상대금중 2,000원을 현금으로 지급하다.
 10월 15일 고객에게 용역을 제공하고 그 대금 30,000원중 20,000원은 현금으로 받고 나머지는 외상으로 하다.
 10월 17일 10월분 보험료 6,000원을 현금으로 지급하다.
 10월 18일 10월분 임차료 12,000원을 현금으로 지급하다.
 10월 22일 10월 15일의 외상대금중 3,000원을 현금으로 회수하다.
 10월 25일 소모품 2,000원을 구입하고 현금으로 지급하다.
 10월 31일 종업원 급여 8,000원을 현금으로 지급하다.

<요구사항>

1. 위의 거래를 분개하라.
2. 총계정원장에 전기하라.
3. 잔액시산표를 작성하라.

〈10〉 분개와 전기, 시산표작성(5)

다음은 한길상사의 20×9년 7월중 일어난 거래이다.

7월 1일 한국상사는 현금 200,000원을 출자 받아 자동차 수리업을 시작하였다.

7월 2일 신한은행으로부터 현금 100,000원을 차입하다.

7월 3일 사무실을 임차하고 7월분 임차료 60,000원을 현금으로 지급하다.

7월 4일 사무실용 비품 10,000원을 구입하고 현금으로 지급하다.

7월 5일 기계장치를 50,000원에 구입하고 대금은 추후에 지급하기로 하다.

7월 6일 차량운반구를 30,000원에 구입하고 대금은 추후에 지급하기로 하다.

7월 7일 7월분 보험료 6,000원을 현금으로 지급하다.

7월 8일 고객에게 자동차수리서비스를 해주고, 그 대가 100,000원중 50,000원은 현금으로 받고 나머지는 외상으로 하다.

7월 9일 소모품 10,000원을 구입하고 현금으로 지급하다.

7월 10일 종업원 급료 20,000원을 현금으로 지급하다.

<요구사항>

1. 위의 거래를 분개하라.

2. T계정에 전기하라.

3. 잔액시산표를 작성하라.

04 회계의 순환과정

4.1 회계의 순환과정

회계순환과정(accounting cycle)이란 기업에 영향을 미치는 회계상의 거래를 인식, 기록, 분류, 요약하여 결산절차를 통하여 재무제표를 작성하는 일련의 과정을 말한다.

인식(recognition)이란 회계과정의 첫 단계로서 기업을 중심으로 발생한 경제적인 사건이 재무제표를 구성하는 항목인 자산, 부채, 자본, 수익, 비용에 영향을 미치며, 객관적으로 화폐단위로 측정이 가능한지를 결정하여 회계상의 거래로 성립되는지 여부를 결정하는 것이다.

기록(recording)이란 경제적인 사건이 회계상의 거래로서 성립된다면 회계상의 거래를 발생순서대로 복식부기의 원리에 의하여 분개장에 기입하는 분개를 말한다.

분류(classifying)란 분개를 통하여 분개장에 기록한 것을 총계정원장에 전기하는 것을 말한다.

회계연도가 종료되면 총계정원장에 있는 각 계정들의 합계 또는 잔액만을 모아서 수정전시산표를 작성한다. 수정전시산표를 작성하는 이유는 복식부기가 갖는 자기검증기능에 의하여 기중에 발생한 사건을 기록하고 분류하는 과정에서 오류가 있는지 여부를 검증하기 위함이다.

요약(summary)이란 결산이라는 과정을 통하여 재무보고서를 작성하는 것을 말한다. 수정전시산표를 작성한 이후에는 기말수정분개를 행하게 되는데, 이는 기중에 회계처리된 것 중 재고조사표작성을 통하여 수정사항을 도출하고 이에 대한 수정분개를 하는 것으로 이에는 기중에 현금주의로 처리된 사항을 발생주의로 수정하는 분개 등이 있다. 수정전시산표에 기말수정분개를 반영하면 수정후시산표가 작성된다. 수정후시산표의 자산, 부채 및 자본의 잔액으로 재무제표를 작성하면 재무상태표가 되고, 수익과 비용의 잔액으로 재무제표를 작성하면 손익계산서가 된다.

이와 같이 회계순환과정은 회계상의 거래인지 여부를 인식·식별하는 분개에서부터 재무제표의 작성에 이르는 일련의 회계처리과정으로 [그림 4-1]과 같은 순환 고리를 이룬다.

그림 4-1 **회계의 순환과정**

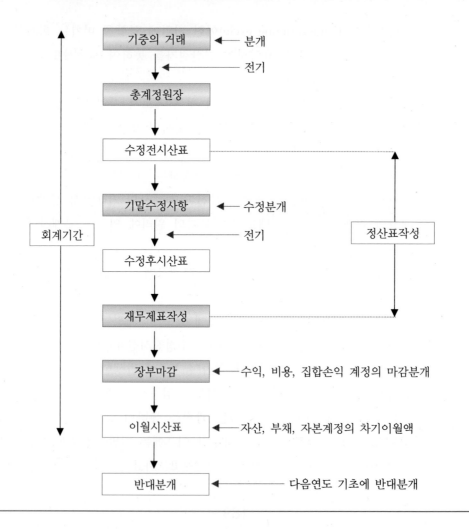

4.2 재고조사표작성과 수정분개

1 재고조사표의 작성

기초시점의 재무상태와 기중에 발생한 사건에 대한 분개와 총계정원장에 전기하는 과정에 오류가 있는지 여부를 검증하기 위하여 수정전시산표를 작성하였다. 대차평균의 원리에 의하여 수정전시산표의 대변과 차변의 합계가 일치하였다는 것은 장부상 대변과 차변의 금액이 일치하여, 분개하고 전기하는 과정에서 오류가 없었다는 점일 뿐이다. 그러나 실제로 재무제표 구성항목을 조사해보면 장부금액과 실제금액 간에 차이가 나타나는 경우가 많다. 이는 자산, 부채의 가격의 증감이 발생하였거나, 기중에 수익, 비용의 인식이 현금주의에 따라 처리된 경우가 있기 때문이다. 따라서 관련 자산, 부채의 가치변화와 수익, 비용의 기간귀속을 조사하여 기록하여야 하는데 이를 위하여 조사하는 것을 재고조사(physical count)라고 한다.

이와 같이 장부금액과 실제금액이 다르면 수정기입을 통하여 장부금액을 실제금액으로 일치시켜야 한다. 이를 위하여 결산정리의 필요한 자료를 기재한 표를 재고조사표(inventory sheet)라고 한다. 즉, 재고조사표는 실사표라고도 하며 총계정원장 잔액과 실제금액이 일치하지 않는 경우에 이를 일치시키기 위하여 그 수량 및 금액을 실제 조사하여 만든 표로서 이를 통하여 수정사항을 도출한다. 수정사항은 손익계산서 항목과 재무상태표 항목으로 나누어 살펴볼 수 있다.

2 손익계산서 항목의 수정사항과 수정분개

수익과 비용을 인식하는 방법으로는 현금주의와 발생주의가 있다. 현금주의(cash basis)에서는 현금을 받았을 때 수익으로 인식하며, 현금이 지급되었을 때 비용으로 인식된다. 발생주의(accrual basis)에서는 현금의 수입·지출과는 달리 수익·비용이 실제로 발생된 시점에 수익과 비용을 인식하는 것이다. 따라서 발생주의에 따르면 이미 현금을 받은 수익이라고 하더라도 당기의 수익에 속하지 않는 것은 수익에서 제외하고, 아직 현금을 받지 않은 것이지만 당기의 수익에 속하는 것은 수익으로 인식하는 것이다. 또한 이미 현금으로 지급한 비용이라 하더라도 당기의 비용에 속하지 않은 것은 비용에서 제외하고, 아직 현금으로 지급되지 않은 것이지만 당기의 비용에 속하는 것은 비용에 가산하는 것이다. 이러한 현금주의와 발생주의 차이 때문에 발생하는 금액을 가감 조정하여 기간손익을 정확히 산정하기 위하여 기말에 손익계산서 항목에 대한 수정분개가 필요하다. 즉, 결산정리를 하기 이전에 현금주의에 의해 회계처리 하였던 것을 발생주의로 수정하는 것이다.

수정분개의 유형은 이연항목에 대한 분개와 발생항목에 대한 분개로 구분된다.

(1) 이연항목: 선급비용과 선수수익

이연항목(deferred item)은 수익이나 비용의 인식시기가 도래하기 전에 먼저 현금을 수취하거나 지급하였지만, 시간적으로 아직 기간이 경과하지 아니하여 수익이나 비용으로 인식할 수 없는 항목을 말한다. 이에는 선급비용(prepaid expenses)과 선수수익(income in advance)이 있다.

1) 선급비용

당기에 이미 현금을 지급하여 비용으로 처리하였는데, 이 비용 중 기간이 경과하지 않아 다음기의 비용으로 인식되어야 할 부분이 있다. 결산시에 차기에 속할 비용을 당기의 비용으로부터 차감하고 동시에 자산으로 계상하는 것을 비용의 이연이라고 하고 이때의 자산을 선급비용이라 한다. 선급비용은 시간이 경과하기 전에 지급한 비용으로 추후에 용역을 제공받을 권리가 있기 때문에 자산으로 간주하며, 이에는 선급보험료, 선급임차료, 선급이자 등이 있다.

예제 1 **선급비용**

12월말 결산법인인 (주)세종은 9월 1일에 1년분의 보험료로 ₩8,400을 현금으로 지급하였다. 이에 대한 회계처리를 행하고 관련계정에 전기하라.

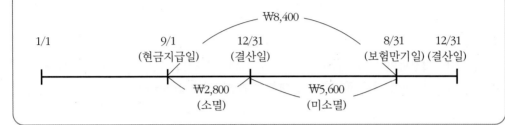

해 답 (분개)

9월 1일 (차) 보 험 료　　　　8,400　　　　(대) 현 금　　　　8,400

(수정분개)

12월 31일 (차) 선급보험료　　　5,600　　　　(대) 보 험 료　　　5,600

*8,400 × $\frac{8}{12}$ (기간미경과분에 대한 보험료를 자산으로 수정분개함)

(전기)

보 험 료　　　　　　　　　　　　　　10

일 자		적 요	분 면	차 변	일 자		적 요	분 면	대 변
9	1	현 금	1	8,400	12	31	선급보험료	2	5,600

선 급 보 험 료　　　　　　　　　　　20

일 자		적 요	분 면	차 변	일 자		적 요	분 면	대 변
12	31	보험료	2	5,600					

2) 선수수익

당기에 이미 현금을 받아 수익으로 처리하였는데, 이 수익 중 기간이 경과하지 않아 다음기의 수익으로 인식되어야 할 부분이 있다. 결산시에 차기에 속할 수익을 당기의 수익으로부터 차감하고 동시에 부채로 계상하는 것을 수익의 이연이라 하고 이때의 부채를 선수수익이라 한다. 선수수익은 시간이 경과하기 전에 미리 받은 수익으로 추후에 용역을 제공하여야 할 의무가 존재하기 때문에 부채에 해당되며, 이에는 선수임대료, 선수이자 등이 있다.

예제 2 **선수수익**

12월말 결산법인인 (주)세종은 11월 1일 건물을 임대하고 1년분 임대료 ₩7,200을 현금으로 받았다. 이에 대한 회계처리를 행하고 관련계정에 전기하라.

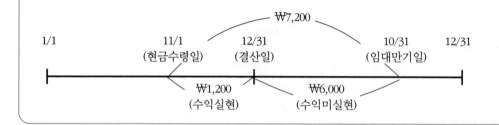

해 답

(분개)

11월 1일 (차) 현 금　　　　　　7,200　　　　　(대) 임 대 수 익　　7,200

(수정분개)

12월 31일 (차) 임대수익　　　　6,000　　　　　(대) 선수임대수익 6,000

* 7,200 × $\dfrac{10}{12}$ (기간미경과분에 대한 임대료를 부채로 수정분개함)

(전기)

임 대 수 익　　　　　　　　　　　　　　　16

일 자		적 요	분 면	차 변	일 자		적 요	분 면	대 변
12	31	선수임대수익	30	6,000	11	1	현 금	1	7,200

선 수 임 대 수 익　　　　　　　　　　　30

일 자		적 요	분 면	차 변	일 자		적 요	분 면	대 변
					12	31	임대수익	2	6,000

(2) 발생항목: 미지급비용과 미수수익

발생항목은 회계기말에 이미 수익이 실현되었거나 또는 비용이 발생되었지만 결산일 현재까지 현금의 수입과 지출이 이루어지지 않은 항목으로, 이에는 미지급비용(accrued expenses)과 미수수익(accrued income)이 있다.

1) 미지급비용

당기에 속하는 비용이지만 기말시점까지 현금지급이 이루어지지 않은 미지급분이 있다면 이를 당기의 비용으로 계상하여야 한다. 결산시에 발생주의에 따라 당기에 속할 비용을 계상하고 동시에 부채로 계상하게 되는데 이때의 부채를 미지급비용이라 한다. 미지급비용은 당기에 시간이 경과되어 비용은 발생되었지만 아직 현금이 지급되지 않은 항목으로 부채에 해당되며, 이에는 미지급이자, 미지급급여, 미지급임차료 등이 있다.

예제 3 미지급비용

12월말 결산법인인 (주)세종은 7월 1일 신한은행으로 부터 현금 ₩1,000,000을 연 6%로 차입하고 원금과 이자를 1년 후에 지급하기로 하였다. 이에 대한 회계처리를 행하고 관련 계정에 전기하라.

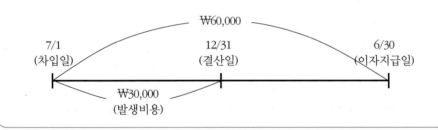

해답

(분개)

7월 1일 (차) 현 금   1,000,000   (대) 은행차입금 1,000,000

(수정분개)

12월 31일 (차) 이 자 비 용   30,000*   (대) 미지급이자   30,000

*1,000,000 × 0.06 × 6/12 = 30,000(이자 ₩60,000은 만기일인 다음연도 6월 30일 지급예정이나 이중 당기기간경과분 ₩30,000은 당기비용으로 인식함)

(다음연도 이자지급일의 분개)

6월 30일 (차) {미지급이자   30,000   (대) 현 금   60,000
                이 자 비 용   30,000

(전기)

이 자 비 용   12

일 자		적 요	분 면	차 변	일 자		적 요	분 면	대 변
12	31	미지급이자	2	30,000					

미 지 급 이 자   31

일 자		적 요	분 면	차 변	일 자		적 요	분 면	대 변
					12	31	이자비용	2	30,000

2) 미수수익

당기에 속하는 수익으로서 기말시점까지 미수분이 있다면 이를 당기의 수익에 가산하고 동시에 자산으로 계상하여야 하는데, 이때의 자산을 미수수익이라고 한다. 미수수익은 기말에 수익은 이미 실현되었으나 현금수취가 이루어지지 않은 항목으로 자산에 해당되며, 이에는 미수이자, 미수임대료, 미수수수료 등이 있다.

예제 4   **미수수익**

12월말 결산법인인 (주)세종은 9월 1일 3년 만기 국채를 만기보유목적으로 ₩100,000을 취득하였다. 국채는 이자를 매년 8월 31일에 연이자율 6%의 이자를 연 1회 지급한다. 이에 대한 회계처리를 행하고 관련계정에 전기하라.

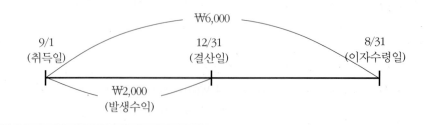

해답

(분개)

9월 1일 (차) 금융자산 100,000 　　　　　　(대) 현　　　금　　100,000

(수정분개)

12월 31일 (차) 미 수 이 자　　2,000*　　　　(대) 이 자 수 익　　2,000

* 100,000 × 0.06 × 4/12 = 2,000(이자 ₩6,000은 다음 연도 8월 31일 수령할 예정이나, 이중 당기 기간경과분 ₩2,000은 당기수익으로 인식함.)

(다음연도 이자수령일의 분개)

8월 31일 (차) 현　　　금　　6,000　　　　(대) { 미 수 이 자　　2,000
　　　　　　　　　　　　　　　　　　　　　　　　　 이 자 수 익　　4,000

(전기)

이 자 수 익　　　　　　　　　　　15

일 자	적 요	분 면	차 변	일 자		적 요	분 면	대 변
				12	31	미 수 이 자	2	2,000

미 수 이 자　　　　　　　　　　　31

일 자		적 요	분 면	차 변	일 자	적 요	분 면	대 변
12	31	이자수익	2	2,000				

(3) 소모품관련 회계처리

　소모품(consumable supplies)이란 사무용품·청소용품과 같이 일상 과정에서 사용하여 소비되는 것으로 대부분 금액적으로 중요성이 크지 않은 물품이다. 이의 회계처리방법은 두 가지가 있다. 첫 번째 방법은 소모품을 구입할 때 소모품비라는 비용으로 처리하고(비용화법) 결산시점에 미소비분이 있다면 자산인 소모품계정으로 대체하고 이를 다음기로 이월시키는 방법이다. 두 번째 방법은 소모품을 구입할 때 이를 먼저 자산인 소모품계정에 기입하고(자산화법), 결산시에 당기의 소비분을 비용계정인 소모품비계정에 대체하는 방법이다.

　소모품의 경우 소모품을 구입하였을 당시 최초의 회계처리 방법(자산화법 혹은 비용화법)에 따라 기말 수정시 회계처리 방법은 다음과 같이 다르게 된다.

소모품의 회계처리

구 분	비용화법	자산화법
구입시	(차) 소모품비 ××× (대) 현 금 ×××	(차) 소 모 품 ××× (대) 현 금 ×××
결산시	(차) 소 모 품 ××× (대) 소모품비 ×××	(차) 소모품비 ××× (대) 소 모 품 ×××

예제 5 소모품의 회계처리

다음을 비용화법과 자산화법에 따라 회계처리하고 관련계정에 전기하라.

1. 11월 15일 사무용 소모품 ₩15,000을 현금으로 구입하다.

2. 12월 31일 결산시에 조사한 바, 소모품의 미사용액분 ₩5,000이 있었다.

해 답

1. 비용화법

(분개)

11월 15일 (차) 소모품비   15,000   (대) 현   금   15,000

(수정분개)

12월 31일 (차) 소 모 품   5,000   (대) 소모품비   5,000

(전기)

소 모 품 비   12

일 자		적 요	분 면	차 변	일 자		적 요	분 면	대 변
11	15	현금	1	15,000	12	31	소 모 품	2	5,000

소 모 품   28

일 자		적 요	분 면	차 변	일 자		적 요	분 면	대 변
12	31	소모품비	2	5,000					

2. 자산화법

(분개)

11월 15일 (차) 소 모 품   15,000   (대) 현   금   15,000

(수정분개)

12월 31일 (차) 소모품비   10,000   (대) 소 모 품   10,000

(전기)

소 모 품   28

일 자		적 요	분 면	차 변	일 자		적 요	분 면	대 변
11	15	현 금	1	15,000	12	31	소 모 품 비	2	10,000

소 모 품 비   12

일 자		적 요	분 면	차 변	일 자		적 요	분 면	대 변
12	31	소 모 품	2	10,000					

③ 재무상태표 항목의 수정사항과 수정분개

재무상태표항목은 기말시점의 자산, 부채, 자본의 상태를 파악하고 장부금액과 실제금액이 다른 경우 재고조사표작성을 통하여 수정사항을 도출한 후, 이에 대하여 수정분개를 한다.

이러한 주요 수정사항을 살펴보면 다음과 같다.

1) 현금과부족계정 정리
2) 은행계정조정표 작성을 통한 당좌예금정리
3) 매출채권의 손상차손(대손상각)인식
4) 금융자산의 평가
5) 상품계정의 정리
6) 유형자산의 감가상각, 손상차손인식
7) 무형자산의 상각, 손상차손인식
8) 가지급금, 가수금, 미결산계정의 정리
9) 사채이자비용의 처리

예제 6 감가상각의 예

비품(취득원가 : ₩200,000, 내용연수 : 10년, 잔존가액 : ₩20,000)을 정액법에 의해 감가상각할 경우에 1년분의 감가상각비는 ₩18,000이다. 이를 회계처리하고, 관련계정에 전기하라.

해 답

(분개)

12/31 (차) 비품감가상각비 18,000*   (대) 비품감가상각누계액 18,000

* (₩200,000 − ₩20,000) ÷ 10년 = ₩18,000

(전기)

비 품 감 가 상 각 비   19

일 자		적 요	분 면	차 변	일 자		적 요	분 면	대 변
12	31	비품감가상각누계액	1	18,000					

비품감가상각누계액   42

일 자		적 요	분 면	차 변	일 자		적 요	분 면	대 변
					12	31	비품감가상각비	2	18,000

종합예제 6 : 수정분개

12월 말 결산법인인 (주)세종의 결산을 위한 재고조사표작성을 통하여 나타난 수정사항은 다음과 같다.

〈수정사항〉
(1) 기말 현재 차입금에 대한 미지급이자는 ₩200이다.
(2) 12월 4일 지급한 1년분 보험료 ₩1,200 중 미경과분은 선급비용으로 처리한다.
(3) 12월 5일 수취한 1년분 임대수익 ₩2,400 중 미경과분은 선수수익으로 처리한다.
(4) 차량운반구에 대하여 ₩2,000을 감가상각한다.
(5) 건물에 대하여 ₩5,000을 감가상각한다.
(6) 기말 현재 대여금에 대한 미수이자는 ₩200이다.

〈 수 정 분 개 〉

(1) 12/31 (차) 이자비용   200   (대) 미지급이자   200

(2) 12/31 (차) 선급보험료   1,100[1)]   (대) 보 험 료   1,100
　　　　1) 미경과분 : 1,200×11/12

(3) 12/31 (차) 임대수익   2,200[2)]   (대) 선수임대수익   2,200
　　　　2) 미경과분 : 2,400×11/12

(4) 12/31 (차) 차량운반구감가상각비 2,000   (대) 차량운반구감가상각누계액   2,000

(5) 12/31 (차) 건물감가상각비   5,000   (대) 건물감가상각누계액   5,000

(6) 12/31 (차) 미수이자   200   (대) 이자수익   200

종합예제 7 : 수정분개사항 총계정원장에의 전기

이자비용   12

일 자		적 요	분 면	차 변	일 자		적 요	분 면	대 변
12	31	미지급이자	2	200					

미지급이자   13

일 자		적 요	분 면	차 변	일 자		적 요	분 면	대 변
					12	31	이자비용	2	200

선급보험료   14

일 자		적 요	분 면	차 변	일 자		적 요	분 면	대 변
12	31	보험료	2	1,100					

보험료   15

일 자		적 요	분 면	차 변	일 자		적 요	분 면	대 변
12	4	현 금	1	1,200	12	31	선급보험료	2	1,100

임대수익   16

일 자		적 요	분 면	차 변	일 자		적 요	분 면	대 변
12	31	선수임대수익	2	2,200	12	5	현 금	1	2,400

선수임대수익   17

일 자		적 요	분 면	차 변	일 자		적 요	분 면	대 변
					12	31	임대수익	2	2,200

차량운반구감가상각비   18

일 자		적 요	분 면	차 변	일 자		적 요	분 면	대 변
12	31	차량운반구감가상각누계액	2	2,000					

건물감가상각비 19

일 자		적 요	분 면	차 변	일 자		적 요	분 면	대 변
12	31	건물감가상각누계액	2	5,000					

차량운반구감가상각누계액 20

일 자		적 요	분 면	차 변	일 자		적 요	분 면	대 변
					12	31	감가상각비	2	2,000

건물감가상각누계액 21

일 자		적 요	분 면	차 변	일 자		적 요	분 면	대 변
					12	31	감가상각비	2	5,000

미수이자 22

일 자		적 요	분 면	차 변	일 자		적 요	분 면	대 변
12	31	이자수익	2	200					

이자수익 23

일 자		적 요	분 면	차 변	일 자		적 요	분 면	대 변
					12	31	미수이자	2	200

4.3 수정후시산표와 정산표

1 수정후시산표와 재무제표

기말시점의 재무상태를 확정하고, 기간손익을 산정하기 위하여 재고조사표 작성을 통하여 도출된 수정사항에 대하여 수정분개를 하고 총계정원장에 전기하게 된다. 수정분개 때 나타난 계정과목이 기존에 설정된 계정과목이라면 해당계정과목에 전기하게 되고, 새롭게 나타나는 계정과목은 해당계정과목을 새로 설정하여 전기하게 된다. 수정전시산표를 작성한 후 수정사항을 반영한 기록과 분류에서 오류가 있는지를 확인하기 위하여 수정후시산표를 작성하게 된다. 수정후시산표를 작성한 후에 차변합계와 대변합계가 일치하여 오류가 없다는 것을 확인한 후에는 수정후시산표의 잔액들을 토대로 재무제표를 작성하게 된다.

수정후시산표의 자산, 부채 및 자본계정은 재무상태표에 수익과 비용계정은 손익계산서로 분류하게 되는데, 이때 재무상태표와 손익계산서의 차변합계와 대변합계의 금액은 서로 일치하지 않게 된다. 이때 일치하지 않는 금액은 당기순손익으로 재무상태표와 손익계산서에 동일한 금액으로 나타난다. 이러한 관계를 나타내면 다음과 같다.

그림 4-2 수정후시산표와 재무제표의 작성

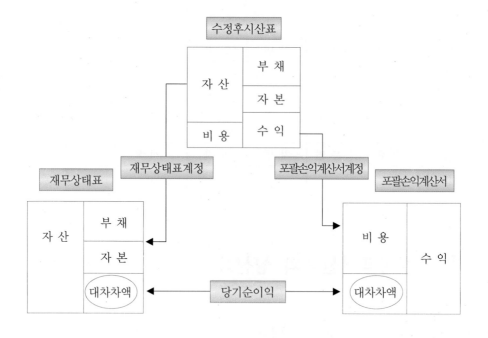

2 정산표

정산표(working sheet(W/S))란 수정전시산표를 기초로 하여 손익계산서와 재무상태표가 작성되기까지의 일련의 과정을 나타낸 표로서, 원장계정의 잔액을 수정하고 재무제표를 작성하는 회계정보의 산출과정을 보다 효율적으로 수행하기 위한 임의적인 보조 수단으로 활용된다. 즉, 수정전시산표, 손익계산서, 재무상태표를 하나의 표에 집합시켜 결산의 본 절차에 앞서 결산에 대한 제반 사항을 한눈에 볼 수 있도록 작성한 것이다.

(1) 종 류

정산표는 금액을 기입하는 난의 수에 따라 6위식, 8위식, 10위식 정산표로 분류한다.

1) 6위식: 수정전시산표, 손익계산서, 재무상태표의 6개 난으로 구성된 정산표이다.

6위식 정산표						
계 정 과 목	수정전(후)시산표		손익계산서		재무상태표	
	차변	대변	차변	대변	차변	대변

2) 8위식: 수정전시산표, 수정사항, 손익계산서, 재무상태표의 8개 난으로 구성된 표이다.

8위식 정산표								
계 정 과 목	수정전시산표		수정분개		손익계산서		재무상태표	
	차변	대변	차변	대변	차변	대변	차변	대변

3) 10위식: 수정전시산표, 수정사항, 수정후시산표, 손익계산서, 재무상태표의 10개 난으로 구성된 표이다.

10위식 정산표										
계 정 과 목	수정전시산표		수정분개		수정후시산표		손익계산서		재무상태표	
	차변	대변	차변	대변	차변	대변	차변	대변	차변	대변

(2) 정산표의 작성방법

정산표의 작성은 다음의 과정을 통하여 작성된다.

① 정산표의 머리 부분에 정산표라는 본 양식의 명칭, 회사의 명칭, 정산표가 나타내는 기간을 표시한다.

② 계정과목 난과 수정전시산표 난의 차변과 대변에 총계정원장의 계정과목을 기입한 후, 각 계정의 잔액을 그대로 옮겨 적는다. 이 때 자산과 비용은 잔액을 차변에 기록하고, 부채와 자본 및 수익은 잔액을 대변에 기입한다. 그리고 수정전시산표의 차변과 대변의 합계는 반드시 일치하여야 한다.

③ 기말수정사항에 대하여 수정분개를 하고 그 내용을 해당 계정과목의 수정분개 난에 옮겨 적는다. 이 때 만약 해당 계정과목이 없으면 계정과목 난의 맨 하단에 추가로 계정의 이름을 기입하고 금액은 수정분개 난에 기입한다. 이때 수정분개 난의 차변과 대변의 합계도 일치하여야 한다.

④ 계정과목별로 수정전시산표 난의 금액과 수정분개 난의 금액을 가감하여 수정후시산표 난에 기입한다. 즉, 계정과목별로 차변과 차변, 대변과 대변은 서로 가산하고, 차변과 대변, 대변과 차변은 서로 차감하여 수정후시산표 난에 기입한다. 수정후시산표가 완성되면 차변과 대변의 합계액을 계산하여 기입하고, 차변금액과 대변금액이 일치하는지 여부를 확인한다.

⑤ 수정후시산표에서 수익과 비용에 속하는 계정의 잔액을 손익계산서에 옮겨 기입한다. 이 때 차변과 대변의 합계액은 차이가 발생하게 되는데, 대변금액이 차변금액보다 많으면 당기순이익이 발생하는 것으로, 계정과목 난에 당기순이익이라고 기입하고 그 차액은 차변에 기입하여 양쪽의 합계 금액을 일치시킨다. 반대로 차변금액이 대변금액보다 많으면 당기순손실이 발생하는 것으로, 계정과목 난에 당기순손실이라고 기입하고 그 차액을 대변에 기입한 후, 양쪽의 합계금액을 일치시킨다.

⑥ 수정후시산표에서 자산과 부채 및 자본에 속하는 계정의 잔액을 재무상태표에 옮겨 기입한다. 이때에도 차변과 대변의 합계 금액에는 차이가 발생할 수 있는데, 이 차이는 당기순손익에 해당하는 것으로서 손익계산서의 차이와 반드시 일치하여야 한다.

그림 4-3	정산표 작성

정 산 표

○○회사   20×9. 12. 31 현재

계 정 과 목	수정전시산표		수정분개		수정후시산표		손익계산서		재무상태표	
	차변	대변	차변	대변	차변	대변	차변	대변	차변	대변
자 산	×××		×××	×××	×××				×××	
부 채		×××	×××	×××		×××				×××
자 본		×××				×××				×××
수 익		×××		×××		×××		×××		
비 용	×××		×××		×××		×××			
당기순이익							×××	← 당기순이익 →		×××

종합예제 8 : 정산표 작성

(주)세종의 정산표를 작성하면 다음과 같다.

정 산 표

(주)세종　　　　　　　　　　　20×9. 12. 31 현재　　　　　　　　　(단위: 원)

계 정 과 목	수정전시산표		수정분개		수정후시산표		손익계산서		재무상태표	
	차변	대변	차변	대변	차변	대변	차변	대변	차변	대변
현 금	11,200				11,200				11,200	
매 출 채 권	25,000				25,000				25,000	
건 물	60,000				60,000				60,000	
차 량 운 반 구	20,000				20,000				20,000	
대 여 금	20,000				20,000				20,000	
차 입 금		20,000				20,000				20,000
자 본 금		100,000				100,000				100,000
용 역 수 익		30,000				30,000		30,000		
임 대 수 익		2,400	(3)2,200			200		200		
보 험 료	1,200			(2)1,100	100		100			
급 여	15,000				15,000		15,000			
	152,400	152,400								
이 자 비 용			(1)200		200		200			
미 지 급 이 자				(1)200		200				200
선 급 보 험 료			(2)1,100		1,100				1,100	
선수임대수익				(3)2,200		2,200				2,200
차량감가상각비			(4)2,000		2,000		2,000			
건물감가상각비			(5)5,000		5,000		5,000			
차량감가상각누계액				(4)2,000		2,000				2,000
건물감가상각누계액				(5)5,000		5,000				5,000
미 수 이 자			(6)200		200				200	
이 자 수 익				(6)200		200		200		
당 기 순 이 익							8,100			8,100
합 계			10,700	10,700	159,800	159,800	30,400	30,400	137,500	137,500

4.4 장부의 마감

재무보고서가 작성된 후에는 장부를 마감하여야 한다. 장부 중 주요장부인 분개장과 총계정원장을 마감하고, 보조장부인 현금출납장, 매입장, 매출장, 상품재고장 등을 마감하여야 한다. 분개장은 날짜순으로 기록된 것이므로 분개장의 마감은 한 회계기간 동안의 마지막 거래일까지의 사건을 다음 회계연도가 시작되는 시점과 구분하는 것이 된다. 분개장의 마감방법은 차변·대변금액란에 각각 합계액을 기입하고, 대변과 차변의 합계가 일치하는지 확인한 다음 금액 밑에 두 줄을 그어 마감한다. 분개장의 대차합계는 대차평균의 원리에 의하여 합계가 일치하게 된다. 총계정원장의 마감은 먼저 손익계산서의 계정인 수익과 비용의 잔액을 집합손익계정에 대체하여 영(0)으로 만들고, 재무상태표 계정인 자산, 부채, 자본의 잔액만 모아서 이월시산표를 작성한다. 이러한 이월시산표를 작성하면 하나의 회계기간이

그림 4-4	총계정원장 마감 흐름도

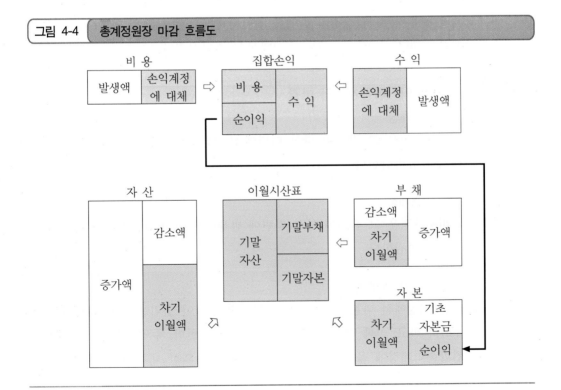

종료되며 다음 회계기간의 준비가 시작된다. 이러한 과정을 그림으로 나타 내면 [그림 4-4]와 같다.

수익과 비용계정은 손익계산서를 구성하는 계정으로서, 결산시에 수익총 액과 비용총액을 비교하여 당기순손익을 계산한다. 이를 위하여 결산시에 총계정원장에 (집합)손익계정을 설정하여 수익과 비용에 해당하는 모든 계 정의 잔액을 손익계정에 대체시켜 수익총액과 비용총액을 비교하여 당기 순손익을 계산한다. 한 계정에서 다른 계정으로 금액의 변동이 없이 옮기는 절차를 대체(transfer)라 하고, 이 때 행하는 분개를 대체분개(transfer entry)라 한다. 즉, 수익과 비용계정을 (집합)손익계정에 대체하기 위해서는 대체분 개가 필요하다. 또한 (집합)손익계정의 잔액인 당기순손익을 자본(이익잉여 금 계정)에 대체함으로써 손익계산서계정이 마감된다.

1 수익과 비용항목의 마감

(1) (집합)손익계정의 설정

기말 결산시 새로 설정하는 계정으로 순손익을 산출하기 위하여 수익과 비용에 속하는 각 계정의 잔액을 집합시킨다. 손익계정의 차변에는 비용항 목을 집합시키고, 대변에는 수익항목을 집합시킨다.

(2) 수익 · 비용계정의 마감

1) 수익계정

수익계정은 그 잔액이 항상 대변에 발생하므로, 집합손익계정의 대변에 대체하여 마감한다.

2) 비용계정

비용계정은 그 잔액이 항상 차변에 발생하므로, 집합손익계정 차변에 대 체하여 마감한다.

3) 대체와 대체분개

한 계정에서 다른 계정으로 금액을 변동 없이 옮기는 절차를 대체(tran-sfer)라 하고, 이때 행하는 분개를 대체분개라 한다. 수익계정과 비용계정을 집합손익계정에 옮기기 위해서는 대체분개에 의한 대체가 필요하다.

수익계정의 마감			
(차) 수익	×××	(대) 집합손익	×××
비용계정의 마감			
(차) 집합손익	×××	(대) 비 용	×××

(3) 집합손익계정의 마감

집합손익계정의 차변의 합계액은 비용의 총액이며, 대변의 합계액은 수익의 총액이므로 이들을 비교하여 차변에 잔액이 생기면 순이익이고, 대변에 잔액이 생기면 순손실이다. 이러한 순손익은 자본(이익잉여금계정)에 대체한다.

집합손익계정의 마감			
(차) 집합손익	×××	(대) 이익잉여금	×××

손익계산서의 마감을 나타내면 다음과 같다.

그림 4-5 손익계산서 계정의 마감 흐름도

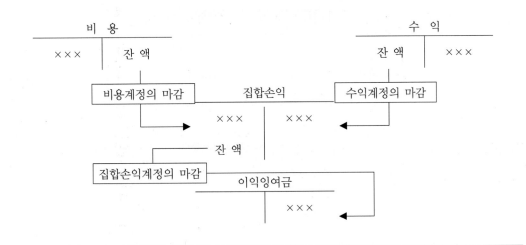

종합예제 9 : 대체분개(마감분개)

(주) 세종의 대체분개는 다음과 같다.

① 수익의 집합손익계정으로의 대체

(차) 용 역 수 익	30,000	(대) 집합손익	30,000
(차) 임 대 수 익	200	(대) 집합손익	200
(차) 이 자 수 익	200	(대) 집합손익	200

② 비용의 집합손익계정으로의 대체

(차) 집합손익	100	(대) 보 험 료	100
(차) 집합손익	15,000	(대) 급 여	15,000
(차) 집합손익	200	(대) 이 자 비 용	200
(차) 집합손익	2,000	(대) 차량운반구감가상각비	2,000
(차) 집합손익	5,000	(대) 건 물 감 가 상 각 비	5,000

③ 집합손익계정을 이익잉여금계정에 대체

(차) 집합손익	8,100	(대) 이 익 잉 여 금	8,100

종합예제 10 : 수익·비용계정의 마감

(주) 세종의 수익·비용계정을 마감하면 다음과 같다.

용역수익			8
12/31 손익	30,000	12/15 매출채권	30,000
	30,000		30,000

임대수익			9
12/31 선수임대수익	2,200	12/5 현금	2,400
12/31 손 익	200		
	2,400		2,400

이자수익			23
12/31 손익	200	12/31 미수이자	200
	200		200

보 험 료			15
12/4 현 금	1,200	12/31 선급보험료	1,100
		12/31 손 익	100
	1,200		1,200

급 여		11		이자비용		12
12/30 현 금	15,000	12/31 손익	15,000	12/31 미지급이자	200	12/31 손 익	200
	15,000		15,000		200		200

차량운반구감가상각비		18		건물감가상각비		19
12/31차량감가누계액	2,000	12/31 손익	2,000	12/31건물감가누계액	5,000	12/31 손익	5,000
	2,000		2,000		5,000		5,000

집합손익		
12/31 보 험 료	100	12/31 용 역 수 익	30,000
12/31 급 여	15,000	12/31 임 대 수 익	200
12/31 이 자 비 용	200	12/31 이 자 수 익	200
12/31 차량운반구감가상각비	2,000		
12/31 건 물 감 가 상 각 비	5,000		
12/31 이 익 잉 여 금	8,100		
	30,400		30,400

이익잉여금	
	12/31 집합손익	8,100

2 자산 · 부채 · 자본계정의 마감과 이월

자산에 속하는 계정의 경우 잔액이 차변에 생기므로, 결산일 날짜로 대변에 "차기이월(brought over)"이라 기입하고 차변합계액과 대변합계액을 일치시켜 마감한다. 부채와 자본계정은 반대로 대변에 잔액이 생기므로, 결산일 날짜로 차변에 "차기이월"이라 기입하고 차변합계액과 대변합계액을 일치시켜 마감한다. 이를 구체적을 설명하면 다음과 같다.

(1) 자산계정의 마감

자산에 속하는 계정은 잔액이 차변에 생기므로 결산일 날짜로 대변에 차기이월이라고 기입하고 대변과 차변을 일치시켜 마감한다.

(2) 부채계정의 마감

부채에 속하는 계정은 잔액이 대변에 생기므로 결산일 날짜로 차변에 차기이월이라고 기입하고 대변과 차변을 일치시켜 마감한다.

(3) 자본계정의 마감

자본에 속하는 계정은 잔액이 대변에 생기므로 결산일 날짜로 차변에 차기이월이라고 기입하고 대변과 차변을 일치시켜 마감한다.

(4) 각 계정의 이월

결산일 날짜로 자산, 부채, 자본계정에 차기이월이라 기입한 반대쪽에, 차기회계연도 첫째 날짜로 전기이월(profit brought forward from the previous term)이라고 기입하는데, 이를 개시기입(opening entry)이라 한다.

재무상태표 계정의 마감을 나타내면 다음과 같다.

| 그림 4-6 | 재무상태표 계정의 마감 흐름도 |

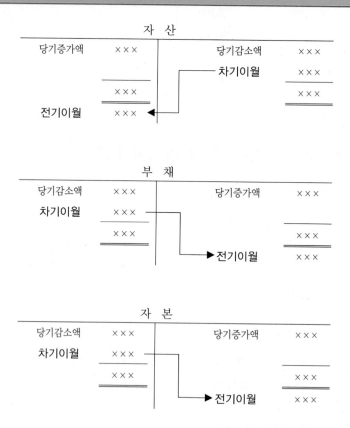

종합예제 11 : 자산·부채·자본계정의 마감

(주) 세종의 자산·부채·자본계정을 마감하면 다음과 같다.

현 금 　1

12/1 자본금	100,000	12/3 건물	60,000
12/2 차입금	30,000	12/4 보험료	1,200
12/5 임대료	2,400	12/6 차량운반구	20,000
12/25 매출채권	5,000	12/10 대여금	20,000
		12/30 급여	15,000
		12/31 차입금	10,000
		12/31 차기이월	11,200
	137,400		137,400
1/1 전기이월	11,200		

매출채권 　2

12/15용역수익	30,000	12/25 현금	5,000
		12/31 차기이월	25,000
	30,000		30,000
1/1 전기이월	25,000		

건 물 　3

12/3 현금	60,000	12/31 차기이월	60,000
	60,000		60,000
1/1 전기이월	60,000		

차량 운반구 　4

12/6 현 금	20,000	12/31 차기이월	20,000
	20,000		20,000
1/1 전기이월	20,000		

대 여 금 　5

12/10 현금	20,000	12/31 차기이월	20,000
	20,000		20,000
1/1 전기이월	20,000		

차량운반구감가상각누계액 　20

12/31 차기이월	2,000	12/31 감가상각비	2,000
	2,000		2,000
		1/1 전기이월	2,000

건물감가상각누계액 　21

12/31 차기이월	5,000	12/31 감가상각비	5,000
	5,000		5,000
		1/1 전기이월	5,000

선급보험료 　14

12/31 보험료	1,100	12/31 차기이월	1,100
	1,100		1,100
1/1 전기이월	1,100		

미수이자 　22

12/31이자수익	200	12/31 차기이월	200
	200		200
1/1 전기이월	200		

선수임대수익 　17

12/31 차기이월	2,200	12/31 임대수익	2,200
	2,200		2,200
		1/1 전기이월	2,200

차입금 　6

12/31 현 금	10,000	12/2 현 금	30,000
12/31 차기이월	20,000		
	30,000		30,000
		1/1 전기이월	20,000

미지급이자			13
12/31 차기이월	200	12/31 이자비용	200
	200		200
		1/1 전기이월	200

자본금			7
12/31 차기이월	100,000	12/1 현금	100,000
	100,000		100,000
		1/1 전기이월	100,000

이익잉여금			24
12/31 차기이월	8,100	12/31 손익	8,100
	8,100		8,100
		1/1 전기이월	8,100

3 이월시산표의 작성

자산, 부채, 자본 각 계정의 차기이월액을 모아서 이월시산표(past-closing trial)를 작성한다. 이월시산표의 차변합계액(자산합계)과 대변합계액(부채, 자본 합계)이 일치하여야만 이월액이 정확히 계산되었다고 할 수 있다.

수정전시산표나 수정후시산표는 자산, 부채, 자본, 수익, 비용으로 구성된 반면, 이월시산표는 자산, 부채, 자본으로만 구성되어 있다.

그림 4-7 수정전(후)시산표와 이월시산표

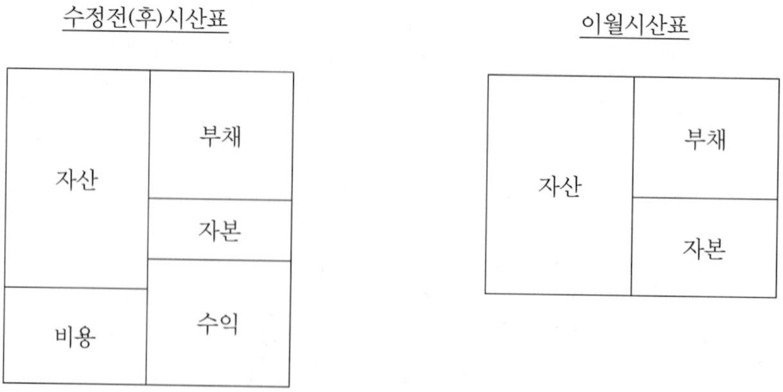

수정전(후)시산표

자산	부채
	자본
비용	수익

이월시산표

자산	부채
	자본

종합예제 12 : 이월시산표의 작성

(주) 세종의 이월시산표를 작성하면 다음과 같다.

이 월 시 산 표

차 변	원 면	계 정 과 목	대 변
11,200	1	현　　　　　　금	
25,000	2	매　출　채　권	
60,000	3	건　　　　　　물	
20,000	4	차　량　운　반　구	
20,000	5	대　　여　　금	
200	22	미　수　이　자	
1,100	14	선　급　보　험　료	
	20	차량감가상각누계액	2,000
	21	건물감가상각누계액	5,000
	6	차　　입　　금	20,000
	13	미　지　급　이　자	200
	17	선　수　임　대　수　익	2,200
	7	자　　본　　금	100,000
	23	이　익　잉　여　금	8,100
137,500		합　　　　　　계	137,500

4.5 재무제표의 작성

1. 손익계산서의 작성

손익계산서(statement of comprehensive income)는 한 기업의 일정 기간에 발생한 수익과 비용을 비교하여 경영성과를 나타낸 재무제표이다. 손익계산서는 집합손익계정을 토대로 작성되는데, (주)세종의 예제를 통하여 포괄손익계산서를 작성하면 다음과 같다.

종합예제 13 : 손익계산서 작성

손익계산서

(주)세종	20×9. 12. 1부터 ~ 20×9. 12. 31까지 (단위: 원)

과 목	금 액
용 역 수 익	₩30,000
임 대 수 익	200
이 자 수 익	200
보 험 료	(100)
급 여	(15,000)
이 자 비 용	(200)
감 가 상 각 비	(7,000)
당 기 순 이 익	₩8,100

2. 재무상태표의 작성

재무상태표(statement of financial position)는 한 기업의 일정시점에 있어서의 재무상태를 나타내는 재무제표이다. 재무상태표는 이월시산표를 토대로 작성되는데 (주)세종의 예제를 통하여 재무상태표를 작성하면 다음과 같다.

종합예제 14 : 재무상태표 작성

재무상태표

(주)세종   20×9. 12. 31. 현재   (단위: 원)

과 목	금 액		과 목	금 액
자 산			부 채	
현 금		11,200	차 입 금	20,000
매 출 채 권		25,000	미 지 급 이 자	200
건 물	60,000		선 수 임 대 수 익	2,200
건물감가상각누계액	(5,000)	55,000	부 채 총 계	22,400
차 량 운 반 구	20,000		자 본	
차량감가상각누계액	(2,000)	18,000	자 본 금	100,000
대 여 금		20,000	이 익 잉 여 금	8,100
미 수 이 자		200	(당 기 순 이 익)	
선 급 보 험 료		1,100	자 본 총 계	108,100
자 산 총 계		130,500	부 채 와 자 본 총 계	130,500

연•습•문•제

▌▌ 기본문제 ▌▌

01 회계의 순환과정에 대한 설명 중 맞는 것은?
① 회계성과가 경기순환처럼 호황기, 후퇴기로 반복하는 과정
② 경영자와 정보이용자 사이의 정보전달의 순환과정
③ 계속기업을 전제로 하여 인위적으로 설정한 회계기간을 하나의 단위로 하여 손익을 산정하는 과정
④ 원료를 구입해서 생산에 투입하여 제품을 생산하고 생산된 제품을 판매하는 일련의 과정

정답 ③

02 다음 중 필수적인 회계순환과정이 아닌 것은?
① 정산표의 작성　　　　　　　② 재무제표의 작성
③ 결산 분개 및 전기　　　　　④ 수정전 또는 수정후 시산표의 작성

정답 ①

03 다음은 회계순환과정의 주요절차 및 보조절차에 대한 설명이다. 이 설명 중에서 맞지 않는 것은?
① 특수분개장을 유지하게 되면 기장업무의 분업화, 신속화, 전문화가 가능해지고 여기에는 매우 복잡하며 비정상적인 거래만이 기록된다.
② 전산자료 회계처리시스템을 이용하여 회계처리를 하더라도 수작업 회계처리시스템에 적용되는 회계원칙 및 개념이 그대로 적용된다.
③ 복식부기회계의 기본구조는 총계정원장의 계정으로 구성되어 있으나 실제로 거래에 대한 모든 중요사실이 최초로 기록되는 회계장부는 분개장이다.
④ 역분개(반대분개)는 거래기입의 일관성과 표준화를 기하기 위하여 바람직한 절차이며, 일반적으로 역분개의 대상이 되는 수정분개는 차기에 현금의 수입이나 지출을 수반한다.

정답 ①

04 다음은 손익에 관한 기말정리분개 중 수익의 이연으로 재무상태표 대변에 표시되는 것은?
① 선급보험료　　　　　　　　② 선수이자
③ 미수임대료　　　　　　　　④ 미지급임차료

정답 ②

05 결산시 수정사항으로서 당기순이익을 감소시키지 아니하는 것은?

① 미지급이자의 계상　　　　　　② 선수임대료의 계상

③ 선급보험료의 계상　　　　　　④ 대손충당금의 설정

정답 ③

06 미지급비용을 올바르게 설명한 것은?

① 비용이 발생하였으나 회수되지 않았다.

② 비용이 발생되어 지급되었다.

③ 비용이 발생되었으나 지급되지 않았다.

④ 비용이 발생되지 않았으나 지급되었다.

정답 ③

07 다음은 결산시 수익과 비용항목의 마감에 관한 설명이다. 옳지 않은 것은?

① 모든 수익계정은 집합손익계정의 대변에 대체기입한다.

② 모든 비용계정은 집합손익계정의 차변에 대체기입한다.

③ 집합손익계정의 대차차액은 자본(구체적으로 이익잉여금)계정에 대체기입한다.

④ 인출금계정은 자본금계정의 대변에 대체기입한다.

정답 ④

08 미지급임차료를 계상하지 않으면 어떠한 결과가 나타나는가?

① 가공이익이 발생한다.　　　　　② 비용이 과대계상된다.

③ 자산이 과소평가된다.　　　　　④ 순이익이 적어진다.

정답 ①

09 발생하였으나 회계연도 말 현재 지급되지 않은 이자를 회계처리하기 위한 분개에 나타나는 계정과목은?

① (차) 이자비용　 ×××　　　　(대) 미지급이자 ×××

② (차) 미수이자　 ×××　　　　(대) 이자수익　 ×××

③ (차) 미지급이자 ×××　　　　(대) 이자비용　 ×××

④ (차) 이자수익　 ×××　　　　(대) 미수이자　 ×××

정답 ①

10 결산시 이자수익 미경과분을 차기에 이연하였을 때 알맞은 분개는?

① (차) 현　　　금　×××　　　　(대) 이자수익　×××

② (차) 이자수익　×××　　　　(대) 선수이자　×××

③ (차) 선수이자　×××　　　　(대) 이자수익　×××

④ (차) 이자수익　×××　　　　(대) 현　　　금　×××

정답 ②

11 "소모품 ₩100,000을 구입하고 그 구입대금을 월말에 지급하기로 하였다"의 올바른 분개는?

① (차) 소 모 품 100,000   (대) 외상매입금 100,000
② (차) 상   품 100,000   (대) 미지급금   100,000
③ (차) 소모품비 100,000   (대) 외상매입금 100,000
④ (차) 소 모 품 100,000   (대) 미지급금   100,000

정답 ④

12 세종상사의 결산일은 12월 31일이다. 다음 중 당년도 회계기말인 12월 31일에 수정분개가 필요없는 경우는 어느 것인가?

① 감가상각비가 아직 추정되지 아니하였다.
② 회사사무실 1년분 임차료가 당년도 2월 1일에 선지급되었다.
③ 다음 회계연도에 수행할 용역계약에 대하여 대금을 선수하였다.
④ 실제조사결과 기말재고자산은 320단위로 밝혀졌으나 계속기록법에 의해 기록된 회계장부에는 재고자산으로 302단위로 계상되어 있다.

정답 ③

13 다음 수정분개 유형 중 다른 4개와 성격이 다른 것은?

① 선수금을 수익으로 계상   ② 소모품의 계상
③ 미지급급여의 계상   ④ 감가상각비의 계상

정답 ①

14 다음은 회계기말의 결산분개 내역이다. 이 중 차기의 최초영업일에 재수정분개(역분개)의 대상이 되는 항목은?

① (차) 소 모 품   ×××   (대) 현   금   ×××
② (차) 감가상각비 ×××   (대) 감가상각누계액 ×××
③ (차) 급   여   ×××   (대) 미지급급여   ×××
④ (차) 선급보험료 ×××   (대) 현   금   ×××

정답 ③

15 (주)경기는 영업개시 첫 연도이며 수정전 시산표의 소모품계정에는 ₩124,000으로 차변에 기입되었다. 기말시점에서 보유하고 있는 소모품 잔액이 ₩36,000이라면 소모품에 대한 적정한 분개를 하였을 때의 영향으로 적정한 것은?

① 순이익에 영향이 없다.
② ₩36,000만큼 비용계정에 차변기입하고 소모품계정에 대변기입한다.
③ 자산이 ₩124,000만큼 감소한다.
④ 비용이 ₩88,000만큼 증가한다.

➡ **풀이:** 최초분개 (차) 소모품   124,000   (대) 현 금 124,000
        수정분개 (차) 소모품비   88,000   (대) 소모품 88,000

정답 ④

16 결산수정 전 당기순이익은 ₩1,000,000이었다. 결산정리사항이 다음과 같을 경우 정확한 당기순이익은?

미 지 급 급 여	₩40,000	미 수 수 수 료	₩20,000
선 급 보 험 료	100,000	선 수 이 자	15,000

① ₩805,000   ② ₩1,415,000
③ ₩1,065,000   ④ ₩227,000

➡ **풀이:** 정확한 당기순이익 = 수정전 당기순이익 + 미수수익 − 선수수익 + 선급비용 − 미지급비용 = 1,000,000 + 20,000 − 15,000 + 100,000 − 40,000 = 1,065,000

정답 ③

17 기말수정분개 없이 결산을 한 결과 당기순이익이 ₩150,000이었는데, 여기에 선급보험료 ₩5,000, 미지급급여 ₩10,000, 선수수익 ₩6,000, 미수수수료 ₩4,000을 추가하여 계산할 경우 수정후 당기순이익은?

① ₩145,000   ② ₩143,000
③ ₩155,000   ④ ₩146,000

➡ **풀이:** 수정후 당기순이익 = 수정전 당기순이익 + 미수수익 − 선수수익 + 선급비용 − 미지급비용 = 150,000 + 4,000 − 6,000 + 5,000 − 10,000 = 143,000

정답 ②

18 수정분개 후의 당기순이익은 ₩500,000이었다. 당기순이익을 계산할 때 선수수익 ₩25,000, 선급비용 ₩30,000이 제외되었고, 미지급비용 ₩30,000과 미수수익 ₩15,000도 고려되지 않았다. 수정분개전 당기순이익은 얼마나 되겠는가?

① ₩495,000   ② ₩505,000
③ ₩510,000   ④ ₩525,000

➡ **풀이:**

수정 전 당기순이익 + 미수수익 − 선수수익 + 선급비용 − 미지급비용 = 수정후 당기순이익

X + 15,000 − 25,000 + 30,000 − 30,000 = 500,000

X = 510,000

정답 ③

19 (주)전주(회계기간 1월 1일~12월 31일)는 1년분 보험료 ₩1,920,000을 10월 1일에 현금으로 지급하면서 ₩54,000은 선급보험료 계정으로, 나머지는 보험료계정으로 처리하였다. 회계기간말 수정전시산표상 선급보험료계정 잔액은

₩54,000이며, 보험료계정의 잔액은 ₩2,143,000일 때 수정후 선급보험료계정과 보험료계정의 잔액은?

	선급보험료	보험료		선급보험료	보험료
①	₩1,400,000	₩757,000	②	₩1,400,000	₩738,000
③	₩1,440,000	₩738,000	④	₩1,440,000	₩757,000

▶ 풀이: 선급보험료 = 1,920,000 × 9/12 = 1,440,000
　　　　보험료 = 2,143,000 - 1,440,000 + 54,000 = 757,000

정답 ④

20 (주)전주의 수정 전 잔액시산표의 합계액은 ₩582,000이었다. 다음 사항을 수정 반영한 후의 시산표상의 합계액은 무엇인가?

소모품 기말재고액	₩14,000	보험료 미경과액	4,000
미수수익 계상	6,000	감가상각비 계상	19,000

① 585,000　　　　② 602,000
③ 607,000　　　　④ 612,000

▶ 풀이: '자산의 증가와 비용의 소멸'처럼 잔액시산표의 차변항목인 자산계정과 비용계정간 동일금액의 상반된 증감은 잔액시산표상 최종 차변(또는 대변) 합계액에 영향을 주지 않는다. 따라서 미수수익의 계상과 감가상각비 계상만 잔액시산표의 차변과 대변금액에 각각 영향을 미친다.
　　　　수정 후 잔액시산표 잔액 = 수정 전 잔액시산표 잔액 + 수정사항 = 582,000 + 6,000 + 19,000 = 607,000

정답 ③

┃┃ 기출문제 ┃┃━━━━━━━━━━━━━━━━━━━━━━━━━━━━

■ 수정사항

01 다음 사항을 수정분개하였을 때 잔액시산표의 합계금액을 변동시키지 않는 항목
은? ('11 주택)

① 보험료 중 기간 미경과분을 선급보험료로 인식
② 차입금에 대한 미지급이자의 인식
③ 건물 손상차손의 인식
④ 유형자산 감가상각비의 인식
⑤ 대여금에 대한 미수이자의 인식

➡ 풀이: ①경우만 차변항목을 다른 차변항목으로 대체함.
　　　　이연항목은 수정분개후에도 잔액시산표 합계금액을 변동시키지 않음.

　　　　　　　　　　　　　　　　　　　　　　　　　　　　　　정답 ①

02 회계 기말에 행할 결산수정 사항이 아닌 것은? ('16 세무직)

① 기중에 사용된 소모품 금액을 소모품 계정으로부터 소모품비계정으로 대체한다.
② 거래 중인 회사의 부도로 대손이 확정된 매출채권에 대해 대손충당금과 상계처
리한다.
③ 건물에 대한 감가상각비를 인식한다.
④ 실지재고조사법에 따라 상품에 대한 매출원가를 인식한다.

➡ 풀이: ②는 기중 발생한 거래이다.

　　　　　　　　　　　　　　　　　　　　　　　　　　　　　　정답 ②

03 (주)한국의 기말수정사항이 다음과 같을 때, 기말수정분개가 미치는 영향에 대한
설명으로 옳지 않은 것은?(단, 법인세는 무시한다) ('15 관세직)

> ○ 4월 1일 1년간의 임차료 ₩120,000을 현금으로 지급하면서 전액을 임차료로 기록
> 하였다.
> ○ 12월에 급여 ₩20,000이 발생되었으나, 기말 현재 미지급 상태이다.

① 수정후시산표의 차변합계가 ₩50,000만큼 증가한다.
② 당기순이익이 ₩10,000만큼 증가한다.
③ 자산총액이 ₩30,000만큼 증가한다.
④ 부채총액이 ₩20,000만큼 증가한다.

➡ 풀이: (차) 선급임차료　　30,000　(대) 임차료　　　30,000
　　　　(차) 급　　　여　　20,000　(대) 미지급급여 20,000

　　　　　　　　　　　　　　　　　　　　　　　　　　　　　　정답 ①

04 기말수정사항이 다음과 같을 때, 기말수정분개가 미치는 영향으로 옳지 않은 것은?
('18 관세직)

> ○ 기중에 구입한 소모품 ₩1,000,000을 소모품비로 처리하였으나, 기말 현재 남아 있는 소모품은 ₩200,000이다. (단, 기초 소모품 재고액은 없다)
> ○ 당기에 발생한 미수이자수익 ₩1,000,000에 대한 회계처리가 이루어지지 않았다.

① 당기순이익이 ₩800,000 증가한다.

② 자산총액이 ₩1,200,000 증가한다.

③ 부채총액은 변동이 없다.

④ 수정후잔액시산표의 차변합계가 ₩1,000,000 증가한다.

➡ 풀이: (차) 소모품   200,000   (대) 소모품비   200,000
　　　 (차) 미수이자 1,000,000   (대) 이자수익 1,000,000

정답 ①

05 (주)한국은 2015년 3월 1일에 건물 임대 시 1년분 임대료 ₩360,000을 현금으로 수취하고 임대수익으로 처리하였으나 기말에 수정분개를 누락하였다. 그 결과 2015년 재무제표에 미치는 영향으로 옳은 것은?
('17 지방직)

① 자산총계 ₩60,000 과대계상　　　② 자본총계 ₩60,000 과소계상

③ 부채총계 ₩60,000 과소계상　　　④ 비용총계 ₩60,000 과대계상

➡ 풀이: 선수임대수익(부채) = 360,000 × 2/12 = 60,000 과소계상

정답 ③

06 (주)한국의 다음 거래에 대한 기말수정분개로 옳지 않은 것은? (단, 모든 거래는 월할계산한다)
('19 관세직)

구 분	거 래
㉠	12월 1일에 대여금의 향후 3개월분 이자수익 ₩9,000을 현금으로 수령하고 전액 선수수익으로 계상하였다.
㉡	소모품 ₩5,000을 현금 구입하고 소모품으로 계상하였다. 기말 실사 결과 소모품 재고는 ₩2,000이었다.
㉢	12월 1일에 향후 3개월분 이자비용 ₩3,000을 현금으로 지급하고 이를 전액 이자비용으로 계상하였다.
㉣	12월 1일에 비품 ₩6,000을 구입하였다. 비품의 내용연수는 5년, 잔존가치는 없으며 정액법으로 상각한다.

	차변		대변	
① ㉠	이자수익	₩3,000	선수수익	₩3,000
② ㉡	소모품비	₩3,000	소모품	₩3,000
③ ㉢	선급비용	₩2,000	이자비용	₩2,000

④ ㉣ 감가상각비   ₩100   감가상각누계액   ₩100

▶ **풀이:** (차) 선수수익   3,000   (대) 이자수익   3,000

정답 ①

07 다음의 자료를 이용하여 행한 수정분개로 옳지 않은 것은? ('16 관세직)

수정전시산표 항목		수정분개 사항	
상품	₩100,000	기말상품재고액	₩300,000
매입	₩600,000		
소모품	₩200,000	소모품 기말재고액	₩50,000
소모품비	₩0		
임차료	₩100,000	기말 미경과 임차료	₩50,000
선급임차료	₩0		
감가상각비	₩0	당기 건물 감가상각비	₩100,000
감가상각누계액-건물	₩100,000		

①
(차) ⎧ 매출원가   ₩100,000   (대) ⎧ 상품   ₩100,000
⎨ 매출원가   ₩600,000   ⎨ 매입   ₩600,000
⎩ 상품   ₩300,000   ⎩ 매출원가   ₩300,000

② (차) 소모품비   ₩150,000   (대) 소모품   ₩150,000
③ (차) 임차료   ₩50,000   (대) 선급임차료   ₩50,000
④ (차) 감가상각비   ₩100,000   (대) 감가상각누계액-건물 ₩100,000

▶ **풀이:** (차) 선급임차료 50,000 (대) 임차료 50,000

정답 ③

08 (주)한국의 2012년 12월 31일 수정전시산표와 추가적 정보는 다음과 같다. 수정분개로 옳은 것은? ('13 관세직)

〈수정전시산표〉

계정과목	잔액
매출채권	₩200,000
선수수익	₩60,000
선급임차료	₩120,000
선급보험료	₩24,000

〈추가적 정보〉

ㄱ. 2012년 12월 31일을 기준으로 선수수익의 3분의 1에 해당하는 용역을 제공하였다.
ㄴ. 2012년 9월 1일 1년분의 보험료를 지급하고, 선급보험료로 회계처리하였다.
ㄷ. 대금이 회수되지 않은 용역제공분 ₩6,000에 대하여 회계처리하지 않았다.
ㄹ. 6개월분의 선급임차료에 대한 거래는 2012년 10월 1일에 발생하였다.

① ㄱ: (차) 선수수익   ₩20,000   (대) 매출원가   ₩20,000
② ㄴ: (차) 선급보험료 ₩8,000   (대) 보험료   ₩8,000
③ ㄷ: (차) 현금   ₩6,000   (대) 용역매출   ₩6,000
④ ㄹ: (차) 임차료   ₩60,000   (대) 선급임차료 ₩60,000

▶ 풀이: ㄱ. (차) 선수수익   20,000   (대) 용역수익   20,000
　　　　ㄴ. (차) 보험료   8,000   (대) 선급보험료   8,000

$$(24,000 \times \frac{4}{12} = 8,000)$$

　　　　ㄷ. (차) 미수수익   6,000   (대) 용역수익   6,000
　　　　ㄹ. (차) 임차료   60,000   (대) 선급임차료   60,000

$$(120,000 \times \frac{3}{6} = 60,000)$$

정답 ④

09 수정전 수익과 비용의 차액이 ₩1,000(이익)이었다. 다음의 결산 수정분개 사항을 반영하고 난 후 수정후 수익과 비용의 차액은?(단, 아래 항목 외에는 수정사항이 없는 것으로 가정한다)　　　　('07 관세직)

> ○ 기초 소모품 ₩100, 당기매입 소모품 ₩500, 기말 소모품 ₩200 (단, 소모품 구입 시 자산계정인 소모품계정에 기록한다)
> ○ 당기에 발생하였으나 지급하지 않은 이자비용 ₩250

① ₩250 손실　　　　　　　　　② ₩850 이익
③ ₩1,350 이익　　　　　　　　④ ₩350 이익

▶ 풀이: 소모품사용(소모품비) = 기초 소모품 100 + 당기 매입 500 - 기말소모품 200 = 400
　　　　당기발생 이자비용 = 250   ∴ 비용합계 = 400 + 250 = 650
　　　　수정분개

　　　　(차) 소모품비   400   (대) 소모품   400
　　　　(차) 이자비용   250   (대) 미지급이자 250

　　　　∴ 1,000 - 650 = 350 이익

정답 ④

10 다음은 (주)한국과 관련된 거래이다. 기말 수정분개가 재무제표에 미치는 영향으로 옳은 것은? (단, 기간은 월할 계산한다)　　　　('21 관세직)

> ○ 8월 1일 건물을 1년간 임대하기로 하고, 현금 ₩2,400을 수취하면서 임대수익으로 기록하였다.
> ○ 10월 1일 거래처에 현금 ₩10,000을 대여하고, 1년 후 원금과 이자(연 이자율 4%)를 회수하기로 하였다.
> ○ 11월 1일 보험료 2년분 ₩2,400을 현금지급하고, 보험료로 회계처리하였다.

① 자산이 ₩2,100만큼 증가한다.

② 비용이 ₩200만큼 증가한다.

③ 수익이 ₩100만큼 증가한다.

④ 당기순이익이 ₩900만큼 증가한다.

▶ 풀이:

(차) 임대수익	1,400	(대) 선수수익	1,400
(차) 미수수익	100	(대) 이자수익	100
(차) 선급비용	2,200	(대) 보험료	2,200

수익 1,300 감소하고 비용 2,200감소하므로 당기순이익은 900만큼 증가한다
선수수익(부채)= 2,400 × 7/12 = 1,400
미수수익(자산)= 10,000 × 4% × 3/12 = 100
선급비용(자산)= 2,400 × 22/24 = 2,200

정답 ④

11 다음과 같은 누락 사항을 반영하기 전 당기순이익이 ₩500,000인 경우, 수정후 당기순이익은? ('11 관세직)

보험료 중 선급분	₩10,000
이자비용 중 미지급분	₩13,000
비용으로 처리한 소모품 중 미사용액	₩18,000
가수금 중 거래처 외상대금 회수분	₩20,000

① ₩485,000

② ₩505,000

③ ₩515,000

④ ₩535,000

▶ 풀이: 수정후당기순이익 500,000 + 10,000 − 13,000 + 18,000 = 515,000

(차) 선급보험료	10,000	(대) 보험료	10,000
(차) 이자비용	13,000	(대) 미지급이자	13,000
(차) 소모품	18,000	(대) 소모품비	18,000
(차) 가수금	20,000	(대)매출채권	20,000

정답 ③

12 (주)한국은 20×1년 말 결산 중 다음 항목에 대한 기말수정분개가 누락된 것을 발견하였다. 누락된 기말수정분개가 20×1년 당기순이익에 미치는 영향은? (단, 기간은 월할 계산한다) ('22 관세직)

○20×1년 7월 1일 1년치 보험료 ₩120,000을 현금지급하고 전액 선급보험료로 처리하였다.
○20×1년 1월 1일 자산으로 계상된 소모품 ₩200,000 중 12월 말 현재 보유하고 있는 소모품은 ₩100,000이다.
○20×1년 3월 1일 사무실 일부를 임대하고 1년치 임대료 ₩240,000을 현금으로 수령하면서 전액 수익으로 처리하였다.

① ₩60,000 증가

② ₩100,000 증가

③ ₩60,000 감소   ④ ₩200,000 감소

▶ 풀이: 비용 인식: 보험료 = 120,000 × 6/12 = 60,000
    비용 인식: 소모품비 = 200,000 - 100,000 = 100,000
    수익 취소: 선수수익 = 240,000 × 2/12 = 40,000
    비용 160,000증가, 수익 40,000감소로 당기순이익은 200,000 감소한다.

정답 ④

13 (주)전남의 수정분개 전 당기순익이익은 ₩500,000이다. 수정분개사항으로는 선수수익 ₩5,000, 선급비용 ₩7,000, 미수수익 ₩4,000, 미지급비용 ₩6,000, 감가상각비 ₩3,000이 있다. 수정분개사항을 모두 반영할 경우 정확한 당기순이익은 얼마인가?   ('07 세무직)

① ₩497,000   ② ₩503,000

③ ₩486,000   ④ ₩500,000

▶ 풀이: 정확한 당기순이익: 500,000 - 5,000 + 7,000 + 4,000 - 6,000 - 3,000 = 497,000

정답 ①

14 (주)한국의 기말수정사항이 다음과 같을 때, 기말수정분개가 미치는 영향에 대한 설명으로 옳지 않은 것은?(단, 법인세는 무시한다)   ('15 세무직)

> ○ 4월 1일 1년간의 임차료 ₩120,000을 현금으로 지급하면서 전액을 임차료로 기록하였다.
> ○ 12월에 급여 ₩20,000이 발생되었으나, 기말 현재 미지급상태이다.

① 수정후시산표의 차변합계가 ₩50,000만큼 증가한다.
② 당기순이익이 ₩10,000만큼 증가한다.
③ 자산총액이 ₩30,000만큼 증가한다.
④ 부채총액이 ₩20,000만큼 증가한다.

▶ 풀이: 수정분개 (차) 선급임차료 30,000   (대) 임차료   30,000
            (차) 급여   20,000   (대) 미지급급여 20,000

정답 ①

15 (주)한국의 결산수정사항이 다음과 같은 경우, 기말수정분개가 미치는 영향으로 옳지 않은 것은?(단, 법인세비용에 미치는 영향은 없다고 가정한다)   ('15 지방직)

> ○ 4월 1일 1년간의 보험료 ₩12,000을 지급하고 전액을 선급보험료계정에 차기하였다.
> ○ 당해 회계연도의 임대료 수익 ₩6,000이 발생되었으나 12월 31일 현재 회수되지 않고 다음 달 말일에 회수할 예정이다.

① 수정후잔액시산표의 대변합계는 ₩6,000만큼 증가한다.
② 당기순이익이 ₩3,000만큼 증가한다.

③ 자산총액이 ₩3,000만큼 감소한다.

④ 부채총액은 변동이 없다.

▶ 풀이: 수정분개 (차) 보험료　　9,000　　(대) 선급보험료　9,000
　　　　　　　　 (차) 미수임대료　6,000　　(대) 임대료　　　6,000

정답 ②

16 다음 (주)한국의 재무자료를 이용하여 계산한 2012년의 당기순이익은?

('12 관세직)

> ○ 2012년의 수정 전 당기순익은 ₩46,000이다.
> ○ 기말에 발견된 오류는 다음과 같다.
> 　- 기말재고자산을 ₩10,000 과대 계상하였다.
> 　- 선급비용 ₩5,000을 당기비용으로 처리하였다.
> 　- 미지급비용 ₩3,000을 누락하였다.
> 　- 2012년 초에 현금으로 지급한 기계장치에 대한 자본적 지출액 ₩20,000을 수선비로 처리하였다.
> 　- 기계장치의 잔존가치는 없으며, 내용연수는 2012년 초부터 시작하여 5년이며, 정액법으로 감가상각한다.
> 　- 법인세는 무시하며, 모든 오류는 중대하다고 가정한다.

① ₩50,000　　　　　　　　　② ₩54,000

③ ₩58,000　　　　　　　　　④ ₩64,000

▶ 풀이: 당기순이익 = 46,000 - 10,000 + 5,000 - 3,000 + 20,000 - 4,000 = 54,000

정답 ②

17 (주)한국은 휴대전화 판매를 영위하는 회사이며, 다음의 거래를 누락한 상태에서 당기순이익을 ₩40,000으로 산정하였다. 다음 거래를 추가로 반영할 경우 포괄손익계산서상 당기순이익은?

('22 세무직)

○ 미수이자수익 발생	₩10,000
○ 선수수익의 수익실현	₩40,000
○ 매출채권의 현금회수	₩20,000
○ 매입채무의 현금상환	₩7,000
○ 미지급이자비용 발생	₩3,000

① ₩50,000　　　　　　　　　② ₩87,000

③ ₩100,000　　　　　　　　　④ ₩110,000

▶ 풀이: 당기순이익 = 40,000 + 10,000 + 40,000 - 3,000 = 87,000

정답 ②

18 결산과정에서 아래의 수정사항을 반영하기 전 법인세비용차감전순이익이 ₩100,000인 경우, 수정사항을 반영한 후의 법인세비용 차감전순이익은?(단, 수정전시산표

상 재평가잉여금과 FVOCI 금융자산평가손익의 잔액은 없다) ('15 지방직)

- 선급보험료 ₩30,000 중 1/3의 기간이 경과하였다.
- 대여금에 대한 이자발생액은 ₩20,000이다.
- 미지급급여 ₩4,000이 누락되었다.
- 자산재평가손실 ₩50,000이 누락되었다.
- FVOCI금융자산평가이익 ₩16,000이 누락되었다.
- 자기주식처분이익 ₩30,000이 누락되었다.

① ₩56,000　　　　　　　　　② ₩72,000
③ ₩102,000　　　　　　　　　④ ₩106,000

▶ 풀이: 수정반영후 순이익 = 반영 전 순이익 100,000 - 보험료 10,000 + 이자수익 20,000 - 급여 4,000 - 재평가손실 50,000 = 56,000

정답 ①

19 2008년 초에 영업활동을 개시한 (주)서울의 회계담당자는 2008 회계연도의 당기순이익을 ₩200,000으로 계산하였다. 그러나 회계감사인은 회계담당자가 계산한 당기순이익에는 다음 항목의 기말 잔액에 대한 수정분개결과가 반영되지 않았다는 사실을 지적하였다. 위 사항을 반영하여 (주)서울의 2008 회계연도의 당기순이익을 계산하면? ('09 세무직)

| 선 수 수 익 | ₩10,000 | 선 급 비 용 | ₩15,000 |
| 미 지 급 비 용 | ₩20,000 | 미 수 수 익 | ₩25,000 |

① ₩180,000　　　　　　　　　② ₩190,000
③ ₩200,000　　　　　　　　　④ ₩210,000

▶ 풀이: 수정반영후 순이익 = 200,000 - 10,000 + 15,000 - 20,000 + 25,000 = 210,000

정답 ④

20 (주)한국의 20×1년 말 결산수정사항 반영 전 당기순이익은 ₩1,070,000이었다. 다음 결산수정사항을 반영한 후의 당기순이익은?(단, 이자와 보험료는 월할 계산한다) ('16 주택)

- 20×1년 7월 1일 거래처에 현금 ₩200,000을 대여하면서 1년 후에 원금과 이자(연 9%)를 회수하기로 약정하였다.
- 20×1년 12월 1일에 향후 1년치 보험료 ₩24,000을 현금으로 지급하면서 선급 보험료로 회계처리하였다.

① ₩1,055,000　　　　　　　③ ₩1,061,500
③ ₩1,077,000　　　　　　　④ ₩1,078,500
⑤ ₩1,081,000

▶ 풀이: 이자수익 = 200,000 × 9% × 6/12 = 9,000

보험료 = 24,000 × 1/12 = 2,000
당기순이익 = 1,070,000 + 9,000 - 2,000 = 1,077,000

정답 ③

21 (주)한국의 다음 기말조정사항에 대한 수정분개가 당기순이익에 미치는 영향(증가 또는 감소)이 나머지 셋과 다른 것은? ('20 세무직)

① 당기 7월 1일에 1년 만기 정기예금(연 6% 이자율)에 가입하고 현금 ₩1,000,000을 입금하였으나, 결산일까지 이자 수령일이 도래하지 않아 이자관련 회계처리는 하지 않았다.

② 비품에 대한 당기 감가상각비 ₩30,000을 회계처리 하지 않았다.

③ 당기 11월 1일에 소모품을 ₩50,000에 현금으로 구입하고 자산으로 인식하였다. 기말 결산일에 미사용 소모품 ₩20,000이 남아 있음을 확인하였다.

④ 당기 4월 1일부터 회사 건물을 (주)민국에게 1년간 임대하고, 1개월에 ₩10,000씩 1년분 임대료 ₩120,000을 현금으로 받아 전액 수익으로 기록하였다.

➡ 풀이: ① 이자수익 30,000 증가 ⇨ 당기순이익 증가
② 감가상각비 30,000 증가 ⇨ 당기순이익 감소
③ 소모품비 30,000 증가 ⇨ 당기순이익 감소
④ 임대수익 30,000 감소 ⇨ 당기순이익 감소

정답 ①

22 (주)한국의 2017년 중 거래가 다음과 같을 때 옳은 것은? ('18 관세직)

○ (주)한국은 2017년 중 용역을 제공하기로 하고 현금 ₩120,000을 받았다. 2017년 선수용역수익계정의 기초잔액은 ₩30,000이고, 기말잔액은 ₩40,000일 때 2017년도에 인식한 용역수익은?

○ (주)한국은 2017년 중 건물임차료로 현금 ₩70,000을 미리 지급하였다. 2017년 선급임차료계정의 기초잔액은 ₩10,000이고, 기말잔액은 ₩30,000일 때 2017년도에 인식한 임차료는?

	용역수익	임차료
①	₩120,000	₩70,000
②	₩120,000	₩50,000
③	₩110,000	₩70,000
④	₩110,000	₩50,000

➡ 풀이: 용역수익 = 30,000 + 120,000 - 40,000 = 110,000
임차료 = 10,000 + 70,000 - 30,000 = 50,000

정답 ④

23 (주)한국의 2017년 수정전시산표와 결산수정사항을 근거로 재무상태표에 공시될 자본은?

('18 지방직)

〈2017년 수정전시산표〉

현금	₩15,000	매입채무	₩3,000
매출채권	₩5,000	미지급금	?
재고자산	₩3,500	단기차입금	₩25,000
토지	₩10,000	감가상각누계액	?
건물	₩50,000	자본금	₩10,000
소모품	₩1,500	이익잉여금	₩21,000
매출원가	₩2,500	매출	₩18,000
보험료	₩500		
급여	₩1,000		
합계	₩89,000	합계	₩89,000

―――― 〈결산수정사항〉 ――――

○ 광고선전비 ₩1,000이 발생하였으나 결산일 현재 지급하지 않았다.

○ 결산일 현재 소모품 잔액은 ₩500이다.

○ 건물은 2016년 7월 1일 취득하였으며 취득가액 ₩50,000, 내용연수 4년, 잔존가치 ₩10,000, 연수합계법을 적용하여 월할 감가상각한다.

○ 토지는 2017년 중 취득하였으며 2017년 결산 시 공정가치모형을 적용한다. 2017년 말 공정가치는 ₩7,000이다.

○ 단기차입 조건은 무이자 조건이며, 매출채권에 대한 대손충당금은 고려하지 않는다.

① ₩5,000
② ₩22,500
③ ₩26,000
④ ₩29,000

▶ 풀이: (차) 광고선전비　　　1,000　　　(대) 미지급금　　　1,000
　　　　(차) 소모품비　　　1,000　　　(대) 소모품　　　1,000
　　　　(차) 감가상각비　　　14,000　　　(대) 감가상각누계액　14,000

$$* (50,000 - 10,000) \times \frac{4}{10} \times \frac{6}{12} + 40,000 \times \frac{3}{10} \times \frac{6}{12} = 14,000$$

　　　　(차) 토지 재평가손실　3,000　　　(대) 토지　　　3,000

당기손실 = 18,000 - 2,500 - 500 - 1,000 - 1,000 - 1,000 - 14,000 - 3,000 = 5,000
기말 자본 = (10,000 + 21,000 - 5,000) = 26,000

정답 ③

24 (주)한국은 회계연도 중에는 현금주의에 따라 회계처리하며, 기말수정분개를 통해 발생주의로 전환하여 재무제표를 작성한다. (주)한국의 기말 수정후시산표상 차변(또는 대변)의 합계금액은 ₩1,025,000이다. 기말수정사항이 다음과 같을 때, 수정전시산표상 차변(또는

대변)의 합계금액은? ('19 관세직)

ㅇ소모품 기말재고액	₩30,000	ㅇ기간 미경과 보험료	₩55,000
ㅇ미수수익 미계상액	₩15,000	ㅇ미지급이자 미계상액	₩10,000

① ₩915,000   ② ₩965,000

③ ₩1,000,000   ④ ₩1,025,000

▶ 풀이: 이연항목

(차) 소모품	30,000	(대) 소모품비	30,000
(차) 선급보험료	55,000	(대) 보험료	55,000

발생항목

(차) 미수수익	15,000	(대) 이자수익	15,000
(차) 이자비용	10,000	(대) 미지급이자	10,000

발생항목은 수정전시산표에 반영되지 않았다.
수정전시산표상 차변의 합계금액 = 1,025,000 - 15,000 - 10,000 = 1,000,000

정답 ③

25 20×1년 초 설립한 (주)한국의 20×1년 말 수정전시산표는 회계기록상 계정잔액의 오류가 없었음에도 불구하고, 차변 합계와 대변 합계가 일치하지 않았다.

('20 세무직)

계정과목	차변	대변
현금	₩200	
매출	₩300	
매출채권	₩500	
건물	₩1,000	
미지급금		₩150
재고자산	₩200	
선급보험료		₩50
자본금		₩1,000
소모품	₩30	
선수수익	₩50	
미수수익		₩10
차입금		₩500
매입채무	₩50	
임차비용	₩30	
급여	₩30	
합계	₩2,390	₩1,710

위의 수정전시산표상의 오류와 다음 결산조정사항을 반영한 후 (주)한국의 20×1년 말 수정시산표상 차변 합계는?(단, (주)한국은 저가법 적용 시 재고자산평가충당

금 계정을 사용한다)

> ○ 20×1년 말 재고자산의 순실현가치는 ₩10으로 확인되었다.
> ○ 차입금의 차입일은 20×1년 7월 1일, 연 이자율 4%, 만기 1년이며, 이자는 차입원
>   금 상환 시 일시 지급한다.

① ₩1,850   ② ₩2,050

③ ₩2,250   ④ ₩2,590

➡ 풀이: 차변 = 현금 200 + 매출채권 500 + 건물 1,000 + 재고자산 200 + 선급보험료 50 +
       소모품 30 + 미수수익 10 + 임차비용 30 + 급여 30 + 재고자산평가손실 190
       + 이자비용 10 = 2,250

     [참고]

       대변 = 매출 300 + 미지급금 150 + 재고자산평가충당금 190 + 자본금 1,000 +
       선수수익 50 + 차입금 500 + 매입채무 50 + 미지급이자 10 = 2,250

정답 ③

26 (주)한국의 2014년 12월 31일 결산 시 당기순이익 ₩400,000이 산출되었으
나, 다음과 같은 사항이 누락되었다. 누락 사항을 반영할 경우의 당기순이익은?
(단, 법인세는 무시한다)   ('15 관세직)

> ○ 기중 소모품 ₩50,000을 구입하여 자산으로 기록하였고 기말 현재 소모품 중
>   ₩22,000이 남아있다.
> ○ 2014년 12월분 급여로 2015년 1월 초에 지급 예정인 금액 ₩25,000이 있다.
> ○ 2014년 7월 1일에 현금 ₩120,000을 은행에 예금하였다
>   (연이자율 10%, 이자지급일은 매년 6월 30일).
> ○ 2014년도의 임차료 ₩12,000이 미지급 상태이다.

① ₩341,000   ② ₩347,000

③ ₩353,000   ④ ₩369,000

➡ 풀이: 누락사항 반영후 순이익 = 반영전 순이익 400,000 - 소모품비 28,000 - 급여 25,000 +
       이자수익 6,000 - 임차료 12,000 = 341,000

정답 ①

27 다음은 (주)신라의 2006년 12월 31일 종료되는 회계연도의 수정전시산표상 계
정들과 그에 대한 설명이다.

> 보험료   ₩360,000   소모품비   ₩50,000
>
> 임대수익   ₩600,000
>
> ○ 보험료는 2006년 7월 1일에 1년분 화재보험료를 현금지급하면서 계상한 것이다.
> ○ 소모품비는 소모품을 구입하면서 계상한 것인데, 현재 미사용한 소모품은 ₩15,000
>   이다.
> ○ 임대수익은 2006년 11월 1일에 3개월분의 임대료를 수령하면서 계상한 것이다.

위의 계정에 대한 결산수정분개가 2006년도 당기순이익에 미치는 영향은 얼마인가? ('07 세무직)

① ₩5,000 (감소)　　　　　　　② ₩150,000 (증가)

③ ₩190,000 (증가)　　　　　　④ ₩235,000 (증가)

➡ 풀이:

(차) 선급보험료	180,000	(대) 보험료	180,000
(차) 소모품	15,000	(대) 소모품비	15,000
(차) 임대수익	200,000	(대) 선수임대수익	200,000

　　　수익감소 200,000 - 비용감소 195,000 = 당기순이익감소 5,000

정답 ①

28 (주)한국의 2014년 말 수정전시산표와 결산정리사항은 다음과 같다. 결산정리사항을 반영한 2014년 말 재무상태표상의 자산 총액은? ('17 지방직)

수정전시산표

현금	₩92,000	매입채무	₩32,000
매출채권	65,000	대손충당금-매출채권	2,000
상품	5,000	단기차입금	35,000
매입	100,000	미지급금	50,000
건물	300,000	미지급비용	10,000
임차료	10,000	감가상각누계액-건물	30,000
급여	7,500	자본금	250,000
보험료	3,500	이익잉여금	40,000
이자비용	5,000	매출	135,000
		임대수익	4,000
	₩588,000		₩588,000

<결산정리사항>

○ 2014년 말 재고자산은 ₩3,500이다.

○ 건물 ₩300,000은 2013년 1월 1일에 취득하였고 정액법(내용연수 10년, 잔존가액 ₩0)으로 상각한다.(단, 건물은 원가모형을 적용한다)

○ 보험료 미경과액은 ₩1,750이다.

○ 2014년 말 현재 매출채권의 회수가능액을 ₩60,000으로 추정하였다.

① ₩397,250　　　　　　　② ₩430,000

③ ₩462,250　　　　　　　④ ₩530,000

➡ 풀이: 건물 감가상각누계액 = 300,000 × 2/10 = 60,000
　　　자산 총액 = 현금 92,000 + 매출채권(순액) 60,000 + 재고자산 3,500 + 건물 240,000 + 선급보험료 1,750 = 397,250

정답 ①

29 (주)한국의 2017년도 수정전시산표는 다음과 같다. ('18 관세직)

현금	₩100,000	단기차입금	₩500,000
매출채권	₩500,000	손실충당금(대손충당금)	₩40,000
건물	₩1,000,000	감가상각누계액	₩200,000
감가상각비	₩100,000	자본금	₩500,000
급여	₩300,000	매출	₩760,000
합계	₩2,000,000	합계	₩2,000,000

결산수정분개를 위한 자료가 다음과 같을 때, 당기순이익은?

- ○ 단기차입금에 대한 미지급 이자비용 ₩50,000이 있다.
- ○ 매출채권 기말잔액의 10%를 기대신용손실액으로 추정한다.

① ₩200,000   ② ₩260,000

③ ₩300,000   ④ ₩360,000

▶ 풀이: 수정분개 전 당기순이익 = 760,000 - 100,000 - 300,000 = 360,000
　　　　수정분개 후 당기순이익 = 360,000 - 50,000 - (500,000 × 10% - 40,000) = 300,000

정답 ③

30 다음은 (주)한국의 20×1년 12월 31일 현재의 수정후시산표잔액이다.

계정과목	차변	계정과목	대변
현금	₩20,000	매입채무	₩20,000
매출채권	₩10,000	차입금	₩100,000
재고자산	₩5,000	감가상각누계액	₩50,000
토지	₩100,000	대손충당금	₩2,000
건물	₩200,000	자본금	?
매출원가	₩10,000	이익잉여금	₩9,000
감가상각비	₩5,000	매출	₩20,000
급여	₩1,000		
합계	₩351,000	합계	₩351,000

(주)한국의 20×1년 12월 31일 현재 재무상태표의 이익잉여금과 자본총계는?
('20 관세직)

　　이익잉여금　　　자본총계

① ₩13,000　　₩163,000

② ₩13,000　　₩150,000

③ ₩10,000　　₩150,000

④ ₩10,000　　₩163,000

▶ 풀이: 당기순이익 = 매출 20,000 - 매출원가 10,000 - 감가상각비 5,000 - 급여 1,000

$$= 4,000$$

재무상태표의 이익잉여금 = 수정후시산표상 이익잉여금 9,000 + 당기순이익 4,000
$$= 13,000$$

자본금 = 351,000 − 자본금 제외 대변 합계 201,000 = 150,000

자본총계 = 150,000 + 13,000 = 163,000

정답 ①

31 다음 수정분개를 반영하지 못할 경우 재무상태와 손익에 미치는 영향으로 옳은 것은? ('21 지방직)

○ 종업원급여 미지급액	₩10,000
○ 선급보험료(자산)중 기간이 경과하여 실현된 금액	₩10,000
○ 외상매출금 중 현금으로 회수된 금액	₩10,000
○ 선수임대료(부채) 중 기간이 경과하여 실현된 금액	₩10,000
○ 차입금 이자 미지급액	₩10,000

① 법인세차감전순이익은 ₩20,000 과소 계상된다.

② 비용은 ₩30,000 과대 계상된다.

③ 부채는 ₩10,000 과소 계상된다.

④ 자산은 ₩30,000 과소 계상된다.

▶ 풀이: 수정분개

(차) 급여	10,000	(대) 미지급비용	10,000
(차) 보험료	10,000	(대) 선급보험료	10,000
(차) 현금	10,000	(대) 외상매출금	10,000
(차) 선수임대료	10,000	(대) 임대료수익	10,000
(차) 이자비용	10,000	(대) 미지급이자	10,000

정답 ③

■ 선급비용

32 (주)한국은 보험료를 1년 단위로 납부한다. 보험료 납부 시에 일괄적으로 보험료로 비용처리한 후, 기말 결산 시에 미경과분에 대하여 선급비용으로 수정분개 처리를 하지 않았다면 당기에 기업에 미치는 영향은? ('12 지방직)

① 자산, 순이익, 자본의 과대계상

② 자산, 순이익, 자본의 과소계상

③ 부채의 과대계상, 순이익과 자본의 과소계상

④ 당기에 아무런 영향 없음

정답 ②

33 12월말 결산법인인 (주)주택은 20×1년 10월 1일에 1년분 보험료 ₩120,000을 현금지급하면서 선급보험료로 회계처리하였다. 다음 중 (주)주택의 기말 결산

수정분개로 옳은 것은?(단, 보험료는 월할계산한다) ('10 주택)

차 변		대 변	
① 보험료	30,000	선급보험료	30,000
② 선급보험료	90,000	보험료	90,000
③ 선급보험료	30,000	보험료	30,000
④ 보험료	90,000	선급보험료	90,000
⑤ 보험료	120,000	현금	120,000

➡ 풀이: 20×1.10.1 (차) 선급보험료 120,000   (대) 현금   120,000
　　　　 20×1.12.31 (차) 보험료   30,000   (대) 선급보험료   30,000

$$120,000 \times \frac{3}{12} = 30,000$$

정답 ①

34 (주)한국은 20×1년 8월 1일 화재보험에 가입하고, 향후 1년간 보험료 ₩12,000을 전액 현금지급하면서 선급보험료로 회계처리 하였다. 동 거래와 관련하여 (주)한국이 20×1년 말에 수정분개를 하지 않았을 경우, 20×1년 말 재무상태표에 미치는 영향은? (단, 보험료는 월할 계산한다) ('21 주택)

자 산	부 채	자 본
① ₩5,000(과대)	영향 없음	₩5,000(과대)
② ₩5,000(과대)	₩5,000(과대)	영향 없음
③ ₩7,000(과대)	영향 없음	₩7,000(과대)
④ ₩7,000(과대)	₩7,000(과대)	영향 없음
⑤ 영향없음	₩7,000(과소)	₩7,000(과대)

➡ 풀이: 수정분개: (차) 보험료   5,000   (대) 선급보험료   5,000

정답 ①

35 (주)한국은 20×1년 9월 1일에 건물에 대한 12개월분 보험료 ₩60,000을 지급하고 차변에 "보험료 60,000"으로 분개하였다. 20×1년 12월 31일 필요한 수정분개는?) ('13 주택)

차 변		대 변	
① 선급보험료	20,000	보험료	20,000
② 보험료	20,000	선급보험료	20,000
③ 선급보험료	40,000	보험료	40,000
④ 보험료	40,000	선급보험료	40,000

➡ 풀이: 20×1.9. 1 (차) 보험료   60,000   (대) 현금   60,000
　　　　 20×1.12.31 (차) 선급보험료   40,000   (대) 보험료   40,000

$$60,000 \times \frac{8}{12} = 40,000$$

정답 ③

36 (주)갑을은 판매비와관리비를 지출 시점에서 모두 비용으로 기록하고 있다. 2007년 5월 1일에 1년분 보험료 ₩12,000을 지급하였다. (주)갑을이 2007년 말에 수행할 결산수정분개와 이를 누락했을 때 법인세비용차감전순이익에 미치는 영향을 가장 옳게 표시한 것은? ('08 관세직)

① 수정분개: (차) 선급보험료 ₩4,000   (대) 보험료 ₩4,000
   법인세비용차감전순이익에 미치는 영향: ₩4,000 과소계상
② 수정분개: (차) 보험료 ₩8,000   (대) 선급보험료 ₩8,000
   법인세비용차감전순이익에 미치는 영향: ₩4,000 과소계상
③ 수정분개: (차) 선급보험료 ₩4,000   (대) 보험료 ₩4,000
   법인세비용차감전순이익에 미치는 영향: ₩4,000 과대계상
④ 수정분개: (차) 보험료 ₩8,000   (대) 선급보험료 ₩8,000
   법인세비용차감전순이익에 미치는 영향: ₩4,000 과대계상

정답 ①

37 포괄손익계산서의 보험료가 ₩500이고, 기말의 수정분개가 다음과 같을 경우 수정전시산표와 기말 재무상태표의 선급보험료 금액으로 가능한 것은? ('17 주택)

――――――― 〈수정분개〉 ―――――――
(차변) 보험료   300   (대변) 선급보험료   300

	수정전시산표의 선급보험료	기말 재무상태표의 선급보험료
①	₩1,300	₩1,500
②	₩2,000	₩1,700
③	₩2,500	₩2,800
④	₩2,500	₩3,000
⑤	₩3,000	₩2,500

▶ **풀이:** 수정분개로 선급보험료가 300만큼 감소한다. 문제를 통하여 선급보험료의 잔액은 알 수 없으나 수정전시산표의 선급보험료(수정분개 전)는 기말 재무상태표의 선급보험료(수정분개 후)보다 300만큼 크다.

정답 ②

38 (주)한국은 보험료 지급 시 전액을 자산으로 회계처리하며 20×1년 재무상태표상 기초와 기말 선급보험료를 각각 ₩200,000과 ₩310,000이다. 20×1년 중 보험료를 지급하면서 자산으로 회계처리한 금액이 ₩1,030,000이라면, 20×1년 포괄손익계산서상 보험료 비용은? ('22 세무직)

① ₩520,000   ② ₩920,000
③ ₩1,030,000   ④ ₩1,140,000

▶ 풀이: 보험료 비용 = 200,000 + 1,030,000 - 310,000 = 920,000

정답 ②

■ 미지급비용

39 다음 수정분개의 누락이 재무제표에 미치는 영향으로 옳은 것은? ('18 주택)

| (차변) 이자비용 | 1,000 | (대변) 미지급이자 | 1,000 |

① 비용, 부채, 자본이 과대 표시된다.
② 비용, 부채, 자본이 과소 표시된다.
③ 비용, 자본이 과대 표시되고 부채는 과소 표시된다.
④ 비용, 자본이 과소 표시되고 부채는 과대 표시된다.
⑤ 비용, 부채가 과소 표시되고 자본은 과대 표시된다.

▶ 풀이: 이자비용의 인식과 미지급이자의 인식이 누락되므로 비용과 부채가 과소 표시된다. 부채의 과소평가로 인해 자본은 과대 표시된다.

정답 ⑤

40 (주)한국은 20×1년 직원들에게 ₩1,000의 급여를 현금 지급하였다. 20×1년 초 미지급급여가 ₩200, 20×1년 말 미지급급여가 ₩700이면 당기에 발생한 급여는?? ('21 지방직)

① ₩1,000   ② ₩1,200
③ ₩1,500   ④ ₩1,700

▶ 풀이: 당기 발생한 급여 = 1,000 + 700 - 200 = 1,500

정답 ③

■ 선수수익

41 (주)대한의 회계담당자는 기중에 인식한 선수임대료 중에서 기간이 경과되어 실현된 금액에 대한 기말수정분개를 하지 않았다. 이러한 오류가 (주)대한의 당기재무제표에 미치는 영향으로 옳은 것은? ('11 주택)

① 당기순이익이 과대표시된다.   ② 기타포괄이익이 과대표시된다.
③ 자산이 과대표시된다.   ④ 부채가 과대표시된다.
⑤ 자본이 과대표시된다.

▶ 풀이: 선수임대료는 부채이다.

정답 ④

42 (주)한국은 20×1년 4월 1일 향후 1년간(20×1년 4월 1일 ~ 20×2년 3월 31일) (주)대한에게 창고를 임대하고 그 대가로 ₩1,200(1개월 ₩100)을 현금으로 받

아 수익으로 회계처리하였다. 이 거래와 관련하여 (주)한국이 20×1년 말에 수정분개를 하지 않았을 경우, 기말 재무제표에 미치는 영향으로 옳지 않은 것은?

('19 주택)

① 부채가 ₩300 과대계상된다.　② 자산에 미치는 영향은 없다.
③ 자본이 ₩300 과대계상된다.　④ 비용에 미치는 영향은 없다.
⑤ 수익이 ₩300 과대계상된다.

▶ 풀이: (차) 임대료수익　300　　(대) 선수임대료　300

정답 ①

43 (주)한국은 사무실 일부를 임대하고 있으며, 20×1년 말과 20×2년 말 선수임대료 잔액은 각각 ₩10,000과 ₩7,000이다. 20×2년 포괄손익계산서상의 임대료가 ₩5,000일 때, 20×2년 현금으로 수취한 임대료는?

('13 주택)

① ₩2,000　　　② ₩5,000　　　③ ₩7,000
④ ₩10,000　　⑤ ₩12,000

▶ 풀이: 기말 선수임대료 7,000 + 당기 임대수익 5,000 - 기초 선수임대료 10,000 = 현금수취 2,000

선수임대료

임대수익	5,000	기초	10,000
기말	7,000	현금	2,000
	12,000		12,000

정답 ①

■ 소모품

44 (주)한국은 기초 소모품이 ₩5,000이었고, 기중에 소모품 ₩6,000을 추가로 구입하고 자산으로 처리하였다. 기말에 남아 있는 소모품이 ₩3,000이라면, 소모품과 관련된 기말 수정분개는?

('11 지방직)

	(차변)		(대변)	
①	소모품비	8,000	소모품	8,000
②	소모품	3,000	소모품비	3,000
③	소모품비	3,000	소모품	3,000
④	소모품	8,000	소모품비	8,000

▶ 풀이:

소모품

기초	5,000	소모품비	8,000
구입	6,000	기말	3,000
	11,000		11,000

정답 ①

45 (주)한국의 수정전시산표상 소모품은 ₩160,000이고, 기말 현재 남아있는 소모품이 ₩70,000이다. 수정분개로 옳은 것은?   ('13 세무직)

① (차) 소모품비 ₩90,000   (대) 소모품   ₩90,000
② (차) 소모품비 ₩70,000   (대) 소모품   ₩70,000
③ (차) 소모품   ₩90,000   (대) 소모품비 ₩90,000
④ (차) 소모품   ₩70,000   (대) 소모품비 ₩70,000

▶ 풀이: 자산계상 소모품 160,000 − 70,000 = 90,000 비용인식

정답 ①

46 20×1년 초에 설립한 (주)한국의 20×1년 말 수정전시산표상 소모품계정은 ₩50,000이었다. 기말실사 결과 미사용소모품이 ₩20,000일 때, 소모품에 대한 수정분개의 영향으로 옳은 것은?   ('20 주택)

① 비용이 ₩30,000 증가한다.   ② 자본이 ₩30,000 증가한다.
③ 이익이 ₩20,000 감소한다.   ④ 자산이 ₩30,000 증가한다.
⑤ 부채가 ₩20,000 감소한다.

▶ 풀이: 소모품비(비용) 30,000이 증가하고 소모품(자산) 30,000이 감소한다.

정답 ①

47 기초소모품잔액은 ₩30,000이다. 기중에 구입한 소모품 ₩100,000은 전액 비용처리하였다. 기말실시 결과 미사용소모품이 ₩20,000일 때 이를 반영하는 수정분개는? (단, 기말미사용소모품은 자산으로 인식한다.)   ('11 주택)

① (차) 소모품비 10,000   (대) 소모품   10,000
② (차) 소모품비 20,000   (대) 소모품   20,000
③ (차) 소모품   10,000   (대) 소모품비 10,000
④ (차) 소모품   30,000   (대) 소모품비 30,000

▶ 풀이: 기중소모품 사용액 = 기초잔액 + 당기구입 − 기말잔액
                    = 30,000 + 10,000 − 20,000 = 110,000
    비용처리액 = 100,000

    수정분개 : (차) 소모품비   10,000 (대) 소모품   10,000

정답 ①

48 (주)한국의 2012년 말 소모품 재고액은 ₩50,000이다. (주)한국은 2013년 중에 소모품 ₩100,000어치를 현금으로 구입하고 이를 소모품비로 회계처리하였다. 2013년 말에 소모품 재고를 실사한 결과 ₩70,000의 소모품이 남아 있음을 확인하였다. 이와 관련하여 2013년 말의 결산수정분개로 옳은 것은? ('14 관세직)

① (차) 소모품   20,000   (대) 소모품비   20,000

② (차) 소모품비　　　　20,000　　　　(대) 소모품　　　　20,000

③ (차) 소모품　　　　30,000　　　　(대) 소모품비　　　　30,000

④ (차) 소모품비　　　　30,000　　　　(대) 소모품　　　　30,000

➡ 풀이: 기중소모품사용액 = 기초잔액 + 당기구입 − 기말잔액
　　　　　　= 50,000 + 100,000 − 70,000 = 80,000

　　　비용처리액 = 100,000

　　　수정분개: (차) 소모품비　　20,000　　(대) 소모품　　20,000

정답 ①

49 (주)한국을 20×1년 12월 31일 다음과 같이 기말 수정분개를 하였다. (주)한국은 20×1년 기초와 기말에 각각 ₩100,000과 ₩200,000의 소모품을 보유하고 있었다. 20×1년 중 소모품 순구입액은? ('12 주택)

　　(차변) 소모품비　180,000　　　　(대변) 소모품　180,000

① ₩80,000　　　　　　　　　② ₩120,000

③ ₩280,000　　　　　　　　　④ ₩300,000

⑤ ₩500,000

➡ 풀이:

소모품

기초	100,000	사용	180,000
구입	280,000	기말	200,000
	380,000		380,000

정답 ③

■ 장부마감

50 다음은 (주)한국의 임차료와 지급어음의 장부마감 전 계정별 원장이다. 장부 마감 시 각 계정별 원장에 기입할 내용으로 옳은 것은? ('16 관세직)

임차료		지급어음	
현금 ₩50,000	선급비용 ₩40,000		외상매입금 ₩50,000

① 임차료계정 원장의 차변에 차기이월 ₩10,000으로 마감한다.
② 임차료계정 원장의 대변에 집합손익 ₩10,000으로 마감한다.
③ 지급어음계정 원장의 대변에 차기이월 ₩50,000으로 마감한다.
④ 지급어음계정 원장의 차변에 집합손익 ₩50,000으로 마감한다.

정답 ②

51 다음 회계연도로 잔액이 이월되지 않는 계정과목은? ('18 주택)

① 이익잉여금　　　　② 유형자산처분이익　　　③ 미지급비용
④ 감가상각누계액　　⑤ 자본금

➡ 풀이: 유형자산처분이익은 손익계산서의 계정과목이므로 그 잔액이 이월되지 않는다.

정답 ②

52 차기로 이월되는 계정(영구계정)에 해당하지 않는 것은? ('13 주택)

① 단기대여금　　　　② 장기차입금　　　③ 산업재산권
④ 자본금　　　　　　⑤ 이자비용

➡ 풀이: 이자비용은 비용항목으로 집합손익에 대체된다.

정답 ⑤

53 차기 회계연도로 잔액이 이월되지 않는 계정과목은? ('15 주택)

① 집합손익
② 이익잉여금
③ 선수임대료
④ 주식발행초과금
⑤ 매도가능금융자산평가이익

➡ 풀이: 집합손익은 이익잉여금에 대체된다.

정답 ①

54 수정후시산표의 각 계정잔액이 존재한다고 가정할 경우, 장부마감 후 다음 회계연도 차변으로 이월되는 계정과목은? ('21 주택)

① 이자수익　　　　③ 자본금　　　　③ 매출원가
④ 매입채무　　　　⑤ 투자부동산

정답 ⑤

55 집합손익 계정의 차변 합계가 ₩250,000이고, 대변 합계가 ₩300,000일 경우, 마감분개로 옳은 것은?(단, 전기이월미처리결손금은 없다) ('14 주택)

	차　변		대　변
①	집합손익　₩50,000	자본잉여금	₩50,000
②	집합손익　₩50,000	이익잉여금	₩50,000
③	자본잉여금　₩50,000	집합손익	₩50,000
④	이익잉여금　₩50,000	집합손익	₩50,000
⑤	마감분개 필요없음		

정답 ②

56 (주)한국의 수익계정과 비용계정을 마감한 후 집합손익계정의 차변합계는 ₩71,800 이며 대변합계는 ₩96,500이다. 이익잉여금의 기초 잔액이 ₩52,000이고 자본금의 기초 잔액이 ₩120,000일 경우 (주)한국의 기말자본은? ('12 주택)

① ₩185,200　　　　　　　　② ₩186,200

③ ₩195,700　　　　　　　　④ ₩196,200

⑤ ₩196,700

▶ 풀이:

집합손익

	71,800	96,500
당기순이익	24,700	
	96,500	96,500

기말자본 = (120,000 + 52,000) + 24,700 = 196,700

정답 ⑤

■ 발생주의와 현금주의

57 다음 중 발생주의 회계처리로 볼 수 없는 것은? ('10 세무직)

① 상품을 판매하기로 하고 수취한 계약금을 매출수익으로 계상하다.

② 기말에 미지급된 급여를 당해연도 비용으로 계상하다.

③ 매출채권에 대한 대손충당금을 설정하다.

④ 기말에 보험료 미경과액을 계상하다.

정답 ①

58 최근 정부는 그동안 정부부문에 적용했던 단식부기회계에서 벗어나 복식부기회계를 도입하기 시작하였다. 복식부기회계를 도입함으로써 나타나게 될 큰 변화 중의 하나는 결산 시에 건물, 차량 등과 같은 고정자산에 대한 감가상각 회계처리이다. 다음 중 감가상각 회계처리에 해당되는 가장 적합한 회계개념은 어느 것인가?

('07 세무직)

① 실현주의　　　　　　　　② 발생주의

③ 보수주의　　　　　　　　④ 현금주의

정답 ②

59 청소용역업을 영위하는 12월말 결산법인인 (주)대한은 20×1년 8월 1일에 1년분 청소용역대금 ₩12,000을 현금수취하면서 전액 용역수익으로 회계처리하였다. 그리고 기말에 다음과 같이 결산수정분개하였다. (주)대한의 위 결산수정분개와 관련된 회계개념으로 옳은 것은? ('10 주택)

(차변) 용역수익 7,000	(대변) 선수수익 7,000

① 현금기준

② 보수주의

③ 발생기준

④ 역사적 원가

⑤ 공정가치

정답 ③

60 발생주의회계를 사용하는 (주)갑의 2009년 손익계산서상의 이자 비용은 ₩1,000,000 급여는 ₩5,000,000이었다. (주)갑의 2008년 말과 2009년 말 재무상태표의 관련계정이 다음과 같을 때 2009년에 현금으로 지급한 이자비용과 급여는?

('09 관세직)

구 분	2008년 말	2009년 말
미지급이자비용	₩200,000	₩100,000
미지급급여	300,000	500,000

	이자비용	급 여
①	₩1,100,000	₩4,800,000
②	₩ 900,000	₩5,200,000
③	₩1,100,000	₩5,200,000
④	₩1,000,000	₩5,000,000

▶ 풀이: 미지급이자비용 100,000 감소

   미지급급여 200,000 증가

   현금지급액: I/S상 이자비용 1,000,000 + 100,000 = 1,100,000

   I/S상 급여 5,000,000 - 200,000 = 4,800,000

	미지급이자		
현금	1,100,000	기초	200,000
기말	100,000	이자비용	1,000,000
	1,200,000		1,200,000

	미지급급여		
현금	4,800,000	기초	300,000
기말	500,000	급여	5,000,000
	5,300,000		5,300,000

정답 ①

61 (주)한국의 2014년도 포괄손익계산서에 임차료와 이자비용은 각각 ₩150,000 과 ₩100,000으로 보고되었고, 재무상태표 잔액은 다음과 같다. (주)한국이 2014년도에 현금으로 지출한 임차료와 이자비용은?

('17 지방직)

	2014년 초	2014년 말
선급임차료	–	₩15,000
미지급이자	₩100,000	–

	임차료	이자비용		임차료	이자비용
①	₩135,000	₩60,000	②	₩135,000	₩100,000
③	₩165,000	₩100,000	④	₩165,000	₩140,000

➡ 풀이:

선급임차료

기초	–	임차료	150,000
현금	165,000	기말	15,000
	165,000		165,000

미지급이자

현금	100,000	기초	100,000
기말	–		
	100,000		100,000

정답 ③

62 (주)한국의 2013년도 현금주의에 의한 영업이익은 ₩100,000이다. 2013년 1월 1일에 비해 2013년 12월 31일 선수수익은 ₩10,000증가하였고 미수수익은 ₩20,000 증가하였다. (주)한국의 2013년도 발생주의에 의한 영업이익은?

('14 세무직)

① ₩100,000　　　　　　　　② ₩110,000
③ ₩120,000　　　　　　　　④ ₩130,000

➡ 풀이: (차){현금　10,000　미수수익　20,000　　(대){선수수익　10,000　현금　20,000

현금주의 영업이익 100,000 + 미수수익 증가 20,000 – 선수수익 증가 10,000 = 발생주의 영업이익 110,000

정답 ②

63 기초매출채권은 ₩90,000이고 기말매출채권은 ₩50,000이며, 기초미지급비용은 ₩60,000이고 기말미지급비용은 ₩70,000이다. 현금주의에 의한 수익은 ₩400,000이고 비용은 ₩250,000일 때, 발생주의에 의한 순이익은? ('11 주택)

① ₩100,000　　　　　　　　② ₩120,000
③ ₩140,000　　　　　　　　④ ₩150,000
⑤ ₩200,000

➡ 풀이:

매출채권

기초	90,000	현금회수액	400,000
매출	360,000	기말	50,000
	450,000		450,000

미지급비용

현금지급액	250,000	기초	60,000
기말	70,000	이자비용	260,000
	320,00		320,000

$$발생주의\ 순이익 = 360{,}000 - 260{,}000 = 100{,}000$$

정답 ①

64 (주)한국은 지금까지 현금기준에 의해 손익계산서를 작성하여 왔는데, 앞으로는 발생기준에 의해 작성하고자 한다. 현금기준에 의한 20×1년의 수익은 ₩500,000 이다. 20×1년의 기초 매출채권은 ₩30,000, 기말 매출채권은 ₩60,000, 기말 선수수익은 ₩20,000인 경우 발생기준에 의한 20×1년의 수익은? ('21 세무직)

① ₩490,000   ② ₩500,000

③ ₩510,000   ④ ₩520,000

▶ 풀이: 현금을 수령하지 못한 매출 = 60,000 - 30,000 = 30,000
발생기준 수익 = 500,000 + 30,000 - 선수수익 20,000 = 510,000

정답 ③

65 (주)한국의 20×1년 중 발생한 거래는 다음과 같다.

(1)	20×1년 7월 1일 만기 1년의 정기예금에 현금 100,000을 예치하였다. 정기예금의 연 이자율은 4%이며, 만기시점에 이자를 받는다.
(2)	종업원에 대한 급여는 매월 말에 지급했으나, 20×1년 12월 급여 ₩1,000은 20×1년 12월 31일에 지급하지 않고 20×2년 1월 3일에 지급하였다.
(3)	20×1년 11월 1일에 창고를 6개월간 임대하고, 1개월에 ₩1,000씩 6개월 임대료 ₩6,000을 현금으로 받아 수익으로 처리하였다.

20×1년에 발생한 기중 거래 및 결산 수정사항을 반영하여 발생기준과 현금기준으로 회계처리 하였을 때, 20×1년 당기순이익에 각각 미치는 영향은?('20 관세직)

    발생기준   현금기준

① ₩3,000 감소   ₩0

② ₩3,000 증가   ₩0

③ ₩3,000 증가   ₩6,000 증가

④ ₩3,000 감소   ₩6,000 증가

▶ 풀이: 발생기준: (1) 이자수익 2,000 - (2) 급여 1,000 + (3) 임대수익 2,000 = 3,000 증가
현금기준: (3) 임대수익 6,000 증가

정답 ③

66 (주)한국은 포괄손익계산서를 현금주의회계에 의해 작성하였으나 발생주의회계로 전환하려고 한다. 현금주의회계에 의한 2011년도 수익은 ₩3,800,000이고, 기말매출채권은 ₩870,000이고, 기초매출채권은 ₩350,000이고, 선수수익은 ₩30,000이라고 할 때, 발생주의회계에 따른 2011년도 수익은? ('11 관세직)

① ₩3,310,000   ② ₩3,830,000

③ ₩4,290,000   ④ ₩4,320,000

▶ **풀이:** 발생주의 수익 − 매출채권증가 + 선수수익 = 현금주의 수익
3,800,000 + (870,000 − 350,000) − 30,000 = 4,290,000

정답 ③

67 (주)한국은 다음과 같이 1개월 동안의 경영성과에 대해 현금기준 포괄손익계산서를 작성하였다. 발생기준 포괄손익계산서로 작성할 경우 당기순이익은?(단, 법인세는 무시한다) ('15 관세직)

○ 현금기준 포괄손익계산서(3월 1일~3월 31일)

매출 관련 현금수입	₩1,820,000
급료 및 일반관리비 관련 현금지출	₩1,220,000
당기순이익	₩600,000

○ 3월 1일과 3월 31일의 매출채권, 매입채무, 미지급비용, 선급비용 내역

	3월 1일	3월 31일
• 매출채권	₩35,000	₩43,000
• 매입채무	₩48,000	₩54,000
• 미지급비용	₩42,000	₩35,000
• 선급비용	₩21,000	₩26,000

① ₩590,000
② ₩600,000
③ ₩610,000
④ ₩614,000

▶ **풀이:** 600,000 + 8,000 − 6,000 +7,000 +5,000 = 614,000
발생주의순이익 = 현금주의순이익 + 매출채권증가 − 매입채무증가 + 미지급비용증가 − 선급비용증가

정답 ④

68 (주)한국은 내부보고 목적으로 현금기준에 따라 순이익을 산출한 후 이를 발생기준으로 수정하여 외부에 공시하고 있다. (주)한국의 현금기준 순이익이 ₩55,000일 경우, 다음 자료를 토대로 계산한 발생기준 순이익은?(단 법인세효과는 무시한다) ('16 관세직)

<재무상태표>	기초금액	기말금액
매출채권	₩15,000	₩20,000
매입채무	₩25,000	₩32,000
미수수익	₩10,000	₩8,000
<포괄손익계산서>	당기발생금액	
감가상각비	₩3,000	

① ₩48,000
② ₩54,000
③ ₩56,000
④ ₩59,000

▶ **풀이:** 현금기준 55,000 + 매출채권 증가 5,000 − 매입채무 증가 7,000 − 미수수익 2,000

감소 - 감가상각비 3,000 = 48,000
현금기준순이익 = 발생기준순이익 - 매출채권증가 + 매입채무증가 + 미수수익감소
　　　　　　　　+ 감가상각비

정답 ①

- **선급비용과 미지급비용**

69 (주)한국의 2013년도 손익계산서에는 이자비용이 ₩2,000 계상되어 있고, 현금
흐름표에는 현금이자지출액이 ₩1,500계상되어 있다. (주)한국이 자본화한 이자
비용은 없으며 2013년 12월 31일의 선급이자비용은 2012년 12월 31일에 비
해 ₩200만큼 감소하였다. 2012년 12월 31일의 재무상태표에 미지급이자비용
이 ₩300인 경우 2013년 12월 31일의 재무상태표에 표시되는 미지급이자비용
은?

① ₩1,000　　　　　　　　　　② ₩800
③ ₩600　　　　　　　　　　④ ₩300

▶ 풀이:

미지급이자		
	기초	300
기말　600	이자비용	300
600		600

선급이자		
기초	200	이자비용　200
		기말　　　0
	200	200

이자비용		
현금	1,500	
선급이자	200	
미지급이자	300	손익　　2,000
	2,000	2,000

정답 ③

70 (주)한국의 20×1년도 포괄손익계산서의 이자비용은 ₩800(사채할인발행차금 상
각액 ₩80 포함)이다. 20×1년도 이자와 관련된 자료가 다음과 같을 때, 이자지급
으로 인한 현금유출액은? ('20 주택)

	기초잔액	기말잔액
미지급이자	₩92	₩132
선급이자	40	52

① ₩652　　② ₩692　　③ ₩748　　④ ₩852　　⑤ ₩908

▶ 풀이: 현금유출액 = 680 + 12 = 692
　　　미지급이자: 92 + 800 - 132 - 상각액(실제로 현금이 유출되지 않으므로) 80 = 680
　　　선급이자: 52 - 40 = 12

정답 ②

71 (주)한국의 2010년도 포괄손익계산서상 이자비용은 ₩100,000이다. 2010년도 기초 미지급이자 ₩10,000, 기초 선급이자 ₩10,000, 기말미지급이자 ₩25,000, 기말 선급이자가 ₩5,000일 때, (주)한국이 2010년도에 현금으로 지급한 이자금액은?
('11 지방직)

① ₩60,000   ② ₩70,000

③ ₩80,000   ④ ₩90,000

➡ **풀이:** 미지급이자　　　15,000 증가
선급이자　　　　5,000 감소
현금지급이자　100,000 - 15,000 - 5,000 = 80,000

	미지급이자		
		기초	10,000
기말	25,000	이자비용	15,000
	25,000		25,000

	선급이자		
기초	10,000	이자비용	5,000
		기말	5,000
	10,000		10,000

	이자비용		
미지급이자	15,000		
선급이자	5,000		
현금	8,000	손익	100,000
	100,000		100,000

정답 ③

72 (주)한국의 20×1년 초 미지급임차료 계정잔액은 ₩1,500이었다. 20×1년 말 수정후시산표상 임차료 관련 계정잔액이 다음과 같을 때, (주)한국이 임차와 관련하여 20×1년도에 지급한 현금 총액은?
('18 주택)

○ 임차료	₩12,000
○ 선급임차료	300

① ₩12,300   ② ₩12,800   ② ₩13,500   ② ₩13,800   ② ₩14,300

➡ **풀이:** 현금 지급액 = 기초 미지급임차료 1,500 + 임차료 12,000
+ 기말 선급이차료 300 = 13,800

정답 ④

73 다음은 창고임대업을 영위하는 (주)한국의 20×1년 결산 관련자료이다.

계　정	내　용
보험료	○ 기초 선급보험료 잔액 ₩3,000 ○ 7월 1일에 보험을 갱신하고 1년분 보험료 ₩12,000을 현금으로 지급하고 자산으로 회계처리함
임대료	○ 기초 선수임대료 잔액 ₩3,000 ○ 4월 1일에 임대차계약을 갱신하고 1년분 임대료 ₩24,000을 현금으로 수령하고 수익으로 회계처리함

보험료와 임대료가 20×1년도 세전이익에 미치는 영향은? (단, 보험료와 임대료 이외의 다른 계정은 고려하지 않으며, 기간은 월할계산한다) ('19 세무직)

① ₩21,000   ② ₩18,000

③ ₩15,000   ④ ₩12,000

▶ 풀이: 1/1   (차) 보험료   3,000   (대) 선급보험료   3,000
　　　　 7/1   (차) 선급보험료   12,000   (대) 현 금   12,000
　　　 12/31 (차) 보험료   6,000   (대) 선급보험료   6,000
　　　　 1/1   (차) 선수임대료   3,000   (대) 임대료수익   3,000
　　　　 4/1   (차) 현금   24,000   (대) 임대료수익   24,000
　　　 12/31 (차) 임대료수익   6,000*   (대) 선수임대료   6,000

$$* \ 24,000 \times \frac{3}{12} = 6,000$$

정답 ④

■ 선수수익과 미수수익

74 20×1년 말 재무상태표의 선수이자는 ₩1,000, 미수이자의 잔액은 없다. 20×2년 말 재무제표 항목이 다음과 같을 때, 20×2년도 이자의 현금수령액은?

('14 주택)

○ 선수이자	₩0
○ 미수이자	2,000
○ 이자수익	8,000

① ₩0   ② ₩1,000   ③ ₩3,000

④ ₩5,000   ⑤ ₩8,000

▶ 풀이: 이자수익 8,000 = 현금수령액(x) + 기초선수이자 1,000 + 당기 미수이자 2,000

정답 ④

75 경비용역을 제공하는 (주)공무는 20×5년에 경비용역수익과 관련하여 현금 ₩1,000,000을 수령하였다. 경비용역 제공과 관련한 계정 잔액이 다음과 같을 때, (주)공무의 20×5년 포괄손익계산서상 경비용역수익은? (단, 경비용역수익과 관련된 다른 거래는 없다)

('18 지방직)

	20×5년 1월 1일	20×5년 12월 31일
미수용역수익	₩700,000	₩800,000
선수용역수익	₩500,000	₩400,000

① ₩800,000   ② ₩1,000,000

③ ₩1,100,000   ④ ₩1,200,000

▶ 풀이: (차) 미수용역수익   100,000   (대) 용역수익   100,000
　　　　 (차) 선수용역수익   100,000   (대) 용역수익   100,000

        (차) 현금   1,000,000   (대) 용역수익 1,000,000

미수용역수익				선수용역수익			
기초	700,000			용역수익	100,000	기초	500,000
용역수익	100,000	기말	800,000	기말	400,000		
	800,000		800,000		500,000		500,000

용역수익		
	현금	1,000,000
	미수용역수익	100,000
	선수용역수익	100,000

정답 ④

76 (주)한국의 기초와 기말 재무상태표에 계상되어 있는 미수임대료와 선수임대료 잔액은 다음과 같다.

구 분	기 초	기 말
미수임대료	₩500	₩0
선수임대료	600	200

당기 포괄손익계산서의 임대료가 ₩700일 경우, 현금주의에 의한 임대료 수취액은?

('17 주택)

① ₩500   ② ₩600   ③ ₩700   ④ ₩800   ⑤ ₩900

▶ 풀이: 미수임대료는 자산이고 선수임대료는 부채에 해당된다.
        (차) 현금   500   (대) 미수임대료   500
        (차) 선수임대료   400   (대) 임대료   400
        (차) 현금   300   (대) 임대료   300

문제에서 거래의 내용을 제시하지 않았으므로 각 계정의 거래를 유추하여야 한다. 미수임대료는 전기에 받지 못한 금액을 회수한 것이고 선수임대료는 400만큼 당기에 임대료수익을 인식한 것이다. 손익계산서의 임대료수익이 700이므로 당기에 임대료 300을 현금으로 수령한 것이다. 따라서 현금주의에 의한 임대료 수취액은 800이 된다.

정답 ④

■ 미수수익과 미지급비용

77 기말 결산시 수정분개를 할 때 고려해야 하는 것으로, 차기에 현금유입 또는 유출을 수반하는 계정 중에 '미수수익'과 '미지급비용'이 있다. 두 계정에 관한 설명으로 가장 옳은 것은?

('10 관세직)

① 당기 미지급비용이 증가하든 미수수익이 증가하든 차기 현금이 감소한다.
② 당기 미지급비용이 증가하면 일반적으로 차기 현금이 감소하지만 당기 미수수

익이 증가하면 일반적으로 차기 현금은 증가한다.

③ 당기 미지급비용이 증가하면 일반적으로 차기 현금이 증가하지만 당기 미수수익이 증가하면 차기 현금의 증감에는 영향이 없다.

④ 당기 미지급비용이 증가하든 미수수익이 증가하든 차기 현금이 증가한다.

정답 ②

ll 주관식 ll

〈1〉 수정분개

다음은 12월말 결산법인인 (주)세종의 결산을 위한 수정사항이다.

⑴ 1월 1일 비품 ₩12,000을 구입하였다. 내용연수는 3년이며, 잔존가치는 없으며, 정액법에 의하여 감가상각을 행한다.

⑵ 2월 1일 기계장치를 ₩300,000에 구입하였다. 이번 회계연도에 인식할 감가상각비는 ₩10,000이다.

⑶ 3월 1일 보험에 가입하고 1년분 보험료 ₩240,000을 현금으로 지급하고 이를 선급보험료로 처리하였다.

⑷ 4월 1일 소모품 ₩50,000을 구입하여 소모품으로 처리하였다. 이중 당기사용분은 ₩30,000이다.

⑸ 5월 1일 연이자율 6%인 3년만기 정기예금에 ₩100,000을 예금하였고, 이자는 만기일에 일시불로 받기로 하였다.

⑹ 6월 1일 (주)전주에 ₩100,000을 대여하고, 1년분 이자 ₩12,000을 현금으로 수령하였다.

⑺ 7월 1일 1년분 임대료 ₩120,000을 받고 이를 임대료로 인식하였다.

⑻ 10월 1일 전북은행으로부터 연이자율 9%로 ₩200,000을 차입하였다. 이자지급일은 다음연도 9월 30일이다.

⑼ 당기에 광고비가 ₩5,000원 발생하였으나 지급하지 못하고, 차기에 지급할 예정이다.

⑽ 당기에 지급할 종업원급여 ₩20,000을 지급하지 못하고, 차기에 지급하기로 하였다.

〈요구사항〉

위의 거래에 대한 수정분개를 행하여라.

〈2〉 장부의 마감

다음 자료를 활용하여 물음에 답하라.

현 금		자 본 금	
1/ 1 자 본 금 30,000	1/ 7 광고선전비 9,000		1/ 1 제 좌 100,000
1/17 용역수익 20,000	1/14 소 모 품 3,400		
	1/24 미지급금 15,000		
	1/30 제 좌 15,000		

건 물		매출채권	
1/ 1 자본금 70,000		1/17 용역수익 15,000	

미지급금		
1/24 현 금 15,000	1/ 6 설 비	15,000

기계장치	
1/ 6 미지급금 15,000	

소 모 품		
1/14 현 금 3,400	1/31 소모품비	1,400

급 여	
1/30 현 금 12,000	

용역수익		
	1/17 제 좌	35,000

소모품비	
1/31 소모품 1,400	

보험료	
1/30 현 금 3,000	

광고선전비	
1/7 현 금 9,000	

<요구사항>

1. 손익계산서항목을 마감하고 마감분개를 행하여라.

2. 재무상태표항목을 마감하고 이월시산표를 작성하라.

〈3〉 정산표 작성(1)

다음은 20×9년 12월1일에 창업한 서울상사의 자료이다.

(자료 1) 12월 31일 수정전 계정잔액

현 금	6,000	매출채권	14,000	선급보험료	6,000	소모품	5,000
미지급금	5,000	차 입 금	10,000	매입채무	8,000	토 지	10,000
용역수익	35,000	광고선고비	2,000	임차료	12,000	건 물	3,600
차량운반구	8,000	자본금	?				

(자료 2) 수정사항

1. 선급보험료는 1년분이다.

2. 소모품중 12월중 사용한 금액은 3,000원이다.

3. 차입금에 대한 12월분 이자 500원을 결산일까지 지급하지 않았다.

4. 임차료는 1년분이다.

5. 건물에 대한 감가상각비는 300원이다.

6. 차량운반구의 감가상각비는 1,200원이다.

7. 12월중 종업원 급여 15,000원을 결산일까지 지급하지 않았다.

<요구사항>

1. 시산표등식에 의하여 자본금을 산출하라.

2. 수정사항을 분개하라.

3. 10위식 정산표를 작성하라.

〈4〉 정산표 작성(2)

(주)서울은 20×9년 12월 31일 재무제표를 작성하려고 한다. 20×9년 12월 31일의 정산표 상 시산표란과 수정기입란은 다음과 같다.

계정과목	수정전 시산표		수정분개	
	차변	대변	차변	대변
현 금	4,400			
매출채권	2,400			
선급보험료	540			(1) 180
소 모 품	1,100			(2) 440
산업재산권	9,000			(3) 1,500
매입채무		1,600		
자 본 금		8,900		
용역매출		13,300		
급 여	3,400		(4) 270	
임 차 료	2,350			
잡 비	610			
합 계	23,800	23,800		
보 험 료			(1) 180	
소모품비			(2) 440	
산업재산권				
상각비			(3) 1,500	
미지급급여				(4) 270
합 계			2,390	2,390

<요구사항>

1. 8위식 정산표를 작성하여라.

2. 재무상태표와 손익계산서를 작성하여라.

〈5〉 수정분개 및 정산표 작성
다음 자료를 이용하여 수정분개와 10위식 정산표를 작성하여라.

시산표

(주)우아   20×9년 12월 31일 현재   (단위: 원)

계정과목	차 변	대 변
현 금	4,200	
외상매출금	37,820	
소 모 품	17,660	
선급보험료	2,300	
토 지	28,300	
외상매입금		22,690
선수임대료		10,560
지급어음		22,000
자 본 금		25,090
영업수익		17,190
급 여	5,800	
수도광열비	270	
재 산 세	840	
광고선전비	340	
합 계	97,530	97,530

<추가정보>
① 발생된 미지급급료 ₩440
② 소모품재고액 ₩14,740
③ 당기분 보험료 ₩500
④ 이자비용발생액 ₩180
⑤ 선수임대료의 당기실현 ₩4,770
⑥ 미지급광고선전비 발생 ₩100
⑦ 이자수익의 발생 ₩1,100

〈6〉 서비스업의 정산표 작성

1. 다음은 청소대행업체인 (주)새나라의 20×8년 12월 31일의 수정전시산표와 수정사항이다.

수정전시산표

(주)새나라   20×8년 12월 31일 현재   (단위: 원)

차 변	계 정 과 목	대 변
6,000,000	현 금	
7,000,000	매 출 채 권	
2,400,000	선 급 보 험 료	
2,000,000	산 업 재 산 권	
1,300,000	소 모 품	
	미 지 급 금	5,000,000
	선 수 금	3,000,000
	차 입 금	4,000,000
	자 본 금	4,000,000
	용 역 수 익	10,000,000
	수 수 료 수 익	600,000
400,000	수 리 비	
7,000,000	급 여	
500,000	이 자 비 용	
26,600,000		26,600,000

2. 회계담당자는 20×8년 12월 31일로 종료하는 회계연도 재무제표를 작성하기 위하여 다음과 같은 추가정보를 확인하였다.

(1) 선급보험료로 계상된 금액 중 ₩1,200,000은 20×8년 분으로 확인되었다.

(2) 선수금 중 당기에 용역을 제공한 금액은 ₩1,000,000이다.

(3) 산업재산권에 대한 당기분 상각비는 ₩500,000이다.

(4) 당기에 광고비가 ₩80,000 발생하였으나 20×9년 6월 30일 지급할 예정이다.

<요구사항>

1. 정산표상에 반영되어야 할 수정사항을 분개하여라.

2. 8위식 정산표를 작성하여라.

〈7〉 서비스업의 회계순환과정(1)

다음은 12월 1일에 택배서비스업을 창업한 한국상사의 20×9년 12월 1개월 동안 발생한 거래내역이다.

《거래내역》

12월 1일: 현금 ₩100,000을 출자하여 영업을 시작하다.
　　1일: 은행으로부터 ₩100,000을 연리 6%조건으로 차입하다.
　　5일: 전화기와 컴퓨터(비품) ₩50,000을 외상으로 구입하다.(a/c: 미지급금)
　　6일: 건물을 임차하고 1년분 임차료 ₩36,000을 현금으로 지급하다.
　　7일: 보험료 1년분 ₩12,000을 현금으로 지급하다.
　　9일: 자동차를 구입하고 구입대금 ₩30,000을 현금으로 지급하다.
　　10일: 첫 번째 배달을 해주고 대가 ₩55,000을 현금으로 받다.
　　15일: 두 번째 배달을 해주고 대가 ₩27,000은 추후에 받기로 하다.
　　25일: 광고비 ₩10,000을 현금으로 지급하다.

다음은 결산을 하기 위해 재고조사표작성을 통해 도출된 수정사항이다.
(회계기간은 1월1일~12월 31일이다)

《수정사항》

(1) 12월 1일 차입한 은행차입금에 대한 이자가 발생하였으나, 원금과 함께 상환하기로 하여 아직 지급하지 않았다.

(2) 12월 6일 지급한 건물임차료의 임차기간은 12월 1일부터 1년분이다.

(3) 12월 7일 지급한 보험료의 보험기간은 12월 1일부터 1년분이다.

(4) 비품의 감가상각비는 ₩10,000이다.

(5) 차량운반구의 감가상각비는 ₩5,000이다.

(6) 12월분 종업원급여 ₩20,000을 기말시점까지 지급하지 못하였다

〈요구사항〉

1. 기중거래를 분개하고 총계정원장에 전기하라.

2. 수정사항에 대하여 수정분개를 행하고 총계정원장에 전기하라.

3. 총계정원장을 마감하고 이월시산표를 작성하라.
　단, 손익계정에 대하여는 대체분개를 행하라.

4. 정산표를 작성하라.

5. 재무상태표와 손익계산서를 작성하라.

〈8〉 서비스업의 회계순환과정(2)

(주)세종의 20×9년 12월 1일 현재(기초시점)의 자산과 부채의 계정잔액은 다음과 같다.

현 금 : ₩200,000	매 출 채 권 : ₩450,000	소 모 품 : ₩20,000
선급보험료 : ₩180,000	차량운반구: ₩200,000	미지급금 : ₩150,000
건 물 : ₩300,000	대 여 금 : ₩100,000	토 지 : ₩50,000
매 입 채무 : ₩550,000	자 본 금 : ?	차 입 금 : ₩300,000

다음은 (주)세종의 12월중에 발생한 거래와 수정사항이다.

12월 2일 미지급금 중에서 ₩50,000을 현금으로 상환하였다.

12월 3일 은행으로부터 ₩200,000을 차입하다.

12월 4일 매출채권 중에서 ₩100,000을 현금으로 회수하다.

12월 5일 소모품 ₩50,000을 외상으로 구입하였다.

12월 10일 고객에게 운송서비스를 제공하고 운송수수료 ₩300,000을 청구하였다.

12월 15일 고객에게 운송서비스를 제공하고 운송수수료 ₩100,000을 현금으로 받다.

12월 25일 당월분 사무실관리비 ₩18,000을 현금으로 지급하였다.

《수정사항》

12월 31일 은행차입금에 대한 이자비용 ₩1,000을 당월말까지 지급하지 않았다.

12월 31일 차량운반구의 당월분 감가상각비는 ₩10,000이다.

12월 31일 건물의 당월분 감가상각비는 ₩20,000이다.

12월 31일 당월분 급여 ₩24,000을 당월말까지 지급하지 않았다.

12월 31일 12월 말 현재 소모품의 재고액은 ₩30,000이다.

12월 31일 선급보험료 중에서 당월분 보험료는 ₩15,000이다.

<요구사항>

1. 기초재무상태표를 작성하라.

2. 12월중 거래를 분개하고 총계정원장에 전기하라.

3. 수정전시산표를 작성하라.

4. 수정분개를 행하고 총계정원장에 전기하라.

5. 총계정원장을 마감하라.

　　단, 손익계정에 대하여는 대체분개를 행하라.

6. 기말재무상태표와 손익계산서를 작성하라.

〈9〉 서비스업의 회계순환과정(3)

1. 다음 수정전 시산표는 20×9년 6월 1일에 설립된 (주)건지에서 발생한 6월 중의 모든 거래를 정리한 것이다.

수정전시산표

(주)건지　　　　　　　　20×9년 6월 30일 현재　　　　　　　　(단위: 원)

차　　변	계 정 과 목	대　　변
3,680,000	현　　　　금	
1,400,000	매 출 채 권	
420,000	선 급 보 험 료	
14,400,000	산 업 재 산 권	
	미 지 급 금	10,000,000
	선 수 금	300,000
	자 본 금	10,000,000
	용 역 수 익	2,400,000
300,000	수 리 비	
2,500,000	급　　　　여	
22,700,000		22,700,000

2. 회계담당자는 20×9년 6월 30일로 종료하는 회계연도 재무제표를 작성하기 위하여 다음과 같은 추가정보를 확인하였다.
   (1) 선급보험료 ₩420,000은 1년분이다.
   (2) 선수금 ₩300,000은 서비스 3회분에 해당한다.
       6월 29일 예정대로 당월 중에 서비스를 1회 실시하였다.
   (3) 산업재산권에 대한 당월분 상각비는 ₩200,000이며, 직접법으로 생각한다.
   (4) 6월 25일에 지급한 급여 중 7월분은 ₩900,000이다.
   (5) 당월의 광고비 미지급액이 ₩40,000이다.

<요구사항>
1. 정산표 상에 반영되어야 할 수정사항을 분개하여라.
2. 10위식 정산표를 작성하여라.
3. 마감분개를 행하여라.
4. 마감 후 시산표를 작성하여라.
5. 손익계산서를 작성하여라.
6. 재무상태표를 작성하여라.

〈10〉 서비스업의 회계순환과정(4)

20×9년 1월 1일에 김승호 씨는 창고임대를 주요 영업활동으로 하는 (주)한국창고를 개업했다. 이 기업은 매월 수정분개를 하며, 장부도 매월 마감하고 있다. 1월 31일의 수정전시산표와 수정분개에 필요한 정보는 다음과 같다.

시 산 표

(주)한국창고   20×9년 1월 31일   (단위: 천원)

	차 변	대 변
현 금	8,990	
선급보험료	3,000	
소모품	405	
산업재산권(상표권)	12,000	
매입채무		9,000
선 수 금		1,350
자 본 금		10,000
용역수익		8,800
임 차 료	1,800	
판 매 비	135	
급 여	2,820	
총 계	29,150	29,150

<추가정보>

(1) 매월 보험료는 ₩300,000이다.

(2) 1월 31일 현재의 소모품재고는 ₩300,000이다.

(3) 1월 1일에 발행했던 어음에 대한 당월분 이자 ₩90,000을 아직 지급하지 않았다.

(4) 1월 1일 매입한 상표권에 대한 상각은 96개월을 기준으로 직접법으로 매월 정액 상각한다.

(5) A고객은 수개월분 임대료를 선급한다. 선수금 ₩1,350,000 중에서 1월 중에 실현된 것은 ₩850,000이고 1월 말 현재 ₩500,000은 아직 실현되지 않았다.

(6) B고객으로부터 받아야 할 1월분 창고임대료 ₩1,330,000이 아직 회수되지 않고 있다. 이 임대료수익은 아직 장부에 기록되지 않았으나, 2월 중 회수 가능한 것으로 예측된다.

(7) 종업원에 대한 1월분 급여 중 ₩1,500,000을 아직 지급하지 않았다.

<요구사항>

1. 위의 시산표와 추가정보를 이용하여 1월 31일에 필요한 수정분개를 하여라.

2. 20×9년 1월 말에 필요한 마감분개를 하여라.

3. 마감후시산표를 작성하여라.

4. 20×9년 1월의 손익계산서를 작성하여라.

5. 20×9년 1월 31일의 재무상태표를 작성하여라.

05 상품매매업의 회계순환과정

5.1 상품의 매매

1 상품의 의의

상품(merchandise)이란 상품매매회사에서 판매를 목적으로 구입하여 보유하고 있는 자산을 의미한다. 서비스의 제공을 주요 영업으로 하는 용역회사와 상품매매를 주로 하는 상품매매회사의 영업활동에는 다소 차이가 있다. 상품매매회사의 경우 서비스업에는 존재하지 않는 상품의 구입, 상품의 판매, 판매대금의 회수 등으로 영업활동이 이루어지는데 이러한 각각의 과정은 새로운 회계처리를 발생하게 한다.

2 상품매매거래의 과정

상품매매업의 재무제표나 서비스업의 재무제표에는 큰 차이점이 없다. 다만 상품매매업의 주된 활동이 상품매입과 상품판매이기 때문에 상품매매업의 주된 수익과 비용이 매출액과 매출원가로서 이 부분이 별도로 손익계산서에 구분하여 표시된다. 상품매매업의 손익계산서는 매출액에서 매출원가를 차감하여 매출총이익이 보고되는 과정이 서비스업 손익계산서에 비하여 추가되는 부분이다. 여기에서 매출액은 상품을 고객에게 판매한 금액이고, 매출원가는 판매한 상품의 원가를 말한다. 그리고 매출총이익은 매출액에서 매출원가를 차감한 금액으로서, 서비스업의 용역수익과 유사하다.

　　서비스업과는 달리 상품매매업은 상품을 구입하여 판매하는 영업활동을 반복적으로 행하게 되는데, 이러한 상품매매활동과 관련하여 나타나는 재무상태표 계정과목이 있게 된다. 우선 상품매매업을 하는 회사는 상품을 구입하고, 구입된 상품은 판매되기 전까지 회사에 남게 되는데 이를 재고자산(inventory assets)이라 하며, 이 재고자산은 현금이나 외상으로 판매된다. 외상으로 판매된 경우 그 판매대금은 일정기간이 경과한 후 현금으로 회수되는데, 현금으로 회수되기 전까지는 매출채권(외상매출금·받을어음)이라는 자산의 형태로 나타나게 된다. 또한 재고자산을 외상으로 구입하는 경우에는 매입채무(외상매입금·지급어음)라는 부채가 나타나게 된다. 이

그림 5-1　　상품매매거래의 과정

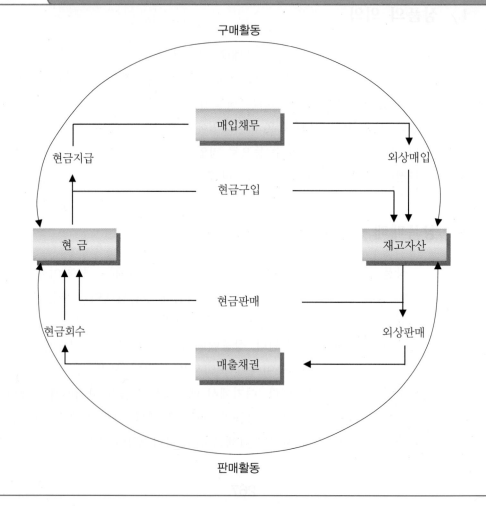

를 그림으로 나타내면 다음과 같다.

3. 상품매매와 관련된 제거래

상품매매를 주된 영업활동으로 하는 상품매매회사의 거래단계와 재고자산과의 관계를 나타내면 다음과 같다.

그림 5-2 상품 매매거래의 과정과 관련항목

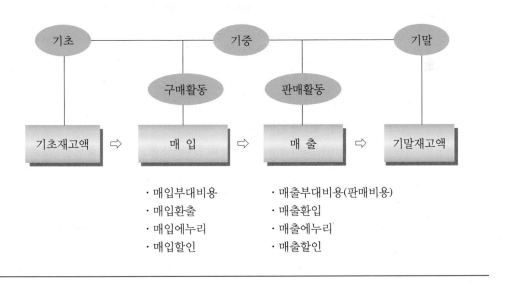

(1) 매입부대비용과 매출부대비용

상품을 매입할 때 상품매입대금 이외에도 매입과 관련된 추가적인 비용이 발생할 수 있는데 이를 매입부대비용이라 하고 이는 상품의 취득원가에 가산한다. 매입부대비용에는 매입수수료, 인수운임, 보관료, 하역비 등이 있다. 이러한 매입부대비용은 상품을 취득하여 판매가능한 상태까지 소요된 지출이므로 상품의 취득원가에 포함시킨다.

상품을 판매하는 경우에도 추가적으로 비용이 발생할 수 있는데 이를 매출부대비용(판매비용)이라 하며 이에 대한 회계처리는 판매비와 관리비 중 판매비로 처리한다. 매출부대비용에는 발송운임, 판매수수료, 선적비용, 보관료 등이 있다.

예제 1 **매입부대비용과 매출부대비용**

다음 거래를 분개하라.

1) 상품 ₩1,000,000을 외상으로 매입하고, 인수운임 등 매입제비용 ₩100,000은 현금으로 지급하다.
2) 상품의 원가 ₩1,000,000을 ₩1,100,000에 외상으로 판매하고, 상품발송운임 등 제비용 ₩20,000은 현금으로 지급하다.

해답

1)
(차) 상   품   1,100,000   (대) { 매 입 채 무   1,000,000
                                              현   금   100,000

2) (차) 매출채권   1,100,000   (대) { 상   품   1,000,000
                                              상품매출이익   100,000

   (차) 판 매 비   20,000   (대) 현   금   20,000

(2) 매입환출 및 매입에누리

매입환출(purchase returns)이란 매입한 상품 중에서 품질불량, 수량부족, 파손 등의 이유로 매입처에 반품하는 것을 말하며, 매입에누리(discounts on purchases)는 이와 같은 사유로 인해 상품매입대금의 감액을 받는 것을 말한다. 이는 매입계정의 차감항목으로 처리된다. 이를 위한 회계처리는 상품을 매입할 당시의 분개를 역분개하면 된다.

(3) 매출환입 및 매출에누리

매출환입(returned sales)이란 매출한 상품 중 품질의 불량, 파손, 견본과 다름으로 인하여 매입처로부터 다시 반품되어 오는 것을 말하며, 매출에누리(sales allowance)란 이와 같은 사유로 인해 상품판매대금의 일부를 감액해 준 것을 말한다. 이는 매출계정의 차감항목으로 처리된다. 이를 위한 회계처리는 상품을 매출할 당시의 분개를 역분개하면 된다.

예제 2 **매입환출 · 매입에누리와 매출환입 · 매출에누리**

다음 상품매매와 관련된 거래를 회계처리하라.

1) 상품 ₩1,000,000을 외상으로 매입하고, 인수운임 등 매입제비용 ₩100,000은 현금으로 지급하다.

2) 위의 상품 중 ₩300,000은 상품에 하자가 있어 반품시켰다.

3) 상품의 원가 ₩1,000,000을 ₩1,100,000에 외상으로 판매하고, 상품발송운임 등 제비용 ₩20,000은 현금으로 지급하다.

4) 위의 상품 중 원가 ₩50,000(판매가격 ₩55,000)의 상품에 하자가 있어 반품되어 왔다.

해답

1) (차)	상 품	1,100,000	(대)	{	매 입 채 무		1,000,000
					현 금		100,000
2) (차)	매 입 채 무	300,000	(대)		상 품		300,000
3) (차)	매 출 채 권	1,100,000	(대)	{	상 품		1,000,000
					상품매출이익		100,000
(차)	판 매 비	20,000	(대)		현 금		20,000
4) (차)	{ 상 품	50,000	(대)		매 출 채 권		55,000
	상품매출이익	5,000					

(4) 매입할인과 매출할인

매입할인(purchase discount)이란 상품의 구매자가 외상매입대금을 약정기일 이전에 지급함으로써 외상매입대금 중 일정액을 할인받는 것을 말하며, 매출할인(sales discount)은 상품의 판매자가 외상매출대금을 약정된 기일보다 미리 회수하는 경우에 구매자에게 외상매출대금 중 일정액을 할인하여 주는 것을 말한다. 매입할인은 매입에누리와 환출과 마찬가지로 매입계정에서 차감하며, 매출할인도 매출에누리와 환입과 같이 매출계정에서 차감한다.

매입할인과 매출할인과 관련하여 2/10, n/30 조건의 외상매매는 외상대금을 10일 이내에 지급하면 2%의 할인을 부여하고, 그 기간이 지나면 전액을 지급하되 판매일로부터 30일 이내에 지급하여야 한다는 조건이며, 2/10 EOM이란 외상대금을 10일 이내에 지급하면 2%의 할인을 부여하고, 그 기간이 지나면 전액을 지급하되 월말(EOM: End of Month)까지 결제하여야 한다는 의미이다.

> **예제 3** **매입할인과 매출할인**
>
> 20×9년 1월 1일 서울상사는 부산상사에게 상품 ₩1,000,000을 2/10, n/30조건으로 외상으로 판매한 후 1월 8일 대금 중 70%를 현금으로 회수하고 잔액은 2월 5일에 회수하였다. 위의 거래를 서울상사와 부산상사의 입장에서 일자별로 분개하라.

해답 1. 서울상사(판매자)

  1) 20×9년 1월 1일

    (차) 매출채권   1,000,000   (대) 상　품   1,000,000

  2) 20×9년 1월 8일

    (차) { 현　금   686,000   (대) 매출채권   700,000
    상　품(매출할인)   14,000*

    * 700,000 × 0.02 = 14,000

  3) 20×9년 2월 5일

    (차) 현　금   300,000   (대) 매출채권   300,000

2. 부산상사(매입자)

  1) 20×9년 1월 1일

    (차) 상　품   1,000,000   (대) 매입채무   1,000,000

  2) 20×9년 1월 8일

    (차) 매입채무   700,000   (대) { 현　금   686,000
    상　품(매입할인)   14,000*

    * 700,000 × 0.02 = 14,000

  3) 20×9년 2월 5일

    (차) 매입채무   300,000   (대) 현　금   300,000

4. 상품매매와 관련한 보조장부

(1) 매입장

매입장(purchase journal)은 상품의 매입에 관한 내역 명세를 발생순으로 기록하는 장부로 보조부의 보조기입장에 속한다. 매입장에는 일자, 매입처, 품명, 수량, 단가, 금액, 지급조건, 인수비용 등이 기록되며, 이는 총계정원장의 매입계정과 관련된다.

(2) 매출장

매출장(sales journal)은 상품의 매출 내용을 자세히 기록하는 장부로 보조부의 보조기입장에 속한다. 매출장에는 날짜, 매출처, 품명, 수량, 단가, 금액, 수취방법, 판매비용 등이 기록되며, 이는 총계정원장의 매출계정과 관련된다.

(3) 상품재고장

상품재고장은 상품의 입고, 출고 및 현재 재고를 기입하는 장부로 보조부의 보조원장에 속한다. 상품의 입고란에는 전기이월액과 당기매입액이 기입되고, 출고란에는 판매한 상품의 원가가 기입되고, 재고란에는 남아 있는 상품의 재고액을 기입한다. 입고액의 합계액은 전기이월액을 제외하면 당기 매입액이 되고, 출고란의 합계액은 매출원가가 되며, 재고란의 맨 마지막 금액은 기말재고액이 된다.

5.2 상품매매의 회계처리

상품매매의 회계처리방법에는 크게 상품매매와 관련된 제 항목을 상품계정 하나에서 처리하는 단일계정처리법과 상품매매와 관련된 제 항목을 과정별로 각각 다른 계정에서 처리하는 상품계정의 분할방법이 있다.

1 상품계정

상품계정 하나에서 처리하는 방법은 총계정원장상에 설정된 상품계정 하나만으로 상품매매에 관한 모든 거래를 회계처리하는 방법으로 상품계정의 기입방법에 따라 분기법과 총기법으로 나눈다.

(1) 분기법

분기법(split-up method)은 상품매매에 관한 거래를 상품계정과 상품매매손익계정으로 나누어서 기록하는 방법이다. 따라서 상품계정이 자산계정이므로 계정잔액이 순수한 자산액만을 표시할 수 있도록 기입하는 방법이다. 매입시에는 매입원가로 상품계정 차변에 기입하고, 판매시에는 매가와 원가의 차액인 상품매매손익을 계산하여 원가는 상품계정의 대변에 기입하고, 손익은 상품매매손익계정에서 별도로 기입한다. 이렇게 함으로써 상품계정은 취득원가인 순자산액만을 표시하게 된다. 또한 결산시 기말재고에 관한 수정은 불필요하다.

상 품

전기이월(원가) ×××	매출액(원가) ×××
매입액(원가) ×××	차기이월(원가) ×××

상품매출이익

손 익 ×××	발생액 ×××

* 상품매출원가 = 기초재고액 + 매입액 − 기말재고액
* 상품매출이익 = 매출액 − 매출원가

예제 4 **분기법**

다음은 (주)건지의 20×9년 9월의 거래내역이다.

1. 9월 1일 전기이월액이 ₩150,000이다.
2. 9월 7일 상품 ₩80,000(원가: ₩60,000)을 외상으로 판매하다.
3. 9월 12일 상품 ₩200,000을 외상으로 구입하다.
4. 9월 23일 상품 ₩220,000(원가: ₩170,000)을 현금으로 판매하다.
5. 9월 30일 결산을 하다. 기말상품은 ₩120,000이다.

〈요구사항〉
위의 자료를 분기법으로 분개하고 상품과 관련된 계정에 기입하라.

해 답 (1) 분 개

9월 7일 (차) 매 출 채 권	80,000	(대) {	상 품	60,000
			상품매출이익	20,000
9월 12일 (차) 상 품	200,000	(대)	매 입 채 무	200,000
9월 23일 (차) 현 금	220,000	(대) {	상 품	170,000
			상품매출이익	50,000

(2) 전 기

상 품					상품매출이익		
9/ 1 전기이월	150,000	9/ 7 매출채권	60,000			9/ 7 매출채권	20,000
9/12 매입채무	200,000	9/23 현 금	170,000			9/23 현 금	50,000
		9/30 차기이월	120,000				
	350,000		350,000				

(2) 총기법

총기법은 상품계정을 혼합계정으로 처리한다. 매입시는 매입원가로 상품계정의 차변에 기입하지만, 매출시는 판매가격으로 상품계정의 대변에 기입한다. 또한 기말재고액은 매입원가로 기입한다. 따라서 상품계정은 자산계정과 손익계정이 혼합되어 나타나고 차변합계액과 대변합계액이 일치하지 않는다. 따라서 결산시 차변합계액과 대변합계액을 일치시키고 상품매매손익을 구분하기 위한 수정분개가 필요하다.

* 수정분개
매출이익이 발생한 경우
(차) 상 품 ××× (대) 상품매출이익 ×××

상 품			
전기이월(원가)	×××	매출액(매가)	×××
매입액(원가)	×××	차기이월(원가)	×××
상품매출이익	×××		

매출손실이 발생한 경우
(차) 상품매출손실 ××× (대) 상 품 ×××

상 품			
전기이월(원가)	×××	매출액(매가)	×××
매입액(원가)	×××	차기이월(원가)	×××
		상품매출손실	×××

예제 5 **총기법**

다음은 (주)건지의 20×9년 9월의 거래내역이다.

1. 9월 1일 전기이월액이 ₩150,000이다.
2. 9월 7일 상품 ₩80,000(원가: ₩60,000)을 외상으로 판매하다.
3. 9월 12일 상품 ₩200,000을 외상으로 구입하다.
4. 9월 23일 상품 ₩220,000(원가: ₩170,000)을 현금으로 판매하다.
5. 9월 30일 결산을 하다. 기말상품은 ₩120,000이다.

〈요구사항〉

위의 자료를 총기법으로 분개하고 관련계정에 기입하라.

해답 (1) 분 개

9월 7일	(차) 매 출 채 권	80,000	(대) 상 품	80,000
9월 12일	(차) 상 품	200,000	(대) 매 입 채 무	200,000
9월 23일	(차) 현 금	220,000	(대) 상 품	220,000

(2) 수정분개

9월 30일	(차) 상 품	70,000	(대) 상품매출이익	70,000

(3) 전 기

상 품

9/ 1 전기이월	150,000	9/ 7 매출채권	80,000
9/12 매입채무	200,000	9/23 현 금	220,000
9/30 상품매출이익	70,000	9/30 차기이월	120,000
	420,000		420,000

상품매출이익

		9/30 상품	70,000

2 상품계정의 분할

계정기입 내용을 간소화하고 매매활동의 내용을 관찰하는데 유익한 정보를 확보하기 위하여 상품계정을 분할하는 방법으로 2분법, 3분법, 4분법, 5분법, 6분법, 7분법, 8분법, 9분법이 있으나 3분법이 기본을 이룬다.

3분법은 상품매매와 관련된 활동을 상품재고, 매입활동, 판매활동의 3가지 계정으로 나누어 회계처리 하는 방법이다. 즉, 상품재고와 관련된 내용은 상품계정, 매입활동은 매입계정, 판매활동은 매출계정을 설정하여 처리한다. 기중거래에 있어서는 상품매입에 대해 매입계정으로, 상품매출에 대해 매출계정으로 처리함으로써 상품계정에는 변동이 없다. 또한 매입에누리와 환출은 매입계정을 감소시키는 회계처리를 하고, 매출에누리와 환입에 대해서는 매출계정을 감소시키는 회계처리를 한다. 이러한 내용을 구체적으로 설명하면 다음과 같다.

(1) 기초상품재고액

기초상품재고액은 회계처리의 대상이 아니다.

(2) 상품을 매입하는 경우

상품을 매입하는 경우에는 상품계정 대신에 차변에 매입계정을 사용하여 회계처리한다.

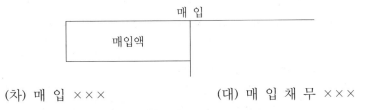

(차) 매 입 ×××   (대) 매 입 채 무 ×××

(3) 매입환출 또는 에누리 받은 경우

매입한 상품 중에서 품질불량 등에 의하여 반품되거나 에누리를 받은 경우에는 매입당시 분개의 역분개를 하면 된다.

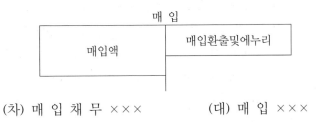

(차) 매 입 채 무 ×××   (대) 매 입 ×××

(4) 상품을 판매하는 경우

상품을 판매하는 경우에는 대변에 매출계정을 사용하여 회계처리한다.

(차) 매 출 채 권 ×××   (대) 매 출 ×××

(5) 매출환입 또는 에누리하는 경우

판매된 상품 중에서 품질불량 등 사유에 의하여 반품되어 오거나 에누리해 주는 경우에는 판매당시 분개의 역분개를 한다.

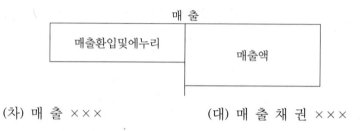

(차) 매 출 ×××   (대) 매 출 채 권 ×××

(6) 기말결산시 회계처리

기중에 상품매입과 상품판매를 매입과 매출로 처리하고 상품계정에는 변동이 없었으므로 결산시에는 상품계정의 기초상품재고액을 기말상품재고액으로 수정하여야 한다. 또한 이들 계정의 기입만으로는 매출총손익을 알 수 없으므로 결산시 상품의 기말재고액을 조사하여 다음과 같은 방법으로 매출총손익을 산출한다.

> **매출총손익 = 매출액 - 매출원가**
> **매출원가 = 기초재고액 + 매입액 - 기말재고액**

위 산식에서 매출원가를 구하기 위해서는 기초재고액과 매입액 및 기말재고액을 한곳에 모아야 되는데 이를 위해 매출원가계정을 설정하게 된다. 매출원가계정이 설정되면 기초재고액과 매입액 및 기말재고액을 매출원가계정에 모으기 위한 수정분개(adjusted entry)가 필요하다. 다음으로 매출원가는 비용에 해당하고, 매출은 수익에 해당되므로 수익과 비용을 (집합)손익계정에 모으는 대체분개(transfer entry)가 필요하다. 이러한 과정을 그림으로 나타내면 다음과 같다.

그림 5-3	상품계정 3분법

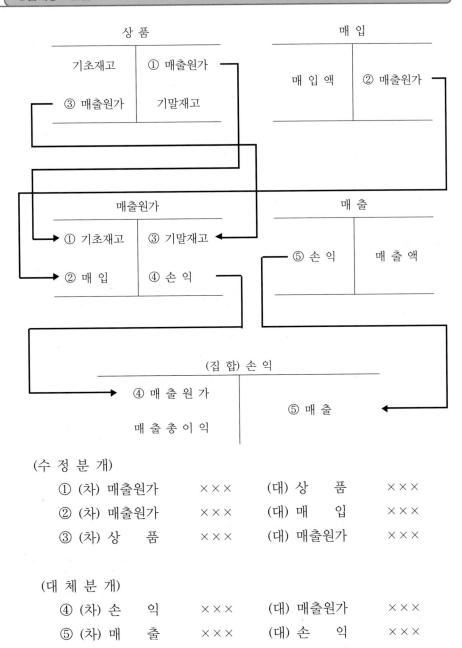

(수 정 분 개)
　① (차) 매출원가　　　×××　　　(대) 상　　품　　×××
　② (차) 매출원가　　　×××　　　(대) 매　　입　　×××
　③ (차) 상　　품　　　×××　　　(대) 매출원가　　×××

(대 체 분 개)
　④ (차) 손　　익　　　×××　　　(대) 매출원가　　×××
　⑤ (차) 매　　출　　　×××　　　(대) 손　　익　　×××

예제 6 3분법

다음은 (주)건지의 20×9년 9월의 거래내역이다.

1. 9월 1일 전기이월액이 ₩150,000이다.
2. 9월 7일 상품 ₩80,000(원가: ₩60,000)을 외상으로 판매하다.
3. 9월 12일 상품 ₩200,000을 외상으로 구입하다.
4. 9월 23일 상품 ₩220,000(원가: ₩170,000)을 현금으로 판매하다.
5. 9월 30일 결산을 하다. 기말상품은 ₩120,000이다.

〈요구사항〉

위의 자료를 이용하여 3분법에 의하여 분개하고 관련계정에 기입하라.

해 답 (1) 기중의 매입활동과 판매활동에 관한 사건을 분개한다.

9월 7일	(차) 매출채권	80,000	(대) 매 출	80,000
9월 12일	(차) 매 입	200,000	(대) 매입채무	200,000
9월 23일	(차) 현 금	220,000	(대) 매 출	220,000

(2) 매출원가를 산정하기 위한 수정분개를 행한다.

9월 30일	(차) 매출원가	150,000	(대) 상 품	150,000
	(차) 매출원가	200,000	(대) 매 입	200,000
	(차) 상 품	120,000	(대) 매출원가	120,000

(3) 수익(매출)과 비용(매출원가)을 (집합)손익에 대체하기 위한 대체분개를 행한다.

9월 30일	(차) 손 익	230,000	(대) 매출원가	230,000
	(차) 매 출	300,000	(대) 손 익	300,000

(4) 전기

상 품

9/ 1 전기이월	150,000	9/30 매출원가	150,000
9/30 매출원가	120,000	9/30 차기이월	120,000
	270,000		270,000

매 입

9/12 매입채무	200,000	9/30 매출원가	200,000
	200,000		200,000

매 출

9/30 손익	300,000	9/ 7 매출채권	80,000
		9/23 현 금	220,000
	300,000		300,000

매출원가

9/30 상 품	150,000	9/30 상 품	120,000
9/30 매 입	200,000	9/30 손 익	230,000
	350,000		350,000

손 익

9/30 매출원가	230,000	9/30 매 출	300,000

5.3 상품매매업의 순환과정

상품매매업의 회계순환과정은 서비스업과 비교했을 때 영업활동이 더욱 복잡해지고, 이에 대한 회계처리를 위해 새로운 계정들이 많이 도입된다. 특히 상품(재고자산)과 관련된 회계처리가 매우 중요하다. 다음 사례를 통하여 상품매매업의 회계순환과정을 살펴본다.

상품매매업 종합예제를 위한 사례

(주)세종은 상품매매업을 영위하는 회사로서 다음과 같은 거래가 있었다.

12월 1일 : 현금 ₩100,000을 출자받아 영업을 시작하다.

12월 2일 : 은행으로부터 ₩30,000을 차입하다.

12월 3일 : 건물을 ₩60,000에 현금으로 취득하다.

12월 4일 : 1년분 보험료 ₩1,200을 현금으로 지급하다.

12월 5일 : 건물의 일부를 임대하고 1년분 임대수익 ₩2,400을 현금으로 받다.

12월 6일 : 자동차 1대를 현금 ₩20,000에 구입하다.

12월10일 : (주)대왕에게 현금 ₩20,000을 빌려주다.

12월11일 : 상품 ₩24,000을 외상으로 매입하다.

12월15일 : 상품을 ₩30,000에 판매하고 ₩18,000은 현금으로 받고 잔액은 외상으로 하다.

12월25일 : 12월 15일의 매출채권 중 ₩2,000을 현금으로 회수하다.

12월30일 : 종업원 급여 ₩15,000을 현금으로 지급하다.

12월31일 : 은행차입금 중 ₩10,000을 현금으로 상환하다.

※ 앞장 서비스업의 순환과정 예제와 비교하여 상품매매업에 관련 거래(12월 11일, 15일, 25일)를 제외하고 내용이 동일하다. 이는 서비스업과 상품매매업의 순환과정을 비교하기 위함이다.

※ 종합예제의 상품거래와 관련하여서는 3분법으로 회계처리한다.

상품매매업 종합예제 1: 분개장 작성

분 개 장

No. 1

일 자		적 요	원 면	차 변	대 변
12	1	(현 금)	1	100,000	
		(자 본 금)	8		100,000
		현금을 출자받아 영업시작			
	2	(현 금)	1	30,000	
		(차 입 금)	6		30,000
		차입금을 통한 현금조달			
	3	(건 물)	3	60,000	
		(현 금)	1		60,000
		건물을 현금으로 취득			
	4	(보 험 료)	13	1,200	
		(현 금)	1		1,200
		보험료를 현금으로 지급			
	5	(현 금)	1	2,400	
		(임대수익)	10		2,400
		임대수익을 현금으로 수령			
	6	(차량운반구)	4	20,000	
		(현 금)	1		20,000
		자동차를 현금으로 구입			
	10	(대 여 금)	5	20,000	
		(현 금)	1		20,000
		현금을 대여			
	11	(매 입)	11	24,000	
		(매입채무)	7		24,000
		상품을 외상으로 매입			
	15	(현 금)	1	18,000	
		(매출채권)	2	12,000	
		(매 출)	9		30,000
		상품을 외상으로 판매			
	25	(현 금)	1	2,000	
		(매출채권)	2		2,000
		매출채권의 회수			
	30	(급 여)	12	15,000	
		(현 금)	1		15,000
		급여를 현금으로 지급			
	31	(차 입 금)	6	10,000	
		(현 금)	1		10,000
		차입금을 현금으로 상환			
				314,600	314,600

상품매매업 종합예제 2 : 총계정원장 작성

현 금   1

일 자		적 요	분 면	차 변	일 자		적 요	분 면	대 변
12	1	자 본 금	1	100,000	12	3	건　　물	1	60,000
	2	차 입 금	1	30,000		4	보 험 료	1	1,200
	5	임 대 수 익	1	2,400		6	차량 운반구	1	20,000
	15	매　　출	1	18,000		10	대 여 금	1	20,000
	25	매 출 채 권	1	2,000		30	급　　여	1	15,000
						31	차 입 금	1	10,000

매출채권   2

일 자		적 요	분 면	차 변	일 자		적 요	분 면	대 변
12	15	매　　출	1	12,000	12	25	현　　금	1	2,000

건 물   3

일 자		적 요	분 면	차 변	일 자	적 요	분 면	대 변
12	3	현　　금	1	60,000				

차량운반구   4

일 자		적 요	분 면	차 변	일 자	적 요	분 면	대 변
12	6	현　　금	1	20,000				

대 여 금   5

일 자		적 요	분 면	차 변	일 자	적 요	분 면	대 변
12	10	현　　금	1	20,000				

차 입 금   6

일 자		적 요	분 면	차 변	일 자		적 요	분 면	대 변
12	31	현 금	1	10,000	12	2	현 금	1	30,000

매입채무   7

일 자		적 요	분 면	차 변	일 자		적 요	분 면	대 변
					12	11	매 입	1	24,000

자 본 금   8

일 자		적 요	분 면	차 변	일 자		적 요	분 면	대 변
					12	1	현 금	1	100,000

매 출   9

일 자		적 요	분 면	차 변	일 자		적 요	분 면	대 변
					12	15	제 좌	1	30,000

임대수익   10

일 자		적 요	분 면	차 변	일 자		적 요	분 면	대 변
					12	5	현 금	1	2,400

매 입   11

일 자		적 요	분 면	차 변	일 자		적 요	분 면	대 변
12	11	매입채무	1	24,000					

급 여   12

일 자		적 요	분 면	차 변	일 자		적 요	분 면	대 변
12	30	현 금	1	15,000					

보 험 료   13

일 자		적 요	분 면	차 변	일 자		적 요	분 면	대 변
12	4	현 금	1	1,200					

상품매매업 종합예제 3 : 수정전시산표작성

수정전잔액시산표

차 변	원 면	계 정 과 목	대 변
26,200	1	현 금	
10,000	2	매 출 채 권	
60,000	3	건 물	
20,000	4	차 량 운 반 구	
20,000	5	대 여 금	
	6	차 입 금	20,000
	7	매 입 채 무	24,000
	8	자 본 금	100,000
	9	매 출	30,000
	10	임 대 수 익	2,400
24,000	11	매 입	
15,000	12	급 여	
1,200	13	보 험 료	
176,400		합 계	176,400

상품매매업 종합예제 4 : 수정분개

(주)세종의 결산을 위하여 재고조사표작성을 통하여 나타난 수정사항은 다음과 같다.

〈수정사항〉

(1) 차입금에 대한 미지급이자는 ₩200이다.

(2) 보험료 중 미경과분은 선급비용으로 처리하였다.

(3) 임대수익 중 미경과분은 선수수익으로 처리하였다.

(4) 차량운반구에 대하여 ₩2,000을 감가상각하였다.

(5) 건물에 대하여 ₩5,000을 감가상각하였다.

(6) 대여금에 대한 미수이자는 ₩200이다.

(7) 기말상품재고액이 ₩6,000임을 확인하였다.

〈수정분개〉

(1) (차) 이자비용   200   (대) 미지급이자   200

(2) (차) 선급보험료   1,100[1]   (대) 보 험 료   1,100

      1) 미경과분 : 1,200×11/12

(3) (차) 임 대 수 익   2,200[2]   (대) 선수임대수익   2,200

      2) 미경과분 : 2,400×11/12

(4) (차) 차량운반구감가상각비   2,000   (대) 차량운반구감가상각누계액   2,000

(5) (차) 건물감가상각비   5,000   (대) 건물감가상각누계액   5,000

(6) (차) 미수이자   200   (대) 이자수익   200

(7) (차) 매 출 원 가   0   (대) 상 품(기초재고)   0

    (차) 매 출 원 가   24,000   (대) 매 입   24,000

    (차) 상 품(기말재고)   6,000   (대) 매 출 원 가   6,000

분 개 장

일 자		적 요	원 면	차 변	대 변
12	31	(이자비용)	14	200	
		(미지급이자)	15		200
		차입금에 대한 미지급이자			
	31	(선급보험료)	16	1,100	
		(보 험 료)	13		1,100
		보험료중 미경과분			
	31	(임대수익)	17	2,200	
		(선수임대수익)	18		2,200
		임대수익중 미경과분			
	31	(차량운반구감가상각비)	19	2,000	
		(차량운반구감가상각누계액)	20		2,000
		차량운반구의 감가상각			
	31	(건물감가상각비)	21	5,000	
		(건물감가상각누계액)	22		5,000
		건물의 감가상각			
	31	(미수이자)	23	200	
		(이자수익)	24		200
		대여금에 대한 미수이자			
	31	(매출원가)	25	0	
		(상 품)	26		0
		기초상품의 매출원가에 대체			
	31	(매출원가)	25	24,000	
		(매 입)	11		24,000
		매입액의 매출원가에 대체			
	31	(상 품)	26	6,000	
		(매출원가)	25		6,000
		기말상품의 매출원가에 대체			
				40,700	40,700

상품매매업 종합예제 5 : 수정분개사항 총계정원장에의 전기

이자비용   14

일 자		적 요	분 면	차 변	일 자		적 요	분 면	대 변
12	31	미지급이자	2	200					

미지급이자   15

일 자		적 요	분 면	차 변	일 자		적 요	분 면	대 변
					12	31	이자비용	2	200

선급보험료   16

일 자		적 요	분 면	차 변	일 자		적 요	분 면	대 변
12	31	보험료	2	1,100					

보험료   13

일 자		적 요	분 면	차 변	일 자		적 요	분 면	대 변
12	4	현 금	1	1,200	12	31	선급보험료	2	1,100

임대수익   17

일 자		적 요	분 면	차 변	일 자		적 요	분 면	대 변
12	31	선수임대수익	2	2,200	12	5	현 금	1	2,400

선수임대수익   18

일 자		적 요	분 면	차 변	일 자		적 요	분 면	대 변
					12	31	임대수익	2	2,200

차량운반구감가상각비   19

일 자		적 요	분 면	차 변	일 자		적 요	분 면	대 변
12	31	차량운반구감가상각누계액	2	2,000					

건물감가상각비   21

일 자		적 요	분 면	차 변	일 자		적 요	분 면	대 변
12	31	건물감가상각 누계액	2	5,000					

차량운반구감가상각누계액   20

일 자		적 요	분 면	차 변	일 자		적 요	분 면	대 변
					12	31	차량운반구 감가상각비	2	2,000

건물감가상각누계액   22

일 자		적 요	분 면	차 변	일 자		적 요	분 면	대 변
					12	31	건　물 감가상각비	2	5,000

미수이자   23

일 자		적 요	분 면	차 변	일 자		적 요	분 면	대 변
12	31	이자수익	2	200					

이자수익   24

날 짜		적 요	분 면	차 변	날 짜		적 요	분 면	대 변
					12	31	미수이자	2	200

매출원가   25

일 자		적 요	분 면	차 변	일 자		적 요	분 면	대 변
12	31	매 입	2	24,000	12	31	상 품	2	6,000

매 입   11

일 자		적 요	분 면	차 변	일 자		적 요	분 면	대 변
12	11	매입채무	1	24,000	12	31	매 출 원 가	2	24,000

상 품   26

일 자		적 요	분 면	차 변	일 자		적 요	분 면	대 변
12	31	매 출 원 가	2	6,000					

상품매매업 종합예제 6 : 정산표 작성

정 산 표

계 정 과 목	수정전시산표 차변	수정전시산표 대변	수정분개 차변	수정분개 대변	수정후시산표 차변	수정후시산표 대변	포괄손익계산서 차변	포괄손익계산서 대변	재무상태표 차변	재무상태표 대변
현 금	26,200				26,200				26,200	
매 출 채 권	10,000				10,000				10,000	
건 물	60,000				60,000				60,000	
차 량 운 반 구	20,000				20,000				20,000	
대 여 금	20,000				20,000				20,000	
차 입 금		20,000				20,000				20,000
매 입 채 무		24,000				24,000				24,000
자 본 금		100,000				100,000				100,000
매 출		30,000				30,000		30,000		
임 대 수 익		2,400	(3) 2,200			200		200		
매 입	24,000			(7) 24,000						
보 험 료	1,200			(2) 1,100	100		100			
급 여	15,000				15,000		15,000			
합 계	176,400	176,400								
이 자 비 용			(1) 200		200		200			
미 지 급 이 자				(1) 200		200				200
선 급 보 험 료			(2) 1,100		1,100				1,100	
선 수 임 대 수 익				(3) 2,200		2,200				2,200
차 량 감 가 상 각 비			(4) 2,000		2,000		2,000			
건 물 감 가 상 각 비			(5) 5,000		5,000		5,000			
차량감가상각누 계 액				(4) 2,000		2,000				2,000
건물감가상각누 계 액				(5) 5,000		5,000				5,000
미 수 이 자			(6) 200		200				200	
이 자 수 익				(6) 200		200		200		
매 출 원 가			(7) 24,000	(7) 6,000	18,000		18,000			
상 품			(7) 6,000		6,000				6,000	
당 기 순 손 실								9,900	9,900	
합 계			40,700	40,700	183,800	183,800	40,300	40,300	153,400	153,400

상품매매업 종합예제 7 : 대체분개

① 수익의 집합손익계정으로의 대체

(차) 매 출	30,000	(대) 손 익	30,000
(차) 임 대 수 익	200	(대) 손 익	200
(차) 이 자 수 익	200	(대) 손 익	200

② 비용의 집합손익계정으로의 대체

(차) 손 익	18,000	(대) 매 출 원 가	18,000
(차) 손 익	100	(대) 보 험 료	100
(차) 손 익	15,000	(대) 급 여	15,000
(차) 손 익	200	(대) 이 자 비 용	200
(차) 손 익	2,000	(대) 차량감가상각비	2,000
(차) 손 익	5,000	(대) 건물감가상각비	5,000

③ 집합손익계정을 이익잉여금계정에 대체

(차) 이익잉여금	9,900	(대) 손 익	9,900

상품매매업 종합예제 8 : 수익·비용계정의 마감

매 출			9
12/31 손 익	30,000	12/15 제 좌	30,000
	30,000		30,000

매출원가			25
12/31 매 입	24,000	12/31 상 품	6,000
		12/31 손 익	18,000
	24,000		24,000

보 험 료			17
12/4 현 금	1,200	12/31 선급보험료	1,100
		12/31 손 익	100
	1,200		1,200

급 여			12
12/30 현 금	15,000	12/31 손 익	15,000
	15,000		15,000

이자비용			14
12/31 미지급이자	200	12/31 손 익	200
	200		200

임대수익			10
12/31 선수임대수익	2,200	12/5 현 금	2,400
12/31 손 익	200		
	2,400		2,400

차량운반구감가상각비			20
12/31 차량감가누계액	2,000	12/31 손 익	2,000
	2,000		2,000

건물감가상각비			21
12/31 건물감가누계액	5,000	12/31 손 익	5,000
	5,000		5,000

이자수익			24
12/31 손익	200	12/31 미수이자	200
	200		200

(집합) 손익

12/31 매 출 원 가	18,000	12/31 매 출	30,000
12/31 보 험 료	100	12/31 임 대 수 익	200
12/31 급 여	15,000	12/31 이 자 수 익	200
12/31 이 자 비 용	200	12/31 이 익 잉 여 금	9,900
12/31 차 량 감 가 상 각 비	2,000		
12/31 건 물 감 가 상 각 비	5,000		
	40,300		40,300

상품매매업 종합예제 9 : 자산·부채·자본계정의 마감

현 금   1

12/1 자본금	100,000	12/3 건 물	60,000
12/2 차입금	30,000	12/4 보험료	1,200
12/5 임대수익	2,400	12/6 차량운반구	20,000
12/15 매출	18,000	12/10 대여금	20,000
12/25 매출채권	2,000	12/30 급여	15,000
		12/31 차입금	10,000
		12/31 차기이월	26,200
	152,400		152,400
1/1 전기이월	26,200		

매출채권   2

12/15 매출	12,000	12/25 현 금	2,000
		12/31 차기이월	10,000
	12,000		12,000
1/1 전기이월	10,000		

건 물   3

12/3 현금	60,000	12/31 차기이월	60,000
	60,000		60,000
1/1 전기이월	60,000		

차량 운반구   4

12/6 현 금	20,000	12/31 차기이월	20,000
	20,000		20,000
1/1 전기이월	20,000		

대 여 금   5

12/10 현 금	20,000	12/31 차기이월	20,000
	20,000		20,000
1/1 전기이월	20,000		

상 품   26

12/31 매출원가	6,000	12/31 차기이월	6,000
	6,000		6,000
1/1 전기이월	6,000		

선급보험료   16

12/31 보험료	1,100	12/31 차기이월	1,100
	1,100		1,100
1/1 전기이월	1,100		

미수이자   23

12/31 이자수익	200	12/31 차기이월	200
	200		200
1/1 전기이월	200		

차 입 금   6

12/31 현 금	10,000	12/2 현 금	30,000
12/31 차기이월	20,000		
	30,000		30,000
		1/1 전기이월	20,000

매입채무   7

12/31 차기이월	24,000	12/11 매 입	24,000
	24,000		24,000
		1/1 전기이월	24,000

미지급이자   15

12/31 차기이월	200	12/31 이자비용	200
	200		200
		1/1 전기이월	200

선수임대수익   18

12/31 차기이월	2,200	12/31 임대수익	2,200
	2,200		2,200
		1/1 전기이월	2,200

차량감가상각누계액   19

12/31 차기이월	2,000	12/31 감가상각비	2,000
	2,000		2,000
		1/1 전기이월	2,000

건물감가상각누계액   22

12/31 차기이월	5,000	12/31 감가상각비	5,000
	5,000		5,000
		1/1 전기이월	5,000

자본금   8

12/31 차기이월	100,000	12/1 현 금	100,000
	100,000		100,000
		1/1 전기이월	100,000

이익잉여금   27

12/31 손익	9,900	12/31 차기이월	9,900
	9,900		9,900
1/1 전기이월	9,900		

상품매매업 종합예제 10 : 이월시산표의 작성

이 월 시 산 표

차 변	원면	계 정 과 목	대 변
26,200	1	현 금	
10,000	2	매 출 채 권	
6,000	26	상 품	
60,000	3	건 물	
20,000	4	차 량 운 반 구	
20,000	5	대 여 금	
1,100	16	선 급 보 험 료	
200	23	미 수 이 자	
	20	차량감가상각누계액	2,000
	22	건물감가상각누계액	5,000
	6	차 입 금	20,000
	7	매 입 채 무	24,000
	15	미 지 급 이 자	200
	18	선 수 임 대 수 익	2,200
	8	자 본 금	100,000
9,900	27	이 익 잉 여 금	
153,400		합 계	153,400

상품매매업 종합예제 11 : 손익계산서와 재무상태표의 작성

손익계산서

(주) 세 종	20×9년 12월 1일부터 12월 31일 까지	(단위: 원)
매 출		₩30,000
매 출 원 가		(18,000)
매 출 총 이 익		12,000
임 대 수 익		200
이 자 수 익		200
급 여		(15,000)
이 자 비 용		(200)
보 험 료		(100)
건 물 감 가 상 각 비		(5,000)
차 량 감 가 상 각 비		(2,000)
당 기 순 손 실		(₩9,900)

재무상태표

계 정 과 목	금	액	계 정 과 목	금	액
(주) 세 종	20×9년 12월 31일 현재				(단위: 원)
현 금		₩26,200	매 입 채 무		₩24,000
매 출 채 권		10,000	차 입 금		20,000
상 품		6,000	미 지 급 이 자		200
건 물	60,000		선 수 임 대 수 익		2,200
건물감가상각누계액	(5,000)	55,000	자 본 금		100,000
차 량 운 반 구	20,000		이 익 잉 여 금		(9,900)
차량감가상각누계액	(2,000)	18,000			
대 여 금		20,000			
선 급 보 험 료		1,100			
미 수 이 자		200			
자 산 총 계		₩136,500	부 채 와 자 본 총 계		₩136,500

연·습·문·제

▌▌ 기본문제 ▌▌ ─────────────────────────────────

01 다음 중 상품으로 분류할 수 있는 것은 어느 것인가?
① 상품매매업을 하는 회사가 보유하고 있는 집기비품
② 건설회사가 보유하고 있는 건설중장비
③ 증권회사가 보유하고 있는 타회사의 주식
④ 부동산매매업자의 본사사옥 건물

정답 ③

02 다음 중 상품의 판매활동과 관련된 것이 아닌 것은?
① 매입부대비용　　　　　　② 판매부대비용
③ 매출환입　　　　　　　　④ 매출에누리

정답 ①

03 다음 중 순매입액을 계산하는 산식으로 올바른 것은?
① 총매입액 - 매입환출
② 총매입액 - 매입환출 - 매입에누리
③ 총매입액 - 매입환출 - 매입에누리 - 매입할인
④ 총매입액 - 매출환입

정답 ③

04 다음 중 매출원가를 산출하는 데 필요한 계정끼리 짝지은 것은?
① 매입, 재고자산(기초, 기말), 매입에누리와 환출
② 매출총이익, 매입환출 및 에누리, 매입운임
③ 재고자산(기초, 기말), 순매출액, 매입
④ 기초재고자산, 기말재고자산, 매출총이익

정답 ①

05 다음 각 산식의 결과 중에서 매출원가가 산출되지 않는 것은?
① 매출액 - 매출총이익
② 판매가능액 - 기말재고액
③ 기초재고액 + 당기매입액 - 기말재고액
④ 판매가능액 - 매출총이익

정답 ④

06 다음 중 3분법에 사용되고 있는 계정과목은 어느 것인가?

① 이월상품, 매입, 매출계정

② 이월상품, 매입환출, 매출환입계정

③ 이월상품, 매입, 매출에누리계정

④ 이월상품, 매입부대비용, 매입계정

정답 ①

07 다음 중 평상 잔액이 대변에 나타나는 계정과목은?

① 매입　　　　　　　　　　② 매출할인

③ 매출에누리 및 환입　　　④ 매입에누리 및 환출

정답 ④

08 다음의 모든 장부에 기장되어야 하는 거래는?

> 분개장, 총계정원장, 매출장, 매출처원장, 상품재고장

① 상품 ₩800,000을 외상으로 매입하다.

② 상품 ₩800,000을 외상으로 매출하다.

③ 상품 ₩800,000을 현금으로 매입하다.

④ 상품 ₩800,000을 현금으로 매출하다.

정답 ②

09 총매출액 ₩150,000, 매출환입 ₩15,000, 매출에누리 ₩3,000, 매출할인이 ₩3,000인 경우 순매출액은 얼마인가?

① ₩150,000　　　　　　　② ₩135,000

③ ₩132,000　　　　　　　④ ₩129,000

▶ 풀이: 순매출액 = 총매출액 − 매출환입 − 매출에누리 − 매출할인
= 150,000 − 15,000 − 3,000 − 3,000 = 129,000

정답 ④

10 순매출액 ₩150,000, 매출환입 ₩15,000, 매출에누리 ₩3,000, 매출할인이 ₩2,000인 경우 총매출액은 얼마인가?

① ₩150,000　　　　　　　② ₩165,000

③ ₩170,000　　　　　　　④ ₩172,000

▶ 풀이: 총매출액 = 순매출액 + 매출환입 + 매출에누리 + 매출할인
= 150,000 + 15,000 + 3,000 + 2,000 = 170,000

정답 ③

11 기초상품재고액이 ₩50,000, 기말상품재고액이 ₩42,000이며, 판매가능액이 ₩104,000이라면, 매출원가는 얼마인가?

① ₩62,000   ② ₩92,000

③ ₩112,000   ④ ₩196,000

▶ **풀이**: 매출원가 = 판매가능액 - 기말상품재고액 = 104,000 - 42,000 = 62,000

정답 ①

12 송장가격 ₩100,000, 신용조건 『2/10, n/30』으로 상품을 구입하였으나, 구입상품의 절반이 검수결과 규격품에 미달하여 즉시 반품조치 하였다. 만일 현금할인기간 내에 대금을 지급한다면, 그 금액은 얼마인가?

① ₩100,000   ② ₩98,000

③ ₩48,000   ④ ₩49,000

▶ **풀이**: 현금지급액 = 매입채무 - 매입환출 - 매입할인
= 100,000 - 50,000 - 1,000 = 49,000

정답 ④

13 다음 자료에 의하여 매출원가를 계산하면 얼마인가?

기 초 상 품 재 고 액	₩20,000	기 말 상 품 재 고 액	₩35,000
당 기 총 매 입 액	300,000	매 입 에 누 리 액	20,000
매 입 환 출 액	10,000	매 입 할 인 액	5,000

① ₩250,000   ② ₩265,000

③ ₩270,000   ④ ₩275,000

▶ **풀이**: 매출원가 = 기초상품재고액 + 당기순매입액 - 기말상품재고액 = 20,000 + (300,000
- 20,000 - 10,000 - 5,000) - 35,000 = 250,000

정답 ①

14 다음 자료에 의한 당기 매출총이익은 얼마인가?

기 초 상 품 재 고 액	₩500,000	당 기 매 입 액	₩4,300,000
당 기 매 출 액	5,200,000	기 말 상 품 재 고 액	800,000

① ₩400,000   ② ₩600,000

③ ₩900,000   ④ ₩1,200,000

▶ **풀이**: 매출총이익 = 매출액 - 매출원가
= 5,200,000 - (500,000 + 4,300,000 - 800,000) = 1,200,000

정답 ④

15 다음 자료에 의하여 매출총이익을 계산하면 얼마인가?

기 초 상 품 재 고 액	₩160,000	총 매 입 액	₩940,000
매 입 에 누 리 액	25,000	매 출 환 입 액	90,000
매 출 에 누 리 액	80,000	총 매 출 액	1,460,000
매 입 환 출 액	35,000	기 말 상 품 재 고 액	210,000

① ₩450,000   ② ₩460,000

③ ₩470,000   ④ ₩480,000

▶ 풀이: 매출총이익 = 순매출액 - 매출원가 = (1,460,000 - 80,000 - 90,000) - [160,000 +
(940,000 - 25,000 - 35,000) - 210,000] = 460,000

정답 ②

16 홍지기업의 20×4년도 매출액은 ₩1,320,000이고 매입액은 ₩960,000이다.
다음과 같은 결산정리분개를 하였을 경우 매출총이익은?

(차) 매출원가	50,000		(대) 이월상품	50,000	
(대) 이월상품	90,000		(대) 매출원가	90,000	

① ₩400,000   ② ₩440,000

③ ₩360,000   ④ ₩320,000

▶ 풀이: 매출총이익 = 매출액 - 매출원가
= 1,320,000 - (50,000 + 960,000 - 90,000) = 400,000

정답 ①

17 다음 자료를 토대로 기초상품재고액을 구하면?

매 출 액 :	₩200,000	매출총이익률 :	20%
당 기 매 입 액 :	180,000	기초재고액은 기말재고액의	80%

① ₩120,000   ② ₩100,000

③ ₩80,000   ④ ₩60,000

▶ 풀이: 기초상품재고액 = 매출원가 - 당기매입액 + 기말상품재고액
0.8X = [200,000 × (1 - 0.2) - 180,000 + X]
X(기말상품재고액) = 100,000   0.8X = 80,000 = 기초상품재고액

정답 ③

18 다음에서 매출원가가 판매비의 700%일 때 판매가능액은 얼마인가?

매 입 운 임 :	₩20,0000	매 입 환 출 :	₩80,000
판 매 비 :	200,000	기 말 재 고 :	90,000

① ₩1,490,000   ② ₩1,500,000

③ ₩1,310,000   ④ ₩1,590,000

▶ 풀이: 매출원가 = 200,000 × 700% = 1,400,000
　　　　판매가능액 = 매출원가 + 기말재고 = 1,400,000 + 90,000 = 1,490,000

정답 ①

19 건지사는 재고자산의 구입원가에 30%의 이윤을 가산하여 판매가를 결정한다. 기초재고액이 ₩300,000, 당기매입액이 ₩1,400,000, 기말재고액이 ₩260,000이라면 연간 총 매출액은 얼마인가?

① ₩1,800,000　　　　　　　　② ₩1,870,000
③ ₩1,872,000　　　　　　　　④ ₩1,920,000

▶ 풀이: 매출액 = 매출원가 × (1 + 30%) = (300,000 + 1,400,000 − 260,000) × (1+ 30%)
　　　　= 1,440,000 × 130% = 1,872,000

정답 ③

20 다음의 자료에 의하면 매출원가로 얼마가 계상되어야 하는가?

기 초 상 품 재 고 액	₩200,000	기 말 상 품 재 고 액	₩150,000
매　　　　　입	500,000	매　출　운　임	15,000
매　입　운　임	15,000	매　입　환　출	3,000
매　입　할　인	3,000	매　출　할　인	6,000
판　매　수　수　료	4,000		

① ₩554,000　　　　　　　　② ₩557,000
③ ₩559,000　　　　　　　　④ ₩563,000

▶ 풀이: 매출원가 = 기초상품재고액 + 당기순매입액 − 기말상품재고액 = 200,000 + (500,000 + 15,000 − 3,000 − 3,000) − 150,000 = 559,000

정답 ③

■■ 기출문제 ■■

■ 상품관련 수정분개

01 다음 중 결산시점에서 장부를 마감하기 전 수정분개를 통하여 다른 계정으로 대체
되어 잔액이 0이 되는 계정으로만 묶은 것은?(단, 재고자산은 실지재고 조사법을
적용한다)   ('14 주택)
① 매입, 매입환출, 매입운임
② 매출, 매출환입, 매출운반비
③ 매입, 매입채무, 매출원가
④ 매출, 매출채권, 매출원가
⑤ 매출, 매출할인 매출에누리

정답 ①

02 수정전시산표와 수정후시산표의 비교를 통한 수정분개 추정으로 옳지 않는 것은?
('17 관세직)

구분	계정과목	수정전시산표	수정후시산표
㉠	이자비용	₩3,000	₩5,000
	미지급이자	₩1,000	₩3,000
㉡	상품	₩1,500	₩2,500
	매입	₩6,000	₩0
	매출원가	₩0	₩5,000
㉢	선급보험료	₩2,400	₩1,200
	보험료	₩2,000	₩3,200
㉣	선수임대수익	₩1,800	₩1,200
	임대수익	₩1,500	₩2,100

	차 변		대 변	
①	㉠ 이자비용	₩2,000	미지급이자	₩2,000
②	㉡ 매출원가	₩6,000	매입	₩7,000
	상품	₩1000		
③	㉢ 보험료	₩1,200	선급보험료	₩1,200
④	㉣ 선수임대수익	₩600	임대수익	₩600

▶ 풀이: ② (차){ 매출원가 5,000   (대){ 매 입   6,000
              상품(기말) 2,500   상품(기초) 1,500

정답 ②

03 다음 (주)한국의 20×1년 자료를 이용한 매출총이익과 영업이익을 바르게 연결한 것은? ('22 관세직)

○ 기초상품재고액	₩10,000	○ 기말상품재고액	₩12,000
○ 당기상품총매입액	₩20,000	○ 매입운임	₩2,000
○ 매입에누리	₩1,000	○ 매입환출	₩600
○ 매입할인	₩400	○ 당기상품총매출액	₩27,000
○ 판매운임	₩2,500	○ 매출에누리	₩1,800
○ 매출환입	₩1,200	○ 매출할인	₩500
○ 판매사원 급여	₩1,000		

	매출총이익	영업이익
①	₩5,500	₩2,000
②	₩5,500	₩4,500
③	₩8,000	₩2,000
④	₩8,000	₩7,000

➡ 풀이: (순)매입 = 20,000 + 2,000 − 1,000 − 600 − 400 = 20,000
매출원가 = 10,000 + 20,000 − 12,000 = 18,000
매출 = 27,000 − 1,800 − 1,200 − 500 = 23,500
매출총이익 = 23,500 − 18,000 = 5,500
영업이익 = 5,500 − 판매운임 2,500 − 판매사원 급여 1,000 = 2,000

정답 ①

04 (주)한국의 외부감사인은 (주)한국이 제시한 2017년도 포괄손익계산서에서 다음과 같은 오류가 있음을 발견하였다. ('18 관세직)

○ 임차료 과대계상액	₩900,000
○ 이자수익 과소계상액	₩600,000
○ 감가상각비 과소계상액	₩500,000
○ 기말상품 과대계상액	₩300,000

오류를 수정한 후의 올바른 당기순이익은? (단, 오류 수정전 당기순이익은 ₩10,000,000이다) ('18 관세직)

① ₩9,300,000　　　　　　　② ₩9,500,000
③ ₩9,800,000　　　　　　　④ ₩10,700,000

➡ 풀이: 당기순이익 = 10,000,000 + 900,000 + 600,000 − 500,000 − 300,000 = 10,700,000

정답 ④

■ 기초재고자산과 기말재고자산

05 (주)한국의 20×1년 매출액은 ₩1,000,000이고 매출원가는 ₩630,000이다. 총매입액은 ₩600,000이며 매입환출 및 에누리는 ₩60,000이다. 기초재고자산이 ₩400,000일 경우 기말재고자산은? ('12 주택)

① ₩240,000   ② ₩275,000   ③ ₩300,000
④ ₩310,000   ⑤ ₩335,000

▶ 풀이:

재고자산

기초	400,000	매출원가	630,000
총매입액	600,000	기말	310,000
매입환출	(60,000)		
	940,000		940,000

정답 ④

06 다음 자료를 이용하여 기초 상품 재고액을 계산하면? ('16 지방직)

○ 총매출액	₩300,000	○ 매출에누리	₩20,000
○ 총매입액	₩210,000	○ 매입할인	₩10,000
○ 매출총이익	₩100,000	○ 기말 상품 재고액	₩55,000

① ₩15,000   ② ₩25,000
③ ₩35,000   ④ ₩45,000

▶ 풀이: 순매출액 = 300,000 − 20,000 = 280,000
순매입액 = 210,000 − 10,000 = 200,000
매출원가 = 280,000 − 100,000 = 180,000
기초 상품 재고액 = 180,000 + 55,000 − 200,000 = 35,000

정답 ③

07 다음 자료를 이용하여 계산한 기말재고자산은? (단, 재고자산평가손실과 재고자산감모손실은 없다) ('21 주택)

○ 기초재고	₩300	○ 총매출액	₩1,600
○ 총매입액	1,300	○ 매출환입	50
○ 매입환출	100	○ 매출운임	80
○ 매입운임	70	○ 매출총이익률	10%

① ₩35   ② ₩103   ③ ₩130   ④ ₩175   ⑤ ₩247

▶ 풀이: (순)매입 = 1,300 − 100 + 70 = 1,270
(순)매출 = 1,600 − 50 = 1,550
매출원가 = 1,550 × (1 − 10%) = 1,395
기말재고자산 = 300 + 1,270 − 1,395 = 175

정답 ④

08 (주)서울이 보고한 2007년의 당기순이익은 ₩1,000이다. 회사는 2006년 기말 재고자산이 ₩300 과대계상되었고 2007년 기말재고자산이 ₩300 과소계상되었음을 발견하였다. 이러한 재고자산 오류가 발생하지 않았다면 (주)서울이 2007년도에 보고할 당기순이익은?(단, 법인세 효과는 무시한다) ('08 세무직)

① ₩400
② ₩700
③ ₩1,000
④ ₩1,600

▶ 풀이: 기초 + 매입 = 기말 + 매출원가
2007년 기초 재고자산 과대계상 − 300
2007년 기말 재고자산 과소계상 + 300
2007년 매출원가 과대계상 600 : 올바른 당기순이익은 1,000 + 600 = 1,600

정답 ④

■ 매입액

09 다음 자료를 이용하여 계산한 총매입액은? (단, 재고자산감모손실은 없다.)

('19 주택)

○ 기초재고	₩400,000	○ 매입환출	₩40,000
○ 총매출액	₩2,000,000	○ 기말재고	₩300,000
○ 매출환입	₩200,000	○ 매출총이익률	20%

① ₩1,300,000
② ₩1,340,000
③ ₩1,380,000
④ ₩1,700,000
⑤ ₩1,740,000

▶ 풀이: 순매출액 = 2,000,000 − 200,000 = 1,800,000
매출원가 = 1,800,000 × 80% = 1,440,000
순매입액 = 1,440,000 + 300,000 − 400,000 = 1,340,000
총매입액 = 1,340,000 + 40,000 = 1,380,000

정답 ③

10 (주)한국은 20×1년 12월 1일 ₩1,000,000의 상품을 신용조건(5/10, n/60)으로 매입하였다. (주)한국이 20×1년 12월 9일에 매입대금을 전액 현금 결제한 경우의 회계처리는? (단, 상품매입 시 총액법을 적용하며, 실지재고조사법으로 기록한다)('18 주택)

	차변		대변	
① 매입채무	₩900,000	현 금	₩900,000	
② 매입채무	₩950,000	현 금	₩950,000	
③ 매입채무	₩1,000,000	현 금	₩1,000,000	
④ 매입채무	₩1,000,000	현 금	₩900,000	
		매입(할인)	₩100,000	

⑤ 매입채무 ₩1,000,000 현 금 ₩950,000

매입(할인) ₩50,000

▶ 풀이: 신용조건에 따르면 10일 이내 매입대금 지급 시 지급금액의 5%를 할인한다.
매입할인 = 1,000,000 × 5% = 50,000

정답 ⑤

■ 매출원가와 매출총이익

11 다음 자료를 이용하여 계산한 매출총이익은? ('13 주택)

기초재고	₩70,000	기말재고	₩20,000
총매입	₩40,000	매입환출	10,000
매출	120,000		

① ₩10,000 ② ₩20,000 ③ ₩30,000
④ ₩40,000 ⑤ ₩50,000

▶ 풀이: 매출원가 = 70,000 + (40,000 - 10,000) - 20,000 = 80,000
매출총이익 = 120,000 - 80,000 = 40,000

정답 ④

12 상품매매 기업인 (주)우리의 결산시점에서 각 계정의 잔액이 다음과 같을 때 매출원가와 매출총이익은? ('14 지방직)

기초재고	₩48,000	당기총매입	₩320,000
매입에누리	₩3,000	매입할인	₩2,000
매입운임	₩1,000	매입환출	₩4,000
당기총매출	₩700,000	매출할인	₩16,000
매출에누리	₩18,000	매출환입	₩6,000
매출운임	₩1,000	광 고 비	₩39,000
급 여	₩60,000	수선유지비	₩5,000
기말재고	₩30,000		

	매출원가	매출총이익
①	₩329,000	₩331,000
②	₩330,000	₩330,000
③	₩332,000	₩328,000
④	₩338,000	₩362,000

▶ 풀이: 기초재고 48,000 + 매입 320,000 - 매입에누리 3,000 - 매입할인 -2,000 +매입 운임
1,000 - 매입환출 4,000 = 매출원가 330,000 + 기말재고 30,000
순매출 = 매출 700,000 - 매출할인 16,000 - 매출에누리 18,000 - 매출환입 6,000
= 660,000
매출총이익 = 순매출 660,000 - 매출원가 330,000 = 330,000

정답 ②

13 다음의 자료를 이용하여 계산된 매출총이익은? ('11 주택)

> (1) 기초상품재고액은 ₩120,000이고, 기말상품 재고액은 ₩150,000이다.
> (2) 당기의 상품 총매입액은 ₩1,300,000이고 당기의 상품 총매출액은 ₩1,700,000이다.
> (3) 당기의 매출에누리와 환입은 ₩180,000이고, 매입에누리와 환출은 ₩100,000이다.
> (4) 당기의 판매운임은 ₩30,000이고 매입운임은 ₩40,000이다.

① ₩210,000   ② ₩280,000   ③ ₩310,000
④ ₩350,000   ⑤ ₩490,000

▶ 풀이:

상품

기초	120,000	매출원가	1,210,000
총매입액	1,300,000	기말	150,000
매입에누리및환출	(100,000)		
매입운임	40,000		
	1,360,000		1,360,000

순매출액 = 1,700,000 - 180,000 = 1,520,000
          - 매출원가 = 1,210,000
         매출총이익 = 310,000

정답 ③

14 다음의 자료를 이용하여 손익계산서에 나타낼 매출총이익은? ('09 지방직)

> o 기초상품재고액   ₩120,000   o 기말상품재고액   ₩150,000
> o 총매입액   ₩620,000   o 매출할인   ₩30,000
> o 매입에누리   ₩40,000   o 총매출액   ₩950,000

① ₩360,000   ② ₩370,000
③ ₩400,000   ④ ₩440,000

▶ 풀이:

상품

기초	120,000	매출원가	550,000
총매입액	620,000	기말	150,000
매입에누리	(40,000)		
	700,000		700,000

총매출액	950,000
매출할인	(30,000)
매출원가	(550,000)
매출총이익	370,000

정답 ②

15 (주)대한의 2010회계연도의 매출 및 매입 관련 자료에 대한 설명으로 옳은 것은? ('11 세무직)

총 매 출 액	₩1,000	총 매 입 액	₩700
기 초 재 고	₩400	기 말 재 고	₩300
매 출 환 입	₩100	매 입 에 누 리	₩100
매 출 할 인	₩100	매 입 할 인	₩100
매 입 운 임	₩100		

① 순매출액은 ₩900이다.　　② 순매입액은 ₩800이다.

③ 매출원가는 ₩700이다.　　④ 매출총이익은 ₩200이다.

▶ 풀이:

재고자산

기초재고	400	매출원가	700
총매입액	700	기말재고	300
매입운임	100		
매입에누리	(100)		
매입할인	(100)		
	1,000		1,000

순매입액 = 700 + 100 - 100 - 100 = 600
순매출액 = 1,000 - 100 - 100 = 800
매출총이익 = 800 - 700 = 100

정답 ③

16 다음은 (주)서울의 손익계산서 계정과목 중 일부이다. 괄호 ㉠, ㉡, ㉢ 안에 들어갈 금액이 옳게 연결된 것은? ('07 관세직)

	2005년	2006년
매출액	₩11,000	₩12,000
기초상품	1,200	(㉡)
당기매입	9,400	(㉢)
기말상품	1,400	1,500
매출총이익	(㉠)	2,000

	㉠	㉡	㉢
①	₩1,800	₩1,400	₩10,100
②	₩1,800	₩1,200	₩10,300
③	₩1,600	₩1,400	₩10,000
④	₩1,600	₩1,200	₩10,300

▶ 풀이: 2005년 매출원가 = 1,200 + 9,400 - 1,400 = 9,200
　　　㉠ 11,000 - 9,200 = 1,800 ㉡ 1,400
　　2006년 매출원가 = 12,000 - 2,000 = 10,000

© 10,000 + 1,500 - 1,400 = 10,100

정답 ①

17 다음 자료를 이용하여 계산한 매출총이익은? ('16 주택)

총매출액	₩3,500	매출할인	₩200
총매입액	2,300	매입환출	350
기초재고자산	560	기말재고자산	510

① ₩950　　　　　② ₩1,000　　　　　③ ₩1,150

④ ₩1,300　　　　　⑤ ₩1,500

▶ 풀이: 순매출액 = 3,500 - 200 = 3,300
　　　　순매입액 = 2,300 - 350 = 1,950
　　　　매출원가 = 기초 560 + 매입 1,950 - 기말 510 = 2,000
　　　　매출총이익 = 3,300 - 2,000 = 1,300

정답 ④

18 다음 자료를 이용하여 계산한 매출총이익은? ('19 주택)

○ 총매출액	₩100,000	○ 총매입액	₩80,000
○ 매출환입	₩2,000	○ 매입운임	₩1,500
○ 매출에누리	₩1,000	○ 매입환출	₩2,000
○ 매출할인	₩1,500	○ 매출운임	₩8,000
○ 기초재고	₩10,000	○ 기말재고	₩30,000

① ₩20,000　　　　　② ₩28,000　　　　　③ ₩34,000

④ ₩36,000　　　　　⑤ ₩40,500

▶ 풀이: 순매출액 = 100,000 - 2,000 - 1,000 - 1,500 = 95,500
　　　　순매입액 = 80,000 + 1,500 - 2,000 = 79,500
　　　　매출원가 = 10,000 + 79,500 - 30,000 = 59,500
　　　　매출총이익 = 95,500 - 59,500 = 36,000

정답 ④

19 (주)한국의 수정전시산표의 각 계정잔액이 다음과 같다. 매출총이익이 ₩2,000 일 때, 총매입액은? ('20 세무직)

매출관련 자료		매입관련 자료	
총매출	₩11,000	총매입	?
매출에누리	₩1,000	매입에누리	₩800
매출운임	₩300	매입운임	₩200
재고관련 자료			
기초재고	₩600		
기말재고	₩500		

① ₩8,500   ② ₩8,600
③ ₩8,700   ④ ₩8,800

▶ 풀이: 순매출액 = 총매출 11,000 – 매출에누리 1,000 = 10,000
매출원가 = 순매출액 10,000 – 매출총이익 2,000 = 8,000
순매입액 = 매출원가 8,000 + 기말재고 500 – 기초재고 600 = 7,900
총매입액 = 순매입 7,900 + 매입에누리 800 – 매입운임 200 = 8,500

정답 ①

■ 매출액

20 (주)한국의 2016년 재고자산 자료가 다음과 같은 때, (주)한국의 2016년 매출액은?   ('16 세무직)

○ 기초상품재고	₩2,000
○ 당기매입액	₩10,000
○ 기말상품재고	₩4,000
○ 매출원가에 가산되는 이익률	10%

① ₩6,600   ② ₩7,200
③ ₩8,000   ④ ₩8,800

▶ 풀이: 매출원가 = 기초 2,000 + 당기매입 10,000 – 기말 4,000 = 8,000
매출액 = 8,000 × 110/100 = 8,800

정답 ④

21 다음은 (주)한국의 기말 회계자료 중 일부이다. 포괄손익계산서에 보고될 매출액은?   ('13 세무직)

기초상품재고액	₩240	당기상품매입액	₩400
기말상품재고액	₩220	당기현금매출액	₩100
매출총이익	₩180	기초매출채권	₩160
매출채권회수액	₩520		

① ₩500   ② ₩600
③ ₩700   ④ ₩800

▶ 풀이:

상품

기초재고	240	매출원가	420
당기매입	400	기말재고	220
	640		640

총매출액 = 매출원가 + 매출총이익 = 420 + 180 = 600

정답 ②

22 다음은 20×1년 (주)한국의 재무제표와 거래 자료 중 일부이다.

기초매입채무	₩4,000
기말매입채무	₩6,000
현금지급에 의한 매입채무 감소액	₩17,500
기초상품재고	₩6,000
기말상품재고	₩5,500
매출총이익	₩5,000

20×1년 손익계산서상 당기 매출액은?　　　　　　　　　　　　　　　('21 관세직)

① ₩24,000　　　　　　　　　　② ₩25,000

③ ₩26,000　　　　　　　　　　④ ₩27,000

▶ 풀이: 매입 = 6,000 + 17,500 − 4,000 = 19,500
　　　　매출원가 = 6,000 + 19,500 − 5,500 = 20,000
　　　　매출 = 5,000 + 20,000 = 25,000

　　　　　　　　　　　　　　　　　　　　　　　　　　　　정답　②

23 다음 상품 관련 자료를 이용하여 계산한 매출액은?　　　　　　　('18 주택)

○ 기초재고액	₩5,000	○ 당기매입액	₩42,000
○ 기말재고액	₩8,000	○ 매출총이익률	20%

① ₩31,200　　　　　　② ₩39,000　　　　　　③ ₩46,800

④ ₩48,750　　　　　　⑤ ₩56,250

▶ 풀이: 매출원가 = 5,000 + 42,000 − 8,000 = 39,000
　　　　매출총이익 = 매출액 − 39,000 = 매출액 × 20%
　　　　매출액 = 48,750

　　　　　　　　　　　　　　　　　　　　　　　　　　　　정답　④

24 다음 자료를 이용하여 계산한 총매출액은?　　　　　　　　　　('20 주택)

기초재고	₩50,000	매출할인	₩6,000
기말재고	30,000	매출운임	4,000
매입에누리	5,000	매출환입	7,000
매입할인	2,000	매출총이익	80,000
총매입액	400,000		

① ₩493,000　② ₩500,000　③ ₩506,000　④ ₩510,000　⑤ ₩513,000

▶ 풀이: (순)매입 = 400,000 − 5,000 − 2,000 = 393,000
　　　　매출원가 = 50,000 + 393,000 − 30,000 = 413,000
　　　　순매출 = 80,000 + 413,000 = 493,000
　　　　총매출액 = 493,000 + 6,000 + 7,000 = 506,000

　　　　　　　　　　　　　　　　　　　　　　　　　　　　정답　③

■ 상품과 매입채무

25 다음은 (주)한국의 2016년 거래 자료이다. 2016년 말 재무상태표상 매입채무 잔액은?(단, 매입거래는 모두 외상거래이다) ('16 관세직)

○ 기초매입채무	₩8,000
○ 당기 중 매입채무 현금지급액	₩35,000
○ 기초상품재고	₩12,000
○ 기말상품재고	₩11,000
○ 당기매출액	₩50,000
○ 매출총이익	₩10,000

① ₩12,000   ② ₩13,000
③ ₩14,000   ④ ₩15,000

▶ 풀이: 매출원가 = 50,000 - 10,000 = 40,000

상품

기초	12,000	매출원가	40,000
매입	39,000	기말	11,000
	51,000		51,000

매입채무

현금상환	35,000	기초	8,000
기말	12,000	당기매입	39,000
	47,000		47,000

[상   품] 기초 12,000 + 매입 39,000 = 매출원가 40,000 + 기말 11,000
[매입채무] 지급 35,000 + 기말 12,000 = 기초 8,000 + 매입 39,000

정답 ①

26 다음 자료를 이용하여 계산한 매입으로 인한 현금유출액은?(단, 매입은 외상으로 이루어짐) ('13 주택)

기초재고자산	₩500,000
기말재고자산	700,000
기초매입채무	400,000
기말매입채무	600,000
매출원가	800,000

① ₩400,000   ② ₩500,000   ③ ₩600,000
④ ₩700,000   ⑤ ₩800,000

▶ 풀이:

재고자산

기초	500,000	매출원가	800,000
외상매입	1,000,000	기말	700,000
	1,500,000		1,500,000

매입채무

현금상환	800,000	기초	400,000
기말	600,000	외상매입	1,000,000
	1,400,000		1,400,000

정답 ⑤

27 다음은 (주)갑의 2009년도 회계자료의 일부이다. (주)갑의 2009년도 매출과 매입은 모두 외상으로 거래되었다. (주)갑의 2009년도 손익계산서에 보고될 매출총이익은? ('09 관세직)

기초매출채권	₩400,000	기말매출채권	₩750,000
기초매입채무	300,000	기말매입채무	400,000
기초상품재고액	150,000	매출채권회수액	1,235,000
기말상품재고액	300,000	매입채무지급액	1,270,000

① ₩345,000　　② ₩355,000
③ ₩365,000　　④ ₩375,000

▶ 풀이:

매출채권

기초	400,000	회수액	1,235,000
매출	1,585,000	기말	750,000
	1,985,000		1,985,000

매입채무

지급액	1,270,000	기초	300,000
기말	400,000	매입	1,370,000
	1,670,000		1,670,000

상품

기초재고	150,000	매출원가	1,220,000
당기매입	1,370,000	기말재고	300,000
	1,520,000		1,520,000

∴ 매출총이익 = 1,585,000 - 1,220,000 = 365,000

정답 ③

28 (주)서울의 2007년 회계기간 동안 매출원가는 ₩500,000이고, 재고자산과 매입채무의 비교재무상태표 자료는 다음과 같다. ('07 관세직)

	2007. 1. 1	2007. 12. 31
재고자산	₩100,000	₩200,000
매입채무	30,000	60,000

위의 정보를 이용하여 2007년도 재고자산의 매입으로 인한 현금유출액을 구하면?

① ₩430,000   ② ₩570,000

③ ₩600,000   ④ ₩630,000

➡ 풀이:

재고자산

기초재고	100,000	매출원가	500,000
당기매입	600,000	기말재고	200,000
	700,000		700,000

매입채무

현금상환	570,000	기초	30,000
기말	60,000	당기매입	600,000
	630,000		630,000

정답 ②

29 (주)한국의 2009년 회계기간의 매출원가는 ₩90,000이다. 기초상품재고액은 ₩20,000이고, 기말상품재고액은 ₩10,000이다. 이 회사의 상품구매정책은 상품을 모두 외상으로 매입하되, 외상대금의 50%는 매입한 회계기간에 지급하고, 나머지 금액은 다음 회계기간(차기)에 전액 지급하는 것이다. 외상매입금의 기초잔액 ₩30,000이라면, 상품의 매입과 관련된 2009년 회계기간의 현금지출액은? ('10 세무직)

① ₩55,000   ② ₩70,000

③ ₩80,000   ④ ₩95,000

➡ 풀이:

상품

기초재고	20,000	매출원가	90,000
당기매입	80,000	기말재고	10,000
	100,000		100,000

매입채무

현금지급액	70,000	기초	30,000
기말	40,000	당기매입	80,000
	110,000		110,000

∴ 현금지출액 = 80,000 × 0.5 + 30,000 = 70,000

정답 ②

30 다음 자료를 이용하여 상품매입과 관련된 당기현금지급액을 계산하면? ('11 주택)

매출액	₩500	매출총이익	₩100
기초상품재고액	120	기말상품재고액	110
기초매입채무	80	기말매입채무	120

① ₩310 ② ₩320 ③ ₩330

④ ₩340 ⑤ ₩350

▶ 풀이:

상품				매입채무			
기초	120	매출원가	400	현금지급액	350	기초	80
매입	390	기말	110	기말	120	매입	390
	510		510		470		470

정답 ⑤

31 다음은 (주)대한의 2011년도 재무상태표와 포괄손익계산서의 일부 자료이다. (주)대한이 당기에 상품 매입대금으로 지급한 현금액은? 단, (주)대한의 모든 거래는 신용거래이다. ('12 지방직)

○ 기초상품재고액	₩30,000	○ 기말상품재고액	₩45,000
○ 매입채무 기초잔액	18,000	○ 매입채무 기말잔액	15,000
○ 매출액	250,000	○ 매출총이익률	40%

① ₩150,000 ② ₩162,000

③ ₩165,000 ④ ₩168,000

▶ 풀이:

상품			
기초	30,000	매출원가	150,000
			(250,000×60%)
매입	165,000	기말	45,000
	195,000		195,000

매입채무			
현금지급액	168,000	기초	18,000
기말	15,000	매입	165,000
	183,000		183,000

정답 ④

32 도소매기업인 (주)한국의 2016년 1월 1일부터 12월 31일까지 영업활동과 관련된 자료가 다음과 같을 때, 2016년 매출원가는?(단, 모든 매입거래는 외상 매입거래이다) ('17 세무직)

기초매입채무	₩43,000
기말매입채무	₩41,000
매입채무 현금상환	₩643,000
기초재고자산	₩30,000
기말재고자산	₩27,000

① ₩647,000　　　　　　　　　② ₩646,000

③ ₩644,000　　　　　　　　　④ ₩642,000

➡ 풀이: 매입액 = 643,000 + 41,000 − 43,000 = 641,000

　　　　매출원가 = 30,000 + 641,000 − 27,000 = 644,000

매입채무

상환	643,000	기초	43,000
기말	41,000	매입	?
	684,000		684,000

정답 ③

33 다음은 (주)한국의 20×1년 11월에 발생한 거래이다.

> ○ 상품 ₩70,000을 외상으로 매입하다.
> ○ 원가 ₩70,000의 상품을 ₩100,000에 외상으로 판매하다.

(주)한국은 20×1년 12월에 상품 판매대금 ₩100,000 중 ₩50,000을 회수하였고, 상품의 매입원가 ₩70,000 중 ₩35,000을 현금으로 지급하였다. 현금기준에 의한 20×1년의 순현금유입액과 발생기준에 의한 20×1년의 순이익은?

('20 지방직)

	현금기준에 의한 20×1년 순현금유입액	발생기준에 의한 20×1년 순이익
①	₩15,000	₩15,000
②	₩15,000	₩30,000
③	₩30,000	₩15,000
④	₩30,000	₩30,000

➡ 풀이:

매입	70,000	매입채무	70,000
매출채권	100,000	매출	100,000
현금	50,000	매출채권	50,000
매입채무	35,000	현금	35,000

　　　순현금유입액: 50,000 − 35,000 = 15,000

　　　발생기준순이익　　 : 100,000 − 70,000 = 30,000

정답 ②

■ 주관식 ■

〈1〉 상품관련 수정분개

다음은 (주)건지의 20×9년 1월 1일부터 12월 31일까지의 상품관련 자료이다.

(1) 기초상품재고액 ₩45,000

(2) 3월 1일 상품을 ₩170,000에 현금으로 구매하였다.

(3) 4월 4일 상품을 ₩25,000에 외상으로 구매하였다.

(4) 6월 20일 상품(원가 ₩40,000)을 ₩60,000에 매출하고 이 중 ₩40,000은 현금으로 받고 잔액은 외상으로 하였다.

(5) 8월 15일 상품(원가 ₩60,000)을 ₩90,000에 현금으로 매출하였다.

(6) 10월 10일 상품(원가 ₩80,000)을 ₩110,000에 외상으로 매출하였다.

(7) 12월 31일 기말상품재고액은 ₩60,000이다.

〈요구사항〉

(1) 3분법에 의하여 기중거래를 분개하라.

(2) 수정분개 및 마감분개를 행하라.

〈2〉 상품관련 회계처리

다음은 (주)부여상사의 20×9년 약식 수정전 잔액시산표와 기말수정사항이다.

수정전시산표

상 품	100,000	매 출	500,000
매 입	404,500	매입에누리와 환출	15,000
매출에누리와 환입	4,000	매입할인	10,000
매출할인	10,000		
:			
운 반 비	2,000		

〈요구사항〉

기말상품재고액이 ₩160,000일 경우 기말수정분개를 표시하고 약식 손익계산서와 재무상태표(기말상품재고액만 표시)를 작성하라.

〈3〉 상품계정의 3분법(1)

20×9년 다음의 자료는 (주)한길의 상품과 관련된 자료이다.

> 1월 1일: 기초상품재고액은 ₩36,000이다.
> 10일: 상품 ₩87,000을 외상으로 구입하다.
> 12일: 1월 10일 구입한 상품 중 불량품으로 판정된 ₩2,500을 되돌려 주었다.
> 20일: 상품 ₩93,000을 외상으로 매출하였다.
> 25일: 1월 20일 판매한 상품 중 불량품으로 판정된 ₩3,500을 되돌려 받았다.
> 31일: 기말상품재고액은 ₩45,000이다.

<요구사항>

(1) 기중거래를 분개하라.

(2) 결산과정을 나타내어라.

〈4〉 상품계정의 3분법(2)

다음은 (주)건지의 20×9년 12월의 상품과 관련된 거래내역이다.

1. 12월 1일 전기이월액이 ₩100,000이다.

2. 12월 7일 상품 ₩80,000을 외상으로 판매하다.

3. 12월 8일 12월 7일 판매한 상품중 불량품이 포함되어 ₩5,000을 할인하였다.

4. 12월 12일 상품 ₩300,000을 외상으로 구입하다.

5. 12월 13일 12월 12일 구입한 상품중 규격이 달라 ₩20,000을 반품하였다.

4. 12월 23일 상품 ₩350,000을 현금으로 판매하다.

5. 12월 31일 결산을 하다. 기말상품은 ₩120,000이다.

<요구사항>

1. 12월중 거래를 분개하고 총계정원장에 전기하라.

2. 매출원가를 산정하기 위한 수정분개를 행하고 총계정원장에 전기하라.

3. 마감분개를 행하고 관련 총계정원장을 마감하라.

〈5〉 상품매매업의 정산표 작성(1)

개인 기업인 한국상사의 20×9년 12월 31일의 수정전 총계정원장의 계정잔액이 아래와 같다.

현 금	73,200	매 출 채 권	11,000	상 품	33,000
소 모 품	3,600	선 급 보 험 료	1,400	비 품	10,000
감가상각누계액	2,000	매 입 채 무	8,200	자 본 금	22,500
차 입 금	3,000	매 출	244,000	매 출 환 입	1,200
매 입	115,000	매 입 운 임	2,000	급 여	18,000
임 차 료	4,000	광 고 비	2,600	수 선 유 지 비	3,000
잡 비	1,700				

<기말수정사항>

(1) 12월 31일 상품재고액   ₩28,600

(2) 12월 31일의 소모품재고액   ₩1,100

(3) 20×9년 중 경과된 보험료   ₩950

(4) 20×9년의 감가상각비   ₩750

(5) 12월 31일의 미지급된 급여   ₩350

<요구사항>

1. 기말수정사항에 대한 수정분개를 하라.

2. 8위식 정산표를 작성하라.

〈6〉 상품매매업의 정산표 작성(2)

개인기업인 정주상사의 20×9년 12월 31일의 수정전 시산표가 아래와 같다.

정주상사   20×9년 12월 31일 현재   (단위: 원)

계 정 과 목	차 변	대 변
현　　　　금	14,200,000	
매 출 채 권	6,500,000	
상　　　　품	38,100,000	
소　　모　　품	4,200,000	
선 급 보 험 료	8,000,000	
비　　　　품	15,100,000	
감 가 상 각 누 계 액		3,400,000
매 입 채 무		11,200,000
자　　본　　금		37,200,000
당 좌 예 금	2,400,000	
매　　　　출		98,200,000
매　　　　입	42,100,000	
매 입 환 출		300,000
급　　　　여	11,200,000	
임　　차　　료	4,500,000	
수 도 광 열 비	4,000,000	
총　　　계	150,300,000	150,300,000

〈기말수정사항〉

(1) 12월 31일의 상품재고액 ￦42,500,000

(2) 12월 31일의 소모품재고액 ￦4,000,000

(3) 20×9년 중 기간이 경과된 보험료 ￦2,000,000

(4) 당기의 감가상각비 ￦800,000

(5) 12월 31일 현재 미지급된 급여 ￦400,000

〈요구사항〉

1. 기말수정사항에 대한 수정분개를 하라.

2. 8위식 정산표를 작성하라.

〈7〉 상품매매업의 회계순환과정(1)

(주)우선의 20×9년 12월 31일 수정전 계정잔액과 기말수정사항이 다음과 같을 때 요구사항에 답하여라.

(1) 계정잔액

현　금	₩12,000	이월상품	₩9,600
매출채권	11,300	매　입	13,400
유가증권	2,800	대 여 금	20,000
건　물	49,040	이자비용	2,000
영업비	13,000	자 본 금	50,000
매　출	36,000	이자수익	6,000
매입채무	10,500	이익잉여금	20,640
차 입 금	10,000		

(2) 기말수정사항

1. 기말상품재고액 ₩8,000

2. 건물감가상각비　1,300

3. 미지급이자　　　1,000

<요구사항>

1. 수정전잔액시산표를 작성하라.

2. 기말수정분개를 하여라.

3. 수정후잔액시산표를 작성하라.

4. 대체분개를 하여라.

5. 손익계산서와 재무상태표

〈8〉 상품매매업의 회계순환과정(2)

(주)건지의 20×9년 12월 31일 수정전 각 계정잔액과 기말수정사항은 다음과 같다.

<총계정원장의 기말잔액>

현　　　　금	30,000	당 좌 예 금	100,000
매　　　　입	350,000	상　　　　품	80,000
비　　　　품	400,000	매 출 채 권	120,000
감 가 상 각 누 계 액	40,000	급　　　　여	20,000
차　　입　　금	300,000	매 입 채 무	90,000
보　　험　　료	12,000	이 익 잉 여 금	80,000
이 　자 　비 　용	30,000	이 자 수 익	10,000
매　　　　출	450,000	여 비 교 통 비	15,000
자　　본　　금	(각자 계산)	소 　모 　품	13,000

<기말수정사항>

(1) 기말상품재고액은 ₩50,000이다.

(2) 비품에 대한 당기 감가상각비는 ₩20,000이다.

(3) 보험료 ₩12,000 중 ₩2,000은 선급분이다.

(4) 당기미지급 이자비용은 ₩40,000이다.

(5) 소모품 미사용액은 ₩4,000이다.

(6) 당기미수 이자수익은 ₩12,000이다.

<요구사항>

1. 20×9년 12월 31일 현재의 수정분개를 하여라.

2. 20×9년 12월 31일 현재의 수정후잔액시산표를 작성하라.

3. 필요한 대체분개를 하여라.

4. 마감 후 이월시산표를 작성하라.

5. 손익계산서와 재무상태표를 작성하라.

〈9〉 상품매매업의 회계순환과정(3)

(주)건지의 20×9년 8월 31일 현재 각 원장계정의 잔액은 다음과 같다.

현 금	₩1,000,000	장 기 차 입 금	₩300,000
상 품	800,000	자 본 금	1,250,000
선 급 보 험 료	100,000	이 익 잉 여 금	350,000

한편, 20×9년 9월 중 (주)건지에서 다음의 거래가 발생하였다.

9월 1일 : 전주상사에 상품을 ₩620,000에 매출하고 대금은 현금으로 받다.

2일 : 사무용비품 ₩300,000을 매입하고 대금 중 ₩50,000은 현금으로 지출하고 잔액은 외상으로 한다.

7일 : 전북상사에서 상품을 ₩600,000에 외상으로 매입하다.

8일 : 전남상사에 상품을 ₩900,000에 매출하고 대금 중 ₩400,000은 현금으로 받고 잔액은 외상으로 하다.

10일 : (주)한라에 현금 ₩400,000을 대여하였다.

15일 : 전남상사로부터 매출채권 ₩400,000을 현금으로 받아 전북상사 매입채무의 일부를 상환하다.

20일 : 당월분 전기료 ₩16,000을 현금으로 지급하다.

25일 : 당월분 급여 ₩400,000을 현금으로 지급하다.

28일 : 당월분 임차료 ₩30,000을 현금으로 지급하다.

29일 : (주)한라로부터 대여금 중 ₩100,000을 회수하다.

30일 : 화재가 발생하여 비품 일부가 소실되다. 손실액은 ₩100,000으로 추정된다.

<요구사항>

1. 위 거래를 분개하라.

2. 분개한 거래를 총계정원장으로 전기하라.

3. 20×9년 9월 30일 현재의 수정전잔액시산표를 작성하라.

4. 9월 말에 다음과 같은 사실이 확인되었다.

  (1) 재고실사를 한 결과 기말상품은 ₩400,000으로 파악되었다.

  (2) 선급보험료 중 당월분 ₩20,000을 비용으로 기록하다.

  (3) 당월의 이자비용은 ₩40,000이나 이는 다음 달 5일에 지급할 예정이다. 위의 사
      항에 대하여 필요한 수정분개를 하고, 이를 원장으로 전기하라.

5. 20×9년 9월 30일 현재의 수정후잔액시산표를 작성하라.

6. 필요한 대체분개를 하여라.

7. 이월시산표를 작성하라.

8. 손익계산서와 재무상태표를 작성하라.

〈10〉 상품매매업의 회계순환과정

(자료 1) (주)한국은 상품매매업을 영위하는 회사로서 기중에 다음과 같은 거래가 있
었다.

12월 1일 현금 ₩50,000을 출자 받아 영업을 시작하다.

12월 5일 은행으로부터 ₩30,000을 차입하다.

12월 7일 건물을 ₩10,000에 현금으로 취득하다.

12월 8일 보험기간이 12월 1일부터 1년인 보험료 ₩2,400을 현금으로 지급하다.

12월 9일 상품 ₩12,000을 현금으로 매입하다.

12월 10일 12월 9일 매입한 상품에 하자가 발생하여 ₩2,000을 반환하다.

12월 13일 소모품 ₩8,000을 현금으로 구입하다.

12월 15일 상품 ₩30,000을 외상으로 구입하다.

12월 20일 상품을 ₩50,000에 판매하고, ₩15,000은 현금으로 받고, 잔액은 외상으로
    하다.

12월 25일 12월 20일 외상으로 판매한 상품중 규격이 달라 반품요청이 있었으나 반품
    받지 않는 대신 ₩5,000을 에누리하여 주었다.

12월 30일 종업원급여 ₩10,000을 현금으로 지급하다.

(자료 2)

(주)한국이 결산을 위한 재고조사표작성을 통하여 나타난 수정사항은 다음과 같다.

(1) 차입금에 대한 발생이자는 ₩1,000이다.

(2) 건물에 대한 감가상각비는 ₩2,000이다.

(3) 보험료 미경과분은 선급비용으로 처리한다.

(4) 기말 소모품 미사용액은 ₩5,000이다.

(5) 기말 상품재고액은 ₩15,000이다.

<요구사항>

1. 기중의 거래를 분개하라.

2. 수정분개를 행하여라.

3. 기중의 분개와 수정분개를 총계정원장에 전기하라.

   또한 장부를 마감하라(마감분개와 이월시산표를 작성할 것).

4. 수정후잔액시산표를 작성하라.

5. 손익계산서와 재무상태표를 작성하라.

금융자산(1)−현금및현금성자산과 대여금 및 수취채권

6.1 금융자산

금융상품(financial instrument)은 거래당사자에게 금융자산을 발생시키고 동시에 다른 거래상대방에게 금융부채(financial liability) 또는 현금이나 다른 기업의 지분상품(equity instrument)을 발생시키는 모든 계약을 말한다. 금융상품의 구매자는 금융자산을 보유하게 되며, 금융상품의 발행자 또는 판매자는 금융부채를 가지게 된다.

따라서 금융상품은 다음 두 특징을 가진다.

> 1. 계약
> 2. 거래 당사자에게 금융자산을 발생시키고, 상대방에게 금융부채 또는 지분상품을 발생

금융자산(financial asset)은 미래에 현금등의 금융자산이나 지분상품을 수취할 계약상의 권리를 의미한다. 금융자산은 현금및현금성자산, 금융기관이 취급하는 금융상품, 거래상대방에게서 금융자산을 수취할 계약상의 권리인 대여금 및 수취채권, 유가증권이 이에 해당한다.

| 그림 6-1 | 금융자산의 분류 |

```
                   ┌─ 현금및현금성자산
                   ├─ 금융기관이 취급하는 금융상품
        금융자산 ──┤
                   ├─ 대여금 및 수취채권
                   └─ 유가증권 − 지분증권과 채무증권
```

6.2 현금및현금성자산

1. 현 금

현금(cash on hand)이란 기업이 보유하고 있는 자산 중 가장 유동성이 높은 자산으로서, 재화나 용역을 구입하거나 채무를 상환하는데 교환의 매체로 사용되는 지급수단이다. 회계상 현금은 통화 뿐만 아니라 통화대용증권 및 요구불예금을 포함한다.

통화는 화폐로 유통되는 지폐와 주화를 말하며, 통화대용증권은 타인발행 당좌수표, 은행발행 자기앞수표, 송금수표, 우편환증서, 만기가 도래한 국공채이자표, 배당금지급통지서 등과 같이 교환의 매체로서 사용되는데 아무런 제약이 없는 것들이다. 요구불예금(demand deposit)은 입출금이 자유로운 예금으로 당좌예금, 보통예금이 이에 해당되며, 지급수단으로 자유로이 인출이 가능하기 때문에 회사가 직접 보유한 통화와 동일하게 취급하여 현금의 범위에 포함한다.

그러나 우표나 수입인지는 현금으로 전환이 자유롭지 않고 교환의 매체로 사용될 수 없으므로 현금으로 분류되지 않고 소모품이나 선급비용으로 처리한다. 또한 직원에 대한 차용증서는 대여금으로 분류하며, 선일자수표를 받았을 경우에도 현금으로 처리하지 않고 어음으로 분류하여 매출채권이나 미수금으로 처리한다.

> 회계상 현금 = 통화 + 통화대용증권 + 요구불예금

현금은 자산이므로 현금의 수입이 있으면 현금계정의 차변에 기입하고, 현금의 지출이 있으면 현금계정의 대변에 기입한다. 따라서 현금계정의 잔액은 항상 차변에 생기게 된다.

현 금	
수 입 (+)	지 출 (−)

현금과 관련된 거래는 거래 빈도수가 많기 때문에 현금거래를 모두 총계 정원장의 현금계정에 기입하게 되면 현금계정이 너무 복잡하고 혼란스럽다. 따라서 현금과 관련된 거래는 현금계정에 직접 기입하지 않고 현금출납장이라는 현금계정의 보조기입장에 기록하고, 현금계정에는 일자별로 현금거래의 수입총계와 지출총계만을 기록하게 되면 장부가 보다 단순해지고 필요한 정보도 쉽게 얻을 수 있다.

현 금 출 납 장

월 일	적 요	원면	수 입	지 출	잔 액

이와 같이 현금출납장(cash book)은 현금계정의 보조기입장으로서 수입란은 현금계정의 차변, 지출란은 현금계정의 대변금액과 동일하게 기입되며, 현금출납장의 잔액과 현금계정의 잔액은 반드시 일치하여야 한다.

2 현금성자산

현금성자산(cash equivalent)이란 큰 거래비용 없이 현금으로 전환이 용이하고, 이자율 변동에 따른 가치 변동의 위험이 중요하지 않은 금융상품으로서 취득 당시 만기 또는 상환일이 3개월 이내에 도래하는 것을 말한다. 기업이 보유하고 있는 금융상품이 현금성자산으로 분류되려면 다음의 세 가지 요건을 만족시켜야 한다.

---

① 금융시장에서 큰 거래비용 없이 현금으로 전환이 용이하여야 한다.
② 금융상품이 이자율변동에 따라 가격변동이 심하지 않아야 한다.
③ 취득당시 만기(또는 상환일)가 3개월 이내에 도래하는 것이어야 한다.

이러한 세 가지 요건을 만족하면 현금성자산으로 분류하는데, 이러한 예로는 취득당시 만기가 3개월 이내인 정기적금이나 양도성예금증서, 취득당시 만기가 3개월 이내에 도래하는 채무상품, 3개월 이내의 환매조건을

가진 환매채 등이다. 이와 같이 현금범주에 유동성이 높은 단기 금융상품이 포함되는 이유는 이들 금융상품은 언제든지 현금으로 전환될 수 있고, 이자율의 변동으로 인한 가치의 변화가 거의 없으며, 이들 금융상품을 구입하고 처분하는 것을 기업의 현금관리활동으로 볼 수 있기 때문이다.

예제 1 현금거래

다음의 연속된 거래를 분개하고, 현금계정에 전기하고, 현금출납장을 작성하라.

1월 5일 (주)한국은 원가 ₩20,000인 상품을 ₩30,000에 판매하고 대금 중 ₩10,000은 현금으로 받고, 나머지는 거래처발행의 당좌수표 ₩5,000과 하나은행 발행의 자기앞수표 ₩15,000을 받았다.

1월 15일 (주)한국은 차량 1대를 ₩10,000에 구입하고 대금은 보관 중인 하나은행 발행의 자기앞 수표로 지급하였다.

1월 20일 (주)한국은 광고선전비 ₩5,000을 보관 중인 거래처발행의 당좌수표로 지급하다.

해 답

1. 분개

1/5 (차) 현 금	30,000		(대)	매 출	30,000
1/15 (차) 차량운반구	10,000		(대)	현 금	10,000
1/20 (차) 광고선전비	5,000		(대)	현 금	5,000

2. 총계정원장(현금계정)에의 전기

현 금

1/ 5 매 출 30,000	1/15 차량운반구 10,000
	1/20 광고선전비 5,000

3. 현금출납장

현 금 출 납 장

월 일		적 요	원면	수 입	지 출	잔 액
1	5	상품을 판매함		30,000		30,000
1	15	자동차를 구입함			10,000	20,000
1	20	광고선전비의 지급			5,000	15,000

3 현금과부족

기업이 실제 소유하고 있는 현금보유액은 현금장부상의 잔액과 반드시 일치하여야 하는데, 기록의 오류, 도난, 분실 등의 원인으로 일치하지 않는 경우가 있다. 이러한 경우 과부족의 원인이 판명될 때까지 현금과부족(cash over and short account)이라는 임시계정을 사용하여 장부잔액을 실제현금 보유액으로 조정한다. 따라서 현금보유액이 장부잔액보다 부족한 경우에는 현금과부족계정 차변에, 현금보유액이 장부잔액보다 과다한 경우에는 현금 과부족계정 대변에 기록한다. 현금과부족의 원인이 밝혀지면 원인대로 처리해주고, 결산일까지 그 원인이 밝혀지지 않은 경우에는 잡손실(부족한 경우)이라는 당기 비용이나, 잡이익(과다한 경우)이라는 당기 수익으로 처리한다.

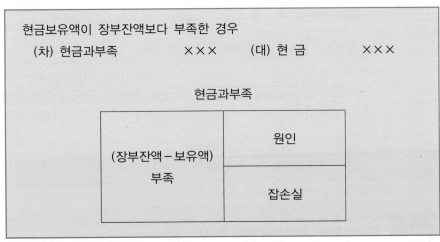

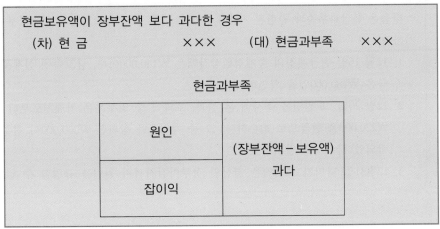

예제 2 **현금과부족: 현금보유액이 부족한 경우**

다음은 현금과부족과 관련된 거래내용이다. 이를 분개하고 현금과 현금과부족계정에 전기하라.

12월 10일 현금의 보유액이 총계정원장의 현금계정 잔액보다도 ₩10,000 부족한 것을 확인하다.

12월 25일 불일치 원인을 조사한 결과 부족액 중 ₩8,000은 종업원의 교통비를 지급하고 장부기입이 누락된 것임을 발견하다.

12월 31일 결산일까지 나머지 부족액 ₩2,000은 그 원인이 밝혀지지 않았다.

해 답 1. 분개

12/10 (차) 현금과부족	10,000	(대) 현 금	10,000
12/25 (차) 교 통 비	8,000	(대) 현금과부족	8,000
12/31 (차) 잡 손 실	2,000	(대) 현금과부족	2,000

2. 총계정원장(현금, 현금과부족계정)에 전기

현금	현금과부족
12/10 현금과부족 10,000	12/10 현금 10,000 　12/25 교 통 비 8,000
	12/31 잡 손 실 2,000

잡손실	
12/31 현금과부족 2,000	

예제 3 **현금과부족: 현금보유액이 과다한 경우**

다음은 현금과부족과 관련된 거래내용이다. 이를 분개하고 현금과 현금과부족계정에 전기하라.

1. 12월 15일 현금계정의 총계정원장잔액은 ₩140,000이나, 금고속에 실제로 보유한 현금은 ₩180,000임을 확인하다.

2. 12월 20일 그 원인을 조사해 본 결과, 초과액 중 일부분은 거래처로부터 외상매출금 ₩220,000을 현금으로 회수하여, 그 중 차입금을 상환한 ₩200,000이 전부 기장에 누락되었다는 것을 발견하였다.

3. 12월31일 나머지 초과액은 결산일 장부마감시까지 원인을 규명할 수 없었다.

해 답

1. 분개

12/15 (차)	현 금	40,000	(대)	현금과부족	40,000
12/20 (차)	차 입 금 현금과부족	200,000 20,000	(대)	매 출 채 권	220,000
12/31 (차)	현 금 과 부 족	20,000	(대)	잡 이 익	20,000

2. 총계정원장(현금, 현금과부족계정)에 전기

현 금	
12/15 현금과부족 40,000	

현금과부족	
12/20 매출채권 20,000 12/31 잡이익 20,000	12/15 현금 40,000

잡이익	
	12/31 현금과부족 20,000

6.3 당좌예금

1 당좌예금의 의의

당좌예금(current deposit)은 기업이 은행과 당좌계약을 맺고 현금을 예입하고, 필요에 따라 수표를 발행하여 현금을 인출할 수 있는 예금이다. 즉 운영자금을 은행에 예입하고 은행으로 하여금 현금 지출업무를 대행하도록 하는 예금으로서 일반적으로 예금에 대한 이자가 없으며, 인출기한에도 제한이 없고, 인출은 반드시 수표발행에 의해서만 할 수 있는 요구불예금이다. 당좌예금을 개설할 때는 먼저 은행에 당좌개설보증금을 예치시키는 것이 일반적이다. 이 당좌개설보증금은 당좌거래가 지속되는 기간 동안에는 인출이 불가능하므로 장기금융상품으로 분류하고, 동시에 당좌개설보증금은 사용이 제한되어 있다는 사실을 주석으로 공시하여야 한다.

2 당좌예금의 회계처리

당좌예금은 자산에 속하기 때문에 통화나 통화대용증권을 예입하면 당좌예금계정의 차변에 기입하고, 수표를 발행하여 인출하면 당좌예금계정의 대변에 기입한다. 잔액은 당좌차월이 없는 한 항상 차변에 남게 되며 이는 당좌예금의 현재액을 표시한다.

수표발행을 통한 당좌예금의 인출은 당좌예금 잔액의 범위 내에서 행해지는 것이 원칙이며, 당좌예금잔액을 초과하여 수표를 발행하면 그 수표는 지급이 거절되어 부도로 처리된다. 그러나 사전에 은행과 일정한 계약을 체결하면 계약범위 내에서 예금잔액을 초과하여 수표를 발행해도 부도처리하지 않고 은행에서 지급하게 된다. 이와 같이 당좌예금잔액을 초과하여 수표를 발행한 금액을 당좌차월(bank overdraft)이라고 한다. 당좌차월은 일종의 단기차입금이며, 당좌차월액은 약정된 당좌차월이자율에 의해 이자비용을 지급해야 한다.

당좌예금이 이루어진 경우

  (차) 당좌예금   ×××   (대) 현 금   ×××

당좌수표를 발행하는 경우(매입채무 상환목적, 예금잔액이 있는 경우)

  (차) 매입채무   ×××   (대) 당 좌 예 금   ×××

당좌수표를 발행하는 경우(매입채무 상환목적, 예금잔액이 부족한 경우)

  (차) 매입채무   ×××   (대) ┤ 당 좌 예 금   ×××
                                       당 좌 차 월   ×××

3. 당좌예금출납장

당좌예금출납장(bank book)은 당좌예금의 예입과 인출을 상세히 기록하기 위한 보조기입장으로 장부의 형식과 기장방법은 현금출납장과 같으며, 당좌예금출납장은 당좌거래를 하고 있는 은행별로 작성한다. 현금출납장과 당좌예금출납장이 합쳐 있는 것을 현금당좌예금출납장이라고 하는데, 소규모기업인 경우 이를 많이 이용하고 있다.

당좌예금출납장

일 자	적 요	예 입	인 출	잔 액

예제 4 **당좌예금과 당좌차월**

다음 거래를 분개하고 총계정원장에 전기하라. 그리고 당좌예금출납장을 작성하라.

8월 1일 (주)한국은 신한은행과 당좌거래 계약을 맺고(당좌차월 한도 ₩100,000) 현금 ₩100,000을 당좌예금개설보증금으로 예치하다.

　 3일 강원상사에 상품을 ₩50,000에 판매하고, 대금은 강원상사 발행의 수표를 받아 즉시 당좌예입하다.

　 10일 서울상사로부터 상품 ₩85,000을 매입하고, 대금은 수표(#101)를 발행하여 지급하다.

　 15일 현금 ₩100,000을 은행에 당좌예입하다.

　 20일 국제상사의 외상매입금 ₩45,000을 수표(#102)를 발행하여 지급하다.

해 답

1. 분개

8월 1일	(차) 장기금융상품 (당좌개설보증금)	100,000	(대) 현 금	100,000
3일	(차) 당좌예금	50,000	(대) 매 출	50,000
10일	(차) 매 입	85,000	(대) 당좌예금 당좌차월	50,000 35,000
15일	(차) 당좌차월 당좌예금	35,000 65,000	(대) 현 금	100,000
20일	(차) 매입채무	45,000	(대) 당좌예금	45,000

2. 총계정원장(당좌예금계정)에 전기

당좌예금

8/ 3 매 출	50,000	8/10 매 입	50,000
8/15 현 금	65,000	8/20 매입채무	45,000

당좌차월

8/15 현 금	35,000	8/10 매 입	35,000

3. 당좌예금출납장 작성

당좌예금출납장

일 자		적 요	예 입	인 출	잔 액
8	3	강원상사 수표받아 예입	50,000		50,000
	10	서울상사 상품대금으로 수표발행		85,000	△35,000
	15	현금입금	100,000		65,000
	20	국제상사 매입채무 수표발행 상환		45,000	20,000

4 부도수표와 선일자수표

부도수표(dishonored checks)란 당좌예금잔액이나 당좌차월계약 한도를 초과하여 발행한 수표로 은행에서 지급이 거절된 수표이다. 이러한 부도수표를 소유하고 있는 경우 현금및현금성자산에서 기타자산으로 분류한 후 최종적으로 회수불능으로 판단될 때 대손으로 처리한다.

예제 5 부도수표

다음의 거래를 분개하라.
(1) 서울상사는 상품매매대금으로 거래처로부터 받은 수표 ₩200,000을 은행에 당좌예금하다.
(2) 은행으로부터 위의 서울상사가 발행한 수표가 부도되어 입금이 취소되었다는 연락을 받다.

해답
(1) (차) 당좌예금 200,000   (대) 현   금 200,000
(2) (차) 부도수표 200,000   (대) 당좌예금 200,000

일반적으로 수표는 발행일 이후에 은행에 제시되어 오면 대금을 지급해야 한다. 그러나 당좌예금잔액이 부족하거나 없는 상태에서 일시적인 자금압박을 피하기 위하여 수표의 실제발행일 이후의 일자를 발행일로 하여 발행한 수표를 선일자수표(postdated checks)라 한다.

일반적으로 선일자수표는 통화대용증권으로서 역할을 하지 못하고 어음처럼 일정기간 이후에 일정금액을 지급하기로 약속한 것으로 보기 때문에 어음과 같이 취급한다. 선일자수표를 받은 경우에 회사는 현금및현금성자산이 아닌 받을어음으로 처리하여야 한다. 또한 선일자수표를 발행한 경우도 약속어음을 발행한 것과 같이 지급어음계정으로 처리한다.

예제 6 선일자수표

다음 거래를 분개하라.
(1) 거래처인 부산상사로부터 외상매출금 ₩200,000에 대하여 선일자수표로 받다.
(2) 대구상사로부터 상품 ₩300,000을 매입하고 선일자수표를 발행하여 주었다.

해답 (1) (차) 받을어음 200,000   (대) 외상매출금 200,000
　　　　(2) (차) 매　　입 300,000   (대) 지급어음　　300,000

6.4 현금관리 및 내부통제

　　현금은 영업활동 중에서 가장 빈번하게 사용되고 있고, 다른 자산에 비하여 부정 또는 도난이나 분실의 위험이 높은 자산이므로 이에 대한 철저한 관리가 필요하다. 기업들은 이러한 관리를 위하여 내부통제제도(internal control system)를 구축하여 운영하고 있다. 일반적으로 내부통제제도를 구축하는 목적은 부정과 오류를 사전에 예방하고, 부정과 오류가 발생할 경우 즉시 탐지하여 처리함으로서, 회계기록의 정확성과 신뢰성을 유지하기 위함이다. 이러한 내부통제제도를 설정하기 위하여 기본적으로 지켜야 하는 원칙은 다음과 같다.

　　첫째, 업무의 분장과 책임의 설정으로 관련된 업무의 적절한 분담이 필요하다. 특정자산을 보관하고 관리하는 사람에게 회계기록의 업무까지 시킨다면 오류나 부정의 발생가능성이 높아질 수 밖에 없다. 또한 종업원들에게 주어진 일에 대한 명확한 책임의 설정이 필요하다. 책임의 설정이 없이는 오류나 부정이 이루어진 경로를 파악하기가 어려워 누구에게 책임을 물을지 판단할 수 없다.

　　둘째, 문서화와 독립적인 내부검증이다. 어떤 거래나 사건이 발생했을 때 이를 문서화해야 해당 거래나 사건에 대한 분명한 증거가 될 수 있으며, 이들에 대한 일을 검토, 확인시키는 독립적인 검증이 필요하다.

　　이러한 원칙에 입각하여 일반적으로 활용하고 있는 현금관리를 위한 내부통제제도는 다음과 같다.

　　① 현금을 취급하는 기능과 기록하는 기능은 분리하도록 한다.

　　② 현금의 수입과 지출은 권한 있는 자의 승인을 얻어 처리하여야 한다.

　　③ 입금된 모든 현금은 즉시 은행의 당좌예금에 예입하고, 소액경비의 지출을 제외한 모든 지출은 수표발행을 통하여 이루어지도록 함으로써 나중에 이를 지출의 증빙서류로 활용되게 한다(소액현금제도 활용).

④ 출납이나 수표발행업무에 종사하지 않는 종업원이 정기적으로 회사측 예금잔액과 은행측 예금잔액을 비교하여 양측 잔액의 일치 여부를 검토하도록 한다(은행계정조정표 작성).

6.5 소액현금제도

1. 소액현금제도

소액현금제도(petty cash)는 현금관리목적으로 도입된 내부통제제도의 일종이다. 기업에서는 일반적으로 당좌를 개설하여 통상적인 지급은 수표발행을 통하여 이루어진다. 그러나 교통비의 지급, 소모품 구입 등과 같이 일상적으로 빈번히 발생하면서도 소액의 자금이 필요한 경우 수표발행에 의하는 것보다 직접 현금으로 지급하는 것이 합리적이다. 이러한 소액의 현금지출을 위하여 준비된 자금을 소액현금이라 한다. 소액현금제도란 용도계 등 특정의 부서에서 소액의 현금지출을 전담하는 것으로서, 이 부서에 미리 필요한 금액을 전도하고, 그 부서에서는 전도된 금액을 토대로 현금지출을 하며, 전도된 금액이 부족한 경우에는 그 부서에 다시 전도해주는 제도를 말한다.

2. 소액현금제도의 종류

소액현금제도는 정액자금선급법과 단순자금선급법이 있으나 일반적으로 정기적인 지출내역보고와 명확한 자금을 관리하기 위하여 정액자금선급법을 많이 사용한다.

(1) 정액자금선급법(imprest system = 정액자금전도제도)

일정기간 동안 용도계에서 사용한 소액현금 만큼만 재전도함으로써, 항상 소액현금의 크기를 일정한 수준에서 유지시키는 제도이다.

예제 7 소액현금제도(정액자금선급법)

다음의 소액현금 거래에 대하여 분개하라.

1. 전라기업은 용도계에 대하여 1개월분의 소액현금자금으로 ₩70,000을 수표발행하여 지급하였다.

2. 용도계로부터 1개월간의 다음과 같은 소액현금 사용결과를 보고받았다.

교통비: ₩20,000	우편료 및 전화료: ₩24,000
문구비: ₩17,000	잡 비: ₩4,000

3. 용도계에 대하여 정액자금전도제에 따른 소액현금을 수표를 발행하여 재전도하다.

해 답

		(차)			(대)	
1.	(차) 소액현금		70,000	(대) 당좌예금		70,000
2.	(차)	교 통 비	20,000			
		통 신 비	24,000			
		소모품비	17,000	(대) 소액현금		65,000
		잡 비	4,000			
3.	(차) 소액현금		65,000	(대) 당좌예금		65,000

(2) 단순자금선급법(petty cash system = 부정액자금전도제도)

재전도하는 소액현금액을 사용액에 고정시키지 않고 필요에 따라 가감 조정함으로써 소액현금의 크기를 수시로 변경시키는 제도이다.

위 두 가지 제도 중 어떤 제도를 사용하든 소액현금제도를 사용하면 소액현금의 지출업무가 단순화 되고, 현금지출과 관련된 회계처리가 간편해진다는 장점이 있다. 즉, 용도계에서는 독립적으로 소액현금을 사용하면서 그 사용내역을 소액현금출납장에 일자별로 기록해 두었다가 일정기간 단위로 현금업무담당자에게 보고하게 되고, 그 결과 현금업무담당자는 소액현금의 전도시에만 현금지출의 내역을 회계처리해 주면 된다.

예제 8 소액현금제도(단순자금선급법)

다음의 소액현금 거래에 대하여 분개하라.

1. 서울상사는 용도계에 대하여 1개월 분의 소액현금자금으로 ₩70,000을 수표발행하여 지급하였다.

2. 용도계로부터 1개월간의 다음과 같은 소액현금 사용결과를 보고 받았다.

| 교통비: ₩20,000 | 우편료 및 전화료: ₩24,000 |
| 문구비: ₩17,000 | 잡 비: ₩4,000 |

3. 용도계에 대하여 소액현금자금으로 ₩50,000을 수표를 발행하여 지급하였다.

해 답

1. (차) 소액현금		70,000	(대) 당좌예금	70,000
2.	교 통 비	20,000		
	통 신 비	24,000		
(차)	소모품비	17,000	(대) 소액현금	65,000
	잡 비	4,000		
3. (차) 소액현금		50,000	(대) 당좌예금	50,000

6.6 은행계정조정표

1 은행계정조정표의 의의

은행계정조정표(bank reconciliation statement)란 회사 장부상의 은행예금잔액과 은행측의 회사예금잔액이 일치하지 않는 경우 그 원인을 파악하여 두 금액을 일치시키기 위해서 작성하는 표이다. 회사가 당좌예금 계정에 입금시키면 당좌예금 계정 차변에 기록되어 당좌예금의 잔액을 증가시키고, 수표를 발행하여 지급이 이루어지면 당좌예금 계정 대변에 기록되어 당좌예금 잔액을 감소시킨다. 은행도 회사가 당좌예금 계좌에 입금을 하면 당좌예금 잔액을 증가시키고 자금이 인출되면 당좌예금 잔액을 감소시킨다. 따라서 양측의 회계처리가 동일하게 이루어지므로 회사의 장부상 잔액과 은행측 예금잔액은 일치하여야 한다. 그런데 일정시점에 보았을 때 회사의 장부상 예금잔액과 은행측의 예금잔액이 일치하지 않는 경우가 있다. 이처럼 양측의 예금잔액에 차이가 있을 때, 그 차이의 원인을 규명하여 두 금액을 일치시키기 위하여 작성하는 표가 은행계정조정표이다.

2 불일치 원인

회사측 예금잔액과 은행측 예금잔액이 차이가 나는 원인은 크게 예입측면, 인출측면, 기장오류의 세 가지로 나눌 수 있다. 또한 이러한 차이를 발생시킨 주체가 회사일 수도 있고, 은행일 수도 있기 때문에 결국 여섯 가지의 원인으로 구분된다. 이를 구체적으로 살펴보면 다음과 같다.

(1) 예입측면
① 은행미기입예금

회사에서 은행에 입금을 시키고 회사장부에는 정확히 기록되었으나, 은행에서 마감 후 입금되어 다음 날짜로 입금처리 된 경우와 같이 은행에서 미기입 되어 회사의 잔액과 차이가 나는 경우이다. 이 경우는 은행계정조정표를 작성할 때 은행의 잔액에 가산시켜 주어야 한다.

② 미통지입금액

은행의 예금계좌에는 입금되었으나 회사의 장부에 기록되지 않은 금액이다. 예를 들면 거래처에서 회사에 통보하지 않고 당좌계정에 직접 송금한 금액은 은행에서는 입금으로 처리되었으나 회사에서는 통지를 받지 않아 처리되지 않는다. 이 경우는 은행계정조정표를 작성할 때 회사의 잔액에 가산시켜주고, 회사에서는 이러한 내용을 회계처리 하여야 한다.

(2) 인출측면
③ 기발행 미지급수표

회사가 발행한 수표가 은행에서 아직 지급되지 않은 수표를 기발행 미지급수표라고 한다. 회사에서는 수표발행시점에 예금을 감소시키고 관련된 회계처리를 하나, 수표소지인이 은행에 지급제시를 하지 않아 은행에서 아직 결제되지 않아 예금잔액이 일시적으로 많은 경우이다. 회사잔액과 은행잔액을 일치시키지 않은 가장 일반적인 사례로 회사에서 수표를 발행한 시점과 수표소지인이 은행에서 인출하는 시점의 차이에서 발생한 사항이다. 은행계정조정표를 작성할 때 기발행 미지급수표는 은행의 잔액에서 차감한다.

④ 미기입지급액

은행에서 공제한 이자나 은행수수료 등을 회사가 통보 받지 못한 경우가 있다. 예를 들면 은행에서 당좌차월에 대한 이자를 회사에 통보하지 않고 당좌예금잔액에서 차감한 이자비용 및 은행수수료, 회사가 입금한 수표 중 부도수표가 발생하여 은행에서는 예금구좌에서 차감하였으나 아직 회사의 장부에 반영되지 않은 경우 등이다. 이러한 미기입지급액은 은행계정조정표를 작성할 때 회사의 잔액에서 차감하고, 회사에서는 관련된 내용을 회계처리하여야 한다.

(3) 계정계산상의 오류

계정계산상의 오류는 회사의 담당자가 잘못된 금액의 장부기입 혹은 금액의 누락 등으로 인해 발생하는 회사의 오류와 은행담당자의 잘못된 장부기입 혹은 금액누락으로 인해 발생하는 오류가 있다. ⑤ 회사에서 일어난 오류는 회사의 잔액에 가감하고, ⑥ 은행에서 일어난 오류는 은행의 잔액에 가감하여 조정한다.

3. 은행계정조정표의 작성

(1) 은행계정조정표의 작성방법

은행계정조정표를 작성할 경우에는 회사의 잔액에서 은행의 잔액으로 일치시켜가는 방법, 은행의 잔액에서 회사의 잔액으로 일치시켜가는 방법, 회사의 잔액과 은행의 잔액을 모두 조정 잔액으로 맞추는 방법 중 하나를 택하여 작성하면 된다. 이들 방법 중 양측의 잔액을 조정된 금액으로 맞추는 작성방법이 일반적으로 이용되고 있다.

(2) 은행계정조정표의 작성양식

은 행 계 정 조 정 표

수정전 금액 : 회사측 잔액 ×××   은행측 잔액 ×××
수정사항 :
　　　　미통지입금액(+)　②　　　　은행미기입예금(+)　①
　　　　미기입지급액(−)　④　　　　기발행미지급수표(−)　③
　　　　회사측오류(+,−)　⑤　　　　은행측오류(+,−)　⑥

수정후 금액: 　　　　　　×××　　　　　　　×××

예제 9 **은행계정조정표의 작성**

(주)신라의 20×9년 6월 30일 현재 당좌예금계정과 관련한 자료는 다음과 같다.

> 은행계정명세서상의 잔액 : ₩50,000
>
> (주)신라 장부상의 잔액 : ₩41,450

회계담당자는 이러한 차이의 원인을 파악하는 과정에서 다음과 같은 사실들을 발견하였다.

(1) 회사가 발행한 수표가 아직 은행측에서 인출되지 않았다.

수표번호	발행일	금 액
# 629	6월 29일	₩3,000
# 630	6월 30일	₩4,100

(2) 6월 30일 예입시킨 ₩3,100이 은행계정명세서상에 입금으로 표시되지 않았다.

(3) 예입자 A거래처의 명의로 ₩5,000이 은행계정명세서상에 온라인으로 입금표시 되어 있었다. A거래처에 문의한 결과 전월의 외상매출에 대한 입금임을 확인하였다.

(4) 6월 30일 은행측에서 당좌거래 수수료 ₩200을 부과하고 이를 당좌예금계정에서 차감하였다.

(5) 전화료를 지급하기 위한 수표 #610의 발행액은 ₩850이었으나 (주)신라의 회계담당자가 당좌예금출납장에 이를 ₩600으로 잘못 기록하였음이 밝혀졌다.

20×9년 6월 30일 현재의 은행계정조정표를 작성하고, 필요한 수정분개를 행하라.

해답 1.

은 행 계 정 조 정 표

(주)신라　　　　　　　　　20×9년 6월 30일 현재　　　　　　　　　(단위: 원)

회사장부상 잔액		41,450	은행계정명세서상 잔액		50,000
가산: (3)미통지입금(A거래처)		5,000	가산: (2) 미기입예금		3,100
차감: (4)은행수수료(당좌거래)	200		차감: (1) 기발행미지급수표		
(5)기장오류(수표#610)	250	(450)	수표#629	3,000	
			수표#630	4,100	(7,100)
수정후 잔액		46,000	수정후 잔액		46,000

2. 수정분개

(3) (차) 당좌예금	5,000		(대) 매출채권	5,000
(4) (차) 지급수수료	200		(대) 당좌예금	200
(5) (차) 통신비	250		(대) 당좌예금	250

6.7 금융기관이 취급하는 금융상품

금융기관에서 취급하는 금융상품(financial instruments)이란 금융기관의 정형화된 상품과 예금을 말한다. 기업의 입장에서는 기업이 보유하는 현금은 수익을 창출하지 못하기 때문에 사용하지 않는 현금을 다양한 금융상품에 투자하여 투자수익의 창출을 추구한다. 금융상품의 대표적인 예는 저축성예금인 정기예금(fixed deposit)과 정기적금(installment deposits)이 있으며, 금융기관에서 취급하는 정형화된 금융상품으로 다음과 같은 종류가 있다.

① 기업어음(CP: commercial paper)은 기업이 단기적인 자금조달을 위해 발행하는 어음으로 신용도가 높은 우량기업이 발행하는 무담보어음이 주를 이루며, 금융기관이 기업으로부터 수수료를 받고 투자자에게 매각한다.

② 양도성 예금증서(CD: certificate of deposit)는 금융회사가 정기예금에 대하여 발행하는 무기명예금증서이다. 금융기관은 예금의 만기일에 예금증서 소지인에게 원금과 약정이자를 지급한다. 이는 정기예금과 달리 만기일 이전에 유통시장에서 거래되며 타인에게 양도가 가능하다.

③ 어음관리구좌(CMA: cash management account)는 금융회사가 고객의 자금을 어음, 국공채 등 단기금융상품에 투자하여 운용한 후 운용수익을 고객하게 지급하는 상품이다.

④ 환매조건부채권(RP: repurchase agreements)는 금융기관이 보유하고 있는 채권을 담보로 제공하고 투자자 등의 돈을 받아 다시 채권에 투자하는 형식의 금융상품으로, 금융회사가 일정기간 후 일정금리를 가산하여 되사는 조건으로 발행한 채권으로 채권투자의 약점인 환금성을 보완하기 위한 금융상품이다.

⑤ 머니마켓펀드(MMF: money market fund)는 금융회사가 고객들로부터 자금을 모아 펀드를 구성한 후 금리가 높은 단기금융상품에 투자하는 상품이다.

⑥ 표지어음(cover bill)은 주로 은행, 종합금융사, 신용금고 등 금융기관들이 기업이 발행한 어음을 할인해 사들인 뒤 이 어음을 근거로 별도의 자체어음을 발행해 일반투자자에게 판매하는 어음이다.

금융상품 중에서 단기적인 자금운용목적으로 소유하거나 보고기간말로부터 1년 이내에 만기가 도래하는 금융상품 중 현금성자산에 속하지 아니하는 금융상품은 단기금융상품으로 분류하고, 금융상품 중 보고기간말로부터 1년 이후에 만기가 도래하는 금융상품은 장기금융상품으로 분류한다.

6.8 수취채권

1 수취채권의 분류

수취채권(receivables)이란 기업이 재화나 용역 등을 외상으로 판매하고 그 대가로 미래에 일정한 금액을 수취할 수 있는 청구권인 수취채권과 다른 기업에 자금을 대여하고 그 대가로 차용증서나 어음을 수취하는 경우에 발생하는 채권인 대여금을 의미한다.

수취채권은 기업의 주된 영업활동과 관련하여 상품이나 제품을 매출하거나 용역을 제공하는 과정, 즉 일반적인 상거래에서 발생한 채권인 매출채권(trade receivables)과 기타 영업활동에서 발생한 채권인 비매출채권(non-trade receivables)으로 구분할 수 있다.

매출채권은 기업이 상품을 고객에게 제공하는 매출과 관련하여 발생하는 채권으로 신용의 형태에 따라 다시 외상매출금과 받을어음으로 구분된다. 외상매출금(account receivables)은 순수한 신용매출로 인한 매출채권이고, 받을어음(notes receivables)은 신용매출에 대해 거래처로부터 어음을 수령한 매출채권이다. 실무에서는 외상매출금과 받을어음을 구분하여 회계처리 하지만, 재무상태표에 공시할 때는 두 계정을 통합하여 하나의 계정인 매출채권계정으로 표시한다.

비매출채권은 기타채권이라고도 하는데 이는 상거래 이외의 거래에서 발생한 채권으로 토지, 건물, 비품 등 상품이나 제품이외의 자산을 매각하는 과정에서 발생한 채권인 미수금(other accounts receivable)과 자금을 대여하고 그 대가로 차용증서나 어음을 받는 경우에 발생하는 채권인 대여금(loans) 등이 있다.

> 매출채권: 일반적 상거래에서 발생한 채권인 외상매출금과 받을어음
> 기타채권: 일반적 상거래 이외에서 발생한 채권인 미수금, 대여금, 받을어음

2 지급채무

지급채무(loan and payables)란 기업이 영업활동을 수행하는 과정에서 상대 거래처로부터 재화나 용역을 외상으로 제공받아 추후에 지급해야 할 채무와 다른 기업으로부터 자금을 차입하여 미래에 현금이나 재화 혹은 용역을 제공해야 할 의무가 발생한 채무인 차입금을 말한다. 지급채무는 일반적 상거래, 즉 상품매매와 관련되어 발생하는 매입채무(trade payables)와 일반적 상거래 이외의 기타 거래에서 발생한 채무인 비매입채무(non trade payables)로 분류된다.

매입채무는 일반적 상거래에서 발생한 채무로 신용의 형태에 따라 다시 외상매입금과 지급어음으로 구분된다. 외상매입금(account payables)은 순수한 신용매입에 의한 매입채무이고, 지급어음(notes payables)은 신용매입을 하면서 거래처에 어음발행 등을 통하여 어음상 채무가 발생한 경우이다. 실무에서는 외상매입금과 지급어음을 구분하여 회계처리 하지만, 재무상태표에 공시할 때는 두 계정을 통합하여 하나의 계정인 매입채무계정으로 표시한다.

비매입채무는 기타채무라고도 하는데 이는 상거래 이외의 거래에서 발생한 채무로서 상품이나 제품이외의 자산을 매입하는 과정에서 발생한 채무인 미지급금(other accounts payable)과 자금을 차입하여 발생한 차입금(loan payable) 등이 있다.

> 매입채무: 일반적인 상거래에서 발생한 채무인 외상매입금과 지급어음
> 기타채무: 일반적인 상거래 이외에서 발생한 채무인 미지급금, 차입금, 지급어음

6.9 　외상매매

상거래에서 상품매매가 이루어졌으나 그 대금은 일정기간 후에 결제되는 거래를 신용거래 또는 외상거래(credit transaction)라고 한다. 이와 같이 상품을 외상으로 매매하는 경우 매매 당사자 간에는 채권·채무관계가 성립되어 매출채권과 매입채무가 발생한다. 이러한 매출채권과 매입채무를 어떻게 나타내느냐에 따라 인명계정과 통제계정으로 나눈다.

1. 인명계정

상품을 외상으로 매매하는 경우에 발생된 채권·채무를 거래처의 명칭을 사용하여 나타낼 수 있다. 이렇게 거래처의 명칭을 직접 계정과목으로 사용하는 것을 인명계정(personal account)이라 한다. 거래처가 많지 않은 경우에는 각 거래처에 대한 채권채무를 명확히 하기 위하여 상대방의 상호나 성명별로 계정과목을 설정할 수 있다. 그러나 거래처가 많아지면 총계정원장에 너무 많은 계정이 설정되어 기장도 불편하며 효율적인 관리가 어려워진다. 따라서 실무에서는 거의 사용되지 않는다.

2. 통제계정

거래처와의 일반적인 상거래에서 발생한 채권과 채무인 외상매출금과 외상매입금의 회계처리는 총계정원장에 매출채권과 매입채무라는 계정을 사용하여 처리하고, 거래처별 기록은 보조원장인 매출처원장과 매입처원장을 사용하는 것이 일반적이다. 매출채권 및 매입채무계정과 같이 한 계정이 보조원장을 가지고, 이 보조원장에 설정된 인명계정들을 통제하는 기능을 가지고 있는 계정을 통제계정(control account)이라 한다. 이러한 통제계정을 이용하여 회계처리 할 경우 각 거래처별로 얼마의 채권이나 채무가 있는지 파악하기 어렵기 때문에 각 거래처별로 채권과 채무를 관리하기 위해 보조장부인 매출처원장과 매입처원장이라는 보조원장을 사용하게 된다.

매출처원장 각 계좌의 차변(대변) 합계는 매출채권계정 차변(대변)합계와 같고, 매입처원장 각 계좌의 차변(대변) 합계는 매입채무계정 차변(대변) 합계와 같다.

통제계정과 보조원장과의 관계는 다음과 같다.

그림 6-2 | 매출채권(매입채무)과 보조원장과의 관계

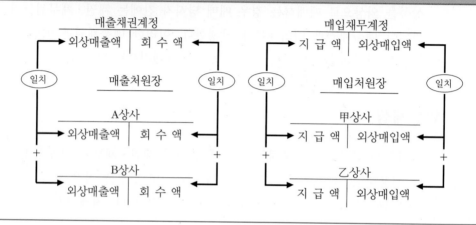

예제 10 인명계정과 통제계정

다음의 거래를 분개하고 총계정원장(매출채권, 매입채무)과 보조원장(매출처원장, 매입처원장)에 전기하라.

2월 1일 전주상사에서 상품 ₩90,000을 외상으로 매입하다.

4월 12일 덕진상사에 상품(원가₩90,000)을 ₩100,000에 외상으로 판매하다.

7월 15일 완산상사에서 상품 ₩50,000을 외상으로 매입하고, 인수운임 ₩2,000을 현금으로 지급하다.

10월 1일 완산상사에서 매입한 상품 ₩10,000을 반품하다.

10월 10일 덕진상사로 부터 외상매출금 ₩80,000을 현금으로 받다.

11월 5일 전주상사에 외상매입금 ₩60,000을 현금으로 지급하다.

12월 5일 효자상사에 상품(원가 ₩100,000)을 ₩150,000에 외상으로 판매하고, 발송운임 ₩3,000을 현금으로 지급하다.

해답 1. 분개

2월 1일	(차) 매 입	90,000	(대) 매입채무		90,000		
4월 12일	(차) 매출채권	100,000	(대) 매 출		100,000		
7월 15일	(차) 매 입	52,000	(대) { 매입채무 현 금		50,000 2,000		
10월 1일	(차) 매입채무	10,000	(대) 매 입		10,000		
10월 10일	(차) 현 금	80,000	(대) 매출채권		80,000		
11월 5일	(차) 매입채무	60,000	(대) 현 금		60,000		
12월 5일	(차) { 매출채권 운 반 비	150,000 3,000	(대) { 매 출 현 금		150,000 3,000		

2. 총계정원장 및 보조원장에의 전기

총계정원장

매출채권			매입채무	
4/12 매 출 100,000	10/10 현 금 80,000		10/ 1 매 입 10,000	2/ 1 매 입 90,000
12/ 5 제 좌 150,000			11/ 5 현 금 60,000	7/15 매 입 50,000

매출처원장			**매입처원장**	
덕진상사			전주상사	
4/12 상품매출 100,000	10/10 현금회수 80,000		11/ 5 현금지급 60,000	2/ 1 상품매입 90,000

효자상사			완산상사	
12/ 5 상품매출 150,000			10/ 1 반 품 10,000	7/15 상품매입 50,000

6.10 어음거래

어음(note)이란 채무자가 자기의 채무를 갚기 위하여 일정한 날짜에 일정한 금액을 일정한 장소에서 무조건 지급할 것을 약속하거나 위탁한 내용을 일정한 서식에 따라 기재한 증서를 말한다. 상품을 외상으로 판매할 때 단지 구두 약속에 의한 외상판매보다 어음을 받고 판매하는 경우가 훨씬 더 많은데, 이는 채권을 법적으로 보장받기 위함이다. 어음은 구두 약속보다 법정에서의 증거능력이 더 크다. 그러나 외상판매나 어음을 받고 판매하는 것이나 경제적 관점에서 보면 모두 상품을 신용으로 판매하는 것으로 동일하다.

1. 어음의 종류

어음의 종류는 법률상의 분류에 의하여 약속어음과 환어음으로 분류되고, 거래형태별 분류에 따라 상업어음과 금융어음으로 분류된다. 또한 어음에 이자가 지급되느냐의 여부에 따라 이자부어음과 무이자부어음으로 분류된다.

(1) 법률상 분류: 약속어음과 환어음

약속어음(promissory note)이란 발행인이 일정기일에 일정의 금액을 수취인 또는 어음소지인에게 지급하겠다는 것을 서면으로 약속한 증서이다. 어음의 발행인은 어음상의 채무자가 되고, 어음의 수취인 또는 어음의 소지인은 어음상의 채권자가 된다.

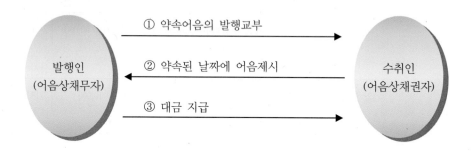

환어음(bill of exchange)은 발행인이 지명인(지급인)으로 하여금 일정금액을 일정한 일자에 수취인에게 지급하도록 위탁한 증서이다. 환어음에서는 발행인은 어음상의 채권·채무가 발생하지 않고, 지명인(지급인)이 어음상의 채무자가 되며, 수취인은 어음상의 채권자가 된다. 환어음은 발행인이 어음을 작성하여 수취인에게 주어 수취인으로 하여금 지명인으로부터 어음금액을 받게 하는 것이다. 수취인이 발행인으로부터 어음을 받으면 지명인에게 제시하여 어음금액을 지급할 의사가 있는지 여부를 확인하면, 지

명인이 이에 서명·날인하여 지급의사를 표명하게 된다. 환어음에서 어음의 수취인이 지급인에게 제시하여 지급의사를 확인 받고, 서명 날인하도록하는 행위를 어음인수(acceptance)라 한다. 지명인은 어음인수를 함으로써이때부터 어음지급인이 되어 어음상의 채무자가 된다.

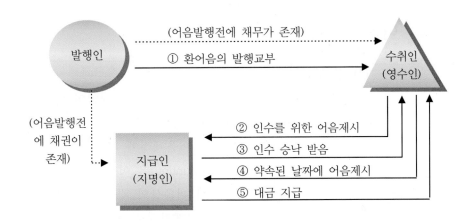

(2) 거래형태별 분류: 상업어음과 금융어음

어음은 일반적으로 상품을 매매할 때에 대금의 결제 수단으로 발행하게되는데 이와 같이 일반적인 상거래와 관련하여 발생되는 어음을 상업어음(commercial bill) 또는 진성어음이라고 한다. 이러한 상업어음을 수취하여어음상의 채권을 가지면 받을어음계정으로 처리하고, 상업어음의 발행이나인수를 통하여 어음상의 채무를 지게 되면 지급어음계정으로 처리한다.

금융어음(accommodation bill)은 자금을 융통하기 위하여 발행한 어음으로 이를 융통어음이라고도 한다. 이는 어음의 발행 목적이 자금조달에 있으므로 일반적인 상거래인 상품매매에서 발생한 상업어음과는 다르다. 금융어음을 발행하거나 수취한 경우에는 이를 지급어음계정이나 받을어음계정으로 처리하여서는 아니 되고, 금융어음을 발행하여 어음상의 채무를 가지면 차입금계정으로, 금융어음을 소지하여 어음상의 채권을 가지면 대여금계정으로 회계처리 하여야 한다.

(3) 이자지급여부에 따른 분류: 이자부어음과 무이자부어음

이자부어음(interest bearing bill)은 발행인이 만기일에 어음의 액면금액이외에 일정의 이자를 별도로 지급할 것을 약정한 어음이고, 무이자부어음

(non-interest bearing bill)은 만기일에 단지 액면가액만을 지급할 것을 약정하는 어음이다. 상거래에서 발행한 어음은 일반적으로 무이자부어음이며, 무이자부어음의 액면가액은 통상적으로 어음기간 동안의 이자를 포함한 금액이다.

2 어음의 회계처리

(1) 받을어음

어음의 종류가 약속어음이든 환어음이든 관계없이 회계에서는 어음상의 채권인지 채무인지에 따라 회계처리하고 있다. 즉, 어음상의 채권은 받을어음계정에, 어음상의 채무는 지급어음계정에 기입한다.

받을어음(notes receivable accounting)은 어음 종류에 관계없이 거래처와의 일반적인 상거래에서 발생한 어음상의 채권이다. 일반적인 상거래이외의 거래에서 받은 어음은 미수금계정으로 처리하며, 어음을 받고 현금을 대여해 준 경우에는 대여금계정으로 처리한다. 어음을 수취하여 어음상의 채권이 발생하면 받을어음계정의 차변에 기입한다. 어음은 만기가 정해져 있고 만기일에 상환이 이루어지나, 어음의 소지인은 만기일 이전에 어음상의 채권을 타인에게 배서양도하거나, 금융기관에서 어음의 할인을 통하여 이자와 수수료를 차감한 잔액을 미리 현금화할 수 있다. 이와 같이 만기가 되어 발행인으로부터 직접 상환 받거나, 타인에게 배서양도 하거나, 거래은행을 통하여 어음할인을 하는 등 어음상 채권이 소멸하면 받을어음계정의 대변에 기입한다.

어음의 채무자가 재정상의 형편으로 만기일에 어음을 상환하지 못하고 지급기일의 연기를 요청하는 경우가 있다. 이와같이 지급기일의 연기를 위하여 구어음을 받고 신어음을 다시 발행하는 것을 어음개서(renewal of notes)라 한다.

또한 어음만기일에 어음발행인이 어음대금을 결제하지 못하면 당해 어음은 부도처리 된다. 부도어음(bills dishonored)은 일반어음과 구분하여 관리하기 위하여 받을어음계정에서 제거하고 부도어음계정으로 대체한다. 이때 부도어음계정은 기타자산으로 분류된다. 결산기말 현재의 받을어음계정의 잔액은 어음상 채권의 미회수액을 나타낸다.

받 을 어 음

(어음상의 채권 발생)		(어음상의 채권소멸)	
약속어음의 수취		어음대금회수	
환어음의 수취	(+)	배서양도	(−)
		어음의 할인	
		어음의 부도	

(2) 지급어음

지급어음(notes payable accounting)은 어음 종류에 관계없이 거래처와의 일반적인 상거래에서 발생한 어음상의 채무이다. 일반적인 상거래이외의 거래에서 발행한 어음은 미지급금계정으로 처리하며, 어음을 발행하고 현금을 차입한 경우에는 차입금계정으로 처리한다. 약속어음을 발행하거나 환어음을 인수함으로써 어음상의 채무를 부담한 경우 어음상의 채무가 발생하므로 지급어음계정의 대변에 기입한다. 만기가 되어 어음상 금액을 지급하면 어음상 채무가 소멸하므로 지급어음계정 차변에 기입한다. 결산기말 현재의 지급어음계정의 잔액은 어음상 채무의 미지급액을 나타낸다.

지 급 어 음

(어음상의 채무소멸)		(어음상의 채무발생)	
어음금액지급	(−)	약속어음의 발행	(+)
		환어음의 인수	

예제 11 **어음거래**

다음의 거래를 분개하고 총계정원장과 보조원장(매출처원장, 매입처원장)에 전기하라.

8월 1일 송파상사에 상품(원가 ₩80,000)을 ₩100,000에 판매하고, 대금은 약속어음(발행일: 8월 1일, 만기일: 8월 31일, 지급장소: 신한은행, 어음번호: #64)을 받다.

8월 7일 서울상사에서 상품 ₩80,000을 매입하고 대금은 약속어음(발행일: 8월 7일, 지급일: 8월 31일, 지급장소: 기업은행, 어음번호: #78)을 발행하여 교부하였다.

8월 12일 중앙상사로부터 외상매출금 ₩30,000에 대하여 중앙상사발행 약속어음(발행일: 8월 12일, 만기일: 9월 5일, 지급장소: 우리은행, 어음번호: #67)을 받다.

8월 15일 평화상사에 외상매입금 ₩50,000을 갚기 위하여 약속어음(발행일: 8월 15일, 지급일: 9월 9일, 지급장소: 하나은행, 어음번호: #96)을 발행하여 교부하였다.

8월 31일 송파상사로부터 받은 약속어음 ₩100,000을 지급기일이 되어 현금으로 받다.

8월 31일 서울상사에 발행한 약속어음 ₩80,000이 지급기일이 되어 현금으로 지급하였다.

해답 1. 분개

8월 1일	(차) 받을어음	100,000	(대) 매 출	100,000
7일	(차) 매 입	80,000	(대) 지급어음	80,000
12일	(차) 받을어음	30,000	(대) 외상매출금	30,000
15일	(차) 외상매입금	50,000	(대) 지급어음	50,000
31일	(차) 현 금	100,000	(대) 받을어음	100,000
31일	(차) 지급어음	80,000	(대) 현 금	80,000

2. 총계정원장에 전기 및 보조원장에의 전기

받을어음		지급어음	
8/1 매 출 100,000	8/31 현 금 100,000	8/31 현 금 80,000	8/7 매 입 80,000
8/12 외상매출금 30,000			8/15 외상매입금 50,000

매출처원장		**매입처원장**
송파상사		서울상사

송파상사		서울상사	
8/1 상품매출 100,000	8/31 현금회수 100,000	8/31 현금지급 80,000	8/7 상품매입 80,000

중앙상사		평화상사	
8/12 외상매출금 30,000			8/15 외상매입금 50,000

3. 어음의 활용

(1) 어음의 배서

어음의 배서(endorsement)란 어음의 보유자가 어음을 양도하거나 할인할 때 양도의 의사표시와 함께 어음의 뒷면에 서명하는 제도를 말한다. 어음의 배서양도(endorse over)란 어음의 소지인이 어음의 만기일 이전에 그 권리를 타인에게 양도하는 것을 말한다. 여기서 어음의 양도인을 배서인(endorser)이라고 하며 어음의 양수인을 피배서인(endorsee)이라고 한다. 자기가 가지고 있는 어음을 타인에게 배서양도하면 당연히 어음상의 권리가 어음을 수령하게 되는 사람에게 이전되게 되고, 어음을 수령한 사람이 어음의 만기일에 어음을 은행에 제시하고 어음대금을 수령하게 된다.

어음의 배서양도는 기업이 다른 채무를 상환하기 위하여 어음의 권리를 제3자에게 이전하는 대금지급을 위한 배서양도와 금융기관에서 어음할인을 위해 배서양도 하는 경우가 있다. 대금지급을 위한 배서양도는 기업이 다른 채무를 상환하기 위하여 배서양도한 것이므로 해당 채무와 상계하는 회계처리를 하게 된다. 어음의 할인을 위한 배서양도는 어음할인에서 별도로 설명하기로 한다. 또한, 소유하고 있는 어음의 대금추심을 거래은행에 의뢰하는 경우에 어음뒷면에 배서하는 경우가 있다. 이는 채무상환을 위해 다른 사람에게 배서한 경우나 어음할인을 위하여 금융기관에 어음을 배서양도 하는 경우와는 다르다. 이와 같이 어음대금의 회수를 거래은행에 의뢰하기 위하여 은행에 어음을 제시하고 배서하는 것을 추심위임배서라 한다. 이 경우에는 대금추심을 의뢰하였을 뿐 어음상 채권이 소멸된 것이 아니므로 회계처리하지 않고, 만기일에 은행으로부터 추심완료의 통지를 받았을 때 받을어음 회수에 대한 회계처리를 한다.

(2) 어음의 할인

어음의 할인(discounting)이란 어음을 보유하고 있는 기업이 어음의 만기일이 되기 이전에 금융기관 등에 어음을 양도하고 일정한 이자비용 및 수수료를 차감한 금액을 현금으로 받는 것을 말한다. 여기서 차감하는 이자비용과 수수료를 할인료(discounts)라고 하며, 어음금액에서 할인료를 차감한 잔액을 실수금(proceeds)이라고 한다.

어음의 할인에 대한 회계처리는 양도인의 경우 어음에 대한 권리를 양도하고 어음의 소유에 따른 위험과 보상을 대부분 이전하게 되어 받을어음을 자산에서 제거할 수 있는 요건을 충족시켜 금융기관이 상환청구를 할 수 없는 매도거래로 보는 경우와 어음에 대한 권리를 양도하였으나 어음의 소유에 따른 위험과 보상의 대부분을 보유하여 어음이 부도된 경우 양수인이 양도인에게 상환청구를 할 수 있는 차입거래로 보는 경우로 나누어진다.

1) 상환청구권이 없는 경우(매도거래)

매도거래는 어음에 대한 권리를 양도하고 어음의 소유에 따른 위험과 보상을 대부분 이전하게 되어 받을어음을 자산에서 제거할 수 있는 요건을 충족시킨 경우이다. 이런 경우는 현금을 받고 받을어음을 처분한 것이므로 어음만기시에 어음발행인이 어음대금을 지급하지 않은 경우에도 어음의 양수인은 어음의 양도인에게 상환청구권이 없다. 즉 매도거래로 간주하게 된다. 따라서 이에 대한 회계처리는 어음할인일에 어음가액과 현금수령액인 실수금과의 차액은 금융자산처분손실(매출채권처분손실)의 과목으로 당기손익으로 처리하고, 어음만기일에는 별도의 회계처리가 필요 없다.

어음의 할인일				
(차){ 현 금	×××	(대) 받 을 어 음	×××
금융자산처분손실	×××		
어음의 만기일				
회계처리 없음				

2) 상환청구권이 있는 경우(차입거래)

차입거래는 어음에 대한 권리를 양도하였으나 어음의 소유에 따른 위험과 보상을 대부분 보유한 경우이다. 이러한 경우에는 어음을 담보로 제공하고 현금을 차입한 것으로 본다. 어음의 만기일에 어음의 발행인이 원리금을 지급하지 않은 경우에 어음의 양수인은 어음의 양도인에게 어음대금에 대한 지급을 청구할 수 있는 상환청구권을 갖게 되고, 어음의 양도인은 어음의 발행인을 대신하여 지불해야 할 의무를 지게 된다. 결과적으로 상환청구권을 부여한 어음할인은 어음이 만기일에 결제되기 전까지는 어음양도인은 어음의 양수인에 대해 우발부채(contingent liabilities)가 존재한다. 이러한 경우에는 어음을 담보로 제공하고 현금을 차입한 것으로 보는 차입거래로 간주하여 어음가액을 단기차입금으로 기록하고, 어음가액과 현금수령액인 실수금과의 차액은 이자비용의 과목으로 당기손익으로 처리한다. 그리고 어음만기일에 어음대금이 무사히 결제되면 단기차입금으로 인식한 금액을 받을어음과 상계하는 회계처리를 행한다.

어음의 할인일				
(차){ 현 금	×××	(대) 단 기 차 입 금	×××
이 자 비 용	×××		
어음의 만기일				
(차) 단 기 차 입 금	×××	(대) 받 을 어 음	×××

예제 12 어음의 할인

다음은 어음과 관련된 거래이다. 어음할인을 매도거래로 보는 경우와 차입거래로 보는 경우를 구분하여 일자별로 회계처리를 하라.

3월 1일 (주)건지는 고려상사에 상품 ₩100,000을 매출하고 대금은 고려상사가 발행한 무이자부 약속어음(만기 6개월)을 받았다.

5월 1일 (주)건지는 고려상사에서 받은 약속어음을 신한은행에서 할인받고, 이자비용과 수수료를 제외한 ₩95,000을 현금으로 받았다.

9월 1일 신한은행에서 할인한 약속어음이 정상적으로 결제되었다는 통지를 받았다.

해답

1. 상환청구권이 없는 경우 (매도거래)

3월 1일	(차) 받 을 어 음	100,000		(대) 매　　　출	100,000
5월 1일	(차) { 현　금	95,000		(대) 받 을 어 음	100,000
	금융자산처분손실	5,000			

9월 1일 회계처리 없음

2. 상환청구권이 있는 경우 (차입거래)

3월 1일	(차) 받 을 어 음	100,000		(대) 매　　　출	100,000
5월 1일	(차) { 현　　금	95,000		(대) 단기차입금	100,000
	이 자 비 용	5,000			
9월 1일	(차) 단 기 차 입 금	100,000		(대) 받 을 어 음	100,000

6.11   대손회계

　　금융자산에 대하여는 손상의 발생에 대한 객관적인 증거가 있는지를 매년 회계연도말에 평가하고, 그러한 증거가 있고 미래 현금흐름에 영향을 미치는 경우에는 손상차손(loss on impairment)을 인식하여야 한다.

　　기업의 수취채권인 매출채권이나 대여금등 기타채권의 경우도 회수불능에 따른 손실이 발생할 위험이 항상 존재한다. 기업이 보유하고 있는 매출채권 및 기타채권이 회수불능상태가 되면 금융자산의 손상(impairment of value)이 발생하게 되는데, 수취채권의 경우 이를 대손(bad debts)이 발생하였다고 한다. 이 경우 기업이 보유한 수취채권 중 회수불가능한 금액을 대손상각비(bad debt expense)라는 비용으로 인식하고, 수취채권은 회수가능액만을 재무상태표에 보고하게 된다.

1. 대손상각비의 인식

대손의 인식, 즉 대손을 기록하는 시점을 어느 시점으로 하고 이에 따라 어느 기간에 비용으로 인식해야 할 것이냐 하는 문제는 중요하다. 수취채권이 회수불능하다고 최종적으로 확정된 시점에 대손상각비를 인식하는 것이 객관성이 높고 실무상 적용하기 쉽고 편리하다는 장점이 있다. 그러나 대손이 실제 발생하기 전까지 대손비용을 인식하지 않은 경우 외상매출 등에 의해 수익이 인식되는 시점과 이에 관련된 비용인 대손상각비를 인식하는 시점이 달라 수익·비용 대응원칙에 위배될 수 있고, 재무상태표상에 보고되는 수취채권이 회수가능금액으로 평가되지 않아 과대표시되는 문제가 발생한다.

한국채택국제회계기준에서는 수취채권에 대하여 매 보고기간말에 회수가능성을 검토하도록 하고 있다. 수취채권의 회수가능성을 검토하여 손상 발생에 대한 객관적인 증거가 있는지 평가하고, 그러한 증거가 있는 경우 대손상각비를 예상하여 비용을 인식하도록 규정하고 있다. 결산일에 수취채권에 대하여 손상이 발생하였다고 판단되면 차변에는 대손상각비(bad debt expense)라는 비용으로 인식하고, 대변에는 대손충당금(provisions for impairment losses)이라는 평가계정을 사용하여 회계처리 한다. 수취채권을 재무상태표에 보고할 때에는 수취채권 총액에서 대손충당금을 차감하는 형식으로 보고할 수도 있고, 수취채권의 총액에서 대손충당금을 차감한 순액으로 보고할 수도 있다. 현재 한국채택국제회계기준을 적용하는 대부분의 기업은 재무상태표에서 수취채권은 대손충당금을 차감한 순액으로 보고하고 있다.

대손상각비를 인식하기 위해서는 보고기간말에 수취채권의 회수가능성을 검토하여야 한다. 이때 수취채권의 회수가능액은 수취채권의 추정되는 미래현금흐름의 현재가치로 산정한다. 따라서 수취채권의 미래현금흐름을 추정에 의한 회수가능액, 즉 미래현금흐름의 현재가치와 장부금액의 차이를 대손상각비로 인식한다.

2 대손의 회계처리

(1) 회계연도말 대손충당금의 설정

매 회계연도말에 수취채권 잔액에 대하여 추정미래현금흐름의 현재가치에 기초하여 회수할 수 없으리라 예상되는 금액을 예상한다. 이와 같이 회수불능으로 예상된 금액에 대하여 대손상각비(bad debt expenses)라는 항목으로 당기비용으로 인식하고, 상대계정은 대손충당금(reserve for doubtful debts)으로 처리한다. 재무상태표에서 대손충당금은 수취채권을 감액시켜 수취채권의 회수가능금액을 나타내는 수취채권의 차감항목이다.

(차) 대손상각비	×××	(대) 대손충당금	×××

첫 회계연도 이후의 대손충당금 설정은 회계연도말에 설정하여야 할 대손충당금 금액과 회계연도말에 남아 있는 대손충당금잔액을 비교하여 부족분은 추가로 설정하고, 반대로 남는다면 그 차액을 환입하는 보충법 논리에 의한다.

즉, 매 회계연도말에 수취채권의 손상발생에 대한 객관적인 증거가 있는지를 평가하고, 그러한 증거가 있는 경우 손상차손금액(대손상각비)을 예상한 후 결산 전 대손충당금잔액과 비교하여 부족분은 추가로 설정하여 이를 대손상각비라는 비용항목으로 처리하고, 남는 경우에는 대손충당금환입이라는 수익항목으로 처리한다.

대손상각비를 추가적으로 설정한 경우

(차) 대손상각비	×××	(대) 대손충당금	×××

대손예상액이 회계연도말 대손충당금잔액 보다 적어 환입하는 경우

(차) 대손충당금	×××	(대) 대손충당금환입	×××

(2) 대손의 발생

특정거래처에 대한 수취채권이 실제로 회수가 불가능하게 되어 대손이 발생한 경우에는 수취채권을 대변에 기입하여 감소시킴과 동시에 차변에는 대손충당금을 감소시킨다. 만약 대손충당금잔액이 대손된 수취채권금액보다 적은 경우에는 그 부족분을 대손상각비로 처리한다. 즉, 수취채권이

대손된 경우에는 대손충당금부터 감소시키고 설정된 대손충당금잔액이 부족한 경우에는 대손상각비로 처리한다.

대손발생액이 대손충당금잔액 보다 적은 경우
 (차) 대손충당금   ×××   (대) 수취채권   ×××

대손발생액이 설정된 대손충당금잔액 보다 큰 경우
 (차)⎰ 대손충당금   ×××
     ⎱ 대손상각비   ×××   (대) 수취채권   ×××

(3) 대손처리된 채권의 회수

당기 중에 대손처리한 수취채권을 당기에 회수한 경우에는 대손처리시 분개의 반대분개를 행하여 대손시 회계처리한 것을 취소시키고, 다음으로 현금의 회수에 대한 회계처리를 하면 된다. 이러한 두 가지 회계처리를 결합해 보면 결국 차변에 현금계정, 대변에 대손충당금계정으로 처리된다.

(차) 수취채권   ×××   (대) 대손충당금   ×××
(차) 현   금   ×××   (대) 수취채권   ×××

(차) 현   금   ×××   (대) 대손충당금   ×××

만약, 당기중 대손처리시 대손발생액이 대손충당금잔액 보다 큰 경우에는 차변에 현금계정, 대변에 대손상각비 계정과 대손충당금계정으로 처리된다.

(차) 현   금   ×××   (대)⎰ 대손충당금   ×××
                                        ⎱ 대손상각비   ×××

또한 전기 이전에 대손된 수취채권을 당기에 회수하는 경우에는 대손시 어떻게 회계처리 하였느냐는 중요하지 아니하고, 차변에 현금계정, 대변에 대손충당금계정을 사용하여 회계처리하면 된다.

(차) 현   금   ×××   (대) 대손충당금   ×××

예제 **13** 대손회계 종합

다음은 (주)세종의 매출채권과 대손에 관한 연속된 거래의 내용이다.

(1) 20×7년 12월 31일(회계기간은 1월 1일부터 12월 31일까지이다.) 매출채권잔액이 ₩1,000,000이고, 대손충당금잔액은 ₩5,000이며, 매출채권의 회수가능액은 매출채권 잔액의 98%이다.

(2) 20×8년 4월 20일 전기발생채권에서 대손이 ₩10,000 발생하다.

(3) 20×8년 8월 15일 당기발생채권에서 대손이 ₩5,000 발생하다.

(4) 20×8년 11월 14일 전기발생채권에서 대손이 ₩15,000 발생하다.

(5) 20×8년 12월 31일 매출채권잔액이 ₩1,500,000이고, 매출채권의 회수가능액은 매출채권 잔액의 98%이다.

(6) 20×9년 2월 20일 전기발생채권에서 대손이 ₩20,000 발생하다.

(7) 20×9년 9월 10일 전에 대손으로 처리한 ₩30,000이 현금으로 회수되다.

(8) 20×9년 12월 31일 매출채권잔액이 ₩1,000,000이고, 매출채권의 회수가능액은 매출채권 잔액의 98%이다.

〈요구사항〉

위의 거래를 회계처리하라.

해답

(1) 20×7.12.31 (차) 대손상각비 15,000* (대) 대손충당금 15,000

* (1,000,000 × 0.02 − 5,000)

(2) 20×8. 4.20 (차) 대손충당금 10,000 (대) 매 출 채 권 10,000

(3) 20×8. 8.15 (차) 대손충당금 5,000 (대) 매 출 채 권 5,000

(4) 20×8.11.14 (차) { 대손충당금 5,000 / 대손상각비 10,000* } (대) 매 출 채 권 15,000

* 15,000 − (20,000 − 10,000 − 5,000)

(5) 20×8.12.31 (차) 대손상각비 30,000* (대) 대손충당금 30,000

* (1,500,000 × 0.02)

(6) 20×9. 2.20 (차) 대손충당금 20,000 (대) 매출채권 20,000

(7) 20×9. 9.10 (차) 현 금 30,000 (대) 대손충당금 30,000

(8) 20×9. 12.31 (차) 대손충당금 20,000* (대) 대손충당금환입 20,000

* (1,000,000 × 0.02) − (30,000 − 20,000 + 30,000)

6.12 기타의 금융자산

1. 미수금

미수금(other accounts receivable)은 일반적인 상거래 이외의 거래에서 발생한 채권이며, 미지급금(other accounts payable)은 일반적 상거래 이외의 거래에서 발생한 채무이다. 이는 일반적 상거래에서 발생하는 채권·채무인 매출채권 및 매입채무와 구별된다.

미수금은 자산의 처분이나 양도거래에서 발생하며, 미지급금도 자산의 구입과정에서 발생한다.

예제 14 미수금

다음 거래를 회계처리 하라.

1) 비품 ₩200,000을 구입하고 대금 중 ₩50,000은 현금으로 지급하고 잔액은 월말에 지급하기로 하다.

2) 비품 ₩100,000을 ₩150,000에 처분하고 대금은 10일 후에 받기로 하다.

해 답

1) (차) 비 품	200,000	(대) {	현 금	50,000
			미 지 급 금	150,000
2) (차) 미 수 금	150,000	(대) {	비 품	100,000
			유형자산처분이익	50,000

2. 미수수익

미수수익(accrued revenue)은 발생주의에 의하여 당기에 발생한 수익이나 아직 현금으로 회수하지 못한 것으로 당기에 귀속되는 수익을 말한다. 반대로 당기에 귀속시킨 수익대가를 미리 현금으로 받았으나 발생주의에 따른 수익인식을 위해 다음 회계연도로 이연시켜 수익을 차기 이후 인식하는 선수수익(unearned revenue)이라는 기타부채가 있다.

미수수익과 선수수익은 기간경과에 따라 수익이 발생하는 거래 또는 수익을 이연하는 거래에서 발생한다.

3 보증금

임차보증금(deposit money)은 타인의 부동산이나 동산을 일정기간 동안 사용하기 위하여 채무의 담보로서 임대인에게 지급한 금액이다. 반대로 회사가 임대인 입장에서 부동산등을 사용하게 하고 담보로서 수령하는 금액인 임대보증금이라는 기타부채가 있다.

연·습·문·제

▌▌ 기본문제 ▌▌

01 다음 중 현금계정에서 제외시켜야 할 항목은?

① 국공채   ② 송금수표

③ 만기가 도래한 국채이자표   ④ 배당금지급통지표

정답 ①

02 현금에 대한 다음 설명 중 틀린 것은?

① 현금은 교환 매개물로 사용할 수 있어야 하며 사용에 제한이 없어야 한다.

② 기중에 현금계정의 실제 잔액과 장부상 잔액에 차이가 발생할 경우 현금과부족 계정으로 처리한다.

③ 기말 결산 시 현금과부족의 원인이 규명되지 않을 경우 이를 잡손익으로 처리한다.

④ 자기앞수표, 타인발행수표, 우편환, 만기가 도래한 국채이자표, 우표 및 수입인지 등은 현금에 포함하여 기재한다.

▶ 풀이: 우표 및 수입인지는 소모품이나 선급비용으로 처리한다.

정답 ④

03 다음 현금성자산에 대한 설명 중 틀린 것은 어느 것인가?

① 큰 거래비용 없이 현금으로 전환이 용이하여야 함

② 재무상태표일로부터 상환일까지의 기간이 3개월 이내인 상환우선주

③ 취득당시 만기가 3개월 이내에 도래하는 채권

④ 이자율 변동에 따른 가치 변동의 위험이 중요하지 않아야 함

▶ 풀이: 취득당시 상환일까지의 기간이 3개월 이내

정답 ②

04 다음 당좌예금에 대한 설명 중 틀린 것은 어느 것인가?

① 거래은행과 당좌차월계약을 맺으면 약정한도 내에서 당좌예금을 초과하여 수표를 발행할 수 있다.

② 당좌예금도 기말 재무상태표에는 현금 및 현금성자산으로 보고한다.

③ 거래은행과 당좌차월 약정이 없으면 당좌예금잔액을 초과하여 수표를 발행하면 수표는 부도되어 지급거절된다.

④ 당좌차월은 기말 재무상태표에는 당좌예금계정 잔액에서 차감하는 형식으로 보고한다.

정답 ④

05 현금의 실제 잔액이 장부상 잔액보다 ₩50,000 적은 것이 발견된 경우 가장 타당한 회계처리 방법은 어느 것인가?

① 잡손실로 처리한다.   ② 메모만 해둔다.

③ 가지급금으로 처리한다.   ④ 현금과부족계정에 우선 대체한다.

정답 ④

06 은행계정조정표에 대한 설명으로 올바른 것은?

① 은행의 잘못으로 회사계정이 틀린 경우 수정한 표

② 은행의 당좌예금 계정이 잘못된 경우 회사가 수정하도록 요구하는 표

③ 회사의 당좌예금잔액과 은행의 잔액이 일치하지 않는 경우 회사가 작성하는 표

④ 회사의 당좌예금 계정을 은행 측과 동일하도록 은행 측에서 작성하는 표

정답 ③

07 다음 항목 중 정확한 당좌예금 잔액을 구하기 위해 은행계정조정표 상 회사의 장부상 당좌예금 잔액에 가산시켜야 할 것은 어느 것인가?

① 미통지입금액   ② 미기입지급액

③ 기발행 미지급 수표   ④ 은행미기입예금

정답 ①

08 다음의 수취채권 중 일반적 상거래에서 발생한 계정과목으로 묶어진 것은?

① 미수금과 대여금   ② 대여금과 받을어음

③ 받을어음과 미수금   ④ 외상매출금과 받을어음

정답 ④

09 다음 중 어음상 채권, 채무의 증감변화를 수반하지 않는 거래는 어느 것인가?

① 매입처에서 발행한 환어음을 인수하다.

② 상품을 판매하고 그 대금으로 타인발행 약속어음을 받다.

③ 매출처를 지급인으로 하고 환어음을 발행하여 매출처 인수를 받은 후 매입처에 상품 대금으로 지급하다.

④ 약속어음을 발행하여 외상대금을 지급하다.

정답 ③

10 매출채권에 대한 설명으로 옳은 것은?

① 일반적 상거래에서 발생한 채권으로 외상매출금과 받을어음을 말한다.

② 토지, 건물등의 외상거래로부터 발생한 채권이다.

③ 다른 사람이나 기업에게 현금을 빌려 준 경우에 발생한 채권이다.

④ 일반적 상거래 이외의 거래에서 발생한 것으로 당기수익중 현금으로 받지 못한

것을 말한다.

정답 ①

11 (주)건지는 결산을 위하여 금고를 실사한 결과 다음과 같은 자산이 있었다. 재무상태표에 현금으로 표시할 금액은 얼마인가?

㉠ 통　화	₩1,254,000	㉡ 우　표	₩8,400
㉢ 타인발행수표	3,000,000	㉣ 송 금 환	200,000
㉤ 타인발행약속어음	1,000,000	㉥ 배당금지급통지표	250,000
㉦ (주)건지가 발행하였던 당좌수표	800,000	㉧ 만기가 도래한 국채이자표	150,000
㉨ 직원급료가불증	300,000		

① ₩5,464,000　　　　　　　　　② ₩5,546,000
③ ₩5,655,000　　　　　　　　　④ ₩5,654,000

▶ 풀이: ₩5,654,000 = ₩1,254,000(통화) + ₩3,000,000(타인발행수표) + ₩200,000(송금환) + ₩250,000(배당금지급통지표) + ₩800,000(건지가 발행하였던 당좌수표) + ₩150,000(만기가 도래한 국채이자표)

정답 ④

12 6월 15일 금고에 있는 현금 실제잔액은 ₩680,000이고 현금계정의 잔액은 ₩700,000인데, 그 원인은 알 수 없는 경우의 올바른 분개는?

① (차) 현　　　금　20,000　　　(대) 현금과부족　20,000
② (차) 현금과부족　20,000　　　(대) 현　　　금　20,000
③ (차) 현　　　금　20,000　　　(대) 잡 이 익　20,000
④ (차) 잡 손 실　20,000　　　(대) 현금과부족　20,000

정답 ②

13 상품 ₩100,000을 매출하고 대금은 당점이 발행한 수표로 받았을 경우의 올바른 분개는? 단, 당좌예금계정을 별도로 사용한다.

① (차) 현　　　금　100,000　　　(대) 매　　　출　100,000
② (차) 수　　　표　100,000　　　(대) 매　　　출　100,000
③ (차) 매　　　출　100,000　　　(대) 당좌예금　100,000
④ (차) 당좌예금　100,000　　　(대) 매　　　출　100,000

▶ 풀이: 당점이 발행한 수표를 다시 받은 경우이므로 당좌예금 증가로 처리한다.

정답 ④

14 은행계정조정표 작성을 위한 (주)그린의 20×8년 3월의 자료는 다음과 같다. 20×8년 3월 31일 (주)그린의 회사 측 당좌예금계정의 잔액은 얼마인가?

은행측 잔액	₩36,050
미기입예금(은행측)	6,250
기발행미지급수표	5,750
은행측이 (주)그린의 예금으로 오기한 금액(은행측)	250

① ₩35,250　　　　　　　　　② ₩36,250

③ ₩36,300　　　　　　　　　④ ₩36,550

▶ 풀이:

은 행 계 정 조 정 표

(주)그린　　　　　　　　20×8년 3월 31일 현재　　　　　　　　(단위: 원)

회사장부상 잔액	?	은행계정명세서상 잔액	36,050
		가산: 미기입 예금	6,250
		차감: 기발행미지급수표	(5,750)
		은행측오류	(250)
수정후 잔액	₩36,300	수정후 잔액	₩36,300

정답 ③

15 전주상회는 은행계정조정표를 작성하기 위하여 다음과 같은 자료를 수집하였다. 회사 측의 수정 후 잔액은 얼마인가?

㉠ 회사의 수정전 잔액	₩127,450	㉡ 은행미기입예금	₩12,230
㉢ 기발행미지급수표	6,500	㉣ 당좌차월이자 미기입	2,130
㉤ 예금 ₩8,600을 은행측에서 ₩600으로 오기			

① ₩113,090　　　　　　　　　② ₩125,320

③ ₩129,580　　　　　　　　　④ ₩131,820

▶ 풀이:

은 행 계 정 조 정 표

전주상회　　　　　　　　20×8년 12월 31일 현재　　　　　　　　(단위: 원)

회사장부상 잔액	127,450	은행계정명세서상 잔액	111,590
		가산: 미기입예금	12,230
		은행측 오류	8,000
차감: 미기입이자	(2,130)	차감: 기발행미지급수표	(6,500)
수정후 잔액	₩125,320	수정후 잔액	₩125,320

정답 ②

16 다음 자료는 (주)미도의 부분 회계정보이다. 이를 이용하여 당기의 순매출액을 구하면 얼마인가? 단, (주)미도의 매출은 전액 신용(외상)매출이다.

매출채권 기초잔액	₩50,000
매출채권 기말잔액	90,000
당기 중 매출채권 회수액	600,000
당기 중 대손된 금액	20,000
매출환입액	30,000
매출에누리액	10,000

① ₩570,000　　　　　　　　② ₩660,000

③ ₩700,000　　　　　　　　④ ₩750,000

▶ 풀이:　　　　　　　　　　매출채권

기초	50,000	회수	600,000
총매출	700,000	대손	20,000
		매출환입	30,000
		매출에누리	10,000
		기말	90,000
	750,000		750,000

순매출액=총매출액-매출환입 및 에누리 = ₩700,000-₩30,000-₩10,000=₩660,000

정답 ②

17 매출채권 총액이 ₩350,000이 있다. 기말시점에 거래처가 파산되어 회수불능인 매출채권이 ₩50,000있다. 대손충당금 기말잔액은 ₩30,000이다. 이 경우 매출채권의 순실현가능가액은 얼마인가?

① ₩270,000　　　　　　　　② ₩300,000

③ ₩330,000　　　　　　　　④ ₩350,000

▶ 풀이: 기말매출채권잔액: ₩350,000 - ₩50,000 = ₩300,000
　　　　대손충당금:　　　　　　　　　　　(30,000)
　　　　순실현가능가액:　　　　　　　　　　270,000

정답 ①

18 (주)대호의 대손과 관련한 내용이다. (주)대호는 고객에게 50일을 신용기간으로 외상매출을 하고 있고, 연령분석법을 사용하여 기대신용손실을 산정하고 있다. 20×8년 12월 31일 현재의 경과기간, 매출채권 금액, 기대신용손실(대손예상액) 은 다음과 같다.

경과기간	금 액	기대손신용손실
신용기간 이내	₩2,000,000	50,000
51일 - 100일 연체	1,000,000	70,000
101일 - 300일 연체	500,000	100,000
301일 이상 연체	300,000	200,000

20×8년 12월 31일 (주)대호가 추가적으로 계상하여야 할 대손충당금은 얼마인가?(단, 수정 전 대손충당금 잔액이 200,000있다.)

① ₩200,000   ② ₩220,000

③ ₩320,000   ④ ₩420,000

▶ 풀이: 추가계상할 대손충당금 = 420,000 − 200,000 = 220,000

정답 ②

19 전기에 대손처리하였던 매출채권 ₩200,000이 당기에 회수되었다. 올바른 분개는?(단, 전기 대손당시의 대손충당금 잔액은 ₩50,000이 있었다.)

① (차) 현 금 200,000   (대) 대손상각비   200,000

② (차) 현 금 200,000   (대) 대손충당금   200,000

③ (차) 현 금 200,000   (대) { 대손충당금   50,000 / 대손상각비   150,000

④ (차) 현 금 200,000   (대) 전기오류수정액 200,000

▶ 풀이: 전기에 대손처리하였던 매출채권이 당기에 회수된 경우 대변에 대손충당금계정을 사용하여 회계처리한다.

정답 ②

20 당기에 대손 처리하였던 매출채권 ₩100,000을 당기에 현금으로 회수한 경우의 올바른 분개는?(단, 당기에 대손처리시 대손충당금은 없었다.)

① (차) 현 금 100,000   (대) 대손충당금   100,000

② (차) 현 금 100,000   (대) 대손상각비   100,000

③ (차) 현 금 100,000   (대) { 대손충당금   80,000 / 대손상각비   20,000

④ (차) 현 금 100,000   (대) 상각채권추심이익 100,000

정답 ②

■▮ **기출문제** ▮■

■ 금융자산의 분류

01 다음의 보기 중 금융상품으로만 묶인 것은? ('13 관세직)

> ㄱ. 선급비용 　　　　 ㄴ. 투자사채 　　　　 ㄷ. 매출채권
> ㄹ. 대여금 　　　　　 ㅁ. 이연법인세자산

① ㄱ, ㄴ, ㄷ 　　　　　　　　　　② ㄱ, ㄹ, ㅁ
③ ㄴ, ㄷ, ㄹ 　　　　　　　　　　④ ㄷ, ㄹ, ㅁ

정답 ③

02 금융자산에 해당하지 않는 것은? ('20 주택)
① 현금　　　② 대여금　　　③ 투자사채　　　④ 선급비용　　　⑤ 매출채권

정답 ④

03 금융자산에 해당하지 않는 것은? ('19 주택)
① 미수이자
② 다른 기업의 지분상품
③ 만기까지 인출이 제한된 정기적금
④ 거래상대방에게서 국채를 수취할 계약상의 권리
⑤ 선급금

▣ 풀이: ⑤ 선급금은 재화 또는 용역을 제공받을 권리에 해당되므로 금융자산이 아니다.

정답 ⑤

04 금융자산에 대한 설명으로 옳은 것은? ('22 관세직)
① 금융자산은 상각후원가로 측정하거나 기타포괄손익-공정가치로 측정하는 경우가 아니라면, 당기손익-공정가치로 측정한다.
② 계약상 현금흐름을 수취하기 위해 보유하는 것이 목적인 사업모형 하에서 금융자산을 보유하고, 계약 조건에 따라 특정일에 원금과 원금잔액에 대한 이자 지급만으로 구성되어 있는 현금흐름이 발생한다면 금융자산을 기타포괄손익-공정가치로 측정한다.
③ 계약상 현금흐름의 수취와 금융자산의 매도 둘 다를 통해 목적을 이루는 사업모형하에서 금융자산을 보유하고, 계약조선에 따라 특정일에 원리금 지급만으로 구성되어 있는 현금흐름이 발생한다면 금융자산을 상각후원가로 측정한다.
④ 당기손익-공정가치로 측정되는 지분상품에 대한 특정 투자에 대하여는 후속적인 공정가치 변동을 기타포괄손익으로 표시하도록 최초 인식시점에 선택할 수도 있다. 다만, 한번 선택했더라도 이를 취소할 수 있다.

정답 ①

05 유동자산으로 분류되지 않는 것은? ('15 주택)

① 기업의 정상영업주기 내에 실현될 것으로 예상하는 자산

② 주로 단기매매 목적으로 보유하고 있는 자산

③ 보고기간 후 12개월 이내에 실현될 것으로 예상하는 자산

④ 현금이나 현금성자산으로서, 교환이나 부채 상환목적으로의 사용에 대한 제한 기간이 보고기간 후 12개월 미만인 자산

⑤ 정상영업주기 및 보고기간 후 12개월 이내에 소비할 의도가 없는 자산

정답 ⑤

06 계정과목에 대한 설명으로 옳지 않은 것은? ('12 지방직)

① 대여금: 타인에게 현금을 대여했을 때 사용하는 계정으로, 자산계정이다.

② 대손충당금: 기말 매출채권으로부터의 현금유입액의 현재 가치를 나타내기 위해 사용하는 매출채권총액의 차감계정으로, 자산의 차감계정이다.

③ 선급비용: 비용으로 인식하기 전에 미리 대금을 지급한 경우에 사용하는 계정으로, 부채계정이다.

④ 선수수익: 수익으로 인식하기 전에 미리 대금을 수취한 경우에 사용하는 계정으로, 부채계정이다.

➡ 풀이: 선급비용은 자산계정이다.

정답 ③

07 「한국채택국제회계기준」에서 '현금및현금성자산'으로 분류하지 않는 것은? ('11 관세직)

① 결산일 현재 만기가 3개월 이내인 특정현금과 예금

② 취득당시 만기가 3개월 이내인 상환우선주

③ 취득당시 3개월 이내의 환매조건인 환매채

④ 당좌예금

정답 ①

08 수정후 잔액시산표의 당좌예금 계정잔액이 대변에 존재할 경우 기말 재무상태표에 표시되는 계정과목은? ('19 주택)

① 현금및현금성자산   ② 단기차입금   ③ 장기대여금

④ 선수금   ⑤ 예수금

➡ 풀이: ② 당좌예금이 대변에 존재하면 당좌차월이므로 단기차입금으로 표시된다.

정답 ②

09 회계상의 거래는 분개와 전기의 과정을 거쳐 계정에 기입된다. 다음은 어떤 계정에 대한 전기내역의 일부이다. 이때 (㉠) 속에 기입할 계정과목으로 옳은 것은?

('10 관세직)

(㉠)

(차변)	(대변)
⋮	⋮
3월 5일 매　　출 ×××	3월 10일 현　　금 ×××
3월 30일 대손충당금 ×××	3월 15일 매출환입 ×××
⋮	⋮

① 매출채권   ② 상품
③ 대손상각비   ④ 매입채무

정답 ①

10 다음은 (주)한국의 외상거래와 관련된 내용이다. 2013년도 재무제표에 미치는 영향으로 옳지 않은 것은?

('13 세무직)

> (주)한국은 2012년 4월 1일 계약금 명목으로 거래처로부터 ₩20,000을 수령하고, 2013년 2월 1일 원가 ₩50,000인 제품을 ₩80,000에 외상으로 판매하였다. 외상대금 ₩60,000은 2014년 12월 1일에 회수할 예정이다. (단, 재고자산은 계속기록법을 적용한다)

① 선수금의 감소   ② 수익의 증가
③ 비유동자산의 증가   ④ 순유동자산의 증가

정답 ③

11 (주)한국은 12월 1일 상품매입 대금 ₩30,000에 대해 당좌수표를 발행하여 지급하였다. 당좌수표 발행 당시 당좌예금 잔액은 ₩18,000이었고, 동 당좌계좌의 당좌차월 한도액은 ₩20,000이었다. 12월 20일 거래처로부터 매출채권 ₩20,000이 당좌예금으로 입금되었을 때 회계처리로 옳은 것은?

('20 주택)

	차변	대변		차변	대변
①	당좌예금 20,000	매출채권 20,000	②	당좌차월 20,000	매출채권 20,000
③	당좌예금 12,000	매출채권 20,000	④	당좌예금 8,000	매출채권 20,000
	당좌차월 8,000			당좌차월 12,000	
⑤	당좌예금 18,000	매출채권 20,000			
	당좌차월 2,000				

➡ 풀이: 당좌수표 발생시 감소한 당좌차월 12,000(= 30,000 - 18,000)을 먼저 차감한 후 당좌예금이 증가한다.

정답 ④

■ 현금 및 현금성자산

12 다음 자료에서 甲회사가 2006년 말 현재 재무상태표에 현금 및 현금성자산으로
보고해야 할 금액은? ('07 관세직)

○ 지폐 및 주화	₩105,000
○ 乙회사 발행 수표	200,000
○ 2006년 12월 27일 취득하여 보유중인 우표	150,000
○ 2006년 12월 27일 취득한 양도성예금증서(만기 2007. 9. 1)	800,000
○ 2006년 12월 27일 취득한수익증권(만기 2007. 2. 20)	700,000
합 계	₩1,955,000

① ₩1,955,000 ② ₩1,255,000

③ ₩1,005,000 ④ ₩1,155,000

▶ 풀이: 1,955,000 - 150,000 - 800,000 = 1,005,000

정답 ③

13 (주)한국의 20×1년 말 재무상태표에 표시된 현금및현금성자산은 ₩4,000이다.
다음 자료를 이용할 경우 당좌예금은? ('20 주택)

○통화	₩200	○보통예금	₩300	○당좌예금	?
○수입인지	400	○우편환증서	500		

① ₩2,600 ② ₩2,800 ③ ₩3,000 ④ ₩3,100 ⑤ ₩3,500

▶ 풀이: 당좌예금 = 4,000 - 200 - 300 - 500 = 3,000

정답 ③

14 2010년 12월 31일 결산일 현재 (주)대한이 보유하고 있는 자산 중 재무상태표
에 계상할 현금및현금성자산은? ('11 세무직)

통 화 ₩1,500
수입인지 ₩100
만기가 도래한 국채이자표 ₩300
송금환 ₩400
배당금지급통지표 ₩50
만기가 1개월 후인 타인발행 약속어음 ₩200
2010년 12월 1일에 취득한 환매채(만기 2011년 1월 31일) ₩500

① ₩1,500 ② ₩2,250

③ ₩2,750 ④ ₩2,950

▶ 풀이: 1,500 + 300 + 400 + 50 + 500 = 2,750

정답 ③

15 다음 자료를 이용한 경우 재무상태표에 계상할 현금및현금자산은? ('13 주택)

지폐	₩30,000
우표	10,000
우편환증서	1,000
임차보증금	50,000
타인발행당좌수표	2,000

① ₩33,000 ② ₩42,000 ③ ₩83,000
④ ₩92,000 ⑤ ₩93,000

➡ 풀이: 지폐 + 우편환증서 + 타인발행 당좌수표 = 33,000

정답 ①

16 다음은 (주)한국의 20×1년 말 자산에 관한 일부자료이다. ('14 주택)

○ 통화	₩50,000
○ 당좌차월	20,000
○ 수입인지	10,000
○ 양도성예금증서(취득 시 만기 90일)	20,000
○ 만기 2개월 남은 정기예금(1년 만기)	5,000
○ 당좌개설보증금	1,000

(주)한국의 20×1년 말 현금및현금성자산은?

① ₩70,000 ② ₩71,000 ③ ₩75,000
④ ₩81,000 ⑤ ₩85,000

➡ 풀이: 50,000 + 20,000 = 70,000

정답 ①

17 기말재무상태표에 현금및현금성자산으로 보고될 금액은? ('22 관세직)

○ 우표	₩4,000	○ 당좌차월	₩50,000
○ 당좌예금	₩10,000	○ 타인발생 수표	₩20,000
○ 지폐와 주화	₩12,000	○ 우편환증서	₩5,000
○ 수입인지	₩8,000	○ 환매채(취득 당시	₩40,000
○ 보통예금	₩16,000	60일 이내 환매조건)	

① ₩98,000 ② ₩103,000
③ ₩116,000 ④ ₩166,000

➡ 풀이: 현금및현금성자산 = 10,000 + 20,000 + 12,000 + 5,000 + 40,000 + 16,000 = 103,000

정답 ②

18 다음은 2013년 12월 31일 현재 (주)한국이 보유하고 있는 항목들이다. (주)한국이 2013년 12월 31일의 재무상태표에 현금및현금성 자산으로 표시할 금액은? ('14 세무직)

○ 지급기일이 도래한 공채이자표	₩5,000
○ 당좌거래개설보증금	₩3,000
○ 당좌차월	₩1,000
○ 수입인지	₩4,000
○ 선일자수표(2014년 3월 1일 이후 통용)	₩2,000
○ 지폐와 동전 합계	₩50,000
○ 2013년 12월 20일에 취득한 만기 2014년 2월 20일인 양도성예금증서	₩2,000
○ 2013년 10월 1일에 취득한 만기 2014년 3월 31일인 환매채	₩1,000

① ₩56,000 ② ₩57,000

③ ₩58,000 ④ ₩59,000

➡ 풀이: 50,000 + 5,000 + 2,000 = 57,000

정답 ②

19 (주)한국이 20×1년 말 보유하고 있는 자산이 다음과 같을 때, 20×1년 말 재무상태표에 표시될 현금및현금성자산은? ('21 주택)

○ 통화	₩1,000	○ 보통예금	₩1,500
○ 자기앞수표	₩2,000	○ 받을어음	₩500
○ 우표환증서	₩600	○ 당좌개설보증금	₩800
○ 정기예금(가입: 20×0년 3월 1일, 만기: 20×2년 2월 28일)			₩900
○ 양도성예금증서(취득: 20×1년 12월 1일, 만기: 20×2년 1월 31일)			₩1,000

① ₩4,500 ② ₩5,100 ③ ₩5,900 ④ ₩6,100 ⑤ ₩7,000

➡ 풀이: 현금및현금성자산 = 1,000 + 1,500 + 2,000 + 600 + 1,000 = 6,100

정답 ④

20 다음 자료를 이용하여 (주)대한의 20×1년말 재무상태표에 표시될 현금및현금성자산은? ('11 주택)

(1) 20×1년말 현재 통화는 ₩50,000이고, 우표는 ₩3,000이고, 만기가 2개월 남은 정기예금(3년만기)은 ₩30,000이며, 거래처에서 받은 약속어음은 ₩25,000이다.

(2) 20×1년말 현재 은행에서 발급한 당좌예금잔액증명서의 잔액은 ₩130,000이다.

(3) (주)대한이 20×1년 12월 31일에 입금한 ₩20,000이 은행에서는 20×2년 1월 4일자로 입금처리되었다.

(4) (주)대한이 발행한 수표 중에서 20×1년말 현재 은행에서 인출되지 않은 수표는 1장(no.121, ₩30,000)이다.

(5) (주)대한이 20×1년 중 발행한 수표(no.109)는 ₩10,000이었으나 회사는 이를 ₩15,000으로 기록하였다.

① ₩170,000   ② ₩173,000   ③ ₩195,000

④ ₩198,000   ⑤ ₩223,000

➡ 풀이: (1) 통화 50,000

　　　　우표 = 소모품

　　　　취득당시 만기 3년 정기예금 = 단기금융상품

　　　　약속어음 = 매출채권

　　　(2)~(4) 당좌예금 잔액

당좌예금잔액증명서	₩130,000
미기입예금	20,000
기발행미지급수표	₩(30,000)
	₩120,000

　　　(5) 회사측 오류

　　　　현금및현금성자산: 통화 50,000 + 당좌예금 120,000 = 170,000

정답 ①

21 다음은 (주)한국이 보유하고 있는 자산이다. (주)한국의 현금및현금성자산은?

('18 주택)

○통화	₩100,000
○우편환증서	10,000
○타인발행 수표	50,000
○타인발행 약속어음	60,000
○만기가 도래한 사채이자표	30,000
○취득 시 3개월 이내 만기가 도래하는 양도성예금증서	150,000

① ₩190,000   ② ₩280,000   ③ ₩290,000   ④ ₩340,000   ⑤ ₩400,000

➡ 풀이: 현금및현금성자산 = 100,000 + 10,000 + 50,000 + 30,000 + 150,000 = 340,000

　　　타인발행 약속어음은 받을어음이므로 매출채권에 해당된다.

정답 ④

22 다음 자료를 이용할 경우 재무상태표에 표시될 현금및현금성자산은?   ('17 주택)

당좌예금	₩1,000	당좌개설보증금	₩350
배당금지급통지표	455	수입인지	25
임차보증금	405	우편환증서	315
차용증서	950	타인발행수표	200

① ₩1,655   ② ₩1,970   ③ ₩2,375

④ ₩2,400   ⑤ ₩2,725

▶ 풀이: 1,000 + 455 + 315 + 200 = 1,970
당좌개설보증금은 장기금융상품이며 수입인지는 소모품이나 선급비용으로 처리한다. 임차보증금은 기타비유동자산이며 차용증서는 대여금이다.

정답 ②

23 다음 (주)한국의 20×1년 말 항목 중 재무상태표상 현금및현금성자산의 합계액은? (단, 외국환 통화에 적용될 환율은 $1=₩1,100이다)   ('19 주택)

○자기앞수표	₩10,000	○차용증서	₩6,000
○약속어음	₩15,000	○만기가 도래한 공사채이자표	₩2,000
○우편환증서	₩40,000	○외국환 통화	$10
○양도성예금증서(취득: 20×1년 10월 1일, 만기: 20×2년 1월 31일)			₩1,000

① ₩53,000   ② ₩63,000   ③ ₩64,000
④ ₩70,000   ⑤ ₩78,000

▶ 풀이: 10,000 + 2,000 + 40,000 + 10 × 1,100 = 63,000
양도성 예금증서의 경우 취득당시 만기가 4개월이므로 현금성자산에 해당하지 않는다.

정답 ②

24 (주)한국의 2018년 12월 31일 결산일 현재 다음의 현금 및 예금 등의 자료를 이용할 때, 2018년 재무상태표에 보고할 현금및현금성자산 금액은?   ('19 관세직)

○현금	₩30,000
○우편환증서	₩100,000
○우표와 수입인지	₩20,000
○은행발행 자기앞수표	₩20,000
○보통예금(사용제한 없음)	₩10,000
○정기적금(만기 2022년 1월 31일)	₩200,000
○당좌차월	₩50,000
○당좌개설보증금	₩80,000
○환매조건부 채권	₩300,000
(2018년 12월 1일 취득, 만기 2019년 1월 31일)	

① ₩360,000   ② ₩440,000
③ ₩460,000   ④ ₩660,000

▶ 풀이: 현금및현금성자산 = 30,000 + 100,000 + 20,000 + 10,000 + 300,000 = 460,000

정답 ③

25 재무상태표에 현금및현금성자산으로 표시될 금액은? ('20 세무직)

○ 수입인지	₩50,000
○ 송금수표	₩50,000
○ 선일자수표	₩50,000
○ 자기앞수표	₩100,000
○ 타인발행수표	₩100,000
○ 당좌개설보증금	₩100,000
○ 취득 당시 만기 120일인 양도성예금증서	₩100,000

① ₩400,000   ② ₩350,000

② ₩300,000   ④ ₩250,000

➡ **풀이:** 현금및현금성자산 = 송금수표 50,000 + 자기앞수표 100,000 + 타인발행수표 100,000
= 250,000

수입인지는 소모품(비)이며 선일자수표는 수취채권, 당좌개설보증금은 장기금융자산이다. 양도성예금증서는 취득 당시 만기가 90일 이내가 아니므로 현금및현금성자산이 아니다.

정답 ④

■ **현금 내부통제제도**

26 현금과 관련된 내부통제절차의 예로 적절하지 않은 것은? ('11 주택)

① 현금수취액은 지체없이 은행에 예입한다.

② 현금거래보다는 온라인송금 및 인터넷뱅킹을 이용한다.

③ 경비지출은 신용카드나 체크카드를 사용한다.

④ 현금출납장 기록업무는 현금출납담당자가 수행한다.

⑤ 주기적으로 현금시재액을 실시하고 장부와 대조한다.

정답 ④

■ **소액현금제도**

27 A아파트 관리사무소장은 7월초 유지보수팀에 소액현금제도를 도입하였다. 소액현금한도는 ₩100,000이며, 매월 말에 지출증빙과 사용내역을 받아 소액현금을 보충한다. 7월 지출내역은 교통비 ₩25,000과 회식비 ₩59,000이었다. 7월말 소액현금 실사잔액은 ₩10,000이었으며, 부족분에 대해서는 원인이 밝혀지지 않았다. 7월말 소액현금의 보충시점에서 적절한 분개는? ('11 주택)

	차 변			대 변	
①	현금	84,000		당좌예금	84,000
② {	교통비	25,000		당좌예금	84,000
	복리후생비	59,000			
③ {	교통비	25,000		당좌예금	100,000
	복리후생비	59,000			
	잡손실	16,000			
④ {	교통비	25,000		당좌예금	90,000
	복리후생비	59,000			
	잡손실	6,000			
⑤ {	현금	84,000		당좌예금	90,000
	잡손실	6,000			

➡ **풀이:** 장부상금액 100,000−25,000−59,000=16,000
실사액 10,000
∴ 잡손실 6,000

정답 ④

■ 은행계정조정표

28 강원상사는 기말에 은행계정조정표를 작성하기 위하여 다음과 같은 자료를 입수하였다. 기말 현재 강원상사의 장부상에 기록될 당좌예금의 정확한 잔액은?

('08 관세직)

○ 은행측 수정전 당좌예금잔액	₩117,300
○ 은행측 미기입예금	12,000
○ 기발행 미지급수표	6,500
○ 당좌차월이자와 은행수수료(회사측 미기록)	2,400
○ 당좌예금 ₩8,600을 은행측에서 ₩6,800으로 오류기장	

① ₩124,600　　　　　　　② ₩129,300
③ ₩122,800　　　　　　　④ ₩125,200

➡ **풀이:**

	은행측
수정전잔액	117,300
미기입예금	12,000
기발행미지급수표	(6,500)
은행측 기장오류	1,800
수정후 잔액	124,600

정답 ①

29 다음 자료를 토대로 계산한 (주)한국의 당좌예금 잔액은? ('16 관세직)

○ (주)한국의 조정 전 당좌예금 계정 잔액	₩12,200
○ 은행 예금잔액증명서 상 잔액	₩12,500
○ (주)한국에서 발행하였으나 은행에서 미인출된 수표	₩2,000
○ (주)한국에서 입금처리하였으나 은행에서 미기록된 수표	₩700
○ (주)한국에서 회계처리하지 않은 은행수수료	₩500
○ 타회사가 부담할 수수료를 (주)한국에 전가한 은행의 오류	₩200
○ (주)한국에서 회계처리하지 않은 이자비용	₩300

① ₩10,700   ② ₩11,400

③ ₩13,400   ④ ₩14,100

▶ 풀이: 회사 측 조정사항 : (미지급수수료 500), (이자비용 300)
　　　　은행 측 조정사항 (기발행 미지급 수표 2000), 미기입 예금 700, 기장오류 200
　　　　조정후 당좌예금잔액: 12,200 - 500 - 300 = 11,400

정답 ②

30 (주)한국의 20×1년 말 현재 장부상 당좌예금계정잔액은 ₩22,500으로 은행측 예금잔액증명서상 금액과 일치하지 않는 것으로 나타났다. 이들 잔액이 일치하지 않는 원인이 다음과 같을 때, 차이 조정 전 은행측 예금잔액증명서상 금액은?

('20 주택)

○ 은행 미기입 예금	₩2,000
○ 기발행 미인출 수표	5,000
○ 회사에 미통지된 입금액	3,000
○ 은행으로부터 통보받지 못한 이자수익	300
○ 은행으로부터 통보받지 못한 은행수수료	200

① ₩22,500   ② ₩23,600   ③ ₩25,600   ④ ₩28,600   ⑤ ₩30,600

▶ 풀이: 조정 전 은행잔액 = 22,500 - 2,000 + 5,000 + 3,000 + 300 - 200 = 28,600

정답 ④

31 (주)한국의 20×1년 말 현재 당좌예금 잔액은 ₩1,000이고, 은행측 잔액증명서상 잔액은 ₩1,550이다. 기말 현재 그 차이 원인이 다음과 같을 때, 올바른 당좌예금 잔액은?

('14 주택)

(1) (주)한국이 발행한 수표 ₩100이 미인출상태다.
(2) (주)한국이 거래처A로부터 받아 은행에 입금한 수표 ₩200이 부도처리 되었으나, 은행으로부터 통지받지 못하였다.

(3) 거래처B로부터 입금된 ₩300을 (주)한국은 ₩30으로 잘못 기록하였다.

(4) 거래처C에 대한 외상판매대금 ₩400을 은행이 추심하였고, 추심수수료 ₩20이 인출되었다. 그러나 (주)한국은 추심 및 추심수수료를 인식하지 못하였다.

① ₩1,070 ② ₩1,350 ③ ₩1,450

④ ₩1,570 ⑤ ₩1,650

▶ 풀이: (주)한국 조정 후 금액 = 1,000 - (2) 200 + (3) 270 + (4) 380 = 1,450
은행 조정 후 금액 = 1,550 - (1) 100 = 1,450

정답 ③

32 (주)한국의 2011년 12월 31일 현재 당좌예금계정잔액은 ₩200,000이고, 은행의 잔액증명서상 잔액은 ₩150,000으로 그 차이의 원인은 다음과 같다.

('11 관세직)

o 12월 31일 회사는 현금 ₩150,000을 당좌예입하였으나, 은행에서는 입금처리되지 않았다.

o 12월 10일 발행된 수표 중 지급제시되지 않은 수표 ₩50,000이 있다.

o 12월 30일 거래처인 (주)충정이 ₩200,000을 (주)한국의 당좌예금계좌에 입금하였으나, 회사에는 통보되지 않았다.

o 12월 31일 은행은 차입금에 대한 이자 ₩50,000을 회사의 당좌예금계좌에서 차감하였지만 회사는 이에 대한 회계처리를 하지 않았다.

o 12월 25일 외상매출금을 회수하여 당좌예입한 수표 ₩100,000을 ₩150,000으로 기록하였다.

o 12월 27일 비품을 처분한 대가로 받은 수표 ₩50,000을 당좌예입하였으나 부도처리되었다.

2011년 12월 31일 현재 재무상태표에 보고되어야 할 정확한 당좌예금잔액은?

① ₩150,000 ② ₩200,000

③ ₩250,000 ④ ₩300,000

▶ 풀이:

	회사측 잔액	은행측 잔액
수정전금액	200,000	150,000
미기입예금		150,000
기발행미지급수표		(50,000)
미통지입금액	200,000	
이자비용	(50,000)	
회사측기장오류	(50,000)	
부도수표	(50,000)	
수정후금액	250,000	250,000

정답 ③

33 (주)한국의 당좌예금에 대한 다음의 자료를 이용하여 계산한 2012년 12월 말의 정확한 당좌예금 잔액은? ('12 세무직)

> ○ 2012년 12월 31일 (주)한국의 당좌예금계정 잔액은 ₩920,000이다.
> ○ 은행계정명세상의 2012년 12월 31일 잔액은 ₩1,360,000이다.
> ○ 은행계정명세서와 (주)한국의 장부를 비교해 본 결과 다음과 같은 사실을 발견했다.
>   - ₩60,000의 부도수표를 (주)한국은 발견하지 못했다.
>   - 은행에서 이자비용으로 ₩5,000을 차감하였다.
>   - 기발행미결제수표가 ₩520,000 있다.
> ○ 마감시간이 경과한 후 은행에 전달하여 미기록된 예금은 ₩240,000이다.
> ○ 자동이체를 시켜놓은 임차료가 ₩185,000 차감되었는데 (주)한국은 알지 못했다.
> ○ 은행에서 (주)서울에 입금시킬 돈 ₩410,000을 (주)한국에 입금하였는데 (주)한국은 알지 못했다.

① ₩670,000　　　　　　　　　　② ₩680,000
③ ₩690,000　　　　　　　　　　④ ₩700,000

▶ 풀이:

	회사측 잔액	은행측 잔액
수정전금액	920,000	1,360,000
부도수표	(60,000)	
이자비용	(5,000)	
기발행미지급수표		(520,000)
미기입예금		240,000
회사측기장오류	(185,000)	
은행측기장오류		(410,000)
수정후금액	670,000	670,000

정답 ①

34 20×1년 말 현재 (주)한국의 장부상 당좌예금 잔액은 ₩84,500으로 은행측 잔액증명서상 잔액과 차이가 있다. 차이가 나는 원인이 다음과 같을 때, 차이를 조정한 후의 올바른 당좌예금 잔액은? ('21 주택)

> ○ 거래처에서 송금한 ₩5,600이 은행에 입금 처리되었으나, 기말 현재 은행으로부터 통보받지 못했다.
> ○ 발생한 수표 중 ₩11,000이 기말 현재 은행에서 인출되지 않았다.
> ○ 거래처로부터 받아 예입한 수표 ₩5,000이 부도처리 되었으나, 기말 현재 은행으로부터 통보받지 못했다.
> ○ 회사에서 입금 처리하였으나, 기말 현재 은행측에 미기입된 예금은 ₩12,300이다.

① ₩72,900　② ₩79,100　③ ₩83,900　④ ₩85,100　⑤ ₩86,400

▶ 풀이: 당좌예금 = 84,500 + 5,600 - 5,000 = 85,100

정답 ④

35 다음은 (주)제주의 2008년 12월 31일 현재의 은행계정조정표를 작성하기 위한 자료이다. 수정 후의 올바른 당좌예금계정 잔액은? ('09 세무직)

회사의 2008년 말의 수정 전 당좌예금 계정잔액	₩100,000
은행의 2008년 말의 수정 전 당좌예금 계정잔액	₩125,000
2008년 12월 중 은행측 미기입예금	₩50,000
2008년 12월 말 현재 기발행 미지급수표	₩80,000
2008년 12월 중 당좌차월이자(회사측 미기입)	₩5,000

① ₩95,000　　　　　　　　　② ₩125,000

③ ₩100,000　　　　　　　　 ④ ₩112,500

▶ 풀이:

	회사측 잔액	은행측 잔액
수정전잔액	100,000	125,000
미기입예금		50,000
기발행미지급수표		(80,000)
이자비용	(5,000)	
	95,000	95,000

정답 ①

36 (주)한국은 20×1년 6월 말 주거래 A은행 측 당좌예금 잔액 ₩13,000이 당사의 당좌예금 장부 잔액과 일치하지 않는 것을 확인하였다. 다음과 같은 차이를 조정한 후 (주)한국과 A은행의 당좌예금 잔액은 ₩12,000으로 일치하였다. (주)한국의 수정 전 당좌예금 잔액은? ('21 지방직)

- A은행이 (주)한국의 당좌예금에서 ₩3,000을 잘못 출금하였다.
- A은행이 (주)한국의 받을어음을 추심하고 ₩3,000을 당좌예금에 입금하였으나, (주)한국은 이를 모르고 있었다.
- (주)한국이 기발행한 ₩4,000의 수표가 A은행에 아직 제시되지 않았다.
- (주)한국이 ₩3,000의 수표를 발행하면서 장부에는 ₩8,000으로 잘못 기장하였다.
- (주)한국이 20×1년 6월 12일에 입금한 ₩1,000의 수표가 부도로 판명되었으나, (주)한국은 이를 모르고 있었다.

① ₩5,000　　　　　　　　　② ₩8,000

③ ₩9,000　　　　　　　　　④ ₩10,000

▶ 풀이: 수정 전 회사측 잔액 = 12,000 - 3,000 - (8,000 - 3,000) + 1,000 = 5,000

정답 ①

37 (주)한국의 20×1년 6월 말 장부상 당좌예금은 ₩62,000이며 은행에서 발행한 당좌예금잔액증명서의 금액은 ₩66,000이다. 이 둘 차이의 원인을 확인한 결과 다음과 같은 사항을 발견하였다. (주)한국의 20×1년 6월 말 올바른 당좌예금은?

('12 주택)

○ (주)한국이 발행하여 지급한 당좌수표 중 은행에서 인출되지 않은 금액 ₩4,800
○ 거래처에서 은행으로 직접 입금한 금액 중 (주)한국이 기록하지 않은 금액 ₩3,200
○ 영업시간 이후 (주)한국이 입금한 금액 중 은행이 기록하지 않은 금액 ₩2,200
○ (주)한국이 당좌수표 ₩6,400을 발행하면서 장부에 ₩4,600으로 기록

① ₩61,600   ② ₩62,400
③ ₩63,000   ④ ₩63,400
⑤ ₩65,200

▶ 풀이:

	회사측 잔액	은행측 잔액
	₩62,000	₩66,000
기발행미지급수표		(4,800)
미통지입금	3,200	
미기입예금		2,200
회사측기장오류	(1,800)	
	₩63,400	₩63,400

정답 ④

38 (주)한국의 20×6년 12월 31일에 당좌예금 장부상 잔액이 ₩37,500이었고, 당좌예금과 관련된 다음의 사건이 확인되었다면, (주)한국이 거래은행에서 받은 20×6년 12월 31일자 예금잔액증명서상 당좌예금 잔액은?

('18 지방직)

ㄱ. (주)한국의 거래처에서 매출대금 ₩15,000을 은행으로 입금하였으나, (주)한국은 이 사실을 알지 못했다.
ㄴ. 은행은 당좌거래 관련 수수료 ₩2,000을 (주)한국의 예금계좌에서 차감하였다.
ㄷ. 은행 측 잔액증명서에는 반영되어 있으나 (주)한국의 장부에 반영되지 않은 다른 예금에 대한 이자수익이 ₩5,000 있다.
ㄹ. 은행 측 잔액증명서에는 반영되어 있으나 (주)한국의 장부에 반영되지 않은 부도수표가 ₩6,000 있다.
ㅁ. (주)한국은 은행에 ₩47,000을 예금하면서 ₩74,000으로 잘못 기록하였으나, 은행계좌에는 47,000으로 올바로 기록되어 있다.

① ₩22,500   ② ₩24,500
③ ₩34,500   ④ ₩76,500

▶ 풀이: 잔액 = 37,500 + 15,000 - 2,000 + 5,000 - 6,000 - (74,000 - 47,000) = 22,500

정답 ①

39 (주)한국은 20×1년 12월 말 결산 시 당좌예금잔액을 조회한 결과 은행으로부터 ₩13,500이라는 통보를 받았다. 은행과 회사측 장부금액과 차이는 다음과 같다.

('13 주택)

은행측 미기입예금	₩2,560
미결제수표	4,050
미통지출금(차입금이자)	570
발행한 수표 ₩1,560을 회사장부에 ₩1,650으로 잘못기록함	

20×1년 12월 말 은행계정조정 전 (주)한국의 당좌예금 계정의 장부금액은?

① ₩8,700   ② ₩11,260   ③ ₩12,490

④ ₩14,160   ⑤ ₩15,310

▶ **풀이:** 은행 측 조정후금액: 은행 측 잔액 13,500 + 미기입 예금 2,560 − 기발행 미지급수표 4,050 = 12,010
조정전 한국 장부금액 x − 미통지출금 570 + 기장오류 90 = 12,010
x = 12,490

정답 ③

40 (주)통일은 2006년 12월 31일자로 당좌예금에 대한 은행계정조정표를 작성하려고 한다. 다음 자료를 이용하여 이 회사의 조정전 장부상 당좌예금 잔액을 계산하면 얼마인가?

('07 세무직)

(1) 은행예금잔액증명서상의 잔액	₩30,000
(2) 은행의 예금잔액증명서에는 반영되어 있으나 (주)통일의 장부에 반영되지 않은 금액	
○ 예금이자수입	₩2,000
○ 부도수표	₩14,000
(3) (주)통일이 원재료구입대금으로 수표를 지급했으나 2006년 12월 31일 현재 은행에서 출금되지 아니한 금액	₩5,000
(4) (주)통일이 2006년 12월 31일 은행에 입금하였으나 은행에서 2007년 1월 2일 입금처리된 금액	₩15,000

① ₩52,000   ② ₩50,000

③ ₩47,000   ④ ₩35,000

▶ **풀이:**

	회사측 잔액	은행측 잔액
조정전	₩52,000	₩30,000
이자수익	2,000	
부도수표	(14,000)	
기발행미지급수표		(5,000)
미기입예금		15,000
	₩40,000	₩40,000

정답 ①

41 다음의 자료를 이용한 20×3년 6월 30일 조정 전 은행측 잔액증명서상의 금액은? ('14 지방직)

> (1) 20×3년 6월 30일 조정 전 회사측 당좌예금 잔액 ₩200,000
> (2) 은행측 잔액증명서상의 회사측 잔액과의 차이를 나타내는 원인
>   – 은행예금 이자   ₩15,000
>   – 회사발행미지급수표   ₩100,000
>   – 어음추심수수료   ₩1,000
>   – 회사에 미통지 된 예금   ₩120,000

① ₩234,000   ② ₩334,000
③ ₩384,000   ④ ₩434,000

▶ 풀이: 회사 측 조정후 잔액 200,000 - 1,000 + 15,000 + 120,000 = 334,000
　　　　은행 측 조정전 잔액 x - 100,000 = 334,000, x = 434,000

정답 ④

42 (주)한국은 20×1년 말 은행계정조정을 위하여 거래은행인 S은행에 당좌예금잔액을 조회한 결과 회사측 잔액과 다른 ₩250,000이라는 회신을 받았다. (주)한국은 조사결과 다음과 같은 사실들을 발견하였다.

> 가. 회사가 20×1년 12월 31일에 입금한 ₩20,000을 은행은 20×2년 1월 4일에 입금처리하였다.
> 나. 회사가 20×1년에 발행한 수표 중 12월 말 현재 은행에서 아직 인출되지 않은 금액은 ₩40,000이다.
> 다. 회사가 20×1년 12월 중 은행에 입금한 수표 ₩50,000이 부도 처리되었으나 12월 말 현재 회사에는 통보되지 않았다.

은행계정조정 전 20×1년 말 (주)한국의 당좌예금 장부금액은? ('10 주택)

① ₩200,000   ② ₩220,000   ③ ₩240,000
④ ₩260,000   ⑤ ₩280,000

▶ 풀이:

	회사측 잔액	은행측 잔액
	₩280,000	₩250,000
미기입예금		20,000
기발행미지급수표		(40,000)
부도수표	(50,000)	
	₩230,000	₩230,000

정답 ⑤

43 다음은 (주)대한의 2010년 12월 31일 현재 은행계정조정표를 작성하기 위한 자료이다. 은행에서 보내온 2010년 12월 31일 현재 수정전 예금잔액증명서상의 잔액이 ₩30,000일 경우, (주)대한의 2010년 12월 31일 현재 수정전 당좌예금계정 잔액은? *('11 지방직)*

> ○ 2010년 12월 중 (주)대한에서 기발행되었으나, 기말 현재 은행에서 미인출된 수표는 ₩8,000이다.
> ○ 2010년 12월 31일 현재 은행의 예금잔액증명서에 반영된 부도수표 ₩9,000이 (주)대한의 당좌예금계정에는 반영되지 않았다.
> ○ (주)대한이 2010년 12월 31일 입금했으나, 은행에서는 2011년 1월 3일 입금처리된 금액은 ₩6,000이다.
> ○ 2010년 12월 말까지 (주)대한에 통보되지 않은 매출채권 추심액은 ₩12,000이다.

① ₩13,000   ② ₩25,000
③ ₩28,000   ④ ₩41,000

➡ 풀이:

	회사측 잔액	은행측 잔액
	?	₩30,000
기발행미지급수표		(8,000)
부도수표	(9,000)	
미기입예금		6,000
미통지입금	12,000	
	₩28,000	₩28,000

정답 ②

44 20×1년 12월 31일 (주)대한의 자금담당직원이 잠적하였다. 20×1년 12월 31일 현재 (주)대한의 총계정원장상 당좌예금 잔액은 ₩1,480,000이고, 거래은행에서 수령한 예금잔액증명서상 당좌예금 잔액은 ₩1,700,000이다. 발견된 차이원인은 다음과 같다. 자금담당직원이 횡령한 것으로 추정되는 금액은? *('15 주택)*

> ○ (주)대한이 입금한 ₩30,000이 예금잔액증명서에 반영되지 않았다.
> ○ (주)대한이 발행한 수표 ₩100,000이 인출되지 않았다.
> ○ 거래처가 은행이 직접 입금한 ₩50,000이 회사에 통지되지 않았다.

① ₩100,000   ② ₩120,000   ③ ₩150,000
④ ₩200,000   ⑤ ₩220,000

➡ 풀이: 은행 측 조정 전 금액 1,700,000 + 30,000 - 100,000 = 조정 후 금액 1,630,000
        회사 측 조정 전 금액 + 50,000 = 1,630,000
        횡령액 추정액 = 1,580,000 - 1,480,000 = 100,000

정답 ①

45 (주)한국은 20×1년 12월 31일 직원이 회사자금을 횡령한 사실을 확인하였다. 12월 31일 현재 회사 장부상 당좌예금 잔액은 ₩65,000이었으며, 거래은행으로부터 확인한 당좌예금 잔액은 ₩56,000이다. 회사측 잔액과 은행측 잔액이 차이가 나는 이유가 다음과 같을 때, 직원이 회사에서 횡령한 것으로 추정되는 금액은? ('19 주택)

○ 은행 미기입 예금	₩4,500
○ 기발행 미인출 수표	₩5,200
○ 회사에 미통지된 입금액	₩2,200
○ 은행으로부터 통보받지 못한 은행수수료	₩1,500
○ 발행한 수표 ₩2,000을 회사장부에 ₩2,500으로 기록하였음을 확인함	

① ₩9,000　　　　② ₩9,700　　　　③ ₩10,400
④ ₩10,900　　　　⑤ ₩31,700

▶ 풀이: 은행측 잔액 = 56,000 + 4,500 - 5,200 = 55,300
　　　　55,300 = 65,000 + 2,200 - 1,500 + 500 - 횡령한 금액
　　　　횡령한 금액 = 10,900

정답 ④

46 (주)대한의 2016년 말 현재 은행계정조정표와 관련된 자료는 다음과 같다. 은행측은 기발행미인출수표가 누락되었음을 확인하였다. 기발행미인출수표 금액은? ('17 지방직)

○ 은행의 예금잔액증명서상 금액: ₩20,000
○ (주)대한의 장부상 금액: ₩17,000
○ 은행의 예금잔액증명서에는 반영되어 있으나 (주)대한의 장부에 반영되지 않은 금액
- 예금이자: ₩1,000
- 부도수표: ₩2,000
○ 은행은 (주)민국의 발행수표 ₩6,000을 (주)대한의 발행수표로 착각하여 (주)대한의 당좌예금계좌에서 인출하여 지급하였다.

① ₩16,000　　　　　　　② ₩14,000
③ ₩12,000　　　　　　　④ ₩10,000

▶ 풀이: 올바른 기말 잔액 = 17,000 + 1,000 - 2,000 = 16,000
　　　　기발행미지급수표 = 20,000 + 6,000 - 16,000 = 10,000

정답 ④

47 20×1년 말 현재 (주)한국의 장부상 당좌예금 잔액은 ₩11,800이며, 은행측 잔액증명서상 잔액은 ₩12,800이다. 은행계정조정표 작성과 관련된 자료가 다음과 같다면, 은행측 미기입예금은? ('16 주택)

> ○ 거래처에서 송금한 ₩1,500이 은행에 입금 처리되었으나 아직 은행으로부터 통보 받지 못했다.
> ○ 은행이 부과한 은행수수료 ₩200이 아직 회사 장부에 미정리된 상태이다.
> ○ 발행한 수표 중 ₩1,100이 아직 은행에서 인출되지 않았다.
> ○ 거래처로부터 받아 예입한 수표 ₩600이 부도처리되었으나 은행으로부터 통보받지 못했다.
> ○ 나머지 잔액 차이는 모두 은행측 미기입예금에 의한 것으로 확인되었다.

① ₩300   ② ₩400   ③ ₩600
④ ₩800   ⑤ ₩1,000

▶ 풀이: 올바른 잔액 = 11,800 + 1,500 - 200 - 600 = 12,500
은행측 미기입예금 = 12,800 - 1,100 - 12,500 = 800

정답 ④

■ 대손상각비와 대손충당금

48 매출채권의 대손 회계처리 중 옳지 않은 것은? ('09 관세직)
① 기말 현재 대손충당금 잔액이 없는 상태에서 매출채권 ₩1,000이 대손 추정되는 경우
  (차) 대손상각비 ₩1,000   (대) 대손충당금 ₩1,000
② 대손충당금 잔액이 ₩2,000인 상태에서 매출채권 ₩1,000이 회수 불가능한 것으로 확정된 경우
  (차) 대손충당금 ₩1,000   (대) 매 출 채 권 ₩1,000
③ 대손충당금 잔액이 ₩500인 상태에서 매출채권 ₩1,000이 회수 불가능한 것으로 확정된 경우
  (차) { 대손충당금 ₩500
        대손상각비   500   (대) 매 출 채 권 ₩1,000
④ 대손으로 확정된 ₩1,000의 매출채권 가운데 ₩500을 현금으로 회수한 경우
  (차) 현   금 ₩500   (대) 매 출 채 권 ₩500

▶ 풀이: (차) 현금 ₩500   (대) 대손충당금   ₩500

정답 ④

49 (주)한국은 결산시 외상매출채권 잔액 ₩580,000의 회수가능성을 검토한 결과 ₩30,000은 회수가 불가능한 것으로 판명되어 대손처리하기로 하였으며, 회수가 불확실한 채권은 ₩80,000으로 추산되었다. 대손충당금 기초잔액은 ₩50,000 이었다. 아래의 설명 중 옳지 않은 것은? ('07 세무직)

① 결산 후 재무상태표상 대손충당금은 ₩80,000이다.
② 결산 후 손익계산서상 대손상각비는 ₩60,000이다.
③ 회수불가능 채권에 대한 분개는 (차)대손상각비 ₩30,000 (대)대손충당금 ₩30,000이다.
④ 결산 후 재무상태표상 매출채권 순액은 ₩470,000이다.

➡ **풀이:**

대손확정	(차) 대손충당금	30,000	(대) 매출채권	30,000
대손예상	(차) 대손상각비	60,000	(대) 대손충당금	60,000

정답 ③

50 (주)한국의 20×1년 중 발생한 거래 및 20×1년 말 손상차손 추정과 관련된 자료는 다음과 같다. (주)한국의 20×1년도 포괄손익계산서상 매출채권에 대한 손상차손이 ₩35,000일 때, 20×1년 초 매출채권에 대한 손실충당금은 ('21 주택)

> ○ 20×1년 6월 9일: 당기 외상매출한 매출채권 ₩8,900이 회수불능으로 확정되어 제거되었다.
> ○ 20×1년 7월 13일: 전기에 손실충당금으로 손상처리한 매출채권 ₩1,000이 회수되었다.
> ○ 20×1년 12월 31일: 기말 매출채권 전체에 대한 기대신용손실액은 ₩30,000이다.

① ₩10,000   ② ₩1,900   ③ ₩2,900   ④ ₩3,900   ⑤ ₩5,000

➡ **풀이:** 기초 손실충당금 = 30,000 + 8,900 - 1,000 - 35,000 = 2,900

정답 ③

51 (주)대한은 상품의 취득원가에 30%의 이익을 가산하여 외상으로 판매하며, 신용기간이 경과한 후 현금으로 회수하고 있다. 기초대손충당금 잔액이 ₩40,000이며 당기 중 ₩25,000의 손상차손이 발생하였다, 기말 매출채권잔액의 손상차손 검사 결과, 매출채권중 ₩48,000의 자산손상이 발생할 객관적 증거가 존재하는 경우의 적절한 기말 회계처리는? ('14 지방직)

① (차) 대손상각비(손상차손) 58,000   (대) 대손충당금 58,000
② (차) 대손상각비(손상차손) 48,000   (대) 대손충당금 48,000
③ (차) 대손상각비(손상차손) 33,000   (대) 대손충당금 33,000
④ (차) 대손상각비(손상차손) 25,000   (대) 대손충당금 25,000

➡ **풀이:** 설정 전 대손충당금 잔액 = 40,000 - 25,000 = 15,000
추가설정 금액 = 48,000 - 15,000 = 33,000

정답 ③

52 (주)한국의 20×1년 초 매출채권에 대한 손실충당금은 ₩5,000이다. 매출채권과 관련된 자료가 다음과 같을 때, 20×1년도에 인식할 손상차손은? ('20 주택)

> ○ 20×1년 3월 2일 당기 외상매출한 ₩7,500의 매출채권이 회수불가능한 것으로 판명되었다.
> ○ 20×1년 6월 3일 전기에 손실충당금으로 손상처리한 매출채권 ₩1,000이 회수되었다.
> ○ 20×1년 12월 31일 기말수정분개 전 매출채권 잔액은 ₩201,250이며, 매출채권 잔액의 미래현금흐름을 개별적으로 분석한 결과 ₩36,000의 손상이 발생할 것으로 예상되었다.

① ₩30,500 ② ₩31,000 ③ ₩35,000 ④ ₩36,500 ⑤ ₩37,500

▶ **풀이:** 손상차손(대손상각비) = 36,000 − (5,000 − 7,500 + 1,000) = 37,500

정답 ⑤

53 (주)한국의 전기 말 외상매출금과 대손충당금은 각각 ₩35,000과 ₩2,500이다. 당기 매출액은 ₩82,000(전액 외상)이며, 외상매출금 회수액은 ₩89,000이다. (주)한국이 외상매출금 기말잔액의 10%를 대손충당금으로 설정할 경우, 당기의 대손상각비는? ('13 주택)

① ₩100 ② ₩200 ③ ₩300
④ ₩2,500 ⑤ ₩2,800

▶ **풀이:** [외상매출금 계정] 기초 35,000 + 매출 82,000 = 회수89,000 + 기말 28,000
[대손충당금 계정] 대손 0 + 기말 2,800 = 기초 2,500 + 회수 0 + 대손 상각비 300

정답 ③

54 (주)갑은 고객에게 30일을 신용기간으로 외상매출을 하고 있고, 연령분석법을 사용하여 기대신용손실을 산정하고 있다. 20×9년 12월 31일 매출채권에 관한 정보는 다음과 같다. 20×9년 12월 31일 현재 수정전시산표상의 대손충당금잔액이 ₩450,000일 경우 기말에 계상할 대손상각비는? ('10 관세직 수정)

경과기간	매출채권 금액	기대신용손실률
신용기간 이내	₩2,000,000	5%
31일 ~ 60일 연체	₩1,500,000	10%
61일 ~ 180일 연체	₩1,000,000	30%
181일 이상 연체	₩500,000	50%

① ₩350,000 ② ₩450,000
③ ₩800,000 ④ ₩1,250,000

▶ **풀이:** 기대신용손실액 = (2,000,000 × 0.05) + (1,500,000 × 0.1) + (1,000,000 × 0.3) + (500,000 × 0.5) = 800,000

기말에 계상할 대손상각비 = 800,000 − 450,000 = 350,000

정답 ①

55 (주)대한은 매출채권의 손상차손 인식과 관련하여 대손상각비와 대손충당금 계정을 사용한다. 20×1년 초 매출채권과 대손충당금은 각각 ₩2,000,000과 ₩100,000이었다. 다음은 20×1년 말 손상차손 추정과 관련한 자료이다. 20×1년의 대손상각비는? ('15 주택)

> ○ 20×1년 2월 거래처 파산 등의 사유로 대손 확정된 금액이 ₩200,000이다.
> ○ 2월에 제거된 상기 매출채권 중 ₩80,000을 8월에 현금으로 회수하였다.
> ○ 20×1년 말 매출채권 잔액 ₩3,300,000의 3%를 대손충당금으로 설정한다.

① ₩99,000   ② ₩105,000   ③ ₩119,000
④ ₩199,000   ⑤ ₩204,000

▶ 풀이: [대손충당금 계정] 기초 100,000 + 회수 80,000 + 대손상각비 x
        = 대손확정액 200,000 + 기말 99,000

정답 ③

56 (주)한국의 매출채권과 그에 대한 미래현금흐름 추정액은 다음과 같다. 충당금설정법을 사용할 경우, 기말에 인식하여야 하는 대손상각비는?(단, 할인효과가 중요하지 않은 단기매출채권이며, 기중 대손충당금의 변동은 없다) ('16 지방직)

	기초	기말
매출채권	₩26,000	₩30,000
추정 미래현금흐름	₩24,500	₩26,500

① ₩2,000   ② ₩3,000
③ ₩4,000   ④ ₩5,000

▶ 풀이: 기초 대손충당금 = 26,000 − 24,500 = 1,500
     기말 대손충당금 = 30,000 − 26,500 = 3,500
     기말 인식 대손상각비 = 3,500 − 1,500 = 2,000

정답 ①

57 (주)한국은 고객에게 60일을 신용기간으로 외상매출을 하고 있으며, 연령분석법을 사용하여 기대신용손실을 산정하고 있다. 2017년 말 현재 (주)한국은 매출채권의 기대신용손실을 산정하기 위해 다음과 같은 충당금설정률표를 작성하였다. 2017년 말 매출채권에 대한 손실충당금(대손충당금) 대변잔액 ₩20,000이 있을 때, 결산시 인식할 손상차손(대손상각비)은? ('18 관세직)

구 분	매출채권금액	기대신용손실률
신용기간 이내	₩1,000,000	1.0%
1~30일 연체	₩400,000	4.0%
31~60일 연체	₩200,000	20.0%
60일 초과 연체	₩100,000	30.0%

① ₩96,000   ② ₩86,000

③ ₩76,000   ④ ₩66,000

▶ 풀이: 기대신용손실 = 1,000,000 × 1% + 400,000 × 4% + 200,000 × 20% + 100,000 × 30%
= 96,000

대손상각비 = 96,000 − 20,000 = 76,000

정답 ③

58 (주)한국의 20×1년 말 손상평가 전 매출채권의 총 장부금액은 ₩220,000이고, 손실충당금 잔액은 ₩5,000이다. (주)한국이 20×1년 말에 인식해야 할 손상차손(환입)은? (단, 기대신용손실을 산정하기 위해 다음의 충당금 설정률표를 이용한다)   ('18 주택)

연체기간	총 장부금액	기대신용손실률
연체되지 않음	₩100,000	0.3%
1일~30일	65,000	1%
31일~60일	30,000	5%
61일~90일	20,000	7%
91일 이상	50,000	10%
합계	₩220,000	

① 손상차손 ₩650   ② 손상차손 ₩4,350   ③ 손상차손환입 ₩650

④ 손상차손환입 ₩950   ⑤ 손상차손환입 ₩4,350

▶ 풀이: 기대신용손실 = 100,000 × 0.3% + 65,000 × 1% + 30,000 × 5% + 20,000 × 7%
+ 5,000 × 10%

손상차손환입 = 5,000 − 4,350 = 650

정답 ③

59 (주)서울의 2005년도 말의 회계자료와 2006년도에 발생한 대손에 관련되는 거래는 다음과 같다.   ('07 세무직)

> ○ 2005년 12월 31일 재무상태표상 매출채권은 ₩4,500,000이며, 대손충당금은 ₩60,000 이다.
> ○ 2006년 3월1일 (주)동해의 파산으로 인하여 동 회사에 대한 매출채권 ₩330,000을 대손처리하였다.
> ○ 2006년 12월 31일 현재의 매출채권잔액은 ₩6,000,000을 평가한 결과, 회수 가능성이 매우 불확실한 매출채권이 ₩165,000으로 추정되었다.

(주)서울의 2006년도의 손익계산서에 보고될 대손상각비는 얼마인가?

① ₩270,000   ② ₩330,000

③ ₩435,000   ④ ₩495,000

▶ 풀이: 2006.3.1   (차) 대손충당금 60,000   (대) 매출채권 330,000
대손상각비 270,000

> 2006.12.31   (차) 대손상각비 165,000   (대) 대손충당금 165,000
> ∴대손상각비 = 270,000 + 165,000

정답 ③

60 (주)한국의 당기 매출채권 손실충당금 기초잔액은 ₩50,000이고 기말잔액은 ₩80,000이다. 기중 매출채권 ₩70,000이 회수불능으로 확정되어 제거되었으나 그중 ₩40,000이 현금으로 회수되었다. 당기 포괄손익계산서상 매출채권 손상차손은? ('19 주택)

① ₩40,000   ② ₩50,000   ③ ₩60,000   ④ ₩70,000   ⑤ ₩80,000

▶ 풀이: (차) 대손충당금   50,000   (대) 매출채권   70,000
　　　　　　 대손상각비   20,000
　　　　 (차) 현금   40,000   (대) 대손충당금   40,000
　　　　 (차) 대손상각비   40,000   (대) 대손충당금   40,000

정답 ③

61 당기 포괄손익계산서상 대손상각비가 ₩70일 때, 기중 실제 대손으로 확정된 금액은? (단, 대손확정은 손상발생의 객관적인 증거가 파악되었으며, 기중 현금으로 회수된 회수불능 매출채권은 없다) ('17 주택)

구 분	기 초	기 말
매출채권	₩15,000	₩10,000
대손충당금	150	100

① ₩120   ② ₩150   ③ ₩220   ④ ₩250   ⑤ ₩270

▶ 풀이: 당기 대손상각비가 70이므로 대손상각비를 기준으로 대손으로 확정된 금액을 계산할 수 있다.
　　　　 70 = -기초 환입 150 + 대손 확정 금액 + 기말 인식 100
　　　　 대손 확정 금액 = 120

정답 ①

62 (주)한국은 회수불능채권에 대하여 대손충당금을 설정하고 있으며 기말 매출채권 잔액의 1%가 회수 불가능할 것으로 추정하고 있다. 다음 자료를 이용하여 (주)한국이 20×2년 포괄손익계산서에 인식할 대손상각비는? ('21 지방직)

○ 매출채권, 대손충당금 장부상 자료

구분	20×1년 말	20×2년 말
매출채권	₩900,000	₩1,000,000
대손충당금	9,000	?

○ 20×2 년 중 매출채권 대손 및 회수 거래
- 1월 10일: (주)대한의 매출채권 ₩5,000이 회수불가능한 것으로 판명
- 3월 10일: (주)민국의 매출채권 ₩2,000이 회수불가능한 것으로 판면
- 6월 10일: 1월 10일에 대손처리되었던 (주)대한의 매출채권 ₩1,500 회수

① ₩1,000   ② ₩6,500

③ ₩8,000   ④ ₩10,000

➡ **풀이:** 대손상각비 = 1,000,000 × 1% − (9,000 − 5,000 − 2,000 + 1,500) = 6,500

정답 ②

63 (주)한국은 모든 매출이 외상으로 발생하는 회사이다. 당기 총매출액은 ₩800,000이며, 매출채권으로부터 회수한 현금유입액은 ₩600,000이다. 다음의 당기 매출채권 관련 자료를 사용하여 (주)한국이 인식할 당기 손상차손(대손상각비)은?

('21 세무직)

	기초	기말
매출채권	₩500,000	₩450,000
손실충당금(대손충당금)	₩50,000	₩50,000

① ₩250,000   ② ₩350,000

③ ₩450,000   ④ ₩550,000

➡ **풀이:** 대손상각비 = 500,000 + 800,000 − 600,000 − 450,000 = 250,000

정답 ①

64 (주)ABC는 당기에 대손처리했던 매출채권 ₩90,000을 당기에 다시 현금으로 회수하였다. 상각된 매출채권의 회수와 관련하여 가장 옳은 분개는?(단, 대손처리 당시의 대손충당금계정 잔액은 ₩30,000이었다)

('08 관세직)

① (차) 현   금 ₩90,000   (대) 대손상각비 ₩90,000

② (차) 현   금 ₩90,000   (대) { 대손충당금 ₩60,000
                                        대손상각비   30,000

③ (차) 현   금 ₩90,000   (대) { 대손충당금 ₩30,000
                                        대손상각비   60,000

④ (차) 현   금 ₩90,000   (대) 매 출 채 권 ₩90,000

정답 ③

■ **매출채권**

65 다음의 자료를 이용하여 계산한 (주)한국의 당기 외상매출금액은?(단, (주)한국의 매출은 전액 외상매출이다)

('12 세무직)

	기초가액	기말가액
매출채권	₩493,000	₩490,540
대손충당금	₩24,650	₩24,530
손익계산서 상 대손상각비 계상액: ₩23,400		
매출로부터의 현금유입액: ₩450,000		

① ₩447,540   ② ₩397,540

③ ₩471,060   ④ ₩421,060

▶ 풀이:

대손충당금

매출채권(대손발생)	23,520	기초	24,650
기말	24,530	대손상각비	23,400
	48,050		48,050

매출채권

기초	493,000	회수액	450,000
당기매출	471,060	대손충당금(대손발생)	23,520
		기말	490,540
	964,060		964,060

정답 ③

66 다음의 자료를 사용하여 계산된 기말매출채권은?(단, 기초 및 기말대손충당금은 없다.) ('12 주택)

기초재고자산	₩66,000
기말재고자산	72,000
매입액	120,000
기초매출채권	48,000
매출채권 회수액	156,000
대손확정액	2,000
현금매출액	36,000
매출총이익	50,000

① ₩18,000   ② ₩20,000

③ ₩114,000   ④ ₩128,000

⑤ ₩164,000

▶ 풀이:

재고자산

기초재고	66,000	매출원가	114,000
당기매입	120,000	기말재고	72,000
	186,000		186,000

매출채권

기초	48,000	회수액	156,000
외상매출	128,000	대손	2,000
		기말	?
	176,000		176,000

총매출액 = 매출원가 + 매출총이익 = 114,000 + 50,000 = 164,000

당기발생외상매출액 = 총매출액 − 현금매출액 = 164,000 − 36,000 = 128,000
기말매출채권 = 176,000 − 158,000 = 18,000

정답 ①

67 당기 매출액은 ₩300,000이고 대손상각비는 ₩20,000이다. 매출채권과 대손충당금의 기초 및 기말 자료가 다음과 같을 때, 고객으로부터 유입된 현금은?(단, 매출은 모두 외상매출로만 이루어진다) ('16 지방직)

	기초	기말
매출채권	₩300,000	₩500,000
대손충당금	₩20,000	₩20,000

① ₩80,000　　　　　　② ₩100,000
③ ₩200,000　　　　　　④ ₩280,000

▶ 풀이:

대손충당금

매출채권(대손발생)	20,000	기초	20,000
기말	20,000	대손상각비	20,000
	40,000		40,000

매출채권

기초	300,000	현금회수	80,000
당기매출	300,000	대손충당금(대손발생)	20,000
		기말	500,000
	600,000		600,000

정답 ①

68 다음 자료를 이용하여 당기말의 대손충당금 차감 전 매출채권을 계산하면?

('09 지방직)

○ 전기이월 대손충당금잔액	₩400,000
○ 전기이월 대손충당금액잔액 중 당기상각액	₩300,000
○ 당기 결산시 계상한 대손상각비	₩500,000
○ 대손충당금 차감 후 매출채권잔액	₩3,200,000

① ₩3,800,000　　　　　　② ₩4,000,000
③ ₩4,200,000　　　　　　④ ₩4,400,000

▶ 풀이: 대손충당금 = 400,000 − 300,000 + 500,000 = 600,000
대손충당금 차감전 매출채권 = 600,000 + 3,200,000 = 3,800,000

정답 ①

■ 매출채권 회수

69 (주)한국의 2008회계연도의 매출채권 기초잔액은 ₩440,000이고 기말잔액은 ₩420,000이며 동 기간 동안의 매출액은 ₩1,290,000이다. 그리고 대손충당금 기초잔액은 ₩30,000이고 기말잔액은 ₩20,000이다. 또한 당기의 손익계산서상의 대손상각비는 ₩10,000이다. 동 기간 동안 (주)한국이 고객으로부터 수취한 현금은? ('08 세무직)

① ₩1,270,000   ② ₩1,290,000

③ ₩1,310,000   ④ ₩1,410,000

▶ 풀이:

대손충당금

매출채권(대손발생)	20,000	기초	30,000
기말	20,000	대손상각비	10,000
	40,000		40,000

매출채권

기초	440,000	회수액	1,290,000
당기매출	1,290,000	대손충당금(대손발생)	20,000
		기말	420,000
	1,730,000		1,730,000

정답 ②

70 12월 말 결산법인인 (주)서울의 2008년 말의 수정후시산표의 일부이다.

('09 세무직)

총 매 출 액	₩695,000	매 출 할 인	₩36,000
매 출 환 입	₩24,000	매 출 에 누 리	₩5,000
매 출 채 권 (총 액)	₩170,000	대 손 충 당 금	₩10,000
대 손 상 각 비	₩25,000		

(주)서울의 2008 회계연도 기초의 매출채권은 ₩200,000(총액), 대손충당금은 ₩18,000이었다. (주)서울의 매출이 모두 신용매출이라 할 때 2008년에 판매대금으로 받은 현금수입액은?

① ₩610,000   ② ₩627,000

③ ₩664,000   ④ ₩685,000

▶ 풀이: 순매출액 = 695,000 − 24,000 − 36,000 − 5,000 = 630,000

(차) 대손충당금 18,000   (대) 매출채권   18,000

(차) 대손상각비 15,000   (대) 매출채권   15,000

(차) 대손상각비 10,000   (대) 대손충당금 10,000

매출채권

기초	200,000	현금	?
매출	630,000	대손충당금	18,000
		대손상각비	15,000
		기말	170,000
	830,000		830,000

∴ 630,000 + 200,000 − 18,000 − 15,000 − 170,000 = 627,000

정답 ②

71 (주)한국은 상품을 신용에 의해서만 판매하는데, 경리담당자가 판매대금의 회수 과정에서 공금을 횡령하였다. 매출채권의 실제기말잔액은 ₩50,000이고, 기중에 대손처리된 금액은 없다. (주)한국이 매출원가에 20%를 가산하여 판매가를 결정 한다고 할 때 다음 자료를 이용하여 경리담당자의 횡령액을 계산하면?('11 지방직)

ㅇ 기초상품재고액	₩20,000
ㅇ 당기상품매입액	₩100,000
ㅇ 기말상품재고액	₩10,000
ㅇ 매출채권 기초잔액	₩30,000
ㅇ 매출채권 회수보고액	₩40,000

① ₩60,000   ② ₩72,000
③ ₩110,000   ④ ₩122,000

▶ 풀이: 매출원가 = 기초 20,000 + 매입 100,000 − 기말 10,000 = 110,000

매출채권

기초	30,000	현금회수액	112,000
매출	132,000	기말	50,000
	162,000		162,000

매출액 = 110,000 × (1 + 0.2) = 132,000

∴ 횡령액 = 112,000 − 40,000 = 72,000

정답 ②

72 (주)우리는 2009년 기말에 감사를 실시한 결과, 회계담당자가 매출채권 회수대 금 중 일부를 횡령한 사실을 발견하였다. 감사결과 기말 매출채권 잔액은 ₩15,000 으로 확인되었고, 이 회사는 매출원가에 25%의 이익을 가산한 가격으로 신용판 매하고 있다. 다음의 자료를 이용하여 회계담당자가 횡령한 금액을 추정하면?

('10 세무직)

기초상품재고액	₩30,000	당기 상품매입액	₩90,000
당기 매출채권회수금액	₩100,000	기초매출채권	₩10,000
기말상품재고액	₩20,000		

① ₩10,000 　　　　　　　② ₩15,000

③ ₩20,000 　　　　　　　④ ₩25,000

▶ 풀이:

상품

기초재고	30,000	매출원가	100,000
당기매입	90,000	기말재고	20,000
	120,000		120,000

매출채권

기초	10,000	현금회수액	100,000
매출	125,000	기말	35,000
	135,000		135,000

매출액 = 100,000 ×1.25 = 125,000
횡령액 = 35,000 – 15,000 = 20,000

정답 ③

73 다음 자료를 이용하여 계산한 매출로 인한 현금유입액은? ('13 주택)

당기매출액	₩1,108,000
기초매출채권	120,000
기말매출채권	130,000
기초대손충당금	3,000
기말대손충당금	2,400
당기대손상각비	1,000

① ₩1,096,400 　　　② ₩1,097,600 　　　③ ₩1,098,000

④ ₩1,099,600 　　　⑤ ₩1,118,000

▶ 풀이:

대손충당금

대손발생	1,600	기초	3,000
기말	2,400	대손상각비	1,000
	4,000		4,000

매출채권

기초	120,000	현금회수	1,096,400
당기매출	1,108,000	대손발생	1,600
		기말	130,000
	1,228,000		1,228,000

정답 ①

74 다음은 (주)한국의 신용거래 및 대금회수 자료이다. 11월에 유입된 현금은?

('13 세무직)

> ○11월 8일 한국상사에 상품 ₩50,000을 외상판매하였다.
> ○11월 10일 대금의 50%가 회수되었다.
> ○11월 30일 대금의 20%가 회수되었다.
> (단, 외상매출에 대한 신용조건은 5/10, n/30이다)

① ₩32,950   ② ₩33,750

③ ₩34,250   ④ ₩34,750

➡ 풀이: ₩50,000 × 50% × (1 – 5%) + ₩50,000 × 20% = ₩33,750

정답 ②

■ 매출채권 처분

75 (주)대한은 20×1년 10월 1일에 다음과 같은 어음을 은행에 연 10%로 할인하였다. 이 거래가 금융자산 제거조건을 충족할 때, 매출채권처분손익은?   ('14 주택)

> ○ 액면금액 : ₩500,000
> ○표시이자율 : 8%
> ○ 어음발행일 : 20×1년 7월 1일
> ○ 어음만기일 : 20×1년 12월 31일

① 손실 ₩3,000   ② 손실 ₩1,000   ③ ₩0

④ 이익 ₩1,000   ⑤ 이익 ₩3,000

➡ 풀이: 만기금액: $500,000 × (1 + 8\% × \frac{6}{12})$ = 520,000

할인료: $520,000 × 10\% × \frac{3}{12}$ = 13,000

수령액: 520,000 – 13,000 = 507,000

경과이자: $500,000 × 8\% × \frac{3}{12}$ = 10,000

장부금액: 500,000 + 10,000 = 510,000

매출채권처분손실: 수령액 507,000 – 장부금액 510,000 = –3,000

정답 ①

76 (주)한국은 20×1년 7월 1일 액면금액 ₩100,000의 어음(발행일 20×1년 5월 1일, 만기일 20×1년 10월 31일)을 은행에 연 12%로 할인하였다. 동 어음이 연 9% 이자부어음인 경우 매출채권처분손실은?(단, 어음할인 거래는 금융자산의 제거요건을 충족하며, 이자는 월할 계산한다)   ('16 주택)

① ₩1,180   ② ₩1,500   ③ ₩2,090

④ ₩4,180   ⑤ ₩4,500

➡️ 풀이: 만기금액 = 100,000 × (1 + 9% × 6/12) = 104,500
할인료 = 104,500 × 12% × 4/12 = 4,180
수령액 = 104,500 - 4,180 = 100,320
경과이자 = 100,000 × 9% × 2/12 = 1,500
처분손실 = 수령액 100,320 - 장부금액 101,500 = 1,180

정답 ①

77 (주)한국은 20×1년 1월 1일 거래처로부터 액면금액 ₩120,000인 6개월 만기 약속어음(이자율 연 6%)을 수취하였다. (주)한국이 20×1년 5월 1일 동 어음을 은행에 양도(할인율 연 9%)할 경우 수령할 현금은? (단, 동 어음양도는 금융자산 제거조건을 충족하며, 이자는 월할계산한다) ('19 주택)

① ₩104,701 ② ₩118,146 ③ ₩119,892 ④ ₩121,746 ⑤ ₩122,400

➡️ 풀이: 할인수수료 = $(120,000 + 120,000 × 6\% × \frac{6}{12}) × 9\% × \frac{2}{12}$ = 1,854
현금수령액 = 120,000 + 3,600 - 1,854 = 121,746

정답 ④

78 (주)한국은 20×1년 4월 1일 다음과 같은 받을어음을 은행에서 할인하고, 할인료를 제외한 금액을 현금으로 수취하였다. 동 어음할인으로 매출채권처분손실이 ₩159 발생한 경우, (주)한국이 수취한 현금은? (단, 금융자산의 양도는 제기조건을 충족하며, 이자는 월할 계산한다) ('21 주택)

○ 액면금액: ₩10,000
○ 표시이자율: 연 6%(이자는 만기에 수취)
○ 어음발행일: 20×1년 1월 1일
○ 어음만기일: 20×1년 6월 30일

① ₩9,841 ② ₩9,991 ③ ₩10,141 ④ ₩10,159 ⑤ ₩10,459

➡️ 풀이: 현금 = 10,000 × 1.06 × 6/12 - 159 = 10,141

정답 ③

79 (주)한국은 20×1년 7월 1일 거래처에 상품을 판매하고 이자부약속어음(액면금액 ₩480,000, 연 5%, 만기 5개월)을 수령하였다. (주)한국은 동 어음을 2개월 동안 보유 후 거래은행에 연 8%의 이자율로 할인하였다. 어음할인 시 인식해야 할 처분손실은? (단, 어음할인은 금융자산의 제거요건을 충족하며, 이자는 월할계산한다) ('18 주택)

① ₩3,800 ② ₩6,000 ③ ₩12,400 ④ ₩13,600 ⑤ ₩19,600

➡️ 풀이: 할인수수료 = $(480,000 + 만기표시이자 480,000 × 5\% × \frac{5}{12}) × 8\% × \frac{3}{12}$ = 9,800
현금유입액 = 480,000 + 만기표시이자 10,000 - 9,800 = 480,200
어음의 장부금액 = 480,000 + 480,000 × 5% × $\frac{2}{12}$ = 484,000

처분손실 = 484,000 - 480,200 = 3,800

정답 ①

■ 현재가치 할인

80 (주)한국은 2017년 1월 1일 상품을 ₩3,500,000에 판매하였다. 판매 시에 현금 ₩500,000을 수령하고, 잔금 ₩3,000,000은 2017년 말부터 매년 말 ₩1,000,000씩 3년에 걸쳐 받기로 하였다. 이 매출거래와 관련하여 2017년에 인식할 매출액과 이자수익은? (단, 유효이자율은 10%이다)　('18 관세직)

기간	단일금액 ₩1의 현재가치	정상연금 ₩1의 현재가치
1	0.9091	0.9091
2	0.8264	1.7355
3	0.7513	2.4868

　　매출액　　　　　　　이자수익

① ₩1,500,000　　　　₩75,130

② ₩1,500,000　　　　₩248,680

③ ₩2,986,800　　　　₩75,130

④ ₩2,986,800　　　　₩248,680

▶ 풀이: 매출액 = 500,000 + 1,000,000 × 2.4868 = 2,986,800
　　　　이자수익 = 2,486,800 × 10% = 248,680

정답 ④

▌▌ 주관식 ▌▌

〈1〉 현금및현금성자산 계정
(주)건지의 결산기말 금고를 실제로 조사한바 다음과 같았다. 재무상태표의 현금및현금성자산 계정에 포함될 금액을 구하여라.

(1) 통 화	₩326,000	(2) 우 표	₩4,200
(3) 타인발행수표	₩1,300,000	(4) 타인발행약속어음	₩1,000,000
(5) 배당금지급통지표	₩300,000	(6) 만기가 도래한 국채이자표	₩350,000
(7) 직원 김모씨의 급료가불증	₩200,000	(8) 자기앞수표	₩24,000
(9) 부도수표	₩100,000	(10) 우편환증서	₩200,000

〈2〉 당좌예금
다음 거래를 분개하라(단, 당좌예금 잔액은 ₩100,000, 차월 한도액은 ₩300,000이며 당좌차월계정과 당좌예금계정으로 구분하여 분개할 것).
(1) 상품 ₩30,000을 동아상사에 매출하고 대금 중 ₩20,000은 동점이 발행한 수표로 받고 잔액 ₩10,000은 전일 당점이 발행하였던 수표로 받다.
(2) 상품 ₩200,000을 매입하고 대금은 수표를 발행하여 지급하다.
(3) 외상매출금 중 ₩180,000을 받은 즉시 당좌예금하다.
(4) 전월에 발행했던 지급어음 ₩50,000이 당점 당좌예금 계정에서 결제되다.
(5) 당좌수표 ₩60,000을 발행하여 현금을 인출하다.

〈3〉 현금과부족
다음 연결된 거래를 분개하라.
(1) 현금의 시재액이 장부잔액보다 ₩10,000 부족함을 발견하다.
(2) 위의 부족액 원인을 조사한 결과 ₩7,000은 통신비로 판명되고 잔액은 계속 조사 중이다.
(3) 결산 때까지 위의 부족액 잔액 ₩3,000은 원인불명이다.
(4) 현금의 장부잔액은 ₩280,000이나, 실지잔액은 ₩290,000이므로 그 원인을 조사 중이다.
(5) 위의 과잉액 원인을 조사한 결과 ₩8,000은 수입이자로 판명되고 잔액은 계속 조사중이다.
(6) 결산 때까지 위의 과잉액 잔액 ₩2,000은 원인불명이다.

〈4〉 은행계정조정표 작성(1)
(주)건지의 20×9년 12월 31일 현재 당좌예금장부상 잔액은 ₩2,732,000이고 은행의 (주)건지 당좌원장 상 잔액은 ₩3,204,000이다. 다음 자료를 이용하여 12월 31일 현재

의 은행계정조정표를 작성하고 수정분개를 하여라.

≪자료≫

(1) 12월 31일 현재 기발행 미지급수표는 ₩654,000이다.

(2) 부도수표 ₩200,000을 회사가 모르고 있었다.

(3) 어음 ₩206,000의 회수를 회사장부에 계상하지 않았다.

(4) 은행 측 미기입 예금은 ₩450,000이다.

(5) 은행수수료 ₩8,000을 회사장부에 계상하지 않았다.

(6) 회사가 ₩690,000의 거래처 매입채무 상환을 위하여 수표를 발행하면서 당좌예금 장부에는 ₩960,000으로 처리하였다.

〈5〉 은행계정조정표 작성(2)

(주)설악은 20×8년 12월 31일 결산일의 정확한 당좌예금잔액을 산정하기 위하여 거래 은행인 한빛은행에 조회한 결과 ₩1,250이었다. 그런데 회사의 당좌예금출납장 잔액은 ₩1,168으로 은행 측 잔액과 일치하지 않는데 불일치의 원인은 다음과 같다.

① 회사가 20×8년 12월 29일 입금한 ₩150을 은행에서는 20×9년 1월 3일 입금처리 하다.

② 회사가 20×8년 12월 22일 발행한 당좌수표 ₩300이 은행에서는 인출되지 않았다.

③ 회사가 외상매출금을 회수하면서 받아 입금한 당좌수표 ₩220이 부도처리되었다.

④ 거래처에서 외상매출금 ₩130을 회사에 통보하지 않고 회사의 당좌예금으로 이체 하였다.

⑤ 은행에서 당좌거래수수료 ₩5을 부과하고 당좌예금에서 차감하였는데, 회사에는 아직 통보되지 않았다.

⑥ 미지급금 ₩69을 지급하기 위하여 당좌수표를 발행하고 회사의 장부에 ₩96으로 기입하였다.

<요구사항>

1. 은행계정조정표를 작성하여 정확한 당좌예금잔액을 산정하라.

2. 20×8년 12월 31일 (주)설악의 수정분개를 하여라.

〈6〉 현금과 예금의 공시

1. 다음은 (주)대망의 20×7년 12월 31일 결산수정 후 현금예금과 관련된 계정의 잔액 이다.

| 현 금 80,000 | 당좌예금 150,000 | 보통예금 40,000 | 정기예금 800,000 |
| 정기적금 500,000 | 당좌개설보증금 20,000 | 부도수표 10,000 | 당좌차월 30,000 |

2. 정기예금은 잔액이 차입금에 대한 담보로 제공되고 있으며, 이 중 ₩300,000은 만기

가 20×9년 6월 30일이고 나머지 만기는 20×8년 12월 31일 이내이다.

3. 정기적금의 사용에 아무런 제한이 없으며, 이 중 ₩200,000은 만기가 20×9년 1월 1일 이후이고, 나머지는 20×8년 12월 31일 이내이다.

＜요구사항＞

(주)대망의 20×7년 말 재무상태표에 계상될 현금및현금성자산과 유동자산 및 비유동 자산을 각각 구하여라.

〈7〉 수취채권의 회계처리

(주) 영남상사의 1월중 매출채권과 관련된 거래는 다음과 같다. 이 회사의 회수불능채 권에 대한 회계처리를 하라.

> 1월　1일: 대구은행으로부터 ₩100,000을 차입하고, 어음을 발행하였다. 어음의 만기는 90일이고, 이자율은 연 12%이다.
> 　　5일: 경북상사에 대한 외상매출금 ₩500이 회수불능이라고 판단되어 대손처리하였다. 단, 대손충당금 잔액은 ₩2,000이다
> 　　12일: 업무용 토지 ₩72,000을 구입하고, 현금 ₩30,000과 만기 60일, 이자율 10%의 지급조건으로 어음을 발행하여 지급하다.
> 　　20일: 지난해 회수불능으로 판단되어 대손처리한 외상매출금 ₩600을 현금으로 받다.

〈8〉 대손회계(1)

(주)전라의 매출채권과 대손에 관한 자료는 다음과 같다.

[추가자료 1]

⑴ 20×9년 초 대손충당금의 대변 잔액은 ₩15,000이다.

⑵ 20×9년 2월, 전기에 매출한 ₩20,000의 외상매출금이 회수불가능하다고 판명되었다.

⑶ 20×9년 3월, 당기에 매출한 ₩7,000의 외상매출금이 회수불가능하다고 판명되었다.

⑷ 20×9년 7월, 전기에 대손처리한 외상매출금 ₩3,000이 회수되었다.

⑸ 20×9년 9월, 3월에 대손처리한 외상매출금중 ₩4,000이 회수되었다.

[추가자료 2]

(주) 전라는 고객에게 15일을 신용기간으로 외상매출을 하고 있으며, 연령분석법을 사용하여 기대신용손실을 산정하고 있다.

20×9년 12월 31일의 외상매출금 잔액은 ₩900,000이며 그에 대한 연령분석자료는 다음과 같다.

미회수금액의 연령	금　　액	기대신용손실률
신용기간 이내	500,000	1%
1일-15일　연체	200,000	10%
16일-30일 연체	100,000	15%
31일-45일 연체	50,000	20%
45일-60일 연체	30,000	30%
60일 이상　연체	20,000	50%
계	900,000	

<요구사항>

(1) 대손관련 내용을 일자별 회계처리를 표시하라.

(2) (주)전라가 20×9년 말 재무상태표에 표시할 매출채권의 장부금액을 구하여라.

〈9〉 대손회계(2)

다음 일련의 대손관련내용을 회계처리 하라.

① 20×7년 12월 31일 회계기간은 1년이고, 결산일은 12월 31일이다. 외상매출금 잔액이 ₩3,000,000이고, 회수가능액은 ₩2,850,000이며 대손충당금 잔액은 없다.

② 20×8년 3월 30일 전기발생채권에서 대손이 ₩80,000 발생하다.

③ 20×8년 9월 29일 당기발생채권에서 대손이 ₩20,000 발생하다.

④ 20×8년 10월 10일 전기발생채권에서 대손이 ₩70,000 발생하다

⑤ 20×8년 12월 31일 매출채권 잔액이 ₩2,000,000이고, 회수가능액은 ₩1,900,000이다.

⑥ 20×9년　4월 5일 당기발생채권에서 대손이 ₩20,000 발생하다.

⑦ 20×9년　7월 3일 전기에 대손으로 처리한 매출채권 ₩80,000이 현금으로 회수되다.

⑧ 20×9년 12월 31일 매출채권잔액이 ₩3,000,000이고, 회수가능액은 ₩2,850,000이다.

〈10〉 대손상각채권의 회수

다음은 (주)평화의 대손관련 자료이다. 일자별 회계처리를 행하라.

20×8년 12월 31일: 수정전시산표 상 매출채권 잔액은 ₩2,000,000이고 회수가능액은 ₩1,940,000이며, 대손충당금 잔액은 ₩20,000이다.

20×9년　4월 11일: 매출채권 중 거래처의 파산으로 ₩100,000이 회수불능으로 판명되었다.

20×9년　5월 19일: 매출채권 중 거래처의 파산으로 ₩250,000이 회수불능으로 판명되었다.

20×9년　5월 25일: 전기에 대손처리한 매출채권 ₩40,000을 현금으로 회수하였다.

20×9년 11월 23일: 당기 5월 19일에 대손처리한 매출채권 중 ₩30,000을 현금으로 회수하였다.

20×9년 12월 31일: 수정전시산표 상 매출채권 잔액은 ₩3,000,000이고 회수가능액은 ₩2,910,000이다.

금융자산(2) – 지분증권과 채무증권

7.1 지분증권과 채무증권

유가증권(securities)은 재산적 권리를 표시하는 증권이나 증서를 말하는데, 기업이 유가증권을 소유하는 목적은 일시적으로 여유자금을 보유하고 있을 때 이 여유자금을 주식이나 국채, 공채, 회사채 등의 채권에 투자하여 투자수익을 얻고자 하거나 특정기업을 지배통제하기 위하여, 즉 경영권을 확보할 목적으로 타 회사의 주식을 취득하는 경우이다.

유가증권은 지분증권(equity securities)과 채무증권(debt securities)으로 구분된다. 지분증권(주식형)은 기업의 순자산에 대한 소유지분을 나타내는 유가증권으로 보통주, 우선주 등의 주식과 일정금액으로 소유지분을 취득할 수 있는 권리를 나타내는 신주인수권, 주식매입선택권 등이 있다. 채무증권(채권형)은 발행자에 대하여 금전을 청구할 수 있는 권리를 나타내는 유가증권으로 국가가 발행하는 국채, 국가나 지방의 공공단체가 발행하는 공채, 일반기업이 발행하는 회사채 등이 있다.

| 그림 7-1 | 지분증권과 채무증권 |

```
                ┌ 주식 - 상장주식, 비상장주식              ┌ 국채
        지분증권 ├ 신주인수권                      채무증권 ├ 공채
                └ 주식매입선택권                          └ 회사채
```

유가증권은 사업목적과 계약상 현금흐름 특성에 따라 당기손익 – 공정가치측정 금융자산, 기타포괄손익 – 공정가치측정 금융자산, 상각후원가측정 금융자산으로 분류된다.

당기손익 – 공정가치측정(FVPL: fair value through profit or loss)금융자산은 주로 단기간 내에 매각이나 재매입을 통해 매매차익을 얻을 목적으로 취득한 금융자산이다. FVPL은 금융자산의 매도를 통한 현금흐름 실현을 목적으로 취득한 금융자산이다.

기타포괄손익 – 공정가치측정(FVOCI: fair value through other comprehensive income)금융자산은 상각후원가측정 금융자산이나 당기손익 – 공정가치측정 금융자산으로 분류되지 않은 기타의 금융자산을 말한다. FVOCI은 계약상 현금흐름의 수취와 금융자산의 매도를 목적으로 취득한 금융자산이다.

상각후원가측정(AC: amortized cost)금융자산은 만기가 결정되어 있고 지급금액이 확정된 금융자산으로 만기까지 보유할 적극적인 의도와 능력이 있는 금융자산을 말한다. AC금융자산은 계약상 현금흐름을 수취하기 위하여 취득한 금융자산이다.

또한 투자목적에 따라 관계기업투자주식으로 분류하는데 관계기업투자주식(investments in associates)은 투자목적이 여유자금을 증식시키는 목적보다는 다른 기업을 지배 통제하여 경영권에 대한 영향력을 행사할 목적으로 취득한 지분증권이다. 투자기업이 피투자기업의 발행주식 중에서 20% 이상의 주식을 취득하면 특별한 사유가 없는 한 피투자기업에 대하여 중대한 영향력을 행사할 수 있는 것으로 보고 관계기업투자주식으로 분류한다.

그림 7-2 유가증권의 계약상 현금흐름의 특성과 사업모형에 따른 분류

유가증권
- 당기손익 - 공정가치측정(FVPL) 금융자산
  - 단기매매금융자산
  - FVPL지정금융자산
- 기타포괄손익 - 공정가치측정(FVOCI) 금융자산
  - FVOCI 금융자산(채무증권)
  - FVOCI 선택 금융자산(지분증권)
- 상각후원가측정(AC) 금융자산
- 관계기업투자주식

금융자산은 최초인식시 공정가치(fair value)를 측정하여 인식한다. 그러나 금융자산의 후속측정은 금융자산별로 다르다. 당기손익-공정가치측정(FVPL)금융자산의 후속측정은 후속 시점의 공정가치에 따라 측정하며 평가손익은 비교적 단기간 내에 실현될 수 있다고 간주하므로 당기손익으로 인식한다. 기타포괄손익-공정가치측정(FVOCI) 금융자산의 후속측정은 후속 시점의 공정가치에 따라 측정하며 평가손익은 단기간내에 실현가능하지 않다고 보아 미실현손익인 기타포괄손익으로 인식한다. 상각후원가측정(AC) 금융자산은 만기가 고정되었고 지급금액이 확정된 금융자산으로 만기까지 보유할 적극적인 의도와 능력이 있는 자산으로 후속측정은 그 장부금액을 공정가치로 측정하지 않고 취득당시의 원가로 한다. 다만 최초인식시 측정된 취득원가와 만기시에 상환 받게 되는 금액이 다른 경우 취득원가를 조정하는 상각후원가에 의한다. 대여금 및 수취채권으로 분류한 금융자산 역시 후속측정은 상각후원가에 의한다.

그림 7-3	금융자산의 후속측정에 따른 분류

공정가치측정 ─┬─ 당기손익 - 공정가치측정 금융자산   상각후원가측정 ─┬─ 상각후원가측정 금융자산
              └─ 기타포괄손익 - 공정가치측정 금융자산   └─ 대여금 및 수취채권

7.2 당기손익-공정가치측정(FVPL) 금융자산: 지분증권

당기손익-공정가치측정(FVPL) 금융자산은 주로 단기간 내에 매각이나 재매입을 통해 매매차익을 얻을 목적으로 취득한 금융자산으로 단기매매금융자산과 당기손익인식지정금융자산으로 구분된다.

FVPL금융자산은 사업모형이 금융자산의 매도를 통한 현금흐름 실현이 목적이므로 금융자산공정가치변동을 당기손익으로 인식한다. 단기매매금융자산은 주로 단기간 내에 매각할 목적으로 취득한 금융자산이거나 최근의 실제운용형태가 단기적 이익획득 목적이라는 증거가 있고 또한 공동으

로 관리되는 특정 금융상품 포트폴리오의 일부인 금융자산으로 단기적 이익획득목적이 분명한 금융자산이다. 단기매매금융자산은 가격의 단기적 변동으로부터 이익을 획득할 목적으로 취득한 것이기 때문에 시장가격의 변동에 민감하고 시장가격으로 항상 처분이 가능하다.

FVPL지정금융자산은 최초 인식시점에 FVPL항목으로 지정하는 것이 더 목적적합한 정보를 제공하게 되어 FVOCI 금융자산 또는 AC 금융자산으로 분류될 항목을 FVPL항목으로 지정한 금융자산이다. 일반기업이 일시적인 여유자금을 활용하기 위하여 투자한 금융상품집합에서 FVPL로 지정하는 것이 회계불일치를 제거하여 보다 목적적합한 정보를 제공할 수 있을때 최초 인식시점에서만 FVPL로 지정하는 것이 가능하다. 한번 FVPL로 지정하면 이를 취소할 수 없다.

공정가치측정금융자산은 취득시뿐만 아니라 보고기간 말에도 공정가치로 평가해야 하는데, 공정가치로 측정하기 위해서는 활성시장에서 공시되는 가격이 있고, 공정가치가 신뢰성 있게 측정가능 하여야 한다. 활성시장(active market)이란 거래되는 항목들이 동질적이며, 일반적으로 거래의사가 있는 구매자들과 판매자들을 언제든지 찾을 수 있으며, 가격이 공개되어 이용가능한 시장을 말한다. 공정가치(fair value)는 합리적인 판단력과 거래의사가 있는 독립된 당사자 사이의 거래에서 자산이 교환되거나 부채가 결제될 수 있는 금액을 말한다. 시장성이 있는 금융자산은 시장가격이 공정가치가 되고, 시장성이 없는 경우는 합리적인 방법에 따라 결정된 금액이 공정가치가 된다.

1. 당기손익 – 공정가치측정 금융자산: 지분증권의 취득(최초측정)

당기손익 – 공정가치측정(FVPL) 금융자산은 금융상품의 계약당사자가 되는 때에 재무상태표에 공정가치로 인식된다. 이때 취득에 직접 관련된 거래원가는 당기의 비용으로 처리한다. 후속측정시 공정가치의 변동을 당기손익으로 인식하기 때문에 거래원가를 취득원가에 가산하지 않더라도 당기손익이 반영되므로 결국 당기손익에 미치는 영향은 같다.

> 당기손익 – 공정가치측정 금융자산 지분증권의 취득원가 = 매입가액

2. 당기손익 – 공정가치측정 금융자산: 지분증권의 보유

지분증권을 발행한 회사는 회계연도 중 발생한 이익을 주주들에게 배당하게 된다. 따라서 지분증권을 보유한 경우에 발행회사가 배당을 선언하면, 배당수익이라는 계정과목으로 당기 수익으로 처리하고, 배당금은 아직 수령하지 않았기 때문에 미수배당금으로 처리한다. 그 후 배당금을 지급받은 시점에 미수배당금을 현금으로 처리한다.

배당선언일			
(차) 미수배당금	×××	(대) 배당금수익	×××
배당금수령일			
(차) 현 금	×××	(대) 미수배당금	×××

3. 당기손익 – 공정가치측정 금융자산: 지분증권의 평가(후속측정)

당기손익 – 공정가치측정(FVPL) 금융자산의 후속측정은 공정가치로 측정하며, 평가직전의 장부금액과 공정가치액의 차이는 당기손익 – 공정가치측정 금융자산평가손익으로 당기손익에 반영한다. 공정가치액이 평가직전의 장부금액보다 상승하면 당기손익 – 공정가치측정 금융자산의 평가이익이 발생하여 이를 당기손익에 귀속시키면서 당기손익 – 공정가치측정 금융자산의 장부금액을 직접 증가시킨다. 반면에 공정가치액이 평가직전의 장부금액보다 하락하면 당기손익 – 공정가치측정 금융자산의 평가손실이 발생하여 이를 당기손익에 귀속시키면서 당기손익 – 공정가치측정 금융자산의 장부금액을 직접 감소시킨다.

장부금액 < 공정가치			
(차) 당기손익-공정가치측정 금융자산	×××	(대) 당기손익-공정가치측정 금융자산평가이익	×××
장부금액 > 공정가치			
(차) 당기손익-공정가치측정 금융자산평가손실	×××	(대) 당기손익-공정가치측정 금융자산	×××

4. 당기손익 – 공정가치측정 금융자산: 지분증권의 처분

당기손익 – 공정가치측정 금융자산을 처분할 때 장부금액과 처분금액의 차이를 당기손익 – 공정가치측정 금융자산처분손익으로 인식하여 당기손익으로 처리한다. 이때 처분금액은 매각금액에서 매각과 관련하여 발생한 부대비용을 차감한 순매각금액이다. 이는 기업의 입장에서 당기손익 – 공정가치측정 금융자산을 처분하여 받게 되는 금액은 매각금액에서 매각과 관련하여 발생한 부대비용을 차감한 후의 순액이 되기 때문이다.

> 당기손익 – 공정가치측정 금융자산처분손익 = 순매각금액 – 장부금액
>
> 순매각금액 = 매각금액 – 부대비용

예제 1 **당기손익 – 공정가치측정 금융자산(지분증권)의 회계처리**

다음은 (주)한국의 당기손익 – 공정가치측정 금융자산(지분증권)에 관한 일련의 거래내용이다.

(1) 20×7년 2월 3일 대신증권을 통하여 단기매매목적으로 상장회사인 서울상사의 주식 10주를 주당 ₩10,000에 매입하고, 매입수수료 ₩2,000은 현금으로, 주식대금은 수표를 발행하여 지급하였다.

(2) 20×7년 12월 31일 (주)한국이 보유한 서울상사의 주식의 공정가치액은 주당 ₩12,000으로 나타났다.

(3) 20×8년 3월 5일 (주)한국은 20×9년에 주식을 취득한 서울상사의 주주총회에서 현금배당을 실시하기로 결의하고 주당 ₩500의 배당금을 지급하기로 선언하였다.

(4) 20×8년 12월 31일 (주)한국이 보유한 서울상사의 주식의 공정가치액은 주당 ₩11,000으로 나타났다.

(5) 20×9년 5월 1일 (주)한국은 2×10년 2월 3일에 보유하고 서울상사의 주식을 주당 ₩10,000에 처분하고, 부대비용 ₩3,000을 현금으로 지급하였다.

해답

20×7년 2월 3일(취득)

(차)	FVPL 금융자산	100,000	(대)	당 좌 예 금	100,000
	수수료비용	2,000		현 금	2,000

20×7년 12월 31일(후속측정)

(차) FVPL 금융자산	20,000	(대) FVPL 금융자산평가이익 20,000

$$(12,000 - 10,000) \times 10주 = 20,000$$

20×8년 3월 5일(배당선언)

(차) 미수배당금	5,000	(대) 배당수익	5,000

20×8년 12월 31일(후속측정)

(차) FVPL 금융자산평가손실	10,000	(대) FVPL 금융자산	10,000

$$(12,000 - 11,000) \times 10주 = 10,000$$

20×9년 5월 1일(처분)

(차) { 현 금	97,000	(대) FVPL 금융자산	110,000
FVPL 금융자산처분손실	13,000		

$$(100,000 - 3,000 - 110,000 = -13,000)$$

7.3 당기손익 – 공정가치측정(FVPL) 금융자산: 채무증권

1. 당기손익 – 공정가치측정 금융자산: 채무증권의 취득(최초측정)

금융자산이 채무증권인 경우 지분증권과 마찬가지로 금융상품의 계약당사자가 되는 때에 재무상태표에 공정가치로 인식되는데, 이는 미래 현금흐름의 현재가치로 측정할 수 있다. 취득에 직접 관련된 거래원가는 당기의 비용으로 처리한다.

> 당기손익–공정가치측정 금융자산 채무증권의 취득원가 = 매입가액

채무증권을 발행일에 취득하지 않고, 이자지급일 사이에 취득한 경우 매매대금에는 최종이자지급일부터 취득일 사이에 발생한 경과이자가 포함된다. 채무증권의 발행자는 각 기간의 투자자별로 보유기간을 확인하여 해당되는 기간의 이자를 지급하는 것이 불가능하므로 이자지급일의 채무증권 소유자에게 이자를 지급한다. 따라서 이자지급일 사이에 채무증권을 취득한 경우 최종 이자지급일부터 취득일까지 발생한 경과이자를 매매대금에 포함하여 거래하게 된다. 그러므로 최종이자지급일 이후부터 취득일 현재

까지 발생한 경과이자(미수이자)는 채무증권의 취득원가에서 제외하여야 한다.

> 당기손익–공정가치측정 금융자산 채무증권의 취득원가 = 매입가액 – 경과이자

2. 당기손익 – 공정가치측정 금융자산: 채무증권의 보유

채무증권을 보유한 경우에는 이자를 수령하게 된다. 이때 이자수익이라는 계정과목으로 당기의 수익으로 처리한다.

> 이자를 수령한 경우
>
> (차) 현   금   ×××   (대) 이자수익   ×××

만약 이자지급일 사이에 채무증권을 취득하게 되었다면 취득시점에 미수이자로 인식한 금액은 차감하고 보유기간에 발생한 이자에 해당하는 금액만 이자수익으로 인식한다.

> 이자를 수령한 경우(경과이자가 있는 경우)
>
> (차) 현   금   ×××   (대) ⎰ 미수이자   ×××
>   ⎱ 이자수익   ×××
>
> 미수이자는 직전이자지급일로부터 취득일까지의 경과이자임.

3. 당기손익 – 공정가치측정 금융자산: 채무증권의 평가(후속측정)

금융상품이 채무증권인 경우의 후속측정은 지분증권과 동일하게 공정가치로 측정하며, 평가직전의 장부금액과 공정가치액의 차이는 당기손익–공정가치측정 금융자산평가손익으로 당기손익에 반영한다.

> 장부금액 < 공정가치
>
> (차) 당기손익–공정가치측정 금융자산   ×××   (대) 당기손익–공정가치측정 금융자산평가이익 ×××
>
> 장부금액 > 공정가치
>
> (차) 당기손익–공정가치측정 금융자산평가손실 ×××   (대) 당기손익–공정가치측정 금융자산   ×××

4. 당기손익 – 공정가치측정 금융자산: 채무증권의 처분

채무증권의 처분은 지분증권과 마찬가지로 처분 시 장부금액과 처분금액의 차이를 당기손익 – 공정가치측정 금융자산처분손익으로 인식하여 당기손익으로 처리한다. 이때 처분금액은 매각 관련 부대비용을 차감한 순매각금액이다.

> 당기손익 – 공정가치측정 금융자산처분손익 = 순매각금액 - 장부금액
> 순매각금액 = 매각금액 - 부대비용

예제 2 **당기손익 – 공정가치측정 금융자산(채무증권)의 회계처리**

다음은 ㈜한국의 금융자산인 채무증권에 관한 일련의 거래내용이다.

(1) (주)한국은 20×7년 1월 1일에 경기상사의 사채(발행일 20×7년 1월 1일, 액면가액 좌당 ₩10,000, 표시이자율: 10%, 이자지급일 12월 31일, 만기5년) 100좌를 1좌당 ₩9,800에 매입하고 대금은 현금으로 지급하였다. 매입수수료 ₩10,000도 현금으로 지급하였다. 경기상사의 사채는 당기손익 – 공정가치측정 금융자산으로 분류하였다.

(2) (주)한국은 20×7년 12월 31일에 경기상사로부터 ₩100,000의 이자를 현금으로 수령하였다.

(3) 20×7년 12월 31일 (주)한국이 보유한 경기상사의 채권의 공정가치는 ₩900,000으로 나타났다.

(4) (주)한국은 20×8년 12월 31일에 경기상사로부터 ₩100,000의 이자를 현금으로 수령하였다.

(5) 20×8년 12월 31일 (주)한국이 보유한 경기상사의 채권의 공정가치는 ₩1,050,000으로 나타났다.

(6) (주)한국이 보유한 경기상사의 채권을 20×9년 12월 31일 ₩1,000,000에 처분하고, 부대비용 ₩8,000을 현금으로 지급하였다.(단, 경과이자는 없다.)

해답

20×7년 1월 1일(취득)

(차)	FVPL 금융자산	980,000	(대) 현 금	990,000
	수수료비용	10,000		

20×7년 12월 31일(이자수령)

(차) 현 금	100,000	(대) 이자수익	100,000

20×7년 12월 31일(후속측정)

(차) FVPL 금융자산평가손실　　80,000　　(대) FVPL 금융자산　　80,000

(980,000 － 900,000) = 80,000

20×8년 12월 31일(이자수령)

(차) 현　　　금　　　　100,000　　(대) 이자수익　　　　100,000

20×8년 12월 31일(후속측정)

(차) FVPL 금융자산　　　　150,000　　(대) FVPL 금융자산평가이익 150,000

(1,050,000 － 900,000) = 150,000

20×9년 12월 31일(처분)

(차) $\left\{\begin{array}{l} \text{현 금} \\ \text{FVPL 금융자산처분손실} \end{array}\right.$　992,000　　(대) FVPL 금융자산　1,050,000

FVPL 금융자산처분손실　58,000

(1,000,000 － 8,000 － 1,050,000 = － 58,000)

예제 3　**당기손익 – 공정가치측정 금융자산(채무증권:경과이자발생)의 회계처리**

다음은 (주)한국의 금융자산인 채무증권에 관한 일련의 거래내용이다.

(1) (주)한국은 20×7년 10월 1일에 단기매매 목적으로 경기상사의 사채(발행일 20×7년 1월 1일, 액면가액　좌당 ₩10,000, 표시이자율: 10%, 이자지급일 12월 31일, 만기5년) 100좌를 경과이자를 포함하여 1좌당 ₩9,800에 매입하고 대금은 현금으로 지급하였다. 매입수수료 ₩10,000도 현금으로 지급하였다.

(2) (주)한국은 20×7년 12월 31일에 경기상사로부터 ₩100,000의 이자를 현금으로 수령하였다.

(3) 20×7년 12월 31일 (주)한국이 보유한 경기상사의 채권의 공정가치는 ₩900,000으로 나타났다.

(4) (주)한국은 20×8년 12월 31일에 경기상사로부터 ₩100,000의 이자를 현금으로 수령하였다.

(5) 20×8년 12월 31일 (주)한국이 보유한 경기상사의 채권의 공정가치는 ₩1,050,000으로 나타났다.

(6) (주)한국이 보유한 경기상사의 채권을 20×9년 12월 31일 ₩1,000,000에 처분하고, 부대비용 ₩8,000을 현금으로 지급하였다.(단, 경과이자는 없다.)

해답　20×7년 10월 1일(취득)

(차) {
미수이자   75,000
FVPL 금융자산   905,000   (대) 현   금   990,000
수수료비용   10,000

(경과이자: $1,000,000 \times 0.1 \times 9/12 = 75,000$)

20×7년 12월 31일(이자수령)

(차) 현   금   100,000   (대) {
미수이자   75,000
이자수익   25,000

(보유기간에 따른 이자수익: $1,000,000 \times 0.1 \times 3/12 = 25,000$)

20×7년 12월 31일(후속측정)

(차) FVPL 금융자산평가손실   5,000   (대) FVPL 금융자산   5,000

($905,000 - 900,000) = 5,000$

20×8년 12월 31일(이자수령)

(차) 현   금   100,000   (대) 이자수익   100,000

20×8년 12월 31일(후속측정)

(차) FVPL 금융자산   150,000   (대) FVPL 금융자산평가이익 150,000

($1,050,000 - 900,000) = 150,000$

20×9년 12월 31일(처분)

(차) {
현   금   992,000   (대) FVPL 금융자산 1,050,000
FVPL 금융자산처분손실   58,000

($1,000,000 - 8,000 - 1,050,000 = -58,000$)

7.4 기타포괄손익 – 공정가치측정(FVOCI) 금융자산

기타포괄손익 – 공정가치측정(FVOCI) 금융자산은 단순 투자목적으로 취득한 금융자산 중 상각후원가측정 금융자산이나 당기손익 – 공정가치측정 금융자산으로 분류되지 않은 기타의 금융자산을 말한다. 상각후원가측정 금융자산은 채무증권으로만 이루어지지만 기타포괄손익 – 공정가치측정 금융자산은 채무증권과 지분증권으로 이루어진다.

FVOCI는 원금 및 이자수취와 당해 금융자산의 매도를 통해 차익을 얻는 것 두가지 모두를 목적으로 하는 경우에 공정가치변동을 기타포괄손익으로 인식한다.

1. 기타포괄손익 – 공정가치측정 금융자산의 취득(최초측정)

기타포괄손익 – 공정가치측정(FVOCI) 금융자산의 취득원가는 취득당시의 공정가치로 재무상태표에 인식하며, 기타포괄손익 – 공정가치측정 금융자산의 취득에 직접 관련된 거래원가는 취득원가에 가산한다. 이는 앞에서 살펴본 당기손익 – 공정가치측정 금융자산과 다르다.

> 기타포괄손익 – 공정가치측정 금융자산 취득원가 = 매입가액 + 거래원가

2. 기타포괄손익 – 공정가치측정 금융자산의 평가(후속측정)

기타포괄손익 – 공정가치측정(FVOCI) 금융자산의 평가는 공정가치에 의하며, 평가손익은 기타포괄손익으로 처리하여 자본항목으로 계상한다.

기타포괄손익 – 공정가치측정 금융자산의 기말 공정가치가 평가직전 장부금액보다 상승하면 평가이익으로 계상하고 기타포괄손익 – 공정가치측정 금융자산의 장부금액을 직접 증가시킨다. 반면에 기말 공정가치가 장부금액보다 하락하면 평가손실로 계상하고 기타포괄손익 – 공정가치측정 금융자산의 장부금액을 감소시킨다. 이는 당기손익 – 공정가치측정 금융자산의 평가와 유사하나 기타포괄손익 – 공정가치측정 금융자산평가손익은 손익계산서상의 평가손익에 반영하지 않고, 재무상태표의 자본항목인 기타포괄손익누계액으로 보고한다. 다음 연도에 기타포괄손익 – 공정가치측정 금융자산의 평가손익이 다시 발생할 때 기타포괄손익 – 공정가치측정 금융자산평가손익은 과년도의 평가손익에 가감된다.

> 기타포괄손익 – 공정가치측정 금융자산평가손익 = 공정가치 – 장부금액
> (기타포괄손익누계액)

3. 기타포괄손익 – 공정가치측정 금융자산의 처분

채무증권인 기타포괄손익-공정가치측정(FVOCI) 금융자산을 처분 시 기타포괄손익으로 인식했던 FVOCI 금융자산평가손익은 제거된다. 따라서 FVOCI 금융자산의 처분손익은 처분금액에서 FVOCI 금융자산의 장부금액을 차감하여 산정된다.

> 기타포괄손익 – 공정가치측정 금융자산(FVOCI금융자산)처분손익
> = 처분금액 – 장부금액
> 처분시 FVOCI금융자산평가손익은 제거됨

FVOCI 금융자산의 경우 처분시 기타포괄손익으로 인식한 FVOCI 금융자산평가손익을 제거하여 처분손익을 인식하게 되는데 이는 공정가치의 변동을 고려하지 않는 상각후원가측정 금융자산의 처분손익과 같게 된다. 기타포괄손익으로 인식한 FVOCI 금융자산평가손익을 제거하는 것은 기타포괄손익을 당기손익으로 재분류하는 것과 같은 효과를 갖는다. 따라서 금융상품을 상각후원가측정 금융자산으로 분류하든 FVOCI 금융자산으로 분류하든 전체 보유기간동안 인식할 이수수익과 처분손익은 동일하게 되는 것이다. 상각후원가측정 금융자산은 공정가치변동을 반영하지 않으므로 금융자산평가손익이 발생하지 않고, FVOCI 금융자산은 공정가치변동을 반영하여 금융자산평가손익이 발생하지만 이를 기타포괄손익으로 처리하기 때문에 당기손익에 영향을 미치지 않는다. 따라서 상각후원가측정 금융자산과 FVOCI 금융자산은 이자수익 인식과 평가에 관한 회계처리가 당기손익에 미치는 영향은 같게 된다. 또한 금융자산의 처분손익도 FVOCI 금융자산으로 분류한 경우 발생하였던 기타포괄손익이 처분 시 제거되기 때문에 상각후원가측정 금융자산으로 분류되든 FVOCI 금융자산으로 분류되든 처분손익은 같게 되는 것이다.

예제 4 **기타포괄손익 – 공정가치측정 금융자산(채무증권)의 회계처리**

20×7년 1월 1일 (주)서울은 (주)경기가 발행한 (액면금액 ₩100,000, 만기 3년, 이자지급 매년 말, 표시이자율 8%, 유효이자율 10%)의 사채를 취득에 따른 거래원가 ₩2,000을 포함하여 ₩95,026에 취득하고 기타포괄손익 – 공정가치측정(FVOCI) 금융자산으로 분류하였다. (주)서울이 보유하고 있는 이 FVOCI 금융자산의 20×7. 12. 31의 공정가치는 ₩97,000이

고, 20×8. 12. 31의 공정가치는 ₩97,500이다. (주)서울은 20×9. 1. 1에 ₩98,000에 처분하였다. 이러한 기타포괄손익 – 공정가치측정(FVOCI) 금융자산의 취득, 이자수령 및 평가와 처분에 관한 회계처리를 행하라.

이를 위해 다음의 유효이자율법에 의한 상각표를 활용하라.

유효이자율법에 따른 상각표

일자	유효이자 (장부금액 × 유효이자율)	표시이자 (액면금액 × 표시이자율)	상각액 (유효이자 – 표시이자)	장부금액 (상각후원가)
20×7. 1. 1				95,026
20×7. 12. 31	9,503[1]	8,000[4]	1,503[5]	96,529
20×8. 12. 31	9,653[2]	8,000	1,653	98,182
20×9. 12. 31	9,818[3]	8,000	1,818	100,000
	28,974	24,000	4,974	

1) 95,026 × 0.1 = 9,503   2) 96,529 × 0.1 = 9,653
3) 98,182 × 0.1 = 9,818   4) 100,000 × 0.08 = 8,000
5) 9,503 - 8,000 = 1,503

 해답

20×7. 1. 1: (취득)

(차) FVOCI 금융자산   95,026   (대) 현 금   95,026

20×7. 12. 31: (이자수령)

(차) { 현 금   8,000
FVOCI 금융자산   1,503 }   (대) 이자수익   9,503

* 이자수익은 유효이자율법을 적용하여 9,503을 인식하며 20×7년말 FVOCI 금융자산의 공정가치평가전 장부금액은 95,026 + 1,503 = 96,529가 된다.

20×7. 12. 31: (평가)

(차) FVOCI 금융자산   471   (대) FVOCI 금융자산평가이익 471

* 20×7년말 FVOCI금융자산의 평가손익은 97,000 – 96,529 = 471이다.

20×8. 12. 31: (이자수령)

(차) { 현 금   8,000
FVOCI 금융자산   1,653 }   (대) 이자수익   9,653

* 20×8년말 FVOCI금융자산의 공정가치평가전 장부금액은 97,000 + 1,653 = 98,653이 된다.

20×8. 12. 31: (평가)

(차) { FVOCI 금융자산평가이익　　471 　　(대) FVOCI 금융자산　　　　1,153
　　　 FVOCI 금융자산평가손실　　682

* 20×8년말 FVOCI금융자산의 평가손익은 97,500 – 98,653 = 1.153이다.
전기의 평가이익 471을 상계하고 682를 평가손실로 인식한다.

20×9. 1. 1: (처분)

(차) { 현　금　　　　　　　98,000 　　(대) { FVOCI 금융자산　　　　　97,500
　　　 FVOCI 금융자산처분손실　182 　　　　　 FVOCI 금융자산평가손실　682

* 20×9년 처분시 FVOCI금융자산의 평가손실 682가 제거되면서 처분손익에 반영되므로 기타
포괄손익이 당기손익으로 재분류한 결과가 된다. 따라서 처분손실은 처분금액 98,000과 장
부금액 97,500에 기타포괄손익으로 분류된 FVOCI금융자산평가손실 682가 반영된 새로운 장
부금액인 98,182와의 차이인 182의 처분손실이 발생된다.

　　그러나 지분증권인 기타포괄손익 – 공정가치측정 금융자산(FVOCI선택
금융자산)을 처분할 때는 채무증권인 FVOCI 금융자산과 다르다. 지분증권
인 기타포괄손익 – 공정가치측정 금융자산(FVOCI 선택 금융자산)은 기타포
괄손익으로 인식한 기타포괄손익 – 공정가치측정 금융자산평가손익을 당기
손익으로 재분류할 수 없으며 처분직전에 장부금액을 공정가치로 평가하
므로 처분손익이 발생하지 않는다.

> **기타포괄손익 – 공정가치측정 금융자산(FVOCI 선택 금융자산) 처분손익**
> **= 처분금액 – 공정가치변동 반영후 장부금액 = 0**
> **처분금액과 공정가치변동 반영후 장부금액은 일치하게 됨**

　　만약 과년도에 공정가치변동으로 기타포괄손익을 인식하였고, 처분직전
의 공정가치변동에 따른 기타포괄손익을 추가적으로 인식한 후 이를 조정
한 후에도 기타포괄손익이 남아 있다면 처분 시 기타포괄손익은 제거되지
않고 자본항목으로 남아있게 된다. 이러한 점에서 채무증권인 FVOCI 금융
자산과 차이가 있다. 지분증권인 FVOCI 선택 금융자산은 채무증권인 FVOCI
금융자산과 달리 기타포괄손익을 당기손익으로 재분류하지 않는다. 이는
원래 FVPL 금융자산으로 분류했어야 할 지분증권을 FVOCI 금융자산으로
분류할 수 있도록 하는 선택권이 부여되었는데 처분 시 재분류를 허용하면
기업은 이를 이용하여 당기손익을 조정할 수 있기 때문이다.

따라서 공정가치측정 금융자산의 공정가치변동 즉, 평가손익을 당기손익으로 인식하느냐(FVPL 금융자산), 기타포괄손익으로 인식하느냐(FVOCI 금융자산)에 따라 처분손익은 달라진다. FVPL 금융자산은 처분금액과 장부금액의 차이에 의하여 처분손익을 인식하는데, 채무증권인 FVOCI 금융자산은 처분 시 기타포괄손익을 제거한 후 처분손익을 인식한다는 점에서 FVPL 금융자산 처분손익인식과 차이가 있다. 또한 지분증권인 FVOCI 선택 금융자산은 처분손익을 인식하지 않는다 점에서 FVPL 금융자산 및 채무증권인 FVOCI 금융자산과 차이가 있다.

예제 5 **기타포괄손익 – 공정가치측정 금융자산(지분증권)**

다음은 (주)세종의 지분증권인 기타포괄손익 – 공정가치측정 금융자산(FVOCI 선택 금융자산)에 관련된 일련의 거래내용이다. 이에 대한 회계처리를 행하여라.

(1) 20×7년 10월 5일 FVOCI 선택 금융자산인 (주)대전의 주식 100주를 주당 ₩6,000에 취득하고, 취득과 관련된 거래비용 ₩1,500과 함께 현금으로 지급하다.

(2) 20×7년 12월 31일 (주)대전의 주식의 공정가치는 주당 ₩6,500이다.

(3) 20×8년 3월 5일 (주)대전으로부터 주당 ₩100의 배당금을 받았다.

(4) 20×8년 12월 31일 (주)대전의 주식의 공정가치는 주당 ₩5,500이다.

(5) 20×9년 8월 20일 (주)대전의 주식중 100주를 주당 ₩5,000에 처분하였다.

해답

(1) 20×7년 10월 5일(취 득)

(차) FVOCI 금융자산	601,500	(대) 현 금	601,500

1) FVOCI금융자산의 경우 거래비용은 취득원가에 가산된다.

(2) 20×7년 12월 31일(후속측정)

(차) FVOCI 금융자산	48,500	(대) FVOCI 금융자산평가이익	48,500

1) FVOCI금융자산평가이익 = 650,000 – 601,500

(3) 20×8년 3월 5일(배당금 수령)

(차) 현 금	10,000	(대) 배당금수익	10,000

(4) 20×8년 12월 31일 (후속측정)

(차) $\begin{cases} \text{FVOCI 금융자산평가이익} \quad 48,500 \\ \text{FVOCI 금융자산평가손실} \quad 51,500^{2)} \end{cases}$ (대) FVOCI 금융자산 100,000[1]

1) (5,500 - 6,500) × 100 = 100,000

2) FVOCI 금융자산평가이익과 먼저 상계한 후 잔액을 평가손실로 인식한다.

FVOCI 금융자산평가손실 = 100,000 - 48,500

(5) 20×9년 8월 20일(처분)

(차){ FVOCI 금융자산평가손실 50,000   (대){ FVOCI 금융자산 50,000
     현 금 500,000   FVOCI 금융자산 500,000

1) FVOCI금융자산평가손실 101,500(51,500 + 50,000)은 처분시 제거되지 않고 자본항목으로 계속남게 되며 처분손익은 발생하지 않는다.

7.5 상각후원가측정(AC) 금융자산

1. 상각후원가측정 금융자산의 취득(최초측정)

상각후원가측정(AC) 금융자산은 만기가 고정되어 있고 지급금액이 확정되어 있는 금융자산으로 만기까지 보유할 적극적인 의도와 능력이 있는 경우의 금융자산을 말한다. 지분증권은 만기가 없으므로 상각후원가측정 금융자산이 될 수 없고, 채무증권과 금융기관에서 취급하는 금융상품이 이에 해당된다. 채무증권에 대한 회계처리는 금융부채인 사채의 회계처리와 같다. 사채는 채권의 발행자 입장에서 처리한 것이고, 상각후원가측정 금융자산은 채권의 투자자 입장에서 처리한 것이기 때문이다.

상각후원가측정 금융자산은 금융상품의 계약당사자가 되는 때에 공정가치를 재무상태표에 인식하며, 취득과 관련하여 발생한 거래원가는 취득원가에 가산한다. 따라서 취득에 직접 관련된 거래원가는 당기의 비용으로 처리하는 당기손익 – 공정가치측정 금융자산과는 차이가 있다.

> 상각후원가측정자산 취득원가 = 매입가액 + 거래원가

2. 상각후원가측정 금융자산의 평가(후속측정)

상각후원가측정 금융자산은 만기까지 보유하여 상환기간 동안 이자수익을 획득할 목적으로 취득한다. 상각후원가측정 금융자산은 시세차익을 획득할 목적으로 투자하지 않으므로 기말에 후속측정을 공정가치에 의하여 측정할 필요가 없다. 그러나 상각후원가측정 금융자산의 취득원가가 만기상환금액인 액면금액과 다른 경우에는 채무증권의 상환기간 동안 장부금액을 만기상환금액에 근접시키는 회계처리가 필요하다. 이를 위해 할인 또는 할증차금을 채무증권의 상환기간에 걸쳐 유효이자율법에 의하여 상각하여 취득원가와 이자수익에 가감하게 되는데, 취득원가에 할인 또는 할증차금의 상각액을 가감한 금액을 상각후원가(amortized costs)라 한다. 따라서 상각후원가측정 금융자산은 유효이자율법을 적용하여 상각후원가로 평가하며, 공정가치로 평가하지 않는다.

상각후원가 = 취득원가 ± 할인 및 할증차금상각액

3. 상각후원가측정 금융자산의 손상차손

금융자산 중 상각후원가측정 금융자산과 채무증권인 기타포괄손익–공정가치측정 금융자산에 대해서는 손상차손을 인식한다. 지분증권의 경우에는 신용손실위험이 없으므로 손상회계처리 대상이 아니며, 채무상품인 당기손익–공정가치측정 금융자산은 공정가치변동이 당기손익으로 재무제표에 즉시 반영되기 때문에 손상차손을 인식할 필요가 없다.

상각후원가측정 금융자산은 취득한 이후에 손상이 발생하여 단기간내에 회복할 수 없다면 상각후원가측정 금융자산의 장부금액을 회수가능액까지 감소시키고, 이를 손상차손으로 인식하며, 손상차손은 상각후원가측정 금융자산에서 직접 차감하고 당기손익으로 인식한다. 상각후원가측정 금융자산의 회수가능액은 이 자산으로부터 미래에 유입될 순현금흐름의 현재가치로 측정한다. 미래현금흐름을 추정할 경우 적용할 할인율은 최초인식시점에서 산정한 유효이자율이다.

> 손상차손 = 손상차손인식전 장부금액 - 추정미래현금흐름의 현재가치
>
> 손상차손환입 = 추정미래현금흐름의 현재가치 - 손상차손인식전 장부금액

4. 상각후원가측정 금융자산의 만기회수

　　상각후원가측정 금융자산은 만기까지 적극적으로 보유할 의도와 능력이 있는 자산이나 금융자산을 상각후원가측정 금융자산으로 분류한다고 하여 반드시 만기까지 보유해야 하는 것은 아니다. 상각후원가측정 금융자산을 만기일 이전에 처분하는 경우 처분금액과 장부금액의 차액은 상각후원가측정 금융자산처분손익으로 인식하여 당기손익에 귀속시킨다. 이 때 상각후원가측정 금융자산의 장부금액은 상각후원가를 말한다.

> 상각후원가측정 금융자산처분손익 = 상각후원가측정 금융자산처분가액 - 상각후원가측정 금융자산의 장부금액

예제 6　**상각후원가측정 금융자산의 회계처리: 취득원가와 액면금액이 같은 경우**

　20×7년 1월 1일 (주)서울은 (주)경기가 동일에 발행한 (액면금액 ₩100,000, 만기 3년, 이자지급 매년 말, 표시이자율 8%, 유효이자율 8%) 사채를 취득에 따른 거래원가 ₩2,000을 포함하여 ₩100,000에 취득하고 상각후원가측정 금융자산으로 분류하였다. 이러한 상각후원가측정 금융자산의 취득과, 이자수령, 만기회수에 관한 회계처리를 행하라.

해답

20×7. 1. 1: (취 득)

(차) 상각후원가측정 금융자산　100,000　　　　(대) 현　　　　금　　100,000

20×7. 12.31: (이자수령)

(차) 현　　　　금　　　8,000　　　　(대) 이 자 수 익　　　8,000

20×8. 12.31: (이자수령)

(차) 현　　　　금　　　8,000　　　　(대) 이 자 수 익　　　8,000

20×9. 12.31: (이자수령)

(차) 현　　　　금　　　8,000　　　　(대) 이 자 수 익　　　8,000

20×9. 12.31: (만기회수)

(차) 현　　　　금　　100,000　　　　(대) 상각후원가측정 금융자산　100,000

예제 7 **상각후원가측정 금융자산의 회계처리: 취득원가와 액면금액이 다른 경우**

20×7년 1월 1일 (주)서울은 (주)경기가 동일에 발행한 (액면금액 ₩100,000, 만기 3년, 이자지급 매년 말, 표시이자율 8%, 유효이자율 10%) 사채를 취득에 따른 거래원가 ₩2,000을 포함하여 ₩95,026에 취득하고 상각후원가측정 금융자산으로 분류하였다. 이러한 상각후원가측정 금융자산의 취득과, 이자수령, 만기회수에 관한 회계처리를 행하라. 이를 위해 다음의 유효이자율법에 의한 상각표를 활용하라.

유효이자율법에 따른 상각표

일자	유효이자 (장부금액 × 유효이자율)	표시이자 (액면금액 × 표시이자율)	상각액 (유효이자 - 표시이자)	장부금액 (상각후원가)
20×7. 1. 1				95,026
20×7. 12. 31	9,503[1]	8,000[4]	1,503[5]	96,529[6]
20×8. 12. 31	9,653[2]	8,000	1,653	98,182
20×9. 12. 31	9,818[3]	8,000	1,818	100,000
	28,974	24,000	4,974	

1) 95,026 × 0.1 = 9,503   2) 96,529 × 0.1 = 9,653
3) 98,182 × 0.1 = 9,818   4) 100,000 × 0.08 = 8,000
5) 9,503 - 8,000 = 1,503   6) 95,026 + 1,503 = 96,529

해답

20×7. 1. 1: (취 득)

(차) 상각후원가측정 금융자산 95,026   (대) 현　　　금　95,026

20×7. 12. 31: (이자수령)

(차) {현　　　금　　　　　　　　8,000
상각후원가측정 금융자산 1,503}   (대) 이 자 수 익　9,503

＊2007년말 상각후원가측정 금융자산의 후속측정액은 95,026 + 1,503 = 96,529가 된다.

20×8. 12. 31: (이자수령)

(차) {현　　　금　　　　　　　　8,000
상각후원가측정 금융자산 1,653}   (대) 이 자 수 익　9,653

＊2008년말 상각후원가측정 금융자산의 후속측정액은 96,529 + 1,653 = 98,182가 된다.

20×9. 12. 31: (이자수령)

(차) {현　　　금　　　　　　　　8,000
상각후원가측정 금융자산 1,818}   (대) 이 자 수 익　9,818

* 2009년말 상각후원가측정 금융자산의 후속측정액은 98,182 + 1,818 = 100,000가 된다.

20×9. 12. 31: (만기회수)

(차) 현　　　금　　　　　100,000　　　　(대) 상각후원가측정 금융자산 100,000

7.6 　관계기업투자주식

관계기업투자주식(investments in associates)은 투자회사가 피투자회사의 경영권을 지배·통제하거나 중대한 영향력을 행사할 목적으로 보유하고 있는 금융자산을 말한다. 여기에서 중대한 영향력이라 함은 일반적으로 투자회사가 피투자회사의 의결권 있는 주식을 20% 이상 보유하여 영업 및 재무 등의 의사결정에 실질적인 영향력을 행사할 수 있는 경우를 의미한다.

또한 투자회사가 피투자회사의 의결권 있는 주식을 과반수이상 보유한 경우 피투자회사는 자회사로서 연결재무제표의 작성 대상이 된다.

관계기업투자주식의 취득원가는 매입금액에 투자주식의 매입과 관련하여 발생한 매입수수료, 증권거래세 등 거래비용을 가산한 금액으로 한다. 관계기업투자주식의 평가는 취득 후에는 피투자기업의 순자산가치 변동에 연계하여 평가하는 지분법에 의한다.

지분법(equity method)은 투자자산을 취득시점에는 취득원가로 인식하고, 취득시점 이후에 발생한 피투자기업의 순자산변동액 중 투자기업의 지분을 해당 투자자산의 장부금액에 직접 반영하는 방법이다. 즉, 피투자회사가 당기순이익을 보고하면 순이익 중 투자회사의 지분만큼 투자주식의 장부금액을 증가시키고, 피투자회사로부터 배당금을 수령하면 수령한 배당금만큼 투자주식의 장부금액을 감소시킨다.

주식의 보유비율에 따른 평가를 정리하면 다음과 같다.

예제 8 **관계기업투자주식의 회계처리**

(주)서울은 20×8년 1월 1일 (주)경기 발행주식의 25%인 10,000주를 주당 ₩500에 매입하였다. 20×8년 12월 31일 (주)경기는 당기순이익 ₩400,000을 보고하였다. 한편 20×9년 1월 1일에 (주)경기는 주주에게 배당금 ₩120,000을 지급하였다. 20×9년 10월 1일에 (주)서울은 (주)경기의 발생주식 모두를 주당 ₩550에 처분하였다. 이 때 (주)서울의 관계기업투자주식과 관련한 회계처리를 행하라.

해 답

20×8. 1. 1: (주식취득)

| (차) 관계기업투자주식 | 5,000,000 | (대) 현 금 | 5,000,000 |

20×8.12.31: (순이익보고)

| (차) 관계기업투자주식 | 100,000 | (대) 관계기업투자주식 평 가 이 익 | 100,000* |
| (* 400,000×25%(지분율)) | | | |

20×9.1.1: (배당금수령)

| (차) 현 금 | 30,000 | (대) 관계기업투자주식 | 30,000** |
| (** 120,000×25%(지분율)) | | | |

20×9.10.1: (주식처분)

| (차) 현 금 | 5,500,000 | (대) 관계기업투자주식 | 5,070,000 |
| | | 관계기업투자주식 처분이익 | 430,000 |

연·습·문·제

■■ **기본문제** ■■─────────────────────────

01 다음 중 당기손익-공정가치측정 금융자산으로 지정할 수 있는 경우가 아닌 것은?
① 활성거래시장에서 공시되는 가격이 존재함
② 공정가치를 신뢰성 있게 측정할 수 있는 지분상품
③ 당기손익-공정가치측정 금융자산으로 지정하는 것이 더 목적적합한 정보를 제공하는 경우
④ 만기까지 보유할 적극적인 의도와 능력이 있어야 함

▶ 풀이: 만기까지 보유할 적극적인 의도와 능력이 있는 금융자산은 상각후원가측정 금융자산임.

정답 ④

02 금융기관이 단기적 시세차익을 얻기 위하여 취득한 금융자산은 다음 중 어느 계정과목으로 분류하여야 하는가?
① 당기손익인식지정금융자산 ② 당기손익-공정가치측정 금융자산
③ 상각후원가측정 금융자산 ④ 기타포괄손익-공정가치측정 금융자산

정답 ②

03 다음 중 관계기업투자주식의 정의로 올바르지 않은 것은?
① 타 기업을 지배 통제할 목적으로 투자된 자산이다.
② 기업의 고유한 영업목적과 직접적으로 관련이 없다.
③ 장기적으로 보유하고 있다는 점에서 당기손익-공정가치측정 금융자산과 공통점이 있다.
④ 취득원가는 매입금액에 매입수수료 등 거래비용을 가산한 금액으로 한다.

정답 ③

04 다음은 당기손익-공정가치측정 금융자산에 대한 설명이다. 적절하지 않는 것은?
① 공정가치로 측정한다.
② 평가직전의 장부금액과 공정가액의 차이는 당기손익에 반영한다.
③ 취득시 취득에 직접 관련된 거래원가는 취득원가에 가산한다.
④ 처분시 처분가액은 매각금액에서 매각과 관련한 부대원가를 차감한 금액이다.

▶ 풀이: 당기손익-공정가치측정 금융자산의 거래원가는 당기의 비용으로 처리한다.

정답 ③

05 다음은 상각후원가측정 금융자산에 대한 설명이다. 옳지 않은 것은?

① 만기가 고정되고 지급금액이 확정되었거나 결정 가능한 비파생금융자산이다.

② 만기까지 보유할 적극적인 의도와 능력이 있는 금융자산이다.

③ 지분증권은 상각후원가측정 금융자산이 될 수 없고 채무증권과 금융기관에서 취급하는 금융상품이 상각후원가측정 금융자산으로 분류될 수 있다.

④ 상각후원가측정 금융자산의 취득과 관련하여 거래원가는 당기의 비용으로 처리한다.

정답 ④

06 다음 중 기타포괄손익-공정가치측정 금융자산으로 분류할 수 있는 금융자산은 어느 것인가?

① 대여금 및 수취채권

② 상각후원가측정 금융자산

③ 당기손익-공정가치측정 금융자산

④ 매도가능항목으로 지정한 비파생금융자산

정답 ④

07 다음은 기타포괄손익-공정가치측정 금융자산에 대한 설명이다. 옳지 않은 것은 어느 것인가?

① 취득 시 취득에 직접 관련된 거래원가는 취득원가에 가산한다.

② 기말 평가 시 공정가치를 신뢰성 있게 측정할 수 있는 경우 공정가치로 측정하며, 평가손익은 기타포괄손익으로 처리한다.

③ 공정가치를 신뢰성 있게 측정할 수 없는 지분상품은 원가로 측정한다.

④ 채무상품의 이자수익은 정액법으로 계산하여 당기손익으로 인식한다.

▶ 풀이: 채무상품의 이자수익은 유효이자율법으로 인식한다.

정답 ④

08 피투자회사로부터 순이익 발생보고를 받는 경우 관계기업투자주식계정에는 어떠한 영향을 미치는가?

① 원가법은 증가하고 지분법은 감소한다.

② 원가법은 영향이 없으며 지분법은 감소한다.

③ 원가법은 영향이 없으며 지분법은 증가한다.

④ 원가법, 지분법 모두 영향이 없다.

정답 ③

09 (주)대망은 (주)소망의 발행주식 40%를 소유함으로써 관계기업투자주식 계정의 평가에 있어서 지분법을 적용하고 있다. (주)소망으로부터 현금배당 ₩1,000,000

을 받았다면, (주)대망의 재무제표 상에 나타나는 변화 중 옳은 것은?

① 관계기업투자주식 계정의 감소　　② 관계기업투자주식계정의 증가

③ 당기순이익의 감소　　　　　　　④ 당기순이익의 증가

정답 ①

10 다음 중 유가증권평가방법으로서 지분법이 주장되는 근거로 맞는 것은?

① 투자회사와 피투자회사 사이의 법률적 독립성이 강조된다.

② 투자회사의 지분에 해당하는 피투자회사의 이익을 투자회사의 이익잉여금에 실현이익으로 계상하여야 한다.

③ 투자회사의 피투자회사에 대한 경제적 영향력이 중시되어야 한다.

④ 인플레회계와 비슷한 논리로 투자회사의 투자계정을 화폐가치의 변동에 따라 조정되어야 한다.

정답 ③

11 (주)선진은 여유자금의 단기적 운용을 목적으로 시장성 있는 액면가액이 @₩5,000 인 A사 주식 100주를 @₩6,000에 취득하였으며, 취득시 수수료로 ₩4,000을 지급하였다. 이 경우 유가증권의 취득원가는?

① ₩500,000　　　　　　　　　② ₩504,000

③ ₩600,000　　　　　　　　　④ ₩604,000

정답 ③

12 다음 거래내역을 올바르게 분개한 것은?

　(주)미래는 단기시세차익을 목적으로 시장성 있는 (주)소망의 사채 100좌를 구입하고 구입대금으로 ₩2,000,000을 수수료로 ₩100,000을 각각 현금으로 지급하였다.

① (차) { 당기손익-공정가치측정 금융자산　2,000,000　　(대) 현　금　2,100,000
　　　　　 수수료비용　　　　　　　　　　 100,000

② (차) 사　　채　　　　　　　　　2,100,000　(대) 현　금　2,100,000

③ (차) { 사　　채　　　　　　　　　2,000,000　　(대) 현　금　2,100,000
　　　　　 수수료비용　　　　　　　　　　 100,000

④ (차) 당기손익-공정가치측정 금융자산　2,100,000　(대) 현　금　2,100,000

정답 ①

13 다음은 (주)부산이 20×8년 12월 31일에 보유하고 있는 A사 주식과 B사 주식의 내역이다. 20×8년 12월 31일 재무상태표에 보고될 당기손익-공정가치측정 금융자산의 가액은 얼마인가?(단, 단기시세차익 목적으로 취득한 것이다.)

유가증권	취득원가	시가
A사 주식	₩34,000	₩29,000
B사 주식	₩50,000	₩60,000
계	₩84,000	₩89,000

① ₩79,000　　　　　　② ₩84,000

③ ₩89,000　　　　　　④ ₩94,000

➡ 풀이: 당기손익-공정가치측정 금융자산은 공정가치에 의한다.
　　A사 주식 29,000 + B사 주식 60,000 = 89,000

정답 ③

14 (주)건전은 20×8년 2월에 시장성 있는 (주)순수의 주식 100주를 주당 ₩5,000에 단기시세차익 목적으로 취득하였으며, 20×8년 5월에 (주)순수의 주식 중 50주를 주당 ₩6,500에 매각하고 매각수수료 ₩5,000을 지급하였다. 매각일의 올바른 분개를 나타낸 것은?

① (차) 현　금　　320,000　(대){당기손익-공정가치측정 금융자산 250,000 / 금융자산처분이익 70,000

② (차) 현　금　　325,000　(대) 당기손익-공정가치측정 금융자산 325,000

③ (차) 현　금　　320,000　(대) 당기손익-공정가치측정 금융자산 320,000

④ (차){현　금　320,000 / 수수료비용 5,000　(대){당기손익-공정가치측정 금융자산 250,000 / 금융자산처분이익 75,000

➡ 풀이: 금융자산처분이익: 순매각금액(6,500 × 50 – 5,000) – 장부금액(5,000× 50) = 70,000

정답 ①

15 (주)청아는 20×7년 7월 1일 단기매매목적으로 시장성 있는 (주)단아의 사채(액면금액 ₩1,000,000, 발행일 20×7년 1월 1일, 만기일 20×9년 12월 31일, 이자율 연 10%, 이자지급일 매년 12월 31일 1회 지급)를 발생이자를 포함하여 ₩950,000에 취득하고 거래수수료 ₩10,000을 지급하였다. (주)단아의 사채 취득원가는 얼마인가?

① ₩900,000　　　　　　② ₩910,000

③ ₩950,000　　　　　　④ ₩960,000

➡ 풀이: (차){당기손익-공정가치측정 금융자산 900,000 / 미수이자 50,000* / 수수료비용 10,000　(대) 현　금 960,000

　　발생이자(경과이자): 1,000,000 × 10% × 6/12 = 50,000

정답 ①

※ 다음은 문16부터 문17까지 관련된 자료이다.

16 (주)현지는 20×7년 1월 1일 만기보유목적으로 액면금액이 ₩100,000인 (주)예지의 사채(만기 20×9년 12월 31일, 액면이자율 연 8%)를 취득하였다. 유효이자율은 10%이며 이자지급일은 매년 12월 31일이다. 다음의 현가자료를 이용하여 사채의 취득원가를 구하면?

기 간	할인율	현 가	연금현가
3년	8%	0.7938	2.5771
3년	10%	0.7513	2.4868

① ₩93,520 ② ₩95,024
③ ₩97,250 ④ ₩100,000

▶ 풀이: 취득원가 = 원금 × 현가계수 + 이자 × 연금현가계수
  100,000 × 0.7513 + 8,000 × 2.4868 = 95,024

정답 ②

17 위 문항 16에서 20×8년 12월 31일에 장부금액을 조정하기 위하여 인식할 상각액은 얼마인가?

① ₩1,487 ② ₩1,502
③ ₩1,652 ④ ₩1,900

▶ 풀이: 1차년도 : 95,024 × 0.1 - 8,000 = 1,502
  2차년도 : (95,024 + 1,502) × 0.1 - 8,000 = 1,652

정답 ③

18 (주)삼공은 20×8년 중에 (주)태공의 주식 10%를 장기투자목적으로 ₩100,000에 100주를 취득하였다. 20×8년 12월 31일 (주)태공의 1주당 공정가치가 ₩1,300이었으며, 20×9년 12월 31일 현재 ₩1,100이라면 20×9년 12월 31일의 재무제표에 계상할 기타포괄손익-공정가치측정 금융자산평가손익은 얼마인가?

① 기타포괄손익-공정가치측정 금융자산평가이익 10,000
② 기타포괄손익-공정가치측정 금융자산평가이익 30,000
③ 기타포괄손익-공정가치측정 금융자산평가손실 20,000
④ 기타포괄손익-공정가치측정 금융자산평가손실 30,000

▶ 풀이: 100 × (1,300 - 1,000) - 100 × (1,300 - 1,100) = 10,000
  20×8년말: (차)기타포괄손익-공정가치측정 금융자산 30,000
      (대)기타포괄손익-공정가치측정 금융자산평가이익 30,000
  20×9년말: (차)기타포괄손익-공정가치측정 금융자산평가이익 20,000
      (대)기타포괄손익-공정가치측정 금융자산 20,000

정답 ①

19 위의 문제 18에서 만약 20×9년 1월 31일 (주)태공의 주식 중 50주를 주당 ₩1,200에 처분하였다면 20×9년에 인식할 기타포괄손익-공정가치측정 금융자산 처분손익은 얼마인가?

① 처분이익 5,000　　　　　　　　② 처분이익 0

③ 처분손실 5,000　　　　　　　　④ 처분손실 10,000

▶ 풀이: 기타포괄손익-공정가치측정 금융자산은 처분직전에 공정가치변동을 장부금액에 반영하므로 처분시 처분손익은 발생하지 않는다.

정답 ②

20 (주)건지에서 20×8년 11월 1일에 액면가액 ₩100,000, 액면이자율 8%인 사채를 장기투자목적으로 액면의 110%에 구입하였다. 이 사채의 발행일은 20×8년 5월 1일이고 만기일은 20×9년 4월 30일이며 이자지급일은 매년 4월 30일이다. 취득시 회계처리는?

① (차) { 기타포괄손익-공정가치측정 금융자산　106,000　(대) 현　　금　110,000
미 수 이 자　4,000 }

② (차) 기타포괄손익-공정가치측정 금융자산　110,000　(대) 현　　금　110,000

③ (차) 기타포괄손익-공정가치측정 금융자산　114,000　(대) { 현　　금　110,000
미 수 이 자　4,000 }

④ (차) { 기타포괄손익-공정가치측정 금융자산　106,000　(대) 현　　금　110,000
사채할인발행차금　4,000 }

▶ 풀이: 경과이자(미수이자): ₩100,000 × 8% × 6/12 = 4,000

정답 ①

▪️ 기출문제 ▪️

- **금융자산**

01 금융자산 및 기업 간 투자에 대한 설명으로 옳은 것은? ('15 세무직)
① 관계기업투자주식을 보유한 기업이 피투자회사로부터 배당금을 받는 경우 관계기업투자주식의 장부가액은 증가한다.
② 타회사가 발행한 채무증권의 취득 금액이 해당 기업의 보통주 가격의 20% 이상이 되는 경우, 해당 기업의 경영에 유의적인 영향력을 미칠 수 있기에 관계기업투자로 분류한다.
③ 금융기관이 가지고 있는 단기매매금융자산은 기말에 공정가치평가손익을 포괄손익계산서에서 기타포괄손익으로 표시한다.
④ 만기가 고정된 비파생금융자산인 채무증권을 취득한 후 해당증권을 만기까지 보유할 적극적인 의도와 능력이 있는 경우 상각후원가측정 금융자산으로 분류한다.

➡️ **풀이:** ② 타 회사의 채무증권이 아닌 지분증권을 취득하였을 때 조건을 고려하여 관계기업투자로 분류할 수 있다.
정답 ④

02 금융자산과 관련한 회계처리로 옳지 않은 것은? ('15 주택)
① 지분상품은 상각후원가측정 금융자산으로 분류할 수 없다.
② 기타포괄손익-공정가치측정 금융자산에서 발생하는 배당금 수령액은 기타포괄이익으로 계산한다.
③ 매 회계연도말 지분상품은 공정가치로 측정하는 것이 원칙이다.
④ 지분상품을 최초 인식시점에 기타포괄손익-공정가치측정 금융자산으로 분류하였다면 이후 회계연도에는 당기손익-공정가치측정 금융자산으로 재분류할 수 없다.
⑤ 최초 인식 이후 상각후원가측정 금융자산은 유효이자율법을 사용하여 상각후원가로 측정한다.

➡️ **풀이:** 채무증권의 경우 최초에 FVOCI 금융자산으로 분류하였으나 이후 회계연도에 사업모형이 변경되면 FVPL 금융자산으로 재분류할 수 있다. 참고로 지분증권은 최초에 FVOCI 금융자산으로 선택하였다면 FVPL 금융자산으로 재분류 할 수 없다.
정답 ②

03 유가증권에 대한 설명 중 적절한 것은? ('07 관세직)
① 기타포괄손익-공정가치측정 금융자산(지분증권)의 처분 시에는 장부가액과 처분가액의 차이를 기타포괄손익-공정가치측정 금융자산처분손익으로 인식하여

손익계산서상의 영업외 손익으로 보고한다.

② 당기손익 공정가치측정 금융자산과 기타포괄손익-공정가치측정 금융자산에 대한 미실현보유손익은 당기 손익항목으로 처리한다.

③ 상각후원가측정에 대하여 감액손실(손상차손)로 인식하는 금액은 유가증권 취득당시의 유효이자율로 할인한 기대현금흐름의 현재가치(회수가능가액)와 장부가액의 차이이다.

④ 당기손익 공정가치측정 금융자산과 다른 증권과목 간에는 분류변경을 할 수 없으나, 당기손익 공정가치측정 금융자산이 시장성을 상실한 경우에 한하여 제한적으로 기타포괄손익-공정가치측정 금융자산으로 재분류할 수 있다.

▶ 풀이: ① FVOCI 금융자산(지분증권)은 처분 직전에 공정가치변동을 장부금액에 반영하므로 처분손익이 발생하지 않는다.

② 당기손익 공정가치측정 금융자산은 당기 손익항목으로 처리하며 FVOCI 금융자산은 기타포괄손익으로 처리한다.

④ 지분증권은 다른 증권과목 간에 분류변경을 할 수 없다. 따라서 당기손익 공정가치측정 금융자산이 시장성을 상실한 경우라도 기타포괄손익-공정가치측정 금융자산으로 재분류할 수 없다.

정답 ③

04 회계기말의 유가증권 평가에 관한 설명으로 옳지 않은 것은? ('09 관세직)

① 당기손익 공정가치측정 금융자산과 기타포괄손익-공정가치측정 금융자산은 원칙적으로 공정가치로 평가한다.

② 당기손익 공정가치측정 금융자산 평가손익은 당기손익항목으로 처리한다.

③ 기타포괄손익-공정가치측정 금융자산평가손익은 당기손익항목에 포함하지 않고 자본항목으로 처리한다.

④ 시장성 있는 관계기업투자주식은 공정가치로 평가하고 공정가치가 존재하지 않는 경우에는 지분가액으로 평가한다.

▶ 풀이: ④ 관계기업투자주식은 공정가치로 평가하지 않는다.

정답 ④

05 당기손익 공정가치측정 금융자산에 관한 설명으로 옳지 않은 것은? ('13 주택)

① 당기손익 공정가치측정 금융자산의 취득과 직접 관련되는 거래원가는 최초 인식하는 공정가치에 가산한다.

② 당기손익 공정가치측정 금융자산의 처분에 따른 손익은 포괄손익계산서에 당기손익으로 인식한다.

③ 당기손익 공정가치측정 금융자산은 재무상태표에 공정가치로 표시한다.

④ 당기손익 공정가치측정 금융자산의 장부금액이 처분금액보다 작으면 처분이익이 발생한다.

⑤ 당기손익 공정가치측정 금융자산의 평가에 따른 손익은 포괄손익계산서에 당기

손익으로 인식한다.

정답 ①

06 행복상사가 기말에 보유하고 있는 기타포괄손익-공정가치측정 금융자산의 공정가치가 장부가액에 비해 ₩30,000만큼 상승하였다. 이 경우 기타포괄손익-공정가치측정 금융자산평가이익 ₩30,000은 다음 중 어디에 포함되는가? ('08 관세직)
① 손익계산서의 영업이익
② 재무상태표의 자본조정
③ 손익계산서의 영업외수익
④ 재무상태표의 기타포괄손익누계액

정답 ④

07 기타포괄손익-공정가치측정 금융자산융자산으로 인하여 수취한 현금배당액에 대한 회계 처리로 옳은 것은? ('11 관세직)
① 재무상태표에 기타포괄손익누계액으로 표시한다.
② 기타포괄손익-공정가치측정금융자산의 장부금액을 감소시킨다.
③ 포괄손익계산서에 기타포괄손익으로 표시한다.
④ 포괄손익계산서에 수익으로 표시한다.

정답 ④

08 (주)한국은 A주식을 20×1년 초 ₩1,000에 구입하고 취득수수료 ₩20을 별도로 지급하였으며, 기타포괄손익-공정가치측정 금융자산으로 선택하여 분류하였다. A주식의 20×1년 말 공정가치는 ₩900, 20×2년 말 공정가치는 ₩1,200이고, 20×3년 2월 1일 A주식 모두를 공정가치 ₩1,100에 처분하였다. A주식에 관한 회계처리 결과로 옳지 않은 것은? ('19 주택)
① A주식 취득원가는 ₩1,020이다.
② 20×1년 총포괄이익이 ₩120 감소한다.
③ 20×2년 총포괄이익이 ₩300 증가한다.
④ 20×2년 말 재무상태표상 금융자산평가이익(기타포괄손익누계액)은 ₩180이다.
⑤ 20×3년 당기순이익이 ₩100 감소한다.

▶ 풀이: 기타포괄손익-공정가치측정 금융자산이 지분상품인 경우 제거시점에 공정가치로 재측정한 후 제거의 회계처리를 수행한다. 처분직전 장부금액을 공정가치로 평가하므로 처분손익이 발생하지 않는다. 따라서 20×3년에 인식할 당기순이익은 없다.

정답 ⑤

■ 당기손익 – 공정가치측정 금융자산

09 (주)대한은 20×1년에 (주)한국이 발행한 사채를 ₩180,000에 취득하였다. 취득한 사채는 단기간 내 매각을 목적으로 하고 있다. 취득시 발생한 거래 수수료는 ₩4,000이다. 20×1년 말 사채의 공정가치는 ₩188,000이다. (주)대한의 20×1년 당기순이익에 미치는 영향은?   ('15 주택)

① ₩4,000 증가   ② ₩6,000 증가   ③ ₩10,000 증가

④ ₩14,000 증가   ⑤ ₩18,000 증가

▶ 풀이:

(차)	FVPL 금융자산	180,000	(대) 현 금	184,000
	수수료비용	4,000		

(차) FVPL 금융자산	8,000	(대)FVPL 금융자산평가이익	8,000

정답 ①

10 (주)대한은 2016년 초에 (주)민국의 주식 10주를 ₩300,000(@₩30,000)에 취득하고 수수료 ₩20,000을 별도로 지급하였으며 동 주식을 당기손익–공정가치측정 금융자산으로 분류하였다. 2016년말 동주식의 공정가치가 주당 ₩34,000일 때, (주)대한이 동 주식에 대하여 인식해야 할 평가이익은?   ('16 지방직)

① ₩10,000   ② ₩20,000

③ ₩30,000   ④ ₩40,000

▶ 풀이: (34,000 – 30,000) × 10주 = 40,000

정답 ④

11 2010년 초 (주)한국은 (주)대한 주식을 주당 ₩2,500에 300주 매각하였다. 다음 자료를 참고할 때 해당 매각거래로 인하여 2010년도 손익계산서 상에 인식되는 처분손익은?   ('10 지방직)

> ○(주)한국은 2009년 10월 중 단기간 내의 매매차익을 목적으로 유가증권거래소에서 (주)대한의 주식 100주, 200주, 300주, 400주를 각각 주당 ₩4,000, ₩3,000, ₩2,000, ₩1,000에 취득한 후 단기매매증권으로 분류하였다.
> ○2009년 말 (주)대한의 주식 시장가액은 주당 ₩1,500이었다.
> ○거래비용과 세금은 없다고 가정한다.

① 이익 ₩150,000   ② 손실 ₩150,000

③ 이익 ₩300,000   ④ 손실 ₩250,000

▶ 풀이: (₩2,500 – ₩1,500) × 300주 = 이익 300,000

정답 ③

12 (주)한국의 당기손익-공정가치측정금융자산 거래가 다음과 같은 경우, 2015년의 법인세비용차감전손순익에 미치는 영향은?(단, 단가선정은 평균법에 의한다.) ('15 지방직)

> ㅇ 2014년에 A사 주식 100주(액면금액 주당 ₩5,000)를 ₩500,000에 취득하였으며, 2014년 말 공정가치는 ₩550,000이다.
> ㅇ 2015년 2월 A사는 현금배당 10%(액면기준)와 주식배당 10%를 동시에 실시하였으며, (주)한국은 A사로부터 배당금과 주식을 모두 수취하였다.
> ㅇ 2015년 10월에 보유 중이던 A사 주식 중 50주를 주당 ₩6,000에 처분하였다.
> ㅇ 2015년 말 A사 주식의 주당 공정가치는 ₩7,000이다.

① ₩160,000 증가 　　　　② ₩185,000 증가
③ ₩205,000 증가 　　　　④ ₩215,000 증가

▶ 풀이: 현금배당 = 500,000 × 10% = 50,000
　　　　처분이익 = 300,000 - 275,000 = 25,000
　　　　평가이익 = 385,000 - 275,000 = 110,000
　　　　50,000 + 55,000 + 110,000 = 215,000

정답 ④

13 (주)한국은 20×1년 4월 1일 (주)대한의 보통주 100주를 1주당 ₩10,000에 취득하고 취득수수료 ₩20,000을 현금으로 지급하였다. (주)한국은 취득한 보통주를 당기손익-공정가치 측정 금융자산으로 분류하였으며, 20×1년 8월 1일 1주당 ₩1,000의 중간배당금을 현금으로 수령하였다. 20×1년 말 (주)대한의 보통주 공정가치는 1주당 ₩10,500이었다. 동 주식과 관련하여 (주)한국이 20×1년 인식할 금융자산 평가손익은? ('21 주택)

① 손실 ₩70,000 　　② 손실 ₩50,000 　　③ 손실 ₩30,000
④ 이익 ₩30,000 　　⑤ 이익 ₩50,000

▶ 풀이: FVPL 금융자산은 취득수수료를 당기비용으로 처리하므로 기말에 인식할 평가손익은 이익 50,000(= 1,050,000 - 1,000,000)이다.

정답 ⑤

14 (주)한국은 20×1년 7월 초 (주)대한의 주식 1,000주(액면가액 ₩7,000)를 주당 ₩7,500에 매입하여 공정가치 변동을 당기손익으로 인식하는 금융자산으로 분류하였다. (주)한국은 20×1년 9월 초 (주)대한의 주식 400주를 주당 ₩8,500에 처분하였고, 20×1년 말 (주)대한 주식의 주당 공정가치는 ₩8,000이다. 동 주식과 관련하여 (주)한국이 20×1년 포괄손익계산서에 인식할 당기이익은? ('17 주택)

① ₩500,000 　　　　② ₩700,000 　　　　③ ₩1,000,000
④ ₩1,200,000 　　　⑤ ₩1,500,000

▶ 풀이: 9월 초 처분이익 = 400주 × 8,500 - 400주 × 7,500 = 400,000

기말 평가이익 = 600주 × (8,000 − 7,500) = 300,000

당기이익 = 400,000 + 300,000 = 700,000

정답 ②

---

15 (주)한국은 20×1년 11월 1일 (주)대한의 보통주 100주를 ₩600,000에 취득하고 수수료 ₩10,000을 현금으로 지급하였다. (주)한국은 취득한 보통주를 당기손익-공정가치측정 금융자산으로 분류하였으며, 20×1년 말 (주)대한의 보통주 공정가치는 주당 ₩5,000이었다. (주)한국이 20×2년 5월 10일 (주)대한의 주식 전부를 주당 ₩5,600에 처분한 경우 20×2년도 당기순이익에 미치는 영향은?

('18 주택)

① ₩40,000 감소   ② ₩60,000 증가   ③ ₩80,000 증가

④ ₩100,000 감소   ⑤ ₩110,000 감소

➡ 풀이: 20×2년 처분손익 = 100주 × (5,600 − 5,000) = 이익 60,000

정답 ②

■ **기타포괄손익 - 공정가치측정 금융자산**

16 (주)한국은 20×1년 중에 지분증권을 ₩6,000에 현금으로 취득하였으며, 이 가격은 취득시점의 공정가치와 동일하다. 지분증권 취득 시 매매수수료 ₩100을 추가로 지급하였다. 동 지분증권의 20×1년 말 공정가치는 ₩7,000이며, (주)한국은 20×2년 초에 지분증권 전부를 ₩7,200에 처분하였다. (주)한국이 지분증권을 취득 시 기타포괄손익-공정가치 측정 금융자산으로 분류한 경우 20×1년과 20×2년 당기순이익에 미치는 영향은?

('20 지방직)

	20×1년 당기순이익에 미치는 영향	20×2년 당기순이익에 미치는 영향
①	₩900 증가	₩1,100 증가
②	₩1,000 증가	₩1,100 증가
③	영향 없음	₩900 증가
④	영향 없음	영향 없음

➡ 풀이: 기타포괄손익-공정가치측정 금융자산은 처분직전에 공정가치변동을 장부금액에 반영한 후 처분에 관한 회계처리를 하기 때문에 처분손익을 인식하지 않는다.

정답 ④

---

17 (주)한국은 20×1년 중 (주)민국의 주식을 매매수수료 ₩1,000을 포함하여 총 ₩11,000을 지급하고 취득하였으며, 기타포괄손익-공정가치 측정 금융자산으로 분류하였다. 동 주식의 20×1년 말 공정가치는 ₩12,000이었으며, 20×2년 중에 동 주식을 ₩11,500에 모두 처분하였을 경우, 동 금융자산과 관련한 설명 중 옳은 것은?

('21 관세직)

① 취득금액은 ₩10,000이다.

② 20×1년 당기순이익을 증가시키는 평가이익은 ₩1,000이다.

③ 20×2년 당기순이익을 감소시키는 처분손실은 ₩500이다.

④ 20×2년 처분손익은 ₩0이다.

▶ 풀이: ④ FVOCI 금융자산으로 분류된 지분상품을 처분하는 경우 처분시점의 공장가치(처분금액)로 평가 후 처분하므로 처분손익이 발생하지 않는다.

정답 ④

18 (주)갑은 2008년도 중에 (주)을의 발행주식 10%에 해당하는 500주를 장기투자목적으로 주당 ₩1,000에 취득하였다. 2008년도 말 (주)을의 1주당 시장가격은 ₩1,200이고, 2009년도 말 1주당 시장 가격은 ₩900이었다. (주)갑이 기타포괄손익-공정가치측정 금융자산으로 보유하고 있는 (주)을 주식과 관련하여 2009년도 말 현재 기타포괄손익누계액으로 표시될 기타포괄손익-공정가치측정금융자산평가손익으로 옳은 것은? ('10 관세직)

① 기타포괄손익-공정가치측정 금융자산평가이익 ₩50,000

② 기타포괄손익-공정가치측정 금융자산평가손실 ₩50,000

③ 기타포괄손익-공정가치측정 금융자산평가이익 ₩150,000

④ 기타포괄손익-공정가치측정 금융자산평가손실 ₩150,000

▶ 풀이: 2008.12.31 (차) FVOCI 금융자산 100,000 (대) FVOCI 금융자산평가이익 100,000

2009.12.31 (차){ FVOCI 금융자산평가이익 100,000 / FVOCI 금융자산평가손실 50,000 } (대) FVOCI 금융자산 150,000

정답 ②

19 (주)한국은 2011년 9월 5일에 취득한 (주)서울의 주식을 기타포괄손익-공정가치측정 금융자산으로 분류한 후 2012년 12월 31일 현재에도 그대로 보유하고 있다. 동 주식의 공정가치가 다음과 같이 변화하였다면, (주)한국의 2012년 12월 31일의 분개는? ('12 관세직)

취득시 공정가치	공정가치(시가)	
2011년	2011년 말	2012년 말
₩500,000	₩480,000	₩510,000

① (차) FVOCI 금융자산 ₩30,000 (대){ FVOCI 금융자산평가손실 ₩20,000 / FVOCI 금융자산평가이익 ₩10,000 }

② (차) FVOCI 금융자산 ₩30,000 (대) FVOCI 금융자산평가이익 ₩30,000

③ (차) FVOCI 금융자산평가손실 ₩20,000 (대) FVOCI 금융자산 ₩20,000

④ (차) FVOCI 금융자산 ₩10,000 (대) FVOCI 금융자산평가이익 ₩10,000

▶ 풀이: 2011년말 회계처리

(차) FVOCI 금융자산평가손실   ₩20,000   (대) FVOCI 금융자산   ₩20,000

2012년말 회계처리

(차) FVOCI 금융자산   ₩30,000   (대){ FVOCI 금융자산평가손실 ₩20,000
FVOCI 금융자산평가이익 ₩10,000

정답 ①

20 다음은 (주)충남이 2006년도 말 현재 보유하고 있는 기타포괄손익-공정가치측정 금융자산 관련자료이다. ('07 세무직)

기타포괄손익-공정가치측정 금융자산	장부가액	2006년도 말 종가
A	₩370,000	₩390,000
B	₩42,000	₩36,000
C	₩26,000	₩31,000

한국채택국제회계기준에 따라, 손익계산서에 계상되어야 할 기타포괄손익-공정가치측정 금융자산평가손익은 얼마인가?

① -₩6,000   ② ₩0

③ ₩19,000   ④ ₩26,000

▶ 풀이: 기타포괄손익-공정가치측정 금융자산평가손익은 당기손익으로 인식하지 않고 기타포괄손익으로 인식한다.

정답 ②

21 다음의 (주)민국 주식에 대한 (주)한국의 회계처리로 옳지 않은 것은? ('13 세무직)

○ (주)한국은 2010년 1월 15일 (주)민국의 주식을 ₩1,000,000에 취득하면서 기타포괄손익-공정가치측정 금융자산으로 분류하였다.

○ (주)민국 주식의 공정가치는 2010년 12월 31일 ₩900,000이고 2011년 12월 31일 ₩1,200,000이다.

○ 2012년 1월 10일에 (주)민국 주식을 ₩1,200,000에 처분하였다.

① 2010년 12월 31일 기타포괄손익-공정가치측정 금융자산평가손실이 ₩100,000 계상된다.

② 2011년 12월 31일 기타포괄손익-공정가치측정 금융자산평가이익이 ₩200,000 계상된다.

③ 2011년 12월 31일 기타포괄손익-공정가치측정 금융자산의 장부가액은 ₩1,200,000 이다.

④ 2012년 1월 10일 기타포괄손익-공정가치측정 금융자산의 처분과 관련된 처분 이익은 200,000이다.

▶ 풀이:

2010.1.15	(차) FVOCI 금융자산	1,000,000	(대) 현 금		1,000,000
2010.12.31	(차) FVOCI 금융자산평가손실	100,000	(대) FVOCI 금융자산		100,000
2011.12.31	(차) FVOCI 금융자산	300,000	(대) { FVOCI 금융자산평가손실 FVOCI 금융자산평가이익		100,000 200,000
2012.1.10	(차) 현금	1,200,000	FVOCI 금융자산		1,200,000

정답 ④

22 (주)대한은 2009년 10월 2일 한국거래소에 상장된 (주)태극의 주식 100주를 총 ₩100,000에 구입하고 기타포괄손익-공정가치측정 금융자산으로 계상하였다. (주)대한의 결산일인 2009년 12월 31일 (주)태극의 공정가치는 주당 ₩1,200 이었다. 2010년 5월 10일 (주)대한은 (주)태극의 주식 50주를 주당 ₩1,300 에 처분하였다. 2010년 12월 31일 (주)태극의 공정가치는 주당 ₩1,700이다. (주)대한이 기타포괄손익-공정가치측정 금융자산과 관련하여 2010년 손익계산 서상 영업외손익에 계상하여야 할 금액을 A라 하고 2010년 말 재무상태표상 기타포괄손익누계액의 금액을 B라 할 때 A+B는? (단, 법인세효과는 없는 것을 가정한다) ('10 지방직)

① ₩30,000
② ₩40,000
③ ₩50,000
④ ₩60,000

▶ 풀이:

2009.10.2	(차) FVOCI 금융자산	100,000	(대) 현 금		100,000
2009.12.31	(차) FVOCI 금융자산	20,000	(대) FVOCI 금융자산평가이익		20,000
2010.5.10	(차) { FVOCI 금융자산 현 금	5,000 65,000	(대) { FVOCI 금융자산평가이익 FVOCI 금융자산		5,000 65,000
2010.12.31	(대) FVOCI 금융자산	25,000	(대) FVOCI 금융자산평가이익		25,000

A = 0   B = 50,000

∴ A + B = 50,000

정답 ③

23 (주)대한은 2011년 7월 20일에 액면금액 ₩5,000인 (주)한국의 주식을 주당 ₩5,000에 10주 매입하였으며, 이는 기타포괄손익-공정가치측정 금융자산으로 분류되었다. 취득 시 직접 거래비용은 추가로 총 ₩1,000이 발생하였다. 동 주식과 관련한 2011년의 추가적인 거래는 없다. 2011년 말 동 주식의 공정가치는 주당 ₩5,500이었다. (주)대한의 2011년 말 재무상태표에 금융자산으로 인식될 금액과 포괄손익계산서에 인식될 손익은? ('12 지방직)

	재무상태표(금융자산)		포괄손익계산서(평가이익)	
①	기타포괄손익-공정가치측정 금융자산	₩51,000	당기손익	₩4,000
②	기타포괄손익-공정가치측정 금융자산	₩51,000	기타포괄손익	₩5,000
③	기타포괄손익-공정가치측정 금융자산	₩55,000	기타포괄손익	₩4,000

④ 기타포괄손익-공정가치측정 금융자산   ₩55,000   당기손익   ₩5,000

▶ 풀이: 2011.7.20 (차) FVOCI 금융자산   51,000 (대) 현 금   51,000
　　　　2011.12.31 (차) FVOCI 금융자산   4,000 (대) FVOCI 금융자산평가이익 4,000

정답 ③

24 (주)대한은 2014년 12월 1일에 (주)민국의 주식을 ₩1,500,000에 취득하고 기타포괄손익-공정가치측정 금융자산으로 분류하였다. 동 주식의 공정가치는 2014년 말 ₩1,450,000이었으며, 2015년 말 ₩1,600,000이었다. (주)대한이 2016년 중에 동 주식을 ₩1,650,000에 처분하였을 경우 2016년의 당기순이익 및 총포괄이익에 미치는 영향은?(단, 세금 효과는 고려하지 않는다)   ('16 지방직)

	당기순이익	총포괄이익		당기순이익	총포괄이익
①	영향없음	₩50,000 증가	②	₩150,000 증가	₩150,000 증가
③	₩50,000 증가	₩50,000 감소	④	₩50,000 증가	₩100,000 감소

▶ 풀이: 2014년 FVOCI 금융자산평가손실 = 1,500,000 - 1,450,000 = 50,000
　　　　2015년 FVOCI 금융자산평가이익 = 1,600,000 - 1,450,000 = 150,000
　　　　2016년 처분일

(차){FVOCI 금융자산　　　50,000　　(대){FVOCI 금융자산평가이익　　50,000
　　　현 금　　　　　　1,650,000　　　　　FVOCI 금융자산　　　　1,650,000

정답 ①

25 주)한국은 2013년 1월 1일 (주)민국이 발생한 사채를 ₩952,000에 취득하여 기타포괄손익-공정가치측정 금융자산으로 분류하였다. (주)민국이 발행한 사채는 액면금액 ₩1,000,000, 만기 3년, 액면이자율 연 10% 이자는 매년 12월 31일에 지급한다. 2013년 12월 31일 사채의 공정가치는 ₩960,000이었다. (주)한국은 사채의 가치가 더 하락할 것을 우려하여 2014년 1월 1일 해당 사채를 ₩920,000에 처분하였다. 위의 거래가 (주)한국의 2013년도 당기순이익에 미치는 영향과 2014년 1월 1일에 인식할 처분손익으로 옳은 것은?(단 발행 당시 해당 사채의 유효이자율은 12%이며 법인세 효과는 없다고 가정한다)   ('14 관세직)

① 당기순이익 ₩114,240 증가, 처분손실 ₩0

② 당기순이익 ₩114,240 증가, 처분손실 ₩40,000

③ 당기순이익 ₩108,000 증가, 처분손실 ₩46,240

④ 당기순이익 ₩108,000 증가, 처분손실 ₩40,000

▶ 풀이: 13년초: (차) FVOCI 금융자산 952,000   (대) 현금 952,000

13년말: (차){현 금　　　　　　100,000　(대){이자수익　　　　　114,240
　　　　　　　FVOCI 금융자산　　14,240　　　　FVOCI 금융자산　　　6,240

(차) FVOCI 금융자산평가손실   6,240 (대) FVOCI 금융자산   6,240

14년초: (차) $\begin{cases} 현\ \ 금 & 920,000 \\ \text{FVOCI 금융자산평가손실}\ 46,240 \end{cases}$ (대) $\begin{cases} \text{FVOCI 금융자산} & 920,000 \\ \text{FVOCI 금융자산평가손실}\ 40,000 \end{cases}$

정답 ①

26 (주)한국은 2012년 중에 매매수수료 ₩100을 포함하여 ₩1,200에 (주)민국 주식을 취득하여 기타포괄손익-공정가치측정 금융자산으로 분류하였다. 2012년 말 현재 (주)민국 주식의 공정가치는 ₩1,400이다. (주)한국은 2013년 중에 위의 기타포괄손익-공정가치측정 금융자산의 절반(1/2)을 매각하고 ₩500의 현금을 수취하였다. (주)한국이 2013년 중에 인식할 기타포괄손익-공정가치측정 금융자산처분손익은? ('14 세무직)

① 처분손실 ₩100
② 처분손실 ₩200
③ 처분이익 ₩200
④ 처분손익 없음

정답 ④

27 (주)한국의 20×1년 중에 (주)민국의 지분상품을 ₩80,000에 취득하고, 이를 기타포괄손익-공정가치측정금융자산으로 선택분류하였다. 이 지분상품의 20×1년 말, 20×2년 말 공정가치는 각각 ₩70,000, ₩110,000이다. (주)한국이 20×3년에 이 지분상품을 ₩90,000에 모두 처분하였을 경우 처분손익은? (단, 거래원가는 없다) ('21 지방직)

① ₩0
② 처분손실 ₩10,000
③ 처분이익 ₩10,000
④ 처분손실 ₩20,000

▷ 풀이: FVOCI 금융자산으로 분류된 지분상품을 처분하는 경우 처분시점의 공장가치(처분금액)로 평가 후 처분하므로 처분손익이 발생하지 않는다.

정답 ①

■ 상각후원가측정 금융자산

28 (주)강북은 2006년 1월 1일에 3년 만기보유목적으로 (주)강남의 사채(액면가액 ₩5,000,000)를 ₩4,800,000에 취득하였다. 사채의 이자지급일은 매년 말이며, 액면이자율은 8%이고, 유효이자율은 계산편의상 10%로 가정한다. 그러나 회사사정에 의하여 2006년 12월 31일에 보유하고 있는 사채를 액면이자 수취 후 ₩5,200,000에 매각하였다. 이 거래와 관련하여 2006년도의 손익계산서상에 보고될 처분손익은 얼마인가?(단, 회계처리는 유효이자율법에 따른다) ('07 세무직)

① ₩480,000 (손실)
② ₩210,000 (이익)
③ ₩300,000 (이익)
④ ₩320,000 (이익)

▶ 풀이:

2006.1.1	(차) AC 금융자산	4,800,000	(대) 현 금	4,800,000
2006.12.31	(차) { 현 금 　　　 AC 금융자산	400,000 80,000	(대) 이자수익	480,000
처분시:	(차) 현 금	5,200,000	(대) { AC 금융자산 　　　 AC 금융자산처분이익	4,880,000 320,000

정답 ④

29 (주)한국은 20×1년 초에 3년 후 만기가 도래하는 사채(액면금액 ₩1,000,000, 표시이자율 연 10%, 유효이자율 연 12%, 이자는 매년 말 후급)를 ₩951,963 에 취득하고 상각후원가측정 금융자산으로 분류하였다. (주)한국이 20×1년도에 인식할 이자수익은?(단, 금액은 소수점 첫째자리에서 반올림하며 단수차이가 있으며 가장 근사치를 선택한다) ('16 주택)

① ₩100,000 　　　　② ₩114,236 　　　　③ ₩115,944

④ ₩117,857 　　　　⑤ ₩120,000

▶ 풀이: 이자수익 = 951,963 × 12% = 114,236

정답 ②

30 (주)한국은 20×1년 초 회사채(액면금액 ₩100,000, 표시이자율 5%, 이자는 매년 말 후급, 만기 20×3년 말)를 ₩87,566에 구입하고, 상각후원가측정 금융 자산으로 분류하였다. 20×1년 이자수익이 ₩8,757일 때, 20×2년과 20×3년에 인식할 이자수익의 합은? (단, 단수차이가 발생할 경우 가장 근사치를 선택한다.) ('19 주택)

① ₩10,000 　　　　② ₩17,514 　　　　③ ₩17,677

④ ₩18,514 　　　　⑤ ₩18,677

▶ 풀이: 유효이자율 = 8,757 ÷ 87,566 = 10%
　　　　20×2년 말 장부금액 = 87,566 + (8,757 – 5,000) = 91,323
　　　　20×3년 말 장부금액 = 91,323 + (9,132 – 5,000) = 95,455
　　　　이자수익 합계 = 91,323 × 10% + 95,455 × 10% = 18,677

정답 ⑤

31 (주)한국은 20×1년 초 만기보유 목적으로 (주)대한이 발행한 사채를 ₩1,049,732 에 구입하여 상각후원가로 측정한다. 발행조건이 다음과 같을 때, 20×2년 초 동 금융자산의 장부금액은? (단, 계산된 금액은 소수점 이하의 단수차이가 발생할 경우 근사치를 선택한다.) ('17 주택)

○ 액면금액: ₩1,000,000	○ 표시이자율: 연 12%(매년 말 지급)
○ 유효이자율: 연 10%	○ 만기: 3년(만기 일시상환)

① ₩1,034,705 　　　　② ₩1,043,764 　　　　③ ₩1,055,699

④ ₩1,064,759 　　　　⑤ ₩1,154,705

➡ **풀이**: 20×2년 초 장부금액 = 1,049,732 × 1.1 - 120,000 = 1,034,705

(차) 현금	120,000	(대) { 이자수익	104,973
		상각후원가측정 금융자산	15,027

정답 ①

32 (주)한국은 20×1년 초 채무상품 A를 ₩950,000에 취득하고, 상각후원가측정 금융자산으로 분류하였다. 채무상품 A로부터 매년 말 ₩80,000의 현금이자를 수령하며, 취득일 현재 유효이자율은 10%이다. 채무상품 A의 20×1년 말 공정가치는 ₩980,000이며, 20×2년 초 해당 채무상품 A의 50%를 ₩490,000에 처분하였을 때 (주)한국이 인식할 처분손익은?　　　　　　　('19 지방직)

① 처분손실　₩7,500　　　　　　② 처분손익　　　₩0
③ 처분이익　₩7,500　　　　　　④ 처분이익　₩15,000

➡ **풀이**: 20×2년 초 장부금액 = 950,000 × 1.1 - 80,000 = 965,000
20×2년 처분손익 = 490,000 - 965,000 × 50% = 이익 7,500

정답 ③

■ 관계기업투자주식

33 (주)한국은 2016년 4월 1일에 (주)대한의 의결권 있는 주식 25%를 ₩1,000,000에 취득하였다. 취득 당시 (주)대한의 자산과 부채의 공정가치는 각각 ₩15,000,000, ₩12,000,000이다. (주)대한은 2016년 당기순이익으로 ₩600,000을 보고하였으며 2017년 3월 1일에 ₩200,000의 현금배당을 지급하였다. 2017년 9월 1일에 (주)한국은 (주)대한의 주식 전부를 ₩930,000에 처분하였다. 위의 관계기업 투자에 대한 설명으로 옳은 것은?　　　　　　　('18 지방직)

① (주)대한의 순자산 공정가치는 ₩3,000,000이므로 (주)한국은 (주)대한의 주식 취득 시 ₩250,000의 영업권을 별도로 기록한다.
② (주)대한의 2016년 당기순이익은 (주)한국의 관계기업투자 장부금액을 ₩150,000만큼 증가시킨다.
③ (주)대한의 현금배당은 (주)한국의 당기순이익을 ₩50,000만큼 증가시킨다.
④ (주)한국의 관계기업투자 처분손실은 ₩70,000이다.

➡ **풀이**: ① 관계기업투자주식 취득 시 별도로 영업권을 인식하지 않는다.
② 지분법이익 = 600,000 × 25% = 150,000
③ 현금배당을 받은 경우 관계기업투자주식의 장부금액을 감소시킨다.
④ 처분 전 장부금액 = 1,000,000 + 150,000 - 50,000 = 1,100,000
　처분손실 = 930,000 - 1,100,000 = 170,000

정답 ②

34 (주)경북은 (주)대구의 발행주식 중 40%를 2006년 초에 공정가치 상당액인 ₩400,000에 취득하였다. 2006년도 (주)대구의 당기순이익은 ₩50,000이었다. 한국채택국제회계기준에 따라 2006년도 말 (주)경북의 재무상태표에 계상될 관계기업투자주식의 금액은 얼마인가? ('07 세무직 수정)

① ₩400,000 　　　　　　　② ₩420,000

③ ₩430,000 　　　　　　　④ ₩450,000

▶ 풀이: 50,000 × 0.4 = 20,000
　　　　∴ 400,000 + 20,000 = 420,000

정답 ②

35 (주)전라는 지분법적용 투자주식으로 (주)대전의 발행주식 중 40%에 해당하는 100주를 보유하고 있다. 동 주식의 2008년 10월 31일의 장부가액은 주당 ₩10,000이었고, 시가는 주당 ₩12,000이었다. 2008년 12월 31일 결산결과 (주)대전의 당기순이익은 ₩40,000이었다. (주)대전은 2009년 1월에 주당 ₩100의 배당금을 지급하였다. (주)전라는 2009년 3월 5일에 보유 중이던 (주)대전의 주식을 주당 ₩13,000에 모두 처분하였다. (주)전라의 주식처분시의 옳은 분개는? ('09 세무직)

	(차)	(대)	
①	현금　₩1,300,000	관계기업투자주식	₩1,000,000
		관계기업투자주식처분이익	₩300,000
②	현금　₩1,300,000	관계기업투자주식	₩1,006,000
		관계기업투자주식처분이익	₩294,000
③	현금　₩1,300,000	관계기업투자주식	₩1,200,000
		관계기업투자주식처분이익	₩100,000
④	현금　₩1,300,000	관계기업투자주식	₩1,184,000
		관계기업투자주식처분이익	₩116,000

▶ 풀이: 장부가액변동 1,000,000 + (40,000 × 0.4) – (100 × 100) = 1,006,000

정답 ②

■ 당기손익-공정가치측정 금융자산과 기타포괄손익-공정가치측정 금융자산

36 다음은 (주)한국이 보유하고 있는 금융자산에 관한 자료이다. 2011년 말 금융자산평가손익이 포괄손익에 미치는 영향은? (단, 기타포괄손익-공정가치측정 금융자산은 중대한 영향력을 행사할 수 없다) ('13 세무직)

종 목	2010.5.1 취득원가	2010.12.31 공정가치	2011.12.31 공정가치
당기손익-공정가치측정 금융자산	₩1,200,000	₩1,100,000	₩1,400,000
기타포괄손익-공정가치측정 금융자산	₩1,000,000	₩1,500,000	₩1,700,000

① ₩200,000   ② ₩300,000

③ ₩500,000   ④ ₩900,000

➡ 풀이: (차) FVPL 금융자산   300,000   (대) FVPL 금융자산평가이익   300,000
                                                    (당기손익)

(차) FVOCI 금융자산   200,000   (대) FVOCI 금융자산평가이익   200,000
                                                    (기타포괄손익)

정답 ③

37 (주)한국이 20×1년 중에 취득하여 20×1년 말에 보유하고 있는 금융자산(주식)은 다음과 같다. 동 금융자산의 기말평가가 20×1년 포괄손익계산서상 당기순이익에 미치는 영향은?   ('16 주택)

구분	취득원가	공정가치(20×1년 말)
당기손익-공정가치측정 금융자산	₩69,000	₩89,000
기타포괄손익-공정가치측정 금융자산	36,000	46,000

① 영향 없음   ② ₩10,000 감소   ③ ₩10,000 증가

④ ₩20,000 감소   ⑤ ₩20,000 증가

➡ 풀이: 당기손익-공정가치측정 금융자산평가이익 = 89,000 - 69,000 = 20,000

정답 ⑤

38 다음은 (주)한국이 20×1년과 20×2년에 (주)대한의 지분상품을 거래한 내용이다.

20×1년			20×2년
취득금액	매입수수료	기말 공정가치	처분금액
₩1,000	₩50	₩1,100	₩1,080

동 지분상품을 당기손익-공정가치 측정 금융자산 또는 기타포괄손익-공정가치 측정 금융자산으로 분류하였을 경우, 옳지 않은 것은?   ('22 관세직)

① 당기손익-공정가치 측정 금융자산으로 분류할 경우, 20×1년 당기이익이 ₩50 증가한다.

② 기타포괄손익-공정가치 측정 금융자산으로 분류할 경우, 20×1년 기타포괄손익 누계액이 ₩50 증가한다.

③ 당기손익-공정가치 측정 금융자산으로 분류할 경우, 20×2년 당기이익이 ₩20 감소한다.

④ 기타포괄손익-공정가치 측정 금융자산으로 분류할 경우, 20×2년 기타포괄손익 누계액이 ₩30 감소한다.

➡ 풀이: FV-OCI 금융자산으로 분류한 경우 처분 시 분개
       마지막 기타포괄손익누계액을 이익잉여금으로 대체하는 분개는 선택할 수 있다.

(차) 기타포괄손익누계액	20	(대) FVOCI 금융자산	20
(차) 현금	1,080	(대) FVOCI 금융자산	1,080
(차) 기타포괄손익누계액	30	(대) 이익잉여금	30

정답 ④

39 다음은 (주)한국이 보유하고 있는 금융자산에 관한 자료이다. 2012년 취득 시 A사 주식은 당기손익-공정가치측정 금융자산으로, B사와 C사 주식은 기타포괄손익-공정가치측정 금융자산으로 분류하였으며, 2013년 중에 B사 주식을 ₩130,000에 처분하였다. 이 주식들과 관련된 손익을 인식할 때 2013년도에 증가되는 당기순이익은? (단, 기타포괄손익-공정가치측정 금융자산은 중대한 영향력을 행사할 수 없다)
('13 지방직)

종 목	취득원가	2012년 말 공정가액	2013년 말 공정가액
A사 주식	₩100,000	₩120,000	₩110,000
B사 주식	90,000	80,000	—
C사 주식	80,000	100,000	120,000
합 계	₩270,000	₩300,000	₩230,000

① ₩10,000 ② ₩40,000

③ ₩50,000 ④ ₩60,000

▶ 풀이: B주식처분시

(차) FVOCI 금융자산	50,000	(대) { FVOCI 금융자산평가손실	10,000
		FVOCI 금융자산평가이익	40,000
(차) 현 금	130,000	(대) FVOCI 금융자산	130,000

2013.12.31

(차) FVPL 금융자산평가손실	10,000	(대) FVPL 금융자산	10,000
(차) FVOCI 금융자산	20,000	(대) FVOCI 금융자산평가이익	20,000

당기순이익에 미치는 영향
FVPL금융자산평가손실 10,000

정답 ①

40 2006년도 말 (주)신라의 주식보유 현황은 다음과 같다.

종 목	분 류	장부가액	연말 공정가액
A	당기손익-공정가치측정 금융자산	₩100,000	₩120,000
B	기타포괄손익-공정가치측정 금융자산	₩130,000	₩140,000
C	기타포괄손익-공정가치측정 금융자산	₩100,000	₩120,000

한국채택국제회계기준에 따라 유가증권평가와 관련하여 2006년도 기말손익계산서에 계상될 영업외수익과 영업외비용은 얼마인가?
('07 세무직)

영업외수익 영업외비용

① ₩20,000 ₩0

② ₩40,000 ₩20,000

③ ₩10,000   ₩0

④ ₩20,000   ₩10,000

▶ **풀이**: 당기손익-공정가치측정 금융자산 증권의 평가손익은 당기손익에 귀속된다.

정답 ①

41 (주)한국은 20×1년 12월 10일 주식 A를 취득하였다. 취득 이후 주식 A의 공정가치와 순매각금액은 다음과 같다. 취득시 주식 A를 당기손익-공정가치측정 금융자산 혹은 기타포괄손익-공정가치측정 금융자산으로 분류하여 회계처리할 경우 당기순이익에 미치는 영향은? ('12 주택)

취득원가	공정가치	순매각금액
20×1. 12. 10	20×1. 12. 31	20×2. 2. 1
₩770,000	₩720,000	₩810,000

① 당기손익-공정가치측정 금융자산으로 분류할 경우 20×1년 당기순이익에 미치는 영향은 없다.

② 당기손익-공정가치측정 금융자산으로 분류할 경우 20×2년 당기순이익은 ₩50,000 증가한다.

③ 기타포괄손익-공정가치측정 금융자산으로 분류할 경우 20×1년 당기순이익은 ₩50,000 감소한다.

④ 기타포괄손익-공정가치측정 금융자산으로 분류할 경우 20×2년 당기순이익은 변화가 없다.

⑤ 금융자산의 분류에 관계없이 20×1년 당기순이익에 미치는 영향은 동일하다.

▶ **풀이**: [당기손익-공정가치측정 금융자산]

20×1.12.10 (차) FVPL 금융자산   770,000 (대) 현 금   770,000

20×1.12.31 (차) FVPL 금융자산평가손실 50,000 (대) FVPL 금융자산   50,000
(당기손익)

20×2.2.1 (차) 현 금   810,000 (차) {FVPL 금융자산   720,000 / FVPL금융자산처분이익   90,000}

[기타포괄손익-공정가치측정 금융자산]

20×1.12.10 (차) FVOCI 금융자산   770,000 (차) 현 금   770,000

20×1.12.31 (차) FVOCI 금융자산평가손실 50,000 (대) FVOCI 금융자산   50,000

20×2.2.1 (차) {FVOCI 금융자산   90,000 / 현 금   810,000} (대) {FVOCI 금융자산평가이익   90,000 / FVOCI 금융자산   810,000}

정답 ④

42 (주)한국은 20×1년 6월 말에 주식 A와 B를 각각 ₩500, ₩600에 취득하였다. 주식 A는 당기손익-공정가치측정 금융자산으로, 주식 B는 기타포괄손익-공정가치측정 금융자산으로 분류하였으며, 보유기간 중 해당 주식의 손상은 발생하지 않

았다. 다음 자료를 이용할 경우, 해당 주식보유에 따른 기말평가 및 처분에 관한 설명으로 옳은 것은?   ('14 주택)

	20×1년 말 공정가치	20×2년 말 공정가치	20×3년 말 매각금액
주식 A	₩550	₩480	₩520
주식 B	580	630	610

① 20×1년 당기순이익은 ₩30 증가한다.

② 20×1년 기타포괄손익은 ₩50 증가한다.

③ 20×2년 말 기타포괄손익누계액에 표시된 기타포괄손익-공정가치측정 금융자산 평가이익은 ₩30이다.

④ 20×2년 당기순이익은 ₩10 증가한다.

⑤ 20×3년 금융자산처분이익은 ₩20이다.

▶ 풀이: ① 20×1년 당기순이익 50 증가, ② 20×1년 기타포괄손익 20 감소, ④ 20×2년 당기순이익 70감소 ⑤ 부대비용 없을시, 금융자산처분이익은 주식 A는 40이익 주식 B는 발생하지 않는다.

정답 ③

43 12월말 결산법인인 (주)대한은 20×3년도에 초에 (주)민국의 주식1,000주를 1주당 ₩2,000에 취득하였다. 20×3년도 말 (주)민국주식의 주당 공정가치는 ₩2,400이다. (주)대한은 20×4년도 중 보유 중인 (주)민국의 주식 500주를 주당 ₩2,200에 처분하였다. (주)대한이 (주)민국의 주식을 당기손익-공정가치측정 금융자산으로 분류하는 경우와 기타포괄손익-공정가치측정 금융자산으로 분류하는 경우 (주)대한이 20×4년도 포괄손익계산서에 반영할 유가증권 처분손익은?   ('14 지방직)

당기손익-공정가치측정 금융자산	기타포괄손익-공정가치측정 금융자산
① 처분손실 ₩100,000	처분이익 ₩0
② 처분손실 ₩100,000	처분손실 ₩100,000
③ 처분이익 ₩100,000	처분손실 ₩100,000
④ 처분이익 ₩100,000	처분이익 ₩100,000

▶ 풀이: 당기손익-공정가치측정 금융자산 처분손익 (2,400-2,200) × 500주 = 100,000 장부가> 처분가 기타포괄손익-공정가치측정 금융자산 처분이익은 발생하지 않는다.

정답 ①

44 (주)한국은 2013년 10월 초에 주식 10주를 주당 ₩2,000에 취득하고 수수료로 ₩1,000의 현금을 지급하였다. 2013년 12월 31일 주식의 공정가치는 주당 ₩2,200이었다. 2014년 1월 2일에 (주)한국은 동 주식을 주당 ₩2,150에 모두 처분하였다. (주)한국은 취득한 주식을 기타포괄손익-공정가치측정 금융자산으로 분류한다. 다음 중 옳지 않은 것은?(단, 법인세는 무시한다)   ('15 세무직)

① 당기손익-공정가치측정 금융자산으로 분류하여도 주식처분손익은 동일하다.

② 당기손익-공정가치측정 금융자산으로 분류하여도 2014년 12월 31일의 이익잉여금에 미치는 영향은 동일하다.

③ 당기손익-공정가치측정 금융자산으로 분류하면 2013년도의 당기순이익은 동주식 취득으로 인해 ₩1,000 증가한다.

④ 2014년 1월 2일 주식 처분 시에 주식처분이익은 ₩500이다.

> ▣ 풀이: [FVOCI 금융자산]

13년 10초	(차) FVOCI 금융자산	21,000	(대) 현금		21,000
13년 12말	(차) FVOCI 금융자산	1,000	(대) FVOCI 금융자산평가이익		1,000
14년	(차) { FVOCI 금융자산평가손실	500	(대) { FVOCI 금융자산		500
	현금	21,500	FVOCI 금융자산		21,500

[FVPL 금융자산]

13년 10초	(차) { FVPL 금융자산	20,000	(대) 현금		21,000
	수수료비용	1,000			
13년 12말	(차) FVPL 금융자산	2,000	(대) FVPL 금융자산평가이익		2,000
14년 1초	(차) { 현금	21,500	(대) FVPL 금융자산		22,000
	FVPL 금융자산처분손실	500			

> 정답 ①

■ **기타포괄손익-공정가치측정 금융자산과 상각후원가측정 금융자산**

45 (주)한국은 2016년 1월 1일 A주식 100주를 주당 ₩10,000에 취득하여 기타포괄손익-공정가치측정 금융자산으로 분류하였으며, 2016년 4월 1일 3년 만기 B회사채(2016년 1월 1일 액면발행, 액면가액 ₩1,000,000, 표시이자율 연 4%, 매년 말 이자지급)를 ₩1,010,000에 취득하여 상각후원가측정 금융자산으로 분류하였다. 2016년 말 A주식의 공정가치는 주당 ₩9,500이고, B회사채의 공정가치는 ₩1,050,000이다. (주)한국의 A주식과 B회사채 보유가 2016년도 당기손익 및 기타포괄손익에 미치는 영향은? ('17 관세직)

① 당기손익 ₩40,000 감소, 기타포괄손익 ₩30,000 증가

② 당기손익 ₩40,000 증가, 기타포괄손익 ₩50,000 감소

③ 당기손익 ₩30,000 증가, 기타포괄손익 불변

④ 당기손익 ₩30,000 증가, 기타포괄손익 ₩50,000 감소

> ▣ 풀이: (1) 기타포괄손익-공정가치측정 금융자산
> 　　　기타포괄손익(A주식) = (9,500 - 10,000) × 100주 = (-)50,000
> 　　(2) 상각후원가측정 금융자산
> 　　　경과이자 = 40,000 × 3/12 = 10,000
> 　　　취득일 사채 = 1,010,000 - 10,000 = 1,000,000
> 　　　∴ 유효이자율 = 4%
> 　　　당기손익(B사채) = 40,000 × 9/12 = 30,000

> 정답 ④

║ 주관식 ║

〈1〉 당기손익-공정가치측정 금융자산

(주)한국은 20×8년 12월 31일 일시적인 유휴자금을 활용하기 위해 단기매매목적으로 다음과 같은 유가증권을 보유하고 있다.

	취득원가	시 가
A사 주식 1,000주	₩34,400	₩30,125
B사 주식 5,000주	128,750	128,900
C사채 500좌	26,250	28,000
계	₩189,400	₩187,025

위 유가증권은 전부 20×8년에 매입한 것이며 20×9년 중 유가증권 거래는 다음과 같다.

　2월　1일 : A사 주식 1,000주 ₩30,000으로 매각하였으며, 그와 관련된 수수료는 ₩875이었다.

　4월　1일 : B사로부터 주당 ₩5의 현금배당을 받았다.

　6월 30일 : C사로부터 6개월분 사채이자 ₩1,500을 현금으로 받았다.

　8월　1일 : D사의 주식 500주를 주당 ₩45으로 매입하였으며, 관련수수료는 ₩550이었다.

　12월 30일 : C사로부터 6개월분 사채이자 ₩1,500을 현금으로 받았다.

　20×9년 12월 31일 유가증권의 포트폴리오의 시가는 다음과 같다.

	시 가
B사 주식 5,000주	₩130,000
C사 사채 500좌	29,000
D사 주식 500주	22,050
계	₩181,050

<요구사항>

(주)한국의 당기손익-공정가치측정 금융자산과 관련한 일련의 회계처리를 행하라.

〈2〉 당기손익-공정가치측정 금융자산의 취득과 처분

(주)세종은 단기매매목적으로 20×8년 3월 1일 (주)건지의 발행주식 10주를 ₩350,000에 취득하고 취득과 관련된 수수료 ₩10,000을 지급하였다. 그리고 20×8년 10월 31일에 (주)건지로부터 ₩500의 배당금을 지급받았다. 그 후 20×8년 11월 5일에 (주)건지의 주식 5주를 주당 ₩40,000에 처분하였다.

<요구사항>
(주)세종의 당기손익-공정가치측정 금융자산과 관련된 일련의 회계처리를 행하라.

〈3〉당기손익-공정가치측정 금융자산의 평가

⑴ 20×8년 10월 1일 한길상사는 단기적인 여유자금을 가지고 단기매매를 목적으로 증권거래소에서 다음과 같이 유가증권을 매입하였다.

종 목	단 가	주 식 수	취득원가
A사 주식	@₩6,000	100주	₩600,000
B사 주식	6,500	200	1,300,000
C사 주식	8,000	400	3,200,000
D사 주식	10,000	300	3,000,000
합 계			₩8,100,000

⑵ 20×8년 12월 31일 제4기 결산 시 각 주식의 결산일 종가를 조사해 보니 다음과 같았다.

A사 주식 @₩4,000   B사 주식 @₩7,600
C사 주식 @₩7,000   D사 주식 @₩6,500

⑶ 20×9년 12월 31일 제5기 결산 시에 각 주식의 결산일 종가를 조사해 보니 다음과 같았다.

A사 주식 @₩6,200   B사 주식 @₩6,800
C사 주식 @₩7,600   D사 주식 @₩8,000

<요구사항>
일련의 회계처리를 행하라.

〈4〉당기손익-공정가치측정 금융자산의 취득, 처분 및 평가
안양주식회사는 20×8년 1월 1일 영업을 개시했다. 다음은 20×8년과 20×9년 동안의 단기적인 여유자금을 가지고 단기매매를 목적으로 보유하고 있는 유가증권과 관련된 거래들이다.

<20×8년>
2월 15일 : A사 주식 150주를 총 ₩3,900,000에 매입하다.
7월 1일 : B사 사채(액면가액 권당 ₩16,000, 연이자율 8%, 매년 6월 30일과 12월 30일에 이자지급, 500권)를 총 ₩8,000,000에 매입하다.
8월 6일 : C사 주식 100주를 총 ₩2,700,000에 매입하다.
9월 1일 : B사채 200권을 권당 ₩18,000에 매각하다. 단 매각대금 속에는 유가증권이자가 포함되어 있다.
12월 15일 : A사로부터 주당 ₩1,200씩 현금으로 배당받다.

> 12월 30일 : B사로부터 6개월분 사채이자를 현금으로 받았으며 C사로부터는 주당
>   ₩1,000씩 현금으로 배당받다.
> 12월 31일 : 유가증권을 평가하다.
>   ① A사 발행주식의 시가 : 주당 ₩28,000
>   ② B사 발행사채의 시가 : 권당 ₩14,500
>   ③ C사 발행주식의 시가 : 주당 ₩26,500
> <20×9년>
> 3월 1일 : B사 사채 300권을 권당 ₩17,000에 매각하고 이자는 별도로 지급받았다.
> 12월 15일 : A사로부터 주당 ₩1,250씩을 현금으로 배당받다.
> 12월 30일 : C사로부터 주당 ₩600씩을 현금으로 배당받다.
> 12월 31일 : 유가증권을 평가하다.
>   ① A사 발행주식의 시가 : 주당 ₩27,000
>   ② C사 발행주식의 시가 : 주당 ₩24,000

<요구사항>

위의 모든 거래에 대하여 필요한 회계처리를 행하라(단, 당기손익-공정가치측정 금융자산의 평가는 K-IFRS에 의한다).

〈5〉 상각후원가측정 금융자산: 취득원가와 액면금액이 같은 경우

팔복(주)는 만기까지 보유할 목적으로 20×7년 1월 1일에 3년 만기(만기일 20×9년 12월 31일)의 액면가액 ₩100,000의 사채를 ₩99,000에 취득하고, 수수료로 ₩1,000을 지급하였다. 사채의 액면이자율은 10%, 유효이자율은 10%이고, 이자는 매년 말에 후급하며, 팔복(주)의 결산일은 12월 31일이다.

<요구사항>

상각후원가측정 금융자산의 취득, 이자수령, 만기회수에 관한 회계처리를 행하라.

〈6〉 상각후원가측정 금융자산: 취득원가와 액면금액이 다른 경우

팔복(주)는 만기까지 보유할 목적으로 20×7년 1월 1일에 3년 만기(만기일 20×9년 12월 31일)의 액면가액 ₩100,000의 사채를 ₩94,198에 취득하고, 수수료로 ₩1,000을 지급하였다. 사채의 액면이자율은 10%, 유효이자율은 12%이고, 이자는 매년 말에 후급하며, 팔복(주)의 결산일은 12월 31일이다.

<요구사항>

상각후원가측정 금융자산의 취득, 이자수령, 만기회수에 관한 회계처리를 행하라.

〈7〉 상각후원가측정 금융자산: 취득원가와 액면금액이 다른 경우 – 경과이자 발생

오복(주)는 만기까지 보유할 의도와 능력을 가지고 3년 만기(만기일 20×9년 12월 31일)의 액면가액 ₩100,000의 사채를 발행일로부터 6개월이 경과한 20×7년 7월 1일에 ₩99,000에 취득하고 수수료로 ₩1,100을 지급하였다. 사채의 액면이자율은 10%, 유효이자율은 12%이고, 이자는 매년 말에 후급하며, 오복(주)의 결산일은 12월 31일이다.

<요구사항>

상각후원가측정 금융자산의 취득, 20×7년 12월 31일 이자수령에 관한 회계처리를 행하라.

〈8〉 기타포괄손익-공정가치측정 금융자산의 평가

다음은 (주)세종의 기타포괄손익-공정가치측정 금융자산(FVOCI 선택 금융자산)에 관련한 거래이다.
(1) 20×5년 8월 1일 기타포괄손익-공정가치측정 금융자산을 ₩9,500에 취득하고 거래원가 ₩500을 포함하여 ₩10,000을 현금으로 지급하다.
(2) 20×5년 12월 31일 기타포괄손익-공정가치측정 금융자산의 공정가치는 ₩11,000이다.
(3) 20×6년 12월 31일 기타포괄손익-공정가치측정 금융자산의 공정가치는 ₩8,000이다.
(4) 20×7년 12월 31일 기타포괄손익-공정가치측정 금융자산의 공정가치는 ₩11,500이다.
(5) 20×8년 12월 31일 기타포괄손익-공정가치측정 금융자산의 공정가치는 ₩13,000이다.
(6) 20×9년 10월 5일 기타포괄손익-공정가치측정 금융자산을 ₩12,000에 처분하다.

<요구사항>
1. (주) 세종의 기타포괄손익-공정가치측정 금융자산에 관한 거래를 일자별로 회계처리하라.
2. (주) 세종의 20×8년말 부분재무상태표를 작성하라.

〈9〉 기타포괄손익-공정가치측정 금융자산의 처분

(주)태양은 (주)지구의 총 발행주식의 10%인 100주를 장기투자목적으로 ₩300,000에 취득하였다. (주)지구는 상장회사로서 취득 이후의 주당 시가는 다음과 같다고 가정하자.

1차 연도 : ₩2,500
2차 연도 : ₩3,200

<요구사항>
1. 3차 연도 (주)지구의 주식 전부를 ₩230,000에 처분한 경우 필요한 회계처리를 행하라.
2. 3차 연도말에 (주)지구의 주당시가가 ₩4,000이라고 가정하고 필요한 회계처리를

행하라.

3. 요구사항 2와 관련하여 4차 연도에 (주)지구의 주식 전부를 ₩350,000에 처분한 경우 필요한 회계처리를 행하라.

〈10〉 관계기업투자주식

20×8년 1월 1일 (주)인주는 (주)건지 발행주식의 40%(보통주 600주)를 ₩1,800,000에 취득한 결과, (주)건지 경영정책에 중대한 영향력을 행사할 수 있게 되었다. 주식취득일 현재 (주)건지의 순자산가액은 ₩4,500,000이며 자산, 부채의 장부가액은 공정가치와 동일하다. (주)건지는 20×8년 당기순이익으로 ₩3,000,000을 보고하였다. 또한 (주)건지는 20×9년 3월 1일 이사회에서 현금배당 ₩800,000을 확정 결의하여 이를 모두 지급하였다. 양 회사의 결산일은 모두 12월 31일이다.

<요구사항>

지분법에 따라 20×8년의 취득시, 당기순이익보고시, 배당금지급시 회계처리를 행하라.

08 재고자산

8.1   재고자산의 의의

재고자산(inventories)이란 기업이 정상적인 영업활동과정에서 판매를 목적으로 보유하는 상품과 제품, 판매를 목적으로 생산과정 중에 있는 재공품, 생산과정에 사용될 원재료와 저장품을 말한다. 재고자산은 1년 이내에 최종소비자에게 판매되는 것으로 간주하여 유동자산(current asset)으로 분류된다.

재고자산은 기업의 영업활동과정에서 판매를 목적으로 보유하는 자산이라는 점에서, 영업활동 과정에 사용할 목적으로 보유하는 유형자산(tangible asset)과 구별되고, 영업활동과 무관하게 투자를 목적으로 보유하는 투자자산(investment assets)과 구분된다. 동일한 자산이라 하더라도 기업의 주요 영업활동에 따라 분류가 달라진다. 예를 들어 부동산매매가 주된 영업활동인 부동산매매업을 영위하는 기업이 판매를 목적으로 건물을 보유하고 있다면 건물은 재고자산으로 분류되며, 생산활동을 주된 영업활동으로 하는 기업이 생산활동에 활용하기 위하여 건물을 보유하고 있다면 건물은 유형자산으로 분류되며, 투자를 목적으로 건물을 보유하면 건물은 투자부동산으로 분류된다. 이와 같이 재고자산은 그 자산의 물리적인 속성에 따라 결정되는 것이 아니고 그 자산의 경제적인 속성에 따라 결정된다.

재고자산은 기업의 입장에서 매우 중요하게 다루어지는데, 이는 기업의 총자산 중에서 재고자산이 차지하는 비중이 크고, 기말 재고자산의 측정과 평가방법에 따라 재무상태표 자산의 크기뿐만 아니라 당기의 순이익결정에 직접적인 영향을 미치기 때문이다.

8.2 재고자산의 종류

한국채택국제회계기준에서 분류하고 있는 재고자산의 유형은 다음과 같다.

1) 상품(commodity)
판매를 목적으로 구입한 상품·미착상품·적송품 등으로 하며, 부동산 매매업에 있어서 판매를 목적으로 소유하는 토지·건물 기타 이와 유사한 부동산은 이를 상품에 포함하는 것으로 한다.

2) 제품(finished goods)
기업내부에서 판매를 목적으로 제조한 생산품·부산물 등으로 한다.

3) 반제품(half-finished goods)
자가제조한 중간제품과 부분품 등으로 한다.

4) 재공품(work in process)
제품 또는 반제품의 제조를 위하여 제조과정에 있는 것으로 한다.

5) 원재료(raw materials)
완제품을 제조·가공할 목적으로 구입한 원료·재료·매입부분품·미착 원재료 등으로 한다.

6) 저장품(stored goods)
소모품·소모공구기구비품·수선용 부분품 및 기타 저장품으로 한다.

7) 기타의 재고자산(other inventories)
위에 속하지 아니하는 재고자산으로 한다.

8.3 재고자산의 취득원가 결정

재고자산의 취득원가는 매입원가, 전환원가 및 재고자산을 현재의 장소에 현재의 상태로 이르게 하는데 발생한 기타원가를 모두 포함한다.

어떤 항목이 취득원가에 포함되는 가에 대한 내용은 기업의 주된 영업활동에 따라 다르다. 상품매매기업의 재고자산은 외부에서 구입한 상품이므로 전환원가가 발생하지 않고 매입원가와 기타원가로 구성된다.

> 상품의 취득원가 = 매입원가 + 기타원가

제조기업의 재고자산인 제품의 원가는 원재료의 매입원가인 직접재료비와 직접재료를 제품으로 전환시키는 원가인 전환원가, 그리고 기타 원가로 구성된다.

> 제품의 취득원가 = 원재료 매입원가 + 전환원가 + 기타원가

1 매입원가

재고자산의 취득원가는 원칙적으로 재고자산을 취득하여 판매가능한 상태까지 소요된 모든 지출액이어야 한다. 따라서 취득원가에는 매입가액 뿐만 아니라 매입운임, 하역료 등 취득과정에서 발생한 매입부대원가까지 포함되어야 한다. 또한 매입의 차감항목인 매입할인, 매입환출과 에누리는 차감되어야 한다.

(1) 매입운임

매입운임(freight)은 매입부대원가로 취득원가에 가산되어야 하나, 선적지 인도조건인지, 도착지 인도조건인지에 따라 다르다. 선적지 인도조건의 경우 선적시점에 소유권이 매입자에게 이전되기 때문에 매입자가 운임을 부담하고 이는 매입부대원가로서 취득원가에 산입된다. 그러나 도착지 인도조건인 경우에는 도착시점에서 소유권이 매입자에게 이전되기 때문에

판매자가 운임을 부담하게 되므로 매입자는 이를 취득원가에 산입하여서
는 안 된다.

(2) 매입할인

매입할인(cash discount on purchases)은 매입자가 매입채무를 조기에 상
환함으로써 매입채무 중 일부를 감액하여 주는 것으로 매입할인이 이루어
진 경우 이를 매입가액에서 차감시켜야 한다.

(3) 매입환출과 에누리

매입환출(purchase returns)은 매입한 상품에 파손이나 결함이 있어서 반
환하는 것이며, 매입에누리(discounts on purchases)는 매입한 상품에 파손
이나 결함이 있어서 상품의 가격을 깎아주는 것을 말하는데 이는 매입가액
에서 차감시켜야 한다.

> 매입원가 = 매입가액 + 매입운임 - 매입할인 - 매입환출과 에누리

2. 전환원가

제조업을 영위하는 기업의 제품 제조과정은 원재료를 가공하여 제품으
로 전환하는 과정으로 매입한 원재료는 생산과정에 투입되어 재공품을 거
쳐 제품으로 완성된다. 전환원가(costs of conversion)란 원재료가 제품으로
전환되는데 소요되는 원가로 제품의 제조원가 중에서 직접재료비를 제외
한 모든 원가요소를 말한다. 제품의 원가는 직접재료비, 직접노무비, 제조
간접비배부액으로 구성되는데 직접노무비와 제조간접비 배부액이 전환원
가에 속한다.

> 전환원가 = 직접노무비 + 제조간접비 배부액

3. 기타원가

기타원가(other costs)는 매입원가와 전환원가를 제외한 원가로 재고자산
을 현재의 장소에 현재의 상태에 이르게 하는데 발생한 범위내에서 취득원

가에 포함할 수 있는 원가이다. 예를 들면 특정 고객을 위한 비제조 간접원가 또는 제품의 디자인원가와 같은 추가원가는 재고자산의 본래 기능인 판매나 생산을 위해 소요된 원가요소이므로 재고자산의 취득원가에 포함된다. 그러나 보관원가, 재고자산을 현재의 상태에 이르게 하는데 기여하지 않은 관리간접원가, 판매원가는 재고자산의 취득원가에 포함할 수 없으며, 발생한 기간에 비용으로 처리한다.

8.4 재고자산에 포함할 항목

재무상태표에 표시되는 기말 재고자산을 확정하는 것은 매우 중요하다. 기말재고자산은 재무상태표의 자산의 크기뿐만 아니라 포괄손익계산서의 당기순이익에도 영향을 미치기 때문이다. 기말재고자산이 결정되면 매출원가는 자동으로 결정되고 이에 따라 당기순이익에 영향을 미치게 된다. 그런데 기말 현재 회사가 창고에 보관하고 있는 재고자산 또는 장부상 기록된 재고자산이 그대로 기말재고자산이 되지는 않는다. 왜냐하면 기말 현재 회사의 창고에 보관하고 있는 재고자산 중에 실질소유권이 없는 것도 있으며, 창고에 보관하고 있지 않은 재고자산 중에 실질소유권이 있는 것도 있기 때문이다. 기말재고자산의 포함여부는 실질소유권에 따라 판단하여야 한다. 재고자산은 판매를 목적으로 보유하므로 실질소유권의 판단은 수익인식기준과 연계되어 있다. 수익으로 인식하면 실질소유권은 상대방에게 이전되었다는 의미이므로 기말재고자산에 포함하지 않고, 수익으로 인식하지 않으면 실질소유권은 상대방에게 이전되지 않았다는 의미이므로 기말재고자산에 포함한다.

상품매매가 특수한 경우에는 해당 상품을 판매자와 구매자중 어느 쪽의 기말재고자산에 포함시킬지의 여부를 결정하는 것이 쉽지 않다. 이러한 특수매매의 형태는 다음과 같은 경우이다.

1 미착상품

미착상품(goods in transit)은 구입한 상품이 현재 운송 중에 있는 상품이다. 국내에서 상품을 구입한 경우에는 운송기간이 비교적 짧기 때문에 회계처리가 크게 문제되지 않는다. 그러나 해외에서 구입한 경우 운송기간이 장기간 소요되어 운송 중에 있는 상품을 구매자의 재고자산에 포함시킬 것인지 아니면 판매자의 재고자산에 포함시킬 것인지 하는 문제가 발생한다. 이 경우 매매거래조건이 선적지 인도조건(F.O.B shipping point)이면 선적시점에 소유권이 구매자에게 이전되므로 구매자의 재고자산으로 분류되어야 하며, 도착지 인도조건(F.O.B destination)이면 목적지에 도착한 시점에 소유권이 구매자에게 이전되므로 판매자의 재고자산으로 분류되어야 한다.

2 위탁상품(적송품)

위탁상품(consigned goods)은 위탁자의 상품을 수탁자에게 위탁하여 판매하기 위하여 발송한 상품으로 이를 적송품(inventory on consignment)이라고도 한다. 적송품이 판매되기 전에는 위탁자가 보관하고 있지 않고 수탁자가 위탁상품을 보관하고 있다 할지라도 적송품의 실질소유권이 위탁자에게 있으므로 위탁자의 기말재고자산에 포함되어야 한다. 즉, 수탁자가 적송품을 판매하는 시점에 위탁자는 매출로 인식하고 해당 상품을 위탁자의 재고자산에서 제외시켜야 한다.

3 시송품

시용판매(sales on approval)는 고객에게 상품을 먼저 보내 시험적으로 사용하게 한 뒤 고객이 매입하겠다는 의사표시가 있을 때 비로소 매매가 성립되는 판매방식이다. 이러한 시용판매를 위해 보낸 상품을 시송품(goods on approval)이라고 한다.

시송품은 구매자가 상품을 사용하고 매입하겠다는 의사표시를 하는 시점에서 판매가 되는 것이므로 상품이 인도가 되어 있어도 구매자가 매입의사표시를 하기전까지는 판매자의 기말재고자산에 포함되어야 한다.

4 할부판매상품

할부판매(sales on installment)는 매매계약이 성립됨과 동시에 상품을 인도하고 그 후에 대금을 분할하여 회수하는 조건으로 판매하는 경우를 말한다. 할부판매의 경우 통상적으로 대금의 지급이 완료되기 전까지는 그 상품의 법적 소유권에 관한 논쟁이 있을 수 있다. 그러나 경제적 실질의 관점에서 보면 구매자가 할부로 구입한 상품을 실제로 사용하고 있고 사실상 구매자에게 상품에 관한 모든 것이 이전되었다고 볼 수 있으므로 법적소유권이 누구에게 있느냐에 관계없이 상품의 인도시점에 판매가 완료된 것으로 보아 판매자의 기말재고자산에서 제외시켜야 한다.

<표 8-1> 기말재고자산의 포함항목

구 분	기말재고자산 포함여부
미착상품	선적지인도조건: 매입자의 재고자산에 포함 도착지인도조건: 매입자의 재고자산에서 제외
적송품	수탁자보관분: 위탁자의 재고자산에 포함 수탁자판매분: 위탁자의 재고자산에서 제외
시송품	구매자 매입의사 표시: 판매자의 재고자산에서 제외 구매자 매입의사 불표시: 판매자의 재고자산에 포함
할부판매상품	판매자의 재고자산에서 제외

8.5 재고자산의 원가배분

자산은 소멸하기 전까지 재무상태표에 기록되나 자산이 소멸하면 그 기간의 포괄손익계산서에 비용으로 보고된다. 즉, 자산이 소멸되면 비용이 된다. 이와 같은 논리는 재고자산에도 그대로 적용된다. 판매를 목적으로 보유하고 있는 상품은 판매가 이루어지기 전에는 재고자산으로서 재무상태표에 기록되나, 판매가 이루어진 경우에는 매출원가라는 비용으로 포괄손익계산서에 기록된다. 재고자산이 판매되었음에도 불구하고 이를 비용처리하지 않았다면 재무상태표상에 자산이 과대계상 될 것이고, 또한 포괄손익계산서에는 비용이 과소계상 되기 때문에 이익이 과대계상 될 것이다.

따라서 재고자산 중 판매된 부분과 판매되지 않고 남아있는 부분으로 구분하는 원가배분(allocation of cost)은 매우 중요하다. 재고자산에서 기초재

고액과 당기매입액을 더한 금액을 판매가능재고액(goods available for sale)
이라 한다. 이는 당기중에 판매할 수 있는 재고액이라는 의미이다. 판매가
능재고액 중에서 당기에 판매된 부분은 매출원가라는 비용을 구성하고, 기
말 현재 판매되지 않고 남아있는 부분은 기말재고액이라는 자산으로 남아
있게 된다. 이를 재고자산 계정을 통하여 나타내면 다음과 같다.

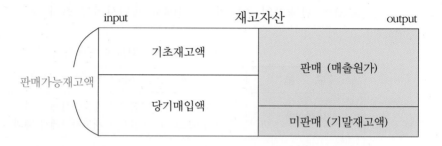

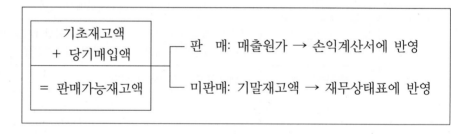

기초재고액은 전기말 재무상태표에 보고되어 있으므로 파악이 어렵지
않다. 또한 당기매입액에 관한 정보도 상품을 매입할 때마다 기록되어 있
으므로 쉽게 파악할 수 있다. 문제는 판매가능재고액을 어떻게 매출원가와
기말재고액으로 적정하게 배분하느냐이다.

이는 다음과 같은 산식에서 기말재고액이 결정되면 매출원가는 판매가
능재고액에서 기말재고액을 차감함으로써 산출할 수 있다. 또한 매출원가
가 결정되면 기말재고액도 마찬가지의 원리로 산출될 수 있다.

(1) 기초재고액 + 당기매입액 = 매출원가 + 기말재고액

(2) 매출원가 = (기초재고액 + 당기매입액) – 기말재고액

(3) 기말재고액 = (기초재고액 + 당기매입액) – 매출원가

재고자산의 가액은 재고자산의 수량과 재고자산의 단가에 의하여 결정된다. 이를 위해 재고자산의 수량을 파악하는 방법과 재고자산의 단가를 결정하는 방법을 살펴보기로 한다.

> 재고자산가액 = 재고자산의 수량 × 재고자산의 단가

> 매출원가 = 판매된 재고자산의 수량 × 재고자산의 단가
> 기말재고액 = 기말재고자산의 수량 × 재고자산의 단가

8.6 재고자산의 수량결정

기말 재고자산의 수량을 파악하는 방법에는 계속기록법과 실지재고조사법이 있다. 계속기록법은 판매가능한 재고자산 수량에서 재고자산이 판매될 때마다 실제로 판매된 수량을 차감하여 계산하는 방법이며, 실지재고조사법은 결산일의 기말재고자산을 실제로 조사하여 파악하는 방법이다.

1 실지재고조사법

실지재고조사법(periodic inventory system)은 기중의 출고량에 대하여 일일이 기록하지 않고 기말에 재고수량을 파악하고 판매가능수량에서 기말재고수량을 제외한 나머지 수량은 판매된 것으로 간주하는 방법으로 실사법(physical inventory method)이라고도 한다. 회계기간중에 도난, 파손, 마모 등의 이유로 감소한 재고자산의 감모액이 파악되지 않고, 감모수량이 모두 당기판매수량에 포함되어 매출원가에 반영된다. 그러나 기중에 장부기록이 간편하고 재무상태표에 실제재고수량을 기준으로 평가한 재고자산이 공시되는 외부보고 목적에 충실한 방법이다.

> 기초재고수량 + 당기매입수량 − 실제재고수량 = 당기판매수량(장부상)

실지재고조사법에서의 회계처리는 재고자산을 구입하는 경우에 매입계

정에 회계처리하고, 재고자산을 판매한 경우에는 매출계정으로 처리하며, 결산일에 실제재고수량을 파악하여 기말재고액과 매출원가를 인식한다. 이 방법에 의할 경우 매출원가를 산정하기 위해서 수정분개를 하여야 하며, 이는 앞에서 설명한 상품계정의 3분법에 의한 회계처리를 따른다.

거래구분	회계처리	
매입시	(차) 매 입 ×××	(대) 매입채무 ×××
판매시	(차) 매출채권 ×××	(대) 매 출 ×××
결산시	(차) 매출원가 ×××	(대) 재고자산(기초) ×××
	(차) 매출원가 ×××	(대) 매 입 ×××
	(차) 재고자산(기말) ×××	(대) 매출원가 ×××

2. 계속기록법

계속기록법(perpetual inventory system)은 재고자산을 구입하거나 판매할 때마다 일일이 수량을 기록함으로써 장부상에서 기말재고량과 기중에 판매된 수량을 산출하는 방법이다. 계속기록법은 재고자산을 구입하거나 판매할 때마다 일일이 수량을 기록 관리하므로 장부정리가 번거롭다. 그러나 계속기록법은 기중 언제라도 재고자산과 매출원가를 장부에서 파악할 수 있는 장점이 있다.

계속기록법에 의해 파악한 기말재고수량은 장부상 재고수량일 뿐 파손, 마모, 도난 등의 원인으로 실제재고수량과는 다를 수 있다. 회계기간중에 도난, 파손, 마모 등의 이유로 감소한 재고자산의 감모수량이 모두 기말재고수량에 포함된다. 재무상태표에는 실제재고수량을 기준으로 평가한 재고자산 금액을 나타내야 하므로 기말에 재고조사를 하여 장부상 재고수량과 실제 재고수량과 차이가 발생하는 경우 재고감모손실의 과목으로 처리하여야 한다.

기초재고수량 + 당기매입수량 - 당기판매수량 = 기말재고수량(장부상)

계속기록법 하에서의 회계처리도 재고자산의 구입시 재고자산을 증가시키고 판매될 때는 판매된 재고자산의 원가만큼 재고자산을 감소시키고 비용으로 기록하는 시스템이다.

거래구분	회계처리	
매입시	(차) 재고자산 ×××	(대) 매입채무 ×××
판매시	(차) { 매출채권 ××× 매출원가 ×××	(대) { 매　출 ××× 재고자산 ×××
결산시	회계처리가 불필요	

3 병행법

　병행법(modified perpetual inventory system)은 실지재고조사법을 근간으로 하되 감모손실을 파악할 수 있도록 기중에 입고수량과 출고수량을 계속 기록하는 방법이다. 계속기록법에서는 기중에 구입량과 판매량의 기록을 통하여 매출원가를 결정하면 나머지가 기말재고자산이 되고, 실지재고조사법에서는 기말 실사를 통하여 기말재고자산이 결정되면 나머지가 매출원가가 된다. 재고자산 감모가 발생한 경우 계속기록법에 의한 경우는 재고 감모수량이 기말재고에 포함되고, 실지재고조사법에 의한 경우는 재고감모수량은 매출원가에 포함되게 된다.

　따라서 실무상으로는 순수한 의미에서의 계속기록법과 실지재고조사법을 사용하기 어렵다. 실무적으로 주로 계속기록법에 의하여 수량을 파악하고, 회계처리는 실지재고조사법에 의한 방법을 활용하게 된다.

예제 1 **재고수량의 파악**

　(주)건지의 기초재고수량이 100개이고, 당기매입수량이 1,000개, 당기판매수량이 800개, 기말실제재고수량이 250개일 경우, 실지재고조사법, 계속기록법, 병행법에 따른 수량을 파악하라.

해 답 1. 실지재고조사법

재고자산

기초재고수량	100개	당기판매수량	850개
당기매입수량	1,000개	기말재고수량	250개
	1,100개		1,100개

2. 계속기록법

재고자산

기초재고수량	100개	당기판매수량	800개
당기매입수량	1,000개	기말재고수량	300개
	1,100개		1,100개

3. 병행법

재고자산

기초재고수량	100개	당기판매수량	800개
		재고감모수량	50개
당기매입수량	1,000개	기말재고수량	250개
	1,100개		1,100개

예제 2 **계속기록법과 실지재고조사법 및 병행법에 의한 회계처리**

(예제 1)에서 상품의 1개당 원가가 모두 ₩200이며, 거래는 모두 외상거래이며, 당기 매출액이 ₩210,000이라 할 때, 계속기록법과 실지재고조사법, 병행법에 의한 회계처리를 행하고, 재무상태표의 재고자산금액과 포괄손익계산서의 매출원가 및 재고자산감모손실을 결정하라.

해답 1. 회계처리

(1) 계속기록법

매입시: (차) 재고자산	200,000	(대) 매입채무	200,000
판매시: (차){매출채권	210,000	(대){매 출	210,000
매출원가	160,000	재고자산	160,000

(2) 실지재고조사법

매입시: (차) 매 입	200,000	(대) 매입채무	200,000
판매시: (차) 매출채권	210,000	(대) 매 출	210,000
결산시: (차) 매출원가	20,000	(대) 재고자산(기초)	20,000
(차) 매출원가	200,000	(대) 매 입	200,000
(차) 재고자산(기말)	50,000	(대) 매출원가	50,000

(3) 병행법

매입시: (차) 매 입	200,000		(대) 매입채무	200,000	
판매시: (차) 매출채권	210,000		(대) 매 출	210,000	
결산시: (차) 매출원가	20,000		(대) 재고자산(기초)	20,000	
(차) 매출원가	200,000		(대) 매 입	200,000	
(차) 재고자산(기말)	60,000		(대) 매출원가	60,000	
(차) 재고자산감모손실	10,000		(대) 재고자산(기말)	10,000	

2. 매출원가와 기말재고자산

		계속기록법	실제재고조사법	병행법
Input	판매가능재고액	220,000	220,000	220,000
Output	매 출 원 가	160,000	170,000	160,000
	기말재고자산	60,000	50,000	50,000
	재고감모손실	–	–	10,000

8.7 재고자산의 가격결정

기초재고자산과 당기매입재고자산의 합계액인 판매가능재고액 중 판매된 부분은 포괄손익계산서의 매출원가로 배분되며, 기말 현재 판매되지 않고 보유하고 있는 부분은 재무상태표의 기말재고자산으로 배분된다.

당기매입재고자산의 경우 당기 중에 여러 차례로 나누어 매입이 이루어지게 되는데, 매입시점마다 단위당 취득원가가 동일하다면 특별한 원가흐름에 대한 가정이 필요 없이 판매가능재고자산을 매출원가와 기말재고자산으로 배분하고, 어떠한 원가흐름을 가정하여도 매출원가와 기말재고자산은 동일하게 된다. 그러나 매입 시마다 단위당 취득원가가 다르다면 원가흐름을 어떻게 가정하느냐에 따라 매출원가와 기말재고자산은 다르게 된다.

따라서 재고자산의 실제물량흐름과 관계없이 일정한 가정을 통하여 판매된 부분과 기말 현재 보유하고 있는 부분에 적용할 취득단가를 산정하게 되는데 이를 원가흐름의 가정이라 한다.

이러한 원가흐름의 가정에는 개별법, 평균법, 선입선출법, 후입선출법이 있다.

1 실지재고조사법에 의한 재고자산의 단가결정

다음 (주)건지의 자료를 토대로 실지재고조사법에 의한 재고자산 단가 결정방법을 살펴보기로 하자.

(1) 개별법

개별법(specific identification method)은 상품이 매입될 때마다 상품별로 가격표를 붙여둠으로써 판매된 상품 또는 기말재고 상품에 부착된 가격표 상의 단가를 적용한다. 즉, 판매된 상품과 기말재고 상품을 개별적으로 추적하여 그 금액을 계산하는 방법이다. 재고자산의 종류가 적고 쉽게 구별할 수 있는 경우에 적용하기 쉽다. 개별법은 수량이 적은 고가품에 주로 적용하는데, 원가흐름과 물량흐름이 일치하여 수익과 비용이 정확하게 대응되어 손익에 반영된다는 장점이 있지만, 상품의 수량과 종류가 많고 거래가 빈번한 경우에는 실무적으로 복잡하며 비경제적이라는 단점이 있다. 또한 경영자가 의도적으로 이익조작을 위해 개별법을 악용할 수도 있다.

예제 3 **개별법에 의한 재고자산 가액결정**

다음은 (주)건지의 20×9년 12월 중의 상품의 거래와 관련된 자료이다.

날 짜	적 요	입 고	출 고
12월 1일	기초재고	200개 @50	
4일	매 입	300개 @55	
6일	매 출		200개 @100
10일	매 입	500개 @60	
14일	매 출		400개 @100
23일	매 입	100개 @70	
30일	매 출		100개 @100
31일	기말재고		400개

(주)건지의 자료에서 판매된 700개의 상품이 기초에서 100개, 4일 매입분에서 200개, 10일 매입분에서 300개, 23일 매입분에서 100개가 판매되었고, 기말재고로 남아 있는 400개는 기초재고 100개, 4일 매입분 100개, 10일 매입분 200개로 구성되었다면 기말재고액과 매출원가, 매출총이익을 산출하라.

해 답   매 출 액 = 200개 × @100 + 400개 × @100 + 100개 × @100 = ₩70,000
기말재고액 = (12/1: 100개 × @50) + (12/4: 100개 × @55)
                                + (12/10: 200개 × @60) = ₩22,500
매출원가 = (12/1: 100개 × @50) + (12/4: 200개 × @55)
                        + (12/10: 300개 × @60) + (12/23: 100개 × @70) = ₩41,000
                  = (기초재고 10,000 + 당기매입 53,500) − 기말재고 22,500 = ₩41,000
매출총이익 = ₩70,000 − ₩41,000 = ₩29,000

(2) 선입선출법

선입선출법(first in first out method: FIFO)이란 실제 물량흐름과 관계없
이 먼저 매입한 상품이 먼저 판매된다는 원가흐름을 가정하는 방법이다.
선입선출법은 매입순서대로 판매된다고 가정하므로 상품의 일반적인 물량
흐름과 일치하여 적용이 비교적 간단하고 기말재고자산이 현행원가에 가
까운 금액으로 평가된다는 장점이 있다. 그러나 매출원가는 과거의 구입가
격으로 표시되고 매출액은 현행의 판매가로 보고되기 때문에 수익·비용
대응원칙에 부합하지 않는다는 문제점이 있다. 또한 인플레이션으로 구입
원가가 계속 상승하는 경우에는 기말재고자산이 과대계상되고 매출원가는
낮게 표시되어 상대적으로 당기순이익이 과대표시 되는 경향이 있어 보수
주의적인 회계처리 관점에서 바람직하지 못하다.

예제 4 **선입선출법에 의한 재고자산 가액결정**

(예제3) (주)건지의 자료를 이용하여 선입선출법하에서 기말재고액과 매출원가를 산출
하고 상품재고장을 작성하라.

해 답   기말재고액 = (300개 × @60) + (100개 × @70) = ₩25,000
매출원가 = (200 × @50) + (300 × @55) + (200 × @60) = ₩38,500

FIFO	기초재고액		당기매입액		
Input	12/1 200× @50	12/4 300 × @55	12/10 500 × @60		12/23 100×@70
Output	200×@50 + 300×@55 + 200×@60			12/31 300× @60 + 100×@70	

당기판매액(매출원가) ———— 기말재고액

〈상품재고장〉

날 짜	입 고			출 고			잔 고		
	수량	단가	금 액	수량	단가	금 액	수량	단가	금 액
12월 1일	200개	@50	10,000						
4일	300개	@55	16,500						
6일				200개	@50	10,000			
10일	500개	@60	30,000						
14일				300개	@55	16,500			
				100개	@60	6,000			
23일	100개	@70	7,000						
30일				100개	@60	6,000	300개 100개	@60 @70	18,000 7,000

매 출 액 = 200개 × @100 + 400개 × @100 + 100개 × @100 = ₩70,000

기말재고액 = (300개 × @60) + (100개 × @70) = ₩25,000

매출원가 = 10,000 + 53,500 - 25,000 = ₩38,500

매출총이익 = ₩70,000 - ₩38,500 = ₩31,500

(3) 후입선출법

후입선출법(last in first out method: LIFO)이란 실제 물량흐름과 관계없이 나중에 매입한 상품이 먼저 판매된다는 원가흐름을 가정하는 방법이다. 후입선출법은 매입의 역순으로 판매된다고 가정하므로 상품의 일반적인 물량흐름과 일치하지 않는다. 또한 인플레이션으로 구입원가가 계속 상승하는 경우에는 기말재고자산에 적용되는 단가는 과거에 구입한 단가를 적용하므로 기말재고액이 낮게 계상되고 매출원가는 높게 표시되어 상대적으로 당기순이익이 과소표시 되는 경향이 있어 기업의 재무상태의 내실화를 기할 수 있다는 장점이 있다. 또한 인플레이션시 기말재고자산이 낮게 평가되어, 수익과 비용이 모두 현행원가에 근접하게 보고됨으로써 수익·비용의 대응이 적절히 이루어진다. 인플레이션시 기업들이 후입선출법을 선호하는 이유는 재고자산증가시 법인세 이연효과가 있으며 현금흐름에 좋은 영향을 미친다는 장점이 있다. 반면에 인플레이션시 재고자산이 감소하면 세금이 많게 되고 재무상태표상 재고자산의 현행가치를 반영하지 못하며, 물량흐름과 일치하지 않는다는 단점이 있다. 한국채택국제회계기준에서는 재고자산의 원가배분방법으로 후입선출법을 인정하지 않고 있다.

예제 5 | **후입선출법에 의한 재고자산 가액결정**

(예제 3) (주)건지의 자료를 이용하여 후입선출법하에서 기말재고액과 매출원가를 산출하고 상품재고장을 작성하라.

해 답
기말재고액 = (200개 × @50) + (200개 × @55) = ₩21,000
매출원가 = (100 × @55 + 500 × @60 + 100 × @70) = ₩42,500

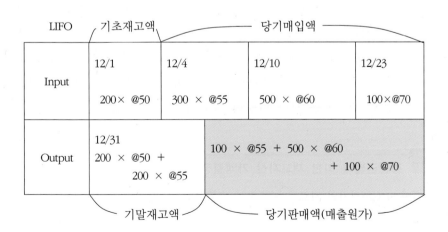

<상품재고장>

날 짜	입고			출고			잔고		
	수량	단가	금액	수량	단가	금액	수량	단가	금액
12월 1일	200개	@50	10,000						
4일	300개	@55	16,500						
6일				100개	@70	7,000			
				100개	@60	6,000			
12월 10일	500개	@60	30,000						
14일				400개	@60	24,000			
23일	100개	@70	7,000						
30일				100개	@55	5,500	200개	@50	10,000
							200개	@55	11,000

매 출 액 = 200개 × @100 + 400개 × @100 + 100개 × @100 = ₩70,000

기말재고액 = 200개 × @50 + 200개 × @55 = ₩21,000

매출원가 = 10,000 + 53,500 - 21,000 = ₩42,500

매출총이익 = ₩70,000 - ₩42,500 = ₩27,500

(4) 평균법(총평균법)

총평균법(periodic average cost method)은 한 회계기간 동안에 입고된 취득가액의 합계(전기이월액포함)를 입고량으로 나누어 평균단가를 산정하고, 이를 당해 기간중의 판매된 재고자산의 매출원가와 기말재고량인 기말재고자산을 산정할 때 적용하는 방법이다. 이는 실지재고조사법의 경우에만 사용할 수 있다.

일정기간 동안의 원가를 평균하여 재고자산의 단위원가를 계산하는 방법으로 적용이 쉽고 객관적이며 이익조작 가능성이 적고, 물량파악이 불가능할 경우에는 보다 타당한 방법이 될 수 있다.

예제 6 **총평균법에 의한 재고자산 가액결정**

(예제 3) (주)건지의 자료를 이용하여 총평균법하에서 기말재고액과 매출원가를 산출하고 상품재고장을 작성하라.

해답

기말재고액 = 400개 × @57.73 = ₩23,092

매 출 원 가 = 700개 × @57.73 = ₩40,408

총평균법	기초재고액	당기매입액		
Input	12/1 200× @50	12/4 300 × @55	12/10 500 × @60	12/23 100×@70
Output	12/31 400 × @57.73	12/31 700 × @57.73		
	기말재고액	당기판매액(매출원가)		

<상품재고장>

날짜	입고 수량	단가	금액	출고 수량	단가	금액	잔고 수량	단가	금액
12월 1일	200개	@50	10,000						
4일	300개	@55	16,500						
6일				200개	@57.73	11,546			
10일	500개	@60	30,000						
14일				400개	@57.73	23,092			
23일	100개	@70	7,000						
30일				100개	@57.73	5,773	400개	@57.73	23,092

매 출 액 = 200개 × @100 + 400개 × @100 + 100개 × @100 = ₩70,000

기말재고액 = 400개 × @57.73 = ₩23,092

매출원가 = 10,000 + 53,500 − 23,092 = ₩40,408

매출총이익 = ₩70,000 − ₩40,408 = ₩29,592

(5) 실지재고조사법하의 재고자산 평가방법의 상호비교

재고자산의 평가 방법을 실지재고조사법하에서 개별법, 총평균법, 선입선출법, 후입선출법하에 의할 경우 기말재고액, 매출원가, 매출총이익을 비교하면 다음과 같다.

〈재고자산가격 결정방법 - 실지재고조사법〉							
	개별법		총평균법		선입선출법		후입선출법
매 출		70,000		70,000		70,000	70,000
매 출 원 가							
기 초 재 고 액	10,000		10,000		10,000		10,000
당 기 매 입 액	53,500		53,500		53,500		53,500
판 매 가 능 액	63,500		63,500		63,500		63,500
(-)기말재고액	22,500	41,000	23,092	40,408	25,000	38,500	21,000	42,500
매 출 총 이 익		29,000		29,592		31,500	27,500

(주)건지의 경우와 같이 인플레이션하에서 총평균법, 선입선출법, 후입선출법을 비교해 보면 후입선출법이 가장 적은 매출총이익을 나타내고 있으며, 선입선출법이 가장 많은 매출총이익을 나타내고 있다.

2 계속기록법에 의한 재고자산의 단가결정

계속기록법이란 기중에 상품의 출고시에 출고량을 일일이 기록하여 기말재고를 평가하는 방법이다. 따라서 회계기간에 걸쳐 언제라도 재고의 직접적인 조사없이 재고액의 파악이 가능하다. 따라서 계속기록법하에서의 재고자산계정은 매 시점에 보유하고 있는 실제 재고자산을 표시하게 된다.

(주)건지의 자료를 토대로 계속기록법에 의한 재고자산 단가 결정방법을 살펴보기로 하자.

(1) 이동평균법

이동평균법(moving average method)은 상품을 취득할 때마다 그 수량 및 금액을 직전의 잔고수량 및 잔액에 가산하여 새로이 가중평균 단가를 구하고, 다음 매입시점까지 매출이 일어날 때 이 단가를 적용하여 매출원가를 계산하는 방법이다. 이 방법은 물가변동을 완화하고 매출원가를 평준화하는 장점이 있으나, 상품매입이 빈번할 경우 매번 평균단가를 새로이 산출해야 한다는 단점이 있다. 또한 실지재고조사법에서는 적용할 수 없고 계속기록법 적용시에만 사용할 수 있다.

> **예제 7** **이동평균법에 의한 재고자산 가액결정**
>
> (예제 3) (주)건지의 자료를 이용하여 이동평균법에 의한 매출원가와 기말재고액을 산출하고 상품재고장을 작성하라.

해답

기말재고액 = 400개 × @59.9 = ₩23,960

매 출 원 가 = 200 × @53 + 400 × @57.38 + 100 × @59.9 = ₩39,540

이동평균법 기초재고액 ──────── 당기매입액 ────────

Input	12/1 200× @50	12/4 300 × @55	12/10 500 × @60	12/23 100×@70
Output	12/6 12/14 12/30 200×@53 + 400×@57.38 + 100×@59.9			12/31 400 × @59.9

────── 당기판매액(매출원가) ────── ─── 기말재고액 ───

〈상품재고장〉

날 짜	입고 수량	입고 단가	입고 금액	출고 수량	출고 단가	출고 금액	잔고 수량	잔고 단가	잔고 금액
12월 1일	200개	@50	10,000				200개	@50	10,000
4일	300개	@55	16,500				500개	@53	26,500
6일				200개	@53	10,600	300개	@53	15,900
10일	500개	@60	30,000				800개	@57.375	45,900
14일				400개	@57.375	22,950	400개	@57.375	22,950
23일	100개	@70	7,000				500개	@59.90	29,950
30일				100개	@59.90	5,990	400개	@59.90	23,960

매 출 액 = 200개 × @100 + 400개 × @100 +100개× @100 = ₩70,000

기말재고액 = 400개 × @59.90 = ₩23,960

매출원가 = 10,000 + 53,500 − 23,960 = ₩39,540

매출총이익 = ₩70,000 − ₩39,540 = ₩30,460

(2) 선입선출법

선입선출법의 경우에는 수량을 파악하는 방법으로서 계속기록법을 사용하느냐 실지재고조사법을 사용하느냐에 관계없이 기말재고액과 매출원가는 항상 동일하게 산출된다. 그 이유는 선입선출법을 사용할 경우 항상 먼저 구입한 상품이 먼저 판매된 것으로 가정하므로, 한 회계기말에 한차례의 선입선출법 논리를 적용하여 기말재고와 매출원가를 계산하든, 판매가 이루어질 때마다 그 시점을 기준으로 선입선출법 논리를 적용하여 기말재고와 매출원가를 계산하든 두 방법 모두 최근에 구입한 상품이 기말재고로 남아 있기 때문에 그 결과는 같을 수 밖에 없다.

예제 8 선입선출법에 의한 재고자산 가액결정 - 계속기록법

(예제 3) (주)건지의 자료를 이용하여 선입선출법하에서 기말재고액과 매출원가를 산출하고 상품재고장을 작성하라.

해 답

기말재고액 = (300개 × @60 + 100개 × @70) = ₩25,000

매출원가 = (200 × @50) + (300 × @55 + 100 × @60) + (100 × @60) = ₩38,500

FIFO	기초재고액	당기매입액		
Input	12/1 200× @50	12/4 300 × @55	12/10 500 × @60	12/23 100×@70
Output	12/6 200×@50	12/14 300×@55+100×@60	12/30 100×@60	12/31 300× @60 + 100×@70

당기판매액(매출원가) ─────── 기말재고액

<상품재고장>

날 짜	입고			출고			잔고		
	수량	단가	금액	수량	단가	금액	수량	단가	금액
12월 1일	200개	@50	10,000				200개	@50	10,000
4일	300개	@55	16,500				200개	@50	10,000
							300개	@55	16,500
6일				200개	@50	10,000	300개	@55	16,500
10일	500개	@60	30,000				300개	@55	16,500
							500개	@60	30,000
14일				300개	@55	16,500	400개	@60	24,000
				100개	@60	6,000			
23일	100개	@70	7,000				400개	@60	24,000
							100개	@70	7,000
30일				100개	@60	6,000	300개	@60	18,000
							100개	@70	7,000

매 출 액 = 200개 × @100 + 400개 × @100 + 100개 × @100 = ₩70,000

기말재고액 = 300개 × @60 + 100개 × @70 = ₩25,000

매출원가 = 10,000 + 53,500 − 25,000 = ₩38,500

매출총이익 = ₩70,000 − ₩38,500 = ₩31,500

(3) 후입선출법

후입선출법의 경우는 선입선출법과 달리 수량을 파악하는 방법으로써 실지재고조사법을 사용하느냐 계속기록법을 사용하느냐에 따라 매출원가와 기말재고액은 다르게 산출된다. 실지재고조사법에서는 당기의 판매량을 기말시점에서부터 시작하여 최근에 구입한 상품 순으로 판매되었다고 가정하는데 반해, 계속기록법에서는 매번 상품이 판매될 때마다 그 시점을 기준으로 당시에 기업이 보유하고 있는 상품 중 가장 최근에 매입한 상품이 판매된 것으로 간주하기 때문이다.

예제 9 후입선출법에 의한 재고자산 가액결정 - 계속기록법

(예제 3) (주)건지의 자료를 이용하여 후입선출법하에서 기말재고액과 매출원가를 산출하고 상품재고장을 작성하라.

해답

기말재고액 = 200×@50 + 100×@55 + 100×@60 = ₩21,500

매출원가 = 200×@55 + 400×@60 + 100×@70 = ₩42,000

LIFO	기초재고액			당기매입액		
Input	12/1 200× @50	12/4 300 × @55		12/10 500 × @60		12/23 100×@70
Output	12/31 200×@50	12/6 200×@55	12/31 100× @55	12/14 400× @60	12/31 100×@60	12/30 100×@70

기말재고액　　　　기말재고액　　　　기말재고액

　　　매출원가　　　　매출원가　　　　매출원가

〈상품재고장〉

날 짜	입 고			출 고			잔 고		
	수량	단가	금 액	수량	단가	금 액	수량	단가	금 액
12월 1일	200개	@50	10,000				200개	@50	10,000
4일	300개	@55	16,500				200개	@50	10,000
							300개	@55	16,500
6일				200개	@55	11,000	200개	@50	10,000
							100개	@55	5,500
12월 10일	500개	@60	30,000				200개	@50	10,000
							100개	@55	5,500
							500개	@60	30,000
14일				400개	@60	24,000	200개	@50	10,000
							100개	@55	5,500
							100개	@60	6,000
23일	100개	@70	7,000				200개	@50	10,000
							100개	@55	5,500
							100개	@60	6,000
							100개	@70	7,000
30일				100개	@70	7,000	200개	@50	10,000
							100개	@55	5,500
							100개	@60	6,000

매 출 액 = 200개 × @100 + 400개 × @100 + 100개 × @100 = ₩70,000

기말재고액 = 200개 × @50 + 100개 × @55 + 100개 × @60 = ₩21,500

매출원가 = 10,000 + 53,500 − 21,500 = ₩42,000

매출총이익 = ₩70,000 − ₩42,000 = ₩28,000

(4) 계속기록법하의 평가방법의 상호비교

재고자산의 평가방법을 개별법, 이동평균법, 선입선출법, 후입선출법에 의한 경우 기말재고액, 매출원가, 매출총이익을 비교하면 다음과 같다.

〈재고자산가격 결정방법 – 계속기록법〉							
	개별법		이동평균법		선입선출법		후입선출법
매 출	70,000		70,000		70,000		70,000
매 출 원 가							
기 초 재 고 액	10,000		10,000		10,000		10,000
당 기 매 입 액	53,500		53,500		53,500		53,500
판 매 가 능 액	63,500		63,500		63,500		63,500
(－)기말재고액	22,500	41,000	23,960	39,540	25,000	38,500	21,500	42,000
매 출 총 이 익		29,000		30,460		31,500		28,000

8.8 추정에 의한 재고자산가액 결정

1. 매출총이익률법

매출총이익률법(gross profit method)은 재고자산에 대한 판매기록을 하지 않은 상태에서 천재지변이나 화재 등으로 인하여 재고자산이 손상되었을 때 매출총이익률을 활용하여 재고자산을 추정하는 방법이다. 이는 기업의 매출총이익률이 매기 동일하다는 전제하에, 미리 계산된 매출총이익률을 기중의 매출액에 적용하여 매출원가를 계산함으로써 기말재고액을 간접적으로 추정한다.

> 매출총이익률 = 매출총이익 / 매출액
> 매출원가율 = (1 – 매출총이익률)
> 매출액 × 매출원가율 = 매출원가
> 기말재고액 = 기초재고액 + 당기매입액 – 매출원가

> ### 예제 10   매출총이익률법에 의한 기말재고추정
>
> 팔복상사의 과거 3년 동안 매출총이익률이 30%이었으며, 당기에도 특별한 변동이 없을 것으로 기대된다. 중간보고시점까지의 순매출액이 ₩1,000,000이며, 기초재고액이 ₩200,000 당기의 매입액은 ₩900,000이었다. 매출총이익률법을 적용할 경우에 기말재고는 얼마인가?

해답

기초재고액		₩200,000
당기매입액		900,000
판매가능액		₩1,100,000
매출원가(추정):		
당기매출액	₩1,000,000	
매출총이익(추정)	300,000(30%)	
		700,000(70%)
기말재고(추정)		₩400,000

2 매출가격환원법: 소매재고조사법

매출가격환원법(retail inventory method) 또는 소매재고조사법은 주로 취급하는 상품의 종류가 많은 백화점이나 소매점에서 사용되는 방법이다. 상품의 종류별로 기말재고자산의 원가를 산정하는 것이 아니고, 백화점이나 소매점이 소유하고 있는 상품을 하나로 보고 일괄적으로 기말재고자산의 원가를 산정하는 것이다. 소매재고조사법은 기말재고자산의 소매가격을 이용하여 역으로 기말재고자산의 원가를 추정하는 방법이다. 즉, 기말상품재고액을 일괄적으로 매가에 의해 파악한 후 여기에 원가율을 곱하여 원가에 의한 기말상품재고액을 일괄적으로 역산해낸다.

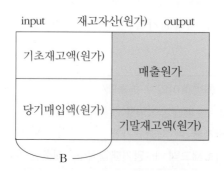
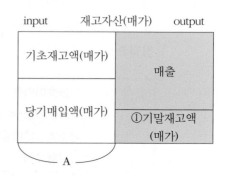

> ① 기말재고액(매가) = 기초재고액(매가) + 당기매입(매가) - 당기매출액

> ② 원가율 = $\dfrac{\text{B 원가(기초재고액 + 당기매입액)}}{\text{A 매가(기초재고액 + 당기매입액)}}$

> ③ 기말재고액(원가) = ① 기말재고액(매가) × ② 원가율

예제 11 **매출가격환원법에 의한 기말재고평가**

신세계백화점의 5월 중 재고자산 관련자료는 다음과 같다.

	원가기준	매출가격기준
기초재고액	₩140,000	₩220,000
당기매입액	700,000	980,000
판매가능액	₩840,000	₩1,200,000

또한 5월 중 매출액은 ₩900,000이다.

매출가격환원법에 의한 기말재고자산은 얼마인가?

해답 ① 원가율 산정

$$\text{원가율} = \frac{\text{₩840,000}}{1,200,000} = 70\%$$

② 매출가격기준 기말재고액

$$220,000 + 980,000 - 900,000 = 300,000$$

③ 원가기준 기말재고액

$$300,000 \times 0.7 = 210,000$$

8.9 재고자산평가

1 재고자산의 저가법

재고자산의 평가는 기말 현재의 시가와 취득원가를 비교하여 낮은 가액으로 평가하는 저가법에 의하여 평가한다. 저가법(lower of cost or market: LCM)은 시가가 취득원가보다 낮아지면 이를 손실로 인식하고, 시가가 취득

원가보다 높으면 이를 이익으로 인식하지 않는 방법이다. 즉, 저가법에서는 취득원가와 시가 중 낮은 가격으로 자산을 평가하는 방법이다. 재고자산의 저가법에 의한 평가는 보수주의에 의한 회계처리의 한 예이다. 기말재고자산을 저가평가하면 매출원가가 높아져 당기순이익이 감소하고, 그 결과 배당이 감소하여 사내 유보이익이 많아지므로 기업의 재무적 기초를 견고히 할 수 있다.

재고자산의 시가는 순실현가능가치를 말한다. 순실현가능가치(net realizable value: NRV)는 재고자산의 예상판매가격에서 정상적으로 발생하는 예상판매비용을 차감한 가액이다.

저가법에 의한 재고자산 = min{취득원가, 순실현가능가치}
순실현가능가치 = 예상판매가격 - 예상판매비용

재고자산을 저가기준을 적용하여 평가한 시가인 순실현가능가액과 취득원가와의 차액인 재고자산평가손실(loss from decline in value of inventory)은 구체적으로 장부상 단가와 단위당 순실현가능가치의 차액에 실제수량을 곱하여 산출한다.

재고자산평가손실 = 실제수량 × (장부상 단가 - 단위당 순실현가능가치)

저가법 적용시 발생한 재고자산평가손실에 대하여 한국채택국제회계기준에서는 비용의 구분을 규정하고 있지 않지만, 매출원가에 가산하는 것이 타당하다. 따라서 이에 대한 회계처리는 재고자산평가손실을 포괄손익계산서의 매출원가에 가산하고, 동시에 그 금액을 재고자산평가충당금(allowance to reduce inventory to market)으로 계상하여 재무상태표상 재고자산의 차감계정으로 표시한다. 저가법의 적용에 따른 평가손실을 초래하였던 상황이 해소되어 새로운 시가가 장부가액보다 상승한 경우에는 최초의 장부가액을 초과하지 않는 범위 내에서 재고자산평가손실을 환입한다. 이때 재고자산평가손실 환입은 매출원가에서 차감하며, 동시에 재고자산평가충당금을 감소시켜 재고자산의 장부가액을 증가시킨다.

시가하락의 경우

    (차) 매출원가   ×××   (대) 재고자산평가충당금 ×××

      (재고자산평가손실)

시가가 회복된 경우

    (차) 재고자산평가충당금   ×××   (대) 매출원가   ×××

                                     (재고자산평가충당금 환입)

(약식) 재무상태표

재고자산	×××	
재고자산평가충당금	(×××)	×××

* 재고자산에서 재고자산평가충당금을 차감한 순액으로 재고자산을 표시할 수도 있다.

2 저가법의 적용

재고자산을 저가법에 의하여 평가할 때 평가하는 방법에는 종목별 기준, 조별기준, 총계기준이 있다. 종목별기준(individual item basis)은 재고자산의 개별항목별로 저가법을 적용하는 방법이고, 조별기준(major category basis)은 재고자산을 유사한 것들로 묶어서 저가법을 적용하는 방법이며, 총계기준(aggregate basis)은 재고자산 전체를 하나로 보고 저가법을 적용하는 방법이다. 이러한 방법들 중에서 종목별 기준이 가장 많은 평가손실을 계상하게 된다. 즉, 가장 엄격한 보수주의의 적용은 종목별 기준이다. 한국채택국제회계기준에서는 종목별 기준으로 저가법을 적용하는 것을 원칙으로 하며, 재고자산이 서로 유사하거나 관련 있는 경우에는 조별기준으로 저가법을 적용할 수 있으나 총계기준에 의한 방법은 인정하지 않는다.

예제 12   **재고자산평가손실**

(주)장안은 기말재고자산의 원가를 총평균법을 적용하여 평가한 결과 ₩1,500으로 나타났다. 한편, (주)장안의 제품과 유사한 신제품이 개발되어 판매됨에 따라 기말시점에 (주)장안의 재고자산의 예상판매가격은 ₩1,000으로 하락하였고, 예상판매비는 ₩100으로 추정된다.

  1. 저가기준을 적용하여 회계처리하고 (약식)재무상태표에 이를 나타내어라.

  2. 저가기준을 적용하여 평가했던 재고자산이 아직 판매되지 않은 상태에서 시가가 ₩1,200으로 상승하였다면 이를 회계처리하고 (약식)재무상태표에 나타내어라.

해 답 1. 시가가 하락한 경우 회계처리

(차) 매출원가(재고자산평가손실) 600   (대) 재고자산평가충당금 600

(약식) 재무상태표

재고자산	1,500	
재고자산평가충당금	(600)	900

2. 시가가 회복된 경우 회계처리

(차) 재고자산평가충당금 300   (대) 매출원가(재고자산평가충당금환입) 300

(약식) 재무상태표

재고자산	1,500	
재고자산평가충당금	(300)	1,200

예제 13 재고자산평가손실 – 종목별기준과 총계기준

다음은 서울상사의 기말상품의 장부재고액과 시가는 다음과 같다.

상 품	장부상 재고수량	단위당 원가	예상판매단가	단위당예상판매비
A	1,000개	₩100	₩150	₩40
B	400	200	240	60
C	500	250	300	80

〈요구사항〉

1. 종목별기준에 의한 기말재고자산의 평가와 수정분개를 행하라.

2. 총계기준에 의한 기말재고자산의 평가와 수정분개를 행하라.

해 답 1. 종목별기준

(차) 매출원가(재고자산평가손실) 23,000   (대) 재고자산평가충당금 23,000

* 평가손실 B: 400개 × (₩200 − ₩180) = ₩8,000

C: 500개 × (₩250 − ₩220) = 15,000

계 ₩23,000

K-IFRS에서는 종목별 기준에 의한 저가법을 적용하여 평가손실을 인식하고, 재고자산평가손실은 매출원가에 가산한다.

2. 총계기준

(차) 매출원가(재고자산평가손실) 13,000　　(대) 재고자산평가충당금 13,000
* 평가손실
원가: 1,000개 × ₩100 + 400개 × ₩200 + 500개 × ₩250 =₩305,000
시가: 1,000개 × ₩110 + 400개 × ₩180 + 500개 × ₩220 =₩292,000
　　　　　　　　　　　　　　　　　　　　　　　　　　　13,000

3 재고자산감모손실

(1) 재고자산감모손실과 회계처리

재고자산감모손실(losses from inventory shrinkage)은 재고자산을 보관하는 과정에서 파손, 마모, 도난 등으로 인하여 재고자산의 장부상 수량과 실제 수량과의 차이에서 발생하는 손실을 말한다. 감모손실이 발생한 경우에는 장부상의 기말재고자산을 감소시키고, 감모손실만큼 비용으로 인식한다. 재고자산의 감모손실은 구체적으로 장부상의 수량과 실제수량의 차이에 장부상 단위당 원가를 곱하여 산정하며, 이에 대한 회계처리는 재고자산감모손실을 당기의 비용으로 처리하며, 재고자산에서 직접 차감한다.

재고자산감모손실 = (장부상 수량 − 실제수량) × 장부상 단가

재고자산감모손실 회계처리
　(차) 재고자산감모손실　×××　　　　　(대) 재고자산　×××

(2) 재고자산평가손실과 재고자산감모손실의 관계

재고자산의 수량감소에 따른 재고감모손실과 가격하락에 의한 재고자산평가손실의 관계는 다음과 같다.

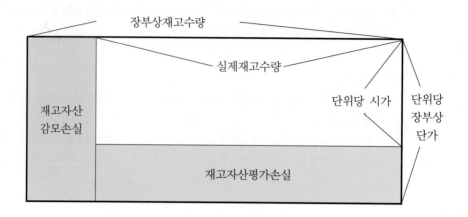

　　K-IFRS가 도입되기 전에 기업회계기준서 제10호에서는 재고자산평가손
실은 매출원가로 처리하는 반면, 재고자산감모손실을 원가성이 있는 경우
에는 매출원가로, 원가성이 없는 경우에는 영업외비용으로 처리하도록 규정
하고 있다. 그러나 K-IFRS에 의한 기업회계기준서 제1002호에서는 재고자
산을 순실현가능가치로 감액한 평가손실과 모든 감모손실은 감액이나 감
모가 발생한 기간에 비용으로 인식한다고만 규정되어 있을 뿐 재고자산감
모손실을 어느 비용으로 분류하는지에 대한 구체적인 규정내용은 없다.

연 • 습 • 문 • 제

▌▌ 기본문제 ▌▌

01 다음 중 재고자산의 성격에 적합하지 않은 항목은 어느 것인가?

① 생산에 투입되기 위해 대기 중인 자산

② 생산과정 중에 있는 자산

③ 생산이 완료되어 창고에 보관중인 자산

④ 생산이 완료되어 할부로 판매된 제품

정답 ④

02 다음은 재고자산과 관련된 K-IFRS의 내용이다. 올바르지 않은 것은?

① 위탁판매는 수탁자가 판매한 날에 위탁자의 재고자산을 감소시킨다.

② 건설계약에 해당하는 특별주문품은 인도시점에 구매자에게 귀속되므로 인도시점에 구매자의 재고자산에 포함시킨다.

③ 선적지 인도조건인 미착상품은 판매자의 재고자산에서 제외시킨다.

④ 시송품은 구매자가 매입의사를 표시하는 때에 판매자의 재고자산에서 제외시킨다.

정답 ②

03 다음은 재고자산의 취득원가 결정과 관련된 K-IFRS의 내용이다. 올바르지 않은 것은?

① 재고자산의 취득원가는 매입원가와 전환원가, 기타원가를 모두 포함한다.

② 매입원가는 매입가액에 매입운임을 더한 원가만을 말한다.

③ 전환원가는 재공품 및 제품을 구성하는 원가요소를 의미한다.

④ 기타원가는 재고자산을 현재의 장소에 현재의 상태에 이르게 하는데 발생한 원가를 말한다.

정답 ②

04 다음은 재고자산의 수량결정방법에 관한 내용이다. 올바르지 않은 것은?

① 실지재고조사법은 기중의 출고량에 대하여 일일이 기록하지 않는다.

② 실지재고조사법은 장부기록이 간편하고 외부보고 목적에 충실한 방법이다.

③ 계속기록법을 사용할 시 기중 언제라도 재고금액을 파악할 수 있으며 도난, 파손, 마모 등을 통제하는데 적절하다.

④ 계속기록법에 의해 파악한 기말 재고수량은 파손, 마모, 도난 등을 고려하므로 실제재고수량과 동일하다.

정답 ④

05 다음 중 계속기록법만 적용가능한 방법은?

① 이동평균법   ② 총평균법

③ 소매재고법   ④ 선입선출법

정답 ①

06 다음의 재고자산의 기말 단가산정방법 중 K-IFRS에서 인정하고 있지 않는 방법은?

① 선입선출법   ② 후입선출법

③ 총평균법   ④ 이동평균법

정답 ②

07 다음 재고자산의 기말 단가산정방법 중 인플레이션 하에서 당기순이익이 가장 큰 방법은?

① 선입선출법   ② 후입선출법

③ 총평균법   ④ 이동평균법

정답 ①

08 재고자산의 저가기준에 의한 평가와 관련이 깊은 개념은?

① 계속성의 원칙   ② 보수주의

③ 수익과 비용의 원칙   ④ 중요성의 원칙

정답 ②

09 K-IFRS에서는 재고자산의 평가를 원가와 시가(공정가액) 중 낮은가액에 의하는 저가법을 적용한다. 이때 공정가액은 다음 중 어느 것인가?

① 순실현가능가액   ② 현행대체원가

③ 회수가능가액   ④ 현금흐름할인가치

정답 ①

10 다음 자료에 의하여 (주)평화의 재고자산 취득원가를 구하면?

· 매입가액	₩30,000	· 매입운임	₩5,000
· 매입할인	2,000	· 매입환출	1,000
· 전환원가	20,000	· 디자인원가	10,000

① ₩30,000   ② ₩32,000

③ ₩60,000   ④ ₩62,000

▶ 풀이: 재고자산의 취득원가 = 매입원가 + 전환원가 + 기타원가
= (30,000 + 5,000 − 2,000 − 1,000) + 20,000 + 10,000 = ₩62,000

정답 ④

11 (주)미래의 20×8년 12월 31일 현재 창고에 실제 남아있는 재고자산은 ₩1,500,000 이다. 다음의 자료를 추가로 고려하였을 때 (주)미래의 20×8년 12월 31일 현재 재무상태표에 계상하여야 할 재고자산은 얼마인가?

> (1) 20×8년 12월 31일에 구매자로부터 FOB도착지 인도조건으로 주문받은 상품 ₩30,000이 포함되어 있다. 이 상품은 20×8년 12월 31일에 선적되어 20×9년 1월 5일에 도착되었다.
> (2) 20×8년 12월 25일에 FOB선적지 인도조건으로 구입한 상품 ₩50,000이 20×8년 12월 31일 현재 운송 중에 있다. 이 상품은 20×9년 1월 3일에 도착되었다.
> (3) 20×8년 12월 1일에 판매를 위탁한 적송품 중 20×8년 12월 31일 현재 수탁자가 아직 판매하지 못한 적송품이 ₩20,000 있다.
> (4) 20×8년 12월 25일 시용판매한 상품 중 고객의 매입의사표시가 없는 시송품이 ₩40,000이 있다.

① ₩1,520,000   ② ₩1,550,000

③ ₩1,570,000   ④ ₩1,610,000

▣ 풀이: (1) 12월 31일 현재 인도하지 않았으므로 영향 없음, (2) 도착하지 않았으나 이미 선적시 소유권이 이전 되었으므로 기말재고에 ₩50,000 가산, (3) 적송품 중 미판매 분 ₩20,000 가산 (4) 시송품 중 매입의사 불표시분 ₩40,000 가산
₩1,500,000 + ₩50,000 + ₩20,000 + ₩40,000 = ₩1,610,000

정답 ④

12 다음은 (주)소망의 9월 한 달 동안에 발생한 재고자산과 관련된 자료이다. 9월 10일에 재고자산 13개를 판매하였을 경우 9월 중 매출원가는 얼마인가? 단, (주)소망은 실지재고조사법에 의한 선입선출법에 의하여 재고자산을 평가하고 있다.

내 역	수 량	단위당 원가	금 액
기초재고	4	@20	80
매 입	5	40	200
매 입	8	40	320
매 입	5	60	300
매 입	4	80	320

① ₩440   ② ₩520

③ ₩540   ④ ₩780

▣ 풀이: 매출원가: 4×@20 + 5×@40 + 4×@40 = 440
기말재고: 4×@40 + 5×@60 + 4×@80 = 780

정답 ①

※ 다음은 (문 13 - 14)에 관련된 자료이다.

내 역	수 량	단 가	금 액
기초재고	1,000개	@400	400,000
10월 1일 매입	500개	500	250,000
11월 4일 매출	800개	700	560,000
11월 23일 매출	600개	800	480,000
12월 4일 매입	400개	600	240,000

13 위 자료를 이용하여 계속기록법하에서 선입선출법에 의한 기말재고액을 구하면 얼마인가?

① ₩200,000   ② ₩280,000

③ ₩290,000   ④ ₩300,000

➡ 풀이: 100 × @500 + 400 × @600 = ₩290,000

정답 ③

14 위 자료를 이용하여 실지재고조사법하에서 총평균법에 의한 기말재고액을 구하면 얼마인가?

① ₩200,000   ② ₩234,210

③ ₩290,000   ④ ₩300,000

➡ 풀이: (400,000 + 250,000 + 240,000) ÷ 1,900 × 500 = ₩234,210

정답 ②

15 (주)희은은 계속기록법에 의한 이동평균법을 적용하여 재고자산을 평가하고 있다. 다음 자료에 의하여 10월 한 달 동안의 매출총이익을 계산하면 얼마인가?

10월 1일	월초재고	200개	@70	14,000
3일	매 입	300	72	21,600
10일	매 출	200	80	16,000
15일	매 출	200	85	17,000
20일	매 입	300	75	22,500
27일	매 출	200	90	18,000

① ₩7,400   ② ₩7,710

③ ₩14,000   ④ ₩15,000

➡ 풀이: 매출액 = 200 × @80 + 200 × @85 + 200 × @90 = ₩51,000

매출원가 = 200 × @71.2 + 200 × @71.2 + 200 × @74.05 = ₩43,290

매출총이익 = ₩51,000 – ₩43,290 = ₩7,710

정답 ②

16 기초재고액은 ₩300,000, 매입액은 ₩1,000,000이며 매출액은 ₩1,500,000
이다. 매출총이익률이 20%라고 가정하면 기말재고액은 얼마인가?

① ₩100,000 　　　　　　　　　② ₩200,000

③ ₩150,000 　　　　　　　　　④ ₩250,000

▶ 풀이: (300,000 + 1,000,000) − (1,500,000 × 0.8) = ₩100,000

정답 ①

17 매입액이 ₩750,000, 기말재고액이 ₩270,000, 매출액은 ₩1,200,000이며
매출총이익률은 30%라고 가정할 경우 기초재고액은 얼마인가?

① ₩560,000 　　　　　　　　　② ₩360,000

③ ₩760,000 　　　　　　　　　④ ₩720,000

▶ 풀이:

재고자산

기초재고액	₩360,000	매출원가	₩840,000 = 1,200,000×(1−0.3)
당기매입액	750,000	기말재고	270,000
계	₩1,110,000	계	₩1,110,000

정답 ②

18 20×8년 4월 30일 화재가 발생한 (주)한빛의 재고자산 자료이다.

4월 1일 기초자산	₩440,000
4월 중 매입액	1,000,000
4월 중 매출액	1,430,000
매출채권회수액	500,000
매 출 환 입	213,200
매 입 환 출	100,000

당기 화재로 인해 손실되지 않은 재고자산은 ₩50,000으로 조사되었고 (주)한빛
의 매출액은 매출원가에 균등하게 20%를 가산하여 결정된다. 화재로 소실된 재
고자산의 금액은?

① ₩226,000 　　　　　　　　　② ₩224,000

③ ₩276,000 　　　　　　　　　④ ₩344,000

▶ 풀이: 326,000(장부상 기말재고) − 50,000(화재미소실액) = 276,000(화재소실액)

재고자산

기초재고액	₩440,000	매출원가	₩1,014,000 = 1,216,800×(100/(100+20))
당기매입액	900,000	기말재고	326,000
계	₩1,340,000	계	₩1,340,000

매출액 = 매출원가 × 1.2

$$\text{매출원가} = (1,430,000 - 213,200) \times \frac{1}{1.2} = 1,014,000$$

정답 ③

19 (주)평화는 도소매업을 주업종으로 운영하고 있으며 재고자산평가방법으로서 소매재고법을 채택하고 있다. 이 회사의 20×8년도 영업 관계가 다음과 같다고 할 경우 기말재고액은 얼마인가?

기초재고액: 원가	₩5,000		소매가	₩6,000
당기매입액: 원가	166,000		소매가	184,000
당기매출액	185,000			

① ₩5,000
② ₩6,000
③ ₩4,500
④ ₩4,000

▶ 풀이: ① 매가에 의한 기말재고액 = 6,000 + 184,000 - 185,000 = 5,000
② 원가율 = (5,000 + 166,000) / (6,000 + 184,000) = 0.9
③ 기말재고액 = 5,000 × 0.9 = 4,500

정답 ③

20 (주)명동은 기말재고액 계산방법으로 매출가격환원법(소매재고법)을 사용한다. 다음 자료를 이용하여 기말 재고액을 계산하면 얼마인가?

	원 가	매 가
기초재고	75,000	140,000
매 입	729,000	1,200,000
매 출		1,050,000

① ₩95,000
② ₩174,000
③ ₩290,000
④ ₩630,000

▶ 풀이: ① 매가에 의한 기말재고액 = 140,000 + 1,200,000 - 1,050,000 = 290,000
② 원가율 = (75,000 + 729,000) / (140,000 + 1,200,000) = 0.6
③ 기말재고액 = 290,000 × 0.6 = 174,000

정답 ②

■Ⅰ 기출문제 Ⅰ■

■ 재고자산 일반

01 재고자산에 관한 설명으로 옳지 않은 것은? ('16 주택)

① 재고자산이란 정상적인 영업활동과정에서 판매를 목적으로 소유하고 있거나 판매할 자산을 제조하는 과정에 있거나 제조과정에 사용될 자산을 말한다.

② 재고자산의 취득원가는 매입원가, 전환원가 및 재고자산을 현재의 장소에 현재의 상태로 이르게 하는데 발생한 기타 원가 모두를 포함한다.

③ 재고자산의 매입원가는 매입가격에 수입관세와 매입운임, 하역료, 매입할인, 리베이트 등을 가산한 금액이다.

④ 표준원가법이나 소매재고법 등의 원가측정방법은 그러한 방법으로 평가한 결과가 실제 원가와 유사한 경우에 사용할 수 있다.

⑤ 후입선출법은 재고자산의 원가결정방법으로 허용되지 않는다.

▶ 풀이: 매입할인은 매입원가에서 차감한다.

정답 ③

02 재고자산에 대한 설명으로 옳은 것은? ('17 관세직)

① 기초재고자산 금액과 당기매입액이 일정할 때, 기말재고자산 금액이 과대계상될 경우 당기순이익은 과소계상된다.

② 선입선출법은 기말에 재고로 남아 있는 항목은 가장 최근에 매입 또는 생산된 항목이라고 가정하는 방법이다.

③ 실지재고조사법을 적용하면 기록유지가 복잡하고 번거롭지만 특정시점의 재고자산 잔액과 그 시점까지 발생한 매출원가를 적시에 파악할 수 있는 장점이 있다.

④ 도착지 인도기준에 의해서 매입이 이루어질 경우, 발생하는 운임은 매입자의 취득원가에 산입하여야 한다.

▶ 풀이: ① 당기순이익은 과대계상 된다.
　　　　③ 계속기록법에 대한 내용이다.

정답 ②

03 다음 중 재고자산에 해당하는 것을 모두 고른 것은? ('21 주택)

ㄱ. 상품매매회사가 영업활동에 사용하고 있는 차량
ㄴ. 건설회사가 본사 사옥으로 사용하고 있는 건물
ㄷ. 컴퓨터제조회사가 공장신축을 위해 보유하고 있는 토지
ㄹ. 가구제조회사가 판매를 위하여 보유하고 있는 가구
ㅁ. 자동차제조회사가 제조공정에 투입하기 위해 보유하고 있는 원재료

① ㄱ, ㄴ　　② ㄱ, ㄹ　　③ ㄴ, ㄷ　　④ ㄷ, ㅁ　　⑤ ㄹ, ㅁ

정답 ⑤

04 재고자산의 회계처리에 대한 설명으로 옳지 않은 것은? ('18 지방직)

① 재고자산의 취득 시 구매자가 인수운임, 하역비, 운송기간 동안의 보험료 등을 지불하였다면, 이는 구매자의 재고자산의 취득원가에 포함된다.

② 위탁상품은 수탁기업의 판매시점에서 위탁기업이 수익으로 인식한다.

③ 재고자산의 매입단가가 지속적으로 하락하는 경우, 선입선출법을 적용하였을 경우의 매출총이익이 평균법을 적용하였을 경우의 매출총이익보다 더 높게 보고된다.

④ 재고자산의 매입단가가 지속적으로 상승하는 경우, 계속기록법하에서 선입선출법을 사용할 경우와 실지재고조사법하에서 선입선출법을 사용할 경우의 매출원가는 동일하다.

▶ 풀이: 재고자산의 매입단가가 지속적으로 하락하는 경우, 선입선출법의 매출원가는 평균법의 매출원가보다 더 크다. 그러므로 선입선출법을 적용하였을 경우 매출총이익은 평균법의 매출총이익보다 더 낮게 보고된다.

정답 ③

05 재고자산 회계처리에 관한 설명으로 옳지 않은 것은? ('20 주택)

① 재고자산의 취득원가는 매입원가, 전환원가 및 재고자산을 현재의 장소에 현재의 상태로 이르게 하는 데 발생한 기타 원가 모두를 포함한다.

② 재고자산을 순실현가능가치로 감액하는 저가법은 항목별로 적용한다.

③ 재고자산을 순실현가능가치로 감액한 평가손실과 모든 감모손실은 감액이나 감모가 발생한 기간에 비용으로 인식한다.

④ 도착지인도기준의 미착상품은 판매자의 재고자산으로 분류한다.

⑤ 기초재고수량과 기말재고수량이 같다면, 선입선출법과 가중평균법을 적용한 매출원가는 항상 같게 된다.

정답 ⑤

06 재고자산의 회계처리에 관한 설명으로 옳은 것은? ('17 주택)

① 완성될 제품이 원가 이상으로 판매될 것으로 예상하는 경우에는 그 생산에 투입하기 위해 보유하는 원재료 및 기타 소모품을 감액하지 아니한다.

② 선입선출법은 기말재고자산의 평가관점에서 현행원가를 적절히 반영하지 못한다.

③ 선입선출법은 먼저 매입 또는 생산된 재고자산이 기말에 재고로 남아 있고 가장 최근에 매입 또는 생산된 재고자산이 판매되는 것을 가정한다.

④ 통상적으로 상호 교환될 수 없는 재고자산항목의 원가와 특정 프로젝트별로 생산되고 분리되는 재화 또는 용역의 원가는 총평균법을 사용하여 결정한다.

⑤ 총평균법은 계속기록법에 의하여 평균법을 적용하는 것으로 상품의 매입시마다

새로운 평균 단가를 계산한다.

▶ 풀이: ② 현행원가는 기말에 동일한 재고자산을 취득할 경우 지불해야 하는 금액이다. 선입선출법의 경우 기말재고자산에는 기말시점으로 가장 최근의 금액이 반영된다. 따라서 선입선출법은 기말재고자산의 평가관점에서 현행원가를 적절히 반영한다.
③ 선입선출법이 아니라 후입선출법에 대한 설명이다.
④ 통상적으로 상호 교환될 수 없는 재고자산항목의 원가와 특정 프로젝트별로 생산되고 분리되는 재화 또는 용역의 원가는 개별법을 사용하여 결정한다.
⑤ 계속기록법에 의하여 적용되는 평균법은 이동평균법이다.

정답 ①

07 재고자산에 관한 설명으로 옳지 <u>않은</u> 것은? ('10 주택)
① 원가측정방법으로 소매재고법은 그 평가결과가 실제 원가와 유사한 경우에 편의상 사용할 수 있다.
② 재고자산의 단위원가 결정방법으로 후입선출법을 사용할 수 있다.
③ 정상적인 영업과정에서 판매를 위하여 보유중인 자산은 재고자산이다.
④ 재고자산의 판매시, 관련된 수익을 인식하는 기간에 재고자산의 장부금액을 비용으로 인식한다.
⑤ 매입운임은 재고자산의 취득원가에 포함된다.

▶ 풀이: K-IFRS에서는 후입선출법을 인정하지 않는다.

정답 ②

08 재고자산에 관한 설명으로 옳은 것은?(단, 재고자산감모손실 및 재고자산평가손실은 없다.) ('15 주택)
① 선입선출법 적용 시 물가가 지속적으로 상승한다면, 계속기록법에 의한 기말재고자산 금액이 실지재고 조사법에 의한 기말재고자산 금액보다 작다.
② 선입선출법 적용 시 물가가 지속적으로 상승한다면, 계속기록법에 의한 기말재고자산 금액이 실지재고조사법에 의한 기말재고자산 금액보다 크다.
③ 재고자산 매입 시 부담한 매입운임은 운반비로 구분하여 비용처리한다.
④ 컴퓨터제조기업이 고객관리목적으로 사용하고 있는 자사가 제조한 컴퓨터는 재고자산이다.
⑤ 부동산매매기업이 정상적인 영업과정에서 판매를 목적으로 보유하는 건물은 재고자산으로 구분한다.

▶ 풀이: 선입선출법은 수량파악방법을 어느 방법을 사용해도 기말재고자산 금액은 동일하다. 고객 관리목적으로 제조하여 사용하는 자산은 유형자산이다.

정답 ⑤

09 2011년 8월 1일 (주)한국은 개당 ₩800의 선풍기 400개를 (주)서울에 판매를 위탁하고 운송비용 ₩1,000을 현금으로 지급하였다. 2012년 12월 31일 현재 200개의 선풍기를 판매하고 200개는 남아있으며 판매수수료 10%, 판매촉진비

₩2,000을 차감한 잔액을 회수하였다. 2012년 12월 31일 현재 (주)한국의 재고자산 금액은?

('12 관세직)

① ₩160,000　　　　　　　　　　② ₩160,500

③ ₩142,000　　　　　　　　　　④ ₩152,000

▶ 풀이: 매입원가 = 400 × ₩800 + 1,000 = 321,000

　　　　재고자산액 = 321,000 × 0.5 = 160,500

정답 ②

10 기업은 일반적으로 원가흐름의 가정에 따라 매출원가와 기말재고 자산을 파악한다. ㉠ 최근의 시가에 가장 가까운 가액으로 기말재고 자산을 보고하는 방법과 ㉡ 최근의 시가에 가장 가까운 가액으로 매출원가를 보고하는 방법을 각각 바르게 연결한 것은?

('08 관세직)

	㉠	㉡
①	후입선출법	선입선출법
②	선입선출법	후입선출법
③	이동평균법	후입선출법
④	선입선출법	총평균법

정답 ②

11 판매자의 기말 재고자산에 포함되지 않는 것은?

('17 관세직)

① 고객이 구매의사를 표시하지 아니하고, 반환금액을 신뢰성 있게 추정할 수 없는 시용판매 상품

② 위탁판매를 하기 위하여 발송한 후, 수탁자가 창고에 보관 중인 적송품

③ 판매대금을 일정기간에 걸쳐 분할하여 회수하는 조건으로 판매 인도한 상품

④ 도착지 인도조건으로 선적되어 운송 중인 미착상품

정답 ③

12 (주)갑은 2009 회계연도 말 재고실사할 때 외부에 판매를 위탁한 적송품 중 미판매된 상품을 누락시킨 사실이 회계감사 도중에 발견되었다. 이 오류가 2009 회계연도 기말재고자산, 매출원가, 기말이익잉여금에 미치는 영향으로 옳은 것은?

('09 관세직)

	기말재고자산	매출원가	기말이익잉여금
①	영향 없음	과소계상	과대계상
②	과소계상	과대계상	과소계상
③	과소계상	과대계상	과대계상
④	과대계상	영향 없음	과소계상

정답 ②

13 2010년 12월 10일 위탁자인 (주)한국은 수탁자인 (주)대한에 상품을 인도하고 외상매출로 회계처리 하였다. 이러한 회계처리가 (주)한국의 2010년 재무제표에 미치는 영향으로 옳지 않은 것은? (단, 상품매매거래는 계속기록법을 적용한다)

('11 지방직)

① 재고자산 과소계상　　　　② 매출 과대계상
③ 매출채권 과대계상　　　　④ 매출원가 과소계상

▶ 풀이: 2010.12.10 (차) 매출채권　××　　　　(대) 매출　××
　　　 회사분개 (차) 매출원가　××　　　　(대) 상품　××

정답 ④

14 실지재고조사법을 사용하는 기업이 당기 중 상품 외상매입에 대한 회계처리를 누락하였다. 기말현재 동 매입채무는 아직 상환되지 않았다. 기말실지재고조사에서는 이 상품이 포함되었다. 외상매입에 대한 회계처리 누락의 영향으로 옳은 것은?

('11 주택)

	자산	부채	자본	당기순이익
①	과소	과소	영향없음	영향없음
②	과소	과소	과대	과대
③	과소	과소	영향없음	과소
④	영향없음	영향없음	영향없음	영향없음
⑤	영향없음	과소	과대	과대

▶ 풀이: (차) 매입　×× （대) 매입채무　×× → 누락 → 부채과소계상

　　　 부채과소계상　자산 영향 × (∵ 기말재고자산에 포함)
　　　　　　　↓
　　　 자본 과대계상(∵ A = L + P)
　　　　　　　↓
　　　 당기순이익 과대계상

정답 ⑤

15 (주)대한은 (주)민국에게 판매 위탁한 상품 중 기말 현재 판매되지 않은 상품(원가 ₩10,000)을 기말재고자산에 판매가(₩15,000)로 포함시켰다. 이로 인한 당기와 차기의 순이익에 미치는 영향으로 옳은 것은? ('16 관세직)

① 당기에만 순이익이 과대계상된다.
② 당기에만 순이익이 과소계상된다.
③ 순이익이 당기에는 과대, 차기에는 과소계상된다.
④ 순이익이 당기에는 과소, 차기에는 과대계상된다.

▶ 풀이: 기말재고자산은 차기에는 기초재고자산이 된다.

정답 ③

16 실지재고조사법을 적용하고 있는 (주)한국은 2013년도 재무제표를 작성하는 중에 2013년 매입이 ₩300 누락되었고, 2013년 기말재고 자산이 ₩150 과대평가되었음을 확인하였다. 이와 같은 오류를 수정하지 않았을 경우에 대한 설명으로 옳지 않은 것은? (단, 재고자산회전율은 매출액을 평균재고자산으로 나눈 값으로 하며 법인세는 무시한다) ('15 관세직)

① 2014년 재고자산회전율은 실제보다 증가된다.

② 2013년 당기순이익은 ₩450 과대평가 된다.

③ 2014년 당기순이익은 ₩150 과소평가 된다.

④ 2013년 재고자산회전율은 실제보다 감소된다.

▶ 풀이: 기초 재고가 과대, 평균재고 증가, 재고자산회전율(매출액/평균재고) 감소

정답 ①

17 (주)대한은 2016년에 처음 회계감사를 받았는데, 기말상품재고에 대하여 다음과 같은 오류가 발견되었다. 각 연도별로 (주)대한이 보고한 당기순이익이 다음과 같을 때, 2016년의 오류 수정 후 당기순이익은? (단, 법인세효과는 무시한다) ('16 세무직)

연도	당기순이익	기말상품재고 오류
2014년	₩15,000	₩2,000(과소평가)
2015년	₩20,000	₩3,000(과소평가)
2016년	₩25,000	₩2,000(과대평가)

① ₩25,000   ② ₩23,000

③ ₩22,000   ④ ₩20,000

▶ 풀이: 오류수정후당기순이익 = 당기순이익 − 기초재고자산과소 − 기말재고자산과대
25,000 − 3,000 − 2,000 = 20,000

정답 ④

■ 재고자산 포함항목

18 다음 자료를 이용하여 계산한 기말재고자산은? ('13 주택)

○ 기말재고 실사금액(본사 창고) ₩200,000
○ 선적지인도조건으로 판매하여 운송중인 상품 ₩50,000
○ 적송품 ₩100,000 중 30%는 판매완료

① ₩230,000   ② ₩250,000   ③ ₩270,000

④ ₩300,000   ⑤ ₩350,000

▶ 풀이: 200,000 + (100,000 × 0.7) = 270,000

정답 ③

19 다음은 2014년 12월 31일 현재 (주)한국의 재고자산과 관련한 자료이다. 재무상태표에 표시되는 재고자산의 금액은? ('15 관세직)

> ○ 매입을 위해 운송 중인 상품 ₩250 (FOB선적지기준: ₩150, FOB도착지기준 : ₩100)
> ○ 시송품 중 매입의사가 표시되지 않은 상품 : 판매가 ₩260 (원가에 대한 이익률 30%)
> ○ 적송품 중 판매되지 않은 상품 ₩300
> ○ 창고재고 ₩1,000원 (수탁상품 ₩100 포함)

① ₩1,550 ② ₩1,610

③ ₩1,710 ④ ₩1,750

▶ 풀이: 150 + 200 (260 × 100/130) + 300 + 900 = 1,550

정답 ①

20 (주)대한의 20×1년 말 창고에 보관중인 재고자산 실사액은 ₩10,000이다. 다음 자료를 반영할 경우 20×1년 말 재고자산은? ('15 주택)

> ○ 은행에서 자금을 차입하면서 담보로 원가 ₩1,000의 상품을 제공하였으며 동 금액은 상기 재고실사금액에 포함되어 있지 않다.
> ○ 수탁자에게 인도한 위탁상품의 원가는 ₩2,000이며 이 중 70%만 최종소비자에게 판매되었다.
> ○ (주)미국에게 도착지인도조건으로 판매하여 기말 현재 운송중인 상품은 원가가 ₩3,000이며 20×2년 1월 2일 도착 예정이다.

① ₩10,600 ② ₩11,600 ③ ₩13,600

④ ₩14,600 ⑤ ₩15,600

▶ 풀이: 10,000 + 1,000 + 600 + 3,000 = 14,600

정답 ④

21 (주)한국의 20×1년 기초재고자산은 ₩100,000, 당기매입액은 ₩200,000이다. (주)한국은 20×1년 12월 말 결산과정에서 재고자산 실사 결과 기말재고가 ₩110,000인 것으로 파악되었으며, 다음의 사항은 고려하지 못하였다. 이를 반영한 후 (주)한국의 20×1년 매출원가는? ('21 관세직)

> ○ 도착지 인도조건으로 매입한 상품 ₩20,000은 20×1년 12월 31일 현재 운송 중이며, 20×2년 1월 2일 도착 예정이다.
> ○ 20×1년 12월 31일 현재 사용판매를 위하여 고객에게 보낸 상품 ₩40,000(원가) 가운데 50%에 대하여 고객이 구매의사를 표시하였다.
> ○ 20×1년 12월 31일 현재 (주)민국에 담보로 제공한 상품 ₩50,000은 창고에 보관 중이며, 재고자산 실사 시 이를 포함하였다.

① ₩170,000 ② ₩180,000

③ ₩190,000   ④ ₩220,000

▶ 풀이: 기말재고 = 110,000 + 40,000 × 50% = 130,000
            매출원가 = 100,000 + 200,000 - 130,000 = 170,000

정답 ①

22 다음 자료를 이용하여 계산된 (주)한국의 20×1년 기말재고자산은?   ('14 주택)

> ○ 20×1년 말 (주)한국의 창고에 보관중인 기말 재고자산 실사액은 ₩10,000이다.
> ○ 20×1년 12월 1일 위탁한 적송품 중 기말까지 판매되지 않은 상품의 판매가는 ₩1,000(매출 총이익은 판매가의 20%)이다.
> ○ 20×1년 12월 11일 발송한 시송품(원가 ₩2,000) 중 기말 현재 80%에 대하여 고객의 매입 의사표시가 있었다.
> ○ 20×1년 말 현재 (주)한국이 FOB 도착지인도조건으로 매입하여 운송중인 상품의 원가는 ₩3,000이다.
> ○ 20×1년 말 현재 (주)한국이 FOB 선적지인도조건으로 매출하여 운송중인 상품의 원가는 ₩4,000이다.

① ₩11,200   ② ₩11,400   ③ ₩14,200
④ ₩15,200   ⑤ ₩18,200

▶ 풀이: 10,000 + 800 + 400 = 11,200

정답 ①

23 (주)대한의 20×1년 상품의 판매와 관련한 자료이다. 20×1년 매출액은?

('15 주택)

> ○ 시송품(매가 ₩50,000)에 대해 20×1년 말 현재 고객으로부터 매입의사표시를 받지 못하였다.
> ○ 위탁판매를 위하여 적송된 상품(매가 ₩100,000)중 최종소비자에게 판매된 금액은 ₩30,000이다.
> ○ 장기할부판매상품(총 할부대금은 ₩90,000이고, 현재가치는 ₩80,000)중 50%만 현금으로 수취하였다.

① ₩70,000   ② ₩75,000   ③ ₩90,000
④ ₩110,000   ⑤ ₩120,000

▶ 풀이: 30,000 + 80,000 = 110,000

정답 ④

24 (주)갑의 2009년 12월 31일 현재 실제재고액은 ₩100,000이다. 실제재고액에는 다음과 같은 사항이 반영되지 않았으며, 주어진 금액은 모두 원가이다.

('09 관세직)

o 2009년 12월 29일 FOB선적지인도조건으로 구입한 상품 ₩15,000이 12월 31일 현재 운송 중에 있다.

o 2009년 12월 26일 FOB도착지인도조건으로 판매한 상품 ₩20,000이 12월 31일 현재 운송 중에 있다.

o 위탁판매분 중 수탁자가 12월 31일까지 판매하지 못한 위탁품 ₩30,000이 있다.

o 시용판매분 중 고객이 12월 31일까지 매입의사를 표시하지 않은 시송품 ₩20,000이 있다.

위 사항을 모두 반영할 경우 2009년 12월 31일을 올바른 재고자산은?

① ₩155,000 ② ₩165,000

③ ₩170,000 ④ ₩185,000

➡ 풀이: 100,000 + 15,000 + 20,000 + 30,000 + 20,000 = 185,000

정답 ④

25 (주)한국의 2015년 기초상품은 ₩2,000이고 당기상품매입액은 ₩15,000이다. 상품에 대해 실지재고조사법을 적용하고 있으며 다음의 자료를 고려하지 않은 기말상품은 ₩2,000이다. (주)한국의 2015년 매출원가는?(단, 상품과 관련된 평가손실과 감모손실은 없다고 가정한다) ('17 지방직)

o 반품조건부로 판매한 상품 ₩3,000 중 ₩1,000은 반품률을 합리적으로 추정할 수 있다.

o 2015년 12월 24일에 FOB 선적지인도조건으로 매입한 상품 ₩1,000이 2016년 1월 2일에 입고되었다.

o 시용판매한 상품 중 2015년 말 현재 고객이 구입의사를 표시하지 않은 금액은 ₩1,000(판매가)이며 시용매출의 경우 매출총이익률은 10%이다.

o 위탁판매를 하기 위해 발송한 상품 중 기말 현재 수탁자가 보관 중인 적송품은 ₩3,000이다.

① ₩7,100 ② ₩8,100

③ ₩9,100 ④ ₩11,100

➡ 풀이: 기말 재고 = 2,000 + (3,000 - 1,000) + 1,000 + 1,000 × (1-10%) + 3,000 = 8,900
매출원가 = 2,000 + 15,000 - 8,900 = 8,100
반품조건부판매의 경우 반품을 합리적으로 추정할 수 있는 경우 판매로 처리하고, 반품액의 합리적 측정이 불가능한 경우 판매자의 재고자산으로 처리한다.

정답 ②

26 12월 한 달간 상품판매와 관련된 자료가 다음과 같을 때 매출액은?(단, 상품판매 가격은 단위당 ₩100으로 동일하다) ('16 주택)

o 12월 1일에 상품 200개를 5개월 할부로 판매하고, 대금은 매월 말에 20%씩 받기로 하다.

o 12월 17일에 상품 100개를 판매하였다.

○ 12월 28일에 위탁상품 50개를 수탁자에게 발송하였고 12월 31일 현재 수탁자가 판매하지 않고 전량 보유 중이다.

○ 12월 30일에 상품 50개를 도착지인도조건으로 판매하여 다음 달에 도착할 예정이다.

① ₩14,000   ② ₩15,000   ③ ₩19,000

④ ₩24,000   ⑤ ₩30,000

▶ 풀이: 상품 판매 수량 = 300개
　　　매출액 = 300개 × 100 = 30,000

정답 ⑤

27 (주)한국의 2012년도 거래는 다음과 같다. 계속기록법을 적용하였을 경우 매출원가는? (단, 개별법을 적용한다) ('13 세무직)

○ 1월 1일 전기이월된 상품은 ₩3,000이다.

○ 2월 9일 (주)대한으로부터 상품을 현금으로 구입하였는데, 매입대금 ₩8,000에는 매입운임 ₩1,000이 포함되어 있지 않다.

○ 3월 8일 기초상품을 (주)민국에 현금으로 ₩4,000에 판매하였다.

○ 7월 9일 (주)대한으로부터 구입한 상품 중 절반을 (주)민국에 외상으로 ₩5,000에 판매하였다.

① ₩7,500   ② ₩7,000   ③ ₩4,500   ④ ₩4,000

▶ 풀이:

2012.2.9	(차) 상 품		9,000	(대) 현금	9,000
2012.3.8	(차){ 현 금 매출원가		4,000 3,000	(대){ 매 출 상 품	4,000 3,000
2012.7.9	(차){ 매출채권 매출원가		5,000 4,500	(대){ 매 출 상 품	5,000 4,500
	$(9,000 \times \frac{1}{2} = 4,500)$				

정답 ①

28 다음은 (주)한국의 20×1년 상품(원가) 관련 자료이다. (주)한국의 20×1년 기말 재고자산은? ('18 주택)

○ 20×1년 말 창고에 보관 중인 (주)한국의 상품(실사금액)	₩500,000
○ (주)한국이 수탁자에게 적송한 상품 중 20×1년 말 판매되지 않은 적송품	20,000
○ (주)한국이 시용판매를 위해 고객에게 발송한 상품 ₩130,000 중 20×1년 말 매입의사 표시가 없는 시송품	50,000
○ 20×1년 말 선적지인도조건으로 (주)한국이 판매하여 운송 중인 상품	100,000
○ 20×1년 말 선적지인도조건으로 (주)한국이 매입하여 운송 중인 상품	120,000

① ₩570,000   ② ₩620,000   ③ ₩690,000

④ ₩720,000   ⑤ ₩770,000

▶ 풀이: 기말재고자산 = 500,000 + 20,000 + 50,000 + 120,000 = 690,000

정답 ③

29 (주)한국은 20×1년부터 상품 A(단위당 판매가 ₩100,000, 단위당 매입원가 ₩60,000)의 위탁판매를 시작하면서, 수탁자에게 단위당 ₩10,000의 판매수수료를 지급하기로 하였다. 20×1년 (주)한국이 수탁자에게 적송한 상품 A는 100개이며, 적송운임 ₩40,000은 (주)한국이 부담하였다. 수탁자는 이 중 50개를 20×1년에 판매하였다. 20×1년 (주)한국이 상품 A의 위탁판매와 관련하여 인식할 당기이익은? ('19 지방직)

① ₩1,460,000   ② ₩1,480,000

③ ₩1,500,000   ④ ₩2,960,000

▶ 풀이: 단위당 적송품 = 60,000 + 40,000/100개 = 60,400
당기이익 = 50개 × (100,000 - 60,400) - 50개 × 10,000 = 1,480,000

정답 ②

■ 총평균법

30 다음은 (주)한국의 2013년 1월 재고자산 입고 및 판매와 관련된 자료이다. 실지재고조사법을 사용하고 평균법을 적용할 경우 기말재고액과 매출원가는?

('13 지방직)

일자	입고		판매량
	수량	단가	
1. 1	1,000개	₩11	
1. 5	1,000개	13	
1.10	1,000개	15	2,500개
1.15			
1.25	1,000개	17	

	기말재고액	매출원가		기말재고액	매출원가
①	₩21,000	₩31,500	②	₩21,000	₩35,000
③	₩24,500	₩31,500	④	₩24,500	₩35,000

▶ 풀이: $\dfrac{1,000 \times 11 + 1,000 \times 13 + 1,000 \times 15 + 1,000 \times 17}{4,000} = 14$

기말재고액 = 1,500개 × 14 = 21,000
매출원가 = 11,000 + 45,000 - 21,000 = 35,000
또는 매출원가 = 2,500개 × 14 = 35,000

정답 ②

31 실지재고조사법을 적용하고 있는 (주)한국의 20×1년 재고자산 관련 자료가 다음과 같을 때, 가중평균법에 의한 기말재고자산은? (단, 재고자산평가손실은 없다)

('21 주택)

일자	적요	수량(개)	단위당 원가
1월 1일	기초재고	90	₩10
3월 1일	판매	40	
5월 1일	매입	150	14
8월 1일	판매	100	
10월 1일	매입	120	20
12월 1일	판매	150	
12월 31일	기말재고	70	

① ₩1,027   ② ₩1,043   ③ ₩1,050
④ ₩1,177   ⑤ ₩1,400

▶ 풀이: 기말재고 = 70 × 15 = 1,050
      * 단가 = (900 + 2,100 + 2,400) / 360 = 15

정답 ③

32 다음은 (주)한국의 재고자산 자료이다. 총평균법을 적용하여 계산된 매출원가가 ₩24,000일 경우 7월 15일 매입분에 대한 단위당 매입원가는?(단, 재고자산감모손실과 재고자산평가손실은 없다)

('16 주택)

구분	수량	단위당 매입원가	단위당 판매가격
기초재고	100개	₩100	
7월 15일 매입	200	?	
10월 1일 매출	200		₩150
기말재고	100		

① ₩100   ② ₩110   ③ ₩120
④ ₩130   ⑤ ₩140

▶ 풀이: {(100개 × 100 + 200개 × A) ÷ 300개} × 200개 = 24,000
      ∴ A(단위당 매입원가) = 130

정답 ④

■ 이동평균법

33 다음은 (주)대한의 재고자산 자료이다. 이동평균법을 적용할 경우 기말재고액은?

('15 주택)

	수량	단위당 원가	
기초재고	200단위	₩30	
매출(3월 1일)	100		₩40
매입(6월 1일)	100	₩36	
매출(9월 1일)	120		₩40
기말재고	80	?	

① ₩2,400   ② ₩2,560   ③ ₩2,640

④ ₩2,880   ⑤ ₩3,200

▶ 풀이: 6월 1일 이동평균: $(100 \times 30) + (100 \times 36) \div 200 = @33$
기말재고액 $= 80 \times @33 = 2,640$

정답 ③

34 다음은 7월 한 달 동안 (주)계룡의 상품거래 내역이다.   ('08 세무직)

거래내용	단가	매입수량	판매수량
○ 7월 1일 재고	₩400	200	
○ 7월 12일 매입	₩500	200	
○ 7월 20일 매출			300
○ 7월 24일 매입	₩600	200	
○ 7월 30일 매출			200

(주)계룡은 계속기록법으로 상품의 매매거래를 기록한다. 원가의 흐름을 이동평균법에 의할 때, 7월 20일의 거래기록으로 옳은 것은?(단, 상품의 판매단가는 ₩600이다)

	(차)		(대)	
①	외상매출금	180,000	매출	180,000
	매출원가	150,000	상품	150,000
②	외상매출금	180,000	매출	180,000
	매출원가	135,000	상품	135,000
③	외상매출금	180,000	매출	180,000
	매출원가	130,000	상품	130,000
④	외상매출금	180,000	매출	180,000

▶ 풀이: 7월 12일 평균단가: $(80,000 + 100,000) / (200 + 200) = 450$
7월 20일 매출원가 $300 \times 450 = 135,000$
매출액 $= 300 \times 600 = 180,000$

정답 ②

■ 선입선출법

35 다음은 2009년 4월 1일에 영업을 시작한 (주)갑의 4월의 상품매입과 매출 자료이다. (주)갑은 매출원가를 산정하기 위해 수량파악은 계속기록법, 원가흐름은 선입선출법을 적용한다. ('09 관세직)

일자별	매 입		매 출	
	수량(개)	구입단가(₩)	수량(개)	판매단가(₩)
4월 1일	1,000	25		
4월 8일			900	40
4월 14일	600	30		
4월 20일			500	50
4월 28일	800	40		
4월 30일			600	65

(주)갑의 2009년 4월 30일의 재고상품금액과 4월의 매출총이익은?(단, 4월말 현재 재고상품의 실사결과 재고수량은 400개이다)

	재고상품금액	매출총이익
①	₩16,000	₩43,000
②	₩10,000	₩35,000
③	₩16,000	₩41,000
④	₩10,000	₩36,000

▶ 풀이: 기말상품재고액 = 400 × 40 = 16,000
　　　　매출원가 = 기초재고액(1,000 × 25) + 매입액(600 × 30 + 800 × 40)
　　　　　　　　　　－ 기말재고액(400 × 40) = 59,000
　　　　매출액 = 36,000 + 25,000 + 39,000 = 100,000
　　　　매출총이익 = 100,000 － 59,000 = 41,000

정답 ③

36 다음은 (주)한국의 20×1년 상품 매입 및 매출 관련 자료이다. 선입선출법을 적용할 경우, 20×1년도 기말재고자산과 매출총이익을 바르게 연결한 것은? (단, 재고자산 감모 및 평가손실은 발생하지 않았으며, 재고자산 수량결정은 계속기록법에 의한다) ('22 세무직)

일자	구분	수량	단가
1월 1일	기초재고	20개	₩150
5월 1일	매입	30개	₩200
7월 1일	매출	25개	₩300
9월 1일	매입	20개	₩180
11월 1일	매출	25개	₩320

	기말재고자산	매출총이익
①	₩3,000	₩5,900
②	₩3,000	₩6,500
③	₩3,600	₩5,900
④	₩3,600	₩6,500

➡ **풀이:** 매출원가 = (20 × 150 + 5 × 200) + 25 × 200 = 9,000
기말재고 = 3,000 + (6,000 + 3,600) − 9,000 = 3,600
매출총이익 = (25 × 300 + 25 × 320) − 9,000 = 6,500

정답 ④

37 (주)갑의 10월 한 달간의 상품매입과 매출에 관한 자료는 아래와 같다. 회사는 실사법에 의해 기말재고수량을 파악하고, 원가흐름에 대한 가정으로 선입선출법을 적용한다. 10월 31일 현재 실사결과 상품재고수량은 100개로 파악되었다. (주)갑의 10월 31일 현재 상품재고액은?   ('10 관세직)

일자별	내역	수량	매입(또는 판매)단가	금액
10월 1일	전월이월	100개	₩1,000	₩100,000
10월 10일	매 입	300개	₩1,200	₩360,000
10월 11일	매입에누리(10월 10일 매입상품)			₩30,000
10월 20일	매 출	350개	₩2,000	₩700,000
10월 25일	매 입	50개	₩1,300	₩65,000

① ₩65,000   ② ₩75,000
③ ₩120,000   ④ ₩125,000

➡ **풀이:** 10월 10일 매입 360,000 − 30,000 = 330,000
매입단가 = 330,000 ÷ 300개 = 1,100
10월 31일 상품재고액 = 50 × 1,100 + 50 × 1,300 = 120,000

정답 ③

38 (주)여수는 실지재고조사법에 의해 기말재고수량을 파악하고 원가흐름에 대한 가정으로 선입선출법을 적용한다. 2009년 재고자산과 관련된 자료는 다음과 같다.
                                                                 ('10 세무직)

거래내용	수량(개)	단가(₩)	원가(₩)
기초재고	100	10	1,000
1차 매입	500	12	6,000
2차 매입	400	15	6,000
합계	1,000		13,000

여수의 2009년 회계기간의 판매량은 700개, 기말재고는 300개이며, 단위당 판매가격은 ₩20으로 일정하였다. (주)여수의 2009년 매출총이익은?
① ₩4,400   ② ₩4,700

③ ₩4,900   ④ ₩5,500

▶ 풀이: 매출액 = 700 × 20 = 14,000
　　　　 기말재고액 = 300 × 15 = 4,500
　　　　 매출원가 = 1,000 + 12,000 − 4,500 = 8,500
　　　　 매출총이익 = 14,000 − 8,500 = 5,500

정답 ④

39 다음은 계속기록법을 적용하고 있는 (주)한국의 20×1년 재고자산에 대한 거래내역이다. 선입선출법을 적용한 경우의 매출원가는?　　('20 주택)

일자	적요	수량(개)	단위당 원가
1월 1일	기초재고	100	11
5월 1일	판매	30	
7월 1일	매입	50	20
9월 1일	판매	90	
11월 1일	매입	150	30
12월 1일	판매	140	

① ₩1,200   ② ₩2,860   ③ ₩5,400
④ ₩5,800   ⑤ ₩6,160

▶ 풀이: 매출원가 = 30 × 11 + (70 × 11 + 20 × 20) + (30 × 20 + 110 × 30) = 5,400

정답 ③

40 (주)한국의 20×1년 상품 A의 거래내역은 다음과 같다. 상품 A에 대하여 계속기록법에 의한 선입선출법을 사용할 경우 20×1년 매출원가는?　　('12 주택)

날짜	내용	수량	매입단가
1. 1	기초재고	200개	₩1,000
3. 8	매입	300	1,200
5. 27	판매	400	−
6. 16	매입	700	1,300
9. 21	판매	300	−

① ₩360,000   ② ₩440,000   ③ ₩650,000
④ ₩700,000   ⑤ ₩820,000

▶ 풀이: 5.27: 200 × 1,000 + 200 × 1,200 = 440,000
　　　　 9.21: 100 × 1,200 + 200 × 1,300 = 380,000
　　　　　　　　　　　　　　　　　　　　　　 820,000

정답 ⑤

■ 후입선출법

41 해동상회의 10월 중 상품매매 거래는 다음과 같다. 계속기록법에 의한 후입선출법 적용 시 10월의 매출원가와 월말재고액은?(단, 매입에누리와 매입환출, 매입할인은 없다) ('07 관세직)

일자	적요	수량	단가	금액
10. 1	기초재고	200	10	₩2,000
10. 4	매 입	100	15	₩1,500
10.10	판 매	100		
10.15	매 입	300	20	₩6,000
10.20	판 매	200		
10.31	기말재고	300		

	매출원가	월말재고액
①	₩5,500	₩4,000
②	₩3,500	₩6,000
③	₩3,500	₩6,500
④	₩5,500	₩4,500

➡ 풀이: 매출원가 = 100 × 15 + 200 × 20 = 5,500
기말재고 = 2,000 + 7,500 − 5,500 = 4,000

또는 기말재고 = 200 × 10 + 100 × 20 = 4,000
매출원가 = (200 × 10) + (100 × 15 + 300 × 20) − 4,000 = 5,500

정답 ①

42 다음은 2008년 1월 1일에 설립한 (주)남북의 2008년도 매출원가와 기말상품재고액에 대한 자료이다. 이 경우 후입선출법의 매출원가는? ('09 지방직)

○ 선입선출법의 매출원가	₩98,000
○ 선입선출법의 기말상품재고액	₩234,000
○ 후입선출법의 기말상품재고액	₩175,000

① ₩137,000   ② ₩157,000
③ ₩98,000   ④ ₩175,000

➡ 풀이: 98,000 + 234,000 − 175,000 = 157,000

정답 ②

■ 선입선출법과 평균법

43 다음은 (주)한국의 1월 동안 거래내역이다. 선입선출법과 이동평균법에 따라 계산된 매출원가는? ('14 주택)

		수량(개)	단가(₩)
1월 1일	기초	50	100
1월 10일	매입	150	108
1월 15일	판매	120	160

	선입선출법	이동평균법		선입선출법	이동평균법
①	₩12,960	₩12,840	②	₩12,560	₩12,840
③	₩12,720	₩12,560	④	₩12,840	₩12,720
⑤	₩12,560	₩12,720			

▶ 풀이: [선입선출법] $50 \times 100 + 70 \times 108 = 12,560$
　　　　[이동평균법] $50 \times 100 + 150 \times 108 = 21,200$ 단위당 원가 $21,200/200 = 106$
　　　　　　　　　매출원가 $120 \times 106 = 12,720$

정답 ⑤

44 다음은 (주)대한의 2010년 3월의 재고자산 입고 및 출고에 관한 자료이다. 선입선출법을 적용하는 경우와 총평균법을 적용하는 경우, (주)대한의 2010년 3월 31일 현재 재고자산금액은? ('11 지방직)

		수량(개)	단가(₩)
3월 1일	월초재고	20	100
7일	매입	20	100
11일	매출	20	150
14일	매입	20	130
27일	매출	20	200
31일	월말재고	20	

	선입선출법	총평균법		선입선출법	총평균법
①	₩2,200	₩2,200	②	₩2,200	₩2,600
③	₩2,600	₩2,200	④	₩2,600	₩2,600

▶ 풀이: 선입선출 $= 20 \times 130 = 2,600$
　　　　총평균법 $= 20 \times 110 = 2,200$
$$\frac{20 \times 100 + 20 \times 100 + 20 \times 130}{60} = 110$$

정답 ③

45 다음은 (주)한국의 상품 관련 자료이다. 선입선출법과 가중평균법(총평균법)에 의한 기말재고자산금액은? (단, 실지재고조사법을 적용하며, 기초재고는 없다.)('19 주택)

	수량(개)	단위당 원가
매입(1월 2일)	150	₩100
매출(5월 1일)	100	
매입(7월 1일)	350	₩200
매출(12월 1일)	200	
기말 실제재고(12월 31일)	200	

	선입선출법	가중평균법		선입선출법	가중평균법
①	₩34,000	₩34,000	②	₩34,000	₩40,000
③	₩36,000	₩34,000	④	₩40,000	₩34,000
⑤	₩40,000	₩40,000			

▶ 풀이: 선입선출법 기말재고자산 = 200개 × 200 = 40,000
총평균법 단위원가 = (150개 × 100 + 350개 × 200) ÷ 500 = 170
총평균법 기말재고자산 = 200개 × 170 = 34,000

정답 ④

46 다음은 (주)한국의 20×1년 6월 중 재고자산의 매입 및 매출과 관련된 자료이다. 선입선출법과 가중평균법을 적용한 매출원가는? (단, 재고수량 결정은 실지재고조사법에 따른다)
('21 지방직)

구분	수량	×	단가	=	금액
기초재고(6월 1일)	12		₩100		₩1,200
당기매입:					
6월 10일	20		₩110		₩2,200
6월 15일	20		₩130		₩2,600
6월 25일	8		₩150		₩1,200
판매가능액	60				₩7,200
당기매출:					
6월 12일	24				
6월 25일	20				
기말재고(6월 30일)	16				

	선입선출법	가중평균법
①	₩4,960	₩5,014
②	₩4,960	₩5,280
③	₩5,560	₩5,014
④	₩5,560	₩5,280

➡ 풀이: [선입선출법]

기말재고 = 8 × 130 + 8 × 150 = 2,240

매출원가 = 7,200 - 2,240 = 4,960

[가중평균법]

재고수량 결정을 실지재고조사법에 따른다고 하였으므로 총평균법으로 계산한다.

기말재고 = 16 × 120 = 1,920

* 단가 = 7,200 / 60 = 120

매출원가 = 7,200 - 1,920 = 5,280

정답 ②

■ 매출총이익률법

47 (주)한국은 재고자산을 실지재고조사법으로 기록하고 있으며, 잦은 도난사고가 발생하고 있다. 다음의 20×1년 1분기 자료를 이용하여 계산한 도난 손실 추정액은? ('13 주택)

기초재고 금액	₩100
기말재고 실사금액	90
매출액	220
매입액	220
매출총이익률	20%

① ₩20　　　　　　　② ₩34　　　　　　　③ ₩40

④ ₩44　　　　　　　⑤ ₩50

➡ 풀이: 기초재고 100 + 매입 200 = 매출원가 176 (220 × 80%) + 기말재고

기말재고 = 300 - 176 = 124

도난손실추정액 = 124 - 90 = 34

정답 ②

48 (주)한국의 재고자산과 관련한 자료가 다음과 같을 때, 홍수로 소실된 상품의 추정원가는? ('21 세무직)

○ 20×1년 1월 1일 기초상품재고액은 ₩250,000이다.

○ 20×1년 7월 31일 홍수가 발생하여 ₩150,000의 상품만 남고 모두 소실되었다.

○ 20×1년 7월 31일까지 당기상품매입액은 ₩1,300,000이다.

○ 20×1년 7월 31일까지 당기매출액은 ₩1,200,000이다.

○ (주)한국의 매출총이익률은 20%이다.

① ₩200,000　　　　　　　② ₩260,000

③ ₩440,000　　　　　　　④ ₩590,000

➡ 풀이: 매출원가 = 1,200,000 × 80% = 960,000

기말재고 = 250,000 + 1,300,000 - 960,000 = 590,000

소실된 상품 추정원가 = 590,000 - 150,000 = 440,000

정답 ③

49 (주)갑에서는 2009년 중 재고자산의 도난사건이 발생하였다. (주)갑의 2009년
1월 1일 기초재고자산은 ₩500이며, 2009년 중의 매입액은 ₩1,500이고, 매출
액은 ₩2,000이다. (주)갑의 매출총이익률은 매년 30%로 일정하며, 2009년 중
에도 그대로 유지될 것으로 예상된다. 재고자산 실사액이 ₩400이라면 재고자산
의 도난추정금액은? ('09 관세직)

① ₩100   ② ₩200

③ ₩1,000   ④ ₩1,100

▶ 풀이: 매출원가 = 2,000 × 0.7 = 1,400
        기말재고 = 500 + 1,500 - 1,400
        기말재고 600 - 실사액 400 = 도난추정금액 200

정답 ②

50 (주)갑을은 재고자산 평가일인 2007년 말에 화재로 인하여 창고에 보관 중이던
재고자산의 20%가 소실되었다. (주)갑을은 재고자산 구입원가에 30%의 판매이
익을 가산하여 판매가격을 결정하고 있다. (주)갑을의 2007년 기초 재고자산은
₩600,000이고, 2007년 한 해 동안이 매입액은 ₩2,800,000이며, 매출액은
₩3,900,000이었다. 화재로 소실된 (주)갑을의 재고자산 금액을 구하면?

('08 관세직)

① ₩80,000   ② ₩108,000

③ ₩134,000   ④ ₩160,000

▶ 풀이: 매출   3,900,000   130%
        매출원가   3,000,000   100%

        매출원가 = 3,900,000 ÷ 1.3 = 3,000,000

        기초재고액 600,000 + 매입액 2,800,000 - 매출원가 3,000,000
            = 기말재고액 400,000
        소실된 기말재고액 = 400,000 × 0.2 = 80,000

정답 ①

51 (주)한국은 20×1년 7월 1일 홍수로 인해 창고에 있는 상품재고 중 30%가 소실
된 것으로 추정하였다. 다음은 소실된 상품재고를 파악하기 위한 20×1년 1월 1
일부터 7월 1일까지의 회계자료이다. (주)한국의 원가에 대한 이익률이 25%일
때 소실된 상품재고액은? ('21 주택)

> ○ 20×1년 기초 재고자산은 ₩60,000이다.
> ○ 1월 1일부터 7월 1일까지 발생한 매출액은 ₩1,340,000이고 매입액은 ₩1,260,000
>   이다.
> ○ 7월 1일 현재 F.O.B. 선적지인도조건으로 매입하여 운송 중인 상품 ₩4,000이 있다.

① ₩73,200   ② ₩74,400   ③ ₩93,300   ④ ₩94,500   ⑤ ₩104,200

▶ 풀이: 원가에 대한 이익률 = (매출 - 매출원가) / 매출원가
매출원가 = 1,340,000 ÷ 1.25 = 1,072,000
창고에 있는 재고 = (60,000 + 1,260,000 - 1,072,000) - 4,000 = 244,000
소실된 상품재고액 = 244,000 × 30% = 73,200

정답 ①

52 (주)한국에 당기 중 화재가 발생하여 재고자산과 일부의 회계자료가 소실되었다. 소실 후 남아 있는 재고자산의 가액은 ₩1,500이었다. 복원한 회계자료를 통하여 기초재고가 ₩2,000, 기중 매입액은 ₩12,000, 기중 매출액은 ₩15,000임을 알 수 있었다. (주)한국의 매출총이익률이 30%인 경우 화재로 소실된 재고자산 금액은?   ('14 지방직)

① ₩2,000   ② ₩2,500

③ ₩3,000   ④ ₩3,500

▶ 풀이: 매출원가 10,500 = 15,000 × 0.7
기말재고 = 기초재고 2,000 + 당기매입 12,000 - 매출원가 10,500 = 3,500
손실된 재고자산 = 3,500 - 1,500 = 2,000

정답 ①

53 (주)한국은 20×1년 12월 말 화재로 인하여 재고자산 중 ₩110,000을 제외한 나머지가 소실되었다. 기초 재고는 ₩100,000이고, 12월 말까지의 매입액과 매출액은 각각 ₩600,000, ₩400,000이다. 과거 3년 동안의 평균 매출총이익률이 20%일 경우, 화제로 인하여 소실된 재고자산의 추정금액은?   ('14 주택)

① ₩270,000   ② ₩320,000   ③ ₩380,000

④ ₩600,000   ⑤ ₩700,000

▶ 풀이: 기초 100,000 + 매입 600,000 = 매출원가 320,000 (400,000 × 0.8) + 기말 380,000
소실된 재고자산 = 380,000 - 110,000 = 270,000

정답 ①

54 2009년 7월 1일 (주)갑의 한 창고에서 화재가 발행하였으나 신속한 화재진압으로 보관 중인 상품 중 60%는 피해를 입지 않았다. 2009년도 기초상품재고액은 ₩5,000이었으며, 화재직전까지의 매입액과 매출액은 각각 ₩17,000과 ₩20,000이었다. 이 회사의 평균 매출총이익률이 20%라고 할 때, 화재로 인한 재고손실액을 추정하면?   ('10 관세직)

① ₩2,400   ② ₩4,000

③ ₩5,000   ④ ₩6,000

▶ 풀이: 기말재고액 = 5,000 + 17,000 - (20,000 × 0.8) = 6,000
화재로 인한 재고손실액 = 6,000 × 0.4 = 2,400

정답 ①

55 (주)한국의 기초상품재고는 ₩200,000(원가), 당기매입액은 ₩900,000(원가), 매출액은 ₩1,000,000(매가)이며, 매출액기준 매출총이익률은 30%이다. 기말에 창고에 화재가 발생한 후 남은 상품이 ₩100,000(원가)일 때, 상품의 화재손실액은?(단, (주)한국은 매출총이익률법에 의하여 상품을 평가한다) ('12 관세직)

① ₩100,000   ② ₩200,000

③ ₩300,000   ④ ₩400,000

▶ 풀이: 매출원가 = 1,000,000 × 0.7 = 700,000
　　　　기말재고액 = 1,100,000 - 700,000 = 400,000
　　　　화재손실액 = 400,000 - 100,000 = 300,000

정답 ③

56 (주)부산은 홍수로 인하여 모든 상품이 유실되었다. 홍수가 발생한 날까지 상품과 관련된 자료는 다음과 같다. ('07 세무직)

기초상품재고액(원가)	₩6,000	매 출	₩80,000
매 입	₩53,000	매 입 운 임	₩1,600
매 입 환 출	₩600		

매출총이익률이 30%인 경우, 홍수로 인하여 유실된 상품은 얼마인가?

① ₩4,600   ② ₩4,000

③ ₩5,600   ④ ₩10,000

▶ 풀이: 매출원가 = 80,000 × 0.7 = 56,000
　　　　기말재고액 = 6,000 + (53,000 + 1,600 - 600) - 56,000 = 4,000

정답 ②

57 (주)설악은 2008년 3월 31일에 일부 상품을 도난당하였다. 가장 최근의 재고자산 실사는 2007년 12월 31일에 있었으며, 2008년 1월 1일부터 3월 31일까지의 상품거래에 관한 정보는 다음과 같다.

○ 기초재고액	₩15,000
○ 매입액	₩60,000
○ 매출액	₩90,000

(주)설악의 매출총이익률은 30%로 예상되며, 도난 후의 상품재고액은 원가로 ₩8,000이 남아있다고 하면, 도난된 상품의 추정원가는? ('09 지방직)

① ₩4,500   ② ₩4,000

③ ₩7,000   ④ ₩3,500

▶ 풀이: 기말재고액 = (기초 15,000 + 매입 60,000) - 매출원가 90,000 × 0.7 = 12,000
　　　　∴ 도난된 상품 = 12,000 - 8,000 = 4,000

정답 ②

58 (주)한국의 창고에 화재가 발생하여 재고자산의 일부가 소실되었다. 남아있는 재고자산의 순실현가능가치는 ₩20,000이었다. (주)한국의 기초재고자산은 ₩400,000이고 화재 발생 직전까지 재고자산 매입액은 ₩1,600,000이며 매출액은 ₩2,000,000이었다. (주)한국의 과거 3년 평균 매출총이익률이 25%일 경우 재고자산 화재손실추정액은? ('12 주택)

① ₩380,000　　　　　　　　② ₩400,000
③ ₩440,000　　　　　　　　④ ₩480,000

▶ 풀이: 매출원가 = 2,000,000 × 0.75 = 1,500,000
　　　　기말재고 = 400,000 + 1,600,000 - 1,500,000 = 500,000
　　　　화재손실액 = 500,000 - 20,000 = 480,000

정답 ④

59 재고자산과 관련된 자료가 다음과 같은 때, 화재로 소실된 상품의 추정원가는? ('14 관세직)

○ 2013년 4월 30일 화재가 발생하여 보유하고 있던 상품 중 ₩350,000(원가)만 남고 모두 소실되었다.
○ 2013년 1월 1일 기초재고원가는 ₩440,000이다.
○ 2013년 1월 1일부터 2013년 4월 29일까지의 매입액은 ₩900,000이다.
○ 2013년 1월 1일부터 2013년 4월 29일까지의 매출액은 ₩1,000,000이다.
○ 해당 상품의 매출원가 기준 매출총이익률(=매출총이익÷매출원가)은 25%이다.

① ₩150,000　　　　　　　　② ₩190,000
③ ₩200,000　　　　　　　　④ ₩240,000

▶ 풀이: 매출원가 1,000,000 × 100/125 = 800,000
　　　　기말재고 540,000 = 기초재고 440,000 + 매입 900,000 - 매출원가 800,000
　　　　소실상품 = 540,000 - 190,000 = 350,000

정답 ②

60 다음 자료를 이용하여 계산된 추정기말상품재고액은? ('11 주택)

기초상품재고액	₩550,000
당기상품매입액	2,250,000
당기상품매출액	3,000000
매출총이익률	30%

① ₩600,000　　　② ₩650,000　　　③ ₩700,000
④ ₩750,000　　　⑤ ₩800,000

➡ 풀이:

		상품		
기초	550,000	매출원가	2,100,000	
			(= 3,000,000 × 70%)	
매입	2,250,000	기말	700,000	
	2,800,000		2,800,000	

정답 ③

61 다음은 상품거래와 관련된 자료이다. 매출원가 대비 매출총이익률이 25%인 경우 기말상품재고액은? ('13 지방직)

총매출액	₩1,755,000	매출에누리	₩180,000
총매입액	900,000	매입에누리	45,000
기초상품재고액	990,000		

① ₩461,250   ② ₩506,250

③ ₩585,000   ④ ₩615,000

➡ 풀이: 순매입액 = 900,000 − 45,000 = 855,000
순매출액 = 1,755,000 − 180,000 = 1,575,000

$\quad$ 기초 + 순매입액 = 1,845,000
− 매출원가 = 1,575,000 ÷ 1.25 = 1,260,000
$\qquad$ 기말 = 585,000

정답 ③

62 20×1년 말 화재로 인해 창고에 보관 중인 상품이 모두 소실되었다. 상품과 관련된 자료는 다음과 같다. 화재로 인해 소실된 상품의 추정금액은? ('16 주택)

기초상품	₩1,260
총매입액	2,200
매입환출	100
총매출액	3,700
매출에누리	200
과거 평균매출총이익률	20%

① ₩520   ② ₩560   ③ ₩640

④ ₩660   ⑤ ₩860

➡ 풀이: 순매입액 = 2,200 − 100 = 2,100
순매출액 = 3,700 − 200 = 3,500
매출원가 = 3,500 × (1−20%) = 2,800
소실된 상품 추정액 = 1,260 + 2,100 − 2,800 = 560

정답 ②

63 다음의 자료를 이용하여 매출총이익법으로 추정한 기말재고액은? ('17 주택)

○ 기초재고액	₩2,200
○ 당기매입액	4,300
○ 당기매출액	6,000
○ 원가에 대한 이익률	20%

① ₩500   ② ₩1,200   ③ ₩1,500

④ ₩1,700   ⑤ ₩2,200

▶ 풀이: 매출원가 × 1.2(원가에 대한 이익률) = 매출 6,000
매출원가 = 5,000
기말재고액 = 2,200 + 4,300 - 5,000 = 1,500

정답 ③

64 (주)한국의 20×1년의 상품매출액은 ₩1,000,000이며, 매출총이익률은 20%이다. 20×1년의 기초상품재고액이 ₩50,000이고 당기의 상품매입액이 ₩900,000이라고 할 때, 20×1년 말의 재무상태표에 표시될 기말상품재고액은? ('19 세무직)

① ₩180,000   ② ₩150,000

③ ₩100,000   ④ ₩70,000

▶ 풀이: 매출원가 = 1,000,000 × 80% = 800,000
기말상품재고액 = 50,000 + 900,000 - 800,000 = 150,000

정답 ②

65 외상판매만을 수행하는 (주)한국은 20×1년 12월 31일 화재로 인해 창고에 있던 상품을 전부 소실하였다. (주)한국의 매출채권회전률은 500%이고, 매출총이익률은 30%로 매년 동일하다. 20×1년 (주)한국의 평균매출채권은 ₩600,000이고 판매가능상품(기초재고와 당기순매입액의 합계)이 ₩2,650,000인 경우 20×1년 12월 31일 화재로 소실된 상품 추정액은? ('21 주택)

① ₩350,000   ② ₩400,000   ③ ₩450,000   ④ ₩500,000   ⑤ ₩550,000

▶ 풀이: 매출액 = 600,000 × 500% = 3,000,000
매출원가 = 3,000,000 × 70% = 2,100,000
소실된 상품 추정액 = 2,650,000 - 2,100,000 = 550,000

정답 ⑤

■ 소매재고법(매가환원법)

66 다음 자료에 의하여 매출가격환원법(소매재고법)으로 기말재고자산의 원가를 추정하면 얼마인가?(단, 재고자산의 원가흐름은 평균원가법으로 한다) ('08 세무직)

	원 가	매 가
○ 기초재고	₩10,000	₩20,000
○ 당기매입	₩50,000	₩60,000
○ 매출액		₩50,000

① ₩20,500 ② ₩22,500
③ ₩25,000 ④ ₩30,000

▶ 풀이:

재고자산(매가)

기초재고	20,000	매출액	50,000
당기매입	60,000	기말재고	30,000
	80,000		80,000

재고자산(원가)

기초재고	10,000	매출원가	
당기매입	50,000	기말재고	?
	60,000		60,000

원가율: 60,000 / 80,000 = 0.75
기말재고(매가) = (20,000 + 60,000) - 50,000 = 30,000
기말재고(원가) = 30,000 × 0.75 = 22,500

정답 ②

67 다음은 (주)대한의 재고자산 관련 자료이다. 가중평균 소매재고법에 따른 당기 매출원가는? ('15 주택)

	원 가	매 가
기초재고	₩1,800	₩2,000
매 입	6,400	8,000
매 출	?	6,000
기말재고	?	4,000

① ₩4,800 ② ₩4,920 ③ ₩5,100
④ ₩5,400 ⑤ ₩6,000

▶ 풀이: 원가율 = 8,200/10,000 = 82%
기말재고액 = 4,000 × 0.82 = 3,280
매출원가 = 1,800 + 6,400 - 3,280 = 4,920

정답 ②

68 소매재고법(매출가격환원법)을 적용하여 매출원가와 기말재고원가를 계산하면?

('11 세무직)

구분	원가	매가
기초재고액	₩240,000	₩360,000
당기매입액	₩2,700,000	₩3,840,000
매출액		₩3,900,000

	매출원가	기말재고
①	₩2,640,000	₩210,000
②	₩2,640,000	₩300,000
③	₩2,730,000	₩210,000
④	₩2,730,000	₩300,000

➡ 풀이: ① 매가에 의한 기말재고액 = 360,000 + 3,840,000 - 3,900,000 = 300,000
② 원가율 = (240,000 + 2,700,000) / (360,000 + 3,840,000) = 0.7
③ 기말재고액 = 300,000 × 0.7 = 210,000
④ 매출원가 = (240,000 + 2,700,000) - 210,000 = 2,730,000
또는 3,900,000 × 0.7 = 2,730,000

정답 ③

69 다음은 (주)한국의 재고자산과 관련된 자료이다. 기말재고자산액은? (단, 평균원가소매재고법을 적용한다)

('13 세무직)

구분	매출가격기준	원가기준
기초재고	₩200,000	₩150,000
당기 매입액	₩1,000,000	₩750,000
당기 매출액	₩900,000	

① ₩200,000　　　　　　② ₩210,000
③ ₩225,000　　　　　　④ ₩250,000

➡ 풀이:

재고자산(매가)

기초	200,000	매출	900,000
당기매입	1,000,000	기말	300,000
	1,200,000		1,200,000

재고자산(원가)

기초	150,000	매출원가	
매입	750,000	기말	
	900,000		900,000

∴ 원가율 = $\dfrac{900,000}{1,200,000}$ = 0.75

기말재고액 = 300,000 × 0.75 = 225,000

정답 ③

70 (주)한국은 재고자산평가방법으로 소매재고법을 적용하고 있다. 다음 자료를 이용한 (주)한국의 2017년 매출원가는?(단, 단위원가 결정방법으로 가중평균법을 적용한다) ('17 지방직)

	원 가	매 가
2017년 기초재고	₩250,000	₩400,000
2017년 순매입액	₩1,250,000	₩1,600,000
2017년 매입운임	₩100,000	–
2017년 순매출액	–	₩1,800,000

① ₩1,120,000 ② ₩1,160,000
③ ₩1,280,000 ④ ₩1,440,000

▶ 풀이:

원가

기초	250,000	매출원가	
순매입	1,250,000	기말	
운임	100,000		
	1,600,000		1,600,000

매가

기초	400,000	매출	1.800.000
순매입	1,600,000	기말	200.000
	2,000,000		2.000.000

원가율(가중평균법) = 1,600,000 / 2,000,000 = 80%
기말(원가) = 200,000 × 80% = 160,000
매출원가 = 1,600,000 - 160,000 = 1,440,000

정답 ④

71 (주)한국의 2017년도 재고자산과 관련된 자료는 다음과 같다. 선입선출법에 의한 소매재고법을 적용할 경우 기말재고자산 원가는? ('18 관세직)

구분	원가	소매가
기초재고	₩48,000	₩80,000
당기매입	₩120,000	₩160,000
매출	–	₩150,000

① ₩54,000 ② ₩58,500

③ ₩63,000   ④ ₩67,500

➡ 풀이: 원가율 = 120,000 ÷ 160,000 = 0.75
　　　기말 재고자산(매가) = 80,000 + 160,000 - 150,000 = 90,000
　　　기말 재고자산(원가) = 90,000 × 0.75 = 67,500
　　　FIFO에 의한 소매재고법은 당기매입액에 의하여 원가율을 산정한다.

정답 ④

■ 재고자산평가손실

72 (주)ABC가 계속기록법과 이동평균법을 적용하여 계산한 기말상품원가(단위원
가)는 @₩10이다. 기말 현재 당해 상품의 순실현가능가치(예상판매가격에서 판
매비용을 차감)는 @₩9이다. 그리고 장부상 기말상품 수량은 100개이며, 실사에
의한 기말상품 수량은 90개이다. (주)ABC가 기말상품에 대한 평가손실을 기록
하기 위해 수행할 결산수정분개로서 가장 옳은 것은?　　('08 관세직)

① (차) 재고자산감모손실 ₩90　　　(대) 상　　　　　품 ₩90
② (차) 재고자산평가손실 ₩90　　　(대) 재고자산평가충당금 ₩90
③ (차) 재고자산평가손실 ₩100　　(대) 재고자산평가충당금 ₩100
④ (차) 재고자산평가손실 ₩100　　(대) 상　　　　　품 ₩100

➡ 풀이: 재고자산평가손실 = (단위당원가 - 단위당시가) × 실제재고수량

정답 ②

73 (주)서울은 재고자산의 평가를 저가법에 의하여 실시하고 있다. (주)서울의 기말
재고자산에 대한 자료가 다음과 같은 경우 종목기준과 총액기준에 의하여 재고자
산을 평가하면 기말재고자산가액은 각각 얼마인가?　　('07 세무직)

종목	재고량	단위당 취득원가	추정판매단가	단위당 판매비
A	100개	₩3,000	₩4,000	₩500
B	80개	₩4,500	₩5,000	₩1,000
C	30개	₩2,000	₩3,000	₩1,000
D	20개	₩4,000	₩4,500	₩1,500

　　종목기준　　　총액기준　　　　　종목기준　　　총액기준
① ₩740,000　　₩790,000　　② ₩740,000　　₩800,000
③ ₩790,000　　₩800,000　　④ ₩800,000　　₩790,000

➡ 풀이: 1) 종목기준

	① 단위당 원가	② 단위당 순실현가능가치(NRV)	③ 단위당 저가[=Min(①, ②)]
A	₩3,000	₩4,000-₩500 = ₩3,500	₩3,000
B	₩4,500	₩5,000-₩1,000=₩4,000	₩4,000
C	₩2,000	₩3,000-₩1,000=₩2,000	₩2,000
D	₩4,000	₩4,500-₩1,500=₩3,000	₩3,000

기말재고자산 = 100 × ₩3,000 + 80 × ₩4,000 + 30 × ₩2,000 + 20 × ₩3,000
= 740,000

2) 총액기준
취득원가 = 100 × ₩3,000 + 80 × ₩4,500 + 30 × ₩2,000 + 20 × ₩4,000
= 800,000
순실현가능가치 = 100 × ₩3,500 + 80 × ₩4,000 + 30 × ₩2,000 + 20 × ₩3,000
= 790,000

정답 ①

74 (주)서울의 2010년도 말 재고자산에 대한 취득원가와 순실현가능가액은 다음과 같으며, 각 상품종목은 서로 유사하거나 관련되어 있지 않다. ('10 지방직)

상품종목	취득원가	순실현가능가액
상품 1	₩30,000	₩20,000
상품 2	₩40,000	₩30,000
상품 3	₩50,000	₩60,000
합 계	₩120,000	₩110,000

(주)서울의 2010년도 기말상품재고액은?

① ₩100,000   ② ₩110,000
③ ₩120,000   ④ ₩130,000

▷ 풀이: 상품1 평가손실 ₩10,000
상품2 평가손실 ₩10,000
기말상품재고액 = 120,000 - 20,000 = 100,000

정답 ①

75 (주)한국은 재고자산을 종목별 저가기준으로 평가하고 있다. 아래의 기말 자료를 이용하여 재고자산평가손실을 구하면 얼마인가? ('12 주택)

종목	재고수량	단위당 취득원가	단위당 추정판매가격	단위당 추정판매비용
A	120개	₩4,000	₩5,500	₩600
B	150개	3,400	3,400	500
C	130개	2,300	2,500	300
D	100개	3,500	4,600	600

① ₩88,000   ② ₩89,000
③ ₩98,000   ④ ₩99,000
⑤ ₩109,000

▷ 풀이: 단위당 순실현가능가치
A : 5,500 - 600 = 4,900
B : 3,400 - 500 = 2,900
C : 2,500 - 300 = 2,200
D : 4,600 - 600 = 4,000

재고자산평가손실

B 150 × 500 = 75,000
+ C 130 × 100 = 13,000
　　　　　　　88,000

정답 ①

76 20×1년 초 설립한 (주)한국의 기말상품재고와 관련된 자료는 다음과 같다.

('14 주택)

항목	취득원가	순실현가능가치
A	₩1,000	₩1,200
B	2,000	1,900

당기상품매입액이 ₩10,000일 때, 20×1년 말 재고자산 장부금액과 20×1년도 매출원가는? (단, 재고자산의 항목은 서로 유사하지 않으며, 재고자산평가 손익은 매출원가에 가감한다.)

　장부금액　　　　　매출원가　　　　　　장부금액　　　　매출원가
① ₩2,900　　　　　₩7,000　　　② ₩2,900　　　　₩7,100
③ ₩3,000　　　　　₩7,000　　　④ ₩3,000　　　　₩7,100
⑤ ₩3,200　　　　　₩7,000

▶ 풀이: 기초재고 0 + 당기매입 10,000 = 매출원가 7,100 + 기말재고 2,900(1,000 + 1,900)

정답 ②

77 20×1년 초에 설립된 (주)한국의 재고자산은 상품으로만 구성되어 있다. 20×1년 말 상품 관련 자료는 다음과 같고 항목별 저가기준으로 평가하고 있다. 20×1년 매출원가가 ₩250,000일 경우 당기 상품매입액은?(단, 재고자산평가손실은 매출원가에 포함되며 재고자산감모손실은 없다)

('16 주택)

구분	재고수량	단위당 원가	단위당 추정 판매가격	단위당 추정 판매비용
상품 A	20개	₩100	₩120	₩15
상품 B	40	150	170	30
상품 C	30	120	120	20

① ₩251,000　　　② ₩260,600　　　③ ₩260,700
④ ₩261,200　　　⑤ ₩262,600

▶ 풀이: 기초 상품 = 0
　　　상품 A 순실현가치 = 120 - 15 = 105
　　　상품 B 순실현가치 = 170 - 30 = 140
　　　상품 C 순실현가치 = 120 - 20 = 100
　　　기말 상품 재고액 = 20개 × 100 + 40개 × 140 + 30개 × 100 = 10,600
　　　기초재고 0 + 매입액 = 매출원가 25,000 + 기말재고 10,600

매입액 = 250,000 + 10,600 = 260,600

정답 ②

78 다음 자료를 이용하여 계산한 재고자산평가손익은? (단, 재고자산감모손실은 없음)

('13 주택)

기초재고	₩9,000
당기매입액	42,000
매출원가	45,000
기말재고(순실현가능가치)	4,000

① 평가손실 ₩2,000   ② 평가손실 ₩3,000

③ 평가이익 ₩2,000   ④ 평가이익 ₩3,000

⑤ ₩0

➡ 풀이: 기말재고(장부금액) = 9,000 + 42,000 - 45,000 = 6,000
      평가손실 = 6,000 - 4,000

정답 ①

79 다음은 (주)한국의 20×1년 말 재고자산(상품) 관련 자료이다. (주)한국의 재고자산평가손실은? (단, 기초재고는 없으며, 단위원가 계산은 총평균법을 따른다.)

('18 주택)

장부상 자료		실사 자료	
수량	총 장부금액	수량	순실현가능가치 총액
80개	₩2,400	75개	₩1,850

① ₩30   ② ₩150   ③ ₩400

④ ₩550   ⑤ ₩600

➡ 풀이: 장부상 단위원가 = 2,400 ÷ 80 = 30
      평가손실 = 75개 × 30 - 1,850 = 400

정답 ③

■ 재고자산감모손실

80 다음은 (주)한국의 재고자산 관련 자료로서 재고자산감모손실은 장부상 수량과 실지재고 수량과의 차이에 의해 발생한다. 기말상품의 실지재고 수량은? ('20 지방직)

○ 기초상품재고액	₩120,000
○ 당기매입액	₩900,000
○ 장부상 기말상품재고액(단위당 원가 ₩1,000)	₩200,000
○ 재고자산감모손실	₩30,000

① 100개   ② 140개

③ 170개   ④ 200개

▶ **풀이:** 재고감모손실 = (장부상수량 − 실제재고수량) × 장부상단가
          30,000 = (200 − 실제재고수량) × 1000

정답 ③

81 단일상품만을 매매하는 (주)한국의 기초재고자산은 ₩2,000이고, 당기순매입액은 ₩10,000이다. 기말재고자산 관련 자료가 다음과 같을 때, 매출원가는? (단, 감모손실 중 60%는 비정상감모손실(기타비용)로 처리하며, 정상감모손실과 평가손실은 매출원가에 포함한다)   ('21 주택)

○ 장부수량	50개	○ 단위당 원가	₩50
○ 실제수량	45개	○ 단위당 순실현가능가치	40

① ₩9,750   ② ₩9,950   ③ ₩10,050

④ ₩10,100   ⑤ ₩10,200

▶ **풀이:** 비정상감모손실 = 5개 × 50 × 60% = 150
         매출원가 = 12,000 − 45 × 40 − 150 = 10,050

정답 ③

82 다음은 (주)한강의 8월 재고자산 관련 자료이다.

○ 월초 재고자산가액	₩58
○ 당월 재고자산매입액	₩685
○ 당월매출액	₩840

매출원가는 매출액의 80%이고, 월초 재고자산가액은 실제 재고액과 일치한다. 한편 회사는 8월 중 재고자산이 분실되고 있다는 의심을 품고 월말 재고자산을 실사한 결과 재고액은 ₩44이었다. 장부상 재고자산가액과 재고자산 실사금액과의 차액을 전액 분실된 것으로 간주한다면 분실된 재고자산 추정액은 얼마인가?

('07 세무직)

① ₩69   ② ₩71

③ ₩27   ④ ₩113

▶ **풀이:**   기초 58 + 매입 685 = 743
      − 매출원가 840 × 80% = 672
               기말재고자산 =   71
     ∴ 분실된 재고자산 = 71−44 = 27

정답 ③

83 (주)한국의 20×1년 손익관련 자료는 다음과 같다.

> ○ 매출액   ₩4,400,000
> ○ 기초재고자산   ₩1,000,000
> ○ 매입액   ₩3,000,000
>
> ○ 20×1년 말 장부상 재고자산은 ₩2,500,000(2,500개, @₩1,000)이었으나, 실사결과 재고자산은 ₩1,800,000 (2,000개, @₩900)이다.

20×1년도 (주)한국의 당기순이익은?   ('10 주택)

① ₩1,000,000   ② ₩1,700,000

③ ₩1,800,000   ④ ₩2,000,000

⑤ ₩2,200,000

▶ 풀이:

재고자산

기초	1,000,000	매출원가	1,500,000
매입	3,000,000	재고자산감모손실	500,000
		재고자산평가손실	200,000
		기말	1,800,000
	4,000,000		4,000,000

재고감모손실 = (2,500 - 2,000) × @1,000 = 500,000
재고평가손실 = (1,000 - 900) × 2,000 = 200,000
당기순이익 = 4,400,000 - (1,500,000 + 700,000) = 2,200,000

정답 ⑤

84 (주)한국의 기초재고자산은 ₩80,000이고, 당기순매입액은 ₩120,000이다. 기말재고 관련 자료가 다음과 같을 때, 매출원가는? (단, 정상감모손실은 매출원가로, 비정상감모손실은 기타비용으로 처리한다.)   ('19 주택)

> ○ 장부상재고 수량   300개
> ○ 기말재고 단위당 원가   ₩200
> ○ 실제재고 수량   250개
> ○ 재고자산 감모의 20%는 정상적인 감모로 간주한다.

① ₩148,000   ② ₩142,000   ③ ₩140,000

④ ₩138,000   ⑤ ₩132,000

▶ 풀이: 비정상감모손실 = 50개 × 80% × 200 = 8,000
매출원가 = 80,000 + 120,000 - 250개 × 200 - 8,000 = 142,000

정답 ②

■ 재고자산평가손실과 감모손실

85 재고자산평가손실과 정상적 원인에 의한 재고감모손실은 매출원가로, 비정상적인 감모손실은 기타비용으로 보고하는 경우 다음 자료를 토대로 계산한 매출원가는?

('14 관세직)

> ○ 판매가능원가(=기초재고원가+당기매입원가) : ₩78,000
> ○ 계속기록법에 의한 장부상 수량 : 100개
> ○ 실지재고조사에 의해 파악된 기말재고 수량 : 90개
> ○ 재고부족수량 : 40%는 비정상적 원인, 나머지는 정상적 원인에 의해 발생됨
> ○ 기말재고자산의 원가 : @₩100
> ○ 기말재고자산의 순실현가능가치 : @₩90

① ₩69,500 ② ₩69,300

③ ₩68,400 ④ ₩68,600

➡ 풀이: 1. 재고자산평가손실과 재고자산감모손실을 반영하기전의 매출원가
    78,000 - (100개 × @100) = 68,000
  2. 재고자산평가손실 = (원가 - 시가) × 실제수량
      = (@100 - @90) × 90개 = 900
  3. 재고자산감모손실 = (장부상수량 - 실제수량) × 원가
      = (100개 - 90개) × @100 = 1,000
  4. 정상적인 원인의 재고감모손실 = 1,000 × 60% = 600
  5. 재고자산평가손실과 정상적인 원인의 재고감모손실을 반영한 매출원가
    68,000 + 900 + 600 = 69,500

정답 ①

86 (주)한국의 20×1년 12월 31일 재고자산 관련 자료는 다음과 같다.

> ○ 장부상 재고수량 5,000개
> ○ 실지재고 조사수량 4,500개
> ○ 재고자산 단위당 취득원가 ₩500/개
> ○ 재고자산 단위당 순실현가능가치 ₩350/개

(주)한국이 20×1년 12월 31일 인식해야 할 재고자산감모손실과 재고자산평가손실을 바르게 연결한 것은?

('22 관세직)

	재고자산감모손실	재고자산평가손실
①	₩175,000	₩175,000
②	₩175,000	₩750,000
③	₩250,000	₩675,000
④	₩250,000	₩750,000

➡ 풀이: 감모손실 = 500 × 500 = 250,000
  평가손실 = 4,500 × (500 - 350) = 675,000

정답 ③

87 (주)한국의 2018년 재고자산 관련 자료는 다음과 같다.

○ 기초재고액	₩100,00	○ 재고자산 당기순매입액	₩100,000
○ 기말 재고자산(장부수량)	100개	○ 장부상 취득단가	₩500/개
○ 기말 재고자산(실사수량)	90개	○ 추정판매가액	₩450/개
○ 현행대체원가	₩380/개	○ 추정판매수수료	₩50/개

(주)한국은 재고자산감모손실 중 40%를 정상적인 감모로 간주하며, 재고자산평가손실과 정상적 재고자산감모손실을 매출원가에 포함한다. (주)한국이 2018년 포괄손익계산서에 보고할 매출원가는? (단, 재고자산은 계속기록법을 적용하며 기초재고자산의 재고자산평가충당금은 ₩0이다.) ('19 관세직)

① ₩60,000   ② ₩71,000

③ ₩75,000   ④ ₩79,000

➡ 풀이: 재고자산감모손실 = (100 − 90) × 500 = 5,000
비정상적 감모손실 = 5,000 × 60% = 3,000
매출원가 = 10,000 + 100,000 − 90개 × (450 − 50) − 3,000 = 71,000

정답 ②

88 다음은 도·소매 기업인 (주)한국의 상품과 관련된 자료이다. 정상적 원인에 의한 재고감모손실은 매출원가로, 비정상적 감모손실은 기타비용으로 보고하는 경우 (주)한국이 당기에 인식해야 할 매출원가는? (단, 재고감모손실의 30%는 비정상적원인, 나머지는 정상적 원인에 의해 발생되었다) ('20 세무직)

기초상품재고액	₩100,000
당기상품매입액	₩900,000
기말상품재고액(장부금액)	₩220,000
기말상품재고액(실사금액)	₩200,000

① ₩766,000   ② ₩786,000

③ ₩794,000   ④ ₩800,000

➡ 풀이: 비정상적 감모손실 = (220,000 − 200,000) × 30% = 6,000
매출원가 = 100,000 + 900,000 − 200,000 − 6,000 = 794,000

정답 ③

■ 재고자산 오류수정

89 (주)한국의 외부감사를 맡고 있는 A회계법인은 2011년도 12월 말 현재 미착상품(FOB 선적지 인도기준) ₩18,000에 대해 장부에는 매입으로 기록되었으나, 실지재고조사과정에서 기말재고자산에는 포함되지 않았음을 발견하였다. 수정전시산표상 기초재고자산은 ₩50,000이고, 당기매입액은 ₩180,000이고, 실지재고조사법에 의해 조사된 기말재고자산은 ₩48,000이었다. 감사과정에서 발견된 사항을 반영하였을 경우 매출원가는? (단, 재고감모손실은 없다)   ('11 관세직)

① ₩164,000   ② ₩178,000
③ ₩182,000   ④ ₩200,000

▶ 풀이: 50,000 + 180,000 - (48,000 + 18,000) = 164,000

정답 ①

90 (주)한국은 당기에 다음과 같은 오류를 발견하고, 장부 마감 전에 이를 수정하였다. 오류수정 전 당기순이익이 ₩100,000이라고 할 때, 오류수정 후 당기순손익은?   ('19 지방직)

> ○ 당기 7월 1일 수령한 선수임대료 ₩120,000을 전액 임대료수익으로 계상하였다. (임대기간은 당기 7월 1일부터 차기 6월 30일까지이다)
> ○ 당기 발생 미지급급여 ₩100,000을 누락하고 인식하지 않았다.
> ○ 당기 발생 미수이자 ₩40,000을 누락하고 인식하지 않았다.
> ○ FOB 도착지 인도조건으로 당기 12월 29일 선적하여 차기 1월 5일 인도예정인 상품에 대해 당기 12월 29일에 매출 ₩200,000과 매출원가 ₩150,000을 인식하였다.

① 당기순이익 ₩30,000   ② 당기순이익 ₩70,000
③ 당기순손실 ₩70,000   ④ 당기순손실 ₩150,000

▶ 풀이: 당기순손익 = 100,000 - 60,000 - 100,000 + 40,000 - 200,000 + 150,000 = 손실 70,000

정답 ③

91 (주)한국이 20×1년에 재고자산 평가방법을 선입선출법에서 총평균법으로 변경한 결과 20×1년 기초재고자산과 기말재고자산이 각각 ₩50,000, ₩20,000 감소하였다. 이와 같은 회계변경이 (주)한국의 20×1년 기초이익잉여금과 당기순이익에 미치는 영향은?   ('19 지방직)

	기초이익잉여금	당기순이익
①	₩50,000 감소	₩20,000 감소
②	₩50,000 감소	₩20,000 감소
③	₩50,000 감소	₩30,000 증가
④	영향 없음	₩30,000 증가

▶ 풀이: 1. 당기순이익에 미치는 영향

기초재고자산의 감소 → 매출원가의 감소 → 당기순이익 증가   50,000
(50,000)

기말재고자산의 감소 → 매출원가의 증가 → 당기순이익 감소   (20,000)
(20,000)   30,000

2. 기초이익잉여금에 미치는 영향(소급법)

기초재고자산의 감소 → 전년도기말재고자산의 감소 → 전년도당기순이익감소

∴ 기초이익잉여금 50,000 감소

정답 ③

■ 재고자산과 비율분석

92 기말재고자산은 개별법, 평균법 및 선입선출법 등의 방법으로 평가한다. 이와 같은 재고자산의 평가방법에 의하여 영향을 받는 것은?   ('15 관세직)

① 부채비율   ② 당좌비율

③ 이자보상비율   ④ 주가이익비율

▶ 풀이:

$$부채비율 = \frac{총부채}{자기자본} \qquad 당좌비율 = \frac{유동자산 - 재고자산}{유동부채}$$

$$이자보상비율 = \frac{영업이익}{이자비용} \qquad 주가이익비율 = \frac{주식가격}{주당이익}$$

재고자산의 영향을 받는 비율은 당좌비율이다.

정답 ②

---

93 (주)한국은 상품을 ₩1,000에 취득하면서 현금 ₩500을 지급하고 나머지는 3개월 이내에 지급하기로 하였다. 이 거래가 발생하기 직전의 유동비율과 당좌비율은 각각 70%와 60%이었다. 상품취득 거래가 유동비율과 당좌비율에 미치는 영향은? (단, 상품거래에 대해 계속기록법을 적용한다)   ('20 주택)

	유동비율	당좌비율		유동비율	당좌비율
①	감소	감소	②	감소	변동없음
③	변동없음	감소	④	증가	변동없음
⑤	증가	감소			

▶ 풀이: (차) 재고자산   1,000   (대) 현금   500
                                              (대) 매입채무   500

유동비율 = 유동자산 / 유동부채

당좌비율 = 당좌자산 / 유동부채

당좌자산이란 유동자산 중에서 판매과정을 거치지 않고 1년 이내 현금화가 가능한 자산이므로 재고자산은 당좌자산이 아니다. 따라서 유동비율은 증가하고 당좌비율은 감소한다.

정답 ⑤

94 (주)한국의 20×1년 재무자료가 다음과 같을 때, 20×1년도 매출액은? ('21 주택)

○ 평균재고자산: ₩100,000	○ 재고자산회전율: 5회	○ 매출총이익: ₩50,000

① ₩400,000 ② ₩450,000 ③ ₩500,000 ④ ₩550,000 ⑤ ₩800,000

➡ 풀이: 매출원가 = 100,000 × 5회 = 500,000
매출액 = 500,000 + 50,000 = 550,000

정답 ④

95 (주)한국의 20×1년 매출액은 ₩3,000,000이고, 기초재고자산은 ₩100,000이었다. 20×1년 말 유동부채는 ₩100,000, 유동비율은 400%, 당좌비율은 100%이다. 또한, 재고자산평균처리기간이 36일이라면 매출총이익은? (단, 재고자산은 상품으로만 구성되어 있고, 1년은 360일로 계산한다) ('21 세무직)

① ₩0   ② ₩500,000
③ ₩1,000,000   ④ ₩2,000,000

➡ 풀이: 유동자산 = 100,000 × 400% = 400,000
당좌자산 = 100,000
기말재고 = 400,000 − 100,0000 = 300,000
재고자산회전율 = 360 / 36 = 10회
매출원가 = (100,000 + 300,000)/2 × 10 = 2,000,000
매출총이익 = 3,000,000 − 2,000,000 = 1,000,000

정답 ③

96 다음의 20×1년 재무정보를 이용한 매출총이익은? (단, 회전율 계산시 기초와 기말의 평균값을 이용한다) ('21 지방직)

매출채권회전율	10회	재고자산회전율 (매출원가 기준)	6회
기초매출채권	₩600	기초재고자산	₩500
기말매출채권	₩400	기말재고자산	₩700

① ₩1,000   ② ₩1,400
③ ₩1,,900   ④ ₩2,200

➡ 풀이: 매출액 = (600 + 400) / 2 × 10 = 5,000
매출원가 = (500 + 700) / 2 × 6 = 3,600
매출총이익 = 5,000 − 3,600 = 1,400

정답 ②

▌▌ 주관식 ▐▐

〈1〉 재고자산 수량파악

다음은 (주)세종의 20×8년 재고자산수량에 대한 자료이다. 계속기록법, 실지재고조사법, 병행법에 의한 당기판매수량과 기말재고수량을 각각 구하여라.

기초재고수량	1,500개
당기매입수량	2,000개
기말실지수량	500개
당기판매수량	2,800개
기말장부수량	700개

〈2〉 재고자산가격결정방법(1)

다음은 (주)전북의 11월 중 상품과 관련된 자료이다.

날 짜	적 요	입 고	출 고
11월 1일	전기이월	300개 @100	
4일	매 입	500개 @110	
7일	매 출		200개 @200
10일	매 출		150개 @210
19일	매 입	100개 @140	
21일	매 출		360개 @250
29일	매 출		100개 @230

이상의 자료를 이용하여

(1) 실지재고조사법하에서 FIFO, 총평균법에 의한 기말재고액과 매출총이익을 구하라.
(2) 계속기록법하에서의 FIFO, 이동평균법에 의한 기말재고액과 매출총이익을 구하라.

〈3〉 재고자산가격결정방법(2)

다음 자료에 의하여 각 방법하의 기말재고액과 매출원가를 계산하라.

8월 1일 : 기초재고	250개	@400		100,000
4일 : 판 매	150			
8일 : 매 입	400	450		180,000
12일 : 판 매	200			
15일 : 매 입	500	500		250,000
20일 : 매 입	600	550		330,000
22일 : 판 매	500			
25일 : 판 매	700			
31일 : 매 입	100	600		60,000

1. 선입선출법(실지재고조사법과 계속기록법)

  2. 이동평균법

  3. 총평균법

〈4〉 재고자산가격결정방법(3)

다음은 (주)전북의 12월중 상품과 관련된 자료이다.

날 짜	적 요	입 고	출 고
12. 1	전기이월	200개@100	
4	매 입	300개@110	
7	매 출		300개 @200
10	매 입	300개@120	
19	매 출		200개 @200
21	매 입	200개@130	
29	매 출		200개 @200

<요구사항>

이상의 자료를 이용하여

1. 실지재고조사법하에서 FIFO, LIFO, 총평균법에 의한 기말재고액과 매출총이익을 구하라.

2. 계속기록법하에서의 FIFO, LIFO, 이동평균법에 의한 기말재고액과 매출총이익을 구하라.

〈5〉 소매재고조사법(매가환원법)(1)

(주)건지는 재고자산평가에 있어서 소매재고조사법을 적용하고 있다. 다음은 20×2년의 재고자산과 관련된 자료이다.

	원 가	판 매 가
기초재고액	₩240,000	₩360,000
당기매입액	2,700,000	4,540,000
매 출 액		4,200,000

<요구사항>

1. 판매가로 표시된 기말재고액을 구하라.

2. 원가율을 계산하라.

3. 기말재고(원가)와 매출원가는 각각 얼마인가?

〈6〉 소매재고법(매가환원법)(2)

다음은 재고자산에 관한 자료이다.

(1) 기초재고액과 당기매입액 자료

	원 가	매 가
기초재고액	₩12,000	₩30,000
당기매입액	140,000	170,000

(2) 당기 매출액은 180,000원이다.

<요구사항>

위의 자료를 이용하여 소매재고법에 의한 기말재고액을 산정하라.

〈7〉 매출총이익률법(1)

다음은 (주)건지의 20×4년 10월 31일까지 발생된 재고자산에 관련된 자료이다.

기초재고액	₩1,000,000
당기매입액(10월 31일까지)	2,000,000
당기매출액(10월 31일까지)	1,500,000
과거 3년간 평균매출총이익률	30%

<요구사항>

1. 매출총이익률법에 의하여 10월 31일까지 판매가능상품을 매출원가와 기말재고로 배분하라.
2. 10월 31일에 창고에 화재가 발생하여 재고자산이 거의 소실되었다. 화재를 면한 재고자산의 가치가 ₩80,000으로 평가되었다면 재고자산의 화재손실액은 얼마인가?

〈8〉 매출총이익률법(2)

(주)완산은 20×4년 8월 25일 도둑이 들어 도난을 당하였다. 아래의 자료를 이용하여 도난당한 재고자산을 산출하라.

기초재고	₩267,000
매 입 액	3,589,000
매입할인	26,000
매입환출	12,000
매 출	5,773,000
매출환입	22,000

과거 자료를 토대로 매출총이익률이 40%이고, 재고자산 잔여액이 ₩300,000이었다.

〈9〉 재고자산의 평가(1)

(주)건지의 기말재고에 관한 자료이다.

종 류	수 량	단위당 원가	예상판매단가	단위당 예상판매비
A	200	150	200	60
B	100	100	150	30
C	500	200	250	70

\<요구사항\>

저가법을 적용할 경우 재고자산평가손실을 구하라.

〈10〉 재고자산평가(2)

(주) 세종의 20×2년말 상품의 재고와 관련된 자료이다.

상품명	재고수량	단위당 원가	단위당 예상판매가격	단위당 예상판매비용
A	100	₩ 100	₩130	₩ 20
B	200	200	250	70
C	300	300	280	30
D	100	250	270	30

\<요구사항\>

위의 자료를 이용하여 재고자산을 총계기준과 종목별기준에 의하여 평가하고 이에 대한 회계처리를 행하여라.

09 유형자산

9.1 유형자산의 의의와 분류

유형자산(tangible asset)은 재화의 생산, 용역의 제공, 타인에 대한 임대 또는 관리활동에 사용할 목적으로 보유하고 있는 물리적 형태가 있는 자산으로 한 회계기간을 초과하여 사용할 것이 예상되는 자산을 말한다. 즉, 기업이 장기간에 걸쳐 영업활동에 활용할 목적으로 보유하고 있는 실물자원이다.

유형자산은 정상적인 영업목적을 달성하기 위하여 영업활동에 사용되는 자산으로 판매를 목적으로 소유한 재고자산, 투자를 목적으로 취득한 투자자산과는 구별된다. 이에 비해 무형자산(intangible assets)은 1년 이상 장기간에 걸쳐 영업활동에 사용되며, 미래 경제적 효익을 지닌 자산이란 점에서는 유형자산과 동일하나 물리적 형태가 없다는 점에서 유형자산과 구별된다.

유형자산은 장기간에 걸쳐 수익창출활동에 활용됨에 따라 기간별 원가배분을 통하여 당해연도에 소멸된 경제적 효익을 비용으로 인식해야 한다는 점에서 원가배분과정 없이 단일회계기간에 비용으로 인식하는 소모품과 다르다.

유형자산에 대한 회계흐름은 취득과 관련하여 다양한 취득방식에 따른 취득원가 결정문제, 장기간 보유에 따른 취득 후 지출문제, 감가상각을 통한 비용화 문제, 유형자산의 손상차손인식과 유형자산 재평가문제, 유형자산의 처분과 제거에 따른 처분손익인식 문제이다.

유형자산은 다음과 같이 분류된다.

① 토 지(land)

현재의 영업활동에 사용되고 있는 토지를 말하며, 영업용 건물이 들어서 있는 대지, 임야·전답·잡종지 등을 말한다. 투자목적으로 보유하고 있는 토지는 유형자산으로 분류되지 않고 투자부동산으로 분류된다.

② 건 물(buildings)

건물과 냉난방·전기·통신 및 기타의 건물부속설비 등이다.

③ 구축물(structures)

건물과는 별개로 교량·궤도·저수지 ·갱도·정원설비 및 기타의 토목설비 또는 공작물 등이다.

④ 기계장치(machinery)

기계장치·운송설비(콘베어·호이스트·기중기 등)와 기타의 부속설비 등이다.

⑤ 건설중인 자산(assets under construction)

유형자산을 건설에 취득하게 될 때, 건설을 개시하여 건설이 준공되기까지 투입된 재료비·노무비 및 경비를 처리하는 미결산계정을 말한다. 건설중인 자산에는 건설을 위하여 지출한 도급금액 또는 취득한 기계 등을 포함한다.

⑥ 기타의 유형자산(other tangible assets)

위에 속하지 않는 차량운반구, 선박, 공구·기구·비품 등이다.

9.2   유형자산의 취득

유형자산은 자산에서 발생하는 미래 경제적 효익이 기업에 유입될 가능성이 높고, 자산의 원가를 신뢰성 있게 측정할 수 있을 때 인식한다. 자산의 미래 경제적 효익이 유입될 가능성이 높다는 것은 자산과 관련된 권리와 의무가 대부분 이전된 경우를 의미한다. 안전이나 환경상의 규제 때문에 취득하여야 하는 유형자산은 그 자체로서는 직접적인 경제적 효익을 얻을 수 없으나, 다른 자산이 경제적 효익을 가져오도록 하는데 필요하므로 유형자산으로 인식한다.

자산의 원가를 가장 객관적으로 신뢰할 수 있는 때는 취득시점이므로 이 시점의 가격인 취득원가를 기준으로 인식한다. 유형자산의 취득원가는 자산을 취득하는데 소요된 가액뿐만 아니라 당해 자산을 기업이 본래 의도한 용도로 사용가능토록 하기 위해 지출된 모든 부대비용을 포함한다.

유형자산의 취득과 관련하여 채무증권(국채 또는 공채 등)을 불가피하게 매입하는 경우 채무증권의 취득가액과 현재가치의 차이를 유형자산의 취득원가에 가산한다.

정부로부터 보조금을 받아 유형자산을 취득하는 경우 취득원가는 유형자산의 구입가액으로 한다. 정부보조금은 재무상태표에 이연수익(부채)으로 표시하거나, 관련자산에서 차감하여 표시하는 방법을 선택적으로 적용할 수 있다.

1 구입에 의한 취득

유형자산을 취득하는 가장 보편적인 방법으로 취득원가는 구입원가에 부대비용을 가산하여 결정된다. 구입의 경우 발생하는 부대비용은 구입수수료, 구입관련 세금(취득세 등), 운송비, 하역비, 시운전비 등이다.

예제 1 구입에 의한 취득

20×9년 초에 설립된 (주)호성은 영업활동에 사용할 목적으로 유형자산을 취득하였다. 다음을 회계처리 하라.

1월 10일 영업용 토지 ₩300,000을 수표를 발행하여 구입하고, 매입수수료 ₩2,000과 취득세로 ₩3,000 및 토지정지비용 ₩5,000은 현금으로 지급하다.

5월 25일 기계장치를 ₩1,000,000에 구입하고 대금은 아직 지급하지 않았으며, 설치비용 ₩70,000과 시운전비용 ₩80,000은 현금으로 지급하였다.

해답

1월 10일 : (차) 토 지	310,000	(대) { 당좌예금	300,000
		현 금	10,000
5월 25일 : (차) 기계장치	1,150,000	(대) { 미지급금	1,000,000
		현 금	150,000

여러 종류의 자산을 일괄구입하여 취득하는 경우 개별유형자산의 구입

가액이 표시되어 있지 않으므로 일괄구입한 금액을 개별유형자산의 공정
가치에 비례하여 배분시키는 방법(상대적 시장가치법)에 의하여 개별유형
자산의 취득원가를 결정해야 한다.

예제 2   **일괄구입에 의한 취득**

(주)건지는 영업활동에 사용할 목적으로 건물이 세워져 있는 토지를 ₩5,000,000에 일괄
적으로 취득하고 대금은 수표를 발행하여 지급하였다. 구입 당시 토지와 건물의 감정가액
은 각각 ₩3,840,000과 ₩960,000이었을 경우, 토지와 건물의 취득원가를 결정하고 이에
따른 회계처리를 하라.

해 답

(차) {	토 지	4,000,000	(대) 당좌예금	5,000,000
	건 물	1,000,000		

* 토지 : ₩5,000,000 × {₩3,840,000 ÷ (₩3,840,000 + ₩960,000)} = ₩4,000,000

건물 : ₩5,000,000 × {₩960,000 ÷ (₩3,840,000 + ₩960,000)} = ₩1,000,000

---

2. 장기후불조건의 구입

현금을 일시에 지급해서 구입하지 않고 신용에 의하여 구입한 경우 대금
의 지급기간이 1년 이상인 경우를 장기후불조건 또는 장기이연계약에 의한
취득이라고 한다. 이 경우에는 일반적으로 현금을 일시에 지급하고 구입할
때보다 많은 금액을 지급하게 되는데 그 차액은 당해 채무에 대한 이자비
용의 성격이다. 따라서 취득원가는 현금으로 구입했을 때 지급해야 하는
사실상의 가격(실질가액)에 의하고, 실질가액과 추후 지급해야할 금액(명목
가액)의 차이는 현재가치할인차금으로 처리한 후에 추후 상각을 통하여 이
자비용으로 인식하게 된다.

예제 3   **장기후불조건의 구입**

(주)서울은 현금으로 매입할 경우 ₩300,000을 지급해야 하는 아이스크림 기계를 20×9
년 7월 1일부터 3년간 매월 말 ₩10,000을 지급하는 조건으로 할부매입하였다. 현금매입가
격과 할부금총액의 차이인 ₩60,000은 매입당시의 시장이자율을 기준으로 하여 계산된 이
자해당액이다. 한편 (주)서울의 기계의 취득과 관련한 다음과 같은 부대원가를 현금으로

지급하였다.

매입운임	₩4,000
취득 및 등록세	6,000
설 치 비	18,000
시험운전비	3,000
부대원가합계	₩31,000

(주)서울의 기계의 취득시점 및 20×9년 말의 회계처리를 행하라. (단, 현재가치할인차금의 상각은 정액법을 활용하고 감가상각에 대한 회계처리는 제외한다.)

해 답

1. 취득시(20×9년 7월 1일)

(차) { 기 계 장 치   331,000   (대) { 현   금   31,000
      현재가치할인차금   60,000   장기할부미지급금   360,000

2. 회계기말(20×9년 12월 31일)

(차) 이 자 비 용   10,000*   (대) 현재가치할인차금   10,000

    * 이자비용 : 60,000 × 6/36 = 10,000

3. 자가건설에 의한 취득

기업이 필요로 하는 유형자산을 외부에서 구입하지 않고 기업 스스로 자가건설하는 경우가 있다. 이 경우는 당해 건설에 소요된 모든 재료비, 노무비와 건설된 자산과 관련하여 나타난 제조경비를 취득원가로 한다.

이에 대한 회계처리는 건설 중에 소요된 재료비, 노무비, 제조경비 등의 지출액은 건설중인 자산 계정으로 처리하였다가 건설 완료시에 유형자산으로 대체한다. 자가건설기간이 장기간 소요되는 경우 자가건설을 위하여 건설자금을 차입한 경우 그 자산의 취득완료시까지 발생된 지급이자(차입원가)는 해당 자산의 취득원가에 산입한다. 이때 차입자금의 일시예금에서 발생한 이자수익은 제외한다.

예제 4 **자가건설하는 경우**

(주)진흥건설은 본사 사옥을 자가건설 하기로 하고 건설에 필요한 자금을 마련하기 위하여 20×8년 4월 1일에 ₩1,000,000을 차입하였다. 차입조건은 이자율 연 10%, 이자는 매년 3월 31일 후급조건이며 차입금의 만기는 20×9년 3월 31일이다. 건물은 20×8년 4월 1일에 착공하여 20×8년 9월 말에 완공되었으며 건물신축에 소요된 원가는 다음과 같다.

재 료 비	₩250,000
노 무 비	300,000
제조간접비	150,000

자가건설에 필요한 차입자금의 일시예금에서 발생한 이자수익(20×8. 4. 1~20×8. 9. 30)은 ₩5,000이었다. (주)진흥건설의 ① 건설원가 발생시, ② 건물완공시에 행할 회계처리를 표시하라. (단, (주)진흥건설의 결산일은 매년 12월 31일이다.)

해답 1. 건설원가 발생시

　　(차) 건설중인자산　　　　　700,000　　(대) 현　　　　금　　　700,000

2. 건물완공시

　　(차) { 건　　　　물　　745,000　　(대) { 건설중인자산　700,000
　　　　　이 자 수 익　　　5,000　　　　　　이 자 비 용　　50,000*

　　　　* 1,000,000 × 10% × 6/12 = 50,000

4 현물출자, 증여 및 기타 무상으로 취득

기업이 유형자산을 현물출자로 취득한 경우 또는 증여 기타 무상으로 취득하는 경우에 어떻게 자산으로 인식할 것이냐 하는 문제이다.

현물출자(payment in kind)에 의한 취득은 기업이 유형자산을 취득한 대가로 주식을 발행하여 교부한 경우로 현물출자에 의하여 취득된 자산의 취득원가는 취득하는 유형자산의 공정가치로 하되, 취득하는 유형자산의 공정가치를 신뢰성 있게 측정할 수 없다면 발행·교부해 준 주식의 공정가치로 취득원가를 결정한다.

증여 및 무상(donation)으로 취득하는 경우 자산을 취득하기 위하여 지급한 금액이 없으므로 당해 유형자산의 최초 인식금액은 ₩0이다. 즉, 자산으로 인식하지 않는다. 단, 물리적 실체가 있는 유형자산이므로 기말에 재평가모형을 적용한다면 보고기간 말 공정가치로 유형자산을 인식할 수는 있다. 그러나 증여 및 무상으로 취득한 경우에도 자산의 인식요건을 충족하므로 일반기업회계기준에서는 취득한 자산의 공정가치를 기준으로 취득원가를 결정한다.

5. 교환거래에 의한 취득

교환(exchange)에 의한 취득은 상업적 실질이 있는 교환거래인지, 상업적 실질이 없는 교환거래인지에 따라 취득원가의 결정이 달라진다. 상업적 실질이 있는 교환거래는 자산의 처분, 즉 구자산의 처분대가로 신자산을 취득한다고 간주하므로, 새로 취득하는 자산의 취득원가는 제공한 자산(구자산)의 공정가치로 인식하게 된다. 따라서 구자산의 장부가액과 공정가치의 차이를 처분손익(교환손익)으로 인식한다. 그러나 상업적 실질이 없는 교환거래는 자산의 대체로 간주하여 새로 취득하게 되는 자산의 취득원가는 제공한 자산의 장부가액으로 한다. 따라서 처분손익(교환손익)은 인식하지 않는다.

예제 5 교환에 의한 취득

경북상사는 취득 후 2년 동안 사용해 오던 유형자산 A를 부산상사의 유형자산 B와 1 : 1로 교환하기로 하였다. 경북상사의 유형자산 A는 교환 당시 장부가액이 ₩70,000이었으며, 시장에서는 ₩90,000에 판매되고 있다. 경북상사의 동 자산의 교환이 상업적 실질이 있는 교환거래인 경우와 상업적 실질이 없는 교환거래로 구분하여 회계처리 하라.

해답 1. 상업적 실질이 있는 교환거래

(차) 유형자산 B	90,000	(대) { 유형자산 A	70,000
		유형자산처분이익	20,000

2. 상업적 실질이 없는 교환거래

(차) 유형자산 B	70,000	(대) 유형자산 A	70,000

9.3 유형자산의 취득후 지출

대부분의 유형자산은 취득하여 영업활동에 장기간 사용한다. 따라서 유형자산의 취득 이후에도 추가적인 지출이 이루어지는 것이 일반적이다. 이러한 추가적인 지출을 유형자산의 취득원가에 산입(자본적 지출)하여야 할 것이지 또는 기간비용으로 처리(수익적 지출)하여야 할 것인지에 대한 문제가 제기된다.

유형자산 취득 후의 지출이 가장 최근에 평가된 성능수준을 초과하여 미래의 경제적 효익을 증가시키는 경우에는 자본적 지출로 처리하여 취득원가에 산입하고, 그렇지 않은 경우에는 수익적 지출로 처리하여 기간비용으로 인식한다.

취득 후 지출이 미래의 경제적 효익을 증가시키는 경우에 자본적 지출로 처리하여 자산의 취득원가에 가산하는 것은 미래의 경제적 효익이 기대되는 기간 동안 관련원가를 배분함으로써 수익 비용의 올바른 기간적 대응이 이루어지도록 하기 위함이다.

1. 수익적 지출

수익적 지출(revenue expenditure)이란 그 자산의 경제적 효익을 유지하기 위하여 발생하는 지출이므로 자산의 취득원가에 산입하지 않고 발생연도에 기간비용(수선비)으로 처리하여야 한다.

이러한 요건과 관련된 수익적 지출의 예는 다음과 같다.
- 건물 또는 벽의 도장
- 파손된 유리나 기와 등의 대체
- 기계장치의 소모된 부속품의 대체와 벨트의 대체
- 재해를 입은 자산에 대한 외장의 복구, 도장, 유리의 산입
- 기타 조업가능한 상태의 유지비용 등 위와 유사한 성질의 것

2 자본적 지출

　　자본적 지출(capital expenditure)이란 취득 후 추가적인 지출로 인하여 그 자산의 경제적 효익(미래의 용역잠재력)이 증가되는 것을 말하며, 자본적 지출은 그 자산의 취득원가에 산입되며, 경제적 효익이 존속되는 기간 동안 점진적으로 감가상각을 통하여 비용화된다.

　　다음의 요건들 중 하나 이상을 만족시키는 지출은 자본적 지출로 분류할 수 있다.

> 자산의 내용연수가 증가한다.
> 자산으로부터 생산되는 생산량(생산성)이 증가한다.
> 자산으로부터 생산되는 제품이나 용역의 품질이 개선된다.

　　이러한 요건과 관련된 자본적 지출의 예는 다음과 같다.
- 본래의 용도를 변경하기 위한 개조, 엘리베이터 또는 냉·난방 장치의 설치
- 건물 등에 있어서 피난시설 등의 설치
- 재해 등으로 인하여 건물, 기계장치, 설비 등이 멸실 또는 훼손되어 당해 자산의 본래의 용도에 이용가치가 없는 것의 복구
- 기타 개량, 확장, 증설 등

예제 6　**자본적 지출과 수익적 지출**

다음 거래를 회계처리하라.
1. 사용하고 있는 건물의 엘리베이터와 냉난방 시설을 위한 공사비 ₩10,000을 수표를 발행하여 지급하였다. 이러한 추가적인 지출로 생산성이 증가되었다.
2. 공장건물의 외벽에 도장공사비와 파손된 유리를 대체하기 위하여 ₩2,000을 현금으로 지급하였다.
3. 기계장치에 대한 부품을 교체하였는데, 새 부품의 교체로 기계장치의 능률이 크게 증가되었다. 부품 대금 ₩5,000을 수표로 발행하여 지급하다.

해답

1. (차) 건　　　　물	10,000		(대) 당좌예금	10,000
2. (차) 수　선　비	2,000		(대) 현　　금	2,000
3. (차) 기 계 장 치	5,000		(대) 당좌예금	5,000

9.4 유형자산의 감가상각

유형자산은 기업이 장기간에 걸쳐 영업활동에 사용할 목적으로 취득한 자산으로 이를 활용하여 또 다른 형태의 재화 및 용역, 즉 수익을 창출한다. 유형자산을 활용하여 수익은 창출되지만, 수익창출과정에 자산이 활용됨으로써 유형자산의 가치도 점진적으로 감소한다. 이러한 유형자산의 가치감소는 수익창출을 위하여 소멸된 원가, 즉 비용(expense)이 되는 것이다. 그러나 유형자산이 수익창출을 위하여 얼마만큼 기여하였는지 또는 유형자산이 얼마나 사용되어 유형자산의 가치감소가 어느 정도인지를 신뢰성 있게 측정한다는 것은 매우 어려운 문제이다. 그러므로 유형자산의 취득원가를 사용기간에 따라 체계적이고 합리적인 방법으로 유형자산의 가치감소를 인식하는 방법이 필요하다. 이러한 자산가치 감소분의 비용화 과정을 감가상각이라 한다. 감가상각(depreciation)은 유형자산의 취득원가를 사용기간 동안에 체계적이고 합리적인 방법으로 배분하는 것으로 유형자산의 원가를 각 회계기간별로 소멸된 부분(비용)과 미소멸된 부분(자산)으로 인위적인 방법에 따라 배분하는 과정이다.

감가상각은 영업활동을 통해 수익창출에 기여한 유형자산에 대해서 그 취득원가를 비용화하는 과정이므로, 자가건설 등으로 취득이 완료되지 않아 영업활동 등에 활용되지 않는 건설중인자산이나 토지나 생물자산 등 그 가치가 감소하지 않는 유형자산은 감가상각대상자산이 아닌 비상각성 자산이다.

1 감가상각비 결정요소

(1) 감가상각대상금액

감가상각대상금액(amount to be written off as depreciation)은 유형자산의 취득원가에서 잔존가치를 차감한 금액을 말하며, 감가상각기준액이라고도 한다.

$$\boxed{\text{감가상각대상금액 = 취득원가 - 잔존가치}}$$

취득원가(acquisition cost)는 유형자산을 취득할 당시 지급한 구입가격에 정상적인 영업활동에 실질적으로 사용할 수 있을 때까지 발생한 모든 부대 비용뿐만 아니라 취득 후의 자본적 지출도 포함한다.

잔존가치(residual value)는 유형자산의 수명이 다하여 자산을 폐기 처분할 때 회수할 것으로 기대되는 금액으로, 잔존가치의 크기는 처분시의 여건에 많은 영향을 받는다. 실무적으로 잔존가치가 중요하지 않은 경우가 많고, 감가상각이 종료된 후에 자산을 처분할 때 오히려 철거비용이 더 소요되는 경우도 있기 때문에 감가상각대상금액을 산정할 때 중요하게 다루어지지 않는다. 잔존가치를 추정에 의존해야 하는 문제점 등으로 기업실무에서는 유형자산의 잔존가치는 없는 것으로 가정하는 것이 일반적이며, 법인세법에서도 유형자산의 감가상각과 관련하여 잔존가치가 없는 것으로 간주한다.

(2) 내용연수

내용연수(useful life)란 자산의 예상사용기간으로 기업에서 자산이 사용가능할 것으로 기대되는 기간 또는 자산에서 얻을 것으로 예상되는 생산량이나 이와 유사한 단위수량을 말한다. 실질적으로 내용연수는 자산의 취득으로부터 이를 폐기할 때까지의 사용가능연수이며, 취득된 자산이 비용화되는 기간이다.

유형자산은 기업활동에 사용됨으로써 가치감소가 이루어지는 것이 일반적이나 사용되지 않더라도 기술적 또는 기능적 진부화에 의하여 가치 감소가 이루어지기도 한다. 따라서 유형자산의 내용연수를 결정할 때는 이러한 물리적 요인과 기능적 요인을 모두 고려하여야 한다.

감가상각을 결정하는 요소 중에서 잔존가치와 내용연수는 미래에 자산을 처분하거나 폐기하는 시점에서만 확정되므로, 취득시점에서는 정확히 알 수 없다. 따라서 취득시점에서는 잔존가치와 내용연수를 추정에 의존할 수밖에 없다. 이와 같이 미래에 발생할 불확실한 사항을 사전에 추정하는 것을 회계추정이라 하며, 이러한 추정치는 매 회계기간 말 재검토하고, 합리적으로 추정한 새로운 추정치가 종전 추정치와 다르다면 회계추정의 변경을 하여야 한다.

2. 감가상각방법

감가상각은 유형자산의 취득원가에서 잔존가치를 차감한 감가상각대상 금액을 내용연수에 따라 다양한 방법에 따라 배분을 통하여 비용화하는 과정이다. 이러한 다양한 배분방법을 감가상각방법이라고 할 수 있다. 이와 같이 감가상각방법은 유형자산의 가치감소를 체계적이고 합리적으로 배분하기 위한 방법으로 다양한 가정하에 다양한 방법들이 제시되고 있다. 구체적으로 유형자산의 감가상각방법에는 정액법, 정률법, 이중체감법, 연수합계법, 비례법 등이 있다. K-IFRS에서는 유형자산의 감가상각은 정액법·체감잔액법(정률법과 이중체감법)·생산량비례법 등에 의한다라고 예시되어 있다. 따라서 이들 방법 중 어떤 것을 선택하여 적용하여도 되나 해당 자산으로부터 예상되는 미래 경제적 효익의 예상 소비형태를 가장 잘 반영하는 방법을 선택하는 것이 합리적이며, 예상소비형태가 변하지 않는 한 기존에 선택한 감가상각방법을 매 회계기간 적용하는 일관성을 가져야한다. 또한 이들 감가상각방법 중 어떠한 감가상각방법을 사용하는가에 따라 측정연도에 비용으로 계상되는 금액은 달라지지만, 내용연수 전체에 걸쳐서 유형자산이 비용화되는 총금액은 감가상각방법과 상관없이 감가상각대상금액으로 동일하다.

감가상각방법의 분류

1. 정액법

2. 가속상각법 ⎡ 체감잔액법 – 정률법, 이중체감법
　　　　　　 ⎣ 연수합계법

3. 활동기준법 – 생산량비례법, 사용량비례법

---

3. 감가상각의 회계처리방법

유형자산의 당기 비용으로 계상할 감가상각금액이 결정되면 이에 대한 회계처리를 하여야 하는데, 이에는 직접법과 간접법이 있다.

(1) 직접법(direct method)

감가상각비를 비용계정으로 계상함과 동시에 동 금액만큼 해당 유형자산에서 직접 차감하는 방법이다. 재무상태표에는 취득원가에서 감가상각금액을 차감한 장부가액만 표시되므로 취득원가와 감가상각누계액을 알 수 없는 단점이 있다.

(차) 감가상각비	×××	(대) 유형자산	×××

(2) 간접법(indirect method)

감가상각비를 해당 자산계정에서 직접 차감하지 않고 감가상각누계액이라는 차감적 평가계정을 설정하여 처리하는 방법이다. 당기의 감가상각금액을 차변에는 감가상각비 대변에는 감가상각누계액으로 회계처리하고, 감가상각비는 포괄손익계산서의 비용으로 계상하고 감가상각누계액은 재무상태표 상 해당 유형자산에서 차감하는 형식으로 기입한다. 유형자산의 감가상각에 대한 회계처리방법은 주로 간접법이 이용된다.

(차) 감가상각비	×××	(대) 감가상각누계액	×××

4 감가상각비산정과 회계처리

(1) 정액법

정액법(straight-line method)은 유형자산의 가치감소가 시간의 경과에 정비례하여 발생하는 것으로 가정하여, 매기간 동일한 금액을 감가상각비로 계상하는 방법이다. 정액법에서는 감가상각대상금액을 내용연수로 나눈 금액을 감가상각비로 계상한다. 정액법은 계산이 매우 단순하여 사용하기 편리한 방법이다.

$$감가상각비 = (취득원가 - 잔존가치) \times \frac{1}{내용연수}$$

예제 7　정액법에 의한 감가상각

(주)한별은 20×7년 초에 기계장치를 ₩1,000,000에 취득하였다. 이 기계장치의 내용연수는 3년, 잔존가치는 없는 것으로 예상된다. 이 기계장치를 이용한 총생산단위는 250,000개로 예상되며, 20×7년에 80,000개의 제품을 생산하였고, 20×8년에는 100,000개의 제품을 생산하였으며, 20×9년에는 70,000개의 제품을 생산하였다.

(주)한별의 자료를 이용하여 정액법에 의한 감가상각비를 산출하고, 이에 대한 회계처리를 간접법에 의하여 행하여라.

해 답　정액법에 의한 감가상각비 산출

연 도	계 산 근 거	감가상각비	감가상각누 계 액	장부가액
취득시				₩1,000,000
20×7년	₩1,000,000 × ⅓	₩333,333	₩333,333	666,667
20×8년	1,000,000 × ⅓	333,333	666,666	333,334
20×9년	1,000,000 × ⅓	333,334	1,000,000	0
		₩1000,000		

정액법에 의한 회계처리

20×7년	(차) 감가상각비	333,333	(대) 감가상각누계액	333,333
20×8년	(차) 감가상각비	333,333	(대) 감가상각누계액	333,333
20×9년	(차) 감가상각비	333,334	(대) 감가상각누계액	333,334

(2) 체감잔액법

체감잔액법(declining balance method)은 유형자산의 장부금액에 일정한 비율을 곱하여 감가상각비를 계산하는 방법이다. 체감잔액법은 장부금액이 큰 내용연수의 초기에는 감가상각비가 많이 계상되고 장부금액이 적은 내용연수 후기에는 감가상각비가 적게 계상되므로 이를 가속상각법(accelerated amortization method)이라고도 한다.

> 감가상각비 = 기초장부금액(취득원가 − 감가상각누계액) × 감가상각률

유형자산을 보유하였을 때 유형자산과 관련하여 발생되는 비용은 수선유지비와 원가배분을 통하여 비용화되는 감가상각비의 합이다. 수선유지비는 내용연수의 초기에는 적게 발생하고 사용기간이 경과할수록 많이 발생한다. 체감잔액법은 감가상각비를 초기에 많이 계상하고 기간이 경과할수록 감가상각비를 적게 계상하므로 수선유지비와 감가상각비로 이루어진 유형자산 관련 비용의 합은 매년 유사하게 발생된다. 따라서 이러한 체감잔액법이 내용연수 동안 유형자산 관련비용이 매년 유사한 수준으로 발생하게 되어 수익·비용 대응의 원칙에 부합되는 감가상각방법이 된다. 체감잔액법의 경우 감가상각률 결정방법에 따라 정률법과 이중체감법으로 나눌 수 있다.

| 그림 9-1 | 체감잔액법에 의한 유형자산 관련비용(감가상각비와 수선유지비) |

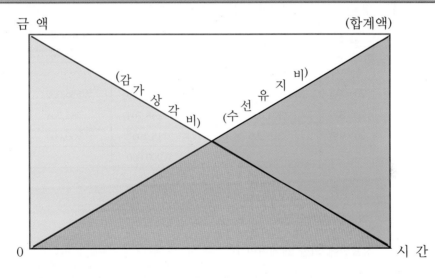

1) 정률법

정률법(fixed-rate method)은 유형자산의 기초장부금액에 매기 일정의 감가상각률(정률)을 곱하여 감가상각비를 산정하는 방법이다. 정률법에서는 장부금액이 매년 감가상각액만큼 감소하므로 내용연수의 초기에는 감가상각비를 많이 계상하지만 내용연수가 경과함에 따라 감가상각비가 점차적으로 감소하므로 체감잔액법에 해당한다. 정률법은 초기에 감가상각비를 많이 계상하므로 초기에 순이익이 적게 계상된다. 따라서 초기에 적은 세금을 납부하게 된다.

$$감가상각비 = 장부금액 \times 정률$$

$$장부금액 = 취득원가 - 감가상각누계액$$

$$정률 = 1 - \sqrt[n]{\frac{잔존가액}{취득원가}}$$

예제 8 **정률법에 의한 감각상각**

(예제 7)의 (주)한별의 자료를 이용하여 정률법에 의한 감가상각비를 산출하고, 이에 대한 회계처리를 간접법에 의하여 행하여라.

단, 정률산정을 위하여 잔존가치를 ₩100,000으로 한다.

해답 정률법에 의한 감가상각비 산출

연 도	계 산 근 거	감가상각비	감가상각 누 계 액	장부금액
취득시				₩1,000,000
20×7년	₩1,000,000 × 0.536[1]	₩536,000	₩536,000	464,000
20×8년	464,000 × 0.536	248,704	784,704	215,296
20×9년	215,296 × 0.536	115,296[2]	900,000	100,000
		₩900,000		

1) 정률 $= 1 - \sqrt[3]{\frac{100,000}{1,000,000}} = 0.536$

2) 단수차이조정

정률법에 의한 회계처리

20×7년	(차) 감가상각비	536,000	(대) 감가상각누계액	536,000
20×8년	(차) 감가상각비	248,704	(대) 감가상각누계액	248,704
20×9년	(차) 감가상각비	115,296	(대) 감가상각누계액	115,296

2) 이중체감법

이중체감법(double-declining balance method)은 정액법의 감가상각률을 두 배한 감가상각률을 유형자산의 기초장부금액에 곱하여 감가상각비를 산정하는 방법이다. 기초장부금액에 감가상각률을 곱하여 감가상각비를 산정한다는 점에서 정률법과 동일하나 상각률은 정액법 상각률의 2배를 사용한다는 점에 차이가 있다.

$$감가상각비 \ = \ 장부금액 \ \times \ 감가상각률$$
$$장부금액 \ = \ 취득원가 \ - \ 감가상각누계액$$
$$감가상각률 \ = \ (\ \frac{1}{내용연수} \ ) \times 2$$

이중체감법의 상각률은 논리적인 근거를 가지고 산정된 것이 아니므로 내용연수가 종료되는 회계연도 말의 장부금액인 잔존가치와 일치하지 않을 수 있다. 따라서 내용연수의 마지막 회계연도에는 전년도 장부금액과 잔존가치의 차액으로 감가상각비를 산정한다.

예제 9 **이중체감법에 의한 감가상각**

(예제 7)의 (주)한별의 자료를 이용하여 이중체감법에 의한 감가상각비를 산출하고, 이에 대한 회계처리를 간접법에 의하여 행하여라.

해 답 이중체감법에 의한 감가상각비 산출

연 도	계 산 근 거	감가상각비	감가상각 누 계 액	장부금액
취득시				₩1,000,000
20×7년	1,000,000 × 2/3[1]	₩666,667	₩666,667	333,333
20×8년	333,333 × 2/3	222,222	888,889	111,111
20×9년	111,111 − 0	111,111[2]	1,000,000	0
		₩1,000,000		

1) 상각률 $= \frac{1}{3} \times 2$

2) 마지막 연도의 감가상각비는 전년도 장부금액임.

이중체감법에 의한 회계처리

20×7년	(차) 감가상각비	666,667	(대) 감가상각누계액	666,667
20×8년	(차) 감가상각비	222,222	(대) 감가상각누계액	222,222
20×9년	(차) 감가상각비	111,111	(대) 감가상각누계액	111,111

(3) 연수합계법

연수합계법(SYD: sum of the years digit method)은 내용연수의 급수합계

를 분모로 하고 잔여내용연수를 분자로 하는 감가상각률을 감가상각대상액에 곱해 감가상각액을 산출한다. 연수합계법은 감가상각대상금액에 감가상각률을 곱하여 감가상각비를 산출한다는 점에서 정액법과 유사하고, 초기에 많은 금액이 상각되고 점차로 그 금액이 감소되어 간다는 점에서 정률법과 유사하다.

> 감가상각비 = 감가상각대상금액(취득원가 − 잔존가치) × 감가상각률
>
> 감가상각률 = (잔여내용연수/내용연수의 급수합계)

예제 10 연수합계법에 의한 감가상각

(예제 7)의 (주)한별의 자료를 이용하여 연수합계법에 의한 감가상각비를 산출하고, 이에 대한 회계처리를 간접법에 의하여 행하여라.

해답 연수합계법에 의한 감가상각비 산출

연 도	계 산 근 거	감가상각비	감가상각 누 계 액	장부금액
취득시				₩1,000,000
20×7년	₩1,000,000 × 3/6*	₩500,000	₩500,000	500,000
20×8년	1,000,000 × 2/6	333,333	833,333	166,667
20×9년	1,000,000 × 1/6	166,667	1,000,000	0
		₩1,000,000		

* 분모는 내용연수의 합계이므로 1+2+3=6이며, 분자는 잔여내용연수임.

연수합계법에 의한 회계처리

20×7년	(차) 감가상각비	500,000	(대) 감가상각누계액	500,000
20×8년	(차) 감가상각비	333,333	(대) 감가상각누계액	333,333
20×9년	(차) 감가상각비	166,667	(대) 감가상각누계액	166,667

(4) 생산량비례법

생산량비례법(units of production method)은 내용연수를 기준으로 하지 않고 자산의 이용정도에 비례하여 감가상각액을 산출하는 감가상각방법이

다. 삼림·유전 또는 광산과 같은 자연자원을 채굴할 때 사용되는 유형자산들은 매장량이 고갈될 때까지 사용되므로 생산량비례법을 적용하는 것이 합리적이다. 생산량비례법을 적용할 경우 먼저 감가상각대상금액을 추정총생산량으로 나누어 생산량 단위당 감가상각비를 산출한 후 감가상각비는 실제생산량에 단위당 감가상각비를 곱하여 산출한다. 생산량비례법의 경우 추정총생산량에 대한 당기의 실제 생산량의 비율을 기준으로 감가상각비를 산정함으로써 수익과 비용을 합리적으로 대응시킬 수 있다는 장점이 있다.

> 단위당 감가상각비 = (취득원가 − 잔존가치) /추정총생산량
> 감가상각비 = 단위당 감가상각비 × 당기실제생산량

예제 11 **생산량비례법에 의한 감가상각**

(예제 7)의 (주)한별의 자료를 이용하여 생산량비례법에 의한 감가상각비를 산출하고, 이에 대한 회계처리를 간접법에 의하여 행하여라.

해답 생산량비례법에 의한 감가상각비 산출

연 도	계 산 근 거	감가상각비	감가상각 누 계 액	장부금액
취득시				₩1,000,000
20×7년	1,000,000/250,000단위 × 80,000단위	₩320,000	₩320,000	680,000
20×8년	1,000,000/250,000단위 × 100,000단위	400,000	720,000	280,000
20×9년	1,000,000/250,000단위 × 70,000단위	280,000	1,000,000	0
		₩1,000,000		

생산량비례법에 의한 회계처리

20×7년	(차) 감가상각비	320,000	(대) 감가상각누계액	320,000
20×8년	(차) 감가상각비	400,000	(대) 감가상각누계액	400,000
20×9년	(차) 감가상각비	280,000	(대) 감가상각누계액	280,000

지금까지 살펴본 유형자산의 감가상각방법과 이에 따른 감가상각비의 산출방법은 다음과 같이 요약할 수 있다.

<표 9-1> 감가상각방법과 감가상각비 계산방법

감가상각방법	감가상각비 계산방법		
정액법	감가상각비 = (취득원가 − 잔존가치) × ($\dfrac{1}{\text{내용연수}}$)		
체감잔액법	감가상각비 = 기초장부금액(취득원가 − 감가상각누계액) ×감가상각률		
	정률법	감가상각비 = 기초장부금액 × $(1 - \sqrt[n]{\dfrac{\text{잔존가액}}{\text{취득원가}}})$
	이중체감법	감가상각비=기초장부금액 × ($\dfrac{1}{\text{내용연수}}$) ×2
연수합계법	감가상각비 = (취득원가 − 잔존가치) × $\dfrac{\text{잔여내용연수}}{\text{내용연수의 합계}}$		
생산량비례법	감가상각비 = (취득원가 − 잔존가치) × $\dfrac{\text{당기실제생산량}}{\text{추정총생산량}}$		

9.5 유형자산의 재평가

1. 유형자산 재평가의 의의

유형자산을 처음 취득한 때에는, 즉 최초로 인식하는 시점에는 취득원가로 기록된다. 그러나 취득시점 이후에 유형자산의 공정가치가 변화한다면 변화된 공정가치를 장부금액에 반영해야 하는지 아니면 반영하지 않아도 되는지에 대한 문제가 발생된다. 이러한 문제에 대하여 K-IFRS에서는 유형자산을 원가모형이나 재평가모형 중 하나를 회계정책으로 선택하도록 하고 있다. 원가모형(cost method)은 유형자산의 가액을 취득원가로 평가하는 방법으로 공정가치의 변화를 장부금액에 반영하지 않고, 취득원가에서 감가상각누계액을 차감한 금액을 장부금액으로 기록하는 방법이다. 재평가모형(revaluation model)은 공정가치의 변화를 장부금액에 반영하는 방법으로 유형자산의 재평가일의 공정가치에서 이후의 감가상각누계액과 손상차손누계액을 차감한 재평가금액을 장부금액으로 기록하는 방법이다.

공정가치(fair value)란 합리적인 판단력과 거래의사가 있는 사람들 사이에 자산이 거래되어 결정된 가격으로, 일반적으로 활성화된 시장에서 형성

된 시장가격과 유사한 금액이다. 유형자산을 공정가치로 나타낼 경우 유형
자산의 경제적 실질을 잘 나타낼 수 있고, 투자자의 경제적 의사결정에 목
적적합한 회계정보를 제공할 수 있다는 장점이 있다.

유형자산의 평가모형의 채택은 개별자산별로 선택적으로 적용할 수는
없고, 동일한 분류 내의 유형자산은 동일한 평가모형을 채택해야 한다. 즉,
동일한 유형으로 분류된 유형자산속에서 어떤 자산은 원가모형, 어떤 자산
은 재평가모형의 평가방법을 선택적으로 적용할 수 있는 것이 아니라, 해
당 분류에 속하는 모든 개별 자산들에 대하여 동일한 평가모형을 적용해야
한다. 이와 같이 특정 유형자산을 재평가할 때 해당 자산이 포함되는 유형
자산 분류 전체를 재평가하게 된다. 그리고 일단 재평가모형을 적용한 이
후에는 다시 원가모형으로 변경할 수 없고 계속 일관성있게 재평가모형을
사용해야 한다. 이는 역사적원가가 공정가치보다 더 목적적합하다고 보기
어렵기 때문이다. 다만, K-IFRS에서 회계정책의 변경을 요구하거나, 변경으
로 인하여 신뢰성 있고 더 목적적합한 정보를 제공할 수 있는 경우에 한하
여 재평가모형에서 원가모형으로 회계정책의 변경이 허용된다.

2 유형자산 재평가의 회계처리

유형자산을 재평가모형으로 기록하기 위해서는 유형자산을 공정가치로
기록하게 되는데, 공정가치와 기존의 장부금액과의 차이가 발생하게 되면
이를 조정해야 한다.

유형자산의 재평가와 관련한 회계처리는 재평가로 인한 재평가차액이
발생할 경우의 회계처리와 상각성 유형자산의 경우 감가상각누계액의 처
리로 나누어 볼 수 있다.

(1) 재평가차익의 회계처리

재평가에 따른 재평가차익의 회계처리는 최초 재평가시와 이후 재평가
시로 나누어 살펴볼 수 있다.

재평가모형을 적용하여 최초 재평가시 공정가치가 장부금액보다 크면 재
평가로 인하여 재평가이익이 발생하여 자산의 장부금액이 증가하게 되는데
이에 대한 회계처리는 차변은 해당 자산을 기록하여 자산의 장부금액을 증
가시키고, 대변은 재평가잉여금(revaluation surplus)으로 처리한다. 재평가

잉여금은 재무상태표의 자본항목인 기타포괄손익누계액으로 처리한다.

최초 재평가시 공정가치가 장부금액보다 적은 경우 재평가로 인하여 재평가손실이 발생하여 자산의 장부금액이 감소하게 되는데, 이에 대한 회계처리는 차변에 재평가손실로 인식하고 대변에는 해당 자산을 기록하여 자산의 장부금액을 감소시킨다. 재평가손실은 손익계산서의 비용항목으로 처리한다.

이와 같이 재평가잉여금은 당기손익에 반영하지 않고 자본항목인 기타포괄손익누계액으로 처리하고, 재평가손실은 비용으로 당기손익에 반영하게 되는데 이는 회계관습인 보수주의가 적용되는 한 예이다.

<표 9-2> 최초 재평가시 회계처리

구분		손익의 처리	계정과목
공정가치 〉 장부금액	평가이익	자본(기타포괄손익누계액)	재평가잉여금
공정가치 〈 장부금액	평가손실	당기비용	재평가손실

재평가모형은 최초 재평가시의 재평가손익의 회계처리가 이후 재평가시의 회계처리에 영향을 미친다. 최초 재평가시 평가증이 이루어져 재평가잉여금이 인식된 상태에서 이후 재평가시 평가증을 해야 하는 경우(또 다시 재평가이익이 발생한 경우)에는 재평가잉여금으로 인식한다. 그러나 재평가잉여금이 인식된 상태에서 이후 재평가시 평가감을 하여야 하는 경우(재평가손실이 발생한 경우)에는 전기 이전에 인식한 재평가잉여금을 우선 감소시키고, 초과액이 있으면 재평가손실로 인식한다.

최초 재평가시 평가감이 이루어져 재평가손실을 인식한 이후 재평가시 평가증을 해야 하는 경우(재평가이익이 발생한 경우)에는 전기 이전에 인식한 재평가손실만큼 재평가이익을 인식하고, 초과액이 있으면 재평가잉여금으로 인식한다. 그러나 재평가손실을 인식한 이후 재평가시 평가감을 해야 하는 경우(재평가손실이 발생한 경우)에는 재평가손실을 인식한다.

이와 같이 자본에 계상된 재평가잉여금은 차기 이후에 그 자산에 대한 재평가손실이 발생할 경우 재평가손실을 상계하는데 사용되며, 그 자산이 처분 또는 제거될 때까지 재평가잉여금 잔액이 남아있다면 기업의 선택에 따라 재평가잉여금을 이익잉여금으로 대체할 수는 있다. 따라서 유형자산이 처분 또는 제거될 때 당해 유형자산과 관련된 재평가잉여금을 유형자산

<표 9-3> 재평가손익 인식 이후의 회계처리

최초재평가시	이후 재평가시	손익의 처리	계정과목
재평가잉여금인식	평가증	자본(기타포괄손익누계액)	재평가잉여금(+)
	평가감	전기이전에 인식한 재평가잉여금 우선 감소, 초과액이 있으면	재평가잉여금(-) 재평가손실
재평가손실인식	평가증	전기이전에 인식한 재평가손실만큼 재평가이익인식, 초과액이 있으면	재평가이익 재평가잉여금
	평가감	당기손실	재평가손실

처분손익에 가감하면 안 된다. 즉, 재평가모형을 적용하는 유형자산을 처분할 경우 기타포괄이익으로 인식한 재평가잉여금은 제거하지 않으므로 재평가잉여금은 당기손익으로 재분류(recycling)되지 않는다.

예제 12 **유형자산재평가의 회계처리 – 토지(비상각성 자산)**

(주)세종은 20×8년 1월 1일 토지를 ₩90,000에 취득하였다.(주)세종은 회계정책으로 재평가모형을 선택하고 있다.

1. 20×8년말 토지의 공정가치가 ₩100,000이며, 20×9년말 토지의 공정가치가 ₩80,000이라고 할 때 각 연도말 토지의 재평가와 관련한 회계처리를 행하여라.

2. 20×8년말 토지의 공정가치가 ₩80,000이며, 20×9년말 토지의 공정가치가 ₩100,000이라고 할 때 각 연도말 토지의 재평가와 관련한 회계처리를 행하여라.

3. 20×8년말 공정가치가 ₩100,000인 토지를 20×9년 초에 ₩105,000에 처분할 경우 처분과 관련한 회계처리를 행하라.

해답 1. 20×8년말 (차) 토　　　　　지 10,000 (대) 토지재평가잉여금 10,000

　　　　20×9년말 (차){ 토지재평가잉여금 10,000
토지재평가손실 10,000 } (대) 토　　　　　지 20,000

　　＊전년도에 인식한 재평가잉여금을 우선 감소시키고, 초과액을 재평가손실로 인식한다.

2. 20×8년말 (차) 토지재평가손실 10,000 (대) 토　　　　　지 10,000

　　　20×9년말 (차) 토　　　　　지 20,000 (대){ 토지재평가이익 10,000
토지재평가잉여금 10,000 }

＊전년도에 인식한 재평가손실만큼 재평가이익을 인식하고, 초과액은 재평가잉여금으로 인식한다.

20×8년말 (차) 토　　　　지　　10,000　　(대) 토지재평가잉여금 10,000

3. 20×9년초 (차) 현　금　105,000　　(대) $\begin{cases} 토 & 지 & 100,000 \\ 토지처분이익 & & 5,000 \end{cases}$

＊전년도에 인식한 재평가잉여금을 제거하지 않는다.

(2) 감가상각누계액의 회계처리

유형자산을 재평가할 때, 재평가시점의 감가상각누계액의 회계처리는 재평가 후 자산의 장부금액이 재평가금액과 일치하도록 감가상각누계액과 총장부금액을 비례적으로 수정하는 비례법과 총장부금액에서 기존의 감가상각누계액을 제거하여 자산의 순장부금액이 재평가금액이 되도록 수정하는 순액법이 있다.

<표 9-4> 재평가시점의 감가상각누계액의 회계처리

구분	회계처리
비례법	장부금액이 재평가금액과 일치하도록 감가상각누계액과 총장부금액을 비례적으로 수정
순액법	장부금액이 재평가금액과 일치하도록 총장부금액에서 기존의 감가상각누계액을 제거

예제 13　유형자산재평가의 회계처리 – 상각성자산

(주)세종은 20×8년 1월 1일 건물 ₩90,000을 취득하였다. 건물의 잔존가치는 없고, 내용연수는 3년이며 정액법에 의하여 감가상각을 하였다. 회사는 재평가모형을 적용하고 있으며 20×8년 말 재평가결과 건물의 공정가치는 ₩100,000으로 평가되었다.

1. 감가상각누계액을 비례법으로 처리하는 경우 (주)세종의 20×8년 말에 행할 회계처리를 행하고 부분 재무상태표를 나타내어라.
2. 감가상각누계액을 순액법으로 처리하는 경우 (주)세종의 20×8년 말에 행할 회계처리를 행하고 부분 재무상태표를 나타내어라.
3. 20×9년 12월 31일 감가상각에 대한 회계처리를 행하여라.
4. 감가상각누계액을 순액법으로 처리한 (주)세종은 20×9년초에 유형자산을 ₩130,000에 처분하였다. 20×9년 초의 회계처리를 행하여라.

해 답

1. 비례법

20×8년 12월 31일

　(회계처리)

(차) 감가상각비	30,000		(대) 감가상각누계액	30,000	

　　(90,000 ÷ 3 = 30,000)

(차) 건물	60,000	(대) {	감가상각누계액	20,000	
			재평가잉여금	40,000	

재평가전 감가상각누계액 비율이 $\frac{1}{3}$이므로 재평가후 취득원가와 감가상각누계액의 비율도 $\frac{1}{3}$이어야 함. 이때 취득원가를 a라 하면 감가상각누계액은 $\frac{a}{3}$이므로 장부가액은 $\frac{2a}{3}$가 된다.

따라서 다음 산식이 성립한다.

$$\frac{2a}{3} = 100,000, \quad a = 150,000$$

그러므로 건물 증가는 (150,000 - 90,000 = 60,000)

　(장부금액)

	재평가 전		재평가		재평가 후
건　　　물	90,000	+	60,000	=	150,000
감가상각누계액	(30,000)	+	(20,000)*	=	(50,000)
계	60,000		40,000		100,000

* $\frac{30,000}{90,000} \times 60,000 = 20,000$

부분재무상태표

건　　　물	150,000		재평가잉여금	40,000	
감가상각누계액	(50,000)	100,000			

2. 순액법

20×8년 12월 31일

　(회계처리)

(차) 감가상각비	30,000		(대) 감가상각누계액	30,000	

　　(90,000 ÷ 3 = 30,000)

(차) {	건　　　물	10,000	(대) 재평가잉여금	40,000	
	감가상각누계액	30,000			

(장부금액)

	재평가 전		재평가		재평가 후
건　물	90,000	+	10,000	=	100,000
감가상각누계액	(30,000)	+	30,000	=	(0)
계	60,000		40,000		100,000

부분재무상태표

건　물	100,000		재평가잉여금		40,000
감가상각누계액	(0)	100,000			

3. 감가상각비	50,000		감가상각누계액		50,000

(100,000 ÷ 2 = 50,000)

4. 유형자산의 처분(순액법)

20×9년 1월 1일

(차) 현　　금	130,000	(대)	건　　　물	100,000	
			유형자산처분이익	30,000	

(차) 재평가잉여금	40,000	(대) 이익잉여금	40,000	

건물을 처분할 때 건물과 관련한 재평가잉여금을 이익잉여금으로 대체할 수 있다.

9.6　유형자산의 손상차손

1. 유형자산의 손상차손의 인식

　　유형자산을 취득한 이후에 유형자산의 가치가 크게 하락하여 단기간내에 회복할 가능성이 희박한 경우에 유형자산의 장부금액을 감소시키고 이를 손상차손(loss on impairment)으로 인식해야 한다. 한국채택국제회계기준에서는 매 보고기간말마다 자산손상을 시사하는 징후가 있는지 검토한 후 그러한 징후가 있다면 자산의 회수가능액(recoverable amount)을 추정하여 장부금액과의 차이를 손상차손으로 인식하도록 하고 있다. 또한 회수가능액이 회복되었을 때 손상차손을 인식하지 않았을 경우의 장부금액을 한도로 손상차손을 환입하도록 하고 있다.

> 유형자산손상차손　　　 = 유형자산장부금액 − 회수가능액
>
> 유형자산손상차손환입 = 회수가능액 − 유형자산장부금액
> 　　　환입한도액 = 손상되지 않았을 경우의 장부금액

이 때 회수가능액은 순공정가치(fair value)와 사용가치(value in use) 중 큰 금액으로 정의하고 있다.

> 유형자산의 회수가능액 = max{순공정가치, 사용가치}

순공정가치는 자산(또는 현금창출단위)의 매각금액(공정가치)에서 처분부대원가를 차감한 금액이고, 사용가치는 자산(또는 현금창출단위)에서 창출될 것으로 기대되는 미래 현금흐름의 현재가치이다.

> 순공정가치 = 자산의 매각금액 − 처분부대원가
> 사용가치 = 자산으로부터 기대되는 미래현금흐름의 현재가치

2. 유형자산의 손상차손에 대한 회계처리

유형자산의 회수가능액이 장부금액에 미달하는 경우에는 장부금액을 회수가능액으로 조정하고 그 차액인 손상차손(loss on impairment)을 당기손실로 처리한다. 구체적인 회계처리는 차변에 유형자산손상차손이라는 비용으로 처리하고, 대변에는 유형자산손상차손누계액으로 처리한다.

> 유형자산손상차손 발생의 경우:
>
> (차) 유형자산손상차손　　　××× (대) 유형자산손상차손누계액 ×××
> 　　(손상차손 = 장부금액 − 회수가능액)

또한 손상차손을 인식한 유형자산이 차기 이후에 회복되는 경우에는 손상차손을 인식하지 않았을 경우의 장부금액을 한도로 유형자산손상차손환입으로 처리한다.

유형자산손상차손 회복의 경우:

(차) 유형자산손상차손누계액 ××× (대) 유형자산손상차손환입 ×××
  (손상차손환입 = 회수가능액* – 장부금액)
 *회수가능액의 한도는 손상되지 않았을 경우(손상차손이 없었을 경우)의 장부금액

손상차손환입후 장부금액 = min{회수가능액, 손상되지 않았을 경우의 장부금액}

3. 유형자산손상차손누계액의 공시

유형자산손상차손누계액은 유형자산감가상각누계액과 같이 유형자산의 차감적 평가항목이다. 재무상태표상의 유형자산의 장부금액은 취득원가에서 감가상각누계액과 손상차손누계액을 차감한 금액이 된다. 그리고 손상차손이 인식된 후의 감가상각비는 취득원가 기준이 아닌 회수가능액으로 수정된 자산의 원가를 기준으로 산정되어야 한다.

유형자산 장부금액 = 취득원가(최초인식금액)
      – 감가상각누계액 – 손상차손누계액

재무상태표

유형자산	×××	
감가상각누계액	(×××)	
손상차손누계액	(×××)	×××

예제 14　유형자산의 손상차손

(주)세종은 20×8년 1월 1일 유형자산 ₩90,000을 취득하였다. 유형자산의 잔존가치는 없고, 내용연수는 3년이며 정액법에 의하여 감가상각을 하였다. 20×8년 말 현재 보유중인 유형자산의 회수가능액이 하락하여 손상대상임이 확인되어 손상차손을 인식하기로 하였다. 20×8년 말 현재 유형자산의 회수가능액은 ₩40,000이다. 또한 20×9년 말의 유형자산 회수가능액은 ₩35,000이다.

1. 20×8년 말의 회계처리를 행하라.
2. 20×8년 말 유형자산관련부분을 재무상태표에 공시하여라.

3. 20×9년 말의 회계처리를 행하라.

해답

1. 20×8년 말의 회계처리

(차) 감가상각비   30,000   (대) 감가상각누계액   30,000

$$90,000 \div 3 = 30,000$$

(차) 유형자산손상차손   20,000   (대) 손상차손누계액   20,000

회수가능액 − 장부금액 : 40,000 − 60,000 = (20,000)

2. 20×8년 말 (부분)재무상태표

(부분)재무상태표

유형자산 90,000		
감가상각누계액 (30,000)		
손상차손누계액 (20,000) 40,000		

3. 20×9년 말의 회계처리

(차) 감가상각비   20,000   (대) 감가상각누계액   20,000

$$(40,000 \div 2 = 20,000)$$

(차) 손상차손누계액   10,000   (대) 손상차손환입액   10,000

손상차손환입액 = 회수가능액 − 장부금액 : 30,000 − 20,000 = (10,000)

손상차손환입후장부금액

= min{35,000(회수가능액), 30,000(손상되지 않았을 경우의 장부금액)}

9.7   유형자산의 처분과 제거

유형자산은 판매를 목적으로 보유한 자산은 아니고 영업활동에 활용되는 자산이므로 일반적으로 내용연수가 다할 때까지 보유하게 되며 내용연수가 다하여 미래 경제적효익이 기대되지 않을 때 제거하는 것이 일반적이다. 그러나 자발적 또는 비자발적인 원인에 의하여 유형자산을 처분 또는 폐기하는 경우가 발생할 수 있다. 이와 같이 외부에 매각하는 것을 처분

(disposal)이라 하고, 비경제적이라고 판단되어 사용을 중지하고 폐기하는 것을 제거(write-off)라고 한다.

이러한 유형자산의 처분이나 제거가 이루어질 경우 기업이 더 이상 유형 자산을 보유하고 있지 않기 때문에 취득원가와 감가상각누계액을 장부에 서 제거하여야 한다. 또한 처분이 이루어질 때 처분시점의 장부금액과 순 매각금액(처분금액 - 매각제비용)과의 차이에 의하여 유형자산처분손익 (gains or losses on disposal of fixed assets)을 인식하고 당기손익에 귀속시 켜야 한다. 회계기간 중에 처분이 이루어지는 경우 처분일까지의 감가상각 비를 먼저 계상한 후 처분시점의 장부금액을 산정하여야 한다. 즉, 처분시 점의 장부금액은 기초시점부터 처분일까지의 감가상각비를 고려한 후의 금액이어야 한다.

> 유형자산의 처분손익 = 유형자산의 순매각금액 - 유형자산장부금액

예제 15 **유형자산의 처분**

(주)세종은 20×8년 1월 1일 유형자산 ₩90,000을 취득하였다. 유형자산의 잔존가치는 없고, 내용연수는 3년이며 정액법에 의하여 감가상각을 하였다. 20×9년 12월 31일 유형자 산을 ₩50,000에 매각하였다. 이에 대한 회계처리를 하라.

해답

(차) 감가상각비	30,000	(대) 감가상각누계액	30,000
(차) { 현 금	50,000	(대) { 유 형 자 산	90,000
감가상각누계액	60,000	유형자산처분이익	20,000

연·습·문·제

▐ 기본문제 ▐

01 유형자산으로 분류하기 위한 조건이 아닌 것은 다음 중 어느 것인가?

① 재화나 용역의 생산이나 제공, 타인에 대한 임대 또는 관리활동에 사용할 목적
으로 취득한 자산이다.

② 물리적 실체가 있는 자산이다.

③ 한 회계기간을 초과하여 사용할 것이 예상되는 자산이다.

④ 판매목적으로 보유한 자산이다.

정답 ④

02 다음 중 유형자산의 취득원가에 해당되지 않는 것은 어느 것인가?

① 취득세   ② 재산세

③ 토지정지비용   ④ 배수로 설치비용

정답 ②

03 다음 보기는 유형자산의 취득원가와 관련된 내용이다. 옳지 않은 것은?

① 현물출자로 취득한 자산의 공정가액은 공정가치에 의한 평가액을 취득원가로
한다.

② 외부구입의 경우 취득원가는 구입가액에 부대비용을 가산한 가액으로 한다.

③ 여러 자산을 일괄구입할 경우 취득원가는 장부가액 비율에 따라 안분하여야
한다.

④ 자가 제조하는 경우 당해 제작에 소요되는 모든 재료비, 노무비, 경비 및 부대
비용을 취득원가에 산입한다.

정답 ③

04 (주)미래는 건물을 신축하기 위하여 구건물이 있는 토지를 구입하였다. 이 경우
구건물의 철거 시 발생한 철거비는 어떻게 회계처리 하여야 하는가?

① 토지의 취득원가에 가산하여 자산화한다.

② 신축할 건물의 취득원가에 가산하여 자산화한다.

③ 철거회계연도에 즉시 비용 처리한다.

④ 취득시점부터 철거시점에 걸쳐 감가상각한다.

정답 ①

05 유형자산과 관련된 지출 중 수익적지출로 처리하여야 할 것은 다음 중 어느 것인가?

① 용도변경을 위한 수선비　　　　② 가치증가를 위한 수선비
③ 수명연장을 위한 수선비　　　　④ 성능유지를 위한 수선비

정답 ④

06 감가상각에 대한 설명 중 옳지 않은 것은?

① 토지나 생물자원 등은 감가상각대상 자산이 아니다.
② 공장 건물의 감가상각비는 제조원가에 포함된다.
③ 감가상각은 유형자산의 취득원가를 사용기간 동안에 체계적이고 합리적인 방법으로 배분하는 것이다.
④ 유형자산에 내재된 경제적 효익이 다른 자산을 생산하는데 사용되는 경우에는 유형자산의 감가상각액은 당기손익으로 인식한다.

정답 ④

07 다음 설명 중 유형자산의 감가상각 목적을 가장 잘 설명한 것은?

① 유형자산 취득원가의 체계적인 배분
② 자산 교체를 위한 자금 확보
③ 자산 가치의 재평가
④ 미래의 자산수선을 위한 예비비

정답 ①

08 유형자산의 감가상각방법으로 첫해에 정액법을 선택하여 회계처리 한 경우 정률법으로 회계처리 한 경우보다 이익 및 유형자산의 재무상태표 가액에 미치는 영향은?

① 이익은 크고 유형자산의 재무상태표 가액도 크게 표시된다.
② 이익은 크고 유형자산의 재무상태표 가액은 적게 표시된다.
③ 이익은 적고 유형자산의 재무상태표 가액도 적게 표시된다.
④ 이익은 적고 유형자산의 재무상태표 가액은 크게 표시된다.

정답 ①

09 다음 중 유형자산의 재평가에 관한 설명 중 옳지 않은 것은?

① 재평가모형은 재평가일의 공정가치에서 이후의 감가상각누계액과 손상차손누계액을 차감한 재평가금액을 장부금액으로 기록한다.
② 재평가 시 공정가치가 장부가액보다 작은 경우 그 차액은 당기손실로 처리한다.
③ 재평가 시 공정가치가 장부가액보다 큰 경우 그 차액은 당기이익으로 반영한다.
④ 재평가손익에 대한 회계처리는 회계관습인 보수주의 관점에 의한 것이다.

정답 ③

10 다음 유형자산의 손상차손에 관한 설명 중 옳지 않은 것은?

① 손상차손은 유형자산의 장부금액과 회수가능가액의 차이를 말한다.

② 회수가능액은 순공정가치와 사용가치 중 큰 금액으로 한다.

③ 순공정가치란 자산의 매각금액을 말한다.

④ 사용가치란 자산으로부터 기대되는 미래 현금흐름의 현재가치이다.

정답 ③

11 건지(주)는 공장에 필요한 기계장치를 취득하였다. 다음 자료를 이용하여 기계장치의 취득원가를 계산하면 얼마인가?

기계장치 순수구입대금: ₩100,000	공장까지 운반비: ₩3,000
공장 도착후 설치비: ₩2,000	설치 후 시운전비: ₩1,000

① ₩100,000 ② ₩103,000

③ ₩105,000 ④ ₩106,000

➡ 풀이: 100,000 + 3,000 + 2,000 + 1,000 = 106,000

정답 ④

12 (주)동강은 사옥을 신축하기 위하여 (주)한강으로부터 장부가격이 각각 ₩100,000 과 ₩200,000인 사옥과 토지를 함께 ₩300,000에 매입하였다. 매입 후 즉시 ₩5,000을 들여 한강의 사옥을 철거하고 사옥신축공사를 시작하였다. (주)동강 이 위 거래와 관련하여 계상하여야 하는 토지의 취득원가는 얼마인가?

① ₩200,000 ② ₩300,000

③ ₩305,000 ④ ₩205,000

➡ 풀이: 300,000 + 5,000 = 305,000

정답 ③

13 (주)번영은 20×8년 건물과 기계 및 비품을 일괄하여 ₩1,800,000에 취득하였다. 각 계정의 공정가액은 건물 ₩1,125,000, 기계 ₩900,000, 비품은 ₩225,000 이었다. 이 경우 기계의 취득원가는 얼마인가?

① 900,000 ② 800,000

③ 720,000 ④ 450,000

➡ 풀이: 일괄취득의 경우 상대적 시장가치법에 의하여 원가배분한다.

기계의 취득원가 = ₩1,800,000 × ₩900,000 / (₩1,125,000 + ₩900,000 + ₩225,000)

정답 ③

14 건지(주)는 공정가액이 ₩1,000,000인 건물을 증여받았다. 이 건물의 장부가액은 ₩700,000이었다면 증여받을 당시 일반기업회계기준에 따른 적절한 분개는?

① (차) 건　물　1,000,000　　　　　(대) 기　부　금　1,000,000
② (차) 건　물　1,000,000　　　　　(대) 자산수증이익　1,000,000
③ (차) 건　물　　700,000　　　　　(대) 자산수증이익　　700,000
④ 지급한 대가가 없으므로 분개하지 않는다.

정답 ②

15 건지(주)는 당기 초에 공장건물에 냉난방장치의 설치를 위해서 ₩100,000을 지출하였고, 파손된 유리창의 교체와 외벽도색을 위해서 ₩30,000을 지출하였다. 올바른 분개는?

① (차) 수 선 비　130,000　　　　　(대) 현　　금　130,000
② (차) 건　물　130,000　　　　　(대) 현　　금　130,000
③ (차){ 건　물　　100,000 ／ 수 선 비　30,000 }　　(대) 현　　금　130,000
④ (차){ 건　물　　30,000 ／ 수 선 비　100,000 }　　(대) 현　　금　130,000

정답 ③

16 (주)대한은 표시가격 ₩25,000,000, 현금가격 ₩22,500,000인 기계장치를 취득하였다. 기계취득의 대가로 ₩4,200,000의 현금과 취득원가 ₩37,500,000, 감가상각누계액 ₩19,000,000인 사용 중인 기계장치를 주었다. 당해 교환거래가 상업적 실질이 있는 거래라면 (주)대한이 본 거래와 관련하여 인식하여야 하는 손익은 얼마인가?

① 손실 150,000　　　　　　② 이익 150,000
③ 손실 200,000　　　　　　④ 이익 200,000

▶ 풀이:

(차){ 기계장치(신)　　　　　　22,500,000 ／ 기계감가상각누계액(구)　19,000,000 ／ 교환손실　　　　　　　　200,000 }　(대){ 기계장치(구)　37,500,000 ／ 현　금　　　4,200,000 }

정답 ③

17 20×8년 1월 1일 (주)미래는 기계장치를 ₩500,000에 구입하였다. 이 기계장치의 내용연수는 8년, 잔존가치는 없는 것으로 추정되었다. (주)미래는 감가상각방법으로 연수합계법을 선택하였다. 20×9년 1월 1일 현재 이 기계장치에 대한 감가상각누계액은?

① 정액법보다 ₩48,611 더 적다.　　② 이중체감법보다 ₩33,250 더 적다.
③ 정액법보다 ₩125,000 더 많다.　　④ 이중체감법보다 ₩13,889 더 적다.

▶ 풀이: 연수합계법: ₩500,000 × 8/(1 + 2 + 3 + ⋯ + 8) ≒ 111,111
　　　　정액법: ₩500,000 × 1/8 = 62,500
　　　　이중체감법: ₩500,000 × 2/8 = 125,000

정답 ④

18 사용 중이던 건물을 처분하고 대금 ₩240,000을 현금으로 받았다. 건물의 취득원가는 ₩400,000이었으며 감가상각누계액은 ₩200,000이었다면 다음 중 처분시의 올바른 회계처리는?

① (차) { 당좌예금　　　　240,000　　(대) { 건　　물　　　　240,000
　　　　　감가상각누계액　200,000　　　　　　유형자산처분이익　200,000

② (차) 현　　금　　　　240,000　　(대) 건　　물　　　　240,000

③ (차) { 현　　금　　　　240,000　　(대) 건　　물　　　　400,000
　　　　　유형자산처분손실　160,000

④ (차) { 현　　금　　　　240,000　　(대) { 건　　물　　　　400,000
　　　　　감가상각누계액　200,000　　　　　　유형자산처분이익　40,000

정답 ④

19 (주)선진은 유형자산을 20×8년 1월 1일 ₩220,000(내용연수 4년, 잔존가치 ₩20,000)에 취득하여 정액법으로 감가상각하고 있다. 유형자산을 재평가모형으로 기록하고 있는데 20×8년 12월 31일 재평가 결과 유형자산의 공정가치가 ₩180,000으로 파악된 경우 20×8년 12월 31일 자본항목에 계상 될 재평가잉여금은 얼마인가?

① ₩10,000　　　　　　　　② ₩20,000
③ ₩30,000　　　　　　　　④ ₩50,000

▶ 풀이: 공정가치　　　　　　　　　　　　　　　　　₩180,000
　　　　장부금액(최초 취득원가 기준) ₩220,000 - (220,000 - 20,000) / 4년 = 170,000
　　　　재평가잉여금　　　　　　　　　　　　　　　　10,000

정답 ①

20 (주)한강은 자동차부품을 제조하여 판매하고 있다. 부품생산에 사용하고 있는 기계장치의 장부금액은 ₩9,000,000이다. 그러나 자동차모형의 변경으로 부품에 대한 수요가 급감하여 생산규모의 대폭적인 감소가 예상된다. 수요 감소로 인하여 기계장치의 순공정가치는 ₩3,000,000, 사용가치는 ₩3,500,000로 감소하였다. (주)한강이 동 기계장치에 대한 손상차손으로 계상해야 하는 금액은 얼마인가?

① ₩6,500,000　　　　　　② ₩5,000,000
③ ₩6,000,000　　　　　　④ ₩5,500,000

▶ 풀이: 기계장치의 회수가능액 = max[순공정가치, 사용가치]= 3,500,000
　　　　손상차손 = 장부금액 - 회수가능액 = 9,000,000 - 3,500,000 = 5,500,000

정답 ④

■▮ 기출문제 ▮■──────────────────────────────────

■ 유형자산 일반

01 자산에 대한 설명으로 옳지 않은 것은?　　　　　　　　　('15 지방직)
① 유형자산의 감가상각방법은 적어도 매 회계연도 말에 재검토하고, 이를 변경할 경우 회계추정의 변경으로 보아 전진법으로 회계처리한다.
② 유형자산에 대해 재평가모형을 적용하는 경우 최초 재평가로 인한 장부금액의 증가액은 당기손익이 아닌 기타포괄손익으로 회계처리한다.
③ 연구개발과 관련하여 연구단계에서 발생한 지출은 당기비용으로 회계처리하고, 개발단계에서 발생한 지출은 무형자산의 인식기준을 모두 충족할 경우 무형자산으로 인식하고 그 외에는 당기비용으로 회계처리한다.
④ 투자부동산에 대해 공정가치모형을 적용하는 경우 감가상각비와 공정가치변동으로 발생하는 손익은 모두 당기손익으로 회계처리한다.

▶ 풀이: 투자부동산에 대해 공정가치모형을 적용하는 경우 감가상각을 하지 않는다.
　　　　　　　　　　　　　　　　　　　　　　　정답　④

02 유형자산에 관한 설명으로 옳은 것은?　　　　　　　　　('13 주택)
① 유형자산의 공정가치가 장부금액을 초과하면 감가상각액을 인식하지 아니한다.
② 유형자산이 손상된 경우 장부금액과 회수가능액의 차액은 기타포괄손익으로 처리하고, 유형자산에서 직접 차감한다.
③ 건물을 재평가모형으로 평가하는 경우 감가상각을 하지 않고 보고기간말의 공정가치를 재무상태표에 보고한다.
④ 토지에 재평가모형을 최초 적용하는 경우 재평가손익이 발생하면 당기손익으로 인식한다.
⑤ 유형자산의 감가상각대상금액을 내용연수 동안 체계적으로 배부하기 위해 다양한 감가상각방법을 사용할 수 있다.

　　　　　　　　　　　　　　　　　　　　　　　정답　⑤

03 유형자산의 측정, 평가 및 손상에 관한 설명으로 옳지 않은 것은?　　　('14 주택)
① 현물출자 받은 유형자산의 취득원가는 공정가치를 기준으로 결정한다.
② 최초 재평가로 인한 평가손익은 기타포괄손익에 반영한다.
③ 유형자산의 취득 이후 발행한 지출로 인해 동 자산의 미래 경제적 효익이 증가한다면, 해당 원가는 자산의 장부금액에 포함한다.
④ 유형자산의 장부금액이 순공정가치보다 크지만 사용가치보다 작은 경우 손상차손은 계상되지 않는다.
⑤ 과거기간에 인식한 손상차손은 직전 손상차손의 인식시점 이후 회수가능액을

결정하는 데 사용된 추정치에 변화가 있는 경우에만 환입한다.

▶ **풀이:** 최초 재평가로 인한 평가손실은 당기비용으로 처리한다.

정답 ②

04 유형자산의 회계처리로 옳지 않은 것은?   ('10 주택)

① 원가모형에서 최초 인식 이후 유형자산의 장부금액은 원가에서 감가상각누계액과 손상차손누계액을 차감한 금액을 말한다.

② 재평가는 보고기간말에 자산의 장부금액이 공정가치와 중요하게 차이가 나지 않도록 주기적으로 수행한다.

③ 감가상각방법의 변경은 회계정책의 변경으로 회계처리한다.

④ 유형자산의 잔존가치와 내용연수는 적어도 매 회계연도말에 재검토한다.

⑤ 유형자산의 장부금액은 처분하는 때 또는 사용이나 처분을 통하여 미래경제적 효익이 기대되지 않을 때 제거한다.

▶ **풀이:** 감가상각방법의 변경은 회계추정의 변경으로 전진법으로 처리한다.

정답 ③

05 유형자산의 회계처리에 관한 설명으로 옳은 것은?   ('20 주택)

① 기업이 판매를 위해 1년 이상 보유하며, 물리적 실체가 있는 것은 유형자산으로 분류된다.

② 유형자산과 관련된 산출물에 대한 수요가 형성되는 과정에서 발생하는 초기 가동손실은 취득원가에 포함한다.

③ 유형자산의 제거로 인하여 발생하는 손익은 총매각금액과 장부금액의 차이로 결정한다.

④ 기업은 유형자산 전체에 대해 원가모형이나 재평가모형 중 하나를 회계정책으로 선택하여 동일하게 적용한다.

⑤ 유형자산의 감가상각방법과 잔존가치, 그리고 내용연수는 적어도 매 회계연도 말에 재검토한다.

정답 ⑤

06 유형자산의 회계처리에 대한 설명으로 옳지 않은 것은?   ('14 세무직)

① 주식을 발행하여 유형자산을 취득하는 경우 해당 주식의 발행가액이 액면가액 이상이면 액면가액에 해당되는 금액은 자본금으로, 액면가액을 초과하는 금액은 주식발행초과금으로 계상한다.

② 취득한 기계장치에 대한 취득세와 등록세 및 보유기간 중 발생된 화재보험료는 기계장치의 취득원가에 포함하여 감가상각한다.

③ 건설회사가 보유하고 있는 중장비의 주요 구성부품(예를 들면 궤도, 엔진, 굴삭기에 부착된 삽 등)의 내용연수와 경제적 효익의 소비행태가 다르다면, 해당 구

성부품은 별도의 자산으로 계상하고 감가상각할 수 있다.

④ 유형자산의 내용연수가 경과되어 철거하거나 해체하게 될 경우 원상대로 회복시키는 데 소요될 복구비용(현재가치로 할인한 금액)은 유형자산의 취득원가에 포함한다.

▶ 풀이: 기계장치의 보유기간중 발생한 화재보험료는 당기비용으로 처리한다.

정답 ②

■ 유형자산 취득원가

07 유형자산의 취득원가 구성항목으로 옳지 않은 것은?   ('09 지방직)

① 설치장소 준비를 위한 지출

② 유형자산의 취득과 관련하여 국채 또는 공채 등을 불가피하게 매입하는 경우 당해 채권의 매입가액

③ 자본화 대상인 금융비용

④ 취득세 등 유형자산의 취득과 직접 관련된 제세 공과금

▶ 풀이: 유형자산을 취득할 때 불가피하게 취득하는 채무상품이 있는 경우, 동 채무상품의 취득원가(액면금액)와 현재가치의 차이를 유형자산의 취득원가에 가산한다. 즉, 취득원가(매입가액)와 현재가치의 차이는 유형자산을 의도한 상태로 이르게 하는데 직접 관련된 원가이므로 취득원가에 가산한다.

정답 ②

08 유형자산의 취득원가에 포함되지 않는 것은?   ('19 주택)

① 관세 및 환급 불가능한 취득 관련 세금

② 유형자산을 해체, 제거하거나 부지를 복구하는 데 소요될 것으로 최초에 추정되는 원가

③ 새로운 상품과 서비스를 소개하는 데 소요되는 원가

④ 설치원가 및 조립원가

⑤ 유형자산의 매입 또는 건설과 직접적으로 관련되어 발생한 종업원 급여

▶ 풀이: 새로운 상품과 서비스를 소개하는 데 소요되는 원가는 판매비 및 일반관리비로 분류한다.

정답 ③

09 유형자산의 취득과 관련하여 경영진이 의도하는 방식으로 자산을 가동하는데 필요한 장소와 상태에 이르게 하는데 직접 관련되는 원가가 아닌 것은?   ('10 지방직)

① 유형자산의 건설과 직접적으로 관련되어 발생한 종업원급여

② 설치장소 준비 원가

③ 관리 및 기타 일반간접원가

④ 최초의 취급 관련 원가

⑤ 설치원가 및 조립원가

정답 ③

10 유형자산의 취득원가에 대한 설명으로 옳지 않은 것은? ('16 관세직)

① 지상 건물이 있는 토지를 일괄취득하여 구 건물을 계속 사용할 경우 일괄구입 가격을 토지와 건물의 공정가액에 따라 배분한다.

② 토지의 취득 시 중개수수료, 취득세, 등록세와 같은 소유권 이전비용은 토지의 취득원가에 포함한다.

③ 기계장치를 취득하여 기계장치를 의도한 용도로 사용하기 적합한 상태로 만들기 위해서 지출한 시운전비는 기계장치의 취득원가에 포함한다.

④ 건물 신축을 목적으로 건물이 있는 토지를 일괄취득한 경우, 구 건물의 철거비용은 신축 건물의 취득원가에 가산한다.

▶ **풀이**: 구건물의 철거비용 등 토지정지비용은 토지의 취득원가에 가산한다.

정답 ④

11 유형자산의 취득원가에 포함되는 것은? ('15 주택)

① 유형자산이 경영진이 의도하는 방식으로 가동될 수 있으나, 아직 실제로 사용되지는 않고 있는 경우에 발생하는 원가

② 유형자산 취득 시 정상적으로 작동되는지 여부를 시험하는 과정에서 발생하는 원가(단, 시험과정에서 생산된 재화의 순매각금액은 차감)

③ 유형자산과 관련된 산출물에 대한 수요가 형성되는 과정에서 발생하는 가동손실과 같은 초기 가동손실

④ 기업의 영업 전부 또는 일부를 재배치하거나 재편성하는 과정에서 발생하는 원가

⑤ 새로운 상품과 서비스를 소개하는데 소요되는 원가

정답 ②

■ **건물과 토지 취득원가**

12 (주)한국은 건물신축을 위해 영업용 토지를 ₩1,000,000에 매입하였다. 매입시 지급한 현금은 다음과 같다. 토지의 취득원가는? ('13 관세직)

구건물 철거비용	₩225,000
소유권 이전 등기료	₩70,000
취득세	₩7,000
전세입주자 모집광고비	₩80,000

① ₩1,382,000 ② ₩1,302,000

③ ₩1,077,000 ④ ₩1,000,000

➡ 풀이: 1,000,000 + 225,000 + 70,000 + 7,000 = 1,302,000

정답 ②

13 (주)한국은 공장건물을 신축하기 위하여 토지를 구입하고 토지 위에 있는 낡은 건물을 철거하였다. 토지의 취득원가는? ('13 주택)

토지구입대금	₩500
토지구입에 따른 취득세	30
낡은 건물 철거비	50
낡은 건물 철거에 따른 고철 매각대금	20
토지 정지비	100
신축 공장건물 설계비	50

① ₩500   ② ₩530   ③ ₩600   ④ ₩660   ⑤ ₩680

➡ 풀이: 500 + 30 + 50 − 20 + 100 = 660

정답 ④

14 (주)갑은 회사사옥 건립을 목적으로 기존건물이 있는 토지를 ₩300,000에 취득하였다. 이 토지의 취득과정에서 다음과 같은 추가지출과 수입이 발생하였다. 토지의 취득원가는? ('10 관세직)

기존건물철거비용	₩20,000
철거건물 부산물 매각액	₩4,000
취득세	₩6,000
토지의 구획정리비용	₩3,000

① ₩385,000   ② ₩319,000
③ ₩325,000   ④ ₩333,000

➡ 풀이: 300,000 + 20,000 − 4,000 + 6,000 + 3,000 = 325,000

정답 ③

15 (주)대한의 토지취득과 관련된 다음의 자료를 이용하여 토지의 취득원가를 계산하면? ('11 주택)

(1) 공장을 신축하기 위해 건물 한 동이 세워져 있는 토지를 취득하였다. 건물의 공정가치 ₩200,000 및 토지의 공정가치 ₩800,000에 대한 대가 ₩1,000,000을 지급하였다. 건물은 취득 즉시 철거할 예정이다.
(2) 기존 건물을 철거하기 위해 ₩50,000의 비용이 지출되었다.
(3) 철거된 건물에서 발생한 폐자재를 ₩20,000에 처분하였다.

① ₩800,000   ② ₩830,000   ③ ₩850,000
④ ₩1,030,000   ⑤ ₩1,050,000

▶ 풀이: 1,000,000 + 50,000 - 20,000 = 1,030,000

정답 ④

16 (주)한국은 공장 건물을 신축하기 위해 (주)대한으로부터 장부가액이 각각 ₩50,000과 ₩100,000인 건물과 토지를 ₩300,000에 일괄 취득하였다. 취득 즉시 (주)한국은 기존 건물을 철거하면서 철거비 ₩20,000을 지출하였고 공장 건물 신축 공사를 시작하였다. (주)한국이 인식할 토지의 취득원가는? ('19 관세직)

① ₩320,000   ② ₩300,000

③ ₩220,000   ④ ₩200,000

▶ 풀이: 토지 = 300,000 + 20,000 = 320,000

정답 ①

17 (주)한국은 본사 사옥을 신축하기 위해 창고가 세워져 있는 토지를 ₩2,500,000에 구입하여, 즉시 창고를 철거하고 본사 사옥을 건설하였다. 토지 구입부터 본사 사옥 완성까지 다음과 같은 거래가 있었다. 토지와 건물(본사 사옥)의 취득원가는 각각 얼마인가? ('16 주택)

토지 등기수수료	₩30,000
토지 취득세	50,000
창고 철거비	4,000
창고 철거 시 발생한 폐자재 처분 수입	1,000
본사 사옥 설계비	23,000
본사 사옥 공사대금	1,700,000

	토 지	건 물		토 지	건 물
①	₩2,580,000	₩1,700,000	②	₩2,583,000	₩1,723,000
③	₩2,583,000	₩1,780,000	④	₩2,584,000	₩1,723,000
⑤	₩2,584,000	₩1,780,000			

▶ 풀이: 토지 = 2,500,000 + 30,000 + 50,000 + 4,000 - 1,000 = 2,583,000
건물 = 23,000 + 1,700,000 = 1,723,000

정답 ②

18 (주)한국은 20×1년 초에 토지를 새로 구입한 후, 토지 위에 새로운 사옥을 건설하기로 하였다. 이를 위해 토지 취득 후 토지 위에 있는 창고건물을 철거하였다. 토지의 취득 후 바로 공사를 시작하였으며, 토지 취득 및 신축 공사와 관련된 지출 내역은 다음과 같다. 20×1년 12월 31일 현재 사옥 신축공사가 계속 진행 중이라면 건설중인자산으로 계상할 금액은? ('21 세무직)

> ○ 토지의 구입가격   ₩20,000
> ○ 토지의 구입에 소요된 부대비용   ₩1,300
> ○ 토지 위의 창고 철거비용   ₩900
> ○ 새로운 사옥의 설계비   ₩2,000
> ○ 기초공사를 위한 땅 굴착비용   ₩500
> ○ 건설자재 구입비용   ₩4,000
> ○ 건설자재 구입과 직접 관련된 차입금에서 발생한 이자   ₩150
> ○ 건설 근로자 인건비   ₩1,700

① ₩8,200   ② ₩8,350

③ ₩9,100   ④ ₩9,250

▶ 풀이: 건설중인자산 = 2,000 + 500 + 4,000 + 150 + 1,700 = 8,350

정답 ②

19 (주)한국은 20×1년 1월 1일에 토지와 토지 위의 건물을 일괄하여 ₩1,000,000 에 취득하고 토지와 건물을 계속 사용하였다. 취득시점 토지의 공정가치는 ₩750,000이며 건물의 공정가치는 ₩500,000이다. 건물의 내용연수는 5년, 잔존가치는 ₩100,000이며, 정액법을 적용하여 건물을 감가상각한다(월할 상각, 원가모형 적용). 20×3년 1월 1일 (주)한국은 더 이상 건물을 사용할 수 없어 해당 건물을 철거하였다. 건물의 철거와 관련하여 철거비용이 발생하지 않았을 경우, 20×3년 1월 1일에 인식하는 손실은?   ('22 관세직)

① ₩120,000   ② ₩280,000

③ ₩360,000   ④ ₩400,000

▶ 풀이: 건물 취득원가 = 1,000,000 × 500,000 / 1,250,000 = 400,000
      손실(건물 장부금액) = 400,000 − (400,000 − 100,000) × 2/5 = 280,000

정답 ②

■ 기계장치 취득원가

20 (주)대한은 다음 자료와 같이 기계장치를 취득하였다. 기계장치의 취득원가는?   ('11 세무직)

기계장치 구입대금	₩20,000
운반비	₩1,000
설치비	₩3,000
시운전비	₩2,000
구입 후 수선비	₩2,000

① ₩21,000   ② ₩25,000

③ ₩26,000   ④ ₩28,000

▶ 풀이: 20,000 + 1,000 + 3,000 + 2,000 = 26,000

정답 ③

21 기계장치 취득 관련 자료가 다음과 같을 때, 기계장치의 취득원가는? ('20 주택)

○ 구입가격	₩1,100
○ 최초의 운반 및 설치관련원가	150
○ 취득 후 가입한 화재보험료	60
○ 시험가동원가	100
○ 시험가동 과정에서 생산된 시제품의 순매각금액	20

① ₩1,100   ② ₩1,250   ③ ₩1,330   ④ ₩1,350   ⑤ ₩1,370

▶ 풀이: 취득원가 = 1,100 + 150 + 100 − 20 = 1,330

정답 ③

22 (주)한국은 제품생산을 위하여 외국에서 선적지 인도조건으로 공작기계를 ₩25,000에 수입하면서 운송비 ₩5,000과 관세 ₩4,000을 지불했다. 공작기계를 수입한 직후 시운전 중에 이 기계의 중대한 결함을 발견하였다. 이에 대해 판매처로부터 ₩3,000을 환불받기로 하고 (주)한국이 ₩3,000을 지출하여 결함을 복구하였다. 이 공작기계의 취득원가는? ('12 주택)

① ₩25,000   ② ₩29,000

③ ₩31,000   ④ ₩34,000

⑤ ₩37,000

▶ 풀이: 25,000 + 5,000 + 4,000 − 3,000 + 3,000 = 34,000

정답 ④

23 (주)한국은 ₩1,000인 기계장치를 신용조건 2/10, n/60으로 외상취득하였다. 다음 자료를 이용하여 기계장치의 취득원가를 계산하면? ('17 주택)

○ 취득일로부터 5일 이내 구입대금을 현금 지급하였다.	
○ 취득 시 지출된 기계장치의 운반 및 설치비	₩80
○ 사용 이후 지출된 유지비	50
○ 설치 이후 일부 재배치하는 과정에서 발생한 원가	30

① ₩980   ② ₩1,000   ③ ₩1,010

④ ₩1,060   ⑤ ₩1,080

▶ 풀이: 취득원가 = 1,000 + 운반 및 설치비 80 − 매입할인 20 = 1,060
신용조건 2/10, n/60이란 10일 이내 구입대금 지급 시 구입대금의 2%를 할인하며 60일 이내에는 구입대금을 모두 지급하여야 한다는 것이다. (주)한국은 취득일로부터 5일 이내 구입대금을 지급하였으므로 1,000 × 2% = 20의 매입할인을 취득원가에서 차감하여야 한다. 사용 이후 지출된 유지비와 설치 이후 재배치 원가는 비용으로 처리한다.

정답 ④

■ 일괄취득

24 (주)한국은 20×1년 초 토지, 건물 및 기계장치를 일괄취득하고 현금 ₩1,500,000을 지급하였다. 취득일 현재 자산의 장부금액과 공정가치가 다음과 같을 때, 각 자산의 취득원가는? (단, 취득자산은 철거 혹은 용도변경 없이 계속 사용한다)

('19 세무직)

구분	장부금액	공정가치
토지	₩1,095,000	₩1,350,000
건물	₩630,000	₩420,000
기계장치	₩380,000	₩230,000

	토지	건물	기계장치
①	₩1,350,000	₩420,000	₩230,000
②	₩1,095,000	₩630,000	₩380,000
③	₩1,095,000	₩315,000	₩162,500
④	₩1,012,500	₩315,000	₩172,500

▶ 풀이: 유형자산의 일괄취득은 상대적 시장가치법에 의하여 원가배분한다.
토지 = 1,500,000 × 1,350,000/2,000,000 = 1,012,500
건물 = 1,500,000 × 420,000/2,000,000 = 315,000
기계장치 = 1,500,000 × 230,000/2,000,000 = 172,500

정답 ④

25 (주)한국은 본사 신축을 위해 기존 건물이 있는 토지를 ₩500,000에 구입하였으며, 기타 발생한 원가는 다음과 같다. (주)한국의 토지와 건물의 취득원가는?

('19 주택)

○ 구건물이 있는 토지를 취득하면서 중개수수료 ₩4,000을 지급하였다.
○ 구건물 철거비용으로 ₩5,000을 지급하였으며, 철거시 발생한 폐자재를 ₩1,000에 처분하였다.
○ 토지 측량비와 정지비용으로 ₩2,000과 ₩3,000이 각각 발생하였다.
○ 신축건물 설계비로 ₩50,000을 지급하였다.
○ 신축건물 공사비로 ₩1,000,000을 지급하였다.
○ 야외 주차장(내용연수 10년) 공사비로 ₩100,000을 지출하였다.

	토지	건물		토지	건물
①	₩509,000	₩1,000,000	②	₩509,000	₩1,050,000

③ ₩513,000   ₩1,050,000   ④ ₩513,000   ₩1,150,000

⑤ ₩514,000   ₩1,150,000

▶ **풀이**: 토지 = 500,000 + 4,000 + (5,000 − 1,000) + 2,000 + 3,000 = 513,000
건물 = 50,000 + 1,000,000 = 1,050,000

정답 ③

26 20×1년 초 (주)한국은 토지와 건물을 ₩1,200,000에 일괄구입하였다. 취득일 현재 토지와 건물을 처분한 회사의 장부금액은 다음과 같으며, 토지와 건물의 공정가치는 각각 ₩1,200,000과 ₩300,000이다. (주)한국이 인식할 토지와 건물의 취득원가는 각각 얼마인가?   ('17 주택)

구분	장부금액
토지	₩1,000,000
건물	500,000

	토지	건물		토지	건물
①	₩780,000	₩120,000	②	₩800,000	₩400,000
③	₩960,000	₩240,000	④	₩1,000,000	₩500,000
⑤	₩1,200,000	₩300,000			

▶ **풀이**: 토지 = 1,200,000 × 1,200,000/(1,200,000 + 300,000) = 960,000
건물 = 1,200,000 × 300,000/1,500,000 = 240,000

정답 ③

27 20×1년 7월 초 (주)한국은 토지와 건물을 ₩2,400,000에 일괄 취득하였다. 취득 당시 토지의 공정가치는 ₩2,160,000이고, 건물의 공정가치는 ₩720,000이었으며, (주)한국은 건물을 본사 사옥으로 사용하기로 하였다. 건물에 대한 자료가 다음과 같을 때, 20×1년도에 인식할 감가상각비는? (단, 건물에 대해 원가모형을 적용하며, 월할상각한다)   ('20 주택)

○ 내용연수: 5년	○ 잔존가치: ₩60,000	○ 감가상각방법: 연수합계법

① ₩90,000   ② ₩110,000   ③ ₩120,000   ④ ₩180,000   ⑤ ₩220,000

▶ **풀이**: 건물 취득원가 = 2,400,000 × 720,000 / 2,880,000 = 600,000
감가상각비 = (600,000 − 60,000) × 5/15 × 6/12 = 90,000

정답 ①

28 (주)한국은 20×1년 초 ₩10,000을 지급하고 토지와 건물을 일괄취득하였다. 취득과정에서 발생한 수수료는 ₩100이며, 취득일 현재 토지와 건물의 공정가치는 각각 ₩6,000으로 동일하다. (1) 취득한 건물을 계속 사용할 경우와 (2) 취득한 건물을 철거하고 새로운 건물을 신축하는 경우의 토지 취득원가는 각각 얼마인가? (단, (2)의 경우 철거비용이 ₩500이 발생했고, 철거 시 발생한 폐기물의 처분

수익은 ₩100이었다)   ('14 주택)

① (1) ₩5,000   (2) ₩10,400   ② (1) ₩5,000   (2) ₩10,500

③ (1) ₩5,050   (2) ₩10,400   ④ (1) ₩5,050   (2) ₩10,500

⑤ (1) ₩6,000   (2) ₩6,000

▶ 풀이:

$$(1) \ (차) \begin{cases} 토\ \ 지 & 5,050 \\ 건\ \ 물 & 5,050 \end{cases} \quad (대)\ 현\ \ 금 \quad 10,100$$

$$(2) \ (차) \begin{cases} 토\ \ 지 & 10,000 \\ 토\ \ 지 & 100 \\ 토\ \ 지 & 400 \end{cases} \quad (대) \begin{cases} 현\ \ 금 & 10,000 \\ 현\ \ 금 & 100 \\ 현\ \ 금 & 400 \end{cases}$$

정답 ④

■ 교환에 의한 취득

29 (주)민국은 취득원가 ₩500,000, 감가상각누계액 ₩300,000인 기계장치를 보유하고 있다. (주)민국은 해당 기계장치를 제공함과 동시에 현금 ₩50,000을 수취하고 새로운 기계장치와 교환하였다. (주)민국이 보유하고 있던 기계장치의 공정가치가 ₩300,000으로 추정될 때, 교환에 의한 회계처리로 옳지 않은 것은?

('14 지방직)

① 상업적 실질이 있는 경우 새로운 기계장치의 취득원가는 ₩250,000으로 인식한다.

② 상업적 실질이 있는 경우 제공한 기계장치의 처분이익은 ₩50,000으로 인식한다.

③ 상업적 실질이 결여된 경우 새로운 기계장치의 취득원가는 ₩150,000으로 인식한다.

④ 상업적 실질이 결여된 경우 제공한 기계장치의 처분손익은 인식하지 않는다.

정답 ②

30 (주)한강은 2008년 3월 5일 사용 중인 컴퓨터(취득원가 ₩1,600,000)와 복사기(공정가액 ₩3,000,000)를 교환취득하면서 추가로 현금 ₩2,000,000을 지급하였다. 컴퓨터의 2008년 3월 5일(교환일) 현재 장부가액은 ₩600,000이고 공정가액은 ₩400,000일 경우 복사기의 취득원가는?

('09 지방직)

① ₩2,400,000   ② ₩2,600,000

③ ₩3,000,000   ④ ₩3,600,000

▶ 풀이: 복사기취득원가 = 400,000 + 2,000,000 = 2,400,000

$$(차) \begin{cases} 복사기 & 2,400,000 \\ 감가상각누계액 & 1,000,000 \\ 유형자산처분손실 & 200,000 \end{cases} \quad (대) \begin{cases} 컴퓨터 & 1,600,000 \\ 현\ \ 금 & 2,000,000 \end{cases}$$

정답 ①

31 (주)한국은 20×1년 1월 1일 토지(장부금액 ₩1,000, 공정가치 ₩1,100)를 (주)갑의 토지(장부금액 ₩1,200, 공정가치 ₩1,400)와 교환하면서 현금 ₩200을 추가 지급하였다. (주)한국이 교환을 통해 취득한 토지의 취득원가는? (단, (주)갑 토지의 공정가치가 (주)한국 토지의 공정가치에 비해 명백하다고 할 수 없으며, 이 교환거래는 상업적 실질이 없다고 가정한다) ('14 주택)

① ₩1,000 　　　　② ₩1,100 　　　　③ ₩1,200

④ ₩1,300 　　　　⑤ ₩1,400

▶ 풀이: (차) 토지 (갑) 1,200 　　　　(대) $\begin{cases} \text{토지(한국)} \ 1,000 \\ \text{현금} \qquad\quad 200 \end{cases}$

정답 ③

32 (주)한국은 토지(장부금액 ₩10,000, 공정가치 ₩13,000)를 (주)대한의 건물(장부금액 ₩9,500, 공정가치 ₩12,600)과 교환하였다. (주)한국이 동 교환거래에서 인식할 처분이익은?(단, 동 교환거래는 상업적 실질이 있다고 판단되며, 토지의 공정가치가 건물의 공정가치보다 더 명백하다) ('16 주택)

① ₩0 　　　　② ₩400 　　　　③ ₩2,600

④ ₩3,000 　　　　⑤ ₩3,200

▶ 풀이: 처분이익 = 13,000 − 10,000 = 3,000

(차) 건물 　13,000 　(대) $\begin{cases} \text{토지} \qquad\qquad 10,000 \\ \text{토지처분이익} \quad\ 3,000 \end{cases}$

정답 ④

33 (주)대한은 기계장치 A를 (주)서울의 기계장치 B와 교환하였으며 이러한 교환은 상업적 실질이 있다. 교환 시점의 두 자산에 관한 자료가 다음과 같을 때, (주)대한이 인식할 기계장치 B의 취득원가는? (단, 기계장치A의 공정가치가 기계장치 B의 공정가치보다 더 명백하다) ('15 주택)

	(주)대한의 기계장치 A	(주)서울의 기계장치 B
취득원가	₩10,000	₩9,000
감가상각누계액	3,000	5,000
공정가치	8,000	7,000

① ₩6,000 　　　　② ₩7,000 　　　　③ ₩8,000

④ ₩9,000 　　　　⑤ ₩10,000

▶ 풀이: (차) 기계 B 8,000 　　(대) $\begin{cases} \text{기계 A} \qquad\qquad 7,000 \\ \text{기계 A 처분이익} \quad 1,000 \end{cases}$

정답 ③

34 (주)미호는 소유하고 있던 유형자산을 (주)월곡이 소유하고 있는 유형자산과 교환하였다. 두 회사가 소유하고 있는 유형자산의 장부금액과 공정가치는 다음과 같다. ('10 주택)

구분	(주)미호의 유형자산	(주)월곡의 유형자산
취득원가	₩1,000,000	₩2,000,000
감가상각누계액	300,000	1,600,000
공정가치	800,000	알 수 없음

해당 교환과 관련하여 (주)미호가 현금 ₩100,000을 추가로 지급하였을 때, 이 교환거래로 인해 (주)미호가 인식할 유형자산은 얼마인가?(단, 유형자산의 교환거래는 상업적 실질이 있으며, (주)미호의 유형자산 공정가치는 신뢰성이 있다.)

① ₩500,000 ② ₩600,000 ③ ₩800,000

④ ₩900,000 ⑤ ₩1,000,000

▶ 풀이:

(차)	(주)월곡 유형자산	900,000	(대)	(주)미호 유형자산	1,000,000
	미호 유형자산 감각상각누계액	300,000		현 금	100,000
				유형자산처분이익	100,000

정답 ④

35 (주)서울은 자신이 사용하고 있는 기계장치(취득원가 100만원 감가상각누계액 50만원)를 (주)부산이 사용하고 있는 차량운반구(취득원가 70만원, 감가상각누계액 30만원)와 교환하고, 추가로 30만원을 현금으로 수취하였다. 기계장치의 공정가액과 차량운반구의 공정가액이 각각 60만원과 30만원일 때 이 교환거래로 발생하는 (주)서울의 회계처리로 맞는 것은? ('07 세무직)

① 차량운반구의 취득원가는 60만원이다.

② 기계장치의 처분이익은 10만원이다.

③ 이 거래를 통하여 처분손익을 인식하지 않는다.

④ 주어진 자료만 가지고는 처분손익이나 취득원가를 판단할 수 없다.

▶ 풀이:

(차)	차량운반구	300,000	(대)	기계장치	1,000,000
	감가상각누계액	500,000		유형자산처분이익	100,000
	현 금	300,000			

정답 ②

36 (주)한국은 20×2년 9월 1일 구형 컴퓨터를 신형 컴퓨터로 교환하면서 현금 ₩1,130,000을 지급하였다. 구형 컴퓨터(취득원가 ₩1,520,000, 잔존가치 ₩20,000, 내용연수 5년, 정액법 상각)는 20×1년 1월 1일 취득하였으며, 교환시점의 공정가치는 ₩1,000,000이었다. 동 교환이 상업적 실질이 있는 경우 (주)한국이 인식할 처분손익은? (단, 원가모형을 적용하고, 감가상각은 월할상각한다.) ('18 주택)

① ₩0   ② ₩20,000 손실   ③ ₩20,000 이익

④ ₩30,000 손실   ⑤ ₩30,000 이익

▶ 풀이: 20×2년 9월 1일 구형 컴퓨터 감가상각누계액 = (1,520,000 - 20,000) × 20/60 = 500,000

신형 컴퓨터 취득원가 = 1,000,000 + 1,130,000 = 2,130,000

교환으로 인한 처분손익 = 2,130,000 - (1,020,000 + 1,130,000) = 손실 20,000

정답 ②

37 (주)한국은 보유하고 있던 기계장치 A(장부금액 ₩40,000, 공정가치 ₩30,000)를 (주)대한의 기계장치 B(장부금액 ₩60,000, 공정가치 ₩50,000)와 교환하였다. 동 교환거래가 (가) 상업적 실질이 결여된 경우와 (나) 상업적 실질이 있는 경우에 (주)한국이 교환으로 취득한 기계장치 B의 취득원가는? (단, 기계장치 B의 공정가치가 기계장치 A의 공정가치보다 더 명백하다.)   ('19 주택)

(가)	(나)		(가)	(나)
① ₩30,000	₩40,000		② ₩40,000	₩30,000
③ ₩40,000	₩50,000		④ ₩60,000	₩30,000
⑤ ₩60,000	₩50,000			

▶ 풀이: 상업적실질에 없는 경우: 제공받은 기계장치B의 취득원가는 제공하는 기계장치 A의 장부금액이다.

상업적 실질이 있는 경우: 제공받는 기계장치 B의 취득원가는 공정가치가 더 명백한 기계장치 B의 공정가치이다.

정답 ③

■ 장기연불조건에 의한 취득

38 (주)대한은 20×1년 1월 1일 유형자산을 취득하고 그 대금을 다음과 같이 지급하기로 하였다. 동 거래의 액면금액과 현재가치의 차이는 중요하며, 동 거래에 적용할 유효이자율이 연 10%일 때 20×2년에 인식할 이자비용은? (단, 단수차이로 인한 오차가 있을 경우 가장 근사치를 선택한다)   ('15 주택)

<현금지급>		
20×1년 말	20×2년 말	20×3년 말
₩100,000	₩100,000	₩100,000
<정상연금의 현재가치계수>		
	1기간	2기간	3기간
10%	0.9091	1.7355	2.4869

① ₩9,091   ② ₩15,355   ③ ₩15,778

④ ₩17,355   ⑤ ₩24,869

▶ 풀이: 장기미지급금 현재가치 100,000 × 2.4869 = 248,690
1기간 상각액 24,869 상각후 잔액 173,559 2기간 유효이자 17,355

[회계처리]

20×1년 1월 1일

(차){유형자산   248,690   (대) 장기미지급금   300,000
현재가치할인차금   51,310

20×1년 12월 31일

(차){이자비용   24,869   (대){현재가치할인차금   24,869
장기미지급금   100,000   현 금   100,000

현재가치할인차금상각액(이자비용): 248,690 × 0.1 = 24,869

20×1년말 장부금액(상각후 잔액)
(248,690 + 24,869) − 100,000 = 173,559

20×2년 12월 31일

(차){이자비용   17,355   (대){현재가치할인차금   17,355
장기미지급금   100,000   현 금   100,000

현재가치할인차금상각액(이자비용): (248,690 + 24,869 − 100,000) × 0.1 = 17,355

20×2년말 장부금액(상각후 잔액)
(200,000 − 26,441 + 17,355) − 100,000 = 90,913

20×3년 12월 31일

(차){이자비용   9,091   (대){현재가치할인차금   9,091
장기미지급금   100,000   현 금   100,000

현재가치할인차금상각액(이자비용): (173,559 + 17,355 − 100,000) × 0.1 = 9,091

정답 ④

39 (주)한국은 20×1년 초 토지를 구입하고 다음과 같이 대금을 지급하기로 하였다.

구분	20×1년 초	20×1년 말	20×2년 말
현금	₩1,000	₩2,000	₩2,000

20×1년 말 재무상태표상 토지(원가모형 적용)와 미지급금(상각후원가로 측정, 유효이자율 10% 적용)의 장부금액은? (단, 정상연금의 10% 2기간 현재가치계수는 1.7355이며, 단수차이가 발생할 경우 가장 근사치를 선택한다.) ('19 주택)

   <u>토지</u>   <u>미지급금</u>   <u>토지</u>   <u>미지급금</u>
① ₩3,000   ₩1,653   ② ₩3,000   ₩1,818
③ ₩4,471   ₩1,653   ④ ₩4,471   ₩1,818
⑤ ₩4,818   ₩1,818

▶ 풀이: 20×1년 초 취득원가 = 1,000 + 2,000 × 1.7355 = 4,471
20×1년 말 미지급금 = 2,000 × 1.7355 = 3,471

정답 ④

■ 정부보조금에 의한 취득

40 20×1년 초 (주)한국은 상환의무 없는 정부보조금 ₩2,500을 수령하여 ₩10,000의 영업용 차량(내용연수 5년, 잔존가치 ₩0, 정액법으로 감가상각)을 구입하였다. 정부보조금은 자산의 장부금액에서 차감하는 방법으로 회계처리할 때, 20×1년 포괄손익계산서에 인식할 감가상각비는? ('17 주택)

① ₩1,500 　　　　　　② ₩1,750 　　　　　　③ ₩2,000

④ ₩2,250 　　　　　　⑤ ₩2,500

▶ 풀이: 20×1년 말 회계처리

　　　(차) 감가상각비　　　2,000　　　　(대) 감가상각누계액　　　2,000
　　　　　　10,000 ÷ 5 = 2,000
　　　(차) 정부보조금　　　　500　　　　(대) 감가상각비　　　　　500
　　　　　　2,500 ÷ 5 = 500

정답 ①

41 (주)한국은 20×1년 초에 상환의무가 없는 정부보조금 ₩100,000을 수령하여 기계장치를 ₩200,000에 취득하였으며, 기계장치에 대한 자료는 다음과 같다.

○ 내용연수: 5년	○ 잔존가치: ₩0	○ 감가상각방법: 정액법

정부보조금을 자산의 장부금액에서 차감하는 방법으로 회계처리 할 때, 20×1년 말 재무상태표에 표시될 기계장치의 장부금액은? ('20 주택)

① ₩60,000 　② ₩80,000 　③ ₩100,000 　④ ₩160,000 　⑤ ₩200,000

▶ 풀이: 장부금액 = (200,000 − 100,000) × (1 − 1/5) = 80,000

정답 ②

42 (주)한국은 20×1년 10월 1일 ₩100,000의 정부보조금을 받아 ₩1,000,000의 설비자산을 취득(내용연수 5년, 잔존가치 ₩0, 정액법 상각)하였다. 정부보조금은 설비자산을 6개월 이상 사용한다면 정부에 상환할 의무가 없다. 20×3년 4월 1일 동 자산을 ₩620,000에 처분한다면 이때 처분손익은? (단, 원가모형을 적용하며 손상차손은 없다고 가정한다) ('18 세무직)

① 처분손실 ₩10,000 　　　　　② 처분이익 ₩10,000

③ 처분손실 ₩80,000 　　　　　④ 처분이익 ₩80,000

▶ 풀이:

20×1.10.1(취득): 　(차) 설비자산　　1,000,000　　(대) { 정부보조금　　100,000
　　　　　　　　　　　　　　　　　　　　　　　　　　현　　금　　900,000

20×1.12.31(감가상각): (차) 감가상각비　　50,000　　(대) 감가상각누계액　　50,000
　　　　　　　　　　　　　1,000,000 ÷ 5 × 3/12

　　　　　　　　　　(차) 정부보조금　　5,000　　(대) 감가상각비　　　5,000

$$100,000 \div 5 \times \frac{3}{12}$$

20×2.12.31 (감가상각): (차) 감가상각비   200,000   (대) 감가상각누계액   200,000

$$1,000,000 \div 5$$

(차) 정부보조금   20,000   (대) 감가상각비   20,000

$$1,000,000 \div 5$$

20×3. 4. 1 (처 분):   (차) 감가상각비   50,000   (대) 감가상각누계액   50,000

$$1,000,000 \div 5 \times \frac{3}{12}$$

(차) 정부보조금   5,000   (대) 감가상각비   5,000

$$100,000 \div 5 \times \frac{3}{12}$$

(차) ⎧ 현   금   620,000
     ⎪ 감가상각누계액 300,000
     ⎨ 정부보조금   70,000   (대) 설비자산   1,000,000
     ⎩ 설비자산처분손실 10,000

정답 ①

43 (주)한국은 20×1년 1월 1일 기계장치를 ₩1,300,000(내용연수 4년, 잔존가치 ₩100,000, 정액법, 월할 상각)에 취득하면서, 정부로부터 상환의무 조건이 없는 정부보조금 ₩200,000을 수령하였다. 동 기계장치를 20×2년 12월 31일 ₩700,000에 처분한 경우 유형자산처분손익은? (단, (주)한국은 정부보조금을 관련자산에서 차감하는 원가차감법으로 회계처리하고 있다)   ('22 세무직)

① 유형자산처분이익 ₩100,000   ② 유형자산처분이익 ₩150,000

③ 유형자산처분손실 ₩100,000   ④ 유형자산처분손실 ₩150,000

▶ 풀이: 20×2년말 장부금액 = 1,300,000 − (1,300,000 − 100,000) × 2/4 = 700,000
20×2년말 정부보조금 잔액 = 200,000 × (1 − 2/4) = 100,000
처분손익 = 700,000 − (700,000 − 100,000) = 100,000

정답 ①

■ 유형자산 취득과 국공채 매입

44 (주)한국은 20×1년 초 차량 A(내용연수 4년, 잔존가치 ₩0, 감가상각방법 연수합계법 적용)를 ₩900,000에 매입하면서 취득세 ₩90,000을 납부하였고, 의무적으로 매입해야 하는 국공채를 액면가 ₩100,000(현재가치 ₩90,000)에 매입하였다. 차량 A를 취득한 후 바로 영업활동에 사용하였을 때, 차량 A와 관련하여 (주)한국이 인식할 20×2년 감가상각비는?   ('19 지방직)

① ₩300,000   ② ₩324,000

③ ₩400,000   ④ ₩432,000

▶ 풀이: 취득원가 = 900,000 + 90,000 + (100,000 − 90,000) = 1,000,000
20×2년 감가상각비 = 1,000,000 × 3/10 = 300,000

정답 ①

■ 현물출자에 의한 취득

45 (주)대한은 액면가 ₩2,000인 주식 500주를 발행하여 ₩4,000,000의 공정가치를 지닌 설비를 취득하였다. 설비 취득이(주)대한의 재무상태에 미치는 영향은?

('08 세무직)

① 설비계정을 ₩1,000,000 증가시키고, 자본금을 ₩1,000,000 증가시킨다.
② 설비계정을 ₩4,000,000 증가시키고, 자본금을 ₩4,000,000 증가시킨다.
③ 설비계정을 ₩4,000,000 증가시키고, 자본금 ₩1,000,000과 주식발행초과금 ₩3,000,000을 증가시킨다.
④ 설비계정을 ₩4,000,000 증가시키고, 자본금 ₩1,000,000과 주식발행초과금 ₩3,000,000을 감소시킨다.

정답 ③

■ 자본적 지출과 수익적 지출

46 유형자산으로 분류되는 아파트 관리시설의 수선·유지, 교체 등과 관련하여 발생하는 후속원가의 회계처리로 옳지 않은 것은? ('11 주택)
① 일상적인 수선·유지를 위한 사소한 부품의 교체 원가는 자산으로 인식될 수 없다.
② 시설 일부에 대한 교체로 인해 관리의 효율이 향상되고 교체원가가 자산인식기준을 충족한다면 자산으로 인식한다.
③ 시설에 대한 정기적인 종합검사원가는 자산인식기준을 충족하더라도 비용으로 처리한다.
④ 일상적인 수선·유지에서 발생하는 원가에는 시설 수선·유지인원의 노무비가 포함될 수 있다.
⑤ 설비에 대한 비반복적인 교체에서 발생하는 원가라도 자산인식기준을 충족하면 자산으로 인식한다.

▶ 풀이: ③ 인식기준을 충족하는 경우 유형자산의 일부 대체로 보고 장부금액에 포함

정답 ③

47 (주)한국은 20×1년 한 해 동안 영업사업부 건물의 일상적인 수선 및 유지를 위해 ₩5,300을 지출하였다. 이 중 3,000은 도색비용비고 ₩2,300은 소모품 교체 비용이다. 또한, 해당 건물의 승강기 설치에 ₩6,400을 지출하였으며 새로운 비품을 9,300에 구입하였다. 위의 거래 중 20×1년 12월 31일 재무상태표에 자산으

로 기록할 수 있는 지출의 총액은? ('20 세무직)

① ₩11,700 ② ₩15,700

③ ₩18,000 ④ ₩21,000

▶ 풀이: 일상적인 수선 및 유지를 위한 지출(도색비용, 소모품 교체비용)은 수익적 지출에 해당한다.

∴ 자산으로 기록할 수 있는 지출 = 6,400(자본적 지출) + 9,300(비품 구입) = 15,700

정답 ②

48 2005년 1월 초에 (주)경기는 기계를 ₩10,000에 구입하였으며, 이 기계의 운반 및 설치비로 ₩4,000을 지출하였다. 이 기계의 내용 연수는 10년, 잔존가치는 ₩1,000으로 추정된다. 2006년 1월 이 기계의 성능개선을 위하여 ₩900을 추가 지출하였다. 이는 기계의 자산가치를 실질적으로 증가시키는 효과가 있다. 정액법에 따라 감가상각비를 계상한다면 2006년도의 기계감가상각비는 얼마인가? ('07 세무직)

① ₩1,100 ② ₩1,200

③ ₩1,300 ④ ₩1,400

▶ 풀이: 2005.1.1   (차) 기계장치 14,000 (대) 현 금 14,000
　　　 2005.12.31 (차) 감가상각비 1,300 (대) 감가상각누계액 1,300
　　　　　　　　(14,000 - 1,000)/10 = 1,300
　　　 2006.1   (차) 기계장치 900 (대) 현 금 900
　　　 2006.12.31 (차) 감가상각비 1,400 (대) 감가상각누계액 1,400
　　　　　　　　(14,000 - 1,300 + 900 - 1,000) / 9 = 1,400

정답 ④

49 (주)한국은 20×1년 4월 초 기계장치(잔존가치 ₩0, 내용연수 5년, 연수합계법 상각)를 ₩12,000에 구입함과 동시에 사용하였다. (주)한국은 20×3년 초 동 기계장치에 대하여 ₩1,000을 지출하였는데, 이 중 ₩600은 현재의 성능을 유지하는 수선유지비에 해당하고, ₩400은 생산능력을 증가시키는 지출로 자산의 인식조건을 충족한다. 동 지출에 대한 회계처리 반영 후, 20×3년 초 기계장치 장부금액은? (단, 원가모형을 적용하며, 감가상각은 월할계산한다) ('21 주택)

① ₩5,600 ② ₩6,000 ③ ₩6,200 ④ ₩6,600 ⑤ ₩7,000

▶ 풀이: 20×3년 초 감가상각누계액 = 12,000 × 5/15 + 12,000 × 4/15 × 9/12 = 6,400
　　　 장부금액 = (12,000 - 6,400) + 400 = 6,000

정답 ②

50 (주)한국은 2006년 초에 기계장치를 ₩5,000,000에 구입하였으며, 이 기계장치의 잔존가치는 없고 내용연수는 10년이며, 감가상각은 정액법에 의한다. 이 기계장치를 5년간 사용한 후 2011년 초에 ₩1,500,000을 들여 대폭적인 수선을 한 결과 내용연수가 3년 더 연장되었다. 2011년 말에 계상해야 할 감가상각비

는? ('11 관세직)

① ₩312,500   ② ₩500,000

③ ₩520,000   ④ ₩800,000

▶ 풀이: 2006년 감가상각비 500,000

        5년 후 장부금액 (5,000,000 - 2,500,000) + 1,500,000 = 4,000,000

        5년 후 2011년 감가상각비 (2,500,000 + 1,500,000 - 0)/8 = 500,000

정답 ②

51 다음은 (주)한국이 기계장치와 관련된 자료이다. 2013년도 감가상각비는?

('13 지방직)

> (주)한국은 2011년 1월 1일에 기계장치 ₩100,000(내용연수 4년, 잔존가액 ₩20,000)에 취득하여 정액법으로 상각하였다. 2013년 1월 1일에 이 기계에 부속장치를 설치하기 위하여 ₩40,000을 추가 지불하였으며, 이로 인하여 기계의 잔존 내용연수가 2년 증가하였고 2013년도부터 연수합계법을 적용하기로 하였다. (단, 감가상각방법 변경은 전진법으로 회계처리한다)

① ₩20,000   ② ₩24,000

③ ₩28,000   ④ ₩32,000

▶ 풀이: 2011.1.1   (차) 기계장치   100,000   (대) 현   금   100,000

        2011.12.31 (차) 감가상각비   20,000   (대) 감가상각누계액   20,000

                     (100,000 - 20,000) ÷ 4

        2012.12.31 (차) 감가상각비   20,000   (대) 감가상각누계액   20,000

        2013.1.1   (차) 기계장치   40,000   (대) 현   금   40,000

        2013.12.31 (차) 감가상각비   32,000   (대) 감가상각누계액   32,000

$$[(100,000 - 20,000 - 20,000 + 40,000) - 20,000] \times \frac{4}{10}$$

정답 ④

52 (주)구봉은 20×1년 1월 1일에 생산용 기계 1대를 ₩100,000에 구입하였다. 이 기계의 내용연수는 4년, 잔존가액은 ₩20,000으로 추정되었으며 정액법에 의해 감가상각하고 있었다. (주)구봉은 20×3년도 초에 동 기계의 성능을 현저히 개선하여 사용할 수 있게 하는 대규모의 수선을 시행하여 ₩16,000을 지출하였다. 동 수선으로 내용연수는 2년이 연장되었으나 잔존가치는 변동이 없을 것으로 추정된다. 이 기계와 관련하여 20×3년도에 인식될 감가상각비는? ('18 지방직)

① ₩28,000   ② ₩24,000

③ ₩20,000   ④ ₩14,000

▶ 풀이: 20×2년 말 감가상각누계액 = (100,000 - 20,000) × 24/48 = 40,000

        20×3년 감가상각비 = (100,000 - 40,000 + 16,000 - 20,000) × 1/4 = 14,000

정답 ④

■ 감가상각

53 유형자산의 감가상각에 대한 설명으로 옳지 않은 것은? ('13 관세직)
① 감가상각의 본질은 합리적이고 체계적인 원가의 배분과정이다.
② 「한국채택국제회계기준」은 감가상각방법으로 정액법, 체감잔액법, 생산량비례법 등을 예시하고 있다.
③ 감가상각방법은 자산에 내재된 미래 경제적 효익의 예상 소비 형태를 반영하여야 한다.
④ 감가상각방법이 체계적이어야 한다는 것은 한번 결정된 방법은 매기 계속해서 적용하여야 한다는 의미이다.

> 정답 ④

54 유형자산의 감각상각에 대한 설명 중 옳지 않은 것은? ('17 세무직)
① 유형자산의 기말 공정가치 변동을 반영하기 위해 감가상각한다.
② 감가상각방법은 자산의 미래경제적 효익이 소비될 것으로 예상되는 형태를 반영한다.
③ 각 기간의 감가상각액은 다른 자산의 장부금액에 포함되는 경우가 아니라면 당기손익으로 인식한다.
④ 잔존가치, 내용연수, 감가상각방법은 적어도 매 회계연도 말에 재검토한다.

➡ 풀이: 감가상각은 유형자산의 원가를 사용기간 동안 체계적이고 합리적인 방법으로 배분하는 과정이다.

> 정답 ①

55 유형자산의 감가상각에 관한 설명으로 옳지 않은 것은? ('18 주택)
① 감가상각은 자산이 사용가능한 때부터 시작한다.
② 감가상각방법은 자산의 미래경제적 효익이 소비될 것으로 예상되는 형태를 반영한다.
③ 감가상각방법의 변경은 회계정책의 변경으로 회계처리한다.
④ 감가상각대상금액을 내용연수 동안 체계적으로 배부하기 위해 다양한 방법을 사용할 수 있다.
⑤ 잔존가치와 내용연수의 변경은 회계추정의 변경으로 회계처리한다.

➡ 풀이: 감가상각방법의 변경의 회계추정의 변경으로 회계처리한다.

> 정답 ③

56 자산의 감가상각 및 상각에 대한 설명으로 옳지 않은 것은? ('19 관세직)
① 유형자산을 구성하는 일부의 원가가 당해 유형자산의 전체 원가에 비교하여 유의적이라면, 해당 유형자산을 감가상각할 때 그 부분은 별도로 구분하여 감가상각한다.

② 내용연수가 유한한 무형자산의 상각기간과 상각방법은 적어도 매 회계연도 말에 검토한다.

③ 내용연수가 비한정적인 무형자산에 대해 상각비를 인식하지 않는다.

④ 정액법을 적용하여 상각하던 기계장치가 유휴상태가 되면 감가상각비를 인식하지 않는다.

▶ **풀이**: 유휴상태에도 감가상각을 중단하지 않는다.

정답 ④

57 (주)한국은 20x1년 초에 총 100톤의 철근을 생산할 수 있는 기계장치(내용연수 4년, 잔존가치 ₩200,000)를 ₩2,000,000에 취득하였다. 정률은 0.44이고, 1차 년도부터 4차 년도까지 기계장치의 철근생산량은 10톤, 20톤, 30톤, 40톤인 경우 1차 년도에 인식할 감가상각비가 가장 크게 계상되는 방법은? ('10 주택)

① 정액법   ② 정률법   ③ 연수합계법

④ 생산량비례법   ⑤ 모두 동일함

▶ **풀이**: ① $(2,000,000 - 200,000) \times \frac{1}{4} = 450,000$

② $2,000,000 \times 0.44 = 880,000$

③ $(2,000,000 - 200,000) \times \frac{4}{10} = 720,000$

④ $(2,000,000 - 200,000) \times \frac{10}{100} = 180,000$

정답 ②

58 (주)갑은 2009년도 초에 내용연수가 3년이고 잔존가치는 없는 기계장치를 구입하였다. 회사는 감가상각방법으로 정액법, 연수합계법, 이중체감법을 고려하고 있다. 이 기계장치를 구입한 후 3년째 되는 마지막 회계연도에 보고할 감가상각비가 큰 순으로 감가상각방법을 바르게 나열한 것은? ('10 관세직)

① 정액법 〉 연수합계법 〉 이중체감법

② 정액법 〉 이중체감법 〉 연수합계법

③ 이중체감법 〉 정액법 〉 연수합계법

④ 이중체감법 〉 연수합계법 〉 정액법

▶ **풀이**: 각 감가상각방법에 따른 2011년도 초 장부가액(잔존가액이 없으므로 마지막 연도 감가상각비)는 다음과 같다. 취득원가를 C라고 할 때,

정액법 감가상각비 $= C - \frac{C}{3} - \frac{C}{3} = \frac{C}{3}$

이중체감법 감가상각비 $= C - \frac{2C}{3} - (\frac{C}{3} \times \frac{2}{3}) = \frac{C}{9}$

연수 합계법 감가상각비는 $= C - \frac{3C}{6} - \frac{2C}{6} = \frac{C}{6}$

∴ 정액법 〉 연수합계법 〉 이중체감법

정답 ①

59 아래 대화는 유형자산의 감가상각에 관한 내용이다. 대화의 내용에 기초하여 다음의 설명 중 가장 옳은 것은?   ('08 관세직)

> 영란: 복사기가 너무 흐리게 나오네, 낡았나봐.
> 영철: 그래? 그거 3년 전에 1,000,000원 주고 산건데?
> 영란: 이 복사기의 수명은 얼마쯤 되는데?
> 영철: 아직도 2년은 남았는데, 회계장부를 보니깐 잔존가치가 100,000원으로 되어 있더라.
> 영란: 그래? 그럼 감가상각액도 적혀 있었니?
> 영철: 글쎄, 540,000원이 감가상각누계액으로 적혀 있던데.
> 영한: 휴. 복사기 바꾸려면 아직도 멀었구나.

① 감가상각방법은 정액법이고, 관련자산은 평가계정을 사용하고 있지 않으며, 내용년수는 5년이다.
② 감가상각방법은 정률법이고, 관련자산의 평가계정을 사용하고 있으며, 미상각액은 460,000원이다.
③ 감가상각방법은 정액법이고, 관련자산의 평가계정을 사용하고 있으며, 취득원가는 1,000,000원이다.
④ 감가상각방법은 정률법이고, 관련자산의 평가계정을 사용하고 있으며, 당기상각액은 180,000원이다.

정답 ③

60 (주)한국은 2009년 1월 1일에 기계를 ₩100,000에 취득하였다. 이 기계의 내용연수는 4년이고, 잔존가치는 ₩20,000으로 추정된다. 2009년 12월 31일 이 기계의 감가상각을 정액법과 연수합계법을 적용하여 계산할 때 두 방법의 감가상각비 차이는?   ('10 세무직)

① ₩13,000   ② ₩12,000
③ ₩11,000   ④ ₩10,000

▶ 풀이: 정액법 (100,000 - 20,000)/4 = 20,000
연수합계법 (100,000 - 20,000) × 4/10 = 32,000

정답 ②

61 (주)대한은 2010년 7월 1일에 취득원가 ₩650,000, 잔존가치 ₩50,000의 기계장치를 취득한 후 사용해오고 있다. 이 기계장치의 내용연수가 3년이고, 기계장치에 대한 감가상각방법으로 정액법을 사용한다고 할 때, 2011년말 재무상태표에 보고되어야 할 이 기계장치의 장부금액은?   ('11 지방직)

① ₩300,000   ② ₩350,000
③ ₩400,000   ④ ₩450,000

▶ **풀이:** 2010.7.1 (차) 기   계   650,000   (대) 현   금   650,000

2010.12.31 (차) 감가상각비   100,000   (대) 감가상각누계액   100,000

$$(650,000 - 50,000) \div 3 \times \frac{6}{12}$$

2011.12.31 (차) 감가상각비   200,000   (대) 감가상각누계액   200,000

∴ 기계장치 장부금액 = 650,000 - 100,000 - 200,000 = 350,000

정답 ②

62 다음은 (주)대한의 20×2년말 수정전시산표의 일부이다.

	차 변	대 변
비품	₩100,000	
감가상각누계액(비품)		₩40,000

비품은 20×1년초에 구입한 것이며, 정률법을 이용하여 감가상각하고 있다. 기말 수정분개 후 20×2년말 비품의 장부금액은? ('11 주택)

① ₩24,000   ② ₩36,000   ③ ₩60,000

④ ₩64,000   ⑤ ₩100,000

▶ **풀이:** 100,000 × 정률 = 40,000

∴ 정률 = 40%

20×2 감가상각비: (100,000 - 40,000) × 0.4 = 24,000
20×2년말 장부금액: 100,000 - 40,000 - 24,000 = 36,000

정답 ②

63 (주)서울은 2006년 초 취득원가 ₩1,000,000의 비품을 구입하여 사용하고 있으며, 정률법(계산편의상 정률은 40%로 가정함)으로 감가상각한다. 이 비품의 내용연수는 5년, 잔존가액은 ₩50,000으로 추정된다. 2007년 말 결산시 감가상각비를 계상하는 분개로 옳은 것은? ('07 세무직)

	(차)감가상각비	(대)감가상각누계액
①	₩190,000	₩190,000
②	₩200,000	₩200,000
③	₩240,000	₩240,000
④	₩400,000	₩400,000

▶ **풀이:** 2006말: 1,000,000 × 0.4 = 400,000
2007말: (1,000,000 - 400,000) × 0.4 = 240,000

정답 ③

64 (주)한국은 2015년 7월 1일 토지와 건물을 ₩2,000,000에 일괄 취득하였으며, 취득 당시 토지의 공정가치는 ₩1,000,000, 건물의 공정가치는 ₩1,500,000이었다. 건물의 경우 원가모형을 적용하며 연수합계법(내용연수 3년, 잔존가치 ₩0)으로 상각한다. 건물에 대해 2016년 인식할 감가상각비는?(단, 감가상각비

는 월할 상각한다)

① ₩750,000
② ₩625,000
③ ₩600,000
④ ₩500,000

➡ 풀이: 건물 취득원가 = $2,000,000 \times \dfrac{1,500,000}{2,500,000} = 1,200,000$

$\qquad$ 감가상각비 = $1,200,000 \times \dfrac{3}{6} \times \dfrac{6}{12} + 1,200,000 \times \dfrac{2}{6} \times \dfrac{6}{12} = 500,000$

정답 ④

65 (주)한국은 20×1년 7월 1일 생산에 필요한 기계장치를 ₩1,200,000 취득(내용연수 4년, 잔존가치 ₩200,000)하였다 동 기계장치를 연수합계법을 적용하여 감가상각할 때, 20×4년 손익계산서에 보고할 감가상각비는? (단, 원가모형 적용하고 손상차손은 없으며, 감가상각은 월할 계산한다) ('21 세무직)

① ₩50,000
② ₩150,000
③ ₩180,000
④ ₩250,000

➡ 풀이: 감가상각비 = (1,200,000 − 200,000) × 2/10 × 6/12 + 1,000,000 × 1/10 × 6/12
$\qquad$ = 150,000

정답 ②

66 (주)한국은 20×1년 4월 1일에 기계장치(취득원가 ₩1,200,000, 내용연수 5년, 잔존가치 ₩0)를 취득하여 연수합계법으로 감가상각하였다. 20×2년 말 기계장치의 감가상각누계액은? (단, 원가모형을 적용하며, 감가상각은 월할상각한다.) ('18 주택)

① ₩100,000
② ₩240,000
③ ₩320,000
④ ₩640,000
⑤ ₩690,000

➡ 풀이: 20×1년 감가상각비 = 1,200,000 × 5/15 × 9/12 = 300,000
$\qquad$ 20×2년 감가상각비 = 1,200,000 × (5/15 × 3/12 + 4/15 × 9/12) = 340,000
$\qquad$ 20×2년 감가상각누계액 = 300,000 + 340,000 = 640,000

정답 ④

67 (주)한국은 20×1년 10월 1일에 기계장치를 ₩1,200,000(내용연수 4년, 잔존가치 ₩200,000)에 취득하고 연수합계법을 적용하여 감가상각하고 있다. 20×2년 말 포괄손익계산서와 재무상태표에 보고할 감가상각비와 감가상각누계액은? (단, 감가상각비는 월할계산한다) ('18 세무직)

① 감가상각비 ₩375,000 감가상각누계액 ₩475,000
② 감가상각비 ₩375,000 감가상각누계액 ₩570,000
③ 감가상각비 ₩450,000 감가상각누계액 ₩475,000
④ 감가상각비 ₩450,000 감가상각누계액 ₩570,000

> **풀이:** 20×1년 감가상각비 = (1,200,000 - 200,000) × 4/10 × 3/12 = 100,000
> 20×2년 감가상각비 = 1,000,000 × 4/10 × 9/12 + 1,000,000 × 3/10 × 3/12
> = 375,000
> 20×2년 감가상각누계액 = 100,000 + 375,000 = 475,000

정답 ①

68 (주)대한과 (주)한국은 2010년 1월 1일에 각각 동일한 기계를 ₩100,000에 취득하였다. 두 회사 모두 기계의 내용연수는 4년이고 잔존가치는 ₩10,000으로 추정한다. 이 기계의 감가상각을 위하여 (주)대한은 상각률 40%의 정률법을 적용하고, (주)한국은 연수합계법을 적용한다면, 두 회사의 2011년 12월 31일 재무상태표에 보고되는 이 기계에 대한 감가상각누계액의 차이는? ('12 지방직)

① ₩1,000　　　　　　　　② ₩4,000
③ ₩5,400　　　　　　　　④ ₩6,000

> **풀이:** (주)대한:　2010　100,000 × 40%　　　= 40,000
> 　　　　　　 2011　(100,000 - 40,000) × 40% = $\underline{24,000}$
> 　　　　　　　　　　　　　　　　　　　　64,000
>
> 　　　　 (주)한국:　2010　(100,000 - 10,000) × $\frac{4}{10}$ = 36,000
> 　　　　　　 2011　90,000 × $\frac{3}{10}$　　　　 = $\underline{27,000}$
> 　　　　　　　　　　　　　　　　　　　　63,000
>
> ∴ 64,000 - 63,000 = 1,000

정답 ①

69 (주)미래는 2009년 1월 1일에 기계장치를 취득하여 이중체감잔액법(double declining balance method)을 적용하여 감가상각하고 있다. 기계장치의 내용연수는 5년이며, 잔존가치는 ₩50,000이다. (주)미래가 2010년도에 인식한 당해 기계장치의 감가상각비가 ₩48,000이라고 한다면, 기계장치의 취득원가는?

('10 지방직)

① ₩150,000　　　　　　　② ₩200,000
③ ₩250,000　　　　　　　④ ₩300,000

> **풀이:** 취득원가 × $\frac{2}{5}$ = 2009년 감가상각비
> (취득원가 - 2009년 감가상각비) × $\frac{2}{5}$ = 48,000
> {취득원가(1 - $\frac{2}{5}$)} × $\frac{2}{5}$ = 48,000
> $\frac{3}{5}$ × 취득원가 = 120,000
> ∴ 기계장치 취득원가 = 200,000

정답 ③

70 (주)한국은 20×1년 7월 1일 차량운반구(내용연수 5년, 잔존가치 ₩1,000)를 ₩10,000에 취득하였다. 이 차량운반구에 대해 감가상각방법으로 이중체감법을 적용할 경우, 20×2년도 감가상각비는? (단, 감가상각은 월할 상각한다) ('14 주택)

① ₩2,000　　　　　　② ₩2,880　　　　　　③ ₩3,200

④ ₩3,600　　　　　　⑤ ₩4,000

▶ 풀이: 20×1말~20×2년 6/30 감가상각비 10,000 ÷ 2/5 × 6/12 = 2,000

20×2 6/30~20×2년 말 감가상각비 6,000 ÷ 2/5 × 6/12 = 1,200

또는 20×2년도 감가상가비 800 × $\frac{2}{5}$ = 3,200

정답 ③

■ 유형자산의 기중변화

71 다음은 (주)한국이 보유하고 있는 건물들에 대한 자료이다. 당기에 매각한 건물들의 취득원가는? ('13 관세직)

항 목	금 액
당기 건물 취득가액	₩210,000
당기 건물 감가상각비	₩110,000
건물의 기초장부금액	₩130,000
건물의 기말장부금액	₩220,000
당기에 매각한 건물의 감가상각누계액	₩40,000

① ₩10,000　　　　　　② ₩50,000

③ ₩90,000　　　　　　④ ₩120,000

▶ 풀이:

건물

기초	130,000	매각	50,000
취득	210,000	감가상각비	110,000
감가상각누계액	40,000	기말	220,000
	380,000		380,000

정답 ②

72 다음은 (주)한국의 기계장치 장부금액 자료이다.

	2014년 기말	2015년 기말
기계장치	₩11,000,000	₩12,500,000
감가상각누계액	(₩4,000,000)	(₩4,500,000)

(주)한국은 2015년 초에 장부금액 ₩1,500,000(취득원가 ₩2,500,000, 감가상각누계액 ₩1,000,000)인 기계장치를 ₩400,000에 처분하였다. 2015년에 취득한 기계장치의 취득원가와 2015년에 인식한 감가상각비는?(단, 기계장치에 대해 원가모형을 적용한다) ('16 지방직)

	취득원가	감가상각비		취득원가	감가상각비
①	₩3,000,000	₩500,000	②	₩3,000,000	₩1,500,000
③	₩4,000,000	₩1,500,000	④	₩4,000,000	₩2,000,000

▶ **풀이:** 취득원가 = 12,500,000 – (11,000,000 – 2,500,000) = 4,000,000
감가상각비 = 4,500,000 – (4,000,000 – 1,000,000) = 1,500,000

정답 ③

■ 유형자산 회계변경과 오류수정

73 다음은 (주)한국의 비품과 관련된 내용이다. 오류수정 분개로 옳은 것은?

('13 세무직)

> (주)한국은 2011년 1월 1일 비품에 대해 수선비 ₩10,000을 비용으로 회계처리 했어야 하나 이를 비품의 장부가액에 가산하여 정액법으로 상각하였다. 2011년 1월 1일 수선비 지출시 비품의 잔여 내용연수는 5년이고 잔존가치는 없다. 2013년도 재무제표 마감 전 수선비 지출에 대한 오류가 발견되었다.(단, 법인세효과는 무시하며 해당 비품의 최초 취득원가는 ₩500,000이다.)

① (차){ 이익잉여금 ₩10,000 / 감가상각누계액 ₩6,000 } (대){ 비 품 ₩10,000 / 감가상각비 ₩6,000 }

② (차){ 이익잉여금 ₩10,000 / 감가상각누계액 ₩2,000 } (대){ 비 품 ₩10,000 / 감가상각비 ₩2,000 }

③ (차){ 이익잉여금 ₩4,000 / 감가상각누계액 ₩6,000 } (대) 비 품 ₩10,000

④ (차){ 이익잉여금 ₩6,000 / 감가상각누계액 ₩6,000 } (대){ 비 품 ₩10,000 / 감가상각비 ₩2,000 }

▶ **풀이:** 옳은 분개 2011.1.1 (차) 수 선 비 10,000 (대) 현 금 10,000

장부 2011.1.1 (차) 비 품 10,000 (대) 현 금 10,000
2011.12.31 (차) 감가상각비 2,000 (대) 감가상각누계액 2,000
(10,000 ÷ 5 = 2,000)
2012.12.31 (차) 감가상각비 2,000 (대) 감가상각누계액 2,000
2013.12.31 (차) 감가상각비 2,000 (대) 감가상각누계액 2,000

수정분개 (차){ 이익잉여금 10,000 / 감가상각누계액 6,000 } (대){ 비 품 10,000 / 감가상각비 2,000 / 이익잉여금 4,000 }

cf. 당기이전 수익과 비용은 이익잉여금으로 대체되었다.

정답 ④

74 (주)한국은 20×1년 10월 1일 기계장치(잔존가치 ₩1,000, 내용연수 5년, 정액법 상각)를 ₩121,000에 현금으로 취득하면서 기계장치를 소모품비로 잘못 기입하였다. 20×1년 결산 시 장부를 마감하기 전에 동 오류를 확인한 경우, 필요한 수정분개는? (단, 원가모형을 적용하며, 감가상각은 월할상각한다.)　　('18 주택)

	토지		대변	
①	기계장치	115,000	현금	115,000
②	기계장치	121,000	현금	121,000
③	기계장치	115,000	소모품비	115,000
	감가상각비	6,000	감가상각누계액	6,000
④	기계장치	121,000	소모품비	121,000
	감가상각비	6,000	감가상각누계액	6,000
⑤	기계장치	121,000	소모품비	121,000
	감가상각비	24,000	감가상각누계액	24,000

▶ 풀이: 감가상각비 = (121,000 - 1,000) × 1/5 × 3/12 = 6,000

정답　④

75 (주)한국은 20×1년 초에 업무용 차량운반구를 ₩10,000(내용연수 5년, 잔존가치 ₩0)에 취득하여 정액법으로 감가상각하여 오다가 20×2년부터 감가상각방법을 연수합계법으로 변경하였다. 이와 관련하여 20×2년도 말 재무상태표에 표시되는 동 차량운반구의 장부금액은? (단, 원가모형을 적용함)　　('13 주택)

① ₩2,000　　　　② ₩3,200　　　　③ ₩4,000

④ ₩4,800　　　　⑤ ₩6,000

▶ 풀이: 20×1말 감가상각비 2,000　　20×2말 감가상각비 (8,000-0) × 4/10 = 3,200
　　　　20×2말 장부금액 10,000 - (2,000 + 3,200) = 4,800

정답　④

76 (주)한국은 2012년 초에 업무용 차량운반구를 ₩10,000(내용연수 5년, 잔존가치 ₩0)에 취득하여 정액법으로 감가상각하여 오다가 2013년부터 감가상각방법을 연수합계법으로 변경하였다. 다른 사항은 변화가 없고 원가모형을 적용한다고 가정할 경우, 2013년 말 재무상태표에 표시되는 동 차량운반구의 장부금액은?

　　('14 세무직)

① ₩6,000　　　　　　② ₩5,200

③ ₩4,800　　　　　　④ ₩4,200

▶ 풀이: 2012년말 장부금액: 10,000 - 2,000 = 8,000
　　　　2013년 감가상각비: 8,000 × 4/10 = 3,200
　　　　2013년말 장부금액: 8,000 - 3,200 = 4,800

정답　③

77 (주)한국은 20×1년 1월 1일 건물을 ₩1,000,000(내용연수 8년, 잔존가치 ₩200,000)에 취득하여 정액법으로 감가상각하고 있다. 20×4년 1월 1일 (주)한국은 감가상각방법을 연수합계법으로 변경하였으며, 잔존가치를 ₩40,000으로 재추정하였다. 20×4년의 감가상각비는? ('14 주택)

① ₩44,000　　　　　② ₩46,667　　　　　③ ₩100,000

④ ₩220,000　　　　　⑤ ₩233,333

▶ 풀이: 20×1 년~20×3년 감가상각비 100,000
　　　　20×4년 장부금액 700,000 20×4년 감가상각비(700,000-40,000) × 5/15 = 220,000

정답 ④

78 (주)한국은 20×1년 1월 1일에 업무용 차량(취득원가 ₩500,000, 내용연수 5년, 잔존가치 ₩50,000)을 취득하여 연수합계법으로 감가상각하였다. (주)한국은 20×2년 초 동 차량의 잔존내용연수를 3년, 잔존가치를 ₩20,000으로 추정하여 변경하였으며, 동시에 감가상각방법을 정액법으로 변경하였다. 이러한 변경이 정당한 회계변경에 해당할 경우, (주)한국이 20×2년도에 인식할 동 차량의 감가상각비는? (단, 원가모형을 적용한다.) ('18 주택)

① ₩110,000　　　　　② ₩125,000　　　　　③ ₩130,000

④ ₩145,000　　　　　⑤ ₩150,000

▶ 풀이: 20×1년 감가상각비 = (500,000 − 50,000) × 5/15 = 150,000
　　　　20×2년 초 장부금액 = 500,000 − 150,000 = 350,000
　　　　20×2년 감가상각비 = (350,000 − 20,000) × 1/3 = 110,000

정답 ①

79 (주)대한은 20×1년 1월 1일에 ₩880,000에 취득한 기계장치(내용연수 10년, 잔존가치 ₩0)를 정액법에 따라 감가상각해 오던 중 20×3년 1월 1일에 잔여내용연수를 5년으로 새롭게 추정하였다. 20×3년 12월 31일 기계장치 장부금액은? ('11 주택)

① ₩537,143　　　　　　　② ₩552,456

③ ₩563,200　　　　　　　④ ₩616,240

⑤ ₩740,500

▶ 풀이: 20×1말　감가상각비　880,000 ÷ 10 = 88,000
　　　　20×2말　감가상각비　　　　　　　　88,000
　　　　20×3.1.1 장부금액　880,000 − 88,000 × 2= 704,000
　　　　　　　　内용연수　8 → 5년
　　　　20×3말　감가상각비　704,000 ÷ 5 = 140,800
　　　　20×3말　장부금액　704,000 − 140,800 = 563,200

정답 ③

80 (주)한국은 20×1년 1월 1일에 기계장치를 ₩450,000에 취득하면서 운송비와 설치비로 ₩50,000을 지출하였다. 이 기계장치는 내용연수 5년, 잔존가치 ₩0으로 정액법을 적용하여 감가상각하고 있다. 20×3년 1월 1일 사용 중이던 동 기계장치의 생산능력을 높이고 사용기간을 연장하기 위해 ₩100,000을 지출하였으며, 일상적인 수선을 위해 ₩5,000을 지출하였다. 지출의 결과로 기계장치의 내용연수는 5년에서 7년으로 연장되었으며 잔존가치는 ₩50,000으로 변경되었다. (주)한국이 20×3년도에 인식해야 할 감가상각비는? (단, 원가모형을 적용하며 손상차손은 없다.) ('19 세무직)

① ₩50,000   ② ₩60,000

③ ₩70,000   ④ ₩80,000

➡ 풀이: 20×3년 초 감가상각누계액 = 500,000 × 24/60 = 200,000
20×3년 초 장부금액 = 500,000 − 200,000 + 100,000 = 400,000
20×3년 감가상각비 = (400,000 − 50,000) × 1/5 = 70,000

정답 ③

81 (주)한국은 20×1년 초 기계장치(취득원가 ₩200,000, 내용연수 5년, 잔존가치 ₩20,000, 정액법 적용)를 취득하였다. 20×3년 초 (주)한국은 20×3년을 포함한 잔존내용연수를 4년으로 변경하고, 잔존가치는 ₩30,000으로 변경하였다. 이러한 내용연수 및 잔존가치의 변경은 정당한 회계변경으로 인정된다. (주)한국의 20×3년 동 기계장치에 대한 감가상각비는? (단, 원가모형을 적용하며, 감가상각비는 월할계산한다.) ('19 주택)

① ₩23,000   ② ₩24,500   ③ ₩28,333

④ ₩30,000   ⑤ ₩32,000

➡ 풀이: 20×2년 말 감가상각누계액 = 180,000 × 24/60 = 72,000
20×3년 말 감가상각비 = (128,000 − 30,000) × 12/48 = 24,500

정답 ②

82 (주)한국은 20×1년 7월 초 설비자산(내용연수 4년, 잔존가치 ₩2,000, 연수합계법으로 감가상각)을 ₩20,000에 취득하였다. 20×3년 초 ₩10,000을 지출하여 설비자산의 내용연수를 6개월 더 연장하고, 잔존내용연수는 3년으로 재추정되었으며 잔존가치는 변화가 없다. 20×4년 초 설비자산을 ₩15,000에 처분하였을 때 인식할 처분이익은? (단, 감가상각은 월할상각하며, 원가모형을 적용한다) ('17 주택)

① ₩1,167   ② ₩2,167   ③ ₩3,950

④ ₩4,950   ⑤ ₩5,500

➡ 풀이: 20×1년 감가상각비 = (20,000 − 2,000) × 4/10 × 6/12 = 3,600
20×2년 감가상각비 = 18,000 × 4/10 × 6/12 + 18,000 × 3/10 × 6/12 = 6,300

20×3년 감가상각비 = (20,000 − 감가상각누계액 9,900 + 10,000 − 2,000) × 3/6 = 9,050
20×4년 처분이익 = 15,000 − (30,000 − 18,950) = 3,950

정답 ③

83 (주)한국은 화재보험에 가입된 기계장치를 사용하고 있으며, 〈3월 말 수정후시산표 일부〉의 기계장치와 관련된 계정은 다음과 같다.

─────── 〈3월 말 수정후시산표 일부〉 ───────

○ 선급보험료: ₩450,000

○ 기계장치: ₩6,000,000(감가상각누계액 ₩2,400,000)

다음의 〈추가자료〉를 고려하여 기계장치의 화재보험료 1년 총액과 3월 말 기준 기계장치의 잔존내용연수는? (단, (주)한국은 매월 말 결산을 수행한다) ('19 관세직)

─────── 〈추가자료〉 ───────

○ 매년 1월 1일 기계장치에 대한 화재보험을 갱신하며, 보험료 12개월분을 미리 현금으로 지급한다.

○ 기계장치의 내용연수는 5년, 잔존가치 ₩0, 정액법으로 상각한다.

화재보험료 1년 총액	3월 말 기준 기계장치의 잔존내용연수
① ₩450,000	12개월
② ₩450,000	24개월
③ ₩600,000	36개월
④ ₩600,000	60개월

▶ 풀이: 보험료 총액 = 450,000 × 12/9 = 600,000
　　　　 1년 감가상각비 = 6,000,000 × 12/60 = 1,200,000
　　　　 경과한 내용연수 = (2,400,000 ÷ 1,200,000) × 12 = 24개월
　　　　 잔존내용연수 = 60 − 24 = 36개월

정답 ③

■ 유형자산 처분손익

84 (주)한국은 20×1년 1월 1일에 업무용 차량을 구입하였다(취득원가 ₩21,000, 잔존가치 ₩1,000, 내용연수 5년, 정액법 상각). (주)한국은 동 차량을 20×2년 12월 31일 ₩11,000에 처분하였다. 처분시 유형자산처분손익은? (단, 원가모형을 적용함) ('13 주택)

① ₩0
② 처분손실 ₩1,000
③ 처분손실 ₩2,000
④ 처분이익 ₩1,000
⑤ 처분이익 ₩2,000

▶ 풀이:

(차)	현 금	11,000	(대)	차량운반구	21,000
	감가상각누계액	8,000			
	유형자산처분손실	2,000			

정답 ③

85 (주)한국은 2015년 4월 1일 기계장치를 ₩80,000에 취득하였다. 이 기계장치는 내용연수가 5년이고 잔존가치가 ₩5,000이며 연수합계법에 의해 월할로 감가상각한다. (주)한국이 이 기계장치를 2016년 10월 1일 ₩43,000에 처분한 경우 기계장치 처분손익은? (단 (주)한국은 원가모형을 적용한다) ('16 세무직)

① 처분손실 ₩2,000
② 처분이익 ₩2,000
③ 처분손실 ₩3,000
④ 처분이익 ₩3,000

▶ 풀이: 15년 4/1~16년 4/1 감가상각비 (80,000-5,000) × 5/15 = 25,000
16년 4/1~16년 10/1 감가상각비 (80,000-5,000) × 4/15 × 6/12 = 10,000

[처분시] (차)	현 금	43,000	(대) 기 계	80,000
	감가상각누계액	35,000		
	기계장치처분손실	2,000		

86 (주)대한은 20×1년 1월 1일 유형자산(취득원가 ₩10,000, 내용연수 4년, 잔존가치 ₩0)을 취득하고 이를 연수합계법으로 상각해 왔다. 그 후 20×2년 12월 31일 동 자산을 ₩4,000에 처분하였다. 동 유형자산의 감가상각비와 처분손익이 20×2년 당기순이익에 미치는 영향의 합계는? ('15 주택)

① ₩4,000 감소
② ₩3,000 감소
③ ₩2,000 감소
④ ₩1,000 감소
⑤ ₩1,000 증가

▶ 풀이: 20×1 감가상각비 $10,000 × \dfrac{4}{10} = 4,000$

20×2 감가상각비 $10,000 × \dfrac{3}{10} = 3,000$

[처분시] (차)	감가상각누계액	7,000	(대)	유형자산	10,000
	현 금	4,000		유형자산 처분이익	1,000

정답 ③

87 (주)한국은 20×1년 1월 1일 기계장치를 ₩2,000,000에 구입하여 원가모형을 적용하기로 하였다. 이 기계장치의 내용연수는 5년이고 잔존가치는 ₩200,000으로 추정되며 월할기준을 적용하여 정액법으로 감가상각한다. (주)한국이 20×3년 6월 30일에 동 자산을 ₩800,000에 매각할 경우 유형자산처분손익은?

('12 주택)

① 유형자산처분이익 ₩80,000
② 유형자산처분이익 ₩100,000
③ 유형자산처분손실 ₩100,000
④ 유형자산처분손실 ₩200,000
⑤ 유형자산처분손실 ₩300,000

▷ **풀이:** 20×1.1.1　(차) 기계장치　　　2,000,000　　(대) 현　금　　　2,000,000

20×1.12.31　(차) 감가상각비　　　360,000　　(대) 감가상각누계액　360,000
(2,000,000 − 200,000) ÷ 5

20×2.12.31　(차) 감가상각비　　　360,000　　(대) 감가상각누계액　360,000

20×3.6.30　(차) 감가상각비　　　180,000　　(대) 감가상각누계액　180,000
$\left(360,000 × \dfrac{6}{12}\right)$

(차) $\begin{cases} 현　금　　　　　　800,000 \\ 감가상각누계액　　900,000 \\ 유형자산처분손실　300,000 \end{cases}$　(대) 기계장치　　　2,000,000

정답 ⑤

88 (주)태백은 2006년 1월 1일에 기계를 ₩140,000에 취득하였다. (주)태백은 기계의 내용연수를 4년, 잔존가액을 ₩20,000으로 추정하여 정액법으로 감가상각을 계산하여 왔다. 2007년 1월 1일에 (주)태백은 기계의 생산능력을 증진시키기 위해 ₩30,000의 자본적지출을 하였으나 기계의 잔존가액 및 내용연수는 변함이 없었다. 2008년 7월 1일 최신 모형을 구입하기 위해 기계를 현금으로 처분하는 과정에서 처분손실 ₩20,000이 발생하였다. 이 경우 기계 처분시 현금수취액은?

('09 지방직)

① ₩50,000　　　　　　　　② ₩80,000
③ ₩70,000　　　　　　　　④ ₩60,000

▷ **풀이:** 2006.1.1　(차) 기계장치　　140,000　　(대) 현　금　　　140,000

2006.12.31 (차) 감가상각비　　30,000　　(대) 감가상각누계액　30,000
(140,000 − 20,000) ÷ 4

2007.1.1　(차) 기계장치　　30,000　　(대) 현　금　　　30,000

2007.12.31 (차) 감가상각비　　40,000　　(대) 감가상각누계액　40,000
(140,000 − 30,000 + 30,000 − 20,000) ÷ 3

2008.7.1　(차) 감가상각비　　20,000　　(대) 감가상각누계액　20,000
$(140,000 − 30,000 + 30,000 − 20,000) ÷ 3 × \dfrac{1}{2}$

(차) $\begin{cases} 현　금　　　　　　60,000 \\ 감가상각누계액　　90,000 \\ 기계장치처분손실　20,000 \end{cases}$　(대) 기계장치　　170,000

정답 ④

89 (주)서울은 2005년 1월 1일에 취득원가 ₩1,000,000, 내용연수 3년, 잔존가액 ₩100,000인 기계장치를 취득하였다. (주)서울은 이 기계장치를 정액법으로 감가상각하다가 2007년 1월 1일에 ₩450,000을 받고 처분하였다. 이 기계장치의 처분손익은?

('07 관세직)

① ₩50,000 손실　　　　　② ₩50,000 이익
③ ₩150,000 손실　　　　　④ ₩150,000 이익

▶ **풀이:** 감가상각비=(1,000,000 - 100,000)/3 = 300,000

　　　　 2007.1.1 기계장치 장부금액 = 1,000,000 - 300,000 × 2 = 400,000

　　　　 ∴처분이익= 450,000 - 400,000 = 50,000

정답 ②

90 다음은 12월 말 결산법인인 (주)갑의 설비자산에 관한 자료이다.　　('09 관세직)

> ○ 2003년 1월 1일에 ₩120,000의 기계를 취득하였고, 취득 당시 운반비와 설치비 ₩30,000이 추가로 발생하였다. 내용연수는 5년이며 잔존가치는 없는 것으로 추정되었고, 감가상각방법으로 정액법을 적용하였다.
> ○ 2006년 1월에 대대적인 유지보수를 위해 ₩40,000을 지출하였고, 이로 인하여 내용연수가 3년이 더 증가하였다. 그러나 잔존가치는 여전히 없는 것으로 추정되었다.
> ○ 2009년 1월 1일에 이 기계를 ₩60,000에 처분하였다.

2009년 1월 1일 (주)갑의 기계처분에 대한 회계처리로 옳은 것은?

　　　　(차변)　　　　　　　　　　　(대변)

① 현　　　금　₩60,000　　기　　　계　₩190,000
　 감가상각누계액　150,000　　기계처분이익　20,000

② 현　　　금　₩60,000　　기　　　계　₩150,000
　 감가상각누계액　90,000

③ 현　　　금　₩60,000　　기　　　계　₩150,000
　 감가상각누계액　124,800　　기계처분이익　34,800

④ 현　　　금　₩60,000　　기　　　계　₩190,000
　 감가상각누계액　123,333
　 기 계 처 분 손 실　6,667

▶ **풀이:** 취득원가: 120,000 + 30,000 = 150,000

　　　　 감가상각비: 150,000/5 = 30,000

　　　　 감가상각누계액: 30,000 × 3 = 90,000

　　　　 2006.1 장부금액 100,000 (기존장부금액 60,000 + 추가지출 40,000)

　　　　　　 감가상각비: (새로운 장부금액 100,000 ÷ 잔존내용연수 5) = 20,000

　　　　 2009.1.1 장부금액= 100,000 - (20,000 × 3년) = 40,000

　　　　　　 기계처분이익 = 60,000 - 40,000 = 20,000

정답 ①

91 (주)한국은 2010년 1월 1일에 기계장치를 ₩5,000,000에 매입하였다. 기계장치의 잔존가치는 ₩500,000이고, 내용연수는 5년이다. 매년 12월 31일에 감가상각을 실시하며, 2012년 12월 31일에 해당 기계를 ₩2,000,000에 매각했다. 해당 기계를 연수합계법으로 감가상각할 때 매각시 인식할 유형자산처분손익은?

('12 관세직)

① 유형자산처분이익 ₩500,000　　② 유형자산처분이익 ₩600,000

③ 유형자산처분손실 ₩500,000　　④ 유형자산처분손실 ₩600,000

▶ 풀이: 2010. 1. 1 (차) 기계장치   5,000,000   (대) 현 금   5,000,000

2010.12.31 (차) 감가상각비   1,500,000   (대) 감가상각누계액   1,500,000

$4,500,000 \times 5/15$

2011.12.31 (차) 감가상각비   1,200,000   (대) 감가상각누계액   1,200,000

$4,500,000 \times 4/15$

2012.12.31 (차) 감가상각비   900,000   (대) 감가상각누계액   900,000

$4,500,000 \times 3/15$

(차) $\begin{cases} \text{현 금} & 2,000,000 \\ \text{감가상각누계액} & 3,600,000 \end{cases}$ (대) $\begin{cases} \text{기계장치} & 5,000,000 \\ \text{기계장치처분이익} & 600,000 \end{cases}$

감가상각누계액 = 1,500,000 + 1,200,000 + 900,000 = 3,600,000

$= 4,500,000 \times \left(\dfrac{5+4+3}{15} \right) = 3,600,000$

정답 ②

92 (주)대한은 2010년도 포괄손익계산서상 기계장치와 관련하여 감가상각비 ₩35,000, 처분손실 ₩10,000을 보고하였다. 2010년도 중 취득한 기계장치가 ₩155,000인 경우, 다음 자료를 이용하여 기계장치를 처분하고 수수한 현금액을 계산하면? (단, 기계장치처분은 전액 현금으로 이루어지며, 법인세비용은 없는 것으로 가정한다) ('11 지방직)

	2010년 1월 1일	2010년 12월 31일
기계장치	₩100,000	₩200,000
감가상각누계액	(20,000)	(40,000)

① ₩10,000   ② ₩20,000

③ ₩30,000   ④ ₩40,000

▶ 풀이:

기계장치

기초	100,000	매각	55,000
취득	155,000	기말	200,000
	255,000		255,000

감가상각누계액

매각	15,000	기초	20,000
기말	40,000	감가상각비	35,000
	55,000		55,000

(차) $\begin{cases} \text{현 금} & 30,000 \\ \text{감가상각누계액} & 15,000 \\ \text{유형자산처분손실} & 10,000 \end{cases}$ (대) 기계장치   55,000

정답 ③

93 (주)한국은 2015년 1월 1일에 기계장치를 ₩200,000에 취득하고 원가모형을 적용하였다(내용연수 5년, 잔존가치 ₩0, 정액법 상각). 2015년 말 기계장치의 순공정가치와 사용가치는 각각 ₩120,000, ₩100,000이었다. 2016년 7월 1일에 ₩90,000의 현금을 받고 처분하였다. (주)한국이 인식할 유형자산처분손익은?(단, 감가상각비는 월할 상각한다) ('17 세무직)

① 처분이익 ₩50,000 　　　② 처분이익 ₩30,000

③ 처분손실 ₩15,000 　　　④ 처분손실 ₩12,000

▶ 풀이: 2015년 감가상각비 $200,000 \times \dfrac{1}{5} = 40,000$

2015년 손상차손 $(260,000 - 40,000) - 120,000 = 40,000$

새로운 장부금액 = 200,000 - 80,000

2016년 감가상각비 = $120,000 \times \dfrac{1}{4} \times \dfrac{6}{12} = 15,000$

처분손익 = 처분가액 90,000 - 장부금액 105,000 = (-)15,000

정답 ③

94 (주)한국은 20×1년 초에 설비(내용연수 4년, 잔존가치 ₩200)를 ₩2,000에 취득하여, 정액법으로 감가상각하고 있다. 20×1년 말에 동 설비를 ₩1,400에 처분하였다면 인식할 처분손익은? ('16 주택)

① ₩150 손실 　　② ₩200 이익 　　③ ₩450 손실

④ ₩600 손실 　　⑤ ₩650 이익

▶ 풀이: 기말 장부금액 = 2,000 - (1,800 ÷ 4) = 1,550

처분손익 = 1,400 - 1,550 = (-)150

정답 ①

95 (주)대한은 20×1년 1월 1일 컴퓨터 A를 취득하였다(취득원가 ₩2,100,000, 잔존가치 ₩100,000, 내용연수 5년, 정액법 상각). 20×3년 1월 1일 (주)대한은 사용하고 있는 컴퓨터 A를 (주)민국의 신형 컴퓨터 B와 교환하면서 현금 ₩1,500,000을 추가로 지급하였다. 교환 당시 컴퓨터 A의 공정가치는 ₩1,325,450이며, 이 교환은 상업적 실질이 있다. (주)대한이 인식할 유형자산처분 손익은? ('18 지방직)

① 처분손실 ₩25,450 　　　② 처분이익 ₩25,450

③ 처분손실 ₩65,450 　　　④ 처분이익 ₩65,450

▶ 풀이: 컴퓨터 A의 감가상각누계액 = 2,000,000 × 24/60 = 800,000

유형자산처분손익 = 1,325,450 - 1,300,000 = 처분이익 25,450

정답 ②

96 다음은 (주)한국의 기계장치 관련 내용이다. 유형자산 처분손익은? (단, 기계장치는 원가모형을 적용하고, 감가상각비는 월할계산한다.) ('19 주택)

> ○ 취득(20×1년 1월 1일): 취득원가 ₩2,000,000, 내용연수 5년, 잔존가치 ₩400,000,
> 정액법 적용
> ○ 처분(20×3년 7월 1일): 처분금액 ₩1,100,000

① ₩100,000 이익   ② ₩100,000 손실   ③ ₩300,000 이익
④ ₩400,000 이익   ⑤ ₩400,000 손실

▶ **풀이:** 20×3년 7월 1일 감가상각누계액 = (2,000,000 − 400,000) × 30/60 = 800,000
　　　　20×3년 처분손익 = 1,100,000 − (2,000,000 − 800,000) = 손실 100,000

정답 ②

97 (주)한국은 2016년 5월 1일에 기계장치를 ₩4,000,000에 취득하였다. 추정잔
존가치는 취득원가의 10%, 내용연수는 3년, 감가상각방법은 연수합계법이며 감
가상각비는 월할로 계산한다. (주)한국이 이 기계장치를 2017년 8월 31일
₩2,000,000에 처분할 경우 처분시점의 감가상각누계액과 처분손익은? (단, 원
가모형을 적용하며 손상차손은 없다고 가정한다)　　　　　　('18 관세직)

① 감가상각누계액 ₩2,600,000, 처분이익 ₩600,000
② 감가상각누계액 ₩2,200,000, 처분이익 ₩200,000
③ 감가상각누계액 ₩1,800,000, 처분손실 ₩200,000
④ 감가상각누계액 ₩1,000,000, 처분손실 ₩1,000,000

▶ **풀이:** 2016년 감가상각비 = (4,000,000 − 400,000) × 3/6 × 8/12 = 1,200,000
　　　　2017년 감가상각비 = 3,600,000 × 3/6 × 4/12 + 3,600,000 × 2/6 × 4/12
　　　　　　　　　　　= 1,000,000
　　감가상각누계액 = 1,200,000 + 1,000,000 = 2,200,000
　　처분이익 = 2,000,000 − (4,000,000 − 2,200,000) = 200,000

정답 ②

98 (주)한국은 20×1년 10월 1일 기계장치를 ₩80,000(내용연수 5년, 잔존가치
₩5,000, 연수합계법, 월할 상각)에 취득하였다. 동 기계장치를 20×3년 3월 31
일 ₩40,000에 처분할 경우, 처분시점의 장부금액과 처분손익을 바르게 연결한
것은? (단, 기계장치는 원가모형을 적용하고 손상차손은 발생하지 않았다)

('22 세무직)

	장부금액	처분손익
①	₩35,000	손실 ₩5,000
②	₩35,000	이익 ₩5,000
③	₩45,000	손실 ₩5,000
④	₩45,000	이익 ₩5,000

▶ **풀이:** 장부금액 = 80,000 − (80,000 − 5,000) × (5/15 + 4/15 × 6/12) = 45,000
　　　　처분손익 = 40,000 − 45,000 = (−)5,000

정답 ③

■ 유형자산 손상차손

99 원가모형에 의하여 평가하고 있는 (주)대한의 기계장치와 관련하여 2011년 12월 31일 결산일 현재 인식해야 할 손상차손환입은? ('11 세무직)

> (주)대한은 2010년 1월 1일 잔존가치 ₩0, 내용연수 5년인 기계장치를 ₩500,000에 구입하여 정액법으로 감가상각하기로 하였다. 2010년 12월 31일 (주)대한은 해당 기계 장치의 손상징후가 있어 손상검사를 실시하여 회수가능액을 추정한 결과 순공정가치가 ₩200,000, 사용가치가 ₩150,000이었고, 2011년 12월 31일 기계장치의 회수가능액은 ₩400,000이었다.

① ₩100,000   ② ₩150,000

③ ₩200,000   ④ ₩250,000

▶ 풀이:
```
2010. 1. 1    (차) 기계장치         500,000    (대) 현  금            500,000
2010.12.31    (차) 감가상각비       100,000    (대) 감가상각누계액   100,000
                  (500,000 - 0)/5
              (차) 손상차손         200,000    (대) 손상차손누계액   200,000
                  400,000 - Max [200,000, 150,000]
2011.12.31    (차) 감가상각비        50,000    (대) 감가상각누계액    50,000
                  (200,000 - 0)/4
              (차) 손상차손누계액    150,000    (대) 손상차손환입     150,000
```
환입한도: Min [400,000, 300,000(손상차손을 인식하지 않았을 때의 장부금액)]
손상차손환입액 = 300,000 - 150,000 = 150,000

정답 ②

100 (주)한국은 2012년 초 기계장치를 ₩30,000에 취득하였다. 동 기계장치의 내용연수는 3년이고, 잔존가치는 ₩0이며, 정액법으로 감가상각한다. 2012년 말 순공정가치가 ₩15,000(사용가치 ₩14,000)으로 급격히 하락하여, (주)한국은 동 기계장치를 손상 처리하였다. (주)한국이 원가모형을 채택할 때, 2012년 인식할 유형자산 손상차손은? ('12 세무직)

① ₩5,000   ② ₩6,000

③ ₩7,000   ④ ₩8,000

▶ 풀이: 2012년말 장부금액 = 30,000 - 10,000 = 20,000
회수가능액 = Max [15,000(순공정가치), 14,000(사용가치)] = 15,000
손상차손 = 20,000 - 15,000 = 5,000

정답 ①

101 (주)한국은 수술용기계(취득원가가 ₩1,200,000이고 감가상각누계액은 ₩300,000)가 진부화되어 손상차손을 인식하려고 한다. 이 기계의 순공정가치는 ₩400,000이고 사용가치는 ₩500,000이다. (주)한국이 인식할 수술용기계의 손상차손은?

('12 주택)

① ₩400,000   ② ₩500,000   ③ ₩600,000

④ ₩800,000   ⑤ ₩900,000

▶ 풀이: 회수가능액: Max(400,000, 500,000) = 500,0000
손상차손: 900,000 - 500,000 = 400,000

(차) 손상차손   400,000   (대) 기계장치손상차손누계액   400,000

정답 ①

102 (주)한국은 2014년 초에 기계장치(잔존가치 ₩0, 내용연수 5년, 정액법 상각)를 ₩5,000에 취득하고, 원가모형을 채택하고 있다. 2014년 말에 손상징후가 있어 손상검사를 실시한 결과, 기계장치의 순공정가치는 ₩2,500, 사용가치는 ₩2,800으로 판명되었다. 이후 2015년 말에 손상이 회복되어 기계장치의 회수가능액이 ₩4,000이 된 경우 기계장치의 장부금액은? ('15 지방직)

① ₩2,100   ② ₩3,000

③ ₩3,300   ④ ₩4,000

▶ 풀이: 2014초 (차) 기 계 5,000 (대) 현 금 5,000

2014말 (차){감가상각비 1,000 / 손상차손 1,200} (대){감가상각누계액 1,000 / 손상차손누계액 1,200}

손상차손: 4,000(장부금액) - Max [2,500 (순공정가치), 2,800(사용가치)]

2015말 (차) 손상차손누계액 200 (대) 손상차손환입 200

손상차손환입한도: Min [4,000, 3,000(손상차손을 인식하지 않았을 때 장부금액)]

정답 ②

103 (주)한국은 2015년 초에 취득원가 ₩850,000의 기계장치를 구입하고, 원가모형을 적용하였다. 내용연수는 4년(잔존가액 ₩50,000)이며, 감가상각은 정액법에 의한다. 2016년 말에 처음으로 손상징후가 있었으며, 기계장치의 순공정가치와 사용가치는 각각 ₩300,000과 ₩350,000이었다. 2016년 말에 인식해야 할 손상차손은? ('16 지방직)

① ₩0   ② ₩50,000

③ ₩100,000   ④ ₩150,000

▶ 풀이: 감가상각누계액 = (850,000 - 50,000) × 2/4 = 400,000
장부가액 = 850,000 - 400,000 = 450,000
손상차손 = 450,000 - 350,000 = 100,000

정답 ③

104 (주)한국은 20×1년 초에 기계장치(내용연수 5년, 잔존가치 ₩0)를 ₩200,000에 취득하여 정액법으로 감가상각하고 있다. 20×1년 말에 동 기계장치에 손상이 발생하였다. 20×1년 말 기계장치의 순공정가치와 사용가치가 다음과 같을 때 기계장치의 손상차손은?(단, 동 기계장치에 대해 원가모형을 적용하고 있다)('16 주택)

순공정가치	사용가치
₩110,000	₩90,000

① ₩35,000　　　　② ₩40,000　　　　③ ₩50,000

④ ₩70,000　　　　⑤ ₩90,000

➡ **풀이:** 장부금액 = 200,000 - 200,000 × 1/5 = 160,000

　　　　손상차손 = 160,000 - Max [110,000, 90,000] = 50,000

정답 ③

105 (주)한국은 20×1년 말 사용 중인 기계장치에 대하여 자산손상을 시사하는 징후가 있는지 검토한 결과, 자산손상 징후를 발견하였다. 다음 자료를 이용하여 계산한 기계장치의 손상차손은? (단, 원가모형을 적용한다.) ('18 주택)

○ 감가상각 후 장부금액	₩225,000
○ 사용가치	135,000
○ 공정가치	155,000
○ 처분부대원가	5,000

① ₩65,000　　　　② ₩70,000　　　　③ ₩75,000

④ ₩90,000　　　　⑤ ₩95,000

➡ **풀이:** 순공정가치 = 155,000 - 5,000 = 150,000

　　　　손상차손 = 225,000 - Max(135,000, 150,000) = 75,000

정답 ③

106 (주)한국은 20×1년 초 기계장치(취득원가 ₩180,000, 내용연수 3년, 잔존가치 없음, 연수합계법 적용)를 취득하였다. (주)한국은 기계장치에 대하여 원가모형을 적용하고 있다. 20×1년 말 기계장치의 순공정가치는 ₩74,000이고 사용가치는 ₩70,000이다. (주)한국이 20×1년 말 기계장치와 관련하여 인식해야 할 손상차손은? (단, 20×1년 말 기계장치에 대해 자산손상을 시사하는 징후가 있다.)('19 주택)

① ₩4,000　　　　② ₩16,000　　　　③ ₩20,000

④ ₩46,000　　　　⑤ ₩50,000

➡ **풀이:** 감가상각비 = 180,000 × 3/6 = 90,000

　　　　손상차손 = 90,000 - Max(74,000, 70,000) = 16,000

정답 ②

107 (주)한국은 20×1년 초 기계를 ₩480,000(내용연수 5년, 잔존가치 ₩0, 정액법 상각)에 구입하고 원가모형을 채택하였다. 20×2년 말 그 기계에 손상징후가 있었으며, 이때 기계의 순공정가치는 ₩180,000, 사용가치는 ₩186,000으로 추정되었다. 20×3년 말 회수가능액이 ₩195,000으로 회복되었다면 옳지 않은 것은?

('18 세무직)

① 20×2년 말 손상차손 인식 전 장부금액은 ₩288,000이다.

② 20×2년 말 손상차손으로 인식할 금액은 ₩102,000이다.

③ 20×3년 말 감가상각비로 인식할 금액은 ₩62,000이다.

④ 20×3년 말 손상차손환입액으로 인식할 금액은 ₩71,000이다.

▶ 풀이: ① 20×1년 감가상각비 = 480,000 × 1/5 = 96,000

20×2년 감가상각비 = 480,000 × 1/5 = 96,000

20×2년 장부금액 = 480,000 - 96,000 × 2 = 288,000

② 손상차손 = 288,000 - Max(180,000, 186,000) = 102,000

③ 감가상각비 = 186,000 × 12/36 = 62,000

④ 환입액 = Min(회수가능액* 195,000, 192,000) - (186,000 - 62,000) = 68,000

＊손상되지 않았을 경우의 장부금액 = 480,000 - 96,000 ×3 = 195,000

정답 ④

108 (주)한국은 20×1년 1월 1일에 기계장치를 취득하고 원가모형을 적용하여 감가상각하고 있다. 기계장치와 관련된 자료는 다음과 같다.

취득원가 ₩2,000,000	잔존가치 ₩200,000
내용연수 6년	감가상각방법: 정액법

20×3년 말 기계장치에 대해 손상이 발생하였으며 손상시점의 순공정가치는 ₩60,000이고 사용가치는 ₩550,000이다. 20×3년 말 손상차손 인식 후 장부금액은? ('20 지방직)

① ₩550,000　　　　　　　　② ₩600,000

③ ₩650,000　　　　　　　　④ ₩700,000

▶ 풀이: 회수가능액 = max {순공정가치, 사용가치}

손상차손 = 회수가능액 - 장부금액

= 600,000 - 1,100,000

감가상각누계액 = (2,000,000 - 200,000) ÷ 6 ×3 = 900,000

장부금액 = 2,000,000 - 900,000 = 1,100,000

손상차손인식후 장부금액 = 1,100,000 - 500,000

정답 ②

■ 유형자산 재평가모형

109 유형자산의 재평가에 관한 설명으로 옳은 것은? ('17 주택)

① 재평가가 단기간에 수행되며 계속적으로 갱신된다면, 동일한 분류에 속하는 자산이라 하더라도 순차적으로 재평가할 수 없다.

② 감가상각대상 유형자산을 재평가할 때, 그 자산의 최초원가를 재평가금액으로 조정하여야 한다.

③ 특정 유형자산을 재평가할 때, 해당 자산이 포함되는 유형자산 분류 전체를 재

평가한다.

④ 자산의 장부금액이 재평가로 인하여 감소된 경우에 그 자산에 대한 재평가잉여금의 잔액이 있더라도 재평가감소액 전부를 당기손익으로 인식한다.

⑤ 유형자산 항목과 관련하여 자본에 계상된 재평가잉여금은 그 자산이 제거될 때 이익잉여금으로 직접 대체할 수 없다.

▶ 풀이: ① 재평가가 단기간에 수행되며 계속적으로 갱신된다면 동일한 분류에 속하는 자산을 순차적으로 재평가할 수 있다.

② 감가상각대상 유형자산을 재평가할 때, 그 자산의 최초원가를 재평가금액으로 조정하여야 한다.

④ 재평가잉여금의 잔액이 있는 경우 재평가잉여금을 먼저 감소시키고 그 잔액이 없는 경우에 재평가감소액을 당기손실로 인식한다.

⑤ 재평가잉여금은 자산이 제거될 때 이익잉여금으로 직접 대체하거나 자산을 사용하면서 재평가잉여금의 일부를 이익잉여금으로 직접 대체할 수 있다.

정답 ③

110 (주)한국은 20×1년 초 취득하여 사용하던 기계장치(내용연수 6년, 잔존가치 ₩0, 정액법 상각)를 20×3년 초 처분하면서 현금 ₩5,500을 수취하고 유형자산처분손실 ₩500을 인식하였다. 기계장치의 취득원가는? (단, 원가모형을 적용하며, 손상은 발생하지 않았다) ('21 주택)

① ₩5,000 ② ₩6,000 ③ ₩7,500 ④ ₩9,000 ⑤ ₩10,000

▶ 풀이: 처분 시 장부금액 = 5,500 + 500 = 6,000
취득원가 − 감가상각누계액(= 취득원가 × 1/6 × 2)= 6,000
취득원가 = 9,000

정답 ④

111 유형자산 재평가모형에 대한 설명으로 옳지 않은 것은? ('21 세무직)

① 최초 인식 후에 공정가치를 신뢰성 있게 측정할 수 있는 유형자산은 재평가일의 공정가치에서 이후의 감가상각누계액과 손상차손누계액을 차감한 재평가금액을 장부금액으로 한다.

② 자산의 장부금액이 재평가로 인하여 증가된 경우에 그 증가액은 기타포괄손익으로 인식하고 재평가잉여금의 과목으로 자본에 가산한다. 그러나 동일한 자산에 대하여 이전에 당기손익으로 인식한 재평가감소액이 있다면 그 금액을 한도로 재평가증가액 만큼 당기손익으로 인식한다.

③ 자산의 장부금액이 재평가로 인하여 감소된 경우에 그 감소액은 기타포괄손익으로 인식한다. 그러나 그 자산에 대한 재평가잉여금의 잔액이 있다면 그 금액을 한도로 재평가감소액을 당기손익으로 인식한다.

④ 특정 유형자산을 재평가할 때, 해당 자산이 포함되는 유형자산의 유형 전체를 재평가한다.

정답 ③

112 (주)한국은 취득원가 ₩100,000의 토지를 2010년 5월 3일에 처음으로 재평가하였다. 이 토지가 ₩150,000으로 재평가된 경우 2010년 말 (주)한국의 재무제표에 미치는 영향으로 옳은 것은?　　　　　　　　　　　　　　('11 지방직)

　① 재평가이익 ₩50,000만큼의 이익잉여금이 증가한다.

　② 재평가이익 ₩50,000은 포괄손익계산서에 보고되지 않는다.

　③ 재평가이익 ₩50,000만큼의 당기순이익이 증가한다.

　④ 재평가이익 ₩50,000만큼의 자본이 증가한다.

　　　　　　　　　　　　　　　　　　　　　　　　　　　정답 ④

113 (주)지방은 20×1년 중에 토지를 ₩100,000에 취득하였으며, 매 보고기간마다 재평가모형을 적용하기로 하였다. 20×1년말과 20×2년말 현재 토지의 공정가치가 각각 ₩120,000과 ₩90,000이라고 할 때, 다음 설명 중 옳은 것은?

　　　　　　　　　　　　　　　　　　　　　　　　　　　('14 지방직)

　① 20×1년에 당기순이익이 ₩20,000 증가한다.

　② 20×2년에 당기순이익이 ₩10,000 감소한다.

　③ 20×2년말 현재 재평가잉여금 잔액은 ₩10,000이다.

　④ 20×2년말 재무상태표에 보고되는 토지 금액은 ₩100,000이다.

➡ **풀이:** (차) 토　지　　　　　100,000　(대) 현　금　　　　　100,000
　　　　　(차) 토　지　　　　　 20,000　(대) 재평가 잉여금　　 20,000
　　　　　{ 재평가 잉여금　　 20,000
　　　　　{ 재평가 손실　　　 10,000　(대) 토　지　　　　　 30,000

　　　　　　　　　　　　　　　　　　　　　　　　　　　정답 ②

114 (주)대한은 20×1년 초 토지를 ₩100,000에 취득하였으며 재평가모형을 적용하여 매년 말 재평가하고 있다. 동 토지의 공정가치가 다음과 같을 때 20×2년에 당기손익으로 인식할 재평가손실은?　　　　　　　　　　　　('15 주택)

공정가치	20×1년 말	20×2년 말
	₩120,000	₩95,000

　① ₩5,000　　　　　　② ₩15,000　　　　　③ ₩20,000

　④ ₩30,000　　　　　　⑤ ₩35,000

➡ **풀이:** 20×1초 (차) 토　지　　　　100,000　(대) 현　금　　　　　100,000
　　　　20×1말 (차) 토　지　　　　200,000　(대) 재평가잉여금　　 20,000
　　　　20×2말　　재평가잉여금　　 20,000
　　　　　 (차){ 재평가 손실　　　 5,000　(차) 토　지　　　　　 25,000

　　　　　　　　　　　　　　　　　　　　　　　　　　　정답 ①

115 (주)한국은 20×1년 초 토지(유형자산)를 ₩1,000에 취득하여 재평가모형을 적용하였다. 해당 토지의 공정가치가 다음과 같을 때, 토지와 관련하여 (주)한국이 20×2년 당기손익으로 인식할 금액은?　　　　　　　　　　　('21 주택)

구분	20×1년 말	20×2년 말
공정가치	₩1,200	₩900

① 손실 ₩300   ② 손실 ₩200   ③ 손실 ₩100

④ 이익 ₩100   ⑤ 이익 ₩200

▶ 풀이: 당기손익 = 900 - 1,000 = (-)100

정답 ③

116 (주)한국은 유형자산에 대하여 재평가모형을 사용하고 있으며, 토지를 20×1년 초 ₩1,000,000에 취득하였다. 20×1년 말 재평가 결과 토지의 공정가치는 ₩900,000이었고, 20×2년 말 재평가 결과 토지의 공정가치가 ₩1,050,000인 경우, 20×2년 말 당기손익에 포함될 자산재평가이익과 자본항목에 표시될 재평가잉여금은? ('21 세무직)

	자산재평가이익	재평가잉여금
①	₩0	₩50,000
②	₩50,000	₩100,000
③	₩100,000	₩50,000
④	₩150,000	₩150,000

▶ 풀이: 재평가이익(당기손익) = 1,000,000 - 900,000 = 100,000

재평가잉여금(기타포괄손익) = 1,050,000 - 1,000,000 = 50,000

정답 ③

117 (주)대한은 20×1년초에 토지(유형자산)를 ₩1,000,000에 취득한 후 매년 재평가모형을 적용하여 평가하고 있다. 20×1년말과 20×2년말 토지의 공정가치가 각각 ₩800,000과 ₩1,200,000이었다면, (주)대한이 20×2년도 포괄손익계산서에 인식할 당기손익은? ('11 주택)

① ₩400,000 손실   ② ₩200,000 손실

③ ₩0   ④ ₩200,000 이익

⑤ ₩400,000 이익

▶ 풀이: 20×1말 (차) 재평가손실 200,000   (대) 토 지 200,000

20×2말 (차) 토 지 400,000   (대) ┌ 재평가이익 200,000
                                         │   (당기손익)
                                         └ 재평가잉여금 200,000
                                             (자본)

정답 ④

118 (주)한국은 보유하고 있는 토지에 대하여 2009년부터 매년 말 재평가모형을 적용하여 평가하고 있다. 다음은 (주)한국이 보유하고 있는 토지의 장부가액과 공정가치에 대한 자료이다. 2012년 말 현재 (주)한국의 토지와 관련된 기타포괄손익

연도	장부가액	공정가치
2009	₩28,000	₩30,000
2010	₩30,000	₩27,000
2011	₩27,000	₩35,000
2012	₩35,000	₩31,000

① ₩2,000 ② ₩3,000

③ ₩4,000 ④ ₩5,000

▶ 풀이: 2009 재평가잉여금 2,000
　　　　2010 재평가잉여금 (2,000)
　　　　　　 재평가손실　 1,000
　　　　2011 재평가이익　 1,000
　　　　　　 재평가잉여금 7,000
　　　　2012 재평가잉여금 (4,000)
　　　　∴ 2012년말 기타포괄손익누계액(재평가잉여금) 3,000
　　　　* 재평가손실을 인식한 후에 공정가치가 상승하였다면 전기이전에 인식한 재평가
　　　　　손실만큼 재평가이익(당기수익)을 우선 인식하고, 이를 초과한 공정가치 상승은
　　　　　재평가잉여금으로 인식한다.

정답 ②

119 (주)한국은 기계장치를 2016년 1월 1일 ₩100,000에 취득하여 정액법(내용연
수 3년, 잔존가치 ₩10,000)으로 감가상각하였다. 2016년 말 기계장치의 공정
가치가 ₩90,000인 경우 재평가모형 적용시 인식할 재평가잉여금은? ('17 지방직)

① ₩10,000 ② ₩20,000

③ ₩30,000 ④ ₩40,000

▶ 풀이: 감가상각비 = (100,000 - 10,000) × 1/3 = 30,000
　　　　기말 장부가 = 100,000 - 30,000 = 70,000
　　　　재평가잉여금 = 90,000 - 70,000 = 20,000

정답 ②

120 다음 설비자산 자료를 이용한 20×2년 재평가잉여금 기말 잔액은? (단, 설비자산
은 취득시부터 재평가모형을 적용하고, 재평가잉여금의 이익잉여금 대체를 고려하
지 않는다) ('21 지방직)

○ 20×1년 1월 1일에 설비자산을 ₩30,000에 취득(정액법상각, 내용연수 10년, 잔존
가치 ₩5,000)
○ 20×2년 1월 1일에 동 설비자산의 감가상각방법을 연수 합계법으로 변경(내용연
수 4년, 잔존가치 ₩7,500)
○ 공정가치: 20×1년 말 ₩37,500, 20×2년 말 ₩25,000

① ₩0 ② ₩500

③ ₩9,500 ④ ₩10,000

➡ 풀이: 20×1년말 재평가잉여금 = 37,500 - (30,000 - 25,000 × 1/10) = 10,000
20×2년 감가상각비 = (37,500 - 7,500) × 4/10 = 12,000
20×2년 평가손실 = 25,000 - 25,500 = (-)500
20×2년 재평가잉여금 기말잔액 = 10,000 - 500 = 9,500

정답 ③

121 (주)한국은 20×1년 초 토지를 ₩100,000에 취득하였으며 재평가모형을 적용하여 매년 말 재평가하고 있다. 토지의 공정가치가 다음과 같을 때 20×2년도 당기이익으로 인식할 금액은? ('18 주택)

구분	20×1년 말	20×2년 말
공정가치	₩80,000	₩130,000

① ₩0   ② ₩20,000   ③ ₩30,000
④ ₩50,000   ⑤ ₩100,000

➡ 풀이: 20×1년 재평가손실 = 100,000 - 80,000 = 20,000
20×2년 재평가이익(당기이익) = Min(130,000 - 80,000, 20,000) = 20,000

정답 ②

122 (주)한국은 20×1년 초에 ₩15,000을 지급하고 항공기를 구입하였다. 20×1년 말 항공기의 감가상각누계액은 ₩1,000이며, 공정가치는 ₩16,000이다. 감가상각누계액을 전액 제거하는 방법인 재평가모형을 적용하고 있으며 매년 말 재평가를 실시하고 있다. 20×2년 말 항공기의 감가상각누계액은 ₩2,000이며, 공정가치는 ₩11,000이다. 상기의 자료만을 근거로 도출된 설명으로 옳지 않은 것은? (단, 재평가잉여금을 당해 자산을 사용하면서 이익잉여금으로 대체하는 방법은 선택하고 있지 않다) ('20 지방직)

① 20×1년 말 재평가잉여금은 ₩2,000이다.
② 20×1년 말 항공기의 장부금액은 ₩16,000이다.
③ 20×2년에 인식하는 재평가손실은 ₩3,000이다.
③ 20×2년에 인식하는 재평가손실은 포괄손익계산서의 비용항목으로 당기순이익에 영향을 준다.

➡ 풀이: 20×1년 재평가잉여금 2,000을 상계하고 재평가손실 1,000을 인식한다.

정답 ③

▌▌ 주관식 ▌▌

〈1〉 유형자산의 취득원가 - 일괄취득

유남상사는 청산 중에 있는 대전상사로부터 다음과 같은 유형자산을 일괄하여 ₩6,000에 현금으로 구입하였다.

	장부가액	공정시가
건 물	3,200	4,000
토 지	2,600	3,300
기계장치	3,500	2,700

〈요구사항〉

각 유형자산에 대한 취득원가를 계산하고, 일괄구입에 대한 회계처리를 행하라.

〈2〉 유형자산의 취득원가 - 자가건설

20×8년 우아상사는 공장건물을 건설하기 위하여 3차례에 걸쳐 다음과 같이 대금을 지불하였다.

20×8년 6월 30일	₩40,000
20×8년 9월 30일	₩30,000
20×8년 12월 31일	₩30,000

위의 공사대금을 조달하기 위하여 금융기관으로부터 연 10%의 이자율로 지불금액 전액을 각 대금지급일에 각각 차입하였다. 우아상사는 20×8년 12월 31일에 공장건물을 완성하였다. 우아상사의 건물의 건설과 관련된 회계처리를 행하라.

〈3〉 유형자산의 취득원가 - 교환거래

(주)대망은 20×8년 1월 1일 (주)소망과 사용 중이던 기계장치를 교환하였다. 이들 기계장치에 관한 자료는 다음과 같다.

	기계장치(대망)	기계장치(소망)
취득원가	₩100,000	₩120,000
감가상각누계액	50,000	60,000
공정가치	40,000	70,000

〈요구사항〉

1. 상업적 실질이 있는 교환인 경우 양사의 회계처리를 행하라.
2. 상업적 실질이 없는 교환인 경우 양사의 회계처리를 행하라.

〈4〉 자본적 지출과 수익적 지출

다음은 (주)건지의 20×8년의 거래 중 일부이다.

1) 회사 건물의 증축하면서 ₩10,000의 수표를 발행하여 그 대금을 지급하였다.

2) 공장건물의 외벽에 도장공사를 하기 위해 ₩200을 현금으로 지출하였다.

3) 회사건물에 엘리베이터 설치를 위한 공사비로 ₩5,000을 현금으로 지출하였다.

4) 기계장치에 대해 ₩1,000을 현금 지출하였는데 이 중 ₩700은 기계장치의 내용연수를 연장시켰고, 나머지는 능률유지를 위한 지출이었다.

〈요구사항〉

위 거래에 대한 회계처리를 행하라.

〈5〉 감가상각(1)

(주)한국은 20×8년 1월 1일에 기계를 ₩2,000,000에 구입하였다. 이 기계의 내용연수는 5년이며, 잔존가치는 ₩200,000이다. 총 예상산출량은 40,000단위로 추정된다. 20×8년도 실제생산량은 5,000단위, 20×9년 실제생산단위는 12,000단위이다.

〈요구사항〉

다음의 각 방법에 의하여 20×8년부터 20×9년까지의 감가상각에 관련된 회계처리를 행하여라.

1) 정액법

2) 정률법(단, 정률은 25.89%)

3) 연수합계법

4) 생산량비례법

〈6〉 감가상각(2)

전라상사는 20×8년 1월 1일에 기계장치를 ₩1,000,000에 구입하였다. 이 기계장치의 내용연수는 5년이며, 잔존가치는 ₩50,000이다. 다음의 각 방법에 의하여 2×08년부터 2×12년까지의 감가상각비를 산정하고, 각 방법에 따른 2×11년말의 회계처리를 행하여라.

1) 정액법

2) 정률법(단, 정률은 0.451)

3) 연수합계법

4) 이중체감법

〈7〉 유형자산의 처분

(주)건지는 취득원가 ₩60,000,000이고, 잔존가치는 없으며, 내용연수 10년인 건물을 20×8년 초에 취득하여 사용하던 중 기업의 자금압박으로 인해 20×9년 5월 1일

₩40,000,000을 받고 처분하였다. (주)건지는 이 건물에 대해 정액법으로 감가상각을 하고 있다.

＜요구사항＞

20×8년과 20×9년의 회계처리를 행하라.

〈8〉 유형자산의 재평가 - 비상각성 자산

(주)한길은 20×8년 1월 1일 토지를 ₩100,000에 취득하여 회계정책으로 재평가모형을 선택하고 있다.

1. 20×8년말 토지의 공정가치가 ₩110,000이며, 20×9년말 토지의 공정가치가 ₩90,000 이라고 할 때 각 연도말 토지의 재평가와 관련한 회계처리를 행하여라.

2. 20×8년말 토지의 공정가치가 ₩80,000이며, 20×9년말 토지의 공정가치가 ₩120,000 이라고 할 때 각 연도말 토지의 재평가와 관련한 회계처리를 행하여라.

〈9〉 유형자산의 재평가 - 상각성 자산

서울상사는 20×8년 1월 1일 유형자산을 300,000에 취득하였다. 이 유형자산에 대하여 잔존가치 0, 내용연수 3년, 정액법에 의하여 감가상각을 행하고 있다. 서울상사는 유형 자산에 대한 회계정책으로 재평가모형을 채택하고 있다. 20×9년말 동 자산을 재평가 한 결과 공정가치는 400,000원이었다. 이때 재평가에 의한 공정가치 400,000은 20×9년 감가상각비를 인식한 후의 공정가치이다.

＜요구사항＞

1. 감가상각누계액을 비례법으로 처리하는 경우 20×9년말 유형자산재평가에 관한 회 계처리와 (부분)재무상태표를 작성하라.

2. 감가상각누계액을 순액법으로 처리하는 경우 20×9년말 유형자산재평가에 관한 회 계처리와 (부분)재무상태표를 작성하라.

〈10〉 손상차손

(주)대양은 20×8년 초에 기계장치를 ₩240,000에 취득(내용연수 5년, 잔존가치 ₩40,000, 정액법으로 상각)하였다. 20×8년 말 순공정가치가 ₩100,000, 사용가치가 ₩120,000으로 급격히 하락하여 손상차손을 인식하였다. 20×9년 말 동 기계장치의 회수가능가액이 ₩180,000으로 회복하였음이 확인되었다. (주)대양은 기계장치를 원가모형으로 기록하였다.

＜요구사항＞

1. 20×8년말 (주)대양이 인식할 감가상각과 손상차손에 관한 회계처리를 행하여라.

2. 20×9년말 (주)대양이 인식할 감가상각과 손상차손에 관한 회계처리를 행하여라.

10

무형자산과 투자부동산

10.1 무형자산의 의의

무형자산(intangible assets)은 재화의 생산이나 용역의 제공, 타인에 대한 임대, 관리에 사용할 목적으로 기업이 보유하고 있으며, 물리적 실체는 없지만 식별할 수 있고, 기업이 통제하고 있으며 미래 경제적 효익이 있는 비화폐성 자산이다. 무형자산은 물리적 실체는 없지만 기업의 장기간 영업활동 혹은 생산활동에 이용됨으로써 미래의 기간에 걸쳐 기업에 경제적 효익을 제공할 것으로 기대되는 자산이다.

무형자산은 미래 효익이 1년 이상에 걸쳐 장기적으로 이루어질 것으로 기대되는 자산이라는 점에서 유형자산과 같은 특징을 갖지만, 물리적 실체가 없다는 점에서 유형자산과 구별되며, 유형자산에 비하여 상대적으로 미래의 수익창출능력의 불확실성이 높은 특징을 갖는다.

무형자산은 법률상의 권리 또는 경제적 권리를 나타내는 자산으로 불완전경쟁하에서 경쟁적 이점 때문에 나타나는 자산이라 할 수 있다. 또한 사용가능한 내용연수가 있으나 그 기간을 객관적으로 측정하기 어렵고, 법률적인 권리가 대부분이어서 다른 대체적 가치로 나타내기가 어려운 자산이다. 최근과 같은 지식기반사회에서는 유형자산 못지않게 지적재산권과 같은 무형자산이 매우 중요하게 되었다.

10.2 무형자산의 분류

무형자산은 다른 자산과 개별적으로 식별이 불가능한 무형자산(영업권)과 개별적으로 식별가능한 무형자산(일반적 무형자산)으로 분류된다. 개별적으로 식별가능한 일반적 무형자산은 외부에서 개별 취득한 경우와 내부적으로 창출된 경우(개발비)로 구분할 수 있다. 이러한 무형자산은 다음과 같이 분류된다.

1. 산업재산권

산업재산권은 특허권, 실용신안권, 디자인권, 상표권 등으로 관계 법률에 의해 해당기관에 등록함으로써 특정 기업이 일정기간 동안 독점적, 배타적으로 이용할 수 있는 법적 권리를 말한다.

특허권(patents)이란 특정 발명을 특허법에 의해 등록하여 일정기간 동안 독점적·배타적으로 이용할 수 있는 권리를 말한다. 실용신안권(utility model patents)이란 물건의 모양, 구조 등 특정 고안을 실용신안법에 의해 등록하여 일정기간 동안 독점적·배타적으로 이용할 수 있는 권리를 말한다. 디자인권(design rights)은 상품의 외관상 미감을 얻기 위해 고안한 특정 의장을 의장법에 의해 등록하여 일정기간 동안 독점적·배타적으로 이용할 수 있는 권리를 말한다. 상표권(trade marks)은 특정상표를 상표법에 의해 등록하여 일정기간 동안 독점적·배타적으로 이용할 수 있는 권리를 말한다.

산업재산권의 취득원가는 해당 권리를 얻을 수 있기까지 직접적으로 지출한 금액이 되며, 산업재산권은 법률상의 권리이므로 법률이 보장하는 기간을 내용연수로 정하여 이 기간 동안 상각할 수 있다.

2. 프랜차이즈와 라이센스

프랜차이즈(franchise)는 특정한 상품·상호에 따라 상품이나 용역을 제조·판매할 수 있는 권리를 일정한 지리적 관할권내에서 독점적으로 사용할 수 있는 권리이다. 라이센스(licence)란 다른 기업의 특정기술이나 지식을 일정기간 독점적으로 이용할 수 있는 권리이다. 프랜차이즈와 라이선스의 취득원가도 해당 권리를 얻을 수 있기까지 직접적으로 지출한 금액이 되며, 권리가 보장되는 기간 동안 상각을 한다.

3. 저작권

저작권(copy right)은 저작자가 자기의 저작물(영화, 음반, 서적 등)을 독점적·배타적으로 사용할 수 있는 권리이다. 저작권은 저작자의 사망 후 70년까지 보호하도록 되어 있어 이 기간을 최대한의 내용연수로 볼 수 있다.

4. 광업권, 어업권, 차지권

광업권(mining rights)은 광업법에 의하여 등록된 일정한 광구에서 부존하는 광물을 독점적·배타적으로 채굴할 수 있는 권리를 말한다. 광업권의 취득가액은 미발굴된 광구의 채굴권을 취득하기 위해 지급한 대가 또는 이미 발굴이 이루어진 광구를 취득한 경우라면 그것의 취득을 위해 지급한 대가를 말한다.

어업권(fishing rights)은 수산업법에 의하여 등록된 일정한 수면에서 독점적·배타적으로 어업을 경영할 수 있는 권리를 말한다.

차지권(land use rights)은 임차료 또는 지대를 지급하고 타인이 소유한 토지를 사용할 수 있는 권리를 말한다.

5. 개발비

개발비(development costs)는 특정 신제품 또는 신기술의 개발활동과 관련하여 발생한 비용으로서 미래의 경제적 효익이 기업에 유입될 것으로 기대할 수 있는 것이다. 즉, 개발활동과 관련하여 지출된 금액 중 개별적으로 식별가능하고 그 지출로 인해 미래 경제적 효익이 기업에 유입될 가능성이 높으며, 취득원가를 신뢰성 있게 측정 가능한 것을 개발비로 인식하여 무형자산에 계상한다. 개발비는 다른 자산과 분리되어 외부에 판매될 수 없는 특징을 갖는다.

6 영업권

영업권(goodwill)은 특정기업이 동종 산업 평균이상의 초과이익을 얻고 있을 때 이러한 초과이익을 현재가치로 환원한 것으로, 주로 다른 회사를 합병하거나 다른 회사의 영업일부를 양수할 때, 그 취득대상물의 가치를 초과하여 지급한 금액이다. 영업권은 당해 기업과 분리하여 독립적으로 식별 또는 판매될 수 없다.

10.3   무형자산의 인식과 측정

무형자산은 물리적 실체는 없지만 식별가능한 비화폐성자산으로 정의하고 있으며 유형자산과 달리 물리적 실체가 없기 때문에 주관적이고 임의적으로 인식할 수 있다. 따라서 한국채택국제회계기준에서는 무형자산으로 정의되기 위해서는 식별가능성, 자원에 대한 통제, 미래경제적 효익의 존재라는 세가지 조건을 충족하도록 규정되어 있다. 무형자산의 인식은 무형자산의 정의에 부합하고 해당자산에서 발생하는 미래 경제적 효익이 기업에 유입될 가능성이 높고, 취득원가를 신뢰성 있게 측정할 수 있을 때 인식한다.

1 개별취득한 무형자산

무형자산을 최초로 인식할 때는 취득원가로 측정하게 되는데, 취득원가란 자산을 취득하기 위하여 자산의 취득시점에 지급한 현금 또는 현금성자산이나 제공한 기타대가의 공정가치를 말한다. 무형자산을 외부에서 개별취득한 경우에 취득원가는 구입가액과 자산을 본래의 목적에 사용할 수 있는 상태까지 소요된 부대비용으로 구성된다.

예제 1 **무형자산의 개별취득**

　(주)한국제약은 대한기술연구소와 새로운 항생물질개발을 위한 용역계약을 체결하고 계약금 ₩50,000을 선급하였다. 1년 후 신항생물질이 성공적으로 개발되자 (주)한국제약은 즉시 특허권을 출원하여 ₩4,000의 제반 수수료를 지급한 후 등록을 마쳤다. 특허권의 효력은 특허권법에 의해 10년 동안 지속된다. 이러한 특허권 취득과 관련하여 회계처리하라.

해 답　계약금 지급시:

(차) 선급금	50,000	(대) 현 금	50,000	

　특허권 취득시:

(차) 산업재산권(특허권)	54,000	(대) { 현 금	4,000	
		선 급 금	50,000	

2. 내부에서 창출한 무형자산

　　무형자산을 외부구입이 아닌 기업내부에서 창출한 경우(예, 개발비)는 미래의 경제적 효익의 실현가능성이 높고, 그 권리를 독점적으로 사용가능하며, 실제 지출된 원가를 객관적으로 측정할 수 있을 때 무형자산으로 인식할 수 있다.

　　내부적으로 창출된 무형자산의 취득원가는 그 자산의 창출, 제조, 사용준비에 직접 관련된 지출과 합리적이고 일관성 있게 배분된 간접지출(인건비, 감가상각비, 법적비용 등)을 모두 포함한다. 미래 경제적 효익을 얻기 위한 지출이라도 무형자산의 정의와 인식기준을 충족하지 못하면 그 지출(사업개시비용, 교육훈련비, 광고 및 판매촉진비, 사업이전비 등)은 발생한 기간의 비용으로 인식한다.

　　내부적으로 창출되는 연구개발활동이 자산의 인식기준을 충족하는지를 평가하기 위하여 자산의 발생과정을 연구단계와 개발단계로 구분한다.

<표 10-1> 연구활동과 개발활동의 예

구 분	사 례
연구활동	A. 새로운 지식을 얻고자 하는 활동 B. 연구결과나 기타 지식을 탐색, 평가, 최종 선택, 응용하는 활동 C. 재료, 장치 제품, 공정, 시스템이나 용역에 대한 여러 가지 대체안을 탐색하는 활동 D. 새롭거나 개선된 자료, 장치, 제품 공정, 시스템이나 용역에 대한 여러 가지 대체안을 제안, 설계, 평가, 최종 선택하는 활동
개발활동	A. 생산이나 사용 전의 시제품과 모형을 설계, 제작, 시험하는 활동 B. 새로운 기술과 관련된 공구, 주형, 금형 등을 설계하는 활동 C. 상업적 생산 목적으로 실현가능한 경제적 규모가 아닌 시험공장을 설계, 건설, 가동하는 활동 D. 신규 또는 개선된 자료, 장치, 제품, 공정, 시스템이나 용역에 대하여 최종적으로 선정된 안을 설계, 제작, 시험하는 활동

새로운 지식을 얻기 위한 계획적인 탐구활동인 연구단계(research phase)에서 발생된 지출은 그 지출로 인해 직접적으로 미래의 경제적 효익을 창출한다는 것을 입증하기 어렵기 때문에 무형자산으로 인식하지 않고 지출이 발생한 기간에 연구비라는 비용으로 처리한다. 개발단계(development phase)는 새로운 기술과 관련된 공구, 금형, 주형 등을 설계하고 시제품과 시험공장 등을 설계·제작·시험하는 활동으로서 연구단계보다 훨씬 더 진전되어 있는 상태로 관련 무형자산을 식별할 수 있으며, 그에 따른 경제적 효익 창출을 입증할 수 있기 때문에 개발비라는 무형자산으로 인식할 수 있다. 그러나 개발단계에서 발생한 지출이라 할지라도 무형자산의 인식조건을 충족시키지 못한 경우에는 경상개발비라는 항목으로 처리하여 발생한 기간의 비용으로 처리한다.

<표 10-2> 연구개발활동에 관한 지출의 회계처리

연구비	연구단계에서 발생한 비용	비용
개발비	개발단계에서 발생한 비용 - 자산 인식요건 충족	무형자산
경상개발비	개발단계에서 발생한 비용 - 자산 인식요건 미충족	비용

예제 2 **내부에서 창출한 무형자산(개발비)**

(주)현대자동차는 새로운 반도체 부품을 개발하기 위해 매년 상당액을 연구개발 활동에 투자하고 있다. 20×9년에 새로운 과학적 지식을 얻기 위한 탐구비 ₩20,000, 경상적인 개발비 ₩60,000, 시제품 제작비 ₩200,000, 시험공장의 설계·제작 ₩50,000이 연구개발활동에 지출되었다. 이들 연구개발활동에 관한 20×9년의 필요한 분개를 행하라.

해답

(차)	연 구 비	20,000	(대) 현 금	330,000
	경상개발비	60,000		
	개 발 비	250,000		

10.4 무형자산의 취득후 지출

무형자산을 취득한 이후에 발생한 지출은 무형자산의 미래 경제적 효익을 실질적으로 증가시킬 가능성이 매우 높고, 그 지출을 신뢰성 있게 측정할 수 있으며, 무형자산과 직접 관련되는 경우에 한하여 자본적 지출로 처리하여 취득원가에 가산하고 그렇지 않은 경우에는 수익적 지출로 처리하여 비용으로 인식한다. 무형자산의 특성상 취득 후 지출이 자본적 지출로 처리되는 경우는 매우 드물다.

10.5 무형자산의 상각

1. 상각대상금액

무형자산의 취득원가에서 잔존가치를 차감한 상각대상금액을 내용연수 동안 체계적인 방법에 의하여 각 회계기간 동안 배분을 통하여 비용화 하는 것을 무형자산의 상각(amortization)이라 한다. 무형자산의 상각은 유형자산의 감가상각과 마찬가지로 무형자산의 상각대상금액을 수익이 발생하는 기간에 체계적으로 대응시키는 원가배분과정으로 무형자산의 상각액은 당기손익으로 인식한다. 무형자산의 상각은 자산이 사용가능한 때부터 시작한다.

무형자산의 잔존가액은 내용연수가 종료되는 시점에 제3자가 구입하기로 한 약정이 있거나, 상각기간이 종료되는 시점에 활성화 시장이 존재하여 잔존가액이 거래시장에서 결정될 가능성이 매우 높다면 잔존가액을 인식할 수 있으나, 이러한 경우를 제외하고는 무형자산은 물리적 형태가 없어 내용연수가 경과되면 그 가치가 완전히 소멸되므로 잔존가액이 없는 것으로 간주한다.

> 상각대상금액 = 무형자산의 취득원가 - 잔존가치(없는 것이 원칙임)

2 내용연수

(1) 내용연수가 유한한 경우

무형자산의 상각은 무형자산의 내용연수가 유한한지 또는 비한정인지에 따라 회계처리가 달라진다. 내용연수가 유한(finite useful life)한 경우에는 유형자산과 같이 상각대상금액을 내용연수에 따라 원가배분하게 된다. 일반적으로 무형자산의 경우 법률에 의하여 일정기간 동안 독점적·배타적으로 사용할 수 있는 권리를 보장받는 것이 대부분이다. 따라서 내용연수는 경제적 효익이 존속하는 기간인 경제적 내용연수와 법률에 의하여 보장받는 기간인 법적 내용연수 중 짧은 기간을 내용연수로 한다.

> 무형자산의 내용연수 = min{경제적 내용연수, 법적 내용연수}

(2) 내용연수가 비한정인 경우

내용연수가 불확실하거나 유한하게 추정되지 않으면 내용연수가 비한정(indefinite useful life)인 것으로 본다. 골프회원권, 콘도회원권, 영업권과 같은 무형자산이 이에 속한다. 내용연수가 비한정인 무형자산은 상각하지 아니한다. 이러한 무형자산은 상각하지 않는 대신에 매년 손상검사를 하여 손상차손을 인식한다. 무형자산의 손상 및 손상회복과 관련한 회계처리는 유형자산의 경우와 같다.

3. 상각방법과 회계처리

  내용연수가 유한한 무형자산은 상각대상금액을 내용연수 동안 무형자산의 경제적 효익이 소비되는 형태를 반영한 합리적이고 체계적인 방법으로 배분해야 한다. 다만, 합리적인 상각방법을 정할 수 없을 경우에는 정액법을 사용한다. 무형자산의 상각에 대한 회계처리는 상각누계액을 사용하는 간접법과 직접 무형자산에서 차감한 후의 장부금액을 재무상태표에 보고하는 직접법이 있다. 직접법이 사용되는 이유는 무형자산이 물리적 형태가 없고, 미래효익이 불확실하기 때문에 취득원가와 상각누계액을 별도로 공시하는 것이 정보이용자에게 크게 유용하지 않기 때문이다. 일반적으로 무형자산은 직접법에 의하여 처리하나, 한국채택국제회계기준에서는 무형자산의 장부금액을 취득원가에서 상각누계액과 손상차손누계액을 차감한 금액으로 한다고 규정하고 있어 간접법의 사용도 인정하고 있다.

예제 3   **무형자산의 상각**

  (주)한국제약은 대한기술연구소와 새로운 항생물질개발을 위한 용역계약을 체결하고 계약금 ₩50,000을 선급하였다. 1년 후 신항생물질이 성공적으로 개발되자 (주)한국제약은 즉시 특허권을 출원하여 ₩4,000의 제반 수수료를 지급한 후 등록을 마쳤다. 특허권의 효력은 특허권법에 의해 10년 동안 지속되나 경쟁회사의 기술개발 등을 고려하면 앞으로 8년 이후에는 보다 효과적인 항생물질이 개발될 것으로 예측 된다. 이러한 특허권의 상각은 정액법을 적용하고, 잔존가치는 없다. 특허권에 대하여 간접법으로 회계처리하라.

해답

(차) 선급금	50,000	(대) 현 금	50,000
(차) 산업재산권	54,000	(대) { 선급금 현 금	50,000 4,000
(차) 산업재산권상각비	6,750	(대) 산업재산권상각누계액	6,750

내용연수 = min{10년, 8년} = 8년

상각비 = 54,000 ÷ 8 = 6,750

10.6 무형자산의 재평가모형

무형자산의 경우 재무상태표에 최초로 인식된 이후에는 원가모형이나 재평가모형을 선택하여 자산을 평가할 수 있다. 원가모형의 경우나 재평가모형에 대한 회계처리는 유형자산의 경우와 같다. 그러나 무형자산은 유형자산과 달리 활성화된 시장이 없는 경우가 대부분이므로 공정가치를 파악하기가 어려워 원가모형을 택하는 것이 일반적이다.

10.7 무형자산의 손상차손

무형자산의 경우 매 회계연도말마다 자산의 손상을 시사하는 징후가 있는지 검토하고 손상징후가 있다면 당해 무형자산의 회수가능액을 추정하여 손상검사를 행한다. 다만, 내용연수가 비한정적인 무형자산에 대해서는 손상징후에 관계없이 매년 회수가능액을 추정하여 손상검사를 행한다.

무형자산의 회수가능액이 장부금액에 미달하여 손상된 경우에는 장부금액을 회수가능액으로 감액하고 장부금액과의 차액은 무형자산손상차손이라는 비용으로 인식한다. 이에 대한 회계처리는 유형자산의 경우와 같다.

무형자산손상차손 = 무형자산장부금액 − 회수가능액
  회수가능액 = max{순공정가치, 사용가치}

무형자산손상차손환입 = 회수가능액 − 무형자산장부금액
  환입한도액 = 손상되지 않았을 경우의 장부금액

환입후 장부금액 = min{회수가능액, 손상되지 않았을 경우의 장부금액}

예제 4 **무형자산의 손상차손**

(주)선진은 신약개발을 위해 20×6년 ₩300,000을 지급하였으며 (주)선진의 개발활동은 무형자산의 인식기준을 충족하였다. 신약개발은 20×7년 초에 개발이 완료되어 사용되었다. 그러나 신약의 시장성이 없다는 신약연구원의 연구결과 발표로 신약개발에서의 회수가능가액이 20×8년 말 현재 ₩100,000으로 낮춰져 손상차손 인식의 사유가 되었다. 하지만 20×9년 말 신약연구원은 당초의 연구결과를 수정하여 신약의 회수가능가액은 ₩120,000으로 다시 발표하였다. (주)선진은 동 개발비를 상각기간 6년, 정액법을 사용하여 상각하고 있다. 무형자산의 인식, 상각, 손상차손에 관한 회계처리를 행하여라.

해 답

20×7년 초	(차) 개 발 비	300,000	(대) 현 금	300,000
20×7년 말	(차) 개발비상각비	50,000	(대) 개발비상각누계액	50,000
	(₩300,000 ÷ 6년 = 50,000)			
20×8년 말	(차) 개발비상각비	50,000	(대) 개발비상각누계액	50,000
	(₩300,000 ÷ 6년 = 50,000)			
	(차) 개발비손상차손	100,000	(대) 개발비손상차손누계액	100,000
20×9년 말	(차) 개발비상각비	25,000	(대) 개발비상각누계액	25,000
	(₩100,000 ÷ 4년 = 25,000)			
	(차) 개발비손상차손누계액	45,000	(대) 개발비손상차손환입	45,000

환입후장부금액 = Min(120,000, 150,000)
손상차손환입액 = (120,000 - 75,000) = 45,000

10.8 무형자산의 처분과 제거

무형자산을 처분하거나, 일정기간 동안의 사용 이후에 해당 자산으로부터 더 이상의 미래의 경제적 효익이 기대되지 않을 때 재무상태표에서 제거한다. 무형자산의 제거로 인한 손익은 순매각금액과 장부금액의 차이로 무형자산처분손익이 되며 이는 당기의 손익으로 인식한다.

무형자산의 처분손익 = 무형자산의 순매각금액 − 무형자산장부금액

10.9 영업권

영업권(goodwill)은 다른 자산과 개별적으로 식별 불가능한 무형자산으로 특정기업이 동종 산업의 타 기업에 비해 우수한 경영진, 좋은 지리적인 위치, 기업의 좋은 이미지 등에 의하여 동종 산업 평균이상의 초과이익을 얻고 있을 때 이러한 초과이익을 현재가치로 환원한 것이다. 그러나 내부적으로 창출된 영업권은 자산으로 인식하지 않는다. 영업권은 다른 무형자산과 달리 자산으로서 식별가능성이 없고, 다른 자산과 분리 또는 구별할 수 없는 특징이 있다. 또한 다른 무형자산은 법령에 의하여 일정기간 보호받고 있지만 영업권은 일정기간을 보호 받는 권리가 아니므로 내용연수를 결정하기 어려워 이를 비한정 내용연수를 가진 무형자산으로 분류한다.

1. 영업권가액결정

영업권은 기업이 다른 기업이나 사업을 매수·합병하는 사업결합으로 발생하는 경우에는 기업이 실제 그 대가를 지급하고 유상으로 취득하게 된다. 영업권가액은 매수·합병하는 과정에서 취득대가로 지급한 금액에서 피취득기업의 순자산(자산 − 부채)의 공정가치를 차감한 금액이다. 즉, 영업권가액은 취득하게 되는 기업의 순자산의 공정가치를 초과하여 지급한 금액으로서 매수·합병과정에서 발생한 손실에 해당하는 금액이다. 이러한 손실이 취득회사 입장에서는 미래 초과수익을 얻는 것에 대한 대가를 지급한 것이므로 자산으로 계상할 수 있다. 이에 반해 기업이 스스로 영업권을 계상하는 경우를 내부창출영업권이라 하는데, 내부창출영업권은 취득원가를 신뢰성 있게 측정할 수 없고 기업이 통제하고 있는 식별가능한 자원이 아니기 때문에 무형자산으로 인식하지 않는다. 이와 같이 영업권은 유상으로 취득한 경우만 인정한다.

영업권가액을 결정하는 방법은 종합평가계정법, 순이익환원법, 초과이익

환원법, 연매법이 있다.

(1) 종합평가계정법

기업전체의 가치를 종합적으로 평가하여 영업권의 가액을 측정하는 방법이다. 기업전체를 매입한 인수가액이 피합병회사의 공정가액에 의한 순자산가액을 초과하는 경우, 그 초과액을 영업권으로 계상하는 방법이다.

> 인수가액 〉 순자산가액(공정가액) : 영업권 (합병차손)
> 인수가액 〈 순자산가액(공정가액) : 부의 영업권 (합병차익)

예제 5 **영업권 가액결정**

(주)한화는 (주)대우해양조선을 ₩5,500,000에 인수하기로 하였다. 대우해양조선의 자산과 부채에 대한 자료는 다음과 같다. 이를 이용하여 영업권가액을 산정하고 합병에 따른 회계처리를 행하여라.

(주)대우해양조선의 자산·부채

	장부금액	공정가액
자 산	₩5,000,000	₩7,500,000
부 채	3,000,000	3,500,000
순자산가액	₩2,000,000	₩4,000,000

해 답

1. 영업권가액 산정

인수가액		₩5,500,000
(주)대우해양조선의 순자산공정가액		
자산공정가치	₩7,500,000	
부채공정가치	(3,500,000)	4,000,000
영업권가액		₩1,500,000

2. 합병시 회계처리

(차) {	자 산	7,500,000	(대) {	부 채	3,500,000
	영 업 권	1,500,000		현 금	5,500,000

(2) 순이익환원법

연평균 이익액을 다른 동종기업의 평균이익률로 환원한 이익환원평가액을 기업의 가치로 보고, 여기서 식별가능한 순자산공정가치를 차감한 금액을 영업권으로 보는 방법이다.

영업권 = (연평균이익액 / 동종업종의 평균이익률) − 순자산가액

(3) 초과이익환원법

기업의 평균이익액에서 동종산업의 평균이익률을 이용하여 산정한 정상이익액을 차감하여 초과이익액을 산출하고 이를 적정한 이익환원율(기대수익률 등)로 환원시킨 금액을 영업권으로 보는 방법이다.

초과이익 = 특정기업의 연평균이익 − 정상이익

영업권 = 초과이익 / 이익환원율

(4) 연매법

기업의 초과이익과 이것이 존속될 것으로 예상되는 추정내용연수에 의해 산출된다.

영업권 = 초과이익 × 존속연수

예제 6 영업권가액의 결정

(주)한화는 순자산 ₩2,000,000 매년 평균순이익 ₩350,000을 계상하고 있는 (주)대우해양조선을 매입하고자 한다. ① 연매법, ② 초과이익 환원법, ③ 순이익환원법에 의하여 영업권을 산출하라. 단, 동종업종의 평균이익률은 10%, (주)대우해양조선의 초과이익은 향후 8년간은 계속될 것이 예상하고 있으며, (주)한화의 기대수익률은 15%이다.

해답 ① 연매법
- 동종업종평균이익률에 의한 순이익 : ₩2,000,000 × 10% = ₩200,000
- 초과이익액 : ₩350,000 − ₩200,000 = ₩150,000

• 영업권가액 : ₩150,000 × 8 = ₩1,200,000

② 초과이익환원법

• 영업권가액 : $\dfrac{₩350,000 - (2,000,000 \times 10\%)}{0.15} = ₩1,000,000$

③ 순이익환원법

• 영업권가액 : $\dfrac{₩350,000}{0.10} - ₩2,000,000 = ₩1,500,000$

2. 영업권의 상각

영업권은 내용연수를 결정하기 어려운 비한정 내용연수를 가진 무형자산이므로 상각을 하지 않고 손상징후가 있을 때와 매년 말에 손상여부를 검토하여 손상차손을 인식한다.

10.10 투자부동산과 기타자산

1. 투자부동산

투자부동산(investment property)이란 임대수익이나 시세차익을 얻기 위하여 보유하고 있는 토지나 건물 등의 부동산을 말한다. 투자부동산은 시세차익을 얻기 위하여 보유하는 부동산으로 정상적인 영업활동과정에서 판매를 목적으로 보유하는 재고자산이나 재화의 생산이나 용역의 제공 또는 관리를 목적으로 사용하는 자가사용부동산인 유형자산과 구분된다. 또한 투자부동산은 임대수익이나 시세차익을 얻기 위하여 보유하므로 기업이 보유하고 있는 유형자산이나 재고자산 등 다른 자산과 거의 독립적으로 현금흐름을 창출하기 때문에 별도로 회계처리하는 것이 목적적합한 정보를 제공할 수 있다.

2. 투자부동산의 최초인식과 인식후 측정

투자부동산은 투자부동산에서 발생하는 미래 경제적 효익의 유입가능성이 높으며, 투자부동산의 원가를 신뢰성 있게 측정할 수 있을 때 자산으로 인식하며, 투자부동산은 최초인식시점에 원가로 측정한다.

투자부동산은 최초로 인식한 후 당해 자산에 대하여 공정가치모형과 원가모형 중 하나를 택하여 모든 투자부동산에 적용한다. 공정가치모형(fair value model)을 적용한 경우 공정가치변동으로 발생하는 손익은 당기손익에 귀속시킨다. 공정가치모형은 부동산(토지와 건물)을 공정가치로 평가한다는 점에서 유형자산의 재평가모형과 유사하지만, 평가손익의 인식에서 차이가 있다. 투자부동산의 공정가치모형은 평가손익을 당기손익에 귀속시키는 반면에 유형자산 재평가모형의 경우에는 재평가이익은 기타포괄손익으로 인식하고 재평가손실은 당기손익으로 인식한다. 투자부동산은 건물 등 감가상각대상자산이라 하더라도 감가상각을 하지 않고 공정가치평가손익을 인식한다. 감가상각을 할 경우 공정가치평가에 의하여 감가상각비가 평가이익에 포함되므로 감가상각의 실익이 없기 때문이다.

유형자산에 대한 재평가모형과 투자부동산에 대한 공정가치모형의 차이점을 정리하면 다음과 같다.

〈표 10-3〉 유형자산의 재평가모형과 투자부동산의 공정가치모형

구 분	재평가모형	공정가치모형
평가손익	재평가이익: 재평가잉여금(기타포괄손익) 재평가손실: 당기손익	당기손익
감가상각비	인식	인식하지 않음

원가모형을 택한 경우 공정가치모형과 달리 감가상각을 수행해야 한다. 감가상각은 잔존가치는 없다는 가정하에 내용연수에 따라 체계적이고 합리적인 방법에 따라 행하게 된다. 투자부동산은 원가모형을 따를 경우 감가상각과 처분손익인식은 유형자산의 회계처리가 그대로 적용된다.

예제 7 **투자부동산의 회계처리**

㈜세종은 시세차익을 얻을 목적으로 20×8년초에 건물을 ₩1,000,000에 취득하였다. 건물의 내용연수는 10년이고 잔존가치는 없다. ㈜세종은 건물에 대한 감가상각방법으로 정액법을 적용하고 있으며, 20×8년말의 공정가치는 ₩850,000이며, 20×9년말의 공정가치는 ₩920,000이었다.

원가모형을 선택하는 경우 20×8년말과 20×9년의 회계처리를 행하여라.

공정가치모형을 선택하는 경우 20×8년말과 20×9년의 회계처리를 행하여라.

해 답 1. 원가모형에 의한 경우

　　20×8년말

　　　(차) 감가상각비　　　　100,000　　　(대) 감가상각누계액　　　100,000

　　20×9년말

　　　(차) 감가상각비　　　　100,000　　　(대) 감가상각누계액　　　100,000

　2. 공정가치모형에 의한 경우

　　20×8년말

　　　(차) 투자부동산평가손실 150,000　　　(대) 투자부동산　　　　　150,000

　　20×9년말

　　　(차) 투자부동산　　　　70,000　　　(대) 투자부동산평가이익　70,000

3. 투자부동산의 손상차손

투자부동산은 공정가치모형을 따를 경우 공정가치변동을 당기손익에 반영하므로 손상여부를 검토할 필요가 없다. 그러나 원가모형을 따를 경우 보고기간말마다 투자부동산의 손상징후를 검토하여 손상차손을 인식해야 하는데 이와 관련된 내용은 유형자산의 손상차손인식과 동일하다.

4. 투자부동산의 처분과 제거

투자부동산을 처분하거나 투자부동산의 사용을 통하여 더 이상의 경제적 효익을 기대할 수 없는 경우에는 재무상태표에서 제거한다. 이때 투자부동산의 제거로 인한 손익은 투자부동산의 처분금액과 장부금액의 차이로 인식하며, 이를 제거가 이루어진 기간에 당기손익으로 인식한다.

10.11   기타자산

기타자산은 재고자산, 금융자산, 유형자산, 투자부동산 및 무형자산에 속하지 않는 자산을 말하며, 기타자산으로 분류되는 자산은 다음과 같다.

선급금과 선급비용은 그 대가로 유입되는 것이 금융상품도 지분상품도 아닌 재화나 용역이기 때문에 금융자산으로 분류하지 않고, 기타자산으로 분류한다.

1   선급금

상품 등을 매입하기 위하여 계약금으로 대금의 일부를 지급하였을 경우 선급금(advance payments)으로 처리하였다가 상품이 인도된 경우 상품계정으로 대체시킨다. 또한 상품 등을 판매하기 전에 계약금으로 대금을 미리 받은 경우에는 기타부채인 선수금(advance receipts)으로 계상하였다가 상품을 발송하면 매출계정에 대체시킨다.

예제 8   선급금

다음 상품과 관련된 연속된 거래를 계속기록법으로 회계처리 하라.
1) 천일상사에 상품 ₩500,000을 주문하고 계약금으로 ₩100,000을 현금으로 지급하다.
2) 위의 주문품이 도착하여 물품을 인수한 후 인수운임 ₩3,000은 현금으로 지급하고, 잔금은 추후에 지급하기로 하다.

해답

1) (차) 선 급 금	100,000	(대) 현 금		100,000
2) (차) 상 품	503,000	(대) 선 급 금		100,000
		매 입 채 무		400,000
		현 금		3,000

2 선급비용

선급비용(prepaid expenses)은 현금지출이 이루어졌으나 발생주의에 의하여 당기에 귀속되지 않고 차기 이후의 비용으로 인식되는 비용이다. 반대로 당기에 귀속되는 비용이나 아직 현금이 지급되지 않은 미지급비용(accrued expenses)이 있다.

연·습·문·제

∎∎ 기본문제 ∎▮

01 다음 중 무형자산의 특징이 아닌 것은?

① 일반적으로 물리적 형태가 없다.

② 경제적 효익의 제공기간이 일시적이다.

③ 영업권을 제외한 대부분의 무형자산은 법률상의 권리이다.

④ 대부분의 무형자산은 다른 대체적인 용도에 사용할 수 없다.

▶ 풀이: 무형자산은 경제적 효익이 1년 이상 장기적으로 이루어질 것으로 기대되는 자산이다.

정답 ②

02 다음 중 무형자산의 종류에 속하지 아니하는 것은?

① 프랜차이즈   ② 저작권

③ 개발비   ④ 연구비

정답 ④

03 다음 중 무형자산으로 인식하기 위한 조건이 아닌 것은?

① 무형자산의 정의에 부합하여야 한다.

② 미래의 경제적 효익이 기업에 유입될 가능성이 높아야 한다.

③ 취득원가를 신뢰성 있게 측정할 수 있어야 한다.

④ 유상취득의 경우에만 인정한다.

정답 ④

04 다음 중 무형자산에 대한 설명으로 잘못된 것은?

① 무형자산을 기업 내부에서 창출한 경우에는 일정 조건을 만족하면 무형자산으로 계상할 수 있다.

② 무형자산의 인식기준을 충족하지 못하여도 미래 경제적 효익을 얻기 위한 지출은 무형자산으로 계상할 수 있다.

③ 무형자산의 잔존가치는 특별한 경우를 제외하고 없는 것으로 본다.

④ 연구단계에서 발생한 지출은 발생시점에 비용으로 인식한다.

정답 ②

05 다음 중 연구비와 개발비에 관한 내용 중 옳지 않은 것은?

① 개별적으로 식별이 불가능한 개발비는 무형자산으로 계상할 수 없다.

② 상품화된 특정 소프트웨어의 개발비는 무형자산으로 계상된다.

③ 연구비와 개발비 모두 비용으로 처리해야 한다.

④ 연구비는 발생연도의 비용으로 처리해야 한다.

정답 ③

06 무형자산의 상각에 대한 설명 중 옳지 않은 것은?
① 무형자산의 상각은 취득 시부터 시작한다.
② 무형자산의 상각기간이 종료되는 시점에 활성화 시장이 존재하여 잔존가치가 거래시장에서 결정될 가능성이 있다면 잔존가치를 인식할 수 있다.
③ 무형자산의 상각은 상각대상금액을 수익의 발생기간에 체계적으로 대응시키는 원가배분 과정이다.
④ 무형자산의 상각액은 당기비용으로 인식한다.

▶ 풀이: 무형자산의 상각은 자산이 사용가능한 때부터 시작한다.

정답 ①

07 다음 설명 중 옳지 않은 것은?
① 내용연수가 불확실한 경우는 비한정적인 것으로 추정한다.
② 내용연수가 비한정적인 무형자산은 추정기간 동안 상각한다.
③ 무형자산의 내용연수는 경제적 내용연수와 법적 내용연수 중 짧은 기간 동안 상각한다.
④ 내용연수가 유한한 무형자산은 상각대상금액을 내용연수에 따라 원가배분한다.

▶ 풀이: 내용연수가 비한정적인 무형자산은 상각하지 않는다.

정답 ②

08 다음 설명 중 적절하지 않은 것은?
① 내용연수가 유한한 무형자산의 상각 시 합리적인 상각방법을 정할 수 없는 경우 정액법으로 상각한다.
② 무형자산의 손상차손 대상액은 장부금액과 회수가능액의 차이이다.
③ 회수가능액은 순공정가치와 사용가치 중 큰 금액으로 한다.
④ 환입한도액은 회수가능액과 손상차손 인식 전 기말장부금액 중 큰 금액으로 한다.

▶ 풀이: 환입한도액 = Min[회수가능액, 손상되지 않았을 경우 장부금액]

정답 ④

09 영업권에 관한 다음 설명 중 옳지 않은 것은?
① 내부적으로 창출된 영업권은 자산으로 인식하지 않는다.
② 영업권은 식별가능하지 않은 무형자산이다.
③ 영업권은 개별적으로 판매되거나 교환할 수 없다.
④ 영업권은 20년 이내에 정액법으로 균등상각 하여야 한다.

▶ 풀이: 영업권은 상각하지 않는다.

정답 ④

10 기타자산에 대한 다음 설명 중 옳지 않은 것은?

① 선수금은 금융부채를 발생시키는 계약상의 의무이다.

② 선급금은 상품 등을 인수하기 전에 매입 대금의 전부 또는 일부를 지급한 것을 말한다.

③ 타인의 부동산이나 동산을 일정기간 사용하기 위하여 채무의 담보로써 임대인 에게 지급한 전세권, 회원권, 임차보증금 등은 보증금으로 분류한다.

④ 선급비용은 보험료, 임차료 등 당기에 현금으로 지출한 비용 중 다음 회계기간 에 속하는 것을 말한다.

➡ **풀이:** 선수금은 현금을 지급할 의무가 아니라 재화나 용역을 제공할 의무이므로 금융부 채가 아니다.

정답 ①

11 다음 투자부동산의 평가에 관한 설명중 옳지 않은 것은?

① 공정가치모형에 의하여 평가할 경우 감가상각비는 인식하지 않는다.

② 투자부동산에 대한 평가는 원가모형과 공정가치모형중 선택할 수 있다.

③ 공정가치모형을 적용할 때 평가이익이 발생하면 기타포괄손익으로 처리한다.

④ 공정가치모형을 적용할 때 평가손실이 발생하면 당기손실로 처리한다.

➡ **풀이:** 공정가치모형의 경우 평가손익은 당기손익으로 처리한다.

정답 ③

12 12월 결산법인인 (주)명약은 신약개발을 위한 활동을 수행하고 있으며 20×8년 중에 연구 및 개발활동에 대하여 지출한 내역은 다음과 같다.

(1) 연구활동관련 : ₩100,000

(2) 개발활동관련 : ₩180,000

개발활동에 소요된 ₩180,000 중 ₩60,000은 20×8년 4월 1일부터 동년 9월 30일까지 지출되었으며 나머지 금액은 10월 1일 지출되었다. 이로써 (주)명약의 개발활동이 완료되었으며 동일부터 신기술을 사용할 수 있게 되었다. 한편, 10월 1일의 지출액만이 무형자산의 인식기준을 충족한다. (주)명약의 개발활동이 무형 자산 인식기준을 충족한 것은 10월 1일 이후이다. (주)명약은 개발활동의 결과를 기초로 20×8년 12월 31일 산업재산권을 획득하였다. 산업재산권 취득과 관련 하여 직접적으로 지출된 금액은 ₩12,000이다. 개발비와 산업재산권은 취득 후 5년간 정액법으로 상각한다. 20×8년 12월 31일 (주)명약의 재무상태표에 보고 되어야 할 개발비와 산업재산권은 각각 얼마인가?

	개발비	산업재산권		개발비	산업재산권
①	₩114,000	₩12,000	②	₩114,000	₩91,500
③	214,000	12,000	④	0	120,000

➡ 풀이: 개발비 미상각잔액 : (₩180,000 - ₩60,000) - ₩120,000/5 × 3/12 = ₩114,000
　　　 산업재산권 미상각잔액 : ₩12,000

정답 ①

13 (주)맛나는 20×8년 1월 1일 프랜차이즈 가맹점에 가입하고 가입비 ₩200,000
을 지급하였다. 매출액의 2%를 매년 말 로얄티로 프랜차이즈 본사에 지급하며,
프랜차이즈 계약기간 5년, 정액법으로 상각한다. (주)맛나의 20×8년 매출액이
₩1,000,000일 때 (주)맛나가 20×8년 결산일에 계상할 무형자산 상각비는 얼
마인가?

① ₩20,000　　　　　　　　② ₩40,000

③ ₩60,000　　　　　　　　④ ₩300,000

➡ 풀이: 무형자산상각비 = ₩200,000 × 1/5 = ₩40,000

정답 ②

14 20×8년 4월 1일에 승인된 특허권을 개발하기 위한 연구개발비로 (주)소양이 지
출한 금액은 ₩10,000이었다. 또한 특허권의 등록과 관련하여 발생한 비용은 총
₩50,000이었다. (주)소양은 이 특허권의 경제적 내용연수가 5년이라고 추정하
였다. 이 경우 (주)소양이 20×8년도에 인식할 특허권 상각액은 얼마인가?

① ₩7,500　　　　　　　　② ₩10,000

③ ₩12,000　　　　　　　　④ ₩50,000

➡ 풀이: 특허권상각비 = (₩50,000 × 1/5) × 9/12 = 7,500
　　　 (차) 특허권　　　50,000　(대) 현금　　　　　50,000
　　　 (차) 특허권상각비 7,500　(대) 특허권상각누계액 7,500

정답 ①

15 (주) 한길은 20×7년초에 개발비 ₩1,000,000이 자산인식기준을 충족하여 무형자
산으로 인식하였다. 내용연수는 5년, 잔존가치는 없고 정액법으로 상각한다.
20×8년말 관련산업의 경쟁으로 개발비의 회수가능액이 ₩450,000으로 하락하
였으나, 20×9년말 개발비의 회수가능액이 ₩700,000으로 회복되었다. 손상차
입환입액은 얼마인가?

① ₩100,000　　　　　　　② ₩400,000

③ ₩250,000　　　　　　　④ ₩300,000

➡ 풀이: 20×7년말: (차) 개발비상각 200,000　(대) 개발비상각누계액 200,000
　　　 20×8년말: (차) 개발비상각 200,000　(대) 개발비상각누계액 200,000
　　　　　　　(차) 손상차손　 150,000　(대) 손상차손누계액　 150,000

20×9년말: (차) 개발비상각 150,000 (대) 개발비상각누계액 150,000
(450,000 ÷ 3 = 150,000)
(차) 손상차손누계액 100,000 (대) 손상차손환입 100,000
회수가능액: min [700,000, 400,000] = 400,000
장부금액 : (450,000 ÷ 3) × 2 = (300,000)
손상차손환입액 400,000 - 300,000 = 100,000

정답 ①

16 자산 ₩2,400,000, 부채 ₩1,600,000, 자본잉여금 ₩200,000인 회사를 ₩1,000,000에 매입한 경우 영업권은 얼마인가?

① ₩200,000
② ₩400,000
③ ₩600,000
④ ₩800,000

▶ 풀이: 순재산가액 : ₩2,400,000 - ₩1,600,000 = ₩800,000
영 업 권 : ₩1,000,000 - ₩800,000 = ₩200,000

정답 ①

17 (주)세종의 재무 상태는 다음과 같다.

· 자 산	₩400,000
· 부 채	₩120,000
· 자 본	₩280,000

연평균이익은 ₩100,000이고 초과이익환원률은 10%이다. 이 경우 초과이익환원법에 의한 (주)세종의 영업권 가액은 얼마인가?(단, 동종 산업 정상이익률은 8%임)

① ₩56,000
② ₩776,000
③ ₩970,000
④ ₩2,800,000

▶ 풀이: 초과이익 : ₩100,000 - (280,000 × 0.08) = ₩77,600
영 업 권 : 77,600/0.10 = ₩776,000

정답 ②

18 위의 문항을 순이익환원법에 의할 경우 영업권 가액은 얼마인가?

① ₩56,000
② ₩776,000
③ ₩970,000
④ ₩2,800,000

▶ 풀이: 영업권 : (₩100,000 ÷ 0.08) - ₩280,000 = ₩970,000

정답 ③

19 (주)세종은 (주)태종을 ₩450,000에 인수하기로 하였다. (주)세종은 종합평가 계정법을 사용하여 회계처리 할 예정이다. (주)태종의 재무상태가 다음과 같을 때 (주)세종이 인수 시 계상할 영업권가액은 얼마인가?

	장부가액	공정가액
· 자 산	₩400,000	₩600,000
· 부 채	₩120,000	₩200,000
· 자 본	₩280,000	₩400,000

① ₩50,000

② ₩170,000

③ ₩200,000

④ ₩450,000

▶ 풀이: (차) { 자 산 600,000
영업권 50,000 } (대) { 부 채 200,000
현 금 450,000 }

정답 ①

20 (주)태평은 상품 ₩100,000을 주문하고 상품대금의 일부 ₩20,000을 현금으로 지급하였다. 이때의 올바른 분개는 다음 중 어느 것인가?

① (차) 매   입   20,000   (대) 현   금   20,000

② (차) 선급비용   20,000   (대) 현   금   20,000

③ (차) 선 급 금   20,000   (대) 현   금   20,000

④ (차) 미지급금   20,000   (대) 현   금   20,000

정답 ③

▌▌ **기출문제** ▌▌────────────────────────────────

■ 무형자산 일반

01 무형자산과 관련된 설명 중 옳지 않은 것은? ('09 세무직)

① 연구단계에서 발생한 지출은 모두 발생한 기간의 비용으로 인식하고, 개발단계에서 발생한 지출은 무형자산의 인식기준을 모두 충족할 경우에만 무형자산으로 인식하고 그 외에는 발생한 기간의 비용으로 인식한다.

② 무형자산은 정액법, 체감잔액법, 연수합계법, 생산량비례법 등을 사용하여 상각하며, 합리적인 상각방법을 정할 수 없는 경우에는 체감잔액법을 사용한다.

③ 프로젝트를 연구단계와 개발단계로 구분할 수 없는 경우, 당해 프로젝트에서 발생한 지출은 연구단계에서 발생한 것으로 본다.

④ 무형자산은 산업재산권, 라이선스와 프렌차이즈, 저작권, 어업권, 컴퓨터소프트웨어 등으로 분류할 수 있으며, 더 큰 단위로 통합하거나 더 작은 단위로 구분할 수 있다.

▣ 풀이: 합리적인 상각방법을 정할 수 없는 경우에는 정액법을 사용한다.

정답 ②

02 무형자산에 대한 설명으로 옳지 않은 것은? ('22 관세직)

① 내부적으로 창출한 브랜드, 제호, 출판표제, 고객 목록과 이와 실질이 유사한 항목은 무형자산으로 인식한다.

② 계약상 권리 또는 기타 법적 권리로부터 발생하는 무형자산의 내용연수는 그러한 계약상 권리 또는 기타 법적 권리의 기간을 초과할 수는 없지만, 자산의 예상사용기간에 따라 더 짧을 수는 있다.

③ 무형자산의 상각방법은 자산의 경제적 효익이 소비될 것으로 예상되는 형태를 반영한 방법이어야 한다. 다만, 그 형태를 신뢰성 있게 결정할 수 없는 경우에는 정액법을 사용한다.

④ 새로운 제품이나 용역의 홍보원가 그리고 새로운 계층의 고객을 대상으로 사업을 수행하는 데서 발생하는 원가는 무형자산의 원가에 포함하지 않는 지출이다.

정답 ①

03 무형자산에 대한 설명으로 옳지 않은 것은? ('12 지방직)

① 연구단계에서 발생한 지출은 자산의 요건을 충족하는지를 합리적으로 판단하여 무형자산으로 인식 또는 발생한 기간의 비용으로 처리한다.

② 내부적으로 창출한 브랜드와 이와 실질이 유사한 항목은 무형자산으로 인식하지 아니한다.

③ 무형자산의 상각방법은 자산의 미래경제적 효익이 소비되는 형태를 반영한 합

리적인 방법을 적용한다.

④ 무형자산은 물리적 실체는 없지만 식별가능한 비화폐성자산이다.

정답 ①

04 무형자산의 설명으로 옳은 것은? ('10 주택)

① 내부적으로 창출된 영업권은 자산으로 인식할 수 있다.

② 무형자산은 당해 자산의 법률적 취득시점부터 합리적 기간 동안 상각한다.

③ 물리적 형체가 없다는 점에서 유형자산과 다르며, 손상차손의 대상은 아니다.

④ 무형자산은 정액법 또는 생산량비례법으로만 상각해야 한다.

⑤ 최초에 비용으로 인식한 무형항목에 대한 지출은 그 이후에 무형자산의 원가로 인식할 수 없다.

▶ 풀이: ① 자산으로 인식할 수 없다.
② 사용가능시점부터 상각한다.
③ 손상차손대상이다.
④ 정액법, 체감잔액법, 생산량비례법 중에서 선택하되 결정할 수 없을 때는 정액법을 사용한다.

정답 ⑤

05 재무상태표 작성 시 무형자산으로 분류표시되는 항목에 대한 설명으로 옳지 않은 것은? ('14 관세직)

① 내부적으로 창출한 영업권은 무형자산으로 인식하지 않는다.

② 무형자산을 상각하는 경우 상각방법은 자산의 경제적 효익이 소비되는 방법을 반영하여 정액법, 체감잔액법, 생산량비례법 등을 선택하여 적용할 수 있다.

③ 숙련된 종업원은 미래 경제적 효익에 대한 충분한 통제능력을 갖고 있지 않으므로 무형자산의 정의를 충족시키지 못하여 재무상태표에 표시하지 않는다.

④ 영업권을 제외한 모든 무형자산은 보유기간 동안 상각하여 비용 또는 기타자산의 원가로 인식한다.

정답 ④

06 무형자산에 대한 설명으로 옳은 것은? ('18 지방직)

① 무형자산은 유형자산과 달리 재평가모형을 사용할 수 없다.

② 라이선스는 특정 기술이나 지식을 일정지역 내에서 이용하기로 한 권리를 말하며, 취득원가로 인식하고 일정기간 동안 상각한다.

③ 내부적으로 창출한 상호, 상표와 같은 브랜드 네임은 그 경제적 가치를 측정하여 재무제표에 자산으로 기록하여 상각한다.

④ 영업권은 내용연수가 비한정이므로 상각하지 않는다.

▶ 풀이: ① 무형자산도 재평가모형을 사용할 수 있다.
② 무형자산의 창출에 사용된 라이선스의 상각비를 무형자산의 취득원가로 인식한다.

③ 내부적으로 창출한 상호, 상표와 같은 브랜드 네임은 무형자산으로 인식하지 않고 발생시점에 당기손익으로 인식한다.

정답 ④

07 무형자산에 대한 설명으로 옳지 않은 것은? ('18 관세직)

① 무형자산으로 정의되기 위해서는 식별가능성, 자원에 대한 통제 및 미래 경제적 효익의 존재라는 조건을 모두 충족하여야 한다.

② 무형자산에는 특허권, 상표권, 저작권 등이 있다.

③ 사업결합으로 취득한 식별가능 무형자산의 취득원가는 취득일의 공정가치로 평가한다.

④ 비한정내용연수를 가지는 것으로 분류되었던 무형자산이 이후에 유한한 내용연수를 가지는 것으로 변경된 경우에도 상각을 하지 않는다.

➡ 풀이: 비한정내용연수를 가지는 것으로 분류되었던 무형자산이 이후에 유한한 내용연수를 가지는 것으로 변경된 경우에는 무형자산은 상각한다.

정답 ④

08 무형자산에 관한 설명으로 옳지 않은 것은? ('19 주택)

① 무형자산은 물리적 실체는 없지만 식별 가능한 화폐성자산이다.

② 내부적으로 창출한 영업권은 자산으로 인식하지 아니한다.

③ 무형자산의 회계정책으로 원가모형이나 재평가모형을 선택할 수 있다.

④ 최초에 비용으로 인식한 무형항목에 대한 지출은 그 이후에 무형자산의 취득원가로 인식할 수 없다.

⑤ 내용연수가 유한한 무형자산은 상각하고, 내용연수가 비한정인 무형자산은 상각하지 아니한다.

➡ 풀이: ① 무형자산은 비화폐성자산이다.

정답 ①

09 무형자산의 회계처리에 대한 설명으로 옳지 않은 것은? ('11 세무직)

① 내용연수가 비한정적인 무형자산은 상각하지 않고 매년 손상검사를 실시하여 손상차손(또는 손상차손환입)을 인식한다.

② 내부적으로 창출한 영업권은 무형자산으로 인식하지 않는다.

③ 연구개발활동과 관련하여 연구단계와 개발단계에서 발생한 지출은 무형자산의 취득원가로 처리한다.

④ 무형자산은 미래 경제적효익이 기업에 유입될 가능성이 높고 취득원가를 신뢰성 있게 측정할 수 있을 때 인식한다.

➡ 풀이: 연구단계에서 발생한 지출은 비용으로 처리한다.

정답 ③

10 무형자산에 관한 설명으로 옳지 않은 것은? ('13 주택)

① 내용연수가 비한정인 무형자산은 상각하지 아니한다.

② 무형자산은 미래에 경제적효익이 기업에 유입될 가능성이 높고 원가를 신뢰성 있게 측정가능할 때 인식한다.

③ 무형자산의 손상차손은 장부금액이 회수가능액을 초과하는 경우 인식하며, 회 수가능액은 순공정가치와 사용가치 중 큰 금액으로 한다.

④ 내부적으로 창출된 영업권은 무형자산으로 인식하지 아니한다.

⑤ 무형자산의 내용연수는 경제적 내용연수와 법적 내용연수 중 긴 기간으로 한다.

> 정답 ⑤

11 무형자산의 회계처리에 관한 설명으로 옳지 <u>않은</u> 것은? ('12 주택)

① 무형자산을 최초로 인식할 때에는 원가로 측정한다.

② 내용연수가 비한정인 무형자산에 대해서는 상각을 하지 않는다.

③ 최초에 비용으로 인식한 무형항목에 대한 지출은 그 이후에 무형자산의 원가로 인식할 수 없다.

④ 내부적으로 창출한 브랜드와 고객목록은 무형자산으로 인식한다.

⑤ 무형자산의 상각방법은 자산의 경제적효익이 소비되는 형태를 반영한 방법이어 야 한다.

> ▶ 풀이: ④ 사업을 개발하는데 발생한 원가와 구별할 수 없으므로 무형자산으로 인식하지 않는다.

> 정답 ④

12 무형자산의 회계처리로 옳은 것은? ('14 주택)

① 무형자산에 대한 손상차손은 인식하지 않는다.

② 내용연수가 한정인 무형자산은 상각하지 않는다.

③ 내용연수가 비한정인 무형자산은 정액법에 따라 상각한다.

④ 무형자산은 유형자산과 달리 재평가모형을 선택할 수 없으며 원가모형을 적용 한다.

⑤ 무형자산의 잔존가치는 영(0)이 아닌 경우가 있다.

> 정답 ⑤

13 무형자산 회계처리에 관한 설명으로 옳지 않은 것은? ('16 주택)

① 내용연수가 비한정인 무형자산은 상각하지 아니한다.

② 제조과정에서 사용된 무형자산의 상각액은 제조자산의 장부금액에 포함한다.

③ 내용연수가 유한한 경우 상각은 자산을 사용할 수 있는 때부터 시작한다.

④ 내용연수가 유한한 무형자산의 상각기간과 상각방법은 적어도 매 회계연도 말 에 검토한다.

⑤ 내용연수가 비한정인 무형자산의 내용연수를 유한 내용연수로 변경하는 것은 회계정책의 변경에 해당한다.

정답 ⑤

14 자산별 회계처리에 대한 설명으로 옳지 않은 것은? ('22 세무직)

① 무형자산의 상각방법은 자산의 경제적 효익이 소비될 것으로 예상되는 형태를 반영한 방법이어야 한다. 다만, 그 형태를 신뢰성 있게 결정할 수 없는 경우에는 정액법을 사용한다.

② 부동산 보유자가 부동산 사용자에게 부수적인 용역을 제공하는 경우가 있다. 전체 계약에서 그러한 용역의 비중이 경미하다면 부동산 보유자는 당해 부동산을 자가사용부동산으로 분류한다.

③ 정기적인 종합검사과정에서 발생하는 원가가 인식기준을 충족하는 경우에는 유형자산의 일부가 대체되는 것으로 보아 해당 유형자산의 장부금액에 포함하여 인식한다.

④ 재고자산을 순실현가능가치로 감액한 평가손실과 모든 감모손실은 감액이나 감모가 발생한 기간에 비용으로 인식한다.

정답 ②

■ **연구비와 개발비**

15 무형자산의 인식에 대한 설명으로 옳은 것은? ('15 세무직)

① 내부 프로젝트의 연구 단계에 대한 지출은 자산의 요건을 충족하는지를 합리적으로 판단하여 무형자산으로 인식할 수 있다.

② 개발 단계에서 발생한 지출은 모두 무형자산으로 인식한다.

③ 사업결합으로 취득하는 무형자산의 취득원가는 취득일의 공정가치로 인식하고, 내부적으로 창출한 영업권은 무형자산으로 인식하지 아니한다.

④ 내부적으로 창출한 브랜드, 출판표제, 고객 목록과 이와 실질이 유사한 항목은 무형자산으로 인식한다.

정답 ③

16 「한국채택국제회계기준」에서 규정하고 있는 연구활동의 예가 아닌 것은?

('14 관세직)

① 연구결과나 기타 지식을 응용하는 활동

② 공정이나 시스템 등에 대한 여러 가지 대체안을 탐색하는 활동

③ 새로운 공정이나 시스템 등에 대한 여러 가지 대체안을 평가 또는 최종 선택하는 활동

④ 생산 전의 시제품과 모형을 시험하는 활동

▶ **풀이**: 생산 전의 시제품과 모형을 시험하는 활동은 개발활동이다.

정답 ④

17 연구개발활동 중 개발활동에 해당하는 것은? ('21 주택)

① 새로운 지식을 얻고자 하는 활동
② 생산이나 사용 전의 시제품과 모형을 설계, 제작, 시험하는 활동
③ 연구결과나 기타 지식을 탐색, 평가, 최종 선택, 응용하는 활동
④ 재료, 장치, 제품, 공정, 시스템이나 용역에 대한 여러 가지 대체안을 탐색하는 활동
⑤ 새롭거나 개선된 재료, 장치, 제품, 공정, 시스템이나 용역에 대한 여러 가지 대체안을 제안, 설계, 평가, 최종 선택하는 활동

정답 ②

18 「무형자산」과 관련한 설명으로 옳지 않은 것은? ('10 지방직)

① 프로젝트의 개발단계에서 발생한 지출은 모두 무형자산으로 인식한다.
② 프로젝트의 연구단계에서 발생한 지출은 모두 발생한 기간의 비용으로 인식한다.
③ 프로젝트를 연구단계와 개발단계로 구분할 수 없는 경우에는 그 프로젝트에서 발생한 지출은 모두 연구단계에서 발생한 것으로 본다.
④ 내부적으로 창출된 무형자산의 취득원가는 그 자산의 창출제조, 사용 준비에 직접 관련된 지출과 합리적이고 일관성있게 배분된 간접 지출을 모두 포함한다.

▶ **풀이**: 무형자산의 인식조건을 충족시키지 못한 경우에는 경상개발비라는 비용으로 처리한다.

정답 ①

19 무형자산의 개발비로 회계 처리할 수 있는 활동은? ('13 지방직)

① 새로운 지식을 얻고자 하는 활동
② 생산이나 사용 전의 시제품과 모형을 설계, 제작 및 시험하는 활동
③ 재료, 장치, 제품 등에 대한 여러 가지 대체안을 탐구하는 활동
④ 연구 결과 또는 기타 지식을 탐색, 평가, 최종 선택 및 응용하는 활동

정답 ②

20 무형자산의 회계처리에 대한 설명으로 옳지 않은 것은? ('20 지방직)

① 무형자산을 최초로 인식할 때에는 원가로 측정한다.
② 무형자산이란 물리적 실체는 없지만 식별할 수 있는 비화폐성 자산이다.
③ 내부적으로 창출한 영업권은 자산으로 인식하지 아니한다.
④ 연구(또는 내부 프로젝트의 연구단계)에 대한 지출은 무형자산으로 인식한다.

▶ **풀이**: 연구활동에 대한 지출은 당기비용으로 인식한다.

정답 ④

■ 무형자산 상각

21 무형자산 상각에 대한 설명으로 가장 옳은 것은? ('08 관세직)
① 무형자산의 상각이 다른 자산의 제조와 관련된 경우에는 판매비와관리비로 처리한다.
② 무형자산의 잔존가치는 없는 것을 원칙으로 한다.
③ 무형자산의 상각기간은 원칙적으로 제한이 없다.
④ 무형자산은 정액법에 의해서만 상각한다.

정답 ②

22 (주)한국은 20×1년 7월 1일 특허권을 ₩960,000(내용연수 4년, 잔존가치 ₩0)에 취득하여 사용하고 있다. 특허권의 경제적 효익이 소비될 것으로 예상되는 형태를 신뢰성 있게 결정할 수 없을 경우, 20×1년도에 특허권에 대한 상각비로 인식할 금액은? (단, 특허권은 월할상각한다) ('20 주택)
① ₩0   ② ₩120,000   ③ ₩125,000   ④ ₩240,000   ⑤ ₩250,000

➡ 풀이: 상각비 = 960,000 × 1/4 × 6/12 = 120,000

정답 ②

23 (주)대한의 당기 신기술 개발프로젝트와 관련하여 발생한 지출은 다음과 같다.
('15 주택)

구분	연구단계	개발단계	기타
원재료사용액	₩100	₩200	
연구원급여	200	400	
			₩300

연구단계와 개발단계로 구분이 곤란한 항목은 기타로 구분하였으며, 개발단계에서 발생한 지출은 무형자산의 인식조건을 충족한다. 동 지출과 관련하여 당기에 비용으로 인식할 금액과 무형자산으로 인식할 금액은? (단 무형자산의 상각은 고려하지 않는다)

	비용	무형자산		비용	무형자산
①	₩300	₩600	②	₩400	₩800
③	₩450	₩750	④	₩600	₩600
⑤	₩1,200	₩0			

➡ 풀이: 개발단계: 200 + 400 = 600(무형자산)
　　　　연구단계와 기타: 100 + 200 + 300(비용)

정답 ④

24 (주)한국은 내용연수가 유한한 무형자산에 대하여 정액법(내용연수 5년, 잔존가치 ₩0)으로 상각하여 비용처리한다. (주)한국의 2016년 무형자산 관련 자료가

다음과 같을 때, 2016년 인식할 무형자산상각비는?(단, 2016년 이전에 인식한 무형자산은 없으며 무형자산상각비는 월할 상각한다) ('17 관세직)

> ○1월 1일: 새로운 제품의 홍보를 위해 ₩10,000을 지출하였다.
> ○4월 1일: 회계법인에 의뢰하여 평가한 '내부적으로 창출한 영업권'의 가치는 ₩200,000이었다.
> ○7월 1일: 라이선스를 취득하기 위하여 ₩5,000을 지출하였다.

① ₩32,000 ② ₩30,500
③ ₩2,500 ④ ₩500

➡ 풀이: $5,000 \times \frac{1}{5} \times \frac{6}{12} = 500$

정답 ④

■ 영업권

25 (주)한국은 (주)민국을 합병하고 합병대가로 ₩20,000,000의 현금을 지급하였다. 합병 시점의 (주)민국의 재무상태표상 자산 총액은 ₩15,000,000이고 부채 총액은 ₩9,000,000이다. (주)민국의 재무상태표상 장부가치는 토지를 제외하고는 공정가치와 같다. 토지는 장부상 ₩5,000,000으로 기록되어 있으나, 공정가치는 합병 시점에 ₩10,000,000인 것으로 평가되었다. 이 합병으로 (주)한국이 영업권으로 계상하여야 할 금액은? ('15 세무직)

① ₩0 ② ₩4,000,000
③ ₩9,000,000 ④ ₩14,000,000

➡ 풀이: 공정가치에 의한 순자산가액 = 20,000,000 - 9,000,000 = 11,000,000
　　　　영업권 = 20,000,000 - 11,000,000 = 9,000,000

정답 ③

26 2011년 말 (주)대한의 순자산 공정가치는 ₩1,000,000이고, 동종산업의 정상이익률이 14%이며, (주)대한의 과거 5년간 평균순이익이 ₩170,000이었다. (주)대한의 초과이익력이 무한정으로 지속될 것으로 가정할 때, (주)대한의 영업권 평가액은? (단, 영업권평가에 적용할 할인율은 12.5%이다) ('12 지방직)

① ₩125,000 ② ₩140,000
③ ₩170,000 ④ ₩240,000

➡ 풀이: 정상이익 1,000,000 × 14% = 140,000
　　　　초과이익 170,000 - 140,000 = 30,000
　　　　영업권평가액 30,000 ÷ 0.125 = 240,000

정답 ④

27 (주)한국은 현금 ₩100,000을 이전대가로 지급하고 (주)대한을 합병하였다. 합병일 현재 (주)대한의 식별가능한 자산과 부채의 공정가치가 다음과 같을 때, (주)한국이 인식할 영업권은? ('17 주택)

○ 매출채권	₩50,000	○ 비유동부채	₩90,000
○ 차량운반구	40,000	○ 매입채무	30,000
○ 토지	100,000		

① ₩30,000 ② ₩50,000 ③ ₩70,000
④ ₩90,000 ⑤ ₩100,000

▶ 풀이: 합병대가 100,000 - 순자산(공정가치기준) 70,000 = 30,000

정답 ①

28 (주)한국은 (주)민국에 대한 다음의 실사 결과를 이용하여 인수를 고려하고 있다.

○ 자산의 장부가치: ₩4,000 (공정가치 ?)		
○ 부채의 장부가치: ₩2,500 (공정가치 ₩2,500)		
○ 자본금: ₩500	○ 자본잉여금: ₩300	○ 이익잉여금: 5700

만약, 이 중 75%를 ₩2,000에 취득하고 영업권 ₩500을 인식한다면 (주)민국의 자산 공정가치는? ('20 세무직)

① ₩3,500 ② ₩4,000
③ ₩4,500 ④ ₩5,000

▶ 풀이: (주)민국의 순자산 공정가치 = 자산 공정가치(A) - 2,500
 영업권 500 = 2,000 - (A - 2,500) × 0.75
 ∴ A(자산 공정가치) = 4,500

정답 ③

■ 무형자산 재평가모형

29 유·무형자산의 재평가모형에 대한 설명으로 옳지 않은 것은? ('19 지방직)

① 무형자산의 재평가모형에서 활성시장이 없는 경우 전문가의 감정가액을 재평가금액으로 할 수 있다.

② 자본에 계상된 재평가잉여금은 그 자산이 제거될 때 이익잉여금으로 직접 대체할 수 있다.

③ 재평가모형에서 원가모형으로 변경할 때 비교표시되는 과거기간의 재무제표를 소급하여 재작성한다.

④ 자산을 재평가하는 회계정책을 최초로 적용하는 경우의 회계정책 변경은 소급적용하지 않는다.

➡️ **풀이:** 무형자산은 활성시장이 없는 경우 재평가모형을 적용하지 않는다.

정답 ①

■ 무형자산손상차손

30 (주)한국은 차세대 통신기술 연구개발을 위해 다음과 같이 지출하였다.

구분	2016년	2017년
연구단계	₩100,000	₩100,000
개발단계	–	₩600,000

2017년 개발단계 지출액 ₩600,000은 무형자산 인식기준을 충족하였으며, 동년 7월 1일에 개발이 완료되어 사용하기 시작하였다. 동 무형자산은 원가모형을 적용하며, 정액법(내용연수 10년, 잔존가치 ₩0)으로 상각한다. 회수가능액이 2017년 말 ₩500,000이라고 할 때, 결산 시 인식할 손상차손은? (단, 상각비는 월할계산한다) ('18 관세직)

① ₩40,000   ② ₩70,000

③ ₩100,000   ④ ₩260,000

➡️ **풀이:** 무형자산 취득원가 = 600,000
무형자산 상각비 = 600,000 × 1/10 × 6/12 = 30,000
손상차손 = (600,000 - 30,000) - 500,000 = 70,000

정답 ②

■ 투자부동산

31 투자부동산에 관한 설명으로 옳지 않은 것은? ('16 주택)
① 투자부동산은 임대수익이나 시세차익을 얻기 위하여 보유하는 부동산을 말한다.
② 본사 사옥으로 사용하고 있는 건물은 투자부동산이 아니다.
③ 최초 인식 후 예외적인 경우를 제외하고 원가모형과 공정가치모형 중 하나를 선택하여 모든 투자부동산에 적용한다.
④ 원가모형을 적용하는 투자부동산은 손상회계를 적용한다.
⑤ 투자부동산에 대해 공정가치모형을 적용할 경우 공정가치 변동으로 발생하는 손익은 발생한 기간의 기타포괄손익에 반영한다.

정답 ⑤

32 투자부동산에 대한 설명으로 옳지 않은 것은? ('22 관세직)
① 장기 시세차익을 얻기 위하여 보유하고 있는 토지는 투자 부동산으로 분류되나, 통상적인 영업과정에서 단기간에 판매하기 위하여 보유하는 토지는 투자부동산에서 제외한다.

② 재고자산을 공정가치로 평가하는 투자부동산으로 대체하는 경우, 재고자산의 장부금액과 대체시점의 공정가치의 차액은 당기손익으로 인식한다.

③ 투자부동산에 대하여 공정가치모형을 선택한 경우 감가상각하지 않으며, 공정가치 변동으로 발생하는 손익은 기타포괄손익으로 분류한다.

④ 장래 용도를 결정하지 못한 채로 보유하고 있는 토지는 투자부동산으로 분류한다.

정답 ③

33 제조업을 영위하는 (주)한국의 20×1년 말 재무상태표에는 매출채권에 대한 손실충당금(대손충당금) 기초 잔액은 ₩200,000이며, 이익잉여금 기초 잔액은 ₩30,000이었다. 20×1년 중 발생한 다음 사항을 반영하기 전의 당기순이익은 ₩150,000이다.

> ○ 당기 중 거래처에 대한 매출채권 ₩70,000이 회수불능으로 확정되었다.
> ○ 20×1년 말 매출채권 총액에 대한 기대신용손실액은 ₩250,000이다.
> ○ 7월 1일 임대목적으로 ₩200,000의 건물을 취득하였다. 내용연수는 20년이고 잔존가치는 없다. (주)한국은 투자 부동산에 대해서 공정가치모형을 적용한다. 결산일인 20×1년 말 건물의 공정가치는 ₩250,000이다.

(주)한국의 20×1년 당기순이익과 20×1년 말 이익잉여금은?   ('21 관세직)

	당기순이익	이익잉여금
①	₩80,000	₩70,000
②	₩90,000	₩70,000
③	₩80,000	₩110,000
④	₩90,000	₩110,000

▶ 풀이: 대손상각비 = 250,000 - (200,000 - 70,000) = 120,000
투자부동산 평가이익 = 250,000 - 200,000 = 50,000
당기순이익 = 150,000 - 120,000 + 50,000 = 80,000
이익잉여금 = 30,000 + 80,000 = 110,000

정답 ③

■ 투자부동산 공정가치모형

34 (주)한국은 20×1년 1월 1일 임대수익과 시세차익을 목적으로 건물을 ₩100,000,000 (내용연수 10년, 잔존가치 ₩0, 정액법)에 구입하고, 해당 건물에 대해서 공정가치모형을 적용하기로 하였다. 20×1년 말 해당 건물의 공정가치가 ₩80,000,000일 경우 (주)한국이 인식해야 할 평가손실은?   ('20 세무직)

① 기타포괄손실 ₩10,000,000   ② 당기손실 ₩10,000,000
③ 기타포괄손실 ₩20,000,000   ④ 당기손실 ₩20,000,000

▶ **풀이**: 투자부동산이 공정가치모형이므로 감가상각하지 않는다. 따라서 ×1년 말 평가손실
은 당기손실 20,000,000이다.

정답 ④

35 한국은 2013년 1월 1일에 투자 목적으로 건물을 ₩10,000(내용연수 10년, 잔
존가치 ₩0, 정액법 상각)에 취득하였다. 회사는 투자부동산을 공정가치모형으로
평가하고 있으며, 2013년 결산일과 2014년 결산일의 동 건물의 공정가치는 각
각 ₩8,000과 ₩9,500이다. 이 경우 2013년과 2014년의 포괄손익계산서에
미치는 영향은? ('15 세무직)

2013년		2014년	
① 감가상각비	₩1,000	감가상각비	₩1,000
② 투자부동산평가손실	₩2,000	투자부동산평가이익	₩1,500
③ 투자부동산평가손실	₩2,000	투자부동산평가손실	₩500
④ 투자부동산평가손실	₩1,000	투자부동산평가이익	₩500

▶ **풀이**: 2013말 (차) 투자부동산 평가손실 2,000 (대) 투자부동산 2,000
2014말 (차) 투자부동산 1,500 (대) 투자부동산 평가이익 1,500

정답 ②

36 (주)한국은 20×1년 초 시세차익 목적으로 건물(취득원가 ₩80,000, 내용연수 4
년, 잔존가치 없음)을 취득하고 투자부동산으로 분류하였다. (주)한국은 건물에
대하여 공정가치모형을 적용하고 있으며, 20×1년 말과 20×2년 말 동 건물의 공
정가치는 각각 ₩60,000과 ₩80,000으로 평가되었다. 동 건물에 대한 회계처리
가 20×2년도 당기순이익에 미치는 영향은? (단, (주)한국은 통상적으로 건물을
정액법으로 감가상각한다.) ('19 주택)

① ₩20,000 증가   ② ₩20,000 감소   ③ 영향 없음

④ ₩40,000 증가   ⑤ ₩40,000 감소

▶ **풀이**: 20×2년 평가손익 = 80,000 - 60,000 = 이익 20,000

정답 ①

37 (주)한국이 2018년 1월 초 건물을 취득하여 투자부동산으로 분류하였을 때, 다
음 자료의 거래가 (주)한국의 2018년 당기손익에 미치는 영향은? (단, 투자부동
산에 대하여 공정가치모형을 적용하며, 감가상각비는 정액법으로 월할계산한다.)

('19 관세직)

> ○ 건물(내용연수 5년, 잔존가치 ₩0) 취득가액은 ₩2,000,000이며, 이와 별도로 취득
> 세 ₩100,000을 납부하였다.
> ○ 2018년 6월 말 건물의 리모델링을 위해 ₩1,000,000을 지출하였으며, 이로 인해
> 건물의 내용연수가 2년 증가하였다.
> ○ 2018년 12월 말 건물의 공정가치는 ₩4,000,000이다.

① ₩2,000,000   ② ₩1,900,000

③ ₩1,000,000   ④ ₩900,000

▶ 풀이: 당기손익 = 4,000,000 − (2,000,000 + 100,000 + 1,000,000) = 이익 900,000

정답 ④

38 (주)한국은 20×1년 초 임대목적으로 건물(취득원가 ₩1,000,000, 내용연수 10년, 잔존가치 ₩100,000, 정액법 상각)을 취득하여 공정가치모형을 적용하였다. 20×1년 12월 31일 건물의 공정가치가 ₩1,000,000일 경우 당기순이익에 미치는 영향은? ('18 주택)

① ₩0   ② ₩90,000 증가   ③ ₩90,000 감소

④ ₩100,000 증가   ⑤ ₩100,000 감소

▶ 풀이: 임대목적으로 취득한 건물은 투자부동산이다. 투자부동산에 대하여 공정가치모형을 적용하므로 감가상각은 하지 않는다. 취득원가와 기말의 공정가치가 1,000,000으로 동일하므로 평가손익이 발생하지 않는다. 따라서 당기순이익에 미치는 영향은 0이다.

정답 ①

■ 투자부동산 처분

39 (주)한국은 20×1년 초 건물(내용연수 10년, 잔존가치 ₩0, 정액법으로 감가상각)을 ₩200,000에 구입하여 투자부동산으로 분류(공정가치모형 선택)하였다. 20×3년 초 이 건물을 외부에 ₩195,000에 처분하였을 때 인식할 손익은?

구 분	20×1년 말	20×2년 말
건물의 공정가치	₩210,000	₩170,000

('17 주택)

① 손실 ₩15,000   ② 손실 ₩5,000   ③ ₩0

④ 이익 ₩25,000   ⑤ 이익 ₩35,000

▶ 풀이: 20×3년 처분손익 = 195,000 − 170,000 = 이익 25,000

정답 ④

▋▋ 주관식 ▋▋

〈1〉 무형자산의 취득원가

(주)한국은 20×8년 1월 1일 태양연구소와 대체에너지 개발을 위한 용역계약을 체결하고 ₩200,000을 먼저 지급하였다. 동년 8월 31일 대체에너지 개발이 성공적으로 이루어져 비용 ₩10,000을 추가적으로 지출하고 특허권을 출원하였다. 이와 관련된 일련의 회계처리를 행하여라.

〈2〉 특허권

다음을 회계처리하라.

⑴ 신제품의 개발을 위하여 연구자금으로 ₩2,000을 현금으로 지급하다.

⑵ 위 연구결과 성공하여 특허권 신청비용 등 ₩300을 현금으로 지급하고 특허권을 취득하다.

⑶ 결산 시 위의 특허권을 상각하다(단, 특허권의 내용연수는 10년이다).

〈3〉 내부적으로 창출된 무형자산

다음은 20×9년에 발생한 (주)한국의 연구 및 개발활동과 관련된 자료이다. 무형자산으로 인식할 금액을 구하여라.

⑴ 사업개시비용	₩30,000
⑵ 교육훈련비	20,000
⑶ 광고 및 판매촉진비	150,000
⑷ 사업이전비	100,000
⑸ 새로운 지식을 얻기 위한 계획적인 탐구활동	40,000
⑹ 시제품과 모형 설계비	80,000
⑺ 새로운 기술과 관련된 공구, 금형, 주형 설계비	60,000

〈4〉 무형자산의 거래

다음과 같은 무형자산 관련 거래에 대하여 회계처리하여라.

⑴ 새로운 기술과 관련된 특허권을 ₩50,000에 취득하였다. 특허권은 특허보호기간인 10년에 걸쳐 정액법으로 상각하기로 했다.

⑵ (주)세종은 (주)대왕을 ₩260,000에 인수합병 하였다. 합병 시 (주)대왕이 소유하고 있는 자산의 공정시장가치는 ₩400,000이고, 부채의 공정시장가치는 ₩200,000이었다. 순공정시장가치를 초과하여 지급한 합병대가는 영업권으로 처리하였으며 영업권은 5년에 걸쳐 정액법으로 상각하기로 했다.

⑶ 매장량이 100,000kg으로 예상되며 잔존가액은 없는 것으로 추정되는 금광에 ₩500,000을 투자하였다. 당기의 채굴량은 5,000kg이었다.

⑷ (주)대한을 ₩350,000에 인수합병 하였는데 (주)대한의 자산과 부채의 공정시장가치는 각각 ₩650,000과 ₩450,000이었다. 영업권은 5년에 걸쳐 정액법으로 상각한다.

⑸ 특허권을 ₩30,000에 취득하였는데 경제적 내용연수는 5년으로 추정되나 특허법에서는 10년간 보호받도록 되어 있다. 특허권은 정액법을 이용하여 상각한다.

〈5〉 무형자산의 손상차손(1)

(주)한국은 20×5년 5월 1일 개발비로 ₩500,000, 연구비로 ₩400,000을 지출하였다. 개발비 중 무형자산의 인식요건을 충족한 것은 ₩300,000이었다. 20×6년 6월 1일 추가로 무형자산의 인식요건을 충족하는 개발비 ₩700,000이 지출되었다. 개발비는 20×7년 1월 1일부터 사용이 가능하며 내용연수 4년, 잔존가액은 0, 정액법으로 상각한다. 20×7년 1월 1일 개발활동의 결과로 ₩50,000의 수수료를 지급하고 특허권을 취득하였다. 동 특허권의 내용연수는 5년, 잔존가액은 0, 정액법으로 상각한다. 20×8년 12월 31일 경쟁업체의 신제품 출시로 개발비의 회수가능액이 ₩300,000으로 하락하였다. 하지만 20×9년 12월 31일 경쟁제품에 대한 치명적인 결함이 발견되어 회수가능액이 ₩600,000으로 회복되었다. (주)한국의 연구 및 개발활동과 관련된 일련의 회계처리를 하라. 단, (주)한국은 무형자산상각을 간접법으로 회계처리 한다.

〈6〉 무형자산의 손상차손(2)

(주)세종은 20×8년 1월 1일에 특허권을 ₩10,000에 구입하여 내용연수는 5년 잔존가치는 없는 것으로 예상하였다. 20×8년말에 회수가능액을 추정한 결과 ₩6,000이었다. 20×9년말 손상이 회복되어 회수가능액을 추정한 결과 ₩8,000이었다. 특허권은 정액법으로 상각하고 있다.

<요구사항>
각 연도에 필요한 회계처리를 행하여라.
단, 무형자산상각은 간접법으로 회계처리 한다.

〈7〉 영업권의 평가

(주)한국은 순자산 ₩2,000, 매년 평균 순이익 ₩350을 계상하고 있는 (주)대한을 매입하고자 한다. 다음의 각 방법에 의하여 영업권을 계산하라. 단, 동종기업의 평균이익률은 10%이며, (주)대한의 초과이익은 향후 5년간 지속될 것으로 예상된다. 또한 (주)한국의 기대수익률은 15%이다. 각각 다음의 방법에 의하여 영업권을 구하라.
⑴ 연매법
⑵ 초과이익환원법
⑶ 순이익환원법

〈8〉 영업권의 평가 - 종합평가법

(주)대한은 20×8년 초 (주)민국을 인수하기로 하였다. (주)대한은 (주)민국의 기업 가치를 ₩1,000,000으로 산정하고 동 금액을 현금으로 지급하였다. 다음은 (주)대한의 영업권 평가에 관한 자료이다. (주)대한이 (주)민국을 합병할 경우 인식할 영업권을 산정하고 합병 시의 회계처리를 행하라.

	장부가액	공정가액
· 자 산	₩1,000,000	₩2,000,000
· 부 채	600,000	1,200,000
· 자 본	400,000	800,000

〈9〉 투자부동산 - 원가모형

㈜한국은 임대목적으로 20×8년초에 건물을 ₩1,000,000에 취득하였다. 건물의 내용연수는 5년이고 잔존가치는 없다. ㈜한국은 건물에 대한 감가상각방법으로 정액법을 적용하고 있다.

원가모형을 선택하는 경우 20×8년말과 20×9년의 회계처리를 행하여라.

〈10〉 투자부동산 - 공정가치모형

㈜세종은 시세차익목적으로 20×8년초에 토지를 ₩5,000,000에 취득하였다. 20×8년말에 토지의 공정가치는 ₩4,000,000이며, 20×9년말에 토지의 공정가치는 ₩6,000,000이다. 공정가치모형을 선택하는 경우 20×8년말과 20×9년의 회계처리를 행하여라.

11 부 채

11.1 부채의 의의

부채(liabilities)란 기업실체에 영향을 주는 과거의 거래나 사건의 결과에 의해 다른 실체에게 경제적 자원을 이전해야 할 의무로서 미래에 예상되는 경제적 효익의 희생(probable future sacrifices)이다. 부채는 다음과 같은 특징을 가진다.

(1) 부채는 과거 사건의 결과이다.

재화를 구입하거나 용역을 제공받은 경우 구입이나 제공을 받은 즉시 그 대금의 지급이 이루어지지 아니한 경우에는 대금을 지급하여야 할 의무가 발생하며, 타인에게 자금을 차입하면 상환하여야 할 의무가 발생한다. 이와 같이 부채는 과거의 거래나 사건의 결과로 발생한다. 과거의 거래나 사건과 무관하게 단순히 미래 경제적 효익이 유출될 것으로 기대되는 것은 부채가 아니다. 특정 기업의 의무를 발생시킨 거래나 경제적 사건이 과거에 발생했어야 한다.

(2) 부채는 기업의 현재 의무이다.

부채는 다른 경제적 실체에게 경제적 자원을 이전하여야 할 의무이며 그 의무는 현재 존재하여야 한다. 따라서 미래에 발생할 사건에 대한 단순한 합의는 실제로 그 사건이 발생할 때까지는 현재의무가 존재하지 않으므로 부채가 아니다.

(3) 부채는 미래 경제적 효익의 희생이다.

기업실체가 현재의 의무를 이행하기 위해서는 반드시 미래에 현금이나 재화 또는 용역의 희생을 수반한다. 즉, 부채는 미래에 다른 실체에게 경제적 자원을 이전하거나 용역을 제공해야 할 의무이다.

이러한 부채의 정의를 충족시키더라도 부채의 인식기준을 충족하지 못하는 경우에는 재무제표에 부채로 인식하지 않는다. 부채의 인식이란 부채와 관련된 거래나 사건을 재무제표에 부채로 계상하는 것을 의미한다. 재무보고를 위한 개념체계에서는 부채는 현재의무의 이행에 따라 경제적 효익이 내재된 자원의 유출가능성이 높고 결제될 금액에 대해 신뢰성 있게 측정할 수 있을 때 재무상태표에 인식하도록 하고 있다. 따라서 재무제표상에 부채로 계상되기 위해서는 당해 항목이 부채의 정의를 충족시키고, 당해 항목과 관련된 미래 경제적 효익이 기업실체로부터 유출될 가능성이 높으며, 당해 항목에 대한 측정속성이 있으며, 이 측정속성을 신뢰성있게 측정할 수 있다는 조건이 충족되었을 때이다.

11.2 부채의 분류

부채는 상환기간에 따라 유동부채와 비유동부채, 성격에 따라 금융부채와 비금융부채, 금액의 불확실성 정도에 따라 확정부채와 충당부채로 구분된다.

1. 유동부채와 비유동부채

유동부채(current liabilities)는 정상적인 영업순환과정내에 또는 1년 기준에 따라 재무상태표일로부터 1년 이내에 상환하여야 할 경제적 의무이다. 유동부채는 원칙적으로 미래에 제공해야 할 재화·용역의 현재가치로 평가하여야 한다. 그러나 만기가 보통 1년 이내에 도래한다는 점에서 최종 상환금액을 부채액으로 평가하는 것이 많이 이용된다. 유동부채에는 매입채무, 단기차입금, 미지급금, 선수금, 예수금, 미지급비용, 미지급법인세, 유동성장기차입금, 단기충당부채 등이 있다.

비유동부채(noncurrent liabilities)는 재무상태표일로부터 1년 이후에 지급 기한이 도래하는 채무를 말한다. 비유동부채는 자본금과 함께 장기자본의 주요 조달원천이다. 비유동부채는 원칙적으로 미래에 제공해야 할 재화·용역의 현재가치로 평가하여야 한다. 비유동부채에는 사채, 신주인수권부 사채, 장기차입금, 장기성매입채무, 장기충당부채 등이 있다.

2 금융부채와 비금융부채

금융부채(financial liabilities)는 현금 등 금융자산이나 자기지분상품으로 상환되어야 하는 회피할 수 없는 계약상의 의무이다. 금융부채에는 매입채 무, 차입금, 미지급금, 미지급비용, 임대보증금, 사채, 신주인수권부사채, 전환사채 등이 있다. 금융부채를 당기손익인식금융부채와 기타금융부채로 구분한다. 비금융부채는 금융부채가 아닌 부채로 장단기 충당부채, 선수금, 선수수익, 미지급법인세, 예수금 등이다.

3 확정부채와 충당부채

확정부채(determinable liabilities)는 재무상태표일 현재 부채의 존재가 확 실하며 지급하여야 할 금액과 시기도 확정되어 있는 부채이다. 충당부채는 재무상태표일 현재 부채의 존재가 불확실하거나 지출의 시기 또는 금액이 불확실한 부채를 말한다.

11.3 충당부채

1 충당부채의 의의

충당부채(appropriation liabilities)는 과거의 사건이나 거래의 결과에 의 한 현재의무로서, 경제적 효익의 유출시기와 금액을 확실하게 알지 못하더 라도 그 의무를 이행하기 위하여 자원이 유출될 가능성이 높고 또한 당해 금액을 신뢰성 있게 추정할 수 있는 의무를 말한다. 충당부채는 당해 회계연도에 그 발생원인이 존재하였기 때문에 수익과 비용의 대응원칙에서 볼 때 당기의 수익에서 차감하는 것이 합리적이라고 판단되는 의무에 대하여 그 금액을 추산하여 부채로 계상하는 것이다. 그러나 과거 사건이나 거래의 결과로 발생한 현재의 의무이지만 당해 의무를 이행하기 위하여 경제적 효익이 내재된 자원이 유출될 가능성이 높지 않거나, 당해 금액을 신뢰성 있게 추정할 수 없을 때는, 즉 부채의 인식조건을 충족하지 못하여 재무제표에 인식하지 못할 때는 우발부채(contingent liabilities)로 처리된다. 충당부채는 재무제표에 부채로 인식되나, 우발부채는 재무제표에 부채로 인식되지 아니하고 주석으로 기재된다.

<표 11-1> 충당부채와 우발부채의 회계처리

금액 추정가능성 ＼ 자원유출가능성	신뢰성 있게 추정가능	추정불가능
가능성이 높음(50%초과)	충당부채로 인식	우발부채로 주석공시
가능성이 높지 않음	우발부채로 주석공시	우발부채로 주석공시
가능성이 거의 없음	공시하지 않음	공시하지 않음

충당부채의 유형으로는 제품보증충당부채, 경품충당부채, 포인트(마일리지)충당부채, 지급보증충당부채, 복구충당부채 등이 있다. 충당부채는 그 의무시행시기에 따라서 유동부채와 비유동부채로 나누어지며, 충당부채 중 이를 연차적으로 분할하여 사용하거나 그 전부 또는 일부의 사용시기를 합리적으로 예측할 수 없는 경우에는 이를 전부 비유동부채에 속하는 것으로 한다.

2. 제품보증충당부채

제품보증충당부채(product warranty liabilities)는 제품을 보증판매한 경우, 이로부터 미래에 발생할 것으로 예상되는 비용에 대비하여 설정한 준비액이다. 구매자에게 일정기간 동안 제품을 보증하는 경우 제품은 이미 판매되어 수익으로 인식되었으나 장래에 제품의 보증이행에 따른 실제비용은 차기이후에 지출되므로 수익과 관련된 비용이 같은 회계기간에 대응되지 못하게 된다. 따라서 앞으로 발생될 비용을 미리 추정하고 관련 수익에 대응시켜 계상하여야만 당기의 경영성과가 올바르게 보고될 수 있다. 이와 같이 장래에 발생할 비용을 미리 예측하여 당기의 비용으로 보고하고 이에 대응하는 부채로 제품보증충당부채를 설정하게 된다.

예제 1 **제품보증충당부채**

(주)현대자동차는 20×8년부터 신제품을 판매하기 시작하였다. 현대자동차는 불량품에 대하여 1년간 보증하기로 하였다. 20×8년 중에 ₩1,000,000의 매출을 기록하였다. 결산시점에 과거의 경험에 의하여 보증비용을 매출액의 5%로 설정하였다.

20×9년 2월 1일 제품의 보증수리 요청이 있었으며 제품수리를 위하여 ₩20,000을 현금으로 지출하였다. 이에 대한 회계처리를 행하라.

해 답 20×8년 판매시

(차) 현 금	1,000,000		(대) 매 출	1,000,000

20×8년 결산시

(차) 제품보증비	50,000		(대) 제품보증충당부채	50,000

(1,000,000 × 5% = 50,000)

20×9년 보증수리시

(차) 제품보증충당부채	20,000		(대) 현 금	20,000

3. 경품충당부채

경품충당부채는 기업이 특정 상품의 판매를 촉진하기 위하여 상품을 판매할 때 마다 경품권을 제공하고, 고객이 경품권을 제시함으로써 해당 기업이 경품을 제공하는 경우에 발생한다. 이와 같이 경품제공조건으로 상품을 판매한 결과로 현재시점에 경품을 제공할 의무가 있고, 미래에 경품을 제공할 가능성이 높으며 경품제공을 위해서 자원의 유출가능성이 높기 때문에 충당부채로 인식하여야 한다. 즉, 경품권부 판매가 이루어진 경우 판매수익이 인식되는 시점에서 경품권 발행에 관련된 부채를 추정하여 충당부채로 계상하고 당기의 비용으로 처리하여야 한다.

예제 2 경품충당부채

롯데백화점은 판촉방법으로 20×9년 3월 1일부터 10월 말까지의 판매된 제품에 대하여 매출액 ₩100,000당 경품권 1매씩을 제공하고, 20×9년 11월 1일부터 3개월간 이 경품권 10매를 제시하는 고객에게 경품으로 자전거를 제공하기로 하였다. 롯데백화점은 경품에 해당하는 자전거를 100대 구입해 놓고 있으며, 자전거 1대 당 구입원가는 ₩20,000이다. 롯데백화점은 판촉기간 동안 1억원의 매출을 올렸으며, 경품권의 예상회수 비율은 60%로 추정하고 있으며, 20×9년 11월 1일부터 12월 말일까지 실제회수량은 200매였다. 롯데백화점은 경품비용에 대하여 발생주의에 따라 회계처리하고 있으며, 경품충당부채를 설정하고 있다. 이러한 경품부판매와 관련된 일련의 과정을 회계처리하라.

해 답   1. 판매시

    (차) 현   금   100,000,000   (대) 매   출 100,000,000

  2. 경품구입시

    (차) 경   품   2,000,000   (대) 현   금   2,000,000

  3. 경품제공시

    (차) 경 품 비   400,000   (대) 경   품   400,000

    200매 ÷ 10매 × 20,000 = 400,000

  4. 결산시점

    (차) 경 품 비   800,000   (대) 경품충당부채 800,000

경품의 추정원가 = (1,000매 × 60% ÷ 10매) × 20,000 = ₩1,200,000

미래에 지급될 것으로 예상되는 경품 = 1,200,000 − (20 × 20,000) = ₩800,000

4. 복구충당부채

복구충당부채는 기업이 특정 유형자산을 취득할 때 해당자산의 사용이 종료된 후에는 해당자산을 해체, 제거할 의무를 부담하는 경우가 있는데 이때 인식하게 되는 부채이다. 원자력발전소, 해상구조물, 쓰레기매립장, 저유설비등과 같이 토양, 수질, 대기, 방사능 오염 등을 유발할 가능성이 있는 시설물인 유형자산은 경제적 사용이 종료된 후 환경보전을 위하여 반드시 원상회복을 시켜야 한다. 이러한 원상복구의무를 이행한다는 조건을 수용하지 않으면 유형자산을 취득할 수 없게 된다. 해당자산의 사용이 종료된 후에 그 자산을 제거, 해체하거나 또는 부지의 복원과 같이 원상회복을 위하여 소요될 것으로 추정되는 원가의 현재가치를 유형자산의 취득원가에 포함시키고 동액을 복구충당부채로 계상한다. 복구충당부채는 최초 인식시점에서는 현재가치로 기록되지만 기간이 경과하여 매기말 현재의 현재가치로 전환되게 된다. 따라서 기초복구충당부채에 할인료를 곱한 금액을 매기비용(이자비용 또는 복구충당부채전입액)으로 인식하고 동시에 복구충당부채에 가산하게 된다. 따라서 내용연수가 종료된 시점에는 실제로 지출하게 될 복구비용이 충당부채로 적립되게 된다.

예제 3 **복구충당부채**

(주)새만금은 20×1년초에 자산의 사용이 종료되면 원상복구를 해야 하는 해양구축물을 400,000원에 취득하였다. 해양구축물의 잔존가치는 0원이며 내용연수는 5년이다. 감가상각은 정액법에 의한다. 복구비용과 관련된 예상현금흐름 200,000원이며, 이자율 5%를 적용한 예상현금흐름의 현재가치는 156,700원이다. 20×5년말에 실제 복구에 들어간 현금은 300,000원이었다. 이러한 복구충당부채와 관련된 일련의 과정을 회계처리 하여라.

해답

1. 해양구조물 취득시(20×1년초)

(차) 해양구축물	556,700	(대) { 현 금	400,000
		복구충당부채	156,700

2. 20×1년말 결산시

(차) 감가상각비	111,340	(대) 감가상각누계액	111,340

556,700 ÷ 5 = 111,340

(차) 이자비용	7,835	(대) 복구충당부채	7,835

156,700 × 0.05 = 7,835

3. 20×2년말 결산시

(차) 감가상각비	111,340	(대) 감가상각누계액	111,340

556,700 ÷ 5 = 111,340

(차) 이자비용	8,227	(대) 복구충당부채	8,227

(156,700 + 7,835) × 0.05 = 8,227

4. 20×5년말 복구시점

(차) { 복구충당부채	200,000	(대) 현 금	300,000
복구공사손실	100,000		

11.4 금융부채

금융부채(financial liabilities)란 채무자가 현금 등의 금융자산이나 지분상품으로 결제할 계약상의 의무를 말한다. 매입채무, 지급어음, 차입금, 사채는 미래에 현금을 지급할 계약상의 의무이므로 금융부채이다. 그러나 미지급법인세, 미지급재산세는 법에 의한 부채이지 계약에 의한 부채가 아니므로 금융부채가 아니다. 또한 계약상 의무지만 실물자산인 상품이나 유형자산을 제공하게 되는 선수금이나 선수수익은 금융부채가 아니다. 제품보증충당부채도 금융자산의 인도가 아니라 보증이행이므로 금융부채가 아니다. 마찬가지로 소송에 의해 발생하는 충당부채도 계약이 아니라 법에 의하므로 금융부채가 아니다.

금융부채는 공정가치측정 금융부채와 기타금융부채로 분류한다. 공정가치측정 금융부채는 공정가치의 변동을 당기손익으로 인식하나 기타금융부채는 현재가치개념을 적용한 상각후원가로 측정한다.

1. 매입채무와 장기성매입채무

매입채무(accounts payable)는 일반적 상거래에서 발생한 외상매입금과 지급어음으로 한다. 한편 여기에서 일반적인 상거래라 함은 해당 회사의 사업목적을 위한 경상적인 영업활동에서 발생하는 거래를 말한다. 이와 같이 매입채무는 외상매입금과 지급어음의 통합계정이다.

장기성매입채무는 일반적 상거래에서 발생한 1년 이상이 경과한 후에 지급기일이 도래하는 장기외상매입금과 장기지급어음이다. 이는 현재가치개념에 의하여 시장이자율을 적용하여 현재가치로 평가하고, 액면금액과 현재가치의 차이를 현재가치할인차금계정으로 처리한 후, 액면가액에서 차감하는 형식으로 기재한다. 현재가치할인차금은 추후 상환기간동안 상각처리하여 이자비용으로 인식한다.

2. 단기차입금과 장기차입금

단기차입금(short-term loans payable)은 금융기관으로부터의 당좌차월과 1년 내에 상환할 차입금으로 한다. 특히 어음을 발행하여 자금을 차입한 경우는 어음차입금계정을 따로 쓸 수 있다.

장기차입금(long-term loans payable)은 금융기관 등으로부터 자금을 차입하여 그 원금을 1년 이후의 일정시점에 상환하게 되어 있는 채무이다. 장기차입금 중 상환기일이 1년 이내로 도래하였을 경우 유동성장기부채로 재분류하여야 한다. 또한 차입처별 차입액, 차입용도, 이자율, 상환방법 등은 주석기재사항이다.

3. 미지급금

일반적인 상거래와 관련한 채무는 외상매입금이나 지급어음과 같은 매입채무계정을 사용하나, 일반적 상거래 이외에서 발생한 채무에 대해서는 미지급금(non-trade accounts payable)이라는 계정을 사용한다.

4. 미지급비용

미지급비용(accrued expenses)은 발생주의 하에서 당기에 발생한 비용으로 인식하지만 아직 현금지출이 이루어지지 않은 비용이다. 즉, 발생주의에 의하여 기간경과에 따라 비용을 인식하는 경우 현금지급액이 인식해야 할 비용에 미달할 때 그 미달액을 미지급비용이라 한다. 미지급비용은 미지급이자와 같이 그 지급의무가 계약에 기초한 것이라면 금융부채에 해당하고, 미지급법인세와 같이 계약에 기초하지 않은 것이라면 금융부채에 해당하지 않는다. 예를 들면 기업이 금융기관에서 자금을 차입한 경우 이자비용을 현금으로 지급하지 않았더라도 발생주의에 의하여 수정분개를 하면 그 기간에 귀속시킬 이자가 발생한다. 이때 대여자인 금융기관 등에게는 미수이자라는 금융자산을 발생시키고, 차입자인 회사 등에게는 미지급이자라는 금융부채를 발생시킨다.

5. 임대보증금

임대보증금은 타인에게 부동산이나 동산을 일정기간 동안 빌려주고 채무의 담보로서 임차인에게 수취한 금액으로 임대기간이 만료되면 상환해야 하는 부채이다.

6. 사 채

사채(bond)는 회사가 장기자금을 조달하기 위하여 회사의 확정채무임을 표시하는 증서인 사채권을 발행하고 자금을 차입함에 따라 부담하는 채무로서 증권시장의 일반 투자자들로부터 장기자금을 조달하는 방법이다. 사채는 회사가 약정된 이자율에 의한 이자를 정기적으로 지급하기로 하고 만기가 되면 원금을 상환할 것을 약속한 금융부채이다. 이는 대중을 상대로 매각되기 때문에 누가 채권자가 될 지 모르며 시장에서 유통되므로 채권자가 수시로 바뀐다는 점에서 금융기관에서 빌린 차입금과 차이가 있다.

사채는 발행회사의 입장에서 보면 금융부채에 해당되지만, 사채를 매입한 회사의 입장에서는 금융자산이 된다. 특히 매입회사가 만기까지 보유하고자 하는 적극적 의도와 능력이 있는 경우에는 만기보유금융자산으로, 그렇지 않은 경우에는 매도가능금융자산으로 분류한다.

7. 신주인수권부사채

신주인수권부사채(BW: bonds with stock warrants)란 일정기간이 경과한 다음 주식을 인수할 수 있는 권리(신주인수권)가 부여되어 있는 사채를 말한다. 발행자의 입장에서는 일반사채에 비하여 보통 낮은 이자율로 발행이 이루어지므로 자본조달비용이 낮고, 투자자 입장에서는 이자수익은 낮지만 기업의 성과가 양호해질 경우 신주를 인수하여 추가적인 배당수익이나 주가상승에 따른 자본이득을 얻을 수 있는 기회를 갖는다.

8. 전환사채

전환사채(CB: convertable bonds)는 사채발행 후 일정기간이 경과한 다음 사채권자에게 정해진 가격에 주식으로 전환할 수 있는 권리가 부여된 사채를 말한다. 일반사채에 주식으로 전환할 수 있는 전환권이 부여되어 있기 때문에 일반사채에 비하여 낮은 이자율로 발행이 이루어진다. 따라서 회사에서는 낮은 이자율로 자금을 원활하게 조달할 수 있으며, 사채가 주식으로 전환되면 회사의 부채는 소멸되고 자본금이 증가되므로 재무구조의 개선도 도모할 수 있다. 투자자의 입장에서도 전환사채가 사채이면서도 잠재적 주식의 성격을 가지므로 주가가 낮으면 사채로 보유함으로써 사채의 확실성을 확보하고, 주가가 상승하면 주식으로 전환하여 주식의 초과수익성을 추구할 수 있다.

11.5 　사 　채

1. 사채의 발행금액

사채는 발행자가 약정에 따라 일정기간 동안 표시이자를 지급하고, 만기일에는 원금을 상환하기로 한 채무상품이다. 사채를 발행하면 사채발행회사는 만기 시점에 원금을 지급하여야 하며, 상환기간 동안 정해진 방법에 따라 이자를 지급해야 하는 의무가 발생한다. 따라서 사채의 발행금액은 미래 지급될 것으로 기대되는 총현금유출액의 현재가치에 의하여 결정된다. 즉, 사채의 발행금액은 사채의 만기에 지급하게 되는 원금의 현재가치와 정기적으로 지급하게 될 사채이자의 현재가치를 합한 금액이 된다. 이 때 사채의 미래 현금흐름을 현재가치로 할인하는 할인율은 유효이자율이된다. 유효이자율은 투자자의 입장에서는 사채에 투자함으로써 얻을 수 있으리라 기대되는 투자수익률이며, 발행자의 입장에서는 사채발행자가 실질적으로 부담하게 되는 이자율이다.

사채발행가액 = 사채의 현재가치

= 사채이자의 현재가치 + 사채원금의 현재가치

$$= \sum \frac{\text{액면가액} \times i}{(1+r)^n} + \frac{\text{액면가액}}{(1+r)^n}$$

i = 표시이자율, r = 할인율(유효이자율), n = 사채의 만기

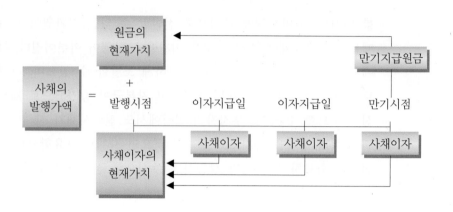

예제 4 **사채의 발행가격결정**

(주)세종은 20×9년 1월 1일에 3년 만기의 액면가액 ₩100,000인 사채를 표시이자율 10%로 발행하고 이자를 매년도 말에 지급한다.

1. 유효이자율이 10%인 경우 사채의 발행가액을 구하라.
2. 유효이자율이 12%인 경우 사채의 발행가액을 구하라.
3. 유효이자율이 8%인 경우 사채의 발행가액을 구하라.

해답 1. 유효이자율이 10%인 경우

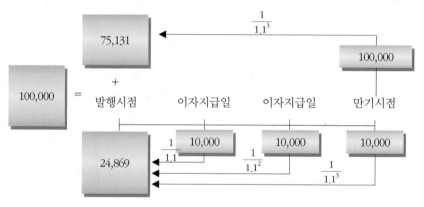

① 3년 후 만기에 회수할 액면 ₩100,000의 현재가치	75,130*
② 3년간 매년 지급받는 이자 ₩10,000의 현재가치	24,869**
발행금액 (원금 및 이자의 현재가치 합계)	100,000

* 100,000 × 0.7513 또는 100,000 × $[1/(1+0.1)^3]$

** 10,000 × 2.4869 또는 10,000 × $[1/(1+0.1)+1/(1+0.1)^2+1/(1+0.1)^3]$

2. 유효이자율이 12%인 경우

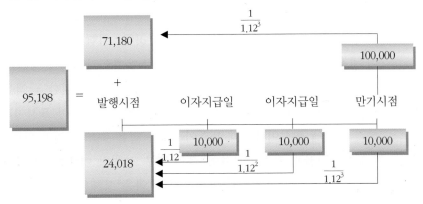

① 3년 후 만기에 회수할 액면 ₩100,000에 대한 현재가치   71,180*
② 3년간 매년 지급받는 이자 ₩10,000의 현재가치   24,018**
    발행금액(원금 및 이자의 현재가치 합계)   95,198

   * $100,000 \times 0.7118$ 또는 $100,000 \times [1/(1+0.12)^3]$
   ** $10,000 \times 2.4018$ 또는 $10,000 \times [1/(1+0.12) + 1/(1+0.12)^2 + 1/(1+0.12)^3]$

3. 유효이자율이 8%인 경우

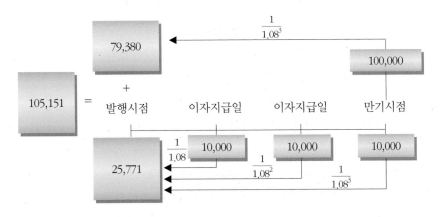

① 3년 후 만기에 회수할 액면 ₩100,000의 현재가치   79,380*
② 3년간 매년 지급받는 이자 ₩10,000의 현재가치   25,771**
    발행금액(원금 및 이자의 현재가치 합계)   105,151

   * $100,000 \times 0.7938$ 또는 $100,000 \times [1/(1+0.08)^3]$
   ** $10,000 \times 2.5771$ 또는 $10,000 \times [1/(1+0.08) + 1/(1+0.08)^2 + 1/(1+0.08)^3]$

2. 유효이자율과 발행금액

　　사채발행금액은 사채에 대한 수요와 공급, 위험 및 경제상황 등에 의하여 결정되는데 이러한 것들은 구체적으로 유효이자율에 반영된다. 유효이자율은 사채의 발행금액과 사채의 미래현금흐름을 할인한 금액을 일치시켜 주는 할인율이다. 그러나 기업이 사채를 발행할 때 이미 표시이자율을 확정하기 때문에 표시이자율과 유효이자율은 같을 수도 있지만 다를 수도 있다.

　　표시이자율과 유효이자율이 같은 경우 사채의 미래현금흐름을 유효이자율로 할인한 현재가치인 사채의 발행금액은 사채의 액면금액과 일치한다. 이러한 경우를 사채의 액면발행(bonds issued at par)이라 한다.

　　표시이자율이 유효이자율보다 낮은 경우, 투자자는 사채상환기간 동안 유효이자율보다 덜 받게 되는 표시이자를 발행일에 덜 지급하려 할 것이다. 이때 덜 지급하려는 금액은 유효이자율에 의한 이자액과 표시이자율에 의한 이자액의 차액을 유효이자율로 할인한 현재가치에 해당된다. 따라서 사채의 발행금액은 사채의 액면금액에 미달하게 되는데 이러한 경우를 사채의 할인발행(bonds issued at a discount)이라 한다.

　　반대로 유효이자율이 표시이자율보다 낮은 경우, 사채의 발행자는 시장에서 적용하는 이자율인 유효이자율에 의한 이자보다 더 높은 표시이자를 지급하므로 사채의 상환기간 동안 유효이자율에 의한 이자보다 더 지급하는 표시이자를 발행일에 더 수령하려고 할 것이다. 이때 사채의 발행자가 더 수령하는 금액은 유효이자율에 의한 이자와 표시이자율에 의한 이자의 차액을 유효이자율로 할인한 현재가치에 해당하는 금액이다. 따라서 사채의 발행금액은 액면금액을 초과하게 되는데 이러한 경우를 사채의 할증발행(bonds issued at a premium)이라 한다.

　　이와 같이 사채의 발행금액은 결국 유효이자율을 기준으로 결정되게 된다. 유효이자율과 표시이자율이 같으면 사채의 액면발행이 이루어지고, 유효이자율이 표시이자율보다 크다면 사채의 할인발행이 이루어지며, 유효이자율이 표시이자율보다 적다면 사채의 할증발행이 이루어진다. 사채의 액면금액과 발행금액이 다른 경우 그 차액을 사채할인발행차금, 사채할증발행차금이라 하며, 사채할인발행차금은 사채의 액면금액에서 차감하는 형식으로 표시되어 장부금액이 나타나며, 사채할증발행차금은 사채의 액면금액에 가산하는 형식으로 표시되어 장부금액에 나타난다.

<표 11-2> 유효이자율과 발행금액

구 분	이자율	발행금액
액면발행	표시이자율 = 유효이자율	발행금액 = 액면금액
할인발행	표시이자율 〈 유효이자율	발행금액 〈 액면금액
할증발행	표시이자율 〉 유효이자율	발행금액 〉 액면금액

예제 5 사채발행시 회계처리

(예제 3)을 이용하여 사채발행 당시의 발행회사인 (주)세종의 회계처리는?

해답

1. 사채의 액면발행시

(차) 현　　금　　　　　100,000　　　(대) 사　　채　　　100,000

2. 사채의 할인발행시

(차){ 현　　금　　　　95,198 　　(대) 사　　채　　100,000
사채할인발행차금　4,802

3. 사채의 할증발행시

(차) 현　　금　　　105,151　　(대){ 사　　채　　　　　　100,000
사채할증발행차금　5,151

3. 사채발행비

　　사채발행비(bond expenses)는 기업이 증권회사를 통하여 사채를 발행하여 자금을 조달할 경우 지불하는 사채발행수수료와 사채를 발행하기 위하여 직접 발생한 기타의 비용을 말한다. 사채발행비는 사채의 발행금액에서 차감하여 사채발행차금 산정시 고려해야 한다. 이는 사채발행비로 인한 현금지출은 사채를 발행하여 조달한 현금유입을 감소시키는 효과가 있으며, 미래의 이자비용을 증가시키는 효과가 있으므로 사채발행비를 사채의 장부금액에서 조정하도록 한 것이다.

　　사채발행비가 없다면 사채발행일의 시장이자율이 바로 유효이자율이 된다. 그러나 사채발행비가 있는 경우 사채발행가액을 계산할 때 사채발행비를 직접 차감하므로 시장이자율과 유효이자율은 같을 수가 없다. 유효이자율이 시장이자율보다 약간 높다.

4. 사채발행차금상각

사채를 할인발행하거나 할증발행하였을 때 발생되는 사채발행차금은 사채의 상환기간 동안에 걸쳐서 결산기마다 일정한 방법으로 상각함으로써 만기일에는 사채발행차금의 잔액이 0이 되어 사채의 액면금액과 장부금액이 일치하도록 하여야 한다.

사채발행차금의 상각방법은 정액법과 유효이자율법이 있다. 정액법(straight-line method)은 계산이 간편하고 이자비용이 매년 일정하게 계산된다. 또한 사채할인발행차금이 있는 경우 장부가액은 매년 증가하여 기초장부가액대비 이자율은 매년 감소하는 결과를 가져온다. 사채할증발행차금이 있는 경우에는 그 반대의 현상이 발생한다. 유효이자율법(effective interest method)은 다소 계산의 불편성은 있으나 기초장부가액대비 이자율이 매년 일정하게 나타나고 있어 보다 이론적인 방법이다. 한국채택국제회계기준에서는 사채발행차금은 사채발행시부터 최종상환시까지의 기간에 유효이자율법을 적용하여 상각 또는 환입하고 동 상각 또는 환입액은 사채이자에 가감하여 처리하도록 하고 있다.

(1) 사채발행차금의 상각방법

1) 정액법

정액법은 사채발행차금을 사채의 발행일로부터 만기일까지의 기간 동안 기간에 비례하여 균등하게 상각(환입)하는 방법으로 매기의 상각(환입)액은 다음과 같이 산정한다.

$$정액법에\ 의한\ 상각(환입)액\ =\ \frac{사채발행차금}{사채상환기간}$$

2) 유효이자율법

유효이자율법은 사채의 장부금액에 매년 유효이자율을 곱하여 산출된 유효이자액과 사채의 액면금액에 표시이자율을 곱하여 산출된 표시이자와의 차액을 사채발행차금상각액으로 인식하는 방법이다. 유효이자율법에서는 유효이자액이 실질이자가 되고, 표시이자액은 현금지급이자액이 되는데 유효이자액을 당기이자비용으로 인식하고 유효이자액과 표시이자액과의 차액을 사채발행차금의 상각으로 처리하는 방법이다. 즉, 유효이자율법은 사채의 유효이자와 표시이자와의 차이에 의해 사채발행차금을 상각하는 방법으로 다음과 같은 산식을 통하여 상각액을 산정한다.

> 유효이자(실질이자) = 기초시점의 사채장부가액 × 유효이자율
> 표시이자(현금지급이자) = 액면가액 × 표시이자율
> 사채발행차금상각 = 유효이자 − 표시이자

예제 6 **사채할인발행차금의 상각**

(주)세종이 액면금액 ₩100,000, 만기 3년, 이자지급일 매년말, 표시이자율 10%인 사채를 유효이자율 12%를 적용하여 ₩95,196에 할인발행하였다. (1) 정액법에 의하여 사채할인발행차금을 상각하는 경우 (2) 유효이자율법에 의하여 사채할인발행차금을 상각하는 경우 상각명세표를 작성하고 제1차년도 말 이자지급시의 회계처리를 행하여라.

해 답

1. 정액법에 의한 경우

(1) 상각명세표

정액법에 의한 할인발행의 경우 상각명세표

연 도	사 채	할인발행 차금잔액	장부금액
발행시	₩100,000	₩4,802	₩95,198
1차년도말	100,000	3,201	96,799
2차년도말	100,000	1,600	98,400
3차년도말	100,000	0	100,000

* 매년상각액 = ₩4,802/3년 = ₩1,601

(2) 회계처리

- 사채이자의 지급

　(차) 사채이자비용　　　　10,000　　(대) 현 금　　　　　　　10,000

- 사채할인발행차금의 상각

　(차) 사채할인발행차금상각　1,601　　(대) 사채할인발행차금　　1,601

사채발행차금상각액은 실질적으로 사채이자비용에 해당하므로 다음과 같이 처리된다.

　(차) 사채이자비용　　　　11,601　　(대) { 현 금　　　　　　　10,000
　　　　　　　　　　　　　　　　　　　　　사채할인발행차금　　1,601

2. 유효이자율법에 의한 경우

(1) 상각명세표

유효이자율법에 의한 사채할인발행의 경우 상각명세표

| 연 도 | 사채이자비용 | | 사채할인발행차금 | | 장부금액(E) (액면금액 - (D)) |
	유효이자(B) (장부금액×유효이자율)	표시이자(A) (액면금액×표시이자율)	당기상각액(C) (B-A)	미상각잔액(D) 전기(D-C)	
발행시				₩4,802	₩95,198
1차년도말	₩11,424	₩10,000	₩1,424	3,378	96,622
2차년도말	11,595	10,000	1,595	1,783	98,217
3차년도말	11,783	10,000	1,783	0	100,000

E = 전년도 E + 당기상각액 또는 액면금액 - 미상각잔액

(2) 회계처리

- 사채이자의 지급

  (차) 사채이자비용　　　　　10,000　　　(대) 현 금　　　　　　　　10,000

- 사채할인발행차금의 상각

  (차) 사채할인발행차금상각　1,424　　　(대) 사채할인발행차금　　1,424

사채발행차금상각액은 실질적으로 사채이자비용에 해당하므로 다음과 같이 처리된다.

  (차) 사채이자비용　　　　　11,424　　　(대) {현 금　　　　　　　10,000
　　　　　　　　　　　　　　　　　　　　　　　　 사채할인발행차금　1,424

예제 7　사채할증발행차금의 상각(환입)

(주)세종이 액면금액 ₩100,000, 만기 3년, 이자지급일 매년말, 표시이자율 10%인 사채를 유효이자율 8%를 적용하여 ₩105,151에 할증발행하였다. (1) 정액법에 의하여 사채할증발행차금을 상각하는 경우 (2) 유효이자율법에 의하여 사채할증발행차금을 상각하는 경우 상각명세표를 작성하고 제1차년도 말 이자지급시의 회계처리를 행하여라.

해답　1. 정액법에 의한 경우

(1) 상각명세표

정액법에 의한 할증발행의 경우 상각명세표

연 도	사 채	할증발행 차금잔액	장부가액
발행시	₩100,000	₩5,151	₩105,151
1차년도말	100,000	3,434	103,434
2차년도말	100,000	1,717	101,717
3차년도말	100,000	0	100,000

* 매년환입액 = ₩5,151/3년 = ₩1,717

(2) 회계처리

- 사채이자의 지급

    (차) 사채이자비용   10,000   (대) 현 금   10,000

- 사채할증발행차금의 환입

    (차) 사채할증발행차금   1,717   (대) 사채할증발행차금환입 1,717

사채발행차금상각액은 실질적으로 사채이자비용에 해당하므로 다음과 같이 처리된다.

    (차) { 사채이자비용   8,283   (대) 현 금   10,000

             사채할증발행차금   1,717

2. 유효이자율법에 의한 경우

(1) 환입명세표

유효이자율법에 의한 사채할증발행의 경우 환입명세표

연 도	사채이자비용		사채할증발행차금		장부금액(E) (액면금액＋(D))
	유효이자(B) (장부금액× 유효이자율)	표시이자(A) (액면금액× 표시이자율)	당기환입액(C) (A－B)	미환입잔액(D) 전기(D－C)	
발행시				₩5,151	₩105,151
1차년도말	₩8,412	₩10,000	₩1,588	3,563	103,563
2차년도말	8,285	10,000	1,715	1,848	101,848
3차년도말	8,148	10,000	1,848	0	100,000

(2) 회계처리

- 사채이자의 지급

    (차) 사채이자비용   10,000   (대) 현 금   10,000

- 사채할증발행차금의 환입

    (차) 사채할증발행차금   1,588   (대) 사채할증발행차금환입   1,588

사채발행차금상각액은 실질적으로 사채이자비용에 해당하므로 다음과 같이 처리된다.

    (차) { 사채이자비용   8,412   (대) 현 금   10,000

             사채할증발행차금   1,588

(2) 사채발행차금의 표시방법

    사채를 발행하게 되면 사채계정은 만기에 상환하여야 할 액면금액으로 기록하게 된다. 그러나 사채의 할인발행이나 할증발행이 있을 경우 사채할인발행차금이나 사채할증발행차금이라는 계정을 사용하게 되는데 이들은 사채의 평가계정으로서 재무상태표상에 사채계정에 가감하여 공시하게 된다.

사채할인발행차금은 사채발행회사가 사채상환기간 동안에 추가적으로 인식해야할 이자비용이다. 따라서 사채할인발행차금상각액은 표시이자에 가산하게 되며, 이자비용은 표시이자에 사채할인발행차금상각액을 더한 금액이다.

> 사채할인발행의 경우:
> 이자비용 = 표시이자 + 사채할인발행차금 상각액

사채를 할증발행하였을 경우에 사채할증발행차금은 사채상환기간에 걸쳐 환입한 후 표시이자에서 할증발행차금환입액을 차감한 나머지 금액을 이자비용으로 인식한다.

> 사채할증발행의 경우:
> 이자비용 = 표시이자 - 사채할증발행차금 환입액

5. 사채의 상환

일반적으로 사채는 만기에 상환된다. 사채의 만기가 되었을 때는 사채발행차금은 모두 상각되어 있으므로 사채의 장부금액은 사채의 액면금액과 일치하게 된다. 따라서 액면금액으로 상환하게 되므로 사채상환손익의 인식문제는 수반되지 않는다.

그러나 사채를 만기일 전에 조기상환하게 되면 사채의 장부금액과 상환금액의 차액에 의하여 사채상환손익을 인식하여야 한다.

사채를 조기 상환할 경우 발생하는 손익은 다음과 같이 인식할 수 있다.

> 사채상환손익 = 사채의 상환가액 - 사채의 장부금액

예제 8 ▶ 사채의 조기상환에 따른 회계처리

(주)세종은 제2차년도 말에 3년 만기, 연이자율 10% 액면 ₩100,000인 사채를 ₩103,000 (103%)에 조기상환하려고 한다. 이 사채는 제1차년도 초에 ₩105,151으로 할증발행 되었으며 유효이자율법(유효이자율 8%)으로 환입하여 오고 있다. 사채의 조기상환과 관련하여 (주)세종의 제2차년도 말의 회계처리를 행하라.

해답
1. 2차년도 말 시점의 사채이자비용과 사채발행차금환입 :

(차) { 사채이자비용 8,285
사채할증발행차금 1,715 (대) 현   금   10,000

2. 2차년도 말 사채의 조기상환 :

(차) { 사   채   100,000
사채할증발행차금   1,848   (대) 현   금   103,000
사채상환손실   1,152

6. 사채의 차환

사채의 차환이란 신사채의 발행으로 조달한 자금을 가지고 구 사채를 만기 전에 상환하는 것을 말한다. 이는 구사채의 약정이자율보다 낮은 이자율로 신 채권을 발행해서 구 사채를 상환해 줌으로써 이자비용을 줄이고자 하는 목적이 있다.

7. 자기사채의 처리

자기사채(treasury bonds)란 사채발행회사가 자기회사의 사채를 취득하여 보유하는 사채로 자기사채를 취득한 경우 이에 상당하는 액면가액과 사채발행차금 등을 당해 계정과목에서 직접 차감하고, 그 취득경위 등을 주석으로 기재한다.

자기사채의 취득을 사채상환으로 간주하여 장부가액과 취득가액과의 차이는 사채상환손익으로 당기손익에 귀속시킨다.

예제 9 사채종합

20×7년 1월 1일 ㈜경기는 액면금액 ₩100,000, 만기 3년, 이자지급 매년 말, 표시이자율 8%인 사채를 유효이자율 10%를 적용하여 ₩95,026에 발행하였다. (1) 사채발행일, 사채이자지급일인 20×7년 12월 31일, 20×8년 12월 31일, 20×9년 12월 31일의 이자지급에 관한 회계처리와 만기 사채상환에 관한 회계처리를 행하여라. (2) 동일한 사채를 20×9년 1월 1일에 ₩98,000에 조기상환한 경우 이에 대한 회계처리를 행하여라. 사채발행차금에 대한 상각은 유효이자율법에 의한다. 이를 위하여 다음의 유효이자율법에 의한 상각표를 활용하라.

해답

유효이자율법에 따른 상각표

일 자	유효이자 (장부금액× 유효이자율)	표시이자 (액면금액× 표시이자율)	상각액 (유효이자− 표시이자)	장부금액(E) (액면금액+(D))
20×7. 1. 1				95,026
20×7. 12. 31	9,503[1]	8,000[4]	1,503[5]	986,529[6]
20×8. 12. 31	9,653[2]	8,000	1,653	98,182
20×9. 12. 31	9,818[3]	8,000	1,818	100,000
	28,974	24,000	4,974	

1) 95,026 × 0.1 = 9,503 2) 96,529 × 0.1 = 9,653
3) 98,182 × 0.1 = 9,818 2) 100,000 × 0.08 = 8,000
5) 9,503 × 8,000 = 1,503 2) 95,026 × 1,503 = 96,529

1. 사채발행, 이자지급, 만기상환에 관한 회계처리
  (1) 사채발행에 관한 회계처리

  (차) { 현 금   95,026   (대) 사 채   100,000
        사채할인발행차금   4,974

  (2) 이자지급에 관한 회계처리
  1) 20×7. 12.31

  (차) 이 자 비 용   9,503   (대) { 현 금   8,000
                                              사채할인발행차금   1,503
  2) 20×8. 12.31

  (차) 이 자 비 용   9,653   (대) { 현 금   8,000
                                              사채할인발행차금   1,653
  3) 20×9. 12.31

  (차) 이 자 비 용   9,818   (대) { 현 금   8,000
                                              사채할인발행차금   1,818
  (3) 만기상환에 관한 회계처리
  (차) 사 채   100,000   (대) 현 금   100,000

2. 조기상환에 관한 회계처리

  (차) 사 채   100,000   (대) { 현 금   98,000
                                            사채할인발행차금   1,818
                                            사채상환이익   182

11.6 기타부채

기타부채는 금융부채와 충당부채에 속하지 않는 부채로 선수금, 선수수익, 미지급법인세, 예수금 등이 있으며 재무상태표일로부터 1년 이내에 지급될 것으로 예상되는 경우에는 유동부채로 분류하고, 그 이외의 경우에는 비유동부채로 분류한다.

1 선수금

선수금(customer's deposits)은 재화나 용역을 제공할 대가를 미리 현금으로 받았으나 아직 재화나 용역의 제공이 이루어지지 않은 경우로 수주공사·수주품 및 기타 일반적인 상거래에서 발생한다. 즉, 상품매출을 약정하고 거래대금의 일부를 미리 받은 경우 이를 선수금으로 인식한다. 선수금은 거래상대방에게 현금을 지급할 의무가 아니라 재화나 용역을 제공하여야 할 의무이므로 금융부채가 아니다.

예제 10 선수금

다음 상품과 관련한 연속된 거래를 계속기록법으로 회계처리하라.
1) 한빛상사에 상품 ₩500,000(원가 ₩300,000)을 매출하기로 계약하고, 계약금으로 현금 ₩100,000을 받다.
2) 위의 상품을 한빛상사에 발송한다. 단, 발송운임 ₩5,000은 현금으로 지급하고, 판매대금은 10일 후에 받기로 하다.

해답

1)	(차) 현 금	100,000		(대) 선 수 금	100,000	
2)	(차) { 선 수 금 매 출 원 가	100,000 400,000		(대) { 상 품 상품매출이익	300,000 200,000	
	(차) 운 반 비	5,000		(대) 현 금	5,000	

2. 선수수익

선수수익(deferred income)은 수익대가를 미리 현금으로 받았으나 발생주의에 따른 수익인식을 위해 현금으로 받은 수익을 다음 회계연도로 이연시키는 수익이다. 즉, 현금으로 받은 수익 중 차기 이후의 기간에 인식하여야 하는 금액으로 선수이자, 선수수수료, 선수임대료 등이 있다. 선수수익은 미래에 기간경과에 따라 용역을 제공할 의무이므로 금융부채가 아니다.

3. 미지급법인세

미지급법인세(income taxes payable)은 법인세 등의 미지급액을 말하며, 회계상의 법인세차감전순이익에서 세무조정을 통하여 당기 법인세로 지급해야 할 세액을 구한 다음 아직 지급하지 않은 부분을 미지급법인세로 기록한다. 미지급법인세도 미지급비용에 해당되고 현금으로 지급할 의무가 있지만 계약에 의해 발생한 의무가 아니고 법률에 의해 발생한 의무이므로 금융부채가 아니다.

4. 예수금

예수금(returnable deposits)은 일반적 상거래 이외에서 발생한 것으로 기업외 제3자에게 지급해야 할 금액을 기업이 일시적으로 받아 보관하다가 나중에 제3자에게 지급하게 되는 것을 말한다. 기업이 종업원에게 급여를 지급할 때 국세청에 지급해야 할 근로소득세, 국민연금공단에 지급해야 할 국민연금, 국민건강관리공단에 지급할 건강보험료를 급여에서 공제하여 기업이 보관하다가 나중에 세무서, 국민연금공단, 국민건강관리공단에 납부하는 경우가 이에 속한다. 예수금은 영업활동과 관련없이 일시적으로 보관하는 금액이라는 점에서 영업활동과정에서 발생한 선수금과 차이가 있으며, 현금으로 지급해야 할 의무지만 계약에 의한 의무가 아니므로 금융부채가 아니다.

연·습·문·제

▌▌ 기본문제 ▌▌

01 다음은 부채의 특징 및 그 인도조건을 설명하고 있다. 적절하지 않은 것은?
  ① 부채는 과거의 거래나 경제적 사건의 결과로서 관련 의무가 현재의 시점에 존재하고 있어야 한다.
  ② 관련 의무는 미래에 자산을 희생시키거나 용역을 제공하여야 할 특정 실체에 귀속되는 의무이어야 한다.
  ③ 부채의 청구권자, 즉 채권자가 현재의 시점에서 구체적으로 확정되어 있어야 할 필요는 없다.
  ④ 부채의 청구권자는 당해기업 이외의 제3자이어야 하며, 종업원은 청구권자가 될 수 있으나 주주는 포함되지 않는다.

  정답 ④

02 부채에 관한 다음 설명 중 옳지 않은 것은?
  ① 금융부채는 금융자산이나 자기지분상품으로 상환되어야 하는 계약상의 의무이다.
  ② 비금융부채에는 장·단기충당부채, 미지급법인세, 선수금 등이 있다.
  ③ 충당부채는 미래에 불확실성이 높으므로 부채로 계상하지 않는다.
  ④ 신주인수권부사채는 일정기간이 경과된 후 주식을 인수할 수 있는 권리가 부여된 사채이다.

  정답 ③

03 유동부채에 대한 설명으로서 적당하지 않은 것은?
  ① 만기가 1년 이내에 도래하므로 현재가치로 평가하지 않고 최종상환금액을 부채액으로 평가한다.
  ② 보통 지급기일이 정상적인 영업순환과정 내 또는 재무상태표일로부터 1년 이내에 도래하는 채무이다.
  ③ 매입채무·단기차입금·미지급금 등이 이에 속한다.
  ④ 유동부채에 의하여 일반적으로 설비자금이 조달된다.

  정답 ④

04 비유동부채에 대한 설명으로 적당하지 않은 것은?
  ① 재무상태표일로부터 1년 이후에 지급기한이 도래하는 채무이다.
  ② 장기자본의 주요 조달 원천이다.
  ③ 미래에 제공할 재화·용역의 현재가치로 평가하지 않고 최종상환금액을 부채액

으로 평가한다.

④ 사채·장기차입금·신주인수권부사채·장기성매입채무 등이 있다.

정답 ③

05 다음의 계정과목 중 성격이 다른 하나는 어느 것인가?

① 매입채무   ② 미지급이자

③ 단기차입금   ④ 선급금

정답 ④

06 다음 중 충당부채의 요건에 해당되지 않는 것은 어느 것인가?

① 장래에 지출될 것이 확정적이어야 한다.

② 지출의 원인이 당기에 있어야 한다.

③ 지출금액을 합리적으로 추정할 수 있어야 한다.

④ 당해 비용의 지출이 반드시 1년 이내에 예상되어야 한다.

정답 ④

07 다음 중 충당부채에 해당하는 것은?

① 감가상각누계액   ② 대손충당금

③ 제품보증충당부채   ④ 사채할인발행차금

정답 ③

08 사채의 발행금액은 원금과 이자의 현재가치의 합으로 계산한다. 이 경우 사용하는 할인율은?

① 원금과 이자 모두 액면이자율을 적용한다.

② 원금과 이자 모두 유효(시장)이자율을 적용한다.

③ 원금은 액면이자율, 이자는 유효(시장)이자율을 적용한다.

④ 원금은 시장이자율, 이자는 액면이자율을 적용한다.

정답 ②

09 사채의 발행시 발행금액과 액면금액의 차이인 사채할인발행차금에 대한 설명으로 옳은 것은?

① 사채할인발행차금은 정액법으로 상각하여야 한다.

② 사채의 액면이자율이 유효이자율보다 낮은 경우 발생한다.

③ 사채할인발행차금상각액은 사채의 차감으로 기록한다.

④ 유효이자율법으로 상각할 경우 할인차금을 초기에 과도하게 상각한다.

정답 ②

10 할증발행되는 사채의 유효이자율은 다음 중 어떤 것인가?

① 액면이자율과 무관하다.   ② 액면이자율보다 높다.

③ 액면이자율과 같다. ④ 액면이자율보다 낮다.

정답 ④

11 사채발행비에 대한 설명으로 틀린 것은 ?

① 사채발행비는 증권회사의 인수수수료, 사채권발행비 등 사채발행과 관련된 부대비용이다.

② 사채발행비는 사채의 발행금액에서 차감한다.

③ 사채발행비가 있는 경우 유효이자율이 시장이자율보다 약간 낮다.

④ 사채발행비는 미래의 이자비용을 증가시키는 효과가 있다.

▶ **풀이:** 사채발행비가 있는 경우 유효이자율이 시장이자율보다 약간 높다.

정답 ③

12 10년 만기 사채를 다음과 같이 발행하였다면 유효이자율법을 사용한 상각(환입)액은 매년 어떻게 변하는가?

	할인발행	할증발행		할인발행	할증발행
①	증가	증가	②	증가	감소
③	감소	증가	④	감소	감소

정답 ①

13 사채액면 ₩100,000을 ₩90,000에 발행하고 현금을 받았다. 이 거래의 올바른 분개는 어느 것인가?

① (차) 현　　　금　　90,000　　(대) 사　　　채　　90,000

② (차) 현　　　금　　100,000　　(대) 사　　　채　　100,000

③ (차){현　　　금　　90,000
　　　　사채할인발행차금　10,000}　　(대) 사　　　채　　100,000

④ (차) 현　　　금　　100,000　　(대){사　　　채　　90,000
　　　　　　　　　　　　　　　　　　사채할인발행차금　10,000}

정답 ③

14 다음 분개를 보고 거래를 추정한 경우 가장 알맞은 것은?

(차) 사채이자비용	350,000	(대){현　　　　　　금	300,000
		사채할인발행차금	50,000

① 사채이자 ₩350,000을 현금으로 지급하다.

② 사채이자 ₩350,000을 현금으로 지급하다. 단, 사채할인발행차금상각 ₩50,000이 있다.

③ 사채이자 ₩300,000을 현금으로 지급하다. 단, 사채할인발행차금상각 ₩50,000이 있다.

④ 사채이자 ₩300,000을 수표발행하여 지급하다. 단, 사채상환액이 ₩50,000이 있다.

정답 ③

15 20×8년 7월 1일에 사채(연 18%, 3년 만기) ₩1,000,000을 ₩964,000으로 할인발행하였다. 이 사채와 20×8년 결산(12월 31일) 후의 사채할인발행차금 계정잔액은 얼마인가?(정액법 상각)

① ₩12,000 ② ₩24,000

③ ₩18,000 ④ ₩30,000

▶ 풀이: ₩36,000 − 6,000(6개월분) = 30,000

정답 ④

16 건지기업은 20×8년 1월 1일에 액면가액 ₩1,000,000인 사채를 ₩900,000에 발행하였다. 이 사채의 표시이자율은 연 10%이고 이자지급은 연 2회(6월 30일과 12월 31일) 현금으로 하고 상환기간은 5년이다. 20×8년 6월 30일에 건지기업이 계상하여야 할 사채이자는 얼마인가?(정액법 상각)

① ₩50,000 ② ₩55,000

③ ₩60,000 ④ ₩45,000

▶ 풀이: 사채이자 = 액면이자(6개월분) ₩50,000 + 할인발행차금 상각액 10,000 = 60,000

정답 ③

17 액면가액이 ₩200,000, 액면이자율이 연 6%, 5년 만기인 사채를 ₩169,673에 발행한 경우 만일 유효이자율이 10%라면 유효이자율법에 의한 둘째해의 이자비용은?

① ₩12,000 ② ₩16,967

③ ₩20,000 ④ ₩17,464

▶ 풀이: [169,673 + (169,673 × 10% − 200,000 × 6%)] × 10%
= (169,673 + 4,967) × 10% = 17,464

정답 ④

18 전라상사는 20×5년 1월 1일에 다음과 같은 사채를 발행하고 현금 ₩690,000을 조달하였다. 이 날짜의 시장이자율은 연 10%이었다. 전라상사는 사채발행차금의 상각에 유효이자율법을 사용한다. 이 사채의 발행으로 인하여 전라상사가 앞으로 5년간의 포괄손익계산서에 기록하게 되는 지급이자 합계액은 총 얼마인가?

액 면 가 액	₩500,000
만 기	5년(20×9년 12월 31일)
표 시 이 자 율	연 20%
이 자 지 급 일	매년 6월 30일과 12월 31일

① ₩190,000 ② ₩250,000

③ ₩310,000 ④ ₩500,000

▶ 풀이: 500,000 × 0.2 × 5 – 190,000 = 310,000

정답 ③

19 (주)한국은 20×7년 1월 1일 액면 ₩1,000,000인 사채를 ₩951,980에 할인발행하였다. 만기는 20×9년 12월 31일, 표시이자율은 10%, 유효이자율은 12%이다. 이자지급일은 12월 31일로 연1회 지급한다. 20×8년도 유효이자율법에 의한 사채할인발행차금상각액은 얼마인가?

① ₩10,000 ② ₩14,238
③ ₩15,210 ④ ₩15,946

▶ 풀이: 20×7년 상각액: (951,980 × 0.12 – 100,000) = 14,238
20×8년초(20×7년말) 장부금액: 951,980 + 14,238 = 966,218
20×8년 상각액: (966,218 × 0.12 – 100,000) = 15,946

정답 ④

20 (주)순재의 20×8년 12월 31일의 재무상태표의 사채계정에 액면가액 ₩1,000,000이고 액면이자율 연 6%인 사채가 있다. 이 사채에 대한 사채할인발행차금 잔액은 ₩35,706이고, 유효이자율은 연 8%이다. 유효이자율법에 의해 사채할인발행차금이 상각되며 이자는 매년 1월 1일과 7월 1일 지급된다. (주)순재가 만기 이전인 20×9년 7월 1일에 액면가액의 102%에 이 사채를 상환한다면 이때의 사채상환손익은?

① 38,562 손실 ② 47,134 손실
③ 38,562 이익 ④ 47,134 이익

▶ 풀이: 20×8년 12월 31일 사채장부금액 = 1,000,000 – 35,706 = 964,294
20×9년 7월 1일 사채장부금액 = 964,294 + (964,294 × 8% × $\frac{1}{2}$ – 1,000,000 × 6% × $\frac{1}{2}$) = 972,866
20×9년 7월 1일 사채상환손실 = 1,000,000 × 102% – 972,866 = 47,134

정답 ②

■ 기출문제 ■

■ 부채일반

01 부채에 관한 설명으로 옳은 것은?   ('12 주택)

① 우발부채는 재무상태표에 보고한다.

② 상품매입으로 인한 채무를 인식하는 계정과목은 미지급금이다.

③ 부채는 결산일로부터 상환기일에 따라 유동부채와 비유동부채로 분류할 수
있다.

④ 충당부채는 지급금액이 확정된 부채이다.

⑤ 선수수익은 금융부채에 해당한다.

정답 ③

02 유동부채에 관한 설명으로 옳지 않은 것은?   ('13 주택)

① 일반적으로 정상영업주기 내 또는 보고기간 후 12개월 이내에 결제하기로 되어
있는 부채이다.

② 미지급비용, 선수금, 수선충당부채, 퇴직급여부채 등은 유동부채에 포함된다.

③ 매입채무는 일반적 상거래에서 발생하는 부채로 유동부채에 속한다.

④ 유동부채는 보고기간 후 12개월 이상 부채의 결제를 연기할 수 있는 무조건의
권리를 가지고 있지 않다.

⑤ 종업원 및 영업원가에 대한 미지급비용 항목은 보고 기간 후 12개월 후에 결제
일이 도래한다 하더라도 유동부채로 분류한다.

정답 ②

03 2018년 12월 31일에 (주)한국에서 발생한 거래가 다음과 같을 때, 2018년 말
재무상태표상 부채에 포함할 금액은?   ('19 관세직)

> ○ 제품보증에 대한 충당부채 ₩1,000을 설정하였다.
> ○ 사무실을 임대하고 12개월분 임대료 ₩2,000을 미리 받았다.
> ○ 거래처로부터 원재료 ₩1,000을 외상으로 구입하였다.
> ○ 공장 확장 자금을 조달하기 위해 보통주 10주(주당 액면가 ₩100, 주당 발행가
>   ₩200)를 발행하였다.

① ₩5,000   ② ₩4,000

③ ₩3,000   ④ ₩2,000

▣ 풀이: 부채 = 제품보증 충당부채 1,000 + 선수임대료 2,000 + 매입채무 1,000 = 4,000
주식의 발행은 자본 항목이다.

정답 ②

04 금융부채로 분류되지 않는 것은? ('13 주택)
① 차입금   ② 매입채무   ③ 선수금
④ 사채   ⑤ 지급어음

▶ 풀이: 선수금은 계약상의 의무지만 실물자산을 제공하므로 금융부채가 아니다.

정답 ③

05 금융부채에 해당하지 않은 것은? ('21 주택)
① 선수임대료   ② 미지급금   ③ 매입채무
④ 사채   ⑤ 단기차입금

▶ 풀이: ① 금융부채는 미래에 '현금등 금융자산'을 지급할 계약상 의무이다. 선수임대료는 미래에 임대용역을 제공하므로 금융부채가 아니다.

정답 ①

06 다은 중 금융부채에 속하는 것을 모두 고른 것은? ('16 주택)

ㄱ. 매입채무   ㄴ. 선수금   ㄷ. 사채   ㄹ. 소득세예수금   ㅁ. 미지급법인세

① ㄱ, ㄴ   ② ㄱ, ㄷ   ③ ㄱ, ㄹ, ㅁ
④ ㄴ, ㄷ, ㄹ   ⑤ ㄴ, ㄷ, ㅁ

▶ 풀이: 선수금은 재화나 용역을 제공할 의무이므로 금융부채가 아니다.
소득세예수금은 계약에 의한 의무가 아니므로 금융부채가 아니다.
미지급법인세는 법률에 의해 발생한 의무이므로 금융부채가 아니다.

정답 ②

07 미래에 현금을 수취할 계약상 권리에 해당하는 금융자산과 이에 대응하여 미래에 현금을 지급할 계약상 의무에 해당하는 금융부채로 옳지 않은 것은? ('17 주택)
① 매출채권과 매입채무   ② 받을 어음과 지급어음   ③ 대여금과 차입금
④ 투자사채와 사채   ⑤ 선급금과 선수금

▶ 풀이: 선급금과 선수금은 거래상대방에게 현금을 지급받을 권리 또는 지급할 의무가 아니고 재화나 용역을 제공받을 권리 또는 제공할 의무이므로 금융자산과 금융부채가 아니다.

정답 ⑤

08 다음은 20×1년 초에 설립된 (주)대전의 당기 중 발생 거래의 기말 상황이다. ('14 주택)

> ○ 3월 1일 : 은행으로부터 현금 ₩100 차입(만기 3년)
> ○ 4월 1일 : 거래처 A에게 내년 초 신제품을 공급하는 대가로 미리 현금 ₩50을 수령

> ○ 7월 1일 : 거래처 B에게 재고자산 매입대금으로 어음(만기 1년) ₩200 발행
> ○ 11월 1일 : 거래처 C로부터 자금을 차입하면서, 어음(만기 3개월) ₩300 발행
> ○ 12월 1일 : 사무용비품 구입대금 ₩500 중 ₩100은 어음(만기 3개월) 발행, 나머지는 5개월 후에 지급약정

(주)대전의 20×1년 말 금융부채는?

① ₩550   ② ₩600   ③ ₩850

④ ₩1,100   ⑤ ₩1,150

▶ 풀이: 금융부채 = 차입금 100 + 상업어음 200 + 금융어음 300 + 미지급금 500 =1,100

정답 ④

09 상각후원가측정금융부채로 분류하는 사채의 회계처리에 대한 설명으로 옳지 않은 것은?   ('21 세무직)

① 사채발행시 사채발행비가 발생한 경우의 유효이자율은 사채발행비가 발생하지 않는 경우보다 높다.

② 사채의 액면이자율이 시장이자율보다 낮은 경우 사채를 할인발행하게 된다.

③ 사채를 할증발행한 경우 사채의 장부금액은 시간이 흐를수록 감소한다.

④ 사채의 할인발행과 할증발행의 경우 사채발행차금상각액이 모두 점차 감소한다.

▶ 풀이: ④ 사채발행차금상각액은 액면이자와 유효이자의 차이이므로 할인발행과 할증발행의 경우 모두 점차 증가한다.

정답 ④

■ 충당부채와 우발부채

10 충당부채에 대한 설명으로 옳지 않은 것은?   ('17 세무직)

① 충당부채를 인식하기 위해서는 과거 사건으로 인한 의무가 기업의 미래행위와 독립적이어야 한다.

② 충당부채의 인식요건 중 경제적 효익이 있는 자원의 유출 가능성이 높다는 것은 발생할 가능성이 발생하지 않을 가능성보다 더 높다는 것을 의미한다.

③ 충당부채를 인식하기 위한 현재의 의무는 법적 의무로서 의제의무는 제외된다.

④ 충당부채를 인식하기 위해서는 과거사건의 결과로 현재 의무가 존재하여야 한다.

정답 ③

11 과거사건의 결과로 현재의무가 존재하는 부채로서 충당부채의 인식 요건에 해당하는 것은?   ('18 주택)

경제적 효익이 있는 자원 유출가능성　　　금액추정가능성	신뢰성 있게 추정 가능	신뢰성 있게 추정 불가능
가능성이 높음	ㄱ	ㄴ
가능성이 어느 정도 있음	ㄷ	ㄹ
가능성이 희박함	ㅁ	

① ㄱ　　　② ㄴ　　　③ ㄷ　　　④ ㄹ　　　⑤ ㅁ

▶ 풀이: 충당부채는 경제적 효익이 있는 자원의 유출가능성이 높고 그 금액을 신뢰성 있게
　　　추정할 수 있을 때 인식한다.

정답 ①

12 충당부채, 우발부채, 우발자산에 대한 설명으로 옳지 않은 것은?　　('17 지방직)
① 우발자산은 경제적 효익의 유입가능성이 높지 않은 경우에 주석으로 공시한다.
② 의무를 이행하기 위하여 경제적 효익이 있는 자원을 유출할 가능성이 높지 않
　은 경우 우발부채를 주석으로 공시한다.
③ 우발부채와 우발자산은 재무제표에 인식하지 아니한다.
④ 현재의무를 이행하기 위하여 해당 금액을 신뢰성 있게 추정할 수 있고 경제적
　효익이 있는 자원을 유출할 가능성이 높은 경우 충당부채로 인식한다.

정답 ①

13 충당부채, 우발부채 및 우발자산의 회계처리에 관한 설명으로 옳지 않은 것은?

('10 주택)

① 미래의 예상 영업손실은 충당부채로 인식한다.
② 우발자산은 자산으로 인식하지 아니한다.
③ 우발부채는 부채로 인식하지 아니한다.
④ 자산의 예상처분이익은 충당부채를 측정하는 데 고려하지 아니한다.
⑤ 충당부채로 인식하는 금액은 현재의무를 보고기간 말에 이행하기 위하여 소요
　되는 지출에 대한 최선의 추정치이어야 한다.

정답 ①

14 충당부채 및 우발부채에 관한 설명으로 옳은 것은?　　　　　　　　('14 주택)
① 충당부채와 우발부채는 재무제표 본문에 표시되지 않고 주석으로 표시된다.
② 자원의 유출가능성이 높고, 금액의 신뢰성 있는 추정이 가능한 경우 충당부채
　로 인식한다.
③ 자원의 유출가능성이 높지 않더라도, 금액의 신뢰성 있는 추정이 가능한 경우
　충당부채로 인식한다.
④ 금액의 신뢰성 있는 추정이 가능하지 않더라도, 자원의 유출가능성이 높은 경
　우 충당부채로 인식한다.

⑤ 금액의 신뢰성 있는 추정이 가능하더라도, 자원의 유출가능성이 높지 않은 경우에는 주석의 공시하지 않는다.

정답 ②

15 충당부채와 우발부채에 대한 설명으로 옳지 않은 것은?   ('16 지방직)

① 충당부채는 지출의 시기 또는 금액이 불확실한 부채이다.

② 충당부채와 우발부채 모두 재무상태표에 인식하지 않고 주석으로 공시한다.

③ 충당부채로 인식하기 위해서는 현재 의무가 존재하여야 할 뿐만 아니라 당해 의무를 이행하기 위해 경제적 효익이 내재된 자원의 유출가능성이 높아야 한다.

④ 현재 의무를 이행하기 위한 자원의 유출가능성은 높으나 신뢰성 있는 금액의 추정이 불가능한 경우에는 우발부채로 공시한다.

정답 ②

16 충당부채와 우발부채에 관한 설명으로 옳지 않은 것은?   ('17 주택)

① 충당부채는 재무상태표에 표시되는 부채이나 우발부채는 재무상태표에 표시될 수 없고 주석으로만 기재될 수 있다.

② 충당부채를 현재가치로 평가하기 위한 할인율은 부채의 특유한 위험과 화폐의 시간가치에 대한 현행 시장의 평가를 반영한 세후 이율이다.

③ 충당부채로 인식하는 금액은 현재의무를 보고기간 말에 이행하기 위하여 필요한 지출에 대한 최선의 추정치이어야 한다.

④ 우발부채는 처음에 예상하지 못한 상황에 따라 변할 수 있으므로, 경제적 효익이 있는 자원의 유출 가능성이 높아졌는지를 판단하기 위하여 우발부채를 지속적으로 평가한다.

⑤ 예상되는 자산 처분이 충당부채를 생기게 한 사건과 밀접하게 관련되었더라도 예상되는 자산 처분이익은 충당부채를 측정하는 데 고려하지 아니한다.

▶ 풀이: ② 충당부채를 현재가치로 평가하기 위한 할인율은 부채의 위험과 화폐의 시간가치에 대한 현행 시장의 평가를 반영한 세전 이율이다.

정답 ②

17 충당부채의 측정에 관한 설명으로 옳지 않은 것은?   ('20 주택)

① 충당부채로 인식하는 금액은 현재의무를 보고기간 말에 이행하기 위하여 필요한 지출에 대한 최선의 추정치이어야 한다.

② 충당부채로 인식하여야 하는 금액과 관련된 불확실성은 상황에 따라 판단한다.

③ 화폐의 시간가치 영향이 중요한 경우에 충당부채는 의무를 이행하기 위하여 예상되는 지출액의 현재가치로 평가한다.

④ 할인율은 부채의 특유한 위험과 화폐의 시간가치에 대한 현행 시장의 평가를 반영한 세전 이율이다.

⑤ 예상되는 자산 처분이익은 충당부채를 객관적으로 측정하기 위하여 고려하여야
한다.

정답 ⑤

18 충당부채에 대한 설명으로 옳지 않은 것은? ('22 세무직)

① 충당부채로 인식하는 금액은 현재의무를 보고기간 말에 이행하기 위하여 필요
한 지출에 대한 최선의 추정치이어야 한다.

② 미래의 예상 영업손실은 충당부채로 인식하지 아니한다.

③ 현재의무를 이행하기 위하여 필요한 지출 금액에 영향을 미치는 미래 사건이
일어날 것이라는 충분하고 객관적인 증거가 있는 경우에도, 그 미래 사건을 고
려하여 충당부채 금액을 추정하지 않는다.

④ 화폐의 시간가치 영향이 중요한 경우에 충당부채는 의무를 이행하기 위하여 예
상되는 지출액의 현재가치로 평가한다.

정답 ③

19 2015년에 제품의 결함으로 인하여 피해를 입었다고 주장하는 고객이 (주)한국을
상대로 손해배상청구 소송을 제기하였다. 법률전문가는 2015년 재무제표가 승인
되는 시점까지는 회사의 책임이 밝혀지지 않을 가능성이 높다고 조언하였다. 그러
나 2016년 말 현재 (주)한국에 소송이 불리하게 진행 중이며, 법률전문가는 (주)
한국이 배상금을 지급하게 될 가능성이 높다고 조언하였다. (주)한국의 충당부채
또는 우발부채 인식과 관련된 설명으로 옳지 않은 것은? ('16 관세직)

① 충당부채는 현재의 의무가 존재하고, 경제적 효익을 갖는 자원이 유출될 가능
성이 높으며, 당해 금액을 신뢰성 있게 추정할 수 있을 경우에 인식한다.

② 2015년의 경우 현재의 의무가 없고, 배상금을 지급할 가능성이 아주 낮다고 하
더라도 우발부채로 공시할 의무는 있다.

③ 2016년 말에는 현재 의무가 존재하고 배상금에 대한 지급 가능성이 높으므로,
배상금을 신뢰성 있게 추정할 수 있다면 충당부채를 인식해야 한다.

④ 만약 2016년 말에 배상금을 신뢰성 있게 추정할 수 없다면 이를 충당부채로 인
식하지 않고 우발부채로 공시한다.

정답 ②

20 다음 중 충당부채를 인식하기 위해 충족해야 하는 요건을 모두 고른 것은?

('21 주택)

> ㄱ. 과거사건의 결과로 현재 법적의무나 의제의무가 존재한다.
> ㄴ. 해당 의무를 이행하기 위하여 경제적 효익이 있는 자원을 유출할 가능성이 높다.
> ㄷ. 미래에 전혀 실현되지 않을 수도 있는 수익을 인식하는 결과를 가져온다.
> ㄹ. 해당 의무를 이행하기 위하여 필요한 금액을 신뢰성 있게 추정할 수 있다.

① ㄱ, ㄴ   ② ㄱ, ㄷ   ③ ㄴ, ㄹ

④ ㄱ, ㄴ, ㄹ   ⑤ ㄴ, ㄷ, ㄹ

정답 ④

21 다음은 20×1년 말 (주)대한과 관련된 자료이다. 충당부채와 우발부채 금액으로 옳은 것은?   ('15 주택)

> ○ 20×1년 초 제품보증충당부채는 없었으며, 20×1년 말 현재 향후 보증청구가 이루어질 것으로 판단되는 최선의 추정치는 ₩20,000이다.
> ○ (주)대한은 특허권 침해소송에 피고로 계류되었으며, 패소시 부담하게 될 손해배상액은 ₩30,000이다. 패소 가능성은 높지 않다.
> ○ 기말 현재 매출채권에 대한 대손충당금으로 계상되어야 할 금액은 ₩20,000이다.
> ○ 유형자산의 내용연수가 종료된 후 복구공사비용으로 추정되는 지출액의 현재가치금액은 ₩50,000이다.

	충당부채	우발부채
①	₩30,000	₩30,000
②	₩50,000	₩50,000
③	₩70,000	₩50,000
④	₩70,000	₩30,000
⑤	₩100,000	₩0

➡ 풀이: 충당부채 = 제품보증충당부채 20,000 + 복구충당부채 50,000 = 70,000
      우발부채 = 30,000

정답 ④

■ 경품충당부채

22 2011년부터 커피체인인 (주)한국은 판촉활동을 위해 커피 1잔에 쿠폰을 1매씩 지급하고, 고객이 쿠폰 10매를 모아오면 머그컵 1개를 무료로 제공한다. 제공되는 컵의 원가는 ₩1,000이다. (주)한국은 쿠폰의 60%가 상환될 것으로 추정하고 있다. 2011년 회계기간 동안 판매된 커피는 10,000잔이었으며 쿠폰은 5,000매가 교환되었다. 2011년에 인식해야 할 쿠폰관련 경품비와 경품충당부채의 기말 잔액은?   ('12 지방직)

	경품비	경품충당부채
①	₩600,000	₩100,000
②	₩600,000	₩0
③	₩500,000	₩100,000
④	₩500,000	₩0

➡ 풀이: (주)한국이 장래 제공할 것으로 예상한 머그컵만큼 구입하는 경우, 구입시 회계처리

(차) 경 품　　600,000　　　　　(대) 현 금　　　600,000
　　　($\frac{10,000}{10} \times$ 60% × ₩1,000)
(차) 경품비　　500,000　　　　　(대) 경 품　　　500,000
　　　(500 × ₩1,000)
(차) 경품비　　100,000　　　　　(대) 경품충당부채　100,000
　　　(600,000 − 500,000)

정답 ①

23 (주)우식은 2008년 1월 1일에 신상품의 판촉캠페인을 시작하였다. 각 신상품의 상자 안에는 쿠폰 1매가 동봉되어 있으며 쿠폰 4매를 가져오면 ₩100의 경품을 제공한다. (주)우식은 발행된 쿠폰의 50%가 회수 될 것으로 예상하고 있으며, 2008년 중의 판촉활동과 관련된 자료는 다음과 같다.　　　　　('08 세무직)

○ 판매된 신상품의 상자 수	600개
○ 교환 청구된 쿠폰 수	240매

2008년 중의 경품비와 2008년 12월 31일의 경품충당부채는?

	경품비	경품충당부채
①	₩6,000	₩1,500
②	₩7,500	₩1,500
③	₩6,000	₩7,500
④	₩7,500	₩7,500

➡ 풀이: (주)우식이 장래 제공할 것으로 예상한 경품만큼 구입하는 경우, 경품구입시 회계처리

(차) 경 품　　7,500　　　　　(대) 현 금　　　7,500
　　　(600개 × $\frac{1}{4}$ × 50% × 100)
(차) 경품비　　6,000　　　　　(대) 경 품　　　6,000
　　　교환 청구 경품비 = (240 ÷ 4) × 100 = 6,000
(차) 경품비　　1,500　　　　　(대) 경품충당부채　1,500
　　　경품충당부채 = 경품추정원가 − 교환청구 경품비
　　　　　　　　 = 7,500　 − 6,000 = 1,500

정답 ②

■ 제품보증충당부채

24 (주)갑은 판매한 제품에 대해 품질보증을 실시하고 있다. 2009년도 말 현재 품질보증과 관련하여 미래에 지출될 충당부채의 최선의 추정치는 ₩1,700이고, 수정 전시산표의 제품보증충당부채 계정잔액은 ₩1,000이다. 2009년도 중에 품질보증과 관련되어 ₩100의 지출이 있었다. 2009년도 재무제표에 보고될 제품보증

충당부채와 제품 보증비용은? (′10 관세직)

	제품보증충당부채	제품보증비용
①	₩1,000	₩700
②	₩1,600	₩800
③	₩1,700	₩700
④	₩1,700	₩800

▶ 풀이: (차) 제품보증비용 700   (대) 제품보증충당부채 700

정답 ③

25 (주)충북은 2005년 7월 1일 A제품을 ₩50,000에 판매하였다. 이 제품은 1년 동안 제품의 하자를 보증하며, 과거의 경험에 의하면 판매보증기간 중에 매출액의 20%의 판매보증비용이 발생할 것으로 추정된다. 2005년도에는 판매보증비용이 발생하지 않았으나, 2006년 6월 30일 현재까지 판매보증비용이 ₩6,000이 발생하였다. 결산일인 2006년 12월 말에 계상하여야 할 판매보증충당부채환입액은 얼마인가? (′07 세무직)

① ₩10,000   ② ₩6,000

③ ₩4,000   ④ ₩0

▶ 풀이: 2005년말: (차) 판매보증비 10,000   (대) 판매보증충당부채 10,000
                    50,000 × 0.2 = 10,000
        2006년 6월 30일: (차) 판매보증충당부채 6,000   (대) 현금 6,000
        2006년말: (차) 판매보증충당부채 4,000   (대) 판매보증충당부채환입 4,000
                    10,000 – 6,000 = 4,000

정답 ③

26 (주)한국은 제품매출액의 3%에 해당하는 금액을 제품보증비용(보증기간 2년)으로 추정하고 있다. 20×1년의 매출액과 실제 보증청구로 인한 보증비용 지출액은 다음과 같다.

제품매출액(20×1년)	실제 보증비용 지출액	
	20×1년	20×2년
₩600,000	₩14,000	₩6,000

20×2년 포괄손익계산서의 보증활동으로 인한 비용과 20×2년 말 재무상태표의 충당부채 잔액은?(단, (주)한국은 20×1년 초에 설립되었으며, 20×2년의 매출은 없다고 가정한다) (′14 주택)

	제품보증비	충당부채		제품보증비	충당부채
①	₩2,000	₩0	②	₩3,000	₩0
③	₩4,000	₩0	④	₩5,000	₩4,000

▶ 풀이: 20×1: (차) 제품보증비   14,000 (대) 현 금   14,000

20×1: (차) 제품보증비   4,000   (대) 제품보증충당부채   4,000

(600,000 × 0.03) − 14,000 = 4,000

20×2 (차) $\begin{cases} \text{제품보증충당부채} \\ \text{제품보증비} \end{cases}$ $\begin{matrix} 4,000 \\ 2,000 \end{matrix}$ (대) 현 금   6,000

정답 ①

27 (주)대한은 20×1년부터 전자제품을 판매하면서 3년간 보증수리를 무상으로 해주는데 20×1년도에 ₩250,000, 20×2년도에 ₩500,000을 보증수리비로 인식하였다. 실제 지출한 보증수리비는 20×1년도에 ₩150,000, 20×2년도에 ₩320,000이었다. 20×2년도말 제품보증충당부채 잔액은? ('11 주택)

① ₩180,000   ② ₩220,000

③ ₩250,000   ④ ₩260,000

⑤ ₩280,000

➡ 풀이: 250,000 + 500,000 − (150,000 + 320,000) = 280,000

정답 ⑤

28 20×1년 5월에 사업을 개시한 (주)한국은 20×1년도에 제품을 ₩60,000에 판매하였으며, 제품의 보증기간은 1년이다. 제품보증비용은 판매액의 5%가 발생할 것으로 예상되며, 이는 충당부채인식요건을 충족한다. 동 판매와 관련하여 20×1년도에 실제 발생한 제품보증금액이 ₩2,000일 경우 옳은 것은?(단, 충당부채설정법을 적용한다) ('16 주택)

① 20×1년도 매출액은 ₩57,000이다

② 20×1년 말 이연제품보증수익은 ₩3,000이다.

③ 20×1년도 제품보증비용은 ₩1,000이다.

④ 20×1년 말 제품보증충당부채는 ₩1,000이다.

⑤ 제품보증비용 ₩2,000이 실제 발생한 경우 관련 매출을 감소시킨다.

➡ 풀이: ① 매출액 = 60,000
       ② 이연수익은 인식하지 않는다.
       ③ 60,000 × 5% = 3,000
       ⑤ 매출을 감소시키지 않고 제품보증충당부채로 별도로 인식한다.

정답 ④

■ 복구충당부채

29 (주)한국은 20×1년 초 ₩720,000에 구축물을 취득(내용연수 5년, 잔존가치 ₩20,000, 정액법 상각)하였으며, 내용연수 종료 시점에 이를 해체하여 원상복구해야 할 의무가 있다. 20×1년 초 복구비용의 현재가치는 ₩124,180으로 추정되며 이는 충당부채의 요건을 충족한다. 복구비용의 현재가치 계산에 적용한 할인율

이 10%일 때 옳지 않은 것은? (단, 소수점 발생 시 소수점 아래 첫째 자리에서 반올림한다.)　　　　　　　　　　　　　　　　　　　　　　　('18 세무직)

① 20×1년 말 인식할 비용 총액은 ₩156,418이다.

② 20×1년 말 복구충당부채는 ₩136,598이다.

③ 20×1년 말 복구충당부채전입액(또는 이자비용)은 ₩12,418이다.

④ 20×1년 초 구축물의 취득원가는 ₩844,180이다.

▶ 풀이: ① 감가상각비 = (720,000 + 124,180 − 20,000) × 1/5 = 164,836

　　　　　　이자비용 = 124,180 × 10% = 12,148

　　　　　　비용으로 인식할 금액 = 177,254

　　　　② 20×1년 말 복구충당부채 = 124,180 + 12,148 = 135,498

　　　　④ 구축물 취득원가 = 720,000 + 124,180 = 844,180

　　　　　　　　　　　　　　　　　　　　　　　　　　정답 ①

30 (주)한국은 당국의 허가를 받아서 자연보호구역 내의 소유토지에 주차장을 설치하였다. 이때 당국의 주차장 설치 허가조건은 3년 후 주차장을 철거하고 토지를 원상복구하는 것이다. 주차장은 2017년 1월 1일 ₩5,000,000에 설치가 완료되어 사용하기 시작하였으며, 동일자에 3년 후 복구비용으로 지출될 것으로 예상되는 금액은 ₩1,000,000으로 추정되었다. 이런 복구의무는 충당부채에 해당한다. 주차장(구축물)은 원가모형을 적용하며, 내용연수 3년, 잔존가치 ₩0, 정액법으로 감가상각한다. 2017년도 주차장(구축물)의 감가상각비는? (단, 복구공사 소요액의 현재가치 계산에 적용할 유효이자율은 연 10%이며, 3년 후 \1의 현재가치는 0.7513이다)　　　　　　　　　　　　　　　　　　　　　　　('18 관세직)

① ₩1,917,100　　　　　　　　　　② ₩1,932,100

③ ₩1,992,230　　　　　　　　　　④ ₩2,000,000

▶ 풀이: 취득시:

　　(차) 구축물　　　　5,751,300　　　(대){ 현　금　　　　　5,000,000
　　　　　　　　　　　　　　　　　　　　　　복구충당부채　　751,300

　　　　취득원가 = 5,000,000 + 1,000,000 × 0.7513 = 5,751,300

　　2017년 결산시:

　　(차) 감가상각비　　1,917,000　　　(대) 감가상각누계액　1,917,000

　　　　감가상각비 = 5,751,300 × 1/3 = 1,917,100

　　(차) 이자비용　　　　75,130　　　(대) 복구충당부채　　75,130

　　　　　751,300 × 0.1 = 75,130

　　　　　　　　　　　　　　　　　　　　　　　　　　정답 ①

31 (주)한국은 20×1년 초 내용연수 종료 후 원상복구 의무가 있는 구축물을 ₩500,000에 취득하였다. 내용연수 종료시점의 복구비용은 ₩100,000이 소요될 것으로 추정되며, 복구비용의 현재가치 계산에 적용될 할인율은 연 10%이다. 구축물에 대한 자료가 다음과 같을 때, 20×1년도 감가상각비와 복구충당부채전

입액은? (단, 이자율 10%, 5기간에 대한 단일금액 ₩1의 현재가치는 0.6209이다)

('20 주택)

| ○ 내용연수: 5년 | ○ 잔존가치: ₩50,000 | ○ 감가상각방법: 정액법 |

	감가상각비	복구충당부채전입액
①	₩80,000	₩6,209
②	₩90,000	₩20,000
③	₩110,000	₩6,209
④	₩102,418	₩6,209
⑤	₩102,418	₩20,000

▶ **풀이:** 복구충당부채 = 100,000 × 0.6209 = 62,090
감가상각비 = (562,090 − 50,000) × 1/5 = 102,418
복구충당부채전입액 = 62,090 × 10% = 6,209

정답 ④

■ **사채일반**

32 사채에 관한 설명으로 옳지 않은 것은? ('12 주택)

① 사채의 표시이자율은 사채소유자에게 현금으로 지급해야 할 이자계산에 사용된다.

② 사채할인발행차금은 발행금액에서 차감하는 형식으로 표시된다.

③ 사채발행비는 발행금액에서 차감된다.

④ 사채발행시 사채의 유효이자율이 표시이자율보다 낮은 경우 사채는 할증발행된다.

⑤ 사채가 할인발행되는 경우 사채발행자가 사채만기일에 상환해야 하는 금액은 발행금액보다 크다.

▶ **풀이:** <사채할인발행시 회계처리>
② (차) 현금(발행금액)   ××   (대) 사채(액면금액) ××
　　　사채할인발행차금   ××
사채할인발행차금은 사채의 액면금액에서 차감하는 형식으로 표시된다.
④ 유효이자율 > 표시이자율 = 할인발행
　유효이자율 = 표시이자율 = 액면발행
　유효이자율 < 표시이자율 = 할증발행
⑤ 만기에는 액면금액으로 상환한다.

정답 ②

33 당기손익인식금융부채가 아닌 사채에 관한 설명으로 옳지 않은 것은? ('10 주택)

① 액면(표시)이자율이 유효이자율보다 낮은 경우에는 할인발행된다.

② 유효이자율법에서 사채할인발행차금의 상각액은 매년 증가한다.

③ 유효이자율법을 적용할 경우 할인 및 할증발행 모두 이자비용은 매년 감소한다.

④ 할증발행의 경우 사채의 장부금액은 매년 감소한다.

⑤ 최초인식 후 유효이자율법을 사용하여 상각후원가로 측정한다.

▶ 풀이: 유효이자율법을 적용할 경우 할인발행은 이자비용이 매년 증가한다.

정답 ③

34 사채의 발행에 관한 설명으로 옳지 않은 것은? ('15 관세직)

① 할인발행은 유효이자율이 표시이자율보다 큰 경우이다.

② 할증발행의 경우 발행연도의 현금지급이자는 사채이자비용보다 크다.

③ 할인발행의 경우 만기가 가까워질수록 사채의 이자비용이 감소한다.

④ 할증발행과 할인발행은 사채의 만기금액이 동일하다.

정답 ③

35 (주)대한은 2011년 1월 1일에 표시이자율 10%, 액면가액 ₩10,000, 이자지급은 매년 12월 31일 후불조건, 만기 3년의 사채를 발행하였다. 발행시점에서 동 사채에 적용된 유효이자율이 15%일 경우 사채의 발행금액은?(단, 사채발행금액 계산에는 다음 자료를 이용하시오) ('11 세무직)

> 단일금액 ₩1의 현재가치요소(10%, 3년)=0.75
> 단일금액 ₩1의 현재가치요소(15%, 3년)=0.66
> 정상연금 ₩1의 현재가치요소(10%, 3년)=2.49
> 정상연금 ₩1의 현재가치요소(15%, 3년)=2.28

① ₩8,880   ② ₩9,090

③ ₩9,780   ④ ₩10,000

▶ 풀이: 사채원금의 현재가치: $10,000 \times 1/(1 + 0.15)^3 = 10,000 \times 0.66 = 6,600$
        사채이자의 현재가치합: $1,000 \times 2.28 = 2,280$
    ∴ 발행금액 = 6,600 + 2,280 = 8,880

정답 ①

■ **사채발행차금상각**

36 사채발행차금을 유효이자율법에 따라 상각할 때 설명으로 옳지 않은 것은? (단, 이자율은 0보다 크다) ('16 관세직)

① 할증발행 시 상각액은 매기 감소한다.

② 할인발행 시 이자비용은 매기 증가한다.

③ 할인발행 시 상각액은 매기 증가한다.

④ 할증발행 시 이자비용은 매기 감소한다.

▶ **풀이:** 할인발행과 할증발행 모두 상각은 매기 증가한다.

37 유효이자율법에 의한 사채할인발행차금 또는 사채할증발행차금에 대한 설명으로 옳은 것은? ('20 관세직)

① 사채를 할증발행할 경우, 인식하게 될 이자비용은 사채할증 발행차금에서 현금이자 지급액을 차감한 금액이다.

② 사채를 할인발행할 경우, 사채할인발행차금 상각액은 점차 감소한다.

③ 사채를 할인발행 또는 할증발행할 경우 마지막 기간 상각완료 후 장부가액은 사채의 액면금액이 된다.

④ 사채할인발행차금의 총발생액과 각 기간 상각액의 합계금액은 같고, 사채할증발행차금의 총발생액과 각 기간 상각액의 합계금액은 다르다.

▶ **풀이:** ① 이자비용은 현금이자 지급액에서 사채할증발행차금 상각액을 차감한 금액이다.
② 사채를 할인발행할 경우, 사채할인발행차금 상각액은 점차 증가한다.
③ 사채할증발행차금의 총발생액도 각 기간 상각액의 합계금액과 같다.

38 (주)갑은 2001년도 초에 3년 만기, 액면가 ₩1,000,000인 사채를 발행하였다. 액면이자율은 6%이고, 발행당시 유효이자율은 5%이며, 이자는 매년 말에 지급하기로 하였다. (주)갑이 사채발행차금을 매 회계연도 말에 유효이자율법으로 상각할 경우, 옳지 않은 것은?(단, 회계기간은 1월 1일부터 12월 31일까지이다) ('10 관세직)

① (주)갑의 2001년도 초 사채의 발행가액은 2003년도 말 사채의 상환가액보다 크다.

② (주)갑의 2002년도 말 사채의 장부가액은 2001년도 말 사채의 장부가액보다 작다.

③ (주)갑의 2002년도 사채이자비용은 2001년도 사채이자비용보다 작다.

④ (주)갑의 2002년도 사채이자비용은 2002년도 현금이자지급액보다 크다.

39 (주)한국은 20×1년 1월 1일에 액면금액 ₩100,000, 액면이자율연 8%, 5년 만기의 사채를 ₩92,416에 발행하였다. 이자는 매년 12월 31일 지급하기로 되어 있고 20×1년 1월 1일 시장이자율은 연 10%이다. 동 사채의 회계처리에 대한 설명으로 옳지 않은 것은? (단, 계산결과는 소수점 아래 첫째 자리에서 반올림한다) ('20 지방세)

① 사채발행 시 차변에 현금 ₩92,416과 사채할인발행차금 ₩7,584을 기록하고, 대변에 사채 ₩100,000을 기록한다.

② 20×1년 12월 31일 이자지급 시 차변에 사채이자비용 ₩9,242을 기록하고 대변

에 현금 ₩8,000과 사채할인발행차금 ₩1,242을 기록한다.

③ 20×1년 12월 31일 사채의 장부금액은 ₩91,174이다

④ 사채만기까지 인식할 총 사채이자비용은 액면이자 합계액과 사채할인발행차금을 합한 금액이다.

▶ 풀이: 20×1년 말 사채의 장부금액을 92,416 + 1,242 = 93,658

정답 ③

40 사채할인발행차금의 상각이 당기순이익과 사채의 장부금액에 미치는 영향은?

('12 관세직)

	당기순이익	사채의 장부금액
①	증가	증가
②	증가	감소
③	감소	증가
④	감소	감소

정답 ③

41 (주)한라는 2008년 1월 1일에 표시이자율 8%, 액면금액 ₩100,000인 3년 만기 사채를 ₩95,030에 발행하였다. 이자는 매년 12월 31일 지급되며, 발생이자와 관련된 회계처리는 유효이자율법에 따르고 있다. 유효이자율이 10%일 때, 2009년 12월 31일 이 사채의 장부금액은?(단, 소수점 이하는 반올림함)

('10 세무직)

① ₩85,527   ② ₩93,527

③ ₩96,533   ④ ₩98,186

▶ 풀이:

	유효이자	명목이자	상각액	장부금액
2008. 1. 1				95,030
2008.12.31	9,503	8,000	1,503	96,533
2009.12.31	9,653	8,000	1,653	98,186
2010.12.31	9,814*	8,000	1,814*	100,000

* 단수조정

정답 ④

42 (주)한국은 20×1년 초 3년 만기 사채를 할인발행하여 매년 말 액면이자를 지급하고 상각후원가로 측정하였다. 20×2년 말 사채 장부금액이 ₩98,148이고, 20×2년 사채이자 관련 분개는 다음과 같다. 20×1년 말 사채의 장부금액은?

('19 주택)

차) 이자비용	7,715	대) 현금	6,000
		사채할인발행차금	1,715

① ₩90,433   ② ₩92,148   ③ ₩94,863

④ ₩96,433   ⑤ ₩99,863

▶ 풀이: 20×1년 말 장부금액 = 98,148 - 1,715 = 96,433

정답 ④

43 2007년 1월 1일 (주)한국은 액면가액 ₩10,000,000, 만기 5년, 표시이자율 10% 사채를 ₩9,000,000에 할인발행하였다. 이자는 매년 12월 31일에 현금으로 지급한다. 사채할인발행차금을 정액법으로 상각할 때, 결산일인 2007년 12월 31일의 분개로 옳은 것은?   ('07 세무직)

① (차) 이자비용   1,200,000   (대) $\begin{cases} 현금 & 1,000,000 \\ 사채할인발행차금 & 200,000 \end{cases}$

② (차) $\begin{cases} 이자비용 & 1,000,000 \\ 사채할인발행차금 & 200,000 \end{cases}$ (대) 현금   1,200,000

③ (차) 이자비용   1,000,000   (대) 현금   1,000,000

④ (차) 이자비용   1,200,000   (대) 현금   1,200,000

▶ 풀이: 사채할인발행차금상각액 = 1,000,000/5 = 200,000

정답 ①

44 (주)한국은 20×1년 7월 1일 액면금액 ₩2,000,000(표시이자율 연 9%, 만기 5년)의 사채를 ₩1,950,000에 발행하였다. 이자는 매년 6월 30일에 지급한다. 발행시부터 만기까지 (주)한국이 인식할 총이자비용은?   ('12 주택)

① ₩450,000   ② ₩500,000

③ ₩850,000   ④ ₩900,000

⑤ ₩950,000

▶ 풀이: $\underset{\text{현금지급이자 총액}}{\underline{2,000,000 \times 9\% \times 5}} + \underset{\text{사채할인발행차금}}{\underline{\frac{(2,000,000 - 1,950,000)}{}}} = 950,000$

정답 ⑤

45 (주)한국은 20×1년 1월 1일에 사채(표시이자율 10%, 만기 3년, 액면금액 ₩100,000, 이자 후급)를 ₩95,200에 발행하였다. 20×1년 이자비용이 ₩11,400 발생하였을 경우, 20×1년 말 사채의 장부금액은? ?   ('21 지방직)

① ₩95,200   ② ₩96,600

③ ₩98,600   ④ ₩101,400

▶ 풀이: 장부금액 = 95,200 × (1 + 11,400 / 95,200) - 10,000 = 96,600

정답 ②

■ 사채이자비용

46 (주)한국은 2011년 1월 1일 액면 ₩50,000의 사채(표시이자율 10%, 만기 3년)를 ₩47,600에 발행하였다. 동 사채로 인하여 만기까지 인식해야 할 이자비용 총액은? ('13 관세직)

① ₩2,400　　　　　　　　　　② ₩15,000
③ ₩17,400　　　　　　　　　　④ ₩22,500

▶ 풀이: 이자비용총액 = 현금지급이자총액 + 사채할인발행차금
　　　현금지급이자 50,000 × 10% × 3 + 사채할인발행차금 2,400 = 17,400

정답 ③

47 (주)백두는 2005년 1월 1일에 액면 ₩100,000의 사채(표시이자율 10%, 이자는 매년말 후급, 만기 3년)를 ₩95,200에 발행하였다. (주)백두가 당해 사채로 인하여 인식해야 할 총이자 비용은? ('09 지방직)

① ₩30,000　　　　　　　　　　② ₩32,000
③ ₩34,800　　　　　　　　　　④ ₩45,000

▶ 풀이: 총이자비용 = 현금지급이자총액 + 사채할인발행차금
　　　현금지급이자 100,000 × 10% × 3 + 사채할인발행차금 4,800 = 34,800

정답 ③

48 액면 ₩100,000, 만기 3년, 표시이자율 연 10%인 사채를 연초에 발행하였다. 발행시점에서 시장이자율을 고려하여 계산된 사채의 발행가액은 ₩88,000이다. 이 회사가 발행차금을 유효이자율법으로 회계처리해야 한다고 할 경우, 향후 3년간 손익계산서에 인식해야할 이자비용 총액은? ('07 관세직)

① ₩30,000　　　　　　　　　　② ₩26,400
③ ₩42,000　　　　　　　　　　④ 유효이자율이 없으므로 계산할 수 없음

▶ 풀이: 유효이자율>표시이자율 : 사채할인발행
　　　　이자비용총액 = 사채할인발행차금 + 3년간 현금지급이자
　　　　　　　　　　 = 12,000 + 30,000 = 42,000

정답 ③

49 (주)한국은 2017년 4월 1일 사채(표시이자율 10%, 만기 3년, 액면금액 ₩100,000)를 ₩95,200에 발행하였다. 한편, 사채의 발행과 관련된 사채발행비 ₩2,000이 발생하였다. (주)한국이 사채발행으로 만기까지 인식해야 할 이자비용 총액은?
('17 지방직)

① ₩30,000　　　　　　　　　　② ₩34,800
③ ₩35,200　　　　　　　　　　④ ₩36,800

▶ 풀이: 사채발행가액 = 95,200 - 2,000 = 93,200
　　　표시이자 = 100,000 × 10% × 3 = 30,000

사채할인발행차금 = 100,000 - 93,200 = 6,800
만기까지의 이자비용 = 30,000 + 6,800

정답 ④

50 (주)한국은 20×1년 1월 1일 액면금액 ₩1,000,000, 액면이자율 연 10%, 만기 3년 매년말 이자지급조건의 사채를 ₩951,980에 발행하였다. 사채의 발행차금에 대한 회계처리는 유효이자율법을 적용하고 있으며, 사채발행일의 시장이자율은 연 12%이다. 사채발행일의 시장이자율과 유효이자율이 일치한다고 할 때, (주)한국이 사채의 만기일까지 3년간 인식할 총 이자비용은? ('22 세무직)

① ₩300,000 ② ₩348,020
③ ₩360,000 ④ ₩368,020

➡ **풀이:** 복총이자비용 = 할인발행차금 + 액면이자 = (1,000,000 - 951,980) + 100,000 × 3
= 348,020

정답 ②

51 (주)한국은 2013년 1월 1일 자금조달을 위해 액면가액 ₩10,000 표시이자율 6%, 만기 3년, 매년 말 이자지급 조건의 사채를 발행하였다. 사채를 발행할 당시 시장이자율이 12%였다면 2014년도에 인식할 사채 관련 이자비용은? (단, 사채 발행 시 사채의 현재가치는 아래의 현재가치표를 이용하여 계산하고 계산과정에서 현가계수 외의 소수점 이하는 소수 첫째 자리에서 반올림한다) ('15 관세직)

기간	6%		12%	
	단일금액	연금	단일금액	연금
3년	0.81	2.67	0.71	2.40

① ₩696 ② ₩1,025
③ ₩1,076 ④ ₩1,198

➡ **풀이:** 사채발행가액 10,000 × 0.71 + 600 × 2.40 = 8,540
13년도 이자비용: 8,540 × 0.12 = 1,024.8
14년도 이자비용: (8,540 + 425) × 0.12 = 1,076

정답 ③

52 (주)경기산업은 2007년 1월 1일에 3년 만기의 액면가액 ₩20,000,000인 사채를 ₩19,005,000에 발행하였다. 발행당시 액면이자율은 8%, 유효이자율은 10%였다. 그리고 이자는 매년 12월 31일에 현금 지급한다. 유효이자율법에 의해 사채이자비용을 계산할 경우, 2007년 12월 31일(결산일)에 (주)경기산업이 수행할 가장 적절한 분개는? ('08 관세직)

① (차) 이자비용 ₩1,600,000 (대) 현 금 ₩1,600,000

② (차) { 이자비용 ₩1,600,000 (대) { 현 금 ₩1,600,000
사채할인발행차금상각 200,000 사채할인발행차금 200,000

③ (차) 이자비용   ₩1,900,500   (대) $\begin{cases} 현 \quad 금 \qquad ₩1,600,000 \\ 사채할인발행차금 \quad 300,500 \end{cases}$

④ (차) 이자비용   ₩1,931,667   (대) $\begin{cases} 현 \quad 금 \qquad ₩1,600,000 \\ 사채할인발행차금 \quad 331,667 \end{cases}$

▶ 풀이: 명목이자(현금지급이자) = 1,600,000

유효이자 = 19,005,000 × 0.1 = 1,900,500

사채할인발행차금 상각액 = 1,900,500 - 1,600,000 = 300,500

정답 ③

53 (주)충청은 2008년 1월 1일에 표시이자율 9%, 액면가 ₩1,000,000인 10년 만기 사채를 ₩938,500에 발행하였다. 이자는 매년 12월 31일에 지급되며, 발생이자와 관련된 회계처리는 유효이자율법에 따르고 있다. 유효이자율이 10%라 하였을 때, 2008년 12월 31일의 사채이자비용과 관련된 옳은 분개는?

('09 세무직)

	(차)		(대)	
① 사채이자비용	₩90,000	현금		₩90,000
② 사채이자비용	₩93,850	현금		₩93,850
③ $\begin{cases} 사채이자비용 \\ 사채할인발행차금 \end{cases}$	₩90,000 ₩3,850	현금		₩93,850
④ 사채이자비용	₩93,850	$\begin{cases} 현금 \\ 사채할인발행차금 \end{cases}$		₩90,000 ₩3,850

▶ 풀이: 사채할인발행차금상각액 = 실질이자 - 현금지급이자

3,850 = 938,500 × 0.1 - 1,000,000 × 0.09

정답 ④

54 (주)갑은 2007년 1월 1일 액면가액이 ₩10,000이고, 표시(액면)이자율이 연 8%이며, 매년 12월 31일에 이자를 지급하는 만기 3년의 사채를 ₩9,503에 발행하였다. 이 사채의 발행당시 시장이자율은 10%이며, 시장이자율과 유효이자율은 같다. 사채할인 발행차금은 유효이자율법으로 상각한다. 2007년 말 재무상태표상 사채장부가액은 ₩9,653이고, 위 사채외의 차입금은 없다. (주)갑의 2008 회계연도(2008.1.1~12.31) 손익계산서상의 사채이자비용과 2008년 말 재무상태표상의 사채장부가액의 합계액은?(단, 금액 계산 시 원단위 미만은 반올림한다)

('09 관세직)

① ₩10,303   ② ₩10,618

③ ₩10,783   ④ ₩10,800

▶ 풀이:

	유효이자 (10%)	명목이자 (8%)	상각액	장부금액
				9,503
2007.12.31	950	800	150	9,653
2008.12.31	965	800	165	9,818
2009.12.31	982	800	182	10,000

∴ 사채이자비용 965 + 사채장부금액 9,818 = 10,783

정답 ③

55 (주)한국은 20×1년 초 액면금액 ₩100,000의 사채(표시이자율 연 8%, 이자는 매년 말 후급, 유효이자율 연 10%, 만기 20×3년 말)를 ₩95,026에 발행하고 상각후원가로 측정하였다. 동 사채와 관련하여 20×3년 인식할 이자비용은? (단, 이자는 월할계산하며, 단수차이가 발생할 경우 가장 근사치를 선택한다.)('19 주택)

① ₩9,503   ② ₩9,553   ③ ₩9,653

④ ₩9,818   ⑤ ₩9,918

▶ 풀이: 20×1년 말 장부금액 = 95,026 × 1.1 − 8,000 = 96,529
　　　　 20×2년 말 장부금액 = 95,529 × 1.1 − 8,000 = 98,181
　　　　 20×3년 이자비용 = 98,181 × 10% = 9,818

정답 ④

56 (주)한국은 20×1년 1월 1일에 액면금액 ₩120,000, 만기 2년, 이자지급일이 매년 12월 31일인 사채를 발행하였다. (주)한국의 회계담당자는 다음과 같은 유효이자율법에 의한 상각표를 작성하였다. (주)한국의 동 사채에 대한 설명으로 옳은 것은? ('19 세무직)

날짜	이자지급	유효이자	상가액	장부금액
20×1. 1. 1.				₩115,890
20×1. 12. 31.	₩10,800	₩12,748	₩1,948	₩117,838
20×2. 12. 31.	₩10,800	₩12,962	₩2,162	₩120,000

① 사채의 유효이자율은 연 12%이다.
② 20×2년 말 사채관련 유효이자비용은 ₩12,962이다.
③ 20×1년 말 사채할인발행차금 상각액은 ₩2,162이다.
④ 사채의 표시이자율은 연 8%이다.

▶ 풀이: ① 유효이자율 = 12,748 ÷ 115,890 = 11%
　　　　 ③ 20×1년 말 사채할인발행차금 상각액 = 1,948
　　　　 ④ 표시이자율 = 10,800 ÷ 120,000 = 9%

정답 ②

■ 사채이자율

57 (주)한국은 2016년 1월 1일 액면금액 ₩1,000,000, 만기 3년의 사채를 유효이자율 연 10%를 적용하여 ₩925,390에 발행하였다. 2016년 12월 31일 장부금액이 ₩947,929이라면 이 사채의 표시 이자율은? ('17 관세직)

① 7% ② 8%

③ 9% ④ 10%

▶ 풀이: 이자비용 = 925,390 × 10% = 92,539
상각액 = 947,929 - 925,390 = 92,539(실질이자) - 표시이자
표시이자율 = 표시이자 ÷ 액면금액 7%

정답 ①

58 (주)한국은 액면금액이 ₩1,000,000인 사채를 발행하여 매년 말 이자를 지급하고 상각후원가로 측정하고 있다. 사채와 관련된 자료가 다음과 같을 때 표시이자율은? ('20 주택)

○ 사채 발행금액: ₩875,650   ○ 유효이자율: 연 10%
○ 1차년도 사채할인발행차금 상각액: ₩37,565

① 4% ② 5% ③ 6% ④ 7% ⑤ 8%

▶ 풀이: 사채가 할인발행되었으므로 액면이자율은 유효이자율보다 낮다.
유효이자 = 875,650 × 10% = 87,565
상각액 = 유효이자 - 액면이자
액면이자 = 87,565 - 37,565 = 50,000
표시이자율 = 50,000 / 1,000,000 = 5%

정답 ②

59 (주)한국은 20×1년 1월 1일 액면금액 ₩100,000, 만기 3년의 사채를 ₩92,410에 발행하였다. 사채의 연간 액면이자는 매년 말 지급되며 20×1년 12월 31일 사채의 장부금액은 ₩94,730이다. 사채의 연간 액면이자율을 추정한 것으로 가장 가까운 것은? (단, 사채발행 시 유효이자율은 9%이다.) ('18 세무직)

① 5% ② 6%

③ 7% ④ 8%

▶ 풀이: 94,730 = 92,410 × 1.09 - 표시이자
표시이자 = 6,000
액면이자율 = 6,000 ÷ 100,000 = 6%

정답 ②

60 (주)대한은 20×1년 1월 1일에 액면가액 ₩8,000,000(이자는 매년도 말에 후불로 지급)의 사채를 ₩7,400,000에 발행하였다. (주)대한은 20×1년 12월 31일에 사채와 관련하여 유효이자율법에 따라 다음과 같이 분개하였다.

| (차) 이자비용 | 962,000 | (대) { | 현 금 | 800,000 |
| | | | 사채할인발행차금 | 162,000 |

이 사채의 연간 유효이자율과 표시이자율은 각각 몇 %인가? ('11 주택)

① 12%, 10%   ② 13%, 10%

③ 13%, 11%   ④ 14%, 10%

⑤ 14%, 11%

▶ 풀이: 7,400,000 × 유효이자율 = 962,000

∴ 유효이자율 962,000 / 7,400,000 = 13%

표시이자율 = 800,000 / 8,000,000 = 10%

정답 ②

61 (주)한국은 사채할인발행차금을 액면이자를 지급하는 매년말 유효이자율법에 의하여 상각한다. 2012년 말 (주)한국의 분개가 다음과 같고, 분개 후 사채의 장부가액은 ₩167,000일 때, 사채의 유효이자율은? ('12 관세직)

| (차변) 이자비용 | ₩40,000 | (대변) { | 사채할인발행차금 | ₩7,000 |
| | | | 현 금 | ₩33,000 |

① 10%   ② 15%

③ 20%   ④ 25%

▶ 풀이:

	유효이자	명목이자	상각액	장부금액
				160,000
2012년말:	40,000	33,000	7,000	167,000

160,000 × 유효이자율 = 40,000
유효이자율 = 40,000 / 160,000 = 25%

정답 ④

■ 사채상환손익

62 (주)한국은 20×1년 초 다음과 같은 조건의 사채를 ₩43,783에 발행하였다. 20×2년 말 이자지급 후, 동 사채 전부를 ₩45,000에 조기상환한 경우 사채상환이익은?(단, 금액은 소수점 첫째자리에서 반올림하며 단수차이가 있으면 가장 근사치를 선택한다) ('16 주택)

○ 액면금액: ₩50,000

○ 표시이자율: 연 5%(매년 말 이자지급)

○ 유효이자율: 연 10%

○ 만기: 3년(만기 일시상환)

① ₩1,217   ② ₩2,727   ③ ₩4,339

④ ₩5,000 ⑤ ₩5,227

➡ 풀이: ×1말 사채 = 43,783 × (1 + 10%) − 2,500 = 45,661
×2말 사채 = 45,661 × (1 + 10%) − 2,500 = 47,727
상환이익 = 47,727 − 45,000 = 2,727

정답 ②

63 (주)대한은 20×1년 초 다음과 같은 조건의 사채를 발행하고, 상각후원가로 측정하였다.

('14 주택)

> ○ 액면금액 : ₩100,000
> ○ 만기 : 5년
> ○ 표시이자율 : 5%
> ○ 시장이자율 : 8%
> ○ 표시이자 지급방법 : 매년 말
> ○ 상환방법 : 만기 일시상환

만기를 1년 앞 둔 20×4년 말에 현금이자 지급 후 동 사채를 ₩95,000에 상환하였을 경우, 사채상환손익은?(단, 계산과정에서 단수차이가 있는 경우 가장 근사치를 선택한다)

<현재가치계수>

○단일 금액의 현재가치계수

	1기간	2기간	3기간	4기간	5기간
5%	0.9524	0.9070	0.8638	0.8227	0.7835
8%	0.9259	0.8573	0.7938	0.7350	0.6806

○정상연금의 현재가치계수

	1기간	2기간	3기간	4기간	5기간
5%	0.9524	1.8594	2.7232	3.5460	4.3295
8%	0.9259	1.7833	2.5771	3.3121	3.9927

① 손실 ₩5,000 ② 손실 ₩2,220 ③ ₩0
④ 이익 ₩2,220 ⑤ 이익 ₩5,000

➡ 풀이:

20×1 (차) {현금 88,024 / 사채할인발행차금 11,976} (대) 사채 100,000

20×4 (차) 이자비용 8,575 (대) {현금 5,000 / 사채할인발행차금 3,575}

[상환] (차) 사채 100,000 (대) {현금 95,000 / 사채할인발행차금 2,775 / 사채 상환이익 2,225}

20×4년말 장부금액 = 100,000 × 0.9259 + 5,000 × 0.9259 = 97,220

정답 ④

64 (주)한국은 액면 ₩1,000,000의 사채를 2015년 초에 ₩950,260으로 발행하였다. 발행 당시 사채의 유효이자율은 10%, 표시이자율은 8%, 이자는 매년 말 후급, 만기일은 2017년 말이다. (주)한국이 해당 사채 전액을 2016년 초에 ₩960,000의 현금을 지급하고 상환할 경우 사채상환이익(손실)은? ('15 지방직)

① ₩5,286 손실 ② ₩5,286 이익

③ ₩6,463 손실 ④ ₩6,436 이익

▶ 풀이: 사채할인발행차금상각액 = 95,026 − 80,000 = 15,026
장부금액 = 950,260 + 15,026 = 965,286
사채상환이익 = 965,286 − 960,000 = 5,286

정답 ②

65 (주)한국은 2012년 12월 31일 장부금액 ₩91,322(액면금액 ₩100,000, 액면이자율 5%, 이자지급일 매년 12월 31일 후급, 만기 2014년 12월 31일)인 사채를 2013년 12월 31일 현금이자를 포함하여 총 ₩101,000에 상환하였다. (주)한국이 사채상환과 관련하여 인식할 손익은?(단, 발행 당시 사채의 유효이자율은 10%이고, 금액은 소수점 첫째자리에서 반올림한다) ('14 관세직)

① 사채상환손실 ₩546 ② 사채상환손실 ₩648

③ 사채상환손실 ₩726 ④ 사채상환이익 ₩684

▶ 풀이: 사채할인발행차금상각액 = 9,132(유효이자) − 5,000(액면이자) = 4,132
장부금액 = 91,322 + 4,132 = 95,454
사채상환손실 = 101,000(상환가액) − 95,454(장부금액) − 5,000(현금이자) = 546

정답 ①

66 (주)한국은 2011년 1월 1일 만기 3년, 연이자율 10%(매년 12월 31일 이자지급), 액면금액 ₩100,000인 사채를 유효이자율 8%기준으로 ₩105,151에 발행하였다. (주)한국은 해당 사채를 2012년 12월 31일 ₩103,000에 조기상환을 하였다. 이러한 거래와 관련된 설명으로 옳지 않은 것은?(단, 사채발행차금은 유효이자율법으로 상각하며, 소수점 이하는 반올림한다) ('11 관세직)

① 2011년 1월 1일 사채할증발행차금 ₩5,151을 대변에 기록한다.
② 2011년 12월 31일 사채할증발행차금의 환입액은 ₩1,588이다.
③ 2012년 12월 31일 사채이자비용은 ₩8,285이다.
④ 2012년 12월 31일 사채상환손실 ₩152을 차변에 기록한다.

▶ 풀이:

	유효이자 (8%)	명목이자 (10%)	환입액	장부금액
				105,151
2011.12.31	8,412	10,000	1,588	103,563
2012.12.31	8,285	10,000	1,715	101,848

2013.12.31	8,152	10,000	1,848	100,000

2011.1.1	(차) 현 금	105,151	(대) 사 채	100,000
			사채할증발행차금	5,151

2011.12.31	(차) 이자비용	8,412	(대) 현 금	10,000
	사채할증발행차금	1,588		

2012.12.31	(차) 이자비용	8,285	(대) 현 금	10,000
	사채할증발행차금	1,715		

	(차) 사 채	100,000	(대) 현 금	103,000
	사채할증발행차금	1,848		
	사채상환손실	1,152		

정답 ④

67 (주)대한은 2010년 1월 1일에 유효이자율 연 10%를 적용하여 액면가액 ₩10,000, 표시이자율 연 8%(매년 12월 31일 현금으로 이자지급), 만기 5년인 사채를 ₩9,242에 발행하였다. (주)대한이 2010년 12월 31일 현금 ₩11,000 (연말에 현금으로 지급되는 이자부분은 별도로 지급하므로 동 금액에는 이자부분이 제외되어 있음)을 지급하고 동 사채를 전액 상환하였다면, 2010년도 포괄손익계산서에 계상될 사채상환손실은? (단, (주)대한은 유효이자율법을 사용하고 원미만은 반올림하며, 법인세비용은 없는 것으로 가정한다)　('11 지방직)

① ₩800　　　　　　　　② ₩1,000
③ ₩1,124　　　　　　　④ ₩1,634

▶ 풀이:

2010.1.1 (발행시)	(차) 현 금	9,242	(대) 사 채	10,000
	사채할인발행차금	758		

2010.12.31 (이자지급시)	(차) 이자비용 (9,242 × 0.1)	924	(대) 현 금	800
			사채할인발행차금	124

2010.12.31 (상환시)	(차) 사 채	10,000	(대) 현 금	11,000
	사채상환손실	1,634	사채할인발행차금	634

정답 ④

68 (주)한국은 2016년 1월 1일에 액면가액 ₩1,000, 액면이자율 연 8%, 유효이자율 연 10%, 만기 3년, 이자지급일 매년 12월 31일인 사채를 발행하였다. (주)한국은 유효이자율법을 적용하여 사채할인발행차금을 상각하고 있으며, 2017년 12월 31일 사채의 장부금액은 ₩982이다. (주)한국이 2018년 6월 30일 동 사채를 ₩1,020에 조기상환하였다면, 이때의 사채상환손실은? (단, 계산은 월할계

산하며, 소수점 발생 시 소수점 아래 첫째 자리에서 반올림한다.)　　('19 관세직)

① ₩11　　　　　　　　　　② ₩20

③ ₩29　　　　　　　　　　④ ₩31

▶ 풀이: (차) 이자비용　　　　　49　　(대) { 현금　　　　　　　40
　　　　　　　　　　　　　　991　　　　　　　사채할인발행차금　9

　　　(차) { 사채　　　　　　29　　(대) 현금　　　　　1,020
　　　　　　　사채상환손실

정답 ③

69 (주)한국은 20×1년 1월 1일에 액면가 ₩10,000, 만기 3년, 표시이자율 8%, 이자지급일이 매년 12월 31일인 사채를 ₩9,503에 할인발행하였다. 이 사채를 20×2년 1월 1일에 ₩9,800을 지급하고 조기상환할 때, 사채상환손익은? (단, 발행일의 유효이자율은 10%이고, 금액은 소수점 첫째자리에서 반올림한다)

('21 관세직)

① 사채상환손실 ₩18　　　　② 사채상환손실 ₩147

③ 사채상환이익 ₩18　　　　④ 사채상환이익 ₩147

▶ 풀이: 20×1년말 장부금액 = 9,503 × 1.1 - 800 = 9,653
　　　사채상환손익 = 9,653 - 9,800 = (-)147

정답 ②

70 (주)한국은 20×1년 1월 1일 사채(액면금액 ₩100,000, 3년 만기 일시상환)를 발행하고, 상각후원가로 측정하였다. 액면이자는 연 5%로 매년 말 지급조건이며, 발행 당시 유효이자율은 연 8%이다. 20×3년 1월 1일 사채를 액면금액으로 조기 상환하였을 경우, 사채상환손익은? (단, 금액은 소수점 첫째 자리에서 반올림하며, 단수차이가 있으면 가장 근사치를 선택한다.)

('18 주택)

기간	할인율	단일금액 ₩1의 현재가치		정상연금 ₩1의 현재가치	
		5%	8%	5%	8%
3		0.8638	0.7938	2.7232	2.5771

① ₩2,219 이익　　　② ₩2,781 손실　　　③ ₩2,781 이익

④ ₩7,734 손실　　　⑤ ₩7,734 이익

▶ 풀이: 20×1년 초 사채 취득원가 = 100,000 × 5% × 2.5771 + 100,000 × 0.7938 = 92,266
　　　20×1년 말 사채 장부금액 = 92,266 × 1.08 - 5,000 = 94,647
　　　20×2년 말 사채 장부금액 = 94,647 × 1.08 - 5,000 = 97,219
　　　20×3년 초 사채상환손익 = 97,219 - 100,000 = 상환손실 2,781

정답 ②

71 (주)한국은 20×1년 1월 1일 액면금액 ₩1,000,000인 사채(만기 3년, 표시이자율 연 10%, 이자는 매년 말 후급)를 ₩1,106,900에 발행하고, 상각후원가로

측정하였다. 발행당시 유효이자율은 연 6%이었다. 20×2년 1월 1일 동 사채 전부를 조기상환하였고, 이로 인해 사채상환이익이 ₩4,500 발생하였다. (주)한국이 동 사채를 상환하기 위해 지급한 금액은?

('21 주택)

① ₩1,068,814　　　　② ₩1,077,814　　　　③ ₩1,102,400
④ ₩1,135,986　　　　⑤ ₩1,144,986

▶ 풀이: 20×1년말 장부금액 = 1,106,900 × 1.06 - 100,000 = 1,073,314
　　　　지급한 금액 = 1,073,314 - 4,500 = 1,068,814

정답 ①

■ 사채종합

72 (주)대한은 20×1년 1월 1일 다음과 같은 사채를 발행하였으며 유효이자율법에 따라 회계처리한다. 동 사채와 관련하여 옳지 않은 것은?

('15 주택)

> 액면금액 : ₩1000,000
> 만기 : 3년
> 액면이자율 : 연 5%
> 이자지급시기: 매년 말
> 사채발행비 : ₩20,000
> 유효이자율 : 연 8%
> (유효이자율은 사채발행비가 고려됨)

① 동 사채는 할인발행 사채이다.
② 매년 말 지급할 현금이자는 ₩50,000이다.
③ 이자비용은 만기일에 가까워질수록 증가한다.
④ 사채발행비가 ₩30,000이라면 동 사채는 적용되는 유효이자율은 연 8%보다 낮다.
⑤ 사채할인발행차금 상각이 완료된 시점에서 사채 장부금액은 액면금액과 같다.

▶ 풀이: 사채 발행비가 존재한다면, 발행금액은 작아지고 유효이자율은 상승한다.

정답 ④

73 (주)지방은 20×3년 1월 1일에 액면금액 ₩1,000, 표시이자율 연 7%, 만기 2년, 매년 말에 이자를 지급하는 사채를 발행하였다. 다음은 (주)지방이 작성한 사채상각표의 일부를 나타낸 것이다.

('14 지방직)

일자	유효이자	표시이자	사채할인발행차금 상각	장부금액
20×3. 1. 1.				?
20×3. 12. 31.	?	?	₩25	?
20×4. 12. 31.	?	?	₩27	₩1,000

위의 자료를 이용한 사채에 대한 설명으로 옳지 않은 것은?

① 2년간 이자비용으로 인식할 총금액은 ₩140이다.

② 사채의 발행가액은 ₩948이다.

③ 20×4년 1월 1일에 사채를 ₩1,000에 조기상환할 경우 사채상환손실은 ₩27이다.

④ 사채의 이자비용은 매년 증가한다.

▶ 풀이: 20×3년 이자비용 95 + 20×4년 이자비용 97 = 192

정답 ①

74 20×1년 1월 1일 (주)한국은 액면금액 ₩1,000,000의 사채를 ₩918,000에 할인 발행하였다. 이 사채의 발행에 적용된 유효이자율은 7%, 액면이자율은 5%(이자지급: 매년 말 지급)이다. 이와 관련된 설명 중 옳지 않은 것은?

('13 주택)

① 20×1년도 사채의 유효이자는 ₩64,260이다.

② 20×1년도 사채할인발행차금의 상각액은 ₩14,260이다.

③ 20×1년도 말 사채의 장부금액은 ₩932,260이다.

④ 20×2년 1월 1일 이 사채를 ₩935,000에 상환한다면 ₩2,740의 상환이익이 발생한다.

⑤ 20×2년도 사채의 액면이자는 ₩50,000이다.

▶ 풀이:

(차) { 사채   1,000,000
      사채 상환손실   2,740

(대) { 현금   935,000
      사채할인발행차금   67,740

정답 ④

75 다음은 (주)한국이 20×1년 1월 1일 발행한 사채의 회계처리를 위한 자료의 일부이다. 이를 통하여 알 수 있는 내용으로 옳은 것은? (단, 계산된 금액은 소수점 이하 첫째 자리에서 반올림한다.)

('17 주택)

○ 사채권면에 표시된 발행일은 20×1년 1월 1일, 액면금액은 ₩1,000,000이며 이자지급일은 매년 12월 31일이고 만기는 3년이다.

〈유효이자율법에 의한 상각표〉

일자	유효이자	표시이자	상각액	장부금액
20×1. 1. 1.	–	–	–	₩951,963
20×2. 12. 31.	?	₩100,000	₩14,236	?

① 사채 발행시 적용된 유효이자율은 연 10%이다.

② 사채 발행시 인식할 사채할인발행차금은 ₩33,801이다.

③ 20×1년 말 상각후 사채의 장부금액은 ₩937,727이다.

④ 20×2년 말 사채와 관련하여 손익계정에 대체되는 이자비용은 ₩117,857이다.

⑤ 20×3년 1월 1일 사채 전부를 ₩980,000에 상환한 경우 사채상환이익은 ₩2,143이다.

➡ 풀이: ① 유효이자 = 100,000 + 14,236 = 114,236
　　　　　유효이자율 = 114,236/951,963 = 12%
　　　　② 사채할인발행차금 = 1,000,000 - 951,963 = 48,037
　　　　③ 20×1년 말 장부금액 = 951,963 + 14,236 = 966,199
　　　　④ 20×2년 말 이자비용 = 966,199 + 12% = 115,944
　　　　⑤ 20×2년 말 장부금액 = 966,199 + 1.12 - 100,000 = 982,143
　　　　　20×3년 초 사채상환이익 = 982,143 - 980,000 = 2,143

정답 ⑤

76 (주)한국은 20×1년 1월 1일에 액면금액 ₩1,000,000(액면이자율 연 8%, 유효이자율 연 10%, 이자지급일 매년 12월 31일, 만기 3년)의 사채를 ₩950,258에 발행하였다. (주)민국은 이 사채를 발행과 동시에 전액 매입하여 상각후원가 측정 금융자산으로 분류하였다. 다음 설명 중 옳지 않은 것은? (단, 거래비용은 없고 유효이자율법을 적용하며, 소수점 발생 시 소수점 아래 첫째 자리에서 반올림한다.)

('19 관세직)

① (주)한국의 20×1년 12월 31일 재무상태표상 사채할인발행차금 잔액은 ₩34,716이다.

② (주)민국이 20×2년 1월 1일에 현금 ₩970,000에 동 사채 전부를 처분할 경우 금융자산 처분이익 ₩19,742을 인식한다.

③ (주)민국은 20×1년 12월 31일 인식할 이자수익 중 ₩15,026을 상각후원가 측정 금융자산으로 인식한다.

④ (주)한국의 20×1년 12월 31일 인식할 이자비용은 ₩95,026이다.

➡ 풀이: ① 20×1년 초 사채할인발행차금 = 1,000,000 - 950,258 = 49,742
　　　　　20×1년 사채할인발행차금 상각액 = 95,026 - 80,000 = 15,026
　　　　　20×1년 말 사채할인발행차금 잔액 = 49,742 - 15,026 = 34,716
　　　　② 20×1년 말 금융자산 장부금액 = 950,258 × 1.1 - 80,000 = 965,284
　　　　　금융자산 처분이익 = 970,000 - 965,284 = 4,716
　　　　③ 이자수익 중 금융자산으로 인식하는 금액 = 95,026 - 80,000 = 15,026
　　　　④ 이자비용 = 950,258 × 10% = 95,026

정답 ②

▌ 주관식 ▐

〈1〉 유동성장기차입금

(주)건지는 20×8년 7월 1일 ₩900,000을 차입하였다. 연이자율은 10%이며 20×9년 6월 30일부터 매년 ₩300,000씩 3회 균등분할 상환조건이다. 시장이자율이 10%라 가정하고 (주)건지의 다음 일자별 회계처리를 행하라. 단, 이자지급일은 매년 6월 30일이다.

(1) 20×8년 7월 1일   (2) 20×8년 12월 31일

(3) 20×9년 6월 30일   (4) 20×9년 12월 31일

〈2〉 제품보증충당부채

(주)현대자동차는 20×9년 신형자동차를 출시하였다. (주)현대자동차는 불량품에 대하여 1년간 보증하기로 하였다. 과거의 경험에 의하면 보증비용은 매출액의 8%가 발생하는 것으로 추정된다. 20×9년 매출액은 ₩2,000,000이었으며 기중 ₩50,000의 보증수리비용이 있었다. 20×9년 말 재무상태표에 계상할 제품보증충당부채는 얼마인가?

〈3〉 경품충당부채

(주)굿마트는 20×9년 1월 1일부터 12월 31일까지 판매된 제품에 대하여 매출액 ₩10,000 당 경품권 1매씩을 제공하고, 경품권 10매를 제공하는 고객에게 ₩10,000 상당의 주전자를 경품으로 제공하고 있다. (주)굿마트는 경품에 해당하는 주전자를 100개 구입하였으며, 행사기간 동안 매출액은 ₩10,000,000이 발생하였다. 또한 경품권의 예상회수율은 50%로 추정한다. 20×9년 말까지 실제 회수량은 100매였다. 20×9년의 일련의 회계처리를 행하고 포괄손익계산서에 인식할 경품비와 재무상태표에 계상할 경품충당부채를 구하여라.

〈4〉 사채의 발행가액 결정

(주)건지는 20×7년 1월 1일 액면가액 ₩100,000, 액면이자율 연 10%, 만기는 20×9년 12월 31일, 이자는 매년 12월 31일에 1회 지급하는 사채를 발행하였다. 사채의 발행가액을 구하고 발행시의 회계처리를 행하라(단, 유효이자율은 13%이다).

〈5〉 사채의 발행, 사채발행차금상각

장기자금 조달수단으로 (주)건지는 20×7년 1월 1일 다음과 같은 조건으로 사채를 발행하려고 한다.

·액면가액 : 500,000	·이자지급 : 연 1회, 매년 12월 31일
·표시이자율 : 연 9%	·상환일 : 20×9년 12월 31일

<요구사항>

1. 시장이자율이 10%일 때
  (1) 사채의 발행가액을 결정하라.
  (2) 유효이자율법에 의한 사채발행차금을 상각하라.
  (3) 발행회사와 투자회사(만기보유목적)의 입장에서 20×7년 1월 1일, 20×7년 12월 31일, 20×8년 12월 31일, 20×9년 12월 31일 회계처리를 하라.
2. 시장이자율이 8%일때 위의 물음에 답하라.
3. 시장이자율이 9%일때 위의 물음에 답하라.

〈6〉 시장이자율과 유효이자율

장기자금 조달수단으로 (주)현지는 20×7년 1월 1일 다음과 같은 조건으로 사채를 발행하였다. 사채발행 당시 시장이자율은 12%였으며, 사채의 발행가액은 ₩95,196이었다. 사채의 발행비용으로 ₩4,483이 발생하였다. 따라서 사채발행으로 유입된 현금조달액 ₩90,713과 사채의 미래 현금흐름의 현재가치를 일치시키는 이자율은 14%이다. 일련의 회계처리를 하여라.

·액면가액 : ₩100,000	·이자지급 : 연 1회, 매년 12월 31일
·표시이자율 : 연 10%	·상환일 : 20×9년 12월 31일

〈7〉 사채발행차금상각 -유효이자율법

20×7년 1월 1일 매일(주)는 액면이자율이 8%, 액면가액 ₩1,000,000인 2년 만기 사채를 발행하였다. 이자는 매년 6월 30일과 12월 31일에 지급한다. 발행가액은 발행시점의 시장이자율인 10%를 기준으로 하여 ₩964,540으로 책정하였다. 매일(주)는 사채발행차금을 매 이자지급일과 회계기말에 유효이자율법으로 상각한다. 재무제표는 1년을 기준으로 작성한다.

<요구사항>

1. 다음 일자에 필요한 분개를 하라.
  (1) 20×7년 1월 1일(사채의 발행에 관한 분개)
  (2) 20×7년 6월 30일(이자지급과 차금의 상각에 관한 분개)
  (3) 20×7년 12월 31일(이자지급과 차금의 상각에 관한 분개)
2. 20×7년 12월 31일 재무제표에 나타날 다음 계정의 금액은 얼마인가?
  (1) 사채(액면가액)
  (2) 미상각된 사채발행차금
  (3) 사채장부가액
  (4) 20×7년의 이자비용

〈8〉 사채발행차금상각 – 유효이자율법

서울상사는 20×7년 1월 1일에 액면가액 ₩1,000,000, 표시이자율 8%, 이자지급 연1회 (매년 12월 31일), 만기 3년인 사채를 발행하여 자금을 조달하였다. 사채발행당시 시장 이자율은 10%이었으며 사채발행비는 발생하지 않았다. 사채발행차금의 상각은 유효 이자율법에 의한다.

(1) 사채발행일인 20×7년 1월 1일의 발행가액을 결정하고 회계처리하라.

(2) 20×7년말, 20×8년말, 20×9년말 이자지급시 회계처리하라.

(3) 20×8년 12월 31일의 (부분)재무상태표를 작성하라.

〈9〉 사채의 상환

20×7년 1월 1일 다음과 같은 조건의 사채를 발행하였다.

액면가 : ₩100,000	만기 : 3년
이자지급 : 매년 12월 31일	표시이자율 : 연 10%
할인차금상각시 유효이자율법 적용	

<요구사항>

1. 유효이자율이 10%일 때 20×8년 1월 1일 사채를 ₩102,000에 전액 상환했다면 상환 에 필요한 회계처리를 하라.

2. 유효이자율이 12%일 때 20×8년 1월 1일 사채를 ₩99,000에 전액 상환했다면 상환 에 필요한 회계처리를 하라.

3. 유효이자율이 8%일 때 20×8년 1월 1일 사채를 ₩103,000에 전액 상환했다면 상환 에 필요한 회계처리를 하라.

〈10〉 사채종합

(주)한국은 20×7년 1월 1일에 액면가액 ₩1,000,000, 표시이자율 10%, 이자지급 연 1회 (매년 12월 31일), 만기 3년인 사채를 발행하여 자금을 조달하였다.

1. 사채발행당시 시장이자율이 각각 10%, 12%, 8%인 경우 사채발행가액을 결정하라.

2. 사채발행당시 시장이자율이 12%인 경우 다음 요구사항에 답하라.

  (1) 20×7년 1월 1일 현재의 회계처리

  (2) 유효이자율법에 의한 사채발행차금의 상각표 작성

  (3) 20×7년 12월 31일의 회계처리

  (4) 20×7년 12월 31일의 (부분)재무상태표 작성

3. 사채발행당시 시장이자율이 8%인 경우 다음 요구사항에 답하라.

  (1) 20×7년 1월 1일 현재의 회계처리

  (2) 유효이자율법에 의한 사채발행차금의 상각표 작성

  (3) 20×7년 12월 31일의 회계처리

    (4) 20×7년 12월 31일의 (부분)재무상태표 작성

4. 문 2에서 사채의 액면가액 ₩1,000,000 중 80%를 20×7년 12월 31일 현재 ₩780,000 에 상환하였다고 할 경우 상환과 관련된 분개를 행하여라.

12 자 본

12.1 자본의 의의

기업의 경제적 자원은 두 가지의 원천으로부터 조달된다. 하나는 채권자들로부터 조달된 자금으로 재무상태표에 부채(liabilities)로 표시되며, 다른 하나는 기업의 소유주로부터 조달된 자금으로 재무상태표에 자본(capital)으로 표시된다. 소유주로부터 조달된 자금인 자본은 상환의무가 없는 반면에 채권자로부터 조달된 자금인 부채는 상환의무가 있다. 즉, 채권자는 소유주에 우선하여 기업의 자산에 대한 청구권을 갖는다. 그러나 기업의 영업결과로부터 발생된 부에 대한 청구권은 채권자에게는 존재하지 않으며, 소유주가 처음 출자한 자금과 영업결과로부터 발생된 부는 소유주의 지분(equity ownership)이 된다. 따라서 자본은 소유주 지분이라고도 하며, 기업의 총자산에서 모든 부채를 차감한 잔여지분(residual equity)이 되며 이를 순자산(net assets)이라고도 한다.

이와 같이 자본은 소유주 지분, 잔여지분, 순자산이라는 용어로 사용된다.

자본 = 총자산 - 총부채

소유주 지분은 자산과 부채의 평가결과에 따라 종속적으로 산출되는 잔여지분의 성격을 가지며, 이러한 소유주 지분은 기업의 특정자산에 대한 청구권이 아니라 자산 전체 중 일정비율의 청구권을 나타내는 것이다. 또한 그 금액도 일정액으로 고정된 것이 아니라 기업의 수익성에 따라 변한다.

12.2 기업형태와 자본금

1. 개인기업의 자본금

개인기업(sole proprietorship)은 기업의 출자가 1인의 개인에 의해서 이루어지는 기업으로 기업과 기업주가 완전히 동일시되고 자본에 대한 법의 규제가 없으므로 개인기업의 자본금은 수시로 변할 수 있다. 개인기업의 자본금의 증감은 단일의 자본금계정을 설정하여 처리한다. 즉, 기업주가 출자하면 출자액만큼 자본금을 증가시키고, 순이익이 발생하면 자본금계정에 직접 가산한다. 그리고 기업주가 개인적으로 사용할 목적으로 기업에서 자금을 인출해 가면 이는 자본금계정에서 직접 차감한다. 그러나 기업주의 인출이 빈번한 경우에는 인출금계정을 설정하여 처리한 후 기말에 자본금계정에 대체한다.

예제 1 **개인기업의 자본금 회계처리**

12월 1일: 기업주는 현금 ₩1,000,000을 단독으로 출자하여 개인기업을 개업하였다.
12월 15일: 기업주는 자녀의 교육비로 ₩200,000을 인출하여 사용하였다.
12월 31일: 이번 회계연도 영업결과 당기순이익 ₩500,000이 발생하여 장부를 마감하다.

해 답

1월 1일:	(차) 현 금	1,000,000		(대) 자 본 금	1,000,000
1월 15일:	(차) 자 본 금	200,000		(대) 현 금	200,000
1월 31일:	(차) 집 합 손 익	500,000		(대) 자 본 금	500,000

2. 조합기업의 자본금

조합기업(partnership)은 2인 또는 그 이상의 조합원이 재산·노무 등을 갹출하여 공동으로 사업을 영위하는 기업을 말한다. 조합기업의 자본금은 조합원이 출자한 금액을 조합원마다 출자금계정을 설정하여 처리한다. 그러나 조합원수가 많을 경우에는 통제계정인 출자금계정으로 총괄처리하고,

그 조합원별 출자금명세는 보조원장인 출자금원장을 사용하여 표시한다. 그리고 영업결과 순손익이 발생하면 계약조건에 따라 각 조합원별 출자금 계정에 대체한다. 조합기업회계에서는 이외에 조합원의 가입 및 조합원의 탈퇴에 관한 회계처리가 필요하다.

예제 2 **조합기업의 자본금 회계처리**

다음 조합기업(파트너쉽)의 자본에 관한 사항을 회계처리하라.

(1) A, B, C 세 사람이 각각 ₩3,000,000, ₩2,000,000, ₩1,000,000을 공동 출자하여 합동공 인회계사 사무실을 개업하였다.

(2) 결산 결과 당 회계기간 중 순이익 ₩3,000,000이 발생하여 이를 이미 약정된 분배비율 (3:2:1)에 따라 배분하였다.

(3) 당기의 순이익 중 ₩1,800,000을 지분비율(3 : 2 : 1)로 현금배당하였다.

해답

(1) (차) 현 금	6,000,000	(대)	A 출자금	3,000,000
			B 출자금	2,000,000
			C 출자금	1,000,000

(2) (차) 집합손익	3,000,000	(대)	A 출자금	1,500,000
			B 출자금	1,000,000
			C 출자금	500,000

(3) (차) A 출자금	900,000	(대) 현 금	1,800,000
B 출자금	600,000		
C 출자금	300,000		

---

3. 합명회사·합자회사의 자본금

합명회사(ordinary partnership)는 출자자 전부가 기업의 채무에 대하여 무한의 책임을 지는 무한책임사원 2인 이상으로 구성된 회사이며, 합자회 사(limited partnership)는 1인 이상의 무한책임사원과 1인 이상의 유한책임 사원으로 조직된 회사를 말한다. 회계상 자본금의 처리는 조합의 경우와 동일하다. 즉, 합명회사나 합자회사를 설립하는 경우에는 그 사원수가 적을 경우에는 사원별로 자본금계정을 설정하여 처리하나, 사원의 수가 많으면

통제계정인 자본금계정으로 처리하고 그 명세는 보조원장인 사원출자금원
장에 기록한다. 이 때 합자회사의 출자의 경우에는 유한책임사원과 무한책
임사원별로 구별하여 처리한다. 합명회사・합자회사・유한책임회사・유한
회사 및 주식회사 등의 상법상 회사는 자본금이 정관에 의하여 확정되므로
변경절차를 거치지 않고 자본금을 변경할 수 없다. 따라서 합명회사・합자
회사는 결산시 당기손익을 자본금계정에 직접 대체하지 않고 순손익이 처
분될 때까지 별도로 이익잉여금계정에 대체 기록한다.

4. 유한회사의 자본금

유한회사(limited responsibility company)는 회사에 대하여 출자의무를
부담하는 이외에 회사의 채권자에 대하여는 아무런 책임이 없는 유한책임
사원의 출자로 이루어지는 회사로서 사원의 수가 1인 이상이다. 유한회사
는 주식회사와 달리 1인 이사로 운영할 수 있어 이사회가 존재하지 않으며,
주식회사는 감사가 필수이나 유한회사는 임의기관으로 둠으로서, 소수로
경영이 가능하여 가족기업의 대안이 될 수 있다. 그러나 유한회사는 외부
투자자의 공모, 상장, 사채발행이 불가하여 자금조달에서 제한을 받는다.
유한회사를 설립할 때에 주식회사와 같이 자본금계정으로 총괄기입하고,
각 사원의 출자내용은 보조원장인 사원원장에 기록한다. 유한회사는 주식
회사와 같이 자본금 3원칙, 즉 자본확정의 원칙, 자본불변의 원칙, 자본유
지의 원칙이 적용되며 유한회사의 자본과 순이익처분 등의 기본적인 회계
처리는 주식회사의 경우에 준하도록 되어 있다.

5. 유한책임회사의 자본

유한책임회사(Limited Liability Company)는 미국의 유한책임회사제도를
참고하여 개정 상법에서 새롭게 도입된 공동 기업형태로서 조직구성과 투
하자금회수와 관련한 자율성을 인정하고, 각 사원들이 출자금액만을 한도
로 책임을 지게 되는 회사이다. 유한책임회사는 회사의 주주들이 채권자에
대하여 자기의 투자액의 한도 내에서 법적인 책임을 부담한다는 점에서는
주식회사와 동일하지만, 주식회사가 상대적으로 경직된 지배 구조를 갖고
있는 것과 달리 최저자본금제도가 없으며, 이사나 감사 등의 기관을 둘 필

요도 없는 등 상대적으로 유연하며 탄력적인 지배구조를 가진다. 또한 유한회사와 주식회사의 모든 사원은 지분에 따른 의결권을 가지나, 유한책임회사의 경우 협동조합과 같이 지분이 아닌 머리수에 따른 의결권을 가진다는 점에서 차이가 있고, 유한회사와 주식회사는 개인간 계약을 통해 자유롭게 지분을 양수받아 주주 또는 사원이 될 수 있으나, 유한책임회사는 원칙적으로 기존 사원 전원의 동의가 있어야만 새로운 사원으로 가입할 수 있다. 유한책임회사는 외부적으로는 회사형태지만 내부적으로 조합의 성격을 가지고 있어 고도의 기술을 보유한 창업벤처기업에 적합한 회사형태이다.

유한책임회사의 자본금에 관한 회계처리는 주식회사, 유한회사의 경우에 준한다.

12.3 주식회사의 자본금

주식회사(corporation)는 주식의 발행을 통하여 자본을 조달하는 회사로서 자본과 경영이 분리되는 전형적인 물적회사이다. 주주는 주식인수가액을 한도로 출자의무를 부담할 뿐 그 밖의 회사채무에 대해서는 아무런 책임을 지지 않고 출자한 자본금의 한도 내에서만 유한적 책임을 진다.

주식회사의 자본은 법률적 관점에서 볼 때 법정자본금과 잉여금으로 분류된다. 법정자본금은 자본금이라고 부르는데, 주당액면금액에 발행주식수를 곱한 금액으로 법정절차를 거치지 않고는 임의적으로 변경시킬 수 없으며, 채권자보호를 위하여 자본의 3원칙인 자본확정의 원칙, 자본불변의 원칙 및 자본유지의 원칙에 따라 회사가 유지하여야 할 최소한의 재산을 의미한다. 잉여금은 자본 중 법정자본금을 초과하는 부분을 의미한다. 이러한 법률적 관점의 분류는 회계처리의 기준으로 활용되지는 않는다.

경제적 관점에서는 자본은 납입자본과 유보이익으로 분류된다. 납입자본은 주주가 기업에 납입한 금액으로 자본금에 주식발행초과금을 가산한 금액이고, 유보이익은 기업활동에 의해 창출된 이익 중에서 사외에 유출되지 않고 사내에 유보된 부분이다. 보다 구체적으로 자본은 납입자본, 유보이익에 해당하는 기타포괄손익누계액과 이익잉여금 및 자본조정으로 구분된다. 납입자본은 법정자본금과 주주가 납입한 자본인 자본잉여금의 합계로서 자본거래에서 발생한 것이며, 유보이익인 기타포괄손익누계액과 이익잉여금은 손익거래에서 발생한다. 그러나 이익잉여금은 실현된 손익을 반영하고, 기타포괄손익누계액은 미실현손익을 나타낸다는 점에서 차이가 있다. 자본조정은 성격상 자본거래에 해당하나 최종 납입된 자본으로 볼 수 없거나 자본의 가감성격의 항목으로 자본금이나 자본잉여금으로 분류할 수 없는 항목으로서 일시적 성격을 갖는다.

국제회계기준에서는 재무상태표에 표시되는 자본은 자본금과 적립금만 언급하고 있으며, 자본의 표시는 기업의 재량에 따라 나타낼 수 있도록 하여 실제 공포되는 재무상태표의 자본은 기업마다 다르게 표시될 수 있다. 일반적으로 기업에서는 자본을 크게 납입자본, 이익잉여금 및 기타자본요소로 분류하여 재무상태표에 나타내고 있다. 납입자본은 자본금, 주식발행초과금 등 주주가 출연한 자본을 말하며, 이익잉여금은 기업이 벌어들인

그림 12-1   자본의 구성요소와 재무상태표의 표시

일반기업 회계기준	자본의 성격(발생원천)별 구분		K-IFRS 재무상태표의 표시
Ⅰ. 자본금	보통주 자본금		Ⅰ. 납입자본
	우선주 자본금		
Ⅱ. 자본잉여금	주식발행초과금		
	기타자본잉여금 (감자차익, 자기주식처분이익 등)		Ⅱ. 기타자본요소
Ⅲ. 자본조정	가산항목	미교부주식배당금, 신주청약증거금, 출자전환채무, 신주인수권대가, 전환권대가, 주식매수선택권 등	
	차감항목	주식할인발행차금, 감자차손, 자기주식, 자기주식처분손실 등	
Ⅳ. 기타포괄 손익누계액	FVOCI금융자산평가손익, 확정급여제도의 보험수리적손익, 현금흐름위험회피 파생상품 평가손익 중 위험회피에 효과적인 부분, 해외사업환산손익, 재평가잉여금		
Ⅴ. 이익잉여금	법정 적립금	이익준비금	Ⅲ. 이익잉여금
		선물거래준비금 등	
	임의 적립금	적극적적립금(사업확장적립금, 신축적립금, 감채적립금 등)	
		소극적적립금(배당평균적립금, 결손보전적립금, 별도적립금 등)	
	미처분이익잉여금 또는 미처리 결손금		

이익 중 배당금이나 기타자본요소로 처분되지 않고 남아 있는 이익을 말한다. 기타자본요소는 기타자본잉여금, 자본조정, 기타포괄손익누계액을 말한다.

그러나 우리나라의 일반기업회계기준에서는 자본의 분류 및 표시에 대해 통일된 지침을 제시하고 있는데, 일반기업회계기준에서는 자본을 자본금, 자본잉여금, 자본조정, 기타포괄손익누계액, 이익잉여금으로 분류하여 표시하고 있다. 이러한 관계를 나타내면 [그림 12-1]과 같다.

12.4 자본금과 자본잉여금

주식회사는 수권자본제도에 의하도록 하고 있다. 수권자본제도(authorized capital stock system)에서는 기업이 발행할 수 있는 주식의 총수를 정관에 기재하도록 하는데, 이 때 발행할 수 있는 주식의 총수를 수권주식수라고 한다. 수권주식수는 회사가 발행할 수 있는 주식의 총수일 뿐, 실제로 발행된 주식수를 의미하는 것은 아니다. 수권자본제도는 주식회사의 설립시에 회사가 발행할 주식의 총수(수권주식수)를 정관에 미리 정하고, 회사설립 후 필요에 따라 이사회의 결의에 의하여 주식을 추가적으로 발행하여 추가자본을 조달하는 제도이다.

수권자본금 = 발행할 주식총수 × 주당 액면금액

재무상태표에 보고될 자본금은 실제로 발행된 주식의 액면총액이다. 기업이 보통주와 우선주를 모두 발행한 경우 자본금은 보통주자본금과 우선주자본금으로 구분하여 공시한다. 기업이 보통주만 발행한 경우에는 보통주자본금이라는 계정을 사용할 필요가 없으며, 자본금이라는 계정과목으로 표시하면 된다. 이 때 자본금은 기업이 유지해야 할 최소한의 자본이다.

자본금 = 발행주식총수 × 주당 액면금액

납입자본(paid-in capital)은 주로 주주가 출자를 통하여 기업에 자금을 납입함으로써 형성된 소유주의 출자액이다. 한국채택국제회계기준(K-IFRS)는

경제적 관점에 따라 자본의 변동원천을 중시하여 기본적으로 자본을 납입자본과 이익잉여금으로 구분한다.

> 납입자본 = 발행주식총수 × 주당 발행금액

1. 주식회사 설립과 주식청약

주식회사의 설립은 발기인이 설립시 발행한 주식의 총수를 전부 인수하고 주식인수가액을 납입함으로써 회사가 설립되는 발기설립과 발행주식의 일부만을 발기인이 인수하고 잔여분은 일반투자자로부터 공모하여 인수함으로써 회사가 설립되는 모집설립이 있다. 주식회사 설립시에 일정액의 현금을 지급하고 주식매입대금 잔액은 후에 지급하게 되는데 이를 주식청약이라 하고, 주식청약시 현금으로 받은 금액을 신주청약증거금이라 한다.

예제 3 **주식의 청약과 발행**

(주)대전은 액면금액 ₩5,000인 보통주 20주를 액면금액으로 발행하기로 하였다. 주식청약시 청약자들이 주당 ₩1,000씩 증거금을 납입하고 잔액은 1개월 후에 납입하기로 동의하였다. 1개월 후 청약자들은 청약증거금을 제외한 나머지 금액을 현금으로 납입하였다. 이 거래에 대한 청약금 수취와 주식발행에 필요한 회계처리는?

해 답 1. 주식청약

(차) 현 금	20,000	(대) 신주청약증거금	20,000

2. 주식발행

(차) { 현 금	80,000	(대) 보통주자본금	100,000
신주청약증거금	20,000		

2. 자본금의 증가

주식발행을 통하여 자본금이 증가하는 것을 증자라고 하는데, 증자에는 실질적 증자와 형식적 증자가 있다. 실질적 증자는 자본금의 증가만큼 자산이 증가하는 것으로 유상증자라고도 한다. 형식적 증자는 자본금은 증가하지만 자산의 증가가 없는 증자로서 무상증자나 주식배당이 이에 해당한다. 무상증자는 자본거래의 결과 발생한 잉여금을 자본으로 전입한 경우이고, 주식배당은 현금 대신 주식으로 배당함으로써 기존 주주들에게 주식을 발행 교부하는 것을 말한다. 형식적 증자는 자본금이 증가하는 대신에 증자의 재원으로 활용한 잉여금이 감소하기 때문에 기업의 입장에서는 자본의 구성내용만 변동하게 된다.

유상증자를 통하여 일반적으로 현금이 납입되는데, 주식을 주주들에게 발행하여 교부하고 현금이 납입되는 경우 납입되는 현금을 주식의 발행금액이라고 한다. 그런데 주식의 발행금액은 발행하는 주식의 액면금액과 일치하지 않는 것이 일반적이다. 주식의 발행은 발행금액결정에 따라 액면발행, 할증발행, 할인발행이 있다. 액면발행은 주식의 액면금액대로 주식을 발행하는 방법으로 액면금액과 발행금액이 일치하는 경우이다. 할증발행은 액면금액을 초과하여 주식을 발행하는 방법으로서 발행금액과 액면금액과의 차액은 주식발행초과금으로 처리하며 이를 자본잉여금으로 분류한다. 할인발행은 액면금액보다 낮은 가액으로 주식을 발행하는 방법으로서, 발행금액과 액면금액과의 차액은 주식할인발행차금으로 처리한다. 주식할인발행차금은 주식발행초과금이 있을 경우 이와 상계하고 상계한 후에도 잔액이 남을 경우에는 자본조정으로 분류하고 부(-)의 금액으로 표시한다. 그 이후에는 주식할인발행차금을 이익잉여금의 처분으로 상각하여야 한다.

실질적 증자(유상증자)를 통한 주식발행의 회계처리

액면발행

| (차) 현　　금 | ××× | (대) 자 본 금 | ××× |

할증발행

| (차) 현　　금 | ××× | (대) { 자 본 금 | ××× |
| | | 주식발행초과금 | ××× |

할인발행

| (차) { 현　　금 | ××× | (대) 자 본 금 | ××× |
| 주식할인발행차금 | ××× | | |

예제 4 **주식의 발행**

(주)대전은 액면금액 ₩5,000인 보통주 200주를 주당 ₩7,000에 할증발행하였다. (주)충남은 액면금액 ₩5,000인 보통주 200주를 주당 ₩4,000에 할인발행하였다. 이상의 두 종류 주식발행과 관련한 회계처리는?

해 답 (주) 대전

(차) 현 금　　　　　　　1,400,000　　　　(대){ 자 본 금　　　1,000,000
　　　　　　　　　　　　　　　　　　　　　　　　주식발행초과금　400,000

(주) 충남

(차){ 현 금　　　　　　　800,000
　　　　주식할인발행차금　　200,000　　　　　(대) 자 본 금　　　1,000,000

형식적 증자(무상증자, 주식배당)를 통한 주식발행의 회계처리

무상증자: 주식발행초과금의 자본전입
　(차) 주식발행초과금　　　×××　　(대) 자 본 금　　　×××

주식배당: 이익잉여금의 자본전입
　(차) 이익잉여금　　　　　×××　　(대) 자 본 금　　　×××

예제 5 **무상증자**

(주)세종은 이사회의 결의에 따라 20×9년 12월 31일을 기준일로하여 보통주주에게 1주당 0.5주씩 신주를 무상으로 발행하기로 하였다. (주)세종이 발행한 보통주식은 1,000주이며, 액면금액은 주당 ₩5,000이다. 무상증자의 재원은 주식발행초과금이다.

해 답 (차) 주식발행초과금　　　2,500,000　　　(대) 자 본 금　　2,500,000
　　　　　　(1,000주 × 0.5 × ₩5,000 = 2,500,000)

3 자본금의 감소

회사가 사업의 규모를 줄이거나 결손을 보전하기 위하여 자본금을 감소시키는 경우가 있는데, 이를 감자라 한다. 상법에서는 자본의 감소가 주주

와 채권자의 이해관계에 중대한 영향을 미치기 때문에 주주와 채권자를 보호하기 위하여 감자를 하는 경우에는 주주총회의 특별결의와 채권자보호 절차를 거치도록 하고 있다. 감자에는 실질적 감자와 형식적 감자가 있다.

(1) 실질적 감자(유상감자)

실질적 감자는 자본의 감소와 더불어 기업의 자산이 실질적으로 사외에 유출되는 자본의 감소를 말한다. 실질적 감자는 사업의 규모를 줄이기 위하여 자본의 일부를 주주에게 반환하게 되며, 실질적으로 자산이 감소하므로 이를 유상감자라고도 한다.

실질적 감자의 방법에는 주주로부터 주식의 일부를 제출받아 환급하는 방법과 증권시장에서 주식을 매입하여 소각하는 방법이 있는데 대부분 후자의 방법을 사용한다. 비상장기업에 적용되는 일반기업회계기준에 의하면 매입소각의 경우 주식의 액면금액과 매입금액을 비교하여 액면금액보다 낮은 금액에 구입하여 소각하면 감자차익이 발생하고, 주식의 액면발행금액보다 높은 가격에 구입하여 소각하면 감자차손이 발생한다. 감자차익이 발생한 경우에는 기타 자본잉여금으로 처리하고, 감자차손이 발생한 경우에는 감자차익에서 우선적으로 차감하고 나머지는 감자차손이라는 자본조정으로 처리하였다가 이익잉여금의 처분으로 상각한다.

예제 6 **실질적 감자의 회계처리**

(주)사양은 액면금액 ₩5,000인 주식 1,000주를 주당 ₩7,000에 최초로 발행하였다. 그런데 현재의 영업활동 규모에 비하여 자본금이 과다하므로 이 중에서 30주를 매입소각할 것을 주주총회에서 결의하였다. 이에 따라 사양주식회사가 실제 30주를 매입하여 이를 소각하였다면 다음의 매입금액에 따른 회계처리는?

(1) 주당 매입금액이 ₩4,000인 경우
(2) 주당 매입금액이 ₩8,000인 경우

해답 (1) 주당 매입금액이 ₩4,000인 경우 :

매입 :	(차) 자기주식	120,000	(대) 현　　금		120,000
소각 :	(차) 자 본 금	150,000	(대){	자기주식	120,000
				감자차익	30,000

(2) 주당 매입금액이 ₩8,000인 경우 :

매입 : (차) 자기주식   240,000   (대) 현 금   240,000

소각 : (차)⎰ 자 본 금   150,000   (대) 자기주식   240,000
          ⎱ 감자차손   90,000

(2) 형식적 감자(무상감자)

형식적 감자는 회사가 누적된 결손금을 보전하기 위하여 자본금을 감소시키는 것으로서 주주에게 주식 소각의 대가를 지급하지 않으므로 회사의 자산은 실질적으로 감소하지 않고 형식적으로 자본금이 감소하는 것이므로 이를 무상감자라고 한다. 무상감자의 방법에는 주식의 액면금액을 일괄적으로 줄이는 방법과 주식의 수를 일정 비율로 감소시키는 주식의 병합에 의한 방법이 있다.

예제 7   **형식적 감자의 회계처리**

(주)전주는 그 동안 누적된 이월결손금 ₩700,000을 보전시키기 위하여 현재의 발행주식을 2주당 1주의 비율로 감소시키기로 의결하였다. 감자 전 (주)전주의 발행주식총수는 300주이며, 주당 액면금액은 ₩5,000이다. 이 때의 회계처리는?

해 답

(차) 자 본 금   750,000   (대)⎰ 미처리결손금   700,000
                                      ⎱ 감자차익   50,000

* (300주 × 1/2) × 5,000 = 750,000

(3) 감자차손익의 분류

자본을 납입자본, 기타자본요소, 이익잉여금으로 분류하는 국제회계기준에서는 감자차익과 감자차손을 기타자본구성요소로 분류한다. 일반기업회계기준에서는 감자차익을 자본잉여금으로 분류하고 감자차손은 자본조정으로 분류한다.

4 자기주식

자기주식(treasury stock)은 회사가 발행하여 유통되고 있는 자기의 주식을 매입하여 보유하고 있는 주식을 말한다. 상법에서는 법정자본금을 유지함으로써 채권자를 보호할 수 있도록 원칙적으로 자기주식의 취득을 금지하고 있다. 그러나 주식을 소각하려는 경우, 합병 등에 의하여 양수하는 경우, 회사의 권리실행을 위해 필요한 경우 등에는 예외적으로 자기주식의 취득을 허용한다. 기업이 소유한 자기주식에 대해서는 의결권을 부여하지 않고, 증자시 신주인수권도 없으며 배당금도 지급하지 않는다.

(1) 자기주식의 취득

자기주식의 취득은 그 성격이 주주에게 납입자본을 환급한 것이므로 자본거래에 해당한다. 자기주식의 취득은 실질적 감자(유상감자)와 성격상 차이가 없으나 주식 자체를 공식적으로 소각하지 않은 점에서만 차이가 난다. 자기주식을 취득할 경우에는 취득할 때 지급한 금액을 자기주식의 취득원가로 기록하며, 재무상태표에는 자기주식의 취득원가를 자본조정으로 표시한다. 자기주식을 보유하다가 소각하는 경우와 매각하는 경우가 있는데 소각할 경우의 회계처리는 앞에서 설명한 유상감자와 같이 회계처리 한다.

(2) 자기주식의 매각

자기주식을 매각하는 것은 주식을 발행하는 것과 경제적 성격에는 차이가 없다. 자기주식을 매각하면서 수령하게 되는 금액은 납입자본에 해당한다. 이처럼 자기주식의 매각은 주식의 발행과 성격이 유사하므로 자본거래의 회계처리방법을 적용한다. 따라서 자기주식의 매각가액이 취득원가보다 높은 경우에는 자기주식처분이익이 발생하는데 이를 기타자본잉여금계정으로 처리한다. 그리고 자기주식의 매각가액이 취득원가보다 낮은 경우에 발생한 자기주식처분손실은 기존에 있던 자기주식처분이익과 먼저 상계하고 남은 금액은 자본조정계정인 자기주식처분손실로 처리한다. 그 후 자기주식처분손실은 이익잉여금의 처분으로 처리한다.

예제 8 **자기주식**

자기주식과 관련한 다음 거래를 회계처리하라.
(1) 20×9년 2월 5일 자기주식 10주를 주당 ₩7,000에 취득하였다.
(2) 20×9년 6월 1일 자기주식 5주를 주당 ₩8,000에 처분하였다.
(3) 20×9년 8월 1일 자기주식 5주를 주당 ₩5,000에 처분하였다.

해답 (1) 20×9년 2월 5일

(차) 자 기 주 식	70,000	(대) 현 금	70,000

(2) 20×9년 6월 1일

(차) 현 금	40,000	(대) 자 기 주 식	35,000
		자기주식처분이익	5,000

* 자기주식처분이익은 기타자본잉여금으로 표시한다.

(3) 20×9년 8월 1일

(차) 현 금	25,000	(대) 자 기 주 식	35,000
자기주식처분이익	5,000		
자기주식처분손실	5,000		

* 이미 인식된 자기주식처분이익이 있다면 이를 우선 감소시킨후, 나머지 금액을 자기주식처분손실로 인식한 후 자본조정으로 표시한다.

(4) 결산일

(차) 이 익 잉 여 금	5,000	(대) 자기주식처분손실	5,000

* 자기주식처분손실은 이익잉여금의 처분 과정에서 이익잉여금과 상계한다.

12.5 자본조정

자본조정이란 당해 항목의 성격상 주주와의 자본거래에 해당하나 최종 불입된 자본으로 볼 수 없는 임시적인 자본항목이다. 즉, 자본거래 중 납입 자본을 제외한 임시적인 자본항목으로 자본에 차감 또는 가산되어야 하는 항목들로서 자본조정에는 주식할인발행차금, 자기주식, 감자차손, 자기주식처분손실, 미교부주식배당금, 신주청약증거금, 출자전환채무, 전환권대가, 신주인수권대가 등이 있다.

감자차손익은 앞에서 살펴본 바와 같이 자본감소시 발생한 손익으로 이는 자본거래에 해당하므로 당기손익에 귀속시키지 않고, 자본항목으로 처리한다. 감자차익이 발생되었을 경우 기타자본잉여금으로 처리하고, 감자차손이 발생한 경우에는 감자차익에서 우선적으로 차감하고 나머지는 감자차손이라는 자본조정으로 처리하였다가 이익잉여금의 처분으로 상각한다.

자기주식처분손익은 앞에서 살펴본 바와 같이 자기주식처분이익이 발생하면 기타자본잉여금으로 처리되고, 자기주식처분손실이 발생하면 기존에 있던 자기주식처분이익과 먼저 상계하고 남은 금액은 자본조정계정인 자기주식처분손실로 처리한다. 그 후 자기주식처분손실은 이익잉여금처분의 상각으로 처리한다.

미교부주식배당금은 주식배당액을 의미하는데, 이는 주식교부시 자본금으로 대체된다.

신주청약증거금은 청약에 의한 주식발행시 계약금으로 받은 금액으로, 주식을 발행하는 시점에서 자본금으로 대체된다.

출자전환채무는 채권·채무조정시 출자전환을 통하여 변제되는 채무의 장부금액으로, 이는 출자전환시 자본금으로 대체된다.

전환권대가는 전환사채의 발행금액과 전환사채의 현재가치의 차이로 전환사채에 부여된 전환권가치를 의미한다. 이는 전환권행사시 주식발행초과금으로 대체된다.

신주인수권대가는 신주인수권부사채의 발행금액과 신주인수권부사채 현재가치의 차이로 신주인수권부사채에 부여된 신주인수권가치를 의미한다. 이는 신주인수권행사시 주식발행초과금으로 대체된다.

12.6 기타포괄손익누계액

기타포괄손익누계액이란 재무상태표일 현재의 기타포괄손익잔액이다. 기타포괄손익은 손익거래에서 발생한 순자산의 변동액 중 미실현손익으로 분류되어 손익계산서에 계상되지 못한 항목으로 매도가능금융자산평가손

익, 파생상품평가손익, 해외사업환산손익, 재평가잉여금, 확정급여제도의
보험수리적 손익이 있다.

매도가능금융자산평가손익은 매도가능금융자산을 공정가치로 평가함에
따라 발생하는 평가손익으로 이는 기타포괄손익누계액으로 처리되었다가
매도가능금융자산이 처분될 때 함께 제거된다.

파생상품평가손익은 현금흐름위험회피를 목적으로 투자한 파생상품에서
발생하는 평가손익 중 위험회피에 효과적인 부분으로, 이후 파생상품의 관
련손익의 인식시점에서 당기손익으로 대체된다.

해외사업환산손익은 해외지점, 해외사업소의 외화표시 재무제표를 현행
환율법으로 환산하는 경우 발생하는 미실현손익항목으로 추후 해외지점,
해외사업소가 폐쇄, 청산 또는 매각시점에 당기손익으로 실현된다.

재평가잉여금은 유형자산과 무형자산을 재평가모형으로 평가함에 따라
발생한 재평가이익을 말하며, 이는 그 이후에 발생하는 재평가손실 등과
상계되거나 당해 자산을 제거시 이익잉여금으로 대체할 수 있다.

확정급여제도의 보험수리적 손익은 종업원 퇴직급여 중 확정급여형(DB
형)퇴직연금제도에서 발행한 보험수리적 손익이나 순확정급여부채(자산)의
근무용역원가와 순이자요소를 제외한 사외적립자산의 수익등에 의해 발생
한 것으로 이익잉여금으로 대체된다.

12.7   이익잉여금

이익잉여금은 매년 발생한 당기손익에서 배당이나 자본조정항목의 상각
등으로 사용한 금액을 차감한 잔액으로 법정적립금인 이익준비금과 임의
적립금, 미처분이익잉여금으로 분류한다.

1. 법정적립금

일반적립금은 기업이 법적 또는 임의적으로 적립한 이익잉여금으로 법
정적립금과 임의적립금으로 분류된다. 법정적립금은 법률에 의하여 강제적
으로 적립한 것을 의미하는데, 상법의 규정에 의하여 적립하는 이익준비금

등이 이에 해당된다. 상법에서는 자본금의 1/2에 달할 때까지 매기 결산시의 주식배당을 제외한 이익배당의 1/10 이상의 금액을 이익준비금으로 적립하도록 하고 있다. 상법에서 이익준비금을 적립하도록 한 취지는 자본충실의 원칙을 지키고자 하는 것으로 불입자본을 충실히 유지하며, 동시에 고율의 배당으로 인해 재무구조가 취약해지는 것을 방지하기 위함이다. 따라서 이익준비금은 결손금을 보전하거나 자본금의 전입 이외의 목적으로는 사용할 수 없다.

2 임의적립금

임의적립금은 법적 강제력에 의하여 적립하는 것이 아니라 기업 자체의 필요에 따라 임의로 적립한 것이다. 임의적립금은 주주총회의 결의에 의하여 특정목적을 위하여 임의적으로 적립한 금액으로 여기에는 사업확장적립금, 신축적립금, 감채적립금 등과 같이 적립금의 설정 목적이 달성된 후에도 소멸되지 않는 적립금과 배당평균적립금, 결손보전적립금 등과 같이 설정 목적이 달성하면 소멸하는 적립금이 있다.

사업확장적립금은 장래의 사업의 확장을 목적으로 이익을 사내에 유보한 적립금이고, 신축적립금은 장래의 새로운 건물이나 공장을 신축하기 위하여 이익을 사내에 유보한 적립금이며, 감채적립금은 사채의 상환을 목적으로 이익을 사내에 유보한 적립금이다. 이들 적립금은 그 목적이 달성되더라도 적립금 자체는 소멸되지 않는다. 따라서 목적이 달성되고 나면 이를 그대로 존속시키는 것이 의미가 없으므로 특정목적을 갖지 않는 별도적립금으로 대체하여 이익잉여금총액을 그대로 유지시킨다. 이와 같이 적립금의 설정 목적이 달성된 후에도 소멸되지 않은 적립금을 적극적 적립금이라 한다.

배당평균적립금은 이익배당을 평균적으로 일정한 수준으로 유지하도록 하기 위한 적립금이고, 결손보전적립금은 결손을 보전하여 재무구조를 양호하게 하기 위한 적립금이다. 이들 적립금은 배당금 지급이나 결손보전과 같은 특정사건이 발생하면 해당 목적을 위해 사용됨으로써 장부상에서 제거된다. 이와 같이 적립금의 설정목적이 달성됨과 동시에 소멸하는 적립금을 소극적 적립금이라 한다.

예제 9 임의적립금

다음은 임의적립금에 관한 거래이다. 이를 회계처리 하라.

(1) 영업용 건물을 신축하여 공사비 잔액 ₩2,000을 수표를 발행하여 지급하고 건물을 인수하다. 단, 건물신축 중 지급된 공사비는 ₩8,000이며, 신축적립금 ₩12,000이 임의적립금으로 적립되어 있다.

(2) 사채 ₩5,000을 수표를 발행하여 상환하다. 단, 사채상환을 위한 감채적립금이 ₩8,000이 임의적립금으로 적립되어 있다.

(3) 당해연도 당기순이익이 소액이지만 전년도 배당수준은 유지하고자 한다. 이를 위해 적립하였던 배당평균적립금 ₩1,000을 이익잉여금계정에 대체하다.

해 답

(1) (차) 건 물	10,000	(대) {	건설중인자산	8,000	
			당 좌 예 금	2,000	
(차) 신축적립금	12,000	(대) 별도적립금	12,000		
(2) (차) 사 채	5,000	(대) 당 좌 예 금	5,000		
(차) 감채적립금	8,000	(대) 별도적립금	8,000		
(3) (차) 배당평균적립금	1,000	(대) 이익잉여금	1,000		

3. 미처분이익잉여금(미처리결손금)

이익잉여금은 여러 가지로 구성되어 있는데 전기에서 이월된 미처분이익잉여금에 당기순손익등을 가감한 금액이다. 기업이 한 회계기간동안 경영성과인 당기순이익이 발생하면 이를 주주에게 배당금으로 지급할 것인지 아니면 사내에 유보할 것인지를 주주총회에서 결정된다. 주주총회는 다음연도에 개최되기 때문에 당기말 재무상태표에는 이익잉여금을 처분하기 전의 금액이 표시된다.

12.8 이익잉여금 변동

기업이 영업활동을 통하여 창출한 이익은 주주에게 배당금으로 지급되거나, 법적인 강제규정이나 회사 임의적으로 미래에 대비하기 위하여 사내에 유보하거나, 자본조정항목의 상각 등으로 사용된다. 이와 같이 이익잉여 금은 회사가 벌어들인 이익에서 배당, 적립 또는 자본조정항목의 상각 등 으로 사용되지 않고 남아 있는 잉여액을 말한다.

한 회계기간 동안의 이익잉여금의 변동은 자본변동표라는 재무보고서를 통하여 파악할 수 있는데 자본변동표의 이익잉여금 부분은 기초이익잉여 금, 수정후 기초잔액, 전기이익처분, 기타 변동사항, 기말이익잉여금으로 구성되어 있다.

1. 수정후 기초잔액

기초이익잉여금에 회계정책변경누적효과와 전기오류수정을 소급적용하 여 수정된 이익잉여금을 의미한다.

2. 전기이익처분

이익잉여금의 처분에 관한 회계처리는 주주총회에서 승인을 받은 후에 행해지는데 이에는 임의적립금의 이입, 이익잉여금의 처분이 주요한 내용 이다.

임의적립금의 이입은 이익잉여금이 부족하여 충분한 배당이나 그 밖의 처분이 곤란한 경우에 전기 이전에 적립한 임의적립금으로 그 부족분을 보 충하는 것을 말한다. 이익잉여금의 처분은 현금배당과 주식배당에 해당하 는 연차배당, 법정적립금과 임의적립금 및 기타자본요소의 상각 등에 관한 내용이다.

3. 기타 변동사항

기타변동사항은 전기이익처분을 제외한 이익잉여금 변동사항과 관련된 것으로 이에는 중간배당, 기타포괄손익의 대체, 당기순손익이 주요 내용 이다.

중간배당은 우리나라 상법에서는 회계연도 중에 연 1회에 한하여 중간배 당을 실시할 수 있도록 하였는데, 이에 대한 처리이다.

기타포괄손익의 대체는 유형자산 및 무형자산이 처분될 때 관련 재평가잉여금을 이익잉여금으로 선택적으로 대체할 때 발생할 수 있다.

　　당기순손익은 회계연도 말에 당기순손익을 이익잉여금으로 대체한 것을 의미한다.

예제 10　이익잉여금의 변동

(1) 20×8년 초에 영업을 시작하여 20×8년 말 당기순이익 ₩500,000을 보고하였다.

(2) 20×9년 3월 2일에 주주총회에서 이익잉여금을 다음과 같이 처분하기로 하였다.

　　　　이익준비금의 적립　　　　20,000

　　　　임의적립금의 적립　　　　100,000

　　　　현 금 배 당　　　　　　　200,000

(3) 20×9년 3월 15일에 현금배당 ₩200,000을 지급하였다.

(4) 20×9년 당기순손실 ₩225,000을 보고하였다.

〈요구사항〉

1. 위 사항에 대한 회계처리를 행하라.

2. 20×9년 말 부분 자본변동표를 작성하라. (단, 자본금은 ₩100,000이다.)

해 답

1. 회계처리

(1) 20×8년 말 당기순이익의 보고시

　(차) 집 합 손 익　　　500,000　　　(대) 미처분이익잉여금 500,000

(2) 20×9년 3월 2일 이익잉여금 처분시

			이익준비금	20,000
(차) 미처분이익잉여금	320,000	(대)	임의적립금	100,000
			미지급배당금	200,000

(3) 20×9년 3월 15일 배당금 지급시

　(차) 미지급배당금　　　200,000　　　(대) 현 　 금　　　200,000

(4) 20×9년 말 당기순손실의 보고시

　(차) 미처분이익잉여금　225,000　　　(대) 집 합 손 익　225,000

2. 부분 자본변동표(이익잉여금 부분) 작성

<table>
<tr><td colspan="5" align="center">자본변동표</td></tr>
<tr><td></td><td>자본금</td><td>이익잉여금</td><td>일반적립금</td><td>합 계</td></tr>
<tr><td>20×9년 1월 1일</td><td>100,000</td><td>500,000</td><td>–</td><td>600,000</td></tr>
<tr><td>전기이익처분</td><td></td><td></td><td></td><td></td></tr>
<tr><td>　현금배당</td><td></td><td>(200,000)</td><td></td><td>(200,000)</td></tr>
<tr><td>　이익준비금</td><td></td><td>(20,000)</td><td>20,000</td><td></td></tr>
<tr><td>　임의적립금</td><td></td><td>(100,000)</td><td>100,000</td><td></td></tr>
<tr><td>기타변동사항</td><td></td><td></td><td></td><td></td></tr>
<tr><td>　당기순손실</td><td></td><td>(225,000)</td><td></td><td>(225,000)</td></tr>
<tr><td>20×9년 12월 31일</td><td>100,000</td><td>(45,000)</td><td>120,000</td><td>175,000</td></tr>
</table>

12.9　자본변동표

　자본변동표는 자본의 크기와 그 변동에 관한 정보를 제공하는 재무보고서로서 납입자본, 이익잉여금, 기타자본요소의 각 항목별로 기초잔액, 당기변동사항, 기말잔액을 일목요연하게 나타낸 재무제표이다. 이러한 자본변동표는 재무상태표에 표시되어 있는 자본의 기초잔액과 기말잔액을 모두 제시함으로써 재무상태표와의 연계성을 유지시킨다. 또한 자본의 변동내용을 포괄손익계산서와 현금흐름표에 나타난 정보와 연결할 수 있어 정보이용자들이 더욱 명확히 재무제표간의 관계를 파악할 수 있게 된다. 기업회계기준서에 의한 자본변동표의 양식은 다음과 같다.

자 본 변 동 표

제×기 20×2년 1월 1일부터 20×2년 12월 31일까지

회 사 명 : _____

(단위 : 원)

구 분	납입자본	이익잉여금	자본 조정	기타포괄손익 누계액	일반적립금	합계
20×1.12.31 잔액	×××	×××	×××	×××	×××	×××
회계정책변경누적효과		×××				×××
전기오류수정		×××				×××
수정후 기초잔액		×××				×××
전기이익처분						
임의적립금의 이입		×××			(×××)	
연차배당		(×××)				(×××)
기타 이익잉여금처분		(×××)	(×××)		×××	(×××)
기타변동사항						
중간배당		(×××)				(×××)
유상증자	×××					×××
자기주식취득	(×××)					(×××)
기타포괄손익의 대체		×××		(×××)		
총포괄손익		×××		×××		×××
20×2.12.31 잔액	×××	×××	×××	×××	×××	×××

12.10 주당이익

주당이익(EPS: earning per share)이란 주식 1주에 대하여 얼마의 이익 또는 손실이 발생하였는가를 나타내는 지수이다. 일반적으로 기업이 발행한 주식수는 동일하지 않을 것이므로 발행주식수를 고려하지 않고 당기순손익이라는 절대금액만으로 단순히 기업의 수익성을 비교할 수 없다. 따라서 주당이익을 활용하면 기업의 규모와 관련하여 경영성과를 측정하는 척도가 되므로 포괄손익계산서상의 당기순손익보다도 유용하며, 특정 기업의 경영성과를 기간별로 비교하고, 동일기간의 경영성과를 다른 기업과 비교하는데도 유용하다.

기업의 경영성과는 자원의 제공자들에게 자원제공의 성격과 정도에 따

라 배분하게 된다. 채권자에게는 이자비용을 우선주주에게는 우선주배당금을 지급하고 남는 잔여액이 보통주의 주주에게 귀속될 부분이다. 주당이익은 채권자와 우선주주에게 귀속할 금액을 차감한 금액이 보통주 1주당 얼마인지를 보여주는 지표이다. 그런데 이자비용은 이미 당기순손익을 산출하는 과정에서 차감되어 있으므로 당기순손익에서 우선주배당금을 차감한 금액을 유통보통주식수로 나누어 주당이익을 산출한다.

주당이익을 산출하는 계산식 및 그 내용을 살펴보면 다음과 같다.

$$\text{주당이익} = \frac{\text{보통주당기순이익(당기순이익 - 우선주배당금)}}{\text{가중평균유통보통주식수}}$$

① 보통주당기순이익이란 보통주주에게 귀속되는 당기순이익 개념으로서, 당해 회계기간 동안의 당기순이익에서 우선주주에게 귀속되는 배당금을 차감하여 산출한다.

$$\text{보통주당기순이익} = \text{당기순이익} - \text{우선주배당금}$$

② 가중평균유통보통주식수는 기업이 발행한 보통주식수 중에서 사외에서 유통되고 있는 보통주식수를 의미하는 것으로서 기업이 발행한 총주식수 중에서 자기주식을 제외한 주식수를 말한다.

$$\text{가중평균유통보통주식수} = \text{총발행주식수} - \text{자기주식수}$$

가중평균유통보통주식수는 회계기간 중에 무상증자, 주식배당, 주식분할, 주식병합, 전환증권이 있느냐 등을 고려하여 결정된다. 구체적으로 회계기간 중에 나타난 이러한 상황 등을 고려한 계산으로 유통보통주식수의 유통기간을 회계기간으로 나눈 분수에 해당 유통보통주식수를 곱하여 산출한다.

예제 11 주당이익

다음 자료를 이용하여 주당순이익을 계산하라.

단, 회계기간은 1월 1일부터 12월 31일까지이다.

(1) 포괄손익계산서상의 당기순이익 ₩10,000,000

(2) 자본금의 내역

　① 보통주자본금(액면 ₩5,000) 10,000주

　② 우선주자본금(액면 ₩5,000, 우선배당률 연 10%) 1,000주

(3) 당기 중 자기주식 취득내역

　11월 1일 보통주 자기주식 취득 3,000주

(4) 기타 자본금액의 변동은 없었다.

해 답

1. 보통주당기순이익: ₩10,000,000 − (₩5,000 × 1,000주 × 10%)

　　　　　　　　 = ₩9,500,000

2. 가중평균유통보통주식수

기 간	발행보통주식수	가중치	적 수
1. 1~10. 31	10,000 주	304일	3,040,000
11. 1~12. 31	7,000 주	61일	427,000
계		365일	3,467,000

∴ 가중평균유통보통주식수: 3,467,000 ÷ 365 = 9,498주

3. 주당이익: ₩9,500,000 ÷ 9,498 ≒ ₩1,000

연·습·문·제

▮▮ 기본문제 ▮▮

01 자본과 관련하여 올바르게 설명한 것은?

① 주식회사의 자본금은 주식발행으로 납입된 현금 또는 자산의 가액을 나타낸다.

② 실질적 감자의 경우 자본금과 순자산이 감소하지만 형식적 감자의 경우에는 순자산이 감소되지 않는다.

③ 이익잉여금은 배당금의 지급 또는 손실의 발생에 의해서만 감소된다.

④ 주식배당을 하면 이익잉여금은 감소하나 자본금은 변하지 않는다.

정답 ②

02 다음 중 자본금 계정이 변동되지 않는 경우는?

① 주식배당   ② 전환사채의 전환

③ 주식분할   ④ 무상증자

정답 ③

03 다음 빈칸에 들어갈 알맞은 말을 순서대로 적은 것은?

- 일반기업회계기준에서는 주식회사의 자본을 크게 자본금, 자본잉여금, 이익잉여금, 자본조정, _____으로 구분된다
- 자기주식처분손실은 _____으로 분류된다.
- 액면을 초과한 금액으로 주식을 발행할 경우 액면가액은 _____계정에 기록하고 액면을 초과하여 발행한 금액은 _____계정으로 기록한다.

① 기타포괄손익누계액, 자본조정, 자본금, 주식발행초과금

② 기타포괄손익누계액, 기타수익, 자본금, 자본조정

③ 기타자본잉여금, 자본조정, 자본금, 주식발행초과금

④ 기타자본잉여금, 기타수익, 자본잉여금, 주식발행초과금

정답 ①

04 다음 중 재무상태표 표시방법에 있어 다른 항목들과 다르게 표시되는 것은?

① 미교부주식배당금   ② 자기주식처분손실

③ 감자차손   ④ 재평가잉여금

➡ 풀이: 재평가잉여금은 기타포괄손익누계액에 해당된다.

정답 ④

05 주식할인발행차금의 올바른 회계처리방법은?

① 자본 계정에서 차감하는 형식으로 보고한다.

② 주식발행시점의 이익잉여금에서 직접 차감한다.

③ 주식발행초과금과 먼저 상계한 다음, 부족액에 대해서는 자본조정의 차감항목으로 보고한다.

④ 주식발행초과금과 먼저 상계한 다음, 부족액에 대해서는 자본금 계정에서 차감한다.

정답 ③

06 다음의 거래 중에서 자본을 실질적으로 감소시키는 거래에 해당하는 것은?

① 회사의 유통주식수를 증가시키기 위해 주식분할을 시행하였다.

② 일부 주주의 요구에 의해 그들이 보유한 주식을 매입하여 소각하였다.

③ 주주의 배당요구에 대하여 현금배당 대신 주식배당을 실시하였다.

④ 회사가 발행한 주식에 대하여 2주를 1주의 비율로 감소시켰다.

정답 ②

07 다음 중 다른 항목들과 성격이 다른 것은?

① 주식발행초과금 ② 자기주식처분손실

③ 주식할인발행차금 ④ 감자차손

정답 ①

08 자본회계에 관한 다음 설명 중 틀린 것은?

① 자기주식을 취득하면 자본이 감소한다.

② 무상증자를 하더라도 기존 주주의 부에는 변동이 없다.

③ 무상증자는 자본금의 증가를 가져온다.

④ 주식배당을 실시하면 기업의 순자산이 증가한다.

정답 ④

09 다음의 임의적립금 중 적극적 적립금에 속하지 않는 것은?

① 감채기금적립금 ② 신축적립금

③ 결손보전적립금 ④ 사업확장적립금

정답 ③

10 다음 중 자본항목에 속하지 않은 계정은?

① 매도가능금융자산평가손익 ② 자기주식

③ 지분법적용투자주식 ④ 감자차익

정답 ③

11 (주)건지는 주당 액면금액 ₩10,000의 주식 500주를 주당 ₩12,000에 발행하였다. 이에 대한 올바른 회계처리는?

① (차) 현　금　　5,000,000　　(대) 자　본　금　　5,000,000

② (차) 현　금　　6,000,000　　(대) 자　본　금　　6,000,000

③ (차) 현　금　　6,000,000　　(대){ 자　본　금　　5,000,000
　　　　　　　　　　　　　　　　　　주식할인발행차금　1,000,000

④ (차) 현　금　　6,000,000　　(대){ 자　본　금　　5,000,000
　　　　　　　　　　　　　　　　　　주식발행초과금　1,000,000

　　　　　　　　　　　　　　　　　　　　　　정답 ④

12 (주)건지는 사업규모를 축소하기 위하여 액면가액 ₩5,000의 주식 3,000주를 주당 ₩4,500에 매입하여 소각하였다. 이에 대한 다음의 괄호안의 계정과목으로 적당한 것은?

(차) (　　　　) 15,000,000	(대) 현　금　13,500,000
	(　　　　) 1,500,000

① 자기주식, 감자차익　　　　　　② 자본금, 감자차익

③ 자본금, 주식발행초과금　　　　④ 자기주식, 자기주식처분이익

　　　　　　　　　　　　　　　　　　　　　　정답 ②

13 (주)덕진의 결산 결과 당기순이익이 ₩250,000이다. 이 경우 올바른 회계처리는? (단, 전기이월결손금이 ₩100,000이 있다.)

① (차) 집합손익　　250,000　　(대) 미처분이익잉여금　250,000

② (차){ 집합손익　　　250,000
　　　　전기이월결손금　100,000 　　(대) 미처분이익잉여금　350,000

③ (차) 집합손익　　250,000　　(대){ 전기이월결손금　100,000
　　　　　　　　　　　　　　　　　　　미처분이익잉여금　150,000

④ (차) 미처리결손금　350,000　　(대){ 집합손익　　　250,000
　　　　　　　　　　　　　　　　　　　전기이월결손금　100,000

　　　　　　　　　　　　　　　　　　　　　　정답 ③

14 다음 자료에 의하면 이익준비금을 법에 따라 최소한 의무적으로 적립해야 할 금액은?

회사의 기말 현재 발행주식수는 1,000주이며, 1주당 액면금액은 ₩5,000이다.
회사는 결산일에 배당금을 20% 지급하기로 결의하였으며, 이 중 50%는 주식배당이다.

① ₩100,000　　　　　　　　② ₩50,000

③ ₩25,000　　　　　　　　　④ ₩15,000

▶ 풀이: 현금배당금 : 1,000주 × 5,000 × 20% × 50% = 500,000

이익준비금 : 500,000 × 1/10 = 50,000

주식배당을 제외한 이익배당액의 $\frac{1}{10}$ 이상의 금액을 이익준비금으로 적립

정답 ②

15 다음 자료에 따르면 각각 자본조정과 기타포괄손익누계액으로 처리할 금액은 얼마인가? (단위 : 원)

• 자산수증이익	850,000	• 매도가능증권평가이익	150,000
• 자기사채처분이익	120,000	• 국고보조금	90,000
• 미교부주식배당금	600,000	• 해외사업환산차손	310,000
• 보험차익	85,000	• 사채할인발행차금	62,000
• 미지급배당금	77,000		

① ₩600,000, ₩-160,000 ② ₩740,000, ₩460,000

③ ₩610,000, ₩-160,000 ④ ₩460,000, ₩740,000

▶ 풀이: 자본조정 : 600,000(미교부주식배당금) = 600,000

기타포괄손익누계액 : 150,000(매도가능증권평가이익) − 310,000(해외사업환산차손)

= −160,000

정답 ①

16 다음은 (주)건지의 재무상태표 중 일부이다. 회사가 자기주식 5주를 주당 ₩7,000에 매입하였다. 이에 대한 올바른 회계처리는?

• 보통주자본금(액면 ₩5,000, 발행주식수 20주)	100,000
• 주식발행초과금	50,000
• 이익잉여금	70,000

① (차) 자 기 주 식 35,000   (대) 현   금 35,000

② (차) { 자 기 주 식 25,000 / 주식발행초과금 10,000 }   (대) 현   금 35,000

③ (차) { 자 기 주 식 25,000 / 이 익 잉 여 금 10,000 }   (대) 현   금 35,000

④ (차) { 자   본   금 25,000 / 주식발행초과금 10,000 }   (대) 현   금 35,000

정답 ①

17 금암회사는 20×9년 6월 1일 액면 ₩5,000인 자기주식 1,000주를 주당 ₩7,000에 구입하여 보유하다가, 그 해 10월 1일 500주를 주당 ₩9,000에 11월 1일 나머지를 주당 ₩4,000에 처분하였다. 위와 같은 자기주식거래가 금암회사의 재무제표에 미치는 영향은?

① 자본금 ₩5,000,000 감소 ② 이익잉여금 ₩500,000 증가

③ 이익잉여금 ₩500,000 감소 ④ 당기순이익 ₩500,000 감소

▶ 풀이: 10월 1일 : 자기주식처분이익 1,000,000발생 ((9,000-7,000) × 500주)

11월 1일 : 자기주식처분손실 1,500,000발생 ((4,000-7,000) × 500주)

→ 처분손실 중 1,000,000은 기존의 처분이익과 상계하고, 잔액 500,000
은 이익잉여금의 처분에 의해 상각된다.

정답 ③

18 다음은 (주)모악의 20×9년 12월 31일 현재의 자본내역이다. 자본잉여금은 얼마
인가?

• 자 본 금	₩200,000		• 주식발행초과금	₩20,000
• 감 자 차 익	10,000		• 이 익 준 비 금	15,000
• 이 익 잉 여 금	100,000		• 재무구조개선적립금	3,000

① ₩30,000 ② ₩43,000

③ ₩45,000 ④ ₩55,000

▶ 풀이: 20,000(주식발행초과금) + 10,000(감자차익)

정답 ①

19 (주)번창의 회계기간은 매년 1월 1일부터 12월 31일까지이며, 당기의 관련 회계
자료는 다음과 같다. 이 회사의 주당순이익은 얼마인가?

• 당 기 순 이 익	₩10,000,000
• 보통주(액면 5,000, 배당률 10%)	100,000주
• 우선주(액면 5,000, 배당률 10%)	10,000주

① ₩43 ② ₩50

③ ₩100 ④ ₩111

▶ 풀이: • 우선주배당금: (5,000 × 10,000주) × 10% = 5,000,000

• 보통주당기순이익 : 10,000,000 - 5,000,000 = 5,000,000

• 주당순이익 : 5,000,000/100,000주 = 50

정답 ②

20 (주)건지는 미처분이익잉여금을 자본금에 전입하여 주주에게 주식을 배당하려 한
다. 이 경우 다음의 각 항목에 어떠한 영향을 미치는가?

	자본금	주당순이익	순운전자본
①	증가	불변	불변
②	증가	감소	불변
③	불변	불변	증가
④	불변	감소	증가

▶ 풀이: 주식배당을 실시하면 자본금이 증가하고, 주식수가 증가하여 주당순이익이 감소한다.

정답 ②

■▮ **기출문제** ▮■

■ 자본개념

01 자본과 관련된 설명으로 옳은 것은?　　　　　　　　　('11 주택)

① 자본 구성항목의 표시는 유동성배열법을 따른다.

② 주식배당으로 주식을 교부하면 자본금이 증가한다.

③ 자본이란 자산총액에서 부채총액을 차감한 잔액으로 채권자에게 귀속될 잔여지분의 성격을 갖는다.

④ 기타포괄손익누계액은 자본거래로부터 발생한다.

　　　　　　　　　　　　　　　　　　　　　　　　　　정답　②

02 자본에 대한 설명으로 옳지 않은 것은?　　　　　　　　　('13 세무직)

① 무상증자는 자본총계를 증가시킨다.

② 주식분할은 총발행주식수를 증가시킨다.

③ 주식병합으로 자본총계는 변하지 않는다.

④ 주식배당은 자본금을 증가시킨다.

　　　　　　　　　　　　　　　　　　　　　　　　　　정답　①

03 자본에 관한 설명 중 옳지 않은 것은?　　　　　　　　　('21 세무직)

① 자본조정은 당해 항목의 성격상 자본거래에 해당하지만, 자본의 차감 성격을 가지는 것으로 자본금이나 자본잉여금으로 처리할 수 없는 누적적 적립금의 성격을 갖는 계정이다.

② 상환우선주의 보유자가 발행자에게 상환을 청구할 수 있는 권리를 보유하고 있는 경우, 이 상환우선주는 자본으로 분류하지 않는다.

③ 자본잉여금은 납입된 자본 중에서 액면금액을 초과하는 금액 또는 주주와의 자본거래에서 발생하는 잉여금을 처리하는 계정이다.

④ 기타포괄손익누계액 중 일부는 당기손익으로의 재분류조정 과정을 거치지 않고 직접 이익잉여금으로 대체할 수 있다.

　　　　　　　　　　　　　　　　　　　　　　　　　　정답　①

04 자본항목에 관한 설명으로 가장 옳은 것은?　　　　　　　('09 관세직)

① 선물거래책임준비금과 같은 기타 법정적립금을 적립할 경우 적립한 금액과 동일한 현금을 금융기관에 예치시켜야 한다.

② 매 결산기마다 금전배당액의 10% 이상에 해당하는 금액을 자기자본의 50%에 달할 때까지 이익준비금으로 적립해야 한다.

③ 회계정책변경의 누적효과와 중대한 전기오류수정손익은 손익계산서에 보고해

야 한다.

④ 주식을 액면금액보다 낮은 금액으로 발행하는 경우 발행금액과 액면금액의 차 액은 주식할인발행차금으로 처리하고, 주식발행초과금과 상계후 잔액은 이익잉 여금의 처분으로 상각한다.

➡️ 풀이: ① 금융기관 등 사외에 예치할 의무는 없다.

　　② 자기자본이 아니라 자본금의 50%에 달할 때 까지다.

　　③ 손익계산서에 반영하지 않는다.

정답 ④

05 자본에 관한 설명으로 옳은 것을 모두 고른 것은?　　('19 주택)

> ㄱ. 자기주식을 취득하면 자본총액은 증가한다.
>
> ㄴ. 유상증자시에 자본금은 증가하나 자본총액은 변동하지 않는다.
>
> ㄷ. 무상증자시에 자본금은 증가하나 자본총액은 변동하지 않는다.
>
> ㄹ. 주식배당시에 자산총액과 자본총액은 변동하지 않는다.
>
> ㅁ. 주식분할로 인해 발행주식수가 증가하여도 액면가액은 변동이 없다.
>
> ㅂ. 임의적립금은 주주총회의 의결을 통해 미처분이익잉여금으로 이입한 후 배당할 수 있다.

① ㄱ, ㄴ, ㄷ　　　　② ㄱ, ㅁ, ㅂ　　　　③ ㄴ, ㄷ, ㄹ

④ ㄴ, ㄹ, ㅁ　　　　⑤ ㄷ, ㄹ, ㅂ

➡️ 풀이: ㄱ. 자기주식을 취득하면 자본총액은 감소한다.

　　ㄴ. 유상증자 시 자본금이 증가하고 자본총액도 증가한다.

　　ㅁ. 주식분할 시 발행주식수가 증가하고 액면가액은 감소한다.

정답 ⑤

06 주식회사의 자본을 실질적으로 증가시키는 거래는?　　('15 관세직)

① 임의적립금으로 적립하다.

② 이익준비금으로 재원으로 무상증자를 실시하다.

③ 주식배당을 실시하다.

④ 주주로부터 자산을 무상으로 기부받다.

정답 ④

07 자본에 영향을 미치는 거래에 해당하지 않는 것은?　　('12 세무직)

① 정기 주주총회에서 10%의 현금배당을 결의하다.

② 임차한 건물에 대한 임차료를 현금으로 지급하다.

③ 창고에 화재가 발생하여 보관중인 상품 중 일부가 소실되다.

④ 기계장치를 구입하고, 대금 중 절반은 현금으로 지급하고 잔액은 외상으로 하다.

➡️ 풀이: 손익거래는 당기순이익에 영향을 주어 이익잉여금의 변동을 초래한다.

　　교환거래는 자본에 영향을 미치지 않는다.

정답 ④

08 다음 (주)국제의 회계정보에 대한 설명으로 옳은 것은? (단, 당기 중 유통주식수의 변화는 없었다.)

('18 지방직)

당기매출액	₩1,500,000
당기순이익	₩200,000
총자산순이익률	20%
발행주식수	50,000주
자기주식수	10,000주

① 주당순이익은 ₩5이다.   ② 유통주식수는 50,000주이다.

③ 평균총자산은 ₩3,000,000이다.   ④ 총자산회전율은 3회이다.

▶ 풀이: ① 주당순이익 = 200,000 ÷ (50,000주 - 10,000주) = 5
② 유통주식수 = 50,000주 - 10,000주 = 40,000주
③ 평균총자산 = 200,000 ÷ 20% = 1,000,000
④ 총자산회전율 = 1,500,000 ÷ 1,000,000 = 1.5

정답 ①

09 다음 중 자본이 증가하는 거래는? (단, 각 거래는 상호독립적이고, 자기주식의 취득은 상법상 정당한 것으로 가정한다.)

('17 주택)

① 중간배당(현금배당) ₩100,000을 실시하였다.

② 액면금액이 주당 ₩5,000인 주식 25주를 ₩4,000에 할인발행하였다.

③ 자기주식(액면금액 주당 ₩5,000) 25주를 주당 ₩4,000에 취득하였다.

④ 당기순손실 ₩100,000이 발생하였다.

⑤ 당기 중 ₩2,100,000에 취득한 매도가능금융자산의 보고기간 말 현재 공정가액은 ₩2,000,000이다.

▶ 풀이: ① 현금배당으로 자본은 100,000만큼 감소한다.
② 주식의 발행은 자본을 증가시킨다. 100,000만큼 자본이 증가한다.
  (차) 현금   100,000   (대) 자본금   125,000
      주식할인발행차금   25,000
③ 자기주식을 취득하면 자본이 감소한다. 따라서 100,000만큼 자본이 감소한다.
  (차) 자기주식(자본)   100,000   (대) 현금   100,000
④ 당기순손실은 자본을 감소시킨다.
⑤ 매도가능금융자산평가손익은 기타포괄손익누계액이므로 자본이 100,000만큼 감소한다.

정답 ②

■ 주식발행

10 주당 액맨가액이 ₩5,000인 신주 10주를 주당 ₩4,500에 발행하면서 신주 발행 비용이 주당 ₩100 발생하였다. 신주발행 전 재무상태표에는 주식발행초과금과 주식할인발행차금은 계상되어 있지 않다. 한국채택국제회계기준에 의하여 주식발행을 회계처리할 경우 이에 대한 설명으로 옳은 것은? ('07 관세직)

① 자본의 순증가는 ₩45,000이다.

② 주식할인발행차금은 ₩3,000으로 표시된다.

③ 신주발행비용 ₩1,000은 3년 내에 상각하여 상각연도 비용으로 처리한다.

④ 재무상태표상 자본금 증가는 ₩50,000이다.

▶ 풀이: (차) { 현금 44,000   (대) 자본금 50,000
주식할인발행차금 6,000

정답 ④

11 20×1년 1월 1일 설립한 (주)한국의 자본관련 거래는 다음과 같다.

일자	거래 내역
1월 1일	보통주 1,000주를 주당 ₩120(액면금액 ₩100)에 발행하고. 주식발행과 관련된 직접비용 ₩700을 현금 지급하였다.
7월 1일	보통주 1,000주를 주당 ₩90(액면금액 ₩100)에 발행하고, 주식발행과 관련된 직접비용은 발생하지 않았다.

이와 관련된 설명으로 옳은 것은? ('22 세무직)

① 1월 1일 현금 ₩120,000이 증가한다.

② 1월 1일 주식발행과 관련된 직접비용 ₩700을 비용으로 계상한다.

③ 7월 1일 자본금 ₩90,000이 증가한다.

④ 12월 31일 재무상태표에 주식발행초과금으로 표시될 금액은 ₩9,300이다.

▶ 풀이: ① 현금 = 1,000 × 120 - 700 = 119,300
② 주식발행초과금에서 차감한다.
③ 자본금 = 1,000 × 100 = 100,000
④ 주식발행초과금 = 1,000 × 20 - 700 - 1,000 × 10 = 9,300

정답 ④

12 (주)한국은 주식할인발행차금 잔액 ₩500,000이 있는 상태에서 주당 액면금액 ₩5,000인 보통주 1,000주를 주당 ₩10,000에 발행하였다. 주식발행과 관련한 직접적인 총비용은 ₩800,000이 발생하였다. 이 거래의 결과에 대한 설명으로 옳은 것은? (단, 모든 거래는 현금거래이다) ('20 관세직)

① 주식발행관련비용 ₩800,000은 비용처리 된다.

② 자본증가액은 ₩9,200,000이다.

③ 주식할인발행차금 잔액은 ₩500,000이다.

④ 주식발행초과금 잔액은 ₩4,500,000이다.

▶ 풀이:

(차) 현금	9,200,000	(대)	자본금	5,000,000
			주식할인발행차금	500,000
			주식발행초과금	3,700,000

① 주식발행관련비용 800,000은 주식발행초과금에서 차감된다.
② 주식할인발행차금 잔액은 0이다.

정답 ②

13 주당 액면금액이 ₩5,000인 보통주 100주를 주당 ₩8,000에 현금 발행한 경우 재무제표에 미치는 영향으로 옳지 않은 것은? ('16 주택)

① 자산 증가   ② 자본 증가   ③ 수익 불변
④ 부채 불변   ⑤ 이익잉여금 증가

정답 ⑤

14 (주)한국은 액면금액 ₩500인 주식 10주를 주당 ₩600에 발행하였는데, 주식발행비로 ₩500이 지출되었다. 위의 주식발행이 (주)한국의 재무제표에 미치는 영향에 대한 설명으로 옳은 것은? (단, 법인세 효과는 무시한다) ('14 관세직)

① 순이익이 ₩500 감소한다.
② 이익잉여금이 ₩500 감소한다.
③ 자산총액이 ₩6,000 증가한다.
④ 자산총액이 ₩5,500 증가한다.

▶ 풀이: 10주 × 600 - 500 = 5,500

정답 ④

15 (주)한국은 액면가액 ₩5,000인 보통주 100주를 주당 ₩15,000에 발행하였다. 발행대금은 전액 당좌예금에 입금하였으며, 주식인쇄 등 주식발행과 직접 관련된 비용 ₩20,000을 현금으로 지급하였다. 유상증자 이전에 주식할인발행차금 미상각 잔액 ₩400,000이 존재할 때, 유상증자 후 주식발행초과금의 잔액은? ('12 관세직)

① ₩100,000   ② ₩500,000
③ ₩580,000   ④ ₩980,000

▶ 풀이: (1,000,000 - 20,000) - 400,000 = 580,000

정답 ③

16 (주)한국은 2016년 초 보통주 10주(주당 액면금액 ₩500, 주당 발행금액 ₩600)를 발행하였으며, 주식발행과 직접 관련된 원가 ₩100이 발생하였다. (주)한국의 주식발행에 대한 설명으로 옳은 것은?(단, 기초 주식할인발행차금은 없다고 가정한다) ('17 관세직)

① 자본은 ₩6,000 증가한다.

② 자본금은 ₩5,900 증가한다.

③ 자본잉여금은 ₩900 증가한다.

④ 주식발행과 직접 관련된 원가 ₩100은 당기비용으로 인식한다.

➡ 풀이: ① 10주 × 600 - 100 = 5,900 증가

② 10주 × 500 = 5,000

③ 5,900 - 5,000 = 900

④ 주식의 발행금액에서 차감한다.

정답 ③

17 (주)한국의 2016년 자본 관련 거래가 다음과 같을 때, 2016년에 증가한 주식발행초과금은?(단, 기초 주식할인발행차금은 없다고 가정한다) ('17 세무직)

> ○3월 2일: 보통주 100주(주당 액면금액 ₩500)를 주당 ₩700에 발행하였다.
> ○5월 10일: 우선주 200주(주당 액면금액 ₩500)를 주당 ₩600에 발행하였다.
> ○9월 25일: 보통주 50주(주당 액면금액 ₩500)를 발행하면서 그 대가로 건물을 취득하였다. 취득 당시 보통주 주당 공정가치는 ₩1,000이었다.

① ₩65,000   ② ₩45,000

③ ₩40,000   ④ ₩20,000

➡ 풀이: (700 - 500) × 100주 + (600 - 500) × 200주 + (1,000 - 500) × 50주 =65,000

정답 ①

18 (주)한국은 20×1년 초 주당 액면금액 ₩5,000인 보통주 100주를 주당 ₩6,000에 현금으로 납입받아 회사를 설립하였다. 이에 대한 분개로 옳은 것은?

('19 주택)

① 차) 현금	600,000	대) 보통주자본금		500,000
		주식발행초과금		100,000
② 차) 현금	600,000	대) 보통주자본금		600,000
③ 차) 현금	500,000	대) 보통주자본금		500,000
④ 차) 현금	500,000	대) 보통주자본금		600,000
주식할인발행차금	100,000			
⑤ 차) 현금	600,000	대) 보통주자본금		500,000
		자본조정		100,000

➡ 풀이: 자본금 5,000 × 100주 = 500,000

주식발행초과금 (6,000 - 5,000) × 100주 = 100,000

정답 ①

■ 자본잉여금과 이익잉여금

19 다음 중 재무상태표를 작성할 때 자본잉여금으로 분류되는 것만으로 나열된 것은?

('07 세무직)

① 주식할인발행차금, 자기주식처분손실
② 배당평균적립금, 자기주식처분이익
③ 해외사업환산이익, 자기주식
④ 주식발행초과금, 감자차익

정답 ④

20 당기순이익에 영향을 미치는 항목이 아닌 것은?　　('16 주택)

① 감자차익　　　　　　　　② 재고자산평가손실
③ 유형자산손상차손　　　　④ 단기매매금융자산평가손실
⑤ 매도가능금융자산처분이익

정답 ①

21 이익잉여금처분과 관련된 한국채택국제회계기준에 대한 설명으로 옳지 않은 것은?

('09 지방직)

① 주식배당을 실시하는 경우에는 순자산에 영향을 미치지 않기 때문에 이익잉여금처분액으로 표시하지 않는다.
② 감채적립금이나 사업확장적립금의 적립은 이익잉여금처분액으로 표시한다.
③ 사채할인발행차금상각액은 이익잉여금처분액으로 표시하지 않는다.
④ 주식할인발행차금상각액은 이익잉여금처분액으로 표시한다.

정답 ①

22 다음 자료에 따른 이익잉여금과 자본잉여금은?　　('13 지방직)

매출원가	₩500	감자차익	₩100
자 본 금	2,000	사　　채	1,000
매　　출	2,500	사채할증발행차금	250
기 부 금	500	감가상각비	500
주식발행초과금	500	현금성자산	2,750
재고자산	2,000	배당금수익	100
매도가능금융자산평가이익	800		

	이익잉여금	자본잉여금
①	₩1,100	₩600
②	₩1,100	₩500
③	₩1,900	₩600
④	₩1,900	₩500

▶ 풀이: 이익잉여금 = (매출 2,500 + 배당금수익 100)

- (매출원가 500 + 기부금 500 + 감가상각비 500) = ₩1,100
자본잉여금 = 주식발행초과금 500 + 감자차익 100 = ₩600

정답 ①

23 다음은 (주)한국의 2009년 12월 31일 현재의 자본 항목들이다. 이 자료를 이용하여 2009년 12월 31일 현재 자본잉여금을 계산하면? ('10 세무직)

자본금	₩50,000	자기주식	₩20,000
감자차익	10,000	해외사업환산이익	10,000
미교부주식배당금	20,000	감채적립금	20,000
결손보전적립금	5,000	주식발행초과금	30,000
이익준비금	5,000	자기주식처분손실	10,000

① ₩60,000 ② ₩50,000
③ ₩40,000 ④ ₩30,000

▶ 풀이: 자본잉여금: 감자차익 10,000 + 주식발행초과금 30,000 = 40,000
자기주식, 미교부주식배당금, 자기주식처분손실 : 자본조정
해외사업환산이익 : 기타포괄손익
감채적립금, 결손보전적립금, 이익준비금 : 이익잉여금

정답 ③

24 다음의 자료를 사용하여 계산된 기말이익잉여금은? ('12 주택)

기초자본금	₩200,000
기초이익잉여금	27,200
배당금 선언 및 지급액	18,000
매출액	140,000
매출원가	40,300
급여	68,000
신주발행금액	100,000

① ₩27,200 ② ₩31,700 ③ ₩40,900
④ ₩50,600 ⑤ ₩61,200

▶ 풀이: 기초이익잉여금　　　　27,200
배당금 선언 및 지급액　(18,000)
당기순이익　　　　140,000 - 40,300 - 68,000
기말이익잉여금　　　40,900

정답 ③

25 20×1년 자본과 관련한 다음 정보를 이용할 때, 20×1년 말 재무상태표에 표시될 이익잉여금은? ('19 지방직)

○ 20×1년 기초 이익잉여금 ₩200
○ 2월 25일: 주주총회에서 현금 ₩100 배당 결의와 함께 이익준비금 ₩10과 배당평균적립금 ₩20 적립 결의
○ 6월 30일: 전기 이전부터 보유하던 장부금액 ₩30의 자기주식을 ₩32에 매각
○ 20×1년 당기순이익 ₩250

① ₩320   ② ₩350

③ ₩352   ④ ₩450

➡ 풀이: 기말 이익잉여금 = 200 - 100 + 250 = 350
　　　　 이익준비금과 배당평균적립금은 이익잉여금이다.

정답 ②

■ 주식배당과 주식분할

26 주식배당, 무상증자 및 주식분할에 대한 설명으로 옳지 않은 것은?　('10 세무직)
① 주식분할의 경우 발행주식수가 증가하여 자본금이 증가한다.
② 무상증자의 경우 자본총계는 불변이다.
③ 무상증자의 경우 주당 액면가액은 불변이지만, 주식분할의 경우는 주당 액면가액이 감소한다.
④ 주식배당의 경우 이익잉여금은 감소하지만, 주식분할의 경우 이익잉여금이 불변이다.

정답 ①

27 주식배당과 주식분할이 자본에 미치는 영향에 대한 설명으로 옳지 않은 것은?

('12 지방직)

	주식배당	주식분할
① 자본총계	불변	불변
② 이익잉여금	감소	불변
③ 주당액면가	불변	감소
④ 법정자본금	증가	증가

정답 ④

28 다음 각 항목이 재무상태표의 자본금, 이익잉여금 및 자본총계에 미치는 영향으로 옳지 않은 것은?　('11 세무직)

항목	자본금	이익잉여금	자본총계
① 무상증자	증가	증가	증가
② 주식배당	증가	감소	불변

③ 주식분할   불변   불변   불변
④ 유상증자   증가   불변   증가

정답 ①

29 주식분할과 주식배당이 다음 항목에 미치는 영향으로 옳은 것은?   ('09 관세직)

	항 목	주식분할	주식배당
①	유통주식수	증가	증가
②	이익잉여금	변동 없음	변동 없음
③	총자본	감소	변동 없음
④	주당액면가액(보통주)	감소	증가

정답 ①

30 무상증자, 주식배당, 주식분할, 주식병합에 대한 설명으로 옳지 않은 것은?

('21 지방직)

① 무상증자로 자본금은 변동하지 않는다.
② 주식배당은 발행주식수를 증가시킨다.
③ 주식분할은 발행주식수를 증가시킨다.
④ 주식병합으로 자본금은 변동하지 않는다.

➡ 풀이: ① 무상증자로도 자본금은 증가한다.

정답 ①

31 자본에 관한 설명으로 옳은 것을 모두 고르면?   ('14 관세직)

> ㄱ. 이익잉여금은 당기순이익의 발생으로 증가하고 다른 요인으로는 증가하지 않는다.
> ㄴ. 주식배당을 실시하면 자본금은 증가하지만 이익잉여금은 감소한다.
> ㄷ. 무상증자를 실시하면 발행주식수는 증가하지만 자본총액은 변동하지 않는다.
> ㄹ. 주식분할을 실시하면 발행주식수는 증가하지만 이익잉여금과 자본금은 변동하지 않는다.

① ㄱ, ㄴ, ㄷ   ② ㄱ, ㄴ, ㄹ
③ ㄱ, ㄷ, ㄹ   ④ ㄴ, ㄷ, ㄹ

정답 ④

32 다음 중 자본총계에 영향을 주는 거래는?   ('12 주택)

① 현물출자   ② 주식배당
③ 무상증자   ④ 주식분할
⑤ 주식병합

정답 ①

33 자본에 관한 설명으로 옳은 것만을 모두 고른 것은? ('18 관세직)

> ㄱ. 주식분할을 실시하면 자본 총액은 변동하지 않고 자본금은 증가한다.
> ㄴ. 주식배당을 실시하면 자본 총액은 변동하지 않고 자본금은 증가한다.
> ㄷ. 유상증자를 실시하면 자본 총액은 변동하지 않고 자본금은 증가한다.
> ㄹ. 무상증자를 실시하면 자본 총액은 변동하지 않고 자본금은 증가한다.

① ㄱ, ㄴ   ② ㄱ, ㄷ
③ ㄴ, ㄹ   ④ ㄷ, ㄹ

➡ 풀이: ㄱ. 주식분할을 실시하면 자본 총액은 변동하지 않는다. 그러나 발행주식수가 증가
하고 액면금액이 감소하여 자본금은 변동하지 않는다.
ㄷ. 유상증자를 실시하면 자본 총액은 증가하고 자본금도 증가한다.

정답 ③

34 다음은 (주)한국의 2015년 12월 31일 자본 내역이다.

> 자본
>   자본금(액면금액 @₩500)   ₩3,000,000
>   주식발행초과금   ₩1,500,000
>   이익준비금   ₩2,000,000
>   미처분이익잉여금   ₩5,500,000
>
>   ₩12,000,000

(주)한국은 주권상장법인이며, 2016년 2월 주주총회에서 2,000주의 주식배당
과 이익준비금을 재원으로 한 2,000주의 무상증자를 실시하기로 하였다. 주식배
당과 무상증자를 실시하여 주식을 교부하였다면, (주)한국의 자본금은?

('16 지방직)

① ₩3,000,000   ② ₩4,000,000
③ ₩5,000,000   ④ ₩6,000,000

➡ 풀이: 3,000,000 + 2,000주 × 500 + 2,000주 × 500 = 5,000,000

정답 ③

■ 포괄손익

35 한국채택국제회계기준에 따르면 포괄손익과 당기순손익이 일치하지 않을 수 있다.
다음 중 포괄손익과 당기순손익의 불일치를 초래하는 항목은? ('08 세무직)
① 감자차손   ② 주식선택권
③ 주식발행초과금   ④ 매도가능금융자산평가손익

정답 ④

36 손익계산서상의 당기순이익과 포괄손익계산서상의 포괄손익간의 차이를 발생시키는 항목이 아닌 것은? ('07 세무직)

① 자기주식처분손익 ② 매도가능증권평가손익

③ 해외사업환산손익 ④ 현금흐름위험회피 파생상품평가손익

정답 ①

37 당기순손익과 총포괄손익간의 차이를 발생시키는 항목을 모두 고른 것은? ('11 지방직)

ㄱ. 매도가능금융자산평가이익 ㄴ. 자기주식처분이익
ㄷ. 관계기업투자이익 ㄹ. 현금흐름위험회피 파생상품평가손익
ㅁ. 주식할인발행차금 ㅂ. 해외사업장외화환산손익

① ㄱ, ㄴ, ㄹ ② ㄱ, ㄹ, ㅂ

③ ㄴ, ㄷ, ㅁ ④ ㄹ, ㅁ, ㅂ

정답 ②

38 「한국채택 국제회계기준」에서 기타포괄손익 항목에 포함되지 않는 것은? ('12 지방직)

① 재평가잉여금의 변동

② 확정급여제도의 보험수리적 손익

③ 매도가능금융자산의 재측정 손익

④ 화폐성항목의 외화환산손익

정답 ④

39 포괄손익계산서에서 기타포괄손익의 세부항목으로 표시되는 항목은? ('11 주택)

① 지분법손실 ② 만기보유금융자산처분이익

③ 매도가능금융자산평가이익 ④ 유형자산손상차손

⑤ 중단영업손실

정답 ③

40 기타포괄손익 항목 중 재분류조정과 관련하여 성격이 다른 것은? ('14 관세직)

① 재평가잉여금

② 매도가능금융자산평가손익

③ 해외사업환산손익

④ 현금흐름위험회피 파생상품평가손익 중 위험회피에 효과적인 부분

▶ 풀이: • 재평가잉여금: 관련자산 제거시 이익잉여금으로 대체
　　　• 매도가능금융자산평가손익: 처분될 때 처분손익 인식으로 당기손익에 반영
　　　• 해외사업환산손익: 해외사업소, 지점의 폐쇄, 청산, 매각시점에 당기손익으로 대체

> • 현금흐름위험회피 파생상품평가손익 중 위험회피에 효과적인 부분은 관련손익 인식시점에 당기손익으로 대체

정답 ①

41 다음 자료에 의하여 당기총포괄이익을 계산하면? (단, 법인세는 무시한다)

('15 관세직)

<재무상태표>	기 초	기 말
자 산	₩15,000	₩25,000
부 채	₩7,000	₩10,000

<기중변동내역>	당기발생액
유상증자	₩3,000
현금배당	₩500
매도가능금융자산평가이익	₩1,500

① ₩1,500   ② ₩3,000

③ ₩4,500   ④ ₩6,000

➡ 풀이: 당기순이익 = 기말자본 − 기초자본 + 현금배당 − 증자

4,500 = 15,000 − 8,000 + 500 − 3,000

당기총포괄이익 = 4,500 + 1,500 = 6,000

정답 ④

■ 자본변동

42 자본이 증감될 수 있는 경우를 모두 고른 것은?   ('11 관세직)

ㄱ. 주식배당	ㄴ. 임의 적립금의 목적달성
ㄷ. 해외사업환산손실 발행	ㄹ. 자기주식의 취득

① ㄱ, ㄴ   ② ㄴ, ㄷ

③ ㄷ, ㄹ   ④ ㄱ, ㄹ

정답 ③

43 자본변동표의 금액에 변화를 초래하지 않는 것은?   ('09 관세직)

① 자기주식취득

② 유상증자

③ 회계정책의 변경으로 인한 누적 효과

④ 이익잉여금의 법정적립금 처분

정답 ④

44 자본변동표에서 확인할 수 없는 항목은?   ('15 주택)

① 자기주식의 취득   ② 유형자산의 재평가이익

③ 매도가능금융자산평가이익   ④ 현금배당

⑤ 주식분할

45 「재무제표의 작성과 표시 I」에 의한 자본변동표가 제공하지 않는 정보는?

('10 지방직)

① 매도가능증권처분손실

② 중대한 전기오류수정손익

③ 해외사업환산손익

④ 회계정책의 변경으로 인한 누적효과

46 다음 자료를 이용하여 계산된 기말자본 금액은?   ('17 주택)

〈기초자본 자료〉

자본금	₩20,000
이익잉여금	500
재평가잉여금	800
계	₩21,300

○ 당기중 액면금액 ₩500의 보통주 10주를 주당 ₩1,000에 발행
○ 당기순손실: ₩200
○ 당기 재평가잉여금 증가액: ₩100

① ₩26,200   ② ₩29,800   ③ ₩30,000

④ ₩31,200   ⑤ ₩33,200

▶ 풀이: 21,300 + 10주 × 1,000 − 200 + 100 = 31,200
    보통주 발행: 10,000중 5,000은 자본금이고 5,000은 주식발행초과금이다.

47 (주)한국의 20×1년 12월 31일의 재무상태표상의 자본은 보통주자본금 ₩100,000 (주식수 100주, 주당 액면금액 ₩1,000), 주식발행초과금 ₩30,000, 이익잉여금 ₩50,000으로 구성되어 있다. 20×2년의 자본과 관련된 거래내역이 다음과 같을 때, 자본 변동에 대한 설명으로 옳지 않은 것은? (단, 자기주식에 대하여 원가법을 적용하고, 기초 자기주식처분손익은 없다.)   ('19 세무직)

○ 3월 10일: 주주에게 보통주 한 주당 0.1주의 주식배당을 결의하였다.
○ 3월 31일: 3월 10일에 결의한 주식배당을 실시하였다.
○ 4월 9일: 자기주식 10주를 주당 ₩2,100에 취득하였다.
○ 6월 13일: 4월 9일 취득한 자기주식 4주를 주당 ₩2,200에 매각하였다.

> ○ 8월 24일: 4월 9일 취득한 자기주식 6주를 주당 ₩1,700에 매각하였다.
> ○ 11월 20일: 보통주 1주를 2주로 하는 주식분할을 의결하고 시행하였다.

① 자본과 관련된 거래로 인해 이익잉여금은 ₩8,000 감소한다.

② 자기주식처분손실은 ₩2,000이다.

③ 20×2년 12월 31일의 보통주자본금은 ₩110,000이다.

④ 20×2년 12월 31일의 보통주 주식수는 220주이다.

▶ 풀이: (차) 미처분이익잉여금   10,000   (대) 미교부주식배당(자본조정)   10,000
　　　　 (차) 미교부주식배당   10,000   (대) 자본금   10,000
　　　　 (차) 자기주식   21,000   (대) 현금   21,000
　　　　 (차) 현금   8,800   (대) 자기주식   8,400
　　　　　　　　　　　　　　　　　　　　　　　 자기주식처분이익   40
　　　　 (차) 현금   10,200   (대) 자기주식   12,600
　　　　　　 자기주식처분이익   400
　　　　　　 자기주식처분손실   2,000

이익잉여금의 감소액 = 10,000 + 2,000 = 12,000
자기주식처분손실은 미처분이익잉여금과 상계한다. 회계처리 시점은 주총일이다.

정답 ①

48 (주)한국 기초자산은 ₩120,000이고, 기말자산은 ₩270,000이다. 또한 기초부채는 ₩70,000이고, 기말부채는 기초부채보다 ₩40,000이 증가하였다. 당기 중 현금출자로 인해 납입자본은 ₩42,000 증가하였고, 기타포괄이익은 ₩50,000(법인세 효과 차감 후 금액) 증가하였으며, 현금배당(당기에 선언한 것임)으로 ₩20,000을 지급하였다면 당기순이익은?(단, 주어진 자료 이외의 사항은 고려하지 않는다)   ('14 관세직)

① ₩32,000   ② ₩38,000

③ ₩42,000   ④ ₩48,000

▶ 풀이: 당기순이익 = 기말자본 - 기초자본 + 현금배당 - 증자
　　　　　 38,000 = 160,000 - 50,000 + 20,000 - 92000

정답 ②

49 (주)한국의 자본은 납입자본, 이익잉여금 및 기타자본요소로 구성되어 있으며 2015년 기초와 기말의 자산과 부채 총계는 다음과 같다.   ('15 지방직)

구 분	2015년 초	2015년 말
자산 총계	₩100,000	₩200,000
부채 총계	₩70,000	₩130,000

(주)한국은 2015년 중 유상증자 ₩10,000을 실시하고 이익처분으로 현금배당 ₩5,000, 주식배당 ₩8,000을 실시하였으며 ₩1,000을 이익준비금(법정적립금)으로 적립하였다. 2015년에 다른 거래는 없었다고 가정할 때, (주)한국의 2015년 포괄손익계산서상 당기순이익은?

① ₩35,000   ② ₩40,000

③ ₩43,000   ④ ₩44,000

▶ 풀이: 기말자본 = 기초자본 + 당기순이익 - 배당금 + 유상증자

$$40,000 = 30,000 + x - 5,000 + 10,000$$

$$x = 35,000$$

정답 ①

50 다음은 (주)갑의 자본관련 계정들이다. (주)갑의 자본총액은? ('09 관세직)

자기주식	₩13,000	이익준비금	₩100,000
주식발행초과금	57,000	자기주식처분이익	8,000
자본금	500,000	별도적립금	18,000
미교부주식배당금	10,000		

① ₩670,000   ② ₩680,000

③ ₩683,000   ④ ₩693,000

▶ 풀이: -13,000 + 100,000 + 57,000 + 8,000 + 500,000 + 18,000 + 10,000 = 680,000

정답 ②

51 다음의 장부마감 전 자료를 토대로 계산한 기말 자본은? (단, 수익과 비용에는 기타포괄손익 항목이 포함되어 있지 않다) ('16 관세직)

수익 합계	₩2,000,000	비용 합계	₩1,000,000
자본금	₩1,000,000	주식발행초과금	₩500,000
이익잉여금	₩500,000	자기주식	₩100,000
감자차익	₩100,000	재평가잉여금	₩200,000

① ₩3,500,000   ② ₩3,300,000

③ ₩3,200,000   ④ ₩3,000,000

▶ 풀이: 기말자본 = 기초자본 + 당기순이익 + 자본잉여금 + 이익잉여금 ± 자본조정 ± 기타포괄손익누계액 = 1,000,000 + (2,000,000 - 1,000,000) + 500,000 + 500,000 - 100,000 + 100,000 + 200,000 = 3,200,000

정답 ③

52 (주)한국의 당기 포괄손익계산서에 보고할 당기순이익은? ('19 관세직)

○ 기초자본은 자본금과 이익잉여금으로만 구성되어 있다.

○ 기말자산은 기초자산에 비해 ₩500,000 증가하였고, 기말부채는 기초부채에 비해 ₩200,000 증가하였다.

○ 당기 중 유상증자 ₩100,000이 있었다.

○ 당기 중 기타포괄손익 - 공정가치 측정 금융자산의 평가손실 ₩10,000을 인식하였다.

○ 당기 중 재평가모형을 적용하는 유형자산의 재평가이익 ₩20,000을 인식하였다. (단, 전기 재평가손실은 없다)

① ₩180,000　　　　　　　　② ₩190,000

③ ₩200,000　　　　　　　　④ ₩300,000

➡ 풀이: 기말 자본의 증가액 = 500,000 - 200,000 = 300,000
　　　　300,000 = 100,000 -10,000 + 20,000 + 당기순이익
　　　　당기순이익 = 190,000

정답 ②

53 다음은 (주)한국의 2018년 1월 1일 자본계정의 내역이다.

자본:
자본금(보통주, 주당 액면가 ₩1,000)　　　　　　₩3,000,000
자본잉여금　　　　　　　　　　　　　　　　　₩1,500,000
이익잉여금　　　　　　　　　　　　　　　　　₩5,500,000
자본 총계　　　　　　　　　　　　　　　　　₩10,000,000

다음과 같은 거래가 발생하였을 때, (주)한국의 2018년 말 재무상태표상 자본 총계는? (단, 기초 주식할인발행차금은 없다)　　　('19 관세직)

○ 4월 1일: 증자를 결의하고 보통주 1,000주(주당 액면가 ₩1,000)를 주당 ₩2,000에 전액 현금으로 납입받았다. 이때 신주발행비 ₩50,000은 모두 현금으로 지급하였다.
○ 5월 1일: (주)한국이 발행한 보통주 100주를 주당 ₩3,000에 매입하였다.
○ 11월 1일: 자기주식 전량을 주당 ₩2,000에 외부 매각하였다.
○ (주)한국의 2018년 당기순이익은 ₩1,000,000이며, 2019년 3월 말 주주총회에서 보통주 1주당 0.1주의 주식배당을 결의하였다.

① ₩12,900,000　　　　　　　② ₩12,800,000

③ ₩12,500,000　　　　　　　④ ₩12,400,000

➡ 풀이: 기말 자본 = 10,000,000 + (1,000주 × 2,000 - 500,000) - 100주 × 3,000 + 100주 × 2,000 + 1,000,000
　　　　　　　= 12,400,000

정답 ④

■ 자기주식

54 (주)한국의 20×1년 초 자본잉여금은 1,000,000이다. 당기에 다음과 같은 거래가 발생하였을 때, 20×1년 말 자본잉여금은? (단, 다음 거래를 수행하는 데 충분한 계정 금액을 보유하고 있으며, 자기주식에 대하여 원가법을 적용한다)('20 관세직)

○ 2월에 1주당 액면금액이 ₩2,000인 보통주 500주를 1주당 ₩3,000에 발행하였다.
○ 3월에 주주총회에서 총액 ₩200,000의 배당을 결의하였다.
○ 4월에 자기주식 100주를 1주당 ₩2,500에 취득하였다.
○ 3월에 결의한 배당금을 4월에 현금으로 지급하였다.
○ 4월에 취득한 자기주식 40주를 9월에 1주당 4,000에 ₩처분하였다.

① ₩1,000,000   ② ₩1,110,000
③ ₩1,510,000   ④ ₩1,560,000

▶ 풀이: 자본잉여금 = 기초 1,000,000 + 주식발행초과금 500,000 + 자기주식처분이익 60,000
= 1,560,000

* 자기주식처분이익 = 40주 × (4,000 - 2,500) = 60,000
배당을 결의하면 이익잉여금이 200,000만큼 감소하고 자기주식은 자본조정항목이다.

정답 ④

55 다음 자료를 이용하여 계산한 기말 자본총액은?   ('14 주택)

○ 기초 자본총액 : ₩10,000
○ 7월 1일 : 주당 액면가액 ₩100의 자기주식 10주를 주당 ₩300에 취득
○ 8월 1일 : 위 자기주식 중 5주를 주당 ₩350에 매각
○ 9월 1일 : 위 자기주식 중 3주를 소각

① ₩7,850   ② ₩8,150   ③ ₩8,500
④ ₩8,750   ⑤ ₩9,650

▶ 풀이: 7월 1일 (차) 자기주식   3,000 (대) 현금   3,000

8월 1일 (차) 현금   1,750 (대){ 자기주식   1,500
                                                      자기주식처분이익   250

9월 1일 (차){ 자본금   300   (대) 자기주식   900
                감자차손   600

10,000 + 250 - 600 - 600 - 300 = 8,750

정답 ④

56 (주)한라는 2008년 1월 1일에 수권주식수 60,000주(보통주, 액면가 ₩5,000)로 설립하였으며, 다음과 같은 자본거래활동을 하였다.

○ 1월 2일   발행가액 단위당 ₩5,500에 20,000주 발행
○ 5월 1일   발행가액 단위당 ₩6,000에 10,000주 발행
○ 8월 1일   자기주식 5,000주를 단위당 ₩5,100에 취득
○ 9월 1일   자기주식 3,000주를 단위당 ₩5,400에 처분

기업회계기준에 따라 위 거래를 처리하면 (주)한라의 2008년말 자본잉여금과 자기주식의 장부금액은?

('09 지방직)

	자본잉여금	자기주식
①	₩20,000,000	₩10,200,000
②	₩20,000,000	₩10,800,000
③	₩20,900,000	₩10,800,000
④	₩20,900,000	₩10,200,000

▣ 풀이: 2008년말 자본잉여금: 주식발행초과금(500 × 20,000주 + 1,000 × 10,000주
= 20,000,000) + 자기주식처분이익[(5,400 − 5,100) × 3,000주
= 900,000] = 20,900,000
2008년말 자기주식 = 2,000주 × 5,100 = 10,200,000

정답 ④

57 (주)한국은 2007년 1월 1일 액면가 ₩5,000인 보통주 100주를 주당 ₩6,000에 발행하여 회사를 설립하였다. 2007년 1월 10일에 자기주식 20주를 주당 ₩7,000에 취득하고, 1월 20일에 자기주식 중 10주를 주당 ₩8,000에 처분하였다. 한국채택국제회계기준상 자기주식처분이 (주)한국의 자본잉여금 또는 이익잉여금에 미치는 영향은?

('08 세무직)

① 자본잉여금 ₩10,000 감소   ② 이익잉여금 ₩10,000 감소
③ 자본잉여금 ₩10,000 증가   ④ 이익잉여금 ₩10,000 증가

▣ 풀이:
2007. 1/1   (차) 현   금   600,000   (대) { 자 본 금   500,000
                                              주식발행초과금   100,000

2007. 1/10 (차) 자기주식   140,000   (대) 현   금   140,000

2007. 1/1   (차) 현   금   80,000   (대) { 자 기 주 식   70,000
                                              자기주식처분이익   10,000

정답 ③

58 (주)한국은 다음과 같이 액면가 ₩1,000인 자기주식을 취득하여 매각하였다. 11월 10일 매각 시점의 분개로 옳은 것은?

('20 주택)

날짜	적용	금액	주식수
11월 1일	취득	₩950	50주
11월 5일	매각	₩970	20주
11월 10일	매각	₩930	30주

①	현 금	27,900	자기주식	27,900

② { 현 금   27,900 / 자기주식처분손실   600 }   자기주식   28,500

③ { 현 금   27,900 / 자기주식처분이익   400 / 자기주식처분손실   200 }   자기주식   28,500

④ 현 금   30,000   { 자기주식   28,500 / 자기주식처분손실   600 / 자기주식처분이익   900 }

⑤ 현 금   30,000   { 자기주식   28,500 / 자기주식처분이익   1,500 }

정답 ③

59 (주)한국은 자기주식에 대해여 원가법을 적용하고 있다. 기중에 자기주식 20주를 외상으로 ₩40,000에 취득하였고 이 중 10주를 현금 ₩30,000에 처분하였다. 이 주식거래로 인한 결과로 옳지 않은 것은?(단, 기초 자기주식처분손익은 없다고 가정한다) ('17 지방직)

① 자산은 ₩30,000 증가한다.
② 자본은 ₩20,000 감소한다.
③ 부채는 ₩40,000 증가한다.
④ 자본잉여금은 ₩10,000 증가한다.

▶ 풀이: ① 현금 30,000 증가
② 자산 30,000 증가 + 부채 40,000 감소 → 자본 10,000 감소
④ 자기주식처분이익 = 30,000 - 20,000 = 10,000

정답 ②

60 (주)한국의 자기주식(주당 액면금액 ₩5,000)과 관련된 자료는 다음과 같다. 8월 7일 자기주식처분이 당기순이익에 미치는 영향으로 옳은 것은? ('16 주택)

○2월 1일: 자기주식 300주를 주당 ₩6,000에 취득하다.
○6월 2일: 자기주식 100주를 주당 ₩6,300에 처분하다.
○7월 5일: 자기주식 100주를 소각하다.
○8월 7일: 자기주식 100주를 주당 ₩5,000에 처분하다.

① 영향 없음   ② ₩30,000 감소   ③ ₩30,000 증가
④ ₩70,000 감소   ⑤ ₩100,000 감소

▶ 풀이: 자기주식의 처분은 자본거래에 해당하므로 당기순이익의 증감은 없다.

정답 ①

■ 배당금

61 다음 자료를 이용한 (주)한국의 당기순이익은? ('19 관세직)

○ 매출액	₩60,000	○ 임대료수익	₩1,000
○ 매출원가	₩20,000	○ 미지급급여	₩500
○ 급여	₩10,000	○ 선급비용	₩3,000
○ 감가상각비	₩6,000	○ 선수수익	₩6,000
○ 대손상각비	₩2,000	○ 미지급 배당금	₩1,000
○ 자기주식처분이익	₩3,000	○ 유형자산처분이익	₩30,000
○ 기타포괄손익-공정가치 측정 금융자산평가손실	₩5,000		

① ₩53,000   ② ₩52,000

③ ₩50,000   ④ ₩48,000

➡ 풀이: 당기순이익 = 60,000 − 20,000 −10,000 − 6,000 − 2,000 + 1,000 + 30,000 = 53,000

정답 ①

62 보통주 10,000주(액면금액액 ₩5,000)를 발행하여 2006년 기업을 시작한 (주)한국은 2011년 1월 1일 누적적·비참가적 우선주 1,000주(액면금액액 ₩5,000, 액면금액의 10% 배당)를 발행하였다. (주)한국은 2011년과 2012년 손실로 인하여 배당을 하지 못하였으나 2013년 당기순이익을 기록하면서 보통주와 우선주에 대하여 총액 ₩2,500,000의 현금배당을 결의하였다. 보통주와 우선주에 대한 배당금액은? ('14 지방직)

	보통주	우선주
①	₩500,000	₩2,000,000
②	₩1000,000	₩1,500,000
③	₩1,500,000	₩1,000,000
④	₩2,000,000	₩500,000

➡ 풀이: 우선주배당금 (5,000,000 × 0.1) × 3 = 1,500,000
보통주배당금 2,500,000 − 1,500,000 = 1,000,000

정답 ②

63 다음은 2011년 12월 31일 (주)한국의 자본계정에 관한 정보이다. 보통주 1주당 배당액? ('13 세무직)

○ 자본금	
보통주	₩10,000,000
우선주 A(배당률 5%, 비누적적·비참가적)	₩5,000,000
우선주 B(배당률 5%, 누적적·완전참가적)	₩5,000,000

> ○ 모든 주식은 개업시 발행하였으며 발행한 모든 주식의 주당 액면금액은 ₩5,000이다.
>
> ○ 우선주에 대한 1년분 배당이 연체되었다.
>
> ○ 정관에 의하여 이사회는 ₩1,550,000의 현금배당을 결의하였다.

① ₩400

② ₩350

③ ₩300

④ ₩250

▶ 풀이: 보통주　2,000주(= 10,000,000/5,000 = 자본금/액면금액)

　　　　우선주 A　1,000주(5%, 비누적적, 비참가적)

　　　　우선주 B　1,000주(5%, 누적적, 완전참가적)

	우선주 A	우선주 B	보통주	합계
과거누적	-	250,000	-	250,000
		(5,000,000 × 5%)		
2011년	250,000	250,000	500,000	1,000,000
			(10,000,000 × 5%)	
	-	100,000	200,000	300,000
		$(300,000 \times \frac{1}{3})$		
	250,000	600,000	700,000	1,550,000

∴ 700,000 ÷ 2,000 = ₩350

정답　②

64 (주)한국은 20×1년 1월 1일 영업을 시작하였으며, 20×2년 말 현재 자본금 계정은 다음과 같다. ('18 세무직)

○ 보통주(주당액면가액 ₩5,000, 발행주식수 80주)	₩400,000
○ 우선주A(배당률 10%, 비누적적·비참가적; 주당 액면가액 ₩5,000, 발행주식수 40주)	₩200,000
○ 우선주B(배당률 5%, 누적적·완전참가적; 주당 액면가액 ₩5,000, 발행주식수 80주)	₩400,000

모든 주식은 영업개시와 동시에 발행하였으며, 그 이후 아직 배당을 한 적이 없다. 20×3년 초 ₩100,000의 배당을 선언하였다면 배당금 배분과 관련하여 옳은 것은?

① 우선주B 소유주에게 배당금 ₩50,000 지급

② 우선주A 소유주에게 배당금 ₩30,000 지급

③ 보통주 소유주에게 배당금 우선 지급 후 우선주A 소유주에게 배당금 지급

④ 보통주 소유주에게 배당금 ₩20,000 지급

▶ 풀이: 1. 우선주B: 400,000 × 5% × 2 = 40,000

　　　　 2. 우선주A: 200,000 × 10% = 20,000

　　　　 3. 보통주: 400,000 × 5% = 20,000

　　　　 4. 우선주B: $(100,000 - 80,000) \times \dfrac{400,000}{800,000} = 10,000$

$$보통주: (100,000 - 80,000) \times \frac{1}{2} = 10,000$$

$\therefore$ 우선주B 배당금 50,000 지급, 우선주A 배당금 20,000 지급, 보통주 배당금 30,000 지급

정답 ①

65 (주)한국의 2017년 이익잉여금 기초 잔액은 ₩50,000이었으며, 2017년 중 다음의 거래가 있었다. ('18 관세직)

> ○ 원가 ₩1,000의 컴퓨터 1대를 ₩5,000에 판매하였으며, 판매대금 중 ₩1,500은 현금으로 수취하였고 잔액은 외상으로 하였다.
> ○ 건물에 대한 감가상각비 ₩200, 기계에 대한 감가상각비 ₩100을 인식하였다.
> ○ 장기차입금에 대한 당기 이자비용 ₩400을 현금 지급하였다.
> ○ 배당결의를 하고 배당금 ₩300을 현금 지급하였다.

(주)한국의 2017년도 당기순이익과 2017년 말 이익잉여금은 각각 얼마인가?

	당기순이익	이익잉여금
①	₩3,000	₩53,000
②	₩3,000	₩53,300
③	₩3,300	₩53,000
④	₩3,300	₩53,300

▶ 풀이: 당기순이익 = (5,000 - 1,000) - 200 - 100 - 400 = 3,300
이익잉여금 = 50,000 + 3,300 - 300 = 53,000

정답 ③

66 (주)한국은 2012년 1월 1일 영업을 개시하였으며, 2016년 12월 31일 현재 자본금은 다음과 같다. 모든 주식은 영업개시와 동시에 발행되었으며, 현재까지 배당을 실시한 적이 없다. 2017년 3월 정기주주총회에서 2016년 12월 31일을 배당기준일로 하여 ₩95,000의 현금배당을 선언하였다. (주)한국의 보통주 주주에게 귀속될 배당금액은? ('18 관세직)

○ 보통주(주당액면 ₩5,000, 발행주식수 60주)	₩300,000
○ 우선주(5%, 비누적적·비참가적; 주당액면 ₩5,000, 발행주식수 20주)	₩100,000
○ 우선주(5%, 누적적·완전참가적; 주당액면 ₩5,000, 발행주식수 40주)	₩200,000

① ₩15,000	② ₩25,000
③ ₩30,000	④ ₩50,000

▶ 풀이: $300,000 \times 5\% + \{95,000 - 5,000 - (10,000 \times 5) - 15,000\} \times \frac{3}{5} = 30,000$

정답 ③

■ 주당순이익

67 한국채택국제회계기준에 의한 희석주당이익을 산정할 때, 잠재적보통주에 해당하지 않는 것은?   ('10 관세직)
① 전환우선주   ② 신주인수권
③ 주식선택권   ④ 상환우선주

정답 ④

68 주당이익 계산 시 유통보통주식수를 증가시키는 사건이 아닌 것은? (단, 각 사건은 독립적이며, 보통주와 관련하여 기중에 발생한 것으로 가정한다)   ('21 주택)
① 신주인수권 행사   ② 유상증자   ③ 자기주식 재발행
④ 주식배당   ⑤ 주식병합

정답 ⑤

69 (주)제주는 2007년 12월 31일 현재의 당기순이익으로 ₩280,000을 보고하였다. 이 회사는 2007년 1월 1일에 보통주 100주와 우선주 20주가 있었고, 2007년 7월 1일에 40주의 보통주를 공정가치로 추가 발행하였다. 이 회사의 당기 우선주배당금이 ₩40,000인 경우, 기본주당순이익은 얼마인가? (단, 가중평균 주식수 계산은 월할계산으로 한다)   ('07 세무직)
① ₩1,714   ② ₩1,750
③ ₩2,000   ④ ₩2,800

➡ 풀이:
$$\text{기본EPS} = \frac{280,000 - 40,000}{100 + 40 \times \frac{6}{12}} = 2,000$$

$$\text{가중평균주식수: } 100 + (40 \times \frac{6}{12}) = 120\text{주}$$

정답 ③

70 (주)한국의 20×1년 1월 1일 유통보통주식수는 10,000주이다. 20×1년도에 발행된 보통주는 다음과 같다. 20×1년도 (주)한국의 가중평균유통보통주식수는? (단, 가중평균유통보통주식수는 월수를 기준으로 계산한다)   ('20 주택)

○ 4월 1일 무상증자 10%를 실시하였다.
○ 9월 1일 유상으로 신주 15%를 공정가치로 발행하였다.

① ₩11,550주   ② ₩11,600주   ③ ₩11,650주
④ ₩11,700주   ⑤ ₩11,750주

➡ 풀이: 가중평균유통주식수 = 10,000 × 1.1 + 11,000 × 0.15 × 4/12 = 11,550

정답 ①

71 12월 말 결산법인인 (주)경상은 2008년 11월 1일에 무상증자를 실시하여, 보통주 1주당 2주의 보통주를 무상으로 지급하였다. 회사는 보통주만 발행하였으며, 관련 자료가 다음과 같을 때, 2008년의 주당순이익은? (단, 2009년 10월 31일까지의 발행보통주식의 유통일수는 305일이며, 2008년은 366일이다) ('09 세무직)

> 2008년 당기순이익: ₩1,800,000
> 2008년 10월 31일 현재의 유통보통주식수: 300주

① ₩2,000   ② ₩3,000
③ ₩4,500   ④ ₩6,000

▶ 풀이: 유통보통주식수: 300주 + 300주 × 2 = 900주

∴(1,800,000 − 0) ÷ 900 = 2,000원
무상증자, 주식배당, 주식분할의 유통보통주식수의 기산일은 기초이다.

정답 ①

72 (주)대한의 2010회계연도 보통주에 귀속되는 당기순이익이 ₩1,000,000일 때 2010년 12월 31일 결산일 현재 기본주당이익을 산출하기 위한 가중평균유통보통주식수는?(단, 가중평균유통보통주식수는 월할로 계산한다) ('11 세무직)

일자	내용	주식수
2010년 1월 1일	기초	12,000주
2010년 3월 1일	유상증자	3,000주
2010년 7월 1일	자기주식 취득	3,000주
2010년 9월 1일	유상증자	6,000주

① 9,000주   ② 15,000주
③ 18,000주   ④ 21,000주

▶ 풀이: 1.1 : 12,000주 × 2개월 = 24,000주
3.1 : 15,000주 × 4개월 = 60,000주
7.1 : 12,000주 × 2개월 = 24,000주
9.1 : 18,000주 × 4개월 = 72,000주
(24,000 + 60,000 + 24,000 + 72,000)/12 = 15,000주

정답 ②

73 다음은 (주)한국이 발행한 주식 관련 정보이다. 2012년 기본주당순이익은?

('13 지방직)

> ○ 가중평균유통보통주식수 10,000주
> ○ 2012년도 당기순이익 ₩4,000,000
> ○ 2011년 7월 1일 우선주 3,000주 발행(액면배당률 4%, 액면가액 ₩5,000)

① ₩310   ② ₩330

③ ₩340   ④ ₩370

▶ 풀이:

$$기본EPS = \frac{4,000,000 - (3,000주 \times ₩5,000 \times 0.04)}{10,000주} = ₩340$$

정답 ③

74 (주)대한의 20×1년 1월 1일 현재 유통보통주식수는 10,000주이고, 이 중에서 4,000주를 20×1년 7월 1일 자기주식으로 취득하였다. (주)대한의 20×1년 당기 순이익은 ₩9,000,000이고, 비누적적 우선주에 대한 배당결의 금액은 ₩1,000,000이다. (주)대한의 20×1년 기본주당순이익은?(단, 가중평균유통보통주식수는 월수를 기준으로 계산한다)   ('15 주택)

① ₩800   ② ₩900   ③ ₩1,000

④ ₩1,125   ⑤ ₩1,333

▶ 풀이: 가중평균 보통주식수 $10,000 \times \frac{6}{12} + 6,000 \times \frac{6}{12} = 8,000$

주당이익 = (9,000,000 − 1,000,000)/8,000 = 1,000

정답 ③

75 (주)한국의 2011년 당기순이익은 ₩3,000,000이다. (주)한국의 2011년 1월 1일 유통주식수는 10,000주이며, 4월 1일 자기주식 1,000주를 취득하였고, 10월 1일에는 유상증자를 통해 3,000주를 발행하였다. 2011년 우선주배당금이 ₩400,000인 경우, (주)한국의 주당순이익은? (단, 가중평균유통주식수는 월수로 계산한다)   ('11 관세직)

① ₩200   ② ₩250

③ ₩260   ④ ₩300

▶ 풀이: 2011.1.1 10,000 × 3개월 = 30,000
2011.4.1   9,000 × 6개월 = 54,000
2011.10.1 12,000 × 3개월 = 36,000
∴ 가중평균주식수: (30,000 + 54,000 + 36,000)/12 = 10,000주

$$주당순이익 = \frac{3,000,000 - 400,000}{10,000} = 260$$

정답 ③

76 20×1년도 자본과 관련된 자료가 다음과 같을 때 주당이익은?(단, 우선주는 누적적우선주이다)   ('16 주택)

○당기순이익:	₩26,000,000
○기초 보통주(주당 액면금액 ₩5,000):	10,000주
○기초 우선주(주당 액면금액 ₩5,000, 배당률 연 8%):	5,000주

① ₩1,500   ② ₩2,000   ③ ₩2,400

④ ₩2,500   ⑤ ₩3,000

▶ 풀이: 우선주 배당금 = 5,000주 × 5,000 × 8% = 2,000,000

$$주당이익 = \frac{26,000,000 - 2,000,000}{10,000주} = 2,400$$

정답 ③

77 다음은 (주)ABC와 관련된 자료이다. 이를 활용하여 주가이익비율(PER: price earnings ratio)을 구하면?   ('08 관세직)

○ 당기순이익	₩200,000
○ 우선주배당금	₩20,000
○ 가중평균유통보통주식수	100주
○ 보통주시가(1주)	₩9,000

① 0.2   ② 4.5

③ 4.8   ④ 5.0

▶ 풀이: EPS = 보통주당기순이익(당기순이익 − 우선주배당금) / 가중평균유통보통주식수
     = (200,000 − 20,000)/100 = 1,800

주가이익비율 = 주가/EPS = 9,000/1,800 = 5.0

정답 ④

▮▮ 주관식 ▮▮

〈1〉 개인기업의 자본금

나창업 씨는 인터넷쇼핑몰을 창업하였으며, 창업 후 결산일까지 회사와 관련하여 다음과 같은 거래가 발생했다. 각각의 거래를 분개하라.

(1) 나창업 씨는 필요한 비품 등을 구입하기 위해 현금 ₩500,000을 추가로 투자했다.

(2) 나창업 씨는 자녀 학자금 지급을 위해 현금 ₩300,000을 인출하여 사용하였다.

(3) 나창업 씨가 친구로부터 이전에 빌린 돈 ₩400,000을 회사의 현금으로 지급하였다.

(4) 결산 결과 회사의 당기순이익이 ₩210,000 발생하였다.

〈2〉 주식발행

(주)건지는 20×9년 7월 1일 주식 1,000주(액면 @₩500)를 @ ₩600에 발행하여 회사를 설립하였다. 또한 10월 10일에 추가적으로 500주를 @ ₩450에 발행하여 필요한 자금을 조달하였다.

<요구사항>

1. 각 일자별로 주식발행과 관련된 회계처리를 행하라.

2. 20×9년 10월 10일 주식을 추가적으로 발행한 직후의 (부분)재무상태표를 작성하라.

〈3〉 자본의 감소

다음은 (주)덕진에서 발생한 기중거래이다. 각각의 거래를 분개하라(단, 주당액면가액은 ₩5,000이다).

(1) 사업규모를 축소하기 위하여 보통주 10주를 주주에게 액면금액으로 현금을 지급하고 취득하여 소각하였다.

(2) 그 동안 누적된 이월결손금 ₩50,000을 보전하기 위해 보통주 20주를 주당 ₩2,500에 매입소각하였다.

(3) 감자의 목적으로 보통주 10주를 주당 ₩7,000에 매입소각하였다.

〈4〉 배당금 지급

(주)건지의 20×9년 12월 31일 현재 발행보통주식수는 50,000주이다. 2×10년 2월 24일 주주총회에서 보통주 1주당 ₩500의 배당금을 지급하기로 결의하였다. 배당금의 실제 지급일은 2×10년 3월 15일이다.

<요구사항>

각각의 경제적 사건에 대하여 회계처리하라.

〈5〉 자본거래

다음은 (주)건지의 20×9년 12월 31일 현재의 재무상태표 상 주주지분이다.

– 보통주자본금(2,000주 @₩5,000)	₩10,000,000
– 주식발행초과금	5,000,000
– 이익준비금	2,000,000
– 임의적립금	2,000,000
– 차기이월이익잉여금	5,000,000
– 자기주식(100주)	(800,000)
자본총계	23,200,000

2×10년의 자본관련거래는 다음과 같다.

① 2월 20일 20×9년 현금배당을 예정대로 배당률 10%로 지급키로 확정했다. 단, 이익준비금은 법정최저한으로 적립한다.

② 3월 28일 전월에 확정된 배당금을 지급했다.

③ 9월 2일 보유 중이던 자기주식 중 50주를 총 ₩500,000에 처분했다.

④ 10월 7일 나머지 자기주식 50주를 소각했다.

⑤ 11월 12일 자기주식 20주를 주당 ₩6,000에 취득했다.

⑥ 12월 31일 당기순이익은 ₩2,500,000이 발생했다.

<요구사항>

(주)건지의 일자별 회계처리를 하라.

〈6〉 자기주식

(주)건지의 20×9년 초 주주지분은 아래와 같다.

– 보통주자본금(액면가액 ₩5,000)	₩10,000,000
– 주식발행초과금	5,000,000
– 이익잉여금	1,000,000
– 자기주식처분이익	10,000

① 1월 2일 자기주식 5주를 주당 ₩8,000에 취득하였다.

② 2월 3일 주주로부터 자기주식 1주를 증여받았는데, 당시 공정가액은 주당 ₩8,000이다.

③ 3월 5일 자기주식 1주를 ₩6,500에 재발행하였다.

④ 4월 7일 자기주식 2주를 주당 ₩9,500에 재발행하였다.

⑤ 5월 9일 자기주식 1주를 ₩6,000에 재발행하였다.

⑥ 6월 11일 자기주식 2주를 소각하였다.

<요구사항>

위의 자기주식 거래와 관련된 내용을 회계처리하라.

〈7〉 자본항목의 분류

다음은 (주)덕진의 재무제표 중 일부자료이다.

이 자료를 토대로 회사의 납입자본, 자본조정, 기타포괄손익누계액, 일반적립금을 구하라.

- 주식할인발행차금	₩100,000	- 기타포괄손익-공정가치측정 금융자산평가이익	₩60,000
- 주식발행초과금	40,000	- 자기주식	120,000
- 자기주식처분손실	30,000	- 자본금	1,000,000
- 신주청약증거금	20,000	- 이익잉여금	150,000
- 법정적립금	40,000	- 임의적립금	80,000

〈8〉 자본변동표 작성 1

(주)모악의 20×9년 초 소유주지분은 아래와 같다.

- 보통주자본금(액면가액 ₩5,000)	₩10,000,000
- 주식발행초과금	1,000,000
- 이익잉여금	3,000,000
	140,000,000

20×9년 중의 자본거래와 2×10년의 배당거래는 다음과 같다.

① 3월 2일 500주를 주당 ₩7,000에 유상증자를 실시하였다.

② 4월 5일 자기주식 200주를 주당 ₩8,000에 취득하였다.

③ 7월 1일 자기주식 중 100주를 주당 ₩6,000에 처분하였다.

④ 11월 2일 자기주식 중 50주를 소각하였다.

⑤ 회사의 당기순이익은 ₩1,500,000이다.

⑥ 회사의 주주총회 결의일은 2×10년 2월 20일이며, 5% 배당률로 현금배당하기로 결의하였다. 이익준비금의 적립은 법정최저한으로 하기로 하였다.

<요구사항>

1. 20×9년의 자본거래를 회계처리하라.

2. 20×9년 말 자본변동표를 작성하고, 재무상태표의 자본부분을 표시하라.

〈9〉 자본변동표의 작성 2

다음은 (주)건지의 20×9년 1월 1일 현재의 재무제표와 20×9년의 기중거래 중 일부의 내용이다.

- 납입자본 : 보통주자본금(액면가액 ₩100)	₩500,000	
주식발행초과금	200,000	
		₩700,000
- 이익잉여금		55,000
- 기타자본요소		
자본조정 : 감자차익	2,500	
자기주식처분이익	1,500	
자기주식(20주)	(3,200)	
기타포괄손익누계액 : 재평가잉여금	100,000	
일반적립금 : 법정적립금	70,000	
임의적립금	50,000	220,800
자 본 총 계		975,800

① 2월 15일 주주총회에서 다음과 같이 20×8년도의 이익처분내용을 확정하였으며, 배당금은 2월 20일 지급하였다.

현금배당 : ₩20,000	주식배당 : ₩50,000
임의적립금의 이입 : ₩25,000	이익준비금의 적립 : ₩5,000

② 10월 5일 100주를 주당 ₩80에 유상증자를 통해 발행하였으며, 신주발행비용 ₩500은 현금지급하다.

③ 기말에 재평가잉여금 중 ₩60,000을 이익잉여금으로 대체하였다.

④ 20×9년의 당기순이익은 ₩30,000이며, 매도가능금융자산평가이익이 ₩500이 발생하여 총포괄이익은 ₩30,500이다.

<요구사항>

1. 20×9년의 기중거래에 대하여 회계처리하라.
2. 20×9년도의 자본변동표를 작성하고, 20×9년 말 재무상태표에 표시될 이익잉여금을 계산하라.

〈10〉 주당이익

(주)금암의 보통주는 20×9년 기초에 5,000주가 유통되고 있었다. 이후 5월 1일 1,000주를 유상증자를 통해 발행하였으며, 7월 1일 추가적으로 1,000주를 발행하였다. 이 회사의 당기순이익은 ₩10,000,000이다.

<요구사항>

(주)금암의 20×9년 재무제표에 보고될 주당이익은 얼마인지 계산하라.

(단, 유통보통주식수 계산 시 가중치는 월할계산 할 것)

13 현금흐름표

13.1 현금흐름표의 의의

　　회계정보이용자들에게 기업에 관한 재무정보를 제공하여 주는 재무제표 중에서 재무상태표는 일정시점 기업의 재무상태에 관한 정보를 제공하고, 포괄손익계산서는 일정기간 동안 기업의 경영성과에 관한 정보를 제공한다. 회계정보이용자들은 기업의 재무상태나 경영성과의 중요성을 인식하지만 이에 못지 않게 기업의 현금흐름에 대하여 큰 관심을 가지고 있다. 그 이유는 현금흐름에 관한 정보가 배당금의 지급능력이나 만기가 도래한 부채의 상환능력을 평가하는데 유용한 정보를 제공하기 때문이다. 즉, 포괄손익계산서에서는 순이익이 발생하였음에도 불구하고 기업이 채무를 갚지 못하여 도산하는 흑자도산이 발생하고, 수익성이 높은 기업으로 평가되었음에도 불구하고 배당금 지급이 어렵고, 단기부채를 상환할 현금이 부족하여 도산하는 경우가 발생하는 것이다. 따라서 회계정보이용자들은 기업이 어떤 활동을 통해 얼마만큼의 현금을 조달하였는지, 그리고 어떤 활동에 얼마의 현금을 사용하였는지에 대한 정보를 중요시 하게 된 것이다. 그런데 재무상태표와 포괄손익계산서는 발생주의에 의하여 작성되기 때문에 재무상태표와 포괄손익계산서를 통하여 현금흐름정보를 파악하는 데는 한계가 있다.

　　현금흐름표(statement of cash flow)는 기업의 현금흐름을 나타내는 재무제표로서 특정기간 동안 현금의 유입과 현금 유출에 대한 정보를 제공한다. 현금흐름표는 다음과 같은 유용성을 갖는다.

현금흐름표는 기업의 부채상환능력이나 이자 및 배당금의 지급능력을 평가할 수 있게 해준다. 투자자나 채권자들은 현금흐름표를 분석함으로써 기업이 만기가 도래한 부채를 상환할 만한 충분한 현금창출능력이 있는지, 그리고 이자나 배당금을 지급할 능력이 있는지를 평가할 수 있다.

현금흐름표는 기업의 미래현금흐름 창출능력을 평가할 수 있게 해준다. 기업가치가 미래현금흐름에 의하여 결정된다는 점을 고려할 때 기업의 미래 현금창출능력은 어느 정보 못지 않게 중요한 정보이다. 현금흐름표는 미래의 현금흐름액, 시기 및 불확실성을 예측하는데 도움을 준다.

현금흐름표는 당기순이익의 질을 평가할 수 있게 해준다. 당기순이익은 여러 가지 임의적인 원가배분방법과 회계추정을 통하여 산출되기 때문에 발생주의 하에서는 경영자의 자의성이 개입될 여지가 많아 경영자의 의도에 따라 어느 정도 이익조정을 하는 것이 가능하다. 그러나 현금흐름표에서 산출된 현금흐름은 당기순이익보다 더 객관적이고 신뢰성이 높다. 따라서 포괄손익계산서의 당기순이익과 현금흐름표의 현금흐름을 비교분석하면 당기순이익의 질을 평가할 수 있어 기업의 경영성과에 대한 심층적 정보를 얻을 수 있다.

13.2 현금흐름표의 작성원리

1. 현금의 개념

현금흐름표 작성의 기준이 되는 현금의 범위는 현금및현금성자산이다. 여기에서 현금은 통화와 통화대용증권 및 요구불예금이며, 현금성자산은 큰 거래비용 없이 현금으로 전환이 용이하고, 이자율변동에 따른 가치변동의 위험이 중요하지 않은 단기금융자산으로서 취득 당시 만기일이 3개월 이내인 것을 말한다. 현금성자산이 현금흐름에 포함되는 이유는 현금성자산이 현금과 거의 동일하기 때문이다.

현금흐름표는 기업활동에서 어떻게 현금을 조달하고 활용하였는지에 대한 정보를 제공한다. 기업활동은 영업활동과 투자활동 및 재무활동으로 구분한다. 기업은 자금조달을 통해 사업에 필요한 현금을 조달하고(= 재무활동), 조달된 현금으로 생산에 필요한 생산요소중 비유동자산인 기계장치, 건물등을 취득하여(= 투자활동) 영업활동을 하게 된다. 영업활동에서는 투자활동을 통하여 취득한 비유동자산 뿐만 아니고 인건비, 재료비등의 지출로 현금이 활용된다. 이와같이 재무활동으로 조달된 현금은 투자활동과 영업활동에 사용된다. 또한 기업이 영업을 시작하면 매출이 발생하여 현금유입이 발생하며, 영업활동을 위하여 취득한 비유동자산의 처분, 투자자산의 처분 등을 통하여 현금유입이 발생하기도 한다. 여유자금이 있는 경우에는 재무활동에서 현금조달하는 과정에서 발생한 채무인 사채, 차입금등의 상환으로 현금이 유출되기도 한다. 이와 같이 영업활동과 투자활동 및 재무활동은 서로 유기적인 관계를 가지고 있다.

현금흐름표는 전기 재무상태표와 당기 재무상태표 및 당기의 손익계산서에 의하여 작성할 수 있다. 영업활동으로 인한 현금흐름의 변화는 재무상태표의 유동자산과 유동부채 및 이와대응되는 손익계산서 항목과 관련된다. 투자활동으로 인한 현금흐름의 변화는 재무상태표의 비유동자산의 변동과 이에 대응되는 손익계산서의 항목과 관련된다. 그리고 재무활동으로 인한 현금흐름은 재무상태표의 장기부채와 자본의 변동 및 이와 대응되는 손익계산서 항목과 관련된다.

이러한 활동을 재무상태표를 통하여 구분하면 다음과 같다.

재무상태표

영업활동	현금및현금성자산	매 입 채 무 선 수 금 선 수 수 익 미지급 비용	영업활동
	매 출 채 권 재 고 자 산 선 급 비 용 미 수 수 익 선 급 금		
투자활동	투 자 부 동 산 유 형 자 산 무 형 자 산	기타의 부채 납 입 자 본 이익잉여금 기타자본요소	재무활동
		당기순이익	영업활동

2 현금흐름표의 작성원리

현금흐름표의 작성원리는 회계등식으로부터 도출할 수 있다.

$$
\begin{aligned}
&자산 \quad = \quad 부채 \quad + \quad 자본 \\[4pt]
&\triangle자산 \quad = \quad \triangle부채 \quad + \quad \triangle자본 \\[4pt]
&현금 \quad + \quad 현금이외의\ 자산\ = 부채 + 자본 \\[4pt]
&\triangle현금 \quad + \quad \triangle현금이외의\ 자산\ = \triangle\ 부채 + \triangle\ 자본 \\[4pt]
&\triangle현금 \quad + \quad \triangle비현금성\ 유동자산\ + 비유동자산 \\
&= \triangle유동부채 + \triangle비유동부채 + \triangle\ 자본 \\[4pt]
&\triangle현금 = (\triangle유동부채 - \triangle비현금성\ 유동자산) \leftarrow 영업활동으로\ 인한\ 현금흐름 \\
&\qquad\qquad - \triangle\ 비유동자산 \qquad\qquad\quad \leftarrow 투자활동으로\ 인한\ 현금흐름 \\
&\qquad\qquad + (\triangle\ 비유동부채 + \triangle\ 자본) \quad \leftarrow 재무활동으로\ 인한\ 현금흐름
\end{aligned}
$$

이와 같이 일정기간 동안 현금의 증감은 현금이외의 발생주의 정보인 비현금자산의 증감과 부채의 증감 그리고 자본 증감의 분석을 통하여 간접적으로 도출하는 것이다.

13.3 영업활동으로 인한 현금흐름

영업활동(operating activities)이란 일반적으로 제품의 생산과 상품 및 용역의 구매 및 판매활동을 말하는 것으로 주로 기업의 본래 목적의 수행과 관련된 활동을 말한다. 따라서 영업활동으로 인한 현금흐름은 주로 손익계산서항목과 관련하여 나타난다.

현금의 가장 중요한 원천은 수익이며, 현금의 주된 운용은 비용이다. 그러나 손익계산서상의 수익과 비용은 발생주의에 의해 인식되므로 모든 수익이 현금의 유입을 가져오고, 모든 비용이 현금의 유출을 초래하지는 않는다. 예를 들면 감가상각비라는 비용이 발생하였을 때 차변에는 감가상각비가 기록되고 대변에는 감가상각누계액이 기록되므로 현금에는 영향을 미치지 않는다. 즉, 감가상각비는 현금지출이 없는 비용이다.

<표 13-1> 영업활동으로 인한 현금흐름

현금유입액	매출대금의 회수
	이자 수취*
	배당금 수취*
현금유출액	매입대금의 지급
	급여지급
	기타 판매관리비의 지급
	이자지급*
	법인세납부 등

* 일반기업회계기준에서는 이자수취, 배당금수취, 이자지급은 영업활동 현금흐름으로 분류하고 배당금지급을 재무활동 현금흐름으로 분류하며 대체적인 분류는 허용하지 않는다.
* 국제회계(IFRS)에서는 이들 항목을 기업이 재량적으로 영업활동현금흐름 또는 재무활동으로 인한 현금흐름이나 투자활동으로 인한 현금흐름으로 분류할 수 있다.

영업활동으로 인한 현금흐름을 구하는 것은 발생주의에 의한 포괄손익계산서를 현금주의에 의한 포괄손익계산서로 전환하는 것과 같다. 영업활동으로 인한 현금흐름을 구하는 방법은 직접법과 간접법이 있다.

1. 직접법

직접법(direct method)을 이용할 경우에는 발생주의의 수익·비용항목을 현금주의의 수익·비용항목으로 바꾸는 것이다. 즉, 손익계산서의 수익 및

<표 13-2> 영업활동으로 인한 현금흐름: 직접법

1. 매출로부터의 현금유입액 = 발생주의 매출 − 매출채권의 증가　(+ 감소)
　　　　　　　　　　　　　　　　　　　　　 + 선수금의 증가　 (− 감소)

2. 매입으로부터 현금유출액 = 발생주의 매입 + 재고자산 증가　 (− 감소)
　　　　　　　　　　　　　　　　　　　　　 − 매입채무 증가　 (+ 감소)
　　　　　　　　　　　　　　　　　　　　　 + 선급금 증가　　 (− 감소)

3. 현금주의 기타수익 = 발생주의 기타수익　− 미수수익의 증가　(+ 감소)
　　　　　　　　　　　　　　　　　　　　　 + 선수수익의 증가　(− 감소)

4. 현금주의 기타비용 = 발생주의 기타비용　+ 선급비용의 증가　(− 감소)
　　　　　　　　　　　　　　　　　　　　　 − 미지급비용의 증가 (+ 감소)

비용 중 현금유입과 현금유출을 수반하지 않는 부분을 조정함으로써 현금주의 수익·비용을 구할 수 있다. 이 때 현금유출과 현금유입을 수반하지 않는 부분은 손익계산서의 수익 및 비용과 관련된 재무상태표 항목의 직전 연도 대비 해당연도의 증감액을 파악해 낼 수 있다.

이를 구체적으로 살펴보면 우선 비현금비용 항목과 비현금수익 항목을 제거한다. 다음에는 매출이나 매출원가처럼 현금수입이나 지출을 수반하는 수익·비용항목도 영업활동관련 유동자산과 유동부채의 순증감을 조정하여 현금주의 수익·비용을 구한다. 이 과정을 요약하면 〈표 13-2〉와 같다.

2. 간접법

간접법(indirect method)은 손익계산서의 당기순이익에서 출발하여 발생기준에 따른 조정을 없앰으로써 영업활동으로 인한 현금흐름을 간접적으로 추론하는 방법이다. 구체적으로 현금유출이 없는 비용항목을 가산하고 현금유입이 없는 수익을 차감하여 영업활동으로 인한 현금흐름을 구한다. 그 다음 유동자산의 증가를 차감하고, 유동자산의 감소를 가산하며, 유동부채의 증가를 가산하고 유동부채의 감소를 차감한다. 이 때 투자 및 재무활동에 해당하는 단기대여금, 단기매매금융자산, 단기차입금 등은 제외한다.

당기순이익에서 출발하여 비현금성 유동자산과 유동부채의 변화를 조정하여 영업활동으로 인한 현금흐름을 산정하는 수식은 다음과 같다.

> 영업활동으로 인한 현금흐름 = 당기순이익 − 유동자산의 증가 + 유동자산의 감소 − 유동부채의 감소 + 유동부채의 증가 + 감가상각비 및 기타 비현금 비용 + 비현금수익

이 과정을 요약하면 다음과 같다.

당기순이익
+ 현금지출이 없는 비용
− 현금수입이 없는 수익
− 유동자산의 증가 (+ 유동자산의 감소)
+ 유동부채의 증가 (− 유동부채의 감소)
영업활동으로 인한 현금흐름

예제 1 **영업활동으로 인한 현금흐름**

다음은 서울상사의 20×9년도의 포괄손익계산서와 부분비교재무상태표이다. 이 자료를 이용하여 영업활동을 통한 현금흐름을 직접법과 간접법에 의하여 구하여라.

손익계산서		부분비교재무상태표		
			20×9년말	20×8년말
수 익				
매 출	₩2,000	매출채권	₩1,000	₩1,200
유형자산처분이익	500	재고자산	800	700
	₩2,500	매입채무	(550)	(400)
비 용		미지급급여	(200)	(100)
매출원가	₩(900)			
급 여	(300)			
대손상각비	(200)			
감가상각비	(400)			
	₩(1,800)			
당기순이익	₩700			

해 답

1. 직접법에 의한 영업활동으로 인한 현금흐름

(1) 매출로부터의 현금유입액   ₩2,200

     매출 + 매출채권의 감소

     2,000 + (1,200 − 1,000) = 2,200

(2) 매입으로 인한 현금유출액   ₩(850)

     매출원가 + 재고자산의 증가 − 매입채무의 증가

     = 900 + (800 − 700) − (550 − 400) = 850

(3) 급여유출액   ₩(200)

     급여 − 미지급급여의 증가

     = 300 − (200 − 100) = 200

     영업활동으로 인한 현금흐름: ₩ 1,150

2. 간접법에 의한 영업활동으로 인한 현금흐름

     당기순이익   ₩700

     현금유출이 없는 비용항목 등 가산:

     대손상각비   200

     감가상각비   400

     현금유입이 없는 수익항목 등 차감:

     유형자산의 처분이익   (500)

매입채무의 증가	150
매출채권의 감소	200
미지급급여의 증가	100
재고자산의 증가	(100)
	₩1,150

13.4 투자활동으로 인한 현금흐름

투자활동(investing activities)은 현금의 대여와 회수, 금융자산·투자자산·유형자산·무형자산의 취득과 처분에 관한 활동을 말한다. 따라서 투자활동으로 인한 현금흐름은 대여금의 회수나 자산의 처분으로 유입되는 현금과 현금의 대여나 자산의 취득으로 인하여 유출되는 현금이 이에 해당된다.

<표 13-3> 투자활동으로 인한 현금흐름

	대여금의 회수
	금융자산의 처분
현금유입액	투자자산의 처분
	유형자산의 처분
	무형자산의 처분
	대여금의 대여
	금융자산의 취득
현금유출액	투자자산의 취득
	유형자산의 취득
	무형자산의 취득

13.5 재무활동으로 인한 현금흐름

재무활동(financing activities)은 현금의 차입 및 상환활동, 신주발행이나 배당금의 지급활동 등과 같이 부채 및 자본에 영향을 미치는 거래를 말한다. 재무활동으로 인한 현금흐름은 부채의 차입과 신주발행 등으로 유입되는 현금과 부채의 상환, 배당금의 지급 등으로 유출되는 현금이 이에 해당된다.

<표 13 - 4> 재무활동으로 인한 현금흐름

현금유입액	차입금의 차입
	사채의 발행
	주식의 발행 등
현금유출액	차입금의 상환
	사채의 상환
	자기주식의 취득
	배당금의 지급* 등

* 금융회사가 아닌 다른 업종의 경우 배당금의 지급은 일반기업회계기준에서는 재무활동으로 분류하나, IFRS에서는 영업활동 또는 재무활동으로 분류할 수 있다.

예제 2 **투자활동과 재무활동으로 인한 현금흐름**

다음 현금거래 자료를 이용하여 투자활동으로 인한 현금흐름과 재무활동으로 인한 현금흐름을 산출하라.

보통주의 발행	₩15,000
사채의 상환	10,000
단기대여금의 대여	5,000
장기차입금의 차입	8,000
자기주식의 취득	3,000
기계장치의 처분	6,000
건물의 구입	7,000
건물의 구입	7,000
배당금의 지급	2,000
매도가능금융자산의 취득	4,000

해 답

1. 투자활동으로 인한 현금흐름

현금유입액: 기계장치의 처분	₩6,000
현금유출액: 단기대여금의 대여	(5,000)
건물의 구입	(7,000)
매도가능금융자산의 취득	(4,000)
투자활동으로 인한 현금흐름	₩(10,000)

2. 재무활동으로 인한 현금흐름

현금유입액: 장기차입금의 차입	₩ 8,000
보통주의 발행	15,000
현금유출액: 사채의 상환	(10,000)
배당금의 지급	(2,000)
자기주식의 취득	(3,000)
재무활동으로 인한 현금흐름	₩8,000

13.6 현금흐름표의 작성예시

1. 현금흐름표의 작성단계

현금흐름표는 비교재무상태표와 포괄손익계산서 및 추가적인 기타 자료를 활용하여 작성된다. 비교재무상태표를 통하여 자산·부채·자본 항목의 기중변동액에 대한 정보를 알 수 있으며, 포괄손익계산서를 통하여 영업활동으로 인한 현금흐름을 산출하는데 필요한 정보를 추적할 수 있다. 또한 기타 추가자료를 활용하여 비교재무상태표와 포괄손익계산서를 통하여 얻을 수 없는 정보로서 현금유입과 현금유출을 결정하는데 중요한 정보를 얻는다.

현금흐름표를 작성하는 일반적인 절차는 우선 비교재무상태표를 작성하여 현금의 변동을 결정한다. 그 다음은 비현금계정의 분석을 통하여 기중의 변동이 현금유입이나 현금의 유출을 수반하는지를 분석한다. 이 때 비교재무상태표, 포괄손익계산서, 기타의 추가정보가 활용되며, 이를 분석하는 방법은 T-계정법과 정산표법이 있다. 비현금계정의 분석이 끝나면 영업활동으로 인한 현금흐름을 직접법이나 간접법을 이용하여 결정하고, 투자활동 및 재무활동으로 인한 현금흐름을 결정한다.

2. T-계정법

T-계정을 이용하여 현금흐름표를 작성하는 절차는 다음과 같다.

(1) 재무상태표의 현금계정 및 여타의 모든 항목의 T-계정을 설정하여 기초잔액과 기말잔액을 적는다.

(2) 현금계정은 영업활동부분과 투자활동부분 및 재무활동부분으로 구분한다.

(3) 기중에 발생한 비현금항목의 변동을 분석하여 그 변동이 현금항목이나 손익항목과 비현금항목 사이의 거래에서 기인한 것이라면 비현금항목은 원래의 분개 그대로 T-계정에 기록하고 현금항목이나 손익항목은 현금계정의 적당한 난에 유입이나 유출로 동시에 기록한다.

(4) 설정된 모든 T-계정의 기중변동액이 설명되었는지를 검토한 후 비현금항목의 T-계정을 마감한다. 이 때 차변과 대변의 합계액은 항상 일치한다.

(5) 현금계정에 기입된 자료를 기초로 현금흐름표를 작성한다.

예제 3 **현금흐름표작성**

다음은 (주)건지의 20×8년과 20×9년의 재무상태표와 20×9년 회계연도의 포괄손익계산서와 기타추가자료이다. 이 자료를 이용하여 현금흐름표를 작성하라.

해답

비교재무상태표

(주)건지	20×8년 12월 31일, 20×9년 12월 31일	(단위: 천원)
	20×9년 12월 31일	20×8년 12월 31일
자 산		
현금과현금성자산	65,000	40,000
매출채권(순액)	50,000	55,000
선 급 비 용	8,000	10,000
재 고 자 산	90,000	80,000
건 물	110,000	100,000
건물감가상각누계액	(27,000)	(20,000)
자산총계	296,000	265,000
부 채 와 자 본		
매 입 채 무	60,000	50,000
미지급 비용	30,000	25,000
장기차입금	55,000	40,000
자 본 금	120,000	120,000
이익잉여금	31,000	30,000
부채와 자본총계	296,000	265,000

손익계산서

(주)건지	20×9년 1월 1일 ~ 20×9년 12월 31일	(단위: 천원)
매 출		200,000
매 출 원 가		(118,200)
매 출 총 이 익		81,800
유형자산처분이익		1,000
급 여		(50,000)
감 가 상 각 비		(10,000)
이 자 비 용		(4,000)
법 인 세 비 용		(1,800)
당 기 순 이 익		17,000

기타추가자료

(1) 취득원가 ₩10,000이고 감가상각누계액이 ₩3,000인 건물을 ₩8,000에 매각하였다.

(2) 새로운 건물 ₩20,000을 취득하고 현금 ₩5,000과 함께 장기차입금 ₩15,000을 은행으로부터 차입하여 지급하였다.

(3) 20×8년도의 결산실적에 따라 현금배당금 ₩16,000을 지급하였다.

T－계정을 이용하여 비현금항목을 분석하는 과정은 다음과 같다. 우선 비현금 항목의 변화를 초래한 원래의 분개를 한다. 원래의 분개에서 비현금 항목은 그대로 두고 현금항목이나 손익항목을 현금계정의 영업활동, 투자활동, 재무활동 중 적절한 부분을 택하여 T－계정을 분개한다. 다음 T－계정 분개를 관련된 T－계정에 전기한다.

(주)건지의 비현금항목의 변동을 T－계정을 활용하여 분석하면 다음과 같다.

(1) 손익계산서로부터 (주)건지의 당기순이익이 ₩17,000임을 알 수 있다. 당기순이익은 이익잉여금을 증가시키는 항목이며, 현금의 유입을 가져온다.

(원래 분개)			
(차) 집합손익	17,000	(대) 이익잉여금	17,000
(T－계정 분개)			
(차) 현금유입－ 영업활동	17,000	(대) 이익잉여금	17,000

원래분개에서 비현금 항목인 이익잉여금은 T-계정 분개에서도 그대로 있으나 손익계정인 집합손익은 현금의 유입으로 현금계정의 영업활동부분에 기록된다.

(2) 손익계산서로부터 감가상각비는 ₩10,000임을 알 수 있다.

(원래 분개)			
(차) 감가상각비	10,000	(대) 감가상각누계액	10,000
(T-계정 분개)			
(차) 현금유입- 영업활동	10,000	(대) 감가상각누계액	10,000

원래분개를 보면 감가상각비는 비용의 항목으로 당기순이익을 계산할 때 차감되기는 하지만 현금을 감소시키지는 않는다. 따라서 T-계정 분개에서는 현금계정의 영업활동부분에 기록한다.

(3) 감가상각비와 관련있는 감가상각누계액의 변동을 분석해 보면 감가상각누계액의 기초잔액 ₩20,000에 감가상각비 ₩10,000을 합하면 기말잔액 ₩27,000과 일치하지 않는다. 이는 추가정보를 통해 건물의 처분이 있었음을 알 수 있다.

(원래 분개)				
(차){	현 금	8,000	(대){ 건 물	10,000
	감가상각누계액	3,000	유형자산처분이익	1,000
(T-계정 분개)				
(차){	현금유입-투자활동	8,000	(대){ 건 물	10,000
	감가상각누계액	3,000	현금유출- 영업활동	1,000

이 거래에서 현금이 ₩8,000증가하였으므로 원래 분개에서 현금계정은 T-계정 분개에서 투자활동으로 인한 현금유입이 되고, 손익항목인 유형자산처분이익은 당기순이익에 대한 조정항목으로 현금계정의 영업활동란에 기록한다.

(4) 비현금자산인 건물계정의 변동과 장기차입금계정을 분석해 보면 기중에 장기차입금을 통하여 현금을 조달한 후 이를 이용해 건물을 취득하였음을 알 수 있다.

```
(원래 분개)
       건   물          20,000        현   금           20,000
 (차) {현   금          15,000   (대) {장기차입금         15,000
(T-계정 분개)
       건   물          20,000        현금유출- 투자활동  20,000
 (차) {현금유입- 재무활동  15,000   (대) {장기차입금         15,000
```

이 거래를 보면 건물이라는 비현금계정이 증가하고 현금이 감소하였으며, 장기차입금을 통해 현금이 조달되어 현금이 증가하였다. 건물의 취득은 투자활동에 해당되고, 장기차입금의 증가는 재무활동에 해당한다.

(5) 추가정보의 배당금지급에 관련된 내용은 이익잉여금의 처분으로 배당금이 현금으로 지급된 내용이다. 이를 원래의 분개와 T-계정 분개로 나타내면 다음과 같다.

```
(원래 분개)
 (차) 이익잉여금        16,000   (대) 현 금             16,000
(T-계정 분개)
 (차) 이익잉여금        16,000   (대) 현금유출-재무활동  16,000
```

현금배당금의 지급은 재무활동으로 인해 현금유출을 초래하는 사항이므로 T-계정 분개에서는 재무활동으로 인한 현금유출로 기록된다.

(6) 영업활동과 관련된 유동항목의 변동을 분석한다. 매출채권은 기중에 ₩5,000 순감소하였다. 매출채권의 감소는 현금을 통한 매출채권의 회수에 해당한다. 이를 원래의 분개와 T-계정 분개로 나타내면 다음과 같다.

```
(원래 분개)
 (차) 현   금          5,000   (대) 매 출 채 권        5,000
(T-계정 분개)
 (차) 현금유입-영업활동  5,000   (대) 매 출 채 권        5,000
```

(7) 재고자산은 기중에 ₩10,000증가하였다. 재고자산의 증가는 영업활동을 통한 현금의 감소에 해당한다. 이를 원래의 분개와 T-계정 분개로 나타내면 다음과 같다.

```
(원래 분개)
 (차) 재 고 자 산        10,000   (대) 현  금              10,000
(T-계정 분개)
 (차) 재 고 자 산        10,000   (대) 현금유출-영업활동   10,000
```

(8) 매입채무는 기중에 ₩10,000 증가하였다. 매입채무의 증가는 매입의 증가를 가져오고 이는 기말 수정분개시 매출원가에 대체된다. 따라서 이는 영업활동을 통한 현금의 증가에 해당한다. 이를 원래의 분개와 T-계정 분개로 나타내면 다음과 같다.

```
(원래 분개)
 (차) 매      입        10,000   (대) 매 입 채 무         10,000
(T-계정 분개)
 (차) 현금유입-영업활동  10,000   (대) 매 입 채 무         10,000
```

매출채권, 재고자산, 매입채무는 영업활동 중 매출액, 매입액에 관계된 것으로 현금에 의한 매출액, 현금에 의한 매입액을 산출하기 위하여 이들 계정간의 관계를 살펴보면 다음과 같다.

매출채권

기초잔액	55,000	현 금 매 출	205,000
매 출	200,000	기 말 잔 액	50,000
	255,000		255,000

	재고자산				매입채무		
기초잔액	80,000	매출원가	118,200	현금매입	118,200	기초잔액	50,000
당기매입	128,200	기말잔액	90,000	기말잔액	60,000	당기매입	128,200
	208,200		208,200		178,200		178,200

(9) 영업활동과 관련하여 선급비용이 기중에 ₩2,000 감소하였다. 발생주의 하에서 선급비용이 감소하였다는 것은 전기에 선지급하였던 비용 중 일부가 당기 비용화 되었다는 뜻이다. 즉, 당기에 비용으로 인식된 금액에는 선급비용의 감소분이 포함되어 있으므로 현금의 지출을 수반하지 않는 비

용이 보고되었다는 뜻이다. 따라서 현금주의로 전환시 당기순이익에 가산
되어야 한다. 이를 원래의 분개와 T-계정 분개로 나타내면 다음과 같다.

(원래 분개)				
(차) 영업비용	2,000	(대) 선급비용	2,000	
(T-계정 분개)				
(차) 현금유입-영업활동	2,000	(대) 선급비용	2,000	

   (10) 영업활동과 관련된 미지급비용이 기중에 ₩5,000 증가하였다. 미지
급비용이 증가하였다는 것은 당기에 당기순이익 산정 시 비용으로 인식한
금액 중 현금지출을 수반하지 않고 비용화된 부분이 증가하였다는 뜻이므
로 현금주의로 전환시 당기순이익에 가산되어야 한다. 이를 원래의 분개와
T-계정 분개로 나타내면 다음과 같다.

(원래 분개)				
(차) 영업비용	5,000	(대) 미지급비용	5,000	
(T-계정 분개)				
(차) 현금유입-영업활동	5,000	(대) 미지급비용	5,000	

선급비용/미지급비용

기초잔액	10,000	기말잔액	8,000
기말잔액	30,000	기초잔액	25,000
현금비용	48,800	급 여	50,000
		이자비용	4,000
		법인세비용	1,800
	88,800		88,800

   영업활동과 관련한 현금흐름에서 매출, 매출원가, 영업비용과 관련한 현
금흐름을 정리하면 다음과 같다.

현금매출액 205,000 - 현금매입액 118,200 - 현금지출비용 48,800
= 38,000

   위에서 분석된 내용을 T-계정에 전기하면 다음과 같다.

현금의 유입	현	금	현금의 유출
잔액	40,000		

영 업 활 동

(1) 당기순이익	17,000	1,000	유형자산처분이익 (3)
(2) 감가상각비	10,000	10,000	재고자산의 증가 (7)
(6) 매출채권의 감소	5,000		
(8) 매입채무의 증가	10,000		
(9) 선급비용의 감소	2,000		
(10) 미지급비용의 증가	5,000		
잔액	38,000		

투 자 활 동

(3) 유형자산의 처분	8,000	20,000	유형자산의 취득 (4)
		잔액 12,000	

재 무 활 동

(4) 장기차입금 차입	15,000	16,000	배당금지급 (5)
		잔액 1,000	

매 출 채 권

기초잔액	55,000	(6)	5,000
잔 액	50,000		

매 입 채 무

		기초잔액	50,000
		(8)	10,000
		잔 액	60,000

선 급 비 용

잔 액	10,000	(9)	2,000
잔 액	8,000		

미 지 급 비 용

		잔 액	25,000
		(10)	5,000
		잔 액	30,000

재 고 자 산

잔 액	80,000		
(7)	10,000		
잔 액	90,000		

장 기 차 입 금

		잔 액	40,000
		(4)	15,000
		잔 액	55,000

건 물				감가상각누계액			
잔 액	100,000	(3)	10,000	(3)	3,000	잔 액	20,000
(3)	20,000					(2)	10,000
잔 액	110,000					잔 액	27,000

이익잉여금			
(5)	16,000	잔 액	30,000
		(1)	17,000
		잔 액	31,000

이러한 내용을 정리하여 현금흐름표를 작성하면 다음과 같다.

현금흐름표

(주)건지 20×9년 1월 1일 – 20×9년 12월 31일 (단위: 천 원)

I. 영업활동으로 인한 현금흐름			
1. 당기순이익		17,000	
2. 현금유출이 없는 비용 등의 가산			
가. 감가상각비	10,000		
나. 매출채권감소	5,000		
다. 선급비용감소	2,000		
라. 매입채무증가	10,000		
마. 미지급비용증가	5,000	32,000	
3. 현금유입이 없는 수익 등의 차감			
가. 재고자산증가	10,000		
나. 유형자산처분이익	1,000	(11,000)	38,000
II. 투자활동으로 인한 현금흐름			
1. 투자활동으로 인한 현금유입액		8,000	
가. 유형자산 처분	8,000		
2. 투자활동으로 인한 현금유출액		(20,000)	
가. 유형자산 취득	20,000		(12,000)
III. 재무활동으로 인한 현금흐름			
1. 재무활동으로 인한 현금유입액		15,000	
가. 장기차입금 차입	15,000		
2. 재무활동으로 인한 현금유출액		(16,000)	
가. 배당금지급	16,000		(1,000)
IV. 현금의 증가(I + II + III)			25,000
V. 기초의 현금			40,000
VI. 기말의 현금			65,000

3. 정산표법

정산표를 이용하여 현금흐름표를 작성하는 절차는 다음과 같다.

(1) 계정과목의 란, 기초의 잔액을 표시하는 란, 기중의 거래를 분석하는 란, 기말의 잔액을 표시하는 란을 설정하여 정산표의 형식을 만든다.

(2) 기초와 기말의 현금및현금성자산을 기초잔액란과 기말잔액란에 기입한다.

(3) 현금행 아래에는 비현금항목을 나열한다.

(4) 비교재무상태표의 하단에 현금흐름을 분석하기 위해 영업활동으로 인한 현금흐름, 투자활동으로 인한 현금흐름, 재무활동으로 인한 현금흐름란을 만든다.

(5) 기중에 발생한 비현금항목의 변동을 분석한 후 현금유입과 현금유출을 기록한다.

(6) 모든 비현금항목의 변동에 대한 분석이 끝난 후, 마지막으로 재무상태표의 현금계정란과 현금흐름 분석부분 마지막 란인 현금의 증감란을 이용하여 현금의 증감을 기록한다.

(7) 현금흐름 분석부분의 자료를 이용하여 양식에 따라 현금흐름표를 작성한다.

정산표를 이용한 현금흐름표의 작성

(주)건지 20×9년 1월 1일 – 20×9년 12월 31일 (단위: 천원)

재무상태표	20×8.12.31	거래의 분석 차 변	거래의 분석 대 변	20×9.12.31
자 산				
현금과현금성자산	40,000	(11) 25,000		65,000
매출채권(순액)	55,000		(6) 5,000	50,000
선급비용	10,000		(9) 2,000	8,000
재고자산	80,000	(7) 10,000		90,000
건 물	100,000	(4) 20,000	(3) 10,000	110,000
감가상각누계액	(20,000)	(3) 3,000	(2) 10,000	(27,000)
자 산 총 계	265,000			296,000
부채와 자본				
매입채무	50,000		(8) 10,000	60,000
미지급비용	25,000		(10) 5,000	30,000
장기차입금	40,000		(4) 15,000	55,000
자 본 금	120,000			120,000
이익잉여금	30,000	(5) 16,000	(1) 17,000	31,000
부채와 자본총계	265,000			296,000

(현금흐름분석)

	차 변	대 변
Ⅰ. 영업활동으로 인한 현금흐름		
당기순이익	(1) 17,000	
가산: 감가상각비	(2) 10,000	
매출채권감소	(6) 5,000	
선급비용감소	(9) 2,000	
매입채무증가	(8) 10,000	
미지급비용증가	(10) 5,000	
차감: 재고자산의 증가		(7) 10,000
유형자산처분이익		(3) 1,000
Ⅱ. 투자활동으로 인한 현금흐름		
유형자산처분	(3) 8,000	
유형자산취득		(4) 20,000
Ⅲ. 재무활동으로 인한 현금흐름		
장기차입금 차입	(4) 15,000	
배당금지급		(5) 16,000
Ⅳ. 현금의 증가(Ⅰ + Ⅱ + Ⅲ)		(11) 25,000
	146,000	146,000

연 • 습 • 문 • 제

▐▌ 기본문제 ▐▌──────────────────────────────

01 현금흐름표의 유용성에 대한 설명으로 틀린 것은?

① 기업의 부채상환능력이나 이자 및 배당금의 지급능력을 평가하는데 유용한 정보를 제공한다.

② 기업의 재무상태와 경영성과에 관한 정보를 제공한다.

③ 기업의 미래현금흐름 창출능력을 평가하는데 유용한 정보를 제공한다.

④ 기업의 이익의 질을 평가하는데 유용한 정보를 제공한다.

> 정답 ②

02 현금흐름표에 대한 설명 중 틀린 것은?

① 영업활동으로 인한 현금흐름을 파악하는 방법으로는 직접법과 간접법이 있다.

② 기업의 현금흐름 내용을 영업활동, 투자활동, 재무활동으로 구분하여 나타내 준다.

③ 영업활동으로 인한 현금흐름과 당기순이익의 차이 원인을 보다 잘 설명해주는 방법은 직접법이다.

④ 원가배분과 회계추정 등 발생주의 회계에서 발생하는 문제점을 극복할 수 있다.

> 정답 ③

03 현금흐름표의 작성대상이 되는 현금및현금성자산에 포함되지 않는 것은?

① 당좌예금

② 취득 당시 만기가 3개월 이내의 환매조건부 채권

③ 결산일로부터 만기가 6개월 이내에 도래하는 금융상품

④ 취득 당시 만기가 3개월 이내인 양도성예금증서

> 정답 ③

04 다음 중 현금흐름표 상 영업활동으로 인한 현금흐름에 포함할 사항이 아닌 것은?

① 매출대금의 회수

② 종업원에 대한 급여 지급

③ 법인세의 납부

④ 임직원에 대한 대여금의 회수

> 정답 ④

05 다음 중 현금흐름표 상 영업활동으로 인한 현금흐름에 포함할 사항이 아닌 것은?

① 보유중인 현금으로 차입금을 상환

② 매입처에 대해 외상매입금 지급

③ 사무실 임차료 지급

④ 차입금에 대한 이자 지급

정답 ①

06 다음 중 현금흐름표 상 투자활동으로 인한 현금흐름에 포함할 사항이 아닌 것은?

① 보유중인 기계장치를 매각

② 자기주식을 취득

③ 금융상품을 취득

④ 오래된 구기계 대체목적으로 신기계 취득

정답 ②

07 다음 중 현금흐름표 상 재무활동으로 인한 현금흐름에 포함할 사항이 아닌 것은?

① 차입금의 차입

② 주주에 대해 배당금을 지급

③ 투자주식으로부터 배당금을 수취

④ 신주를 발행하여 자금 조달

정답 ③

08 직접법에 의한 현금흐름표 작성 시 영업활동으로 인한 현금흐름에 해당하는 항목은?

① 자기주식의 처분

② 종업원에게 자금 대여

③ 투자주식으로부터 배당금을 수취

④ 사채 상환

정답 ③

09 간접법에 의한 현금흐름표 작성 시 감가상각비와 대손상각비를 당기순이익에 가산하는 이유는?

① 투자활동으로 인한 현금흐름에 해당하는 항목이므로

② 미래에 현금을 지출시키는 비용이므로

③ 재무활동으로 인한 현금흐름에 해당하는 항목이므로

④ 현금의 지출을 수반하는 비용이 아니기 때문에

정답 ④

10 아래의 사항은 포괄손익계산서와 현금흐름표 간의 차이를 발생시키는 항목들이다. 이중 포괄손익계산서상의 당기순이익에 비해 영업활동으로 인한 현금흐름의 증가를 가져오는 것들은?

a. 매출채권의 증가   d. 감가상각비의 계상
b. 매입채무의 증가   e. 매도가능증권평가이익의 계상
c. 선수금의 증가   f. 배당금 지급

① a, c, d   ② d, e, f
③ a, c, f   ④ b, c, d

정답 ④

11 (주)건지는 20×9년 ₩1,500,000의 매출실적을 올렸다. 매출채권과 선수금 계정의 기초와 기말금액이 다음과 같을 때 매출로 인한 현금유입액은?

	기초잔액	기말잔액
매출채권	₩200,000	₩100,000
선 수 금	300,000	150,000

① ₩1,550,000   ② ₩1,750,000
③ ₩1,450,000   ④ ₩1,350,000

▶ 풀이: 매출액(1,500,000) + 매출채권 감소(100,000) − 선수금 감소(150,000)
= 1,450,000

정답 ③

12 다음은 (주)덕진의 재무제표 중 일부 과목의 내역이다. 이 자료를 토대로 (주)덕진이 당기에 영업활동으로부터 회수한 현금은 얼마인가?

기초 매출채권	₩50,000	당기 매출액	₩150,000
기말 매출채권	85,000	감가상각비	5,000

① ₩110,000   ② ₩110,000
③ ₩180,000   ④ ₩120,000

▶ 풀이: 매출로부터 현금유입액 = 매출액(150,000) − 매출채권의 증가(35,000) + 감가상각비
(5,000) = 120,000

정답 ④

13 (주)금암의 매입관련 재무제표의 해당 금액이 다음과 같다면, 당기에 (주)금암이 상품을 매입하기 위해 지출한 현금액은 얼마인가?

기초 상품	₩10,000	기말 매입채무	10,000
기말 상품	20,000	매출원가	₩50,000
기초 매입채무	5,000		

① ₩55,000   ② ₩45,000
③ ₩65,000   ④ ₩50,000

▶ 풀이: 매입으로부터 현금유출액 = 매출원가(−50,000) + 재고자산(10,000) − 매입채무의
증가(5,000) = 55,000(유출)

정답 ①

14 (주)덕진의 포괄손익계산서 및 보조원장을 통하여 다음과 같은 사실을 파악하였다. 이를 기초로 회사의 영업활동으로 인한 현금흐름을 계산하면?

당기순이익	₩150,000	유형자산처분이익	₩25,000
감가상각비	30,000	기계처분가액	50,000
임 차 료	20,000	이자수익	5,000
대손상각비	10,000		

① ₩135,000　　　　　　　　　② ₩155,000
③ ₩165,000　　　　　　　　　④ ₩175,000

▶ 풀이: 당기순이익(150,000) + 현금의 유출이 없는 비용 등(감가상각비 30,000 , 대손상각비 10,000) − 현금의 유입이 없는 수익 등(유형자산처분이익 25,000) = 165,000

정답 ③

15 (주)모악의 장부에서 다음과 같은 정보를 파악하였다.

	기 초	기 말
매출채권	₩25,000	₩15,000
매입채무	20,000	18,000
상 품	10,000	8,000

(주)모악의 당기 중 매출은 ₩50,000이며, 매출원가는 ₩30,000이다. (주)모악이 당기 중 고객으로부터 회수한 현금액은 얼마인가?

① ₩60,000　　　　　　　　　② ₩62,000
③ ₩64,000　　　　　　　　　④ ₩66,000

▶ 풀이: 매출로부터 현금유입액 = 매출액(50,000) + 매출채권의 감소(10,000) = 60,000

정답 ①

16 (주)건지는 올해 9월에 영업활동을 통해 ₩150,000의 현금 수입을 달성했다. 다음의 자료만이 있다고 가정하여 (주)건지의 발생주의에 의한 당기순이익을 계산하면?

	9월 1일	9월 30일
매출채권	₩10,000	₩ 5,000
매입채무	20,000	13,000

① ₩148,000　　　　　　　　　② ₩150,000
③ ₩152,000　　　　　　　　　④ ₩162,000

▶ 풀이: 당기순이익(?) + 매출채권감소(5,000) − 매입채무 감소(7,000) = 영업활동현금흐름(150,000)

∴ 발생주의 당기순이익 = 152,000

정답 ③

17 다음은 (주)모악의 이자비용과 관련된 계정과목의 내용이다. 이를 토대로 이자비용으로 인한 현금유출액를 계산하면 얼마인가?

	기초잔액	기말잔액
미지급이자	₩20,000	₩18,000
선급이자	15,000	22,000
이자비용	₩100,000	

① ₩91,000
② ₩93,000
③ ₩100,000
④ ₩109,000

➡ 풀이: 발생주의 이자비용(100,000) + 미지급이자의 감소(2,000) + 선급이자의 증가(7,000)= 이자비용 현금유출액(109,000)

정답 ④

18 (주)건지의 7월부터 12월까지의 거래활동을 분석해 본 결과, 다음과 같은 자료를 얻을 수 있었다.

- 종업원에게 급여 지급	₩100,00	- 종업원에게 자금 대여	₩200,000
- 기계장치 처분	300,000	- 대여금에 대한 이자 수령	10,000
- 유상증자	500,000	- 주주에게 배당금 지급	50,000
- 은행에서 자금 차입	300,000	- 사채 상환	200,000

위 자료를 토대로 (주)건지의 7월부터 12월까지의 재무활동으로 인한 순현금흐름액은?

① ₩550,000
② ₩650,000
③ ₩750,000
④ ₩850,000

➡ 풀이: 1. 재무활동으로 인한 현금유입액
    - 유 상 증 자   500,000
    - 은행 자금 차입   <u>300,000</u>
              800,000

2. 재무활동으로 인한 현금유출액
    - 주주 배당금 지급   50,000
    - 사채 상환   <u>200,000</u>
              250,000

3. 순현금흐름= 800,000 - 250,000 = 550,000

정답 ①

19 건지상사는 20×9년 현금출납장을 분석해 본 결과, 당해 연도의 현금수입 총액은 ₩100,000이었으며, 현금지출액은 ₩40,000이었다. 따라서 회사는 현금기준으로 ₩60,000의 당기순이익을 달성하였다. 건지상사의 영업활동과 관련된 계정과목의 내용이 다음과 같을 때, 회사의 발생주의에 따라 보고해야할 당기순이익은 얼마인가?

	1월 1일	12월 31일
- 매출채권	₩20,000	₩15,000
- 매입채무	12,000	15,000
- 선급비용	5,000	7,000
- 미지급비용	10,000	15,000

① ₩47,000   ② ₩49,000

③ ₩55,000   ④ ₩71,000

▶ 풀이: 발생주의 당기순이익(?) + 매출채권의 감소(5,000) + 매입채무의 증가(3,000) − 선급비용의 증가(2,000) + 미지급비용의 증가(5,000) = 현금주의 당기순이익(60,000)
∴ 발생주의 당기순이익 = 49,000

정답 ②

20 (주)모악의 재무제표를 분석하여 다음의 자료를 얻었다. 이를 이용하여 현금흐름표를 작성했을 때 영업활동으로 인한 현금흐름은 얼마인가?

- 당기순이익	₩200,000	- 매입채무 증가	₩20,000
- 매출채권 감소	50,000	- 미지급급여 감소	10,000
- 감가상각비	30,000	- 장기차입금의 증가	50,000

① ₩230,000   ② ₩260,000

③ ₩290,000   ④ ₩340,000

▶ 풀이: 당기순이익(200,000) + 매출채권 감소(50,000) + 감가상각비(30,000) + 매입채무 증가(20,000) − 미지급급여 감소(10,000) = 영업활동 현금흐름(290,000)

정답 ③

‖‖ **기출문제** ‖‖────────────────────────────────

■ **현금흐름표 개념**

01 현금흐름표에 관한 설명들 중 옳은 것은? ('09 세무직)

① 현금흐름표는 현금흐름의 종류를 크게 영업활동으로 인한 현금흐름 및 투자활동으로 인한 현금흐름으로 구분하여 보고한다.

② 영업활동으로 인한 현금흐름을 직접법으로 작성하는 경우와 간접법으로 작성하는 경우, 영업활동으로 인한 현금흐름의 크기가 달라질 수 있다.

③ 신용거래가 없을 경우, 영업활동으로 인한 현금흐름과 손익계산서상의 당기순이익은 일치하여야 한다.

④ 직접법이나 간접법 중 어떤 방법으로 작성하더라도 투자활동으로 인한 현금흐름은 동일하게 표시된다.

정답 ④

02 「한국채택국제회계기준」에서 현금흐름표의 작성과 표시에 대한 설명으로 옳지 않은 것은? ('11 관세직)

① 영업활동 현금흐름은 직접법과 간접법 중 하나의 방법으로 보고한다.

② 금융회사가 아닌 다른 업종의 경우 배당금의 지급은 영업활동 또는 재무활동으로 분류할 수 있다.

③ 금융회사가 아닌 다른 업종의 경우 이자수입 및 배당금 수입은 투자활동 또는 영업활동으로 분류할 수 있다.

④ 법인세로 인한 현금흐름은 별도로 공시하지 않고 영업활동 현금흐름으로 분류한다.

정답 ④

03 제조업을 영위하는 (주)한국의 현금흐름표에 관한 설명으로 옳지 않은 것은?

('17 주택)

① 단기매매목적으로 보유하는 유가증권의 취득과 판매에 따른 현금흐름은 재무활동현금흐름으로 분류한다.

② 현금흐름표는 회계기간 동안 발생한 현금흐름을 영업활동, 투자활동 및 재무활동으로 분류하여 보고한다.

③ 유형자산 또는 무형자산 처분에 따른 현금유입은 투자활동현금흐름으로 분류한다.

④ 차입금의 상환에 따른 현금유출은 재무활동현금흐름으로 분류한다.

⑤ 법인세로 인한 현금흐름은 별도로 공시하며, 재무활동과 투자활동에 명백히 관련되지 않는 한 영업활동현금흐름으로 분류한다.

➡ **풀이:** 단기매매목적으로 보유하는 유가증권의 취득과 판매에 따른 현금흐름은 영업활동현금흐름으로 분류한다. 판매를 목적으로 취득한 재고자산과 거래형태가 유사하기

때문이다.

정답 ①

04 이자와 배당금의 현금흐름표 표시에 대한 설명으로 옳지 않은 것은? ('15 관세직)
① 금융기관이 아닌 경우 배당금 지급은 재무활동현금흐름으로 분류할 수 있다.
② 금융기관이 지급이자를 비용으로 인식하는 경우에는 영업활동 현금흐름으로 분류하고, 지급이자를 자본화하는 경우에는 주석으로 공시한다.
③ 금융기관이 아닌 경우 이자수입은 당기순손익의 결정에 영향을 미치므로 영업활동 현금흐름으로 분류할 수 있다.
④ 금융기관의 경우 배당금수입은 일반적으로 영업활동으로 인한 현금흐름으로 분류한다.

정답 ②

■ 영업활동으로 인한 현금흐름

05 다음 현금흐름표에 관한 설명에서 (   )에 들어갈 단어를 순서대로 옳게 연결한 것은? ('08 관세직)

현금흐름표를 간접법으로 작성할 때, 당기순이익과 기타 자산·부채의 변동 등 다른 조건이 일정할 경우, 매출채권의 증가는 '영업활동으로 인한 현금흐름'의 (㉠)를 가져오고, 매입채무의 감소는 '영업활동으로 인한 현금흐름'의 (㉡)를 가져온다.

	㉠	㉡		㉠	㉡
①	증가	증가	②	증가	감소
③	감소	감소	④	감소	증가

정답 ③

06 현금흐름표상 영업활동 현금흐름에 관한 설명으로 옳은 것은? ('16 주택)
① 영업활동 현금흐름은 직접법 또는 간접법 중 하나의 방법으로 보고할 수 있으나, 한국채택국제회계기준에서는 직접법을 사용할 것을 권장하고 있다.
② 단기매매목적으로 보유하는 유가증권의 판매에 따른 현금은 영업활동으로부터의 현금유입에 포함되지 않는다.
③ 일반적으로 법인세로 납부한 현금은 영업활동으로 인한 현금유출에 포함되지 않는다.
④ 직접법은 당기순이익의 조정을 통해 영업활동 현금흐름을 계산한다.
⑤ 간접법은 영업을 통해 획득한 현금에서 영업을 위해 지출한 현금을 차감하는 방식으로 영업활동 현금흐름을 계산한다.

정답 ①

07 영업활동흐름과 관련된 항목을 모두 고르면? ('13 지방직)

ㄱ. 단기매매금융자산의 처분	ㄴ. 기계장치의 구입
ㄷ. 유상증자	ㄹ. 토지의 처분
ㅁ. 사채의 발행	ㅂ. 로열티수익

① ㄱ, ㄴ　　　　　　　　② ㄱ, ㅂ
③ ㄴ, ㄹ　　　　　　　　④ ㄷ, ㅁ

정답 ②

08 현금흐름표 상 영업활동 현금흐름에 속하지 않는 것은? ('21 주택)
① 신주발행으로 유입된 현금
② 재고자산 구입으로 유출된 현금
③ 매입채무 지급으로 유출된 현금
④ 종업원 급여 지급으로 유출된 현금
⑤ 고객에게 용역제공을 수행하고 유입된 현금

➡ 풀이: ① 재무활동 현금흐름이다.

정답 ①

09 영업활동 현금흐름의 예로 옳지 않은 것은? ('19 지방직)
① 단기매매목적으로 보유하는 계약에서 발생하는 현금유입과 현금유출
② 종업원과 관련하여 직·간접으로 발생하는 현금유출
③ 로열티, 수수료, 중개료 및 기타수익에 따른 현금유입
④ 리스이용자의 리스부채 상환에 따른 현금유출

➡ 풀이: 리스이용자의 리스부채 상환에 따른 현금유출은 재무활동으로 인한 현금흐름이다.

정답 ④

10 (주)한국의 현금주의에 의한 당기매출액은 ₩10,000이다. 기초매출채권 잔액이 ₩5,000이고 기말매출채권 잔액이 ₩3,000인 경우, (주)한국의 발생주의에 의한 당기매출액은? ('15 지방직)
① ₩5,000　　　　　　　　② ₩8,000
③ ₩10,000　　　　　　　　④ ₩12,000

➡ 풀이: 발생주의 매출액 + 매출채권 감소 2,000 = 현금주의 매출액 10,000

정답 ②

11 (주)대한의 2011회계연도 현금흐름표에 표시될 영업활동 현금흐름은?(단, 2011 회계연도 (주)대한의 당기순이익은 ₩300,000이었다) ('11 세무직)

감가상각비	₩20,000	유상증자	₩100,000
유형자산처분이익	₩30,000	매입채무의 증가	₩40,000
사채의 상환	₩50,000	매출채권의 증가	₩60,000

① ₩220,000　　　　　　　　　② ₩270,000

③ ₩320,000　　　　　　　　　④ ₩370,000

➡ 풀이: 당기순이익 + 감가상각비 − 유형자산처분이익 + 매입채무증가 − 매출채권증가
= 영업활동현금흐름
300,000 + 20,000 − 30,000 + 40,000 − 60,000 = 270,000

정답 ②

12 다음 자료를 이용하여 영업활동으로 인한 현금흐름을 간접법으로 계산하면?

('09 관세직)

당기순이익	₩5,000	재고자산감모손실	₩700
유형자산처분이익	1,000	감가상각비	400
재고자산의 증가	500		

① ₩3,500　　　　　　　　　② ₩3,900

③ ₩4,100　　　　　　　　　④ ₩4,600

➡ 풀이: 5,000 − 1,000 − 500 + 400 = 3,900

정답 ②

13 다음 자료를 이용하여 현금흐름표상 '영업활동으로 인한 현금흐름'을 계산하면 얼마인가?

('07 세무직)

손익계산서상의 당기순이익	₩350,000	감가상각비	₩50,000
매출채권의 증가	₩20,000	재고자산의 감소	₩40,000
사채상환이익	₩50,000	미지급법인세의 증가	₩50,000
보통주의 발행	₩100,000	유형고정자산의 취득	₩90,000

① ₩520,000　　　　　　　　　② ₩470,000

③ ₩420,000　　　　　　　　　④ ₩400,000

➡ 풀이: 350,000 + 50,000 − 20,000 + 40,000 − 50,000 + 50,000 = 420,000

정답 ③

14 다음은 (주)서울의 재무상태표와 현금흐름표에서 발췌한 2009년 현금흐름 관련 자료이다. 2009년도에 영업활동으로 인한 현금흐름은?

('10 세무직)

2008년 12월 31일 말 현금 잔액	₩120,000
2009년 투자활동으로 인한 현금 감소	40,000
2009년 재무활동으로 인한 현금 증가	50,000
2009년 12월 31일 말 현금 잔액	150,000

① ₩10,000   ② ₩20,000

③ ₩30,000   ④ ₩40,000

▶ 풀이: 150,000 – 120,000 = 30,000

        30,000 = 50,000 – 40,000 + 영업활동으로 인한 현금흐름

      ∴영업활동으로 인한 현금흐름 = 20,000

정답 ②

15 (주)대한의 2010년 당기순이익이 ₩10,000인 경우, 다음 자료를 이용하여 영업활동으로 인한 현금흐름을 계산하면? ('11 지방직)

> ○ 당기의 감가상각비는 ₩1,000이다.
> ○ 전기말보다 당기말에 재고자산이 ₩200 증가하였다.
> ○ 전기말보다 당기말에 미지급보험료가 ₩100 감소하였다.
> ○ ₩4,000에 구입한 건물(감가상각누계액 ₩3,000)을 당기에 ₩500에 매각하였다.

① ₩10,200   ② ₩11,000

③ ₩11,200   ④ ₩11,800

▶ 풀이:

당기순이익	10,000
+ 감가상각비	1,000
+ 건물처분손실	500
	11,500
– 재고자산증가	200
– 미지급보험료감소	100
영업활동현금흐름	11,200

정답 ③

16 다음 자료를 이용하여 계산한 영업활동순현금흐름은?

> | | |
> |---|---:|
> | ○ 당기순이익 | ₩300,000 |
> | ○ 감가상각비 | 30,000 |
> | ○ 재고자산 증가 | 40,000 |
> | ○ 매입채무 증가 | 60,000 |
> | ○ 기계장치 처분금액 | 90,000 |
> | (장부금액 : ₩70,000) | |

① ₩270,000   ② ₩290,000   ③ ₩310,000

④ ₩330,000   ⑤ ₩350,000

▶ 풀이: 당기순이익 300,000 + 감가상각비 30,000 – 기계장치 처분이익 20,000 – 재고 40,000 + 매입채무 60,000 = 330,000

정답 ④

17 12월 말 결산법인인 (주)대한의 2010년도 현금흐름표에 나타난 영업활동으로 인한 현금흐름은 ₩1,000,000이다. 간접법을 사용한 경우 다음 자료를 이용하여 계산한 2010년도 당기순이익은? ('10 지방직)

매입채무 증가	₩60,000	매출채권증가	₩70,000
선급비용 증가	₩20,000	감가상각비	₩50,000
기계처분이익	₩40,000	재고자산증가	₩70,000

① ₩950,000　　　　　　　　　② ₩1,020,000

③ ₩1,090,000　　　　　　　　④ ₩1,150,000

▶ 풀이:
당기순이익	1,090,000
+ 감가상각비	50,000
− 기계처분이익	40,000
− 선급비용증가	20,000
− 매출채권증가	70,000
− 재고자산증가	70,000
+ 매입채무증가	60,000
영업활동현금흐름	1,000,000

정답 ③

18 다음은 (주)한국의 2014년도 회계자료의 일부이다. 2014년도 현금흐름표에 표시될 간접법에 의한 영업활동 현금흐름은? (단, 투자활동이나 재무활동과 명백하게 관련된 법인세 등의 납부는 없다) ('15 세무직)

○ 당기순이익	₩2,000,000
○ 미수수익의 순증가액	₩150,000
○ 매입채무의 순증가액	₩200,000
○ 법인세비용	₩400,000
○ 매출채권의 순감소액	₩500,000
○ 미지급비용의 순감소액	₩300,000

① ₩1,850,000

② ₩2,250,000

③ ₩2,350,000

④ ₩2,650,000

▶ 풀이: 당기순이익 2,000,000 − 미수이자 150,000 + 매입채무 200,000 + 매출채권 500,000 − 미지급비용 300,000 = 2,250,000

정답 ②

19 다음은 (주)한국의 2008년도 회계자료이다. 이 자료에 근거하여 '영업활동으로 인한 현금흐름'을 계산하면? ('09 지방직)

당기순이익	₩10,000	감가상각비	₩1,000
사채상환손실	₩500	유형자산처분손실	₩300
토지처분액	₩700	사채발행액	₩400
차량구입액	₩100		

① ₩11,300   ② ₩11,500

③ ₩11,800   ④ ₩11,900

▶ 풀이:

당기순이익	10,000
+ 감가상각비	1,000
+ 사채상환손실	500
+ 유형자산처분손실	300
영업활동현금흐름	11,800

정답 ③

20 다음은 현금흐름표의 일부이다.

Ⅰ. 영업활동현금흐름	?
Ⅱ. 투자활동현금흐름	(₩1,214,000)
Ⅲ. 재무활동현금흐름	354,000

기초 현금및현금성자산이 ₩80,000이고, 기말 현금및현금성자산이 ₩105,000일 때, 영업활동 현금흐름은? ('11 주택)

① ₩755,000   ② ₩780,000

③ ₩885,000   ④ ₩940,000

⑤ ₩965,000

▶ 풀이: Ⅰ - 1,214,000 + 354,000 = 105,000 - 80,000

∴ Ⅰ = 885,000

정답 ③

21 다음의 자료를 사용하여 계산된 영업활동으로 인한 현금흐름은? ('12 주택)

당기순이익	₩400,000
감가상각비	20,000
매입채무의 증가	30,000
사채상환	10,000

① ₩400,000   ② ₩420,000

③ ₩450,000   ④ ₩460,000

⑤ ₩470,000

➡ 풀이: 당기순이익   400,000
          + 감가상각비   20,000
                              420,000

          + 매입채무의 증가   30,000
                              450,000

      cf. 사채상환은 재무활동이다.

정답 ③

22 다음 주어진 자료를 이용하여 영업활동 현금흐름을 구하면?   ('10 주택)

> (1) 포괄손익계산서 중의 일부:
>
>   유형자산감가상각비   ₩12,000
>   당기순이익   200,000
>
> (2) 영업 관련 자산/부채:
>
> | | 기초잔액 | 기말잔액 |
> |---|---|---|
> | 재고자산 | ₩30,000 | ₩29,000 |
> | 매입채무 | 40,000 | 34,000 |

① ₩205,000   ② ₩207,000   ③ ₩213,000   ④ ₩215,000   ⑤ ₩218,000

➡ 풀이: 당기순이익   200,000
          + 유형자산감가상각비   12,000 (현금지출이 없는 비용)
                              212,000

          + 재고자산 감소   1,000
          – 매입채무 감소   6,000
                              207,000

정답 ②

23 다음은 (주)한국의 재무제표 자료이다. 당기 영업활동으로 인한 현금흐름은? (단, 주어진 자료 이외에는 고려하지 않는다)   ('13 관세직)

> <재무상태표 자료>
>
> | | 당기말 | 전기말 |
> |---|---|---|
> | 매출채권(순액) | ₩130,000 | ₩150,000 |
> | 매입채무 | ₩50,000 | ₩40,000 |
> | 토지 | ₩590,000 | ₩390,000 |
> | 미지급급여 | ₩50,000 | ₩70,000 |
>
> <손익계산서 자료>
> 당기순이익   ₩3,000,000

① ₩2,850,000   ② ₩2,900,000

③ ₩2,950,000   ④ ₩3,010,000

풀이: 당기순이익 3,000,000
+ 매출채권감소 20,000
+ 매입채무 증가 10,000
- 미지급급여 감소 20,000
영업활동현금흐름 3,010,000

정답 ④

24 (주)한국의 법인세비용차감전순이익은 ₩224,000이다. 다음 사항을 고려할 때 현금흐름표에 영업활동현금흐름으로 표시할 금액은?(단, 이자수익과 이자비용 및 법인세지급은 모두 영업활동으로 분류한다) ('14 세무직)

감가상각비	₩40,000	유형자산처분이익	₩20,000
사채상환손실	₩10,000	이자수익	₩10,000
단기차입금 증가액	₩2,000	미수이자수익 감소액	₩6,000
매출채권 감소액	₩8,000	재고자산 증가액	₩14,000
법인세지급액	₩12,000	매입채무 증가액	₩5,000
미지급법인세 감소액	₩3,000		
매도가능금융자산평가이익	₩4,000		

① ₩237,000 ② ₩247,000
③ ₩249,000 ④ ₩250,000

정답 ②

25 (주)한국의 2016년도 재무제표 자료는 다음과 같다. 2016년도 영업활동현금흐름이 ₩1,000,000인 경우 당기순이익은? ('17 지방직)

대손상각비	₩300,000	매출채권(장부금액)증가액	₩80,000
감가상각비	₩100,000	재고자산평가손실	₩20,000
건물처분이익	₩200,000	재고자산(장부금액)감소액	₩50,000

① ₩1,130,000 ② ₩1,100,000
③ ₩1,080,000 ④ ₩870,000

풀이: 당기순이익 + 100,000 - 200,000 - 80,000 + 50,000 = 1,000,000
∴ 당기순이익 = 1,130,000

정답 ①

26 (주)한국의 영업활동으로 인한 현금흐름이 ₩500,000일 때, 다음 자료를 기초로 당기순이익을 계산하면? ('17 주택)

○ 매출채권(순액) 증가	₩50,000
○ 재고자산 감소	40,000
○ 미수임대료의 증가	20,000
○ 매입채무의 감소	20,000
○ 유형자산처분손실	30,000

① ₩420,000　　　② ₩450,000　　　③ ₩520,000

④ ₩540,000　　　⑤ ₩570,000

▶ 풀이: 500,000 = 당기순이익 – 50,000 + 40,000 – 20,000 – 20,000 + 30,000
　　　당기순이익 = 520,000

정답 ③

27 20×6년 초에 컴퓨터 매매업을 시작한 (주)한국에 대한 회계정보이다. 영업활동으로부터 조달된 현금액은?　　　('18 지방직)

○ 포괄손익계산서(20×6년 1월 1일부터 12월 31일까지)

매출액	₩700,000
매출원가	₩400,000
매출총이익	₩300,000
이자비용	₩150,000
감가상각비	₩35,000
당기순이익	₩115,000

○ 현금을 제외한 유동자산과 유동부채의 20×6년 기말잔액

매출채권	₩20,000
재고자산	₩12,000
매입채무	₩15,000

① ₩103,000　　　② ₩133,000

③ ₩152,000　　　④ ₩173,000

▶ 풀이: 영업활동 현금흐름 = 115,000 + 35,000 – 20,000 – 12,000 + 15,000 = 133,000

정답 ②

28 다음은 (주)한국의 20×1년도 재무제표 자료이다. (주)한국의 20×1년도 당기순이익이 ₩500,000일 때, 현금흐름표상 간접법으로 산출한 영업활동 현금흐름은?　　　('18 주택)

○ 감가상각비	₩130,000
○ 매출채권(순액) 증가	140,000
○ 사채상환손실	40,000
○ 재고자산 감소	120,000
○ 단기차입금 감소	50,000

① ₩600,000　　　② ₩610,000　　　③ ₩640,000

④ ₩650,000　　　⑤ ₩690,000

▶ 풀이: 영업활동 현금흐름 = 500,000 + 130,000 – 140,000 + 40,000 + 120,000 = 650,000

29 당기 현금흐름표상 고객으로부터의 현금유입액은 ₩54,000이고 공급자에 대한 현금유출액은 ₩31,000이다. 포괄손익계산서상의 매출채권손상차손이 ₩500일 때, 다음 자료를 이용하여 매출총이익을 계산하면? (단, 매출채권(순액)은 매출채권에서 손실충당금을 차감한 금액이다.) ('19 지방직)

과목	기초	기말
매출채권(순액)	₩7,000	₩9,500
매입채무	4,000	6,000
재고자산	12,000	9,000

① ₩20,500 　　　　② ₩21,000
③ ₩25,000 　　　　④ ₩31,000

▶ **풀이**: 54,000 = 매출액 - 500 - (9,500 - 7,000)
　　　　매출액 = 57,000
　　　　31,000 = 매출원가 - 2,000 - 3,000
　　　　매출원가 = 36,000
　　　　매출총이익 = 57,000 - 36,000 = 21,000

정답 ②

■ 재무활동으로 인한 현금흐름

30 현금흐름표의 재무활동 현금흐름에 포함되는 항목은? ('10 주택)
① 이자수익으로 인한 현금유입
② 건물의 취득, 처분
③ 현금의 대여, 회수
④ 유가증권의 취득, 처분
⑤ 차입금의 차입, 상환

정답 ⑤

31 현금흐름표상 재무활동 현금흐름이 발생할 수 없는 거래는? ('17 관세직)
① 차입금의 상환 　　　② 유상증자
③ 사채의 발행 　　　　④ 주식배당

정답 ④

32 현금흐름표상 재무활동 현금흐름에 속하지 않는 것은? ('18 주택)
① 토지 취득에 따른 현금유출　② 단기차입에 따른 현금유입
③ 주식 발행에 따른 현금유입　④ 회사채 발행에 따른 현금유입
⑤ 장기차입금 상환에 따른 현금유출

▶ 풀이: 토지 취득에 따른 현금유출은 투자활동으로 인한 현금흐름이다.

정답 ①

33 다음 자료를 이용하여 계산된 20×1년도 재무활동 순현금흐름은? (단, 이자지급은 재무활동으로 분류하며, 납입자본의 변동은 현금 유상증자에 의한 것이다)('14 주택)

- 이자비용 ₩3,000
- 재무상태표 관련자료

구분	20×1.1.1	20×1.12.31
자본금	₩10,000	₩20,000
주식발행초과금	₩10,000	20,000
단기차입금	50,000	45,000
미지급이자	4,000	6,000

① ₩40,000   ② ₩13,000   ③ ₩14,000
④ ₩15,000   ⑤ ₩16,000

▶ 풀이: 주식발행 - 차입금감소 + 이자발생 - 이자지급
10,000 + 10,000 - 5,000 + 2,000 - 3,000 = 14,000

정답 ③

34 (주)한국의 2016년 토지와 단기차입금 자료가 다음과 같을 때, 2016년의 투자 및 재무현금흐름에 대한 설명으로 옳은 것은?(단, 모든 거래는 현금거래이다)

('17 세무직)

	기 초	기 말
토지(유형자산)	₩150,000	₩250,000
단기차입금	₩100,000	₩180,000

<추가자료>
- 토지는 취득원가로 기록하며, 2016년에 손상차손은 없었다.
- 2016년 중에 토지(장부금액 ₩50,000)를 ₩75,000에 매각하였다.
- 2016년 중에 단기차입금 ₩100,000을 차입하였다.

① 토지 취득으로 인한 현금유출은 ₩100,000이다.
② 토지의 취득과 매각으로 인한 투자활동순현금유출은 ₩75,000이다.
③ 단기차입금 상환으로 인한 현금유출은 ₩80,000이다.
④ 단기차입금의 상환 및 차입으로 인한 재무활동순현금유입은 ₩100,000이다.

▶ 풀이: ① 취득으로 인한 현금유출 = 150,000 - 50,000 - 250,000 = (-)150,000
② 순현금유출 = 75,000 - 150,000 = 75,000
③ 상환으로 인한 현금유출 = 100,000 + 100,000 - 180,000 = 20,000
④ 순현금유입 = 100,000 - 20,000 = 80,000

정답 ②

35 (주)한국은 〈재무상태표상 자본〉 및 〈추가자료〉가 다음과 같을 때, 재무활동으로 인한 순현금흐름은? ('19 관세직)

<table>
<tr><th colspan="3">〈재무상태표상 자본〉</th></tr>
<tr><th>과목</th><th>기초</th><th>기말</th></tr>
<tr><td>자본금</td><td>₩300,000</td><td>₩350,000</td></tr>
<tr><td>자본잉여금</td><td>₩100,000</td><td>₩132,000</td></tr>
<tr><td>이익잉여금</td><td>₩20,000</td><td>₩25,000</td></tr>
<tr><td>자기주식</td><td>(₩10,000)</td><td>–</td></tr>
<tr><td>자본총계</td><td>₩410,000</td><td>₩507,000</td></tr>
</table>

〈추가자료〉

○ 당기 중 유상증자(주식의 총 발행가액 ₩80,000, 총 액면금액 ₩50,000)가 있었다.

○ 기초 보유 자기주식을 기중에 전량 ₩12,000에 처분하였다.

○ 당기순이익은 ₩15,000이며 배당금 지급 이외 이익잉여금의 변동을 초래하는 거래는 없었다. (단, 배당금 지급은 재무활동으로 인한 현금흐름으로 분류한다)

① ₩32,000   ② ₩52,000

③ ₩80,000   ④ ₩82,000

▶ 풀이: 재무활동 순현금흐름 = 80,000 + 12,000 – 배당(20,000 + 15,000 – 25,000) = 82,000

정답 ④

■ 투자활동으로 인한 현금흐름

36 현금흐름표상 투자활동현금흐름에 해당하는 것은? ('15 주택)

① 설비 매각과 관련한 현금유입

② 자기주식의 취득에 따른 현금유출

③ 담보부사채 발행에 따른 현금유입

④ 종업원급여 지급에 따른 현금유출

⑤ 단기매매목적 유가증권의 매각에 따른 현금유입

정답 ①

37 (주)한국은 2016년 중 취득원가 ₩20,000인 토지를 ₩30,000에 처분하고 대금은 1년 후에 받기로 했으며, 장부금액 ₩60,000(취득원가 ₩100,000, 감가상각누계액 ₩40,000)인 건물을 현금 ₩70,000에 처분하였다. (주)한국의 2016년 현금흐름표상 투자활동으로 인한 현금유입액은? ('16 세무직)

① ₩60,000   ② ₩70,000

③ ₩80,000   ④ ₩100,000

▶ 풀이: (차){감가상각누계액   40,000   (대){건 물   100,000
              현 금   70,000   건물 처분이익   10,000

토지처분은 비현금거래로 주석사항임.

정답 ②

38 다음 자료를 이용하여 계산한 건물처분으로 유입된 현금흐름은?   ('13 주택)

구분	건물	감가상각누계액
기초	₩400,000	₩140,000
기말	₩460,000	160,000

○ 기중 건물 취득금액은 ₩140,000이다.
○ 기중 건물의 처분이익은 ₩10,000이다.
○ 당기 건물의 감가상각비는 ₩50,000이다.

① ₩30,000   ② ₩40,000   ③ ₩50,000

④ ₩60,000   ⑤ ₩70,000

▶ 풀이: [건물] 기초 400,000 + 매입 140,000 = 처분 80,000 + 기말 460,000
          [감가상각누계액] 기초 140,000 + 매입 50,000 = 처분 30,000 + 기말 160,000

[처분] (차){감가상각누계액   30,000   (대){건 물   80,000
              현 금   60,000   건물 처분이익   10,000

정답 ④

39 (주)한국의 20×1년도 현금흐름표 자료가 다음과 같을 때, 투자활동 현금흐름은?

('21 주택)

○ 기초 현금및현금성자산   ₩9,000   ○ 재무활동 현금흐름   ₩(-)17,000
○ 기말 현금및현금성자산   5,000   ○ 영업활동 현금흐름   25,000

① (-)₩12,000   ② (-)₩8,000   ③ (-)₩4,000

④ ₩4,000   ⑤ ₩8,000

▶ 풀이: 투자활동 현금흐름 = 5,000 - (9,000 + 25,000 - 17,000) = (-)12,000

정답 ①

40 (주)한국은 취득원가 ₩70,000의 토지를 2017년 중 현금 ₩100,000을 받고 처분하였다. 또한 2017년 중 새로운 토지를 ₩90,000에 구입하면서 구입대금 중 ₩30,000은 현금으로 지급하고 나머지 ₩60,000은 미지급금으로 계상하였다. (주)한국의 2017년 현금흐름표상 투자활동 순현금흐름은?   ('18 관세직)

① ₩10,000   ② ₩40,000

③ ₩70,000   ④ ₩100,000

▶ 풀이:

(차) 현금	100,000	(대)	토지	70,000
			토지 처분이익	30,000
(차) 토지	90,000	(대)	현금	30,000
			미지급금	60,000

투자활동 순현금흐름 = 100,000 - 30,000 = 70,000

정답 ③

■■ 주관식 ■■

〈1〉 매출, 매입 영업현금흐름

(주)경영의 20×9년의 회계기간의 매출액은 ₩800,000이며 매출원가는 ₩550,000이다. 매출과 매입활동과 관련하여 재무제표로 추출한 자료의 내용은 다음과 같다.

	1월 1일	12월 31일
매출채권	₩150,000	₩200,000
대손충당금	30,000	40,000
재고자산	100,000	180,000
매입채무	40,000	70,000

〈요구사항〉 위 자료를 이용하여 (주)경영이 (1)매출활동으로부터 유입된 현금액과 (2)매입활동을 수행하기 위해 유출된 현금액을 계산하라.

〈2〉 현금주의 당기순이익

문구점을 영위하는 덕진상사는 올해 12월 31일 지난 1년 동안의 기말 결산을 통해 다음과 같은 재무정보를 파악했다.

(1)	1월 1일	12월 31일
현 금	₩50,000	₩85,000
외상매출금	40,000	100,000
상 품	150,000	140,000
소 모 품	40,000	20,000
외상매입금	30,000	50,000
미 지 급 금	50,000	20,000

(2) 덕진상사의 포괄손익계산서에는 ₩150,000의 당기순이익이 보고됐으며, 여기에는 감가상각비 ₩15,000이 포함되어 있다.

〈요구사항〉 덕진상사가 올해 영업활동을 통해 벌어들인 현금유입(유출)액, 즉 현금주의 당기순이익은 얼마인가?

〈3〉 영업활동으로 인한 현금흐름 – 간접법(1)

(주)제일의 20×9년도 당기순이익은 ₩1,800,000이다. 현금흐름과 관련된 자료는 다음과 같다.

단기매매금융자산평가이익	₩90,000	재고자산의 감소	₩120,000
감가상각비	230,000	매출채권의 감소	320,000

유형자산처분이익	55,000	단기차입금의 증가	80,000
사채상환이익	38,000	건물 구입	200,000
대손상각비	100,000	미지급법인세의 증가	110,000

<요구사항> (주)제일의 20×9년도 영업활동으로 인한 현금흐름을 간접법으로 구하라.

〈4〉 영업활동으로 인한 현금흐름 – 간접법(2)

(주)건지의 20×9년도 당기순이익은 ₩3,000,000이다. 다음은 회사의 20×9년도 관련 자료이다.

감가상각비	₩1,800,000	장기차입금의 상환	₩1,600,000
단기매매금융자산평가손실	700,000	현금배당지급액	500,000
사채할인발행차금상각	250,000	매입채무 증가	250,000
유형자산처분이익	180,000	매출채권 감소	200,000
사채상환손실	1,100,000	재고자산 증가	500,000
사채의 발행	2,200,000	선급보험료 감소	120,000

<요구사항> (주)건지의 20×9년도 영업활동으로 인한 현금흐름을 간접법으로 구하라.

〈5〉 영업활동으로 인한 현금흐름 – 직접법

다음은 시내버스업을 운영하는 (주)전북교통의 재무상태표와 포괄손익계산서의 일부 내용이다.

(1) 재무상태표

	20×9. 12. 31	20×8. 12. 31
자 산		
현금및현금성자산	₩800,000	₩700,000
매 출 채 권	1,200,000	950,000
선급보험료	50,000	75,000
미 수 이 자	35,000	20,000
:		
부 채		
선수임대료	80,000	58,000
미지급이자	70,000	63,000
:		

(2) 포괄손익계산서

(주)전북교통   20×9. 1.1 ～ 20×9. 12.31

수　　익		₩3,910,000
운 송 수 익	₩2,800,000	
이 자 수 익	730,000	
임 대 료	380,000	
비　　용		2,350,000
감가상각비	1,100,000	
임 차 료	700,000	
보 험 료	180,000	
이 자 비 용	370,000	
당 기 순 이 익		1,560,000

<요구사항> 직접법에 따라 다음 사항에 답하라.

(1) 매출로 인한 현금유입액

(2) 이자수익으로 인한 현금유입액

(3) 임대료로 인한 현금유입액

(4) 임차료로 인한 현금유출액

(5) 보험료로 인한 현금유출액

(6) 이자비용으로 인한 현금유출액

(7) 영업활동으로 인한 현금흐름

〈6〉 영업활동으로 인한 현금흐름 - 간접법

문 5. 의 자료를 이용하여 (주)전북교통의 20×9년도 영업활동으로 인한 현금흐름을 간접법으로 계산해라.

〈7〉 현금흐름표의 해석

도매업을 영위하는 (주)거상의 20×9년도의 현금흐름표는 다음과 같다.

현금흐름표

(주)거상   20×9. 1.1 ～ 20×9. 12.31

Ⅰ. 영업활동으로 인한 현금흐름		₩(450,000)
매출로부터 현금유입	₩1,800,000	
매입으로 인한 현금유출	(1,250,000)	
종업원 급여 지급	(1,000,000)	
Ⅱ. 투자활동으로 인한 현금흐름		2,450,000

기계장치의 처분	2,500,000		
장기금융자산의 취득	(50,000)		
Ⅲ. 재무활동으로 인한 현금흐름		(1,000,000)	
단기차입금의 증가	1,250,000		
장기차입금의 상환	(2,000,000)		
자기주식의 취득	(250,000)		
Ⅳ. 현금의 증감		₩1,000,000	
Ⅴ. 기초의 현금		100,000	
Ⅵ. 기말의 현금		₩1,100,000	

<요구사항>

(1) 기초에 비해 기말의 현금보유액이 많아진 가장 큰 원인은 무엇인가?

(2) 회사의 현금유출액은 주로 어떤 활동에 사용되어졌나?

(3) 회사의 현금보유액은 기초에 비해 많은 금액이 증가하였다. 이를 보고 (주)거상의 현금흐름창출능력이 뛰어나다고 평가할 수 있는가?

(4) 현금흐름표의 내용을 토대로 볼 때 내년도 예상되는 회사의 활동은?

〈8〉 투자활동으로 인한 현금흐름(1)

(주)전북교통은 보유중인 차량운반구를 매각하였다.

매각 당시 매각한 자산과 관련된 계정과목의 내용은 다음과 같다.

	기 초	기 말
차량운반구	₩560,000	₩340,000
감가상각누계액	(320,000)	(170,000)

차량운반구의 매각으로 회사는 처분이익 ₩50,000을 보고하였다.

(단, 당기 감가상각비는 ₩10,000이다)

<요구사항> 투자활동으로 인한 현금흐름표를 작성하라.

〈9〉 투자활동으로 인한 현금흐름(2)

회사는 차량운반구의 일부를 매각했으며 매각한 자산의 취득원가는 ₩450,000, 장부가액은 ₩280,000이었다. 동 자산의 매각으로 유형자산처분손실 ₩30,000이 계상되어 있으며, 회사는 매각대금을 전액 (주)전북택시의 주식 취득에 사용하였다.

한편, 회사는 새로운 차량운반구를 ₩210,000에 구입하였다.

<요구사항> 투자활동으로 인한 현금흐름표를 작성하라.

⟨10⟩ 재무활동으로 인한 현금흐름

(주)건지는 20×9년도 기중에 다음과 같은 거래들이 발생했다.

– 유상증자 (액면가액 ₩500,000)	₩650,000
– 미수금의 회수	30,000
– 사채의 상환 (상환이익 ₩12,000)	180,000
– 보통주로 전환된 전환사채 장부가액	70,000
– 장기금융자산의 처분	110,000
– 자기주식의 처분 (장부가액 ₩30,000)	50,000

<요구사항> (주)건지의 20×9년도 재무활동으로 인한 현금흐름표를 작성하라.

주관식 연습문제 해답

제2장 재무제표 주관식 연습문제 해답

〈1〉자산, 부채, 자본, 수익, 비용관계

▶ 풀이:

① 600	② 1,900	③ 650	④ 550	⑤ 1,500
⑥ 2,250	⑦ 1,600	⑧ 250	⑨ 1,000	⑩ 1,850
⑪ 1,100	⑫ 100	⑬ 1,150	⑭ 550	⑮ 250

〈2〉손익계산서의 작성

▶ 풀이:

손익계산서

광 고 비	₩1,800	수 수 료 수 익	₩50,000
급 여	28,000		
임 차 료	10,400		
수 도 광 열 비	3,100		
교 통 비	2,000		
당 기 순 이 익	4,700		
	₩50,000		₩50,000

〈3〉재무상태표 작성

▶ 풀이:

재무상태표

전주상회   20×9. 12. 31

현 금	₩74,000	매 입 채 무	₩420,000
건 물	524,000	단기차입금	170,000
매출채권	535,000	장기차입금	215,000
비 품	174,000	자 본 금	500,000
상 품	352,000	자본잉여금	125,000
토 지	205,000	이익잉여금	434,000
	₩1,864,000		₩1,864,000

〈4〉 재무상태표와 손익계산서의 작성

▶ 풀이:

(1) 기초 자본 : ₩3,900 + 16,800 + 29,100 + 54,000 - 30,000 - 13,800

= ₩60,000

기말 자본 : ₩6,900 + 12,000 + 23,400 + 40,500 + 72,000 + 15,000

- 36,000 - 22,800 - 15,000 = ₩96,000

(2) 재산법 : ₩96,000(기말 자본) - 60,000(기초 자본) = ₩36,000

손익법 : ₩145,740(수익) - 109,740(비용) = ₩36,000

(3)

손익계산서

소성상회			1. 1 ~ 12. 31
급 료	₩43,200	상품매출이익	₩137,640
운 반 비	54,600	이 자 수 익	810
보 험 료	2,310	잡 수 익	1,050
수도광열비	3,630	수 수 료 수 익	6,240
제 세 공 과	3,300		
이 자 비 용	2,700		
당기순이익	36,000		
	₩145,740		₩145,740

재무상태표

소성상회			12. 31
현 금	₩6,900	차 입 금	₩36,000
대 여 금	12,000	매 입 채 무	22,800
예 금	23,400	미 지 급 금	15,000
매출채권	40,500	자 본 금	60,000
상 품	72,000	이익잉여금	36,000
비 품	15,000		
	₩169,800		₩169,800

〈5〉기초 재무상태표와 기말 재무상태표

➡ 풀이:

기초 재무상태표

1. 1

현 금	₩130,000	차 입 금	₩100,000
외상매출금	300,000	외상매입금	130,000
비 품	120,000	자 본 금	820,000
건 물	500,000		
	₩1,050,000		₩1,050,000

기말 재무상태표

12. 31

현 금	₩280,000	차 입 금	₩50,000
외상매출금	130,000	외상매입금	250,000
비 품	150,000	자 본 금	820,000
건 물	600,000	이익잉여금	40,000
	₩1,160,000		₩1,160,000

자본의 증가액 : ₩860,000 - 820,000 = ₩40,000

〈6〉재무상태표와 손익계산서의 관계

➡ 풀이:

손익계산서

두레상사   20×9. 1. 1 ~ 20×9. 12. 31

매 출 원 가	₩9,000	매 출	₩158,100[*]
보 관 료	1,200	이자수익	4,500
임 차 료	4,500	임 대 료	5,000
잡 비	1,500		
보 험 료	2,400		
당기순이익	149,000		
	₩167,600		₩167,600

[*] 167,600 - (4,500 + 5,000) = 158,100

재무상태표

두레상사			20×9. 12. 31
현　금	₩30,000	매 입 채 무	₩ 27,000
매출채권	51,000	자 본 금	10,000
상　품	105,000	이익잉여금	149,000*
	₩186,000		₩186,000

* 186,000 − (27,000 + 10,000) = 149,000

〈7〉 재무상태표 작성과 자본금

▶ 풀이:

(1)

재무상태표

전북상사			20×9. 5. 31
현　금	₩350,000	매입채무	₩50,000
매출채권	750,000	자 본 금	1,125,000
소 모 품	75,000		
	₩1,175,000		₩1,175,000

재무상태표

전북상사			20×9. 6. 30
현　금	₩320,000	매입채무	₩65,000
매출채권	950,000	자 본 금	1,125,000
소 모 품	85,000	이익잉여금	165,000
	₩1,355,000		₩1,355,000

(2) ₩1,290,000 − 1,125,000 = ₩165,000

(3) ₩1,290,000 − (1,125,000 − 150,000) = ₩315,000

〈8〉 회계등식

▶ 풀이:

(1) ₩15,000 − 2,000 = ₩13,000

(2) ₩23,000 − 18,000 = ₩5,000

(3) ₩18,000 − 13,000 = ₩5,000

(4) ₩18,000 − (13,000 + 2,000 − 4,000) = ₩7,000

〈9〉 회계등식과 재무상태표 및 손익계산서

▶ 풀이:

재무상태변화표

제일상사 (단위 : 원)

	현 금	건 물	소모품	비 품	매출채권	미지급금	자본금	이익잉여금
1	20,000	10,000					30,000	
2	(1,600)		1,600					
3	(800)							(800)
4				1,000		1,000		
5	(600)							(600)
6	24,000				16,000			40,000
7	(500)					(500)		
8	10,000				(10,000)			
9			(600)					(600)
10	(200)					(200)		
	50,300	10,000	1,000	1,000	6,000	500	29,800	38,000

손익계산서

제일상사 20×9. 1. 1 ~ 20×9. 12. 31

급 여	₩800	용역수익	₩40,000
수도광열비	600		
소 모 품 비	600		
당기순이익	38,000		
	₩40,000		₩40,000

재무상태표

제일상사 20×9. 12. 31

현 금	₩50,300	미 지 급 금	₩500
건 물	10,000	자 본 금	29,800
소 모 품	1,000	이익잉여금	38,000
비 품	1,000		
매출채권	6,000		
	₩68,300		₩68,300

〈10〉 거래추정

▶ 풀이:

(1) 현금 ₩10,000을 출자 받아 영업을 시작하다.

(2) 기계장치 ₩5,000을 현금으로 구입하다.

(3) 비품 ₩3,000을 외상으로 구입하다.

(4) 수익(예를 들어 임대료 등) ₩2,500이 발생하였으며 현금으로 수취하였다.

(5) 비품의 외상구입대금 중 ₩500을 현금으로 지불하다.

(6) 용역을 제공하고 ₩1,500은 현금으로 받고, 잔액 ₩2,000은 외상으로 하다.

(7) 비용 ₩300을 현금으로 지급하다.

(8) 매출채권 ₩500을 현금으로 받다.

(9) 소모품 ₩1,000을 현금으로 구입하다.

(10) 구입한 소모품 중 실제사용액은 ₩500이다.

제 3 장 재 무 회 계 의 절 차   주 관 식 연 습 문 제 해 답

<1> 분 개
▶ 풀이:

7/1	(차) 현 금	100,000	(대) 자본금	100,000	
7/2	(차) 비 품	25,000	(대) 현 금	25,000	
7/8	(차) 임차료	8,000	(대) 현 금	8,000	
7/15	(차) 현 금	30,000	(대) 용역수익	30,000	
7/26	(차) 급 여	9,000	(대) 현 금	9,000	
7/29	(차) 수도광열비	2,000	(대) 현 금	2,000	
7/31	(차) 광고비	5,000	(대) 미지급비용	5,000	

〈2〉 분개와 전기
▶ 풀이:

(1) (차) 현 금 50,000 (대) 자 본 금 50,000

(2) (차) { 토 지 20,000 / 건 물 40,000 } (대) 미지급금 60,000

(3) (차) 현 금 50,000 (대) 차 입 금 50,000

(4) (차) 미지급금 10,000 (대) 현 금 10,000

(5) (차) 매출채권 60,000 (대) 용역수익 60,000

(6) (차) 현 금 30,000 (대) 매출채권 30,000

(7) (차) 이자비용 1,000 (대) 현 금 1,000

현 금

(1) 자본금	50,000	(4) 미지급금	10,000
(3) 차입금	50,000	(7) 이자비용	1,000
(6) 매출채권	30,000		

자 본 금

		(1) 현 금	50,000

토 지

(2) 미지급금	20,000	

건 물

(2) 미지급금	40,000	

미지급금

(4) 현 금	10,000	(2) 제 좌	60,000

차 입 금

		(3) 현 금	50,000

용역수익

		(5) 매출채권	60,000

매출채권

(5) 용역수익	60,000	(6) 현 금	30,000

	이자비용	
(7) 현　금	1,000	

〈3〉 거래의 추정(1)

➡️ 풀이:

(1) 매입채무 변제를 위해 매출채권 ₩10,000을 양도하다.

(2) 현금 ₩30,000을 출자 받아 영업을 시작하다.

(3) 비품 ₩9,000을 외상으로 구입하다.

(4) 용역을 제공하고 그 대가 ₩50,000은 추후에 받기로 하다.

(5) 임차료 ₩10,000을 현금으로 지급하다.

(6) 수도광열비 ₩8,000이 발생하였으나 아직 지급하지 않았다.

(7) 소모품 ₩4,000을 외상으로 구입하다.

(8) 자본주(주주)에게 출자금 ₩5,000을 반환하였다.
　　(즉, ₩5,000 유상감자하였다.)

(9) 매출채권 ₩10,000을 현금으로 회수하다.

(10) 상품 ₩25,000을 외상으로 매입하다.

〈4〉 거래의 추정(2)

➡️ 풀이:

1. 분개

5/1	(차) 현　금	5,000,000	(대) 자본금	5,000,000
5/5	(차) 상　품	1,000,000	(대){ 현　금 매입채무	700,000 300,000
5/7	(차) 매출채권	750,000	(대){ 상　품 상품매매이익	500,000 250,000
5/19	(차){ 급　여 임차료	300,000 200,000	(대) 현　금	500,000
5/21	(차) 매입채무	300,000	(대) 현　금	300,000

2. 거래의 추정

5/1 현금 ₩5,000,000을 출자 받아 영업을 시작하다.

5/5 상품 ₩1,000,000을 매입하고 그 대금 중 ₩700,000은 현금으로 지급하고 잔액은 외상으로 한다.

5/7 상품 ₩750,000(원가 ₩500,000)을 외상으로 판매하다.

5/19 급료 ₩300,000과 임차료 ₩200,000을 현금으로 지급하다.

5/21 매입채무 ₩300,000에 대하여 현금으로 지급하다.

〈5〉오류시산표의 수정

▶ 풀이:

올바른 시산표

(주)동해   20×9년 12월 31일   (단위 : 원)

계 정 과 목	차 변	대 변
현 금	37,600	
선급보험료	7,000	
매 입 채 무		6,000
선수 수익		4,400
자 본 금		34,000
수 선 비	9,000	
용역 수익		51,200
급 여	37,200	
임 차 료	4,800	
합 계	95,600	95,600

〈6〉분개와 전기, 시산표작성(1)

▶ 풀이:

(물음 1)

12/1	(차) 현 금	100,000	(대) 자본금	100,000
12/2	(차) 현 금	120,000	(대) 차입금	120,000
12/3	(차) 소모품	5,000	(대) 현 금	5,000
12/5	(차) 건 물	50,000	(대) 현 금	50,000
12/10	(차) 매출채권	80,000	(대) 용역수익	80,000
12/12	(차) 임차료	500	(대) 현 금	500
12/25	(차) 급 여	8,000	(대) 현 금	8,000
12/30	(차) 보험료	1,200	(대) 현 금	1,200

(물음 2)

현   금

12/1 자 본 금 100,000	12/ 3 소모품 5,000
12/2 차 입 금 120,000	12/ 5 건 물 50,000
	12/12 임차료 500
	12/25 급 여 8,000
	12/30 보험료 1,200

자 본 금

	12/ 1 현 금 100,000

	차입금			소모품	
	12/2 현 금 120,000	12/ 3 현 금 5,000	

	건 물			매출채권	
12/ 5 현 금 50,000		12/10 용역수익 80,000	

	용역수익			임차료	
	12/10 매출채권 80,000	12/12 현 금 500	

	급 여			보험료	
1/30 현 금 8,000		12/30 현 금 1,200	

(물음 3) 잔액시산표작성

잔액시산표

차 변	계정과목	대 변
155,300	현 금	
5,000	소 모 품	
80,000	매 출 채 권	
50,000	건 물	
	차 입 금	120,000
	자 본 금	100,000
	용 역 수 익	80,000
500	임 차 료	
1,200	보 험 료	
8,000	급 여	
300,000	합 계	300,000

〈7〉 분개와 전기, 시산표 작성(2)

➡ 풀이

1. 분개

(1) (차) 현 금 6,000 (대) 자 본 금 6,000

(2) (차) 예 금 2,000 (대) 현 금 2,000

(3) (차) 상 품 4,000 (대) { 현 금 2,000 / 매 입 채 무 2,000

(4) (차) 비 품 1,800 (대) 현 금 1,800

(5) (차) 수도광열비 80 (대) 현 금 80

(6) (차) 매출채권 1,000 (대) { 상 품 800 / 상품매출이익 200

| (7) (차) 급   여 | 1,200 | (대) 현   금 | 1,200 |

(8) (차) { 현   금 2,000 / 매출채권 800 } (대) { 상   품 2,400 / 상품매출이익 400 }

| (9) (차) 현   금 | 1,600 | (대) 차 입 금 | 1,600 |
| (10) (차) 임 차 료 | 600 | (대) 현   금 | 600 |

2. 전기

현   금
(1) 자본금	6,000	(2) 예금	2,000
(8) 제좌	2,000	(3) 상품	2,000
(9) 차입금	1,600	(4) 비품	1,800
		(5) 수도광열비	80
		(7) 급 여	1,200
		(10) 임차료	600

자 본 금
| | | (1) 현금 | 6,000 |

예   금
| (2) 현금 | 2,000 | | |

상   품
| (3) 제좌 | 4,000 | (6) 매출채권 | 800 |
| | | (8) 제좌 | 2,400 |

매입채무
| | | (3) 상품 | 2,000 |

비   품
| (4) 현금 | 1,800 | | |

차 입 금
| | | (9) 현금 | 1,600 |

수도광열비
| (5) 현금 | 80 | | |

매출채권
| (6) 제좌 | 1,000 | | |
| (8) 제좌 | 800 | | |

상품매출이익
| | | (6) 매출채권 | 200 |
| | | (8) 제좌 | 400 |

급   여
| (7) 현   금 | 1,200 | | |

임 차 료
| (10) 현금 | 600 | | |

3. 시산표

잔액 시산표

부산상사

차변	계정과목	대변
1,920	현 금	
2,000	예 금	
800	상 품	
1,800	비 품	
1,800	매출채권	
	매입채무	2,000
	차입금	1,600
	자 본 금	6,000
	상품매매이익	600
80	수도광열비	
1,200	급 여	
600	임 차 료	
10,200	합 계	10,200

〈8〉 분개와 전기, 시산표 작성(3)

▶ 풀이:

1. 분개

1/1	(차)	현금	30,000	(대) 자본금	100,000
		건물	70,000		
1/6	(차)	비품	15,000	(대) 미지급금	15,000
1/7	(차)	광고선전비	9,000	(대) 현금	9,000
1/14	(차)	소모품	3,400	(대) 현금	3,400
1/17	(차)	현금	20,000	(대) 용역수익	35,000
		매출채권	15,000		
1/24	(차)	미지급금	15,000	(대) 현금	15,000
1/30	(차)	급여	12,000	(대) 현금	15,000
		보험료	3,000		
1/31	(차)	소모품비	1,400	(대) 소모품	1,400

2. 전기

현 금

1/1 자본금	30,000	1/7 광고선전비	9,000
1/17 용역수익	20,000	1/14 소모품	3,400
		1/24 미지급금	15,000
		1/30 제좌	15,000

자 본 금

		1/1 제좌	100,000

건 물

1/1 자본금	70,000		

미지급금

1/24 현금	15,000	1/6 비품	15,000

비 품

1/6 미지급금	15,000	

소 모 품

1/14 현금	3,400	1/30 소모품비	1,400

용역수익

	1/17 제좌	35,000

매출채권

1/17 용역수익	15,000	

광고선전비

1/7 현금	9,000	

급 여

1/30 현금	12,000	

보 험 료

1/30 현금	3,000	

소모품비

1/30 소모품	1,400	

3. 잔액시산표

잔액 시산표

20×9. 1. 31

차 변	계정과목	대 변
7,600	현 금	
70,000	건 물	
2,000	소 모 품	
15,000	비 품	
15,000	매출채권	
	자 본 금	100,000
	용역수익	35,000
9,000	광고선전비	
12,000	급 료	
3,000	보 험 료	
1,400	소모품비	
135,000	합 계	135,000

〈9〉 분개와전기, 시산표작성(4)

▶ 풀이:

1. 분개

10월 1일	(차) 현 금	100,000	(대) 자 본 금	100,000
10월 8일	(차) 기계장치	10,000	(대) 미지급금	10,000
10월 10일	(차) 비 품	5,000	(대) 현 금	5,000
10월 12일	(차) 미지급금	2,000	(대) 현 금	2,000
10월 15일	(차){ 현 금	20,000	(대) 용역수익	30,000
	매출채권	10,000		
10월 17일	(차) 보험료	6,000	(대) 현 금	6,000
10월 18일	(차) 임차료	12,000	(대) 현 금	12,000
10월 22일	(차) 현 금	3,000	(대) 매출채권	3,000
10월 25일	(차) 소모품	2,000	(대) 현 금	2,000
10월 31일	(차) 급 여	8,000	(대) 현 금	8,000

2. 전기

현 금

10/1 자 본 금 100,000	10/10 비 품 5,000
10/15 용역수익 20,000	10/12 미지급금 2,000
10/22 매출채권 3,000	10/17 보험료 6,000
	10/18 임차료 12,000
	10/25 소모품 2,000
	10/31 급 료 8,000

자 본 금

	10/ 1 현 금 100,000

기계장치

10/8 미지급금 10,000	

비품

10/10 현 금 5,000	

미지급금

10/12 현 금 2,000	10/8 기계장치 10,000

용역수익

	10/15 제좌 30,000

매출채권

10/15 용역수익 10,000	10/22 현 금 3,000

보험료

10/17 현 금 6,000	

급여

10/31 현 금 8,000	

소모품

10/25 현 금 2,000	

```
            임차료
─────────────────────────────
10/18  현  금  12,000 │
```

3. 잔액시산표 작성

잔액시산표

2×10. 10. 31

차 변	계정과목	대 변
88,000	현 금	
7,000	매출채권	
10,000	기계장치	
5,000	비 품	
2,000	소 모 품	
	미지급금	8,000
	자 본 금	100,000
	용역수익	30,000
6,000	보 험 료	
8,000	급 여	
12,000	임 차 료	
<u>138,000</u>	합 계	<u>138,000</u>

〈10〉 분개와 전기, 시산표작성(5)

➡ 풀이:

1. 분개

7/1	(차) 현 금	200,000		(대) 자 본 금	200,000
7/2	(차) 현 금	100,000		(대) 차 입 금	100,000
7/3	(차) 임 차 료	60,000		(대) 현 금	60,000
7/4	(차) 비 품	10,000		(대) 현 금	10,000
7/5	(차) 기계장치	50,000		(대) 미지급금	50,000
7/6	(차) 차량운반구	30,000		(대) 미지급금	30,000
7/7	(차) 보 험 료	6,000		(대) 현 금	6,000
7/8	(차) { 현 금	50,000		(대) 용역수익(매출)	100,000
	매출채권	50,000			
7/9	(차) 소 모 품	10,000		(대) 현 금	10,000
7/10	(차) 급 여	20,000		(대) 현 금	20,000

2. 전기

현 금		
7/1 자 본 금 200,000	7/3 임차료 60,000	
7/2 차 입 금 100,000	7/4 비 품 10,000	
7/8 용역수익 50,000	7/7 보험료 6,000	
	7/9 소모품 10,000	
	7/10 급 여 20,000	

자 본 금	
	7/1 현 금 200,000

차 입 금	
	7/2 현 금 100,000

임 차 료	
7/3 현 금 60,000	

비 품	
7/4 현 금 10,000	

기계장치	
7/5 미지급금 50,000	

차량운반구	
7/6 미지급금 30,000	

미지급금	
	7/5 기계장치 50,000
	7/6 차량운반구 30,000

보 험 료	
7/7 현 금 6,000	

매출채권	
7/8 용역수익 50,000	

용역수익(매출)	
	7/8 제좌 100,000

소모품	
7/9 현 금 10,000	

급 여	
7/10 현 금 20,000	

3. 잔액시산표 작성

잔액시산표

20×9. 7. 31

현 금	244,000	차 입 금	100,000
기 계 장 치	50,000	미 지 급 금	80,000
매 출 채 권	50,000	자 본 금	200,000
소 모 품	10,000	용역수익(매출)	100,000
차 량 운 반 구	30,000		
비 품	10,000		
보 험 료	6,000		
급 여	20,000		
임 차 료	60,000		
	480,000		480,000

제4장 회계의 순환과정 주관식 연습문제 해답

〈1〉 수 정 분 개

(1) 12/31 (차) 비품감가상각비   4,000   (대) 비품감가상각누계액   4,000
        $12,000 \div 3 = 4,000$

(2) 12/31 (차) 기계장치감가상각비   10,000   (대) 기계장치감가상각누계액 10,000

(3) 12/31 (차) 보험료   200,000   (대) 선급보험료   200,000
        $240,000 \div 12 \times 10 = 200,000$

(4) 12/31 (차) 소모품비   30,000   (대) 소모품   30,000

(5) 12/31 (차) 미수이자   4,000   (대) 이자수익   4,000
        $100,000 \times 0.06 \div 12 \times 8 = 4,000$

(6) 12/31 (차) 이자수익   5,000   (대) 선수이자   5,000
        $12,000 \div 12 \times 5 = 5,000$

(7) 12/31 (차) 임대료   60,000   (대) 선수임대료   60,000
        $120,000 \div 12 \times 6 = 60,000$

(8) 12/31 (차) 이자비용   4,500   (대) 미지급이자   4,500
        $200,000 \times 0.09 \div 12 \times 3 = 4,500$

(9) 12/31 (차) 광고비   5,000   (대) 미지급광고비   5,000

(10) 12/31 (차) 급 여   20,000   (대) 미지급급여   20,000

〈2〉 장부의 마감

1. 손익계산서항목의 마감

① 마감분개

1/31 (차) 용역수익	35,000	(대) 집합손익	35,000
1/31 (차) 집합손익	12,000	(대) 급 여	12,000
1/31 (차) 집합손익	1,400	(대) 소모품비	1,400
1/31 (차) 집합손익	3,000	(대) 보 험 료	3,000
1/31 (차) 집합손익	9,000	(대) 광고선전비	9,000
1/31 (차) 집합손익	9,600	(대) 이익잉여금	9,600

② 전기

용역수익			
1/31 집합손익	35,000	1/17 제좌	35,000
	35,000		35,000

집합손익			
1/31 급 여	12,000	1/31 용역수익	35,000
1/31 소모품비	1,400		
1/31 보 험 료	3,000		
1/31 광고선전비	9,000		
1/31 이익잉여금	9,600		
	35,000		35,000

급 여			
1/30 현 금	12,000	1/31 집합손익	12,000
	12,000		12,000

소모품비			
1/31 소모품	1,400	1/31 집합손익	1,400
	1,400		1,400

보 험 료			
1/30 현 금	3,000	1/31 집합손익	3,000
	3,000		3,000

광고선전비			
1/7 현 금	9,000	1/31 집합손익	9,000
	9,000		9,000

2. 재무상태표항목의 마감

현 금			
1/ 1 자 본 금	30,000	1/ 7 광고선전비	9,000
1/17 용역수익	20,000	1/14 소 모 품	3,400
		1/24 미지급금	15,000
		1/30 제 좌	15,000
		1/31 차기이월	7,600
	50,000		50,000
2/1 전기이월	7,600		

자 본 금			
1/31 차기이월	100,000	1/1 제좌	100,000
	100,000		100,000
		2/1 전기이월	100,000

건 물			
1/1 자 본 금	70,000	1/31 차기이월	70,000
	70,000		70,000
2/1 차기이월	70,000		

매출채권			
1/17 용역수익	15,000	1/31 차기이월	15,000
	15,000		15,000
2/1 전기이월	15,000		

미지급금			
1/24 현 금	15,000	1/6 설 비	15,000
	15,000		15,000

기계장치			
1/6 미지급금	15,000	1/31 차기이월	15,000
	15,000		15,000
2/1 전기이월	15,000		

소 모 품			
1/4 현 금	3,400	1/31 소모품비	1,400
		1/31 차기이월	2,000
	3,400		3,400
2/1 전기이월	2,000		

이익잉여금			
1/31 차기이월	9,600	1/31 집합손익	9,600
	9,600		9,600
		2/1 전기이월	9,600

이월시산표			
현금	7,600	자본금	100,000
매출채권	15,000	이익잉여금	9,600
소모품	2,000		
건물	70,000		
기계장치	15,000		
	109,600		109,600

〈3〉 정산표작성

1. 시산표작성과 자본금산출

잔액시산표

차 변	계정과목	대 변
6,000	현 금	
14,000	매출채권	
6,000	선급보험료	
5,000	소 모 품	
10,000	토지	
3,600	건물	
8,000	차량운반구	
	미지급금	5,000
	차입금	10,000
	매입채무	8,000
	자본금	8,600
	용역수익	35,000
2,000	광고선전비	
12,000	임차료	
66,600	합 계	66,600

시산표등식 : 자산 +비용 = 부채 + 자본 +수익

$$66,600 = 23,000 + 자본 + 35,000$$

$$자본금 = 8,600$$

2. 수정분개

(1)	12/31	(차) 보 험 료	500	(대) 선급보험료	500
(2)	12/31	(차) 소모품비	3,000	(대) 소 모 품	3,000
(3)	12/31	(차) 이자비용	500	(대) 미지급이자	500
(4)	12/31	(차) 선급임차료	11,000	(대) 임차료	11,000
(5)	12/31	(차) 건물감가상각비	300	(대) 건물감가상각누계액	300
(6)	12/31	(차) 차량운반구감가상각비	1,200	(대) 차량운반구감가상각누계액	1,200
(7)	12/31	(차) 급 여	15,000	(대) 미지급급여	15,000

3. 정산표작성

정 산 표

서울상사　　　　　　　　　20×9년 12월 31일현재　　　　　　　　（단위 : 원）

계 정	수정전시산표		수정분개		수정후시산표		손익계산서		재무상태표	
	차변	대변	차변	대변	차변	대변	차변	대변	차변	대변
현 금	6,000				6,000				6,000	
매출채권	14,000				14,000				14,000	
선급보험료	6,000			500	5,500				5,500	
소모품	5,000			3,000	2,000				2,000	
토지	10,000				10,000				10,000	
건물	3,600				3,600				3,600	
차량운반구	8,000				8,000				8,000	
매입채무		8,000				8,000				8,000
미지급금		5,000				5,000				5,000
차입금		10,000				10,000				10,000
자 본 금		8,600				8,600				8,600
용역수익		35,000				35,000		35,000		
광고비	2,000				2,000		2,000			
임차료	12,000			11,000	1,000		1,000			
합 계	66,600	66,600								
보험료			500		500		500			
소모품비			3,000		3,000		3,000			
이자비용			500		500		500			
미지급이자비용				500		500				500
선급임차료			11,000		11,000				11,000	
건물감가상각비			300		300		300			
건물감가상각누계액				300		300				300
차량운반구감가상각비			1,200		1,200		1,200			
차량운반구감가상각누계액				1,200		1,200				1,200
급여			15,000		15,000		15,000			
미지급급여				15,000		15,000				15,000
당기순이익							11,500			11,500
합계			31,500	31,500	83,600	83,600	35,000	35,000	60,100	60,100

〈4〉 정산표 및 마감분개

▶ 풀이:

(1) 정산표 작성

계정과목	수정전시산표		수정분개		포괄손익계산서		재무상태표	
	차변	대변	차변	대변	차변	대변	차변	대변
현 금	4,400						4,400	
매출채권	2,400						2,400	
선급보험료	540			(1)180			360	
소 모 품	1,100			(2)440			660	
산업재산권	9,000			(3)1,500			7,500	
매입채무		1,600						1,600
자 본 금		8,900						8,900
용역매출		13,300				13,300		
급 여	3,400		(4)270		3,670			
임 차 료	2,350				2,350			
잡 비	610				610			
합 계	23,800	23,800						
보 험 료			(1)180		180			
소모품비			(2)440		440			
산업재산권 상각비			(3)1,500		1,500			
미지급급여				(4)270				270
당기순이익					4,550			4,550
합 계			2,390	2,390	13,300	13,300	15,320	15,320

(2) 재무상태표와 손익계산서

재무상태표

(주) 서울   20×9년 12월 31일 현재   (단위: 원)

현 금	4,400	매입채무	1,600
매출채권	2,400	미지급급여	270
선급보험료	360	자 본 금	8,900
소 모 품	660	이익잉여금	4,550
산업재산권	7,500	(당기순이익)	
	15,320		15,320

<u>손익계산서</u>

(주) 서울   20×9년 1월 1일부터   20×9년 12월 31일 까지   (단위: 원)

급　여	3,670	용역매출	13,300
임 차 료	2,350		
잡　비	610		
보 험 료	180		
소모품비	440		
산업재산권상각비	1,500		
당기순이익	4,550		
	13,300		13,300

〈5〉 수정분개 및 정산표 작성

▶ 풀이:

(1) 수정분개

①	(차)	급여	440	(대)	미지급급여	440
②	(차)	소모품비	2,920	(대)	소모품	2,920
③	(차)	보험료	500	(대)	선급보험료	500
④	(차)	이자비용	180	(대)	미지급이자	180
⑤	(차)	선수임대료	4,770	(대)	임대료	4,770
⑥	(차)	광고선전비	100	(대)	미지급광고선전비	100
⑦	(차)	미수이자수익	1,100	(대)	이자수익	1,100

(2) 정산표

정 산 표

(주)우아   (단위: 원)

계정과목	수정전시산표 차변	수정전시산표 대변	수정분개 차변	수정분개 대변	수정후시산표 차변	수정후시산표 대변	포괄손익계산서 차변	포괄손익계산서 대변	재무상태표 차변	재무상태표 대변
현 금	4,200				4,200				4,200	
외상매출금	37,820				37,820				37,820	
소 모 품	17,660			②2,920	14,740				14,740	
선급보험료	2,300			③ 500	1,800				1,800	
토 지	28,300				28,300				28,300	
외상매입금		22,690				22,690				22,690
선수임대료		10,560	⑤4,770			5,790				5,790
지급어음		22,000				22,000				22,000
자 본 금		25,090				25,090				25,090
영업수익		17,190				17,190		17,190		
급 여	5,800		① 440		6,240		6,240			
수도광열비	270				270		270			
재 산 세	840				840		840			
광고선전비	340		⑥ 100		440		440			
	97,530	97,530								
미지급급여				① 440		440				440
소모품비			②2,920		2,920		2,920			
보 험 료			③ 500		500		500			
이자비용			④ 180		180		180			
미지급이자				④ 180		180				180
임 대 료				⑤4,770		4,770		4,770		
미지급광고선전비				⑥ 100		100				100
미수이자			⑦1,100		1,100				1,100	
이자수익				⑦1,100		1,100		1,100		
당기순이익							11,670			11,670
계			10,010	10,010	99,350	99,350	23,060	23,060	87,960	87,960

〈6〉 서비스업의 정산표작성

▶ 풀이:

(1) 수정분개

(차) 보험료	1,200,000	(대) 선급보험료	1,200,000
(차) 선수금	1,000,000	(대) 용역수익	1,000,000
(차) 산업재산권상각비	500,000	(대) 산업재산권상가누계액	500,000
(차) 광고선전비	80,000	(대) 미지급광고선전비	80,000

(2) 정산표 작성

정 산 표

(주)새나라 (단위: 천 원)

계정과목	시산표		수정분개		포괄손익계산서		재무상태표	
	차변	대변	차변	대변	차변	대변	차변	대변
현 금	6,000						6,000	
매출채권	7,000						7,000	
선급보험료	2,400			1,200			1,200	
산업재산권	2,000						2,000	
소 모 품	1,300						1,300	
미지급금		5,000						5,000
선 수 금		3,000	1,000					2,000
차 입 금		4,000						4,000
자 본 금		4,000						4,000
용역수익		10,000		1,000		11,000		
수수료수익		600				600		
수 리 비	400				400			
급 여	7,000				7,000			
이자비용	500				500			
소계	26,600	26,600						
보험료			1,200		1,200			
산업재산권상각비			500		500			
산업재산권상각누계액				500				500
광고선전비			80		80			
미지급광고선전비				80				80
당기순이익					1,920			1,920
합 계			2,780	2,780	11,600	11,600	17,500	17,500

〈7〉 서비스업의 회계순환과정(1)

1. 분개

12/1	(차) 현 금	100,000	(대) 자본금	100,000
12/1	(차) 현 금	100,000	(대) 차입금	100,000
12/5	(차) 비 품	50,000	(대) 미지급금	50,000
12/6	(차) 임차료	36,000	(대) 현 금	36,000
12/7	(차) 보험료	12,000	(대) 현 금	12,000
12/9	(차) 차량운반구	30,000	(대) 현 금	30,000
12/10	(차) 현 금	55,000	(대) 용역수익	55,000
12/15	(차) 매출채권	27,000	(대) 용역수익	27,000
12/25	(차) 광고선전비	10,000	(대) 현 금	10,000

2. 수정분개

12/31 (차) 이자비용	500	(대) 미지급이자비용	500
12/31 (차) 선급임차료	33,000	(대) 임차료	33,000
12/31 (차) 선급보험료	11,000	(대) 보험료	11,000
12/31 (차) 비품감가상각비	10,000	(대) 비품감가상각누계액	10,000
12/31 (차) 차량운반구감가상각비	5,000	(대) 차량운반구감가상각누계액	5,000
12/31 (차) 급여	20,000	(대) 미지급급여	20,000

3. 총계정원장의 전기와 마감

현   금

12/ 1 자본금	100,000	12/ 6 임차료	36,000
12/ 1 차입금	100,000	12/ 7 보험료	12,000
12/10 용역수익	55,000	12/ 9 차량운반구	30,000
		12/25 광고선전비	10,000
		차기이월	167,000
	255,000		255,000

자 본 금

		12/ 1 현 금	100,000
12/31 차기이월	100,000		
	100,000		100,000

차 입 금

		12/1 현 금	100,000
12/31차기이월	100,000		
	100,000		100,000

비   품

12/5 미지급금	50,000		
		12/31차기이월	50,000
	50,000		50,000

차량운반구

12/9 현 금	30,000		
		12/31 차기이월	30,000
	30,000		30,000

매출채권

12/15 용역수익	27,000		
		12/31 차기이월	27,000
	27,000		27,000

미지급금

		12/5 비 품	50,000
12/31 차기이월	50,000		
	50,000		50,000

용역수익

12/31 집합손익	82,000	12/10 현 금	55,000
		12/31 매출채권	27,000
	82,000		82,000

임 차 료

12/6 현 금	36,000	12/31 선급임차료	33,000
		12/31 집합손익	3,000
	36,000		36,000

보 험 료

12/ 7 현 금	12,000	12/31 선급보험료	11,000
		12/31 집합손익	1,000
	12,000		12,000

광고선전비

12/30 현 금	10,000	12/31 집합손익	10,000
	10,000		10,000

이자비용

12/31 미지급이자	500	12/31 집합손익	500
	500		500

미지급이자

12/31 차기이월	500	12/31 이자비용	500
	500		500

차량운반구감가상각비			
12/31 차량운반구 감가상각누계액	5,000	12/31 집합손익	5,000
	5,000		5,000

차량운반구감가상각누계액			
12/31 차기이월	5,000	12/31 차량운반구 감가상각비	5,000
	5,000		5,000

비품감가상각비			
12/31 비품감가 상각누계액	10,000	12/31 집합손익	10,000
	10,000		10,000

비품감가상각누계액			
12/31 차기이월	10,000	12/31 비품감가 상각비	10,000
	10,000		10,000

선급보험료			
12/31 보험료	11,000	12/31 차기이월	11,000
	11,000		11,000

선급임차료			
12/31 임차료	33,000	12/31 차기이월	33,000
	33,000		33,000

급 여			
12/31 미지급급여	20,000	12/31 집합손익	20,000
	20,000		20,000

미지급급여			
12/31 차기이월	20,000	12/31 급 여	20,000
	20,000		20,000

이익잉여금			
12/31 차기이월	32,500	12/31 집합손익	32,500
	32,500		32,500

4. 마감분개(대체분개)

12/31 (차) 용역수익	82,000	(대) 집합손익	82,000
12/31 (차) 집합손익	3,000	(대) 임차료	3,000
12/31 (차) 집합손익	1,000	(대) 보 험 료	1,000
12/31 (차) 집합손익	10,000	(대) 광고선전비	10,000
12/31 (차) 집합손익	500	(대) 이자비용	500
12/31 (차) 집합손익	10,000	(대) 비품감가상각비	10,000
12/31 (차) 집합손익	5,000	(대) 차량운반구감가상각비	5,000
12/31 (차) 집합손익	20,000	(대) 급 여	20,000
12/31 (차) 집합손익	32,500	(대) 이익잉여금	32,500

(집합) 손익

12/31 임 차 료	3,000	12/31 용 역 수 익	82,000
12/31 보 험 료	1,000		
12/31 광 고 선 전 비	10,000		
12/31 이 자 비 용	500		
12/31 비 품 감 가 상 각 비	10,000		
12/31 차량운반구감가상각비	5,000		
12/31 급 여	20,000		
12/31 이익잉여금	32,500		
	82,000		82,000

이 월 시 산 표

차 변	계 정 과 목	대 변
167,000	현 금	
50,000	비 품	
30,000	차량운반구	
27,000	매출채권	
33,000	선급임차료	
11,000	선급보험료	
	비품감가상각누계액	10,000
	차량운반구감가상각누계액	5,000
	미지급금	50,000
	차입금	100,000
	미지급이자	500
	미지급급여	20,000
	자본금	100,000
	이익잉여금	32,500
318,000	합 계	318,000

5. 정산표작성

정 산 표

한국상사   20×9.12.31현재

계 정 과 목	수정전시산표 차변	수정전시산표 대변	수정분개 차변	수정분개 대변	수정후시산표 차변	수정후시산표 대변	포괄손익계산서 차변	포괄손익계산서 대변	재무상태표 차변	재무상태표 대변
현 금	167,000				167,000				167,000	
비 품	50,000				50,000				50,000	
차량운반구	30,000				30,000				30,000	
매출채권	27,000				27,000				27,000	
임차료	36,000			33,000	3,000		3,000			
보험료	12,000			11,000	1,000		1,000			
광고선전비	10,000				10,000		10,000			
미지급금		50,000				50,000				50,000
차입금		100,000				100,000				100,000
자본금		100,000				100,000				100,000
용역수익		82,000				82,000		82,000		
	332,000	332,000								
이자비용			500		500		500			
미지급이자				500		500				500
선급임차료			33,000		33,000				33,000	
선급보험료			11,000		11,000				11,000	
비품감가상각비			10,000		10,000		10,000			
비품감가상각누계액				10,000		10,000				10,000
차량운반구감가상각비			5,000		5,000		5,000			
차량운반구감가상각누계액				5,000		5,000				5,000
급 여			20,000		20,000		20,000			
미지급급여				20,000		20,000				20,000
당기순이익							32,500			32,500
합계			79,500	79,500	367,500	367,500	82,000	82,000	318,000	318,000

6. 재무제표 작성

재무상태표

한국상사   20×9. 12. 31. 현재   (단위: 원)

과　목	금　액		과　목	금　액
현　금		167,000	차입금	100,000
비　품	50,000		미지급금	50,000
비품감가상각누계액	(10,000)	40,000	미지급이자	500
차량운반구	30,000		미지급급여	20,000
차량운반구감가상각 　　누계액	(5,000)	25,000	자본금	100,000
매출채권		27,000	이익잉여금(당기순이익)	32,500
선급임차료		33,000		
선급보험료		11,000		
합계		303,000		303,000

손익계산서

한국상사   20×9. 12. 1부터 ～ 20×9. 12. 31까지   (단위: 원)

과　목	금　액	과　목	금　액
임차료	3,000	용역수익	82,000
보험료	1,000		
광고선전비	10,000		
이자비용	500		
비품감가상각비	10,000		
차량운반구감가상각비	5,000		
급여	20,000		
당기순이익	32,500		
합계	82,000		82,000

〈8〉 서비스업의 회계순환과정(2)

1. 기초재무상태표 작성

재무상태표

(주)세종   20×9. 12. 1. 현재   (단위: 원)

과 목	금 액	과 목	금 액
현 금	200,000	미 지 급 금	150,000
매 출 채 권	450,000	매 입 채 무	550,000
소 모 품	20,000	차 입 금	300,000
선 급 보 험 료	180,000	자 본 금	500,000
차 량 운 반 구	200,000		
건 물	300,000		
대 여 금	100,000		
토 지	50,000		
합계	1,500,000		1,500,000

2. 기중거래분개

12/ 2	(차) 미지급금	50,000	(대) 현 금	50,000
12/ 3	(차) 현 금	200,000	(대) 차 입 금	200,000
12/ 4	(차) 현 금	100,000	(대) 매출채권	100,000
12/ 5	(차) 소 모 품	50,000	(대) 미지급금	50,000
12/10	(차) 매출채권	300,000	(대) 용역수익	300,000
12/15	(차) 현 금	100,000	(대) 용역수익	100,000
12/25	(차) 관 리 비	18,000	(대) 현 금	18,000

3. 수정전시산표작성

수정전시산표

차 변	계정과목	대 변
532,000	현 금	
650,000	매출채권	
70,000	소 모 품	
180,000	선급보험료	
200,000	차량운반구	
300,000	건 물	
100,000	대 여 금	
50,000	토 지	
	미지급금	150,000
	매입채무	550,000
	차 입 금	500,000
	자 본 금	500,000
	용역수익	400,000
18,000	관 리 비	
2,100,000	합 계	2,100,000

4. 수정분개

12/31 (차) 이자비용	1,000	(대) 미지급이자비용	1,000
12/31 (차) 차량운반구감가상각비	10,000	(대) 차량운반구감가상각누계액	10,000
12/31 (차) 건물감가상각비	20,000	(대) 건물감가상각누계액	20,000
12/31 (차) 급 여	24,000	(대) 미지급급여	24,000
12/31 (차) 소모품비	40,000	(대) 소모품	40,000
12/31 (차) 보 험 료	15,000	(대) 선급보험료	15,000

5-1. 총계정원장의 전기와 마감

현 금

12/ 1 전기이월	200,000	12/2 미지급금	50,000
12/ 3 차입금	200,000	12/25 관리비	18,000
12/ 4 매출채권	100,000		
12/15 용역수익	100,000		
		12/31 차기이월	532,000
	600,000		600,000

건 물

12/1 전기이월	300,000		
		12/31 차기이월	300,000
	300,000		300,000

소 모 품

12/1 전기이월	20,000	12/31 소모품비	40,000
12/5 미지급금	50,000	12/31차기이월	30,000
	70,000		70,000

매출채권

12/1 전기이월	450,000	12/4 현 금	100,000
12/10 용역수익	300,000	12/31차기이월	650,000
	750,000		750,000

차 입 금

		12/1 전기이월	300,000
12/31차기이월	500,000	12/3 현 금	200,000
	500,000		500,000

자 본 금

		12/1 전기이월	500,000
12/31차기이월	500,000		
	500,000		500,000

매입채무

		12/1전기이월	550,000
12/31차기이월	550,000		
	550,000		550,000

대여금

12/1 전기이월	100,000		
		12/31 차기이월	100,000
	100,000		100,000

미지급금

12/2 현 금	50,000	12/1 전기이월	150,000
12/31차기이월	150,000	12/5 소 모 품	50,000
	200,000		200,000

차량운반구

12/1 전기이월	200,000		
		12/31 차기이월	200,000
	200,000		200,000

토지

12/1 전기이월	50,000		
		12/31 차기이월	50,000
	50,000		50,000

선급보험료

12/1 전기이월	180,000	12/31 보험료	15,000
		12/31 차기이월	165,000
	180,000		180,000

이익잉여금

		12/31 집합손익	272,000
12/31 차기이월	272,000		
	272,000		272,000

용역수익

12/31 집합손익	400,000	12/10매출채권	300,000
		12/15 현 금	100,000
	400,000		400,000

관리비

12/25현 금	18,000	12/31 집합손익	18,000
	18,000		18,000

건물감가상각비		
12/31 건물감가 상각누계액	20,000	12/31 집합손익　　20,000
	20,000	20,000

건물감가상각누계액		
12/31차기이월　20,000		12/31 건물감가 상각비　　20,000
20,000		20,000

차량운반구감가상각비		
12/31 차량운반구 감가상각누계액	10,000	12/31 집합손익　10,000
	10,000	10,000

차량운반구감가상각누계액		
12/31차기이월　10,000		12/31 차량운반구 감가상각비　10,000
10,000		10,000

급여		
12/31 미지급급여　24,000		12/31 집합손익　24,000
24,000		24,000

미지급급여		
12/31차기이월　24,000		12/31 급여　24,000
24,000		24,000

보험료		
12/31 선급보험료　15,000		12/31 집합손익　15,000
15,000		15,000

소모품비		
12/31 소모품　40,000		12/31 집합손익　40,000
40,000		40,000

이자비용		
12/31 미지급이자　1,000		12/31 집합손익　1,000
1,000		1,000

미지급이자		
12/31 차기이월　1,000		12/31이자비용　1,000
1,000		1,000

5-2 마감분개(대체분개)

12/31 (차) 용역수익	400,000	(대) 집합손익	400,000		
12/31 (차) 집합손익	18,000	(대) 관리비	18,000		
12/31 (차) 집합손익	20,000	(대) 건물감가상각비	20,000		
12/31 (차) 집합손익	10,000	(대) 차량운반구감가상각비	10,000		
12/31 (차) 집합손익	24,000	(대) 급 여	24,000		
12/31 (차) 집합손익	15,000	(대) 보험료	15,000		
12/31 (차) 집합손익	40,000	(대) 소모품비	40,000		
12/31 (차) 집합손익	1,000	(대) 이자비용	1,000		
12/31 (차) 집합손익	272,000	(대) 이익잉여금	272,000		

(집합) 손익

12/31 관리비	18,000	12/31 용역수익	400,000
12/31 건물감가상각비	20,000		
12/31 차량운반구감가상각비	10,000		
12/31 급여	24,000		
12/31 보험료	15,000		
12/31 소모품비	40,000		
12/31 이자비용	1,000		
12/31 이익잉여금	272,000		
	400,000		400,000

이 월 시 산 표

차 변	계 정 과 목	대 변
532,000	현 금	
650,000	매출채권	
100,000	대 여 금	
30,000	소 모 품	
165,000	선급보험료	
200,000	차량운반구	
300,000	건 물	
50,000	토 지	
	건물감가상각누계액	20,000
	차량운반구감가상각누계액	10,000
	매입채무	550,000
	미지급이자	1,000
	미지급급여	24,000
	미지급금	150,000
	차 입 금	500,000
	자 본 금	500,000
	이익잉여금	272,000
2,027,000	합 계	2,027,000

6. 재무상태표와 손익계산서 작성

재무상태표

과 목	금 액	과 목	금 액
현 금	532,000	매입채무	550,000
매출채권	650,000	미지급이자	1,000
대여금	100,000	미지급급여	24,000
소모품	30,000	미지급금	150,000
선급보험료	165,000	차입금	500,000
차량운반구 200,000 감가상각누계액 (10,000) 190,000		자본금	500,000
건 물 300,000 감가상각누계액 (20,000) 280,000		이익잉여금 (당기순이익)	272,000
토 지	50,000		
합계	1,997,000		1,997,000

손익계산서

과 목	금 액	과 목	금 액
관리비	18,000	용역수익	400,000
건물감가상각비	20,000		
차량운반구감가상각비	10,000		
급 여	24,000		
보험료	15,000		
소모품비	40,000		
이자비용	1,000		
당기순이익	272,000		
합계	400,000		400,000

⟨9⟩ 서비스업의 회계순환과정(3)

▶ 풀이:

(1) 수정사항 분개

(차) 보험료	35,000	(대) 선급보험료	35,000
(차) 선수금	100,000	(대) 용역수익	100,000
(차) 산업재산권상각비	200,000	(대) 산업재산권상각누계액	200,000
(차) 선급급여	900,000	(대) 급여	900,000
(차) 광고선전비	40,000	(대) 미지급광고선전비	40,000

(2) 정산표

정 산 표

(주)건지 (단위: 천원)

계정과목	수정전시산표 차변	수정전시산표 대변	수정분개 차변	수정분개 대변	수정후시산표 차변	수정후시산표 대변	포괄손익계산서 차변	포괄손익계산서 대변	재무상태표 차변	재무상태표 대변
현 금	3,680				3,680				3,680	
매 출 채 권	1,400				1,400				1,400	
선 급 보 험 료	420			35	385				385	
산 업 재 산 권	14,400				14,400				14,400	
미 지 급 금		10,000				10,000				10,000
선 수 금		300	100			200				200
자 본 금		10,000				10,000				10,000
영 업 수 익		2,400		100		2,500		2,500		
수 리 비	300				300		300			
급 여	2,500			900	1,600		1,600			
	22,700	22,700								
보 험 료			35		35		35			
산업재산권상각비			200		200		200			
산업재산권상각누계액				200		200				200
선 급 급 여			900		900				900	
광 고 선 전 비			40		40		40			
미지급광고선전비				40		40				40
당 기 순 이 익							325			325
합계			1,275	1,275	22,740	22,940	2,500	2,500	20,765	20,765

(3) 마감분개

(차) 용역수익	2,500,000	(대) 집합손익	2,500,000	
		보험료	35,000	
		수리비	300,000	
(차) 집합손익	2,175,000	(대) 급 여	1,600,000	
		산업재산권상각비	200,000	
		광고선전비	40,000	
(차) 집합손익	325,000	(대) 이익잉여금	325,000	

(4) 이월시산표 작성

이월시산표

현 금	₩3,680,000	미지급금	₩10,000,000
매출채권	1,400,000	선 수 금	200,000
선급보험료	385,000	미지급광고선전비	40,000
산업재산권	14,400,000	산업재산권상각누계액	200,000
선급급여	900,000	자본금	10,000,000
		이익잉여금	325,000
	₩20,765,000		₩20,765,000

(5) 손익계산서 작성

손익계산서

(주)건지	20×9년 6월 1일부터 20×9년 6월 30일 까지		(단위: 원)
보 험 료	₩35,000	용 역 수 익	₩2,500,000
수 리 비	300,000		
급 여	1,600,000		
산업재산권상각비	200,000		
광고선전비	40,000		
당기순이익	325,000		
	₩2,500,000		₩2,500,000

(6) 재무상태표 작성

재무상태표

(주)건지	20×9년 6월 30일 현재		(단위: 원)
현 금	₩3,680,000	미 지 급 금	₩10,000,000
매 출 채 권	1,400,000	선 수 금	200,000
선급 보험료	385,000	미지급광고선전비	40,000
산업 재산권	14,200,000	자 본 금	10,000,000
선 급 급 여	900,000	이 익 잉 여 금	325,000
합 계	₩20,565,000	합 계	₩20,565,000

〈10〉 서비스업의 회계순환과정(4)

▶ 풀이:

(1) 수정분개(1/31)

① (차) 보 험 료	300,000	(대) 선 급 보 험 료	300,000
② (차) 소 모 품 비	105,000	(대) 소 모 품	105,000
③ (차) 이 자 비 용	90,000	(대) 미 지 급 이 자 비 용	90,000
④ (차) 산업재산권상각비	125,000	(대) 산업재산권상각누계액	125,000
⑤ (차) 선 수 금	850,000	(대) 용 역 수 익	850,000
⑥ (차) 매 출 채 권	1,330,000	(대) 용 역 수 익	1,330,000
⑦ (차) 급 여	1,500,000	(대) 미 지 급 급 여	1,500,000

(2) 마감분개

① (차) 용 역 수 익	10,980,000	(대) 집 합 손 익	10,980,000

② (차) 집 합 손 익	6,875,000	(대) 임 차 료	1,800,000
		이 자 비 용	90,000
		소 모 품 비	105,000
		보 험 료	300,000
		급 여	4,320,000
		산업재산권상각비	125,000
		판 매 비	135,000
③ (차) 집 합 손 익	4,105,000	(대) 이 익 잉 여 금	4,105,000

(3) 이월시산표 작성

이월시산표

차변	계정과목	대변
8,990,000	현 금	
2,700,000	선 급 보 험 료	
300,000	소 모 품	
12,000,000	산 업 재 산 권	
1,330,000	매 출 채 권	
	매 입 채 무	9,000,000
	선 수 금	500,000
	산업재산권상각누계액	125,000
	미지급이자비용	90,000
	미 지 급 급 여	1,500,000
	자 본 금	10,000,000
	이 익 잉 여 금	4,105,000
25,320,000	합계	25,320,000

(4) 손익계산서 작성

손익계산서

(주)한국창고   20×9.1.1~1.31   (단위: 원)

용 역 수 익	10,980,000
임 차 료	(1,800,000)
판 매 비	(135,000)
급 여	(4,320,000)
보 험 료	(300,000)
소 모 품 비	(105,000)
이 자 비 용	(90,000)
산업재사권상각비	(125,000)
당 기 순 이 익	4,105,000

(5) 재무상태표 작성

재무상태표

(주)한국창고   20×9. 1. 31. 현재   (단위: 원)

현 금	8,990,000	매입채무	9,000,000
선 급 보 험 료	2,700,000	선수금	500,000
소 모 품	300,000	산업재산권상각누계액	125,000
산 업 재 산 권	12,000,000	미지급이자비용	90,000
매 출 채 권	1,330,000	미지급급여	1,500,000
		자 본 금	10,000,000
		이익잉여금	4,105,000
	₩25,320,000		₩25,320,000

제 5 장 상품매매업의 회계순환과정 주관식 연습문제 해답

〈1〉상품관련 수정분개

➡ 풀이:

(1) 분개

3/ 1	(차) 매 입	170,000		(대) 현 금	170,000
4/ 4	(차) 매 입	25,000		(대) 매입채무	25,000
6/20	(차) 현 금	40,000		(대) 매 출	60,000
	매출채권	20,000			
8/15	(차) 현 금	90,000		(대) 매 출	90,000
10/10	(차) 매출채권	110,000		(대) 매 출	110,000

(2) 수정전잔액시산표

수정전잔액시산표

상 품	45,000	:	
매출채권	130,000	매입채무	25,000
매 입	195,000	매 출	260,000
:		:	

(3) 수정분개

(차) 매출원가	45,000	(대) 상품(기초)	45,000
(차) 매출원가	195,000	(대) 매 입	195,000
(차) 상품(기말)	60,000	(대) 매출원가	60,000

(4) 수정후잔액시산표

수정후잔액시산표

:		:	
매출채권	130,000	매입채무	25,000
상품(기말)	60,000	매 출	260,000
매출원가	180,000	:	
:			

(5) 마감분개

(차) 매출	260,000	(대) 집합손익	260,000
(차) 집합손익	180,000	(대) 매출원가	180,000
(차) 집합손익	80,000	(대) 이익잉여금	80,000

〈2〉 상품관련 회계처리

(1) 수정분개

(차) 매 출	14,000	(대){ 매출에누리와환입	4,000	
		매출할인	10,000	
(차){ 매입에누리와환출	15,000	(대) 매 입	25,000	
매입할인	10,000			
(차) 매출원가	100,000	(대) 상 품	100,000	
(차) 매출원가	379,500	(대) 매 입	379,500	
(차) 상 품	160,000	(대) 매출원가	160,000	

(2) 포괄손익계산서(약식)

손익계산서

:		:	
매출원가	319,500	매출	486,000
운반비	2,000	:	
:			

(3) 재무상태표(약식)

재무상태표

:		
상품	160,000	
:		

〈3〉 상품계정의 － 3분법(1)

▶ 풀이:

(1) 분개

1/10 (차) 매 입	87,000	(대) 매입채무	87,000	
12 (차) 매입채무	2,500	(대) 매 입	2,500	
20 (차) 매출채권	93,000	(대) 매출(수익)	93,000	
25 (차) 매출(수익)	3,500	(대) 매출채권	3,500	

(2) 결산과정

① 전기

매 입

1/10 매입채무	87,000	1/12 매입채무	2,500

```
                          매 출
1/25 매출채권        3,500 1/20 매출채권         93,000
```

```
                          매입채무
1/12 매입           2,500 1/10 매입            87,000
```

```
                          매출채권
1/20 매출          93,000 1/25 매출             3,500
```

② 수정전시산표

수정전시산표

:		:	
상품(기초)	36,000	매입채무	84,500
매출채권	89,500	매 출	89,500
매 입	84,500	:	
:		:	

③ 수정분개

(차) 매출원가	36,000	(대) 상품(기초)	36,000
(차) 상품(기말)	45,000	(대) 매출원가	45,000
(차) 매출원가	84,500	(대) 매 입	84,500

④ 수정후시산표

수정후시산표

:		:	
상품(기말)	45,000	매입채무	84,500
매출채권	89,500	매 출	89,500
매출원가	75,500	:	
:		:	

⑤ 마감분개

    <수익의 마감>

    (차) 매 출   89,500   (대) 집합손익   89,500

    <비용의 마감>

    (차) 집합손익   75,500   (대) 매출원가   75,500

    <손익계정의 마감>

    (차) 집합손익   14,000   (대) 이익잉여금 14,000

〈4〉 상품계정의 3분법(2)

(1) 기중분개

12/7	(차) 매출채권	80,000	(대) 매 출	80,000
12/8	(차) 매 출	5,000	(대) 매출채권	5,000
12/12	(차) 매 입	300,000	(대) 매입채무	300,000
12/13	(차) 매입채무	20,000	(대) 매 입	20,000
12/23	(차) 현 금	350,000	(대) 매 출	350,000

(2) 수정분개

12/31	(차) 매출원가	100,000	(대) 상 품	100,000
12/31	(차) 상 품	120,000	(대) 매출원가	120,000
12/31	(차) 매출원가	280,000	(대) 매 입	280,000

(3) 대체분개

12/31	(차) 집합손익	260,000	(대) 매출원가	260,000
12/31	(차) 매 출	425,000	(대) 집합손익	425,000

(4) 관련계정에의 전기

상 품

12/1 전기이월	100,000	12/31 매출원가	100,000
12/31 매출원가	120,000	12/31 차기이월	120,000
	220,000		220,000
1/1 전기이월	120,000		

매 입

12/12 매입채무	300,000	12/13 매입채무	20,000
		12/31 매출원가	280,000
	300,000		300,000

매 출

12/8 매출채권	5,000	12/7 매출채권	80,000
12/31 집합손익	425,000	12/23 현 금	350,000
	430,000		430,000

매 출 원 가

12/31 상 품	100,000	12/31 상 품	120,000
12/31 매 입	280,000	12/31 집합손익	260,000
	380,000		380,000

(집합) 손익

12/31 매 출 원 가	260,000	12/31 매 출	425,000
12/31 이 익 잉 여 금	165,000		
	425,000		425,000

(참고) 기타계정에의 전기

12/31	(차) 집합손익	165,000	(대) 이익잉여금	165,000

	매출채권			
12/7 매　　출	80,000	12/8 매　　출	5,000
		12/31 차기이월	75,000
	80,000		80,000
1/1 전기이월	75,000		

	매 입채무		
12/13 매입	20,000	12/12 매 입	300,000
12/31 차기이월	280,000		
	300,000		300,000
		1/1 전기이월	280,000

	현금		
12/23 매　　출	350,000		
		12/31 차기이월	350,000
	350,000		350,000
1/1 전기이월	350,000		

	이익잉여금		
		12/31 손익	165,000
12/31 차기이월	165,000		
	165,000		165,000
		1/1 전기이월	165,000

〈5〉상품매매업의 정산표 작성(1)

▶ 풀이:

1. 수정분개

① (차){ 매　　입　　　2,000　　(대){ 매입운임　　　　2,000
　　　　 매　　출　　　1,200　　　　　 매출환입　　　　1,200

　 (차){ 상　　품　　 28,600　　(대){ 매출원가　　 28,600
　　　　 매출원가　　 33,000　　　　　 상　　품　　 33,000
　　　　 매출원가　 117,000　　　　　 매　　입　 117,000

② (차) 소모품비　　　2,500　　(대) 소 모 품　　　2,500

③ (차) 보 험 료　　　　950　　(대) 선급보험료　　　950

④ (차) 감가상각비　　　750　　(대) 감가상각누계액　750

⑤ (차) 급　　여　　　　350　　(대) 미지급급여　　　350

2. 8위식 정산표 작성

계정과목	수정전시산표		수정분개		포괄손익계산서		재무상태표	
	차변	대변	차변	대변	차변	대변	차변	대변
현금및현금성자산	73,200						73,200	
매출채권	11,000						11,000	
상　품	33,000		28,600	33,000			28,600	
소 모 품	3,600			2,500			1,100	
선급보험료	1,400			950			450	
비　품	10,000						10,000	
감가상각누계액		2,000		750				2,750
매입채무		8,200						8,200
차 입 금		3,000						3,000
자 본 금		22,500						22,500
매　출		244,000	1,200			242,800		
매출환입	1,200			1,200				
매　입	115,000		2,000	117,000				
매입운임	2,000			2,000				
급　여	18,000		350		18,350			
임 차 료	4,000				4,000			
광 고 비	2,600				2,600			
수선유지비	3,000				3,000			
잡　비	1,700				1,700			
소　계	279,700	279,700						
매출원가			33,000 117,000	28,600	121,400			
소모품비			2,500		2,500			
보 험 료			950		950			
감가상각비			750		750			
미지급급여				350				350
당기순이익					87,550			87,550
합　계			186,350	186,350	242,800	242,800	124,350	124,350

〈6〉 상품매매업의 정산표 작성(2)

▶ 풀이:

① 결산정리에 따른 수정분개

(1) (차) $\left\{\begin{array}{l}\text{상 품} \quad 42,500,000 \\ \text{매출원가} \quad 38,100,000 \\ \text{매출원가} \quad 42,100,000 \\ \text{매입환출} \quad 300,000\end{array}\right.$ (대) $\left\{\begin{array}{l}\text{매출원가} \quad 42,500,000 \\ \text{상 품} \quad 38,100,000 \\ \text{매 입} \quad 42,100,000 \\ \text{매출원가} \quad 300,000\end{array}\right.$

(2) (차) 소모품비   200,000   (대) 소 모 품   200,000

(3) (차) 보 험 료   2,000,000   (대) 선급보험료   2,000,000

(4) (차) 감가상각비   800,000   (대) 감가상각누계액   800,000

(5) (차) 급 여   400,000   (대) 미지급급여   400,000

② 8위식 정산표 작성

정 산 표

정주상사   (단위: 천 원)

계정과목	수정전시산표 차변	수정전시산표 대변	수정분개 차변	수정분개 대변	포괄손익계산서 차변	포괄손익계산서 대변	재무상태표 차변	재무상태표 대변
현금및현금성자산	14,200						14,200	
매출채권	6,500						6,500	
상 품	38,100		42,500	38,100			42,500	
당좌예금	2,400						2,400	
소 모 품	4,200			200			4,000	
선급보험료	8,000			2,000			6,000	
비 품	15,100						15,100	
감가상각누계액		3,400		800				4,200
매입채무		11,200						11,200
자 본 금		37,200						37,200
매 출		98,200				98,200		
매 입	42,100			42,100				
매입환출		300	300					
급 여	11,200		400		11,600			
임 차 료	4,500				4,500			
수도광열비	4,000				4,000			
소 계	150,300	150,300						
매출원가			80,200	42,800	37,400			
소모품비			200		200			
보 험 료			2,000		2,000			
감가상각비			800		800			
미지급급여				400				400
당기순이익					37,700			37,700
합 계			126,400	126,400	98,200	98,200	90,700	90,700

③ 마감분개

　　<수익의 마감>

　　(차) 매　　출　　　98,200　　(대) 집합손익　　　98,200

　　<비용의 마감>

		매출원가	37,400
		급　　여	11,600
		임 차 료	4,500
(차) 집합손익	60,500	(대) 수도광열비	4,000
		소모품비	200
		보 험 료	2,000
		감가상각비	800

　　<손익계정의 마감>

　　(차) 집합손익　　　37,700　　(대) 이익잉여금　　　37,700

〈7〉 상품매매회사의 회계순환과정(1)

▶ **풀이:**

1. 수정전 시산표 작성

수정전 잔액시산표

현　　금	12,000	매입채무	10,500
매출채권	11,300	차 입 금	10,000
상　　품	9,600	자 본 금	50,000
유가증권	2,800	이익잉여금	20,640
대 여 금	20,000	매　　출	36,000
건　　물	49,040	이자수익	6,000
매　　입	13,400		
이자비용	2,000		
영 업 비	13,000		
	133,140		133,140

2. 기말수정분개

		매출원가	9,600		상　　품	9,600
(1)	(차)	매출원가	13,400	(대)	매　　입	13,400
		상　　품	8,000		매출원가	8,000
(2)	(차) 감가상각비		1,300	(대) 건물감가상각누계액		1,300
(3)	(차) 이자비용		1,000	(대) 미지급이자		1,000

3. 수정후 시산표 작성

수정후 잔액시산표

현　금	12,000	매입채무	10,500
매출채권	11,300	차 입 금	10,000
상　품	8,000	미지급이자	1,000
유가증권	2,800	건물감가상각누계액	1,300
대 여 금	20,000	자 본 금	50,000
건　물	49,040	이익잉여금	20,640
매출원가	15,000	매　출	36,000
이자비용	3,000	이자수익	6,000
영 업 비	13,000		
감가상각비	1,300		
	135,440		135,440

4. 대체분개

수익의 대체

(차) { 매　출　　36,000 이자수익　　6,000 }　　(대) 집합손익　　42,000

비용의 대체

(차) 집합손익　　32,300　　(대) { 매출원가　15,000 이자비용　3,000 영 업 비　13,000 감가상각비　1,300 }

이익잉여금으로의 대체

(차) 집합손익　　9,700　　(대) 이익잉여금　　9,700

5. 재무상태표와 손익계산서 작성

손익계산서

매출원가	15,000	매　출	36,000
이자비용	3,000	이자수익	6,000
영 업 비	13,000		
감가상각비	1,300		
당기순이익	9,700		
	42,000		42,000

재무상태표

현 금	12,000	매입채무	10,500
매출채권	11,300	차 입 금	10,000
상 품	8,000	미지급이자	1,000
유가증권	2,800	자 본 금	50,000
대 여 금	20,000	이익잉여금	30,340
건 물	49,040		
건물감가상각누계액	(1,300)		
	101,840		101,840

〈8〉 상품매매업의 회계순환과정(2)

▶ 풀이:

1. 수정분개

		매출원가	80,000			상품(기초)	80,000
(1)	(차)	매출원가	350,000	(대)		매입	350,000
		상품(기말)	50,000			매출원가	50,000
(2)	(차) 감가상각비	20,000		(대) 비품감가상각누계액	20,000		
(3)	(차) 선급보험료	2,000		(대) 보험료	2,000		
(4)	(차) 이자비용	40,000		(대) 미지급이자	40,000		
(5)	(차) 소모품비	9,000		(대) 소모품	9,000		
(6)	(차) 미수이자수익	12,000		(대) 이자수익	12,000		

2. 수정후시산표

수정후시산표

현 금	30,000	매입채무	90,000
당좌예금	100,000	차 입 금	300,000
상 품	50,000	미지급이자	40,000
비 품	400,000	비품감가상각누계액	60,000
매출채권	120,000	이익잉여금	80,000
소 모 품	4,000	자 본 금	200,000
선급보험료	2,000	매 출	450,000
미수이자수익	12,000	이자수익	22,000
매출원가	380,000		
감가상각비	20,000		
소모품비	9,000		
보 험 료	10,000		
이자비용	70,000		
급 여	20,000		
여비교통비	15,000		
	1,242,000		1,242,000

3. 대체분개

  <수익의 마감>

  (차) { 매출   450,000   (대) 집합손익   472,000
          이자수익   22,000

  <비용의 마감>

		매출원가	380,000
		감가상각비	20,000
		소모품비	9,000
(차) 집합손익 524,000	(대)	보 험 료	10,000
		이자비용	70,000
		급 여	20,000
		여비교통비	15,000

  <손익계정의 마감>

  (차) 이익잉여금   52,000   (대) 집합손익   52,000

4. 이월시산표

이월시산표

(주)건지	20×9. 12. 31.		(단위: 원)
현 금	30,000	매입채무	90,000
당좌예금	100,000	차 입 금	300,000
상 품	50,000	미지급이자	40,000
비 품	400,000	비품감가상각누계액	60,000
매출채권	120,000	자 본 금	200,000
소 모 품	4,000	이익잉여금	28,000
선급보험료	2,000		
미수이자수익	12,000		
	718,000		718,000

제 5 장 주관식 연습문제 해답 | **889**

재무상태표

(주)건지	20×9. 12. 31. 현재		(단위: 원)
현　금	130,000	매입채무	90,000
매출채권	120,000	차 입 금	300,000
상　품	50,000	미지급이자	40,000
비　품	400,000	자 본 금	200,000
비품감가상각누계액	(60,000)	이익잉여금	28,000
소 모 품	4,000		
선급보험료	2,000		
미수이자수익	12,000		
	658,000		658,000

5. 손익계산서와 재무상태표

손익계산서

(주)건지	20×9. 1. 1 ~ 20×9. 12. 31	(단위: 원)
매출(수익)		450,000
매출원가		(380,000)
매출총이익		70,000
이자수익		22,000
감가상각비		(20,000)
소모품비		(9,000)
보 험 료		(10,000)
이자비용		(70,000)
급　여		(20,000)
여비교통비		(15,000)
당기순손실		(52,000)

〈9〉 상품매매업 회계순환과정(3)

▶ 풀이:

① 분개

9월 1일	(차) 현　금	620,000	(대) 매　출	620,000
9월 2일	(차) 비　품	300,000	(대) { 현　금 미지급금	50,000 250,000
9월 7일	(차) 매　입	600,000	(대) 매입채무	600,000
9월 8일	(차) { 현　금 매출채권	400,000 500,000	(대) 매　출	900,000
9월 10일	(차) 대 여 금	400,000	(대) 현　금	400,000
9월 15일	(차) 매입채무	400,000	(대) 매출채권	400,000
9월 20일	(차) 수도광열비	16,000	(대) 현　금	16,000

9월 25일 (차) 급   여 400,000 (대) 현   금 400,000
9월 28일 (차) 지급임차료 30,000 (대) 현   금   30,000
9월 29일 (차) 현   금 100,000 (대) 대 여 금 100,000
9월 30일 (차) 재해손실 100,000 (대) 비   품 100,000

② 원장에 전기

		현 금			
9/1	전기이월	1,000,000	9/2	비 품	50,000
9/1	매 출	620,000	9/10	대여금	400,000
9/8	매 출	400,000	9/20	수도광열비	16,000
9/29	대 여 금	100,000	9/25	급 여	400,000
			9/28	지급임차료	30,000

		상 품			
9/1	전기이월	800,000	9/30	매출원가	800,000
9/30	매출원가	400,000			

		선급보험료			
9/1	전기이월	100,000	9/30	보 험 료	100,000

		장기차입금			
			9/1	전기이월	300,000

	자본금			
		9/1	전기이월	1,250,000

	이익잉여금			
		9/1	전기이월	350,000

	매 출			
		9/1	현 금	620,000
		9/8	제 좌	900,000

		비 품			
9/2	제 좌	300,000	9/30	재해손실	100,000

	미지급금		
		9/2	비 품	250,000

		매출채권			
9/8	매 출	500,000	9/15	매입채무	400,000

		매 입	
9/7	매입채무	600,000	

		매입채무			
9/15	매출채권	400,000	9/7	매 입	600,000

		급 여	
9/25	현 금	400,000	

		대여금			
9/10	현 금	400,000	9/29	현 금	100,000

		수도광열비	
9/20	현 금	16,000	

		지급임차료	
9/28	현 금	30,000	

재해손실		매출원가	
9/30 비 품 100,000		9/30 재고자산(기말) 800,000	9/30 재고자산(기말) 400,000
		9/30 매 품 600,000	

매 입		보험료	
9/30 매입채무 600,000	9/30 매출원가 600,000	9/30 선급보험료 20,000	

이자비용		미지급비용	
9/30 미지급이자 40,000			9/30 이자비용 100,000

③ 수정전시산표 작성

차변잔액	계정과목	대변잔액
1,224,000	현 금	
800,000	상 품	
100,000	선급보험료	
	매출액	1,520,000
	미지급금	250,000
	장기차입금	300,000
200,000	비 품	
100,000	매출채권	
600,000	매 입	
	매입채무	200,000
	자본금	1,250,000
	이익잉여금	350,000
400,000	급 여	
300,000	대여금	
16,000	수도광열비	
30,000	지급임차료	
100,000	재해손실	
3,870,000	합 계	3,870,000

④ 수정분개 및 전기(②에 전기)

(1) (차)	매출원가	800,000	(대)	상 품(기초재고)	800,000
	매출원가	600,000		매 입	600,000
	상품(기말재고)	400,000		매 출 원 가	400,000
(2) (차)	보험료	20,000	(대)	선급보험료	20,000
(3) (차)	이자비용	40,000	(대)	미지급비용	40,000

⑤ 수정후시산표 작성

차변잔액	계정과목	대변잔액
1,224,000	현 금	
400,000	상 품	
80,000	선급보험료	
	매출액	1,520,000
	미지급금	250,000
	장기차입금	300,000
200,000	비 품	
100,000	매출채권	
	매입채무	200,000
	자본금	1,250,000
	이익잉여금	350,000
400,000	급 여	
300,000	대여금	
16,000	수도광열비	
30,000	지급임차료	
100,000	재해손실	
1,000,000	매출원가	
20,000	보험료	
40,000	이자비용	
	미지급비용	40,000
3,910,000	합 계	3,910,000

⑥ 마감분개

＜수익의 마감＞

(차) 매 출   1,520,000   (대) 집합손익   1,520,000

＜비용의 마감＞

(차) 집합손익   1,606,000   (대) 매출원가   1,000,000
급 여   400,000
수도광열비   16,000
지급임차료   30,000
재해손실   100,000
보험료   20,000
이자비용   40,000

＜손익계정의 마감＞

(차) 이익잉여금   86,000   (대) 집합손익   86,000

⑦ 마감후시산표 작성

이월시산표

현 금	1,224,000	미지급금	250,000
상 품	400,000	장기차입금	300,000
선급보험료	80,000	매입채무	200,000
비 품	200,000	미지급비용	40,000
매출채권	100,000	자본금	1,250,000
대여금	300,000	이익잉여금	264,000
	2,304,000		2,304,000

⑧ 손익계산서 및 재무상태표 작성

손익계산서

매출(수익)	1,520,000
매출원가	(1,000,000)
매출총이익	520,000
급 여	(400,000)
수도광열비	(16,000)
지급임차료	(30,000)
재해손실	(100,000)
보험료	(20,000)
이자비용	(40,000)
당기순손실	(86,000)

재무상태표

현 금	1,224,000	미지급금	250,000
상 품	400,000	장기차입금	300,000
선급보험료	80,000	매입채무	200,000
비 품	200,000	미지급비용	40,000
매출채권	100,000	자본금	1,250,000
대여금	300,000	이익잉여금	264,000
	2,304,000		2,304,000

〈10〉 상품매매업의 회계순환과정(4)

1. 기중거래의 분개

12/ 1 (차) 현 금	50,000	(대) 자 본 금	50,000
12/ 5 (차) 현 금	30,000	(대) 차 입 금	30,000
12/ 7 (차) 건 물	10,000	(대) 현 금	10,000
12/ 8 (차) 보 험 료	2,400	(대) 현 금	2,400
12/ 9 (차) 매 입	12,000	(대) 현 금	12,000
12/10 (차) 현 금	2,000	(대) 매 입	2,000
12/13 (차) 소 모 품	8,000	(대) 현 금	8,000
12/15 (차) 매 입	30,000	(대) 매입채무	30,000
12/20 (차) 현 금	15,000	(대) 매 출	50,000
매출채권	35,000		
12/25 (차) 매 출	5,000	(대) 매출채권	5,000
12/30 (차) 급 여	10,000	(대) 현 금	10,000

2. 수정분개

12/31 (차) 이자비용	1,000	(대) 미지급이자비용	1,000
12/31 (차) 건물감가상각비	2,000	(대) 건물감가상각누계액	2,000
12/31 (차) 선급보험료	2,200	(대) 보 험 료	2,200
12/31 (차) 소모품비	3,000	(대) 소 모 품	3,000
12/31 (차) 상 품	15,000	(대) 매 출 원 가	15,000
12/31 (차) 매 출 원 가	40,000	(대) 매 입	40,000

3. 총계정원장의 전기와 마감

현　금

12/ 1 자본금	50,000	12/ 7 건 물	10,000
12/ 5 차입금	30,000	12/ 8 보험료	2,400
12/10 매 입	2,000	12/ 9 매 입	12,000
12/20 매 출	15,000	12/13 소모품	8,000
		12/30 급 여	10,000
		12/31 차기이월	54,600
	97,000		97,000
1/1 전기이월	54,600		

건　물

12/7 현 금	10,000	12/31 차기이월	10,000
	10,000		10,000
1/1 전기이월	10,000		

소 모 품

12/13 현금	8,000	12/31 소모품비	3,000
		12/31 차기이월	5,000
	8,000		8,000
1/1 전기이월	5,000		

매출채권

12/20 매 출	35,000	12/25 매 출	5,000
		차기이월	30,000
	35,000		35,000
1/1 전기이월	30,000		

차 입 금

		12/5 현금	30,000
차기이월	30,000		
	30,000		30,000
		1/1 전기이월	30,000

자 본 금

		12/1 현 금	50,000
차기이월	50,000		
	50,000		50,000
		1/1 전기이월	50,000

매입채무

		12/15 매 입	30,000
차기이월	30,000		
	30,000		30,000
		1/1 전기이월	30,000

매 입

12/9 현 금	12,000	12/10 현 금	2,000
12/15 매입채무	30,000	12/31 매출원가	40,000
	42,000		42,000

매 출

12/25 매출채권	5,000	12/20 제좌	50,000
12/31 집합손익	45,000		
	50,000		50,000

보 험 료

12/8 현 금	2,400	12/31 선급보험료	2,200
		12/31 집합손익	200
	2,400		2,400

급 여

12/30 현 금	10,000	12/31 집합손익	10,000
	10,000		10,000

이자비용

12/31 미지급이자	1,000	12/31 집합손익	1,000
	1,000		1,000

미지급이자

12/31 차기이월	1,000	12/31 이자비용	1,000
	1,000		1,000
		1/1 전기이월	1,000

건물감가상각비

12/31 건물감가상각누계액	2,000	12/31 집합손익	2,000
	2,000		2,000

건물감가상각누계액

12/31 차기이월	2,000	12/31 건물감가상각비	2,000
	2,000		2,000
		1/1 전기이월	2,000

선급보험료

12/31 보험료	2,200	12/31 차기이월	2,200
	2,200		2,200
1/1 전기이월	1,000		

소모품비

12/31 소모품	3,000	12/31 집합손익	3,000
	3,000		3,000

상 품

12/31 매출원가	15,000	12/31 차기이월	15,000
	15,000		15,000
1/1 전기이월	15,000		

매출원가

12/31 매 입	40,000	12/31 상 품	15,000
		12/31 집합손익	25,000
	40,000		40,000

이익잉여금

12/31 차기이월	3,800	12/31 집합손익	3,800
	3,800		3,800
		1/1 전기이월	3,800

마감분개(대체분개)

12/31 (차) 매 출	45,000	(대) 집합손익	45,000
12/31 (차) 집합손익	25,000	(대) 매출원가	25,000
12/31 (차) 집합손익	200	(대) 보 험 료	200
12/31 (차) 집합손익	1,000	(대) 이자비용	1,000
12/31 (차) 집합손익	3,000	(대) 소모품비	3,000
12/31 (차) 집합손익	2,000	(대) 건물감가상각비	2,000
12/31 (차) 집합손익	10,000	(대) 급 여	10,000
12/31 (차) 집합손익	3,800	(대) 이익잉여금	3,800

(집합) 손익

12/31	매 출 원 가	25,000	12/31 매 출		45,000
12/31	보 험 료	200			
12/31	이 자 비 용	1,000			
12/31	소 모 품 비	3,000			
12/31	건물감가상각비	2,000			
12/31	급 여	10,000			
12/31	이 익 잉 여 금	3,800			
		45,000			45,000

이 월 시 산 표

차 변	계 정 과 목	대 변
54,600	현 금	
5,000	소모품	
10,000	건 물	
30,000	매출채권	
15,000	상 품	
2,200	선급보험료	
	건물감가상각누계액	2,000
	차입금	30,000
	매입채무	30,000
	미지급이자	1,000
	자본금	50,000
	이익잉여금	3,800
116,800	합 계	116,800

4. 수정후시산표

수 정 후 시 산 표

차 변	계 정 과 목	대 변
54,600	현 금	
5,000	소모품	
10,000	건 물	
30,000	매출채권	
15,000	상 품	
2,200	선급보험료	
	건물감가상각누계액	2,000
	차입금	30,000
	매입채무	30,000
	미지급이자	1,000
	자본금	50,000
	매 출	45,000
25,000	매출원가	
2,000	건물감가상각비	
200	보험료	
1,000	이자비용	
3,000	소모품비	
10,000	급 여	
158,000	합 계	158,000

5. 재무제표 작성

재무상태표

과 목	금 액	과 목	금 액
현　　　　금	54,600	차　　입　　금	30,000
소　모　품	5,000	매　입　채　무	30,000
건　　　　물	10,000	미　지　급　이　자	1,000
건물감가상각누계액	(2,000) 8,000	자　　본　　금	50,000
매　출　채　권	30,000	이　익　잉　여　금 (당 기 순 이 익)	3,800
상　　　　품	15,000		
선　급　보　험　료	2,200		
	114,800		114,800

손익계산서

과 목	금 액	과 목	금 액
매　출　원　가	25,000	매　　　　출	45,000
건 물 감 가 상 각 비	2,000		
보　　험　　료	200		
이　자　비　용	1,000		
소　모　품　비	3,000		
급　　　　여	10,000		
당 기 순 이 익	3,800		
	45,000		45,000

▶◀ 제6장 금융자산(1) 주관식 연습문제 해답 ▶◀

〈1〉현금 및 현금성자산 계정

➡ 풀이: (1)+(3)+(5)+(6)+(8)+(10)=2,500,000

(2) 우표 : 선급비용 (4) 매출채권 (7) 대여금 (9) 투자자산

〈2〉당좌예금

➡ 풀이:

(1) (차) { 현　　금　　20,000
　　　　　당좌예금　　10,000 　　(대) 매　　출　　30,000

(2) (차) 매　입　200,000 　(대) { 당좌예금　110,000
　　　　　　　　　　　　　　　　　당좌차월　　90,000

(3) (차) { 당좌차월　　90,000
　　　　　당좌예금　　90,000 　(대) 매출채권　180,000

(4) (차) 지급어음　50,000 　(대) 당좌예금　50,000

(5) (차) 현　금　60,000 　(대) { 당좌예금　40,000
　　　　　　　　　　　　　　　　　당좌차월　20,000

〈3〉현금과부족

➡ 풀이:

(1)	(차)	현금과부족	10,000	(대)	현　　금	10,000
(2)	(차)	통　신　비	7,000	(대)	현금과부족	7,000
(3)	(차)	잡　손　실	3,000	(대)	현금과부족	3,000
(4)	(차)	현　　금	10,000	(대)	현금과부족	10,000
(5)	(차)	현금과부족	8,000	(대)	이자수익	8,000
(6)	(차)	현금과부족	2,000	(대)	잡　이　익	2,000

〈4〉 은행계정조정표 작성(1)

➡ 풀이:

1. 은행계정조정표

은행계정조정표

(주)건지		20×9. 12. 31.			(단위:원)
회사측잔액		2,732,000	은행측잔액		3,204,000
가산	(3) 어음추심액	206,000	가산	(4) 미기입예금	450,000
	(6) 기장오류	270,000			
차감	(2) 부도수표	(200,000)	차감	(1) 미지급수표	(654,000)
	(5) 은행수수료	(8,000)			
수정후잔액		3,000,000	수정후잔액		3,000,000

2. 수정분개

(차) 당좌예금 206,000 　　(대) 매출채권 206,000

(차) 당좌예금 270,000 　　(대) 매입채무 270,000

(차) 부도수표 200,000 　　(대) 당좌예금 200,000

(차) 지급수수료 8,000 　　(대) 당좌예금 8,000

〈5〉 은행계정조정표 작성(2)

➡ 풀이:

1. 은행계정조정표

은행계정조정표

(주)설악		20×8. 12. 31.			(단위:원)
회사측잔액		1,168	은행측잔액		1,250
가산	④ 미통지예금	130	가산	① 미기입예금	150
	⑥ 기장오류	27			
차감	③ 부도수표	(220)	차감	② 미지급수표	(300)
	⑤ 은행수수료	(5)			
수정후잔액		1,100	수정후잔액		1,100

2. 수정분개

④　(차) 당좌예금 130 　(대) 매출채권 130

⑥　(차) 당좌예금 27 　(대) 미지급금 27

③　(차) 부도수표 220 　(대) 당좌예금 220

⑤　(차) 지급수수료 5 　(대) 당좌예금 5

〈6〉현금과 예금의 공시

▶ 풀이:

· 현금및현금성자산: 현금 80,000 + 당좌예금 150,000 + 보통예금 40,000 = 270,000
· 유 동 자 산: 정기예금(20×8.12.31.이내분) 500,000 + 정기적금(20×8.12.31.이내)
　　　　　　　　300,000 = 800,000 + 현금 및 현금성자산 270,000 = 1,070,000

· 비 유 동 자 산: 정기예금 300,000 +정기적금(20×9.1.1.이후) 200,000 + 부도수표
　　　　　　　　10,000 + 당좌개설보증금 20,000 = 530,000

〈7〉수취채권의 회계처리(2)

▶ 풀이:

1. 1	(차)	현　금	100,000	(대)	차입금		100,000
1. 5	(차)	대손충당금	500	(대)	매출채권		500
1.12	(차)	토　지	72,000	(대) {	현　금		30,000
					미지급금		42,000
1.20	(차)	현　금	600	(대)	대손충당금		600

〈8〉대손회계(1)

▶ 풀이:

1. 일자별 회계처리

(2)	(차) {	대손충당금	15,000	(대)	매출채권	20,000
		대손상각비	5,000			
(3)	(차)	대손상각비	7,000	(대)	매출채권	7,000
(4)	(차)	현　금	3,000	(대)	대손충당금	3,000
(5)	(차)	현　금	4,000	(대)	대손상각비*	4,000

　　　　* (3)번의 대손상각비에 대한 것

12/31	(차)	대손상각비	66,000**	(대)	대손충당금	66,000

　　** 대손충당금잔액 3,000 (<-(4)의 회수)
　　보충법 추가로 설정해야 할 대손충당금 = 69,000 − 대손충당금잔액 = 66,000

2. 매출채권의 장부금액

재무상태표

매출채권	900,000
대손충당금	(69,000)
	831,000

〈9〉 대손회계

▶ 풀이:

07.12.31	(차)	대손상각비	150,000	(대)	대손충당금	150,000
08.03.30	(차)	대손충당금	80,000	(대)	매출채권	80,000
08.09.29	(차)	대손충당금	20,000	(대)	매출채권	20,000
08.10.10	(차) {	대손충당금 대손상각비	50,000 20,000	(대)	매출채권	70,000
08.12.31	(차)	대손상각비	100,000	(대)	대손충당금	100,000
09.04.05	(차)	대손충당금	20,000	(대)	매출채권	20,000
09.07.03	(차)	현 금	80,000	(대)	대손충당금	80,000
09.12.31	(차)	대손충당금	10,000	(대)	대손충당금환입	10,000

〈10〉 대손상각채권의 회수

▶ 풀이:

08.12.31	(차)	대손상각비	40,000	(대)	대손충당금	40,000
09. 4.11	(차) {	대손충당금 대손상각비	60,000 40,000	(대)	매출채권	100,000
5.19	(차)	대손상각비	250,000	(대)	매출채권	250,000
5.25	(차)	현 금	40,000	(대)	대손충당금	40,000
11.23	(차)	현 금	30,000	(대)	대손상각비[*]	30,000
12.31	(차)	대손상각비	50,000[**]	(대)	대손충당금	50,000

[*] 05.19 상각비 처리

[**] 90,000 – 40,000 대손충당금 잔액(5/25회수) = 50,000

제 7 장 금 융 자 산 (2)   주 관 식   연 습 문 제   해 답

〈1〉 당기손익-공정가치측정 금융자산

➡ 풀이:

08. 12/31	(차)	FVPL 금융자산평가손실	4,275	(대)	FVPL 금융자산(A)	4,275
		FVPL 금융자산(B)	150		FVPL 금융자산평가이익	150
		FVPL 금융자산(C)	1,750		FVPL 금융자산평가이익	1,750
09. 2/1	(차)	현 금	29,125	(대)	FVPL 금융자산(A)	30,125
		FVPL 금융자산처분손실	1,000			
4/1	(차)	현 금	25,000	(대)	배당금수익	25,000
6/30	(차)	현 금	1,500	(대)	이자수익	1,500
8/1	(차)	FVPL 금융자산(D)	22,500	(대)	현 금	23,050
		수수료비용	550			
12/30	(차)	현 금	1,500	(대)	이자수익	1,500
12/31	(차)	FVPL 금융자산(B)	1,100		FVPL 금융자산평가이익	1,100
		FVPL 금융자산(C)	1,000	(대)	FVPL 금융자산평가이익	1,000
		FVPL 금융자산평가손실	450		FVPL 금융자산(D)	450

〈2〉 당기손익-공정가치측정 금융자산의 취득과 처분

➡ 풀이:

3/1	(차)	FVPL 금융자산	350,000	(대)	현 금	360,000
		수수료비용	10,000			
10/31	(차)	현 금	500	(대)	배당금수익	500
11/5	(차)	현 금	200,000	(대)	FVPL 금융자산	175,000
					FVPL 금융자산처분이익	25,000

〈3〉 당기손익-공정가치측정 금융자산의 평가

➡ 풀이:

20×8. 12. 31

(차)	FVPL 금융자산평가손실	200,000	(대)	FVPL 금융자산(A)	200,000
(차)	FVPL 금융자산(B)	220,000	(대)	FVPL 금융자산평가이익	220,000
(차)	FVPL 금융자산평가손실	400,000	(대)	FVPL 금융자산(C)	400,000
(차)	FVPL 금융자산평가손실	1,050,000	(대)	FVPL 금융자산(D)	1,050,000

20×9. 12. 31

(차) FVPL 금융자산(A)	220,000	(대) FVPL 금융자산평가이익	220,000
(차) FVPL 금융자산평가손실	160,000	(대) FVPL 금융자산(B)	160,000
(차) FVPL 금융자산(C)	240,000	(대) FVPL 금융자산평가이익	240,000
(차) FVPL 금융자산(D)	450,000	(대) FVPL 금융자산평가이익	450,000

〈4〉 당기손익-공정가치측정 금융자산의 취득, 처분 및 평가

▶ 풀이:

20×8. 2. 15

(차) FVPL 금융자산(A)	3,900,000	(대) 현　금	3,900,000

20×8. 7. 1

(차) FVPL 금융자산(B)	8,000,000	(대) 현　금	8,000,000

20×8. 8. 6

(차) FVPL 금융자산(C)	2,700,000	(대) 현　금	2,700,000

20×8. 9. 1

(차) 현　금	3,600,000	(대) FVPL 금융자산 B	3,200,000
		이자수익	42,667*
		FVPL 금융자산처분이익	357,333

$$*16,000 \times 200권 \times 8\% \times \frac{2}{12} = 42,667$$

20×8. 12. 15

(차) 현　금	180,000	(대) 배당금수익	180,000

20×8. 12. 30

(차) 현　금	192,000	(대) 이자수익	192,000
(차) 현　금	100,000	(대) 배당금수익	100,000

20×8. 12. 31

(차) FVPL 금융자산(A)	300,000	(대) FVPL 금융자산평가이익	300,000
(차) FVPL 금융자산평가손실	450,000	(대) FVPL 금융자산(B)	450,000
(차) FVPL 금융자산평가손실	50,000	(대) FVPL 금융자산(C)	50,000

20×9. 3. 1

(차) 현　금	5,100,000	(대) FVPL 금융자산 B	4,350,000
		FVPL 금융자산처분이익	750,000

<별도지급>

(차) 현　　금　　　　　　　　64,000　　(대) 이자수익　　　　　　64,000*

　　　* $16,000 \times 300 \times 8\% \times \dfrac{2}{12} = 64,000$

20×9. 12. 15

(차) 현　　금　　　　　　　187,500　　(대) 배당금수익　　　　187,500

20×9. 12. 30

(차) 현　　금　　　　　　　　60,000　　(대) 배당금수익　　　　　60,000

20×9. 12. 31

(차) FVPL 금융자산평가손실　　150,000*　(대) FVPL 금융자산(A)　150,000

　　* $(27,000 - 28,000) \times 150주 = 150,000$ 손실

(차) FVPL 금융자산평가손실 250,000　　　　(대) FVPL 금융자산(C) 250,000

　　* $(24,000 - 26,500) \times 100주 = 250,000$ 손실

〈5〉 상각후원가측정 금융자산: 취득원가와 액면금액이 같은 경우

▶ 풀이:

　20×7. 1. 1: (취 득)

　　　　　(차) 상각후원가측정 금융자산　100,000　(대) 현　　　　금　　100,000

　20×7. 12.31: (이자수령)

　　　　　(차) 현　　　　　금　　10,000　(대) 이 자 수 익　　10,000

　20×8. 12.31: (이자수령)

　　　　　(차) 현　　　　　금　　10,000　(대) 이 자 수 익　　10,000

　20×9. 12.31: (이자수령)

　　　　　(차) 현　　　　　금　　10,000　(대) 이 자 수 익　　10,000

　20×9. 12.31: (만기회수)

　　　　　(차) 현　　　　　금　　100,000　(대) 상각후원가측정금융자산　100,000

〈6〉 상각후원가측정 금융자산: 취득원가와 액면금액이 다른 경우

▶ 풀이:

유효이자율법에 따른 상각표

일자	유효이자 (장부금액 × 유효이자율)	표시이자 (액면금액 × 표시이자율)	상각액 (유효이자 - 표시이자)	장부금액 (상각후원가)
20×7. 1. 1				95,198
20×7. 12. 31	11,423[1]	10,000[4]	1,423[5]	96,621[6]
20×8. 12. 31	11,594[2]	10,000	1,594	98,215
20×9. 12. 31	11,785[3]	10,000	1,785	100,000
	34,802	30,000	4,802	

1) 95,198 × 0.12 = 11,423
2) 96,621 × 0.12 = 11,594
3) 98,215 × 0.12 = 11,785
4) 100,000 × 0.1 = 10,000
5) 11,423 - 10,000 = 1,423
6) 95,198 + 1,423 = 96,621

20×7. 1. 1: (취 득)

    (차) 상각후원가측정 금융자산   95,198   (대) 현   금   95,198

20×7. 12. 31: (이자수령)

    (차) { 현   금   10,000   (대) 이 자 수 익   11,423
            상각후원가측정 금융자산   1,423

20×8. 12. 31: (이자수령)

    (차) { 현   금   10,000   (대) 이 자 수 익   11,594
            상각후원가측정 금융자산   1,594

20×9. 12. 31: (이자수령)

    (차) { 현   금   10,000   (대) 이 자 수 익   11,785
            상각후원가측정 금융자산   1,785

20×9. 12. 31: (만기회수)

    (차) 현   금   100,000   (대) 상각후원가측정 금융자산   100,000

〈7〉상각후원가측정 금융자산: 취득원가와 액면금액이 다른 경우 - 경과이자 발생

▶ 풀이:

20×7년 7월 1일 취득시:

(차) { 상각후원가측정 금융자산　　95,100　　(대) 현　　금　100,100
　　　 미수이자　　　　　　　　　　5,000

20×7년말 이자수령시:

(차) { 현　금　　　　　　　　　　10,000　　(대) { 미수이자　5,000
　　　 상각후원가측정 금융자산　　1,412　　　　　　 이자수익　6,412

〈8〉기타포괄-공정가치측정 금융자산의 평가

▶ 풀이:

1.

(1) 20×5. 8. 1 (차) FVOCI 금융자산　　10,000　　(대) 현　　　금　　10,000

(2) 20×5.12.31 (차) FVOCI 금융자산　　1,000　　(대) FVOCI 금융자산평가이익 1,000

(3) 20×6.12.31 (차) { FVOCI 금융자산평가이익　1,000　　(대) FVOCI 금융자산　　3,000
　　　　　　　　　　　 FVOCI 금융자산평가손실　2,000

(4) 20×7.12.31 (차) FVOCI증권　　3,500　　(대) { FVOCI 금융자산평가손실　2,000
　　　　　　　　　　　　　　　　　　　　　　　 FVOCI 금융자산평가이익　1,500

(5) 20×8.12.31 (차) FVOCI 금융자산　　1,500　　(대) FVOCI 금융자산평가이익　1,500

(6) 20×9.12.31 (차) { FVOCI 금융자산평가손실　1,000　　(대) { FVOCI 금융자산　　　1,000
　　　　　　　　　　　 현　　　　금　　　　　　12,000　　　　　　 FVOCI 금융자산　　12,000

2.

부분재무상태표		20×8. 12.31
FVOCI 금융자산　13,000		
	FVOCI 금융자산평가이익　3,000	

〈9〉 기타포괄손익-공정가치측정 금융자산의 처분

➡ 풀이:

(1) (차){ FVOCI 금융자산평가손실   90,000   (대){ FVOCI 금융자산   90,000
현　금   230,000   FVOCI 금융자산   230,000

(2) (차) FVOCI 금융자산   80,000 (대) FVOCI 금융자산평가이익   80,000

(3) (차){ FVOCI 금융자산평가손실   50,000   (대){ FVOCI 금융자산   50,000
현　금   350,000   FVOCI 금융자산   350,000

〈10〉 관계기업투자주식

➡ 풀이:

20×8. 1. 1: (취득시)

(차) 관계기업투자주식   1,800,000 (대) 현　금   1,800,000

20×8. 12. 31: (당기순이익보고시)

(차) 관계기업투자주식   1,200,000 (대) 지분법평가이익   1,200,000

20×9. 4. 1: (배당금 지급시)

(차) 현　금   320,000 (대) 관계기업투자주식   320,000

제8장 재고자산 주관식 연습문제 해답

〈1〉 재고자산 수량파악

▶ 풀이:

1. 실지재고조사법

재고자산

기초재고수량	1,500개	당기판매수량	3,000개
당기매입수량	2,000개	기말재고수량	500개
	3,500개		3,500개

2. 계속기록법

재고자산

기초재고수량	1,500개	당기판매수량	2,800개
당기매입수량	2,000개	기말재고수량	700개
	3,500개		3,500개

3. 병행법

재고자산

기초재고수량	1,500개	당기판매수량	2,800개
		재고감모수량	200개
당기매입수량	2,000개	기말재고수량	500개
	3,500개		3,500개

〈2〉 재고자산가격결정방법(1)

▶ 풀이:

재고자산

기 초	300×100 $= 30,000$	매출원가	
매 입	500×110 $+100 \times 140$ $= 69,000$	기 말	$90 \times ?$
	99,000		99,000

$\sum$매출 $= 200 \times @200 + 150 \times @210$
$+ 360 \times @250 + 100 \times @230 = 184,500$

기말수량 : 90

1) 실지재고조사 FIFO → 기말재고 @140

기말재고 : 90개 × @140 = 12,600

매출원가 : 99,000 - 12,600 = 86,400

매출총이익 : 184,500 - 86,400 = 98,100

2) 실지재고조사 총 평균법 → 99,000 ÷ 900 = @110

기말재고 : 90개 × @110 = 9,900

매출원가 : 99,000 - 9,900 = 89,100

매출총이익 : 184,500 - 89,100 = 95,400

3) 계속기록법 FIFO

11 / 4	$\left\{\begin{array}{l}300 × @100 \\ 500 × @110\end{array}\right.$
11 / 7	$\left\{\begin{array}{l}100 × @100 \\ 500 × @110\end{array}\right.$
11 / 10	450 × @110
11 / 19	$\left\{\begin{array}{l}450 × @110 \\ 100 × @140\end{array}\right.$
11 / 21	$\left\{\begin{array}{l}90 × @110 \\ 100 × @140\end{array}\right.$
11 / 29	90 × @140

기말재고 : 90개 × @140 = 12,600

매출원가 : 99,000 - 12,600 = 86,400

매출총이익 : 184,500 - 86,400 = 98,100

4) 계속기록법 이동평균법

기말재고 : 99,000 - 88,886.5 = 10,113.5

매출원가 : 350 × 106.25 + 460 × 112.39 = 88,886.5

매출총이익 : 184,500 - 88,886.5 = 95,613.5

〈3〉 재고자산가격결정방법(2)

▶ 풀이:

매출원가 + 기말재고 = 920,000

기말재고수량			
기초	250	판매	1,550
매입	1,600	기말	300
	1,850		1,850

1) 선입선출법

ⅰ) 실지재고조사법

기말재고 : 100개 × @600 + 200 × @550 = 170,000

매출원가 : 920,000 - 170,000 = 750,000

ii) 계속기록법

8 / 4   100 × @400

8 / 8 $\begin{cases} 100 \times @400 \\ 400 \times @450 \end{cases}$

8 / 12   300 × @450

8 / 15 $\begin{cases} 300 \times @400 \\ 500 \times @500 \end{cases}$

8 / 20 $\begin{cases} 300 \times @450 \\ 500 \times @500 \\ 600 \times @550 \end{cases}$

8 / 22 $\begin{cases} 300 \times @500 \\ 600 \times @550 \end{cases}$

8 / 25   200 × @550

8 / 31 $\begin{cases} 200 \times @550 \\ 100 \times @600 \end{cases}$

기말재고 : 100개 × @600 + 200 × 550

= 170,000

매출원가 : 920,000 − 170,000 = 750,000

2) 이동평균법

기말재고 : 920,000 − 758,284 = 161,716

매출원가 : 150개 × @400 + 200 × @440 +

((300 × 440 + 250,000 + 330,000)/1,400) × 1,200 = 758,284

3) 총평균법 → 920,000 ÷ 1,850 = @497.3

기말재고 : 300개 × @497.3 = 149,190

매출원가 : 920,000 − 149,190 = 770,810

〈4〉 재고자산가격결정방법(3)

▶ 풀이:

1. 실지재고조사법

(1) FIFO

Input	12/1 200×@100	12/4 300×@110	12/10 300×@120	12/21 200×@130
Output	매출원가			12/31(기말재고) 100×@120 + 200×@130

기말재고액 = 100×@120 + 200×@130 = 38,000

매출원가 = (20,000 + 95,000) − 38,000 = 77,000

매출총이익 = 140,000 − 77,000 = 63,000

(2) LIFO

Input	12/1	12/4	12/10	12/21
	200×@100	300×@110	300×@120	200×@130
Output	12/31(기말재고)	매출원가		
	200×@100 + 100×@110			

기말재고액 = 200 × @100 + 100 × @110 = 31,000

매출원가 = (20,000 + 95,000) - 31,000 = 84,000

매출총이익 = 140,000 - 84,000 = 56,000

(3) 총평균법

총구입액 115,000 ÷ 총구입량 1,000 = @115

기말재고액 = 300 × @115 = 34,500

매출원가 = 700 × @115 = 80,500 (또는 115,000 - 34,500 = 80,500)

매출총이익 = 140,000 - 80,500 = 59,500

2. 계속기록법

(1) FIFO

Input	12/1	12/4	12/10	12/21
	200×@100	300×@110	300×@120	200×@130
Output	매출원가		12/31(기말재고)	
			100×@120 + 200×@130	

기말재고액 = 100 × @120 + 200 × @130 = 38,000

매출원가 = (20,000 + 95,000) - 38,000 = 77,000

매출총이익 = 140,000 - 77,000 = 63,000

(2) LIFO

Input	12/1	12/4	12/10		12/21
	200×@100	300×@110	300×@120		200×@130
Output	12/31	12/7	12/19	12/31	12/29
	200×@100	300×@110	200×@120	100×@120	200×@130
	(기말재고)	(매출원가)	(매출원가)	(기말재고)	(매출원가)

기말재고액 = 200 × @100 + 100 × @120 = 32,000

매출원가 = (20,000 + 95,000) - 32,000 = 83,000

매출총이익 = 140,000 - 83,000 = 57,000

(3) 이동평균법

12/4　이동평균 (20,000 + 33,000) ÷ 500 = @106

12/7　판매분(매출원가) = 300 × @106 = 31,800

12/10 이동평균 (200 × @106 + 300 × @120) ÷ 500 = @114.4

12/19 판매분(매출원가) = 200 × @114.4 = 22,880

12/21 이동평균 (300 × @114.4 + 200 × @130) ÷ 500 = @120.64

12/29 판매분(매출원가) = 200 × @120.64 = 24,128

매출원가 = 31,800 + 22,880 + 24,128 = 78,808

기말재고액 = 300 × 120.64 = 36,192

매출총이익 = 140,000 − 78,808 = 61,192

⟨5⟩ 소매재고조사법(매가환원법)(1)

▶ 풀이:

1. 기말재고액 → 360,000 + 4,540,000 − 4,200,000 = 700,000
2. 원가율 → (240,000 + 2,700,000) ÷ (360,000 + 4,540,000) = 60%
3. 기말재고 원가 → 700,000 × 60% = 420,000

　　매출원가 → 240,000 + 2,700,000 − 420,000 = 2,520,000

⟨6⟩ 소매재고법(매가환원법)(2)

▶ 풀이:

원가율 = 152,000 / 200,000 = 0.76

매가에 의한 기말재고액 : (30,000 + 170,000 − 180,000) = 20,000

원가에 의한 기말재고액 : 20,000 × 0.76 = 15,200

⟨7⟩ 매출총이익률법(1)

▶ 풀이:

		재고자산		
기초재고	1,000,000	매출원가	1,050,000*	매출원가 : $1,500,000 \times \dfrac{70}{100} = 1,050,000$
매　입	2,000,000	기말재고	1,950,000	기말재고 : 3,000,000 − 1,050,000 = 1,950,000
	3,000,000		3,000,000	화재손실 : 1,950,000 − 80,000 = 1,870,000

※ $1,500,000 \times \dfrac{70}{100} = 1,050,000$

〈8〉매출총이익률법(2)

▶ 풀이:

재고자산

기초재고	267,000	매출원가	3,450,600*
매 입	3,589,000		
매입할인	(26,000)		
매입환출	(12,000)		?
	3,818,000		3,818,000

※ $(5,773,000 - 22,000) \times \dfrac{60}{100}$

도난당한 재고자산 : 3,818,000 − 3,450,600 − 300,000 = 67,400

〈9〉재고자산의 평가(1)

▶ 풀이:

	단위원가	순실현가능가치(예상판매단가 − 단위당 예상판매비)
A	150	200 − 60 = 140
B	100	150 − 30 = 120
C	200	250 − 70 = 180

1. 총계기준

취득원가: 150 × 200 + 100 × 100 + 500 × 200 = 140,000

순현실가치: 140 × 200 + 120 × 100 + 180 × 500 = 130,000

재고자산평가손실 10,000

2. 종목별 기준

→ A : (150 − 140) × 200 = 2,000

C : (200 − 180) × 500 = 10,000

재고자산 평가손실   12,000

〈10〉재고자산평가(2)

▶ 풀이:

A : 100개 × (110 − 100) = 1,000 (평가이익)

B : 200개 × (180 − 200) = −4,000 (평가손실)

C : 300개 × (250 − 300) = −15,000 (평가손실)

D : 100개 × (240 − 250) = −1,000 (평가손실)

총계기준 평가손실: 19,000

종목별기준 평가손실: 20,000

회계처리

총계기준: (차) 매출원가   19,000   (대) 재고자산평가충당금   19,000

종목별기준: (차) 매출원가   20,000   (대) 재고자산평가충당금   20,000

제 9 장 유 형 자 산 주 관 식 연 습 문 제 해 답

〈1〉 유형자산의 취득원가- 일괄취득
▶ 풀이:

· 유형자산의 일괄취득시 취득원가는 상대적 공정가치에 따라 안분 계산함

· 건　　물 : $6{,}000 \times \dfrac{4{,}000}{4{,}000+3{,}300+2{,}700} = 2{,}400$

· 토　　지 : $6{,}000 \times \dfrac{3{,}300}{4{,}000+3{,}300+2{,}700} = 1{,}980$

· 기계장치 : $6{,}000 \times \dfrac{2{,}700}{4{,}000+3{,}300+2{,}700} = 1{,}620$

$(차) \begin{cases} 건　　물 & 2{,}400 \\ 토　　지 & 1{,}980 \\ 기계장치 & 1{,}620 \end{cases}$ 　(대) 현　　금　　6,000

〈2〉 유형자산의 취득원가 - 자가건설
▶ 풀이:

· 20×8. 6. 30. (차) 현　　　금　　40,000　(대) 차입금　　　40,000
· 20×8. 6. 30. (차) 건설중인자산 40,000　(대) 현　　　금　　40,000
· 20×8. 9. 30. (차) 현　　　금　　30,000　(대) 차입금　　　30,000
· 20×8. 9. 30. (차) 건설중인자산 30,000　(대) 현　　　금　　30,000
· 20×8. 12. 31. (차) 현　　　금　　30,000　(대) 차입금　　　30,000
· 20×8. 12. 31. (차) 건설중인자산 30,000　(대) 현　　　금　　30,000
· 20×8. 12. 31. (차) 이자비용　　2,750*　(대) 현　　　금　　2,750

$$*(40{,}000 \times \tfrac{6}{12}) \times 10\% + (30{,}000 \times \tfrac{3}{12}) \times 10\% = 2{,}750$$

· 20×8. 12. 31. (차) 건　　물　　102,750 (대) $\begin{cases} 건설중인자산 & 100{,}000 \\ 이자비용 & 2{,}750 \end{cases}$

〈3〉 유형자산의 취득원가 - 교환거래
▶ 풀이:

1. 상업적 실질이 있는 교환

(주)대망

$(차) \begin{cases} 감가상각누계액 & 50{,}000 \\ 기계장치 & 40{,}000* \\ 유형자산처분손실 & 10{,}000 \end{cases}$ 　(대) 기계장치(대망) 100,000

　*(주)대망 기계장치의 공정가치임

(주)소망

(차) { 감가상각누계액   60,000   (대) { 기계장치(소망)   120,000
기계장치   70,000*   유형자산처분이익   10,000

         *(주)소망 기계장치의 공정가치임

2. 상업적 실질이 없는 교환

(주)대망

(차) { 감가상각누계액   50,000   (대) 기계장치(대망)   100,000
기계장치   50,000

(주)소망

(차) { 감가상각누계액   60,000   (대) 기계장치(소망)   120,000
기계장치   60,000

〈4〉 자본적 지출과 수익적 지출

▶ 풀이:

(1) (차) 건　물   10,000   (대) 당좌예금   10,000
(2) (차) 수 선 비   200   (대) 현　금   200
(3) (차) 건　물   5,000   (대) 현　금   5,000
(4) (차) { 기계장치   700   (대) 현　금   1,000
수 선 비   300

〈5〉 감가상각(1)

▶ 풀이:

1. 20×8. 12. 31.

(1) 정 액 법 : (차) 감가상각비 360,000   (대) 기계장치감가상각누계액 360,000

$$(2,000,000 - 200,000) \times \frac{1}{5} = 360,000$$

(2) 정 률 법 : (차) 감가상각비 517,800   (대) 기계장치감가상각누계액 517,800

$$2,000,000 \times 25.89\% = 517,800$$

(3) 연수합계법 :(차) 감가상각비 600,000   (대) 기계장치감가상각누계액 600,000

$$(2,000,000 - 200,000) \times \frac{5}{5+4+3+2+1} = 600,000$$

(4) 생산량비례법:(차) 감가상각비 225,000   (대) 기계장치감가상각누계액 225,000

$$(2,000,000 - 200,000) \times \frac{5,000}{40,000} = 225,000$$

2. 20×9. 12. 31.

    (1) 정 액 법 :　(차) 감가상각비 360,000　　(대) 기계장치감가상각누계액 360,000

$$(2,000,000 - 200,000) \times \frac{1}{5} = 360,000$$

    (2) 정 률 법 :　(차) 감가상각비 383,742　　(대) 기계장치감가상각누계액 383,742

$$(2,000,000 - 517,800) \times 25.89\% = 383,741.58$$

    (3) 연수합계법 : (차) 감가상각비 480,000　　(대) 기계장치감가상각누계액 480,000

$$(2,000,000 - 200,000) \times \frac{4}{5+4+3+2+1} = 480,000$$

    (4) 생산량비례법:(차) 감가상각비 540,000　　(대) 기계장치감가상각누계액 540,000

$$(2,000,000 - 200,000) \times \frac{12,000}{40,000} = 540,000$$

〈6〉 감가상각(2)

▶ **풀이:**

(1) 정액법

1) 감가상각비산정

 2008년: $(1,000,000 - 50,000) \div 5 = 190,000$

 2009년: $(1,000,000 - 50,000) \div 5 = 190,000$

 2010년: $(1,000,000 - 50,000) \div 5 = 190,000$

 2011년: $(1,000,000 - 50,000) \div 5 = 190,000$

 2012년: $(1,000,000 - 50,000) \div 5 = 190,000$

2) 2011년말 회계처리

(차) 기계장치감가상각비　190,000　　(대) 기계장치감가상각누계액 190,000

(2) 정률법

1) 감가상각비산정

 2008년: $1,000,000 \times 0.451 = 451,000$

 2009년: $(1,000,000 - 451,000) \times 0.451 = 247,599$

 2010년: $(1,000,000 - 698,599) \times 0.451 = 135,932$

 2011년: $(1,000,000 - 834,531) \times 0.451 = 74,627$

 2012년: $(1,000,000 - 909,158) \times 0.451 = 40,970$

2) 2011년말 회계처리

(차) 기계장치감가상각비　74,627　　(대) 기계장치감가상각누계액　74,627

(3) 연수합계법

1) 감가상각비산정

2008년: (1,000,000 − 50,000) × 5/15 = 316,667

2009년: (1,000,000 − 50,000) × 4/15 = 253,333

2010년: (1,000,000 − 50,000) × 3/15 = 190,000

2011년: (1,000,000 − 50,000) × 2/15 = 126,667

2012년: (1,000,000 − 50,000) × 1/15 = 63,333

2) 2011년말 회계처리

(차) 기계장치감가상각비 126,667   (대) 기계장치감가상각누계액 126,667

(4) 이중체감법

1) 감가상각비산정

2008년: 1,000,000 × 2/5 = 400,000

2009년: (1,000,000 − 400,000) × 2/5 = 240,000

2010년: (1,000,000 − 640,000) × 2/5 = 144,000

2011년: (1,000,000 − 784,000) × 2/5 = 86,400

2012년: (1,000,000 − 50,000 − 870,400) = 79,600

2) 2011년말 회계처리

(차) 기계장치감가상각비 86,400   (대) 기계장치감가상각누계액 86,400

〈7〉 유형자산의 처분

▶ 풀이:

· 20×8. 1. 1. : (차) 건   물 60,000,000 (대) 현   금   60,000,000

· 20×8. 12. 31. : (차) 감가상각비 6,000,000 (대) 감가상각누계액 6,000,000

· 20×9. 5. 1. : (차) 감가상각비   2,000,000* (대) 감가상각누계액 2,000,000

$$*6,000,000 \times \frac{4}{12} = 2,000,000$$

(차) { 현   금   40,000,000
감가상각누계액   8,000,000 (대) 건   물   60,000,000
유형자산처분손실 12,000,000

〈8〉 유형자산의 재평가 − 비상각성자산

▶ 풀이:

1. 20×8년말 (차) 토   지   10,000 (대) 토지재평가잉여금 10,000

20×9년말 (차) 토지재평가잉여금 10,000   (대) 토 지   20,000
　　　　　　　　　토지재평가손실   10,000

　　　* 전년도에 인식한 재평가잉여금을 우선 감소시키고, 초과액을 재평가손실
로 인식한다.

　2. 20×8년말 (차) 토지재평가손실 20,000 (대) 토 지   20,000

　　　20×9년말 (차) 토지   40,000 (대)$\begin{cases}$재평가이익   20,000\\재평가잉여금 20,000$\end{cases}$

　* 전년도에 인식한 재평가손실만큼 재평가이익을 인식하고, 초과액은 재평가잉
　　여금으로 인식한다.

〈9〉 유형자산의 재평가 – 상각성자산
▶ 풀이:
1. 비례법

	조정전금액	조정금액	재평가후금액
취득원가	300,000	900,000	1,200,000
감가상각누계액	(200,000)	(600,000)	(800,000)
장부금액	100,000	300,000	400,000

1) 회계처리

(차) 유 형 자 산   900,000   (대)$\begin{cases}$감가상각누계액 600,000\\재평가잉여금   300,000$\end{cases}$

2) 부분재무상태표

서울상사　　　　　　　　　　재무상태표　　　　　　　20×9. 12.31

　　유 형 자 산   1,200,000
　　　감가상각누계액 (800,000) 400,000 　　　재평가잉여금   300,000

2. 순액법

	조정전금액	조정금액	재평가후금액
취득원가	300,000	100,000	400,000
감가상각누계액	(200,000)	200,000	0
장부금액	100,000	300,000	400,000

1) 회계처리

(차) { 유 형 자 산   100,000   (대) 재평가잉여금 300,000
       감가상각누계액   200,000

2) 부분재무상태표

서울상사   재무상태표   20×9. 12.31
_____

       유 형 자 산   400,000
                                     |
                                     | 재평가잉여금   300,000
                                     |

〈10〉 손상차손

➡ 풀이:

1. 20×8년말

(차)감가상각비 40,000   (대) 감가상각누계액 40,000

       (240,000 - 40,000) × 1/5 = 40,000

(차) 손상차손   80,000   (대) 손상차손누계액 80,000

       장부금액: ₩240,000 - ₩40,000 =   200,000
       회수가능액: max(₩100,000, ₩120,000) (120,000)
       손상차손   80,000

2. 20×9년말

(차)감가상각비 20,000   (대) 감가상각누계액 20,000

       (120,000 - 40,000) × 1/4 = 20,000

(차) 손상차손누계액   60,000   (대) 손상차손환입액 60,000

       손상차손환입액 = 회수가능액 - 장부금액
              160,000 - 100,000 = 60,000

          회수가능액: min(₩180,000, ₩160,000*) = 160,000
     * 손상되지 않았을 경우의 장부금액=₩240,000-(240,000-40,000)×2/5=160,000
       장부금액;   ₩120,000 - (₩120,000 - 40,000) × 1/4 = 100,000

제10장 무형자산과 투자부동산 주관식 연습문제 해답

〈1〉 무형자산의 취득원가

▶ 풀이:

20×8. 1. 1

(차)   선급금   200,000 (대) 현   금   200,000

20×8. 8. 31

(차)   특허권   210,000 (대) { 선 급 금   200,000
현   금   10,000

〈2〉 특허권

▶ 풀이:

(1) (차) 연구비   2,000 (대) 현 금   2,000
(2) (차) 특허권   300 (대) 현 금   300
(3) (차) 특허권상각비   30 (대) 특허권상각누계액   30

〈3〉 내부적으로 창출된 무형자산

풀이 : 개발비 = (6) + (7) = ₩80,000 + 60,000 = ₩140,000

〈4〉 무형자산의 거래

▶ 풀이:

(1) 취득 (차) 특허권   50,000 (대) 현 금   50,000
상각 (차) 특허권상각비   5,000 (대) 특허권상각누계액   5,000

(2) 취득 (차) { 제자산   400,000   (대) { 현   금   260,000
영업권   60,000   제부채   200,000
상각   영업권은 상각 하지 않음 (∵비한정 내용연수)

(3) 취득 (차) 광업권   500,000 (대) 현 금   500,000
상각 (차) 광업권상각비   25,000 (대) 광업권상각누계액   25,000

(4) 취득 (차) { 제자산   650,000   (대) { 제부채   450,000
영업권   150,000   현   금   350,000
상각   없음

(5) 취득 (차) 특허권   30,000   (대) 현 금   30,000

상각 (차) 특허권상각비   6,000* (대) 특허권상각누계액   6,000

*내용연수 Min(경제적 내용연수, 법률적 내용연수) = 5년 → $30,000 \times \frac{1}{5}$

〈5〉 무형자산의 손상차손(1)

➡ 풀이:

<20×5년 5월 1일>

$$(차)\begin{cases} \text{연 구 비 } 400,000 \\ \text{경상개발비 } 200,000 \\ \text{개 발 비 } 300,000 \end{cases} \quad (대) \text{현 금 } \quad 900,000$$

<20×6년 6월 1일> (차) 개 발 비 700,000   (대) 현 금   700,000

<20×7년 1월 1일> (차) 특 허 권 50,000   (대) 현 금   50,000

<20×7년 12월 31일>

$$(차)\begin{cases} \text{개발비 상각비} & 250,000 \\ \text{특허권 상각비} & 10,000 \end{cases} \quad (대)\begin{cases} \text{개발비상각누계액} & 250,000 \\ \text{특허권상각누계액} & 10,000 \end{cases}$$

<20×8년 12월 31일>

$$(차)\begin{cases} \text{개발비 상각비} & 250,000 \\ \text{특허권 상각비} & 10,000 \end{cases} \quad (대)\begin{cases} \text{개발비상각누계액} & 250,000 \\ \text{특허권상각누계액} & 10,000 \end{cases}$$

(차) 무형자산손상차손   200,000   (대) 무형자산손상차손누계액 200,000

장부금액 1,000,000 - 500,000 = 500,000

회수가능액 300,000

손상차손 500,000 - 300,000 = 200,000

<20×9년 12월 31일>

$$(차)\begin{cases} \text{개발비상각비} & 150,000 \\ \text{특허권상각비} & 10,000 \end{cases} \quad (대)\begin{cases} \text{개발비상각누계액} & 150,000 \\ \text{특허권상각누계액} & 10,000 \end{cases}$$

(차) 손상차손누계액   100,000   (대) 무형자산손상차손환입 100,000

* 회수가능액의 한도: 손상되지 않았을 경우의 장부금액

₩1,000,000 × (1-3/4) = 250,000

** 회수가능액: Min(₩600,000, ₩250,000) = 250,000

장부금액: $300,000 \times (1-\frac{1}{2}) =$ (150,000)

손상차손환입   100,000

〈6〉 무형자산의 손상차손 (2)

▶ 풀이:

20×8년 1월1일: (차) 특허권   10,000   (대) 현금   10,000

20×8년 12월31일: (차) 특허권상각비   2,000   (대) 특허권상각누계액   2,000
　　　　　　　　　　10,000 ÷ 5년 = 2,000

　　　　　　　　(차) 손상차손   2,000   (대) 손상차손누계액   2,000
　　　　　　　　　　8,000 - 6,000 = 2,000

20×9년 12월31일: (차) 특허권상각비   1,500   (대) 특허권상각누계액   1,500
　　　　　　　　　　6,000 ÷ 4년 = 1,500

　　　　　　　　(차) 손상차손누계액   1,500   (대) 손상차손환입액   1,500
　　　　　　* 환입후장부금액 = min(회수가능액, 손상차손이 없었다면 보고 했을 장부금액)
　　　　　　　　　　　　　= (8,000원, 6,000원) = 6,000원

〈7〉 영업권의 평가

▶ 풀이:

(1) 연매법 : 영업권 = 초과이익 × 존속연수
　　　　　　초과이익 : 350 - (2,000 × 0.1) = 150
　　　　　　∴ 150 × 5 = 750

(2) 초과이익환원법 : 초과이익/초과이익환원율
　　　　　　　　　= 150 / 0.15 = 1,000

(3) 순이익환원법 : 연평균이익액/동종기업평균이익율 - 순자산가액
　　　　　　　　= 350/0.1 - 2,000 = 1,500

〈8〉 영업권의 평가-종합평가법

▶ 풀이: 영업권 = 매수대가 - 순자산의 공정가치 = ₩1,000,000 - ₩800,000 = ₩200,000

분개 (차){ 자 산   2,000,000   (대){ 부 채   1,200,000
　　　　　 영업권   200,000   현 금   1,000,000

〈9〉 투자부동산 - 원가모형

▶ 풀이:

20×8년말

(차) 감가상각비 200,000   (대) 감가상각누계액 200,000

20×9년말

(차) 감가상각비 200,000 (대) 감가상각누계액 200,000

* 원가모형을 선택하는 경우 감가상각비를 인식하며, 공정가치의 변동을 반영하지 않는다.

〈10〉 투자부동산 - 공정가치모형

▶ 풀이:

20×8년말

(차) 투자부동산평가손실 1,000,000 (대) 투자부동산 1,000,000

20×9년말

(차) 투자부동산 2,000,000 (대) 투자부동산평가이익 2,000,000

제11장 부 채 주관식 연습문제 해답

〈1〉 유동성장기차입금

▶ 풀이:

(1) 20×8년 7월 1일

| (차) 현 금 | 900,000 | (대) 장기차입금 | 900,000 |

(2) 20×8년 12월 31일

| (차) 이자비용 | 45,000 | (대) 미지급이자 | 45,000 |
| (차) 장기차입금 | 300,000 | (대) 유동성장기부채 | 300,000 |

(3) 20×9년 6월 30일

(차) { 미지급이자	45,000	(대) 현 금	90,000
이자비용	45,000		
(차) 유동성장기부채	300,000	(대) 현 금	300,000

(4) 20×9년 12월 31일

| (차) 이자비용 | 30,000 | (대) 미지급이자 | 30,000 |
| (차) 장기차입금 | 300,000 | (대) 유동성장기부채 | 300,000 |

〈2〉 제품보증충당부채

▶ 풀이: ₩2,000,000 × 8% − 50,000 = 110,000

〈3〉 경품충당부채

▶ 풀이: 경품비 ₩500,000, 경품충당부채: ₩400,000

(차) 현 금	10,000,000	(대) 매 출	10,000,000
(차) 경 품	1,000,000	(대) 현 금	1,000,000
(차) 경 품 비	100,000	(대) 경 품	100,000
(차) 경 품 비	400,000	(대) 경품충당부채	400,000

〈4〉 사채의 발행가액 결정

▶ 풀이: 사채발행가액 ₩92,917($= \dfrac{10,000}{1.13} + \dfrac{10,000}{1.13^2} + \dfrac{110,000}{1.13^3}$)

| (차) { 현 금 | 92,917 | (대) 사채 | 100,000 |
| 사채할인발행차금 | 7,083 | | |

〈5〉 사채의 발행, 사채발행차금상각

▶ 풀이:

1. 시장이자율이 10%인 경우

(1) 사채발행가액 ₩487,563

(2) 유효이자율법에 의한 상각액

일 자	유효이자 (10%)	표시이자 (9%)	상각액	장부금액
20×7. 1 . 1.				487,563
20×7. 12. 31.	48,756	45,000	3,756	491,319
20×8. 12. 31.	49,132	45,000	4,132	495,451
20×9. 12. 31.	49,549	45,000	4,549	500,000
계	147,437	135,000	12,437	

상각액 : 20×7. 12. 31: 3,756, 20×8. 12. 31: 4,132, 20×9. 12. 31: 4,549

(3) 발행회사 입장에서의 회계처리

20×7. 1 . 1.

(차){ 현   금   487,563   (대) 사   채   500,000
      사채할인발행차금   12,437

20×7. 12 . 31.

(차) 이자비용   48,756   (대){ 현   금   45,000
                                            사채할인발행차금   3,756

20×8. 12 . 31.

(차) 이자비용   49,132   (대){ 현   금   45,000
                                            사채할인발행차금   4,132

20×9. 12 . 31.

(차) 이자비용   49,549   (대){ 현   금   45,000
                                            사채할인발행차금   4,549

(차) 사   채   500,000   (대) 현   금   500,000

투자회사 입장에서의 회계처리

20×7. 1 . 1.

(차) 상각후원가측정 금융자산 487,563   (대) 현   금   487,563

20×7. 12 . 31.

(차){ 현   금   45,000   (대) 이자수익   48,756
      상각후원가측정 금융자산 3,756

20×8. 12 . 31.

(차){ 현   금   45,000   (대) 이자수익비용   49,132
      상각후원가측정 금융자산 4,132

20×9. 12 . 31.

(차) { 현   금   45,000 (대) 이자수익   49,549
      상각후원가측정 금융자산   4,549

(차) 현   금   500,000 (대) 상각후원가측정 금융자산 500,000

2. 시장이자율이 8%인 경우

(1) 사채발행가액 ₩512,885

(2) 유효이자율법에 의한 상각액

일 자	유효이자 (8%)	표시이자 (9%)	환입액	장부금액
20×7. 1 . 1.				512,885
20×7. 12. 31.	41,031	45,000	3,969	508,916
20×8. 12. 31.	40,713	45,000	4,287	504,629
20×9. 12. 31.	40,371	45,000	4,629	500,000
계	122,115	135,000	12,885	

환입액 : 20×7. 12. 31: 3,969, 20×8. 12. 31: 4,287, 20×9. 12. 31: 4,629

(3) 발행회사 입장에서의 회계처리

20×7.   1 . 1.

(차) 현   금   512,885 (대) { 사   채   500,000
      사채할증발행차금   12,885

20×7. 12 . 31.

(차) { 이자비용   41,031 (대) 현   금   45,000
      사채할증발행차금   3,969

20×8. 12 . 31.

(차) { 이자비용   40,713 (대) 현   금   45,000
      사채할증발행차금   4,287

20×9. 12 . 31.

(차) { 이자비용   40,371 (대) 현   금   45,000
      사채할인발행차금   4,629

(차) 사   채   500,000 (대) 현   금   500,000

투자회사 입장에서의 회계처리

20×7.   1 . 1.

(차) 상각후원가측정 금융자산 512,885 (대) 현   금   512,885

20×7. 12 . 31.

(차) 현   금   45,000 (대) { 이자수익   41,031
      상각후원가측정 금융자산   3,969

20×8. 12 . 31.

(차) 현　금　　　　　　45,000　(대){ 이자수익　　　　　　　40,713
　　　　　　　　　　　　　　　　　　　 상각후원가측정 금융자산　4,287

20×9. 12 . 31.

(차) 현　금　　　　　　45,000　(대){ 이자수익　　　　　　　40,371
　　　　　　　　　　　　　　　　　　　 상각후원가측정 금융자산　4,629

(차) 현　금　　　　　　500,000　(대) 상각후원가측정 금융자산 500,000

3. 시장이자율이 9%인 경우

(1) 사채발행가액 ₩500,000

(2) 유효이자율법에 의한 상각액

일　자	유효이자 (9%)	표시이자 (9%)	상각액	장부금액
20×7. 1 . 1.				500,000
20×7. 12. 31.	45,000	45,000	–	500,000
20×8. 12. 31.	45,000	45,000	–	500,000
20×9. 12. 31.	45,000	45,000	–	500,000
계	135,000	135,000	–	

(3) 발행회사 입장에서의 회계처리

20×7.　1 . 1.

(차) 현　금　　　　　500,000　(대) 사　　채　　　　　500,000

20×7. 12 . 31.

(차) 이자비용　　　　45,000　(대) 현　　금　　　　　45,000

20×8. 12 . 31.

(차) 이자비용　　　　45,000　(대) 현　　금　　　　　45,000

20×9. 12 . 31.

(차) 이자비용　　　　45,000　(대) 현　　금　　　　　45,000

(차) 사　　채　　　　500,000　(대) 현　　금　　　　　500,000

투자회사 입장에서의 회계처리

20×7.　1 . 1.

(차) 상각후원가측정 금융자산　500,000　(대) 현　　금　　　　　500,000

20×7. 12 . 31.

(차) 현　금　　　　　45,000　(대) 이자수익　　　　　45,000

20×8. 12 . 31.

(차) 현　금　　　　　45,000　(대) 이자수익　　　　　45,000

20×9. 12 . 31.

|(차) 현 금|45,000|(대) 이자수익|45,000|
|(차) 현 금|500,000|(대) 상각후원가측정 금융자산|500,000|

〈6〉 시장이자율과 유효이자율
▶ 풀이:

1. 사채발행시의 회계처리

$(차)\begin{cases}현\qquad\quad금 & 95,196 \\ 사채할인발행차금 & 4,804\end{cases}$ (대) 사 채   100,000

(차) 사채할인발행차금   4,483 (대) 현 금   4,483

2. 유효이자율의 검증

$$90,713=10,000/(1+r)+10,000/(1+r)^2+110,000/(1+r)^3 \qquad r=14\%$$

3. 사채발행일 이후의 회계처리
(1) 유효이자율법에 의한 상각표

일 자	유효이자 (14%)	표시이자 (10%)	상각액	장부금액
20×7. 1 . 1.				90,713
20×7. 12. 31.	12,700	10,000	2,700	93,413
20×8. 12. 31.	13,078	10,000	3,078	96,491
20×9. 12. 31.	13,509	10,000	3,509	100,000
계	39,287	30,000	9,287	

(2) 일자별 회계처리

20×7. 12. 31. (차) 이자비용 12,700 (대)$\begin{cases}현\qquad금 & 10,000 \\ 사채할인발행차금 & 2,700\end{cases}$

20×8. 12. 31. (차) 이자비용 13,078 (대)$\begin{cases}현\qquad금 & 10,000 \\ 사채할인발행차금 & 3,078\end{cases}$

20×9. 12. 31. (차) 이자비용 13,509 (대)$\begin{cases}현\qquad금 & 10,000 \\ 사채할인발행차금 & 3,509\end{cases}$

(차) 사 채 100,000 (대) 현 금   100,000

〈7〉 유효이자율법에 의한 사채발행차금의 상각
▶ 풀이:

1. (1) 20×7. 1. 1

$(차)\begin{cases}현\qquad금 & 964,540 \\ 사채할인발행차금 & 35,460\end{cases}$ (대) 사 채 1,000,000

(2) 20×7. 6. 30

    (차) 이자비용   48,227*   (대) $\begin{cases} 현금 & 40,000 \\ 사채할인발행차금 & 8,227 \end{cases}$

    ※ $964,540 \times 10\% \times \dfrac{6}{12} = 48,227$

(3) 20×7. 12. 31 → 사채장부금액: 981,405

    (차) 이자비용   48,638*   (대) $\begin{cases} 현금 & 40,000 \\ 사채할인발행차금 & 8,638 \end{cases}$

    ※ 2007. 6. 30 사채장부금액 $972,767 \times 10\% \times \dfrac{6}{12} = 48,638$

2. (1) 사채 1,000,000

    (2) 미상각된 사채발행차금 18,595

    (3) 사채장부가액 981,405

    (4) 이자비용 96,865

〈8〉 사채발행차금상각 – 유효이자율법

▶ 풀이:

(1) 사채발행가액결정과 회계처리

1) 사채발행가격결정

    만기상환액 : $1,000,000 \times 1/1.1^3 = 751,315$

  + 이자지급액 : $80,000 \times (1/1.1 + 1/1.1^2 + 1/1.1^3) = 198,948 = 950,263$

2) 회계처리

(차) $\begin{cases} 현금 & 950,263 \\ 사채할인발행차금 & 49,737 \end{cases}$ (대) 사채   1,000,000

(2) 이자지급시 회계처리

1) 20×7년말

    (차) 사 채 이 자   95,026   (대) $\begin{cases} 현금 & 80,000 \\ 사채할인발행차금 & 15,026 \end{cases}$

2) 20×8년말

    (차) 사 채 이 자   96,529   (대) $\begin{cases} 현금 & 80,000 \\ 사채할인발행차금 & 16,529 \end{cases}$

3) 20×9년말

    (차) 사 채 이 자   98,182   (대) $\begin{cases} 현금 & 80,000 \\ 사채할인발행차금 & 18,182 \end{cases}$

(3) 부분재무상태표작성

서울상사	재무상태표	20×8. 12.31

	사 채	1,000,000
	사채할인발행차금	(18,182) 981,818

〈9〉 사채의 상환

▶ 풀이:

1. 10%, 20×8. 1. 1 사채장부금액 = 100,000

(차) { 사   채   100,000   (대) 현   금   102,000
사채상환손실   2,000

2. 12%, 20×8. 1. 1 사채장부금액 = 100,000 × 0.79719 + 10,000 × 1.69005 = 96,620

(차) { 사   채   100,000   (대) { 현   금   99,000
사채상환손실   2,380   사채할인발행차금   3,380

3. 8%, 20×8. 1. 1 사채장부금액 = 100,000 × 0.85734 + 10,000 × 1.78326 = 103,567

(차) { 사   채   100,000   (대) { 현   금   103,000
사채할증발행차금   3,567   사채상환이익   567

〈10〉 사채종합

▶ 풀이:

1. 발행가액

10% → 1,000,000

12% → 1,000,000 × 0.71178 + 100,000 × 2.40183 = 951,963

8% → 1,000,000 × 0.79383 + 100,000 × 2.5771 = 1,051,540

2. (1) (차) { 현   금   951,963   (대) 사   채   1,000,000
사채할인발행차금   48,037

(2)

날짜	유효이자	표시이자	미상각잔액	사채장부금액
20×7. 1. 1			48,037	951,963
20×7. 12. 31	114,236	100,000	33,801	966,199
20×8. 12. 31	115,944	100,000	17,857	982,143
20×9. 12. 31	117,857	100,000	–	1,000,000

(3) (차) 이자비용   114,236   (대) $\begin{cases}$ 현 금   100,000
 사채할인발행차금   14,236 $\end{cases}$

(4)

(부분)재무상태표

사 채	1,000,000
사채할인발행차금	(33,801)
	966,199

3. (1) 20×7. 1. 1

(차) 현 금   1,051,540   (대) $\begin{cases}$ 사 채   1,000,000
 사채할증발행차금   51,540 $\end{cases}$

(2)

날짜	유효이자	표시이자	미상각잔액	사채장부금액
20×7. 1. 1			51,540	1,051,540
20×7. 12. 31	84,123	100,000	35,663	1,035,663
20×8. 12. 31	82,853	100,000	18,516	1,018,516
20×9. 12. 31	81,484	100,000	–	1,000,000

(3) 20×7. 12. 31

(차) $\begin{cases}$ 이자비용   84,123
 사채할증발행차금   15,877 $\end{cases}$ (대) 현 금   100,000

(4)

(부분)재무상태표

사 채	1,000,000
사채할증발행차금	35,663
	1,035,663

4. 20×7. 12. 31

(차) $\begin{cases}$ 사 채   800,000
 사채상환손실   7,041 $\end{cases}$ (대) $\begin{cases}$ 현 금   780,000
 사채할인발행차금   27,041* $\end{cases}$

*33,801 × 80% = 27,041

제12장 자 본 주관식 연습문제 해답

〈1〉 개인기업의 자본금

(1)	(차) 현 금	500,000		(대) 자 본 금	500,000
(2)	(차) 자 본 금	300,000		(대) 현 금	300,000
(3)	(차) 자 본 금	400,000		(대) 현 금	400,000
(4)	(차) 집 합 손 익	210,000		(대) 자 본 금	210,000

〈2〉 주 식 발 행

(1) 일자별 회계처리

7/1   (차) 현 금 600,000   (대){ 자 본 금 500,000
                                    주식발행초과금 100,000

10/10 (차){ 현 금 225,000   (대) 자 본 금 250,000
             주식발행초과금 25,000

(2) 부분재무상태표

(주)건지　　　　　　(부분)재무상태표　　　　　20×9.10.10현재

자 본 금	750,000
주식발행초과금	75,000
자 본 계	825,000

〈3〉 자본의 감소

(1) (차) 자 본 금 50,000   (대) 현 금 50,000

(2) (차) 자 본 금 100,000   (대){ 현 금 50,000
                                   감 자 차 익 50,000

(차) 감 자 차 익 50,000   (대) 미처리결손금 50,000

(3) (차){ 자 본 금 50,000   (대) 현 금 70,000
          감 자 차 손 20,000

〈4〉 배당금 지급

2×10.2.24   (차) 이익잉여금 25,000,000   (대) 미지급배당금 25,000,000
2×10.3.15   (차) 미지급배당금 25,000,000   (대) 현 금 25,000,000

〈5〉 자 본 거 래

2/20　(차) 이 익 잉 여 금　1,045,000　(대) { 미지급배당금　　950,000*
　　　　　　　　　　　　　　　　　　　　　이익준비금　　　 95,000** }

　　　　* (2,000주 − 100주) × ₩5,000 × 10% = 950,000
　　　　** 자본금의 1/2에 달할 때까지 현금배당액의 10%이상을 적립해야 함

3/28　(차) 미지급배당금　950,000　(대) 현　　　금　950,000

9/2　(차) 현　　　금　500,000　(대) { 자 기 주 식　　　400,000*
　　　　　　　　　　　　　　　　　　　　자기주식처분이익　100,000 }

　　　　* 800,000(자기주식) × 50주/100주

10/7　(차){ 자 본 금　250,000　(대) 자 기 주 식　400,000
　　　　　　 감 자 차 손　150,000 }

11/12　(차) 자 기 주 식　120,000　(대) 현　　　금　120,000

12/31　(차) 집 합 손 익　2,500,000　(대) 이익잉여금　2,500,000

〈6〉 자기주식

1/2　(차) 자 기 주 식　40,000　(대) 현　　　금　40,000

2/3　분개없음

　　　　* 회사가 주주로부터 무상으로 받은 자기주식에 대해 별도의 회계처리를 하지
　　　　　않는다. 다만 주식수, 취득경위 및 향후처리계획 등을 주석으로만 공시한다.

3/5　(차){ 현　　　금　　　　6,500　(대) 자 기 주 식　8,000
　　　　　 자기주식처분이익　1,500* }

　　　　* 자기주식처분손실이 발생시 기존의 자기주식처분이익과 먼저 상계함

4/7　(차) 현　　　금　19,000　(대) { 자 기 주 식　　　16,000
　　　　　　　　　　　　　　　　　　　　자기주식처분이익　 3,000 }

5/9　(차){ 현　　　금　　　　6,000　(대) 자 기 주 식　8,000*
　　　　　 자기주식처분이익　2,000** }

　　　　* 자기주식 단위당 장부가액 : (40,000 − 8,000 − 16,000)/2주 = 8,000
　　　　** 자기주식처분손실이 발생시 기존의 자기주식처분이익과 먼저 상계함

6/11　(차){ 자 본 금　10,000　(대) 자 기 주 식　16,000
　　　　　　 감 자 차 손　 6,000 }

〈7〉 자본항목의 분류

(1) 납입자본 : 자본금(1,000,000) + 주식발행초과금(40,000) = 1,040,000

(2) 자본조정 : 자기주식 (−120,000) + 자기주식처분손실(−30,000)
　　　　　　　 + 신주청약증거금 (20,000) + 주식할인발행차금 (−100,000)
　　　　　　　 = −230,000

(3) 기타포괄손익누계액 : 매도가능금융자산평가이익 (60,000) = <u>60,000</u>

(4) 일반적립금 : 법정적립금 (40,000) + 임의적립금 (80,000) = <u>120,000</u>

〈8〉 자본변동표 작성 1

(1) 자본거래 회계처리

20×9 3/2 (차) 현　　　　　금 3,500,000 (대) { 자　본　금 2,500,000* 주식발행초과금 1,000,000

　　　　　　　　* @5,000 × 500주

4/5 (차) 자 기 주 식 1,600,000 (대) 현　　　　　금 1,600,000

7/1 (차) { 현　　　　　금 600,000 자기주식처분손실 200,000 } (대) 자 기 주 식 800,000

11/2 (차) { 자　본　금 250,000 감 자 차 손 150,000 } (대) 자 기 주 식 400,000

12/31 (차) 집 합 손 익 1,500,000 (대) 이 익 잉 여 금 1,500,000

2×10 2/20 (차) 이 익 잉 여 금 660,000 (대) { 미지급배당금 600,000* 이 익 준 비 금 60,000** }

　　　　　* 유통보통주식수 : 2,000주 + 500주 − 200주 + 100주 = 2,400주

　　　　　　배당금 지급대상 자본금 : 2,400주 × @5,000 = 12,000,000

　　　　　　배당금 지급액 : 12,000,000 × 5% = 600,000

　　　　** 이익준비금 : 600,000(현금배당액) × 1/10

(2) 자본변동표 및 자본부분

　1) 자본변동표

자 본 변 동 표

(주)모악　　　　　　　　　　　　20×9. 1. 1 ～ 20×9. 12. 31　　　　　　(단위: 천원)

구　분	납입자본	이익잉여금	자본 조정	기타포괄손익 누계액	일반적립금	합　계
20×9.1.1	11,000	3,000				14,000
기타 변동사항						
유상증자	3,500					3,500
자기주식의 취득			(1600)			(1,600)
자기주식의 처분			600			600
자기주식의 소각	(250)		250			
포괄손익		1,500				1,500
20×9.12.31	14,250	4,500	(750)	0	0	18,000

2) 자본 부분

자　　　본

(주)모악 　　　　　　　　　　　　　　20×9. 12. 31 현재

납 입 자 본 : 보통주자본금(액면 ₩5,000)	12,250,000	
주식발행초과금	2,000,000	
자기주식	(400,000)	13,850,000
이익잉여금		4,500,000
기타자본요소		
자본조정 : 자기주식처분손실	(200,000)	
감자차손	(150,000)	
기타포괄손익누계액	0	
일반적립금 : 법정적립금	0	
일반적립금	0	(350,000)
자 본 총 계		18,000,000

〈9〉 자본변동표의 작성 2

(1) 회계처리

2/15	(차) 임 의 적 립 금	25,000	(대) 이 익 잉 여 금		25,000
				미지급배당금	20,000
	(차) 이 익 잉 여 금	75,000	(대)	미교부주식배당금	50,000
				이익준비금	5,000
2/20	(차)	미지급배당금	20,000	(대)	현　　　　금	20,000
		미교부주식배당금	50,000		자 본 금	50,000
10/5	(차)	현　　　　금	7,500*	(대) 자 본 금		10,000**
		주식발행초과금	2,500			

　　　　　* (@80 × 100주) - 500 = 7,500

　　　　　** @100 × 100주

12/31	(차)	재 평 가 잉 여 금	60,000	(대)	이 익 잉 여 금	60,000
		집 합 손 익	30,000		이 익 잉 여 금	30,000
		매도가능금융자산	500		매도가능금융자산평가이익 500

(2) 자본변동표 작성

자 본 변 동 표

(주)건지   20×9. 1. 1 ~ 20×9. 12. 31

구 분	납입자본	이익잉여금	자본 조정	기타포괄손익 누계액	일반적립금	합 계
20×9.1.1	700,000	55,000	8,000	100,000	120,000	975,800
전기이익처분						
임의적립금 이입		25,000			(25,000)	0
연차배당	50,000	(70,000)				(20,000)
기타 이익잉여금 처분		(5,000)			5,000	0
기타 변동사항						
유상증자	7,500					7,500
기타포괄손익 대체		60,000		(60,000)		0
총포괄이익		30,000		500		30,500
20×9.12.31	757,500	95,000	8,000	40,500	100,000	993,800

20×9년 말 재무상태표상 이익잉여금 금액 : ₩95,000

〈10〉 주당이익

1) 가중평균유통보통주식수 계산

기 간	유통보통주식수	가중치(유통기간)	가중평균유통보통주식수
1/1~4/30	5,000주	4/12	1,667주
5/1~6/30	6,000주	2/12	1,000주
7/1~12/31	7,000주	6/12	3,500주
계			6,167주

2) 주당이익 계산

10,000,000(당기순이익) ÷ 6,167주(유통보통주식수) = ₩1,622

제13장 현금흐름표 주관식 연습문제 해답

〈1〉매출, 매입 영업현금흐름

(1) 매출활동으로부터 유입된 현금액

  ① 발생주의에 따른 매출액   800,000

  ② 관련 B/S계정의 증감

    – 매출채권 증가   (50,000)

    – 대손충당금 증가   10,000   (40,000)*

  ③ 매출활동으로 인한 현금유입액   760,000

     * 순매출채권(매출채권-대손충당금)의 증감으로 분석해도 됨.
      순매출채권의 증가(160,000-120,000 = 40,000)

(2) 매입활동으로 인해 유출된 현금액

  ① 발생주의에 따른 매입액   (550,000)

  ② 관련 B/S계정의 증감

    – 재고자산의 증가   (80,000)

    – 매입채무의 증가   30,000   (50,000)

  ③ 매입활동으로 인한 현금유출액   (600,000)

〈2〉현금주의 당기순이익

  ① 발생주의에 따른 당기순이익   150,000

  ② 현금의 유출입없는 수익·비용등 항목 가감

    – 감가상각비   15,000

  ③ 관련 B/S계정의 증감

    – 외상매출금 증가   (60,000)

    – 상품 감소   10,000

    – 소모품 감소   20,000

    – 외상매입금 증가   20,000

    – 미지급금 감소   (30,000)

  ④ 현금주의 당기순이익   125,000

〈3〉영업활동으로 인한 현금흐름 – 간접법 Ⅰ

  ① 발생주의에 따른 당기순이익   1,800,000

  ② 현금의 유출입없는 수익·비용등 항목 가감

    – 단기매매금융자산평가이익   (90,000)

    – 감가상각비   230,000

    – 대손상각비   100,000

– 유형자산처분이익	(55,000)
– 사채상환이익	(38,000)
③ 관련 B/S계정의 증감	
– 재고자산의 감소	120,000
– 매출채권의 감소	320,000
– 미지급법인세 증가	110,000
④ 영업활동으로 인한 현금흐름	2,497,000

〈4〉 영업활동으로 인한 현금흐름 – 간접법 II

① 발생주의에 따른 당기순이익	3,000,000
② 현금의 유출입없는 수익·비용등 항목 가감	
– 감가상각비	1,800,000
– 단기매매금융자산평가손실	700,000
– 사채할인발행차금 상각	250,000
– 유형자산처분이익	(180,000)
– 사채상환손실	1,100,000
③ 관련 B/S계정의 증감	
– 매입채무 증가	250,000
– 매출채권 감소	200,000
– 재고자산 증가	(500,000)
– 선급보험료 감소	120,000
④ 영업활동으로 인한 현금흐름	6,740,000

〈5〉 영업활동으로 인한 현금흐름 – 직접법

(1) 매출로 인한 현금유입액	
– 운송수익	2,800,000
– 매출채권 증가	(250,000)
	2,550,000
(2) 이자수익으로 인한 현금유입액	
– 이자수익	730,000
– 미수이자 증가	(15,000)
	715,000
(3) 임대료로 인한 현금유입액	
– 임대료	380,000
– 선수임대료 증가	22,000
	402,000

(4) 임차료로 인한 현금유출액

- 임차료	(700,000)
	(700,000)

(5) 보험료로 인한 현금유출액

- 보험료	(180,000)
- 선급보험료 감소	25,000
	(155,000)

(6) 이자비용으로 인한 현금유출액

- 이자비용	(370,000)
- 미지급이자 증가	7,000
	(363,000)

(7) 영업활동으로 인한 현금흐름 : 위 (1)에서 (6)까지의 합 = 2,449,000

〈6〉 영업활동으로 인한 현금흐름 - 간접법

① 발생주의에 따른 당기순이익	1,560,000
② 현금의 유출입없는 수익·비용등 항목 가감	
- 감가상각비	1,100,000
③ 관련 B/S계정의 증감	
- 매출채권 증가	(250,000)
- 선급보험료 감소	25,000
- 미수이자 증가	(15,000)
- 선수임대료 증가	22,000
- 미지급이자 증가	7,000
④ 영업활동으로 인한 현금흐름	2,449,000

〈7〉 현금흐름표의 해석

(1) 보유중이던 기계장치를 ₩2,500,000에 처분하여 일시적으로 현금유입액이 많아짐.

(2) 매입활동과 종업원에 대한 인건비 지급, 장기차입금의 상환등에 많은 현금유출액이 발생.

(3) 회사의 현금보유액이 증가한 주된 원인은 기계장치의 처분이라는 비경상적 활동 때문이다. 반면 영업활동을 통해서는 (-)의 현금흐름이 나타나고 있다.

(4) 단기차입금의 상환압력이 있을 것이며, 처분한 기계장치의 대체취득이 필요하다면, 많은 현금보유액이 필요할 것이다.

〈8〉 투자활동으로 인한 현금흐름 Ⅰ

　　Ⅱ.투자활동으로 인한 현금흐름　　　　　　　　　　　　　　　　　120,000

　　　1.투자활동으로 인한 현금유입액

　　　　– 차량운반구의 처분　　　　　　　　120,000*

　　　　　　　　　　　　　　　차량운반구

*			
기　초	560,000	기　말	340,000
감가상각누계액	170,000	감가상각누계액	320,000
유형자산처분이익	50,000	처 분(현금)	120,000
	780,000		780,000

〈9〉 투자활동으로 인한 현금흐름 Ⅱ

　① 차량운반구 매각 관련 회계처리

	현　　　금	250,000			
(차)	감가상각누계액	170,000	(대)	차량운반구	450,000
	유형자산처분손실	30,000			

　② 투자활동으로 인한 현금흐름

　　1. 투자활동으로 인한 현금유입　　　　　　　　　　　250,000

　　　– 차량운반구 처분　　　　　　　　250,000

　　2. 투자활동으로 인한 현금유출　　　　　　　　　　(460,000)

　　　– 차량운반구 구입　　　　　　　(210,000)

　　　– 투자주식 구입　　　　　　　　(250,000)

　　3. 투자활동으로 인한 현금흐름:　　　　　　　　　　(210,000)

〈10〉 재무활동으로 인한 현금흐름

　　1. 재무활동으로 인한 현금유입　　　　　　　　　　　700,000

　　　– 유상증자　　　　　　　　　　650,000

　　　– 자기주식의 처분　　　　　　　50,000

　　2. 재무활동으로 인한 현금유출　　　　　　　　　　(180,000)

　　　– 사채 상환　　　　　　　　　(180,000)

　　3. 재무활동으로 인한 현금흐름:　　　　　　　　　　520,000

부 록

화폐의 시간가치표

〈화폐의 시간가치표〉

〈표 A-1〉 단일금액 1원의 미래가치　　　　　　　　$F_n = (1+i)^n$　　　　　　기간이자율(r)

기간수 (n)	1%	2%	3%	4%	5%	6%	7%	8%	9%	10%
1	1.0100	1.0200	1.0300	1.0400	1.0500	1.0600	1.0700	1.0800	1.0900	1.1000
2	1.0201	1.0404	1.0609	1.0816	1.1025	1.1236	1.1449	1.1664	1.1881	1.2100
3	1.0303	1.0612	1.0927	1.1249	1.1576	1.1910	1.2250	1.2597	1.2950	1.3310
4	1.0406	1.0824	1.1255	1.1699	1.2155	1.2625	1.3108	1.3605	1.4116	1.4641
5	1.0510	1.1041	1.1593	1.2167	1.2763	1.3382	1.4026	1.4693	1.5386	1.6105
6	1.0615	1.1262	1.1941	1.2653	1.3401	1.4185	1.5007	1.5869	1.6771	1.7716
7	1.0721	1.1487	1.2299	1.3159	1.4071	1.5036	1.6058	1.7138	1.8280	1.9487
8	1.0829	1.1717	1.2668	1.3686	1.4775	1.5938	1.7182	1.8509	1.9926	2.1436
9	1.0937	1.1951	1.3048	1.4233	1.5513	1.6895	1.8385	1.9990	1.1719	2.3579
10	1.1046	1.2190	1.3439	1.4802	1.6289	1.7908	1.9672	2.1589	1.3674	2.5937
11	1.1157	1.2434	1.3842	1.5395	1.7103	1.8983	2.1049	2.3316	2.5804	2.8531
12	1.1268	1.2682	1.4258	1.6010	1.7959	2.0122	2.2522	2.5182	2.8127	3.1384
13	1.1381	1.2936	1.4685	1.6651	1.8856	2.1329	2.4098	2.7196	3.0658	3.4523
14	1.1495	1.3195	1.5126	1.7317	1.9799	2.2609	2.5785	2.9372	3.3417	3.7975
15	1.1610	1.3459	1.5580	1.8009	2.0789	2.3966	2.7590	3.1722	3.6425	4.1772
16	1.1726	1.3728	1.6047	1.8730	2.1829	2.5404	2.9522	3.4259	3.9703	4.5950
17	1.1843	1.4002	1.6528	1.9479	2.2920	2.6928	3.1588	3.7000	4.3276	5.0545
18	1.1961	1.4282	1.7024	2.0258	2.4066	2.8543	3.3799	3.9960	4.7171	5.5599
19	1.2081	1.4568	1.7535	2.1068	2.5270	3.0256	3.6165	4.3157	5.1417	6.1159
20	1.2202	1.4859	1.8061	2.1911	2.6533	3.2071	3.8697	4.6610	5.6044	6.7275
21	1.2324	1.5157	1.8603	2.2788	2.7860	3.3996	4.1406	5.0338	6.1088	7.4002
22	1.2447	1.5460	1.9161	2.3699	2.9253	3.6035	4.4304	5.4365	6.6586	8.1043
23	1.2572	1.5769	1.9736	2.4647	3.0715	3.8197	4.7405	5.8715	7.2579	8.9543
24	1.2697	1.6084	2.0328	2.5633	3.2251	4.0489	5.0724	6.3412	7.9111	9.8497
25	1.2824	1.6406	2.0938	2.6658	3.3864	4.2919	5.4274	6.8485	8.6231	10.835
26	1.2953	1.6734	2.1566	2.7725	3.5557	4.5494	5.8074	7.3964	9.3992	11.918
27	1.3082	1.7069	2.2213	2.8834	3.7335	4.8223	6.2139	7.9881	10.245	13.110
28	1.3213	1.7410	2.2879	2.9987	3.9201	5.1117	6.6488	8.6271	11.167	14.421
29	1.3345	1.7758	2.3566	3.1187	4.1161	5.4183	7.1143	9.3173	12.172	15.863
30	1.3478	1.8114	2.4273	3.2434	4.3219	5.7435	7.6123	10.063	13.268	17.449
35	1.4166	1.9999	2.8139	3.9461	5.5160	7.6861	10.676	14.785	20.414	28.102
40	1.4889	2.2080	3.2620	4.8010	7.0400	10.286	14.974	21.725	31.409	45.259
45	1.5648	2.4379	3.7816	5.8412	8.9850	13.765	21.002	31.920	48.327	72.891
50	1.6446	2.6916	4.3839	7.1067	11.467	18.420	29.457	46.902	74.358	117.39
60	1.8167	3.2810	5.8916	10.520	18.679	32.988	57.946	101.26	176.03	304.48

| 단일금액 1원의 미래가치 | | | | | $F_n = (1+i)^n$ | | | 기간이자율(r) | |

기간수 (n)	11%	12%	13%	14%	15%	16%	17%	18%	19%	20%
1	1.1100	1.1200	1.1300	1.1400	1.1500	1.1600	1.1700	1.1800	1.1900	1.2000
2	1.2321	1.2544	1.2769	1.2996	1.3225	1.3456	1.3689	1.3924	1.4161	1.4400
3	1.3676	1.4049	1.4429	1.4815	1.5209	1.5609	1.6016	1.6430	1.6852	1.7280
4	1.5180	1.5735	1.6305	1.6890	1.7490	1.8106	1.8739	1.9388	2.0053	2.0736
5	1.6851	1.7623	1.8424	1.9254	2.0114	2.1003	2.1924	2.2878	2.3864	2.4883
6	1.8704	1.9738	2.0820	2.1950	2.3131	2.4364	2.5652	2.6996	2.8398	2.9860
7	2.0762	2.2107	2.3526	2.5023	2.6600	2.8262	3.0012	3.1855	3.3793	3.5832
8	2.3045	2.4760	2.6584	2.8526	3.0590	3.2784	3.5115	3.7589	4.0214	4.2998
9	2.5580	2.7731	3.0040	3.2519	3.5179	3.8030	4.1084	4.4355	4.7854	5.1598
10	2.8394	3.1058	3.3946	3.7072	4.0456	4.4114	4.8068	5.2338	5.6947	6.1917
11	3.1518	3.4785	3.8359	4.2262	4.6524	5.1173	5.6240	6.1759	6.7767	7.4301
12	3.4985	3.8960	4.3345	4.8179	5.3503	5.9360	6.5801	7.2876	8.0642	8.9161
13	3.8833	4.3635	4.8980	5.4924	6.1528	6.8858	7.6987	8.5994	9.5964	10.699
14	4.3104	4.8871	5.5348	6.2613	7.0757	7.9875	9.0075	10.147	11.420	12.839
15	4.7846	5.4736	6.2543	7.1379	8.1371	9.2655	10.539	11.974	13.589	15.407
16	5.3109	6.1304	7.0673	8.1372	9.3576	10.748	12.330	14.129	16.172	18.488
17	5.8951	6.8660	7.9861	9.2765	10.761	12.468	14.427	16.672	19.244	22.186
18	6.5436	7.6900	9.0243	10.575	12.375	14.463	16.879	19.673	22.901	26.623
19	7.2633	8.6128	10.197	12.056	14.232	16.777	19.748	23.214	27.252	31.948
20	8.0623	9.6463	11.523	13.743	16.367	19.461	23.106	27.393	32.429	38.338
21	8.9492	10.804	13.021	15.668	18.822	22.574	27.034	32.324	38.591	46.005
22	9.9336	12.100	14.714	17.861	21.645	26.186	31.629	38.142	45.923	55.206
23	11.026	13.522	16.626	20.362	24.891	30.376	37.006	45.008	54.648	66.247
24	12.239	15.179	18.788	23.212	28.625	35.236	43.297	53.109	65.032	79.497
25	13.586	17.000	21.231	26.462	32.919	40.874	50.658	62.669	77.388	95.396
26	15.080	19.040	23.991	30.167	37.857	47.414	59.270	73.949	92.092	114.48
27	16.738	21.325	27.109	34.390	34.535	55.000	69.345	87.260	109.56	137.37
28	18.580	23.884	30.634	39.204	50.066	63.800	81.134	102.97	130.41	164.84
29	20.624	26.750	34.617	44.693	57.575	74.009	94.927	121.50	155.19	197.81
30	22.892	29.960	39.116	50.950	66.212	85.850	111.06	143.37	184.67	237.38
35	38.575	52.800	72.068	98.100	133.18	180.31	243.56	327.99	440.70	590.67
40	65.001	93.051	132.78	188.88	267.86	378.72	533.86	750.38	1051.6	1469.8
45	109.53	163.99	244.64	363.68	538.77	795.44	1170.5	1716.7	2509.6	3657.3
50	184.56	289.00	450.74	700.23	1083.7	1670.7	2566.2	3927.4	5988.9	9100.4
60	524.06	897.60	1530.1	2595.9	4384.0	7370.2	12335.	20555.	34105.	56348.

$\star F_n > 52.999$

《표 A-2》 단일금액 1원의 현재가치 $P_n = \dfrac{1}{(1+i)^n}$ 기간이자율(r)

기간수 (n)	1%	2%	3%	4%	5%	6%	7%	8%	9%	10%
1	0.9901	0.9804	0.9709	0.9615	0.9524	0.9434	0.9346	0.9259	0.9174	0.9091
2	0.9803	0.9612	0.9426	0.9246	0.9070	0.8900	0.8734	0.8573	0.8417	0.8264
3	0.9706	0.9423	0.9151	0.8890	0.8638	0.8396	0.8163	0.7938	0.7722	0.7513
4	0.9610	0.9238	0.8885	0.8548	0.8227	0.7921	0.7629	0.7350	0.7084	0.6830
5	0.9515	0.9057	0.8626	0.8219	0.7835	0.7473	0.7130	0.6806	0.6499	0.6209
6	0.9420	0.8880	0.8375	0.7903	0.7462	0.7050	0.6663	0.6302	0.5963	0.5645
7	0.9327	0.8706	0.8131	0.7599	0.7107	0.6651	0.6227	0.5835	0.5470	0.5132
8	0.9235	0.8535	0.7894	0.7307	0.6768	0.6274	0.5820	0.5403	0.5019	0.4665
9	0.9143	0.8368	0.7664	0.7026	0.6446	0.5919	0.5439	0.5002	0.4604	0.4241
10	0.9053	0.8203	0.7441	0.6756	0.6139	0.5584	0.5083	0.4632	0.4224	0.3855
11	0.8963	0.8043	0.7224	0.6496	0.5847	0.5268	0.4751	0.4289	0.3875	0.3505
12	0.8874	0.7885	0.7014	0.6246	0.5568	0.4970	0.4440	0.3971	0.3555	0.3186
13	0.8787	0.7730	0.6810	0.6006	0.5303	0.4688	0.4150	0.3677	0.3262	0.2897
14	0.8700	0.7579	0.6611	0.5775	0.5051	0.4423	0.3878	0.3405	0.2992	0.2633
15	0.8613	0.7430	0.6419	0.5553	0.4810	0.4173	0.3624	0.3152	0.2745	0.2394
16	0.8528	0.7284	0.6232	0.5339	0.4581	0.3936	0.3387	0.2919	0.2519	0.2176
17	0.8444	0.7142	0.6052	0.5134	0.4363	0.3714	0.3166	0.2703	0.2311	0.1978
18	0.8360	0.7002	0.5874	0.4936	0.4155	0.3503	0.2959	0.2502	0.2120	0.1799
19	0.8277	0.6864	0.5703	0.4746	0.3957	0.3305	0.2765	0.2317	0.1945	0.1635
20	0.8195	0.6730	0.5537	0.4564	0.3769	0.3118	0.2584	0.2145	0.1784	0.1486
21	0.8144	0.6598	0.5375	0.4388	0.3589	0.2942	0.2415	0.1987	0.1637	0.1351
22	0.8034	0.6468	0.5219	0.4220	0.3418	0.2775	0.2257	0.1839	0.1502	0.1228
23	0.7954	0.6324	0.5067	0.4057	0.3256	0.2618	0.2109	0.1703	0.1378	0.1117
24	0.7876	0.6217	0.4919	0.3901	0.3101	0.2470	0.1971	0.1577	0.1264	0.1015
25	0.7798	0.6095	0.4776	0.3751	0.2953	0.2330	0.1842	0.1460	0.1160	0.0923
26	0.7720	0.5976	0.4637	0.3604	0.2812	0.2198	0.1722	0.1352	0.1064	0.0839
27	0.7644	0.5859	0.4502	0.3468	0.2678	0.2074	0.1609	0.1252	0.0976	0.0763
28	0.7568	0.5744	0.4371	0.3335	0.2551	0.1656	0.1504	0.1159	0.0895	0.0693
29	0.7493	0.5631	0.4243	0.3207	0.2429	0.1846	0.1406	0.1073	0.0822	0.0630
30	0.7419	0.5521	0.4120	0.3083	0.2314	0.1741	0.1314	0.0994	0.0754	0.0573
35	0.7059	0.5000	0.3554	0.2534	0.1813	0.1301	0.0937	0.0676	0.0490	0.0356
40	0.6717	0.4529	0.3066	0.2083	0.1420	0.0972	0.0668	0.0460	0.0318	0.0221
45	0.6391	0.4102	0.2644	0.1712	0.1113	0.0727	0.0476	0.0313	0.0207	0.0137
50	0.6080	0.3715	0.2281	0.1407	0.0872	0.0543	0.0339	0.0213	0.0134	0.0085
60	0.5504	0.3048	0.4697	0.0951	0.0535	0.0303	0.0173	0.0099	0.0057	0.0033

단일금액 1원의 현재가치					$P_n = \dfrac{1}{(1+i)^n}$			기간이자율(r)	

기간수 (n)	11%	12%	13%	14%	15%	16%	17%	18%	19%	20%
1	0.9009	0.8929	0.8850	0.8772	0.8696	0.8621	0.8547	0.8475	0.8403	0.8333
2	0.8116	0.7972	0.7831	0.7695	0.7561	0.7432	0.7305	0.7182	0.7062	0.6944
3	0.7312	0.7118	0.6931	0.6750	0.6575	0.6407	0.6244	0.6086	0.5934	0.5787
4	0.6587	0.6355	0.6133	0.5921	0.5718	0.5523	0.5337	0.5158	0.4987	0.4823
5	0.5935	0.5674	0.5428	0.5194	0.4972	0.4761	0.4561	0.4371	0.4190	0.4019
6	0.5346	0.5066	0.4803	0.4556	0.4323	0.4104	0.3898	0.3704	0.3521	0.3349
7	0.4817	0.4523	0.4251	0.3996	0.3759	0.3538	0.3332	0.3139	0.2959	0.2791
8	0.4339	0.4039	0.3762	0.3506	0.3269	0.3050	0.2848	0.2660	0.2487	0.2326
9	0.3909	0.3606	0.3329	0.3075	0.2843	0.2630	0.2434	0.2255	0.2090	0.1938
10	0.3522	0.3220	0.2946	0.2697	0.2472	0.2267	0.2080	0.1911	0.1756	0.1615
11	0.3173	0.2875	0.2607	0.2366	0.2149	0.1954	0.1773	0.1619	0.1476	0.1346
12	0.2858	0.2567	0.2307	0.2076	0.1869	0.1685	0.1520	0.1372	0.1240	0.1122
13	0.2575	0.2292	0.2042	0.1821	0.1625	0.1452	0.1299	0.1163	0.1042	0.0935
14	0.2320	0.2046	0.1807	0.1597	0.1413	0.1252	0.1110	0.0985	0.0876	0.0779
15	0.2090	0.1827	0.1599	0.1401	0.1229	0.1079	0.0949	0.0835	0.0736	0.0649
16	0.1883	0.1631	0.1415	0.1229	0.1069	0.0930	0.0811	0.0708	0.0618	0.0541
17	0.1696	0.1456	0.1252	0.1073	0.0929	0.0802	0.0693	0.0600	0.0520	0.0451
18	0.1523	0.1300	0.1103	0.0946	0.0803	0.0691	0.0592	0.0508	0.0437	0.0376
19	0.1377	0.1161	0.0981	0.0829	0.0703	0.0596	0.0506	0.0431	0.0367	0.0313
20	0.1240	0.1037	0.0863	0.0728	0.0611	0.0514	0.0433	0.0365	0.0303	0.0261
21	0.1117	0.0926	0.0768	0.0638	0.0531	0.0443	0.0370	0.0309	0.0259	0.0217
22	0.1007	0.0826	0.0680	0.0560	0.0462	0.0382	0.0316	0.0262	0.0218	0.0181
23	0.0907	0.0738	0.0601	0.0491	0.0402	0.0329	0.0270	0.0222	0.0183	0.0151
24	0.0817	0.0659	0.0532	0.0431	0.0349	0.0284	0.0231	0.0188	0.0154	0.0126
25	0.0736	0.0588	0.0471	0.0378	0.0304	0.0245	0.0197	0.0160	0.0129	0.0105
26	0.0663	0.0525	0.0417	0.0331	0.0264	0.0211	0.0169	0.0135	0.0109	0.0087
27	0.0597	0.0469	0.0339	0.0291	0.0230	0.0182	0.0144	0.0115	0.0091	0.0073
28	0.0538	0.0419	0.0325	0.0255	0.0200	0.0157	0.0123	0.0097	0.0077	0.0061
29	0.0485	0.0374	0.0289	0.0224	0.0174	0.0135	0.0105	0.0082	0.0064	0.0051
30	0.0437	0.0334	0.0256	0.0196	0.0151	0.0116	0.0090	0.0070	0.0054	0.0042
35	0.0259	0.0189	0.0139	0.0102	0.0075	0.0055	0.0041	0.0030	0.0023	0.0017
40	0.0154	0.0107	0.0075	0.0053	0.0037	0.0026	0.0019	0.0013	0.0010	0.0007
45	0.0091	0.0061	0.0041	0.0027	0.0019	0.0013	0.0009	0.0006	0.0004	0.0003
50	0.0054	0.0035	0.0022	0.0014	0.0009	0.0006	0.0004	0.0003	0.0002	0.0001
60	0.0019	0.0011	0.0007	0.0004	0.0002	0.0001	0.00008	0.00005	0.00003	0.00002

〈표 A-3〉 정상연금 1원의 미래가치 $\qquad FA_n = \sum_{i=1}^{n} (1+r)^{n-1} = \dfrac{(1+r)^n - 1}{r}$ $\qquad$ 기간이자율(r)

기간수 (n)	1%	2%	3%	4%	5%	6%	7%	8%	9%	10%
1	1.0000	1.0000	1.0000	1.0000	1.0000	1.0000	1.0000	1.0000	1.0000	1.0000
2	2.0100	2.0200	2.0300	2.0400	2.0500	2.0600	2.0700	2.0800	2.0900	2.1000
3	3.0301	3.0604	3.0909	3.1216	3.1525	3.1836	3.2149	3.2464	3.2781	3.3100
4	4.0604	4.1216	4.1836	4.2465	4.3101	4.3746	4.4399	4.5061	4.5731	4.6410
5	5.1010	5.2040	5.3091	5.4163	5.5256	5.6371	5.7507	5.8666	5.9847	6.1051
6	6.1520	6.3081	6.4684	6.6330	6.8019	6.9753	7.1533	7.3359	7.5233	7.7156
7	7.2135	7.4343	7.6625	7.8983	8.1420	8.3938	8.6540	8.9228	9.2004	9.4872
8	8.2857	8.5830	8.8932	9.2142	9.5491	9.8975	10.260	10.637	11.028	11.436
9	9.3685	9.7546	10.159	10.583	11.027	11.491	11.978	12.488	13.021	13.570
10	10.462	10.950	11.464	12.006	12.578	13.181	13.816	14.487	15.193	15.937
11	11.567	12.169	12.808	13.486	14.207	14.972	15.784	16.645	17.560	18.531
12	12.683	13.412	14.192	15.026	15.917	16.870	17.888	18.977	20.141	21.384
13	13.809	14.680	15.618	16.627	17.713	18.882	20.141	21.495	22.953	24.523
14	14.947	15.974	17.086	18.292	19.599	21.015	22.550	24.215	26.019	27.975
15	16.097	17.293	18.599	20.024	21.579	23.276	25.129	27.152	29.361	31.772
16	17.258	18.639	20.157	21.825	23.657	25.673	27.888	30.324	33.003	35.950
17	18.430	20.012	21.762	23.698	25.840	28.213	30.840	33.750	36.974	40.545
18	19.615	21.412	23.414	25.645	28.132	30.906	33.999	37.450	41.301	45.599
19	20.811	22.841	25.117	27.671	30.539	33.760	37.379	41.446	46.018	51.159
20	22.019	24.297	26.870	29.778	33.066	36.786	40.995	45.762	51.160	57.275
21	23.239	25.783	28.676	31.969	35.719	39.993	44.865	50.423	56.765	64.002
22	24.472	27.299	30.537	34.248	38.505	43.392	49.006	55.457	62.873	71.403
23	25.716	28.845	32.453	36.618	41.430	46.996	53.436	60.893	69.532	79.543
24	26.973	30.422	34.426	39.083	44.502	50.816	58.177	66.765	76.790	88.497
25	28.243	32.030	36.459	41.646	47.727	54.865	63.249	73.106	84.701	98.347
26	29.526	33.671	38.553	44.312	51.113	59.156	68.676	79.954	93.324	109.18
27	30.821	35.344	40.710	47.084	54.669	63.706	74.484	87.351	102.72	121.10
28	32.129	37.051	42.931	49.968	58.403	68.528	80.698	95.339	112.97	134.21
29	33.450	38.792	45.219	52.966	62.323	73.640	87.347	103.97	124.14	148.63
30	34.785	40.568	47.575	56.085	66.439	79.058	94.461	113.28	136.31	164.497
35	41.660	49.994	60.462	73.652	90.320	111.43	138.24	172.32	215.71	271.02
40	48.886	60.402	75.401	95.026	120.80	154.76	199.64	259.06	337.88	442.59
45	56.481	71.893	92.720	121.03	159.70	212.74	285.75	386.51	525.86	718.90
50	64.463	84.579	112.80	152.67	209.35	290.34	406.53	573.77	815.08	1163.9
60	81.670	114.05	163.05	237.99	353.58	533.13	813.52	1253.2	1944.8	3034.8

	정상연금 1원의 미래가치				$FA_n = \sum_{i=1}^{n} (1+r)^{n-1} = \dfrac{(1+r)^n - 1}{r}$				기간이자율(r)	
기간수 (n)	11%	12%	13%	14%	15%	16%	17%	18%	19%	20%
1	1.0000	1.0000	1.0000	1.0000	1.0000	1.0000	1.0000	1.0000	1.0000	1.0000
2	2.1100	2.1200	2.1300	2.1400	2.1500	2.1600	2.1700	2.1800	2.1900	2.2000
3	3.3421	3.3744	3.4069	3.4396	3.4725	3.5056	3.5389	3.5724	3.6061	3.6400
4	4.7097	4.7793	4.8498	4.9211	4.9934	5.0665	5.1405	5.2154	5.2913	5.3680
5	6.2278	6.3528	6.4803	6.6101	6.7424	6.8771	7.0144	7.1542	7.2966	7.4416
6	7.9130	8.1152	8.3230	8.5355	8.7537	8.9775	9.2068	9.4420	9.6830	9.9299
7	9.7830	10.089	10.405	10.730	11.067	11.414	11.772	12.142	12.523	12.916
8	11.859	12.300	12.757	13.233	13.727	14.240	14.773	15.327	15.902	16.499
9	14.163	14.776	15.416	16.085	16.786	17.519	18.285	19.086	19.923	20.799
10	16.722	17.549	18.419	19.337	20.304	21.321	22.393	23.521	24.709	25.959
11	19.561	20.655	21.814	23.045	24.349	25.733	27.199	28.755	30.404	32.150
12	22.713	24.133	25.650	27.271	29.002	30.850	32.823	34.931	37.180	39.581
13	26.211	28.029	29.984	32.089	34.352	36.786	39.404	42.219	45.244	48.497
14	30.095	32.393	34.883	37.581	40.505	43.672	47.103	50.818	54.841	58.196
15	34.405	37.280	40.418	32842	47.580	51.660	56.110	60.965	66.261	72.035
16	39.199	42.753	46.672	50.980	55.717	60.925	66.649	72.939	79.850	87.442
17	44.501	48.884	53.739	59.118	65.075	71.673	78.979	87.068	96.022	105.93
18	50.396	55.850	61.725	68.394	75.836	84.141	93.406	103.74	115.26	128.12
19	56.939	63.440	70.749	78.969	88.212	98.603	110.29	123.41	138.16	154.74
20	64.203	72.052	80.947	91.025	102.44	115.38	130.03	146.63	165.42	186.69
21	72.265	81.699	92.469	104.77	118.81	134.84	153.14	174.02	197.85	225.03
22	81.214	92.503	105.49	120.44	137.63	157.41	180.17	206.34	236.44	271.03
23	91.148	104.60	120.20	138.30	159.28	183.60	211.80	244.49	282.36	326.24
24	102.17	118.16	136.83	158.66	174.17	213.98	248.81	289.49	337.01	392.48
25	114.41	133.33	155.62	181.87	212.79	249.21	292.21	342.60	402.04	471.98
26	127.99	150.33	176.85	208.33	245.71	290.09	342.76	405.27	497.43	567.38
27	143.08	169.37	200.84	238.50	283.57	337.50	402.03	479.22	571.52	681.85
28	159.82	190.70	227.95	272.89	327.10	392.50	471.38	566.48	681.11	819.22
29	178.39	214.58	258.58	312.09	3.7717	456.30	552.51	669.45	811.52	984.07
30	199.02	241.33	293.19	356.79	434.75	530.31	647.44	790.95	966.71	1181.9
35	341.59	431.66	546.6	693.57	881.17	1120.7	1426.4	1816.7	2314.2	2948.3
40	581.83	76709	1013.7	1342.0	1779.1	2360.8	3134.5	4163.2	5529.8	7343.9
45	986.64	1358.3	1874.2	2590.6	3585.1	4965.3	6879.2	9531.6	13203.	18281.
50	1668.7	2400.0	3459.5	4994.5	7217.7	10436.	15089.	21813.	31515.	45497.
60	4755.1	7471.6	11762.	18535.	29220.	46057.	72555.	114189.	179494.	281737.

⟨표 A-4⟩ 정상연금 1원의 현재가치 $FA_n = \dfrac{1-(1+r)^{-n}}{r}$ 기간이자율(r)

기간수 (n)	1%	2%	3%	4%	5%	6%	7%	8%	9%	10%
1	0.9901	0.9804	0.9616	0.9615	0.9524	0.9434	0.9346	0.9259	0.9174	0.9091
2	1.9704	1.9416	1.9165	1.8861	1.8594	1.8334	1.8080	1.7833	1.7591	1.7355
3	2.9410	2.8839	2.8286	2.7751	2.7232	2.6730	2.6243	2.5771	2.5313	2.4868
4	3.9020	3.8077	3.7171	3.6299	3.5460	3.4651	3.3872	3.3121	3.2397	3.1699
5	4.8534	4.7135	4.5797	4.4518	4.3295	4.2124	4.1002	3.9927	3.8897	3.7908
6	5.7955	5.0614	5.4172	5.2451	5.0757	4.9173	4.7665	4.6229	4.4859	4.3553
7	6.7282	6.4720	6.2303	6.0021	5.7864	5.5824	5.3893	5.2064	5.0330	4.8684
8	7.6517	7.3255	7.0197	6.7327	6.4632	6.2098	5.9713	5.7466	5.5348	5.3349
9	8.5660	8.1622	7.7861	7.4353	7.1078	6.8017	6.5152	6.2469	5.9952	5.7590
10	9.4713	8.9826	8.5302	8.1109	7.7217	7.3601	7.0236	6.7101	6.4177	6.1446
11	10.368	9.7868	9.2526	8.7605	8.3064	7.8869	7.4987	7.1390	6.8052	6.4951
12	11.255	10.575	9.9540	9.3851	8.8633	8.3838	7.9427	7.5361	7.1607	6.8137
13	12.134	11.348	10.635	9.9856	9.3936	8.8527	8.3577	7.9038	7.4869	7.1034
14	13.004	12.106	11.296	10.563	9.8986	9.2950	8.7455	8.2442	7.7862	7.3667
15	13.865	12.849	11.938	11.118	10.380	9.7122	9.1079	8.5595	8.0607	7.6061
16	14.718	13.578	12.561	11.652	10.838	10.106	9.4466	8.8514	8.3136	7.8237
17	15.562	14.292	13.166	12.166	11.274	10.477	9.7632	9.1216	8.5436	8.0216
18	16.398	14.992	13.756	12.659	11.690	10.828	10.059	9.3719	8.7556	8.2014
19	17.226	15.679	14.324	13.134	12.085	11.158	10.336	9.6036	8.9501	8.3649
20	18.046	16.351	14.877	13.590	12.462	11.470	10.594	9.8181	9.1285	8.5136
21	18.857	17.011	15.415	14.029	12.821	11.764	10.835	10.017	9.2922	8.6487
22	19.660	17.658	15.937	14.451	13.163	12.042	11.061	10.201	9.4424	8.7715
23	20.456	18.292	16.444	14.857	13.489	12.303	11.272	10.371	9.5802	8.8832
24	21.243	18.914	16.935	15.247	13.799	12.550	11.469	10.529	9.7066	8.9847
25	22.023	19.524	17.413	15.622	14.094	12.783	11.654	10.675	9.8266	9.0770
26	22.795	20.121	17.877	15.983	14.375	13.003	11.826	10.810	9.9290	9.1609
27	23.560	20.707	18.327	16.330	14.643	13.210	11.987	10.935	10.027	9.2372
28	24.316	21.281	18.764	16.663	14.898	13.406	12.137	11.051	10.116	9.3066
29	25.066	21.844	19.188	16.984	15.141	13.591	12.278	11.158	10.198	9.3696
30	25.808	22.397	19.600	17.292	15.373	13.765	12.409	11.258	10.274	9.4269
35	29.409	24.999	21.487	18.665	16.374	14.498	12.948	11.655	10.567	9.6442
40	32.835	27.356	23.115	19.793	17.159	15.046	13.332	11.925	10.757	9.7791
45	36.095	29.490	24.519	20.720	17.774	15.456	13.605	12.108	10.881	9.8628
50	39.196	31.424	25.730	21.482	18.256	15.762	13.801	12.233	10.962	9.9148
60	44.955	34.761	27.676	22.623	18.929	16.161	14.039	12.376	11.048	9.9671

정상연금 1원의 현재가치				$FA_n = \dfrac{1-(1+r)^{-n}}{r}$				기간이자율(r)	
기간수 (n)	11%	12%	13%	14%	15%	16%	17%	18%	19%	20%

기간수 (n)	11%	12%	13%	14%	15%	16%	17%	18%	19%	20%
1	0.9009	0.8929	0.8850	0.8772	0.8696	0.8621	0.8547	0.8475	0.8403	0.8333
2	1.7125	1.6901	1.6681	1.6467	1.6257	1.6052	1.5852	1.5656	1.5465	1.5278
3	2.4437	2.4018	2.3612	2.3216	2.2832	2.2459	2.2096	2.1743	2.1399	2..1065
4	3.1024	3.0373	2.9745	2.9137	2.8550	2.7982	2.7432	2.6901	2.6386	2..5887
5	3.6959	3.6048	3.5172	3.4331	3.3522	3.2743	3.1993	3.1272	3.0576	2.9906
6	4.2305	4.1114	3.9975	3.8887	3.7845	3.6847	3.5892	3.4976	3.4098	3.3255
7	4.7122	4.5638	4.4226	4.2883	4.1604	4.0386	3.9224	3.8115	3.7057	3.6046
8	5.1461	4.9676	4.7988	4.6389	4.4873	4.3436	4.2072	4.0776	3.9544	3.8372
9	5.5370	5.3282	5.1317	4.9464	4.7716	4.6065	4.4506	4.3030	4.1633	4.0310
10	5.8892	5.6502	5.4262	5.2161	5.0188	4.8332	4.6586	4.4941	4.3389	4.1925
11	6.2065	5.9377	5.6869	5.4527	5.2337	5.0286	4.8364	4.6560	4.4865	4.3271
12	6.4924	6.1944	5.9176	5.6603	5.4206	5.1971	4.9884	4.7932	4.6105	4.4392
13	6.7499	6.4235	6.1218	5.8424	5.5831	5.3423	5.1183	4.9095	4.7147	4.5327
14	6.9819	6.6282	6.3025	6.0021	5.7245	5.4675	5.2293	5.0081	4.8023	4.6106
15	7.1909	6.8109	6.4624	6.1422	5.8474	5.5755	5.3242	5.0916	4.8759	4.6755
16	7.3792	6.9740	6.6039	6.2651	5.9542	5.6685	5.4053	5.1624	4.9377	4.7296
17	7.5488	7.1196	6.7291	6.3729	6.0472	5.7487	5.4746	5.2223	4.9897	4.7746
18	7.7016	7.2497	6.8399	6.4674	6.1280	5.8178	5.5339	5.2732	5.0333	4.8122
19	7.8393	7.3658	6.9380	6.5504	6.1982	5.8775	5.5845	5.3162	5.0700	4.8435
20	7.9633	7.4694	7.0248	6.6231	6.2593	5.9288	5.6278	5.3527	5.1009	4.8696
21	8.0751	7.5620	7.1015	6.6870	6.3125	5.9731	5.6648	5.3837	5.1263	4.8913
22	8.1757	7.6446	7.1695	6.7429	6.3587	6.0113	5.6964	5.4099	5.1486	4.9094
23	8.2664	7.7184	7.2297	6.7921	6.3988	6.0442	5.7234	5.4321	5.1668	4.9245
24	8.3481	7.7843	7.2829	6.8351	6.4338	6.0726	5.7465	5.4509	5.1822	4.9371
25	8.4217	7.8431	7.3300	6.8729	6.4641	6.0971	5.7662	5.4669	5.1951	4.9476
26	8.4881	7.8957	7.3717	6.9061	6.4906	6.1182	5.7831	5.4804	5.2060	4.9563
27	8.5478	7.9426	7.4086	6.9352	6.5135	6.1364	5.7975	5.4919	5.2151	4.9636
28	8.6016	7.9844	7.4412	6.9607	6.5335	6.1520	5.8099	5.5016	5.2223	4.9697
29	8.6501	8.0218	7.4701	6.9830	6.5509	6.1656	5.8204	5.5093	5.2292	4.9747
30	8.6938	8.0552	7.4957	7.0027	6.5660	6.1772	5.8294	5.5168	5.2347	4.9789
35	8.8552	8.1755	7.5856	7.0700	6.6166	6.2153	5.8582	5.5386	5.2512	4.9915
40	8.9511	8.2433	7.6344	7.1050	6.6418	6.2335	5.8713	5.5482	5.2582	4.9966
45	9.0079	8.2825	7.6609	7.1232	6.6543	6.2421	5.8773	5.5523	5.2611	4.9986
50	9.0417	8.3045	7.6572	7.1327	6.6605	6.2463	5.8801	5.5541	5.2623	4.9995
60	9.0736	8.2438	7.6873	7.1050	6.6418	6.2335	5.8819	5.5482	5.2630	4.9999

국 문 색 인

영 문 색 인

저자
약력

한길석(韓吉錫)

전북대학교 교수
e-mail: hks3030@jbnu.ac.kr

〈중앙정부활동〉
대통령직속 행정중심복합도시건설추진위원회 위원
기획재정부 정부기금운용평가단 위원
행정안전부 지방공기업평가단 위원
행정자치부 지방자치단체합동평가단 위원
중소기업청 자체평가위원회 창업벤처분과위원장
행정안전부 지방자치단체합동평가위원회 위원
중소벤처기업부 예산집행심의회 위원
한국연구재단 과학기술진흥기금심의위원회 위원장
중소벤처기업진흥공단 성과보상기금운용위원회 위원

〈지방정부활동〉
전라북도 희망창업정책자문위원회 위원장
전라북도 지방세심의위원회 위원장
전라북도 출연기관 경영평가단 단장
익산시 정책자문위원회 위원장
전북개발공사 비상임이사

〈학회활동〉
한국경영교육학회 회장
한국창업학회 회장
한국회계학회 부회장(회계교육위원장)
회계정보연구 편집위원장

〈시험위원활동〉
공인회계사 출제위원
행정고시 출제위원
입법고시 출제위원
세무사 출제위원
감정평가사 출제위원
경영지도사 출제위원
주택관리사 출제위원
국가공무원(7급 세무직, 9급 세무직, 9급 관세직) 출제위원

〈주요저서〉
IFRS 회계원리(법문사)
창업과 기업가정신(비앤엠북스)

IFRS 회계원리 [제7판]

2009년 8월 10일   초 판 발행
2012년 8월 20일   제2판 발행
2014년 2월 10일   제3판 발행
2016년 8월 17일   제4판 발행
2017년 8월 15일   제5판 발행
2020년 8월 25일   제6판 발행
2022년 8월 15일   제7판 1쇄발행

저 자 한   길   석
발행인 배   효   선
발 행 처 도서 法 文 社
        출판

주 소   10881 경기도 파주시 회동길 37-29
등 록   1957년 12월 12일 / 제2-76호(윤)
전 화   031-955-6500~6, 팩 스 031-955-6525
e-mail(영업) : bms@bobmunsa.co.kr
      (편집) : edit66@bobmunsa.co.kr
홈페이지 http://www.bobmunsa.co.kr
조 판   광   진   사

정가 38,000원   ISBN 978-89-18-91322-3